Sind Frauen bessere Menschen?

Arne Hoffmann

SIND FRAUEN BESSERE MENSCHEN?

PLÄDOYER FÜR EINEN SELBSTBEWUSSTEN MANN

Schwarzkopf & Schwarzkopf Verlag

INHALT

Teil II:

Vorwort:
IST NUR EIN TOTER MANN
EIN GUTER MANN?

TITTWALA TAYED TEGGEN!
»Ein Auge sieht, das andere ist fest geschlossen.«

Berbersprichwort

An einem Wochenende im September 1995 radelte ein Mann über eine normalerweise von Gewaltverbrechen freie Straße in der Innenstadt von Oklahoma. Plötzlich wurde auf ihn geschossen. Er stürzte, schwerverletzt, von seinem Rad und torkelte zu einem Wagen, der nicht weit entfernt an einer Kreuzung stand. Drinnen saßen zwei Frauen und unterhielten sich. Der Angeschossene klopfte gegen das Seitenfenster und bat die beiden, ihn zu einem Krankenhaus zu fahren. Stattdessen gaben sie Gas und brausten davon. Schließlich hielten sie doch an und wählten den Notruf. Inzwischen hatte der Mann versucht, sich auf seinem Fahrrad selbst zur nächsten Klinik zu schleppen. Einen Häuserblock weiter glitt er herunter, brach zusammen und starb, kurz nachdem er von Sanitätern aufgegriffen worden war.

Die Frauen gaben zu Protokoll, sie hätten dem Verletzten deshalb nicht auf der Stelle geholfen, weil sie Angst gehabt hatten: Es war ein Mann.

Niemand konnte ihnen für ihr Verhalten ernsthafte Vorwürfe machen. Schließlich kann es heutzutage jede und jeder Tag für Tag in der Zeitung lesen und im Fernsehen hören: Männer sind eine Gefahr für Frauen, belästigen, schlagen und vergewaltigen sie systematisch, sie behindern ihren beruflichen Aufstieg, betrügen sie um ihren Unterhalt und drücken sich vor der Hausarbeit, um in der eingesparten Zeit ihre Kinder zu missbrauchen. Männer sind triebhaft, gefühlskalt und aggressiv, Frauen warmherzig, einfühlsam und haben ein tiefsitzendes moralisches Empfinden. Männer sind Täter, Frauen sind Opfer. Zumindest so weit müssten wir in der gesellschaftlichen Diskussion doch wohl sein, heißt es – obwohl einige ewig Gestrige immer noch »leugnen« und »die Zustände verharmlosen«. Aber diese reaktionären Dinosaurier gehören Gott sei Dank immer mehr zu den Ausgegrenzten in unserer Gesellschaft.

Der SPIEGEL fragte in seiner Ausgabe Nr. 50 des Jahres 1998 deutsche Jugendliche, ob die Ärzte mit ihrem Superhit »Männer sind Schweine« Recht hätten. Gerade einmal 28 Prozent der Mädchen antworteten mit »nein«. »Everything I do I do for you«, schwören Sänger wie Bryan Adams. »Ich find dich scheiße«, ist die pfiffige Antwort, die sie von Girlie-Bands wie Tic Tac Toe erhalten. Diese Stimmung spiegeln auch die großen Modemagazine und Reklameseiten wider: Sie zeigen mehr und mehr kühl blickende Frauen, die von unterwürfigen oder bewundernd aufblickenden Männern umgeben sind. Auf manchen Fotos setzten die Frauen den Männern Stiefel ins Genick oder ritten sie zu wie zu zähmende Wildpferde.

Das Trendbüro Matthias Horx sichtete zahlreiche große Frauenzeitschriften und stellte fest, dass Männer dort entweder als unsensible Idioten vorkamen oder als Lustobjekte. »Wie werde ich einen Mann wieder los« waren die Artikel überschrieben oder »Wie man den Willen der Männer bricht, ohne eine Erektion zu riskieren« oder auch »Keine Gnade mit schwachen Männern«. Die »Vertrottelung des Mannes«, erkannte Horx, sei »ein echtes kulturelles und damit gesellschaftliches Phänomen« und werde zunehmend auch von der Werbung umgesetzt: Über irgendjemanden musste in witzigen Spots ja gelacht werden – und Frauen als Opfer des Humors zu wählen, das wäre eindeutig sexistisch gewesen.

Gleichzeitig war nicht nur für das Trendbüro unübersehbar, dass sich eine immer unverhohlener narzisstische Frauenwelt herausbildete. Das soziale Bewusstsein des weiblichen Geschlechts beginne mehr und mehr zu zerfasern, stellen Soziologen fest: Es mache im Rahmen des Böse-Mädchen-Kultes immer mehr einer egoistischen Unbekümmertheit Platz. Der Wiesbadener »Teufelinnen-Versand« entdeckte eine Marktlücke und bietet sitzen gelassenen Frauen Utensilien und Ratgeber mit gehässigen Methoden an, die dem Verflossenen das Leben zur Hölle machen sollen.

An solchen Entwicklungen gab es auch nichts zu kritisieren, schon gar nicht von Männern. Schließlich handelte es sich nur um einen Akt der Befreiung von jahrtausendelanger Unterdrückung. Auch die Bemerkung, dass die wenigsten der Frauen, die es heutzutage den Kerlen »endlich mal heimzahlen« wollen, Jahrtausende des Leidens hinter sich hatten und dass kein einziger der heute lebenden Männer im Mittelalter Hexen verbrannt hatte, lernte Mann sich besser zu verkneifen. Zumal er in der Regel zu beschäftigt war, sich für seine Geschlechtszugehörigkeit zu entschuldigen, um mit solchen Einwänden noch Öl in die Flammen zu gießen.

»Männer haben bei Frauenthemen – und welche das sind, das bestimmen auch Frauen – kein Rederecht«, erkannte die kritische Feministin Katharina Rutschky. Und tatsächlich haben die wenigsten von uns den Versuch gemacht, dieses Recht einzuklagen. Auch andere Frauen bemerken das, so etwa die US-Amerikanerin Daphne Patai: »Es fällt einem schwer, sich heute eine andere Gruppe von Menschen vorzustellen, die dermaßen krass in der Öffentlichkeit niedergemacht werden kann, ohne augenblicklich Protest zu erheben. Irgendwie scheinen sämtliche Männer zum Schweigen eingeschüchtert worden zu sein.« Auch Katharina Rutschky ist verwundert, »welche Masse an Beleidigungen, pauschalen Verdächtigungen und Behauptungen Männer im Lauf der vielen Jahre klaglos geschluckt haben«. Natürlich war daran »ein Vierteljahrhundert der radikalfeministischen Geißelung von Männern« nicht ganz unschuldig, wie die Politologin Ellen Frankel bemerkt – schon wieder eine Frau! Von uns Männern waren solche scharfen Worte bislang nicht zu hören. Vermutlich haben wir uns einfach nur als lernfähig erwiesen: Eine Frau zu kritisieren heißt chauvinistisch zu sein, reaktionär, frauenfeindlich, sexistisch. Wenn eine Frau hingegen einen Mann verächtlich macht, dann ist das ein Signal für ihr erwachendes Selbstbewusstsein, für innere Stärke und Selbstbehauptung.

Vor allem Politiker und Journalisten lernten schnell, dass sie für fortschrittlich und aufgeklärt gehalten wurden, wenn sie diesem Zeitgeist folgten, und dass sie sich ohne jedes Risiko moralisch profilieren konnten, wenn sie zu allem, was von irgendeiner Aktivistin »im Namen der Frauen« gefordert wurde, ja und amen sagten. Die AMICA-Redakteurin Meike Winnemuth fasst zusammen: »Wir leben inzwischen in einer Kultur, in der nichts Schlechtes über Frauen gesagt werden darf und nichts Gutes über Männer. Frauenfeindlichkeit endet vor Gericht, Männerfeindlichkeit auf einem Autoaufkleber.«

Dass die beklagten Zustände einfach nur umgekehrt wurden und an die Stelle des unfehlbaren Mannes die unfehlbare Frau gesetzt wurde, schien anfangs niemandem aufzufallen. Erst ganz allmählich fragt sich der eine oder andere, ob Buchtitel wie »Nur ein toter Mann ist ein guter Mann« wirklich ein Zeichen für außergewöhnlichen Witz oder nicht doch eher für außerordentliche Beschränktheit waren. Oder er fragte sich in gedankenvollen Momenten nach der Logik einer Ideologie, die verkündete, dass Frauen und Männer gefälligst gleich sind, während das weibliche Geschlecht andererseits Bücher verschlang, die Männer dem Planeten des Kriegsgottes Mars und Frauen dem Planeten der Liebesgöttin Venus zuordneten. Das Gleichheitsideal scheint längst überholt: »Frauen sind einfach besser« ist der neue Werbeslogan des Krüger-Verlages. Man stelle sich eine Reklame »Deutsche sind einfach besser« oder »Weiße sind einfach besser« vor.

Ratgeber und Zeitschriften, die Frauen empfahlen, ihre Sexualität taktisch gegen Männer auszuspielen, verkauften sich putzigerweise ebenso wie Bücher und Magazine, die das sexuelle Interesse der Männer als gewaltsam und gefährlich denunzierten. Warum eigentlich galt der Mann, der durch die Betten streunte, als Schwein, aber eine Frau, die dasselbe tat, als »sexuell befreit«? Es war wirklich schwer, in dieser Situation den Überblick zu behalten. Manche (natürlich: Frauen, wie Gisela Getty und Jutta Winkelmann) begannen gar von einem »politisch korrekten Neosexismus gegen Männer« zu reden.

Moment? Sexismus? Gegen Männer? Das scheint schon von der Definition her wenig Sinn zu machen. Greifen wir uns mal den Schülerduden »Sexualität«, ein Buch, mit dem die jungen Leute heutzutage in Geschlechterfragen unterrichtet werden. Dort schlagen wir nach unter dem Stichwort »Sexismus«. Na also: Sexismus ist »die Diskriminierung des weiblichen Geschlechts durch das

9

männliche Geschlecht. ... Ausdruck findet der S. beispielsweise in frauenfeindlichen Witzen und Redewendungen, Darstellungen der Frau als Sexualobjekt z. B. in der Werbung oder in Pornofilmen, aber auch in politischen Zusammenhängen wie z. B. schlechterer Bezahlung bei gleicher Arbeit, unbezahlter Hausfrauenarbeit und schlechteren Aufstiegschancen. Dieses Verhalten entstammt der jahrtausendealten Überzeugung der Männer, den Frauen körperlich und geistig überlegen zu sein, wovon ein Teil der Männer selbst heute noch überzeugt ist«.

Na, dann hätten wir das wenigstens geklärt. Gut, dass wir ein sachlich-neutrales Wörterbuch gefunden haben, das uns aus diesem ganzen ideologischen Wirrwarr herausgeholfen hat. Als ob Männer je unter feindseligen Redewendungen, Darstellungen als Sexualobjekt oder ähnlichen Nachteilen gelitten hätten! Sarkasmus beiseite: Dieses Wörterbuch ist nur *ein* Beleg dafür, dass Ideen, die noch vor zwei Jahrzehnten nur von radikalfeministischen Randgruppen geäußert wurden, sich inzwischen als allgemein anerkannte Fakten durchgesetzt hatten. Was ja auch nicht weiter verwundert, wenn die eine Hälfte der Menschheit spricht und die andere die Klappe hält.

Ausgerechnet jetzt, wo endlich alles geklärt war, wurden beide Geschlechter von einer neuen Unsicherheit ergriffen. »Emanzipationszweifel« wurde zum neuen Schlagwort für ein Gefühl, das von immer mehr Frauen geteilt wurde. Die wenigsten von ihnen bezeichneten sich noch voller Stolz als Feministin. Statt dessen fragten sie sich, ob das der Sinn der Sache gewesen sein solle: Jeder Mann galt als ein potentieller Unhold, den man auf dem erotischen Parkett guten Gewissens auflaufen lassen konnte, die Scheidungszahlen stiegen und stiegen, beide Geschlechter begannen, unter Bindungsangst zu leiden. Im Bett klappte nichts mehr. (90 Prozent aller Paare seien unglücklich, fand das Institut für rationale Psychologie für die »Elle« heraus.) Überhaupt schien in der ganzen Mann-Frau-Kiste ordentlich der Wurm drin zu sein.

Immer mehr Frauen stellten auch fest, dass sie ihre Brüder, Väter, Freunde, Söhne und Liebhaber komischerweise immer noch mochten und dass es irgendwie nicht fair war, wie mit ihnen umgesprungen wurde. Aber so richtig den Finger auf den wunden Punkt legen konnten sie genauso wenig wie die Männer. Sie hatten sich doch nur an das gehalten, was ihnen die Frauenbewegung lang und breit erklärt hatte. Sie hatten all ihre Lehren begriffen und in die Tat umgesetzt. Und wenn – kaum auszudenken – diese feministischen Weisheiten größtenteils falsch waren? Nicht ideologisch unsinnig, nein, faktisch falsch? Wenn die Frauenbewegung ihr stolzes Gedankengebäude gänzlich auf völlig irrigen Grundannahmen errichtet hatte? Was, wenn man die meiste Zeit in einer vollkommen monströsen Phantasiewelt gelebt hatte, was die Situation zwischen den Geschlechtern anbelangte? Konnte das denn überhaupt möglich sein in unserer aufgeklärten Diskussionsgesellschaft?

Zu Beginn meiner Arbeit an diesem Buch hatte ich Kontakt zu der Väterbewegung »pappa.com« im Internet aufgenommen. Dort war man ob des Erfolgs meines Werks sehr skeptisch. »Du dürftest wohl kaum einen Verlag für so was finden«, prophezeite man mir. »Für die Probleme von MÄNNERN gibt es offenbar keinen Markt.« Ich ließ meine Zuversicht dadurch anfangs nicht erschüttern. Ein Jahr später hatte ich das Manuskript zu diesem Buch über achtzig Verlagen angeboten. Desinteresse allerorts. Typische Begründungen für die Ablehnung waren »zu brisant« oder »zu polarisierend«. Ein bekannter Verlag teilte mir gar unumwunden mit, in ihrem Hause sei eine Zusammenstellung populärer Irrtümer über Männer und Frauen nur von weiblichen Autoren durchzusetzen. Das Ergebnis dieser einseitigen Politik lässt sich in jeder deutschen Buchhandlung besichtigen: Wir leben in dem absurden Zustand, dass sich hierzulande Frauen beklagen, das unterdrückte Geschlecht zu sein und dass ihre Stimme nie gehört werde, während in Wahrheit die weibliche Sichtweise der Dinge die einzig genehme und gültige ist.

Ein Buch wie dieses, das mit den gängigen sexistischen Vorurteilen aufräumt, kann nur in einem unabhängigen Kleinverlag erscheinen. Währenddessen wird nicht nur einer großen Leserschaft, sondern auch führenden Politikerinnen jeder Unfug auf breiter Basis mit der unterschwelligen Botschaft »Wir müssen gegen die Kerle doch zusammenhalten!« verkauft. So kommt es zu parteiübergreifenden Bündnissen gegen Pornographie, die mehr Schaden als Nutzen anrichten, und Aktionen gegen die häusliche Gewalt, die an den wahren Verhältnissen in riesigen Abständen vorbeigehen.

Aber dennoch möchte ich auf eines hinweisen. Auf den folgenden paar hundert Seiten werde ich wieder und wieder »die Feministinnen« attackieren, als ob das eine geschlossene Gruppe wäre. Dem ist aber nicht so. In den USA unterscheidet man zum Beispiel zwischen »radical feminists« (die ganz Extremen), »gender feminists« (die glauben, Frauen seien Männern überlegen), »Marxist feminists« (die mit dem Patriarchat auch gleich den Kapitalismus abschaffen wollen), »liberal feminists« (die zum Beispiel gegen jede Form von Zensur, auch von Pornographie, sind), »individual feminists« (die finden, jede Frau habe das Recht, selbst zu entscheiden, ob sie zum Beispiel ihren Körper vermietet) und noch ein paar Dutzend anderen Gruppen.

In Deutschland unterteilt man Feministinnen in Feministinnen. Hierzulande wissen die meisten nicht einmal, dass die Frauenbewegung noch aus etwas anderem besteht als dem Trivialfeminismus, für den ja auch Alice Schwarzer nur stellvertretend steht. Unser Land scheint wasserdicht abgeschottet gegen nahezu jede feministische Literatur, die sich der Zuordnung »ich Frau: ich gut – du Mann: du böse« verweigert. Autorinnen wie Christina Hoff Sommers, Daphne Patai, Cathy Young, Wendy McElroy und all die anderen, die das Literaturverzeichnis dieses Buches füllen, werden ganz einfach nicht übersetzt. Aus diesem Grund spreche ich vereinfachend von »den Feministinnen«, wenn es sich um den Mainstream handelt, und von »kritischen Feministinnen«, wenn es sich um die Fraktion der Frauenbewegung handelt, die hierzulande so gut wie kein

Gehör findet. **Denken Sie bitte beim Lesen dieses Buches von Anfang bis Ende daran, dass ich in dieser Hinsicht ein wenig vereinfacht habe und dass die Frauenbewegung nicht grundsätzlich des Teufels ist.**

»Entschuldigungen wären angebracht«, liest man etwa bei Wendy McElroy, und bevor man sich als deutscher Mann fragen kann, wofür man sich denn jetzt schon wieder entschuldigen soll, geht es weiter: »Entschuldigungen wären angebracht bei der Hälfte der menschlichen Rasse: das heißt, den Männern.« Und dann erklärt sie, ohne dass sie sich als Feministin irgendeinen Abbruch tut, dass Themen wie Vergewaltigung oder sexuelle Belästigung durchaus zwei Seiten haben und viele Fakten einfach nicht in Betracht gezogen werden. Vor allem die typisch deutsche Logik, nach der Frauen nur gewinnen können, wenn Männer verlieren, gibt es dort nicht. »Ob Männer nun laut oder leise schmollen«, erklärt etwa unsere feministische Vorzeige-Sprachwissenschaftlerin Luise F. Pusch, »gute Frauenpolitik erkennt frau am Missmut der Männer.«

Dieses Motto hat sich die feministische Partei DIE FRAUEN auf ihre Homepage gesetzt. Nicht weniger platt hört sich auch deren Parteiprogramm an, in dem gleich die gesamte prekäre Weltlage vom Hunger in den Entwicklungsländern bis zur Chemieindustrie als Übeltaten von Männern gegeißelt werden.

Offensichtlich wird es höchste Zeit, dass in Deutschland eine neue politische Kraft auf die Bühne tritt: die Maskulisten. »Maskulismus« ist, dem Oxford Companion to Philosophy zufolge, »die Ansicht, dass Männer systematisch diskriminiert werden und dass diese Diskriminierung beendet werden sollte«. Das ist ziemlich genau die politische Überzeugung, die diesem Buch zugrunde liegt. Schon Esther Vilar machte sich ja immer wieder darüber lustig, dass in unseren Medien die langlebigere, entweder gar nicht oder nur zeitweise erwerbstätige und trotzdem vermögendere Mehrheit als Opfer der kurzlebigeren, immer erwerbstätigen und insgesamt trotzdem ärmeren Minderheit präsentiert wird. Diese Worte treffen den Kern der Sache recht gut, machen aber auch und vor allem deutlich, dass es sich die Männerbewegung nicht leisten kann, in irgendeiner Hinsicht konservativ oder gar »reaktionär« zu sein. Tatsächlich wird immer mehr Männern das eigentliche Problem klar: dass die Frauenbewegung es mit der Emanzipation nicht ernst genug meint. Gleiche Rechte: jederzeit – gleiche Pflichten, etwa den Kriegsdienst zu leisten, bitte nicht. Frau sucht sich eben das jeweils Beste aus beiden Welten, überlässt dem Mann das jeweils Schlechteste, und wenn er sich beklagt, beschuldigt sie ihn, frauenfeindlich zu sein.

Auch wenn dieses Buch also klar Stellung bezieht, so ist es dennoch nicht sein Hauptziel, ideologische Thesen zu vertreten. Statt dessen will es das bieten, was in der momentanen Situation für beide Geschlechter höchst notwendig ist: eine Darstellung der Fakten und eine Analyse der Zusammenhänge. Sie, sehr verehrte Leser, werden auf diesen Seiten nicht nur die verbreitetsten Irrtümer in der Geschlechterdebatte und die Wahrheit dahinter kennen lernen. Sie erfahren auch,

- wie und warum diese Fehlinformationen und Missverständnisse überhaupt entstehen konnten,

- welche oft katastrophalen Auswirkungen sie auf das Zusammenleben von Männern und Frauen haben,

- auf welche zum Teil sehr unterschiedlichen Quellen ich mich berufe. Letzteres ist besonders wichtig in einer Situation, in der die Debatte nicht offen geführt werden kann. Anders als in so manchem populären Frauenbuch werden hier nicht einfach Behauptungen aufgestellt, sondern jedes Mal die entsprechenden Quellen mitgeliefert. *Sie* sehen, auf welche Informationen ich mich beziehe, *Sie* entscheiden, was Sie glauben wollen und was nicht.

Zu diesem Zweck ist das Buch in zwei Teile untergliedert. Im ersten werden die gängigsten Vorurteile gegen Männer durch Fakten widerlegt. Im zweiten Teil geht es um den komplexeren Hintergrund: Wie konnte dieser neue Sexismus entstehen und sich dermaßen ausbreiten? Und: Haben wir überhaupt eine Chance, uns von dieser Denkweise zu befreien? In beiden Teilen des Buches wird es ferner um die massive Benachteiligung von Männern im Rechtssystem, den Medien und der restlichen Gesellschaft gehen.

Jetzt bleibt mir nur noch, Ihnen viel Vergnügen und das eine oder andere Aha-Erlebnis zu wünschen!

Arne Hoffmann
Mainz, Herbst 2001

1. TEIL

FRAUEN GUT, MÄNNER BÖSE –
DIE BELIEBTESTEN NEUEN
VORURTEILE UND IHRE WIDERLEGUNG

»MASKULISMUS« – WAS IST DAS DENN SCHON WIEDER?

Die letzten dreißig Jahre gelebt zu haben, ohne dass einem der Begriff »Feminismus« untergekommen wäre, ist so gut wie unvorstellbar. Kaum jemand aber weiß etwas über das männliche Gegenstück zu dieser Bewegung, den »Maskulismus«. (Und das allein sagt schon eine Menge.) Die folgende Definition von »Maskulismus« ist übersetzt und gekürzt dem interaktiven Online-Lexikon »Wikipedia« entnommen, das seit seiner Begründung Anfang 2001 mehrere tausend Einträge zu den unterschiedlichsten Gebieten umfasst.

Maskulismus

Maskulismus (die Männerrechtebewegung) ist die Weltanschauung, der zufolge Männer über ihnen innewohnende Rechte verfügen, die ihnen in der zeitgenössischen Kultur der westlichen Welt oft verweigert werden – tatsächlich erkennt die Gesellschaft nach Ansicht dieser Bewegung in der Regel nicht einmal an, dass Männer – als Männer! – überhaupt Rechte besitzen. Feministinnen haben in den westlichen Ländern seit über 200 Jahren (seit Wollstonecraft) die These unhinterfragt hingenommen, dass die Gesellschaft männerbeherrscht ist und Frauen unterdrückt. Diese diskussionswürdige Vorannahme ist der übergeordnete Streitpunkt, den die Aktivisten der Männerbewegung zum Thema machen.

Männerrechtler weisen darauf hin, dass Feministinnen nur bei von ihnen ausgewählten Angelegenheiten für »Gleichberechtigung« plädieren. Feministinnen haben die Gleichheit der Geschlechter nicht befürwortet, wenn es um Themen ging wie das Sorgerecht für Kinder, die Entscheidung für oder gegen eine Abtreibung, zwangsweisen Militärdienst, Gesetzesmaßnahmen im Zusammenhang mit häuslicher Gewalt, staatliche Unterstützung für Männer- bzw. Frauengruppen, Männerstudien im Gegensatz zu Frauenstudien, Männerministerien im Gegensatz zu Frauenministerien und die medizinische Forschung.

Viele Männerrechtler kritisieren den Feminismus auch wegen seines begrenzten Blicks hinsichtlich politischer Macht, bei dem nicht mehr getan wird, als auf den niedrigeren Frauenanteil unter den politischen Entscheidungsträgern hinzuweisen, um daraus einen Schluss über die gesellschaftliche Machtverteilung abzuleiten. Männerrechtler weisen darauf hin, dass es viele andere

Formen politischer Machtausübung gibt – beispielsweise die Informationen und Klischeevorstellungen zu kontrollieren, die von Politikern vor ihren Entscheidungen herangezogen werden. Diese Informationen und Klischeevorstellungen stehen in der westlichen Welt weitgehend unter der Kontrolle von Hollywood, den Massenmedien, dem Erziehungswesen und den Bürokratien, welche sämtlich stark von der feministischen Ideologie beeinflusst werden.

Maskulisten nehmen die Position ein, dass die feministischen Bestrebungen nach einer Gleichheit der Geschlechter wörtlich genommen und so auch Männer auf solchen Feldern gleichgestellt werden sollten, auf denen Frauen bislang überprivilegiert sind.

Die Reaktion der Feministinnen auf die Männerbewegung bestand grundsätzlich nicht darin, ihr auf der ideologischen Ebene zu antworten. Stattdessen ignorierten sie diese Bewegung und/oder lenkten die Aufmerksamkeit auf neue Anliegen (wie z. B. Ess-Störungen), bei denen Frauen als tatsächlich benachteiligt dargestellt wurden, und/oder sie versuchten, den Vertretern der Männerrechte den Zugang zu den Medien, dem Erziehungssystem oder den Bürokratien zu verweigern.

WICHTIGE VERTRETER DER FRAUEN- UND DER MÄNNERBEWEGUNG

Die traditionellen Feministinnen

Alice Schwarzer: Führende deutsche Frauenrechtlerin. Herausgeberin der »Emma«, der bekanntesten feministischen Zeitschrift Europas. Bundesverdienstkreuz 1996, »Frau des Jahres« 1997.

Gloria Steinem: Mitbegründerin und heute noch Ikone der Frauenbewegung. Herausgeberin der »Ms.«, einer Art amerikanischer »Emma«.

Andrea Dworkin: Profilierte Kämpferin gegen Heterosexualität und Pornographie in den USA. Gloria Steinem: »In jedem Jahrhundert gibt es eine Handvoll Autoren, die der menschlichen Rasse bei ihrer Weiterentwicklung helfen. Andrea ist eine von ihnen.« Dworkins Buch »Pornographie. Männer beherrschen Frauen« wurde bei uns vor allem von Alice Schwarzer bekannt gemacht.

Catharine MacKinnon: Setzte sich in den Staaten sehr erfolgreich gegen Pornographie und sexuelle Belästigung ein. Einfluss auf Veränderung der Gesetzgebung nicht nur in den USA, sondern auch in Kanada. Ihr Buch »Only Words« wurde als »Nur Worte« ins Deutsche übersetzt.

Susan Faludi: Schuf mit ihrem Buch »Backlash« über eine angebliche konservative Gegenbewegung zum Feminismus ein Schlagwort, mit dem seitdem jegliche feminismuskritische Äußerung abgestempelt wird: »Das ist doch nur Backlash!« Obwohl sich ihr Buch vorwiegend mit den Verhältnissen in den USA beschäftigte, wurde es auch von deutschen Leserinnen begeistert aufgenommen.

Valerie Solanas: Radikalfeministin. Begründerin der »Gesellschaft zur Vernichtung der Männer«. Eine der Kernthesen des Gründungsmanifestes: »Tief in seinem Innern weiß jeder Mann, dass er ein wertloser Misthaufen ist.« Zur deutschen Neuauflage dieses Manifestes 1997 Würdigung von Alice Schwarzer in der »Emma«: als »geistreich« und »anrührend« beschrieben. Schoss Andy Warhol nieder.

Cheryl Benard und **Edit Schlaffer:** Wiener Sozialwissenschaftlerinnen, die in ihren Büchern prinzipiell dasselbe Männerbild wie Valerie Solanas präsentieren, wenn auch auf soziologisch. Haben noch niemanden niedergeschossen.

Die kritischen Feministinnen

Christina Hoff Sommers: Widerlegte in ihrem Buch »Who Stole Feminism?«
etliche bis dahin in den US-amerikanischen Medien weithin akzeptierten, weil
unüberprüft übernommenen feministischen Legenden, insbesondere 90 Prozent
von Susan Faludis »Backlash«. Ihr Buch wurde nicht ins Deutsche übersetzt.

Cathy Young: US-amerikanische Journalistin (»Washington Post«) und Vizepräsidentin
des »Women's Freedom Network«. Tritt unter anderem für eine Abkehr
vom Täter-Opfer-Schema der Frauenbewegung und für eine sachlichere
Informationspolitik ein. Ihr Buch »Ceasefire« wurde nicht ins Deutsche übersetzt.

Daphne Patai: Wandte sich vor allem gegen totalitäres Denken in den US-amerikanischen
Frauenstudien sowie gegen die von ihr so bezeichnete »Sexuelle-
Belästigungs-Industrie«. Ihr Buch »Heterophobia« über die in der feministischen
Bewegung wachsende Diffamierung von Sex zwischen Männern und
Frauen wurde leider nicht ins Deutsche übersetzt.

Patricia Pearson: Auf das Thema Kriminalität spezialisierte US-amerikanische
Journalistin. Zerstörte in ihrem Buch »When She was Bad« den Mythos von
der gewaltlosen Frau, die zu Brutalitäten nicht in der Lage ist. Machte dabei
auch auf die immense Bevorzugung von Frauen im Justizsystem aufmerksam.
Das Buch wurde nicht ins Deutsche übersetzt. (Erkennen Sie ein Muster?)

Nadine Strossen: Jura-Professorin, als Präsidentin der American Civil Liberties
Union und Sprecherin der »Feminists for Free Expression« engagierte Gegnerin
von Zensur. Ihr Buch »Zur Verteidigung der Pornographie. Für die Freiheit
des Wortes, Sex und die Rechte der Frauen« wurde für einen Schweizer Verlag
tatsächlich ins Deutsche übersetzt. Allerdings würde man sich wünschen, dass
es mehr gelesen wird. Gerade von Politikerinnen.

Katharina Rutschky: Kritische deutsche Feministin. Expertin zum Thema Sexueller
Missbrauch. Seit sie etwas *zu* kritisch wurde, von der »Emma« als Antifeministin
gebrandmarkt.

Maskulisten:

Warren Farrell: Vormals erstes männliches Mitglied im Vorstand von NOW, der größten feministischen Organisation der USA. Begann sein eigenes Verhalten und seinen Kenntnisstand zu hinterfragen und schrieb das Buch »Mythos Männermacht«, den Klassiker der internationalen Männerbewegung. Das Buch ist in Deutschland nur Eingeweihten bekannt und auch nicht mehr im Handel erhältlich.

Matthias Matussek: SPIEGEL-Journalist und Träger des renommierten Kisch-Preises. Spätestens seit seiner vielleicht mutigsten Veröffentlichung, dem Rowohlt-Taschenbuch »Die vaterlose Gesellschaft«, als einziger prominenter Männerrechtler in Deutschland häufig Zielscheibe boshafter Polemik.

Esther Vilar: Weniger Maskulistin als Kritikerin des Feminismus. Sah in ihrem Buch »Der dressierte Mann« schon in den siebziger Jahren die wunden Punkte der Frauenbewegung, die vielen anderen selbst heute erst ansatzweise bewusst werden. Vilar wurde daraufhin so massiv angefeindet, dass sie Deutschland verlassen musste. 1998 erschien ihr neuestes Buch mit dem bezeichnenden Titel »Denkverbote«.

STECKT ES SCHON IN DEN GENEN?
DIE NEUE MÄR VON DER
»NATÜRLICHEN ÜBERLEGENHEIT« DER FRAU

»Sollte es wirklich einmal zu einem Kampf zwischen
den Geschlechtern kommen, dann werden die Frauen
siegen, weil die Männer die Frauen mehr lieben als
die Frauen die Männer.«

August Strindberg

Nachdem es der ersten Welle der Frauenbewegung darum ging zu belegen, dass Mann und Frau einander sehr gleich seien, versuchen heute viele Feministinnen zu belegen, dass es mehr als nur einen »kleinen Unterschied« gibt. Solche Thesen gehen, welch Wunder, grundsätzlich zu Lasten des Mannes, der schon von seiner biologischen Ausstattung her als Mängelwesen wahrgenommen wird.

Sein y-Chromosom sei eigentlich nur ein verkrüppeltes x-Chromosom, sein Gehirn zweitklassig. Sein hoher Testosteronspiegel mache ihn ständig aggressiv und sexuell triebhaft – beides gehe zu Lasten seiner übrigen Gefühle. So ist er nur auf Konflikt und Koitus programmiert, während seine romantische Ader kaum noch Blut zum Herzen transportiert. So ungefähr sieht heute das Klischeebild Mann aus, wie es längst nicht allein von radikalen Frauengruppen gesehen wird. Mit der Realität haben diese Vor- und Fehlurteile wenig zu tun.

Leidenschaftliche
Romantikerin trifft Mr. Cool

THESE: FRAUEN ERLEBEN GEFÜHLE INTENSIVER ALS MÄNNER

»Sogenannte maskuline Eigenschaften wie Aggressivität, Stärke, Verbergen von Emotionen, Wissen und Rationalität werden als generell problematisch betrachtet«, schreibt der Trendforscher Matthias Horx zur Gemengelage im Jahr 1999. »Dagegen werden weibliche Rollenmuster als vorbildlich gepriesen –

Fürsorge, Zärtlichkeit, Rücksicht und Vorsorge, Bereitschaft zur Verbalisierung von Emotionen.« (213, 76).

Früher konnte man Frauen auf der Grundlage dieser angeblichen Eigenschaften an Heim und Herd verbannen, während nur die Männer imstande schienen, die raue Geschäftswelt zu erobern. In den Zeiten von EQ (Emotionaler Quotient) und »soft skills« neigt sich die Waage allerdings eher in die andere Richtung. Manche behaupten ja sarkastisch, der EQ sei eigens erfunden worden, damit die Frauen auch auf etwas stolz sein könnten. Vor allem als Resultat der »Frauen-sind-besser-Bewegung« (486, 248) wurden Eigenschaften, die früher als weibliche Schwächen betrachtet wurden, nun zu Stärken umgemünzt. Infolgedessen erscheinen die Herren der Schöpfung eher als emotionale Krüppel, als »Eisenhans«. Buchtitel nach der Masche »Männer lassen lieben« gibt es zuhauf. »Wenn die Liebe ein Geschlecht hat, dann ist es gewiss weiblich und nicht männlich«, wird die Feministin Christa Mulack zitiert (386, 184).

An der nach Geschlechtern geordneten Zuschreibung von Gefühlstiefe wird auch im Zeitalter der Emanzipation kaum gerührt. Aber stimmen diese Klischees wirklich? Können Männer tatsächlich kaum mithalten, wenn es um Gefühle geht? Und wie will man etwas so wenig Greifbares wie Emotionen überhaupt wissenschaftlich »beweisen«? Beweisen kann man hier natürlich wenig. Aber es gibt etliche Belege dafür, dass das Gefühlsleben von Männern nicht nur von einem ausgetrockneten Brunnen weit entfernt ist, sondern dass es das von Frauen – generell gesprochen – in vielem weit übertrifft. Fangen wir mit der nüchternen Statistik an.

• Männer verlieben sich schneller als Frauen. In einer Studie, in der 700 Paare befragt wurden, zeigte sich, dass 20 % der Männer sich schon vor dem vierten Rendezvous verliebt hatten. Hingegen hatten nur 15 % der Frauen Amors Pfeil gespürt. Bei der zwanzigsten Verabredung waren sich 45 % der Frauen immer noch nicht über ihre Gefühle im Klaren, verglichen mit lediglich 30 % bei den Männern. (283, 260; 70, 439). Diese US-amerikanischen Ergebnisse werden durch sehr ähnliche Zahlen des Münchner Max-Planck-Instituts bestätigt. (316, 185). Dort stellte man fest, dass der Mann seine Entscheidung genau genommen bereits in den ersten Sekunden des Kennenlernens fällt: Wenn ihm seine Intuition sagt »Das ist die Richtige!«, wird er unumkehrbar seine gesamte emotionale Energie auf diese Frau bündeln. Sie hingegen weiß, dass sie Zeit hat, und die lässt sie sich auch: Während ihr Verehrer schon unaufhaltsam verstrickt ist, wägt sie noch skeptisch prüfend eine Begegnung nach der anderen ab, wobei der Großteil ihrer Entscheidungen vom Kopf gesteuert wird.
Psychologen führen das darauf zurück, dass eine Frau außer einer romantischen auch eine ökonomische Entscheidung in dem Sinne fällen muss, wie gut der Betreffende als Ernährer geeignet wäre. Insofern überrascht es nicht,

dass Frauen in Umfragen viel häufiger als Männer bekunden, jemanden auch dann heiraten zu würden, wenn sie nicht verliebt in ihn wären (135, 288).

- Männer haben die größeren romantischen Ideale. Eine andere Untersuchung zeigte nämlich sehr deutlich, dass Männer eine wesentlich unpragmatischere Einstellung zur Liebe hatten, sich etwa viel weniger Gedanken über die soziale Position oder das Einkommen ihres möglichen Partners machten. Ihr Motto war: Solange sich zwei Menschen wahrhaft liebten, würden sich alle anderen Probleme schon lösen lassen. (283, 260)

- Die Initiative zu einer Trennung geht in der Regel von Frauen aus. Männer hingegen waren bereit, um die Beziehung bis zum Äußersten zu kämpfen. Das zumindest behauptet eine Studie von Harvard-Soziologen (283, 260; 70, 439). Laut einer Statistik von Anfang der neunziger Jahre verließen nur 60.000 Männer pro Jahr ihre Partnerin (davon 59 %, weil sie sich vernachlässigt fühlten), aber 160.000 Frauen ihren Partner (316, 323).

- Männer leiden nach einer Trennung definitiv mehr als Frauen. Sie fühlen sich eher einsam, machtlos, niedergeschlagen und ungeliebt und haben große Schwierigkeiten, damit klarzukommen. (283, 260). Während Frauen ihr Leben längst neu ausrichten, klammern sich Männer immer noch an die Hoffnung, dass sie nur das Richtige zu tun oder zu sagen brauchten, um die alte Harmonie wiederherzustellen. Dieser Zustand kann sich über Jahre hinziehen (135, 287 – 288). Sie tragen sich auch häufiger mit Selbstmordgedanken (70, 439). Ehemänner, deren Frauen sterben, begehen zehnmal häufiger Selbstmord als Frauen, deren Männer gestorben sind. (130, 205)

- Insgesamt kommt die Autorin Kate Fillion unter der treffenden Überschrift »Frauen sind vom Mars, Männer von der Venus« zu dem Schluss, dass es in der Tat die Männer sind, die zu viel lieben: Ihre komplette geistige Verfassung scheint von ihren Beziehungen zu Frauen abzuhängen. Männliche Singles begehen doppelt so oft Selbstmord wie verheiratete Männer und leiden doppelt so oft unter psychischen Problemen – von Depressionen bis zu Nervenzusammenbrüchen – wie alleinstehende Frauen.

- Auch die Ergebnisse von Umfragen können aufschlussreich sein: 72 % der 16- bis 29-jährigen Männer geben zu, beim Erstkontakt mit einer Frau schüchtern zu sein. Zwei von drei Männern haben Sehnsucht nach mehr Verständnis und fänden es klasse, wenn ihre Partnerin zärtlicher zu ihnen wäre. Drei von vieren möchten sich gerne mal wieder richtig verlieben. 38 % wünschen sich nichts sehnlicher, als dass ihre Frau (bzw. ihre Mutter) endlich aufhören würde, an ihnen herumzunörgeln. 41 % finden es schade, dass ihre Partnerin sich so wenig dafür interessiert, was sie tun, denken und schätzen. Gleichzeitig haben 17 % aber auch enorme Schwierigkeiten, ihre Gefühle offen zu zeigen. (316, 29, 322–323)

Nun kann es an diesen 17% allerdings nicht liegen, dass dem männlichen Geschlecht der Ruf der Gefühlskälte vorausgeht. Es handelt sich hier immerhin nur um ein Sechstel der Gesamtheit. Stattdessen scheint es eine ganze Reihe von Gründen für diese Fehleinschätzung zu geben:

Das männliche Rollengefängnis

Zum einen können Männer in der Regel auf beruflicher Ebene Ängste, Depressionen und Hilflosigkeit nicht sehr offen zeigen. Typisch hierfür ist der Fall eines Bankangestellten, der eine Konferenz mit Tränen in den Augen verließ und daraufhin bei der nächsten Beförderung demonstrativ übergangen wurde (316, 199). Aber auch auf privater Ebene herrscht das Lebensmotto: »Ein schwacher Mann kriegt keine Frau!« (46, 32). Und das ist leider Gottes keine bloße Paranoia. Zahllose Studien belegen, dass Männer richtig liegen, wenn sie der Forderung, mehr Gefühle zu zeigen, nicht so recht trauen. Sobald sie nämlich tatsächlich ihre Ängste und Sorgen offen legen, werden sie auch von ihren Partnerinnen allzu schnell als »zu feminin« und »nicht ganz auf der Reihe« betrachtet – statt als stark, ruhig, männlich, selbstsicher und kompetent.

Männer, die jammern oder Angst zeigen, wirken offenbar nicht sehr erotisch. Statt dessen wird Männlichkeit immer noch damit gleichgesetzt, den Belastungen des Lebens standzuhalten, ohne zu klagen. Die Familientherapeutin Olga Silverstein erklärt dazu: »Frauen wollen, dass er ein echter Mann ist. Wenn er aber ein Mann ist, dann mögen sie das auch nicht, weil das bedeutet, dass er zu dominant auftritt, und sie haben Angst vor ihm. Sie wollen alle Helden, aber sie wollen warmherzige, sanfte, liebende Helden ... Oh! Was für ein Wunschtraum das doch ist!« (486, 267) Im Endeffekt sind Männer sowohl beruflich als auch privat von ihren eigenen emotionalen Bedürfnissen abgeschnitten.

Psychologische Parteilichkeit

Es ist kein Wunder, dass in etlichen psychologischen Studien die Frau als das emotional kompetentere Geschlecht ermittelt wird. Eine vergleichende Analyse etlicher dieser Untersuchungen ergab nämlich, dass diese durchgehend an der weiblichen Werteskala ausgerichtet waren. Selbstenthüllung, das Reden über Einstellungen und Gefühle, wurde als d a s entscheidende Kriterium für Intimität und Nähe ausgewählt. Männer, die dazu nicht bereit oder in der Lage waren, wurden wegen dieser »Unzulänglichkeit« bemitleidet oder kritisiert. Wenn man Männer aber nach ihrer eigenen Werteskala für Nähe und Zuneigung fragt, nennen sie Kriterien wie »gegenseitiges Geben und Nehmen«, »einander helfen« und »gemeinsame Aktivitäten«. Das lassen Psychologen aber nicht gelten. (135, 14–17) Für sie zeugt nur das Darüber-Sprechen von Reife, übrigens auch auf dem Gebiet der Sexualität, wo Männer ihre Gewogenheit am liebsten zeigen, indem sie »es« einfach tun (486, 255).

Aus diesem Grund ist es auch Unsinn, Freundschaften zwischen Frauen als intimer als die zwischen Männern zu klassifizieren. Freundinnen legen die Basis ihrer Beziehung oft, indem sie sich sprachlich gegen Männer verbünden. (»Die haben alle Angst vor starken unabhängigen Frauen. In ihrem Innersten sind es immer noch kleine Jungs. Aber sie tun alles, um Sex zu bekommen.« etc.) Offenbar muss ein Mann sich häufig damit abfinden, dass die beste Freundin seiner Partnerin von seinem sexuellen Appetit und seiner »Leistung« über seine Misserfolge und Laster bis zu seinen innersten Ängsten alles Mögliche über ihn weiß. (135, 19). Für Männer zeigt sich eine enge Bindung zu anderen Männern eher durch gegenseitige Gefallen, freundschaftliche Wettkämpfe, Witze, Berührungen, gemeinsame Aktivitäten. Für sie ist es gerade entspannend, einmal nicht auf jedes Wort achten zu müssen, wenn Frauen abwesend sind (486, 256). Durch diese unterschiedlichen Wahrnehmungsweisen ist der Konflikt zwischen den Geschlechtern allerdings vorprogrammiert. In einem Experiment wurden Ehepaare angehalten, ihre Aktivitäten im Haushalt und in der Partnerschaft ebenso niederzuschreiben wie ihre Zufriedenheit mit der Beziehung. Es stellte sich heraus, dass die Frauen am glücklichsten waren, wenn ihre Männer etwas Nettes *sagten*, während für Männer Taten und nicht Worte ausschlaggebend waren.

Daraufhin wiesen die Psychologen die Ehemänner an, mit ihren Liebesbekundungen etwas großzügiger zu verfahren. Die Frauen meldeten keine Verbesserung der Situation. Als daraufhin die Männer noch einmal gesondert befragt wurden, antwortete z. B. einer von ihnen, natürlich habe er seine Zuneigung verstärkt zum Ausdruck gebracht – indem er den Wagen seiner Frau gewaschen habe. Er hielt das für ein eindeutiges Zeichen seiner Liebe. Sie wusste es nicht zu deuten (486, 251).

Kurz gefasst kann man beiden Geschlechtern nach dem Gesagten zwei wichtige Ratschläge mit auf den Weg geben. Frauen: Eure Männer lieben euch, auch wenn sie es nicht ständig sagen. Und Männer: Wenn ihr eure Zuneigung ab und zu in Worte packt, könnt ihr euch eine Menge Arbeit sparen.

Fehlerhafte Selbsteinschätzung

Beide Geschlechter glauben an ihre eigenen Stereotypen und Rollenerwartungen. Wenn man Frauen wie Männer danach fragt, wie sie sich selbst beschreiben würden (wie es oft gemacht wird), erscheint die Fähigkeit von Frauen, sich in andere einzufühlen und mit ihnen mitzuleiden, um ein Beträchtliches höher als bei Männern. Betrachtet man aber nonverbale Signale wie Veränderungen im Blutdruck, das Mienenspiel oder tatsächliche Hilfeleistungen, zeigt sich so gut wie kein Unterschied (486, 64; 547, 24).

Historische Ursachen

Die Vorstellung, dass die angeblich einzigartige Gefühlstiefe der Frau sie auch moralisch überlegen mache, entstand Ende des achtzehnten Jahrhunderts mit der industriellen Revolution. In der Agrargesellschaft gingen Arbeits- und Lebenssphären von Mann und Frau noch stark ineinander über. Mit dem Beginn der Industrialisierung wurden das Heim und der Arbeitsplatz voneinander geschieden: Der Mann musste hinaus ins feindliche Leben, musste kämpfen, sich durchsetzen, sich in mehrfacher Hinsicht die Hände schmutzig machen.

Das Umfeld der Frau hingegen war verknüpft mit Liebe, Familie und Geborgenheit. Daraus entwickelten sich zwangsläufig auch unterschiedliche Stereotypen, was es bedeutete, ein »echter Kerl« oder eine »richtige Frau« zu sein: Selbstkontrolle und Ehrgeiz standen Wärme und Fürsorge gegenüber. Beide Geschlechter konnten einen Teil ihres Wesens nicht länger ausleben.

Als Resultat dieser Rollenklischees und psychologisch einseitig ausgerichteter Untersuchungen entwickelten sich verschiedene andere populäre Mythen, die hier nur kurz angerissen werden können:

• **Männer sind unabhängig, Frauen denken in Beziehungen.** Wenn man heutzutage Aufsätze von Studierenden wissenschaftlich unter die Lupe nimmt, herrscht bei beiden Geschlechtern das Bestreben nach Autonomie vor (547, 26).

• **Männer teilen ihr Innerstes nicht mit – erst recht nicht anderen Männern.** Das trifft aus den oben genannten Gründen vom Grundsatz her zu, aber nur für verschwindende zehn Prozent. Wenn sich 55 % der Frauen ihren Freundinnen gegenüber mit einer bestimmten Empfindung »outen«, dann tun dasselbe 45 % der Männer bei ihren Freunden (547, 27).

• **Es gibt etwas wie eine »weibliche Intuition«.** Schon in den zwanziger Jahren dieses Jahrhunderts wandte sich der amerikanische Kulturkritiker Mencken gegen diese Vorstellung, die seiner Ansicht nach nur aufkam, weil man Frauen so etwas wie »Intelligenz« nicht zutraute: »Frauen entscheiden wichtige Fragen korrekt und schnell, nicht weil sie beim Raten richtig liegen, göttlich beeinflusst sind oder eine von den Wilden übernommene Magie praktizieren, sondern weil sie über gesunden Menschenverstand verfügen.« (470, 24) Um die Frage der »Ahnungen« und »Eingebungen« genauer zu klären, stellte in unserer Zeit die Psychologin Sara Snodgrass Männer und Frauen zu Arbeitspaaren zusammen und übertrug mal ihm, mal ihr die Führungsrolle. Dabei stellte sich rasch heraus, dass die jeweils untergeordnete Person wesentlich sensibler auf bestimmte nonverbale Signale des oder der Höhergestellten reagierte – offenbar eine praktische Notwendigkeit. In einer Gesellschaft, in der noch immer mehr Männer Führungspositionen innehaben, ist die Frau automatisch das intuitivere Geschlecht. (486, 65)

- **Männer gehen mit Problemen um, indem sie Lösungen suchen oder anbieten. Frauen grübeln eher oder geben emotionale Unterstützung.** Viele von uns kennen ja Deborah Tannens berühmtes »Du kannst mich einfach nicht verstehen«. Diesem Buch zufolge beklagen sich Frauen über ein Problem, um von ihren männlichen Partnern Mitgefühl zu ernten, sie erhalten aber nur kühle Lösungsvorschläge. Das Problem bei Tannen wie bei vielen Autoren zum Thema Geschlechterkonflikte ist, dass sie sich bei solchen Theorien lediglich auf anekdotische Einzelfälle berufen.
Wenn man sich anschaut, wie sich die Mehrheit der Frauen und Männer verhält, findet man bei beiden Geschlechtern eine ganz klare Abfolge von Bewältigungsstrategien: An erster Stelle stehen bei Mann wie Frau konkrete Lösungsversuche. Es folgt die Suche nach emotionaler Unterstützung, danach Reaktionen wie Selbstvorwürfe oder Ablenkung. Es passiert also ebenso oft Männern, dass sie von einer Frau hören möchten »Ich kann verstehen, was Du durchmachst« und statt dessen Ideen zur Problemlösung geliefert bekommen. (547, 28).

- **Frauen sind moralischer als Männer.** In ihrem einflussreichen Buch »Die andere Stimme« behauptet die Feministin Carol Gilligan, dass Frauen ihre besondere Weise haben, moralische Dilemmas anzugehen. Sie seien fürsorglicher, weniger dem Konkurrenzdenken verhaftet und einfühlsamer als Männer. Gilligan propagiert die weibliche Kultur und Denkweise als Möglichkeit, eine Welt zu erlösen, die von aggressiven Männern beherrscht wird. Lawrence Walker von der University of British Columbia verglich 108 psychologische Studien zu diesem Thema und fand darin keinerlei Hinweise, welche die Klischees von der altruistischen, friedensliebenden und umweltbewussten Frau und dem kalten, auf sich selbst bezogenen Mann stützen könnten.
Carol Tavris kommt bei einer ähnlichen Analyse zahlloser Studien zu dem-

selben Ergebnis (452, 152). Bei der Generation der jungen Deutschen könnten sich sogar die Männer als die moralisch Reiferen herausstellen. Immerhin leistet inzwischen jeder Zweite von ihnen Zivildienst und verbringt so eine beträchtliche Zeit seiner Jugend damit, Alte, Sterbende und Schwerkranke zu pflegen – während wir seinen gleichaltrigen Geschlechtsgenossinnen überwiegend kaum etwas anderes als Party, Disco und Böse-Mädchen-Bücher zumuten wollen.

»Frauen, seid schön, Männer können besser gucken als denken!«

THESE: FRAUEN ACHTEN BEI DER PARTNERWAHL WENIGER AUF ÄUSSERLICHKEITEN ALS MÄNNER

Jeder Mann, der sich schon einmal auf dem Kontaktanzeigenmarkt bewegt hat, kennt diese Form der doppelten Moral: Während er einen Brief, dem er kein Foto von sich beilegt, gar nicht erst an eine Inserentin abzuschicken braucht, wird ihm umgekehrt in diversen Ratgebern dringend nahegelegt, bei seinen Inseraten auf Formeln wie »Bitte mit Bild« unbedingt zu verzichten: Das wirke sexistisch und so, als ob er nur am Äußeren seiner potentiellen Partnerin interessiert sei.

Dieser Vorwurf gegenüber Männern ist altbekannt: Wichtig seien für sie vor allem lange Beine, ein knackiger Hintern, eine ansprechende Oberweite – und vor allem eine schlanke Figur. Schnell war von der Unterdrückung der Frau durch »Schönheitsterror« und »Schlankheitswahn« die Rede. Die amerikanischen Feministinnen Gloria Steinem und Naomi Wolf führten in ihren Büchern sogar eine Studie an, der zufolge pro Jahr 150.000 Amerikanerinnen an Magersucht starben und verglichen dies mit dem Holocaust, wobei sie stillschweigend den Männern die Rolle der Nazis zuordneten. Eine lautstarke Behauptung, die nur an vier winzigen – pardon! – Schönheitsfehlern litt:

• Erstens stellte sich bei sorgfältiger Überprüfung der von Wolf und Steinem angeführten Quellen heraus, dass die Zahlen nicht ganz so hoch lagen, wie behauptet: Statt 150.000 Frauen starben pro Jahr nur einhundert an Magersucht (452, 11–12).

• Zweitens ist bei genauerer Betrachtung nicht zu übersehen, dass die typischen Playboy-Schönheiten zwar tatsächlich von Jahr zu Jahr schlanker werden, aber durchaus noch etwas auf den Rippen haben. Die wirklich spindeldürren Models schrecken Männer eher ab und finden sich daher vor allem in Modemagazinen, die von *Frauen* gekauft werden:

Es sind die *Leserinnen* solcher Magazine, die dieses Aussehen unterstützen, nicht die Männer. Als der Maskulist Warren Farrell für die Frauenzeitschrift »Glamour« herausfand, dass Männer vor allem von leicht übergewichtigen Frauen erotisch angezogen wurden, und die befragten Männer berichteten, gerade die attraktivsten Frauen hätten sich als die schlechtesten Geliebten herausgestellt, wurde der gesamte Artikel nicht gedruckt, sondern auf Weisung der »Glamour«-Redaktion fallengelassen (131, 228). Bezeichnenderweise ergab eine Befragung von mehreren hundert Jugendlichen, dass die weiblichen Versuchspersonen glaubten, die männlichen würden schlankere Frauen bevorzugen – was aber der tatsächlichen Einstellung der Männer überhaupt nicht entsprach (524, 34).

- Drittens ist »Schönheitsterror« als alleinige Ursache für Ess-Störungen doch etwas arg kurz gegriffen. Andere Ursachen, die Medizinern zufolge in dieses Krankheitsbild hineinspielen, sind z. B. das private Umfeld und die seelische Verfassung der betreffenden Person.
Die meisten Magersüchtigen leiden auch unter Depressionen. Symptomatisch für Essgestörte ist zudem fast immer ein gestörtes Verhältnis zur Familie (und da meistens zur Mutter) oder zum Partner. In vielen Fällen hängt Magersucht auch mit der Weigerung zusammen, erwachsen zu werden: Bei der Gewichtsabnahme bilden sich auch die weiblichen Rundungen zurück. Tatsächlich ist der größte Teil der Magersüchtigen zwischen 15 und 25 Jahre alt. Auch die Biochemie ist ein Faktor: So trägt zur Entstehung von Magersucht ein Mangel an Serotonin bei – ein Botenstoff, der im weiblichen Gehirn ohnehin seltener vorkommt als im männlichen. Selbst Feministinnen aber werden Männern wohl kaum vorwerfen, dass diese ihren Partnerinnen die Serotoninreserven abschneiden. (224, 35–39; 365).

- Viertens ist es ein grotesker Witz, wenn Naomi Wolf und ihre Anhängerinnen ausgerechnet von einem »Schlankheitswahn« in den USA sprechen. Schon ein Kurztrip in die Vereinigten Staaten kann einen davon überzeugen, dass etliche Frauen dort keineswegs zu schlank, sondern deutlich übergewichtig sind. Dabei richtet sich »übergewichtig« nicht nach den Vorstellungen ach so sexistischer Männer, sondern nach medizinischen Kategorien: Die führende Todesursache von Frauen in den USA ist Herzschwäche, und Übergewicht trägt zur Entstehung dieser Störung bei.
Vielen Frauen ist überhaupt nicht klar, dass Herztod für sie die Bedrohung Nummer eins ist, weil sich die feministische Bewegung nur auf den Brustkrebs eingeschossen hat. (365). Wenn wir Männer dünne Frauen bevorzugen, heißt es, wir würden sie zu Tode hungern – würden wir Dicke mögen, würden uns Feministinnen vorwerfen, dass wir sie zu Tode mästen. Es ist ein Spiel, das uns in diesem Buch noch öfter begegnen wird: Was immer Mann macht, ist verkehrt.

Es bleibt die Frage: Fahren wirklich nur Männer auf Äußerlichkeiten ab, wie einem immer wieder suggeriert wird? Oder sind sich nicht auch da die Geschlechter ähnlicher, als so mancher wahrhaben will? »Wer dem Schönheitsideal junger Frauen entsprechen will, braucht Muskeln wie Arnold Schwarzenegger und einen Schwanz wie ein Maultier«, lästerte ein mit Sicherheit männlicher Redakteur der Berliner »tageszeitung« am 29.1.1993. Grund dafür war eine Umfrage des Instituts für rationale Psychologie unter etwa tausend Frauen. Und da wird es ganz deutlich, worauf Frauen besonders viel Wert legen: Mit 93 % stand eine stattliche Größe ganz oben auf dem Wunschzettel, gefolgt von muskulösen Armen (87 %), einem großen Glied (81 %), breiten Schultern (74 %) und einem männlichen Gesicht (73 %). (209, 270). »Intelligenz« etwa wird nur von zwanzig Prozent gewünscht (212, 228).

Wenn es einen durchgestylten Body zu ergattern gibt, benehmen sich die Ladys so, wie es normalerweise den Kerlen zugeschrieben wird. Am deutlichsten zeigt sich das vielleicht bei der jährlichen »Junggesellen-Versteigerung« in Kanada, deren Erlös an einen Fond der Multiple-Sklerose-Gesellschaft geht. Allerdings erstreckt sich die Mildtätigkeit der bietenden Frauen nicht gerade auf allzu große Gnade mit Männern, die obigem Schönheitsideal nicht entsprechen.

Das Erscheinungsbild eines Mannes bestimmt hier ganz offen seinen Marktwert: Hängende Schultern und schlaffe Hintern haben keine Chance. 1994 führte ein Wochenende in New York in Begleitung eines hochgewachsenen Muskelmanns mit Schlafzimmerblick zu sich überschlagenden Geboten, die sich auf über 5.000 Dollar steigerten, während wochenlange Reisen zu exotischeren Zielen, aber mit lediglich einem kinnlosen, plumpen Junggesellen als Dreingabe weniger als die Hälfte erzielten – und das, obwohl der Auktionator förmlich um höhere Gebote bettelte. »Die Junggesellen, die lediglich unterdrücktes Kichern und Schnäppchen-Preise hervorriefen, hasteten geradezu benommen vor Verlegenheit von der Bühne, nachdem sie eine unverhoffte Antwort auf Freuds Frage erhalten hatten, was« Frauen wirklich wollen.« (135, 311–312)

Und wie steht es mit der klassischen Annahme, dass für die meisten Frauen das wichtigste Geschlechtsorgan eines Mannes seine Brieftasche ist? Das ist doch sicher auch ein sexistischer, frauenfeindlicher Mythos, der sich leicht widerlegen lässt?

Wenn's nur so wäre! Leider bestätigt die Geschlechterforschung hier die schlimmsten Vermutungen: Im Rahmen einer Fünfjahresstudie befragte die amerikanische Zeitschrift »Behaviour and Brain Sciences« (Verhaltens- und Hirnforschung) 10.000 Personen zum Thema Partnerwahl. Ergebnis: Bei Frauen in der ganzen Welt, von Zulus über Brasilianerinnen bis zur europäischen Damenriege, waren Ehrgeiz und beruflicher Erfolg bei einem Mann ausschlaggebend.

Überall wurde Männern der Vorzug gegeben, die einige wenige Jahre älter waren, über ein gutes Einkommen verfügten und daher geeignet für die Ernährerrolle schienen. Eine Fragebogenaktion des britischen Magazins »New Woman« unter 200 Frauen zwischen zwanzig und fünfundvierzig kam zu einem ähnlichen Ergebnis. Über zwei Drittel waren der Ansicht, dass ihr sozialer Status durch eine Liaison mit einem Anwalt steigen würde. Auch Ärzte, Architekten und Designer standen hoch im Kurs – im Gegensatz etwa zu »langweiligen« Bibliothekaren und »stumpfsinnigen« Busfahrern. »Das ganze Getue um Sensibilität, Betroffenheit, gerechte Aufgabenverteilung – offenbar alles nur Tünche«, resümiert der Maskulist David Thomas und spricht empört von »institutionalisiertem Sexismus« und einer »unbekümmerten Männerfeindlichkeit« (497, 104–105).

Eine Männerfeindlichkeit, die ihre Spuren hinterlässt – und zwar schon, wenn es um das Aussehen geht. Als der Psychologe Barry Glassner in einer Studie 256 nichtmuskulöse männliche Jugendliche untersuchte, stellte er fest, dass *jeder einzelne von ihnen* entweder Stimmungs- oder Verhaltensstörungen aufwies, die mit Minderwertigkeitsgefühlen zusammenhingen. Und eine landesweite Untersuchung der Zeitschrift »Psychology Today« an 62.000 Lesern ergab einen direkten Zusammenhang zwischen Selbstwertgefühl und Körperbau: Je muskulöser nach eigener Einschätzung der Körper, desto größer das Selbstwertgefühl.

Inzwischen entwickeln auch die Männer durch ihre zwanghafte Sorge um Form und Umfang ihres Körpers Krankheitsbilder wie Anorexie und Bulimie (387, 33). Der Berliner »tageszeitung« vom 8.3.2001 zufolge leidet bereits jeder zwölfte männliche Deutsche unter solchen Ess-Störungen. Bei einer Umfrage des Instituts für rationelle Psychologie gestanden nicht weniger als 65 Prozent der Männer Komplexe ein – bei den Frauen war es lediglich ein Drittel (212, 229).

Das könnte auch damit zusammenhängen, dass bei alltäglichen Kontakten die körperliche Attraktivität für Männer eine größere Rolle als für Frauen spielt. Das mag überraschen, ist aber wahr: Studenten erhielten für 14 Tage einen Fragebogen mit nach Hause, in dem sie eintragen mussten, mit wem sie sich jeden Tag trafen. Je attraktiver ein Mann war, um so häufiger kam er in dieser Zeit mit Frauen und um so seltener mit Männern zusammen. Für Frauen galt dies nicht. Je attraktiver ein Mann war, desto intimer konnte er mit seinen weiblichen Bekannten auch werden (178, 172–173). Männer, die weniger hübsch anzuschauen sind, müssen also eher auf Zuwendung vom anderen Geschlecht verzichten. Über die Folgen dieses Sachverhalts berichtet ein Buch mit dem Titel »The Adonis Complex«, das in den USA gerade Furore macht. Seine Autoren weisen nach, dass die neue Fitness-Hysterie, die auch in Deutschland von Zeitschriften wie »Men's Health« und ihren muskulösen Coverboys geschürt wird, bei ihren männlichen Opfern zu schweren Störungen führt. In der Tat fällt es auf, dass man auch hier mit Männerkörpern machen kann, was bei Frauenkörpern undenkbar wäre: Das Coverfoto der »Men's Health« von Mai 2001 bildet nur noch den Waschbrettbauch eines Models ab. Kopf und Gesicht sind unwichtig geworden, die Persönlichkeit eines Mannes interessiert nicht mehr. Weder »Playboy« noch »Penthouse« gingen je so weit, eines ihrer Titelbilder allein von einem Paar Brüste einnehmen zu lassen.

»The Adonis Complex« berichtet auch über die Folge solcher Zerstückelungen und Reduzierungen von Männlichkeit: Um weibliche Zuneigung zu erhalten, versuchen die Männer so sehr, einem unrealistisch perfekten Körperbild zu entsprechen, dass sie darauf fixiert sind, Dinge an ihrem Körper zu verbessern, die andere Menschen nicht einmal wahrnehmen. Vor lauter Gewichttraining vernachlässigen sie ihre persönlichen Beziehungen und ihre Karriere, und sie ruinieren ihre Gesundheit mit Anabolika und vermeintlich muskelaufbauender Ernährung. Die Zahl der Männer, die unter Fresssucht, Bulimie und erzwungenem Erbrechen leiden, liegt in den USA bereits um die sieben Millionen. Die Zahl der Männer mit weniger drastischen Ess-Störungen ist wesentlich größer.

Sklave seiner Hormone

THESE: TESTOSTERON IST FÜR DIE MÄNNLICHE AGGRESSIVITÄT VERANTWORTLICH

Die Theorie, dass das männliche Geschlechtshormon Testosteron und Aggression in enger Beziehung zueinander stehen, existiert seit Jahrzehnten. Mehr ist dem medizinischen Laien nicht darüber bekannt, weshalb er schon diese vage Vermutung noch einmal zu der These vereinfachen muss, Testosteron *erzeuge* die männliche Aggressivität.

Dies gilt heutzutage schon als Binsenweisheit und erscheint auch nur logisch, weil, wie wir alle wissen, die Frau nur über ein Minimum an Gewaltbereitschaft verfügt (dazu in späteren Kapiteln mehr). In Wahrheit ist die Datenlage zu Testosteron mehr als dürftig. Bis Mitte der achtziger Jahre gab es überhaupt nur sechs Studien, die sich zum Zusammenhang zwischen dem fraglichen Geschlechtshormon und männlicher Aggressionsbereitschaft äußern. Alle kommen zu dem Schluss, dass es keine gesicherten Erkenntnisse gibt (81, 246). Das, was man weiß, ist oft widersprüchlich: Die einen wollen herausgefunden haben, dass bei vielen Männern die Testosteronproduktion erst *nach* der Durchführung einer stressbesetzten Aufgabe steigt (214, 64). Die anderen behaupten steif und fest, dass Stress in Wahrheit den Testosteronspiegel *reduziere* (81, 246).

Auf dem Jahrestreffen der Gesellschaft für Hormonforschung 1995 wurden gar Berichte verteilt, denen zufolge ein *Mangel* an Testosteron aggressives Verhalten erzeuge (67, 33). Neuere Experimente könnten sogar darauf hinweisen, dass es das angeblich weibliche Geschlechtshormon Östrogen ist, das zu gesteigerter Feindseligkeit führt: Heranwachsende Mädchen, die mit Östrogen behandelt wurden, zeigten eine größere Aggression. Dasselbe zeigte sich in Tierversuchen, bei denen männlichen Mäusen dieses Hormon eingespritzt wurde (82, 31).

Der Aggressionsforscher Benton kann über die Unzulänglichkeit der bislang vorhandenen Daten nur den Kopf schütteln: »In den meisten Untersuchungen wurde nur eine Blutprobe entnommen, obwohl bekannt ist, dass Testosteron in Schüben ausgestoßen wird und sich sein Level über den Tag hinweg stark verändert. Zudem ist dieser Ausstoß von längeren Rhythmen abhängig. Nur ein kleiner Anteil des im Körper zirkulierenden Testosterons ist frei; das meiste ist an Proteine gebunden, wodurch eine Schätzung des gesamten Plasmatestosterons zu einer enormen Überschätzung des aktiven Hormons führt.«

Am verblüffendsten war, wie unterschiedlich verschiedene Untersuchungsergebnisse ausfielen: Mal stellte man einen positiven Zusammenhang zwischen Testosteronniveau und feindseligem Verhalten fest, mal einen negativen (also je weniger Testosteron, desto aggressiver) und mal überhaupt keinen (40, 41–43). Die Aussagekraft von Tierversuchen, bei denen z. B. Ratten in überfüllten Käfigen gehalten werden und ab und zu einen Elektroschock bekommen, ist nicht sehr groß, da diese Lebensumstände mit dem Alltag eines Mannes doch nur in groben Grundzügen zu vergleichen sind (81, 246–247).

Es gibt lediglich zwei zentrale Erkenntnisse zum Thema, die als gesichert gelten, und beide widersprechen der These, dass die Steigerung der Testosterondosis auch eine Steigerung der Aggression bedeutet:

• Sowohl die Zufuhr als auch die Rücknahme von Testosteron erzeugen keine beobachtbare Verhaltensänderung. Männer, die wegen einer Unterfunktion ihrer Keimdrüsen an zu geringer Testosteronproduktion leiden, reagieren nicht mit gesteigertem Angriffsverhalten, wenn man ihnen das fehlende Hormon medizinisch zuführt (214, 64). Und die Kastration von Gewalttätern macht ihnen zwar bestimmte Sexualverbrechen medizinisch unmöglich, hat aber keine Auswirkung auf die von ihnen begangenen nicht-sexuellen Gewaltakte (198, 84). Statt dessen entwickeln emotional unausgeglichene Straftäter, die ohne ihre Zustimmung kastriert wurden, noch stärkere gesellschaftsschädigende kriminelle Aktivitäten (282, 311).

• Ebenso wie zum männlichen Hormonsystem Östrogen gehört, gehört zum weiblichen Testosteron – eine Tatsache, die bei Debatten über die Aggressivität von Mann und Frau gerne ignoriert wird (198, 83). Dabei ist der Testosteronspiegel bei berufstätigen Frauen ein wenig höher als bei Hausfrauen (81, 246), und im Verlaufe der Wechseljahre produziert die Frau immer weniger Östrogen, dafür immer mehr Testosteron – bis sie ab Mitte fünfzig über einen höheren Level als ein Mann gleichen Alters verfügt (252, 159).

Von der anderen Warte betrachtet, verfügt ein dreißigjähriger Mann über mehr Östrogen als eine sechzigjährige Frau (308, 86). Wenn also Testosteron das Aggressionshormon sei, so lästert der Maskulist David Thomas, könne man fast schon wieder den Schluss ziehen, dass »Aggressivität in Wirklichkeit ein weibliches Phänomen« sei. (497, 38)

Das ist natürlich Unfug. Statt dessen gehen ernsthafte Aggressionsforscher mittlerweile davon aus, dass es sich hierbei weniger um ein biologisches als um ein soziales Phänomen handelt. In ihrem Buch *Sex im Gehirn* verweist es Annette Bolz in das Reich der Legenden, dass Testosteron Feindseligkeit oder Östrogen Sensibilität und soziale Kompetenz förderten. So könnten Frauen ebenso wie eine Löwin um ihre Jungen kämpfen, wie Männer in der Lage sind, weitblickend zu denken – sonst gäbe es auch kaum so viele männliche Diplomaten. Nur werden Verhaltensweisen, die als »unweiblich« gelten, von Frauen ebenso wenig kultiviert, wie dasselbe umgekehrt bei Männern der Fall ist (43, 178). Auch Anthropologen gehen davon aus, dass sich Männer und Frauen von Natur aus sehr ähnlich sind und zu dem entsprechenden Verhalten erst motiviert werden müssen – oft unbeabsichtigt (198, 85). Da z. B. Jungen im Gegensatz zu Mädchen die Suche nach Nähe und Körperkontakt oft früh abgewöhnt wird, entlädt sich der daraus resultierende Gefühlsstau leichter in der Gewalt gegen andere oder – im Fall des bei Männern viel häufigeren Selbstmords – gegen sich selbst (208, 112).

Mein Baby hat den Blues

THESE: FRAUEN LEIDEN HÄUFIGER UNTER DEPRESSIONEN ALS MÄNNER

Am 14. Juli 1993 brachte die Presseagentur Reuters eine alarmierende Meldung: Vier von zehn Frauen in den USA seien demnach schwer depressiv. Die Zeitungen des Landes druckten diese Nachricht sofort. Immerhin schien sie zur vorherrschenden Einstellung zu passen, dass Frauen in unserer Gesellschaft grundsätzlich den kürzeren gezogen haben.

Die kritische Feministin und Journalistin Christina Hoff Sommers war offenbar die einzige, die der Sache nachging und mit den Wissenschaftlern selbst in Kontakt trat, die den Report herausgebracht hatten, auf den sich Reuters bezog. Sehr schnell stellte sich heraus, dass weder von »schweren Depressionen« die Rede sein konnte noch von vierzig Prozent der Frauen. Auch andere Studien belegten, dass 78 Prozent der Frauen und 80 Prozent der Männer sich rundum zufrieden fühlten – in einer Befragung von Bewohnern San Franciscos zwischen 30 und 47 stellten sich sogar die Frauen glücklicher als die Männer dar (452, 248–250).

»Frauen leiden nicht häufiger als Männer unter Depressionen, aber sie *klagen* häufiger darüber«, erklärt der US-amerikanische Maskulist Warren Farrell. »Neuere Studien belegen, dass Klinikärzte bei Männern in zwei Dritteln aller Fälle eine Depression nicht erkennen, bei Frauen in der Hälfte aller Fälle. Bei Frauen wird auch mit höherer Wahrscheinlichkeit eine Depression diagnostiziert, von der sich später herausstellt, dass es keine war« (130, 213).

Auf solche Unsauberkeiten in der Forschung bezieht sich auch die kritische Feministin Carol Tavris: Das Problem beginnt damit, dass Frauen eher über ihre Gefühle reden und natürlich das Vorurteil kennen, sie würden vermehrt zu Depressionen neigen. Beides führt dazu, dass sie wegen ihrer Schwermut schneller einen Arzt aufsuchen. Dazu kommt, dass sich die klinische Definition dessen, welcher Zustand als »Depression« eingeordnet wird, eben wegen dieser Vorurteile eher an typisch weiblichem Verhalten in diesen Fällen orientiert: Weinen, Im-Bett-Bleiben, Ess-Störungen, Klagen (486, 259). Männer sind aber nicht in der Lage, ihren Kummer auf diese Weise auszudrücken, weil sie in unserer Kultur dazu weder den entsprechenden Zuhörerkreis noch die nötige Ruhe finden (387, 83).

So fanden die Psychologen Hammen und Peters bei der Untersuchung mehrerer hundert College-Studenten heraus, dass Studentinnen, die sich bei einer Depression hilfesuchend an ihre Mitbewohnerinnen wandten, auf fürsorgliche und einfühlsame Reaktionen stießen. Männer in derselben Situation mussten jedoch mit sozialer Isolation, wenn nicht gar offener Feindseligkeit seitens ihrer Zimmergenossen rechnen (387, 34).

Die Gefühle des weiblichen Geschlechts drücken sich in unserer Kultur in Talk-Shows, etlichen Büchern und Sendungen sowie akademischen Frauenstudien aus, die Gefühle des männlichen Geschlechts in Magengeschwüren (131, 60). Die doppelte Moral wird Männern schon in ihrer frühsten Kindheit vermittelt: Obwohl kleine Jungen sehr viel häufiger weinen als Mädchen und viel verletzlicher, ja bis zum 11. Lebensjahr sogar krankheitsanfälliger sind, sprechen Mütter deutlich mehr mit ihren Töchtern (128).

Eine andere Studie zeigte, dass sowohl wenn die Befragten eine Depression selbst durchgemacht, als auch wenn sie sie bei einem Familienmitglied miterlebt hatten, diese Störung bei Männern nicht als Krankheit erkannt, sondern für ein Zeichen persönlicher Schwäche gehalten wurde (387, 31).

Es verwundert also nicht, wenn zum Beispiel Jungen anderen negative Gefühle seltener mitteilen als Mädchen und sie auf Nachfragen abstreiten. Oft zeigen diese Gefühle sich nur in einer Unfähigkeit, mit Freunden zu entspannen, oder mangelndem Interesse daran, um die Häuser zu ziehen. Auf die Frage, ob sie sich daran erinnerten, sich im Laufe des letzten Monats traurig, angewidert, schuldig oder ängstlich gefühlt zu haben, antworteten die meisten Jungen mit »nein«. Aber wenn sie ein Tagebuch über ihre Gefühle geführt hatten, fand man sie alle darin (486, 261).

Wenn Männer ihren Blues also nicht öffentlich blasen dürfen, wie äußert er sich dann? In der Regel schlägt er um in eine bunte Palette anderer Symptome: Arbeitswut, Trinken, Spielsucht, eine abartige Fahrweise, Konzentrationsstörungen, berufliche Probleme bis hin zu Fahrlässigkeit oder Selbstsabotage, extreme Unruhe und starker Bewegungsdrang, Unfähigkeit zu menschlicher Nähe, etliche psychosomatische Störungen und Stress-Symptome (68, 192; 308, 327; 387, 16; 486, 260).

Allerdings gibt es Verhaltensformen, die noch selbstzerstörerischer und sozialschädlicher sind. Wenn man etwa Suchtmittelabhängigkeiten oder antisoziale Persönlichkeitsstörungen zu den depressiven Störungen zählt, dann gleicht sich das pathologische Niveau zwischen den Geschlechtern fast vollständig aus (387, 84–85). Auch dies ist ein ernstzunehmender Hinweis darauf, dass sich Depressionen bei Männern nur anders äußern als bei Frauen.

1995 nahmen sich in Deutschland 9932 Depressive das Leben, davon waren 7081 Männer. Zudem stieg die Zahl der Männer mit schweren Depressionen in den letzten Jahren um 30 Prozent an, wobei diese Zahl nur jene wiedergibt, die tatsächlich Hilfe gesucht haben. Nach deutschen Schätzungen kommen auf einen als depressiv diagnostizierten Mann vier weitere, die im Verborgenen leiden. Die Wahrscheinlichkeit, in seinem Leben an einer Depression zu erkranken, liegt den neusten Schätzungen nach bei zehn bis zwölf Prozent (308, 319–320).

Männer dürfen nicht verletzlich sein. Wenn doch, muss der Schmerz möglichst schnell überwunden werden. Insgeheim ist das die Vorstellung, die nicht nur in den Köpfen von Freunden und Verwandten, sondern auch vieler Psychologen vorherrscht. Diese gesellschaftliche Verdunklungstaktik führt zu verheerenden Auswirkungen, wie der Psychologe Terence Real beschreibt, der sich speziell mit diesem Thema befasst hat: »Zwischen sechzig und achtzig Prozent aller depressiven Menschen bekommen nie Hilfe. Das Schweigen, das die Depression umgibt, ist um so trauriger, als ihre Behandlung eine hohe Erfolgsquote aufweist. Nach aktuellen Schätzungen kann der Zustand von achtzig bis neunzig Prozent aller depressiven Patienten mit einer Kombination von Psychotherapie und Medikamenten verbessert werden – vorausgesetzt, sie nehmen überhaupt eine Behandlung in Anspruch.« (387, 17) Stattdessen stehen viele Männer unter einem so großen Druck wie ein kochender Wasserkessel, dessen Tülle verstopft ist. Dieser Kontrollzwang kann sich nach der Ansicht von Terence Real, aber auch der Psychologin Judith Herman zum Beispiel in Kindesmisshandlung oder Gewalt gegen Frauen äußern (387, 59–64).

Wenn das so wäre, dann würde das erklären, warum in vielfacher Hinsicht die Männer immer noch gewalttätiger sind als die Frauen – auch wenn sich die Schere, wie spätere Kapitel zeigen, immer mehr schließt. Diese Annäherung der Geschlechter in Sachen Gewalt könnte tatsächlich ein unerwünschter Nebeneffekt der Frauenbewegung sein: Nicht nur, weil Frauen Aggression mittlerweile mehr zugestanden wird als Männern, sondern auch, weil sie immer mehr in früher typisch männliche Rollen hineinkommen, wo sie demselben Kontrollzwang unterliegen.

Der Washingtoner Psychologe Alvin Baraff ist überzeugt davon, dass viele Frauen auch in dieser Hinsicht dieselben Erfahrungen wie Männer machen werden: »Sie werden weniger Freunde haben. Sie werden ihre eigenen Gefühle weniger stark wahrnehmen. Sie werden dieselben Krankheiten entwickeln.« (68, 128)

Vermutlich nehmen sich auch deshalb soviel mehr Männer als Frauen das Leben, weil sie den mit ihrer Geschlechterrolle verbunden Druck nicht angemessen nach außen abgeben können (68, 193). Auch dies spricht dafür, dass es höchste Zeit ist, sich um diese Problematik zu kümmern. Terence Real: »Jahrzehntelang haben feministische Wissenschaftler dargelegt, welchen Zwängen ein Mädchen im Laufe seiner Entwicklung unterworfen ist und welche zum Teil katastrophalen Auswirkungen diese auf ihr Selbstwertgefühl haben. Es ist an der Zeit, den entsprechenden Vorgang im Leben von Jungen und Männern zu erforschen.« (387, 18)

Sind Frauen klüger?

THESE: FRAUEN SIND EHER IN DER LAGE, BEIDE GEHIRNHÄLFTEN GLEICHZEITIG ZU BENUTZEN

Noch zu Beginn des vergangenen Jahrhunderts galt es als ausgemachte Tatsache, dass »Neger«, also Schwarze, aufgrund ihrer Gehirnstruktur den Weißen unterlegen seien. Wenn man sich heute Lexikoneinträge aus dieser Zeit anschaut (bis hin zur Encyclopaedia Britannica), wird man erkennen, dass diese Ansicht damals als wissenschaftlich erwiesenes Faktum behandelt wurde.

Nicht anders ging die Forschung mit den Frauen um. So wurde behauptet, dass sie weniger intelligent als Männer seien, weil ihr Gehirn kleiner sei. Irgendwann fragte jemand bei den Wissenschaftlern, die dies behaupteten, nach, ob das nicht ursächlich damit zusammenhängen könnte, dass der Körper von Frauen generell kleiner sei als der von Männern und ob das wirklich Rückschlüsse auf die Leistung zulasse. (Könnte man nicht ebenso gut behaupten, dass kleinere Füßen weniger weit wandern könnten?)

Die Gehirnforscher ließen ihre Argumentation fallen wie eine heiße Kartoffel und behaupteten jetzt, die mangelnde Intelligenz von Frauen hinge damit zusammen, dass ihre Stirnlappen weniger ausgeprägt seien – was sich ebenfalls nicht lange halten ließ. So löste eine Behauptung die andere ab. Jede brach früher oder später auf peinlichste Weise zusammen. Die einzige These, die sich bislang nicht umstürzen ließ, ist, dass der weibliche Durchschnitts-Intelligenzquotient unter dem der Männer liege: allerdings gerade mal um mickrige zwei

Prozent, woraus man auf den Einzelfall nicht die geringsten Rückschlüsse ziehen kann (52, 270).

Irgendwann, als die Frauen demonstriert hatten, dass sie beruflich und intellektuell den Männern in jeder Hinsicht das Wasser reichen konnten, sah auch der letzte dieser Forscher ein, dass der Ansatz von vorneherein unsinnig gewesen war und alle Forschungen, die mangelnde Intelligenz bei Schwarzen oder Frauen an biologischen Merkmalen festmachen wollten, schlichtweg rassistisch und sexistisch waren.

Umschnitt auf die neunziger Jahre. In einer NDR-Talkshow kräht die deutsche Frauenministerin Christine Bergmann (SPD), sekundiert unter anderem von der Hamburger Wissenschaftssenatorin Krista Sager (Grüne), die Unterlegenheit von Jungen gegenüber Mädchen im Schulsystem hänge damit zusammen, dass bei Männern das Corpus Callosum weniger ausgeprägt sei (320). Was bitte? Ein Blick in Chris Evatts Geschlechterklischee-Sammlung »Männer sind vom Mars, Frauen von der Venus« hilft weiter: »Viele Forscher berichten«, heißt es da unbekümmert, »dass Teile des *corpus callosum*, des Balkens, der die rechte und linke Großhirnhemisphäre miteinander verbindet, bei Frauen größer sind als bei Männern. ... Aufgrund dieses Unterschieds benützen Frauen häufiger als Männer beide Hirnhälften gemeinsam.« Dies »macht Frauen viel einfühlsamer in andere Menschen. Sie spüren viel besser den Unterschied zwischen dem, was die Leute sagen, und dem, was sie meinen, und hören viel besser die Nuancen heraus, die die wahren Gefühle eines anderen offenbaren«. Frauen denken insgesamt eher vernetzt, Männer eher linear (125, 128). Die besseren Schulnoten von Mädchen werden schon auch irgendwie damit zusammenhängen.

Man fühlt sich an den Anfang unseres Jahrhunderts zurückversetzt, nur dass vor dem Hintergrund der Frauen-sind-besser-Bewegung die Argumentation jetzt zu Lasten der Männer geht. Als die Radikalfeministin Robin Morgan in ihrem Buch »The Demon Lover« 1989 das Corpus Callosum ihren Anhängerinnen als Beleg für die weibliche Überlegenheit vorstellte (81, 244), besaßen die wenigsten von ihnen ausreichende hirnorganische Kenntnisse, um diese These zu hinterfragen. Seitdem ist sie offenbar in das Weltbild etlicher Frauen eingesickert – darunter prominenter deutscher Politikerinnen.

Die harten Fakten indes entziehen solch einem biologistischen Unfug jegliche Grundlage: Die Größe des Hirnbalkens lässt ganz offensichtlich keinerlei Schlüsse über seine Leistungsfähigkeit zu. Wäre das anders, müssten Frauen z.B. Geschichten besser illustrieren oder architektonische Graphiken geschickter in Worte umwandeln können als Männer. Dies lässt sich aber empirisch nicht belegen. Sie müssten auch Landkarten besser als Männer lesen können – was aber im wahren Leben nicht der Fall ist (43, 167).

Das Corpus Callosum ist nur im Verhältnis zum gesamten Gehirn bei Frauen größer, insgesamt ist es bei beiden Geschlechtern gleich groß. Bei kleinen Kindern ist es sogar in relativen Zahlen gemessen gleich groß, was darauf hinweisen würde, dass es wie Muskeln beim Bodybuilding erst durch spezifischen Gebrauch anwächst. Entscheidend wäre also, welche Fähigkeiten Frauen bzw. Männer im Laufe ihrer Ausbildung eher entwickeln dürfen. Auch Tierversuche haben gezeigt, dass der Balken von Ratten, die in einer komplexeren Lernumwelt aufgezogen wurden, größer wurde als der von anderen (43, 169).

Größe und Form des Corpus können sich bei Angehörigen desselben Geschlechts stärker voneinander unterscheiden als zwischen den Geschlechtern (81, 245). In diesem Zusammenhang ist bei Forschern ein sogenannter »Halo-Effekt« nachweisbar, was verkürzt bedeutet, dass sie ihre Untersuchungen unbewusst so anlegen, dass sie das erwünschte Ergebnis erhalten. Bei Blindstudien, bei denen also die Forscher nicht wussten, ob sie ein männliches oder ein weibliches Gehirn vor sich hatten, konnten keine Größenunterschiede des Balkens festgestellt werden. Das würde immerhin erklären, warum der Balken von Untersuchung zu Untersuchung mal bei Frauen größer ist, mal bei Männern, mal bei beiden Geschlechtern gleich groß (43, 169–71).

Bezeichnenderweise werden diese Studien aber in unterschiedlichem Ausmaß veröffentlicht: So publizierte das Wissenschaftsmagazin »Science« eine Studie, in der Unterschiede in der Gehirnfunktion von Männern und Frauen aufgrund des Corpus behauptet wurden – nicht aber die wissenschaftliche Widerlegung dieser Annahmen und vier Folgestudien, die erklärten, warum die Geschlechterunterschiede im Gehirn nicht nachweisbar seien (486, 51).

Alles in allem scheint die Theorie vom Corpus Callosum ein genauso peinlicher Reinfall zu werden wie sämtliche »Erkenntnisse« über Gehirngröße und Gehirnleistung zu Beginn des letzten Jahrhunderts. Und tatsächlich war sie auch zu dieser Zeit schon im Schwange. Nur wurde damals eine gänzlich andere Reihenfolge festgelegt: Weiße Männer hatten den größten Hirnbalken, es folgten weiße Frauen, dann schwarze Männer, zuletzt schwarze Frauen. Auf dieser Grundlage, so wurde argumentiert, seien bestimmte Berufe von Frauen schlichtweg nicht auszufüllen (43, 170).

Nun hat diese Periode immerhin die Entschuldigung, dass man damals wirklich davon ausging, anhand von bestimmten Besonderheiten des menschlichen Schädels Rückschlüsse über Intelligenz oder Charakter seines Besitzers ziehen zu können (486, 55–56). Es ist erschreckend, dass eine solche Theorie im feministischen Gewande heute wieder fröhliche Urstände feiert, obwohl sie »in den Mülleimer für unwissenschaftliche Abfallprodukte wandern kann, wo sie auch hingehört« (81, 245).

Männer sterben früher

**THESE: DASS FRAUEN SIEBEN JAHRE LÄNGER LEBEN,
HAT BIOLOGISCHE URSACHEN**

Depressionen, Aggressionen, Gehirnstruktur – jedes Mal zeigt sich, dass Mann und Frau von ihren biologischen Grundvoraussetzungen her einander wesentlich ähnlicher sind, als es allgemein den Anschein hat. Eine statistische Tatsache ist aber unumstößlich: Das männliche Geschlecht kommt sieben Jahre früher in die Kiste als das weibliche. Aber auch in diesem Fall sind biologistische Erklärungsversuche en vogue: Mal ist die Rede vom defizitären y-Chromosom, mal davon, dass der Menstruationszyklus den weiblichen Körper besser von Giftstoffen befreie. Dass dies unsinnig ist, lässt sich schon allein dadurch belegen, dass der Abstand in der Lebenserwartung von Mann und Frau nicht immer und überall gleich war: In den zwanziger Jahren lebten Frauen nur ein Jahr länger als Männer, in den Fünfzigern zwei, in den Siebzigern fünf, heute sind es sieben (130, 40; 473, 216; 512, 221; 174, 62). Im Jahre 2010 werden der Weltgesundheitsorganisation WHO zufolge 90 Prozent der 70jährigen in Russland Frauen sein (308, 347). Dafür werden in Bangladesh die Männer älter als die Frauen (130, 217). Wenn man sich zudem die Todesursachen von Männern einmal genauer anschaut, kommen einem sämtliche biologischen Erklärungsmodelle extrem weit hergeholt vor.

Herzkrankheiten

Diese sind für Männer die Todesursache Nummer eins (130, 219). Bei ihnen liegt zwischen 45 und 64 Jahren die Gefahr, einem tödlichen Infarkt zu erliegen, um das Dreifache höher als bei gleichaltrigen Frauen (19, 205). Der Hauptgrund dafür ist Stress. So kamen zwei Professoren der Universität Göteborg, die 80.000 männliche Einwohner untersuchten, zu dem Schluss, dass für viele verheiratete Männer ihre Versorgungsverpflichtung für die Familie vermutlich zu ihrem frühen Tod beiträgt (473, 214). Insofern ist es kein Wunder, dass der plötzliche Herztod mit Vorliebe montagmorgen um neun zuschlägt (239, 83). Dabei kann sich eine Frau ihr Leben immer noch eher ihren persönlichen Wünschen nach gestalten, also z. B. nur halbtags arbeiten oder ganz zu Hause bleiben. Der Epidemiologe Leonard Sagan nennt als wesentlichen Grund dafür, dass wir länger leben als unsere Vorfahren, den Umstand, dass wir uns nicht länger bestimmten Mächten ausgeliefert fühlen, denen wir hilflos gegenüberstehen (473, 215). Das bedeutet im Umkehrschluss, dass das Gefangensein des Mannes in seiner Versorgerrolle dazu beiträgt, sein Leben drastisch zu verkürzen. Während Männer täglich aufs Neue ins Tretrad steigen müssen, um ihre

Lieben zu versorgen, gibt es selbst heute kaum Frauen, die es umgekehrt halten und die Ernährerrolle für die gesamte Familie übernehmen.

Esther Vilar äußert sich in ihrer typisch pointierten Art zu diesem Phänomen: »In der Hochburg der Männerbordelle, den USA,« so schreibt sie, sei die Lebenserwartung der Frau im Vergleich zum Mann um sechs Jahre gestiegen. »In den anderen westlichen Industrieländern ist die Entwicklung ähnlich. Wenn das eine Geschlecht auf den Strich geschickt wird und das andere den Lohn kassiert, kann es nicht anders sein.« (512, 221)

Die Ursachen für einen Infarkt sind nun einmal in aller Regel psychischer Natur. Bei Anzeichen von Gefahr fährt der menschliche Körper immer noch sein uraltes Programm durch, das ihn auf Kampf oder Flucht einstimmen soll: Drüsen und Muskulatur schalten auf Ausnahmezustand um, Adrenalin flutet, das Herz beginnt zu hämmern (239, 81). Nur kann diese Anspannung nicht mehr in Form von Kampf oder Flucht losgelassen werden. Statt dessen findet ein Wechsel auf eine psychische Ebene statt. So fand das »New Journal of Medicine« heraus, dass der Herzschlag unregelmäßig wird, wenn eigene Schwächen thematisiert werden – sei es von einer nörgelnden Ehefrau oder einem unzufriedenen Vorgesetzten (130, 223). Allerdings kann Mann es sich auch nicht so einfach machen, seine Lebenserwartung zu erhöhen, indem er auf das Gründen einer Familie und damit sein Einnehmen der Ernährerrolle einfach verzichtet, denn ein anderer Hauptrisikofaktor bei Herzkrankheiten ist Einsamkeit (130, 224). Wie er sich auch entscheidet, er sitzt in der Zwickmühle.

Schädigungen und Unfälle am Arbeitsplatz

Wie im Kapitel zum Berufsleben noch eingehender zu thematisieren sein wird, ist es keineswegs so, dass sich Männer die schönere Seite der Arbeitswelt gesichert haben. Ganz im Gegenteil: 24 der 25 sogenannten »Todesberufe« werden fast ausschließlich von Männern ausgeübt (169, 121). Den Berichten der Weltgesundheitsorganisation (WHO) nach haben die Männer einen enormen Vorsprung bei Krankheiten, die als Folge zu starker beruflicher Belastung entstehen, etwa Atemwegserkrankungen, die verschiedensten Krebskrankheiten und Kreislaufleiden (473, 213).

Negativ erlebter Stress kann sich schließlich nicht nur im Herzen, sondern auch in Erkrankungen der Verdauungsorgane niederschlagen. Laut Auskunft des Statistischen Bundesamtes in Wiesbaden ist die Diskrepanz zwischen den Geschlechtern bei den anerkannten wie den neuen Berufskrankheiten eklatant: So standen 1996 im Kohlebergbau, Spitzenreiter bei den gesundheitsvernichtenden Jobs, 4.449 erkrankte Männer ganzen zehn erkrankten Frauen gegenüber, bei der Herstellung von Metallerzeugnissen sind es 3.572 Männer und 96 Frauen, im Baugewerbe beträgt das Verhältnis 3.718 zu 54. Die höchste Anzahl weiblicher Berufskrankheiten überhaupt fand sich 1996 im Ernährungsgewerbe mit gerade 340 Fällen (423, 77).

Zu den Krankheiten kommt allerdings noch eine hohe Zahl von Verletzungen, Vergiftungen und andere Berufsunfällen (174, 63; 130, 219). Täglich kommen in unserem Land etwa so viele Männer an ihrem Arbeitsplatz ums Leben wie an einem durchschnittlichen Tag im Kosovokrieg (423, 14). Weltweit sterben der International Labor Organization (ILO) zufolge 1,1 Millionen Männer allein durch Industrieunfälle und übertreffen damit die Zahl derjenigen, die durch Straßenunfälle, Krieg, Gewalt und AIDS getötet wurden (400a). Für jeden tödlichen Berufsunfall, der *einer* Frau zustößt, stehen *zwölf* Männer, die auf diese Weise ums Leben kommen (423, 77).

Das ist kein Zufall: Erstens werden Männer grundsätzlich dort eingesetzt, wo die Gefahren am größten sind, etwa im Baugewerbe oder im Untertagebau, während Frauen es sich als »Mitverdiener« in der Familie leisten können, in Branchen tätig zu sein, wo die größte Sicherheit besteht: im Verkauf, im Unterricht, im Büro (423, 13). Zweitens werden Frauen im Gegensatz zu Männern zusätzlich durch rechtliche Verordnungen vor stärkeren Belastungen geschützt. Ihnen darf man nach dem deutschen Berufsschutzgesetz nicht einmal zumuten, Lasten anzuheben, die schwerer als 15 Kilogramm sind (299, 17). Die Todesrate bei Feuerwehrleuten, die sich fast ausschließlich aus männlichen Freiwilligen rekrutieren, liegt infolge von Krebs 400 Prozent höher als bei der Durchschnittsbevölkerung. An Krebs erkrankte Feuerwehrmänner werden im Durchschnitt gerade mal 52 (130, 138–139).

Die ILO schätzt, dass jährlich 600.000 Menschenleben gerettet werden könnten, wenn die verfügbaren Sicherheitsmaßnahmen auch eingesetzt werden würden. Sie geht von weltweit insgesamt 250 Millionen Arbeitsunfällen und 160 Millionen am Arbeitsplatz entstandenen Krankheiten aus. Hierbei unterscheidet die ILO nicht nach Geschlechtern, aber aus Ländern wie England, Australien, Kanada und Südafrika, in denen eine solche statistische Aufsplittung existiert, erfahren wir, dass die Opfer zu über 90 Prozent Männer sind (400a).

Selbstmord

Männer sind deutlich stärker suizidgefährdet als Frauen. In Deutschland standen 8.800 Männern, die sich 1998 das Leben nahmen, 3.400 Frauen gegenüber, also nicht einmal die Hälfte (536). Statistiken des Gesundheitswesens von Anfang der neunziger Jahre nennen ähnliche Zahlenverhältnisse, wobei vor allem die älteste und die jüngste Männergeneration herausstechen: Bei den Bürgern unter 25 und über 75 Jahren wurde nur etwa jeder fünfte Selbstmord von einer Frau begangen (174, 66). In den USA sind die Relationen für diese Altersgruppe ähnlich (363, 23). Dort hat die Selbstmordrate bei männlichen Jugendlichen in letzter Zeit um mehr als das Dreifache gegenüber der von Mädchen *zugenommen* (130, 199). Dabei können die »verdeckten Selbstmorde«, also etwa wenn sich ein Neunzehnjähriger aus Verzweiflung völlig betrinkt und mit seinem Wagen gegen den nächsten Baum rast, noch nicht einmal statistisch erfasst werden.

Insgesamt sterben in den USA viermal mehr Männer durch Selbstmord als Frauen (130, 199). In Großbritannien stehen jeder Frau, die sich das Leben nahm, vier tote Männer gegenüber, wobei auch hier die Rate für das vermeintlich bevorzugte Geschlecht anstieg, während sich die der Frauen fast halbierte (497, 7).

Nun könnte man ja die Theorie aufstellen, dass auch eine höhere Selbstmordneigung bei Männern biologische Ursachen haben mag. Dies widerlegt aber ein Bericht des »New Science Magazine« vom 22.3.1997 über Selbstmorde in China: Dort nehmen sich mehr Frauen das Leben als Männer (164). Es ist die westliche Gesellschaft, die auf manche Männer einen letztlich unerträglichen Druck ausübt.

Auch wenn man die Selbstmordraten von Jugendlichen genauer aufschlüsselt, erhält man so manche Einsicht: Bis zum Alter von neun Jahren ist das Verhältnis der Selbstmorde von Jungen und Mädchen ausgewogen. Zwischen 10 und 14 Jahren steigt die Quote der Jungen auf das Doppelte. Zwischen 15 und 19 ist sie viermal und zwischen 20 und 24 sechsmal so hoch. Mit anderen Worten: »Sobald Jungen den Druck ihrer Geschlechterrolle zu spüren bekommen, steigt ihre Selbstmordrate um 25.000 Prozent« (130, 41).

Es ist kein Wunder, dass manche Männer ihre Rolle als so belastend erfahren, dass sie irgendwann keinen anderen Weg mehr sehen, als sich ihr endgültig zu entziehen. Allein beim männlichen Geschlecht sind berufliches und privates Versagen so eng miteinander verknüpft: Männer sind es, die Geld heranschaffen müssen, um Frauen erst zu erobern und dann zu versorgen. Sie sind es immer noch, die in der Regel die Initiative beim anderen Geschlecht ergreifen und eine Bloßstellung riskieren müssen. Sie sind es, die sehr früh lernen, dass sie Erfolg haben müssen, um erotisch und anziehend zu erscheinen.

Sobald sie keinen Erfolg mehr haben und infolgedessen auch über keine Finanzkraft und über keinerlei selbstbewusste Ausstrahlung mehr verfügen, müssen Männer auch den Verlust von Liebe, Nähe und partnerschaftlicher Unterstützung befürchten (130, 201–209).

Viele suchen Zuflucht in Alkohol oder vergleichbaren Süchten. Männer haben dreimal häufiger Alkoholprobleme als Frauen (130, 224). Die Psychologin Paula Caplan und die Soziologin Margit Eichler prägten für diese geistige Verfassung den Ausdruck DDPD (Delusional Dominating Personality Disorder): Diese typisch männliche Verhaltensstörung wird unter anderem durch Stress, Selbstzweifel und Unsicherheit hervorgerufen und führt zu Drogenmissbrauch, erhöhter Gewaltbereitschaft, Gesundheitsproblemen und einer allgemein kürzeren Lebenserwartung (486, 188–190).

Äußere Gewalteinwirkung

Männer und nicht Frauen sind entgegen der allgemeinen Rhetorik die häufigsten Opfer von Gewaltverbrechen. Darauf soll in einem späteren Kapitel noch eingehender eingegangen werden. Hier genügt der generelle Hinweis, dass 75 Prozent aller Mordopfer Männer sind. Ähnliches ergibt sich, wenn man die Opfer brachialer Gewalteinwirkung zusammenzählt: Zwei Drittel aller Notfallpatienten sind männlich, und 80 Prozent aller Todesfälle von Männern zwischen 15 und 24 werden durch Unfall, Suizid und Totschlag verursacht (473, 212-213).

Medizinische Benachteiligung

Nehmen wir einmal an, eine bestimmte biologische Grundausstattung wie das Doppel-x-Chromosom gäbe den Frauen tatsächlich einen Vorsprung, was Gesundheit und körperliche Widerstandskraft angeht. Könnte man dann nicht erwarten, dass Männer – und nicht die Frauen – zum Ausgleich von schweren, riskanten und belastenden Arbeiten verschont blieben? Und wenn das schon nicht der Fall ist: Müsste man dann nicht wenigstens versuchen, diese biologische Benachteiligung des Mannes durch verstärkte medizinische Forschung und Versorgung auszugleichen? Feministinnen würden das umgekehrt ganz selbstverständlich einfordern.

Statt dessen ist das genaue Gegenteil der Fall: Die Hauptzielgruppe der Gesundheitsförderung sind immer noch Frauen (174, 59). Während es in jeder größeren Stadt Deutschlands Frauengesundheitszentren gibt, existiert kein einziges für Männer. Erstens sind *dafür* nun wirklich keine öffentlichen Gelder da, zweitens würden Frauenrechtlerinnen vermutlich dagegen Sturm laufen.

Ähnlich sieht es in der medizinischen Forschung aus. Manche Feministin behauptet immer noch, dass diese Forschung extrem auf Männer ausgerichtet sei und für die Erforschung von Frauenkrankheiten zu wenig Geld ausgegeben werde. Obwohl längst nachgewiesen wurde, wie sehr sich alle, die diese Behauptung aufgestellt haben, unweigerlich in ihren eigenen Statistiken verheddern (547, 74–80), ist dieser Irrtum mittlerweile von den USA nach Deutschland übergeschwappt (1, 202–204).

Die »Emma« spricht im Zusammenhang mit Brustkrebs sogar von einem »Genozid an den Frauen« (109, 59), also von einem Völkermord: Die Frau kriegt Krebs, der Mann ist schuld. Mancher mag sich die Frage stellen, warum Feministinnen in ihrem Kampf gegen Krebs nicht zum Beispiel Zigarettenhersteller als Schuldige angreifen, statt ausgerechnet einen »Hass auf Ärzte und Krankenhäuser« zu empfinden (119, 33). Ob das etwas damit zu tun haben könnte, dass in den USA Zigarettenmarken wie Virgina Slims enorme Summen an feministische Organisationen gespendet und deren Veranstaltungen massiv unterstützt haben? (365)

Ebenso fällt auf, wie geschickt viele Zigarettenmarken starke und unabhängige Frauen auf ihren Reklameplakaten abbilden und dies durch Slogans wie »You've come a long way, baby« unterstützen. Wenn das weiblich-feministische Ego derart gestreichelt wird, sieht frau offenbar wohlwollend über die wahren Verursacher von Brustkrebs hinweg. Stattdessen wird das männliche Geschlecht an sich der Massentötung bezichtigt.

Wenn man sich allerdings auf diese bizarre Hasslogik einlassen wollte, dann müsste man vielmehr von einem Völkermord an den Männern sprechen. So beklagt der Kölner Urologe Theodor Klotz, dass für die Erforschung weiblicher Tumoren etwa bei Brustkrebs, wesentlich mehr Geld ausgegeben werde als für typisch männliche Krebsarten wie Magen-, Darm-, Bronchial- und Prostatakarzinom, obwohl diese häufiger sind (458, 257). 1996 etwa starben 11.916 Männer an Prostatakrebs. Im Gegensatz zu Brustkrebs oder Krebserkrankungen der Gebärmutter oder der Eierstöcke ist diese Krankheit weder in den Medien noch in breitgefächerten medizinischen Kampagnen zur Früherkennung ein Thema (423, 50). Ähnlich sieht es bei Hodenkrebs aus, der häufigsten Todesursache bei jungen Männern zwischen 15 und 34 Jahren. Bei Hodenkrebs beträgt die Überlebenschance 87 %, wenn er rechtzeitig erkannt wird. Zur Früherkennung von Karzinomen werden aber nur Frauen medizinisch angeleitet (130, 234).

Dies ist kein spezifisch deutsches, sondern ein internationales Problem. So schreibt Warren Farrell über die Zustände in den USA: »Die Wahrscheinlichkeit für eine Frau, an Brustkrebs zu sterben, ist vierzehn Prozent höher als die Wahrscheinlichkeit für einen Mann, an Prostatakrebs zu sterben. Es werden aber 660 Prozent mehr Gelder für die Erforschung von Brustkrebs eingesetzt als zur Erforschung von Prostatakrebs.« Das Verhältnis Forschungsmittel/Todesrate liegt also sehr eindeutig zugunsten der Frauen. (130, 51)

So etwas bezeichnen Feministinnen heutzutage als Völkermord. Schon in den Achtzigern, lange bevor Brustkrebs eine politische Agenda der Frauenbewegung wurde, gab das nationale Krebsinstitut der USA 658 Millionen Dollar zur Erforschung von Brustkrebs aus, aber nur 113 Millionen Dollar zur Erforschung von Prostatakrebs. Auch die »Medline database« im Internet verzeichnet mehr als zehnmal so viele englischsprachige Einträge zu Brustkrebs wie zu Prostatakrebs (547, 74).

Dass dieses Missverhältnis nicht entsprechend wahrgenommen wird, kann an einer geradezu abenteuerlichen Darstellung in den Medien liegen. Etwa wenn eine Titelgeschichte in der »New York Times«, in der über die höheren Krebsraten bei Männern im Vergleich zu Frauen berichtet wird, überschrieben ist mit: »Minderheiten und Frauen immer noch besonders gefährdet« (547, 81). In Großbritannien besteht eine ähnliche Diskrepanz zwischen Mortalität und der Aufmerksamkeit der Öffentlichkeit: Obwohl doppelt so viele Männer an

Prostatakrebs sterben wie Frauen an Gebärmutter- und Gebärmutterhalskrebs zusammen, gibt es für diese Frauenkrankheiten ein nationales Vorsorgeprogramm, für die Männerkrankheiten nicht (457, 20).

Nun soll aber beileibe nicht der Eindruck entstehen, als ob diese Diskrepanz zwischen den Geschlechtern nur im Gebiet der Krebsvorsorge bestünde. Vielmehr ergab eine Auswertung von dreitausend medizinischen Zeitschriften im Index Medicus, dass auf dreiundzwanzig Artikel über die Gesundheit von Frauen ein einziger kommt, der die Gesundheit von Männern zum Thema hat.

Es gibt zahlreiche blinde Flecken bei typischen Männerkrankheiten: Außer den oben genannten sind das unter anderem Gehörverlust, unspezifische Harnröhrenentzündung, Entzündung der Nebenhoden oder das Klinefeltersyndrom. Um festzustellen, dass eine neue Operationsmethode bei Prostatavergrößerung die Sterberate in Wahrheit um 45 Prozent *erhöhte*, brauchte man siebzig Jahre, weil zur Untersuchung dieses Männerproblems einfach nicht die nötigen Gelder zur Verfügung standen (130, 228–232).

Insofern überrascht es nicht, wenn deutsche Mediziner auf die Notwendigkeit eines »Männerarztes« hinweisen, analog zum Frauenarzt, der die Angehörigen des weiblichen Geschlechts von der Jugend bis ins Alter regelmäßig betreut, untersucht und behandelt (458, 257). Eine solche Institution fordern auch die Wiener Hormonforscher Meryn und Metka: »Der Mann ist bisher bei allen Überlegungen, die das Älterwerden, die Verlängerung der Lebensspanne und die Verbesserung der Lebensqualität betrifft, von der Medizin nachlässig behandelt worden. Der medizinische Fokus war vielmehr auf das weibliche Geschlecht konzentriert.« (308, 24)

Diese Schieflage wurde bis heute nicht einmal wahrgenommen. Auch als der Mediziner Hans-Udo Eickenberg darauf hinwies, dass »der Wissensstand über den männlichen Körper im Vergleich zur Frauenforschung um rund dreißig Jahre« zurückliege, war das der Presse kaum einige Zeilen wert (182, 172). Generell hat man es hier offensichtlich mit der althergebrachten Einstellung zu tun, dass Männer gefälligst lernen sollen zu leiden, ohne zu klagen. Dadurch, dass sie ihre Probleme herunterschlucken, entstehen aber gerade die in diesem Kapitel größtenteils angesprochenen Leiden wie Depressionen, Krebs, Herzkrankheiten, Süchte und eine Neigung zum Selbstmord – die wiederum immer noch nicht als typische Männerkrankheiten in unserem Bewusstsein verankert sind (423, 50).

»Wir brauchen dringend eine Männerbewegung«, urteilt daher der Bielefelder Soziologe Klaus Hurrelmann, der sich speziell mit dem frühen Sterbealter von Männern auseinander gesetzt hat (533). Wenn Frauen aufgrund gesundheitlicher Probleme, die vermeidbar und letztlich gesellschaftlich bedingt sind, sieben Jahre früher sterben würden, gäbe es einen Aufschrei in der Medienlandschaft, der jedes andere Thema auf die hinteren Plätze verweisen würde. Sind Männer in dieser Position, sieht es anders aus: Im August 2000 beschlossen die Regierungsparteien SPD und Bündnis 90/Die Grünen im Bundestag, eine speziell auf Frauen eingerichtete Gesundheitsvorsorge weiter zu fördern. Es ist sehr wahrscheinlich, dass diese Geringschätzung der Probleme von Männern den Kern unserer Gesellschaft berührt. Generell galten und gelten Frauen als etwas besonders Schützenswertes – und im Umkehrschluss Männer als etwas, das man zur Not auch opfern kann. Noch während des Kosovokrieges konnte man Plakate lesen wie »NATO-Bomben töten Frauen und Kinder«. Wenn Männer zerfetzt werden, ist das zweitrangig. Auch in dpa-Meldungen beispielsweise über einen Terroranschlag werden noch im Jahre 1997 »Frauen und Kinder« unter den Opfern quasi als Einheit höheren Wertes hervorgehoben (182, 115). In einem Interview mit der Zeitschrift »Playboy« bekundete ein deutscher Auftragskiller nur einen einzigen Ehrenkodex zu haben: »Keine Frauen, keine Kinder.« (419, 50) Selbst für einen Mann wie ihn, für den sämtliche moralischen Gesetze ohne jede Bedeutung waren, gab es noch eine letzte unumstößliche Richtlinie: dass das Lebensrecht einer Frau über dem Recht eines Mannes auf Leben steht.

Auch von Schiffskatastrophen kennen wir den Leitspruch »Frauen und Kinder zuerst«. Während dieses Prinzip bei Kindern noch Sinn macht, ist es fragwürdig, warum das Leben einer Frau soviel mehr wert sein soll als das Leben eines Mannes. James Cameron, der Regisseur des Blockbusters »Titanic«, äußert sich unverhohlen zu dem historischen Hintergrund seines Filmes: »Aus der Analyse der Personen, die auf der Titanic überlebten oder starben, ergeben sich bestürzende Fakten. Als männlicher Passagier auf dem Zwischendeck betrug die Überlebenschance 1:10. In der ersten Klasse betrugen die Chancen 50:50, und als Frau hatte man in der ersten Klasse sogar eine fast hundertprozentige Überlebenschance. In der dritten Klasse überlebten dagegen nur 25 Prozent der Frauen, aber sämtliche Männer starben, wie auch alle Männer im Maschinenraum. Kurzum: Das Überleben hing vom Geschlecht und von der Passagierklasse ab. Auf der Titanic entsprach beides dem Wert des Menschen.« (423, 27–28). Wobei das Geschlecht vor dem sozialen Rang den entscheidenden Ausschlag gab: Männer aus der ersten Klasse kamen tatsächlich 22-mal so oft ums Leben wie Frauen aus der ersten Klasse (66 gegenüber drei Prozent); es starben deutlich mehr der reichsten Männer als der ärmsten Frauen (131, 289). Insgesamt konnten sich achtzig Prozent der weiblichen Passagiere retten, während achtzig Prozent der Männer ertranken (23, 276). Erstaunlicherweise befand sich plötzlich keine einzige Feministin mehr an Bord, als die Rettungsboote zu Wasser gelassen wurden – wie schnell das manchmal gehen kann ...

Dass die Rettungsboote in einem solchen Fall auch heute noch dem weiblichen Geschlecht vorbehalten bleiben sollten, glauben einer Befragung aus dem Jahr 1999 zufolge erschreckend viele »emanzipierte Frauen«, von der Gewerkschaftsführerin Engelen-Kefer bis zur Modemacherin Jil Sander (527, 243-250). Vielleicht liegt das daran, dass aus solchen Katastrophen weniger sozialpolitische Analysen über das *wahre* Geschlechtergefälle zwischen Mann und Frau entstehen als vielmehr rührselige Spielfilme und massenweise Leonardo-

Di-Caprio-Poster. Niemals ertrank ein Mann so fotogen wie er. Für den »Titanic«-Film musste die historische Wirklichkeit ein wenig zurechtgebogen werden: Frauen wurden als Heldinnen gezeigt, Männer als Feiglinge. Der Schiffsoffizier William Murdock opferte in der Realität sein Leben in dem verzweifelten Bemühen, das anderer Menschen zu retten. Im Film lässt er sich bestechen und erschießt einen Passagier der dritten Klasse, bevor er sich selbst umbringt. Twentieth Century Fox entschuldigte sich für diese Verleumdung, aber der Kassenschlager »Titanic« ist das Kind seiner Zeit: einer Zeit, in der die wirklichen Verhältnisse völlig gleichgültig sind, wenn man Männer zu Tätern stempeln kann, auch wenn sie ihr Leben für andere geben.

Dass Männer in unserer Gesellschaft als das entbehrliche Geschlecht gelten, ist schon so weit in unserem Bewusstsein verankert, dass wir es gar nicht mehr hinterfragen. Das belegt ein weiteres Beispiel aus den USA. Über vierzig Jahre lang wurde 399 schwarzen Männern, die an einer Regierungsstudie teilnahmen, nicht mitgeteilt, dass sie an Syphilis litten. Sie erhielten weder Penicillin noch irgendeine andere Form der Behandlung, damit die Forscher ungehindert den Verlauf der Krankheit beobachten und Experimente anstellen konnten. 1997 entschuldigte sich Präsident Clinton öffentlich für diese Form von Rassismus. Es wurde nicht einmal *wahrgenommen*, dass es sich bei diesen Menschenversuchen außer um Rassismus auch um Sexismus handelte. Die ahnungslosen Versuchskaninchen waren ausschließlich Männer. (131, 260)

Dass neue Medikamente mit unbekannten Auswirkungen lediglich am männlichen Geschlecht erprobt werden, ist nicht unüblich. Warren Farrell: »Wir führen mehr Forschungsexperimente an Gefängnisinsassen, an Soldaten und generell an Männern durch als an Frauen, und zwar aus dem gleichen Grund, weshalb wir anstelle von Menschen Ratten zur Forschung heranziehen.« (130, 228)

Insgesamt gesehen profitieren Frauen in mehrfacher Hinsicht davon, dass das Leben von Männern eher für verzichtbar gehalten wird:

• Ihre eigenen Überlebenschancen steigen, sei es bei Extremsituationen wie Schiffsunglücken, sei es, dass Männer ihnen beruflich die gefährlichen Aufgaben abnehmen, sei es, dass das männliche Geschlecht im Krieg an die Front zieht oder dass Männer allzu oft als Begleiter ihrer Partnerinnen ihr Leben als eine Art unbezahlter Leibwächter aufs Spiel setzen (423, 14).

• Die Gelder, die Männern bei der medizinischen *Versorgung* fehlen, kommen Frauen zugute, die Medikamente, die bei Männern *getestet* werden, beiden Geschlechtern – wenn sie sich im Test bewährt haben.

• Infolge der unterschiedlichen Lebenserwartung gibt es z. B. in der Bundesrepublik 2,3 Millionen mehr Frauen als Männer (174, 61). In einer Demokratie bestimmt die Anzahl der WählerInnen über die Entscheidungen der

Regierung, in einer Konsumwelt die Anzahl der KundInnen über den Erfolg bestimmter Produkte, insbesondere der Medienerzeugnisse. Insofern liegen sowohl die politische Macht als auch die Definitionsmacht darüber, wie Wirklichkeit wahrgenommen wird, in den Händen der Frauen (dazu später mehr). Möglicherweise wird sich genau deshalb an den geschilderten Umständen auch wenig ändern.

• Zuletzt wird aus der Tatsache, dass Männer das geopferte Geschlecht sind, für Frauen ein finanzieller Vorteil, da bei Lebensversicherungen weibliche Versicherte günstigere Beiträge zahlen als männliche (437, 128).

Es ist mehr als grotesk, wenn selbst der frühe Tod von Männern in den Medien nur als weitere Benachteiligung von Frauen erscheint: etwa weil ältere Frauen nicht mehr so leicht einen Partner finden, was die Zeitschrift »Newsweek« unter der Überschrift »Noch eine biologische Uhr« beweinte. Ähnlich bizarr sieht die Berichterstattung über die Folgen des Bosnienkrieges aus. Nachdem in einer von der »Los Angeles Times« als »patriarchal« beschriebenen Gesellschaft die meisten Männer getötet worden waren, klagte die Zeitung über das harte Schicksal der *Frauen*, die bittere Einsamkeit zu bewältigen hatten – und ebenso all die mühselige Schufterei, die noch im »Patriarchat« das luxuriöse Vorrecht der unterdrückerischen Männer gewesen war (131, 262–263). Wenn Männer sich abquälen, nennt man das Patriarchat, wenn Männer umgebracht werden, bemitleidet man die Frauen.

Frauen verkaufen sich als Opfer einfach besser. So kam es, dass die Frauenbewegung zuhauf von Männern unterstützt wurde, während die Reaktionen von Frauen auf die Männerbefreiung Vorwürfe wegen »Gejammere, Selbstmitleid, Wehleidigkeit« sind. In Blättern wie »Psychologie heute« machen sich die Autorinnen über die »waidwunden Opfer« unter den Männern höchstens lustig (423, 95–96). Das Recht am lautstarken Leiden hat die Frau nämlich für sich gepachtet. Jede Infragestellung ihrer Opferrolle muss mit Ironisierung und dem Appell an reaktionäre Männlichkeitsklischees begegnet werden: Indianer kennen keinen Schmerz.

Grundsätzlich ist die Lebenserwartung einer Gruppe ein geeigneter Indikator für ihre Stellung im gesellschaftlichen Machtgefüge. Schwarze sterben in den USA sechs Jahre früher als Weiße, weil sie weniger Geld und weniger Einfluss auf ihre Situation haben (130, 40). Ebenso ist hierzulande die Lebenserwartung eines Universitätsprofessors rund neun Jahre höher als die eines ungelernten Arbeiters (19, 61). Man müsste schon bewusst die Augen verschließen, um nicht zu erkennen, was es bedeutet, dass der Preis für den Wohlstand und überhaupt das Funktionieren unserer Gesellschaft das Leben von Männern ist.

EHEFRAU UND MUTTER – UNANGREIFBARE IKONE?

»Ein toter Vater ist Rücksicht in höchster Vollendung.«

Die englische Erfolgsautorin Maureen Green zitiert
von der »Emma«-Redakteurin Leona Siebenschön

Die Familie ist die in allen Kulturen vermutlich häufigste und grundlegendste Form eines Zusammenschlusses mit anderen, ein System, das den meisten von uns seit Beginn unserer Existenz wohlvertraut ist. Dennoch oder gerade deswegen ranken sich auch um dieses Thema etliche Mythen und falsche Klischees. Die einen mögen althergebracht sein, etwa die Vorstellung von der »natürlichen« Beziehung zwischen Mutter und Kind. Die anderen kamen erst im Gefolge des Feminismus auf: so zum Beispiel einerseits die Klage über den abwesenden Vater, der sich nicht genug um seine Kinder kümmere, und andererseits die Behauptung, dass eine Familie auch sehr gut auf den Vater verzichten könne, ohne darunter zu leiden.

Es verblüfft heutzutage nicht mehr wirklich, dass sowohl die traditionellen als auch die neu aufgekommenen Vorurteile zu Lasten des Mannes gehen, was unter anderem darin deutlich wird, dass in Sorgerechtsstreitigkeiten oft automatisch das Kind der Mutter zugesprochen wird. (Es gibt zwar inzwischen ein neues Kindschaftsrecht, nur wäre es schön, wenn es von den Gerichten auch entsprechend umgesetzt würde.)

Wenn über die Familie gesprochen wird, sind Gut und Böse genauso klar verteilt wie sonst im Geschlechterkampf: Da ist auf der einen Seite die aufopferungsvolle Mutter, die nur aus reiner Liebe zu ihrem Kind besteht, und auf der anderen der Rabenvater, der sich nach der Arbeit wie ein Pascha vor den Fernseher wirft, statt mit Sohnemann zu spielen oder Hausaufgaben zu machen, irgendwann mit einer Jüngeren durch die Betten zieht und die Mutter mit Kind und Kegel sitzen lässt. Schließlich verweigert er ihr zu allem Übel noch den Unterhalt, so dass sie mit ihren Kleinen bitter darben muss, während er sich ein schönes Leben macht. Und da soll man keinen Hass auf die Männer entwickeln?

No woman, no cry

Glauben Sie eigentlich auch noch daran, dass es Männern in einer Ehe gut geht, während Frauen darunter leiden? Was ja kein Wunder wäre: Schließlich spielt *er* den Pascha und nutzt *sie* als Köchin und Dienstmädchen aus. Dass zum Beispiel der Druck, die Familie finanziell über die Runden zu bringen, auch im Zeitalter des Feminismus nur in den allerseltensten Fällen allein auf weiblichen Schultern liegt, wird hier gerne übersehen.

»Ein Mann ist nicht komplett, bis er verheiratet ist«, ulkte Zsa Zsa Gabor, »dann ist er erledigt.« (470, 71) So nämlich sehen die Folgen des ehelichen Zusammenlebens aus: Ehemänner klagen fast doppelt so häufig über Kopfschmerzen wie Singles (30 gegenüber 17 Prozent), der Anteil der Männer mit Lebensfreude geht von 61 auf 40 Prozent zurück und die Zahl der Optimisten reduziert sich von 54 auf 31 Prozent. Bei den Singles haben noch 44 Prozent guten Grund, vergnügt zu sein. Bei den Ehemännern sind es nur noch 33 Prozent. Ehefrauen hingegen sind im Vergleich mit weiblichen Singles erkennbar gesünder, selbstbewusster und glücklicher. Während ihre Krankheitshäufigkeit im statistischen Mittel zurückgeht, steigt sie bei verheirateten Männern an: Dreimal so oft leiden sie unter Kreislauf-, doppelt so oft unter Verdauungsbeschwerden. Auch Sodbrennen, Übelkeit und temporäre Impotenz nehmen drastisch zu. Es ist kein Wunder, dass die Ursache der aufgeführten Krankheiten in der Regel psychischer Natur ist. 69 Prozent aller Männer sehnen sich nach mehr Verständnis. 38 Prozent nennen als größten Wunsch, dass ihre Partnerin endlich aufhört, an ihnen herumzunörgeln. 41 Prozent beklagen sich, dass ihre Partnerinnen sich zu wenig dafür interessieren, was sie denken, tun und schätzen. Dennoch hält der übergroße Männeranteil (76 Prozent) an der Überzeugung fest, dass erst eine glückliche Partnerschaft das Leben lebenswert macht (316, 31, 323). Wenn sie nur ein bisschen besser funktionieren würde ...

»Er kann von keiner die Finger lassen!«

»Immer mehr Männer gehen fremd, und immer mehr Frauen müssen Wege finden damit umzugehen«, behauptet die Autorin Carol Botwin in ihrem Buch »Männer, die nicht treu sein können« und zeichnet darin von Anfang bis Ende das Bild des männlichen Schürzenjägers und der hintergangenen Frau. Damit bedient sie sich eines festverwurzelten Klischees. Sind Männer wegen ihres »natürlichen Jagdtriebs« wirklich eher polygam, während Frauen brav und treu zu Hause herumhocken? Schon Shere Hite fand in ihren umfangreichen Befragungen heraus, dass 70 Prozent aller Frauen, die mehr als fünf Jahre verheiratet waren, sexuellen Kontakt außerhalb der Ehe unterhielten. Nichtsdestotrotz behaupteten fast alle von sich, an die Monogamie zu glauben (203, 360). Allerdings lassen sich die meisten nicht volle fünf Jahre Zeit, bis sie auf den Trichter kommen, sondern schlagen nach dem vierten Jahr schon zu und lassen damit die Männer klar hinter sich zurück (310, 139). Einer aktuellen Umfrage von Ende 2000 zufolge, die ein Meinungsforschungsinstitut für die Zeitschrift »Bunte« erstellte, nutzen sechsmal mehr Frauen Betriebsfeiern für einen Seitensprung als Männer (538, 16). Und wirft man den Blick hinüber ins katholische Bella Italia, das Land der Machos und Latin Lover, haben wir es mit einer glatten Verdopplung der Untreue zu tun: 66 Prozent aller Italienerinnen gehen fremd, aber nur 32 Prozent ihrer Männer (156, 20–21).

An sexueller Vernachlässigung durch den Partner kann dieses Phänomen jedenfalls nicht liegen, erklärt der Biologe Robin Baker: »Ende der achtziger Jahre zeigte eine britische Studie, dass im Lauf eines Lebens (das heißt nach etwa dreitausend Besamungen) rund 80 Prozent der Frauen zumindest einmal innerhalb von fünf Tagen mit zwei verschiedenen Männern geschlafen haben, 69 Prozent innerhalb eines Tages, 13 Prozent innerhalb einer Stunde und ein Prozent innerhalb von dreißig Minuten.« (15, 235–236)

Der Reiz des Seitensprungs scheint eher darin zu liegen, dass ein anderer Partner zwischendurch einfach sexuell erfüllender ist. Mit einem Liebhaber erleben Frauen häufiger (nämlich zu 33 Prozent) einen Orgasmus als bei ihrem Ehemann zu Hause (22 Prozent; 15, 299). Die Biologin Sarah Hrdy sieht den Grund hingegen vor allem in Gesetzmäßigkeiten der Natur: Schließlich seien auch die Weibchen vieler Katzenarten (z. B. Leoparden und Löwen) und Affenspezies (z. B. Paviane und Schimpansen) promisk. Wenn eine Löwin in Stimmung ist, paart sie sich mit den verschiedensten Löwenmännchen bis zu hundert Mal am Tag. Schimpansenweibchen treiben es quer durch den Urwald (486, 217).

Ohne den Übergang von Schimpansinnen zu den Frauen unserer Spezies allzu hart gestalten zu wollen, fällt doch auf, dass es bei unserer Gattung gewisse statistische Spitzen der Untreue gibt. So war in »Cosmopolitan« Nr. 1/1990 (wahrlich kein frauenfeindliches Blatt) nachzulesen, dass Karrierefrauen, also solche »in verantwortlichen Positionen«, mit 84 Prozent deutlich häufiger fremdgehen als der weibliche Durchschnitt (316, 278). Ähnlich sieht es an unseren Universitäten aus: Eine Untersuchung unter Münchner Studentinnen brachte hervor, dass im Schnitt jede von ihnen elf Liebhaber hatte (316, 275).

»Na gut«, wird man sich vielleicht denken. »Das ist gerade mal einer pro Semester, wenn sie sich ranhält.« Aber so einfach ist das nicht, wie eine Studie unter Studierenden in Westberlin belegt: Zwei Drittel von ihnen schränkt nämlich aufgrund der Aids-Gefahr die Neuaufnahme sexueller Kontakte ein, während Nebenbeziehungen nicht etwa ab-, sondern zugenommen haben, also länger aufrecht erhalten werden (156, 21). Die Sexualkontakte laufen also nicht nacheinander ab, sondern parallel. Diese wahre Einstellung der Geschlechter zum Thema Treue konnte ein aufmerksamer Beobachter spätestens in den neunziger Jahren auch problemlos an Artikeln in Zeitschriften ablesen. Während 1995 ein Beitrag in der »Cosmopolitan« mit dem Titel »Betrügen oder nicht betrügen?« die Vorteile eines Seitensprungs herausstellte, legte 1996 ein Beitrag mit demselben Titel im Männermagazin »GQ« den Schwerpunkt auf die Nachteile. Was die Presse natürlich nicht abhält, in den üblichen Schubladen zu denken: Ein »Newsweek«-Artikel, in dem statistisch belegt wurde, dass bei verheirateten Paaren unter 34 sich die Frauen öfter in fremden Betten herumtrieben als ihre Herren Gemahle, war wie selbstverständlich überschrieben mit »Männer benehmen sich schlecht« (547, 30).

Umgekehrt wird weibliche Untreue selbst in den vermeintlichen Männermedien fast schon anerkennend gewürdigt. »Haben Frauen kein Recht auf Sex?« titelte etwa die »Bild«-Zeitung, nachdem das OLG Konstanz die Unterhaltsklage einer Ehebrecherin abgelehnt hatte, die ihren Mann zwei Jahre lang mit einem gemeinsamen Freund betrogen hatte (440, 55).

Diese doppelte Moral lernte der Autor eines Ratgebers für Beziehungsprobleme kennen. Er wurde nicht nur dazu aufgefordert, sämtliche Erwähnungen fremdgehender Frauen zu streichen, sondern sogar die Namen zu wechseln – so dass aus allen tatsächlichen Fällen von Frauen, die ihren Partner betrogen hatten, Männer wurden, die ihre Partnerin hintergingen. Er wurde vor die Wahl gestellt: die Frau durchgehend als Opfer zu präsentieren oder nicht veröffentlicht zu werden (131, 286). An der Männer-sind-Schweine-Legende durfte scheinbar auf keinen Fall gerüttelt werden.

»Einen Moment«, werden jetzt vielleicht die zunehmend besorgteren männlichen Leser dieses Buches einwenden. »Wie verhält es sich bei all diesem Durcheinander eigentlich mit dem Nachwuchs?« Nun: Eine britische Studie kam kürzlich zu der Erkenntnis, dass vier Prozent aller Menschen gezeugt werden, indem sich von zwei *gleichzeitig* im Körper der Mutter« vorhandenen Ejakulaten schließlich eines durchsetzt. (Es sind übrigens Fälle bekannt, in denen zweieiige Zwillinge verschiedene Väter haben, was am offenkundigsten war, wenn diese beiden verschiedenen Rassen angehörten.) Weiterhin konnte man aufgrund von Blutgruppenuntersuchungen feststellen, dass weltweit rund zehn Prozent aller Kinder nicht von dem Mann gezeugt wurden, der sich bislang für ihren Vater gehalten hatte – eine Quote, die auch für die westlichen Industriegesellschaften Gültigkeit hat. Vaterschaftstests von Jugendfürsorgestellen ermitteln gar in 15 Prozent aller Fälle einen Fremdvater. Je zuverlässiger die Gen-analytischen Verfahren werden, desto höher steigt die Quote: Professor Hansjürgen Bratzke, Direktor des Zentrums der Rechtsmedizin an der Uniklinik Frankfurt/M., gab Ende 1999 bekannt, dass 20 Prozent der von ihm untersuchten Männer nicht die biologischen Väter seien: »Es kam schon vor, dass wir fünf Männer untersuchen mussten, um festzustellen, welcher von ihnen der tatsächliche Vater ist.« Zum selben Zeitpunkt musste eine wissenschaftliche Arbeit über Abstammungen am Institut de Puériculture in Paris abgebrochen werden – andernfalls hätten die Ergebnisse die betroffenen Familien ziemlich durcheinander gebracht. Bei manchen Vogelarten sind dreißig Prozent »Kuckuckseier« die Regel, und die dänische Feministin Anja Meulenbelt erwähnt eine Untersuchung, die bei Menschen dieselbe Rate festgestellt haben will. Auch der Münchener Kinderarzt Dr. med. Claus Waldenmaier stellte bei seinen umfangreichen Vaterschaftstests fest, dass in jedem dritten Fall der angebliche Vater nicht der biologische Erzeuger des Kindes war. Zusätzlich muss man bedenken, dass solche Untersuchungen nur über die geborenen, nicht aber die *gezeugten* Kinder Aufschluss geben. Eine Frau, die damit rechnen muss, ihr Dauerpartner könnte herausfinden, dass er nicht der rechtmäßige Vater ist, wird ihr Kind eher abtreiben lassen (15, 71, 91; 152; 310, 137; 500, 49; 511).

Die Gefahr ein Kuckucksei untergeschoben zu bekommen, ist nicht für alle Männer gleich groß. »Am schlechtesten ergeht es denen, die hinsichtlich Besitz und Status schlecht abschneiden. Der Anteil schwankt zwischen einem Prozent in Wohngegenden mit hohem Status in der Schweiz und in den USA, fünf bis sechs Prozent bei Männern mit mittlerem Status in England und den USA und zehn bis 30 Prozent bei Männern mit geringem Status in England, Frankreich und den USA.« In Deutschland dürfte das Verhältnis ähnlich sein. Dabei wählen Frauen auch zum Fremdgehen eher einen Liebhaber mit hohem Status aus. »Männer mit größerem Besitz und Status bekommen früher Partnerinnen, beginnen sich früher fortzupflanzen, bekommen ihre Partnerinnen mit geringerer Wahrscheinlichkeit von anderen Männern geschwängert und haben größere Chancen, genau dies anderen Männern anzutun.« (15, 192)

Wie das ZDF-Magazin Frontal 21 in seinen Sendungen am 3. April und am 8. Mai 2001 vermeldete, sind in Deutschland immer mehr Männer dabei, durch Gentests nachweisen zu lassen, dass sie in Wahrheit gar nicht die Väter der ihnen untergeschobenen Kinder sind. Noch sperrt sich Justitia etwas mit dem Argument, solche Tests stellten einen Eingriff in die Intimsphäre der Frau dar. Dennoch scheint ein Wandel der Rechtsprechung zugunsten der betrogenen Männer momentan unausweichlich.

»Der Dreckskerl hat sie mit den Kindern einfach sitzen lassen ...«

THESE: EINE SCHEIDUNG GEHT IMMER ZU LASTEN DER FRAU

Es ist wirklich verblüffend, dass es unter den skizzierten Umständen die *Frauen* sind, die einer Ehe den Todesstoß versetzen und ihre Männer verlassen. Jede zweite Großstadtehe wird geschieden, heute mehr denn je. Dabei geht die

Trennung doppelt so häufig auf weibliche Initiative zurück wie auf männliche. »Ein Drittel dieser Scheidungen«, so die Frauenzeitschrift »Brigitte«, werde »mit Kleinigkeiten begründet« (299, 37–39). Glaubt heutzutage eigentlich wirklich noch jemand, dass Frauen das tun würden, wenn sich ihre Lebensumstände danach massiv *verschlechtern* würden, während die des Mannes besser werden? Die Bestseller-Autorin Gaby Hauptmann bringt die Sache in ihrem gewohnten Zynismus auf den Punkt: »Nach drei Scheidungen muss es sich eine Frau einfach leisten können, einen Porsche zu fahren. Sonst hat sie was falsch gemacht.« (299, 127) Und Zsa Zsa Gabor sekundiert: »Ich bin eine gute Haushälterin. Jedes Mal, wenn ich einen Mann verlasse, behalte ich das Haus.« (470, 74). Das Überraschendste an solchen Wahrheiten ist, dass sie mittlerweile ganz offen ausgesprochen werden dürfen. Die Position der Frau ist nach über zwanzig Jahren der neuen Scheidungsgesetzgebung so weit gestärkt, dass sie es *hier* nicht mehr nötig hat, die Opferrolle einzunehmen, um vom Mann Geld, Kinder und Wohnung für sich alleine zu bekommen. Wenn sie den Heiratsvertrag einseitig aufkündigt, ist sie seine Nachteile los, kann aber die Vorteile behalten (547, 259).

Mit ein Grund dafür, dass Frauen untreuer sind als Männer, ist möglicherweise, dass sie es sich eher leisten können. *Er* hat im Falle einer Trennung deutlich mehr zu verlieren als *sie*. Es ist *sein* Risiko, dass er, wenn er Schwierigkeiten macht, die Kinder verliert und finanziell ausblutet. Lassen wir einen Fachmann zu Worte kommen, den Familienrichter Harald Schütz: »In unserem Rechtsstaat kann es Menschen, weit überwiegend Vätern, widerfahren, dass gegen ihren Willen und ohne ein anzurechnendes schuldhaftes Verhalten ihre Ehe geschieden, ihnen die Kinder entzogen, der Umgang mit ihnen ausgeschlossen, der Vorwurf, ihre Kinder sexuell missbraucht zu haben, erhoben und durch Gerichtsentscheid bestätigt und sie zudem durch Unterhaltszahlungen auf den Mindestselbstbehalt herabgesetzt werden. Die Dimension solchen staatlich verordneten Leides erreicht tragisches Ausmaß.« (300, 313) Das neue Wort »Wegwerf-Vater« ist entstanden.

Fälle von ehemaligen Ehepaaren, bei denen nach der Scheidung der Mann völlig verarmt war, während seine Ex-Frau im Luxus schwelgte, finden sich in der einschlägigen Literatur zu diesem Thema zuhauf. »Der gebrauchte Mann. Abgeliebt und abgezockt« betitelt etwa Karin Jäckel treffend ihre Fallsammlung. Zusammen mit Kindesunterhalt kann eine geschiedene, nicht berufstätige Mutter, die zwei Kinder erzieht, weit über die Hälfte des gesamten Einkommens des Verpflichteten erhalten. Im Laufe eines Lebens summieren sich schon die Zahlungen eines Normalverdieners auf einen Betrag zwischen 250.000 und einer Million Mark (473, 198).

Es werden Fälle berichtet, wo dem zur Kasse gebetenen Ex-Mann selbst nur noch 4,20 DM pro Tag für den Lebensunterhalt bleiben (473, 204). Luise Mandau sieht hier nicht nur die Auswirkungen unglücklicher Umstände vorliegen: »Viele Ex-Frauen wissen genau um die finanzielle Misere des Ex-Mannes und

Vaters und begrüßen dies sogar. Voller Schadenfreude genießen sie die schwierige finanzielle Situation des Ex-Mannes. Das habe dieser doch nicht anders verdient. Er habe sie schließlich nicht glücklich gemacht. Jetzt könne er sehen, was er davon hat. Die Macht der geschiedenen Frau und Mutter ist vollkommen. Diese Macht kostet sie aus, und oft benutzt und missbraucht sie diese Macht.« (288, 106)

Da überrascht es nicht, wenn der Jurist Valentin Landmann von »kriminellen Faktoren im neuen deutschen Scheidungsrecht« spricht und das Gesetz von 1977 als Beispiel für in die Gesellschaft integrierte Kriminalität bezeichnet: »Meines Erachtens haben auch rechtliche Reformen, die zur Durchsetzung ihrer Prinzipien sozusagen über Leichen gehen, diese Leichen mitzuverantworten.« (268, 178)

Zur finanziellen Misere des Mannes kommt regelmäßig die emotionale, zum Beispiel dadurch, dass die Ex-Frauen den Scheidungsvätern deren eigene Kinder entfremden. Typische Taktiken sind ein Schlechtmachen des Vaters und ein Sabotieren jeglichen Kontaktes zwischen ihm und seinem Nachwuchs. Frauen sprechen hinter dem Rücken des Ex-Partners fünfmal häufiger schlecht über ihn als umgekehrt die Männer – nach den Aussagen der Scheidungskinder selbst (131, 204). Psychologen vergleichen dieses Verhalten mit einer Art »Programmierung« und »Gehirnwäsche« und haben für das dadurch erzeugte Verhalten von Kindern, nämlich sich dem einen Elternteil kalt zu verweigern und den anderen hochzujubeln, inzwischen den Ausdruck »Parental Alienation Syndrome (PAS)« geprägt. PAS tritt in 90 Prozent aller Sorgerechtsfälle auf. »Die Mutter hat den Vater weggeschickt – wird sie mich auch wegschicken?«, fragen sich PAS-Kinder, und sie reagieren darauf notgedrungen mit einer Übersolidarisierung mit der Mutter (49).

Ein betroffener Heranwachsender berichtet über die Beziehung zu seinem Vater, der von der Mutter geschieden wurde: »Urplötzlich kann ich noch nicht einmal etwas Nettes über ihn sagen. Mir wird die Erlaubnis verweigert, ihn zu lieben. Es kam wirklich so weit, dass ich mich nach ein paar Jahren an den Beschimpfungen meiner Mutter beteiligte. Ich habe angefangen, ihm zu sagen, dass ich wünschte, er würde einen Unfall haben, wenn er heimfährt. Meine Mutter liebte es, dieses Gerede zu hören.« (68, 176–177) Diese emotionale Schädigung von Kindern und Vätern gleichermaßen gilt in den USA, Kanada und Tschechien längst als justitiabler Tatbestand. Hierzulande sprechen feministische Richterinnen wie Sabine Heinke immer noch davon, dass Väter, die um das Sorgerecht kämpfen, »Frauen mit Gefühl um ihr Geld bringen« würden (49).

»Geschiedene Väter stellen die am meisten unterdrückte Minderheit in unserem Lande dar, ökonomisch, sozial und emotional«, fassten die Amerikaner Silver und Silver die Misere zusammen. Sie müssen nicht nur für den Rest ihres Lebens für eine Frau schuften, die ihnen oft die eigenen Kinder entfremdet, sie sind wegen ihrer finanziellen und seelischen Notlage auch kaum noch in der Lage, eine neue Beziehung aufzubauen oder überhaupt mit ihrem gesellschaftlichen Umfeld mitzuhalten (473, 211).

Einige dieser ausgebeuteten Väter haben sich im Internet inzwischen unter *www.paPPa.com* zu einer Selbsthilfeorganisation zusammengeschlossen. Auch der bundesweit größte Verband männlicher Scheidungsopfer bietet sich im Netz unter *www.isuv.de* als Ansprechpartner an. Frauen haben es leichter, nach der Scheidung finanziell wieder auf die Beine zu kommen. So können sie mittlerweile recht problemlos einen anderen Mann als Zweitversorger an Land ziehen. 1995 entschied das Oberlandesgericht in Frankfurt/M., dass ein Mann seiner Ehemaligen weiterhin Unterhalt zahlen musste, obwohl diese längst mit einem neuen Partner zusammenlebte. Eine solche Partnerschaft sei nämlich, so die Richter, erst nach drei Jahren als ausreichend gefestigt zu betrachten. Womit dem Ex-Mann dieser Dame nur zu hoffen bleibt, dass sie nicht vor Ablauf dieser Frist ihren Lebenspartner einfach wechselt und das grausame Spiel von vorne losgeht. Auch stellt es der Gesetzgeber einer geschiedenen Frau frei zu arbeiten und so ihr eigenes Einkommen zu erwirtschaften, ohne dass dies besondere Auswirkungen auf die Höhe der ihr »zustehenden« Unterhaltszahlungen habe. So werden die Frauen auf Kosten der Männer zu Profiteuren einer in der Regel von ihnen aufgekündigten Partnerschaft.

Ein Faktor, der mit dazu beiträgt, geschiedenen Männern das Kreuz zu brechen, ist, dass sie vom Gesetzgeber zum Junggesellen erklärt werden und damit die teure Steuerklasse eins aufgebrummt bekommen. Auch wenn sie in Wahrheit immer noch Frau und Familie zu versorgen haben, werden sie vom Staat wie jemand behandelt, der alleine für seine eigenen Kosten aufkommen muss. Da verwundert es nicht, dass, wie der Frankfurter Familienrichter Peter Eschweiler erklärte, 60 Prozent der Obdachlosen infolge einer Scheidung auf der Straße gelandet sind (288, 83–87).

Dabei ist es für Männer, die von ihren Frauen nach der Scheidung bewusst fertiggemacht werden, oft aus mehrfacher Hinsicht schwierig, das überhaupt publik zu machen. Erstens sind bei uns Gut und Böse immer noch nach Geschlechtern sortiert, was bedeutet: Auch wenn ein Mann ganz offensichtlich von seiner Frau ausgebeutet wird, wird *er* irgendwie dafür verantwortlich gemacht und muss sich Fragen stellen lassen wie: »Was hast du ihr nur angetan, dass sie so mit dir umgeht?« (300, 18) Sinnvoller wäre es zu fragen, ob man, wenn man einer Partei in einem Konflikt sämtliche Machtmittel in die Hand gibt, sie zu deren Missbrauch nicht geradezu einlädt. Zweitens sitzt die Ex-Frau eines Mannes auch insofern am längeren Hebel, dass sie ihm, wenn er ihre Praktiken publik macht, den Umgang mit seinen Kindern noch zusätzlich höllisch erschweren, wenn nicht unmöglich machen kann. Drittens sind »Urteile, in denen Vätern Strafen von 500.000 Mark angedroht werden für den Fall, dass sie sich an die Öffentlichkeit wenden« inzwischen keine Seltenheit mehr (300, 16).

So unfassbar die Lage für geschiedene Männer auch ist, so kündigt sich allmählich doch ein Lichtstreif am Horizont an. Nein, gemeint ist nicht das neue Kindschaftsrecht. Das sieht zwar auf dem Papier nach einem ersten Anfang aus (gegen den feministische Verbände natürlich Sturm laufen), aber es wird von Amtsrichtern allzu oft nicht praktisch umgesetzt:»Noch immer genügt ihnen das Kopfschütteln einer streitbaren Mutter, um den Vater nach einer Trennung auf Dauer auszugrenzen.« (300, 15)

Das öffnet zum Beispiel unausgesprochenen Erpressungen Tür und Tor, wie Luise Mandau berichtet:»Alleinerziehende Mütter bestellen über Katalog und geben als Zahlstelle das Konto des ... Vaters der gemeinsamen Kinder an. Auch diese Männer dürfen ihre Kinder erst wiedersehen, wenn die Rechnung beglichen ist.« (288, 102)

Dazu kommen Skandale wie der um die Bremer Richterin Sabine Heinke, die einerseits als Redakteurin der feministischen Rechtszeitschrift»Streit« eine, wie sie es nennt,»offensive Parteilichkeit« betreibt und gegen das neue Kindschaftsrecht zu Felde zieht, aber andererseits als vermeintlich neutrale Richterin ausgerechnet im Familienrecht eingesetzt wird. Dass es im Geschlechterkrieg»keinen objektiven Standpunkt« gäbe, wird von ihr ebenso behauptet wie, dass Männer»Totschläger, Brandstifter, Vergewaltiger, Grabschänder« seien. Wenn, wie Matthias Matussek berichtet, eine solche Person hinter dem Richterpult sitzt, während gleichzeitig eine ihrer»Streit«-Mitarbeiterinnen in der Verhandlung als Anwältin tätig ist und die beiden so tun, als ob sie sich nicht kennen würden, dann hat man endgültig den Eindruck, in einer feministischen Bananenrepublik gelandet zu sein (300, 197–199). Zu diesem Eindruck gelangte am 13.7.2000 offenbar auch der Europäische Gerichtshof für Menschenrechte: Er wies die Bundesregierung an, dem 53jährigen Hamburger Elsholz fast 47.700 DM Schadensersatz zu zahlen, da ihm die deutsche Justiz den Umgang mit seinem Kind verweigert hatte. Die Richter behaupteten, dass das Kind durch Treffen mit seinem Vater in»unzumutbare Loyalitätskonflikte« geraten würde. Drei Klagen des Vaters waren hintereinander abgewiesen worden. Das oberste europäische Gericht hingegen kam zu dem Schluss, dass Deutschland gegen zwei Bestimmungen der Menschenrechtskonvention verstoßen habe: das Recht auf ein Familienleben *und* das Recht auf einen fairen Prozess (3). Dem Vater nutzt aber selbst diese Entscheidung wenig: Nach all diesen gerichtlichen Auseinandersetzungen ist sein Sohn inzwischen 14 Jahre alt. Inzwischen wurde gegen die zuständigen Richter allerdings Strafanzeige wegen vorsätzlicher Rechtsbeugung erstattet. Und Michael Reeken, Vorsitzender des Vereins Väter für Kinder, weist darauf hin, dass der Fall Elsholz nicht außergewöhnlich gewesen sei, sondern in dieser Art tausendfach in Deutschland vorkomme. Sein Fazit: Das Märchen vom menschenrechtsfreundlichen deutschen Familienrecht sei endgültig demontiert.

Sollte das neue Kindschaftsrecht jedoch irgendwann *wirklich* greifen, könnte es langfristig auch die Scheidungsrate senken: Frauen, die ihren Partner nicht so leicht loswerden, weil sie über das Kind noch an ihn gebunden sind, geben sich größere Mühe, verheiratet zu bleiben: Eine Studie aus den USA belegt, dass die Scheidungsraten am drastischsten in Staaten gesunken sind, in denen eine hohe Prozentzahl von gemeinsamen Sorgeregelungen besteht (547, 217).

Der tatsächliche Silberstreif am Horizont kommt indes aus einer ganz unerwarteten Richtung, nämlich von den weiblichen Opfern, denn auch die gibt es dank dem Scheidungsunrecht zuhauf. Gemeint sind die neuen Partnerinnen geschiedener Männer. Erstens bekommen auch sie ganz genau mit, was in unserer Gesellschaft als Recht und Gesetz gilt, und reagieren in aller Regel entsetzt. »Als mir mein zukünftiger Ehemann die Geschichte seiner Scheidung erzählte, war ich mehr als geschockt«, berichtet eine von ihnen. »Ich hatte mich als Feministin betrachtet, jetzt hat sich meine Einstellung komplett geändert.« (547, 213) Zweitens werden auch sie vom Gesetzgeber kaltgestellt, indem sie nämlich vom Verdienst ihres Partners nicht mitprofitieren können, weil das Geld bis auf den lebensnotwendigen Selbstbehalt an seine Ehemalige geht.

»Aus dieser Perspektive betrachtet«, so Karin Jäckel sarkastisch, »ist die neue Frau eines geschiedenen Mannes gut beraten, nur dann zu heiraten, wenn der Mann genügend Geld verdient, um neben der Versorgung seiner Erstfamilie auch die Versorgung seiner zweiten Frau und der mit ihr gegründeten Zweitfamilie finanzieren zu können. Die Qualifikation des Mannes mit ›Prädikat erste Wahl, beste Goldeselqualität‹ beziehungsweise seine Abqualifikation mit dem unsichtbaren Stempel ›Vorsicht, Secondhand-Mann, bereits abgezockt‹ wäre damit perfekt.« Sollte ihr hingegen tatsächlich Liebe vor Geld gehen, ist sie aus der Sicht des Gesetzgebers selber schuld. Denn dann »ist sie als Ehepartnerin eines Mannes mit Erstfamilie verpflichtet, ja sogar gezwungen, künftig selbst erwerbstätig zu sein. Und zwar nicht etwa nur deshalb, um den Lebensunterhalt ihrer eigenen Familie zu sichern, sondern auch um von ihrem Einkommen für die Zahlungsverpflichtungen an die Erstfamilie des Mannes mit aufzukommen. Ein Grundsatzurteil des Bundesgerichtshofs von 1987 erklärt dazu ausdrücklich, dass die Zweitfrau eines geschiedenen Mannes und Familienvaters notfalls vom Existenzminimum leben oder Sozialhilfe beantragen muss.« (219, 101)

Die internationale Väterbewegung wächst und steht über das Internet weltweit miteinander in Kontakt. Allein in den USA rechnet man mit bis zu 100.000 Mitgliedern. Die zweiten Frauen der über den Tisch gezogenen Männer werden als »die lautstärksten Fußsoldaten« in diesem Kampf bezeichnet. Zwischen einem Drittel und der Hälfte der US-amerikanischen Vaterrechtsgruppen wird von Frauen getragen. Radikale Feministinnen wie Susan Faludi oder Mitglieder von NOW versuchen diese Frauen als »Handlangerinnen des Patriarchats« zu denunzieren. Tatsächlich gibt es sehr unterschiedliche Unterstützerinnen der Vaterbewegung: Mütter ohne Sorgerecht, die der Ansicht sind, alle Eltern in dieser Situation teilen ein gemeinsames Problem; Feministinnen, die glauben, die momentane Regelung halte die finanzielle Abhängigkeit von Frauen weiter aufrecht; Sozialarbeiterinnen und Familienberaterinnen, die einfach einsehen, dass dieses System unfair gegenüber Vätern ist. Persönliche Erfahrungen kommen dazu – etwa wenn eine Frau erfahren muss, dass sie und ihr Partner in Gefahr geraten obdachlos zu werden, weil er dazu gezwungen ist, absurd hohen Unterhalt an seine Ex-Gattin zu zahlen. (547, 213; 548)

Selbst eine Gaby Hauptmann lässt in ihrem oben zitierten Kommentar ja durchblicken, dass eine Scheidung heutzutage für eine Frau durchaus eine Möglichkeit sein kann, einen guten Schnitt zu machen, wenn sie es »richtig« anstellt. Insofern ist es verwunderlich, dass großangelegte Kampagnen, die Frauen als Opfer bösartiger Männer darstellen, immer noch erfolgreich sind. Die bekannteste davon dürfte die Unterhaltslüge sein.

Rabenväter auf der Flucht

THESE: 800.000 DEUTSCHE MÄNNER BETRÜGEN IHRE
EX-FRAUEN UND IHRE KINDER UM DEREN UNTERHALT

Wie sagte Mark Twain so schön: »Eine Lüge kann zur Hälfte um die Welt spurten, während die Wahrheit sich noch die Schuhe anzieht.« Vor allem wenn es gegen Männer geht, bricht hierzulande manchmal die schiere Idiotie aus: Von der »Bild«-Zeitung über die »Berliner Morgenpost« bis zur Familienzeitschrift »Funk Uhr« – überall war plötzlich davon die Rede, dass jeder Dritte geschiedene Vater keinen Pfennig für seine Kinder zahle. »Der eigene Nachwuchs ist ihnen offenbar nichts wert« oder »Wissen Väter eigentlich, was sie ihren Töchtern und Söhnen damit antun?« waren noch nicht einmal die dümmsten Floskeln zur Schau getragener Empörung (160, 10).

Was war geschehen? Aus Gründen, die sicherlich nichts mit dem bevorstehenden Wahlkampf zu tun hatten, hatte die glücklose Frauenministerin Claudia Nolte beschlossen, bundesweit mit der Väterfeindlichkeit der Bevölkerung zu spielen. Sie gab Mitteilungen an die Presse, die, wie so oft bei solchen Themen, nicht gegenrecherchiert, sondern treu und brav geglaubt und abgedruckt wurden.

Diesen Meldungen zufolge zahlten Bund und Länder 1997 über 1,6 Milliarden Mark an Unterhaltsvorschüssen für Kinder, »deren Väter die Alimente verweigerten«. Kein Wunder, dass Deutschland wirtschaftlich in der Krise steckte: erst diese verdammten Asylanten, dann die Vätermafia! Daraus entstanden in der Presse skandalöse Zahlen. Die »Berliner Morgenpost« etwa titelte »Väter sollen zur Kasse gebeten werden – 800.000 verweigern Unterhaltszahlung für Kinder«. (351, 12) Nach einiger Zeit war die Väterschutzvereinigung Pappa. com über die Hetzjagd dermaßen entnervt, dass sie Strafanzeige gegen die Bundesministerin stellte (vermutlich ein eher symbolischer Akt), weil diese wissentlich falsche Zahlen verbreitet habe.

Es ist sicher richtig, dass Ministerin Nolte ein gerüttelt Maß an Mitschuld an dieser gigantischen Medienente trug, aber insgesamt spielten mehrere Faktoren zusammen, die letztlich alle auf der sexistischen Vermutung beruhten, dass Männern ohnehin alles zuzutrauen sei. Welche Fehler enthielt denn nun die Rechnung, die eine derart horrende Gesamtzahl von »Rabenvätern« ergab?

• Wie Zeitungen wie die »Berliner Morgenpost« auf ihre 800.000 kommen, weiß kein Mensch. Schon wenn der »Wiesbadener Kurier« etwa von 519.000 Alimenteflüchtigen spricht, ist das ein geistiger Kurzschluss. Tatsächlich berichtet Ministerin Nolte von 519.000 betroffenen *Kindern*. Natürlich sind etliche Väter für mehrere Kinder zugleich unterhaltspflichtig (354, 7).

• Die Bundesministerin kannte entweder die Zahlen ihrer eigenen Regierung nicht, oder sie ignorierte sie schlichtweg. Denn es ist keineswegs der Fall, dass die meisten Väter, die keinen Unterhalt zahlten, dies aus niederträchtigen Motiven taten. Aufgrund einer zigfach zitierten Antwort der Bundesregierung auf eine kleine Anfrage der SPD ist in 70 bis 75 Prozent jeder Versuch, den Unterhalt einzutreiben, von vornherein aussichtslos, weil die Väter infolge der Scheidung vollkommen verarmt sind und selbst nicht genug zum Knabbern haben.
Dies bestätigen z. B. auch die Hamburger Jugendbehörde und der Interessenverband Unterhalt und Familienrecht in Nürnberg. (219, 203–205; 299, 134–135; 351, 5–12; 354, 4) Schuld daran, so konnte man sich selbst in einer »Mona-Lisa«-Sendung zu diesem Thema vorrechnen lassen, ist das bundesdeutsche Steuerrecht, das einen Mann nach der Scheidung von Steuerklasse drei in Steuerklasse eins rutschen lässt, wodurch ihm tausend Mark im Monat verloren gehen. Der erforderliche Betrag, um eine vierköpfige Familie einschließlich sich selbst nach Trennung und Scheidung einigermaßen über die Runden zu bringen, entspricht 9.000,- DM im Monat, also etwa dem Doppelten des statistischen Durchschnittseinkommens. (317)
»Mona Lisa« empfahl den betroffenen Frauen übrigens, wirtschaftlich unabhängig zu werden und so schnell wie möglich ein eigenes Einkommen zu erzielen. Der mit 15 Millionen DM pro Jahr gesponserte Verband alleinerziehender Mütter und Väter (trotz des irreführenden Namens von Mitgliedern und Ausrichtung her eine fast reine Mütterorganisation) fände es hingegen wesentlich sinnvoller, wenn der Unterhalt so rigoros eingetrieben werden würde, dass den Vätern dann eben *weniger* als das Existenzminimum bleibt. (351, 8)

• Was Frau Nolte wohlweislich mit keiner Silbe erwähnte, war, dass sich ihre Zahlen über Unterhaltsflüchtlinge keinesfalls nur auf Väter bezogen. Sie hätte besser geschlechtsneutral von »säumigen Unterhaltspflichtigen« gesprochen, denn etwa 13 Prozent von ihnen waren nicht-sorgeberechtigte Mütter. Und um deren Zahlungsmoral, so Rosemarie Rittinger vom Interessenverband Unterhalt und Familienrecht, stehe es *wirklich* schlecht: »Für Väter ist das selbstverständlich, aber Müttern müssen Sie das erst mal klarmachen.« Von den unterhaltspflichtigen und zahlungsfähigen Müttern kommen nur zehn Prozent ihren Verpflichtungen nach. Glatte 90 Prozent sind unterhaltssäumig. (351, 9; 354, 1, 6–7)

Alleine den Mann als Geldquelle zu betrachten sitzt fest in den Köpfen der Frauen – das weiß auch die Beziehungstherapeutin Susan Jeffers. Ihr zufolge sind Äußerungen wie »Jeder Mann, der um Unterhaltszahlungen bittet, ist ein Blutsauger« keineswegs untypisch (225, 94). Allerdings hätte es das übliche Gut-Böse-Schema gehörig durcheinandergebracht, wenn beispielsweise die »Funk Uhr« von Müttern behauptet hätte, dass ihnen »der eigene Nachwuchs offenbar nichts wert« sei.

Alles in allem verblieben nach all diesen Abzügen 85.827 tatsächlich unterhaltsflüchtige Väter – schlimm genug, aber gerade einmal ein *Zehntel* der übelsten Horror-Zahlen, die durch die bundesdeutsche Medienlandschaft geisterten. Und selbst diese Zahl ist deshalb noch zu hoch, weil sie die staatlichen Unterhaltsleistungen auch für diejenigen Mütter erfasst, die den Vater ihrer Kinder nicht angeben, z. B. weil sie ihn gar nicht kennen (354, 7).

Wir haben hier einen Sexismus doppelter Art vorliegen: Zum einen wird zum weit überwiegenden Teil von Männern erwartet, dass sie den Unterhalt herbeischaffen. Zum anderen werden diese Männer durch den Dreck gezogen, wenn sie dieser Verpflichtung nicht mehr nachkommen können. Wenn Väter tatsächlich bewusst nicht zahlen, dann ist das in der Regel eine Trotzreaktion darauf, dass ihnen der Umgang mit ihren Kindern verweigert wird. Eine Statistik aus den USA zeigt, dass mehr als doppelt so viele Väter mit gemeinsamer Sorge den Unterhalt leisten wie Väter, deren Kontakt zu ihrem Nachwuchs stark eingeschränkt wird (351, 13).

Es gibt in Deutschland Fälle, bei denen Väter den Unterhalt z. B. absichtlich zurückhalten, weil sich die Mütter über entgegenstehende Gerichtsbeschlüsse einfach hinwegsetzen und ihren Ex-Männern den rechtlich zugesicherten Kontakt mit dem Nachwuchs verweigern. Die Väter kommen mit diesen Kürzungen allerdings rechtlich nicht durch und müssen nachzahlen (300, 259).

Worüber man in den Medien ebenfalls wenig liest, ist die Abzockerei mancher Mütter, wie im Fall des freischaffenden Musikers Anton G., der 13 Jahre nach einer einwöchigen Affäre einen Brief vom Jugendamt erhielt, er solle für seine Tochter für Vergangenheit und Zukunft Unterhalt nachzahlen – einen Monatsbetrag, der sein eigenes Einkommen überstieg. Er wollte wenigstens jetzt Kontakt zu seiner Tochter herstellen, aber auch das wurde ihm von der Mutter unmöglich gemacht.

Allmählich erkannte er, dass er »als Samenspender und Zahlesel« missbraucht worden war: »Das Jugendamt München, eine Frau L., teilte mir in der typischen Münchner Art der knapp verhohlenen Schadenfreude mit, dass ich zwar verpflichtet sei, Unterhalt zu bezahlen, dass sich aber damit keineswegs das Recht verbinde, auch Kontakt mit meiner Tochter zu pflegen.« Er versuchte dennoch mehrfach, mit ihr Kontakt aufzunehmen, was aber regelmäßig scheiterte. Sobald das Mädchen volljährig war, wies sie ihren Erzeuger darauf hin, »dass Unterhaltszahlungen ab sofort an sie persönlich zu entrichten seien. Es folgte ein knapper Hinweis auf ihre Absicht, sich noch fünf Jahre in Ausbildung zu befinden, während der Zeit ich noch zum Unterhalt verpflichtet sei. Angabe der Bankverbindung, der Konto-Nr., Angabe der Höhe der Unterhaltszahlungen. Mit freundlichen Grüßen. Vorname, Familienname der Mutter. Ende.« (300, 38–43)

Eine noch groteskere Rechtslage dokumentiert eine neuere Gerichtsentscheidung aus Düsseldorf: Eine Frau hatte während ihrer Ehe eine Affäre mit einem anderen Mann, die zu einem Kind führte. Kurz darauf trennte sie sich von ihrem Ehepartner, ließ diesen aber für das Kind eines anderen jahrelang brav Unterhalt zahlen. Irgendwann flog der Betrug auf, und der Vater klagte auf Rückerstattung seiner in gutem Glauben geleisteten Zahlungen. Der Richter wies die Klage ab, da er eine »sittenwidrig schädigende Handlung« in dem Verhalten der Frau nicht erkennen konnte (299, 62).

Ähnlich musste ein Richter im US-Staat Arizona gedacht haben. Dort hatte eine 34jährige Frau einen 15jährigen Jungen sexuell missbraucht, war schwanger geworden und hatte das Kind ausgetragen. Der Junge und seine Familie wurden zu Unterhaltszahlungen verurteilt (500, 23, 241). Und am 24. April 2001 verurteilte der Oberste Gerichtshof der USA einen Mann dazu, weiterhin Unterhaltszahlungen für ein siebenjähriges Mädchen zu leisten, obwohl sich durch Gentests herausgestellt hatte, dass er keineswegs der leibliche Vater war.

Das Hamburger Abendblatt vom 23. Februar 2001 schließlich berichtet von einer Entscheidung des Bundesgerichtshofs, der zufolge eine Ehefrau selbst dann Unterhalt für ein Kind erhält, wenn sie sich gegen den erklärten Willen des Mannes mit dessen Samen künstlich befruchten lässt. Im verhandelten Fall hatte ein Paar, das keine Kinder bekommen konnte, sich zur künstlichen Befruchtung entschlossen. Nach drei erfolglosen Versuchen teilte der Mann seiner Frau mit, dass er keine weiteren Versuche wünsche. Er wolle sich trennen und zu einer anderen ziehen. Die Ehefrau entschloss sich dennoch erneut zur künstlichen Befruchtung mit dem Sperma ihres Mannes und wurde schwanger. Klarer Fall: Er zahlt.

In Anbetracht solcher haarsträubenden Urteile wünscht man sich, dass das Beispiel Israel auch hierzulande Schule macht. Dort brachte nämlich der Verband »Väter wider Willen« 1998 eine Gesetzesvorlage in die Knesset ein, nach der allein aus der biologischen Vaterschaft nicht automatisch eine Zahlungsverpflichtung abgeleitet werden soll. Allzu oft nämlich klagten auch dort sogenannte »Samendiebinnen« auf Unterhalt, obwohl sie gar nicht erst gefragt hatten, ob der Mann überhaupt Vater werden wollte: Sie erfüllen sich auf diese Weise ihren Traum von einem Kind und lassen den Mann etliche Jahre seines Lebens dafür arbeiten und bezahlen (500, 23). Esther Vilar bezeichnet diese Taktik treffend als »passive Vergewaltigung« des Mannes (513, 166): Für ihre Lebensplanung, Mutter zu sein, opfert eine skrupellose Frau die Lebensplanung des Mannes und lässt ihn für sich arbeiten, damit sie das nötige Geld für die Erfüllung ihrer Wünsche erhält. Noch hat sie dafür vom deutschen Gesetzgeber die volle Rückendeckung.

»Er hat sie's wegmachen lassen ...«

THESE: EINE ABTREIBUNG BELASTET DIE MUTTER
GRUNDSÄTZLICH MEHR ALS DEN VATER

Inwieweit eine Abtreibung als traumatisch erlebt wird, hängt sowohl bei Frauen als auch bei Männern sehr stark von ihrer individuellen Persönlichkeitsstruktur ab. So kommt es entgegen den allgemeinen Annahmen sehr wohl vor, dass Frauen nach einer Abtreibung gar keine oder nur geringe psychische Belastung empfinden.

Einer Studie der Psychologinnen Nancy Felipe Russo von der Arizona State University und Amy Dabul vom College von Phoenix aus dem Jahre 1997 zufolge basiert der mentale Zustand einer Frau nach ihrer Abtreibung sehr stark auf ihrer geistigen Verfassung vor Eintritt der Schwangerschaft – insbesondere auf dem Niveau ihres Selbstwertgefühls. Diejenigen, die den Schwangerschaftsabbruch als besonders belastend erlebten, zeigten in aller Regel lange vor ihrem Kontakt mit einer Abtreibungsklinik Anzeichen von Schwermut. Ein Großteil des Stresses ist weiterhin auf den Zustand der unerwünschten Schwangerschaft zurückzuführen und nicht auf deren Abbruch.

Bei dieser Studie fanden Russo und Dabul ebenfalls heraus, dass die religiöse Orientierung der untersuchten Frauen keinerlei Einfluss auf ihre Entscheidung hatte, eine Abtreibung vornehmen zu lassen. Strenggläubige Katholikinnen unterschieden sich in dieser Hinsicht nicht von Angehörigen einer Religion mit weiter gefasstem ethischen Spielraum. Die religiöse Einstellung hatte im Gegensatz zu Bildungsgrad, Einkommenshöhe und Selbstwertgefühl auch keinerlei Einfluss auf das Ausmaß, in dem die Abtreibung als traumatisch erfahren wurde (504, 12).

Im selben Jahr führte Catherine T. Coyle, Psychologin an der Universität von Wisconsin, Madison, gemeinsam mit Professor Robert Enright eine Studie unter Männern durch, die sich von der Entscheidung ihrer Partnerinnen, eine Abtreibung vornehmen zu lassen, tief verletzt zeigten. Die Teilnehmer waren zwischen 21 und 43 Jahren alt und waren zu 60 % Christen und zu 30 % konfessionslos. Die Mehrzahl dieser Männer war durchgehend mit dem Entschluss ihrer Partnerinnen nicht einverstanden, tendierten aber zu der in der Rechtsprechung und der öffentlichen Diskussion vorherrschenden Meinung, dass die Entscheidungsmacht hauptsächlich bei den Frauen und nur zu einem geringen Teil bei ihnen selbst lag. Als Folge der Abtreibung stellten sich bei den verhinderten Vätern emotionale Belastungszustände heraus, die traditionell allein Frauen zugeschrieben werden. Das Spektrum rangierte von Wut und Hilflosigkeit über Trauer bis zu Schuldgefühlen und Beziehungsproblemen.

Alle solchermaßen psychisch belasteten Teilnehmer dieser Studie hatten ihre Beziehung zu den früheren Partnerinnen mittlerweile aufgelöst, weil sie glaubten, diesen Frauen im Hinblick auf zukünftige Verletzungen nicht weiter vertrauen zu können. Darüber hinaus drückten sie generelle Schwierigkeiten auch im Zusammenhang mit zukünftigen Liebesbeziehungen aus, insbesondere was gegenseitiges Vertrauen anging.

Das Gefühl der Ohnmacht gegenüber der Entscheidung ihrer Partnerin, was die gemeinsame Nachkommenschaft anging, wurde als starke Belastung erlebt. Aber selbst diejenigen Männer, die verzweifelt versucht hatten, ihre Partnerinnen von einer Abtreibung abzubringen, machten sich selbst Vorwürfe und hatten stark damit zu kämpfen, sich selbst zu vergeben, weil ihr Zureden letztlich erfolglos geblieben war (71, 1042–1046).

Zum Abschluss ihrer Studie weist Coyle ausdrücklich darauf hin, dass die seelische Belastung von Männern nach einer Abtreibung von der wissenschaftlichen Literatur bislang ausgeklammert und auch in der gesellschaftlichen Diskussion durchgehend ignoriert wurde. Die Debatte über die Legitimität von Abtreibungen wurde bislang immer zwischen den beiden Polen Freiheit der Mutter und Lebensrecht des Kindes gesehen. Die Rechte des Vaters kommen de facto bis heute nicht vor.

Insofern gibt Coyle auch ihrer Enttäuschung über die Frauenbewegung Ausdruck, die dieses Problem trotz der Proteste vieler betroffener Männer bislang ignoriert hat. Coyle: »Sie mag als eine Bewegung begonnen haben, der es um Gleichheit ging, aber jetzt geht es ihr um Macht. Männern das Mitspracherecht an der Fortpflanzung zu verweigern, hat mit Gleichberechtigung nichts zu tun.« Inzwischen hat Catherine Coyle versucht, diese Lücke in der Literatur wenigstens mit einem einzigen Buch zu schließen: 1999 erschien in den USA ihr Ratgeber »Men and Abortion: A Path to Healing« (Männer und Abtreibung. Ein Pfad zur Gesundung).

Um wenigstens der Klischeevorstellung vom Mann, der seine Partnerin gegen ihren Willen zur Abtreibung drängt, entgegenzuwirken, erhebt der britische Männerrechtler Lyndon die Forderung, dass zumindest der Einspruch des Mannes amtlich festgehalten werden sollte: »Dies sollte meiner Meinung nach keinerlei gesetzlichen Zwang darstellen. Ich sage nicht, dass die Mutter von einer Abtreibung abgehalten werden soll, wenn der Vater dagegen ist. Ich sage nur, dass er ein Recht darauf hat, gehört zu werden. Wenn die Abtreibung entgegen seinem Wunsch stattfindet, sollte sein Einspruch aufgezeichnet werden. Das ist alles.« (285, 247) Damit könnte zumindest manchen quälenden Selbstvorwürfen verhinderter Väter ein Ende gemacht werden.

Familie von der Samenbank

THESE: VÄTER SIND FÜR KINDER NICHT SONDERLICH WICHTIG

Genauso wie Frauen sich auch über den Wunsch des Vaters hinweg für ein Leben ohne Kind entscheiden können, so sehr scheint momentan der Trend hin zu einem Leben *mit* Kind, aber *ohne* Mann zu gehen. Unter Berufung auf prominente »Vorbilder« wie Stephanie von Monaco, Madonna oder Nina Hagen propagiert etwa die Zeitschrift »Cosmopolitan« das »Familienglück ohne Mann«: »Was früher für Mitleid und Misstrauen sorgte, ist heute eine ganz normale Familienform.«

Die Tricks, die von der Zeitschrift empfohlen werden, um sich als Frau und Mutter einerseits ganz selbst zu verwirklichen, sich aber andererseits nicht mit einem erwachsenen Gegenüber, einem Partner auf gleicher Ebene, herumquälen zu müssen, sind durchaus kreativ: »Suchen Sie sich einen verheirateten Liebhaber, der auf keinen Fall die Scheidung will. Besonders geeignet sind Ehemänner, die schon wunderbare Kinder haben. Das lässt auf gute Gene und Zeugungsfähigkeit schließen.« Gesegnet sei die Frucht. Dieselbe Bewegung, die die Reduzierung der Frau auf eine »Gebärmaschine« zu Recht als faschistisch brandmarkte, sieht in männlichen Wesen ganz unverhohlen nur Samenspender und Zahlväter.

Ein anderer Tipp von »Cosmopolitan«: »Suchen Sie sich einen Prominenten, am besten einen hochrangigen Politiker mitten im Wahlkampf, der akzeptabel aussieht. Intelligent ist er bestimmt, und da der Medienrummel um ein uneheliches Kind seine Karriere beeinträchtigen würde, wird er immer brav, diskret und ausreichend zahlen, ohne das Recht auf sein Kind zu fordern.« (417, 56–68)

Der Fairness halber muss man allerdings darauf hinweisen, dass »Cosmopolitan« nur sexistische Vorstellungen abruft, die schon lange in der Gesellschaft vorhanden sind. Dass in Scheidungsverfahren der Nachwuchs in aller Regel der Mutter zugebilligt wird, ist ebenso ein Indiz dafür wie die Tatsache, dass selbst eine Zeitschrift wie »Familie & Co.« behauptet, so etwas wie ein Vater sei für eine Familie vollkommen überflüssig (299, 111). Nach derselben Logik wird man demnächst vermutlich behaupten, Frauen könnten eine Ehe auch sehr gut ohne Partner führen. Laut einer US-amerikanischen Umfrage halten 89 Prozent aller Mütter ohnehin überhaupt nichts vom Vater ihres Kindes (288, 38).

Gleichzeitig aber wird das Fehlen von Vätern feministischerseits gerne beklagt, etwa wenn Cheryl Benard und Edit Schlaffer theatralisch fragen:»Sagt uns, wo die Väter sind.« Es ist das alte Spiel: Ist der Mann anwesend, dann ist er im Weg, ist er nicht da, dann drückt er sich. Hauptsache, er ist an allem schuld.

Brandes und Bullinger halten fest:»Die Bedeutung des Mannes für die Erziehung beschränkt sich jetzt im Wesentlichen darauf, dass er sich mit der Frau die traditionell als weiblich definierten Aufgaben teilt. Als Mann erscheint er insbesondere in feministischen Diskursen aber strenggenommen überflüssig, wenn nicht suspekt. Folglich wird er als der entbehrliche Elternteil wahrgenommen, über dessen Abwesenheit man zwar lamentiert, ohne dass aber ganz klar würde, was durch sein Fehlen vermisst wird ...« (46, 14)

Dabei ist eine ganz klare Trendwende in der Frauenbewegung zu erkennen: Wo früher noch der»neue Vater« eingefordert wurde, der seine männlichen Charakterzüge gefälligst zugunsten einer neuen Rolle als Ersatz-Mutter und -Hausfrau aufzugeben hatte, wird der Vater jetzt nur noch als Verkörperung des Bösen wahrgenommen: als prügelnder Haustyrann, unterhaltspflichtiger Rabenvater oder das Monster, das seine Kinder vergewaltigt (547, 59).

Vätern, die auch nach der Scheidung noch Kontakt mit ihren Kindern aufrechterhalten wollen, wird von feministischen Organisationen unterstellt, sie seien auf dieselbe Weise auf Macht und Kontrolle aus wie prügelnde Ehemänner. Scheidungsanwältinnen verstehen sich als Vertreterinnen von Frau und Kind»gegen den reichen Vater« (547, 214–215). Aus einer emanzipatorischen Bewegung ist eine hasserfüllte Ideologie geworden, die sich nur noch über groteske Feindbilder definieren kann und dabei gar nicht bemerkt, dass sie mit ihrer Propaganda ultrakonservative Einstellungen wieder hoffähig macht: nämlich die, dass Männer und Frauen völlig verschiedenen Sphären angehören und dass die Aufzucht von Kindern selbstverständlich in die weibliche Sphäre fällt (547, 61).

Andererseits sollte man sich in einer Hinsicht nichts vormachen: Die neue internationale Väterfeindlichkeit hat zuallererst weder Frauen noch Männer zum Opfer, sondern Kinder. Wenn in Carola Schewes»Alleinerziehend – na und?« auf einer Liste der Dinge, die ein Kind für seine glückliche Entwicklung brauche, der Vater erst an 21. Stelle rangiert (300, 25), dann ist das ein zynisches Spiel mit den Leserinnen, die glauben, Wissen zu kaufen, aber nur Ideologie erhalten. Welche wissenschaftlichen Erkenntnisse gelten denn tatsächlich als gesichert, wenn es um Kinder geht, die ohne Vater aufwachsen?

• Bereits 1987 erklärte die Jugendrichterin Elisabeth Schröder-Jenner vor dem Jugendwohlfahrtsausschuss in Hannover, dass nicht nur in den USA, sondern auch in Deutschland zwei Drittel aller Vergewaltiger, drei Viertel aller jugendlichen Mörder und Drogenabhängigen, sowie drei Viertel aller Räuber und Einbrecher, die in Strafanstalten und Erziehungsheimen einsitzen, aus vaterlosen Familien stammen (288, 113).

- »Das wichtigste Erkennungsmerkmal jugendlicher Straftäter sind nicht Rasse noch Einkommen, es ist das Fehlen des Vaters«, konstatiert daher auch der britische Männerrechtler David Thomas (497, 340). Kinder aus reichen Familien wurden ebenso selten kriminell wie Kinder aus armen Familien, wenn beide über Väter verfügten (131, 62).

- Auch Michael Lamb vom Nationalen Institut für Kindergesundheit und menschliche Entwicklung in den USA sieht in Vaterlosigkeit die Ursache für eine große Zahl von Verhaltensstörungen, darunter Gewalt gegen Frauen und Kinder, Probleme mit der geistigen Gesundheit sowie Schwächen beim Lesen und beim Bestehen von Tests. Lamb bestätigt die Zahlen Schröder-Jenners: 72 Prozent der jugendlichen Mörder und 60 Prozent der Vergewaltiger stammen aus Familien ohne Vater (68, 157).

- In einem 1993 im »Atlantic Monthly« veröffentlichten Artikel stellte Barbara Whitehead fest, dass Kinder, die ohne den männlichen Elternteil aufwachsen, eher in der Gefahr sind, die Schule abzubrechen, Drogen zu missbrauchen und generell emotionale Probleme zu haben. Als Erwachsene haben sie größere Schwierigkeiten, befriedigende Beziehungen aufrechtzuerhalten, stabile Ehen einzugehen oder bei einem festen Job zu bleiben (68, 168). Auch andere Studien aus den USA belegen, dass zehn Jahre nach einer Scheidung die Hälfte der Jungen sich unglücklich und einsam fühlt und wenige dauerhafte Beziehungen zu Frauen hatte – wenn überhaupt. Bei Mädchen bzw. jungen Frauen hingegen tritt dieser Effekt erst später ein, wenn sie ihre Fähigkeit in Frage stellen, gute Mütter oder Ehefrauen zu sein (68, 174). Diese Erkenntnisse decken sich mit denen, die in einer deutschen Langzeitstudie gewonnen wurden: Demnach haben, wenn nach einer Scheidung ein Elternteil ausgegrenzt wird, 75 Prozent der Kinder noch Jahre später »große Probleme, den Alltag zu bewältigen und längerfristige Perspektiven für ihr Leben zu entwickeln. Knapp die Hälfte hat Probleme mit Alkohol und Drogen, einige haben wegen Beschaffungskriminalität vor dem Richter gestanden.« Mit achtzehn waren die Teenager aus zerbrochenen Familien dreimal häufiger arbeitslos. Übrigens wurde in fast 90 Prozent der untersuchten Fälle die Scheidung von einer Frau eingereicht, weil für sie das Aufrechterhalten einer lebenslangen Bindung mittlerweile nicht mehr von Interesse war (299, 113–114).

- Eine Studie der Columbia Universität belegte, dass die Kinder alleinerziehender Väter nur halb so oft unter die Armutsgrenze fallen wie die Kinder alleinerziehender Mütter (299, 115). Unabhängig vom Einkommen ihrer Familie fuhren Jungen wie Mädchen, die nur einen Elternteil besaßen, mit einem männlichen Elternteil durchweg besser (131, 63). Könnte man daraus entgegen aller bekannter Klischees den Schluss ziehen: Wenn schon nur ein

Elternteil, dann sollte es der Vater sein? Ja, behauptet das Sozialforschungs-institut Kopenhagen. Das stellte nämlich fest, dass Kinder zwischen drei und fünf Jahren ein weniger problematisches Verhältnis zu alleinerziehenden Vä-tern hatten als zu Müttern in derselben Situation: Väter zeigten sich als to-leranter, neigten weniger zu Wutanfällen und griffen weniger zu Strafen, um Konflikte zu lösen (299, 44).

• Übrigens zeigt eine Befragung von Korn/Ferry International unter Frauen in hohen Positionen, dass bei der Mehrheit von ihnen der Einfluss ihres Vaters am ausschlaggebendsten für ihre Entscheidung war, eine Karriere zu verfol-gen. Generell wurde männlicher Einfluss öfter genannt als solcher von Frau-en (68, 187).

• Stiefväter sind auch keine Hilfe, sondern verschlimmern das Problem nur. Sie erzeugen bei den Kindern Unklarheit darüber, welchem Vater ihre Loya-lität zu gelten hat, erzeugen neue Ungewissheit über die Stabilität ihrer Le-bensumstände, fördern tiefsitzende Ängste zutage und bedrohen insgesamt die emotionale Sicherheit eines Kindes. Zudem wird fast die Hälfte aller Kin-der mit Stiefeltern ihre Ängste insofern bestätigt bekommen, als sie eine zwei-te Scheidung miterleben müssen. All diese Aufregungen, dieser Mangel an festen Bindungen, richtet in der Psyche oft einen irreparablen Schaden an (68, 168).

• Ein letzter Nachteil, der sich zwar einigermaßen absurd anhört, aber gerade bei den hedonistischen »Cosmopolitan«-Frauen auf Interesse stoßen sollte, wird von Sexualwissenschaftlern ins Feld geführt. Es geht um – die Fähigkeit zum Orgasmus. »Sportliche und unsportliche, feminine und männliche, er-fahrene und unerfahrene, aggressive und unterwürfige, hässliche und schö-ne Frauen hatten es ebenso leicht oder schwer, einen Orgasmus zu bekom-men.« Bei schwach orgastischen Frauen konnte nur *eine* entscheidende Ge-meinsamkeit festgestellt werden: »Der Vater war in ihrer Kindheit abwesend, entweder physisch abwesend oder als Liebesobjekt inaktiv und unzuverläs-sig. Die ›stark orgastischen Frauen‹ dagegen hatten Väter, die durchaus au-toritär oder unangenehm gewesen sein konnten, die aber ein verlässliches In-teresse für sie gezeigt hatten« (345, 33-34).

In Deutschland wurde die Bedeutung des Vaters für das weitere Leben der Kin-der vor allem von Matthias Matussek bekannt gemacht. Weil seine Behaup-tungen dem Trend der Zeit extrem zuwiderliefen, warfen ihm Feministinnen unseriösen Zahlenzauber vor. Man könne zum Beispiel, so argumentierten sie, nicht einfach danach sehen, wie viele Verbrecher ohne Vater aufgewachsen sei-en und daraus mir nichts, dir nichts eine Verknüpfung basteln, wobei man sämt-liche anderen Faktoren außer Acht lässt. Dieser Einwand hört sich sehr vernünftig an: Es ist etwa durchaus denkbar, dass in denselben Schichten und Milieus, in denen Kinder ohne Vater aufwachsen, auch die Kriminalitätsrate höher ist. Aber die neueste Forschung weist in eine andere Richtung. Die beiden Soziologinnen Cynthia Harper und Sara McLanahan verfolgten zum Beispiel den Lebensweg von 6000 Männern von 1979 bis 1993. Sie stellten fest, dass die Wahrscheinlichkeit, im Gefängnis zu landen, für Jungen, die ohne Vater aufgewachsen waren, doppelt so hoch war wie für die anderen. Das galt selbst dann, wenn man andere Faktoren wie Rassenzugehörigkeit, Familieneinkommen, Ausbildung der Eltern und die Art des Wohnorts mit berücksichtigte. Das Risiko stieg sogar noch für Jungen mit einem Stiefvater (365). Auch William Galston und Elaine Carmock, zwei Soziologen, die für Clinton gearbeitet haben, kamen zu dem Schluss, dass die Beziehung zwischen einem fehlenden Vater und Verbrechen so stark sei, dass sie die Beziehung zwischen Rasse und Verbrechen oder niedrigem Einkommen und Verbrechen auslösche. (48)

Nachdem Matussek im »Spiegel« einmal das Tabu gebrochen hatte, fand man die Ergebnisse solcher Studien erfreulicherweise auch in anderen deutschen Zeitschriften wieder. Der »Focus« etwa ließ im Sommer 1999 den Arzt Matthias Franz zu Wort kommen. Der hatte mit seinen Kollegen vom Klinischen Institut für Psychosomatische Medizin der Universität Düsseldorf und des Zentralinstituts für Seelische Gesundheit in Mannheim den Gesundheitszustand von 301 repräsentativ ausgewählten Menschen über elf Jahre hinweg verfolgt. Vor allem ging es dabei um psychosomatische Erkrankungen sowie Ängste, Süchte, Depressionen, Selbstwert- und Beziehungsstörungen. Das Ergebnis war, dass 50 bis 70 Prozent der Männer und Frauen, die noch als Erwachsene unter erheblichen Problemen litten, ohne Vater aufgewachsen waren. Matthias Franz betrachtet diese Ergebnisse als sozialpolitisch brisant: »Es ist außerordentlich schwierig, die Studie in der Öffentlichkeit zu vermitteln. Es gab auch politische Widerstände.« (140; 167)

Von der Möglichkeit des Erziehungsurlaubs würden in Deutschland jedenfalls sehr viel mehr Väter Gebrauch machen, wenn es dafür ein höheres staatliches Taschengeld als 600,– DM gäbe. Mit dieser Summe lässt sich der Verantwortung, die Familie zu ernähren, nicht über einen längeren Zeitraum gerecht werden. Dass es auch anders geht, zeigt das Beispiel Schweden, wo volle Lohnfortzahlung garantiert wird und jeder fünfte Vater diese Möglichkeit wahrnimmt. Auch von zehn Tagen Freistellungsmöglichkeit nach der Geburt machen fast alle Väter Gebrauch. Zudem besteht dort für Väter von Kindern unter sieben Jahren die Möglichkeit, ihre tägliche Arbeitszeit von acht auf sechs Stunden zu reduzieren, um sich mehr ihrem Nachwuchs zu widmen – Zustände, von denen man in Deutschland nur träumen kann. »Jeder dritte Tag, den in Schweden ein Elternteil bei dem Kind zu Hause bleibt, ist ein Vater-Kind-Tag.« (46, 79) Noch besser sähe die Statistik vermutlich aus, wenn Männer, die ihre Karriere zugunsten der häuslichen Tätigkeit aufgeben, von ihren Frauen nicht insgeheim verachtet würden, wie es Paartherapeuten bestätigen (299, 78).

Die blauen Augen hat er von seiner Mutter

THESE: FRAUEN HABEN EINEN NATÜRLICHEN MUTTERINSTINKT

Die These, dass eine Frau »von Natur aus« und allein aufgrund ihrer Weiblichkeit dazu geschaffen sei, die Mutterrolle zu übernehmen, sollte eigentlich jedem sofort als eine der reaktionärsten Vorstellungen auffallen, die es in der Geschlechterdebatte überhaupt gibt. Dennoch wird sie auch von Radikalfeministinnen gerne übernommen, wenn sie als eine Möglichkeit dienen kann, den Vater bei der Erziehung seiner Kinder auszugrenzen. So fordert die Partei »Die Frauen«, dass das Sorgerecht für ein Kind der Mutter *allein* zustehen sollte, erworben durch Schwangerschaft und Geburt, unabhängig davon, ob sie mit dem Vater des Kindes verheiratet ist oder nicht (141, 6).

Hier geht es dem Feminismus erkennbar nicht mehr um Gleichberechtigung. Dabei überschreiten seine Vertreterinnen allerdings nur wenig die Grenzen dessen, was längst Rechtswirklichkeit bei uns ist: Bundesweit erhalten lediglich 8,1 % der Väter nach der Scheidung das Sorgerecht (350).

Die transzendente Vorstellung eines unsichtbaren Bandes zwischen Mutter und Kind wird aber nicht nur benutzt, um vor den Scheidungsgerichten den Sieg davonzutragen, sondern dient der Frauen-sind-besser-Bewegung auch als wertvolles ideologisches Unterfutter: »Sie leitete aus der Fähigkeit, Kinder gebären zu können, die Überlegenheit der Frau ab. Leben zu schenken sei schöpferisch, Aggression destruktiv. Und sie schloss messerscharf, dass Mütter die noch besseren Menschen seien.« (550, 48)

Was dabei oft übersehen wird, ist, dass etwas wie ein natürlicher Mutterinstinkt nicht existiert – weder im Tierreich (bei vielen Affenarten kümmern sich die Männchen ganz oder zu gleichen Teilen wie die Weibchen um ihren Nachwuchs; 486, 219) noch bei den Menschen: Bei Völkern wie z. B. den Manus, die auf einer Insel in Neuguinea leben, sieht die traditionelle Arbeitsteilung genau umgekehrt aus wie bei uns. Dort »sind die Frauen tagsüber von Haushalts- und Feldarbeit stark in Anspruch genommen, während die Männer neben ihren Pflichten, fischen und jagen zu gehen, so viel Muße haben, dass sie mit den Kindern spielen können«. Als Völkerkundler dort Kindern beiden Geschlechts Holzfiguren zum Spielen mitbrachten, waren es die Jungen, die diese Gebilde als Puppen annahmen, ihnen Lieder vorsummten und das typische Mutterverhalten zeigten (245, 176).

Dass es für Babys selbst überhaupt keinen Unterschied macht, ob sie von Männern oder Frauen aufgezogen werden, brachte eine Langzeit-Untersuchung der Universität Hamburg zutage. Nur mit dem Stillen haperte es bei den Männern noch ein wenig (316, 299). Wenn eine Mutter zum Beispiel im Kindbett stirbt, kann genauso gut ein Mann ihre Rolle übernehmen, ohne dass dadurch bleibender Schaden entsteht – von den oben angesprochenen generellen Problemen bei alleinerziehenden Eltern einmal abgesehen (363, 75). Männliche

Singles zeigen dieselben Talente und dasselbe Verhalten, was z. B. Pflege, Erziehung, Anteilnahme und Einfühlungsvermögen angeht, wie es normalerweise nur Frauen zugeschrieben wird (486, 63).

Tatsächlich entstammt die Vorstellung von der instinktiven Mutterliebe ebenso dem Zeitalter der frühen Industrialisierung wie generell alle vermeintlich weiblichen Tugenden. Während die Männer in die Fabriken und Minen gezwungen wurden, symbolisierte die Frau die Geborgenheit des Heimes (363, 75). Im wohlhabenden Bürgertum konnten Frauen, die keinerlei gesellschaftliche noch intellektuelle Ziele verfolgten, die es aber auch nicht nötig hatten, wie ihre Männer zu arbeiten, erst recht voll und ganz in ihrer Mutterrolle aufgehen. In dieser Zeit kam es zu einer radikalen Umkehr vom früher vorherrschenden Bild der Frau als sinnlich-lüsternem, jederzeit vom Trieb beherrschten Wesen zur fast spirituell reinen Mutterfigur: »Je intimer die Nähe zwischen der Mutter und dem Kind aufgrund der Verbürgerlichung der familiären Beziehungen geworden ist, je inzestuös-verführerischer die Mutter für das Kind also wird, umso entschiedener muss die *libidinöse Natur* der Beziehung zwischen Mutter und Kind verleugnet« werden – eine Verdrängung, die uns heute noch im Zusammenhang mit der Missbrauchsdebatte begegnet.

»Infolge der Verklärung der Mutter-Kind-Beziehung zur Idylle reiner Unschuld kommt es ... zu einer umfassenden Idealisierung« dieses Verhältnisses, während gleichzeitig der Vater erstens mehr und mehr von seiner einst juristisch abgesicherten Macht verliert und andererseits zum Schreckensbild gerät: »Als solches, nämlich als potentieller Triebtäter, geistert er bis zum heutigen Tag durch jenen Teil der feministischen Literatur, in dem das triebfeindliche Bild der heiligen Mutter gepflegt wird ... In dem Maße, in dem die häusliche Welt zur Idylle verkommt, in die die Katastrophe jedoch jederzeit einbrechen kann, wird auch die Welt ›draußen‹, die Welt des Vaters, immer fremder, unheimlicher und bedrohlicher. ... Draußen gilt das Gesetz der Konkurrenz, herrscht die Macht des Stärkeren, sind List, Brutalität, Übervorteilung und die je opportune Aufkündigung von Beziehungen, die dem wirtschaftlichen Erfolg im Wege stehen, Mittel der Überlebensstrategie. Drinnen verbürgt die Mutter durch ihre bloße Existenz die bedingungslose und unvertauschbare Liebe, die lebenslange Treue, das Mitgefühl mit Schwachen, die Pflege der Kranken, die Dankbarkeit des Herzens.« (46, 24–25). Es war allein die Notwendigkeit der Arbeitsteilung zu Beginn der Neuzeit, die für das heute in bestimmten Fraktionen vorherrschende sexistische Weltbild verantwortlich ist.

Diese Vorstellung hat zwei verhängnisvolle Nebeneffekte: Erstens werden Kinder fast als körperlich losgelöster Bestandteil und damit als Eigentum ihrer Mütter wahrgenommen. Nirgendwo wird das deutlicher als in Redewendungen wie »er nimmt ihr die Kinder« oder in Romanen wie Tony Morrisons *Beloved* (dt.: »Menschenskind«). Hier tötet eine der Sklaverei entkommene Schwarze eines ihrer Kinder, weil sie ihm ihr eigenes Schicksal ersparen möchte – was sie, wie die Autorin Jennifer Uglow deutlich machte, nicht hätte tun können, ohne zu denken, dass ihr ihre Kinder buchstäblich *gehörten* (363, 88). Zweitens werden nicht in das idealisierte Bild passende Gefühle wie Hass oder Wut einer Mutter auf ihre Kinder mit einem Tabu belegt. Die Kombination dieser beiden Sachverhalte führt zum Entstehen einer beängstigenden Wirklichkeit, über die aber nicht offen gesprochen werden darf und die daher auch nicht sinnvoll angegangen werden kann.

Worum es dabei geht, macht die Feministin Naomi Wolf in wenigen Zeilen deutlich:»In den USA sind Frauen für 49,9 Prozent aller körperlichen Misshandlungen von Kindern verantwortlich, für 56,8 Prozent der schweren und für 48,5 Prozent der leichten Fälle von Kindesmisshandlung, für 17 Prozent des sexuellen Missbrauchs oder der sexuellen Ausbeutung von Kindern, für 69,7 Prozent des Missbrauchs oder der Vernachlässigung von Kindern, für 52,2 Prozent der seelischen Misshandlungen und für 65,5 Prozent anderer Arten von Misshandlung« (545, 281).

In was für ein Wespennest man mit der Veröffentlichung solcher Zahlen stechen kann, macht eine Strafanzeige der Mütterorganisation VAMV gegen den Journalisten und Kisch-Preisträger Matthias Matussek deutlich, der ähnliche Zahlenverhältnisse nannte, dabei aber das englische Wort *abuse* mit »Missbrauch« statt mit »Misshandlung« übersetzte. Eine korrekte Übersetzung ist allerdings dadurch so gut wie unmöglich, dass das Wort »abuse« rein lexikalisch beides bedeuten kann und seine Bedeutung aus dem Kontext erschlossen werden muss und zudem die Statistiken über von Müttern begangenen Missbrauch bzw. Misshandlung sehr unterschiedlich sind. Auch in den von Naomi Wolf angeführten Zahlen lässt sich mühelos eine Unschärfe in der Abgrenzung von »Missbrauch« und »Misshandlung« erkennen.

Eine kanadische Untersuchung über missbrauchte Jungen kam unter anderem zu dem Schluss, dass es in der Forschungsliteratur eine in Bezug auf seine Häufigkeit völlig unangemessene Konzentration auf den *sexuellen* Missbrauch gebe. Körperliche Züchtigung, Vernachlässigung und emotionale Misshandlung – Taten, denen überwiegend männliche Kinder zum Opfer fallen – würden dabei an den Rand gedrängt (295). Was die Täter bei diesen Handlungen angeht, schwanken die Angaben über den Frauenanteil daran in der Literatur zwischen 40 und 70 Prozent (198, 42; 82, 50; 135, 233). Statistisch schlagen am häufigsten Mütter heranwachsende Söhne, am seltensten schlagen Väter ihre Töchter (295). In unserer Gesellschaft lernen Kinder Gewaltanwendung nicht von ihren Vätern, sondern von ihren Müttern (431).

Wir alle haben eine Klischeevorstellung von Müttern als liebevoll und umsorgend. Daher möchten wir, wenn sie ihre Kinder misshandeln, auch darin ungern böse Absicht sehen, sondern halten diese Taten für ein Zeichen von Stress und Anspannung. Doch diese Argumentation hat zwei klare Schwachstellen: Zum einen erklärt sie nicht, warum die Opfer körperlicher Züchtigung meistens männlich sind. Zum anderen übersieht sie, dass Männer aufgrund des ungleich größeren gesellschaftlichen Druckes, der auf ihnen lastet (wie das in sämtlichen Kapiteln dieses Buches ausgeführt wird), einen weitaus größeren Grund für Stress und Anspannung hätten. Das ständige Entschuldigen und In-Schutz-Nehmen von gewalttätigen Müttern ist nur eine Variante der alten Rollenzuschreibung: Männer sind Täter, Frauen sind Opfer.

Soziologen, Justizbehörden und Sozialarbeiter in den USA berichten, dass Mütter ihre Kinder ebenso mit schwerer Gewalt traktieren wie Väter und erwähnen Schläge, Bisse und Tritte (81, 51). Noch eindeutiger sind die Zahlen, wenn es um Kind*stötungen* geht: Hier übertrifft der Täteranteil der Mütter den der Väter um das *Neunfache*: 55 Prozent aller Kindstötungen werden von der eigenen Mutter begangen, sechs Prozent von den Vätern (299, 192; 547, 102). Dabei sind zweimal so oft Söhne die Opfer wie Töchter (68, 24). Sie werden zu Tode geprügelt, mit Toilettenpapier erstickt, aus dem Fenster geworfen, in der Badewanne ertränkt (68, 24; 363, 70). Die Täterinnen gehören zu allen Klassen, Rassen, Bildungsschichten, Berufsständen: 1996 heuerte eine 23jährige Psychologiestudentin versehentlich einen Undercover-Polizisten an, um den von einer anderen Frau zur Welt gebrachten Sohn ihres Freundes zu ersticken. 1994 etwa fuhr eine Krankenschwester mit ihren beiden Kindern zum Haus ihres Ex-Manns, überschüttete den Wagen mit Benzin, klingelte und setzte das Auto in Flammen (363, 78–79). Inzwischen vermuten amerikanische Ärzte, dass es sich auch bei dem vermeintlichen »plötzlichen Kindstod« durch Ersticken in der Krippe in Wahrheit oft um kaschierte Tötungsdelikte handelt. Polizeiliche Ermittler gehen hier von zehn bis zwanzig Prozent der bis zu achttausend Fälle pro Jahr aus (299, 192; 363, 75–76; 109).

Jahr für Jahr sterben in Deutschland mehr Kinder durch die Hand ihrer eigenen Mutter als durch Sexualtäter (104, 107). Kinder unter einem Jahr stellen die größte Rate an Mordopfern überhaupt dar. In den USA beträgt sie das Mehrfache der Mordrate an erwachsenen Frauen. Kindstötungen gehen allerdings nicht als Mord in die Statistiken ein, und die Täterinnen erfahren spezielles Wohlwollen sowohl von den Medien als auch von den Gerichten als auch in der Literatur (285, 37–38; 251, 269–275; 363, 70). »War der Täter ein Mann«, analysiert Luise Mandau die geschlechterspezifische Art der Berichterstattung über Kindstötungen, »dann war dieser eine Bestie, ein Kerl, der es nicht wert war zu leben. Handelte es sich um eine Täterin, dann war diese mit der Situation völlig überfordert und wusste keinen anderen Ausweg mehr.« (288, 10)

Beispielhaft dafür ist eine »Mona-Lisa«-Sendung vom 24. Oktober 1999 zum Thema »Wenn Mütter töten«, in der solche Täterinnen *durchgehend* und immer wieder als Opfer beschrieben wurden. Es überrascht nicht, dass sie selbst ein höchst distanziertes Verhältnis zu ihrem Verbrechen haben: »Ich habe sie einige Male im Guten ermahnt, sich hinzulegen und zu schlafen«, berichtet eine Frau über die Ermordung ihrer Tochter, »und als mir dies nicht gelang, hatte ich diese Affekttat«. Konsequenterweise suchte die »Mona-Lisa«-Redaktion die vermeintlich wahren Schuldigen überall, vom Jugendamt bis zur Nachbarschaft. In manchen Kreisen ist eine Frau, die ihre Kinder *tötet*, ein Opfer, aber ein Mann, der seine Kinder *schlägt*, ein Monster.

Kein Protest wird erhoben über »Frauengewalt gegen Jungen«, keine schwachsinnigen Slogans formuliert à la »Jede Mutter ist eine potentielle Mörderin«. Das Gut-Böse-Schema muss erhalten bleiben: Mütter töten demnach »aus einer verdrehten Art von Liebe heraus« (547, 103); oder sie werden selbst als »Opfer von Armut, von Isolierung, von Frustration« bedauert (286, 15).

Manche Feministinnen behaupten, wenn man bedenke, über wie wenig gesellschaftliche Macht Frauen verfügten und wie sehr diese Kinder sie provozierten, dann sei es schon Zeichen weiblicher Tugend, wie *selten* solche Morde vorkämen (547, 104). Andere bezeichnen diese Taten als »verständliche Reaktion auf die Beschneidung der Rechte der Frauen« oder als »verzweifelte Form der Geburtenkontrolle« (198, 39; 363, 76). Wenn frau sich erst einmal in ihre Opferrolle hineingesteigert hat, ist alles legitim – während Männer, die ihre Kinder missbrauchen, natürlich stellvertretend für das Böse »des Mannes an sich« stehen (547, 104).

Am deutlichsten illustriert diese Doppelmoral das Verhalten der Medien im sogenannten »Fall Weimar«. Monika Weimar (inzwischen: Böttcher) war zur Last gelegt worden, ihre beiden Kinder umgebracht zu haben. Die Trauer um die Opfer wandelte sich im Verlauf der Berichterstattung zunehmend in Sorge um die Mörderin. Feministische Gruppen empfanden es als Skandal, dass »Männer über Frauen Recht sprechen«. Die Boulevardpresse widmete sich einfühlsam dem sexuellen Erleben von Monika Weimar sowie ihrer Leidenschaft für Esoterik und ihrer allgemeinen moralischen Läuterung.

Aus Gründen, die wenig mit der tatsächlichen Beweislage zu tun hatten, sprachen Journalisten bald landauf, landab von einem »Justizskandal« und schlossen sich blindlings den abenteuerlichen Darstellungen der Angeklagten an. Die Prozessbeobachterin Gisela Friedrichsen schreibt für den »SPIEGEL«: »Hätte einem Reinhard Weimar irgendjemand eine solche Geschichte abgenommen? Hätte irgendjemand aufgeschrien, wenn er, ein Mann, nach gründlicher Hauptverhandlung und aufgrund eines logisch begründeten Schuldnachweises zu Lebenslang verurteilt worden wäre? Kein Mensch hätte an seiner Täterschaft gezweifelt. Niemand hätte sich bemüßigt gefühlt, eine Wiederaufnahme zu betreiben. Niemand hätte gesagt: Der Mann hat doch kein Motiv! Ein Vater tut so etwas nicht! Kein Generalstaatsanwalt und kein Oberlandesgericht hätte sich für eine Aufhebung des Lebenslang eingesetzt.«

Im Dezember 1999 verurteilt das Schwurgericht Frankfurt/M. die Angeklagte auf der Grundlage einer lückenlosen Beweiskette. »Es musste dreimal gegen Monika Böttcher ... verhandelt werden, bis zumindest einem Teil der Medien dämmerte, dass man einem Traum von der Ungerechtigkeit hinterhergelaufen ist. Dass man hereingefallen ist auf Propaganda, Schwindelei und Verblendung. Dass Legenden und Märchen als Wahrheit verkauft wurden. Der andere Teil der Öffentlichkeit hält an der Ikone der unschuldig Verfolgten, der reinen Mutter, die für ihren Mann büßt, unbeirrt fest.« (150, 50) Wenigstens ließ sich in diesem Fall der Richter von den Medien nicht vorschreiben, wer qua Geschlechtsangehörigkeit gefälligst als schuldig bzw. unschuldig zu gelten hatte. Normalerweise kommen tötende Mütter aber auch vor Gericht sehr leicht davon. Schon die Staatsanwaltschaft muss in England, Kanada und den USA alles versuchen, solche Fälle nicht als Morde zu deklarieren, weil Geschworene sich schlichtweg weigern, eine Mutter als schuldig zu erkennen, wenn ihr die Todesstrafe droht.

So kommt es trotz einer überwältigenden Beweislage regelmäßig zu »nicht schuldig«. Eine übliche Rechtfertigung ist, dass man Mütter nicht noch zusätzlich bestrafen müsste – »wenn sie doch schon ihr Wertvollstes verloren haben«. Wieder taucht hier die Vorstellung vom Baby als Besitz auf, als Eigentum, über das eine Frau frei verfügen kann. Oder man versucht, der Beschuldigten Unzurechnungsfähigkeit zuzubilligen, sei es durch nachgeburtliche Depression (die wie alle Depressionen kein Sprungbrett für ernsthafte Aggressionen ist) oder »fehlerhaftes mütterliches Sorgeverhalten«. Es gab Urteile, denen zufolge Stillen bei Müttern zu geistiger Umnachtung führen konnte (363, 78–89).

Eine andere Störung ist das sogenannte stellvertretende Münchhausen-Syndrom (in der medizinischen Fachliteratur auch »Münchhausen-Syndrom by proxy« genannt). Eine Person mit einem Münchhausen-Syndrom täuscht eine Krankheit oder ein Trauma vor, um Aufmerksamkeit und Mitleid zu erregen. Sie behauptet zum Beispiel, missbraucht oder vergewaltigt worden zu sein. Beim stellvertretenden Münchhausen-Syndrom benutzt die betreffende Person eine Art Ersatz-Opfer: Mütter bringen ihre Kinder bewusst in Lebensgefahr, um mit ihnen die Notaufnahme aufzusuchen und im Mittelpunkt von Aufregung, Interesse und Anteilnahme zu stehen.

Oft sterben die Babys dabei. Von einer Frau wird vermutet, dass sie acht ihrer neun Kinder im Alter zwischen einer Woche und fünf Jahren auf diese Weise ins Jenseits befördert hat. Aber wer ermittelt schon gegen eine trauernde Mutter, wenn die Beweislage derartig dürftig ist und allein daraus besteht, dass sie *zum achten Mal hintereinander mit einem anderen Kind* in der Notaufnahme aufkreuzt? Insgesamt rechnet man hier mit 500 Todesfällen pro Jahr.

Der Name Münchhausen-*Syndrom* ist hierbei allerdings irreführend, da er eine behandelbare Krankheit unterstellt, die es der betroffenen Person unmöglich macht, moralische oder verstandesgeleitete Entscheidungen zu treffen. Genauso gut könnte man von einem »Vergewaltiger-Syndrom« sprechen. Möglicherweise gedeiht dieses Verhalten deshalb so gut in unserer Gesellschaft, weil heutzutage der Opferstatus fast einen Heiligenschein verleiht.

Kritiker haben eingewandt, dass Feministinnen mit dem Münchhausen-Syndrom ganz anders umgehen würden, wenn es statt bei Frauen vor allem bei Männern vorkäme: »Zuerst einmal würden sie dafür sorgen, dass es nicht als Krankheit betrachtet wird. Sie würden sagen, dass es eine Form von Kontrolle ist – dass es ›typisch‹ männliche Muster beinhaltet, Herrschaft auszuüben.

Feministinnen würden Anti-Münchhausen-Kampagnen starten, die als mächtige Quellen der Propaganda dienen würden. Horrorgeschichten und emotionale Reaktionen würden höher bewertet werden als Fakten. Romane und TV-Movies würden Münchhausen-Männer eher als böse denn als krank darstellen.« (363, 92–97; 365). Da aber Frauen die Betroffenen sind, zählt es als »Leiden« und ist in der Öffentlichkeit kaum bekannt.

Selbst von den Müttern, die wegen der Ermordung ihrer Kinder überhaupt verurteilt wurden, kamen zwei Drittel ohne jede Haftstrafe davon. Der Rest blieb durchschnittlich sieben Jahre im Gefängnis. In England wurden zwischen 1982 und 1989 gar nur zehn Prozent aller schuldig gesprochenen Mütter inhaftiert, aber 50 Prozent der Väter. Dreimal so viele tötende Mütter wie Väter wurden für unzurechnungsfähig erklärt (363, 89).

Die Mutter ist in der Tat eine kulturelle Ikone. Vielleicht liegt es auch daran, dass Frauen ihre Kinder neunmal so oft töten wie Männer – sie kommen eher damit durch. Während die Zahl von Kindesmisshandlungen geradezu sprunghaft ansteigt (363, 111), wird man diese brutale Gewalt gegen die Schwächsten unter uns niemals in den Griff bekommen, solange das Dogma unantastbar bleibt, dass Frauen immer Opfer sind und niemals Täter. Die Presse, landauf, landab, beschäftigt sich indes viel lieber mit angeblich unterhaltsflüchtigen Vätern. Da ist man, was die Sympathien der Leserschaft angeht, wenigstens immer auf der sicheren Seite.

»DASS DU MIR JA NICHT AUF DEN TEPPICH BLUTEST!« – HÄUSLICHE GEWALT IST WEIBLICH

»Er war ein Bastard wie alle Männer. ... Sie können nichts dafür; sie werden dazu erzogen, Bastarde zu sein. Wir werden dazu erzogen, Engel zu sein, damit sie Bastarde sein können. Man kommt gegen das System nicht an. Sie zumindest nicht.«

Marilyn French

Wenn von Gewalt in der Partnerschaft die Rede ist, sind die Karten in den Medien und damit im öffentlichen Bewusstsein wieder einmal klar verteilt: prügelnde Männer, geschlagene Frauen. »Die Täter sind fast ausschließlich Männer« (297, 37), heißt es lapidar in Zeitungsartikeln zu diesem Thema. Oder auch: »Jeder dritte Mann schlägt zu« (335, 6). Auch Fernsehsendungen zu diesem Thema zeigen völlig selbstverständlich durchgehend Männer als Täter und Frauen als Opfer (25). »Jede sechste Frau erlebt in der Realität, was dieser Spielfilm zeigt«, heißt es auch am 24.1.2001 in Günther Jauchs Stern-TV, während Filmausschnitte gezeigt werden, in denen ein Mann seine Partnerin aufs Übelste zusammendrischt. Die Sprecherin kommentiert weiter: »Gewalt in der Ehe – immer noch Alltag in Deutschland.«

»Das Ausmaß der Gewalt gegen Frauen ist erschreckend«, schreibt auch Patricia Aburdene. »Sind Schmerz, Verrat, Brutalität und Ungerechtigkeit etwas, womit Frauen und ihre Töchter eben leben müssen? Ist die Gewalt gegen sie unausweichlich? ... Könnten sie etwas dafür tun, dass Männer mit solch krankhaften Neigungen angemessen bestraft und die Frauen vor ihnen geschützt werden? Nur so wären Frauen sicher. Vielleicht könnten diese Männer dann sogar lernen, ihre Handlungen zu verstehen und sich zu heilen.« Insgesamt, so heißt es, erlitten Frauen mehr Verletzungen durch Schläge als durch Autounfälle, Straßenüberfälle und Vergewaltigungen zusammengenommen (1, 405).

Erschreckende Zustände sind das, vor allem, wenn man sich die Zahlen betrachtet, die amerikanische Autoren, Journalisten und politische Organisationen zu diesem Thema nennen: Annähernd sechs Millionen Frauen werden pro Jahr von ihren Lebenspartnern körperlich angegriffen, davon 1,8 Millionen auf besonders schwere Art und Weise. Das bedeutet: Alle fünf Sekunden findet ein solcher Übergriff statt. Alle achtzehn Sekunden bleibt es nicht bei leichten Blessuren. Es ist von einem »Krieg gegen Frauen« die Rede. (547, 86) Cris Evatt berichtet, dass jede zweite Frau in ihrer Beziehung schon einmal Gewalt erfahren haben soll (125, 102), Constanze Elsner zufolge begegnet jede dritte Frau »in ihrem Leben einem Mann, der sie klein kriegen will – mit allen Mitteln« (103, 13).

Dabei ist häusliche Gewalt bekanntlich nur ein Symptom für die Brutalität, die im Patriarchat generell von Männern gegen Frauen ausgeübt wird. »Diese Gewalt hat eine beabsichtigte soziale Funktion«, folgerten die Sozialwissenschaftlerinnen Anita Heiliger und Steffi Hoffmann in ihrem von der Frauenoffensive München 1998 herausgegebenen Buch »Aktiv gegen Männergewalt«: »Sie sichert die Kontrolle über das Leben von Frauen und hält sie in ihrer Stellung als Menschen zweiter Klasse« (277, 36). Insofern stelle schon der Begriff »häusliche Gewalt« eine bewusste Verharmlosung dar, wenn man bedenke, dass es sich fast ausschließlich um Gewalt gegen *Frauen* handele (363, 130).

Ein kleiner Lichtblick ist es immerhin, dass Männer wenigstens soviel Selbsterkenntnis besitzen, dass sie die Übergriffe ihres Geschlechtes immer weniger unter den Tisch kehren. »Frauen in der freundlichen Arena zusammenzuschlagen, die man Zuhause nennt, ist ein beliebter Freizeitsport vieler Männer«, schreibt etwa Bob Herbert in der »New York Times«. Gewalt in der Partnerschaft ist endlich kein Tabu mehr. Spätestens seit »Der Feind in meinem Bett« mit Julia Roberts existiert eine wahre Flut von Fernsehfilmen, die das Motiv der von ihrem brutalen Mann gehetzten Frau zum Thema haben.

So titelt auch das New-York-Magazin: »Das Biest: Ist Männlichkeit die Wurzel allen Übels?« (547, 86). Letztlich schon, verkündet auch Männerforscher Walter Hollstein, zumindest im Bereich häuslicher Gewalt: Erfahrungsgemäß seien zwar an einer Eskalation der Auseinandersetzung prinzipiell beide Partner beteiligt, »die tätliche Gewalt kommt in den allermeisten Fällen allerdings vom Mann und verändert dann die Balance, die vielleicht schon vorher auf der Kippe stand: Viele Männer berichten, dass sie sich rhetorisch ihrer Partnerin unterlegen fühlen, wieder ein Resultat des Geschlechterrollentrainings. Durch den tätlichen Übergriff hat der Mann die Auseinandersetzung erst einmal zu seinen Gunsten entschieden, in dem Sinne, dass er als ›Sieger‹ aus dem Kampf hervorgeht.

Von Siegestaumel kann allerdings keine Rede sein. Wie schon erwähnt sind die Männer in der Regel schockiert darüber, was sie angerichtet haben.« (209, 236). Als Folge davon entstehen immer mehr Initiativen und Gruppen wie »Männer gegen Männergewalt«, in Deutschland unterstützt von Prominenten wie Hans Meiser, Ralph Giordano und Ingolf Lück, die auf Tausenden von Plakaten so bahnbrechende Neuigkeiten verkünden wie, dass Vergewaltigung ein Verbrechen sei – und zwar »an jedem Ort«. (119, 1). »Brav«, loben die Feministinnen.

Soweit ist der Stand der Diskussion zu Beginn des neuen Jahrtausends. In der Tagespresse wie in Fachzeitschriften, von der »Woche« bis zu »Psychologie heute« besteht zumindest über die grundsätzliche Problematik Einigkeit. Sind Sie bereit für ein paar harte Fakten?

»Ich schlag dich zusammen, du Flittchen!«

**THESE: GEWALT IN DER PARTNERSCHAFT GEHT
IN ALLER REGEL VON MÄNNERN AUS**

»Was wir im wahren Leben sehen«, erklärten Laura Potts und Mary Reiter auf einer Tagung der amerikanischen Gesellschaft für Kriminologie, »war eine wesentlich größere Verbreitung von Frauengewalt, als wir durch die Literatur erfahren haben.« Nichts, was den beiden jungen Soziologinnen in feministischen Schriften erzählt worden war, hatte sie auf das vorbereitet, womit sie in ihrer Arbeit bei der Schlichtungsstelle für kleinere Vergehen konfrontiert worden waren. Wieder und wieder begegneten sie Männern, die von Frauen angegriffen worden waren: ein Fünfundsiebzigjähriger, dem seine wesentlich jüngere Frau eine Porzellanvase auf dem Kopf zerschlug, ein Mann, dem seine Freundin einen Schraubenzieher in die Schläfe gebohrt hatte, ein anderer, der die Straße hinuntergejagt und in den Rücken gestochen worden war (363, 123).

Ähnliches erlebt man auch in Deutschland. In Frankfurt an der Oder schlug eine arbeitslose Putzfrau ihren Exfreund mit einem Stuhl nieder und schnitt ihm dann mit einem Brotmesser das Glied ab. In Frankfurt am Main quälten zwei 19 und 24 Jahre alte Frauen »aus Rache für Anmachversuche« einen Mann mit sieben verschiedenen Küchengeräten, nachdem sie einen lustigen Abend mit ihm verbracht hatten. Sie fügten ihm 50 Schnitt- und Stichverletzungen zu, trennten ihm dabei unter anderem die untere Nase, ein Augenunterlid, ein Ohr und das Endglied eines Daumens ab. In Kelkheim stießen eine 61jährige Ehefrau und ihre dreißigjährige Tochter den Vater die Kellertreppe hinab, prügelten mit Konservendosen, Flaschen und einem Staubsauger auf ihn ein und töteten ihn dann mit zwei Kopfschüssen. In Moers wurde ein Mann, nachdem er von seiner Gemahlin drei Wochen lang gefesselt, gefoltert und nur mit Hundefutter versorgt worden war, an der Autobahn bei Dinslaken ausgesetzt – die geschwollenen Knie mit Schürfwunden übersät, der Hals von einem Stachelband für Kampfhunde zerstochen, der ganze Körper unterkühlt und ausgetrocknet. Die Nieren arbeiteten nicht mehr (474, 244–245). Schlimm das alles – aber doch vermutlich nur willkürlich herausgegriffene und dramatisierte Einzelfälle?

Tatsächlich geht körperliche Gewalt in der Partnerschaft zum überwiegenden Teil von Frauen aus, nicht von Männern. Dies ist das Ergebnis nicht von einer neuen Untersuchung, nicht von fünf, nicht von einem Dutzend. Stattdessen ist die Menge der Studien, die dies belegen, längst unüberschaubar geworden. Einige davon stellte der Psychologe Martin Fiebert als kommentierte Bibliographie ins Internet: Es sind 95 wissenschaftliche Forschungsberichte, 79 empirische Studien und 16 vergleichende Analysen. Diese Untersuchungen stammen aus kriminologischen, soziologischen, psychologischen und medizinischen Fachzeitschriften aus aller Welt: den USA, Kanada, England, Neuseeland, Südafrika. In *sämtlichen* aufgeführten Studien zeigte sich, dass in Beziehungen die Gewalt entweder zu gleichen Teilen von beiden Partnern oder aber überwiegend von der Frau ausging. Je gründlicher und sorgfältiger die Untersuchung durchgeführt wurde, desto höher stieg der Anteil der gewalttätigen Frauen (131, 129). Die Studien stimmen in ihren Erkenntnissen dermaßen deutlich überein, dass in der Fachwelt an diesen Verhältnissen nicht der geringste Zweifel mehr existiert – ganz im Gegensatz zu dem, was jeder von uns in Zeitungen und Büchern lesen und im Fernsehen sehen kann.

Martin Fieberts Website *www.vix.com/menmag/fiebert.htm* stammt aus dem Jahr 1998. Natürlich sind all diese Untersuchungen nicht in diesem Jahr vom Himmel gefallen. Etliche von ihnen existieren seit mehreren Jahrzehnten. Dass weder Presse noch Politik noch die Masse der Literatur zu diesem Thema die darin enthaltenen Erfahrungen in irgendeiner Weise zur Kenntnis genommen haben, ist vermutlich einer der größten Skandale in der Geschlechterdebatte.

Lange lamentierten die Vertreterinnen der Frauenbewegung darüber, dass von Männern in der Partnerschaft ausgeübte Gewalt für viele lediglich ein Kavaliersdelikt sei. Sie wiesen darauf hin, welche Menschenverachtung hinter dieser Haltung stecke. Aber welche Menschenverachtung findet man dann erst in der feministischen Bewegung selbst, wo von *Frauen* in der Partnerschaft begangene Gewalt nicht einmal wahrgenommen wird – sondern totgeschwiegen, still übergangen, ignoriert? Jahrzehntelang stürzten und stürzen sich auch die Medien ausnahmslos auf die grob entstellten Statistiken der Frauenbewegung. Als Ergebnis dieser einseitigen Berichterstattung wurde von Rot-Grün inzwischen ein Gesetz eingebracht, das Männer zu Hauptschuldigen bei ehelichen Gewalttätigkeiten stempelt und erlaubt, ihnen ohne Gerichtsverfahren die eigene Wohnung zugunsten der Partnerin zu entziehen – und das diesen Sexismus als »Aufklärung« verkauft.

Begonnen hat die Aufdeckung der weiblichen Täterschaft im Bereich häuslicher Gewalt schon 1980. In diesem Jahr veröffentlichten Murray Straus, Richard Gelles und Suzanne Steinmetz eine vergleichende Untersuchung zu diesem Thema. Alle drei galten, vor allem in feministischen Kreisen, als *die* Experten auf dem Gebiet von Gewalt in der Ehe, als Soziologen, die, wie es eine Autorin ausdrückt, »in herausragender Weise zu unserem Wissen über das Verprügeln von Ehefrauen als gesellschaftliches Problem ... beigetragen haben« (67, 8). Tatsächlich stammen die in den ersten Absätzen dieses Kapitels erwähnten erschreckenden Zahlen von diesen drei Fachleuten. In all ihren bisherigen Untersuchungen waren Straus und seine Kollegen davon ausgegangen, dass verprügelte Ehemänner eher selten vorkamen und wenn, dann nicht sonderlich schwer verletzt wurden. Dann kam das Jahr 1980, und das Forscherteam unterzog noch einmal alle Studien, die es finden konnte – zu diesem Zeitpunkt etwa dreißig –, einer gründlicheren Untersuchung. Das Ergebnis war, dass alles in allem 11,6 Prozent der Frauen angegeben hatten, geschlagen, geohrfeigt, getreten, gebissen, mit Gegenständen beworfen oder anderweitig angegriffen worden zu sein, aber 12 Prozent der Männer. (Manche Untersuchungen, die den Begriff »körperliche Gewalt« offenbar weiter fassten, kamen sogar auf 25 Prozent attackierter Männer gegenüber 16,5 Prozent Frauen.) Auf 1,8 Millionen weibliche Opfer kamen zwei Millionen männliche. Wenn eine Frau alle 17,5 Sekunden angegriffen wurde, dann ein Mann alle 15,7 Sekunden. Nur hatten die Experten und Expertinnen, die bislang die Statistiken zum Thema häuslicher Gewalt erstellt hatten, allein über die weiblichen Opfer berichtet. Die männlichen hatte man einfach unter den Tisch fallen lassen. Manchmal war es selbst bei wegweisenden und daher weit verbreiteten Studien notwendig, sich sehr gründlich mit dem Datenmaterial zu befassen, um die genauen Zahlen herauszuarbeiten. Dieses Verbergen von relevanten Informationen, so Murray Straus, »fördert einige ärgerliche Fragen bezüglich wissenschaftlicher Ethik zutage« (363, 119–120; 67, 8–9; 68, 224–226; 299, 178–179; 452, 194).

Die Vertreter der Frauenbewegung waren urplötzlich gar nicht mehr so glücklich mit ihren früheren Idolen. Die feministische Grundannahme, dass häusliche Gewalt eine Konsequenz des »Patriarchats«, der Männerherrschaft, sei, drohte ins Wanken zu geraten. Infolgedessen warf man dem Forscherteam erstens vor, dass es überwiegend aus Männern bestand, und zweitens, dass es ganz offenkundig schlampig recherchiert haben musste. *Natürlich* gab es auch Frauen, die Männern ziemlich zusetzen konnten, aber dann selbstverständlich in Form von Selbstverteidigung. Sollten sich Frauen etwa alles gefallen lassen, ohne sich zu wehren? Sollten sie sich für ihre Gegenwehr auch noch durch den Schmutz ziehen lassen? Straus und seine Kollegen nahmen sich ihr Datenmaterial noch einmal gründlicher vor. Fünf Jahre später kamen sie zu einem sehr ähnlichen Ergebnis: In einem Viertel der Fälle ging Gewalt allein vom Manne aus, in einem Viertel ausschließlich von der Frau. Bei der Hälfte wechselten sich die Partner beim Erstschlag quasi ab (67, 11; 135, 230; 363, 120).

»Jetzt langt's, jetzt untersuchen wir das Thema selber!« beschlossen viele andere Forscher im Bereich häuslicher Gewalt. Etwa die Hälfte von ihnen waren Frauen und davon sehr viele feministisch orientiert. Oft waren sie angetreten, um zu beweisen, dass die Studie von Straus, Gelles und Steinmetz ein einziger Schwindel war – aber sie mussten erkennen, dass ihre eigenen Ergebnisse deren Erkenntnisse bestätigten (131, 129). Es war noch nicht einmal denkbar, dass die kritisierten Forscher die Antworten unfair zuungunsten der Frauen gewichteten: Erstens hielten viele von ihnen die Daten über männliche Opfer zurück, weil diese offenbar nicht als »politisch korrekt« erschienen. Zweitens beruhten viele Untersuchungen auf Angaben der männlichen und weiblichen *Täter* (67, 9). Frauen berichteten *von sich selbst*, dass sie in mehr als der Hälfte der Fälle den ersten Schlag austeilten, eine Erkenntnis, die ebenfalls in zahlreichen länderübergreifenden Studien bestätigt wurde. Fragte man hingegen Frauen *und* Männer, dann stellte sich sogar heraus, dass Frauen doppelt so oft den ersten Schlag landeten wie Männer (135, 231; 131, 139–140). Bei manchen Studien klafft die Schere der Gewalt noch weiter auf:

• Eine landesweite US-Studie über schwere Gewalt in der Partnerschaft von 1992 brachte zutage, dass in 1,9 Prozent der Fälle die Frau das Opfer war, in 4,5 Prozent der Fälle der Mann.

• Weibliche High-School-Studentinnen zeigten sich viermal so häufig wie männliche Studenten als *einziger* Misshandelnder des jeweils anderen Geschlechts (5,7 Prozent gegenüber 1,4 Prozent).

• Bei einer Untersuchung von über 500 Studenten und Studentinnen an einer Universität stellten sich Frauen dreimal so oft wie Männer als Täter heraus – neun Prozent gegenüber drei Prozent.

• Eine US-weite Studie über Männer und Frauen, die miteinander ausgingen, führte zu dem Ergebnis, dass die Frauen fünfmal häufiger zu schwerer Gewalt neigten (131, 130–134).

• Eine Untersuchung in Neuseeland verfolgte den Lebensweg von über tausend Kindern von drei bis 21 Jahren. Weil die Forscher diese jungen Menschen deren ganzes Leben über kannten, war das Vertrauen zwischen ihnen besonders groß. Ein Ergebnis dieser Studie war, dass Frauen und Männer leichte Gewalt gegen das andere Geschlecht im Verhältnis von 36 zu 22 Prozent verübten, schwere Gewalt sogar im Verhältnis von 19 zu 6 Prozent. (131, 145–146)

Auch aus Polizeiprotokollen und Beobachtungen bei Ehe- und Partnerschaftsberatungen ließ sich enormes Material über weibliche Gewalttätigkeiten gewinnen (547, 93).

Straus befragte auch eigens die Frauen, die in Frauenhäusern Zuflucht gesucht hatten. Die meisten feministischen Forscherinnen erkundigten sich nur, welche von ihnen *Opfer* von Gewalt geworden waren. Straus fand heraus, dass etwa die Hälfte von ihnen ihren Partner von sich aus angegriffen hatte (68, 225).

Es dauerte seine Zeit, bis all diese Studien entstanden waren und veröffentlicht wurden. Bis dahin standen Straus und seine Mitarbeiter sehr alleine da – und erkannten schnell, dass sie sich auf vermintes Gelände begeben hatten.

Dass er schlagartig von der feministischen Literatur ignoriert wurde, die ihn früher durchgehend zu zitieren pflegte, war eine Sache. Eine andere waren persönliche Angriffe und Verleumdungen. So ließ die Vorsitzende der Kanadischen Vereinigung gegen Gewalt an Frauen, Pat Marshall, das Gerücht über Straus verbreiten, dass er seine eigene Frau misshandeln würde. Sie tat das so oft, dass Straus sich schließlich brieflich zur Wehr setzte, bis er von ihr eine Entschuldigung erhielt. (Seine Frau, die eine Schachfigur bei diesem Spiel gewesen war, erhielt keine.) Noch heftiger indes ging man gegen Susan Steinmetz, die Frau in Straus' Truppe, vor: Sie erhielt Bombendrohungen. Auch ihre Kinder wurden von Fanatikerinnen zur Zielscheibe erklärt (67, 112; 452, 200). Offenbar ohne sich irgendwelcher Widersprüche in ihrem Handeln bewusst zu sein, griffen Anhängerinnen feministischer Ideologien zur Gewalt, um ihre Ansicht durchzusetzen, dass Frauen weitaus weniger gewalttätig waren als Männer (68, 227; 363, 121). Die Studien, die Straus für die USA durchgeführt hatte, wurden bald in anderen Ländern, etwa Kanada, erhärtet. Auch die Zahlen waren dort ähnlich: 18 Prozent der Männer und 23 Prozent der Frauen wurden gegenüber ihren Partnern gewalttätig, 10 Prozent der Männer und 13 Prozent der Frauen schwer. Auch diese Angaben wurden durch streng vertrauliche Fragebögen erhärtet, die von den Frauen selbst ausgefüllt wurden. Auch hier stimmten die Angaben der Täter mit denen der Opfer überein. Auch dort gaben die Soziologen, die diese Statistiken aufstellten, nur die Zahlen über die weiblichen Opfer an die Presse weiter, und oft stolperten später erst andere Wissenschaftler per Zufall über die tatsächlichen Zahlenverhältnisse in der handgreiflichen Variante des Geschlechterkriegs. (67, 10–11; 363, 122)

Erst 1999 etwa veröffentlichte das kanadische Justizministerium den Teil einer aus dem Jahr 1980 stammenden Studie, der belegte, dass Ehemänner mindestens so häufig geprügelt wurden wie Ehefrauen. Einer Untersuchung aus dem Jahr 1987 zufolge waren bei Paaren, die miteinander ausgingen, Frauen mit 46 gegenüber 18 Prozent sogar fast dreimal gewalttätiger: Die 18 Prozent Männergewalt waren damals veröffentlicht worden. Dass es Gewalt *gegen* Männer gab, wurde nicht einmal erwähnt. Ein kanadischer Professor, der die Daten dieser Untersuchung überprüfen wollte, erhielt keinen Zugang zu ihr. Erst als er diesen Umstand in seinem nächsten Buch veröffentlichte und noch drei Jahre lang drängte, wurden die Erkenntnisse über 46 Prozent gewalttätiger Frauen veröffentlicht. Zu diesem Zeitpunkt (1997) hatte sich die Politik, nur weibliche Opfer von häuslicher Gewalt staatlich zu unterstützen, längst fest etabliert: 1999 gingen pro Jahr 3,3 Millionen Dollar an misshandelte Frauen und Kinder, null Millionen Dollar an misshandelte Männer (130, 143; 293b).

Eine Soziologin aus Winnipeg, Reena Summers, erfuhr von den Täterinnen, mit denen sie sprach, dass neunzig Prozent von ihnen nicht aus Selbstverteidigung heraus handelten, sondern weil sie eifersüchtig, high, verärgert oder frustriert waren oder einfach Kontrolle über ihren Partner ausüben wollten – mit anderen Worten: aus denselben Motiven, aus denen Männer ihre Fäuste fliegen ließen. (363, 122–134; 547, 95) Andere Gründe, aus denen Frauen gewalttätig wurden, waren Persönlichkeitsstörungen, traumatische Schäden durch Kindheitserlebnisse oder einfach Unreife und Impulsivität. (363, 134) Vierzehn Prozent ihrer Opfer landeten im Krankenhaus. (363, 122) In England war der Gewaltvorsprung der Frauen ähnlich groß: Zehn Prozent hatten einer Erhebung zufolge ihren Partner geschlagen (gegenüber drei Prozent bei den Männern), zwanzig Prozent hatten ihn mit Gegenständen beworfen (gegenüber sechs Prozent bei den Männern; 497, 311; vgl. auch 369). In Rumänien erwies sich bei einer Befragung jeder fünfte Mann als Opfer von häuslicher Gewalt; jeder sechzehnte musste als Folge der so erlittenen Verletzungen im Krankenhaus behandelt werden. (6a) Und in Dänemark fand der Männerforscher Hans Bonde von der Universität Odense heraus, dass 30 Prozent aller dänischen Ehemänner von ihren Frauen verprügelt wurden – eine Zahl, die er durchaus auf die Situation in Deutschland für übertragbar hält. (288, 15) Während also immer mehr Forscher eine größere Aggressionsbereitschaft bei Frauen als bei Männern feststellen (314), ergeben regierungsamtliche Befragungen bislang, dass Männer und Frauen zu gleichen Teilen Täter und Opfer sind. 1999 veröffentlichte etwa das britische Innenministerium eine entsprechende Studie. (495a) Eine vom Kriminologischen Forschungsinstitut Niedersachsen im Auftrag der Bundesregierung erhobene Untersuchung spricht von 1,7 Millionen geprügelten Frauen und 1,6 Millionen geprügelten Männern. (505, 55) Das Ergebnis dieser Studie wurde von ihrem Auftraggeber, dem Frauenministerium der Bundesregierung, jedoch nur unter der Hand verbreitet. Luise Mandau, Expertin beim Thema Gewalt in Beziehungen, nimmt an, dass es zu brisant war und der damaligen Frauenministerin Nolte nicht ins politische Konzept passte: Sie hatte gerade eine wählerwirksame Kampagne »Gewalt gegen Frauen« gestartet, in deren Zusammenhang auf vielen hundert Broschürenseiten die »patriarchale Gewalt« der Männer gegeißelt wurde. Bekanntlich bedient auch ihre Nachfolgerin Bergmann dieselbe Klientel. Ein solches Zurückhalten bedeutsamer Informationen geschah hier allerdings nicht zum ersten Mal. Schon 1992 lag dem Bundesfrauenministerium eine Studie vor, aus der eindeutig hervorging, dass die Gewalt der Frauen der Männergewalt in den Familien um nichts nachstand – auch sie wurde für eine öffentliche Diskussion nicht zugänglich gemacht (55). Dass die Zeitschrift »Focus« als Ergebnis einer selbst in Auftrag gegebenen Umfrage zu den uns inzwischen schon bekannten Ergebnissen kam – hiernach waren wieder erkennbar mehr Männer als Frauen die Opfer schwerer und mittelschwerer Gewalt in der Partnerschaft –, drang leider ebenfalls nicht bis ins öffentliche Bewusstsein vor. (288, 14–15) Noch heute ist in deutschen Zeitungen von 95 Prozent männlichen Tätern die Rede. Auch Frauenministerin Bergmann erwägt Maßnahmen ausschließlich gegen das vermeintlich stärkere Geschlecht.

»Sollten Untersuchungsergebnisse wie diese den Expertinnen und Experten des Frauenschutzes wirklich unbekannt sein?«, fragt sich die Autorin Karin

Jäckel nach der Sichtung der zahllosen internationalen Untersuchungen. Sie folgert:»Wohl kaum. Weit eher wird alles, was der Zielsetzung der Frauenschützerinnen und Frauenschützer entgegensteht, schlicht ignoriert und der interessierten Öffentlichkeit unterschlagen. Demagoginnen und Demagogen agieren so. Diktatorinnen und Diktatoren, deren Machterhalt auf der Verdummung des Volkes basiert.« (220, 73)

Körperliche Gewalt entwickelt sich übrigens nicht erst in den alltäglichen Frustrationen einer länger bestehenden Partnerschaft, sondern schon unter Teenagern. Hier sind die Mädchen ebenfalls öfter gewalttätig als die Jungen (299, 179). Als der Soziologe Richard Breen Studenten und Studentinnen über ihre Erfahrungen in dieser Hinsicht befragte, berichteten 18 Prozent der Männer und 14 Prozent der Frauen, Zielscheibe von Aggressionen gewesen zu sein. Breen bat speziell die Verheirateten von ihnen um eine Aufschlüsselung der einzelnen Gewaltakte. Auch diese ließ sich weder mit den gängigen Klischees noch mit der feministischen Propaganda in Einklang bringen: 20 Prozent der Männer wurden mit verschiedenen Utensilien beworfen, 23 Prozent wurden geboxt, getreten oder geohrfeigt, 30 Prozent geschubst oder gestoßen, neun Prozent mit Gegenständen angegriffen. Zehn Prozent hatten nach solchen Angriffen ärztliche Hilfe in Anspruch nehmen müssen. (497, 310)

Auch was psychische Gewalt angeht, schenken die Geschlechter sich nichts und engagieren sich gleichermaßen in Verspottungen, Beleidigungen, Drohungen oder dem Zerstören von Haushaltsgegenständen. Sie verhindern es, dass der jeweilige Partner seine Freunde besuchen kann, folgen ihm heimlich und beobachten ihn eifersüchtig auf Schritt und Tritt. 92 Prozent der Frauen beleidigen oder verhöhnen einer weiteren Studie zufolge ihre Partner (in der Regel zielen diese Angriffe auf die Finanzkraft des Mannes oder seine Fähigkeiten als Vater ab), 72 Prozent ziehen sich als eine Form von Bestrafung emotional zurück, 46 Prozent drohen mit körperlichen Attacken (363, 137). Manche Frauen sperren ihre Partner über Nacht aus der Wohnung aus (40, 12), andere deuten Dritten gegenüber an, dass ihr Partner sexuell unzureichend sei, flirten vor seinen Augen offen mit anderen Männern (67, 57) oder äußern sich über ihn mit herabsetzenden Bemerkungen bei seinen Freunden, Verwandten und selbst seinem Arbeitgeber (497, 335). Wieder andere hatten absolute Verfügungsgewalt über das Portemonnaie. Unabhängig davon, ob ihr Mann das höhere Einkommen hatte oder nicht, entschieden sie über jede Mark, die er erhielt, und er hatte jede einzelne Ausgabe vor ihnen zu rechtfertigen (67, 55).

Ein paar zusammenfassende Ergebnisse all dieser Studien bietet die Internet-Seite von Sam und Bunny Sewell (zuletzt überarbeitet 1999), die sich seit über einem Jahrzehnt z.B. mit der Gründung und Unterstützung von Frauenhäusern gegen die häusliche Gewalt engagieren. Ihrer Ansicht nach ist dieser Kampf aber aussichtslos, solange Massen an Personal und Unsummen von Steuergeldern auf der Grundlage völlig falscher Annahmen verschleudert werden und statt auf wissenschaftliche Studien auf feministische Propaganda gehört wird.

Schuld sind eben nicht hauptsächlich Männer oder gar das sagenumwobene »Patriarchat«. Folgende Fakten gelten mittlerweile als bewiesen und sollten endlich auch öffentlich anerkannt werden:

- Frauen beginnen die meisten Zwischenfälle häuslicher Gewalt.

- Frauen benutzen dabei dreimal so häufig Waffen wie Männer.

- Frauen begehen häufiger Misshandlungen an Kindern und Senioren.

- Frauen schlagen männliche Kinder häufiger und härter als weibliche.

- Frauen begehen die meisten Morde an Kindern, zu 64 % an Jungen.

- Wenn Frauen Erwachsene ermorden, sind die meisten Opfer männlich.

- 82 % aller Menschen haben ihre erste Gewalterfahrung durch die Hände einer Frau. (431)

All diese Erkenntnisse sind wissenschaftlich belegt, die meisten tauchen mit den entsprechenden Quellenangaben in anderen Kapiteln dieses Buches wieder auf. Alle diese Erkenntnisse passen allerdings nicht in die feministische Ideologie, schon gar nicht in die abstrusen Vorstellungen vom Patriarchat und der allgegenwärtigen Männerherrschaft und Männergewalt. All diese Erkenntnisse erscheinen deshalb üblicherweise auch nicht in den Medien.

»Frauen sind in allen Kulturen, die bis jetzt untersucht wurden, am häufigsten Täter bei häuslicher Gewalt«, schließen die beiden Autoren Sam und Bunny Sewell. Deshalb widmen sich die Forscher inzwischen der Frage nach der »territorialen Hoheitsmacht« als einem denkbaren Faktor bei ihren aggressiven Handlungen gegenüber Männern. »Frauen betrachten ihr Zuhause als ihr Territorium. Wie viele andere Spezies auf diesem Planeten ignorieren auch wir Menschen Größenunterschiede, wenn wir Konflikte in unserem eigenen Territorium austragen.« (431) Andererseits sollte man nicht ignorieren, dass auch Frauen Opfer bevorzugen, die schwächer sind als sie und sich nicht so gut zur Wehr setzen können, etwa Alte und Kranke (68, 206). Vor allem alte Männer, die die Beschützer- und Ernährerrolle für ihre Frau nicht mehr erfüllen können, bekommen ihren Zorn darüber massiv in körperlicher Weise zu spüren (131, 136). Insgesamt betrachtet nahm nach US-Statistiken die Gewalt, die von Männern verübt wurde, seit 1975 weiter ab, die von Frauen verübte Gewalt hingegen zu (131, 142).

All diese Fakten werden vom Bundesfrauenministerium und dem von ihm eingebrachten Gesetzen in keiner Weise berücksichtigt. Es ist nicht so, dass sie dort nicht bekannt wären. Als das Ministerium im Jahr 2000 ein Internet-Forum anbot (http://www.bmfsfj.de/dialg/display _forum.asp?fid=1), in dem über häusliche Gewalt diskutiert werden sollte, wurden dort etliche der obigen Statistiken von Besuchern gepostet, die für etwas mehr Ehrlichkeit und Offenheit in dieser Debatte plädierten. Leider wurde das Forum zunehmend von Teilnehmern gestört, die unter falschen Namen offensichtlich das Ziel verfolgten, die Diskussion zu beenden. Sie hatten Erfolg. Es dauerte nicht lange, und das Frauenministerium schloss das Forum.

Fausthiebe gegen Ohrfeigen?

THESE: MÄNNER WERDEN BEI SOLCHEN AUSEINANDERSETZUNGEN WENIGER SCHWER VERLETZT ALS FRAUEN

Eichborns »Neuem Lexikon der populären Irrtümer« steht ohne Zweifel das Verdienst zu, zum ersten Mal in Deutschland in einem wirklich von der breiten Masse gelesenen Buch dargelegt zu haben, dass eheliche Gewalt keineswegs mehrheitlich von Männern ausgeht. Allerdings spekulieren auch hier die Autoren, dass dies unter anderem deswegen in der Öffentlichkeit so wenig bekannt ist, weil die Folgen der Gewalt so unterschiedlich seien.

Nun sind Eichborns Lexikonverfasser keine Experten auf diesem Gebiet und haben das auch nie von sich behauptet. Verstörender ist es schon, wenn in einem Buch, das explizit dem Thema häuslicher Gewalt gewidmet ist, dieser Mythos aufrechterhalten wird und prompt in einen entsprechenden »SPIEGEL«-Artikel einmündet: »Selbst wenn eine Frau wie wild auf einen Mann ›einboxt‹, wird sie ihm dadurch in aller Regel nicht die Art von Verletzungen zufügen, die sie davonträgt, wenn sein Faust- oder Handkantenschlag sie trifft«, heißt es in Constanze Elsners »Mit mir nicht mehr!« in heiliger Einfalt. Und der »SPIEGEL«-Redakteur setzt noch eins drauf: »Frauen werden bei körperlichen Auseinandersetzungen in Partnerschaften weit schwerer verletzt als Männer. Schätzungen in den USA gehen davon aus, dass auf zwei bis vier Millionen misshandelte Frauen etwa 100.000 misshandelte Männer zu rechnen sind. Als Faustregel gilt hier deshalb, dass 95 Prozent der Gewalt in Partnerschaften von Männern ausgeht.« Derselbe Artikel begann übrigens mit der oben zitierten Studie des Kriminologischen Forschungsinstituts Niedersachsen, derzufolge Frauen gleich häufig wie Männer zuschlagen. Daraus wieder die 95 Prozent Männergewalt zusammenzubasteln, indem man vage »Schätzungen in den USA« ohne jede Quelle angibt (zu solchen »Schätzungen« später mehr), zeugt von einer journalistischen Brillanz, die nur durch das in diesem Zusammenhang wirklich ulkige Wortspiel mit der »Faustregel« übertroffen wird (505, 55).

Wie sieht es denn nun wirklich mit den Folgen weiblicher Gewalttätigkeiten aus? Kann so ein zartes, feenhaftes Wesen wirklich etwas gegen einen bulligen

Zweimetermann ausrichten? Nun sind genauso wenig alle Frauen Elfen wie alle Männer Schränke. Häufig sind ja gerade ältere und hilfsbedürftige Männer das Opfer. Aber selbst wenn der Mann seiner Partnerin körperlich wirklich überlegen wäre, heißt das noch lange nicht, dass er seine Körperkraft auch richtig einsetzen kann oder will. Feministische Literatur zum Thema Gewalt innerhalb lesbischer Beziehungen warnt zu Recht ausdrücklich davor, automatisch die Frau mit der größeren Körpermasse zur Täterin zu stempeln. Oft genug geht die Gewalt von der kleineren, femininer wirkenden Partnerin aus (363, 117; 547, 95). Hier kommen nämlich psychologische Faktoren wie Temperament, Aggressivität, Hinterlist und Willensstärke ins Spiel (363, 117). Gewalt in der Partnerschaft ist kein sportlicher Wettkampf, bei dem ein Ringrichter darauf achtet, dass beide Kontrahenten fair miteinander umgehen. Eine andere nicht allzu schwierige Taktik für eine siegreiche Auseinandersetzung besteht darin zuzuschlagen, wenn der andere nicht damit rechnet, etwa weil er dem Täter oder der Täterin den Rücken zuwendet oder schläft (547, 95). Eine Studie über gewalttätige Scheidungspaare zeigte, dass die Frauen eher blaue Flecken davontrugen, die Männer dafür mehrheitlich Schnittverletzungen (547, 95). Insgesamt setzen Frauen viermal so häufig Messer und andere scharfe Gegenstände ein wie Männer. Eine Forscherin, die Polizeiprotokolle untersuchte, entdeckte dabei, dass 25 Prozent aller Fälle mit weiblichen Opfern als schwere Angriffe zu werten waren, aber 86 Prozent der Fälle mit männlichen Opfern. 82 Prozent der Frauen griffen zur Waffengewalt, aber nur 25 Prozent der Männer. 84 Prozent der von Männern davongetragenen Verletzungen waren so schwer, dass medizinische Hilfe in Anspruch genommen werden musste. Die Hälfte von ihnen musste über Nacht oder länger im Krankenhaus bleiben (67, 15–17).

Auch verschiedene der oben angeführten Untersuchungen (etwa die neuseeländische Studie oder die »FOCUS«-Befragung) weisen sehr deutlich darauf hin, dass Männer insbesondere schwerer Gewaltanwendung überproportional zum Opfer fallen.

Das alte Klischee von der Frau, die mit Gegenständen um sich wirft oder mit dem Nudelholz zuschlägt, ist ebenfalls schmerzhaft wahr. Interessanterweise wird diese Verhaltensweise in Witzen, Comics und Werbespots als humoristischer Höhepunkt dargestellt, während ein Fausthieb ins Gesicht einer Frau vergleichsweise wenig Heiterkeit auslöst. Mehreren Studien zufolge schlagen Frauen erkennbar öfter als Männer mit Gegenständen zu und werfen doppelt so oft damit um sich – was im wahrsten Sinne des Wortes bös ins Auge gehen kann. Erin Pizzey, die Gründerin der weltweit ersten Zufluchtstätte für geschlagene Frauen, berichtet, dass die meisten Augenverletzungen bei Männern auftreten, weil ihnen Glassplitter eines Objektes ins Gesicht fliegen, das ihre Partnerin nach ihnen geworfen hat (67, 19). Zu den Gegenständen, die Berichten zufolge bereits auf Männer geworfen wurden, zählen unter anderem ein schweres Vorhängeschloss (der Schlüssel steckte noch), eine Kristalllampe (die einige Stiche an der Stirn notwendig machte), ein Hammer (ging daneben) und mehrere Messer (von denen einige trafen; 67, 38). In einem Artikel mit der Überschrift »Warum Frauen mit Gegenständen werfen« bezeichnete ein Psychologe dies als David-und-Goliath-Syndrom (klar, dass die Frau die Rolle des Davids übernahm) und erklärte allen Ernstes, Frauen wollten damit ausdrücken, dass sie es für sinnvoll hielten, um ihre Beziehung zu kämpfen (497, 300).

Pistolen werden von Männern wie Frauen gleichermaßen gern verwendet, um Unstimmigkeiten zu klären (67, 42). Frauen liegen hingegen vorne, wenn es darum geht, dem Partner kochendheißes Wasser oder andere Flüssigkeiten, die Verbrühungen erzeugen, ins Gesicht oder auf die Genitalien zu schleudern (547, 95). Der männliche Unterleib ist auch bevorzugtes Ziel von Schlägen und vor allem Tritten (67, 40). Von Frauengruppen gern gesehene Filme wie »Die Piratenbraut« mit Geena Davis füllen mit Großaufnahmen von solchen Einsätzen des weiblichen Knies die gesamte Kinoleinwand. Auch das soll witzig wirken. Immer wieder berichten Männer der Telefonseelsorge von solchen Tritten und von erlittenen Verbrühungen. Ulrich Beer, Autor der Fernsehserie »Ehen vor Gericht«, bestätigt, dass Frauen besonders rabiat zu Werke gingen, sobald die Hemmschwelle einmal überschritten sei: »Sie treten in Geschlechtsteile und boxen ins Gesicht«. (316, 118-119) Eine Studie, die Malcolm George für das britische Unterhaus anfertigte, förderte ähnliche Exzesse zutage. 80 Prozent der befragten männlichen Gewaltopfer wurden mit allem angegriffen, was man im Haushalt so finden konnte, darunter Messer, Scheren, Hämmer, Flaschen, Vasen, Knüppel, ein Baseballschläger, eine Eisenstange und eine Bratpfanne. Zu den Folgen der Gewalt zählten Blutergüsse, Platz-, Schürf- und Stichwunden, gebrochene Nasen und Finger sowie Verbrühungen. Manche wurden bewusstlos geschlagen. Für achtzig Prozent war die Versuchung zurückzuschlagen groß (497, 334).

Eine andere von Frauen bevorzugte Möglichkeit, ihre körperliche Unterlegenheit wettzumachen, besteht darin, den Partner anzugreifen, wenn er schläft. Kommt so etwas öfter vor, kann es das Opfer auch psychisch fertig machen. Wenn der Mann Allein- oder Hauptverdiener ist und pro Nacht seine acht Stunden Schlaf benötigt, aber wegen ständiger überraschender Angriffe durch seine Frau nur vier Stunden erhält, ist er nach einigen Monaten dermaßen durch den Wind, dass er buchstäblich zu Wachs in ihren Händen geworden ist (67, 40).

Der Vollständigkeit halber muss hier darauf hingewiesen werden, dass nicht exzessive Gewalt notwendig ist, um zu bleibenden Schäden zu führen. Selbst eine Ohrfeige hinterlässt ihre Spuren in der Psyche. Zu den indirekten Folgen von häuslicher Gewalt zählen der Missbrauch von Drogen und Alkohol, Geistesstörungen, Selbstmordversuche und Depressionen (67, 23). Manche Männer verlieren aufgrund ihrer häuslichen Situation den Arbeitsplatz (497, 335).

Von all den aufgeführten Gewaltexzessen liest man, von Ausnahmefällen abgesehen, weder in der Tagespresse noch in der Frauenliteratur auch nur ein

Wort. Im Gegenteil. »Mit gutem Beispiel gehen die Lehrer im IMPACT-Programm voran«, heißt es in Patricia Aburdenes *Megatrends Frauen*. »Sie lassen sich k.o. schlagen, damit die Frauen lernen, wie sie überleben können.« (1, 410) Und das ist vermutlich ohne jeden Zynismus gemeint.

»Männer sind selbst schuld, wenn sie sich das gefallen lassen!«

THESE: FRAUEN SIND ALS OPFER WEHRLOSER ALS MÄNNER

In Wahrheit sind Männer nicht nur häufiger das Opfer von häuslicher Gewalt, sie sind auch wesentlich hilfloser, wenn es darum geht, dieser Situation zu entkommen. Dafür sind mehrere Gründe verantwortlich:

Ökonomische Zwänge

Es wird oft angenommen, dass Männer wegen ihrer in der Regel größeren finanziellen Ressourcen eher eine zerstörerische Beziehung verlassen könnten als »abhängige« Frauen. Schließlich haben sie in der Regel die besseren Jobs sowie eine höhere Kreditwürdigkeit und sind durch die Kinder auch nicht ans Haus gefesselt. Susan Steinmetz hingegen erklärt in ihrem Aufsatz über das »Geschlagener-Ehemann-Syndrom«, warum diese Perspektive auf »irreführenden sexistischen Vorurteilen« beruht: Nach der bei uns herrschenden Rechtsprechung ist auch ein Mann, der von seiner Familie getrennt lebt, immer noch verpflichtet, sie finanziell zu unterhalten. Abgesehen von legalen Zwängen haben Männer diese Pflicht, für ihre Familie zu sorgen, fest verinnerlicht, selbst in Zeiten der beruflichen Emanzipation.

Zusätzlich müssten sie nach einem Auszug aber die Kosten für ihre eigene neue Wohnung aufbringen (67, 26). Einer misshandelten Frau kann man leichten Herzens raten, die Scheidung einzureichen und gleichzeitig eine Räumungsklage gegen den Mann anzustrengen, um ihn aus der Wohnung zu bekommen – mit der zusätzlichen Unterstützung durch ein Besuchsverbot für immer und alle Zeiten. Wenn ein Mann die Scheidung einreicht, weiß er, dass mit großer Sicherheit das Spiel für ihn andersherum laufen wird und er zum Verlassen seiner Wohnung gezwungen werden kann. Dazu der Maskulist David Thomas: »Ein Mann, der sich nach erlittener Misshandlung von seiner Ehefrau trennt, trennt sich aller Voraussicht nach von allem, was er bisher sein eigen genannt hat. Nachdem er von seiner Frau fertiggemacht wurde, gibt ihm das System den Rest.« (497, 295–296)

Angst um den Verlust der Kinder

Wie wir im Kapitel zum Thema Familie schon gesehen haben, sind die Karten im »Patriarchat« bei einer Scheidung zu Lasten des Mannes gezinkt. Er verliert in aller Regel einen beträchtlichen Teil seines Einkommens und seine Kinder. Väter wissen sehr genau, dass dieses Damoklesschwert ständig über ihnen hängt. Eine Frau, die bereit ist, zu körperlichen Misshandlungen zu greifen, dürfte auch wenig Skrupel haben, ihrem Ex selbst den Besuch seiner Kinder juristisch oder faktisch unmöglich zu machen – und wenn sie dazu ihre Scheidungsklage mit Vorwürfen sexuellen Missbrauchs aufbessern muss (67; 26, 62). Der oben erwähnten Untersuchung Malcolm Georges zufolge reichten nur 20 Prozent der geprügelten Männer die Scheidung ein, aber 70 Prozent der prügelnden Frauen – durchweg mit der Begründung ehewidrigen Verhaltens. 25 Prozent erwirkten zusätzlich Räumungsklage und/oder Kontaktverbot gegen ihren Ehemann. In nur fünf Prozent der Fälle wurden dem Mann Sorge- und Wohnrecht zugesprochen. Alle anderen sahen sich mit erhöhten Auflagen oder gar der Verweigerung des gesetzlich garantierten Besuchsrechts konfrontiert (497, 335). Vertreter deutscher Selbsthilfegruppen warnen Männer in Scheidungsverfahren ausdrücklich davor, Angriffe ihrer Frauen zu erwidern, solange sie keinen unbeteiligten Dritten als Zeuge dabeihaben. Andernfalls werde vom Gericht oft nur die »Männergewalt« wahrgenommen (300, 213). Da viele Partner prügelnder Frauen wissen, dass diese ihre Wut ebenso gerne an den Kindern abreagieren, bleiben sie auch deshalb lieber zu Hause, statt ihren Nachwuchs ungeschützt zurückzulassen (131, 137).

Scham

Meistens fühlen sich von ihren Partnerinnen übel zugerichtete Männer so erniedrigt und ins Mark getroffen, dass sie es nicht schaffen, auch nur einer Menschenseele davon zu erzählen. (Tun sie es doch, erhalten sie Spott, Gleichgültigkeit oder Ungläubigkeit zur Antwort.) Wenn sie für jeden sichtbar verwundet sind, behaupten sie, gegen eine Tür gelaufen, aus dem Bett gefallen oder von einem Tier angegriffen worden zu sein (67, 49). Eine Befragung von Patienten in der Notaufnahme ergab, dass nur ein Prozent der Männer, die von ihren Frauen verletzt worden waren, den Vorfall der Polizei gemeldet hatte (431). Die Autoren des Buches »Violent Men, Violent Couples« (»Gewalttätige Männer, gewalttätige Paare«) führen mehrere Beispiele auf: Ein Mann, dessen Frau ihm unter anderem Schnittwunden im Hodensack beibrachte, während er schlief, konnte sich nie überwinden, diesen und andere Vorfälle der Polizei zu melden, weil er fand, dass es sich nicht gehörte, seine Frau anzuzeigen. Ein anderer Fall berichtet von einem Sergeant der Armee, der zu Hause vor den

Augen der Kinder Schläge von seiner Ehefrau bezog. Eines Abends zog er beim gemeinsamen Tischgebet mit tränenüberströmtem Gesicht seine Dienstpistole, schob sich den Lauf zwischen die Zähne und jagte sich eine Kugel in den Schädel (497, 308–309).

Extreme Parteilichkeit der Behörden

Sämtliche Autoren und Autorinnen, die über das Problem häuslicher Gewalt gegen Männer berichten, beklagen übereinstimmend eine extreme Voreingenommenheit der Behörden, ob in den USA, England oder Australien. Vermutlich ist es in Deutschland nicht anders (nur dass es in unserem Land nicht einmal Literatur über geprügelte Ehemänner gibt!) Überall auf der Welt scheint dieselbe Prozedur abzulaufen: Die Klagen eines Mannes werden einzig und allein aufgrund seiner Geschlechtszugehörigkeit ignoriert. In etlichen Fällen kommt es vor, dass die Beamten sich nicht nur weigern, Schritte gegen eine gewalttätige Frau einzuleiten, sondern statt dessen den verprügelten Mann festnehmen, selbst wenn gegen ihn nicht der geringste Vorwurf vorliegt. Es sind Vorkommnisse dokumentiert, dass ein männliches Gewaltopfer die Polizei rief, die Beamten daraufhin erschienen und sich als erstes darum kümmerten, ob der Frau etwas geschehen war – selbst wenn dem Mann Blut das Gesicht herunterlief und seine Partnerin keinerlei Spuren irgendwelcher Verletzungen zeigte. Nachdem sie festgestellt hatten, dass es der Frau gut ging, zogen die Polizisten ab. Hätte sie Verletzungen angegeben, wäre der Mann verhaftet worden (67, 79–80; 497, 335). Eine Studie aus Detroit berichtet über einen Fall, wo ein Mann ins Krankenhaus eingeliefert werden musste, nachdem ihm seine Frau ein Messer in die Brust gerammt und die Lunge knapp verfehlt hatte. Herbeigerufene Polizisten weigerten sich nicht nur, die Täterin festzunehmen, sie wollten sie nicht einmal der Wohnung verweisen (82, 71).

Patricia Pearson befürchtet, dass mit steigendem Druck auf die Behörden, »frauenfeindliche Einstellungen zu überwinden«, das Wort einer Frau bald grundsätzlich mehr als das eines Mannes gelten wird. Psychopathinnen und andere Gewalttäterinnen hätten auf diese Weise leichtes Spiel (363, 143). Aber nicht nur der einfache Streifenbeamte, auch andere Mitglieder des Justizapparates und der Sozialbehörden sind durch das Klischee von den Männern als dem gewalttätigen Geschlecht geprägt. Bei Scheidungs- und Strafprozessen scheint die Phantasie der Richter jedes Mal überfordert zu sein, wenn sie sich Frauen in der Täter- statt in der Opferrolle vorzustellen haben. Einer Frau gelang es, ihren Mann durch haltlose und später wieder fallen gelassene Anzeigen immer wieder vor Gericht zu zwingen und ihn dadurch beruflich zu ruinieren (497, 309). Verschiedene Autoren berichten darüber, dass Männer, die fälschlich nicht als Opfer, sondern als Urheber von häuslicher Gewalt betrachtet wurden, gerichtlich zu einer Teilnahme an psychologischen Sitzungen für Gewalttäter verurteilt wurden. In diesen Sitzungen müssen sie solche Formen von Missbrauch gestehen wie die Freunde ihrer Partnerin kritisiert oder ihr Unterstützung, Aufmerksamkeit, Komplimente oder Respekt verweigert zu haben. Klagen über das Verhalten der Frau einschließlich »Sie hat mich doch angegriffen!« werden als »Entschuldigungen« beiseite gewischt. »Sitzen zu bleiben und auch mal was einzustecken kann genau das sein, was so ein Kerl braucht«, erklärte ein Veranstalter solcher Programme. Kritiker halten solche Maßnahmen für so sinnvoll wie einem Vergewaltigungsopfer eine Therapie für Vergewaltiger aufzuzwingen (68, 217; 547, 118-119). Frauenministerin Bergmann indes möchte solche Zwangstherapien auch in Deutschland einführen (490, 7).

Mangelnde Unterstützung durch Hilfsorganisationen

Es gibt etliche Frauenhäuser und Zufluchtsorte für geprügelte Frauen, aber nur höchst vereinzelte für das Geschlecht, das tatsächlich am meisten sein Fett abbekommt: die Männer. Ruft ein misshandelter Mann die Polizei, wird oft nicht einmal seine Anzeige entgegengenommen; bittet er eine Organisation für misshandelte Frauen um Beistand, ist große Heiterkeit die übliche Reaktion (68, 218). Unterstützung erhält er keine. Für viele Männer wäre es schon eine große Hilfe, wenn sie wüssten, dass es überhaupt eine Notrufnummer für ihr Problem gibt. Da aber Gewalt gegen Männer nicht öffentlich thematisiert wird, kommt sich jedes männliches Opfer wie ein absoluter Einzelfall vor. Schon das Wissen, dass es Millionen anderen Männern ähnlich geht, würde vielen Opfern helfen, ihre Verwirrung und ihre Isolation zu überwinden (67, 60, 85; 130, 214). Dieses Wissen ist aber offenbar nicht vorhanden: Patricia Overberg, Leiterin der einzigen Zufluchtsstätte in den USA, die gleichermaßen geschlagenen Männern und Frauen offen steht, berichtet, dass sie sich an nicht mehr als fünf Männer erinnert, die über mehrere Jahre hinweg ihre Hilfe in Anspruch genommen hatten (68, 207).

Aus denselben Gründen ist die Frage »Warum schlagen Sie nicht einfach zurück?«, die männliche Gewaltopfer oft zu hören bekommen, unsinnig. Erstens wird einem Mann entgegen der feministischen Propaganda schon von klein auf beigebracht, dem angeblich schwächeren Geschlecht auf keinen Fall etwas zuleide zu tun: »Mädchen schlägt man nicht«. Männer, die sich nicht daran halten, trifft unweigerlich der gesellschaftliche Bannfluch. Dieser Grundsatz ist in der Regel so tief verinnerlicht, dass er selbst in Ausnahmesituationen nicht einfach gebrochen werden kann. Zweitens hat der Mann Angst, seine Kinder zu verlieren, wenn die Ehe auseinander bricht. Drittens weiß er, dass die Strafbehörden augenblicklich ihn auf dem Kieker haben, wenn er seiner Frau bei dem Versuch, sich zu verteidigen, auch nur ein Haar krümmt. Prügelnden Frauen ist das natürlich auch klar, und sie benutzen dieses Druckmittel, um Männer, die sich wehren oder die Wohnung verlassen wollen, davon abzuhalten, indem sie drohen, die Polizei einzuschalten. Viertens muss er auch berufliche und soziale Nachteile befürchten, wenn er außer einem Scheidungsein Strafverfahren am Hals hat, möglicherweise garniert mit Vorwürfen des Kindesmissbrauchs oder der Misshandlung. Fünftens hat er niemanden, der bereit ist, ihn zu unterstützen – weder Richter, noch Anwälte, noch Hilfsorganisationen, die sich vorgeblich auf das Gebiet der häuslichen Gewalt spezialisiert haben, in Wahrheit aber nur der Gruppe helfen, aus der die meisten Täter stammen (68, 207; 363, 130, 142–43). Cathy Young berichtet über den Fall eines Mannes, der über Jahre hinweg von seiner Frau angegriffen und gequält wurde. Als er sie einmal von sich stieß und dabei ihren Ellbogen verletzte, landete er im Knast.»Siehst, was du kriegst, wenn du dich mit mir anlegst?«, begrüßte sie ihn, als er freikam, und drohte ihm mit neuen Anzeigen. Er brach zusammen und weinte, schließlich musste er seine Mutter bitten, zu seinem Schutz bei ihm zu bleiben. Erst als seine Frau ins Gefängnis kam, weil sie ungedeckte Schecks ausstellte, konnte er sich aus dieser Hölle befreien (547, 97).

Es gibt viele andere Gründe, die einen Mann dazu veranlassen, auch dann bei seiner Partnerin zu bleiben, wenn sie ihn regelmäßig zusammendrischt: Er ist arbeitslos und kann sich einen Auszug aus seiner Wohnung überhaupt nicht leisten; er liebt seine Frau und will sie nicht verlassen, sondern nur, dass sie mit diesem Unsinn aufhört; er ist zu depressiv, um sich zum Handeln aufzuraffen; er hat seine Zuflucht im Alkohol gesucht; er denkt, er müsse als Mann damit irgendwie klarkommen und zur Not ab und zu etwas einstecken, wird aber in Wahrheit nicht fertig damit (363, 125). Alles in allem schließt sich die Opferfalle doppelt und dreifach so fest um das Geschlecht, das am meisten unter häuslicher Gewalt zu leiden hat, was aber niemanden interessiert.

»It's a man's world, baby!«

THESE: HÄUSLICHE GEWALT IST EINE FOLGE DES PATRIARCHATS

Nach allem, was wir bislang gehört haben, kommt einem diese feministische Annahme natürlich zynisch und grotesk vor. Aber auch in diesem Fall sollte man sich davor hüten, zu allzu voreiligen Schlussfolgerungen zu greifen. Es ist ja nun auch nicht so, dass Gewalt in der Ehe ausschließlich von Frauen ausgeht. In etwas weniger als der Hälfte der Fälle sind immer noch Männer die Täter. Man dürfe männliche und weibliche Täter nicht miteinander in einen Topf werfen, argumentieren Feministinnen. Die Brutalität des männlichen Einzeltäters nämlich sei nichts weiter als der Ausdruck dessen, dass in der gesamten männlich geprägten Gesellschaft die Frau als Eigentum des Mannes betrachtet werde und im doppelten Sinne seiner Gewalt unterstehe. »Das Weib sei dem Manne untertan«, verkünde die Bibel, und in fast allen anderen großen Weltreligionen finde man ähnliche Vorstellungen. Dieser Herrschaftsanspruch sei fest im Kopf des männlichen Geschlechts verankert und werde zur Not auch mit äußersten Mitteln durchgesetzt. Letztlich sei jeder Mann ein potenzieller Täter, wenn es um häusliche Gewalt gehe, denn dies sei Teil seiner Sozialisation (67, 28; 452, 199).

Die Theorie ist wie immer allererste Sahne, weshalb sie vermutlich auch so gerne geschluckt wird. Sie ist in sich logisch und überzeugend präsentiert. Ihr einziger Nachteil ist, dass sie nicht so ganz zu den Fakten passt:

Gewalt in der Ehe ist kein Problem der »patriarchalen Gesellschaft« im allgemeinen, sondern der Unterschicht im Besonderen. »Verzichtet man auf das feministische Pathos der ›Männergewalt‹, dann stößt man auf Arbeitslosigkeit, Krankheit« und gesellschaftliche Isolation, stellt Katharina Rutschky klar. Vor allem tödlich endende Beziehungsdelikte, so eine Berliner Studie, fanden im Zusammenhang mit »Armut, kleiner Wohnung, Arbeitslosigkeit, Unbildung und Alkoholismus statt«. Die These, dass häusliche Gewalt quer durch alle Schichten gehe, so eine Richterin, könne sie aus eigener Berufserfahrung nicht bestätigen. Ein einziges Mal hatte sie einem Akademiker als Täter gegenübergestanden, ansonsten waren es Arbeitslose oder Sozialhilfeempfänger, die aus purer Verzweiflung zuschlugen (399, 155). Die US-amerikanische Forschung bestätigt diese Erkenntnis und grenzt den Täterkreis sogar noch weiter ein: 80 Prozent der Männer, die im Zusammenhang mit häuslicher Gewalt polizeilich aufgefallen waren, waren Kriminelle. Sie besaßen grundsätzlich aggressive Tendenzen und lebten sie gegenüber Männern genauso stark aus wie gegenüber Frauen (452, 198–199).

Feministische Theoretikerinnen bestreiten immer wieder, dass häusliche Gewalt hauptsächlich ein Unterschichtproblem sei. Lenore Walker etwa nennt diese Behauptung in ihrem Klassiker »The battered woman« einen längst widerlegten Mythos. Faszinierenderweise belässt sie es dabei, dies zu behaupten und nennt keinerlei Quellen oder Untersuchungen, die diesen »Mythos« widerlegt haben sollen. Dennoch wurden ihre Worte von Feministinnen begeistert aufgegriffen. Für diese Frauen war es offensichtlich wichtig, in jedem Mann ein fehlerhaftes, gewaltbereites Wesen zu sehen, und nicht nur in den Underdogs. Richtig ist, dass Gewalt in der Partnerschaft in allen Schichten vorkommt. Einige der oben zitierten Fälle belegen das deutlich. Ein Mercedes Benz zum Beispiel kommt aber auch in allen Schichten vor und ist trotzdem für die Oberschicht weitaus typischer als für den Sozialhilfeempfänger. Genauso ist häusliche Gewalt fünfmal so häufig in Familien unterhalb der Armutsgrenze zu finden als bei Familien mit Höchsteinkommen (103, 207).

Studien über Männer, die ihre Frauen misshandeln, konnten nicht bestätigen, dass diese sexistischer waren oder konservativere Einstellungen hatten als friedfertige Männer (363, 132). Bei einer Untersuchung über konservative Protestanten, die ihre Konflikte gewaltsam austragen, stellte sich heraus, dass es auch dort die Frauen waren, die ein wenig eher zu Tätlichkeiten neigten. Bei Paaren, die keiner Konfession angehörten, lagen diesbezüglich die Männer ein wenig vorne. Insgesamt kam es bei den besonders frommen Paaren, also denen, die etwa einmal die Woche oder öfter die Kirche besuchten, zu den wenigsten Gewaltakten überhaupt (67, 29–30). Ein ähnliches Bild zeigte eine Studie über Paare im Militär, wo man ebenfalls von einem patriarchalen Weltbild ausgehen könnte: Dort prügelten Männer und Frauen einander in exakt demselben Ausmaß (363, 121).

Die neuste Forschung ergibt sogar, dass mittlerweile eher die »emanzipierten«, fortschrittlichen Männer zuschlagen. Das mag überraschen, ist aber relativ einfach zu erklären: Wir leben in einer Zeit, in der immer mehr jungen Frauen von Therapeuten wie von Feministinnen beigebracht wird, dass ihre Aggression erstens berechtigt ist (wegen der täglichen sexistischen Unterdrückung und so weiter) und zweitens ausgelebt werden sollte. Wut in sich hineinfressen sorge nur für Magengeschwüre – wer unter den Ausbrüchen zu leiden hat, ist diesen Ratgebern egal. Eine Frau habe einfach das Recht »ihre Aggression zuzulassen« (81, 42–43; 372). Da dieses Bild von den Medien bestätigt wird, betrachten mehr und mehr junge Frauen Gewalt als einen Ausdruck von Unabhängigkeit. Gegenüber eher konservativ eingestellten Partnern kommen sie auch durch damit, weil diese aus lauter Ritterlichkeit niemals eine Frau schlagen würden. Fortschrittlichere Männer, die solche althergebrachten Geschlechterklischees hinterfragen, finden es völlig logisch, wenn sie dann eben zurückschlagen. Wenn die Frau unbedingt meint austeilen zu müssen, dann sollte sie eben auch einstecken können (485).

Ist der Grund dafür, dass Frauen geschlagen werden, wirklich der, dass die Gesellschaft Männergewalt hinnimmt? Dann müssten Beziehungen, in denen es keine von dieser Gesellschaft geprägten Männer gibt, gewaltfrei sein. Aber auch lesbische Paare prügeln einander und zwar in einem Ausmaß, das dem heterosexueller Paare gleichkommt, wenn es dieses nicht gar übersteigt. Die Gründe sind dieselben wie bei Gewalttätigkeiten zwischen Mann und Frau – vor allem der Wunsch, den Partner zu kontrollieren, Macht über ihn bzw. sie auszuüben – die Äußerungsformen auch: Frauen werden von ihren gleichgeschlechtlichen Partnerinnen geschlagen, gebissen, getreten, die Treppen hinuntergeworfen und mit Waffen angegriffen. Dazu zählten Pistolen, Messer, Peitschen, Wagenheber und zerbrochene Flaschen (67, 30–31; 135, 232–233; 547, 105–106). Von Lesbierinnen, die zuvor mit Männern zusammengelebt hatten, erfuhren 32 Prozent körperliche Gewalt durch irgendeinen männlichen Partner, aber 45 Prozent durch ihre neuste Partnerin allein (131, 146).

Eine der Soziologinnen (es sind in der Regel Frauen), die sich mit diesem Problem beschäftigten, entdeckte, dass manche geprügelte Lesben nicht einmal ihr örtliches Frauenhaus aufsuchen konnten, weil dort die Person beschäftigt war, die ihnen diese Gewalt angetan hatte. Andere wurden ebenso von den

Frauenhäusern zurückgewiesen wie männliche Opfer häuslicher Gewalt. »Wenn Angestellte von Frauenhäusern mit einer Situation konfrontiert werden, die ihr Weltbild zu sprengen droht, wird die verprügelte Lesbe selbst als Problem wahrgenommen«, folgert die Psychologin Nancy Hammond (363, 131). Cindy Barry, eine lesbische US-Amerikanerin, die von ihrer Partnerin zusammengedroschen wurde, ging es ähnlich wie vielen männlichen Opfern: Justiz und Gesetz verweigerten ihr die Unterstützung, weil ein weiblicher Täter so völlig unvorstellbar schien. Selbst vor Gericht wurde die Schlägerin durchgehend als »er« bezeichnet. Täterinnen stehen fast außerhalb des Gesetzes, stellt der Maskulist Warren Farrell fest: »Der Feminismus hat sich zu einer Art weiblicher Mafia entwickelt, die prügelnde Frauen beschützt, weil sie Frauen sind, aber die Rechte der weiblichen Opfer ebenso wie der Männer und Kinder vergisst.« (131, 155) Nun könnte jemand, der um jeden Preis an der Patriarchatsthese festhalten möchte, behaupten, dass auch sich prügelnde Lesben nur die Männergesellschaft widerspiegeln. Constanze Elsner: »Das Vorbild der Frauen, die ›ein ganzer Mann‹ sein wollen, ist nun einmal der Mann.« (103, 30) Dieser Vorstellung zufolge wäre diejenige der beiden Partnerinnen, die über größere Macht verfügt, in Wahrheit Vertreterin der sonst üblichen Männerrolle und daher – logisch – auch gewalttätig. Bei vielen lesbischen Paaren, bei denen es zu solchen Ausschreitungen kommt, ist es jedoch die Frau mit der größeren Finanzkraft und dem stärkeren Selbstbewusstsein, die angegriffen wird. Insgesamt stellten sich die weiblichen Opfer als unabhängiger, selbstständiger, weniger eifersüchtig und beruflich erfolgreicher heraus – was dazu führte, dass sie sich als eine Art »Anker« für ihre unsicherere, reizbarere Partnerin betrachteten. Auch dies kann ein Grund dafür sein, dass misshandelte Männer oder Frauen an einer so zerstörerischen Beziehung festhalten: Sie haben den Eindruck, stark und zäh genug zu sein, damit zurechtzukommen. Sehr oft irren sie sich (363, 132–133).

Warum wird die Misshandlung von Männern dermaßen ignoriert?

Die Mehrzahl der Täter im Bereich häuslicher Gewalt sind Frauen, aber alle Welt spricht von Männergewalt und 95 Prozent männlichen Schlägern. So ohne weiteres nachvollziehbar ist das nicht. Allerdings gibt es mehrere Ursachen für diese Fehleinschätzung. Sie gehen zu einem großen Teil aus dem hervor, was oben zu diesem Thema bereits gesagt wurde.

1. Weil Männer wissen, dass sie von Polizei, Sozialarbeitern und zum Teil selbst von den eigenen Anwälten keinerlei Unterstützung erwarten dürfen, treten sie auch nicht mit Hilfegesuchen nach außen. Frauen wenden sich neunmal

so häufig an entsprechende Notdienste, die für sie auch wesentlich weiter ausgebaut sind (299, 179). So verwundert es nicht, dass in die Kriminalstatistiken fast ausschließlich weibliche Opfer eingehen. Selbst NOW, die größte feministische Organisation der USA, verfügt über keine einzige geschlechtervergleichende Studie, der zufolge Männer häufiger zuschlagen als Frauen. Alles, worauf sich NOW bezieht, ist eine nationale Befragung zum Thema Gewaltkriminalität. Es ist kein Wunder, dass solche Befragungen eine höhere Zahl weiblicher als männlicher Opfer suggerieren: Ein Mann, der von einer Frau z. B. auf eine unangebrachte Bemerkung hin eine Ohrfeige erhalten hat, wird sich bei weitem nicht so sehr als Opfer einer Gewalttat wahrnehmen, wie eine Frau, der es umgekehrt geht. Unsere Gesellschaft ist auf Männergewalt hin sensibilisiert und nimmt Frauengewalt nicht sonderlich ernst (131, 131). Infolgedessen zeigen Männer ihre prügelnden Frauen ebenso selten bei der Polizei an wie Kinder ihre prügelnden Mütter.

2. Daher haben insbesondere Männer Angst, sich als Opfer von Gewalt der Lächerlichkeit preiszugeben. Unsere Gesellschaft betrachtet misshandelte Männer immer noch als eine unglaublich komische Angelegenheit, wie eine kleine Auswahl von Witzen belegt, die allesamt nicht aus radikalen feministischen Schriften, sondern aus Fernsehzeitschriften wie der »Funk Uhr« stammen:

»Das Kind schlägt nach dem Vater.« – »Wie die Mutter.«

Nächtlicher Anruf im Krankenhaus: »Mein Mann hat mich beleidigt.« – »Und deswegen rufen Sie an?« – »Ja, Herr Doktor, Sie werden ihn nähen müssen.«

Der Polizist: »Hat ihr vermisster Mann besondere Merkmale?« – »Nein, aber die kriegt er, wenn er wiederkommt.«

Wo steht es, wenn ein Mann seine Frau aus dem Fenster wirft? In der »Bild«-Zeitung. Und wo steht es, wenn eine Frau ihren Mann aus dem Fenster wirft? In »Schöner wohnen«.

Und so weiter. »Mancher Mann ist wie ein Brief«, findet die Kabarettistin Tatjana Sais. »Man sollte ihm eine kleben, bevor man ihn aufgibt.« Ob das mit vertauschten Geschlechtern genauso zum Brüllen wäre? Als Boris Becker Fänge von seiner Angetrauten Barbara bezog, kommentierte das die Presse trocken mit »Satzball Babs«. Und als durch die Medien ging, dass US-Präsident Bill Clinton von seiner Frau geprügelt wurde, konnte eine Moderatorin von »Radio FFH« daraufhin unbekümmert kommentieren: »Sie müssen zugeben, es hat uns doch alle amüsiert.«

Das Lächerlich-Machen von geschlagenen Männern aber ist ein fester Bestandteil unserer Kultur. In Frankreich wurden in den Jahrhunderten seit der Renaissance Männer, die sich von ihren Frauen schlagen »ließen«, auf dem Rücken eines Esels durchs Dorf getrieben, wobei sie sich an dessen Schwanz festhalten mussten und in ein groteskes Kostüm gekleidet waren (23, 204). Eine Analyse von Comic-Strips ergab schon in den sechziger Jahren, dass in der Regel Männer auf komische Weise Opfer weiblicher Gewalt wurden (23, 204; 67, 52). Auch wenn in »Vier Hochzeiten und ein Todesfall« die Braut des Helden diesen mit einem Fausthieb aufs Auge zu Boden schlägt, ist das witzig gemeint.

Diese Einstellung hat einen größeren Einfluss, als Sie vielleicht denken. Patricia Overberg (die Leiterin der einzigen Zufluchtsstätte in den USA, die gleichermaßen für Männer wie für Frauen geöffnet ist) erntet in ihren Gruppengesprächen immer wieder dieselbe Reaktion: »Sie finden es komisch, dass ein Mann verprügelt werden kann. Sie lachen, wenn ich ihnen erzähle, dass es möglich ist, einen Mann zu vergewaltigen.« Sylvia Ashton, britische Chefinspektorin im Bereich häuslicher Gewalt, macht dieselbe Erfahrung, etwa wenn sie von einem Mann berichtet, dem von seiner Frau ein Messer nicht einmal in den Leib gerammt wurde, sondern zweimal, weil er nach dem ersten Stich auf den Teppich blutete. Die Reaktion der Zuhörer ist Gelächter. Diese Heiterkeit gibt es nicht, wenn dieselbe Geschichte erzählt wird, aber das Opfer weiblich und der Täter männlich ist (67, 54). Auch als im Mai 2001 ein vereinzelter männlicher Teilnehmer einer Diskussionsveranstaltung mit Alice Schwarzer das Thema weiblicher Gewalt gegen Männer anzusprechen versuchte, erntete er nichts anderes als höhnische Beileidsbekundungen (182a).

Bezeichnend war insofern Ende Mai 2001 auch eine Diskussion im Internet-Nachrichten-Forum »ShortNews«. Ausgelöst wurde sie durch einen Artikel über einen 46-Jährigen aus Bottrop, der von seiner Frau mit Schuhen und Fäusten über Jahre hinweg malträtiert worden war. Zunächst verlor er sein rechtes Augenlicht, dann wurde bei einer weiteren Attacke sein linker Augapfel verletzt, und er erblindete vollständig. Erst ein Nachbar konnte ihn durch langes Zureden dazu bewegen, die Polizei zu verständigen. Zu den Reaktionen in diesem Forum zählten prompt Kommentare wie »Ahaha! So ein Weichei! Lässt sich von einer Frau schlagen! Wenn die Folgen nicht so tragisch wären, wär's fast zum Lachen« sowie »So ein Depp! Wenn er körperlich gesund ist und sich nur nicht wehren wollte, dann geschieht es dem Drecksack recht.«

Natürlich wirkt sich diese Einstellung der Gesellschaft auch auf die geprügelten Männer selbst aus, die, anders als Frauen, zu ihren körperlichen Blessuren noch mit einer öffentlichen Demütigung rechnen müssen. Obwohl ihnen klar ist, dass sie einerseits nicht zurückschlagen dürfen, haben sie trotzdem Angst, als Weichlinge oder Waschlappen bezeichnet zu werden, weil sie sich das bieten lassen. In aller Regel benutzen sie selbst nervösen Humor, um mit diesem unlösbaren Dilemma umzugehen und sich zu schützen. Selbst wenn sie um Hilfe bitten, äußern sie sich zuerst mit Gelächter, dann mit Leugnen (»Ich bin natürlich kein Opfer, aber ...«), dann erst mit einem Eingeständnis. Sehr oft sind es Dritte wie eine neue Freundin oder die Eltern, die sich stellvertretend hervorwagen (497, 331–332). Die männlichen Opfer selbst sind viel zu sehr darauf konditioniert, Stärke zu zeigen und sich selbst in Extremsituationen ihre Belastung nicht anmerken zu lassen (67, 53).

3. Egal, was Feministinnen behaupten: Gewalt, die Frauen gegen Männer ausüben, wird gesellschaftlich eher akzeptiert als der umgekehrte Fall. »Er ist ein Schläger, ihr gehen eben manchmal die Nerven durch«, erklärt Claudia Dias, die Leiterin eines Anti-Gewalt-Projektes in den USA den Unterschied (502). Nur zehn Prozent der Amerikaner sagen, es könne gerechtfertigt sein, wenn ein Mann seine Frau schlägt, aber fast ein Viertel fand den umgekehrten Fall vertretbar (68, 223; 363, 130). In Deutschland dürfte es nicht viel anders sein, denn dieses Prinzip haben wir aus amerikanisch geprägten Fernsehserien übernommen. Das Muster ist immer dasselbe, ob in »Balko«, »Marienhof« oder in »Melrose Place«: Er macht eine blöde Bemerkung, versucht vielleicht, die Frau seines Interesses auf unhöfliche Weise anzubaggern, oder verletzt sie verbal, ob aus Absicht oder aus Versehen, sie scheuert ihm eine und geht als »Siegerin« aus der Situation hervor. In *Fair Game*, um eines von zehntausend Beispielen willkürlich herauszugreifen, schlägt Cindy Crawford ihrem Lebensretter William Baldwin zweimal hintereinander unmotiviert mit der Faust ins Gesicht. Er nimmt es gelassen hin, danach genießen die beiden leidenschaftlichen Sex. Undenkbar, dass eine männliche Kino- oder Fernsehfigur einfach zurückschlagen würde, ohne vor den Augen des Publikums als Gewalttäter zu erscheinen. Seine Rolle ist es, stoisch dazustehen und es hinzunehmen »wie ein Mann« (135, 231). Gerade in den letzten Jahren gab es in Kino und TV eine wahre Welle von Frauenfiguren, die reihenweise Männer zusammendroschen, um so das Publikum zum Johlen zu bringen: Xena, Buffy und Charlies »Engel« sind nur die bekanntesten von ihnen. In »Miss Undercover« verprügelt Sandra Bullock als FBI-Agentin einen Kollegen, in der Komödie »The Power of Love« rammt die Freundin der von Julia Roberts verkörperten Hauptfigur deren Mann zur Begrüßung ihr Knie in den Unterleib, woraufhin dieser zusammenklappt und sich minutenlang am Boden krümmt. Ihr Kommentar zu der entsetzt herbeieilenden Julia Roberts: »Du wolltest doch, dass ich ihn beschäftige. Er ist damit beschäftigt, seine Eier festzuhalten.«
Hodentritte als Element der Komik, Unterhaltung oder schnellen Konfliktlösung erleben in Krimis und anderen Fernsehgenres eine neue Blüte. Im Frühjahr 2001 warb die Bekleidungsfirma New Yorker mit einem Spot, dessen ganzer Witz darin bestand, dass eine aufreizend gekleidete junge Frau zum Haus eines Mannes fuhr, klingelte und ihm, als er öffnete, motivationslos in die Hoden trat, woraufhin er auf der Schwelle zusammensackte und sich vor Schmerz krümmte. Dieser Vorfall wurde mit dem Slogan »Dress for the moment« kommentiert. Immer ist mit solchen Szenen die Entwürdigung von Männern verbunden. Gleichzeitig wird die Gewalt nicht als Gewalt wahrgenommen und das Opfer nicht als Opfer. Stattdessen wird der

Schmerz bagatellisiert und ins Lächerliche gezogen. Da verwundert es nicht, wenn Schülerinnen solche Tritte zunehmend an Jungen »zum Spaß« ausprobieren, oder dass Frauen sie aus nichtigen Gründen (Berührung ohne Angriff, rein verbale Anmache) scheinbar zur Selbstverteidigung, in Wahrheit aber als extreme Form der Aggression gegen Männer einsetzen (288a).

Ein anderes Beispiel ist die Fotoanzeige eines Mailservers: Dort sieht man im Vordergrund einen verdattert dreinschauenden Mann, der sich die blutende Nase hält, im Hintergrund eine burschikose Frau mit Dem-hab-ich's-aber-gezeigt-Gesicht. Darunter findet sich der Slogan: »Sag's lieber per E-Mail. Gmx.« Man stelle sich den Aufruhr vor, den dieselbe Anzeige mit vertauschten Geschlechterrollen verursachen würde: etwa mit einer Frau mit einem blauen Auge im Vordergrund und einem muskulösen Mann hinter ihr – dieselbe Mimik, derselbe Slogan. Auch wenn in der Werbung von alltoys.de eine weibliche Figur eine männliche zusammenschlägt, scheint das komisch gemeint zu sein. Nein, die Verharmlosung von Gewalt gegen Frauen ist sicher nicht das große Problem, das unsere Gesellschaft lösen muss.

Renate Sandrozinski nennt in ihrem Ratgeber gegen sexuelle Belästigung Ohrfeigen als Reaktion auf eine körperliche Berührung »angebracht« (401, 39). Im umgekehrten Fall sind Frauenhilfsgruppen eifrig bemüht, jedem klarzumachen, dass noch so große verbale Gewalt und psychischer Druck von Seiten der Frau für ihren männlichen Partner keine Entschuldigung sein darf, tätlich zu werden. Eine sexistische Auffassung, was als »Gewalt« zu gelten hat, fließt natürlich auch in die Statistiken mit ein.

4. Feministischen Forscherinnen kommt oft erst gar nicht die Idee, dass auch Frauen prügeln könnten. Ein typisches Zitat ist folgendes: »Wie viele Männer tatsächlich ihre Frauen schlagen, ist nicht bekannt. Inzwischen werden Zahlen veröffentlicht, wonach in jeder dritten Ehe Gewalttätigkeiten vorkommen.« (309, 31) Was für die Autorinnen automatisch zu bedeuten scheint: In jeder dritten Ehe verdrischt ein Mann seine Frau.

5. Wie schon erwähnt wurde, müssen sich akademische Forscher und Forscherinnen, deren Ergebnisse der herrschenden Ideologie widersprechen, auf einiges gefasst machen. Wann immer männliche Wissenschaftler gegen feministische Propaganda Stellung beziehen, so Richard Gelles, dauert es nicht lange, und sie werden selbst als Schläger oder Belästiger verunglimpft. Dass Murray Straus, wie oben berichtet, eine Entschuldigung für diese üble Nachrede erhielt, war ein Ausnahmefall. Davor kam es zu tätlichen Angriffen auf ihn, und er musste sich für seine Ergebnisse öffentlich rechtfertigen (67, 114). Einigen seiner Diplomanden wurde gesagt, sie würden nie einen Job erhalten, wenn sie bei ihm gearbeitet hätten (366). Susan Steinmetz erhielt anonyme Telefonanrufe, die auch gegen ihre Familie gerichtet waren. Auf einer Konferenz, bei der sie sprach, kam es zu einer Bombendrohung.

Außerdem starteten Feministinnen eine Briefkampagne mit dem Ziel, dass ihr ihre Promotion verweigert werden sollte. Ihre Vorgesetzten ignorierten die Vorwürfe, weil sie wussten, dass Susan Steinmetz bei der Errichtung eines der ersten Frauenhäuser ihres Landes beteiligt war. Das einzige »Verwerfliche«, was sie getan hatte, war, eine für bestimmte Kreise politisch nicht opportune Studie zu veröffentlichen (67, 112; 452, 200). Ihr Kollege Richard Gelles wurde in einer Telefonkampagne beschuldigt, ein Frauenfeind zu sein und seine Studentinnen sexuell belästigt zu haben (67, 115). Anderen Forschern wurden Beförderungen verweigert, nachdem Frauengruppen gegen sie Stellung bezogen hatten (67, 118–119). Als der Washingtoner Psychologe Gary Sall vorschlug, Frauen in einer Studie als Tätergruppe in Betracht zu ziehen, wurde er zu einer achtstündigen psychologischen Untersuchung angehalten, da man sein Urteilsvermögen für beeinträchtigt hielt. Er weigerte sich, daraufhin wurde ihm die Lizenz entzogen (204). Es gibt zwar mittlerweile die oben erwähnten weit über hundert Studien, aber es dauerte an die zwanzig Jahre, bevor die meisten von ihnen erstellt werden konnten. Viele Untersuchungen werden unterdrückt und einseitig ausgewertet. Akademiker, die sich nicht daran halten, werden von Kollegen ebenso wie von politischen Aktivistinnen ausgegrenzt, angegriffen und geradezu kriminalisiert. Andere bemerken dieses feindselige Klima und äußern sich weit zurückhaltender (135, 230).

6. Sehr rührig mit ihrer Pressearbeit sind hingegen die feministischen Organisationen selbst, dabei aber leider ebenso gerne bereit, im Namen einer »guten Sache« die Zahlen ein wenig zurechtzubiegen und die Statistiken in ihrem Sinne aufzupolieren. Im Bereich häuslicher Gewalt sind vor allem folgende Methoden bekannt geworden:

• Eine auch in anderen Bereichen (nämlich Belästigung und Vergewaltigung) beliebte Technik, um höhere Zahlen weiblicher Opfer zu erhalten, ist, leichte und schwere Fälle in ziemlich dreister Weise zusammenzuschmeißen. In einer Telefonumfrage etwa gaben 34 Prozent aller Frauen an, dass ihr Partner sie im Verlauf der letzten Monate beschimpft hatte oder dass er eine Auseinandersetzung beendet hatte, indem er wütend aus dem Raum gestürmt wäre. Zwei Prozent der Befragten wurden körperlich angegriffen. Es gab auch Frauen, die regelrecht zusammengeschlagen, gewürgt oder mit einer Waffe bedroht wurden, aber diese Zahl bewegte sich im Promillebereich. Mit einer eleganten Formulierung kann man solche Auskünfte leicht zu einem nationalen Skandal hochpuschen, etwa indem man zusammenfasst: »Über 34 Prozent aller Frauen wurden Opfer häuslicher Gewalt. Zum Beispiel werden sie gewürgt, zusammengeschlagen oder mit einer Waffe bedroht ...« Rein formal ist diese Darstellung richtig, von der Aussagewirkung her aber die reinste Gräuelpropaganda (452, 198). Auch Constance Elsner führt in einer Checkliste, anhand derer Leserinnen ihre eigene Situation einschätzen sollen, folgende Punkte als Zeichen häuslicher Gewalt an: »Er kritisierte Sie«; »Er warf Ihnen böse, wütende Blicke zu«; »Er beendete eine Diskussion mit Ihnen, indem er einfach eine Entscheidung fällte.« Auch mit einer Bemerkung wie »Deine Frisur sitzt aber heute nicht sonderlich gut« könnten Männer Frauen zielsicher am Boden zerstören (103, 10, 67). Diese Ausweitung des Gewaltbegriffes ist mehr als der ideologische Amoklauf einer einzelnen Autorin, sie ist offizielle Politik unserer Bundesregierung. »Gewalt gegen Frauen ist das, was Frauen als Gewalt empfinden«, verkündet Ministerin Bergmanns Broschüre »Gewalt gegen Frauen hat viele Gesichter«. Schon die abfällige Bemerkung eines Ehemanns auf einer Party wird dort als Gewalt interpretiert.

- »Emotionale Misshandlung« fließt ebenfalls regelmäßig in die Studien ein, ohne dass gefragt wird, wie viele Männer sich Beschimpfungen, Beleidigungen oder andere Verbalattacken bieten lassen müssen (452, 297). Auch wenn ein Mann seine Frau etwa wegen zu viel Arbeit vernachlässigt, taucht das in feministischen Texten als »häusliche Gewalt« auf (304, 112). Und eine deutsche Frauengruppe wie die BIG subsumiert selbst »nicht im Haushalt helfen« sowie »Konten nicht offen legen« unbekümmert unter diesen Begriff (220, 78). Um diese Gewalttätigkeiten zu bekämpfen, erhielt BIG vom deutschen Steuerzahler im Jahr 2000 übrigens Fördermittel in Höhe von 600.000 DM. Irgendwann wird frau es als gewalttätig bezeichnen, wenn der Gemahl versäumt, vom Einkaufen auch den neuen Nagellack mitzubringen.

- Es wird keine sonderliche Mühe darauf verwendet, die Wechselseitigkeit von Konflikten zu untersuchen. Dass Gewalt grundsätzlich vom Mann ausgeht, wird oft stillschweigend vorausgesetzt; es geht nur noch darum, die Zahl der weiblichen Opfer zu ermitteln. Wenn sie wütend aus dem Zimmer stürmen will, und er sie am Arm greift, um sie zurückzuhalten, zählt das als Attacke von ihm. Dass keine dieser beiden Aktionen irgendeinen Schaden anrichtet, bleibt gleich: Beides wird in die Schublade »häusliche Gewalt« gepackt (68, 231; 452, 198). Mal wird eine gewalttätige Frau zum Opfer erklärt, wenn sie zwar öfter zuschlägt, aber ihr Partner der erste war, der im Laufe der Beziehung handgreiflich wurde, mal wenn sie die erste war, aber er öfter aggressiv wurde. »Kopf: sie gewinnt, Zahl: er verliert«, fasst Cathy Young diese Technik treffend zusammen. Einige Studien erklären *sie* selbst dann zum Opfer, wenn sie die einzige Person in der Beziehung ist, die Schläge austeilt, weil sie ihren Partner dadurch davon abhält, sie anzugreifen – sozusagen in einer Form von vorbeugender Selbstverteidigung: Sie hat sich geschützt, indem sie zuschlug, noch bevor er ausholen konnte (547, 92).

- Ein im »Time«-Magazin veröffentlichter Artikel teilte den Lesern mit, dass »zwischen 22 und 35 Prozent aller Frauen, die Notaufnahmen aufsuchen, dies aufgrund häuslicher Gewalt tun«. Diese Statistik gehört zu den meistzitierten in der Literatur zum Thema »Gewalt gegen Frauen«. Aber: Erstens sprechen die Autorinnen der Studie darin sehr offen davon, dass ihre Erhebungen nicht repräsentativ für die Gesamtbevölkerung seien. 90 Prozent der in einer Notaufnahme befragten Frauen kamen aus der Innenstadt von Detroit, 60 Prozent waren arbeitslos. Zweitens wurde nicht gefragt, ob der Grund für das Aufsuchen der Notaufnahme häusliche Gewalt gewesen sei, sondern ob der jeweilige Partner des Betreffenden ihn bzw. sie irgendwann gestoßen, geschlagen, getreten oder verletzt habe. Näher befragt erklärten 31 Prozent, dass ein solcher Vorfall ein einziges Mal im Laufe der gesamten Beziehung vorgekommen war. Drittens war der Studie zu entnehmen, dass die Angabe von 22 Prozent für Frauen und Männer zusammen galt. 38 Prozent der befragten Patienten, die unter häuslicher Gewalt litten, waren Männer (452, 201; 68, 229–230). Manche statistisch klingenden Zahlenangaben (»Mehr als ein Drittel aller verheirateten Frauen wird jedes Jahr mehrfach verprügelt.«) entpuppen sich bei Nachfragen als reine Schätzungen. (Auch die für Deutschland kolportierten Zahlen sind durch keinerlei Statistiken gestützt!) Basis solcher Annahmen von Feministinnen ist lediglich das, »was wir von da draußen zu hören bekommen«. »Da draußen« bezieht sich auf Zufluchtsstätten für verprügelte Frauen. Wie Ellis Cose richtig anmerkt, ist das Vorgehen, Bewohnerinnen von Frauenhäusern zu fragen, ob sie Opfer ehelicher Konflikte geworden sind, schon ein bisschen so, als würde man unter den Gästen von McDonald's eine Umfrage starten, ob sie schon mal Fast Food gegessen hätten. In einer US-Radiotalkshow schätzte der Moderator die Zahl der von ihren Partnern geprügelten Frauen auf etwa 60 Millionen. Die Zahl der Frauen in den Vereinigten Staaten, die überhaupt mit einem Partner zusammenleben, beläuft sich indes nur auf 58 Millionen (68, 246–247).

Das Grundproblem dieser »Studien« und »Statistiken« dürfte inzwischen klargeworden sein: Es gibt so gut wie keinerlei Überprüfung und Analyse der erhobenen Angaben. Auf den meisten wissenschaftlichen Gebieten können Forscher sich dadurch einen Namen machen, dass sie Fehler und Irrtümer bei bekannten Untersuchungen nachweisen. Dadurch wird sichergestellt, dass ihre Kollegen und natürlich auch sie selbst gründlich und ehrlich arbeiten. In der ideologisch aufgeladenen feministischen Forschung indes führen immer höhere Angaben über weibliche Opfer zu um so größerem Erfolg, etwa zur Erwähnung in feministischen Lexika, Wörterbüchern und Textsammlungen. Solche Erkenntnisse werden ohne großes Nachfragen publiziert, von Frauenmagazinen ebenso wie vom »SPIEGEL«, von Fernsehmoderatoren ebenso wie von Politikern. Die Kritiker haben hingegen nichts zu lachen (452, 201–202). Aber nicht nur Daten werden völlig unkritisch von der Presse übernommen, sondern die verschiedensten Behauptungen, solange sie in das Raster passen. Drei typische von der Presse verbreitete Irrtümer dieser Art waren folgende:

• Patricia Ireland, die Präsidentin der größten US-Frauenrechtsorganisation NOW, verkündete in einem Interview, einer Studie zufolge sei häusliche Gewalt gegenüber Schwangeren für mehr Geburtsfehler verantwortlich als sämtliche anderen Gründe zusammengenommen. Vom »Time«-Magazine bis zur »Chicago Tribune« zitierten daraufhin alle Zeitungen der USA diese angebliche Studie. Christina Hoff Sommers war offenbar die einzige Journalistin, der diese Behauptung mehr als fragwürdig vorkam. Sie recherchierte nach und stellte dabei fest, dass es eine solche Studie niemals gegeben hatte. Sie fand auch den Schneeball, der diese Lawine in Gang gesetzt hatte: Auf einer Konferenz für Krankenschwestern und Sozialarbeiter hatte eine Rednerin erklärt: »Wir erforschen häusliche Gewalt weniger als Geburtsfehler.« In einer famosen Gerüchtekette à la »Stille Post« hatte sich daraufhin eine völlig aus der Luft gegriffene Behauptung in den Köpfen einer Bevölkerung breitgemacht, die »für Männergewalt sensibilisiert« war (452, 13–14).

• In ihrem neusten Buch »The War Against Boys« untersucht Sommers die Behauptung von Katherine Hanson, der Direktorin eines renommierten Frauenzentrums, der zufolge jedes Jahr vier Millionen Frauen zu Tode geprügelt werden. Sommers stellt heraus, dass *insgesamt* jährlich nur eine Million US-amerikanische Frauen pro Jahren sterben, die meisten davon aufgrund von Herzkrankheiten und Krebs. Ermordet wurden beispielsweise 1996 exakt 3631 Frauen. (Hansons Rechnung nach müssten es knappe 11.000 *pro Tag* sein.) Sommers berichtet, dass ihr, wenn sie ihre Argumente vor Frauengruppen vorträgt, entgegengerufen wird »*Hier geht's doch nicht um Statistiken!*« und dass sie mit Holocaust-Leugnern verglichen wird. Man kann sich denken, wie es weitergehen wird: Die vier Millionen landen in feministischen »Sachbüchern«, werden in ein paar Jahren von der »Emma« zitiert, dann vom Frauenministerium ebenso ungeprüft übernommen wie die Schätzungen, denen zufolge in jeder dritten Ehe Gewalttätigkeiten vorkommen – und auf dieser Grundlage werden dann Gesetze gestrickt ...

• »Frauenhäuser berichten, dass in den Tagen nach dem Super Bowl, dem Entscheidungsspiel der Football-Ligen an Neujahr, die Zahl der hilfesuchenden, geschlagenen Frauen regelmäßig einen Höchststand erreicht«, schreibt Patricia Aburdene in ihrem auch ins Deutsche übersetzten Buch »Megatrends Frauen«. Die Footballfans regten sich demnach so sehr auf, dass sie ihre Aggressionen an ihren Frauen abreagierten. Diese Behauptung brachte vor allem Lenore Walker unters Volk, die zuvor schon in ihrem Buch »The Battered Woman« kräftig am Bild des gewaltbereiten Mannes gefeilt hatte. Frauengruppen sprachen von einem Anstieg der Gewalt von über vierzig Prozent bei solchen Endspielen. Die Medien stürzten sich begierig auf diese Zahlen. Feministische Forscherinnen stellten die üblichen Theorien auf, inwiefern Brutalität mit Männersport zusammenhänge und beides mit den »patriarchalen Strukturen in unserer Gesellschaft«. Auch etliche männliche Journalisten schrieben entrüstete Kommentare über ihr eigenes Geschlecht. Ein einziger von ihnen, Ken Ringle von der Washington Post, überprüfte die Quellen. Er erhielt von Professorin Janet Katz, der Autorin der Studie, auf die sich alle bezogen, eine ernüchternde Auskunft: Was landauf, landab und mittlerweile international von Frauenrechtlerinnen verbreitet wurde, war das genaue Gegenteil der eigentlichen Untersuchungsergebnisse. Ein Zusammenhang zwischen ansteigender Gewalt und bestimmten Footballspielen konnte *nicht* hergestellt werden. Der »nationale Skandal« stellte sich als eine feministische Propagandaaktion heraus (452, 188–192).

Sobald man einmal auf die einseitige Ausrichtung der Medien aufmerksam geworden sei, so Cathy Young, entdecke man sie automatisch immer wieder. Berichte in Frauenmagazinen, in denen eine Frau von »gegenseitigem Stoßen und Ohrfeigen« in ihrer Beziehung berichtet, sind mit »Er hat mich geschlagen« betitelt. Und in TV-Sendungen zum Thema häuslicher Gewalt könne man zwar in einem Hintergrundreport von Polizisten erfahren, dass eine Frau als Täterin nicht unüblich ist, aber in der darauffolgenden Diskussion geht es wie selbstverständlich nur um prügelnde Männer (547, 100). Typisch für äußerst nachlässige Arbeit der Presse war zuletzt der Fall Betty Friedan, eine der Leitfiguren der US-amerikanischen Frauenbewegung. In ihrer im Jahr 2000 erschienenen Autobiographie »Life so far: A Memoir« berichtet Friedan ausführlich darüber, wie sie von ihrem Ex-Mann verprügelt worden sei. Diese Behauptung wurde in zahlreichen Artikeln in Zeitungen überall aus den USA nachgedruckt, von der »Chicago Sun-Times« über die »Washington Post« bis zur »New York Daily News«. Kaum einer der Reporter machte sich die Mühe, Friedans ehemaligen Mann zuvor nach einer Stellungnahme zu diesen Vorwürfen zu fragen. Er als Mann hatte keine Stimme. Erst als sein Ruf landesweit ruiniert war, gelang es ihm, sich zu Wort zu melden, und er dementierte lautstark. Die folgende Auseinandersetzung führte dazu, dass Betty Friedan ihre Behauptungen zurücknehmen musste. »Mein Ehemann war kein Frauenschläger, und ich war nicht das passive Opfer eines Frauenschlägers«, erklärte sie im Frühstücksfernsehen. »Wir stritten uns oft, und er war größer als ich.« (265) In der deutschen Literatur zum Thema häusliche Gewalt gibt es meines Wissens ein einziges Buch, das auf die Studien eingeht, denen zufolge Frauen ebenso oft oder öfter gewalttätig werden wie Männer. Es handelt sich um Constanze Elsners »Mit mir nicht mehr!«, erschienen im Fischer-Verlag. Bezeichnend ist, dass dieses Werk offenbar nur deshalb veröffentlicht werden konnte, weil die Autorin die absonderlichsten Klimmzüge unternimmt, um diese Tatsache vom Tisch zu wischen:

• Dass die Statistiken falsch sein müssen, sage einem doch schon die eigene Lebenserfahrung: »Kennen oder kannten Sie je auch nur einen Mann ...« heißt es da, oder »Sie glauben doch nicht im Ernst, dass ...« (103, 29-30). Auf den Gedanken, dass Männer mit für sie peinlichen Erlebnissen nicht prahlend durch die Gegend ziehen, scheint Elsner nicht zu kommen.

• Bei Elsner ist auch das männliche Opfer immer Täter: weil er seiner Frau nämlich »keine Alternative« ließ und sie durch »böseste verbale Provokation« ständig reizte (103, 30-31). Wenn es gegen Männer geht, machen Feministinnen seit langem klar, dass »jeder Mensch und jeder Mann für sein Verhalten selbst verantwortlich ist. Weder Alkohol noch eine verzweifelte finanzielle Situation oder das Verhalten der Partnerin rechtfertigen Gewalttätigkeiten. Konflikte sind so nicht zu bewältigen. Wer zuschlägt, wählt den extremsten Weg, einem Problem zu begegnen.« (123, 445-446) Wie schnell weibliche Selbstgerechtigkeit doch in sich zusammenbricht, wenn es nicht das Verhalten »der Partnerin«, sondern des Partners ist, das so unglaublich provozierend ist. Man fragt sich übrigens, wie Elsner damit umgeht, dass so viele Frauen ihre Kinder umbringen: »böseste verbale Provokation«?

• Selbst ein Zuschlagen der Frau aus heiterem Himmel rechtfertige laut Constanze Elsner noch lange keine körperliche Gegenwehr (103, 31).

• Aussagen wie »Sie schlug mich zuerst!« gehören Constanze Elsner zufolge »zur verbalen Standardausrüstung von Frauenschlägern« (103, 32). Dass das deshalb so viele Männer behaupten, weil es einfach die Wahrheit ist, kommt ihr gar nicht erst in den Sinn.
Constanze Elsner macht um ihre Schlussfolgerungen keinen Hehl: Es »bleibt nicht ein einziger misshandelter Mann mehr zu bedauern. ... Aus diesem Grund ist das Buch parteilich, erübrigt sich jede Diskussion über geschlagene Männer« (103, 32-33). Steif und fest besteht sie darauf, dass 95 Prozent aller Gewalttäter männlich sind (103, 27). Nun gut, mag sich der wohlwollende Leser denken. Vielleicht kennt Constanze Elsner ja tatsächlich bislang unbekannte Untersuchungen, welche die weit über hundert angeführten Studien widerlegen. Vielleicht hat Constanze Elsner besonders gründlich recherchiert und Informationen ausfindig gemacht, die all diesen internationalen Studien einen grundlegenden, gemeinsamen Fehler nachweisen. Sie scheint sich ja wirklich absolut sicher zu sein. Dafür muss sie doch einen Grund haben. 95 Prozent, sagt sie? Okay – was ist denn ihre Quelle? Es handelt sich um eine Einblendung der Sendung »Spiegel TV« am 10. August 1994 (103, 369).

Welche Konsequenzen können diese populären Irrtümer haben?

Es ist die Vererbung der innerfamiliären Gewalt auf die nächste Generation, die Straus, Gelles und Steinmetz am meisten Sorge bereitet: Bei Männern, die mitangesehen hatten, wie ihre Eltern einander körperlich angriffen, war es fast dreimal so wahrscheinlich, dass sie später ihre eigenen Frauen schlagen würden, als bei den Söhnen friedfertiger Paare. Stammten sie aus extrem gewalttätigen Familien, dann war die Quote sogar tausend Prozent so hoch. Bei den Frauen waren es sechshundert Prozent im Vergleich zu den Töchtern gewaltfreier Familien. Nur zehn Prozent aller Schläger und Schlägerinnen hatten in ihrer eigenen Familie keine Form von brutalen Auseinandersetzungen erlebt (67, 24). Die Form von »Kommunikation« zu wiederholen, die man von Kindesbeinen an kennen gelernt hat, ist für Männer wie für Frauen der wesentliche Grund für häusliche Gewalt (363, 134) – und genau dies darf und kann nicht öffentlich diskutiert werden, weil feministische Propaganda jeglichen Hinweis auf solche Hintergründe als Ausrede diffamiert (natürlich bei männlichen Tätern, weibliche kommen dort ja nicht vor): »Missbrauch in der Kindheit war unwichtig, weil es als Ausrede galt. Ebenso stand es mit individuellen Verhaltensstörungen, Ehedynamiken, persönlichen Umständen – bis das gesamte Feld der Forschung blockiert war. Die Rolle von Frauen bei gewalttätigen Auseinandersetzungen konnte nicht untersucht werden, weil das als sexistisch betrachtet wurde. Das Verhalten der Männer konnte nicht analysiert werden, weil sie ›solche Ausreden‹ nicht verdienten. Der Schaden, den dieses Frauen- und Männerbild für die Erforschung von innerfamiliärer Gewalt anrichtete, war erheblich. Jeder Versuch, die Gesetzmäßigkeiten von wechselseitiger Gewalt mit ein bisschen Respekt gegenüber der Komplexität des menschlichen Charakters zu entwirren, wurde als sexistische Verschwörung verdammt ... Der abschließende Bericht einer kanadischen Multimillionen-Dollar-Regierungsstudie über Gewalt gegen Frauen, an der Experten aus dem ganzen Land über Jahre hinweg beschäftigt waren, mündete 1993 in den Satz: Wenn ein Mann seine Frau missbraucht, dann weil er das Privileg und die Mittel hat, dies zu tun. Zehn Millionen Dollar, um ein Klischee hervorzukotzen.« Ähnlich äußerte sich eine Sonderausgabe des feministischen »Ms.«-Magazins zu diesem Thema. »Forscher fangen jetzt an, die Psyche der Schläger zu untersuchen«, schrieb dort eine Autorin. »Es ist dieselbe alte Scheiße. Niemand will zugeben, dass Männer das tun, weil es ihnen gefällt.« Kurz und knackig: Frauen sind gut, Männer sind böse (363, 127).

Als Erin Pizzey das erste moderne Frauenhaus der Welt in Chiswick, England, gründete, fand sie heraus, dass von den ersten 100 Frauen, die diesen Ort aufsuchten, 62 ebenso gewalttätig oder noch gewalttätiger als ihre Männer waren. Diese Frauen kehrten auch wieder und wieder zu ihren Partnern zurück, weil sie von dem Schmerz und der Gewalt abhängig geworden waren – Gewalt, die sie hartnäckig und mit aller Kraft herbeiführten (372). Als Erin Pizzey ihre Erkenntnisse veröffentlichte, wurden ihr von Feministinnen die Worte im Mund herumgedreht:»Keine Frau genießt es, wenn man sie schlägt!«, schleuderte man ihr entrüstet entgegen. Das aber hatte Pizzey auch nie behauptet. Keine der Frauen, mit denen sie zu tun gehabt hatte, fand eine Faust in ihrem Gesicht sonderlich erfüllend. Was viele Frauen aber gemeinsam hatten, war, dass sie Aggression mit Liebe gleichsetzten, dass ihnen die entstehende Spannung und das Gefühl der Gefahr eine Art Adrenalinstoß gab, nach dem sie sich vollständig lebendig fühlten. Manche der geprügelten Frauen beschrieben, der Ausbruch der Gewalt hätte sie in seiner Intensität und durchdringenden Kraft an einen Orgasmus erinnert (251, 255).

Während über die Ursachen häuslicher Gewalt nicht mehr sachlich diskutiert werden kann, werden die Prognosen der Experten immer düsterer. Ein Autorenteam ermittelte für die Fachzeitschrift »Social Work« (»Sozialarbeit«), dass schon bei Teenagern in Liebesbeziehungen die Mädchen insgesamt häufiger gewalttätig reagierten als die Jungen. Vermutlich werde sich dies in der nächsten Generation noch verschärfen:»Im Gegensatz zu älteren Frauen in von Gewalt geprägten Beziehungen haben Teenagerinnen finanziell und emotional weniger zu verlieren und könnten deshalb eher bereit sein, Risiken bei ihren Beziehungen einzugehen.« (67, 24)

Nicht eingerechnet ist in diese Vorhersagen die Rolle der feministischen Gewaltpropaganda. Als Lorena Bobbitt freigesprochen wurde, nachdem sie ihrem schlafenden Mann das Glied abgehackt hatte, frohlockte Alice Schwarzer:»Sie hat sich gewehrt. Sie hat ihren Mann entwaffnet ... Eine hat es getan. Jetzt könnte es jede tun. Der Damm ist gebrochen, Gewalt ist für Frauen kein Tabu mehr. Es kann zurückgeschlagen werden. Oder gestochen. Amerikanische Hausfrauen denken beim Anblick eines Küchenmessers nicht mehr nur ans Petersilie-Hacken ... Es bleibt Opfern ja gar nichts anderes übrig, als selbst zu handeln. Und da muss ja Frauenfreude aufkommen, wenn eine zurückschlägt. Endlich.« (474, 309) »Entwaffnet«, fürwahr.

In Frankreich haben die Feministinnen noch alle Tassen im Schrank. So kommentiert die Autorin Elisabeth Badinter:»Wenn eine Frau den Penis ihres Mannes abtrennt, weil er sie missbraucht hat, dann halte ich das für eine krankhafte Reaktion auf ein krankhaftes Verhalten. Der Freispruch dieser schuldigen Frau, ohne auch nur den geringsten Hinweis darauf, dass Kastration ein Verbrechen ist, bedeutet, dass Kastration als Selbstverteidigung gewertet wird.« Die Gleichsetzung eines Penis mit einer Waffe sage einiges über die Spuren aus, die der Feminismus in der Psyche von Frauen hinterlassen hat, die Penetration mit Vergewaltigung gleichsetzen (68, 248). Was allerdings auch Elisabeth Badinter nicht interessiert, ist, dass John Bobbitt hinsichtlich sämtlicher Vorwürfe sexueller Gewalt vor Gericht freigesprochen wurde (251, 240). Dass diese Anschuldigungen von seiner Frau erst später und zur Verteidigung vorgebracht wurden, lässt sich auch aus ihrer Aussage direkt nach der Festnahme ersehen: »Er hat immer einen Orgasmus, und er wartet nie darauf, dass ich einen Orgasmus habe. Ich finde das nicht fair, also habe ich die Laken zurückgezogen, und dann habe ich es getan.« Der »New York Daily Times« zufolge waren viele Frauen der Ansicht, John Bobbitt hätte nur bekommen, was er verdient hätte, auch wenn er wirklich nur ein wenig einfühlsamer Liebhaber war. Eine Feministin kommentierte die Kastration mit: »Wenn man es auf der psychologischen Ebene macht, macht es so viel mehr Spaß.« (470, 233)

Wirklich verblüffend ist, dass Lorena Bobbitts bloße Behauptung, ihr sei Gewalt angetan worden, quasi automatisch nicht nur zu ihrem Freispruch, sondern auch zu einer Verurteilung ihres Mannes durch die internationale Öffentlichkeit führte. Für das, was Alice Schwarzer und ihre »Schwestern« hier abziehen, gibt es in der Gewaltdebatte einen Namen: *blaming the victim* – dem Opfer die Schuld geben. Das darf frau, wenn das Opfer männlich ist: Im »Schlampenkalender 1994« wird die von Lorena Bobbit begangene Körperverletzung sogar als Gedenktag gefeiert (474, 243). Hat je ein Männerkalender eine Vergewaltigung zum Feiertag erklärt?

Nachdem gewalttätige Verstümmelungen von der feministischen Liga dermaßen gefeiert wurden, verwundert es nicht, dass sich eine beträchtliche Zahl Frauen zu ähnlichen Taten geradezu ermuntert sahen: »In Toronto schnitt eine Frau ihrem Mann während einer heftigen Auseinandersetzung den Penis mit einer Schere ab. In Los Angeles kam eine Frau vor Gericht, die ihrem Mann während eines Ehestreits die Hoden abgeschnitten hatte. ... In Jefferson wurde eine 35 Jahre alte Frau angeklagt, nachdem sie ihrem Ex-Freund mit bloßen Händen den Hodensack abgerissen hatte. Bei einer häuslichen Auseinandersetzung in Hongkong wurde dem 43jährigen Wong Cheong-do von seiner Frau der Penis abgeschnitten. ... Während eines Streits in Davenport im US-Bundesstaat Iowa biss Jamie Johnson einen Hoden ab, der zu einem gewissen James Liske gehörte. Im Mai 1994 musste einem 35jährigen Mann in Saginaw im US-Bundesstaat Michigan mit 65 Stichen der Penis genäht werden, nachdem seine Freundin hineingebissen hatte. In Thailand ist die Penisamputation als Standardvergeltungsmaßnahme wütender Ehefrauen derart populär geworden, dass es sogar einen Namen dafür gibt: Penizid. Die thailändische Polizei schätzt, dass seit 1992 mehr als hundert Penisse von wütenden Ehefrauen abgetrennt wurden.« (433, 60) Und in Deutschland tanzt Alice Schwarzer auf dem Tisch, weil sich die Frauen »endlich einmal wehren«.

»Es gibt so viele gewalttätige Frauen wie Männer«, erklärt Erin Pizzey, die Gründerin des ersten Frauenhauses der Welt. »Aber es steckt viel mehr Geld darin, Männer zu hassen, vor allem in den Vereinigten Staaten – Millionen von Dollar. Es ist politisch gesehen keine gute Idee, das hohe Budget für Frauenhäuser zu bedrohen, indem man sagt, dass nicht alle Frauen dort ausschließlich Opfer sind. So oder so, die Aktivistinnen dort sind nicht da, um Frauen dabei zu helfen, mit dem fertig zu werden, was ihnen widerfahren ist. Sie sind da, um ihre Budgets zu begründen, ihre Konferenzen, ihre Reisen ins Ausland und ihre Stellungnahmen gegen Männer.« (67, 122)

Offensichtlich hat Pizzey mit ihrer Einschätzung nicht ganz Unrecht. Im Juni 2001 enthüllte das »Insight«-Magazin die Gehälter der US-amerikanischen Frauenrechtsbewegung NOW. Deren fünf Vorsitzende beziehen ein Jahresgegalt, das sich mit dem von US-Notenbankchef Alan Greenspan vergleichen lässt: Patricia Ireland beispielsweise lässt sich ihre 34-Stunden-Wochen am Ende des Jahres mit 143.252 Dollar vergüten.

Das Geld, mit dem auch die zweifelhaftesten und überflüssigsten feministischen Projekte rechnen können, fehlt natürlich an anderen Stellen – beispielsweise beim Kampf gegen Kinderpornographie oder Rechtsradikalismus. Und natürlich fehlt es sämtlichen Opfern, die mit dem falschen Geschlecht zur Welt gekommen sind. Auch von der deutschen Regierung erhalten Männer, die unter häuslicher Gewalt leiden, nicht das Geringste: weder einen Pfennig an staatlicher Unterstützung noch die kleinste Erwähnung in den hehren Reden unserer Politiker und Politikerinnen. Für die Wochenzeitung »Freitag« wurde Bundesfamilienministerin Christine Bergmann am 12. Mai 2000 befragt, ob sie auch Männerhäuser plane. Ihre Antwort: »Nein, Männerhäuser planen wir nicht. Ich denke, das ist auch nicht nötig! Wenn Männer keine Gewalt anwenden, brauchen sie auch keinen Zufluchtsort ...«

Statt dessen nimmt die Frau Ministerin das männliche Geschlecht lieber noch zusätzlich aufs Korn: Da »nach Schätzungen jede dritte Frau von häuslicher Gewalt betroffen sei«, möchte Bergmann im Schulterschluss mit Justizministerin Däubler-Gmelin »gewalttätige Männer« aus ihrer eigenen Wohnung verweisen. Falls es eine Mietwohnung ist, muss der plötzlich obdachlos gewordene Mann weiterhin Miete zahlen! Am 1. Dezember 1999 wurde ein entsprechender Aktionsplan von der deutschen Bundesregierung verabschiedet (335, 6). »Der Prügler geht, die Geprügelte bleibt« sei das Motto dieses Gesetzesentwurfes, fasste Justizministerin Däubler-Gmelin am 8. März 2001 zusammen, die hier ihre Richtlinienkompetenz für eine sexistische öffentliche Vorverurteilung missbraucht.

Ein ähnliches Modell gibt es bereits in Österreich. Wie viele dieser Männer lediglich zurückgeschlagen haben, wie viele andere Männer es wegen eines so einseitigen Gesetzes nicht mehr wagen, sich zur Wehr zu setzen – was schert das die Ministerinnen?

In Kanada ist man übrigens noch einen Schritt weiter. Dort wurde im Dezember 2000 die sogenannte »Bill 117« zur Vorlage gebracht: Schon wenn man seinen Partner auch nur anschreit, gewinnt dieser demnach automatisch den Besitz nicht allein an der Wohnung, sondern am Gesamteigentum des »Täters«. Als »Partner« sind nicht nur Eheleute definiert, sondern grundsätzlich jede Form von Partnerschaft zwischen Mann und Frau. Ebenso schnell wie die Überschreibung des Eigentums geschieht, vollzieht sich auch die Verhaftung des in aller Regel männlichen Partners. (Das kanadische Gesetz ist dem Wortlaut nach genauso geschlechtsneutral formuliert wie das deutsche, und es ist in Kanada für jeden genauso offensichtlich wie in Deutschland, dass die Zielscheibe dieser Gesetze ausschließlich Männer sind.)»Shout at your spouse and lose your house« lautet die Parole.»Jeder Mann in meinem Leben ist jetzt nur noch einen Telefonanruf von kompletter Vernichtung entfernt«, kommentiert Dori Gospodaric, eine Mutter aus Toronto, dieses Gesetz. Kanadische Frauengruppen hingegen führen an, dass die»Bill 117« nur ein weiterer kleiner Schritt zur Beendigung der allgegenwärtigen Männergewalt sei. (Näheres über dieses Gesetz kann man leicht im Internet nachlesen, etwa unter *http://www.odyssey. on.ca/~balancebeam/bill_117.htm* oder unter *http://www.ukmm.org.uk/issues/storycanada.htm.*)

Auch hierzulande soll es vor Gericht in Zukunft zügig und sehr einseitig zur Sache gehen: Vereinfachte Verfahren gegen Männer, verbesserte Schutzmöglichkeiten für Frauen verlangt das Berliner Interventionsprojekt gegen häusliche Gewalt (491, 8; 490, 7; 114, 32). Auf Landesebene setzen sich diese Forderungen bereits durch: Sachsen-Anhalts Sozialministerin Gerlinde Kuppe (SPD) nämlich will nach der Landtagswahl im April 2002 das geplante»Gewaltschutzgesetz« der Bundesregierung»ergänzen«: Wenn eine Frau in Zukunft behaupte, dass ihr Mann sie schlage, sollte dieser sofort und ohne jeden Gerichtsbeschluss aus der gemeinsamen Wohnung verwiesen werden. Die Polizei dürfe sich nicht mehr in der Rolle des neutralen Schlichters sehen, forderte Kuppe, sondern müsse eindeutig Position zu Gunsten»der Opfer« beziehen. Gemeint ist natürlich: zu Gunsten der Frauen, die behaupten, Opfer zu sein – eine gerichtliche Untersuchung der Sachverhältnisse soll ja gerade *nicht* mehr stattfinden. Ein Sprecher des Ministeriums räumte ein, dass dieser Gesetzesvorstoß in die Grundrechte des Mannes eindringe, räumte aber dem Grundrecht der Frau auf körperliche Unversehrtheit Vorrang ein:»Der Entwurf ist verfassungsrechtlich sauber ausgelotet.« Ein»Landesprogramm zur Bekämpfung von Gewalt gegen Kinder und Frauen« soll die Polizisten durch Schulungen auf die neue Situation vorbereiten. Das sachsen-anhaltinische Landeskabinett hat den Vorstoß Kuppes bereits gebilligt, so dass die Pläne zu Beginn der kommenden Legislaturperiode verwirklicht werden könnten (293a).

Im Baseler Parlament wurde indessen gar über eine»Gewaltsteuer« für Männer diskutiert. Zu entrichten hätten diese *alle* Männer und *ausschließlich* Männer. Warum?»Es muss zur Kenntnis genommen werden, dass die Zugehörigkeit zum männlichen Geschlecht das relevanteste gemeinsame Täterkriterium ist« (190, 116) Die Grünen schlugen dasselbe Konzept dem Bayerischen Landtag vor, die Zeitschrift»Emma« fordert es für ganz Deutschland. Argument:»In den USA ist die Männergewalt die häufigste Verletzungsursache für Frauen, die in Krankenhausambulanzen eingeliefert werden mussten.« (108, 38) Längst widerlegt, fröhlich weiterbehauptet: Deutsche Leserinnen werden fehlinformiert, deutsche Männer verleumdet und abgezockt. Allerdings nicht nur die deutschen. In den nächsten vier Jahren möchte die EU 20 Millionen Euro für Projekte zur Ächtung von Gewalt ausgeben – von Gewalt gegen Frauen natürlich (532, 8). Das aktuelle Aktionsprogramm der Bundesregierung »zur Gleichstellung der Frau«, bei dem der rechtliche Schutz vor häuslicher Gewalt ein wichtiger Teil ist, ist gar 400 Millionen schwer. Bezahlen dürfen dafür als größte Gruppe der Steuerzahler hauptsächlich die Männer. Profitieren wird die Gruppe, zu der die meisten Täter zählen. Damit endlich statt bloßer Schätzungen »verlässliche Zahlen« vorliegen, sollen europaweit auch Gewalttaten gegen Frauen gezählt werden – und nur gegen Frauen (335, 6). Das Ergebnis, das so entstehen wird, kann man wahrhaftig nur in einem durch und durch sexistischen System als »verlässliche Zahlen« bezeichnen.

Tatsächlich liegen jetzt schon Zahlen in Hülle und Fülle vor, die durch nichteinseitige Untersuchungen zustande gekommen sind. Immer wieder neue Studien bestätigen das, was in diesem Kapitel zusammengetragen wurde. Die aktuellste von ihnen wurde wenige Tage vor Drucklegung dieses Buches in den USA veröffentlicht. Ihre Ergebnisse waren typisch: Von beiden Geschlechtern ging annähernd gleichermaßen körperliche und psychologische Gewalt aus. 64 Prozent der Frauen, die sich als »Opfer« an die Justiz wandten, gaben an, selbst des öfteren körperliche Attacken gegen ihren Partner begonnen zu haben. Und trotz des geschlechtsneutralen *Wortlauts* im Gesetz wurde bei der tatsächlichen *Rechtsprechung* die weibliche Seite extrem bevorzugt. Typisch ist auch, dass von einer radikalen Frauengruppe starker politischer und öffentlicher Druck ausgeübt wurde, um diese Untersuchungen zu behindern. Tatsächlich sahen sich die Forscher schließlich aus Furcht um das eigene Wohlergehen und das ihrer Familien genötigt, ihre Studien nicht weiter fortzusetzen (339a).

So kommt es wohl, dass man in der politischen Debatte das Auge ausschließlich auf männliche Täter und weibliche Opfer richtet. Offenbar fällt diese Einseitigkeit den Verantwortlichen selbst gar nicht mehr auf. Am 14. Februar 2000 stellte der Bundestagsabgeordnete Thomas Strobl folgende Anfrage: »Liegen der Bundesregierung Erkenntnisse über Misshandlungen oder gewaltsame Handlungen von Pflegerinnen und Pflegern gegenüber alten Menschen in privaten oder staatlichen Pflegeheimen vor, und wie stellt sich die Bundesregierung dazu?« Die Antwort, die er bekam, war bezeichnend: »Die Bundesregierung hat Ende 1999 einen Nationalen Aktionsplan zur Bekämpfung von Gewalt gegen Frauen beschlossen, dessen Maßnahmen auch die Zielgruppe der Seniorinnen einschließt.« Gewalt gegen männliche Heimbewohner wird nicht wahrgenommen, nicht angesprochen, und erst recht nicht bekämpft.

Es sei »eine besonders perfide Form« von Gewalt, stellt die Autorin Karin Jäckel fest, »wenn Frauen sich durch Diffamierung von Männern und auf Kosten von Männern Schutzprogramme und dazu erforderliche Geldmittel erlisten, die gleichermaßen bedürftigen Männern nicht zur Verfügung gestellt werden.« (220, 77) Dem ist unumwunden zuzustimmen. Erschreckenderweise geht das Messen mit zweierlei Maß allerdings bis hinauf zu den Vereinten Nationen. 1993 wurde dort folgende Erklärung verabschiedet: »Jede geschlechtsbezogene gewalttätige Handlung, die einer Frau Schaden oder Leid körperlicher, sexueller oder seelischer Art zufügt oder wahrscheinlich zufügen wird, einschließlich der Androhung solcher Handlungen, der Nötigung oder der willkürlichen Freiheitsberaubung im öffentlichen oder privaten Leben« wird als Menschenrechtsverletzung definiert (277, 36). Auch diese Erklärung bezieht sich ausschließlich auf das weibliche Geschlecht. Von Männern ist nicht die Rede.

NÄCHTLICHES AUSGANGSVERBOT FÜR MÄNNER? – GUT UND BÖSE JENSEITS DER GESCHLECHTERFRONT

»Gewalt ist männlich – wir alle wissen das.«

Anita Heiliger

Im Bereich der Familie, gegenüber Partner und Kindern, mag es die Frau sein, von der die meiste Gewalt ausgeht. Aber ist der familiäre Bereich nicht ein eng umgrenzter Spezialfall? Wenn man Männer und Frauen ganz allgemein miteinander vergleicht, kann man sich doch der offensichtlichen Erkenntnis nicht verschließen, dass Aggressivität und Gewalt männlich sind. Schläger, Gangster, Mafiosi, Terroristen, Soldaten, Lustmörder, Serienkiller – sind das Frauen oder Männer? Es ist wohl kaum so, dass sich *Männer* nicht zu nächtlicher Stunde in bestimmte Stadtviertel wagen, weil sie Angst vor brutalen *Frauen* haben. »Männer sind eine Gruppe, die sexuell auf frauenhassende Gewalt trainiert wird«, behauptet Catharine MacKinnon und ist sich darin einig mit Germaine Greer: »Die einzige genetische Überlegenheit der Männer ist ihr Hang zur Gewalt, der in diesem Zeitalter der Vorbereitung auf den totalen Krieg institutionalisierte Gestalt angenommen hat. Wir müssen alle von dem computergesteuerten Phallus befreit werden, der uns leidenschaftslos tötet.« (470, 45)

Wenn die beiden Geschlechter so völlig konträr in ihrem Verhalten sind, dann *kann* die Ursache dafür doch eigentlich nur in einer biologischen Grundausstattung liegen. »Der Frau wird aufgrund der biologischen Funktion der Gebärfähigkeit eine »natürliche Tötungshemmung« zugeschrieben«, erklärt Christine Deja. »Sie wird als Verkörperung eines lebensspendenden und -erhaltenden Prinzips einem aggressiven, zerstörerischen männlichen Prinzip gegenübergestellt« (79, 22). Und in der Tat: »Das männliche Gehirn ist auf Gewalt eingestellt«, behauptet zum Beispiel Cris Evatt unmissverständlich in ihrem Buch, dessen Titel ja auch schon Männer dem Kriegsgott Mars und Frauen der Liebesgöttin Venus zuweist (125, 115).

»Wir Frauen werden seit Jahrtausenden permanent von Männern verfolgt, wir leben gewissermaßen täglich im Kriegszustand«, schreibt Elisabeth Camenzind (198, 22). Jetzt endlich ist das weibliche Geschlecht nicht länger bereit, sich diesen Terror gefallen zu lassen. »Wir wollen, dass Mädchen und Frauen vor sexistischer Gewalt in- und außerhalb der Familie wirksam geschützt werden«, fordert etwa die feministische Partei DIE FRAUEN. »Gewalt gegen Frauen und Mädchen muss gesellschaftlich geächtet und bestraft werden und darf nicht in diversen Medien regelrecht propagiert werden, wie es heute immer häufiger und zu immer besseren Sendezeiten geschieht.« (141, 8) Zu den Punkten eines von tausend Frauen unterschriebenen Forderungskatalogs im Rahmen der »Hamburger Frauenwoche« 1981 gehörten außer natürlich der »Abschaffung und Vernichtung der Pornoindustrie« die »Finanzierung eines weiblichen Taxiunternehmens, das ausschließlich Frauen befördert« sowie ein »Ausgehverbot für Männer ab 20 Uhr«.

Vor allem die letzte Maßnahme mochte etwas weitgehend erscheinen, war aber vielleicht der einzige Weg, das Tätergeschlecht in seine Schranken zu weisen und Frauen auf den Straßen zu schützen. Manche Männer sahen das sogar ein und unterstützten diese Aufforderung ausdrücklich (185, 112). Dennoch konnte sie sich nicht durchsetzen, wurde allerdings in leicht veränderter Form – zehn Uhr abends im Sommer, fünf Uhr im Winter – von der Bundestagsabgeordneten Annelore Ressel erneut eingebracht (470, 230). Immerhin war es ein kleiner Lichtblick, dass Kritik an patriarchaler Gewalt nicht nur von den Frauen geübt wurde. »Wie kommt die Gewalt in den Mann?«, fragten sich endlich auch lernfähige Männergruppen, die den »Eindruck, als habe ›normale‹ Männlichkeit nichts mit sexueller Gewalt zu tun« einer kritischen Prüfung unterziehen wollen (191, 88). »Nicht Gewalt und Kriminalität bedrohen unsere Gesellschaftsordnung, sondern Männer«, führt der Soziologe Dieter Otten in einem noch im Jahre 2000 erschienenen Buch aus. »Die Tatsache, dass Kriminalität, Gewalt, Verbrechen, Verbrechen gegen die Menschlichkeit, Völkermorde und unglaubliche Brutalität gegen Frauen und Kinder ausschließlich von Männern ausgeübt werden, muss nicht nur ausgesprochen werden, sondern allen ins Bewusstsein treten.« (346, 43, 337) An diese Thesen knüpft der Wissenschaftler ganz erstaunliche Phantasien der Erlösung des ethisch minderwertigen Mannes im Besonderen und der Gesellschaft im Allgemeinen durch das in dieser Hinsicht nach angeblich so viel weiterentwickelte weibliche Geschlecht. Claudia Heyne fasst die vorherrschende Ideologie treffend zusammen: Die Frau wird wegen ihrer geringeren Aggressivität und größeren Friedfertigkeit als moralisch höherwertig betrachtet, während »das Wesen des Mannes oder, abstrakter, das ›Patriarchat‹ mit Gewalttätigkeit gleichgesetzt wird« (198, 21). Wo in der Bibel die verführerische Eva Ursache allen Übels war, ist es inzwischen nicht nur in der feministischen Ideologie der aggressive Adam, durch dessen Schuld wir das Paradies verloren haben. Das bedeutet: »Unsere Gesellschaft ist gewalttätig, *weil* sie männerdominiert ist. Hieraus ergibt sich implizit oder explizit, dass eine Gesellschaft, in der Frauen das Sagen hätten, friedlich und gewaltfrei wäre.« Was für eine herrliche Utopie! Und wie griffig sie sich in der aktuellen Gewaltdebatte politisch nutzen lässt! »Dementsprechend findet sich in der einschlägigen Literatur ein Frauenbild, das stark idealisierte Züge aufweist und dem eine polarisierte Zuordnung guter Eigenschaften zum weiblichen wie schlechter Eigenschaften zum männlichen Geschlecht entspricht.«(198, 12) Konkret:»Die Frau ist durch Fürsorge, Hingabe und Bezogenheit auf andere gekennzeichnet ... Männer sind ... liebes- und bindungsunfähig und, vor allem, gewalttätig. Die Opfer-Täter-Relation ist eindeutig definiert: Männer sind Täter, Frauen sind Opfer. Und: Frauen sind bessere Menschen. Diese These mag die Autorin Heide Mundzeck dazu veranlasst haben, ihrem Buch den Titel zu geben: *Als Frau ist es wohl leichter, Mensch zu werden.*«(198, 20) Halten solche Ideologeme einer näheren Untersuchung stand? Ist dem männlichen Geschlecht ein Drang zur Gewalt mitgegeben, den Frauen nicht besitzen? Sind Männer moralisch, psychologisch und hormonell minderwertig?

Mars schlägt Venus

THESE: MÄNNER SIND VON NATUR AUS GEWALTBEREIT, FRAUEN FRIEDLIEBEND

Wir werden unseren kleinen Rundgang durch das Thema Männer, Frauen und Gewalt im Forschungslabor beginnen und dann überprüfen, inwieweit sich die dort gewonnenen Ergebnisse mit der Realität vergleichen lassen. Was sagt uns die Psychologie? Gibt es ein Aggressionsgefälle zwischen Mann und Frau? Wo liegen Gemeinsamkeiten, wo Unterschiede?

»Die Vorstellung, dass die Gewalt im Leben eines Jungen biologisch vorbestimmt ist, dass das männliche Wesen ›von Natur aus‹ zur Aggression neigt«, erklärt der Psychologe Terence Real,»hat gegenwärtig wieder einmal Hochkonjunktur, auch wenn Entwicklungsbiologen und Anthropologen immer wieder auf die Unhaltbarkeit dieser Behauptung hinweisen«(387, 121). Entgegen allen Klischees laufen die in der Aggressionsforschung in den achtziger und neunziger Jahren aufgedeckten Zusammenhänge auf folgendes Muster hinaus, das heute noch als gültig betrachtet wird: Bei kleinen Kindern wird körperliche Aggression in gleichem Ausmaß von Jungen und Mädchen verübt. Ein kleines Mädchen, das sich von einem neuen Baby in der Familie beiseite gedrängt fühlt, wird dem Neuankömmling mit der gleichen Wahrscheinlichkeit eine Safttasse über den Schädel ziehen, wie das ein Junge tun würde. Diese Grundtendenz verändert sich erst, weil Kinder versuchen, den Erwartungen der Erwachsenen zu entsprechen – und dazu gehört, Umfragen zufolge, dass Jungs sich ab und zu mal ein bisschen miteinander balgen oder Faustkämpfe austragen sollten (363, 12). Bei Mädchen werden Raufereien nicht so gern gesehen. Deren Aggression kann sich aber natürlich nicht einfach in Luft auflösen. Statt dessen geht sie im Alter von etwa zehn Jahren auf eine andere, indirektere Ebene über und äußert sich im sozialen und verbalen Bereich.»Mädchen sind heimtückisch«, entdeckte Nicki Crick bei ihrer Untersuchung von Viert- und Fünftklässlern. »Während Jungs prügeln, knuffen und kämpfen, greifen Mädchen, wenn sie über eine Geschlechtsgenossin wütend sind, zu infameren Mitteln: Sie verbreiten Gerüchte, schließen das Opfer aus, kappen Freundschaften.« Ihre Kampfmittel sind Manipulation und Liebesentzug (378, 11; 40, 52). Diese Strategien erweisen sich als äußerst erfolgreich, weil Attacken aus dem Hinterhalt das Risiko von Gegenangriffen stark senken – während jeder sich prügelnde Junge auch durch einen schwächeren Gegner jederzeit den einen oder anderen Zahn verlieren kann (40, 14). Es gibt also für junge Frauen keinen Grund, dieses Verhalten auch im späteren Jugend- oder Erwachsenenalter aufzugeben.

Oder doch? Kaum hat sich nämlich eine neue These etabliert, behauptet jemand anders, er könne beweisen, dass das alles Unfug sei. So verglichen die Autorinnen Ann Frodi, Jacqueline Macaulay und Pauline Rupert-Thome für das »Psychological Bulletin« nicht nur 72 Studien über menschliches Aggressionsverhalten, sondern zogen zudem noch 80 Bücher und Fachzeitschriften zum selben Thema zurate. Ihre Schlussfolgerung: Die weitverbreitete Annahme, dass Männer fast immer körperlich und Frauen eher indirekt aggressiv seien, werde durch die Forschungsliteratur nicht gestützt. Statt dessen gibt es experimentelle Hinweise darauf, dass Frauen in ebenso starkem wenn nicht stärkerem Ausmaß offen feindselig und direkt aggressiv wie Männer seien, sowohl durch Worte als auch durch Taten (67, 32). Das würde immerhin zu den Erkenntnissen über weibliche Gewalt in Partnerschaften passen, die auch schon im Teenageralter zutage tritt.

Aber selbst wenn wir die Frage der körperlichen Gewalt vorerst einmal ausklammern, so ist sich doch die Forschung in den Grundzügen einig: Aggression kommt bei beiden Geschlechtern vor und wird weder von Männern noch von Frauen unterdrückt, sondern gleichermaßen ausagiert. Experten im Bereich »häusliche Gewalt« weisen in diesem Zusammenhang ausdrücklich darauf hin, dass verbale, emotionale und seelische Gewalt denselben, wenn nicht größeren Schaden anrichten kann wie körperliche. Dazu kommt, dass in unserem Alltagsleben normalerweise körperliche Kämpfe im Gegensatz zu verbalen und psychologischen Auseinandersetzungen eine ausgesprochene Nebenrolle spielen (40, 10). Wenn man bedenkt, dass auf dieser Ebene die Frauen die Aggressiveren zu sein scheinen, liegt die Vermutung nahe, dass sie insgesamt tiefere Wunden hinterlassen als Männer.

Zahlreiche Untersuchungen sind inzwischen zu dem Ergebnis gekommen, dass, wenn nur eines der beiden Geschlechter im Gespräch Aggressionen ausdrückt, es fast sechsmal so häufig das weibliche ist (85 gegenüber 15 Prozent). Beteiligen sich beide Geschlechter an einem Streit, dominieren Frauen etwa zweimal so oft. Frauen sind deutlich eher bereit, einen Konflikt einzugehen und ihn auf die nächste Stufe eskalieren zu lassen. Diese Erkenntnisse kamen mit Hilfe der unterschiedlichsten Methoden zutage, zum Beispiel mit der direkten Befragung von Paaren selbst, aber auch mit der Messung von körperlichen Reaktionen. Hier zeigte sich, dass sich Männer eher von Frauen einschüchtern lassen als umgekehrt und dass eheliche Auseinandersetzungen für sie mit einem größeren Stress verbunden sind (131, 21). Die öffentliche Geschlechterdebatte ist ein gutes Beispiel: Nennen Sie auch nur einen einzigen Mann, der sich den oft höchst aggressiven und herabsetzenden Ansichten Alice Schwarzers ebenso entschieden entgegensetzt. Die einzigen Personen, die von einem Fernsehsender für ein offenes Streitgespräch gefunden werden konnten, waren andere *Frauen*: Esther Vilar und Verona Feldbusch. Wenn dem so ist, warum sind Frauen dann auch wissenschaftlich nicht längst als das eigentliche aggressive Geschlecht anerkannt? Tatsächlich hatte und hat die Gewaltforschung hier mit einigen Hindernissen zu kämpfen:

- Der Archetyp vom Mann als Krieger und der Frau als Mutter ist in den Köpfen der Wissenschaftler genauso eingeprägt wie in den Köpfen aller anderen Leute. Das führt oft dazu, dass bei Themen wie Aggression und Gewalt Frauen gar nicht erst mituntersucht werden (40, 5).

- *Wenn* Frauen untersucht wurden, ging man mit diesen empfindsamen Geschöpfen lange Zeit zartfühlender um und verfälschte dadurch die Untersuchungsergebnisse. Männer wurden von anderen Personen provoziert oder ihre Aggression wurde danach bemessen, wie sehr sie im Experiment bereit waren, einem anderen Teilnehmer elektrische Schocks zuzufügen. Frauen wurden Fallbeschreibungen ausgehändigt, woraufhin sie erzählen sollten, wie sie sich in diesen Situationen verhalten *würden*. Unsere Selbsteinschätzung hat allerdings oft wenig mit unserem tatsächlichen Verhalten zu tun. In besonderem Maße gilt das für indirekte Aggressionen wie das Verbreiten von Gerüchte: ein Verhalten, das erstens als sozial unerwünscht betrachtet wird und zweitens dem oder der Betreffenden oft selbst nicht als Aggression klar ist (26, 143; 40, 53). Sobald aber beide Geschlechter derselben Versuchsanordnung unterworfen waren (sie wurden geärgert und konnten mit Elektroschocks reagieren oder wurden nach ihrer Billigung von aggressivem Verhalten befragt), zeigten sich entweder keine Geschlechterunterschiede (411, 93–94), oder es stellten sich zur Überraschung der Forscher die *Frauen* als sadistischer heraus: In einem berühmten Experiment, das von der Yale-Universität durchgeführt wurde, hatten College-Studenten die Aufgabe, einem Opfer Elektroschocks zu verpassen. Es waren die Student*innen*, die eher dazu neigten, auf Knöpfe mit höherer Voltzahl zu drücken und diese auch dann noch gedrückt zu halten, als ihre angeblichen Opfer – die natürlich Mitarbeiter der Versuchsleitung waren – schon längst gellende Schmerzensschreie ausstießen. Die Ergebnisse dieses Experiments wurden seitdem überall auf der Welt in Folgeversuchen bestätigt (82, 33; 251, 48). Aufschlussreich ist hier auch das Ergebnis einer Umfrage, die die Zeitschrift »Esquire« unter tausend Frauen zwischen 18 und 25 Jahren durchführte: »Wenn Sie stark genug wären, jeden beliebigen Mann zusammenzuschlagen, bei wie vielen Männern würden Sie das tun?« Nur 28 Prozent antworteten, dass sie überhaupt keinen Mann zusammenschlagen würden (67, 33).

• In einer klassischen Studie wurde ein Baby von neun Monaten beim Spielen aufgenommen und dieser Film dann 204 männlichen und weiblichen Erwachsenen vorgespielt. Einigen sagte man, es handele sich um ein männliches, anderen, es handele sich um ein weibliches Kind. Wenn das Baby weinte, hielten die Versuchspersonen es für »verängstigt«, wenn sie es für ein Mädchen hielten, aber für »wütend«, wenn sie glaubten, es sei ein Junge (387, 126; 131, 22). Dieses Wahrnehmungsraster hat die verschiedensten Folgen. Zum einen für die Kindererziehung: Ein Kind, das man für verängstigt hält, wird höchstwahrscheinlich eher liebkost und in den Arm genommen als ein Kind, das man für wütend hält. Mädchen müssen geschont werden: Bezeichnenderweise streiten sich Eltern häufiger vor ihren Söhnen als vor ihren Töchtern (68, 185). Väter sind auch strenger gegenüber Söhnen, während beide Elternteile die Beziehung zu ihren Töchtern als herzlicher und körperlich näher beschreiben und ein größeres Vertrauen in ihre Wahrheitsliebe haben (387, 127). Zum anderen aber prägt dieses Raster auch die Art, wie wir Erwachsene sehen: Wenn eine Frau einen Mann kritisiert, wird sie angefeuert, wenn ein Mann eine Frau kritisiert, wird sie in Schutz genommen. In einem Experiment, in dem man die verteilten Rollen eines Gespräches wechselweise von Männern und Frauen lesen ließ, gaben die Zuhörer grundsätzlich der Position der Frau Recht (23, 14).

• Bei der Untersuchung von Gewalt und Aggression wurden männliche Ausdrucksformen (also Tätlichkeiten) als der Standard betrachtet, weibliche hingegen vernachlässigt. Nur kann man andererseits auch nicht so tun, als sei beides im Prinzip dasselbe. Bestimmte Fragen sind schwer lösbar: Was zählt, die Absicht oder der Effekt? Wie *misst* man körperlichen oder seelischen Schmerz? Ist körperlicher oder seelischer Schmerz schlimmer? Um wie viel schlimmer? Ist direkte Aggression bösartiger als indirekte oder umgekehrt? Sollte man messen, wer eine Auseinandersetzung beginnt, wer am meisten und härtesten zuschlägt, wer sich durchsetzt, wer am wenigsten abbekommt? Wie soll man die Realität überhaupt ins Versuchslabor zwängen (40, 6–9)? So oder so: Die komplexe Wirklichkeit entlarvt die Vorstellung vom Täter Mann und Opfer Frau als Propagandamärchen. Trotz aller immer noch bestehender Schwierigkeiten stehen folgende Untersuchungsergebnisse fest:

• Das Gesetz der Ritterlichkeit (»Mädchen schlägt man nicht«) besteht noch immer. Gewalt von Frauen gegenüber Männern wird von der Gesellschaft eher akzeptiert als der umgekehrte Fall. Beobachtungen in einer kalifornischen High School über einen Zeitraum von drei Jahren zeigten, dass

Mädchen Jungen in einem Verhältnis von zwanzig zu eins schlugen, also in 95 Prozent aller Fälle (40, 11; 67, 33).

- Einige Studien berichten, dass Frauen eher zu körperlicher Gewalt greifen, wenn sie nicht mit sozialen Sanktionen für dieses Verhalten rechnen müssen, also etwa wenn keine Zeugen zugegen sind oder ihre Verantwortung für den Ausbruch der Gewalt unklar ist – was übrigens ziemlich genau die Bedingungen von Gewalt innerhalb der Familie darstellt (547, 91).

- Generell geht man davon aus, dass das Aggressionsgefälle zwischen Mann und Frau auch bei Erwachsenen höchst gering ist. Die Zahlen bewegen sich zwischen zwei Prozent (26, 113) und fünf Prozent (26, 113; 40, 7). Ob sich die Geschlechter in der Art ihrer Aggression unterscheiden oder nicht, sei dahingestellt – *beide* unterscheiden sich weder in der Stärke ihres Bedürfnisses, anderen wehzutun, noch darin, durch aggressive Methoden einen Vorteil zu gewinnen (40, 14).

- Männer scheinen eher zu Aggressionen auf Verstandesebene zu greifen, Frauen zu sozialer Manipulation. Zum männlichen Vorgehen gehören z.b. das Nicht-zu-Wort-kommen-Lassen und Unterbrechen von Gesprächspartnern oder das Verteilen von (ungerechtfertigter) Kritik. Zur weiblichen Masche zählen Anspielungen ohne direkte Anschuldigungen, beleidigende Bemerkungen über das Privatleben anderer, höhnische Blicke und das typische Sprich-mich-nicht-an-Verhalten (40, 61). Soweit die Erkenntnisse im Bereich der experimentellen Wissenschaft. Wie sieht es denn im »wahren Leben« aus? Machen wir einen kleinen Streifzug durch die Geschichte.

Tyrannen, Despoten, Massenmörder

THESE: BESONDERE BRUTALITÄT GING HISTORISCH AUSSCHLIEßLICH AUF DAS KONTO DER MÄNNER

Als Victoria Burbank in einem viel beachteten Vergleich 317 nichtwestliche Gesellschaften hinsichtlich der Formen, Ziele und Motive weiblicher Aggressionen analysierte, fand sie heraus, dass auch die Frauen die volle Breite menschlicher Grausamkeiten ausschöpfen.

Das »schwächere Geschlecht« tritt auch heute noch mit körperlicher Gewalt öffentlich in Erscheinung. Andere Völkerkundler bestätigen, dass bis hin zu Folter und Massenmord Frauen mit Männern durchaus gleichziehen können, wenn die Bedingungen danach sind (363, 13; 411, 94–95). Im Folgenden seien verschiedene Beispiele genannt.

Weibliche Gewalt in der Geschichte

• Sobald Frauen politische Führungspositionen innehatten, gingen sie mit ihrer Macht genauso rücksichtslos zu Werke wie jeder Mann: Indira Gandhi verhängte über Indien den Ausnahmezustand und führte Krieg gegen Pakistan. Jian Qing ließ während der Kulturrevolution Hunderttausende in Verbannung und Tod treiben. Sirimavo Bandaranaike hatte keine Hemmungen, einen gegen ihre Regierung gerichteten Putsch blutig niederzuschlagen. Maggie Thatcher schickte im Falkland-Krieg die Söhne Englands reihenweise in den Tod (198, 114–115), Tansu Ciller, die Ministerpräsidentin der Türkei, regiert ein Land, in dem selbst Jugendliche gefoltert werden, Todesschwadrone Tausende von Menschen umbringen und ein erbarmungsloser Vernichtungsfeldzug gegen die Kurden stattfindet (238, 282–304). Mary Tudor ließ 300 Protestanten auf dem Scheiterhaufen verbrennen. Und wenn im alten Rom ein Herrscher starb, schickte ihm seine Witwe 80.000 Männer nach ins Grab (130, 98). Verblüffend viele solcher Despotinnen sind auf geheimnisvolle Weise aus den Geschichtsbüchern getilgt worden. Zu ihnen zählen Dynamis vom Bosporus (eine Zeitgenossin Kleopatras), die ihren Ehemann verhungern ließ, sein Reich übernahm und benachbarte Regionen angriff, oder Artemisia, eine Königin, die sich mit den Griechen anlegte und dabei mit strategischer Brillanz glänzte. Legendär geworden sind dagegen Jeanne d'Arc, Katharina die Große, Elizabeth die Erste, Lucrezia Borgia, Katherina de Medici, Madam Mao (Mitglied der berüchtigten Viererbande) oder Idi Amins Soldatenbraut Sarah Kyolaba (363, 15). Nicht vergessen werden sollte auch die ungarische »Blutgräfin« Elisabeth Báthory, die minderjährige Mägde zu Hunderten auf grausame Art foltern und aufschlitzen ließ, um dann in ihrem Blut zu duschen.

• Wenn es um die Kolonialisierung anderer Kontinente ging, waren die weiblichen Mittäter kein bisschen weniger gierig, brutal und rassistisch als die Männer. Sie hatten zum Beispiel als Sklavenbesitzerinnen keinerlei Probleme damit, auch von der Prostitution ihrer Sklavinnen zu leben. Doña Maria de Cruz war eine von ihnen – sie besaß zwei Sklavenschiffe und handelte noch 1826 mit Menschen. Die Kreolinnen, in Amerika geborene Frauen spanischer Herkunft, standen in dem Ruf, noch herzloser und grausamer als ihre Ehemänner gegen ihre Sklaven und Sklavinnen zu sein. Auch viele Frauenklöster im iberischen Amerika hielten eigene Sklaven, um ihre zum Teil riesigen Ländereien zu bewirtschaften. Auch in den deutschen Kolonien nötigten die weißen Herrinnen die »Eingeborenen« zur Zwangsarbeit und hatten keine Probleme damit, sich auch zum Prügeln der Dienstboten zu bekennen (198, 117–121). Solche Formen von weiblichem »Männerhandel« kommen übrigens auch heute noch vor: Vor wenigen Jahren wurde zum Beispiel die

30jährige Adriana Paoletti Lemus in New York zu 14 Jahren Gefängnis und einer Million Dollar Wiedergutmachung verurteilt, nachdem sie in Komplizenschaft mit ihrer Mutter Delia Paoletti fünf Jahre lang taube mexikanische Einwanderer wie Sklaven gehalten und gezwungen hatte, diversen Plunder herzustellen und zu verkaufen. Die tauben Männer waren eingesperrt, solange sie nicht als Verkäufer unterwegs waren. Wenn sie die geforderten 100 Dollar pro Tag nicht einbrachten, wurden sie verprügelt (365).

• Ein weiterer historischer Bereich, in dem weibliche Grausamkeit offen zutage trat, waren Hinrichtungen:»Engländer wussten, dass man, um den Widerstand oder die Bedenken einer Frau zu brechen, sie nur dazu bringen musste, einer öffentlichen Exekution beizuwohnen. Es hieß, dies wäre viel wirksamer als Wein. Die Römer vermischten Gewalt und Wollust in ihrem Theater in viel größerem Umfang. Die Spiele bezogen Vergewaltigung von Kindern durch Männer und Bestien, gefolgt von Verstümmelung und Ermordung, mit ein. Sogar die Kaiserinnen Messalina und Theodora masturbierten und hatten Sex auf den Zuschauertribünen, während sie der Vorstellung zusahen.« Gefangene auf dem Weg zur Arena wurden ebenso belästigt und verspottet, wie dies beispielsweise die Frau eines Offiziers in Buchenwald mit Häftlingen tat, die in die Gaskammer geführt wurden (282, 165–166).

• Der Mob, der sich anlässlich der französischen Revolution in der Nacht des 5. Oktober 1789 auf den Marsch nach Versailles machte, bestand fast ausschließlich aus Frauen. Sie hinterließen auf ihrem Weg nach Versailles eine Spur des Terrors, plünderten, warfen die Fenster von Geschäften und Tavernen ein und stürmten endlich die Nationalversammlung, bevor sie die Palastwache ums Leben brachten und die königlichen Quartiere in Trümmer legten (251, 34).

• Eine andere Gelegenheit, ungestraft Aggressionen abzulassen, bot sich dem weiblichen Geschlecht, als in den USA in den fünfziger Jahren die Rassentrennung in den Schulen aufgehoben wurde. Es gibt Berichte von schwarzen Mädchen, die von einem Pulk verärgerter weißer Frauen gejagt, getreten und geschlagen wurden, weil sie es gewagt hatten, in»deren« Schule einzudringen (82, 97). Schwarze waren überhaupt ein brauchbares Ventil für weibliche Aggression: In den zwanziger Jahren schlossen sich eine halbe Million Frauen dem Ku-Klux-Klan an. In einigen Staaten der USA stellten sie damit die Hälfte der Mitgliederschaft (81, 8). Dabei waren die Frauen des Klans, so die Historikerin Kathleen Blee, für die bösartigsten und zerstörerischsten Resultate verantwortlich. Die wahre Macht dieser rassistischen Organisation bestand nämlich nicht in den nächtlichen Ritten der Kapuzenmänner, die zwar furchteinflößend waren, aber nicht so häufig vorkamen, wie man glauben mag. Verheerend war vor allem ihr weitreichender wirtschaftlicher und politischer Einfluss. Es waren Frauen, die jüdische Geschäfte durch organisierte Boykotte in den Ruin trieben, die Schulen dazu brachten, ihre katholischen Lehrer zu entlassen und die generell in unermüdlicher Arbeit eine schlagkräftige Gruppierung auf die Beine brachten und deren bigotte Ideologie in Kirchen und Häusern eifernd verbreiteten (81, 107–108).

• Die Ärztinnen und Krankenschwestern, die sich an den sogenannten Euthanasie-Programmen im Dritten Reich beteiligten, waren zu ihrer Arbeit keineswegs gezwungen worden. Hätten sie ihre Mitarbeit verweigert, dann hätte man sie lediglich eine Gehaltsstufe zurückgestuft. Noch eindeutiger liegt der Fall bei den zehntausend weiblichen SS-Mitgliedern, insbesondere den Aufseherinnen in Konzentrations- und Vernichtungslagern, die problemlos mit den Männern mithalten konnten, wenn es darum ging, die Lagerinsassen mit unerträglicher Arbeit, Folter, Marterung und Erniedrigung zu quälen oder sie massenweise zu ermorden. Zehn Prozent des Personals in den Nazi-Lagern waren weiblich (254, 175). Diese Frauen meldeten sich, zumindest in der Anfangszeit, freiwillig auf Zeitungsanzeigen. Sobald sie »nahezu unbegrenzte Macht über Menschen hatten, die ihrer Willkür ausgeliefert waren, in einer Zeit, in der sie über ihre Taten keine Rechenschaft ablegen mussten ... setzten sie sich über alle ethischen Normen hinweg, die je für sie Gültigkeit gehabt haben mögen«. Genauso leicht, wie sie von einem ganz normalen Frauenleben in ihre Rolle als Gewalttäterin hinüberwechseln konnten, so mühelos wechselten sie nach dem Ende des Dritten Reichs auch wieder zurück: »Es scheint, als gebe es im Leben so mancher ›ganz normalen‹ Frau einen fest eingekapselten Kern mörderischer Destruktivität, der, wenn die Umstände nur danach sind, freigesetzt wird und zu furchtbarer Entfaltung gelangt.« Von einer höheren moralischen Wesensart, die manche Feministinnen ihrem eigenen Geschlecht unterstellen, ist da wenig zu bemerken. Auch die nachträglichen Rechtfertigungsstrategien der Täterinnen gleichen denen der Männer: etwa die Behauptung, sie hätten nur ihre Pflicht getan, oder die Berufung auf einen höheren ethischen Zweck, der die Mittel heilige (198, 172–241).

Zusammengefasst

Die Wirklichkeit bestätigt in der Tat die Ergebnisse wissenschaftlicher Untersuchungen. Frauen verfügen durchaus über dasselbe Gewaltpotential wie Männer, nutzen es aber nur in seinem vollen Ausmaß, wenn sie sich a) keine Gedanken um gesellschaftliche Sanktionen zu machen brauchen und b) in einer Position absoluter Überlegenheit sind, also etwa die Rolle von Herrscherinnen einnehmen oder es mit Todgeweihten bzw. mit unterdrückten Minderheiten zu tun haben. Auch die hohe Zahl der Täterinnen, wenn es um die Misshandlung von Kindern oder Alten und Pflegebedürftigen geht (hier sei nur an die mordenden Krankenschwestern in Wien-Lainz erinnert), passt in dieses Schema: Sobald Frauen körperlich überlegen sind und über die notwendige Macht verfügen, sie es also nur mit Schwächeren zu tun haben, ist von Friedfertigkeit nicht mehr viel zu spüren (198, 42; 40, 95).

Wenn eine solche Überlegenheit nicht besteht, leben Frauen ihre Aggressionen auf indirekte Weise aus oder lassen Männer stellvertretend für sich handeln, wie wir auch weiter unten noch sehen werden. In einem gesellschaftlichen Raum, in dem es keine Männer gibt, ist die Aggression von Frauen extrem stark: Untersuchungen über Frauengefängnisse belegen, dass dort die Gewaltrate zwischen zweieinhalb- und fünfmal so hoch ist wie in den Gefängnissen für Männer. Zu den häufigsten Verstößen dort zählen das Schlagen eines Beamten, Kämpfe ohne Waffe, die Zerstörung fremden Eigentums, Bedrohungen und Sexualvergehen (363, 210).

Natürlich gibt es auch Mischformen zwischen der Ausübung von direkter und indirekter Gewalt – etwa im Fall von Ilse Koch, Frau des Lagerkommandanten von Buchenwald und Mutter von drei Kindern (was hier nur erwähnt wird, um das Klischee zu widerlegen, Frauen seien schon allein deshalb weniger gewaltbereit, weil sie Kinder hätten). Ilse Koch nutzte einerseits ihre Machtposition voll aus, indem sie Häftlinge eigenhändig aus nichtigem oder gänzlich ohne Anlass misshandelte. Andererseits übte sie aber auch indirekte Gewalt aus, indem sie etwa SS-Männer anwies, Gefangene zu misshandeln und zu töten, also die Ausführung anderen überließ, sich dann aber an den begangenen Grausamkeiten wollüstig ergötzte – wobei »Sexualität, Macht und Gewalt eine Verbindung miteinander eingegangen waren, wie man sie gemeinhin Männern unterstellt«. Denunziation bei den Machthabern war eine Form der indirekten Gewalt, die bei Frauen im Dritten Reich häufiger anzutreffen war (198, 223–227).

Dass in der Geschichte der Menschheit überwiegend Männer die Rolle der Folterknechte und Kriegsverbrecher einnehmen, liegt allein daran, dass bislang hauptsächlich Männer in Situationen gerieten, wo sie die Gelegenheit hatten, so zu handeln. Generell können, und das ist das eigentlich Verstörende an der Sache, männliche wie weibliche Durchschnittsmenschen ohne größere Schwierigkeiten zu unmenschlichen Sadisten werden. Psychologen gehen inzwischen davon aus, dass der erfolgreiche Folterer psychisch normal und ausgeglichen sein muss und keineswegs ein Psychopath ist. Unter den richtigen Umständen können Frauen ebenso problemlos dazu angehalten werden wie Männer, effizient zu foltern und zu töten und dabei sogar Befriedigung oder Vergnügen zu empfinden. Es ist allem Anschein nach keinerlei besonderes Training notwendig, um vom fürsorglichen, mitleidenden Verhalten zu extremer Zerstörungswut umzuschalten. Der amerikanische Psychologe Robert Jay Lifton hat diesen automatisch eintretenden Prozess als »Doubling« bezeichnet. Hierbei entsteht sozusagen ein gefühlloses »zweites Selbst«, das ohne Reue und Schuldgefühle die unglaublichsten Verbrechen begehen kann. Oft fehlt es nur an einer passenden Ideologie, die Zweifel, Ekel oder Gewissensbisse übertönt (251, 173–175).

Generell wird männliche wie weibliche Gewalt nicht von der Biologie oder der Psyche eines Geschlechts beeinflusst, sondern von kulturellen Faktoren. Schülerinnen in Israel werden zu 20 Prozent häufiger körperlich aggressiv als männliche Schüler in den USA (125, 115). In historischen Perioden, in denen eine Gesellschaft über genügend Wasser und Nahrung verfügt und sich auch nicht von Überfällen bedroht fühlt, sind hingegen auch die Männer durchweg friedlich, wie die Geschichte Tahitis, der kretischen Minoer oder der Semai in Zentralmalaysia belegt (130, 96). Solche Gesellschaften stellen allerdings ein anderes Vorurteil in Frage ...

»Frauen sind keine Rambos!«

**THESE: DAS MÄNNLICHE GESCHLECHT HAT
EINE VERHÄNGNISVOLLE NEIGUNG ZUM KRIEG**

»Krieg – Was Männerwahn anrichtet und wie Frauen Widerstand leisten« lautet einer der schönsten Buchtitel von Alice Schwarzer. Selten wurden Gut und Böse so plakativ nach Geschlechtern getrennt. Andere Feministinnen taten es ihr gleich, wenn sie etwa Krieg als »männlichen Menstruationsneid« bezeichneten (470, 45). Auch den Texten von Christina Thürmer-Rohr zufolge dürfte die Friedensbewegung ausschließlich aus Frauen bestehen, weil die Männer zu sehr mit Bombenwerfen beschäftigt sind (386, 210). Und tatsächlich war das Symbol, das die Vereinten Nationen für ihr Jahrzehnt der Frau auswählten, eine Friedenstaube, deren Auge das biologische Zeichen für das weibliche Geschlecht darstellte (405, 28).

Krieg und Frieden nach Geschlechtern aufzuteilen ist nicht mehr auf radikale Feministinnen beschränkt, sondern hat längst die breite Masse erobert. Bei Cris Evatt finden wir unter der Überschrift »Frauen führen keine Kriege, Männer schon« folgende Passage: »Männer sind zu allen Zeiten und in allen Kulturen die gewesen, die Krieg führen (die mythischen Amazonen sind nur die Ausnahme, die die Regel bestätigt). Das männliche Streben nach Respekt, Macht und Geld und dazu eine gute Dosis Testosteron bringen ganze Nationen dazu, andere Länder anzugreifen, sich gegen Aggressoren zur Wehr zu setzen und hohe Ideale zu verteidigen. Anthony Stevens schreibt: ›Die Evolution hat die Männer zu Experten in der Kunst der Gruppengewalt gemacht, während Frauen zu Experten in der Kunst wurden, Leben hervorzubringen und zu erhalten.‹ ... Die mehr auf andere bezogenen Eigenschaften von Frauen fördern den Frieden, denn das Bedürfnis, für andere zu sorgen und ihnen nah zu sein, steht in eklatantem Widerspruch zum Krieg« (125, 116). In eine so breite Kerbe kann auch eine Jodie Foster leicht hineinschlagen: »Frauen erleben sich in fünfundneunzig Prozent aller Fälle als Opfer. Oder als Benachteiligte oder als solche, die um ihr Leben kämpften … Frauen sind nicht nach Vietnam gegangen und haben dort keine Städte und Dörfer in die Luft gesprengt. Sie sind keine Rambos.«

Bei einer solchen Mixtur aus Anmaßung und Naivität kann man nur noch ungläubig den Kopf schütteln. So weist dann auch der amerikanische Maskulist Warren Farrell Miss Foster fast schon erstaunlich höflich darauf hin, dass sie, statt sexistische Sprüche zu reißen, Gott dem Herrn besser dreimal täglich auf Knien danken sollte, dass sie in einer Gesellschaft lebt, in der nur das männliche Geschlecht als Kanonenfutter benutzt wird: »Muhammad Alis Weigerung, sich am Vietnamkrieg zu beteiligen, weil er ihn für ein Verbrechen ansah, brachte ihn auf dem Gipfel seiner Karriere ins Gefängnis und stahl ihm unwiederbringliche vier Jahre seiner Lebenszeit. Zur selben Zeit befand sich Jodie Foster ungefährdet im eigenen Zuhause, wurde reich und berühmt und verdiente Geld mit ihrem Sex-Appeal. Was hätte Jodie Foster gesagt, wenn ein sexistisches Gesetz sie im Alter zwischen vierundzwanzig und siebenundzwanzig ins Gefängnis gebracht hätte?« (130, 188) Während die Frauenbewegung lautstark proklamierte »Mein Bauch gehört mir!«, wird der Soldat in den Vereinigten Staaten ausdrücklich als »G.I.« bezeichnet: »Government Issue«, zu deutsch: »Staatseigentum«. Die Mehrheit in diesem Staat ist weiblich.

So führt Sexismus der ersten Ordnung (Männer müssen zur Front, Frauen nicht) zu Sexismus der zweiten Ordnung, indem sich Männer deshalb auch noch Vorwürfe wegen ihrer »Kriegslüsternheit« anhören müssen. Es ist der männliche Wunsch, Frauen zu beschützen, der es dem weiblichen Geschlecht ermöglicht, sich aus Kampfhandlungen herauszuhalten und stattdessen empört mit dem Finger auf die Soldaten zu zeigen. »Ich habe einen ganzen Haufen GIs hin- und hertransportiert, die im Nahkampf zur Hölle gebombt wurden«, erklärt ein Sergeant des US-Militärs. »Ich würde das nicht mit Frauen tun wollen.« (405, 37) Männern wird das Recht auf Schutz von Leib und Leben nicht so gern gewährt. Sie sind nur Teil einer Kalkulation: Wenn Frauen oder Kinder im Krieg sterben, sind das »Opfer«, bei männlichen Toten spricht man von »Verlusten«. Vielen jungen Männern blieb beispielsweise im Vietnamkrieg nichts anderes übrig, als von den USA ins Ausland zu flüchten. Andere schlossen sich der Friedensbewegung an, ohne dort gebührend wahrgenommen zu werden.

Wie ist es außer mit Sexismus zu erklären, dass Männer, die gegen die Beteiligung an einem Krieg sind, eingezogen werden, Frauen, die dafür sind, aber nicht? Als die USA den Irak angriffen, waren damit 76 Prozent der Frauen und 87 Prozent der Männer einverstanden (130, 173). Clinton fiel bei beiden Geschlechtern in den Meinungsumfragen um zwanzig Prozent zurück, als bekannt wurde, dass er sich vor dem Einsatz in Vietnam gedrückt hatte (130, 152). Für einen Abbruch der Nato-Angriffe im Kosovo-Krieg waren 54 Prozent der Frauen, aber immerhin auch 42 Prozent der Männer. Die Differenz beträgt hier gerade einmal zwölf Prozent (über deren Ursache etwas später zu reden sein wird). In einer Zufallsumfrage unter prominenten Frauen waren die Ansichten extrem geteilt: Fürs Weiterbomben sprachen sich etwa Maren Gilzer, Gertrud Höhler, Kristiane Backer, Lena Valaitis, Gaby Hauptmann und Lee von Tic Tac Toe aus. Für die sofortige Einstellung aller Kampfhandlungen waren Renan Demirkan, Lisa Fitz, Dunja Rajter, Sandra Speichert und Alice Schwarzer. Die allermeisten versuchten, sich indes um eine klare Entscheidung herumzumogeln, indem sie etwa wie Bischöfin Maria Jepsen auf Frieden hofften (was bis hin zu Milosevic jeder tat), aber die Bomben als ein »notwendiges Signal« betrachteten. Unbeeindruckt von den minimalen Geschlechterunterschieden, die sich in diesen Umfragen offenbarten, schwadroniert die Autorin in einem diese Umfrage begleitenden Artikel davon, dass »besonnene und sensible Männer wie Rudolf Scharping und Joschka Fischer« (die sich, nebenbei gesagt, den Forderungen nach einer Feuerpause und neuen Verhandlungen entschieden widersetzt hatten) »dem weiblichen Denken näher sind als die meisten ihrer Geschlechtsgenossen« (256, 44). Wenn man feste Bilder vor dem inneren Auge hat, wird der Blick offenbar blind für die äußere Wirklichkeit.

Wer sein Auge nur auf die Schützengräben richtet und dazu noch die dort zusammengekauerten Männer nur als Täter und nicht als Opfer wahrnimmt, übersieht in erheblichem Maße die Mitverantwortung von Frauen. Diese findet auf dreierlei Weise statt:

- In Demokratien, besonders in solchen, in denen alle paar Stunden eine Umfrage stattfindet, entscheidet die Mehrheit darüber, was politisch durchsetzbar ist. Wegen der geringeren Lebenserwartung von Männern wird diese Mehrheit in den westlichen Kulturen von Frauen gestellt. Eine Ausweitung der Dienst*pflicht* auf Frauen auch nur in die Diskussion zu bringen, darf sich heutzutage kein aktiver Politiker wagen, sondern nur jemand wie der Ex-Verteidigungsminister Helmut Schmidt, der seit Jahrzehnten im Ruhestand ist. Obwohl Frauen noch nicht einmal der Dienst an der Waffe, sondern allein ein soziales Pflichtjahr zugemutet werden soll und deshalb von einer Gleichstellung der Geschlechter gar keine Rede sein kann, ist selbst dieser zaghafte Vorstoß auf Sand gebaut:
»Parteien, die sich für diese Form von Gleichstellung engagieren«, müssten ohne Frage »mit erbittertem Feministinnen-Widerstand und mit dem Verlust von Wählerinnen-Stimmen rechnen.« (463, 81)
Und tatsächlich scheint Frauenministerin Bergmann, wenn es hart auf hart kommt, plötzlich wenig von Gleichberechtigung zu halten – sie lehnt eine allgemeine Dienstpflicht für Frauen ab. Argumente hat sie freilich keine: »Da ist die Verfassung davor«, versucht sie sich herauszuwinden (273). Ob die Antwort von Christine Bergmann dieselbe wäre, wenn die Verfassung zum

Beispiel Abtreibungen bei Gefängnisstrafe verbieten würde? Als im Januar 2000 ein Urteil des Europäischen Gerichtshofs Frauen den Dienst an der Waffe gestattete, war Justizministerin Däubler-Gmelin eine der ersten, die darauf bestand, dass auch hier Gleichberechtigung in nur eine Richtung marschieren würde: Das Urteil berühre die Frage der Wehrpflicht in keiner Form. Ein freiwilliger Dienst für Frauen und ein Zwangsdienst für Männer lasse sich durchaus mit der Entscheidung des Europäischen Gerichtshofes vereinbaren (336, 4). Dass diese sexistische Auffassung auch in die Rechtsprechung übernommen wird, zeigt ein in der »Rhein-Neckar-Zeitung« vom 3.5.2001 zitierter Fall aus der 17. Kammer des Landgerichts Stuttgart. Dort hatte ein 18-Jähriger aus Schwäbisch Gmünd gegen seine Ladung zur Musterung Einspruch erhoben, weil die ausschließliche Einberufung von Männern gegen den Gleichheitsgrundsatz der Verfassung verstoße. Die zuständige Richterin (!) Gertrud Maisch zeigte jedoch Verständnis für die aktuelle Regelung, weil diese eine »positive Diskriminierung« darstelle ...

Auch die »Emma« muss schon arg mogeln, wenn sie sich in einer Umfrage nach der Zustimmung ihrer Leserinnen zu folgendem Statement erkundigt: »Frauen sollen genauso wie Männer zur Bundeswehr gehen können und auch den Dienst an der Waffe leisten dürfen.« (106, 59) Ein kurioser Blick auf die Wirklichkeit! Ich kann mich nicht daran erinnern, dass in meinem Einberufungsbefehl von »können« und »dürfen« die Rede war. Wenn das Schwarzer-Blatt zwar für den Zugang der Frauen zum Militär eintritt, dies aber »ungern als Pflicht, lieber freiwillig« (106, 121), dann wird auch dem Letzten klar, dass deutsche Feministinnen für alles Mögliche eintreten mögen, aber gewiss nicht für die Gleichstellung von Mann und Frau.

- Auch wenn Frauen die Regierungsgewalt innehaben, bestehen die Truppen, die geopfert werden, in unserem Kulturkreis zu fast hundert Prozent aus Männern. Erstaunlicherweise lautete zum Handeln Maggie Thatchers im Falklandkrieg keine einzige Schlagzeile: »Frau bleibt im Büro, während sie Männer töten lässt.« (130, 98, 152) Einer der wenigen Staaten, die auch Frauen einziehen, ist Israel. Auch dort aber gibt es kein Gleichgewicht: So dienen Männer mit drei Jahren doppelt so lange wie Frauen (500, 209).

- »Die positiv besetzte Einstellung insbesondere von Frauen und Kindern zu allem Militärischen ist für den Soldatenstand, den Wehrdienst, die Institution Armee, für die Landesverteidigung und für Kriegsvorbereitung und Kriegsführung unerlässlich und wird daher in jeder Weise staatlich gefördert.« (9, 274) Man schaue sich Aufnahmen an, wie in den beiden Weltkriegen Soldaten von ihren Frauen verabschiedet und empfangen wurden, man werfe einen Blick in die kitschige Frauenliteratur, in die Operette, in den Kinofilm von »Top Gun« bis zu »Ein Offizier und Gentleman« – das Bild bleibt das gleiche. »Selten heiratete die schöne Prinzessin den Kriegsdienstverweigerer.«

(130, 97) Nicht wenige Männer lassen sich auch dadurch zum Krieg motivieren, dass sie Anerkennung und erotische Zuneigung gewinnen wollen.

Dass Frauen sich bis auf »die mythischen Amazonen« niemals an Kriegen und anderen bewaffneten Auseinandersetzungen beteiligt hätten, gehört vollends ins Reich der Legende. Sie standen ihre Frau zur Zeit der Französischen Revolution ebenso wie während des amerikanischen Bürgerkrieges, im mexikanischen Unabhängigkeitskrieg, im Spanischen Bürgerkrieg, im Befreiungskampf des ehemaligen Rhodesiens und in Vietnam. Schon bei den Germanen gab es etliche Kämpferinnen, ebenso in Libyen, Anatolien, Bulgarien, Griechenland, Armenien, Russland, dem keltischen England, Nordschottland, Japan, Georgien, Kurdistan, der Mongolei, Afghanistan, Indien, Japan, China, Neuseeland, Australien und etlichen Volksgruppen (»Stämmen«) Afrikas. Das Königreich Dahome (heute Benin) verfügte über ein eigenes Frauenheer, eine Elitetruppe, die unter dem Oberfehl einer Generalin und weiblicher Offiziere stand. Frauen dienten auch Friedrich dem Großen. Im Kampf Deutschlands gegen die französischen Besatzer existierte sogar eine »weiße Legion«, die ausschließlich aus Frauen bestand. Im Zweiten Weltkrieg zog über eine Million Frauen für die Sowjetunion ins Feld. 1.300 von ihnen waren ausgebildete Scharfschützinnen, die etwa 12.000 deutsche Soldaten getötet haben sollen. Insgesamt existierten drei selbständige Frauenfliegerregimenter, jedes verfügte über etwa dreißig Flugzeuge. Titos Nationale Befreiungsarmee umfasste von 1941 bis 1944 über 100.000 Partisaninnen, davon hatten 2.000 den Offiziersrang inne. Zwanzig Prozent der Jugendkampfbrigaden bestanden aus Mädchen. Andere militärische Befreiungsbewegungen, die Frauen in ihren Reihen hatten, waren die Vietcong, die Sandinisten Nicaraguas, die Palästinenser sowie Gruppen in Angola, Mozambique oder Südafrika. Während der Unruhen in Ruanda 1995 schwangen im ganzen Land Frauen Macheten und warfen Handgranaten. Unter den Massenmörderinnen befanden sich etliche gebildete Frauen, die über Zugang zu politischer und wirtschaftlicher Macht verfügten. Nonnen lieferten Benzin, um die Tutsis bei lebendigem Leibe zu verbrennen. Eines der größten Massaker an den Tutsis soll von der Frauen- und Familienministerin des Landes, Pauline Nyiramasuhuko, durchgeführt worden sein, ein anderes von der Justizministerin Agnes Ntamabyariro. Überlebende eines Gemetzels berichteten von einer hochschwangeren Polizeioffizierin, die »zu Boden gekniet war und auf uns schoss«. Noch einmal erweitern lässt sich diese längst nicht vollständige Liste, wenn man alle Frauen mitzählt, die den Krieg auf andere Weise unterstützten, etwa indem sie dafür notwendige Güter herstellten oder produzierten, als Spioninnen, Köchinnen, Sekretärinnen oder Übersetzerinnen tätig waren, ihre Männer ermunterten oder nach dem Tod eines oder mehrerer Söhne stolz das Mutterkreuz und andere Ehrenzeichen trugen. Ohne die aktive Unterstützung auch der weiblichen Bevölkerung hätte kein Krieg jemals geführt werden können (81, 9; 363, 15–16; 182, 41; 198, 124–131; 486, 67–68).

Die israelische Armee ließ ursprünglich Soldatinnen in der vordersten Linie kämpfen. Sie nahm dies unter anderem deswegen zurück, weil die Männer sich zu sehr aufregten, wenn eine Frau verletzt oder getötet wurde. Entgegen allen feministischen Klischees über die geringe Wertschätzung des Lebens einer Frau ließen sich männliche Soldaten der israelischen Armee auf die waghalsigsten und strategisch unüberlegtesten Aktionen ein, wenn es darum ging, vom Gegner gefangen genommene Frauen zu befreien. Im zweiten Golfkrieg waren laut Verteidigungsministerium der USA 32.400 Frauen im Einsatz, auch sie oft gegen den Wunsch ihrer Männer (286, 16; 1, 55; 500, 220). Im Februar 1991 nahmen sie am größten Hubschrauberangriff der Geschichte teil. Frauen befehligten Einheiten, an deren Einsätzen sie sich nicht einmal zu beteiligen brauchten. Viele Soldatinnen sind selbst nicht damit einverstanden: »Ich habe mich für die Armee gemeldet und nicht für die Pfadfinderinnen«, protestierte etwa Hauptfrau Leola Davis. Douglas Kennet, Oberst der US-Air Force und Pentagon-Mitarbeiter, ist sich sicher, dass die US-amerikanische Luftwaffe »ohne Frauen keinen Krieg führen und erst recht nicht gewinnen könnte«. Flugs wird in der feministischen Literatur das, was bei den Männern noch scharf verurteilt wurde, ins Positive umgemünzt, wenn es von Frauen ausgeübt wird: »Die Frauen, die am Persischen Golf dienten und starben, bewiesen ihrer Nation Mut, Kompetenz und Erfahrung – all dies sind auch zentrale Voraussetzungen für politische Führungsaufgaben.« (1, 56–58) Man muss sich das auf der Zunge zergehen lassen: Männer, die Kriege führen, sind dieser Ideologie zufolge Massenmörder und haben durch ihr zerstörerisches Handeln bewiesen, dass sie die Welt lange genug regiert haben. Frauen, die Kriege führen, sind Heldinnen und beweisen durch diesen Opfermut und ihre Kompetenz, dass sie jetzt endlich die Welt regieren sollten. Warum argumentieren wir eigentlich überhaupt noch, wenn die weißen und die schwarzen Hüte von Anfang an so klar und unumstößlich verteilt sind? Was dabei auch übersehen wird, ist, dass die Anwesenheit eines Soldaten am Kriegsschauplatz keineswegs bedeutet, dass er in die Kampfhandlung auch verwickelt ist. In keinem Gefecht machen mehr als fünfzehn bis zwanzig Prozent der Soldaten von ihren Waffen Gebrauch. (198, 142)

Nichtsdestotrotz haben wir bei Umfragen zum Thema Kriegsbeteiligung eine Lücke zwischen den Geschlechtern von etwas über zehn Prozent. Diese geringe Differenz lässt zwar eine Trennung in schuldige Männer und unschuldige Frauen nicht zu, aber sie ist da. Wenn Frauen und Männer sich in ihrer Aggressionsneigung kaum oder gar nicht voneinander unterscheiden, wie kommt dieser Unterschied dann zustande? Die Antwort ist denkbar einfach: Die Entscheidung, in einen Krieg zu ziehen, hat nur am Rande etwas mit individueller Aggression zu tun. Gerade dem Soldaten unserer Tage wird beigebracht, ohne emotionalen Einsatz seine Pflicht zu tun. Das Ausklinken von Bomben oder Abfeuern von Raketen benötigt auch keinerlei »Testosteronstoß«. Einen Krieg zu führen ist im Gegensatz zu einer Kneipenprügelei eine politische Angelegenheit. Angst spielt mit hinein, Leichtgläubigkeit, Gehorsam, Altruismus, Pflichtbewusstsein, Ehrgeiz, der Wille zur Selbstbehauptung, Intelligenz, Angst vor sozialer Ablehnung, Gewinnstreben, Sicherheitsbedürfnis, Furcht vor Arbeitslosigkeit und mehrere andere Faktoren (40, 17–20). Hier können dann tatsächlich Geschlechterdifferenzen sozialer Art mit ins Spiel kommen: Eine Frau muss sich etwa weniger Sorgen machen, dass man sie für ein »Weichei« hält, wenn sie einen Kampfeinsatz ablehnt. Andererseits liegt es oft nur an der richtigen Formulierung. So stimmten mehr Frauen als Männer Statements zu wie »Jedes Land, das die Rechte unschuldiger Kinder vergewaltigt, sollte eingenommen werden.« (486, 70-71) Dies, das Berufen auf höhere ethische Ziele wie die Menschenrechte, ist natürlich genau die Masche, mit der die USA seit langem und die deutsche Regierung seit dem Wechsel zu Rot-Grün Angriffskriege auf der ganzen Welt zu rechtfertigen versuchten bzw. vermutlich noch des Öfteren legitimieren werden. Dass sich der Mythos vom kriegslüsterneren Mann so hartnäckig hält, hat indes negative Auswirkungen, die sich politisch weit mehr als nur in sexistischer Hinsicht auswirken. So bestehen deutliche Anzeichen dafür, dass Menschen, die Krieg führen für eine unausweichliche Begleiterscheinung der männlichen Natur halten (»Das war schon immer so und wird immer so sein, wegen dem Testosteron und all dem.«), sich weniger für das Erreichen des weltweiten Friedens einsetzen: Warum sollten sie auch so etwas »Sinnloses« tun? Jemand, der Krieg als ein Resultat nicht der Biologie, sondern sozialer und kultureller Umstände erkennt, besitzt eine größere Motivation, an der Beeinflussung eben dieser Umstände zu arbeiten (40, 25). Insofern ist es von einer tragischen Ironie, dass Feministinnen, die sich so für den Weltfrieden einzusetzen scheinen, mit ihrer männerfeindlichen Ideologie in Wahrheit zum Fortbestand des Krieges beitragen.

Mit Messern, Scherben und Rasierklingen

THESE: BESCHNEIDUNG IST EIN AKT VON MÄNNERHERRSCHAFT UND FRAUENHASS

Der Brauch der Beschneidung von Mädchen, der vor allem in Afrika, Asien und dem Nahen Osten ausgeübt wird, hat in der letzten Zeit auch hierzulande zu erhitzten Diskussionen geführt. Mehrere prominente Frauen, darunter die Unicef-Botschafterin Sabine Christiansen sowie die Wirtschaftsexpertin Christa Müller (die Lebenspartnerin Oskar Lafontaines), haben auf dieses Problem aufmerksam gemacht, das Top-Model Waris Dirie hat ihre eigenen Erlebnisse in ihrer Autobiographie »Wüstenblume« verarbeitet. Das Buch wurde weltweit zum Bestseller.

Worum genau geht es? Jährlich werden zwei Millionen Mädchen an den Geschlechtsorganen verstümmelt, weltweit rechnet man mit etwa 130 Millionen betroffenen Frauen (amnesty international z. B. nennt höhere Zahlen). Dieser Eingriff reicht von der Abtrennung der Vorhaut der Klitoris über die Entfernung der kompletten Klitoris und der kleinen Schamlippen bis hin zur »pharaonischen Beschneidung« oder Infibulation, bei der die großen Schamlippen bis auf eine winzige künstliche Öffnung zusammengenäht werden. Der Eingriff wird mal kurz nach der Geburt vorgenommen, mal bei Mädchen zwischen vier und sechs, mal bei Siebzehnjährigen. Oft geschieht er ohne Betäubung, die verwendeten Instrumente sind häufig nichts Besseres als Messer, Scherben oder Rasierklingen. Aber nicht nur deswegen prangert die Unicef diese Sitte als barbarisches Ritual und schwere Menschenrechtsverletzung an, es geht auch um die möglichen Folgen: Dazu gehören schwere Blutungen, Schock, Infektionen, große Schmerzen beim Geschlechtsverkehr, chronische Entzündungen, seelische Traumata wie Depressionen, Angstzustände und Psychosen. Geburten können lebensgefährlich sein. Auch in Deutschland gibt es Ärzte, die auf Wunsch Beschneidungen vornehmen, obwohl dies hierzulande als schwere Körperverletzung geahndet wird. Das alles ist unbestritten, und dennoch läuft die Diskussion in mehrfacher Hinsicht merkwürdig schief.

1. Wann immer von Beschneidung die Rede ist, findet das innerhalb des Rasters statt, das heutzutage grundsätzlich angelegt wird, wenn es um Mann-Frau-Themen geht. Beschneidung diene lediglich dem einen Zweck, die Sexualität der Frau zu kontrollieren. Christa Müller nennt sie ein Zeichen für »Männerherrschaft« (85, 2), die Unicef-Direktorin Carol Bellamy sieht darin »Frauenhaß« gespiegelt und prangert diesen Eingriff an als eine »rituelle Form von Gewalt gegen Frauen und Mädchen« (508). Wie kommt es, möchte man mit Claudia Heyne und Katharina Rutschky fragen, dass hier kein Wort darüber verloren wird, dass es *Frauen* sind, die solche Eingriffe vornehmen (198, 43; 399, 9)? Hier wie in anderen Fällen, wird die Täterschaft von Frauen ausgeblendet und damit absichtlich oder unbewußt eine Täter-

schaft von Männern suggeriert. Wenn von »Gewalt gegen Frauen« die Rede ist, laufen die Gedanken automatisch in vorgefertigten Bahnen, heute mehr denn je. Vor allem das Schlagwort »Männerherrschaft« paßt zwar in die Rhetorik unserer Zeit, hat aber wenig mit den tatsächlichen Verhältnissen zu tun. Die Anthropologin Galahad etwa weist es als abstrus zurück, wenn die Beschneidung von »frauenrechtlerischen Kreisen, die hier eine Wollüstlingslaune wittern, komischerweise« als ein »Gipfel männlicher Brutalität gegenüber entrechteter Weiblichkeit« gehalten wird. Davon könne »nicht die Rede sein. Gerade in den alten, mächtigen Matriarchaten wurde die Operation von Frauen an Frauen ausgeführt und ist heute noch gerade bei Mutterrechtsvölkern ... typisch.« *Verboten* wurde die Beschneidung im Lauf der Geschichte vor allem von *Männern*, in erster Linie solch patriarchalischen Exemplaren der Gattung wie Priestern der katholischen Kirche (163, 171). Auch die Feministin Mary Daly weist in ihrem Buch »Gyn/Ecology« darauf hin, dass Beschneidung etwas ist, das Frauen *durch* Frauen angetan wird und zitiert einen Augenzeugen: »Als die Klitoris herausgerissen wurde, heulten die Frauen vor Freude und führten sie in einer Parade durch die Stadt.« (405, 113)

2. Galahad führt weiter aus, dass die Beschneidung von Mädchen wie die von Knaben zu den Reifeweihen solcher Gesellschaften gehört. Knaben? Seit wann ist denn hier von Männern die Rede? Bezeichnenderweise kommen männliche Opfer dieser Praktik in der Diskussion durchgehend nicht vor, für Männer ist ja schon die Täterrolle vorgesehen. Auch die Beschneidung von Knaben wird in Ländern der Dritten Welt nicht unter Narkose und mit sterilisierten chirurgischen Instrumenten, sondern mit sehr primitivem Werkzeug vorgenommen (9, 52). Diese »kulturell legitimierte Form des gewalttätigen Übergriffs auf Jungen« wird zwar in unserer sehr einseitig ausgerichteten Betroffenheitskultur nicht thematisiert, ist aber ebenfalls sehr weit verbreitet, etwa in Afrika, Vorderasien, Indonesien und Australien. Kritiker bezeichnen sie als eine »planmäßige Desensibilisierung eines höchst sensiblen und lustspendenden Organs des Mannes« (253, 22). Es geht hier um sogenannte Initiationsriten: Ein Mensch wird in die Gemeinschaft aufgenommen, indem er bewußt in eine Krisensituation gebracht wird, die seine Persönlichkeit neu begründen soll. Oft muß er eine Reihe von schmerzhaften oder demütigenden Prüfungen ablegen. Man findet solche Zeremonien nicht nur bei fremden Völkern »im Busch«, sondern ebenso in Eliteuniversitäten oder beim Militär. Oft scheinen sie die Grenzen des Faßbaren zu überschreiten, immer wieder werden sie von staatlichen Stellen oder Erziehungsbehörden ausdrücklich und unter Strafandrohung untersagt. Selten jedoch ist so ein Verbot von Erfolg gekrönt. Da Männer die Rolle der Jäger, Kämpfer und Beschützer übernehmen sollen, werden ihnen oft schwerere »Prüfungen« auferlegt als den Frauen:

- Mitglieder des nigerianischen Tiv-Stammes betrachten die Fähigkeit, Schmerz auszuhalten, als Grundvoraussetzung für die Ehe. Die jungen Männer werden verstümmelt, ihnen werden z. B. Zähne ausgeschlagen. Auf die Fragen von Anthropologen, ob das nicht sehr schmerzhaft sei, reagieren sie mit Verständnislosigkeit: »Natürlich ist es schmerzhaft. Aber welches Mädchen würde einen Mann ansehen, dessen Narben ihn nicht Schmerzen gekostet haben?« Mit Schmerzen bezahlte Verstümmelung gilt dort als einer der schönsten Schmuckgegenstände (282, 28).

- Bei den Aborigines, den australischen Ureinwohnern, sowie auf mehreren Inseln des Westpazifischen Ozeans ist es Brauch, jungen Männern einige Wochen nach Entfernung der Vorhaut den Penis aufzuschlitzen, was eine vollständige oder partielle Spaltung der Harnröhre bewirkt: »In solchen Fällen hängt die beschnittene Vorhaut wie ein häßlicher, brauner Hautlappen herunter.« Diese außerordentlich gefährliche Prozedur, die als Ariltha bekannt ist, hinterläßt eine schmerzhafte Wunde, die erst nach langer Zeit verheilt. Während der Rekonvaleszenz kann der Jüngling nur auf dem Rücken liegen. Es können sich ausgedehnte Infektionen bilden, die durchaus nicht selten tödlich enden (9, 40, 233; 282, 451).

- Die Tonga in Südafrika unterziehen ihre Knaben zwischen zehn und sechzehn Jahren einer dreimonatigen Tortur. In einer »Beschneidungsschule« müssen die Kinder schwere Peinigungen durch die erwachsenen Männer der Gesellschaft über sich ergehen lassen. Es beginnt mit einem Spießrutenlaufen durch zwei Reihen von Männern, die mit Knüppeln auf die Initianten einprügeln. Danach wird der Junge mit einem mit einer Löwenmähne behängten Mann konfrontiert, der ihm mit zwei Schnitten die Vorhaut absäbelt. Danach kommt er für die erwähnten drei Monate in den »Garten der Mysterien«, wo er sechs großen Proben ausgesetzt wird: Schläge, Kälte, Durst, Einnahme ekelerregender Nahrung (etwa halbverdautem Gras aus dem Magen einer Antilope), Bestrafung und Todesdrohung. Er schläft unbedeckt und leidet bitterlich unter der winterlichen Kälte, darf während der gesamten drei Monate keinen Tropfen Wasser trinken und wird beim Verstoß gegen rituelle Regeln streng bestraft. Es werden ihm beispielsweise Stöcke zwischen die Finger gesteckt, woraufhin ein starker Mann seine Hand um die des Jungen schließt und ihm fast die Finger zerquetscht (65, 111).

- In Indonesien werden den Jungen zu Beginn der Pubertät Bambus- oder Metallkugeln, sogenannte Ampallangs, in den Penisschaft oder die Eichel eingesetzt, weil dadurch die Klitoris ihrer zukünftigen Partnerin besser stimuliert werden soll. Zu Beginn sind es kleine Kugeln, dann immer größere (173, 11). Koreaner und einige philippinische Ureinwohner machen das ähnlich (282, 450).

- In Indien nähen alte Prostituierte Jungen, sobald sie in die Pubertät kommen, kleine Gold-, Silber- und Bronzeglöckchen in die Haut des männlichen Gliedes. »Dadurch, so behaupten sie, hätten ihre Männer mehr Ausdauer und würden sie viel besser befriedigen als wir armen Europäer.« (282, 450)

- Die Krieger des ostafrikanischen Hamite-Stammes nehmen den Jungen alle Kleider weg und lassen sie dann nach Sonnenuntergang beim Schärfen des Operationsmessers zuhören. Im Laufe des Beschneidungsrituals müssen die Jungen durch einen kleinen Käfig kriechen, an dessen Ein- und Ausgang Krieger mit Nesseln und Hornissen warten. Mit ersteren schlagen sie den Jungen ins Gesicht und auf die Sexualorgane, die Hornissen setzen sie ihnen auf den Rücken (282, 451).

- Im Hochland von Neuguinea werden Jungen dazu gebracht, sich durch das Einführen scharfer Grashalme in die Nasenlöcher selbst Nasenbluten zu verursachen, das von den erwachsenen Männern des Stammes mit lautem Kriegsgeheul begrüßt wird (387, 170).

- In Sambia werden Jungen von ihren Müttern weggerissen und öffentlich verprügelt. Danach zwingt man sie zu Fellatio mit älteren Männern, weil man glaubt, dass die Jungen durch das verschluckte Sperma stark werden (387, 170–171).

- Amhara-Jungen werden durch Peitschenhiebe Gesichter zerfetzt, Ohren halb abgerissen und am ganzen Körper blutigrote Striemen zugefügt. Jedem Zeichen der Schwäche wird mit Hohn und Spott begegnet (387, 171).

Und so weiter, und so weiter. All dies sind aus unserer Perspektive grausame, menschenverachtende, hochgradig gefährliche und verantwortungslose Praktiken. Tatsächlich bleibt bei diesen Übergangsriten so mancher Junge verstümmelt oder tot auf der Strecke (387, 171). Sie werden in der Regel von Männern an Männern ausgeführt, wenn auch oft zugunsten der Frauen – das exakte Gegenstück zur weiblichen Beschneidung. Mit der Durchmischung der Kulturen fließt auch diese Tradition in unsere westliche Welt ein. So schnitt die 52jährige Joyce Moore aus dem New Yorker Harlem das Gesicht ihres Sohnes mit einem Paketmesser auf, bis es mit 120 Stichen genäht werden mußte. Ihre Familie stammte von dem nigerianischen Volk der Yoruba, wo dieser Brauch zum kulturellen Erbe gehörte (365). In solchen Fällen aber hört man *keinen* Aufschrei des Protestes, der durch die Welt geht. Etliche Leser sind erschüttert von den Erlebnissen eines hübschen, weiblichen Fotomodells, aber wer spricht z.B. von den Erfahrungen eines südafrikanischen Freiheitskämpfers und Politikers wie Nelson Mandela? Mandela schildert seine Beschneidung folgendermaßen: »Ich hatte das Gefühl, dass Feuer durch meine Adern schoss; der

Schmerz war so durchdringend, dass ich mein Kinn fest auf die Brust drückte. Viele Sekunden schienen zu verstreichen, ehe ich an den Ausruf dachte, dann erholte ich mich einigermaßen und stieß hervor: ›Ndiyindoda!‹ ... Ich schämte mich, weil die anderen Jungen viel stärker und tapferer gewesen zu sein schienen als ich. Ich fühlte mich elend, weil ich verstümmelt worden war ...« (387, 138).

Warum diese auffallend einseitige Gewichtung? Erstens sperrt sich offenbar etwas gegen die Vorstellung, Männer als Opfer wahrzunehmen. Zweitens scheint die Idee vorzuherrschen, »die Jungs müßten selber wissen, was sie tun«. Und die Frauen nicht? Es ist mehr als paradox, dass ausgerechnet der Feminismus diese merkwürdige Spaltung aufrechterhält, der zufolge Männer von sich heraus und verstandesgeleitet handeln und Frauen »von patriarchalen Strukturen geprägt« werden. Wir kennen das auch aus unserer eigenen Kultur: Eine Frau, die etwas tut, was ihr die feministische Ideologie nicht gestattet (ob sie gerne Hausfrau ist oder als Sexarbeiterin ihr Geld verdient), kann unmöglich aus eigenem Entschluß dazu gekommen sein, sondern wird als manipuliert oder verblendet betrachtet.

3.) Der dritte Punkt knüpft an das bisher Gesagte an: Umfragen und Studien, die von Entwicklungshilfeorganisationen, der UNO und anderen Institutionen durchgeführt wurden, haben immer wieder ergeben, dass die weitaus größte Mehrheit der Frauen in Ländern, in denen Mädchenbeschneidung durchgeführt wird, *für* diese Praxis ist. Sie nehmen diese Sitte nicht als Problem wahr. Es gibt nichts, worunter die Frauen der Dritten Welt mehr leiden als unter der Armut. Noch vor wenigen Jahren hat man weltwirtschaftliche Zusammenhänge als Gründe für Unterentwicklung erkannt. Dies ist, wie Sabine Beppler in ihrem Artikel »Feministinnen gegen die Dritte Welt« eindrucksvoll nachweist, von einer Ideologie in den Hintergrund gedrängt worden, die sich auf »Frauenfragen« fixiert, »das Patriarchat« als Quell allen Übels ausmacht und die Männer der Dritten Welt, die ebenfalls Opfer des weltwirtschaftlichen Ungleichgewichts sind, zu Tätern erklärt: »Männer morden, vergewaltigen, zerstören, während Frauen zu retten, zu erhalten und zu heilen versuchen«, schreibt etwa Karin Junker. Entgegen ihren eigenen Interessen werden Männer und Frauen in der Dritten Welt auseinanderdividiert (29, 18).

Eine Gruppe gegen Genitalverstümmelungen namens (I)ntact, deren Vorsitzende Christa Müller ist, ließ in vielen deutschen Großstädten riesige Plakate anbringen, auf denen Rasierklingen, Stopfnadeln und rostige Küchenmesser abgebildet sind – Instrumente, die bei der Beschneidung zum Einsatz kommen. Diese Bilder sollen »ein schreckliches Kino im Kopf« der Betrachter auslösen, hofft der Kreativdirektor der Werbeagentur, die diese Kampagne umgesetzt hat (373, 4). Afrikanische Frauen stehen solchen im buchstäblichen Sinne plakativen Aktionen skeptisch gegenüber. Waganzi Greiner von »Maisha«, einem Selbsthilfeverein afrikanischer Frauen in Deutschland, beklagt, dass Beschneidung hierzulande kriminalisiert wird, bevor so etwas wie Aufklärung überhaupt stattgefunden habe. In den Medien ginge es nur um die Straftat der Verstümmelung. Statt anzuerkennen, dass die Beschneidung in vielen Ländern ein tief verwurzelter Bestandteil der Kultur sei, »wird wie in kolonialen Zeiten mit Strafe gedroht«. Ähnlich sieht es Gritt Reiner von »Terre des femmes«. Ihre Organisation weist zwar in ihren Informationsbroschüren auf den kulturellen Hintergrund der Beschneidung hin, dies werde aber von den Medien nicht berücksichtigt. Aus einem diffizilen Thema werde »Sex und Verbrechen im wilden Afrika«, eine voyeuristische, rassistische Hexenjagd (334, 7). Dabei tritt die eigene Kultur ebenso als Nonplusultra der Zivilisation auf wie als Weltbeglücker. Waris Dirie aber, die Autorin von »Wüstenblume«, ist sehr froh, in Somalia aufgewachsen zu sein – trotz ihrer Beschneidung. Sie hatte dort nämlich eine glückliche Kindheit in einer intakten Familie, was sie in dieser Form in einer westlichen Kultur nie kennengelernt hätte (85, 3).

Schießereien, Massenkarambolagen, Kettensägenmassaker

THESE: GEWALTPHANTASIEN SIND TYPISCH MÄNNLICH

Dass feuchte Träume mit aggressiven Inhalten nicht auf Männer beschränkt sind, stellte zu seiner eigenen Überraschung der Sexualwissenschaftler Uwe Hartmann in seiner Panel-Studie »Inhalte und Funktionen sexueller Phantasien« fest. Ganz im Gegensatz zu dem landläufigen Vorurteil, dass Männer heimlich vom Vergewaltigen und Frauen vom Vergewaltigt-Werden phantasierten, verhielt es sich in Wahrheit genau umgekehrt: »Wunschvorstellungen vom Vergewaltigen und Gewalt-Antun tauchen bei meinen weiblichen Informanten sehr viel häufiger auf als bei den männlichen.« (473, 223) Vieles, was im Kapitel zur Pornographie näher ausgeführt werden wird und was Nancy Friday für ihr Buch »Women on Top« an weiblichen Sexträumen sammeln konnte, bestätigt dieses Ergebnis. Es ist überhaupt verwunderlich, wie jemand durch die neunziger Jahre gelangen konnte, ohne ständig mit weiblichen Gewaltphantasien konfrontiert zu werden. Im September 1992 etwa berichtete die »Emma« über eine Fotoausstellung der Fotografin Bettina Flitner, in der Frauen mit Pistole und Doppelaxt martialisch in Szene gesetzt wurden. Im Heft durften sie dazu berichten, was sie mit ihnen unsympathischen Männern gerne alles anstellen würden. Keine von Schwarzers Mitarbeiterinnen schien sich zu fragen, was sie davon halten würde, wenn in einem Männermagazin Kerle mit Kettensägen abgebildet würden und die Fotografierten in ihren schönsten Zerstückelungsphantasien schwelgen würden (198, 34–35). Auch literarisch – oder sagen wir besser: belletristisch – liegt die mordende Frau zur Jahrtausendwende voll im Trend. Die weiblichen Hauptfiguren zahlreicher Bücher glänzen entweder darin, dass sie sich für erlittene Schmach (etwa dass ein Geliebter nicht bereit war, sich von seiner Frau zu trennen) »durch ausgeklügelte Demütigungen, sadistische Quälereien und Vergewaltigung rächen«, oder dass sie »als Täterinnen blutrünstige Verbrechen begehen«. Claudia Heyne stellt zu Recht fest, dass hier »von Frauen gestaltete Frauenfiguren genüsslich oder en passant Gewalttätigkeit und Mord« zelebrieren, während bei den Leserinnen einfühlende »Parteinahme für die von Männern geschundene Täterin« erzeugt werden soll – getreu dem Muster »Demütigung, Rache, Rehabilitation« (198, 37). In Helen Zahavis »Schmutziges Wochenende« etwa foltert und tötet die blutige Bella sieben zufällig aufgegabelte Männer. Einem von ihnen schlägt sie mit dem Hammer den Schädel ein, nachdem er »gespritzt hat wie ein Wal.« Dieser Mord wird umschrieben mit »Und es war, als schlüge man ein Ei auf.« (474, 242) Eine ähnliche Ästhetik findet man in Ulla Hahns »Ein Mann im Haus«, in dem ein Mann von seiner ehemaligen Geliebten über Wochen hinweg gefoltert wird, sein gefesselter Körper in der ekelerregendsten Weise dargestellt und schließlich auf die Wiese gekippt wird: »Im Rückspiegel schmolz er schnell, ein ausgedienter Schneemann im Frühjahr, ein Häufchen Mensch, ein Häufchen Dreck, ein heller Fleck.« (473, 226)

In solchen Büchern werden menschliche Wesen sprachlich erst zu Tieren und dann zu Dreck reduziert. Gewalt wird nicht mehr als Gewalt wahrgenommen: Wer solche Körper ausmerzt, wer solchen Dreck beseitigt, hat eine edle Tat vollbracht. Lebensunwertes Leben darf ausradiert werden, und dazu, dass Leben lebensunwert wird, gehört nicht viel. Dass so etwas heute bedenkenlos veröffentlicht wird, hat einen einzigen Grund: Die Opfer sind nicht Juden, nicht Türken, nicht Schwarze, sondern Männer. Interessant ist hier vor allem die Reaktion etlicher Leserinnen: Diese wenden sich nämlich nicht angeekelt von solchen psychopathischen Darstellungen ab, sondern verschlingen sie geradezu und fordern mehr, so dass ein gewaltiger Trend entsteht. Sara Paretsky, Pieke Biermann, Lubuse Monikova, Katrin Skaftes, Troya Randers, Andrea Wolfmayr und Ingrid Noll sind nur einige der Autorinnen, die auf diese Weise ihr Geld verdienen. Bei Helga Königsdorf kippt eine Frau ihren fetten, langweiligen Liebhaber vom Balkon. Milena Moser lässt eine Dreizehnjährige drei Waldarbeiter erschlagen, weil diese ihr hinterhergepfiffen haben (170, 85–90). Gaby Hauptmanns »Nur ein toter Mann ist ein guter Mann« trägt den Faschismus schon im Titel – das Buch wurde ein Bestseller und schließlich verfilmt. Auch sonst möchte sich das Kino gerne mit diesem Erfolgsrezept Kasse machen, so in der deutschen Frauenkomödie »Widows«, in der »drei Frauen beschließen, ihre Männer umzulegen, weil sie a) zu alt, b) zu dämlich und c) überhaupt nicht cool sind« (299, 107). Was wäre eigentlich, so fragt der Maskulist Felix Stern sehr treffend, »wenn nun unter emanzipatorischem Anspruch ein neues Genre ›Männerkrimi‹ entstünde, in dem Frauen als minderwertige Rasse gegrillt, zerstückelt, vergewaltigt, vergiftet und gequält werden dürfen?« (473, 240) Aber natürlich fällt nicht nur Maskulisten, sondern auch Frauen die Nähe dieser Darstellungen zum Fascho-Sexismus auf. Es sei kaum mehr verwunderlich, so Elke Schubert, »mit welchen Vernichtungsphantasien die Feinde, das heißt überwiegend Männer, bedacht werden, als hätten die Autorinnen direkt vom Stürmer abgeschrieben: Gewalttätige Drogensüchtige sind ›Kakerlaken‹, ›Untermenschen‹, ›Kreaturen ... die es nicht wert sind, unter menschlichen Wesen zu leben‹. Erpresser ›haben die ganze Eiseskälte dieser Welt für sich gepachtet. Sie sind der Abschaum.‹« Auch hier taucht die Körperfeindlichkeit auf, etwa wenn ein Polizeibeamter ein »Schweinemasken-Gesicht« hat, »stechende, graue Augen« sowie einen Mund voller »schmutziggelber Zähne«, aus dem der »saure Fuselgeruch seines Atems« strömt. Die Grundformel, so Schubert weiter, ist immer dieselbe: »Mann = böse, böse = Mörder, Mörder = muss vernichtet werden« (420, 131–133).

Man muss sich diese Absurdität wirklich klar vor Augen führen: Während feministischerseits Pornographie als vermeintliche Ursache von Gewalt verdammt wird (was nur das Resultat eigener, aber nicht wahrgenommener Projektionen sein kann), wird tatsächliche Gewaltverherrlichung propagiert, solange die Opfer nur die »richtigen« sind. Dabei wird die Grenze zwischen Fiktion und Realität zunehmend verwischt. So wird an ihrem zwanzigsten Todestag, dem 9. Mai 1996, die RAF-Terroristin Ulrike Meinhof als »deutsche Journalistin und Politikerin« in Luise Puschs »Berühmte Frauen Kalender 1996« geehrt (474, 77). Andere sogenannte Schlampen-Kalender erklären Männerverstümmelungen und -ermordungen zu Gedenktagen, beispielsweise den Gatten- und Schwiegervatermord der Bäuerin Margit G. aus Wessobrunn im Emma-Frauenkalender (473, 240). Der Unterschied ist klar: Männergewalt wird als Unterdrückung gebrandmarkt, und schon die Frage nach den tieferen Ursachen oder gar der Mitschuld von Frauen unterliegt dem Tabu (474, 77). Frauengewalt, auch unprovozierte, ist hingegen grundsätzlich Befreiung.

Der Eindruck, dass vergleichbar sexistische Phantasien erst in den letzten Jahren in der Frauenliteratur aufgetaucht sind, wäre allerdings falsch. Da sind sie nur besonders augenfällig und virulent geworden. In nicht ganz so scharfer Form liegt dieses Prinzip aber beispielsweise schon in Colleen McCulloughs »Dornenvögel« vor. Feindseligkeit gegenüber dem männlichen Körper (»Sie schaute auf seinen schlaffen Penis und prustete vor Lachen.«) findet man dort ebenso wie Gewaltphantasien. Eine Buchbesprechung fasst sie folgendermaßen zusammen: »Die Frauen scheinen nie zu sterben, aber alle hundert Seiten wird ein Mann entweder bei lebendigem Leibe verbrannt, es wird ihm von einem wilden Eber der Bauch aufgeschlitzt, er ertrinkt oder er verliert ›seine Männlichkeit‹ in einer Schießerei. Diese blutdürstigen Begebenheiten sind für den Fortgang der Handlung völlig unwichtig. Die Männer werden gestraft, weil es die Unterhaltungsliteratur von heute so verlangt.« (171, 135)

Mafiosi, Faschos, Serienkiller

THESE: GEWALTKRIMINALITÄT IST FAST AUSSCHLIESSLICH MÄNNLICH

Man sieht es im Film, man sieht es in den Nachrichten: Wann immer es um brutale Gewaltkriminalität geht, sind so gut wie ausschließlich Männer im Bild. Sollte in dem einen oder anderen Action-Reißer eine Frau zu der Gangster-truppe gehören, dann ist in der Regel allzu offensichtlich, dass damit lediglich ein bisschen mehr Sex in die Handlung gebracht werden soll. Und natürlich ist sie dem eigentlichen Täter verfallen oder wird von ihm zu den Verbrechen ge-zwungen. In Deutschland kommt auf neun männliche Tatverdächtige eine weib-liche (46, 244), in den USA sind 94 Prozent der Gefängnisinsassen männlich (169, 122) – was übrigens, wie z. B. Warren Farrell betont, eher gegen die Pa-triarchatsthese als dafür spricht: Es sind nämlich die unterprivilegierten Grup-pen, z. B. Arbeitslose und Ausländer, die in allen Gesellschaften im Knast lan-den, und nicht die Machthaber. Es sieht allerdings so aus, dass Frauen längst in größerem Maße in die Gewaltkriminalität verwickelt sind, als üblicherwei-se angenommen wird. Gehen wir einmal verschiedene Gruppen durch.

Weibliche Gangmitglieder

Irgendetwas müsse schiefgegangen sein im Prozess der Emanzipation, rätseln Sozialpädagogen: »Die Mädchen übertreffen mittlerweile die Brutalität der Jun-gen: Ihren Schlägen folgen oft Folter und sexuelle Demütigung, sogar der Tod eines Opfers wird billigend in Kauf genommen.« Eine von dem Berliner Street-worker-Verein »Gangway« analysierte Kriminalstatistik lässt erkennen, dass die Zahl der von 8- bis 14-Jährigen Mädchen in Berlin verübten Straftaten seit En-de der Achtziger auf das Dreifache hochgeschnellt ist. Irrationale Grausamkeit, die in keinem Verhältnis zum Anlass steht, beobachten Jugendbeauftragte der Polizei in allen Schichten: Mädchenhände verbrennen Haut mit Zigaretten, zertrümmern Nasen und brechen Rippen. Weibliche Teenager erpressen Geld und Kleidungsstücke, was sie oft als »gerechte Strafe« für einen schiefen Blick oder die Beleidigung eines Familienmitglieds empfinden. Immer häufiger wer-den Mädchen im Schulhof von einer Gruppe gewalttätiger Mitschülerinnen zu-sammengeschlagen, wobei auch hier wieder das Prinzip des Schutzes durch In-direktheit gilt: Im Unterschied zu Jungen delegieren Mädchen Bestrafungen an andere Schläger und Schlägerinnen, so dass sie selbst im Hintergrund bleiben können (456, 6, 74–81).

Die bestürzte Reaktion der Sozialpädagogen auf dieses Phänomen ist beina-he rührend – und ein direktes Resultat der feministischen Ideologie, in der von Frauen ausgeübte Brutalität geleugnet, verharmlost oder tabuisiert wird – wenn nicht gar, wie im neuen »Frauenkrimi«, idealisiert. Hier greift derselbe Mechanismus, den wir bei unserem Rundgang durch die Welt und die Weltgeschichte bereits kennen gelernt haben: Sobald Aggression immer mehr als ein akzeptables Verhalten für Frauen gilt, desto schneller fallen alle Schranken (40, 95). Dazu kommt das Verlangen, das nachzumachen, was man gelesen oder im Fernsehen gesehen hat: Im Musikvideo-Kanal MTV, der mit Abstand mehr Gewaltszenen als andere Sender zeigt, sind 40 Prozent der gewalttätigen Akteure weiblich (456, 83).

Nur hätte man all das kommen sehen können, wenn man sich ein wenig intensiver mit der Situation in den USA beschäftigt hätte, von wo solche Wellen ja tatsächlich fast ungebrochen zu uns hinüberzuschwappen scheinen. Ein Blick über den großen Teich kann uns da schon mal einen Vorgeschmack auf das Kommende geben: Der Frauenanteil an schweren Überfällen hat sich zwischen 1960 und 1992 mehr als verdreifacht, bei Raub vervierfacht, bei Mord stieg er um ein Viertel. Festnahmen wegen Gewaltverbrechen wuchsen bei Frauen mit der doppelten Rate wie bei Männern. Bei Jugendlichen ist der Anstieg besonders extrem: Da verzehnfachten sich die Festnahmen wegen Raubs und schweren Überfalls bei den Mädchen. Seit Anfang der neunziger Jahre ist die Jugendkriminalität in den USA zwar insgesamt auf dem Rückgang, aber das liegt allein an den Jungen: Die Zahl der von Mädchen begangenen Delikte stieg um noch einmal 85 Prozent. Viele Experten glauben übrigens, dass diese Zahl schon immer so hoch war, die entsprechenden Vergehen aber früher beiseite gewischt oder höchstens von Sozialarbeitern statt von Staatsanwälten und Richtern zur Kenntnis genommen wurden. In den USA sind die jungen Frauen bereits für etwas weniger als ein Drittel aller Körperverletzungen in ihrer Altersgruppe verantwortlich (12; 363, 31–32). In einer von der Soziologin Sibylle Artz veranstalteten Umfrage sagten 20,9 Prozent der befragten Studentinnen aus, dass sie im Verlauf des vergangenen Jahres jemanden anderes ein- oder zweimal zusammengeschlagen hatten (10, 27). Während der achtziger Jahre stieg der Anteil der in den Vereinigten Staaten inhaftierten Frauen um 256 Prozent an (442, 68). In England sehen die Zahlen nicht wesentlich anders aus, dort stieg der Frauenanteil bei Gewaltverbrechen zwischen 1973 und 1993 etwa um 250 Prozent (251, 379).

Besonders krass wird das Bild, wenn man sich auf die Großstädte der USA konzentriert. Dort sind die Mädchengangs von denen der Jungen inzwischen so gut wie ununterscheidbar. »Alle entsprechenden Elemente waren vorhanden: der Anspruch auf das Gangrevier, Drohung und Gegendrohung, Waghalsigkeit und der Stolz, den Gegner so geängstigt zu haben, dass er sich unterwarf.« (57, 186) Die Polizeioffizierin Holly Perez aus Los Angeles berichtet sogar, dass die Mädchen in ihrer Gewalttätigkeit die Jungen noch in den Schatten stellen: Sie begehen brutalere Verbrechen wie Entführungen, Messerstechereien oder das Abknallen von Opfern, um sich den heißesten Modefummel leisten zu können. Die neuste Technik ist *jacking*: Die jungen Frauen halten teure Autos an, erschießen oder erstechen ihre Besitzer und verkaufen dann die Einzelteile des erbeuteten Wagens (251, 124). Zu den beliebtesten Waffen bei Straßenkämpfen gehört der *boxcutter*, eine rasiermesserscharfe Klinge, die üblicherweise zum Aufschneiden von Paketen benutzt wird, aber auch ideal dazu geeignet ist, der Gegnerin die Wangen aufzuschlitzen (363, 27). Brutalität gehört zum Image, wie ein Mitglied der Turban Queens berichtet: »Ich bin froh, dass ich einen Ruf habe. So legt sich keiner mit mir an, weißt du. Keiner verarscht mich.« (57, 187). In New York City begingen 1994 Mädchen ein Drittel aller gewaltsamen Übergriffe auf Lehrer. 1991 gab es dort Festnahmen aufgrund von mehr als tausend Vergehen. In Los Angeles sind mehr als zehntausend weibliche Gangmitglieder aktiv. Die Palette ihrer kriminellen Geschäfte umfasst Vandalismus, Drogenhandel, Schutzgelderpressung, Schlägereien, Raub, Vergewaltigung und Mord (251, 124; 363, 230).

Die US-amerikanische Journalistin Gini Sikes verbrachte ein Jahr mit verschiedenen Girl-Gangs ihres Landes. Sie berichtet von der neunzehnjährigen TJ, die halbtags Kinderbücher illustriert und nachts als Mann verkleidet in Häuser einbricht und Autos knackt. TJ nennt als einzigen Unterschied zwischen männlichen und weiblichen Gangmitgliedern, dass die Mädchen planvoller vorgingen. Beim Kämpfen spiele die mangelnde Körpermasse der Frauen keine Rolle, da sie darauf trainiert seien, den schwachen Punkt des Gegners zu erwischen: »Dein Gesicht. Deinen Hals. Deine Augen, so dass wir dich blind machen können.« (442, xii-xiv) Sikes berichtet davon, wie Mädchen eine Geschlechtsgenossin mit einem Lockenstab vergewaltigen (442, xxiii) oder wie sich zwei im neunten Monat schwangere Frauen das Blut aus dem Körper prügelten (beide verloren ihre Babys, 442, 153). Eine der Aufnahmeprüfungen in eine solche Gang ist eine neue Form russischen Roulettes: Geschlechtsverkehr mit einem HIV-positiven Teenager (442, xxiv). Auf die Frage, was sie einmal werden möchten, geben die Mädchen Berufe wie Krankenschwester an, andere haben sich bereits für ein Psychologiestudium eingeschrieben (442, xix-xx). Ihre Chancen, den Absprung aus dieser Welt der Gewalt zu schaffen, stehen deutlich besser als die der Männer – ein Resultat sexistischer Gesetzgebung, wie wir etwas später sehen werden.

Dass soziale Akzeptanz von Gewalt nötig ist, damit Frauen dieses Tabu brechen können, zeigt sich auch darin, dass die schwersten ihrer Verbrechen in Gruppen begangen werden. Beispielsweise wurden im Oktober 1995 zwei Mädchen wegen bewaffnetem Autoraub angeklagt, in Ohio verschworen sich zwei Mädchen, um ihren Lehrer zu ermorden. In Los Angeles erstachen drei Schwestern eine alte Dame (scheinbar allein aus Lust am Thrill), in Brooklyn drei Teenagerinnen einen Taxifahrer (363, 231). Die Welle der Gewalt ist längst nach Europa übergeschwappt: So führten zu Beginn der neunziger Jahre 200 rivalisierende Gangs von Schulmädchen im Londoner Stadtteil Wimbledon einen blutigen Bandenkrieg gegeneinander, schrieen Obszönitäten und terrorisierten die Einwohner. Auf eine Frage der »Times«, ob er über diese Entwicklung nicht schockiert sei, erwiderte ein Sprecher von Scotland Yard: »Heutzutage schockt einen so leicht nichts mehr. Das ist London 1992.« (251, 21) Im Jahr 1991 umfassten zwanzig Prozent der Gewalttaten in britischen Kneipen Schlägereien zwischen weiblichen Gästen (251, 324). Als ein knappes Vierteljahrhundert zuvor die ersten prügelnden und raubenden Mädchengangs entstanden und die Journalistin Freda Adler darauf aufmerksam machte, dass Feminismus und weibliche Gewaltkriminalität in einem Zusammenhang miteinander standen, wurden ihre Warnungen als politisch inkorrekt ignoriert (251, 23). Aber selbst in Deutschland wird man die Augen vor diesem Problem nicht mehr lange verschließen können. Mädchen, die in der Frankfurter B-Ebene den Männern »Komm her, du, ich schneid dir den Schwanz ab« nachkreischen (423, 108), sind dabei noch das geringste Übel. Stattdessen bilanziert ein Mitarbeiter der Spezialeinheit für Jugendkriminalität bei der Fürther Polizei: »Während es früher exotisch war, wenn Mädchen durch Gewalt auffielen, geht heute ein Drittel der Gewaltkriminalität auf ihr Konto.« Auch Reinhard Lubitz, Nürnberger Oberstaatsanwalt und Leiter der Jugendabteilung, lernt junge Mädchen inzwischen von einer ganz anderen Seite kennen: eine 16-Jährige etwa, die auf eine kriminelle Karriere von 50 Diebstählen zurückblicken kann, oder, wenig später, eine 15-Jährige, die bei einer Schlägerei ihrer Gegnerin mit Stiefeln in die Nierengegend getreten hatte. Sie wusste, dass das Mädchen über nur noch eine Niere verfügte. »Schlägereien und Körperverletzungen unter Mädchen gibt es immer häufiger«, hält Lubitz fest. »Sie treten inzwischen genauso zu wie die Jungs.« Auch was Gewaltdelikte und schweren Raub angeht, schnellen die Zahlen weiblicher Täter unter 18 Jahren in die Höhe – seit 1995 bundesweit um 27 Prozent auf rund 120.000 Delikte. Bei den gleichaltrigen Jungen nahm die Quote in diesem Zeitraum nur halb so stark zu. Den Grund für die wachsende Mädchenkriminalität sieht der Erlanger Kriminologe und Jugendstrafrechter Franz Streng in einem sich wandelnden Rollenverständnis hin zu den durchsetzungsstarken, aggressiven Power-Frauen (496).

Mörderinnen

Auch hier ändern sich die Zeiten parallel zum Aufblühen der Frauenbewegung: So fand die Kriminologin Penelope Hanke heraus, dass 95 Prozent der Morde an Fremden und 60 Prozent der Morde an Freunden und Verwandten, die von weißen Frauen begangen wurden, sich nach 1970 ereignet hatten (363, 231). Schon die Hälfte aller ehelichen Morde wird in den USA von Frauen verübt (299, 179). Dabei zeigt aber eine vergleichende Studie über Morde in sechs Städten der Vereinigten Staaten, dass die Hälfte der von Frauen getöteten Personen weder untreue Liebhaber noch prügelnde Ehemänner waren, sondern Kinder, Freunde und Geschwister (363, 231). Die von Mord am häufigsten betroffene Altersgruppe sind Kinder, die jünger als ein Jahr sind. Die meisten dieser Babys werden von ihren Müttern umgebracht, in der Regel totgeprügelt oder erstickt.

Auch das Märchen, dass Frauen nur aus reiner Verzweiflung zu Mörderinnen werden, etwa weil sie anders mit einem gewalttätigen Ehemann nicht fertigwerden können, hat weit mehr mit der Traumfabrik Hollywood als der rauen Wirklichkeit zu tun. Eine Studie über die Insassinnen im US-amerikanischen Frauengefängnis Bedford Hills zeigte folgendes Zahlenverhältnis: Nur zwölf Prozent der Mörderinnen hatten ihren Lebensgefährten getötet, zehn ihre Kinder, alle anderen erschossen oder erstachen im Zusammenhang mit Drogenkonflikten oder Rivalität. In einer ähnlichen Studie, die sich über den gesamten Staat New York erstreckte, fand man heraus, dass 58 Prozent der von Frauen begangenen Morde Personen außerhalb ihrer Familie zum Opfer hatten (363, 239). Solche Statistiken sind vermutlich noch gegenüber den Frauen geschönt, wenn man bedenkt, dass viele von ihnen Gift benutzen und so mancher Todesfall daher gar nicht als Mord erkannt wird. Etliche baten auch einen Freund um Hilfe, was dann als »Mann tötet Mann« bzw. als »Verbrechen von mehreren Tätern« in den Statistiken auftaucht (67, 22).

Dem führenden britischen Experten für die Charaktereigenschaften von Kriminellen, Professor David Canter, zufolge zeigt keine Studie erkennbare Unterschiede zwischen Mördern beiderlei Geschlechts, wenn es um ihre Motive geht: Rache, Wut, Hass und das tiefsitzende Verlangen, über andere Macht und Kontrolle auszuüben sind die vorherrschenden Ursachen bei Männern wie Frauen. Bei beiden Geschlechtern spiegeln Grausamkeit und Sadismus ihrer Taten ihr lebenslanges Gefühl von Minderwertigkeit wider, das zu einem Mangel an Macht und Kontrolle in ihrem eigenen Leben führte, was nur für einen kurzen Moment überwunden werden kann, indem Schwächere oder Wehrlose beherrscht oder vernichtet werden (251, 138).

Mafiosae

»Frauen gibt es nicht in der Mafia« ist Clare Longrigg zufolge, die die Lebensgeschichte etlicher Patinnen des organisierten Verbrechens untersuchte, die vielleicht hartnäckigste Fehleinschätzung in diesem Themenkomplex. Bis in die jüngste Zeit hinein war es unmöglich, über die Medienklischees von sich gegenseitig ermordenden Männern und von Frauen, die schluchzend ihr Gesicht in den Händen verbargen, hinauszugelangen. Tatsächlich werden schon seit einiger Zeit Mafiafamilien in Sizilien, Kalabrien oder Neapel von Frauen geleitet, so etwa Clans der Camorra oder der 'Ndrangheta. Während das ganze letzte Jahrhundert hindurch Frauen in Mafiageschäfte verwickelt waren, enthielt der Bericht der parlamentarischen Untersuchungskommission Italiens über Organisiertes Verbrechen erstmals 1996 Informationen über die Rolle des weiblichen Geschlechts. Demnach hätten wir es mit einem sprunghaften Anstieg zu tun: 1990 wurde nur eine einzige Frau wegen Zugehörigkeit zur Mafia angeklagt, 1995 waren es bereits 89. Die Zahl der Frauen, die sich wegen Drogenbesitzes oder -handels verantworten mussten, stieg von 37 im Jahr 1994 auf 422 im Jahr 1995, die Anklagen wegen Geldwäsche im selben Zeitraum von 15 auf 106 und die Zahl der Frauen, die man wegen erpresserischen Kreditwuchers verhaftet hatte, von 119 auf 421. Vermutlich hat dieser sprunghafte Anstieg aber nicht nur mit einer veränderten Rolle der Frau zu tun, sondern auch und vor allem mit einem allmählichen Wachwerden der Justiz. Manche Richter halten heute noch an der Überzeugung fest, dass eine Frau kein Verbrechen begeht, wenn sie nur die Geschäfte ihres Mannes weiterführt. Das alte Vorurteil, dass Frauen zu zerstörerischem oder gefährlichem Handeln nicht in der Lage seien, schlägt sich auch in Prozessen nieder. 1971 etwa konnte Ninetta Bagarella, die Verlobte eines Mafia-Bosses, einer Verurteilung wegen Mittäterschaft entgehen, indem sie vor Gericht treuherzig fragte: »Ich bin eine Frau, die liebt. Ist das denn ein Verbrechen?« Ein Vierteljahrhundert später erklärte der neapolitanische Untersuchungsrichter Giuseppe Narducci: »Die Frauen spielen keineswegs eine untergeordnete Rolle. Sie treffen Entscheidungen, sie schmieden Pläne, und sie begehen Verbrechen. Manchen Richtern fällt es schwer zu glauben, dass Frauen gleichrangig sind, aber sie werden es schon noch begreifen.« Auch die Medien fallen auf ihre eigenen Klischeebilder herein. Jede Frau, die in der italienischen Presse im Zusammenhang mit der Mafia erwähnt wird, ist *bella*: schwarzes Haar, schwarze Augen, geheimnisvoll und stolz. Es erfordert von den Mafiosae kein sonderliches Geschick, die Medien entsprechend zu manipulieren, so dass ihre Taten grundsätzlich verharmlost und eine Drogenhändlerin wie Anna Russo etwa als »Heroin-Oma« bezeichnet wurde. Diesem Klischee folgend verfuhr auch das italienische Recht mit weiblichen Angeklagten gnädiger als mit Männern. Ebenfalls falsch ist die hierzulande gerne verbreitete Vorstellung, dass sich die Frauen an die Spitze der gesetzestreuen Bürger gegen das Verbrechen setzten. Clare Longrigg: »Es zeigte sich vielmehr, dass sie womöglich noch fester in den Wertvorstellungen der Mafia verwurzelt waren als die Männer. Immer mehr Männer wandten sich von der Mafia ab und sagten aus, aber häufig weigerten sich ihre Frauen, die Unterwelt zu verlassen.« (281, 9–22)

Dass das Schema von der heiligen Frau und dem verworfenen Mann ein Ammenmärchen ist, ist vielen vermutlich zu spät klar geworden. »Seit die Patinnen regieren, ermorden Mafia-Killer sogar Kinder« titelte die Berliner Morgenpost am 27. Juni 1998. Früher galt es im Ehrencodex der Mafia als feige, auf eine Frau zu schießen, und es hatte keinen einzigen Fall des organisierten Verbrechens gegeben, bei dem Frauen oder Kinder ermordet wurden. Das änderte sich jetzt schlagartig, je stärker das weibliche Geschlecht an den Hebeln der kriminellen Macht anzutreffen ist. Die Patinnen kennen das Prinzip der männlichen Ritterlichkeit nicht und gehen deshalb erheblich brutaler vor als ihre Männer. So gab die Sizilianerin Concetta Fausciana elf- bis fünfzehnjährigen Kindern umgerechnet 300 Mark im Monat sowie eine Pistole und 200 Schuss Munition. Dann schickte sie die Kleinen los, um Schutzgelder von Geschäftsleuten und zahlungsunwilligen Dealern zu erpressen. »Die Kinder erschossen sehr viel schneller Kunden, die nicht zahlen wollten, als ältere Killer«, erklärte ein Polizeisprecher. »Sie konnten offenbar noch gar nicht übersehen, was sie da taten.«

Giuseppa Sansone residierte in einer Villa mit Swimming-Pool und Marmorbad in Palermo und trug ausschließlich Designer-Kleider. Es gab kein gesellschaftliches Ereignis, zu dem sie nicht eingeladen wurde – bis nach jahrelanger Arbeit die Polizei beweisen konnte, dass sie mehr als 30 Killer befehligte. Und Maria Serraino aus Mailand bildete ihre eigenen Söhne und Töchter zu Erpressern und Mördern aus. Dem ältesten Sprössling verschaffte sie für seine Tätigkeit Ferrari-Sportwagen, schicke Anzüge und sogar hübsche junge Mädchen, mit denen er sich nach seinen Aufträgen vergnügen konnte (122).

Faschas

Faschistische Anschauungen werden bis heute als eine typisch männliche Geisteshaltung angesehen. Diese sexistische Betrachtungsweise wurde durch Klaus Theweleits »Männerphantasien« eingeführt und seitdem von anderen Wissenschaftlern, ironischerweise oft männlichen, übernommen: »Ist der Faschist nur der Normalfall, der Idealfall des normalen Mannes unter patriarchalischen, unter deutschen Verhältnissen?«, fragte etwa Bernd Nitzschke, um sich ein paar Zeilen später selbst die Antwort zu geben: »Der Faschist, so meine ich, ist das zuende gebrachte Männlichkeitsideal des Abendlandes.« Irgendwo im Hintergrund applaudiert vermutlich Alice Schwarzer. Was bei solchen Folgerungen gern unter den Tisch fallen gelassen wird, ist zum Beispiel, dass die NSDAP 1932 von beiden Geschlechtern gleich stark gewählt wurde und diverse nationalsozialistische Frauenorganisationen insgesamt bis zu acht Millionen weibliche Mitglieder umfassten (198, 152). Vom Ku-Klux-Klan war bereits die Rede. Aber auch der Rechtsradikalismus unserer Tage ist keineswegs ausschließlich ein männliches Revier.

Welches Bild erscheint vor Ihrem Auge, wenn Sie das eigentlich geschlechtsneutrale Wort »Skinheads« hören? Vermutlich werden Sie sich so gut wie ausschließlich Männer darunter vorstellen. Tatsächlich beträgt der Anteil der Skinheadinnen – oder besser, da Skins in der Regel keinen Wert auf Quotendeutsch legen: »Renees« – 15 bis 20 Prozent, bei steigender Tendenz (129, 189-190). Wenn man sich nicht nur auf Skinheads beschränkt, machen Mädchen bei rechten Jugendcliquen gar bis zu einem Drittel aus (120, 108). Das überrascht nicht, wenn man weiß, dass laut einer vom Ministerium für die Gleichstellung von Frau und Mann des Landes Nordrhein-Westfalen in Auftrag gegebenen Studie zwischen beiden Geschlechtern kein erkennbarer Unterschied besteht, was Ausländerfeindlichkeit und die Zustimmung zu rechtsextremem Gedankengut betrifft. Dies ist nicht auf die theoretische Ebene begrenzt: »Neuere Untersuchungen belegen, dass Mädchen und Frauen im rechten Umfeld zunehmend aktiv sind. Neben der Tatsache, dass sie selber gewalttätig werden, lassen sie für sich und um sich kämpfen und fühlen sich als Kampfgefährtinnen ihrer männlichen Kombattanten.« (120, 10) Dabei finde typischerweise eine Ethnisierung von Sexismus statt, indem nämlich »die Ausländer« und nicht »die Männer« das personifizierte Bedrohungspotential darstellen (120, 73). Türken werden von Rassisten ebenso als geil und gewalttätig diffamiert wie der »normale Mann« in gewissen Schriften der Frauenbewegung, etwa bei den Wienerinnen Schlaffer und Benard. Dieses trivialfeministische, männerfeindliche Gedankengut setzen die Skinheadbräute und ihre Kerle direkt in Gewalt um, wenn es gegen Ausländer geht.

Wie bereits angedeutet, geschieht diese Umsetzung auf zweierlei Art. Entweder verfolgen die rechten Mädchen eine Strategie, die in der Literatur als »verquere Emanzipation« bezeichnet wird und die sich darin äußert, dass der Männlichkeitskult kopiert und imitiert wird. Hier lassen sich rechte Schlägerinnen nicht mehr von den Jungen in die zweite Reihe verweisen, sondern bestehen darauf, aktiv mitzumischen, um von sich stolz behaupten zu können: »Ich kämpfe wie ein Mann!« Oder aber sie geben doch der indirekten und für sie weniger gefährlichen Gewalt den Vorzug, indem sie sich zum Beispiel nur verbal betätigen, etwa härtere Strafen wie »Kastration für Vergewaltiger«, »Zuzugssperre« und »rigorose Abschiebung« fordern, beziehungsweise die Jungen an ihrer Stelle handeln lassen (»Der Kanake hat mich angemacht. Unternimm was!«). Männliche Gewalttäter werden bewundert oder angefeuert. Die Delegation der Gewalt an andere hat nicht nur den Vorteil, dass die Betroffene selbst unverletzt bleibt, sie braucht auch keine Verantwortung für den »Härtegrad« zu übernehmen. »Ja es können ohne weiteres sogar Rachegelüste auf diese Weise Befriedigung finden und Lustgefühle an der dann nur beobachteten Gewalt empfunden werden.« (120, 74–77)

Terroristinnen

»Schießt zuerst auf die Frauen!« war eine Parole der bewaffneten Antiterrorismus-Einheiten in der BRD, die entgegen dem ersten Anschein nichts mit Sexismus, sondern mit einer realistischen Einschätzung der Situation zu tun hatte. Christian Lochte, der als Leiter einer Verfassungsschutzabteilung zwanzig Jahre Berufserfahrung mit gewalttätigen Revolutionären hatte, erklärte hierzu: »Für jeden, dem sein Leben lieb ist, ist es eine ausgesprochen gute Idee, sich die Frauen zuerst vorzunehmen. ... Es gibt Beispiele dafür, dass Männer einen Moment zögerten, ehe sie schossen, während Frauen sofort abdrückten. Das ist ein allgemeines Phänomen bei Terroristen.« (286, 12-13)

Der britische Terrorismusexperte Paul Slaughter führt die größere Bedrohung, die von Frauen ausgeht, auf drei Faktoren zurück: Erstens glauben sie, sich skrupelloser und brutaler als die Männer verhalten zu müssen, um von ihren »Kollegen« ernstgenommen zu werden. Zweitens sind sie sehr oft fanatische Anhängerinnen des radikalen Feminismus, sehen in allen Männern den Feind und Vertreter des Patriarchats, so dass sie eher bereit sind, zum Beispiel männliche Geiseln zu töten. Drittens ist das rauschhafte Hochgefühl, das sich bei gefährlichen Anschlägen oder dem Überstehen lebensbedrohlicher Situationen ergibt, für Frauen eher ungewohnt; der dabei entstehende Ausstoß von Adrenalin, Noradrenalin und Dopamin sei ähnlich überwältigend wie der Genuss von Heroin, Kokain oder LSD (251, 163–164). Warum dieses Rauschgefühl für Männer gewohnter sein soll, die ja auch nicht andauernd in Lebensgefahr stecken, erklärt Slaughter allerdings nicht.

Alles in allem verwundert es nicht, dass der Frauenanteil bei Terrorgruppen so hoch ist. Bei der RAF betrug er etwa die Hälfte der aktiven Mitglieder und mit 80 Prozent den weit überwiegenden Teil der Sympathisanten (286, 227). Schätzungen zufolge ist ein Drittel der PKK-Mitglieder weiblich (238, 295). Die Rote Zora bestand fast ausschließlich aus Frauen und führte vor allem Anschläge auf Ziele aus, die als sexistisch betrachtet wurden. Vor allem die weiblichen Mitglieder der deutschen Stadt-Guerilla in den späten Sechzigern waren durch Valerie Solanas »Gesellschaft für die Vernichtung der Männer« beeinflusst, deren Theorie darauf gründete, dass Männer sämtliche Probleme dieser Welt verursacht hätten und deshalb getötet werden müssen (286, 227–228). Auch Ulrike Meinhof, Astrid Proll oder Leila Khaled waren von der Frauenbewegung geprägt und bezeichneten sich selbst als militante Feministinnen (251, 158). Ebenso sieht Alice Schwarzer rückblickend den Kampf der Terroristinnen auch als Kampf gegen das sogenannte Patriarchat: »Natürlich hatte das Phänomen ›Terroristinnen‹ auch mit dem Feminismus zu tun: Frauen wollten nicht länger passiv hinnehmen, sondern endlich aktiv handeln. Wenn auch mal wieder nicht für sich selbst, sondern für andere, wie es so Frauen-Art ist«. (110, 7) Ob die Ermordeten und deren Hinterbliebene diese Selbstlosigkeit überhaupt zu würdigen wussten? Noch eins drauf setzte die feministische Linguistin Senta Trömel-Plötz: »Frauen sind sogar die besseren Terroristinnen, aus interessantem Grund: sie sind unbestechlicher, ehrlicher, standhafter, lassen sich nicht umstimmen, bleiben bei ihrer politischen Überzeugung.« (420, 76–77)

Terrororganisationen geben Frauen eine besondere Möglichkeit, das Gewalttabu unserer Gesellschaft zu umgehen, denn eben diese gesellschaftlichen Strukturen sollen ja überwunden bzw. vernichtet werden. »Die Mitglieder solcher Gruppen halten sich selbst für friedfertige Menschen, die sich aufgrund der herrschenden Verhältnisse bedauerlicherweise gezwungen sehen, zum Mittel der Gewalt zu greifen.« (198, 138) Auch hier reklamiert die Täterin die Moral für sich, auch hier wird der Gegner vor der Vernichtung entmenschlicht. Deutlich wird das an Aussagen etwa von ETA-Terroristinnen wie »Diese Schweine, das hatten sie nur verdient«. Auch die weiblichen IRA-Unterstützer geben dem Gegner, also den protestantischen Nordiren, die Schuld, wenn Zivilisten bei ihren Aktionen getötet werden (198, 138–139). Insgesamt nahmen in den siebziger Jahren Terroristinnen an 41,6 Prozent aller Anschläge teil (363, 16).

Lustmörderinnen

»Für eine Feministin«, schreiben Deborah Cameron und Elizabeth Frazer in ihrer Analyse über Sexualverbrechen, »ist das männliche Geschlecht von Lustmördern auf Anhieb ersichtlich und von höchster Bedeutung. Die letzten zwei Jahrzehnte feministischer Aktivitäten haben einen begrifflichen Rahmen verfügbar gemacht, in welchem diese Männlichkeit nahezu unvermeidbar erscheint.« (56, 231-232) Es ist bedenklich, wenn ein Zweig der Frauenforschung jahrzehntelange Arbeit in ein Gedankengebäude investiert, dessen Fundament ein äußerst bröckliges Klischee bildet. Dass das Empfinden sexueller Hochgefühle bei Mord und Totschlag eine reine Männerangelegenheit sei, gehört nämlich ebenfalls ins Reich der feministischen Legende. Der Londoner Gerichtspsychologe Dr. Jeremy Coid führte zu diesem Thema ausführliche Tiefeninterviews mit über neunzig Frauen in britischen Hochsicherheitsgefängnissen durch. Dabei stellte sich heraus, dass durchaus auch das weibliche Geschlecht in der Lage ist, bei Folter und Mord sexuelle Erregung zu empfinden. Die gewalttätigsten dieser Frauen berichteten, immer auf dieselben Masturbationsphantasien über extrem sadistischen Sex zurückzugreifen, wobei der Partner während des Orgasmus ums Leben gebracht wurde. Andere gerieten bei dem Gedanken, eine Frau, ein Kind oder einen Mann zu töten, in sexuelle Erregung und fühlten in sich den Drang, diese Vorstellung in die Tat umzusetzen. Eine Frau beschrieb eine Phantasie, in der sie ein Kind entführte, sich in einen Mann verwandelte, um es zu vergewaltigen, und dann wieder zur Frau wurde, um es zu erstechen und ihm den Schädel abzutrennen. Immer wieder trugen Phantasien, Kinder zu erdrosseln, zu ersticken oder zu erwürgen, zur sexuellen Erregung dieser Frauen bei. Manchmal waren statt Kinder alte Menschen oder Tiere die Opfer – in jedem Fall Schwächere. Viele der Befragten hatten schon als Teenagerinnen Spiele gespielt, bei denen sie Plastiktüten über den Kopf ihres Hundes oder ihrer Katze gezogen hatten, um das Tier zu ersticken.

»Die Vorstellung, jemanden umzubringen, ist für sie sehr erregend und sexuell erfüllend«, erklärte Dr. Jeremy Coit. »Jedes Mal, wenn sie masturbieren, verstärken sie dieses Gefühl der Befriedigung, um dann möglicherweise loszuziehen und diese Phantasie in die Tat umzusetzen, also ein passendes Opfer zu finden, zu jagen, zu verschleppen und zu ermorden.« Manchmal gelang es ihnen, manchmal konnten sie von der Tat abgehalten werden. Im Laufe seiner Forschungen stieß Dr. Coit etwa auf den Fall eines Mädchens, dem beinahe der Kopf an einer Ziegelmauer eingeschlagen worden wäre, nachdem ihre Angreiferin sie in eine dunkle Seitenstraße gelockt hatte. Eine andere Frau hatte sich monatelang in den Gedanken hineingesteigert, wie befriedigend es wäre, jemanden umzubringen – schließlich brach sie nachts in ein Café ein, versteckte sich mit gezücktem Messer und fiel wenig später über den Wachmann her, der von der Alarmanlage aufgeschreckt worden war. Auch bei dieser Tat bestand der »Kick« zum einen aus dem Adrenalinstoß bei der Tat, zum anderen aus dem Gefühl von Macht und Überlegenheit (251, 113–114).

Serienkillerinnen

Serienkiller erscheinen in der feministischen Mythologie ausschließlich als »weiße, männliche Penner, die Frauen hassen und von Pornographie besessen sind«. Jeder Einzeltäter steht dort stellvertretend für alle Männer, indem er ihnen hilft, die Unterdrückung der Frau voranzutreiben. Er ist ein »Märtyrer des patriarchalen Staates« (363, 162). Tatsächlich, so berichtet der Kriminologe Michael Kelleher in seinem Buch über Serienkillerinnen, gab und gibt es in diesem Metier auch Dutzende, wenn nicht Hunderte von Frauen. Oft sind sie ›erfolgreicher‹, also todbringender, als männliche Täter. Sie können die Kette ihrer Morde durchschnittlich doppelt so lange aufrechterhalten – acht Jahre statt vier – und bringen dabei auch mehr Opfer ums Leben als ihre männlichen »Kollegen«. Der Grund dafür ist klar: Frauen werden solche Verbrechen einfach nicht zugetraut. Junge Mädchen werden davor gewarnt, zu fremden Männern ins Auto zu steigen – fremde Frauen aber erscheinen als harmlos und unverdächtig. Auch die Polizei erkennt oft lange nicht, mit wem sie es hier zu tun hat. Dazu kommt, dass Presse und Fernsehen entweder gar nicht über sie berichten oder nur in stark verharmlosender Form. Während männliche Täter etwa mit bedrohlichen Namen wie »Der Folterdoktor«, »Teufel von Nebraska«, »Der Kannibale« oder »Schlitzer« belegt werden, nennt man Serienmörderinnen »die Schöne aus Indiana«, »Schwester Amy« oder »Großmutter« – oft scherzhafte Bezeichnungen, die der Brutalität ihrer Taten nicht gerecht werden. Es gab nie eine legendäre Jane the Ripper (242, xi, 7, 15–16; 363, 153, 160, 173).

Die mangelnde oder freundlichere Berichterstattung hat nichts damit zu tun, dass Frauen bei ihren Taten weniger grausam als Männer vorgehen. Myra Hindley quälte Kinder durch sexuelle Folter, bevor sie sie tötete, und nahm ihr

Flehen auf Band auf, um sich später daran zu erfreuen. Aileen Wuornos brachte mindestens sechs Männer ums Leben, nachdem sie sie mit dem Versprechen sexueller Gefälligkeiten in eine abgelegene Gegend gelockt hatte. Danach stahl sie deren Besitztümer, mal eine Kamera, mal ein Auto. Als sie erwischt wurde, plädierte sie auf Selbstverteidigung. Belle Gunness erschlug mit ihrer Axt mehr als hundert vermögende Männer, die sie mit Heiratsanzeigen auf ihre Farm in Indiana gelockt hatte. Die mexikanischen Schwestern Delfina und Maria Gonzalez führten ein Bordell, in dem die meisten Prostituierten wie Sklavinnen gehalten und gefoltert wurden. Wenn eines der Mädchen zu fliehen versuchte, verschwand es spurlos – später fand die Polizei die Überreste von mehr als achtzig Opfern auf dem Bordellgelände. Die Ungarin Suzanne Fazekas trug zum Tod von mindestens fünfzig Männern bei, indem sie ihren mordlüsternen Frauen das benötigte Gift verschaffte. Sylvia Seegrist – strenggenommen keine Serienkillerin, sondern eine Massenmörderin – eröffnete mit einem halbautomatischen Gewehr in einem Einkaufscenter das Feuer auf die Menge. Dorothea Puente leitete eine Pension in Kalifornien und tötete einige ihrer Gäste, um an deren Geld zu kommen – in ihrem Hinterhof wurden acht Leichen ausgegraben. Rosemary West aus Gloucester wurde 1995 angeklagt, gemeinsam mit ihrem Mann zehn Menschen, einschließlich ihrer minderjährigen Tochter, vergewaltigt, gefoltert, verstümmelt und ihre Körperteile im Keller ihres Hauses verscharrt zu haben (82, 88–89; 433, 339–342).

Interessant ist, wie unterschiedlich männliche und weibliche Serientäterinnen in Filmen dargestellt werden. Frauen sind oft bildschöne Verführerinnen, verkörpert von Linda Fiorentino, Sean Young oder Sharon Stone, ihre Opfer machen sich durch ihre Dämlichkeit sehr oft mitschuldig an der Tat. Die Botschaft dieser Filme ist nicht, dass auch Frauen töten, und es geht auch nicht um eine realistische Darstellung ihrer Opfer in der Wirklichkeit (oft Kinder, Senioren und Pflegebedürftige). Ihre Botschaft ist vielmehr, dass Männer, wenn sie ihrem Schwanz folgen, in Schwierigkeiten geraten. Das Doku-Drama über die Serienmörderin Aileen Wuornos wurde als Beziehungsdrama präsentiert und Wuornos selbst als eine nachdenkliche, nette und melancholische Frau. (Die echte Aileen Wuornos schrie vor Gericht die Geschworenen an, sie hoffe, dass deren Töchter vergewaltigt würden, und wünschte ihnen, in der Hölle zu verrotten.) Die Polizisten, die Wuornos verfolgten, waren ähnlich mitleidsvoll und geduldig wie der von Harvey Keitel gespielte Charakter in »Thelma und Louise« und beklagten die Mörderin noch während der Ermittlungen betrübt als »Opfer von Kindesmissbrauch«. Nun wurden auch die meisten männlichen Serienmörder von John Wayne Gacy bis Charles Manson als Kinder aufs Übelste missbraucht, aber kein Film versuchte, Mitleid für sie zu erwecken (363, 58, 154–55). Offenbar sind selbst dann, wenn sich unsere Medien ausnahmsweise einmal mit Täterinnen beschäftigen, die Karten von Anfang an klar verteilt.

Lange Zeit wurden weibliche Serienkillerinnen selbst vom FBI nur unter der Rubrik »Komplizinnen« geführt. Tatsächlich zeigte eine amerikanische Studie, dass in 38 Prozent aller von einem Duo oder einer Gruppe erfolgten Serienmorde eine Frau beteiligt war (363, 180). Inzwischen ist das Raster für Frauen in dieser Sparte wesentlich genauer und umfasst Kategorien wie »Schwarze Witwen« (Frauen, die Familienmitglieder umbringen), »Todesengel« (mordende Krankenschwestern) oder »Sexuelle Raubtiere« (242, 11). Die überwältigende Mehrzahl der Serienkiller beiderlei Geschlechts sind Weiße. Eine weiße Frau ist hundertmal eher in der Lage, solche Taten zu begehen als ein schwarzer, asiatischer oder hispanischer Mann – was die These vom Serienkiller als »Helfershelfer des Patriarchats« endgültig ad absurdum führt (363, 163).

Belea Keeney und Kathleen Heide untersuchten zweiundzwanzig Serienkillerinnen, die alleine tätig gewesen waren, und erhielten über 14 von ihnen genügend Informationen, um eine Analyse vornehmen zu können. Behördlichen Schätzungen zufolge hatten diese 14 Frauen 88 Menschen umgebracht, bei 62 konnte das bewiesen werden. Die meisten Opfer waren Verwandte, 20 Prozent waren Bekannte oder Fremde. Die beiden Tatmotive waren zu gleichen Teilen entweder emotionale oder finanzielle Gründe. Über ein Drittel der Opfer wurde verstümmelt oder zerhackt (363, 154).

Man sieht: Auch in unserem Kulturkreis, auch in der Gegenwart ist das Ausmaß der weiblichen Gewalt größer, als manches Klischee vermuten ließe. Zugegeben, die Mehrheit der Gewaltkriminellen ist immer noch männlich. Es wäre jedoch ein fataler Kurzschluss zu behaupten, dass es die Geschlechtszugehörigkeit an sich ist, die einen Menschen zum Gewalttäter macht. Mit derselben fehlerhaften Logik könnte man auf die hohe Verbreitung von Gewalt beispielsweise in Schwarzenghettos verweisen und daraus ableiten, dass eine dunkle Hautfarbe die Aggressivität erhöhe. Tatsächlich liegt das Problem hier wie da in einer Gesellschaft, die ihren benachteiligten Mitgliedern Lebensumstände aufzwingt, welche diese Aggressionen fördern. Die Soziologen Merton und Cohen wiesen schon vor Jahrzehnten darauf hin, dass auf Männer in unserer Gesellschaft ein extremer Druck ausgeübt wird, bestimmte kulturell definierte Erfolgsziele zu erreichen und dass manche Männer sich offensichtlich dazu treiben lassen, diese Ziele zur Not auch mit illegitimen Methoden zu verfolgen (10, 2–3). Andere Faktoren mögen hinzukommen: Männer sind in ihrer Kindheit öfter Opfer körperlicher Gewalt als Frauen gewesen, und sie haben – wie wir aus dem Kapitel über Depressionen wissen – weniger Gelegenheit als Frauen, ein Ventil für innere Pein zu finden. Dass Männer jedoch qua Geschlechtszugehörigkeit ein Monopol auf Kriminalität und Gewalttätigkeit haben – davon kann längst keine Rede mehr sein. Frauen ziehen auch hier mit rasantem Tempo gleich. Aber wir haben uns jetzt sehr lange bei den Täterinnen aufgehalten. Was ist eigentlich mit den Opfern?

Frauen leiden unter Männergewalt

THESE: DA WIR IM PATRIARCHAT LEBEN, SIND DIE MEISTEN OPFER WEIBLICH

»90 Prozent der Gewaltopfer sind Frauen«, kann man in trivialfeministischen Büchern lesen (230, 118), und auch der Bremer Frauenausschuss wollte am Internationalen Frauentag, dem 8. März 1999, darauf aufmerksam machen, dass »überwiegend Frauen das Opfer von Gewalt sind«. Man möchte es fast glauben, nachdem sogar das Europäische Parlament »Gewalt gegen Frauen« zum Jahresthema 1999 gemacht hat. Die Vereinten Nationen erklärten den 25. November jeden Jahres ausdrücklich zum »Internationalen Tag für die Beseitigung jeder Form von Gewalt gegen Frauen«. Und Finanzminister Eichel gab 1999 eigens eine Sonderbriefmarke »Keine Gewalt gegen Frauen« heraus (119).

Wie erklärt sich die merkwürdige Einschränkung »gegen Frauen«? Ist Gewalt gegen Männer okay? Sind Frauen wertvollere Menschen, die besonders geschützt werden müssen? Die einzige Erklärung, die sich aufdrängt, ist, dass Frauen mehr von Gewalttaten betroffen zu sein scheinen als Männer. Eine ähnliche Annahme schwingt unausgesprochen in der Klage mit, eine Frau könne nach Einbruch der Dunkelheit im Gegensatz zu Männern kaum mehr alleine unterwegs sein, was in der Forderung nach Nachttaxis eigens für Frauen gipfelt. Dass so manche Stadtväter dieser Forderung auch noch stattgeben, ist deshalb pervers, weil in weit überwiegendem Ausmaß die Opfer der Gewalt in unseren Straßen nicht Frauen, sondern Männer sind. Nach den Angaben des Bundeskriminalamtes kommen etwa auf jede ermordete Frau drei ermordete Männer. Bei anderen Gewaltverbrechen sieht das Geschlechterverhältnis (selbst wenn man Vergewaltigungen mit einrechnet!) nicht viel anders aus. Einer US-Statistik zufolge werden sogar sechsmal so viele Jungen zwischen 15 und 19 ermordet wie Mädchen in derselben Altersstufe. Je brutaler ein Verbrechen ist, desto eher ist das Opfer männlich (68, 89, 243; 130, 256; 423, 104).

Auf der Grundlage dieser Statistiken ist es eine interessante Erscheinung, dass es zwar z. B. Parkplätze speziell für Frauen gibt, nicht aber für männliche Senioren, die wesentlich hilfsbedürftiger sein können als eine weibliche Zwanzigjährige. Es existieren unzählige, Tag und Nacht besetzte Notrufdienste für Mädchen und Frauen, und in den Polizeidienststellen werden Beamtinnen und Beamte eigens für Frauenprobleme und den angemessenen Umgang mit weiblichen Opfern sensibilisiert (220, 109). Dieses Missverhältnis ist so absurd, dass es nur auf psychologischen Gründen beruhen kann. Wenn Frauengruppen fordern, Frauen sollten, »genauso wie Männer«, nachts unterwegs sein können, ohne Angst zu haben, dann gibt es einen einfachen Trick, mit dem sie das erreichen können: indem sie ihre Gefühle genauso unterdrücken, wie das vom männlichen Geschlecht seit Jahr und Tag erwartet wird. Da allerdings wird ein klassischer *double-bind* ins Feld geführt: Einerseits wollen Frauen wie Männer behandelt werden, andererseits kann man aus der Opferrolle ja doch einigen

Nutzen ziehen. Die Männer wiederum lassen sich vortrefflich in diesen Karren einspannen: Sie zeigen kriminologischen Studien zufolge weniger Angst um ihre eigene Person als »altruistische Angst« um andere, an erster Stelle ihre Frauen und Kinder. Aus eben diesem Grund werden Nachrichten über Verbrechen an Frauen und Kindern mit größerer Entrüstung wahrgenommen, als wenn Männer vielleicht sogar in noch stärkerem Ausmaß davon betroffen sind (547, 88–89). In Bret Easton Ellis Roman »American Psycho« metzelt Patrick Bateman außer mehreren Frauen auch acht Männer und einen Jungen nieder, weshalb ihn ein Buchrezensent auch ironisch als »Gleichberechtigungs-und-Quoten-Massenmörder« lobte (200, 71). Der öffentliche Aufruhr, den die amerikanische Frauenbewegung NOW inszenierte, befasste sich ausschließlich mit der »Gewalt gegen Frauen«.

Diese Sichtweise wird durch die Bilder in Kino- und Fernsehfilmen noch unterstützt. Da ist es nämlich keineswegs der Fall, dass Gewaltverbrechen an Frauen glorifiziert werden – im Gegenteil. Sie sind der Anlass höchsten Entsetzens und begründen ganze Fernsehserien wie etwa David Lynchs »Twin Peaks«. Männer hingegen werden – ob im Western, im Krimi oder im Kriegsfilm – eher beiläufig und zu Dutzenden abgeschlachtet, oft um das Leben einer einzigen Frau zu schützen. Das nennen wir dann allerdings ebenso »Unterhaltung« statt »Gewalt gegen Männer«, wie wir das bei bestimmten Sportarten, etwa dem Boxen, tun (130, 266).

Ein Vergleich von 1.200 Schlagzeilen der bekanntesten Zeitungen Kanadas führte zu dem Ergebnis, dass Frauen 35-mal so häufig als Opfer erschienen wie Männer. Wenn überhaupt von Gewalt gegen Männer berichtet wurde, dann üblicherweise in der Form von Statistiken. Das Schicksal von Frauen hingegen wurde am persönlichen Einzelfall dargestellt (131, 220).

Es ist genau dieser Mechanismus, der es Maskulisten extrem erschwert, in gleichem Maße auf die männlichen Opfer unserer Gesellschaft aufmerksam zu machen, wie es der feministischen Bewegung bei den weiblichen Opfern problemlos gelungen ist. Eine Frau als Opfer ist für Männer ein Appell an ihre Ritterlichkeit, während männliche Opfer für Frauen unerotisch und abstoßend wirken (130, 260). Männer wiederum betrachten es in der Regel unhinterfragt als Teil ihrer Geschlechterrolle, statt der Frauen in den Krieg zu ziehen oder, wenn sie ihre Partnerin abends ausführen, sogar noch dafür zu bezahlen, dass sie für sie den Leibwächter spielen dürfen. Ihnen wird nicht der gleiche Anspruch auf körperliche Unversehrtheit zugebilligt wie dem weiblichen Geschlecht. Vor allem als Opfer sexueller Gewalt traten und treten sie in aller Regel nicht einmal in der Diskussion auf.

Unter der Überschrift »Wahrnehmungsblockaden: Männliche Opfer als kulturelles Paradox« setzt sich Hans-Joachim Lenz in seinem Kapitel des »Handbuchs Männerarbeit« mit diesem Dilemma auseinander: »Die überwiegende Zahl des sozialen, pädagogischen, therapeutischen, juristischen und medizinischen Fachpersonals verharmlost (noch) die an Jungen und Männern begangenen gewalttätigen Übergriffe, oder sie weigert sich, diese überhaupt wahrzunehmen.«So berichten männliche Vergewaltigungsopfer»von Ignoranzkarrieren bei Ärzten, die verheerende sekundäre Traumatisierungen hinterlassen. Stereotype Normsetzungen von Institutionen, z. B. im Rechtssystem, der Schulmedizin oder bei den Helferberufen, führen zu einer Ungleichbehandlung von männlichen und weiblichen Opfern und verschärfen und vertiefen die Männern zugemuteten Verletzungen. So wird in Gerichtsverhandlungen davon ausgegangen, dass Jungen sexuelle Übergriffe weniger schwer nehmen und leichter verarbeiten als Frauen. Eine sexuelle Handlung, die ein Junge passiv erlitten hat, wird als nicht so gravierend eingeschätzt, da er sich schließlich hätte wehren können. ... Angebote für männliche Opfer sind bislang kaum entwickelt. Sie lassen sich nicht in der Konfrontation mit Frauen durchsetzen, sondern nur im Einvernehmen mit interessierten Frauen und Männern, denen die Opfer beiderlei Geschlechts am Herzen liegen. Dem steht allerdings entgegen, dass es gegenwärtig keine öffentliche ›Diskussionskultur‹ um Geschlechterthemen jenseits der Klischees und Schuldzuschreibungen gibt.« (274, 286-288)

Justitia ist weiblich

THESE: FRAUEN UND MÄNNER SIND VOR DEM GESETZ GLEICH

Dass bei uns gesellschaftlich der Mann auf die Täter- und die Frau auf die Opferrolle festgelegt ist, führt nicht nur dazu, dass man männliche Opfer nicht ernst nimmt, sondern auch zu einer Diskriminierung im umgekehrten Fall, nämlich was die Bestrafung von Täterinnen angeht. Sicherlich spielt hier zudem der Aspekt der Ritterlichkeit hinein, dass man eben Frauen möglichst »nichts tut« – auch wenn es sich um Verbrecherinnen handelt.

Stuttgarter Sozialwissenschaftler, die sich über einen längeren Zeitraum hinweg mit allen vor den Jugendgerichten der Stadt verhandelten Fällen beschäftigt hatten, kamen zu einem eindeutigen Ergebnis: Frauen werden für ein und dasselbe Delikt deutlich gnädiger bestraft als Männer. Dieses Prinzip erstreckte sich über die gesamte Bandbreite des Strafgesetzbuchs vom Fahren ohne Führerschein bis zu Körperverletzung und Raub. Überdurchschnittlich häufig endeten die Hauptverhandlungen mit außergewöhnlich geringen Strafen oder gar der völligen Einstellung des Verfahrens. Auch bei nachweislich schweren Delikten kamen Frauen mit leichteren Strafen davon als die Männer. Das galt auch für mehrfach vorbestrafte Wiederholungstäterinnen. Als die Soziologen die Richter auf diese Ungleichbehandlung ansprachen, ernteten sie jedoch nur Verwunderung. Denen erschien es nämlich ganz selbstverständlich, Frauen vor Gericht weniger hart anzufassen, unter anderem mit dem Argument, diese besäßen weniger kriminelle Energie. Was ihnen überhaupt nicht aufzufallen schien, war, dass dies eine sich selbst beweisende Fehlargumentation war: Wenn Frauen weniger hart bestraft wurden, traten sie natürlich auch nicht so stark in den Strafstatistiken in Erscheinung, woraus man dann wiederum eine geringere kriminelle Energie ableiten konnte (316, 138). Diese Besserbeurteilung von Frauen erstreckt sich allerdings nicht nur auf Richter, sondern etwa auch auf Lehrer und andere Erzieher, Polizisten, Behördenvertreter, Firmenrepräsentanten, Sozialarbeiter, Geistliche und nicht zuletzt die eigenen Väter, die bei ihren Töchtern eher mal ein Auge oder zwei zudrücken (316, 139). Eine sich über 22 Jahre erstreckende Studie konnte nachweisen, dass Jungen von ihren Eltern grundsätzlich härter bestraft wurden als Mädchen (40, 92). Kein Wunder, dass da ein aggressiveres Geschlecht herangezüchtet wird! Eine von der »Royal Crest Dutch Bacon Company« in Auftrag gegebene Studie ergab zur eigenen Verblüffung der Chefs, dass Männer weitaus mehr von ihren Vorgesetzten schikaniert, in Gegenwart anderer beschimpft oder ungerecht behandelt wurden als Frauen (497, 117). Eine andere Statistik zeigt, dass Männer vierzig Prozent mehr Strafzettel wegen Geschwindigkeitsübertretung bekommen als Frauen, wenn ihr Tempo mit Radargeräten gemessen wird, aber 250 Prozent mehr, wenn das Urteil vom persönlichen Eindruck eines Polizeibeamten abhängt (547, 37). Von der Wiege bis zum Grab findet sich dasselbe Muster: Was man bei Frauen gerne noch einmal durchgehen lässt, wird bei Männern unerbittlich geahndet.

Ein klassisches Beispiel hierfür ist die Geschichte von einer in der Literatur als »Jutta B.« bezeichneten Frau, die von Beamten der Verkehrsüberwachung gestoppt wurde, als sie gerade über eine Düsseldorfer Ausfallstraße rauschte. Der Polizist, der sich ihren Führerschein zeigen ließ, beschrieb sie später als »reizend und nett, sie bewegte sich graziös und ganz normal«. Ursprünglich wollte er es bei einer Verwarnung belassen, glaubte dann aber Alkohol zu riechen. Jutta gab an, sie habe nur im Büro ein Gläschen Sekt getrunken, was man ihr auch gerne glauben wollte. Selbst der Streifenführer erinnerte sich in einer späteren Vernehmung: »Die war stocknüchtern.« Nur »der guten Ordnung halber« ließ man sie dann doch in den Alkomaten pusten. Das Ergebnis: jenseits der zwei Promille. Jetzt wurde doch eine Blutprobe vorgenommen. Diese stellte 3,3 Promille fest – einen Alkoholgehalt, mit dem es auch einer geübten Kampftrinkerin sehr schwer fallen sollte, charmant zu plaudern und sich graziös zu bewegen.

Der Punkt war nur: Jutta B. war bildschön, adrett, lächelte – offenbar bringt heutzutage der äußere Eindruck mehr an sozialem Feedback ein als Leistung und Status zusammengenommen. Schließlich stellte sich heraus, dass Jutta B. seit zwölf Jahren alkoholabhängig war und täglich große Mengen konsumierte, sich dabei aber sowohl im Straßenverkehr immer durchgeschlängelt hatte als auch in ihrer Firma nie aufgefallen war und Karriere gemacht hatte. Und sie ist kein Einzelfall: Die Quote der »positiv« ausfallenden Blutproben ist in den letzten Jahrzehnten bei den firmenbeschäftigten Frauen um mehr als 400 Prozent angestiegen. Von den Männern, die mit Alkohol am Steuer erwischt wurden, waren knapp dreißig Prozent suchtkrank, bei den Frauen waren es doppelt so viele. Da diese von den Polizisten aber wohlwollender in Augenschein genommen werden, schlüpfen sie durch so manche Kontrolle (316, 139–142). Solange Jutta B. kein Kind vors Auto läuft, hat sie einfach nur Glück gehabt. Fälle wie den ihren, auch mit erschreckenden Folgen, findet man aber bei einem gründlichen Pressescanning zuhauf. Auch eine Mailingliste von paPPa.com informiert regelmäßig darüber. Zwei Beispiele von Ende 2000: Eine 34jährige Mutter prügelt ihr Baby tot, nachdem sie ihm eine Rippe und einen Arm gebrochen hatte. Die Gerichtsverhandlung endet mit einer Strafe, die auf Bewährung ausgesetzt wird. Die Mutter kommt also nicht nur frei, sondern behält auch das Sorgerecht für ein Neugeborenes und einen weiteren acht Jahre alten Sohn (539). Eine andere Frau verursacht im Ecstasy-Rausch einen Verkehrsunfall, der drei Tote zur Folge hat, und wird daraufhin zu einer Strafe von einem Jahr und neun Monaten verurteilt – auch dies auf Bewährung, de facto kommt sie frei. Vier Monate später verursacht sie sturzbetrunken einen weiteren Autounfall, bei dem zwei Freundinnen schwer verletzt werden. Auch in diesem Fall wird über eine Bewährungsstrafe diskutiert (393). Männer, die Kinder totschlagen oder besoffen andere Menschen totfahren, werden nicht mit Samthandschuhen angepackt.

Selbst bei schweren Straftaten werden Männer bisweilen mit bis zu 70 Prozent höherer Strafe belegt als Frauen (423, 104). Schon Polizeibeamte glauben nicht selten in weiblichen Verbrechern ihre Mütter, Schwestern und Töchter zu sehen und haben Skrupel davor, sie zu verhaften (363, 37). Am deutlichsten aber tritt die Geschlechterungleichheit bei Hinrichtungen zutage. Amnesty International weist zu Recht immer wieder darauf hin, dass überproportional Schwarze und Angehörige anderer Minderheiten zum Tode verurteilt werden: »Das Überleben eines Angeklagten in den USA hängt heute zu einem großen Teil von seiner Hautfarbe und der Rassenzugehörigkeit seines Opfers ab«, beklagt etwa der Amnesty-Geschäftsführer William Schulz (229, 9). Was Amnesty nicht erwähnt, ist, dass die Überlebenschancen eines Angeklagten zuallererst von seinem Geschlecht abhängen. Die Minderheit der Männer wird hier selbst von den Menschenrechtlern übergangen. In den USA begehen zwar jährlich 1900 Frauen einen Mord, und ihre Opfer sind zu neunzig Prozent Männer (130, 292). Wie man unter *www.todesstrafe.de* nachlesen kann, sind aber 98,5 Prozent der zum Tode Verurteilten männlich ...

Am 1. Februar 1998 wurde Karla Faye Tucker auf den elektrischen Stuhl geführt. Sie war die erste texanische Todeskandidatin seit 1863, in der Zeit des »Wilden Westens« (299, 86). Aber auch Karla Tucker konnte nicht exekutiert werden, ohne dass ihr Fall wochenlang durch die Weltpresse ging und für empörte Schlagzeilen sorgte. Ursprünglich war sie eine drogensüchtige Prostituierte gewesen, die einen Mann und eine Frau mit einer Axt zu Tode gehackt hatte. Dies hatte ihr ihrer Aussage nach ein sexuelles Hochgefühl verschafft.

Kaum saß sie hinter Gittern, hatte sie den Glauben an Jesus entdeckt und scharte ohne große Anstrengung Legionen von Unterstützern und Unterstützerinnen hinter sich. Männer in derselben Situation müssen ohne ihren eigenen Fankult zum Schafott – so etwa Ricky Lee Anderson, der eine Teenagerin vergewaltigt und getötet hatte. Auch er behauptete, im Gefängnis die Religion wiederentdeckt zu haben – er allerdings war der Ansicht, dass es seine Pflicht als Christ war, sich seiner Strafe zu stellen, solange von Gott nicht eingegriffen wurde. »Ich sterbe für eine Tat, die ich begangen habe, und ich verdiene den Tod dafür«, sagte er und später, in der Hinrichtungskammer: »Danke, Jesus, ich kehre heim.« (365) Der Punkt bei diesem Vergleich ist natürlich keine theologische Diskussion. Der Punkt ist, dass man sich bis zum entferntesten Winkel der Welt an der Debatte um die weibliche Karla Faye Tucker beteiligen konnte, sich aber kein Mensch dafür interessierte, was mit dem männlichen Ricky Lee Anderson geschah. Im Augenblick wiederholt sich dasselbe Spiel mit der Todeskandidatin Debbie Milke, die verurteilt wurde, ihren kleinen Sohn ermordet zu haben. Debbie gewann in Deutschland bereits Schlagzeilen wie »Debbie darf nicht sterben!« und eine prominente Unterstützerin in Uschi Glas. Die weit überwiegende Mehrzahl der männlichen Todeskandidaten erhält hierzulande keine persönlichen Schlagzeilen und keine prominenten Unterstützer (161, 14).

Generell ist das Missverhältnis zwischen Männern und Frauen im US-amerikanischen Justizsystem frappierend: Frauen haben eine größere Chance, gar nicht erst vor Gericht erscheinen zu müssen, geschweige denn verurteilt zu werden, geschweige denn ins Gefängnis zu kommen. In doppelt so vielen Fällen wie bei männlichen Tätern eröffnete die Staatsanwaltschaft nicht einmal das Verfahren. Von den Männern, die angeklagt waren, ihre Frau getötet zu haben, wurden 87 Prozent verurteilt, aber nur 70 Prozent der Frauen, bei denen der Fall umgekehrt lag (68, 234; 547, 134). Was nicht verwundert: Laut einer landesweiten Umfrage des US-Justizministeriums finden 41 Prozent der Amerikaner es weniger schlimm, wenn eine Frau ihren Ehemann ermordet als umgekehrt (130, 256). Bei Paaren, denen Kapitalverbrechen wie Mord oder Totschlag zur Last gelegt wurden, kamen 16 Prozent der Frauen mit Bewährung davon, aber nur 1,6 Prozent der Männer. Generell haben Frauen bei jedem Verbrechen in Verbindung mit Mord dreimal so oft lediglich eine Bewährungsstrafe zu befürchten wie Männer. Kommen sie schließlich doch ins Gefängnis, dann durchschnittlich für sechs Jahre im Vergleich zu 16,5 Jahren bei männlichen Tätern (547, 134; 68, 234). Ein männlicher Häftling ist um 1000 Prozent mehr gefährdet, durch Selbstmord, Mord oder Hinrichtung zu sterben, als eine Gefangene (130, 293). Im Bundesstaat Washington, dessen Urteilsrichtlinien zu den strengsten in den USA gehören, fällt das Strafmaß für Männer um 23 Prozent höher aus. Frauen haben selbst bei gleicher Vorgeschichte und Straftat eine 57 Prozent höhere Chance, eine Bewährungsstrafe zu erhalten, und sie kommen zu 59 Prozent mehr als Männer vorzeitig aus dem Gefängnis frei (130, 290). In anderen Bundesstaaten ist eine ähnlich sexistische Ungleichbehandlung üblich (130, 289; 547, 340). Es ist also alles andere als ein kurioser Einzelfall, dass Lorena Bobbitt ihrem schlafenden Mann das Glied abschneiden konnte, danach auf Selbstverteidigung plädierte und prompt freigesprochen wurde, während der Anwalt Martin Greenstein seiner Gehilfin Rena Weeks wegen sexueller Belästigung 7,1 Millionen Dollar Schmerzensgeld zahlen musste (474, S. 30). Dahinter steckt System.

In feministischen Kreisen wird nicht nur diese Besserbehandlung von Frauen vor der Justiz nicht gesehen, es hält sich sogar extrem hartnäckig das Gerücht, dass die »patriarchalen« Gerichte Frauen benachteiligen würden. Die Medien übernehmen diese Behauptungen oft ohne die geringste Überprüfung. Wieder und wieder kann daher Christopher Nuttall, Direktor der Abteilung Forschung und Statistik des britischen Innenministeriums, die tatsächlichen Fakten offen legen, um die in seinen Worten »außergewöhnlich danebenliegenden« Falschmeldungen zu korrigieren.

Auch dort werden, wenn es etwa um die Ermordung des Ehepartners geht, mehr als viermal so viele Frauen wie Männer freigesprochen, und die verurteilten Frauen kommen durchweg mit leichteren Strafen davon: fünfmal so häufig wie Männer auf Bewährung (251, 197–198). Im Allgemeinen werden Mörderinnen nur halb so lange ins Gefängnis gesteckt wie Mörder – wenn das Opfer der bzw. die jeweilige Angetraute war, sogar nur ein Drittel so lange (82, 93). Wenn es um häusliche Gewalt geht, wird Frauen mittlerweile eine eindeutige Botschaft übermittelt: Sie dürfen ihn beleidigen. Sie dürfen ihn schlagen. Sie dürfen ihn sogar umbringen. Sie müssen ihn nur vorher heiraten. »Was ist ein Mann im Knast? Artgerechte Haltung.« (107, 11) So witzelt hierzu die »Emma« mit jenem ganz besonderen Charme, der uns dieses Blatt so liebenswert macht. Wie genau versucht man es zu rechtfertigen, wenn ein Mann, der eine Frau vergewaltigt hat, oft härter angepackt wird als eine Frau, die ihren Mann umgebracht hat (423, 62-63)? 80 Prozent aller Mörderinnen behaupten, für ihre Tat nicht verantwortlich gewesen zu sein (363, 55). Wie verteidigen sie sich?

• Wie wir schon im Kapitel zur häuslichen Gewalt gesehen haben, existiert in unserer Gesellschaft eine doppelte Moral, die Frauen generell mehr Gewalt gegenüber Männern zubilligt als umgekehrt (135, 232). Eine typische Verteidigung hört sich dann so an: »Mrs. C. griff Mr. C an seiner Krawatte, woraufhin er sie zurückstieß. Mrs. C. schlug ihm daraufhin ins Gesicht, und ihr Fingernagel schnitt ihn in den Hals.« Dies wurde in einer feministischen Statistik als körperlicher Angriff des Mannes gewertet (547, 102). Wenn Sharon Stone: sagt »Ich hab schon ein paar Leute geschlagen, ein paar Kerle quer durch den Raum geprügelt«, dann ist das etwas anderes, als wenn Michael Douglas dasselbe sagen würde (251, 15). Ein anderes Beispiel ist der Rockstar Courtney Love, die für ihre gewalttätigen Ausbrüche gegenüber Fans und

Bandmitgliedern berüchtigt ist. Sie prahlte mit ihrem Verhalten, und die Presse stimmte ohne langes Zögern in diese Selbststilisierung ein (82, 10).

• Wenn eine Frau gewalttätig wird, blickt man auf ihren Mann, um den Grund dafür zu finden. Da wir alle wissen, dass Frauen von Natur aus gutherzig und friedliebend sind, muss er ihr doch irgendeinen Grund gegeben haben (135, 229). »Frauen töten nicht, bevor sie nicht an den Rand der Verzweiflung getrieben sind«, behauptet die feministische Psychologin Lenore Walker. Ihr Standardwerk »The Battered Woman«, lässt schon Beschimpfungen oder emotionale Vernachlässigung als Grund für einen Angriff gelten, was nichts anderes als das »Sie hat mich provoziert« vieler männlicher Schläger widerspiegelt (547, 98–102). Umgekehrt wird es aber als höchst verwerflich betrachtet, wenn man nach dem Gewaltverbrechen eines Mannes nach einer möglichen Mitschuld seiner Frau auch nur die Frage stellt. Das typische Schlagwort hier lautet: *blaming the victim* – dem Opfer die Schuld zuschieben. Tatsächlich sind dreißig Prozent der Frauen, die wegen Mordes an einem Mann in Haft sind, schon vorher durch Gewalttaten aufgefallen (67, 21; 130, 317). Körperliche Notwehr fällt in den meisten Fällen ohnehin aus: 70 Prozent der Mörderinnen töteten ihre Opfer, wenn sie schliefen, betrunken, behindert oder gefesselt waren (67, 21). 60 Prozent wurde nachgewiesen, die Tat geplant zu haben, obwohl sie zuvor auf Notwehr aufgrund unmittelbarer Lebensgefahr plädiert hatten (130, 317).

• Wenn eine Frau nachweisbar von ihrem Partner körperlich misshandelt wurde und ihn deshalb im Schlaf ermordet, sprechen manche, Lenore Walker folgend, vom *battered woman syndrome*, einer Art emotionaler Notwehr. Nur: Erstens waren die meisten dieser Täterinnen unverheiratet und nachweislich psychisch nicht so am Ende, dass sie ihren Partner nicht einfach hätten verlassen können (67, 21). Zweitens ist der Grundstein des *battered woman syndrome* erlernte Hilflosigkeit, was bedeutet, dass die betreffende Frau so apathisch ist, dass sie es kaum noch schafft, aus eigenem Antrieb das Badezimmer aufzusuchen. Das Konzept der erlernten Hilflosigkeit ist berechtigt, wenn es zum Beispiel um sehr alte und pflegebedürftige Menschen geht, die jahrelang in Heimen dahinvegetieren. Eine Frau, die sich in diesem Zustand befindet, wäre natürlich erst recht zu apathisch, ihrem Mann mehrfach ein Messer in die Brust zu rammen (363, 50–51). Drittens lässt man dasselbe Argument für Männer, die von ihrer Frau misshandelt wurden, bezeichnenderweise nicht gelten (130, 317). Viertens ist das *battered woman syndrome* vom wissenschaftlichen Hintergrund her etwa so fundiert wie Bachblütentherapie oder das Auditing bei Scientology: In ihrem Buch ignorierte Lenore Walker bei den herangezogenen Studien alle Ergebnisse, die ihr nicht in den Kram passten, und drehte deren Aussage oft ins Gegenteil um. Konsequenterweise gibt sie auch weder Fußnoten an noch eine Bibliographie, noch irgendwelche anderen Quellenhinweise. Bei ihren Erkenntnissen beruft sie sich allein auf die Darstellungen von Frauen in gewalttätigen Beziehungen, die sich bei ihr gemeldet hatten – logischerweise wird keine dieser Frauen berichten: »Ich habe Fred umgebracht, weil ich an sein Geld wollte!« Ihre Schlussfolgerungen verkündete Lenore Walker schlichtweg ex cathedra. Das tut der Beliebtheit ihres Buches natürlich keinerlei Abbruch: Entweder wird es von Anwälten verwendet, die ihre Mandantin irgendwie freibekommen wollen, oder von Vertretern der Frauen-sind-besser-Bewegung, denen die Vorstellung einer aus eigenem Antrieb mordenden Frau einfach über den geistigen Horizont geht.

• Frauen, die tatsächlich von ihrem Mann misshandelt wurden, behaupten, zu große Angst gehabt zu haben, ihn anzuzeigen, oder dass sie nirgends Hilfe bekommen konnten. Obwohl Frauen in der Partnerschaft öfter gewalttätig werden als Männer, gehen aber 90 Prozent aller Anzeigen und 90 Prozent aller Unterlassungsklagen von ihnen aus. Notrufzentralen, Frauenzentren und Frauenhäuser sind allein auf das weibliche Geschlecht ausgerichtet. Auch bei ihren Freundinnen kann sie viel eher über solche Probleme berichten, als ein Mann es gegenüber seinen Freunden kann. Die Berichte aus dem letzten Kapitel belegen eindeutig, dass, wenn Hilflosigkeit eine Entschuldigung für Mord sein kann, dies Männern zehnmal eher zugestanden werden sollte als Frauen (130, 318–319).

• Eine weitere typische Rechtfertigung sind Missbrauch und Misshandlung, die die Beschuldigte in ihrer Kindheit erfahren habe. Das amerikanische Sourcebook of Criminal Justice Statistics enthält neuerdings eine Tabelle, aus der man die Prozentzahl der Frauen ablesen kann, auf die dieser Sachverhalt zutrifft. Eine solche Tabelle existiert nicht für Männer, die als Jungen öfter das Opfer von Misshandlungen als Mädchen wurden. Wenn angeklagte Männer von Misshandlungen oder Missbrauch in ihrer Kindheit berichten, wird dies als »Rationalisierung« des Verbrechens beiseite gewischt (363, 57).

• Gerne wird auch fehlgeschlagener Selbstmord ins Spiel gebracht, so im Fall von Betty Broderick, einer Hausfrau aus Kalifornien, die ihren reichen Ex-Mann und seine neue Frau im Schlaf tötete. Sie verteidigte sich mit zwei schlagenden Argumenten: Zum einen betrachte sie seine Scheidung von ihr und Unterhaltszahlungen in Höhe von lediglich 16.000 $ im Monat als »Weiße-Kragen-häusliche-Gewalt«, die sie nicht wehrlos über sich ergehen lassen wollte (547, 102). Zum anderen habe sie eigentlich vorgehabt, sich selbst das Leben zu nehmen, sei dabei aber in Panik geraten. Bemerkenswert in diesem Zusammenhang ist, dass nicht nur Gerichte mit Männern, die ihre Partnerin umgebracht habe, strenger verfahren, sondern diese sich auch eher selbst richten. 25 Prozent aller weißen Männer nahmen sich nach einer solchen Bluttat das Leben, aber nur zwei Prozent aller weißen Frauen (363, 43-44). Aufgrund der Tatsache, dass Broderick ihren Ex-Mann (und dessen neue Frau) erschossen hatte, gewann sie eine große weibliche Unterstützerschaft und wurde in Teilen der USA als Heldin betrachtet. Sie landete zwar im Gefängnis, empfing dort aber die Medienelite von Oprah Winfrey bis zu Vanity Fair – nicht ohne Begleitung ihrer Public-Relations-Expertin, versteht sich. »Unsere Gesellschaft erlaubt es Frauen nicht, sich und ihre Kinder in Selbstverteidigung zu schützen«, ist eines von Brodericks Statements. Die Frau, die sie getötet hatte, bezeichnet sie übrigens immer noch als »dieses billige, nichtsnutzige Flittchen« (363, 233–234).

Einige andere typische Fälle

• 1987 erschoss Marlene Wagshall in New York ihren schlafenden Ehemann in einem Eifersuchtsanfall. Er überlebte, nachdem ihm große Teile seines Magens, seiner Leber und seiner oberen Därme chirurgisch entfernt werden mussten. Eine feministische Anwältin aus Brooklyn, Elizabeth Holzmann, handelte die Anklage von versuchtem Mord auf Körperverletzung hinunter, was ihr allein mit Marlene Wagshalls unbestätigter Behauptung, ihr Mann habe sie früher geschlagen, gelang. Marlene Wagshall kam für einen Tag ins Gefängnis und erhielt fünf Jahre Bewährung (304, 113).

• Die neunzehnjährige Tracy Ribitch gab zu, ihr neugeborenes Baby getötet zu haben. Die Strafe: ein Tag Gefängnis und die Verpflichtung, vor Teenagern Vorträge über geschützten Verkehr zu halten. Man kann sich vorstellen, wie das Urteil gelautet hätte, wenn ihr Freund das Kind umgebracht hätte (365).

• Die Schönheitskönigin Tracy Lippard drang in das Haus ihrer schwangeren Rivalin ein und griff dort deren Vater mit einem Hammer an, bevor sie überwältigt werden konnte. Zellengenossinnen gegenüber prahlte sie, sie hätte ihrer Konkurrentin den Bauch aufschlitzen wollen. Vor Gericht hingegen inszenierte sie sich als das Opfer enttäuschter Liebe: »Jede Frau, die betrogen worden ist, kennt dieses Gefühl.« Die Geschworenen befanden sie nur kleinerer Vergehen ohne Vorsatz schuldig – unbenommen der Tatsache, dass sie eine Pistole, ein Messer und Feuerzeugbenzin mit sich führte, als sie verhaftet wurde. Nach der Verhandlung beschrieb sie ein Zeitungsartikel als »eloquente, eindrucksvolle Frau, die nie einen Mann gefunden hatte, der sie so sehr mochte, dass er ihr Foto in seiner Brieftasche trug.« (547, 107)

• Und bevor Sie denken, solche Fälle gäbe es nur in den USA: Patricia Orionno, »Frankreichs unfähigste Mörderin«, beschloss 1988, ihren Ehemann umzubringen, weil dieser zu häufig mit ihr schlafen wollte. Zuerst versuchte sie, ihn mit Schlaftabletten umzubringen, verschätzte sich aber in der Dosierung, so dass er nur etwas länger schlief als gewöhnlich. Dann schlitzte sie ihm die Pulsadern auf, vergiftete ihn mit Gas und versuchte, ihn mit einem Kissen zu ersticken. Erst indem sie achtmal mit dem Messer auf ihn einstach, konnte sie ihn ins Jenseits befördern. Madame Orionno fand einen verständnisvollen Richter, der den Mord zum Verbrechen aus Leidenschaft erklärte und sie freisprach (433, 313).

• Die Kanadierin Karla Homolka setzte ihre 15 Jahre alte Schwester unter Drogen und stellte sie ihrem Freund Paul Bernardo für eine Vergewaltigung zur Verfügung. Das Mädchen kam dabei ums Leben. Karla erklärte ihren Eltern, ihre Schwester habe zuviel getrunken und sei an ihrem Erbrochenen erstickt. Nach ihrer Heirat mit Bernardo entführte das junge Paar weitere Mädchen, hielt sie als Sex-Sklavinnen tagelang gefangen, vergewaltigte sie mehrfach, brachte sie um. Nach einer dieser Entführungen berichteten Zeugen, »zwei Männer« als Täter wahrgenommen zu haben. Die Polizei kam dem Paar auf die Spur, aber auch die Beamten waren sich sicher, dass eine weibliche Täterin in jedem Fall unter dem Einfluss eines gewalttätigen Mannes stehen musste: »Wir sind nicht hier, um Sie zu kriegen. Wir wollen ihn kriegen. Sie sind das Opfer.« Karla erkannte ihre Chance, behauptete, eine verprügelte Frau zu sein und handelte eine Höchststrafe von sechs Jahren und Immunität für alle weiteren möglichen Anschuldigungen aus. Die Medien erfuhren nicht einmal, dass sie zu den Tatverdächtigen gehörte. Der erste Bruch in ihrer Geschichte tauchte auf, als Psychologen, die sich mit ihr unterhalten hatten, keinerlei Angstzustände aufgrund von Misshandlungen erkennen konnten. Im Gegenteil, Homolka wirkte überaus dominant. Keiner dieser Experten wurde vor Gericht geladen, um seine Aussage zu machen. Karla selbst hatte die Literatur über häusliche Gewalt offenbar gelesen, zitierte sie vor Gericht, gab sich als Opfer. Dann tauchten Videos auf, die Karla und Paul zeigten, wie sie sich mit ihren »Sexsklavinnen« die Zeit vertrieben. Karla war meistens heiter und gut gelaunt, gab den Mädchen ebenso Anweisungen, was sie tun sollten, wie ihrem Freund. Das einzige Aggressive, was er auf diesen Videos zu ihr sagte, war ein genervtes »Halt die Klappe!« Es war diese Bemerkung, die in den Zeitungsschlagzeilen auftauchte, um das Klischee vom männlichen Haupttäter zu erfüllen. Karla behauptete vor Gericht, sie habe ihrem Freund bei diesen Taten geholfen, weil er sie immer wieder dazu gedrängt habe. Na dann. Ein weiteres Video ließ allerdings andere Töne hören: »Ich habe es geliebt, wie du meine Schwester gefickt hast. Ich möchte, dass du das noch einmal tust.« Ihre Schwester war zu diesem Zeitpunkt längst tot, Karla sprach von anderen Mädchen. »Glaubst du, wir können das tun? Willst du es noch fünfzigmal tun? Jede Woche vielleicht?« Auf Unstimmigkeiten zwischen ihrer Aussage und den Videos hingewiesen, behauptete Karla, sich an alles nur noch verschwommen erinnern zu können, so wie in einem Traum. Zwischen den Morden verreiste sie mit ihrem Partner nach Disneyworld oder an den Strand von Maui. Auch dort, behauptete sie, sei sie von ihm fürchterlich zusammengeschlagen worden. Im Kreuzverhör reduzierte sie diesen Vorwurf auf einen Klaps auf den Hintern – ihren einzigen Körperteil, der auf den Urlaubsaufnahmen nicht deutlich zu erkennen war. Im Herbst 1995 nahm einer der Gerichtsmediziner, der die Autopsien an den getöteten Mädchen vorgenommen hatte, mit der Presse Kontakt auf. Für die Gerichtsverhandlung gegen Bernardo hatte er seine Berichte noch einmal analysieren müssen und dabei festgestellt, dass Homolkas Aussagen definitiv falsch sein mussten. Es war eindeutig: Sie hatte die Mädchen umgebracht, nicht ihr Partner. Die Staatsanwaltschaft weigerte sich, seine Aussage vor Gericht zuzulassen, weil sie ihre eigene Ansicht widerlegte: dass er, der Mann, der Haupttäter sein musste. Der Fall ging quer durch Kanadas Presse, stand aber international im Schatten vom gleichzeitigen Verfahren gegen O. J. Simpson. Über dreitausend Unterschriften wurden in Kanada gesammelt und an Politiker verschickt, gekoppelt an die Bitte, Karla Homolkas Straffreiheit aufzuheben. Ein Senator versuchte, ein Gesetz einzubringen, das es erlaubt hätte, Karla Homolka hinter Gittern zu lassen. Es war zu spät, die Abmachung galt. Seit 1997 ist die mehrfache Entführerin, Vergewaltigerin und Mörderin Karla Homolka wieder eine freie Frau (363, 33–200).

• Jean Harris drang nachts mit einer Pistole in die Wohnung ihres ehemaligen Freundes Herman Tarnower ein. Sie fand ihn schlafend in seinem Bett vor. Eigentlich wollte sie sich dort, ihrer Aussage nach, selbst töten, aber dummerweise ging ihre Waffe los, als sie gerade auf Tarnower gerichtet war. Wie Betty Broderick wurde auch Jean Harris von etlichen Frauen umjubelt, die ihre Tat als gerechte Bestrafung für Männer empfanden, die eine ältere Frau für eine jüngere verließen. Nachdem Jean Harris vom New Yorker Gouverneur begnadigt worden war, hielt sie in ganz Amerika Lesungen ab. 1994 wollte sie eine Talk-Show in Toronto besuchen, ihr wurde aber wegen ihres Strafregisters am Flughafen die Einreise verweigert. Harris: »Die behandeln mich wie eine Kriminelle!« Der lautstarke Protest von ihren Unterstützerinnen ließ nicht auf sich warten (363, 237).

Wie entsteht diese fehlerhafte Wahrnehmung von gewalttätigen Frauen?

Es ist kein Wunder, dass Mörderinnen wie Betty Broderick oder Jean Harris kein ausgeprägtes Schuldbewusstsein entwickeln, wenn sie schon von Gerichten so zurückhaltend behandelt werden und auch die Medien sie in Kultfiguren verwandeln. Allein die Behauptung, sie sei das Opfer häuslicher Gewalt, verschafft selbst einer Mörderin einen »gesellschaftlich sanktionierten, kugelsicheren Schutzraum« (299, 175). Sogar eine Serienkillerin wird in Dokumentationen und Fernsehfilmen wie eine Figur aus »Thelma und Louise« dargestellt, ein Streifen, der in seinem Kultcharakter allerdings selbst schon ein Kuriosum ist: »In der gesamten amerikanischen Filmgeschichte wurden bisher nie zwei Männer als Helden der Männerbewegung gefeiert, die ihre Ehefrauen verlassen hatten, sich mit zwielichtigen Frauen herumtrieben, dann eine Frau töteten und die andere in der Wüstenhitze aussetzten und sich selbst überließen« (130, 269; tatsächlich sind es allerdings zwei Männer, die in der Wüste ausgesetzt werden, ein Truckerfahrer und ein Polizist). Bei der Szene, in der Louise Thelmas Angreifer, der längst von ihr abgelassen hat, kaltblütig erschießt, gehen regelmäßig Begeisterungsstürme durch das weibliche Publikum. »Ich möchte nicht, dass sich irgendjemand eingeschränkt fühlt«, erklärte Callie Khouri, die Drehbuchautorin des Filmes. »Das bedeutet Feminismus für mich: die Grenzen zu sprengen.« (251, 15) Mit dieser Definition von Feminismus können sich offensichtlich noch ganz andere Frauen identifizieren.

Der Männerforscher Bonde kommt zu dem Schluss, dass Frauen ihre eigene, die weibliche Gewalt als »progressiv« bzw. »fortschrittlich-gut« aufwerten, während sie die männliche Gewalt als »reaktionär« bzw. »altmodisch-schlecht« verurteilen (220, 151). Wie kommt es zu diesem Urteilen mit zweierlei Maß? Warum ist Gewalt, wenn sie von Frauen ausgeht, grundsätzlich Spaß oder Gegenwehr, harmlos oder gar heldenhaft, bei männlichen Tätern aber verabscheuungswürdig und brutal? Patricia Pearson bezeichnet die Vorstellung von der friedfertigen, gewaltfreien Frau als einen der hartnäckigsten Mythen unserer Zeit.

»Die Frage ist, wie nehmen wir wahr, was Frauen und Mädchen tun?«, betont Patricia Pearson. »Gewalt wird weltweit immer noch als Domäne des Männlichen betrachtet. Gewalt ist männlich. Männer sind die Ursache, Frauen und Kinder sind diejenigen, die darunter leiden. Die einzige Erklärung, die von Kriminologen für Frauengewalt angeboten wird, ist, dass sie unfreiwillig geschieht, das seltene Resultat von Provokation und Geisteskrankheit, als ob die Hälfte der Weltbevölkerung aus heiligen Stoikern bestünde, die sich niemals von Zorn, Frust oder Gier leiten lassen.« (363, 7)

Im Laufe dieses Kapitels haben wir gesehen, dass Frauen, sobald sie über etwas Macht verfügen, keineswegs friedliebender oder weniger grausam sind als Männer. Wenn sie über diese Macht nicht verfügen, greifen sie auf indirekte Gewalt zurück, die genauso schädlich oder gar noch zerstörerischer sein kann als offene Gewalt. Paradoxerweise ist es gerade das verhasste »Patriarchat«, die ursprüngliche Rollenverteilung der Geschlechter, die dafür sorgt, dass Frauen weniger direkte Gewalt ausüben als Männer, einfach weil viele Mitglieder des vermeintlich stärkeren Geschlechts dem vermeintlich schwächeren manche unliebsame Auseinandersetzung abnehmen. Der Trick dabei ist, »den Männern das Ergebnis dieser nicht aus freiem Entschluss übernommenen Geschlechterrolle vorzuhalten, während frau sich selbst aufgrund eines ebenfalls nicht aus freiem Entschluss übernommen Rollenverhaltens als ›besserer Mensch‹ dünkt« (198, 86). Sobald das »Patriarchat« indes immer mehr in Frage gestellt wurde, nahm die Aggression von Frauen auch in unserer Gesellschaft zu und richtete sich z. B. im Laufe des sogenannten »Power-Feminismus« und der Böse-Mädchen-Bewegung gegen das neue Feindbild Nummer eins: die Männer. Diese Gewalt wird vorbereitet durch Bücher (»Nur ein toter Mann ist ein guter Mann«), Witze (»Was hat man, wenn man sechs Männer bis zum Kopf im Sand verbuddelt hat? Zuwenig Sand.«) sowie Ansteck-Buttons und Graffiti (»Nicht alle Männer gehen dir auf die Nerven – manche sind tot«; »So viele Männer, so wenig Munition!«; »Der Weg zum Herzen eines Mannes ist durch seine Brust!«; »Tote Männer lügen nicht.«). Patricia Pearson: »Der individuelle Mann ist nicht von Bedeutung; alle Männer dienen als symbolische Zielscheiben.« (363, 232)

Im gleichen Maße wie die Gewaltbereitschaft von Frauen in unserer Kultur steigt, wird verbissen am Klischee von der Männergewalt festgehalten. Margaret Thatcher oder Tansu Ciller sind »vom Patriarchat geprägt«, Jesus oder Mahatma Gandhi haben »weibliche Tugenden« entwickelt (239, 351). Cathy Young verglich die Reaktionen auf Gewaltverbrechen verschiedener Geschlechter: Weibliche Opfer von Männern sorgten für Aufmacher in den Zeitungen, Diskussionen über Männergewalt und das Niederlegen von Kränzen mit dem Spruchband »Gott segne dich und all die anderen Frauen, die ermordet wurden«. Männliche Opfer von Frauen sind gerade eine knappe Meldung wert (547, 85).

»Selbst wenn wir Frauen traditionell männlich besetzte Gewaltverbrechen begehen, erhebt sich ein Chor von« Stimmen, um unsere Unschuld zu beteuern«, stellt Patricia Pearson fest. »Wir werden freigesprochen von den Gerichten und von der Gemeinschaft, wenn wir gegen unsere Männer und Geliebten tätlich werden, oder gegen Fremde, gegen Männer als Symbole unserer Unterdrückung.« (363, 232) Selbst jetzt, wo zumindest in den USA die Festnahmen von Frauen als Täterinnen im Bereich häuslicher Gewalt ganz langsam, ganz allmählich steigen, werden diese in der Presse als Opfer dargestellt: als missbrauchte Frauen, die ins Gefängnis kommen, weil sie »zurückgeschlagen haben« oder als Opfer bösartiger Männer, die falsche Anschuldigungen erheben, um ihre Frauen zu quälen oder Vorteil in einem Scheidungskrieg zu gewinnen (547, 99). Eine solche Frau kann sich, wie z. B. Constanze Elsner argumentiert, auf »böseste verbale Provokation« (103, 31) seitens des Mannes berufen und ist damit jeglicher Eigenverantwortung für ihr Tun ledig. Dazu Claudia Heyne: »Eine solche Argumentation ... unterstellt, dass nur diese eine Handlungsmöglichkeit als Reaktion auf die erlittene Gewalt gegeben ist ... Und: Eine solche Argumentation enthebt uns der Notwendigkeit, uns mit unliebsamen Selbstaspekten auseinander zu setzen.« (198, 45) Sobald hingegen ein

Mann sein Verhalten auch nur in den Kontext von Beziehungsdynamik stellen möchte, wird augenblicklich der Vorwurf erhoben, dass dies ein allzu durchsichtiger Versuch sei, seine Gewalt zu entschuldigen (198, 44).

Im Herzen unserer Gesellschaft hockt ein sexistisches Wahngebilde, ein durchgehendes Messen mit zweierlei Maß: »Soweit eingestanden wird, dass auch Frauen gewalttätig sind ... wird ihr Verhalten entweder bagatellisiert oder aber als Folge bereits vorausgegangener Unterordnung und Gewalt durch Männer interpretiert. Was immer Frauen auch tun, so gewalttätig sie auch sein mögen – in dieser Lesart sind sie immer Opfer, und wer Opfer ist, ... kann nur unschuldig sein. ... Frauen sind demnach auch dann noch Opfer, wenn sie misshandeln, missbrauchen, quälen und töten. Männer hingegen sind die eigentlichen Verursacher von Aggression und Gewalt, die nicht nur ihre Gewalttätigkeit, sondern auch die von Frauen zu verantworten haben.« (198, 12, 34)

STURM AUF UNZÜCHTIGE SCHRIFTEN UND BILDER – MACHEN PORNOS MÄNNER ZU KAMPFHUNDEN?

»Was Männer wollen: gefesselte Frauen, verprügelte Frauen, gefolterte Frauen, erniedrigte Frauen, gedemütigte Frauen ... getötete Frauen.«

Catharine MacKinnon

Pornographie, also die kommerziell motivierte Darstellung von erotischen Handlungen in Worten oder Bildern, ist eines der Gebiete, in dem die Ultrakonservativen aus Regierung und katholischer Kirche und die Feministinnen einen engen Schulterschluss eingehen. »Pornographie führt zur Sünde und verdirbt die menschlichen Beziehungen«, ließ die Pressestelle des Vatikans im Mai 1989 verlauten (467, 220). Das war den moralischen Fundamentalistinnen in der Frauenbewegung viel zu harmlos formuliert. Wenn es um »schmutzige« Bilder ging, sprachen sie statt von »Sünde« von »Frauenhass«. Pornographie wird von ihnen mit Völkermord verglichen und der Playboy-Chef Hugh Hefner mit Adolf Hitler (305, 43). »Andrea Dworkin zieht laufend Parallelen zu der Verfolgung und Vernichtung von Juden im Dritten Reich, Alice Schwarzer zitiert Jean Amérys Erfahrung von Folter durch die Gestapo in Belgien. Es wird suggeriert, dass der Weg von der Pornographie nach Auschwitz führt.« (13, 29) Die Anti-Porno-Feministin Page Mellish behauptet, dass es keine Frage des Feminismus gäbe, die ihre Wurzel nicht im Porno-Problem habe. »Pornographie ist Kriegspropaganda gegen Frauen!«, lautet ein anderer von Alice Schwarzers Kampfrufen (386, 151). Catharine MacKinnon behauptet, Männern Pornos zu zeigen, sei, wie einem trainierten Kampfhund »Fass!« zuzurufen (478, 131). Ähnlich unverblümter Sexismus findet sich in Dworkins Pamphlet »Pornographie. Männer beherrschen Frauen«, einem Buch, das von Anfang bis Ende durchsetzt ist mit Hassparolen wie »Terror strahlt aus vom Mann, Terror erleuchtet sein Wesen, Terror ist sein Lebenszweck« (97, 24). »Wenn nach der Lektüre eine Konsequenz auf der Hand liegt, dann ist sie nicht so sehr die des Verbotes von Pornographie, sondern die des Verbotes von Männern«, erwidert darauf kopfschüttelnd Silvia Bovenschen (386, 148). Sicher reizt eine Bewegung, deren Schriften so offen sexistisch sind, die andererseits aber ausgerechnet die Darstellung körperlicher Liebe als frauenverachtend bezeichnet, spontan zu humoristischen Bemerkungen. In Wahrheit ist die Sache allerdings deutlich ernster, denn solche sexualfeindlichen Ideologien nehmen gerade in diesen Tagen ihren Weg in die Gesetzgebung.

»Pornographie ist die Theorie, Vergewaltigung ist die Praxis!«

THESE: DAS BETRACHTEN PORNOGRAPHISCHER BILDER FÜHRT BEI MÄNNERN ZU SEXUELLER GEWALT

»Zensur ist der stärkste Drang der menschlichen Natur«, bekundet Philip Kerby, Leitkolumnist der »Los Angeles Times«. »Sex kommt abgeschlagen an zweiter Stelle.« (258, 36) Noch deutlicher äußert sich die kritische Feministin Avedon Carol: »In jedem von uns steckt ein kleiner Faschist, der fieberhaft jede Ausdrucksform unterdrücken möchte, von der er seine eigenen Werte bedroht fühlt.« (60, 1) Das ist in Deutschland nicht anders. Im September 1998 veröffentlichte die Zeitschrift »Emma« eine Petition für das gesetzliche Verbot von Pornographie. »Zwei von drei jungen Männern in Deutschland frequentieren heute regelmäßig pornographische Medien«, heißt es darin. »Pornographie ist sexualisierter Hass. ... Er muss in der Zukunft ähnlich geahndet werden können wie Fremdenhass oder Antisemitismus: Wer in Wort, Schrift oder Bild zu Hass oder Gewalt gegen Teile der Bevölkerung aufstachelt, sie in ihrer Menschenwürde verächtlich macht oder erniedrigt, macht sich der Volksverhetzung schuldig und wird mit Freiheitsstrafe bestraft. ... Schon der Besitz von Pornographie ... muss international verboten, verfolgt und bestraft werden. Denn die Konsumenten von heute sind die Täter von morgen.« Unterschrieben ist die Petition unter anderem von Sabine Bergmann-Pohl (CDU), Andrea Fischer (Grüne), Michaela Geiger (CSU), Regine Hildebrandt (SPD), Rita Süssmuth (CDU) und Christine Bergmann (SPD). Letztere ist inzwischen Frauenministerin in Bonn und schickt sich einem »SPIEGEL«-Interview zufolge gerade an, das geforderte Pornographie-Verbot durchzusetzen – wobei sie mit den Erotika sexueller Minderheiten wie der Sadomasochisten anfangen möchte (459, 50). In Kanada sind genau die von »Emma« aufgestellten Forderungen übrigens 1992 Gesetz geworden.

Es ist auffallend, dass sich hier ein alle politischen Lager übergreifender Konsens gebildet hat. Selbst auf einen Einspruch der Liberalen darf man verblüffenderweise nicht rechnen. »Pornographie ist die erniedrigende Darstellung von Sexualität«, behauptet Sabine Leutheusser-Schnarrenberger (FDP). »Den weitaus größeren Teil der Konsumenten verleitet es zu Gewalt und Penetration ihres sexuellen Gegenübers.« Hui. Pornographie »verleitet« also zur »Pene-

tration«, die hier in einem Atemzug mit »Gewalt« genannt wird, als wären's
siamesische Zwillinge. Das ist in der Tat bedenklich. Ebenso bedenklich ist auch
hier das Schweigen der Männer. Franz Müntefering, Generalsekretär der SPD,
ist der Vorstoß seiner Parteikollegin Bergmann offenbar peinlich; er verweigert
auf eine Anfrage hin ausdrücklich jede Stellungnahme.

Die einzige Bundestagspartei, die sich offen gegen die geforderten Zensur-
maßnahmen sperrt, ist die PDS, deren frauenpolitische Sprecherin, Christina
Schenk, erklärt: »Auf jeden Fall werde ich mich dafür einsetzen, dass die PDS
keine Initiativen unterstützt, die gegen Pornographie im allgemeinen oder sogenannte ›Gewaltpornographie‹ gerichtet sind.« (7)

Die Petition der »Emma« steht allerdings nicht im luftleeren Raum, sondern
ist untermauert durch die Studie eines Herrn Glogauer, die, platt gesagt, darin bestand, dass er 18 (in Worten: achtzehn!) Sexualstraftäter danach befragte, ob nicht ihr erhöhter Pornokonsum in Wahrheit für ihre Verbrechen verantwortlich sei. Die Jungs zögerten nicht lange und sagten ja. So einfach hatte
man es ihnen vermutlich lange schon nicht mehr gemacht. Für »Emma« indes
galt fürderhin der Zusammenhang zwischen Pornokonsum und sexueller Gewalt als »wissenschaftlich bewiesen«.

Ebenso könnte man darauf hinweisen, dass kriminologischen Studien zufolge viele Straftäter nicht die Verantwortung für ihr Tun übernehmen, sondern
dem Schicksal, den Umständen oder anderen Kräften außerhalb ihrer Kontrolle
die Schuld zuweisen, einfach weil sie sonst mit ihren eigenen Taten nicht leben
könnten (363, 41). Als am Tag vor seiner Hinrichtung der Serienmörder Ted
Bundy erzählte, Pornos hätten ihn zu seinen Taten veranlasst, stürzten sich Konservative und Feministinnen darauf wie auf die Heilige Wahrheit – vor ein paar
Jahrhunderten hätte er eine Besessenheit durch den Teufel vorschieben können (81, 152; 363, 41).

Das British Committee on Obscenity and Film Censorship führt das Beispiel
eines jungen Mannes an, der seine Eltern mit einem Fleischermesser angriff,
nachdem er Dostojewskis »Die Brüder Karamasow« gelesen hatte, ebenso wie
ein in London lebener Jamaikaner behauptete, durch die Fernsehserie »Roots«
zur Vergewaltigung einer weißen Frau »inspiriert« worden zu sein. Selbst die
Bibelverfilmung »Die zehn Gebote« musste schon als Sündenbock für solche
Verbrechen herhalten (478, 307–308). Ein Kindermörder nannte als größten
Einfluss auf sein Phantasieleben »Tom Sawyer« (347, 47), und Nannie Doss,
die nacheinander ihre vier Ehemänner ermordete, erklärte nach der Verhaftung als Motiv, diese wären dem romantischen Ideal aus ihren so gerne gelesenen Frauenromanen niemals gerecht geworden (64, 127).

Es ist schon erstaunlich, was heutzutage alles als »wissenschaftlicher Beweis«
gewertet wird. Gibt es wirklich keine anderen Studien über die Auswirkungen
von Pornographiekonsum auf das menschliche Verhalten? Doch, die gibt es,
und zwar zuhauf. Nur führen diese sämtlich nicht zu den von feministischer
Seite erwünschten Ergebnissen. So urteilt die Sexualwissenschaftlerin Isabelle

Azoulay in ihrer Analyse pornographischer Texte über das Zensurbegehren der »Emma« folgendermaßen: »Obwohl das Anliegen seiner klaren Sprache wegen Verständnis finden konnte und in wenigen Aspekten überzeugte, lösten die Versuche, die Gefahren der Pornographie wissenschaftlich zu dokumentieren, meistens gegenläufige Effekte aus, die im Widerspruch zu den Intentionen ihrer Initiatorinnen standen. Die Laborexperimente und andere Studien, die ihrer Empörung eine Grundlage geben sollten, haben wissenschaftlich gesehen geringe Gültigkeit oder basieren auf unannehmbaren Prämissen.« (13, 23)

Eine spezielle Bibliographie von *seriösen* Studien zu diesem Thema, die sämtlich die soziale Unschädlichkeit von Pornographie belegen, gibt es auf einer feministischen (!) Internet-Seite: *www.well.com/user/freedom/bookfem.html.*

Hier soll nur eine der zahlreichen und im Ergebnis übereinstimmenden Studien wegen ihrer besonderen Gründlichkeit herausgegriffen werden, eine Untersuchung von Professor Ertel vom Institut für rationelle Psychologie, München:

Ausgangsstichprobe war eine Auswahl von 9.617 Männern und Frauen, die nach Geschlecht, Alter, Familienstand, Sozialstatus, Ausbildungshintergrund und Wohnortgröße als repräsentativ für die Gesamtbevölkerung gelten konnte (124, 32), um zweifelhafte Verallgemeinerungen von seltenen Einzelfällen (124, 474) zu vermeiden. Auch der wissenschaftliche Laie wird in diesem Versuchsaufbau den einen oder anderen Unterschied zur Glogauer-»Studie« erkennen. Besonderen Wert wurde bei der Münchener Untersuchung darauf gelegt, nicht von Anfang an von einem »theoretisch-methodischen Raster« bestimmt zu werden, also etwa durch ein »lineares kausales Einbahnstraßenmodell ... von Pornographie und Aggression«.

Des Weiteren achtete Ertel auf eine besondere Nähe der Versuchssituation zur Alltagswirklichkeit: Es wurden Szenarios ausgewählt, die auch tatsächlich normalerweise konsumiert wurden, und der Einfluss eines Partners spielte ebenso eine Rolle wie frei gewählter Konsum (124, 22). Bisherige Studien hatten zum Beispiel daran gekrankt, dass die Versuchspersonen fünf Tage lang je zehn Stunden täglich (warum nicht gleich 20 Tage rund um die Uhr?) Filmen ausgesetzt wurden, die mit aggressiven Szenen überladen waren. Es war nur logisch, dass Männer und Frauen (!) auf diesen Ansturm mit Aussetzern wie einer höheren Toleranz gegenüber sexueller Gewalt reagierten (121, 165). Solche Fehler wollte die Ertel-Studie vermeiden. Zu ihren Ergebnissen, die sowohl auf der Messung von zum Teil unbewussten Körperreaktionen als auch auf Befragungen basierten, zählen die folgenden:

• Die Vorstellung, »dass zwischen Pornographie und sexueller Realität ein enger und unmittelbarer Zusammenhang besteht«, muss zurückgewiesen werden. »Pornographie ist für die meisten Männer und Frauen gerade deshalb attraktiv, weil sie eine *fiktive Scheinwelt* präsentiert.« So steht etwa »die Darstellung einer sexuellen Überwältigung« nicht für den Wunsch, tatsächlich gewaltsam unterworfen zu werden, sondern für »ein Überwältigtwerden durch sexuelle Empfindungen« (124, 74–75). Die feministische »Hintergrundannahme«, dass der wiederholte Kontakt mit Pornographie dazu führe, den wahrgenommenen Umgang mit Frauen in eigenes Sexualverhalten umzusetzen, lässt sich nicht halten. Besonders bei »Paraphilien, sexueller Konventionsverletzung oder sexueller Dominanz, Kontrolle oder Gewalt sinken die Quoten ... unter 5 % ab (124, 88–89).« Die Faszination liege gerade darin, Dinge zu sehen, die man in der Realität nicht tun könne oder wolle (124, 92).

- Nur wenige Frauen und Männer wurden von pornographischen Bildern erregt, die den Eindruck von realer Gewalt, Aggression oder Zwang erweckten, egal ob es sich dabei um männliche oder weibliche Schauspieler handelte. Frauen fühlten sich durch solche Darstellungen lediglich zu zwei bis neun Prozent angesprochen; Männer zu einem bis zwölf Prozent. Die Unterschiede zwischen den beiden Geschlechtern waren nicht statistisch signifikant. Ein Zusammenhang mit der Konsumhäufigkeit war nicht zu erkennen (124, 127).

- Die sexuellen Wünsche, die sich tatsächlich als Reaktion auf die Pornos einstellten, waren bei Männern und Frauen unterschiedlich. Bei Männern stand das Interesse an Fellatio, Gruppensex und aktiver Verführung im Vordergrund, bei Frauen rutschten Cunnilingus, sexueller Kontrollverlust und passive Verführung auf ihrem Wunschzettel nach oben. In die Tat umgesetzt wurden allerdings weit weniger Phantasien, die mit sexueller Dominanz zu tun hatten, sondern hauptsächlich Petting und Fellatio bis zum Orgasmus sowie Cunnilingus und Analverkehr. Nur 0,5 % der Männer und ebenfalls 0,5 % der Frauen setzten ihren Wunsch nach einer Vergewaltigung durch den Partner in die Realität um (124, 136–137). Solche Gewaltinszenierungen wurden aber nicht von Pornographie ausgelöst, wenn der Wunsch nach ihnen nicht von vorneherein in den Betrachtern bestand (124, 475).

- In keiner Testgruppe hatte der mehrwöchige intensive Kontakt mit Pornographie einen Einfluss auf Wünsche gehabt, jemanden durch psychischen oder körperlichen Druck zum Sexualverkehr oder zu bestimmten sexuellen Praktiken zu bewegen, weder bei den Männern, noch bei den Frauen (124, 389). Es gebe keine Hinweise darauf, dass Pornographie bei Männern »unweigerlich zu manifester Gewalt und zur Brutalisierung ihres Sexualverhaltens gegenüber Frauen führt und damit unter anderem die Wahrscheinlichkeit von Vergewaltigungen oder sadistischen Praktiken erheblich erhöht« (124, 475). Statt dessen hatte sich die Einschätzung, Filme mit sexuell-aggressiven Inhalten hätten nichts mit der Realität zu tun, im Vergleich zum Beginn der Untersuchung verdoppelt. Dass Pornographie nichts mit der Realität zu tun habe, fanden jetzt mehr Männer als Frauen richtig. Vor dem 24-wöchigen Kontakt mit dem pornographischen Material war es umgekehrt gewesen (124, 427–428).

• Bei der Konfrontation mit sexuell-aggressiver Extrempornographie zeigte sich bei Männern wie Frauen eine stark negativ ausgeprägte Ablehnung ohne sexuelle Begleitreaktionen. Die Gefühle erstreckten sich dabei von Befremdung und Verstimmung bis zu intensivem Ärger und Ekel und steigerten sich noch im Verlaufe der weiteren Untersuchung. Statt einer Gewöhnung trat also eine negative Sensibilisierung ein: Die Abwertung verschärfte sich, und die »einer sexuellen Erregung entgegengesetzten Reaktionsmuster nahmen weiter zu.« (124, 280-281)

• »Anhaltspunkte für eine Pornospirale im Sinn einer inhaltlichen Eskalierung von harmlosen erotischen Darstellungen bis zu Extrempornographie gibt es nicht. Erstaunlich ist vielmehr, dass selbst intensive Konsumenten immer wieder auf ein und dasselbe Genre von Standardpornographie zurückgreifen.« (124, 475) Besonders delikat ist hier, dass gerade Deutschlands entschiedenste Porno-Gegnerin, Alice Schwarzer, die Ertel-Studie kennt und bis hin zu ihrem neusten Buch »Der große Unterschied« auch immer wieder daraus zitiert. Zitiert werden von Schwarzer aber nicht die Ergebnisse dieser Studie in ihrer Gesamtheit – da müsste Schwarzer ja zugeben, dass ihre Anti-Porno-Position nicht mehr zu halten ist –, sondern lediglich einige wenige aus dem Zusammenhang gerissene Sätze, die Schwarzers Ansichten fälschlich zu untermauern scheinen. Hier ist im Eifer der Rechthaberei und der Pornographiefeindlichkeit auch die letzte Spur von wissenschaftlicher Redlichkeit verloren gegangen.

Erstaunlich oft kann man die Ansicht hören oder lesen, dass manche Studien einen Zusammenhang zwischen Pornographie und Gewalt bestätigten, andere diesen Zusammenhang aber verneinten. Die Forschung habe mit sich widersprechenden Ergebnissen zu kämpfen und sei noch zu keinem einheitlichen Schluss gekommen. Diese Einschätzung ist weit verbreitet, aber sie ist *Humbug*. »Es gibt keine seriöse Untersuchung, die eine kausale Verbindung zwischen dem Konsum von Pornographie und Gewalt bzw. der Herabsetzung von Mädchen und Frauen herstellt«, führt die feministische Sozialpädagogin Constance Engelfried aus, die sich mit diesem Thema eingehend beschäftigt hat (121, 165). Ebenso unmissverständlich äußern sich die Feminists for Free Expression: »Keine *reputable* Untersuchung in den USA, Europa oder Asien hat je einen klaren Zusammenhang zwischen Pornographie und Gewalt entdeckt.« Das trifft auch für sadomasochistische oder »entwürdigende« Pornographie zu (133). Die umfassendste Auswertung neuester sozialwissenschaftlicher Daten in Marcia Pallys 1994 in den USA erschienenem Buch »Sex and Sensibility: Reflections in Forbidden Mirrors and the Will to Censor« kommt zu demselben Ergebnis. Das FBI hat keinerlei Hinweise darauf entdeckt, dass der Konsum von Pornographie, ob gewalttätig oder nicht, zu Verbrechen führt. Die Datensammlung des Staates Michigan zu sexuellen Gewalttaten, die bis in die fünfziger Jahre zurückgeht und 70.000 Fälle aufgezeichnet hat, konnte keinerlei Verbindung zwischen Pornographie und sexuellen Übergriffen feststellen. Und das Kinsey-Institut, das 1.356 verurteilte Sexualstraftäter befragte, fand heraus, dass diese Männer sogar *weniger* an pornographischen Schriften interessiert waren als der Rest der Bevölkerung (347, 46–50). Dr. Irwin Stotzky, Rechtsprofessor an der Universität Miami, hält schon die Fragestellung für lächerlich: »Die Behauptung, Pornographie führe zu Gewalt, ist so sinnvoll wie die Behauptung, Alkoholwerbung führe zu Heroinabhängigkeit.« (347, 65) Auch das von der britischen Regierung zur Pornographie-Frage eingerichtete Williams-Komitee konnte keinerlei Verbindung zwischen Pornos und gewaltsamen Übergriffen ausmachen: »Man kann Sexualstraftaten Fall für Fall untersuchen, ohne den geringsten Hinweis auf Pornographie im Hintergrund zu entdecken.« (64, 127-128). Zahlreiche andere von einer Regierung in Auftrag gegebene Studien konnten ebenfalls keinerlei Nachweis für entsprechende Zusammenhänge erbringen (478, 299–300). Wobei es am entsprechenden Willen wahrlich nicht gefehlt hat. Am berühmtesten ist wohl das Beispiel der US-amerikanischen Meese-Kommission.

Die Meese-Kommission wurde 1986 von Ronald Reagan mit dem einzigen Ziel der Ausrottung von Pornographie gegründet. Reagans Ziel war es, die Erkenntnisse einer anderen Kommission zu diesem Thema, die 1970 von Präsident Nixon gegründet worden war, zu widerlegen. Nixons Kommission war damals zu dem Schluss gekommen, dass man keinerlei Zusammenhang zwischen Pornographie und Gewaltakten herstellen konnte, und drängte daher darauf, die meisten Zensurgesetze zurückzuziehen. So etwas Peinliches sollte nicht noch einmal passieren. Aus diesem Grund erlaubte die Meese-Kommission zum Beispiel die Anhörung von 42 Angehörigen der Anti-Porno-Bewegung, ließ aber »aus Zeitgründen« nur drei Personen zu Wort kommen, die *gegen* eine staatliche Zensur argumentierten.

Die Zeitgründe spielten keine Rolle mehr, als eine Gruppe von Radikalfeministinnen zusätzliche Redezeit einforderte. Diesen Feministinnen war es bei ihrem Kreuzzug gegen die Pornographie übrigens vollkommen egal, dass sie mit ihren Auftritten ihren stärksten politischen Gegner unterstützen. So war dem Republikaner Patrick Buchanan zufolge der Feminismus eine Philosophie, die Frauen dazu brachte, ihre Männer zu verlassen, ihre Kinder zu töten, sich dem Lesbentum zuzuwenden und den Kapitalismus umzustürzen (60, 152). Auch bestand das eigentliche Ziel der Meese-Kommission darin, die durch die sexuelle Revolution entstandene Trennung von Sexualität einerseits und Zeugung beziehungsweise Ehe andererseits rückgängig zu machen. Auf demselben ideologischen Boden gediehen auch Maßnahmen gegen Abtreibung, Sexualkundeunterricht, die Erhältlichkeit preisgünstiger Verhütungsmittel oder Vibratoren und die Rechte der Homosexuellen (323, 131; 284, 109). Aber schließlich hatte sich die Anti-Porno-Bewegung schon zehn Jahre zuvor mit Organisationen wie Anita Bryants »Rettet unsere Kinder« zusammengetan – gerettet werden sollten die Kleinen schon damals vor den Homosexuellen, denen liberalere Gesetze gewährt werden sollten (487, 207). So ließen die reaktionären Kräfte in der US-amerikanischen Regierung also ihre Drecksarbeit diesmal von Feministinnen machen, so fragwürdig deren Aussagen auch waren. »Ich wurde vergewaltigt, und ich glaube, Pornographie war dafür verantwortlich«, lauteten deren Bekundungen – in Fällen, in denen kein objektiver Beobachter einen solchen Zusammenhang erkennen konnte. Andere Frauen sagten aus, sie seien mit »Playboy« und »Penthouse« konfrontiert worden und hätten daraus gelernt, dass die Beziehung zwischen Männern und Frauen durch Gewalt geprägt sei (61). Reagans Leute schrieben fleißig mit.

Dummerweise brachte selbst diese extreme Einseitigkeit nicht den erwünschten Erfolg: Professoren wie Murray Straus, von denen man erwartet hatte, dass sie einen Zusammenhang zwischen Pornokonsum und Gewalt herstellen würden, erklärten, dass ihre Untersuchungen diesen Schluss nicht zuließen. Prüfungen des Forschungsmaterials, die von einer Professorin und einem Generalstabsarzt der Armee durchgeführt wurden, ergaben als einzige Folge für Betrachter pornographischen Materials, dass diese die Fülle unterschiedlicher Sexualpraktiken und deren Verbreitung danach besser einschätzen konnten. Und zu guter Letzt kam man zu der überraschenden Erkenntnis, dass ohnehin weniger als ein Prozent der Abbildungen in den bekanntesten Magazinen irgendetwas mit Gewalt, Brutalität oder Waffen zu tun hatte. Unbeeindruckt von all diesen Erkenntnissen kamen Reagans Beauftragte zu dem Schluss, dass Pornographie zu sozialschädlichem Verhalten führe. Dieses Urteil wird in den Schriften der Anti-Porno-Bewegung weit zitiert. Was *nicht* zitiert wird, ist, was die Meese-Kommission mit »sozialschädlichem Verhalten« meinte: nämlich dass Pornographie dadurch, dass sie vor- und nichtehelichen Verkehr zeige, zu diesem Verhalten ermuntere und auch für andere Praktiken wie Selbstbefriedigung, Homosexualität und Oralverkehr durch deren Abbildung Reklame mache. Da für die Kommissionsmitglieder all diese Dinge als »sozialschädlich« galten, bewerteten sie ebenso die Pornographie (498, 180-200). Folgerichtig benutzte die Reagan-Regierung den Bericht der Kommission als Vorwand, um selbst Schriften wie Alex Comforts Aufklärungsratgeber »Joy of Sex« oder den »Playboy« einer wesentlich einschneidenderen Gesetzgebung zu unterziehen (282, 475; 305, 101–102; 478, 8, 301) – und bei dieser Gelegenheit noch einmal zu bekunden, dass das weitaus größere Problem der amerikanischen Gesellschaft zu große Promiskuität und generelle sexuelle Freizügigkeit sei. Sex solle doch besser nur in festen Beziehungen gelebt werden, wo er auch hingehöre (487, 211).

Es ist überflüssig zu erwähnen, dass sich die von der Kommission befragten Wissenschaftler, gelinde gesagt, veralbert vorkamen. Einer von ihnen nannte ihre Schlussfolgerungen »bizarr« (347, 36). Zwei Frauen, die der Kommission angehörten, Judith Becker, die Direktorin der Klinik für Sexualverhalten in New York, und Ellen Levine, Herausgeberin einer Frauenzeitschrift, waren dermaßen entsetzt von dem willkürlich gefällten Urteil, dass sie sich davon in einem achtzehnseitigen Widerruf distanzierten (487, 211). Sie betonten noch einmal ausdrücklich, dass Pornographie mit dem Schüren von Aggressionen nichts zu tun habe.

Dr. Judith Becker: »Ich arbeite jetzt seit zehn Jahren mit Sexualverbrechern und habe die einschlägige Literatur gelesen, und glaube nicht, dass eine Verursachung von Gewalt durch Pornographie besteht.« (133) Die Pornogegnerinnen reagierten auf solche Äußerungen mit der Behauptung, »es gingen Gerüchte«, das Leben der Experten sei von der Mafia bedroht worden (397, 163).

Das Urteil der Meese-Kommission reichte Feministinnen wie MacKinnon aber noch lange nicht aus: Sie legte einen Gesetzesentwurf vor, der Opfern von sexueller Gewalt eine Zivilklage gegen Produzenten und Vertreiber von erotischem Material erlauben sollte. Dies würde im Endeffekt nicht nur bedeuten, dass jeder Produzent von Erotika zukünftig mit einem Bein im Knast stände. Vor allem wäre dann jedem Sexualverbrecher klar, dass die Verantwortung für von ihm begangene Gewalttaten nicht mehr allein auf seinen Schultern ruhte. Urplötzlich wäre Vergewaltigung wieder die Schuld der Frau: nicht der Frau, die vergewaltigt wurde, aber der Frau *auf dem Foto*. Damit wäre die lange theologische Geschichte von der Frau als Verführerin um ein aktuelles Kapitel erweitert. »Verführung durch Pornos« wäre für jeden Sexualverbrecher eine ausgezeichnete Rechtfertigung vor sich selbst und vor jedem Gericht. Eine erhöhte Zahl von Sexualdelikten wäre vermutlich die Folge (282, 289–290; 180, 9).

Geschickter als die Meese-Kommission ging eine kanadische Organisation, die »Toronto-Einsatzgruppe gegen Frauengewalt«, vor. Sie beauftragte zunächst die Feministin Thelma McCormack damit, den Zusammenhang zwischen Pornographie und sexuellen Aggressionen zu untersuchen. McCormacks Studie ergab, dass, wenn es überhaupt eine Auswirkung gab, diese eher kathartisch sein könnte: Menschen mit entsprechender Neigung konnten sie demnach beim Betrachten entsprechender Filme befriedigen, statt sie in die Tat umzusetzen; Vergewaltigungen würden so eher verhindert. Unzufrieden mit diesem Ergebnis, verbarg die Gruppe aus Toronto MacCormacks Studie in der untersten Schublade und beauftragte David Scott, einen strikten Gegner von Pornographie, mit einer neuen Untersuchung. Scott lieferte die gewünschten Resultate, die auch prompt veröffentlicht wurden. Schülern, Journalisten und Sexualforschern allerdings, die sich nach einem Exemplar der kompletten Studie erkundigten, wurde mitgeteilt, diese sei leider nicht erhältlich (304, 46; 305, 102).

Langsam wird klar, auf welch fragwürdige Weise der Eindruck entstanden ist, es gebe Studien, die in der Pornographiefrage in unterschiedliche Richtungen weisen. *Keine* der Studien, welche die These von der gewalterzeugenden Wirkung von Erotika unterstützten, hat sich im Nachhinein als haltbar erwiesen. Zu den eher kuriosen als wissenschaftlichen Versuchen dieser Art zählten die folgenden:

• Eine Studie, die zu diesem Ergebnis kam, benutzte keine eigentliche Pornographie, sondern Kinofilme wie »Taxi Driver« mit Robert de Niro (61). Trotzdem stieg die Aggression der Teilnehmer – was kein Zufall ist: Andere Untersuchungen belegen, dass Aggressionen im Labor *geringfügig* durch *alles* gesteigert werden, was auf Menschen anregend wirkt, vom Gymnastikvideo bis zur Komödie. Dieser Effekt hält ebenso lange an wie der konkrete Erregungszustand: einige Minuten. Damit ist er im Labor messbar, dieses Ergebnis hat aber nicht die geringste Aussagekraft auf tatsächlich entstehendes Gewaltverhalten (64, 136; 133).

• Bei einer weiteren Untersuchung konnten die Forscher einfach nicht die Sorte gewalttätigen Materials finden, von der es auf dem Markt doch angeblich so wimmeln sollte. Sie mussten ihre eigenen Gewaltpornos herstellen, um die Studie überhaupt *durchführen* zu können (61).

• Um beim untersuchten Porno-Betrachter einen höheren Aggressionspegel gegen Frauen als gegen Männer zu erzeugen, mussten zwei Versuchsleiter ihre Probanden persönlich ermuntern, Aggressionen gegenüber Frauen zu zeigen. Andere »Wissenschaftler« versuchten, diesen Effekt herbeizuführen, indem sie dem männlichen Probanden immer höhere Dosen elektrischer Schocks verpassten (498, 138).

• In einem Artikel des »Cosmopolitan« erklärte dessen Autorin, Catherine Itzin, lang und breit, wie und warum Pornographie Gewalt verursache. Auf dieser Grundlage wurden Frauen befragt, ob sie sexuelle Übergriffe erlebt hatten, in die in irgendeiner Weise Pornographie verwickelt war. Trotz der doch sehr merkwürdigen Versuchsanordnung – zuerst das gewünschte Ergebnis erklären und dann die Leute danach fragen – antworteten nur 14 Prozent derjenigen, die sich daran überhaupt beteiligt hatten, sie hätten eine solche Erfahrung durchlebt. Um dem noch die Krone aufzusetzen, wurde dies als »Beweis« dafür gewertet, dass Pornographie Gewalt verursache (61).

• Eine weitere Studie kam zu der Erkenntnis, dass in bestimmten Gegenden, in denen viele Männermagazine verkauft wurden, auch die Zahl der Vergewaltigungen stieg. Leider sagt ein solches Zusammentreffen wenig über Ursache und Wirkung aus. So hat in Deutschland die Zahl der Geburten ebenso abgenommen wie die Zahl der Störche. Glauben Feministinnen deshalb daran, dass der Storch die Kinder bringt? An Tagen, an denen viele Sonnenbrillen verkauft werden, ertrinken mehr Leute als an anderen: Sind Sonnenbrillen für das Ertrinken verantwortlich? Wenn das Barometer fällt, zieht ein Gewitter auf – kann ein Barometer das Wetter beeinflussen? In den USA argumentieren Konservative mit derselben schrägen Logik, dass die Gewaltrate in den USA zum selben Zeitpunkt steil anstieg, als das Schulgebet abgeschafft wurde – offenbar habe das eine zum anderen geführt (236, 171). »Offensichtlich« sind solche Zusammenhänge aber immer nur für den, der fest daran glaubt. Was die Verknüpfung von Männermagazinen und Vergewaltigungen anging, stellte sich heraus: Sobald man alternative Erklärungen heranzog (wo viele solche Magazine verkauft werden, leben auch mehr junge Männer mit einem bestimmten sozialen Hintergrund, dort ist auch die Zahl der Gewalttaten insgesamt höher), konnte man keine gewalterzeugende Wirkung von Pornographie mehr bestätigen (475, 92). Dafür fand sich interessanterweise ein positives Verhältnis zwischen hohen Verkaufszahlen des feministischen Magazins »Ms.« und der Häufigkeit von Sexualverbrechen (64, 132). Ihrer eigenen Argumentationsweise folgend müssten Feministinnen jetzt also ihre eigenen Magazine verbieten.

Alles in allem ist es immer wieder dasselbe Spiel: Forscher und Forscherinnen gehen mit dem festen Willen an Pornographie heran, ihre gewalterzeugende Wirkung zu beweisen. Um das durchzusetzen, dehnen und biegen sie die Gesetze der Logik bis zu ihren äußersten Grenzen. Sie überzeugen damit keinen einzigen neutralen Wissenschaftler, gießen aber immer wieder neues Öl in die entflammten Reden von Menschen, für die »solcher Schund und Schmutz« schon immer von Übel war.

Wenn man dieselbe Energie in die Bekämpfung der tatsächlichen Ursachen sexueller Gewalt stecken würde, wäre uns allen deutlich mehr geholfen. Stattdessen prügelt man auf einen leicht erreichbaren Sündenbock ein – zur Not auch ohne die geringste argumentative Rechtfertigung. So antwortete die Porno-Gegnerin Susan Brownmiller, als sie vom »Boston Globe« nach der wissenschaftlichen Grundlage für ihre Überzeugung gefragt wurde: »Wir stellen die Ideologie zur Verfügung, es ist der Job anderer Leute, die passenden Daten herbeizuschaffen.« (498, 88)

Man kann sich dieser Frage zum Beispiel auch dadurch nähern, dass man sich mit dem psychologischen Hintergrund von Vergewaltigern befasst. Entsprechende Studien gibt es auch in großer Zahl, nur kommen sie sämtlich zu anderen Erkenntnissen als »Emmas« Kronzeuge Glogauer. Unter anderem gelten folgende Tatsachen als gesichert:

- Vergewaltiger haben weniger das Betrachten von Pornographie gemein als das Gefühl von Machtlosigkeit, etwa infolge von sexuellem Missbrauch in der Kindheit oder dem Aufwachsen in einer autoritären Familie (81, 146).

- Als andere Faktoren, die Vergewaltigungen begünstigten, stellten sich Alkohol und, zu drei Vierteln, aggressiver Gruppendruck heraus. Das ergab sich in einer von Suzanne Ageton, Judith Becker und Robert Stein durchgeführten Befragung aus den Angaben der Täter. Pornographie wurde von ihnen nicht genannt, obwohl sie dadurch ihre Schuld zum Teil hätten abwälzen können (347, 45). Manche Sexualstraftäter berichteten sogar, dass Pornographie sie von Gewalttaten abgehalten habe (64, 129).

- Sexualtäter haben eher *weniger* Umgang mit pornographischen Material als der Durchschnitt und kamen damit erst später in Berührung als Nichttäter. Die meisten von ihnen erhielten eine strenge, antisexuelle Erziehung und wären von ihren Eltern vermutlich bestraft worden, wenn man sie beim Lesen solchen Materials »erwischt« hätte. Bilder sexueller Lust empfinden sie häufiger beklemmend als sexuell erregend; oft sind sie von ihnen mehr noch angeekelt als selbst die radikalste Feministin. Ebenso wie manche Feministin teilen sie Frauen pauschal in sexuell reine »Madonnen« und sexuell jederzeit verfügbare »Huren« ein.

  Gerade weil diese Männer Sex als unrein und verdorben betrachten, benutzen sie das gewaltsame »Entehren« von Frauen als eine Art Bestrafung. Eine sexuell selbstbewusste Frau ist in ihren Augen »sowieso eine Schlampe, die es nicht anders verdient hat«. Einige der führenden Wissenschaftler auf diesem Gebiet sehen die Theorie, dass Erotika bei aggressiven Menschen gewaltsame Reaktionen reduzieren können, durch eine große Fülle von Forschungsmaterial gestützt und empfehlen ausdrücklich, Pornographie in deren Behandlung einzusetzen (64, 147–148; 180, 9; 347, 51; 478, 310). Tatsächlich *wird* Pornographie wegen ihres erzieherischen und therapeutischen Werts in den USA auch in über 40.000 Institutionen und von 8.000 Sexualmedizinern mit eigener Praxis zur Behebung sexueller Störungen eingesetzt (498, 189).

- Vergewaltiger können statt dessen von völlig *asexuellen* Darstellungen erregt werden. Selbst die harmlosesten Bildern in Illustrierten oder auf Werbeplakaten werden in ihrer Phantasie mit Sexualität und Gewalt aufgeladen (81, 146; 124, 20).

Vor diesem Hintergrund liegen die Fehler der Zensurbewegung auf der Hand. Erstens: Wenn man sich dem Trugschluss hingibt, der Grund für sexuelle Gewalt sei Pornographie und nichts anderes, vernachlässigt man die Erforschung der wahren psychologischen Vorgänge in Vergewaltigern und verschenkt so eine Chance, dieses Verbrechen in den Griff zu bekommen. Zweitens: In einer Gesellschaft, in der die Zensur gedeiht, würde vermutlich auch Vergewaltigung blühen. Im Umkehrschluss müsste diesen psychologischen Erkenntnissen nach in Staaten mit freiem Zugang zur Pornographie die Vergewaltigungsrate sogar *niedriger* sein. Kann man so eine kühne Vermutung auch anhand der Realität beweisen?

Man kann. So wurde zwischen 1964 und 1974 in Singapur, einem Land, das sehr restriktive Gesetze gegen pornographische Materialien besitzt, eine wesentlich stärker ansteigende Kurve bei Vergewaltigungen registriert als in Schweden, das im selben Zeitraum seine Obszönitäts-Gesetze gelockert hatte. In Japan sind Gewaltpornos mit extremen Fesselungen und sexuellen Folterungen, bei denen sich selbst einem deutschen Sadomasochisten die Fußnägel kräuseln, leicht erhältlich. Dort gingen die Vergewaltigungsdelikte um 45 Prozent zurück. Insgesamt beträgt die Vergewaltigungsrate im Land der aufgehenden Sonne 2,4 pro 100.000 Einwohner. In den puritanischen Vereinigten Staaten, in denen selbst der »Playboy« vielerorts nur mit auf dem Cover eingeschweißten Pappdeckeln verkauft werden darf, ist diese Quote mehr als vierzehnmal so hoch (478, 306).

Hartnäckige Kritiker könnten immer noch einwenden, dies sei mit der oben skizzierten Logik vergleichbar, derzufolge der Storch die Kinder bringen müsste. Die Staaten des fernen Ostens unterscheiden sich von den USA ja noch in ganz anderen Dingen, die eine Auswirkung auf die Zahl der sexuellen Straftaten haben. Gut, vergleichen wir die Staaten der USA untereinander: In Utah gibt es die strengsten Hindernisse für die Verbreitung pornographischer Materialien, die Vergewaltigungsrate bewegt sich dort im Vergleich zu den anderen US-Staaten aber lediglich im mittleren Bereich. Das wesentlich liberalere New Hampshire hingegen rangiert, was die Häufigkeit von Sexualverbrechen angeht, weit hinten (478, 303).

Ebenso eindeutig ist der Umstand, dass mit einem Abbau der Zensur von Erotika die Zahl von Übergriffen auf Frauen sinkt, statt zuzunehmen. In den USA sank die Zahl der versuchten Vergewaltigungen von 1973 bis 1987, obwohl das veränderte gesellschaftliche und gesetzliche Klima es Opfern inzwischen leichter macht, mit ihrem Schicksal an die Öffentlichkeit zu gehen. Dasselbe gilt übrigens für die Zahl der geschlagenen Ehefrauen (478, 303–304). Im Jahr 1991 legte Professor Kutchinsky an der Kopenhagener Universität eine Studie vor, der zufolge in Dänemark, Schweden und unserem eigenen Land zwischen 1964 und 1984 die *nichtsexuellen* Gewaltverbrechen zwar um 300 Prozent gestiegen waren, nach einer leichteren Verfügbarkeit pornographischer Materialien die Zahl der Sexualverbrechen aber zurückging: In Dänemark sanken Übergriffe gegen Mädchen in dem Zeitraum, in dem die Zensur am stärksten auf dem Rückzug war und man harte Pornographie gesetzlich zuließ, auf ein Sechstel ihrer früheren Zahl. Dieser Effekt ließ sich nicht auf andere Faktoren wie geringere Berichterstattung oder weniger Sorgfalt bei der Polizei zurückführen (478, 305–306; 304, 102–103; 282, 475). Andere Vergleiche von Verbrechensraten stützen diese Erkenntnisse (304, 115).

Die These von der Verführbarkeit von Männern durch Gewaltpornographie lässt sich in keiner Weise aufrechterhalten, im Gegenteil. 1991 kamen Howard

Barbaree und William Marshall vom Queen's College in Ontario zu einem Untersuchungsergebnis, das Professor Ertels Studie perfekt ergänzt: »Die meisten Männer erleben, wenn sie eine Beschreibung über eine Begegnung hören, in der der Mann die Frau gewaltsam zum Sex zwingt, wobei die Frau seelischem und körperlichem Schmerz ausgesetzt wird, eine Einschränkung ihrer Erregung um ungefähr 50 Prozent, im Vergleich zum Erregungsgrad, der durch eine Szene mit einvernehmlichem Sex ausgelöst wird. ... Normalerweise verhindern Gewaltszenen eine Erregung beim Mann. Eine Verminderung der Blutzirkulation um 50 Prozent bedeutet, dass ein Mann nicht in der Lage wäre, eine Frau zu penetrieren.« Professorin Kelley von der New York State University in Albany zeigte in einem Experiment aus dem Jahre 1989, dass Männern, denen man vorher pornographische Materialien gezeigt hatte, eher einem verletzten weiblichen Opfer zur Hilfe eilten als Männer, die sich andere Dinge angesehen hatten (11, 59; 478, 311-312). Eine ähnliche größere Hilfsbereitschaft von Pornographiekonsumenten konnte der Sexualwissenschaftler Przybyla schon vier Jahre zuvor nachweisen (11, 59).

Tatsächlich fand jeder der führenden seriösen Forscher auf diesem Gebiet seit 1971 heraus, dass Pornographiekonsum in Wahrheit das Aggressionsniveau von Männern reduziert (11, 73; 498, 134). Es gab nur eine wichtige Ausnahme: Wenn ein Proband das von ihm betrachtete Material als unbefriedigend oder gar abstoßend empfand, stieg sein Aggressionspegel. Auf diese Weise lassen sich nicht nur manche Laborergebnisse erklären, bei denen eine erhöhte Aggression gemessen wurde. Vermutlich war nicht jeder, der an Experimenten teilnahm, welche die Gefährlichkeit von Pornographie belegen sollten, ein Porno-Fan. Vor allem wird dadurch auch die Psychologie der feministischen Porno-Gegnerinnen erklärbar: Sie spürten ihre eigene gestiegene Aggression beim Betrachten solcher Bilder und unterstellten dieselben Empfindungen den Männern! Jeder aber, der sich mit Erotika beschäftigte, weil sie ihm gefielen, wurde dadurch nur positiv beeinflusst (498, 138–139).

Nun werden all diese Studien und Statistiken ja nicht streng geheim unter Verschluss gehalten, sondern sind seit längerem Teil der Debatte. Jedem, und jeder, der oder die sich mit diesem Thema ernsthaft beschäftigt, müssen sie bekannt sein. Feministische Autorinnen wie Nadine Strossen und Wendy McElroy, die in ihren Büchern und Aufsätzen vehement gegen jede Zensur von Pornographie vorgehen, werden nicht müde zu erklären, dass die freie Verbreitung von Erotika zuallererst im Interesse von Frauen steht. Insofern ist es höchst verwunderlich, wenn nicht skandalös, dass solche Erkenntnisse von der Mehrzahl der Frauenbewegung, vor allem dem Kreis um Alice Schwarzer in Deutschland, schlichtweg ignoriert werden. Aus ideologischen Gründen scheint ausgerechnet die deutsche Frauenbewegung eher einen Anstieg der Vergewaltigungsrate in Kauf zu nehmen, als ihre Forderungen nach Zensur aufzugeben.

Wenn sie mit der Faktenlage konfrontiert werden, versuchen sich Feministinnen wie Catharine MacKinnon (die Dame, die Männer mit scharfgemachten Kampfhunden verglich) mit eher ominösen Argumenten herauszuwinden. Dass in Deutschland die Zahl der angezeigten Vergewaltigungen zurückging, sei MacKinnon zufolge nicht erstaunlich: Die Frauen in unserem Land wüssten, dass sie in einem Staat, der so etwas Schreckliches wie Pornographie zulässt, als Opfer sexueller Gewalt ohnehin nicht ernst genommen würden, also wendeten sie sich nach einer Vergewaltigung erst gar nicht an die Behörden (466, 117). Was die Laborbefunde angehe, so gibt es laut MacKinnon immer noch keinen überzeugenden Beweis dafür, dass Erotika *keinen* bleibenden Schaden anrichten. Diese etwas ulkige Position wird in Deutschland etwas verklausulierter auch von der Bundesprüfstelle für jugendgefährdende Schriften eingenommen, der zufolge »die Möglichkeit einer Jugendgefährdung durch Schriften zwar nicht erhärtet, trotz überwiegend in Gegenrichtung weisender Stellungnahmen aber auch nicht ausgeschlossen werden kann« (408, 29). Auf dieser Grundlage könnten wir die Rede- und Pressefreiheit allerdings auch gleich ganz abschaffen und unseren Kindern das Lesenlernen ersparen, weil es für *keine* Form von Texten einen Nachweis der garantierten Unschädlichkeit gibt – MacKinnons und andere feministische Schriften eingeschlossen (478, 297).

Jederzeit williges Frischfleisch

THESE: PORNOGRAPHIE IST ANZEICHEN UND AUSLÖSER FÜR SEXISMUS IN UNSERER GESELLSCHAFT

Wenn sich schon alles andere als nicht länger haltbar erweist, wird als letztes Geschütz gegen Pornographie der darin angeblich transportierte Sexismus ins Gefecht geführt. Originalton Alice Schwarzer: »Pornographie ist der Spiegel gesellschaftlicher Verhältnisse – kurz, die Männergesellschaft macht sich ein Bild von den Frauen. Ein Bild von Frauen, die nein sagen und ja meinen, Untermenschen, mit denen man entsprechend umgehen kann. Die enorme Zunahme von Pornographie ist somit die männliche Reaktion auf den weiblichen Versuch, mehr Freiheit und Selbstbestimmung zu erkämpfen.« (9, 416–417). Und auch die konservativen Mitglieder der Männergesellschaft, die ihr ganz eigenes Bild von der Frau, nämlich das von der Reinen, der Asexuellen, der Unerreichbaren, bewahren wollen, nicken zustimmend. »Bei A. Schwarzer, wie bei vielen anderen Feministinnen«, urteilt Marion Rave, »gibt es eine männliche Sexualität und eine weibliche Sexualität. Männliche Sexualität ist aggressiv und schmutzig, weibliche ist sanft und rein.« (386, 155) Es verwundert nicht, dass Frauen, die glauben, dass Sex sexistisch ist, Erotika nur in Verbindung mit Scham- und Schuldgefühlen genießen können.

Der Philosophieprofessor F. M. Christensen sieht in seiner brillanten Widerlegung sämtlicher Scheinargumente der Anti-Porno-Fraktion hier einen zentralen Punkt: Männer mögen Pornos eben deshalb so sehr, weil in diesem Medium das Begehren und die bei der Sexualität empfundene Lust der gezeigten Frauen ebenso groß sind wie die der Männer. Das Vergnügen beruht auf Gegenseitigkeit und kann deshalb genossen werden. Manche Feministinnen hingegen empfinden die Darstellung von Frauen genau dann als entwürdigend, wenn diese sich ebenso »geil« und »hemmungslos« benehmen, wie es den Männern im Klischee immer wieder vorgeworfen wird. Genauso wie manche Männerbündler gerne »Schwulenklatschen« gehen, weil sie die Homosexuellen in ihrem Verhalten als zu weiblich empfinden und diese sie an ihre eigenen verdrängten Anteile erinnern, protestieren die Pornogegnerinnen gegen Frauen, die ihnen zu sehr erscheinen wie »der Feind« (64, 35).

Wenn Pornos wirklich so ein frauenfeindliches Bild vermitteln würden, wie kommt es dann, dass sie von so vielen Frauen konsumiert werden? Wie erklärt es sich, dass die Pornographie so kämpferisch von einer (feministischen) Rechtsanwältin wie Nadine Strossen oder einer (feministischen) Politikerin und Autorin wie Wendy McElroy verteidigt wird? Wie kommt es vor allem dazu, dass immer mehr Pornos von Frauen *gemacht* werden – bis hinauf zur »Playboy«-Chefin Christie Hefner, die sich selbst ebenfalls als Feministin bezeichnet? (439, 63) Der Grund liegt darin, dass Pornographie den Sexismus eben gerade *nicht* fördert, sondern ihn in mehrfacher Hinsicht in seine Schranken weist:

• Pornographie zerstört das enge Band zwischen Sexualität und Zeugung, Mutterschaft, Ehe und Liebe und ersetzt dieses durch ein Kaleidoskop sexueller Möglichkeiten. Zum einen wurde Frauen bewusst, was sie alles mit sich selbst, miteinander und mit Männern tun konnten, sobald das Problem der Verhütung geklärt war. Zum anderen konnten sich auch Frauen offen zum Thema Sexualität äußern. Der Mythos, nur »unanständige« Frauen würden vergewaltigt, wurde zerstört. Frauen konnten die »geheimsten Phantasien« ihres Geschlechts bei Nancy Friday nachlesen und Fragebögen von Shere Hite beantworten. Prostituierte schlossen sich zu Selbsthilfegruppen zusammen; die ersten lesbischen Paare offenbarten sich. Sexuelle Freiheit war nicht länger ausschließlich den Männern vorbehalten, sondern wurde auch von den Frauen als Recht eingefordert. (143, 314–316) Ging es der Frau in den prüden fünfziger Jahren wirklich besser?

• Wenn Politikerinnen fordern, Pornos mit erniedrigenden Darstellungen von »Frauen und Kindern« sollten verboten werden, sagt diese Gleichsetzung einiges über das dahinterstehende Frauenbild aus. Dass in einem Großteil der sadomasochistischen Erotika *Männer* gefesselt, gefoltert oder gedemütigt werden, fließt in solche Äußerungen regelmäßig nicht ein. Über die Gründe – mangelnde Sachkenntnis? Sexismus? – kann man nur spekulieren. Die Medienwissenschaftlerin Linda Williams jedenfalls vertritt die These, dass auch sadomasochistische Pornographie zur Befreiung von Frauen beitrage: Sie verschaffe ihnen ein neues Bewusstsein über die unvermeidliche Rolle der Macht im Bereich der menschlichen Sexualität und hebe dabei hervor, dass dieses Machtgefälle alles andere als festgefügt sei (368, 84).

• Es ist illusorisch anzunehmen, staatliche Zensur würde sich auf Dauer an feministische Vorgaben halten, was beschlagnahmt wird und was nicht. Die Bücher Strossens, McElroys und Jürgen   Starks sind voll mit Beispielen, dass bei einmal entfesselter Zensurwut zuerst die Werke sexueller Minderheiten wie der Homosexuellen, Informationen über »unmoralische« bzw. verbotene Aktionen wie Abtreibungen und sogar feministische Schriften selbst in den Reißwolf geraten. Nachdem in Kanada der Oberste Gerichtshof die strafrechtliche Definition von Pornographie in eben der Weise abänderte, wie es jetzt »Emma« für Deutschland fordert, wurde dieses Urteil ausschließlich dazu benutzt, lesbisches, schwules und feministisches Material zu beschlagnahmen und mehr als die Hälfte aller feministischen Buchläden zu stürmen. Andrea Dworkin dürfte dem mit gemischten Gefühlen gegenübergestanden haben. Einerseits wettert diese Dame auch gegen lesbische Pornos, weil sie sie für »ein Zeichen von Selbsthass« hält (478, 201). Andererseits gehörten zu den Werken, die vom kanadischen Zoll eingezogen wurden, auch zwei ihrer eigenen, darunter »Pornographie. Männer beherrschen Frauen«, das für den ganzen Wirbel mitverantwortlich war. Laut Auskunft der Zollbehörden erfüllten diese Werke »den Tatbestand strafbarer Erotisierung von Schmerz und Fesselung« (478, 283). Die deutsche Staatsanwaltschaft hingegen ließ im April 1996 in einer großangelegten Razzia über 1200 (!) Buchhandlungen stürmen und dabei ebenfalls in erster Linie Schriften im Zusammenhang mit Homosexualität beschlagnahmen (467, 193–194; 193, 48). Auch Verleger sahen sich mit dem Vorwurf konfrontiert, unter dem Deckmantel sexueller Aufklärung »sexuelle Perversionen vorgeführt« zu haben (467, 71).

• Experimente haben nicht nachweisen können, dass der Kontakt mit Pornographie zu einem negativen Selbstbild bei Frauen führt: Weder verfallen sie in sexuelle Klischees, noch entwickeln sie weniger Selbstwertgefühl, noch werden sie unzufriedener mit ihrer sexuellen Ausstrahlung (478, 301).

• Pornos sind keineswegs frei von *männerfeindlichen* Aspekten: »Männer werden nicht selten als eine Art blinde Sexualmarionetten porträtiert, die schlagartig den erotischen Reizen der weiblichen Hauptakteure erliegen oder wie hypnotisiert auf die Präsentation primärer oder sekundärer weiblicher Geschlechtsmerkmale reagieren.« (124, 75) Generell billigen Männer der Darstellung der eigenen Geschlechtsgenossen in solchen Filmen einen niedrigeren Realitätsgehalt zu als der Darstellung der Frauen. Bei weiblichen Zuschauern ist das genau umgekehrt. Von ihnen denkt eine größere Anzahl, dass Männer wirklich so sind. Beides änderte sich aber, als die Teilnehmer des Experiments von Professor Ertel einem langandauernden, intensiven Porno-konsum ausgesetzt waren: Der Anteil an Zuschauern und Zuschauerinnen, die glaubten, dass sich manche Männer und Frauen tatsächlich so wie in den Erotikfilmchen verhielten, *sank* (124, 425–427).

Das ist nicht verwunder-lich: Wer würde Darstellungen von Sexualpartnern, die über Stunden hin-weg gleichermaßen scharf aufeinander sind, die weder mit nachlassenden Erektionen noch vorzeitigen Samenergüssen, noch Mundgeruch zu kämpfen haben und die körperlich in jeder Hinsicht perfekt sind, jemals mit der Rea-lität verwechseln? Um es noch einmal deutlich zu sagen: Das menschliche Verhalten in Pornos hat nichts mit dem in der Wirklichkeit zu tun, und die Bevölkerung ist nicht so dämlich, wie manche Feministinnen meinen. Män-ner und Frauen erkennen den Unterschied, und genau darum sehen sie sich diese Dinge an. Das wissen natürlich auch die Hersteller solcher Filme und gestalten sie entsprechend. Dies ist zumindest Sallie Tisdale aufgefallen:»So plump Pornographie auch sein mag, enthält sie doch eine Menge Ironie, während der konservative Feminismus kein kleines Fünkchen davon an den Tag legt.« (501, 157)

• Laut dem Resümee der vom Institut für rationelle Psychologie durchgeführ-ten Studie kommt es durch Pornokonsum zu keinerlei»generellen negativen Auswirkungen auf sexuelle Skripts, Partnerschaft und sexuelles Partnerbild. Vielmehr besteht in mehreren Punkten erstaunliche Übereinstimmung zwi-schen Nichtkonsumenten und sehr intensiven Benutzern von Erotika und Pornographie« (124, 475).

• In einer vergleichenden Studie der 50 Bundesstaaten der USA zeigte sich eine hohe Übereinstimmung zwischen der Verbreitung pornographischer Schrif-ten und Merkmalen, die auf eine ökonomische, politische und legale Gleich-stellung von Mann und Frau hinwiesen. Dies ließe sich dadurch erklären, dass sowohl sexuell offenherziges Material als auch Geschlechtergleichheit vor allem in einem toleranten, liberalen Klima gedeihen, in dem das Recht auf freie Meinungsäußerung größer ist. Ein ähnlicher Vergleich lässt sich auch auf internationaler Ebene ziehen: Gewalt gegen Frauen und deren Diskrimi-nierung ist in Staaten an der Tagesordnung, in denen dem Bürger der Zu-gang zu erotischen Bildern und Texten fast völlig verwehrt wird, etwa in Sau-di-Arabien, im Iran und in China – wo der Verkauf von Pornographie ganz im Sinne der»Emma«-Gesetzesvorlage als Kapitalverbrechen gilt (478, 305).

Pornographie, auch und vor allem Gewaltpornographie, so die Schriftstellerin Marcia Pally, ist für Erwachsene das, was Märchen für Kinder sind: eine Mög-lichkeit, ihre grundlegendsten Emotionen, Wünsche und Ängste auszuleben. »Wenn wir in unsere Phantasien eintauchen – ob wir sie nun ausdenken oder aus Büchern oder vom Fernsehschirm beziehen –, begeben wir uns in Szenarios, die im richtigen Leben zu angsteinflößend oder intensiv wären. Wir konfrontieren uns mit einer großen, bösen Sache, die uns hinwegzufegen droht. Wir kämpfen gegen sie, und wir gewinnen. ... In der Sicherheit unserer Sessel flirten wir mit unseren Ängsten und enden als Sieger. Diese imaginären Siege sind absolut notwendig für unsere geistige Gesundheit und unser Überleben. Keine Person und keine Gesellschaft hat ohne sie gelebt. ... Wir finden sie in unseren Mythen und Filmen, auf Gemälden und an Höhlenwänden, in unseren Träumen und Sexphantasien. Durch sie bearbeiten wir unsere Ängste und Wünsche, aber in der Pornographie sind sowohl die Dinge, die uns Angst machen, als auch die, nach denen wir verlangen.« (386, 154)

Quer durch die Menschheitsgeschichte hindurch wurden »lasterhafte Publikationen« aus politischen Motiven unterdrückt. Vor 200 Jahren zählten dazu in England die »Menschenrechte« von Thomas Paine. Zum Terrorregime Robespierres nach der französischen Revolution gehörte eine andauernde Periode sexueller Unterdrückung. Im vergangenen Jahrhundert wütete in den USA Anthony Comstock mit einem Kreuzzug gegen die Verbreitung »obszönen Materials«, bei dem er unter anderem nackte Puppen aus New Yorker Bekleidungsgeschäften abtransportieren ließ, Anklage gegen ein Stück George Bernard Shaws erstattete und Ärzte verhaften ließ, die ihre Patienten mit Informationen über Verhütungsmittel versorgten. Insgesamt verursachte er die Vernichtung von 175 Tonnen »Obszönitäten«, war für über 4.000 Verhaftungen verantwortlich, kassierte über 237.000 Dollar an Bußgeld und trieb allein in den ersten fünf Jahren seiner Karriere 15 Menschen in den Selbstmord. In China führte der Protest auf dem Platz des Himmlischen Friedens unter anderem zu dem schon erwähnten scharfen Durchgreifen gegen Pornographie – Sexualmoral hatte mit den Forderungen der Studenten zwar nichts zu tun, wurde aber als so generelles Thema gesehen, dass man damit am besten die Kontrolle über ein ganzes Land wiederzugewinnen glaubte. Andererseits erlaubten die kommunistischen Staaten des Ostblocks im Verlauf von Glasnost und Perestroika sofort das freizügigere Agieren von Sexshops. Dass Kunst unkompliziert, nicht anstößig und ideologisch korrekt sein müsse, so die Stanford-Professoren Katchadourian und Lunde, sei ein Markenzeichen vor allem von faschistischen und kommunistischen Diktaturen, für die Obszönität nur Zeichen einer grundlegenden Dekadenz ist (282, 116, 472-474; 368, 7). Dieser Wunsch nach Zensur wird von der Frauenbewegung offen verkündet: »Falls die Feder wirklich mächtiger ist als das Schwert«, heißt es in einem feministischen Traktat aus dem Jahre 1992, »sollte sie dann nicht denselben Kontrollen, Lizenzen und Embargos wie andere Waffen unterworfen sein?« (470, 140) Noch deutlicher wird Catharine MacKinnon in einem Interview: »Wenn Pornographie Teil Ihrer Sexualität ist, dann haben Sie kein Recht auf Ihre Sexualität.« (478, 191) Mit solchen Edikten reiht sich der Feminismus in eine lange Reihe anderer totalitärer Ideologien ein. »Pornographie muss politisch inkorrekt sein«, folgert Sallie Tisdale. »Wenn sie sich nicht außerhalb der anerkannten Konventionen von Familie und Kultur bewegt, ist sie keine Pornographie.« (501, 167) Wenn die angeblich so trivialen Stöhn- und Hechelfilme wirklich so platt und nichtssagend wären, würden in unserer Gesellschaft Rechte wie Linke kaum dermaßen empfindlich darauf reagieren. Es ist kein Zufall, dass erotische Kunst, die weniger offen zur Sache kommt, auch weniger stark ins Kreuzfeuer gerät. Tisdale: »Je abstrakter ein Kunstwerk ist, desto unpersönlicher ist es und desto weniger wird es zensiert. Je emotional erregender, aufwühlender und wirkungsvoller das Werk ist, desto eher wird es unter die Zensur fallen. Wenn Ausdrucksformen sich vom reinen Gedanken entfernen und in Richtung Gefühle gehen, sträuben sich die Nackenhaare. Die Pornographie wird zensiert, weil sie Menschen erregt – ihrer eigenen Definition zufolge funktioniert sie. Deshalb ist sie schlecht.« (501, 343–344)

Ähnlich argumentiert der Literaturwissenschaftler John Phillips: »Pornographie als Text ist das am stärksten am Leser ausgerichtete Genre, und eben diese Ausrichtung macht sie nicht nur künstlerisch besonders innovativ, sondern auch gesellschaftlich subversiv und stellt damit eine Bedrohung für den politischen Status quo dar, der auf konservativen Moralvorstellungen basiert.« Auch Phillips wendet sich strikt gegen eine Einteilung in vermeintlich anspruchsvolle Erotika und vermeintlich literarisch wertlose Pornographie: »Der pornographische Charakter eines Textes kann selbst als Qualitätsmerkmal gelten. Ein sexuell anregender Schreibstil, der aus dem passiven Leser einen aktiven Teilnehmer am imaginativen Prozess macht, ist schließlich ein Beleg für handwerklich gekonnten Sprachgebrauch.« (368, 2, 7)

Dabei geht es bei Pornographie nur an der Oberfläche um nichts anderes als Sexualität und Fleischeslust, argumentiert die Medienforscherin Laura Kipnis. Wenn auch auf einer niedrigen Ebene der stilistischen Gestaltung, so würden doch auch und gerade in der Pornographie zentrale philosophische Fragen behandelt – etwa über die Identität bzw. die anerzogenen Rollen der Geschlechter und ihr Verhältnis zueinander; gesellschaftliche Normsetzungen, den Preis dafür und die verschiedenen Versuche daraus auszubrechen; Fragen zu Themen wie Klassenzugehörigkeit, Ästhetik, Macht, Verlangen und die Reduzierung von Menschen zu Objekten. Pornographie spricht gerade jene Themen an, die wir am ehesten unterdrücken und beiseite schieben wollen, die aber für unsere Kultur am grundlegendsten sind. »Pornographie ist der Königsweg zur kulturellen Psyche.« Kipnis weist darauf hin, dass Gelehrte und Kunsthistoriker, die sich mit der Pornographie vergangener Jahrhunderte beschäftigen, darin regelmäßig allegorische Subtexte und politisch bedeutsames Gedankengut entdecken, meist in sozialkritischer Form, wenn nicht gar den politisch oder kirchlich herrschenden Schichten gegenüber revolutionär. Obwohl wir das wissen, nehmen wir die Pornographie unserer Zeit nicht in derselben Weise ernst, sondern reduzieren die Diskussion auf das Niveau von »verbieten oder nicht verbieten«. Die in den fraglichen Erotika enthaltenen Botschaften zu interpretieren, überlassen wir anscheinend Historikern späterer Jahrhunderte. Wenn

Feministinnen sich mit pornographischen Texten auseinandersetzen, dann nehmen sie diese auf lächerliche Weise wörtlich, »und haben anscheinend niemals Begriffe wie Metapher, Ironie oder Symbol gehört – selbst der Begriff Phantasie scheint eine zu große intellektuelle Herausforderung für sie zu sein«. Wie jedes andere Genre der Populärkultur (z. B. Krimi, Western, romantische Komödie) hat auch die Pornographie ihre festen Regeln. Ihre erste Regel, ihre erste Aufgabe ist es, Grenzen zu überschreiten und Tabus zu brechen. Gerade wenn ihr dies gelungen ist, hat sie ihren Zweck erfüllt. Je lauter der Aufschrei von Alice Schwarzer und anderen Feministinnen bei einem bestimmten erotischen Werk, desto eher kann man das als Gütesiegel werten. (Es ist kein Zufall, dass sich Schwarzer gerade über die Kunstwerke Newtons und nicht die Nackedeis von »Praline« oder »Wochenend« so echauffiert.) Dazu Laura Kipnis: »Wie jeder Avantgarde-Künstler weiß, ist Grenzüberschreitung keine einfache Angelegenheit, sondern ein präzise kalkuliertes intellektuelles Unterfangen. Es bedeutet, eine Kultur bis aufs Innerste zu kennen und ihre geheimen wunden Stellen geschickt offenlegen zu können.« Da die Denk- und Handlungsvorgaben unserer Kultur auch unsere persönlichste Identität zutiefst prägen, ist es kein Wunder, dass viele von uns sich von Pornographie verletzt fühlen. Aber, fragt Laura Kipnis, »was ist so furchtbar dabei, durch bestimmte Werke verletzt zu werden? Mit all seinen Vorurteilen und dem Kern seiner Identität durcheinandergeschüttelt zu werden?« Eben das ist die Aufgabe wahrer Kunst und Literatur im Gegensatz zur gesellschaftsbestätigenden Trivialliteratur. Sobald ein Kunstwerk aber beginnt, überkommene Normen ernsthaft zu hinterfragen, geht das Bürgertum auf die Barrikaden und droht mit Zensur (250, viii-ix, 162-201).

Eine bestimmte Form der Kunst zensieren zu wollen, weil sie »obszön« oder »minderwertig« oder »gesellschaftsgefährdend« sei, wird kritisiert, wenn dies von erklärten Rechtspopulisten wie Jörg Haider gefordert wird. Sobald solcher Rechtspopulismus von Damen wie Alice Schwarzer feministisch verbrämt wird, scharen sich Politikerinnen aller Fraktionen zustimmend um sie herum. Leider sind Schwarzer, MacKinnon und Dworkin alles andere als eifernde Einzelgängerinnen. An die Stelle der offenen Ausdeutung, Interpretation und Diskussion tritt sensationsheischende Panikmache. In England schreibt die feministische Autorin Julie Burchill im »Spectator«, Filme wie »Enthüllung« (mit Michael Douglas und Demi Moore), »Eine verhängnisvolle Affäre« (mit Michael Douglas und Glenn Close) oder Theaterstücke wie »Oleanna« (ohne Michael Douglas) seien die Theorie, der Serienvergewaltiger sei die Praxis. Sollen jetzt auch nicht-pornographische Filme verboten werden, wenn sie bestimmten Frauen ideologisch nicht in den Kram passen?

In Australien wurde eine Fotografie, auf der ein Zauberkünstler seine Assistentin zersägte, als »Gewalt gegen Frauen« angegriffen (284, 69). Dass seine Assistentin auf dem Foto lächelte, wurde besonders beanstandet, denn das machte den Eindruck, sie würde diesen Gewaltakt genießen.

Wenn man es unbedingt so interpretieren möchte, kann *alles* ein Zeichen für Unterdrückung sein. Für Alice Schwarzer dürfen Frauen nicht mit Stöckelschuhen abgebildet werden, denn dies sei »das unentbehrliche Signal für weibliche Hilflosigkeit: Diese Frau kann nicht weglaufen.« (106, 137) Für sich privat kann man Bilder durchaus so ausdeuten. Daraus ein Gesetz schmieden zu wollen ist höchst zweifelhaft.

Nachdem in Kanada die rechtlichen Grundlagen in die Tat umgesetzt wurden, die von Rita Süßmuth bis Christine Bergmann von Politikerinnen aller Parteien auch in Deutschland angedroht werden, haben dort immer mehr Bürger den Eindruck, in einer antisexuellen Diktatur zu leben. Dass der kanadische Zoll ein Buch mit dem Titel »Scharf, schärfer, am schärfsten« beschlagnahmte, um schließlich festzustellen, dass es sich um Kochrezepte handelte, mag sich noch ganz lustig anhören (478, 284). Die Situation ist aber wesentlich ernster: Angenommen, Sie haben zum Beispiel die Phantasie, mit jemandem erotisch zusammenzufinden, der oder die jünger als achtzehn ist. Das soll ja vorkommen. Sie schreiben dies nieder, ohne es jemals jemandem zu zeigen, allein zum Zwecke ihrer eigenen Selbstbefriedigung. Dafür könnten Sie im Land der Mounties für zehn Jahre im Gefängnis landen. (Strenggenommen dürften Sie nach diesem Gesetz weder »Lolita« noch »Romeo und Julia«, noch »Vom Winde verweht« besitzen.) Auch Fotos von Erwachsenen, die sich wie Teenager angezogen haben, unterfallen diesem Gesetz – beides unbenommen der Tatsache, dass man auch in Kanada schon mit 14 frei entscheiden kann, ob man mit einem anderen Menschen schlafen möchte. Antipornographie muss nicht logisch sein. Nun gut, werden Sie sich sagen, auch die kanadische Polizei wird keine Razzien in den Wohnungen veranstalten. Doch, das tut sie, wenn auch nur der leiseste Verdachtsmoment vorliegt. Man sollte zum Beispiel aufpassen, was man übers Internet verschickt. Tom Wappel, ein Mitglied des kanadischen Parlaments, machte unmissverständlich klar: »Es ist falsch, diese Phantasien zu haben, und es ist falsch, sie aufzuschreiben. Basta!« Willkommen in der Ideologie der Gedankenverbrechen (293).

Auch die Zustände in den USA sind in dieser Hinsicht oft ähnlich totalitär. Laura Kipnis schildert in ihrem Buch »Bound and Gagged« eindringlich den Fall Daniel DePews, der mit Undercover-Polizisten, die er für Geistesverwandte hielt, sadomasochistische Phantasien (!) austauschte und deshalb für 33 Jahre hinter Gitter wanderte – eine Haftdauer, die die vieler Mörder oder Kinderschänder deutlich überschreitet. Wann immer sein Fall wieder einmal Gegenstand der sensationsheischenden öffentlichen Diskussion wurde, musste DePew das Gefängnis wechseln, weil er von seinen Mithäftlingen zusammengeschlagen wurde – mittlerweile zum sechsten Mal (250, 3–64). Andere Vorkommnisse sind weniger lebenszerstörend, sondern schlichtweg groteske Fälle von Zensur: So wurde die halbnackte Statue der Venus von Milo aus einem Einkaufszentrum abtransportiert und aus einer Universität Goyas Gemälde der »Nackten Maja« entfernt (478, 19–20). Andere Werke, die von der Zensurbehörde eingezogen wurden, waren etwa die Verfilmung von Günter Grass' »Blechtrommel« (236, 60), »Das Tagebuch der Anne Frank«, Mark Twains »Huckleberry Finn«, Orwells »1984«, diverse Lexika und Wörterbücher, in denen »schmutzige« Ausdrücke definiert worden waren (347, 1), Ausgaben der Zeitschriften »American Photographer«, »Mad« und »Vogue« (487, 217–218) sowie Gymnastikvideos (478, 284). Feministinnen attackierten das literarische Meisterwerk »American Psycho« (eine radikale Kritik an der Entwertung des Menschen in Reagans Amerika der Achtziger) ebenso wie den oskarprämierten Film »Das Schweigen der Lämmer« mit Jodie Foster (397, 259). Der Direktor einer öffentlichen Bücherei wurde über Monate hinweg angegriffen, weil er Madonnas Fotoband »Sex« in seinen Regalen hatte. Schließlich wurden nicht nur er, sondern auch sein fünfjähriger Sohn mit Akten körperlicher Gewalt bedroht. In Ohio erwirkten die Behörden auf der Grundlage der Pornographie-Gesetzgebung ein Verbot des AIDS-Vorsorgeunterrichts (347, 2–3). Man erwartete jeden Augenblick, dass sie »Schneewittchen und die sieben Zwerge« auf die Liste verbotener Bücher setzen würden – was prompt getan wurde, im Winter 1992 in einer Schule in Jacksonville, Florida (347, 126). Man kann sich die Begründungen für diese Entscheidung lebhaft ausmalen.

Zu den in den letzten Jahren in Deutschland beschlagnahmten und zensierten Werken gehören Bücher des Surrealisten Guillaume Apollinaire, Henry Millers, Oscar Wildes, diverse Reiseführer, Kupferstiche eines unbekannten Künstlers aus dem 18. Jahrhundert, eine Aufklärungsbroschüre des Landes Rheinland-Pfalz, das Heft »Starke Mädchen« der »Bundeszentrale für gesundheitliche Aufklärung«, Comics von Ralf König (das inzwischen mit Iris Berben verfilmte »Kondom des Grauens«) und Walter Moers (bekannt durch »Das kleine Arschloch«) sowie drei Ausgaben von »Bravo« und eine des Schwester-Heftes »Bravo Girl« (467, 67, 68, 71, 85, 92, 95, 187; 549). Der Zeitschrift »Bravo« – die übrigens 1972 schon einmal wegen »Bagatellisierung der Onanie« abgestraft wurde (467, 189) – wurden »pornographische und verrohende Darstellungen« bekundet; sie sei »geeignet, Kinder und Jugendliche sozialethisch zu desorientieren«. Es fehlte nicht viel, und das Heft hätte nur noch unter dem Ladentisch verkauft werden dürfen (549). Selbst Nancy Fridays »Sexuelle Phantasien der Frauen und Männer« wurde von der Staatsanwaltschaft eingezogen (430, 31), wie man Bret Easton Ellis' »American Psycho« einzig und allein in Deutschland auf den Index setzte (200, 59). Und in Augsburg drohte die städtische Feuerwehr, die Galerie der 21jährigen Nachwuchskünstlerin Lisa Junghanß *auszuschäumen*, wenn sie gewisse unzüchtige Stellen auf ihren Bildern nicht ausbalken würde (430, 103).

Die Massenrazzia der deutschen Staatsanwaltschaft, bei der jede vierte Buchhandlung unseres Landes nach obszönem Material durchsucht wurde, habe ich bereits erwähnt: Der Börsenverein des deutschen Buchhandels sprach von der »größten Durchsuchungs- und Beschlagnahmungswelle in Deutschland seit der Bücherverbrennung 1933«, und auch Ignatz Bubis, der mittlerweile verstorbene Vorsitzende des Zentralrats der Juden in Deutschland, zeigte sich verwundert und besorgt. Selbst renommierte Verlage wie Eichborn, Carlsen und Rowohlt waren vor der Zensur betroffen, in Gießen und Neumünster wurden auf der Grundlage beschlagnahmter Kundenlisten sogar Privatwohnungen durchsucht. Das Ergebnis der dreijährigen Gerichtsverhandlungen war ein fast vollständiger Freispruch. Lediglich ein einziges Bild eines holländischen Comics wurde beanstandet, darauf wurde einem Mann mit einer Machete der Penis abgeschlagen. Im Dezember 1999 legte die Staatsanwaltschaft vor dem Bundesgerichtshof in Karlsruhe Revision ein.

Diese Auseinandersetzung ist für unser Thema auch deswegen nicht ganz unwichtig, weil wir hier einen Bekannten vom Beginn dieses Kapitels wiedertreffen. Der Frankfurter Journalist Matthias Heitmann schreibt über das Vorgehen des für die Massenrazzia verantwortlichen Oberstaatsanwaltes Hönninger: »Als Sachverständigen zauberte er den höchst umstrittenen Pädagogen Prof. Dr. Werner Glogauer aus dem Hut. Auch er ist kein Unbekannter: Der damals 73jährige hatte sich bundesweit damit einen Namen gemacht, *Asterix*, aber auch *Micky Maus* und sogar *Tom und Jerry* als gewaltverherrlichende und äußerst jugendgefährdende Comics einzustufen. Seit den fünfziger Jahren vertritt er die sogenannte ›Imitationsthese‹, nach der Medieneinflüsse unmittelbar Handlungsweisen und sogar Straftaten bewirken – frei nach dem Motto: Wer Schwulen-Comics liest, wird selber schwul. Entsprechendes wusste er auch in diesem Prozess kund zu tun. Dass Glogauer als wissenschaftlicher Beirat des ›Vereins für psychologische Menschenkenntnis‹ (VPM) einst selbst unter Beobachtung von deutschen Sektenbeauftragten stand, löste bei dem Gericht jedoch offenbar keinen Zweifel an seiner Eignung als Sachverständiger aus.« (193, 49)

Genauso wenig Zweifel scheinen die Ministerinnen Bergmann und Däubler-Gmelin dabei zu haben, auf den »Erkenntnissen« dieses Mannes neue Gesetzesverschärfungen auszurichten. Auch Alice Schwarzer hat offenbar nicht die geringsten Probleme damit, für die von ihr behauptete Schädlichkeit von Pornographie als Kronzeugen einen Mann zu liefern, der behauptet, Homosexualität würde durch die falschen Bücher übertragen. Offenbar braucht frau auf den größten Unfug nur das Label »Feminismus« zu kleben, damit er die höchsten Weihen erhält. So können Politikerinnen im neuen Jahrtausend mit den Sadomasochisten eine sexuelle Minderheit ebenso wählerinnenwirksam verfolgen, wie man in den Fünfzigern die Homosexuellen zur Zielscheibe erklärt hatte.

Inzwischen machen Frauenrechtlerinnen in ihren Forderungen längst nicht mehr bei Pornovideos und -magazinen halt. Die Münchner Gleichstellungsbeauftragte Friedel Schreyögg etwa beschimpfte schon die Dessouswerbung an Bushaltestellen als »extrem frauenfeindlich, entwürdigend und frauenverachtend« (5, 48–50). Und Alice Schwarzer protestiert unter der Überschrift »Kriegspropaganda gegen Frauen« dagegen, dass die TV-Moderatorin Birgit Schrowange sich in Spitzenwäsche ablichten lässt oder Schauspielerinnen wie Julia

Stemberger im Fernsehen über Selbstbefriedigung sprechen (112, 82). Man möchte sich nicht überlegen, was erst passieren wird, wenn Frauenministerin Bergmann ihre obskuren Pläne in die Tat umsetzt. Zwar scheinen seriöse Fachleute wie die Deutsche Gesellschaft für sexualwissenschaftliche Sozialforschung inzwischen aufklärerisch auf diese Dame eingewirkt zu haben (»Hinter einigen Formulierungen der Ministerin sind in der Tat Auffassungen zu erkennen, die wir als Sexualwissenschaftler nicht gutheißen können ...«; 408, 31). Aber im Frühjahr 1999 bekräftigte Justizministerin Däubler-Gmelin, dass sie das Vorhaben ihrer Kollegin mit Nachdruck unterstützen und voranbringen werde: »Ein vernünftiges Gesetz gegen Pornographie gehört in das Gesamtpaket gegen Sexualgewalt. Pornographie ist ein Verstoß gegen die Menschenwürde. Auch über Sanktionen für den Handel mit und den Konsum von Pornographie müssen wir nachdenken ... Auch die Entschädigung für die Opfer von Pornographie ist ein Thema.« Voller Stolz verkündet Alice Schwarzer, dass die von ihr zusammengetrommelten Politikerinnen die Bekämpfung der Pornographie für ein dringlicheres Problem der Frauen hielten als alle anderen – von der Arbeitslosigkeit bis zu fehlenden Kindertagesstätten (115, 55–57).

DIE NEOSEXUELLE REVOLUTION: AUSVERKAUF DER EROTIK

»Schwangerschaft ist die Bestätigung, dass die Frau gefickt wurde: Es ist die Bestätigung, dass sie eine Fotze ist ... Ihr Ausgeliefertsein kennzeichnet sie als Hure ... Ihr Bauch ist der Beweis dafür, dass sie benutzt wurde. Ihr Bauch ist ein Triumph des Phallus ... Die Schwangerschaft ist die Strafe, dass sie beim Sex mitgemacht hat. Ihr wird übel werden, ihr Körper wird auf tausenderlei Weise Wehwehchen entwickeln, sie wird sterben. Ihr möglicher Tod löst die sexuelle Erregung aus ...«

Andrea Dworkin

Entgegen einer weitverbreiteten Ansicht ist Sexualität kein rein natürlicher Urtrieb, sondern wird immer auch vom gesellschaftlichen Umfeld geformt (445, 31). Eine Frau mit der Einstellung von Andrea Dworkin wird andere Wünsche und Begierden haben als, sagen wir, Verona Feldbusch. Insofern ist es bedeutsam, wenn Sexualwissenschaftler von einer »neosexuellen Revolution« in den achtziger und neunziger Jahren sprechen, die die befreiende sexuelle Revolution der sechziger und siebziger Jahre in den Schatten stellt. Und es ist ein ziemlich frostiger Schatten, denn heute, so die Forscher, wird Sexualität fast nur noch im Zusammenhang mit Ausbeutung und Gewalt geschildert: Sexuelle Belästigung, sexueller Missbrauch, Sextourismus, Sexismus, gefühlsloser Cybersex, »frauenfeindliche« Pornographie, Vergewaltigung (441, 331–341). Sachliche Grundlagen haben diese Bedrohungsszenarios nicht: Tatsächlich hat sich in den letzten dreißig Jahren die Zahl der Opfer von Sexualstraftaten deutlich *verringert* – und das, obwohl man aufgrund einer erhöhten Anzeigebereitschaft statistisch eigentlich mit einer Erhöhung dieser Zahlen rechnen müsste (90, 330). Eine These, die im Zusammenhang mit dieser Hysterie von Feministinnen vertreten wird, lautet: »*Wenn Frauen dabei nicht unterworfen werden, dann ist es kein Sex.*« (362, 239) Ja, die kursive Hervorhebung findet sich schon im feministischen Originaltext. Alice Schwarzer sieht das übrigens nicht viel anders: »Heute wissen wir, dass die Sexualität zwischen Männern und Frauen noch nie in der Geschichte ... etwas mit Lust zu tun hatte«, schreibt sie 1997 (425, 22).

Gekennzeichnet ist diese neosexuelle Revolution vor allem durch ein extrem abwertendes Männerbild: »Männer schienen nichts anderes zu sein als geil, gewalttätig und impotent.« (441, 341) Diese angeblich typische männliche Dreifaltigkeit zieht sich längst nicht mehr nur durch die Seiten der »Emma«, sondern durch den Großteil unserer Gesellschaft und ihrer Medien. Die damit verbundene Denkweise führt immer wieder zu höchst merkwürdigen Schieflagen:

1.) Während »Penetration« und »männliche Gewalt« bis hin in die Äußerungen von liberalen Politikerinnen wie Sabine Leutheusser-Schnarrenberger in einem Atemzug genannt werden, kommt es zu einer steigenden Zunahme höchst aggressiver Penetrationsszenen gerade in lesbischen Erotika – vom Zustoßen mit Dildos bis zum analen und vaginalen Faustfick.

2.) »Ich möchte gern jemanden verführen, aber ich weiß, dass dahinter eine gehörige Portion Menschenverachtung steckt« winselte die Kontaktanzeige eines frauenbewegten Mannes im Frankfurter »Pflasterstrand« (473, 237). Gleichzeitig hat sich in unserer Gesellschaft eine Girlie-Bewegung gebildet, deren Devise lautet: »Als Mädchen bin ich okay; wenn ich einen Mann brauche, dann nur zur Sexualität, und dafür nehme ich mir einen Attraktiven.« (272, 5) Und Germanistik-Studentinnen im Alter von 19 und 20 Jahren verkaufen mittlerweile ihre abgeschnittenen Zehennägel, getragenen Slipeinlagen und Filmdosen mit Speichel für teures Geld im Internet.

3.) Auch wenn über das Thema Prostitution gesprochen wird, ist grundsätzlich nur von der »Ausbeutung der Frau« die Rede. Tatsächlich gab es schon in der alten Bundesrepublik 10.000 bis 15.000 Jungen, die sich prostituierten. Einer US-amerikanischen Studie zufolge sind 24 von 28 Strichjungen in ihrer Kindheit durch Erwachsene oder ältere Jugendliche zum Sex gezwungen worden (46, 283). Inzwischen finden sich in einschlägigen deutschen Magazinen immer häufiger Inserate, in denen Männer sich »für Damen« nur mit Vorname und Altersangabe anbieten (441, 344).

4.) Während in Fernseh-Talkshows und politischen Debatten zum Thema Sextourismus ausschließlich Männer als Täter vorkommen, wird der Anteil von Frauen in diesem Metier immer größer. Inzwischen preist der »Cosmopolitan« ungeniert die anatomischen und konditionellen Vorzüge von Männern afrikanischer Herkunft, so wie billige Sexmagazine normalerweise über die Eigenschaften von milchkaffeebraunen Exotinnen sprechen (420, 85). Neben Kenia sind Mexiko und die Karibik beliebte Reiseziele für Frauen, die etwas Abwechslung suchen. Dort sind etwa zehn Prozent der Urlauberinnen Sextouristinnen (9, 498). Noch mehr im Trend liegt nach Angaben des »Hamburger Abendblatts« vom 15.6.1999 Vietnam: Die ECPAT, eine australische Organisation gegen Kinderprostitution, weist darauf hin, dass in der Stadt Hoi Han drei Viertel des sexuellen Missbrauchs an minderjährigen Jungen durch Ausländerinnen begangen werden.

Andrea Dworkin zufolge stellen Sexualität, Gewalt und Tod die »erotische Dreifaltigkeit des Mannes« dar. Was lange Zeit als weiteres Symptom eines pathologischen Männerhasses ersichtlich war, wird heute immer mehr Teil des Mainstreams. »Vielleicht werden wir bald erfahren, was mit Kindern passiert, die mit der Vorstellung aufwachsen, dass eines der beiden Geschlechter immer abwesend oder ganz und gar unfähig zur Liebe ist, während das andere menschliche Wärme in Reinkultur darstellt«, ahnt der Sexualforscher Volkmar Sigusch (441, 351). Und die kritische Feministin Daphne Patai erkennt im heutigen Männerbild deutliche Parallelen zu dem Frauenbild, das zur letzten Jahrhundertwende von »Soziologen« wie Otto Weininger vertreten wurde: Für ihn waren Frauen die Verkörperung reinster, tierischer Sexualität, ihnen fehlten jegliche moralischen und spirituellen Eigenschaften, und sie zogen Männer in zerstörerische Beziehungen hinein (362, 155). Heute liegt dieselbe Art fragwürdiger »Wissenschaftlichkeit« dank Soziologinnen wie Cheryl Benard und Edit Schlaffer vor – nur jetzt mit dem Mann als unheilbringendem, triebgeilen Untermenschen.

Nicht erst seit gestern wird männliche Sexualität viel negativer bewertet als weibliche. Bestimmte sexuelle Handlungen, etwa Exhibitionismus, sind nur dann strafbar, wenn sie von Männern begangen werden. Generell wurde und wird sexuell nicht der Norm entsprechendes Verhalten bei Frauen eher toleriert als bei Männern: Das gilt vom Transvestismus (ein Mann in Rock und Bluse wird viel eher begafft als eine Frau im Hosenanzug) bis zur Homo- und Bisexualität: Frauen können sich viel ungehemmter in der Öffentlichkeit küssen und umarmen als Männer. Schon Königin Viktoria ließ Homosexualität nur bei Männern streng bestrafen (9, 224). Sadomasochistische Erotika werden von Politikern dann angegriffen, wenn der passive Partner weiblich ist, obwohl in deutschen SM-Fotomagazinen wie »Miss Cruel« der umgekehrte Fall als Regel gilt. Dieses Prinzip setzt sich bei kriminellem Verhalten fort: Noch bis 1997 konnten der juristischen Definition nach nur Frauen das Opfer von Vergewaltigung werden.

Die auch heute noch eher männlich besetzte sexuelle Triebhaftigkeit wird im Vergleich zur weiblich besetzten Gefühlsform der romantischen Liebe in immer wieder neuen feministischen Kreuzzügen an den Pranger gestellt. So gehen Männerfeindschaft und Feindseligkeit gegenüber Sexualität Hand in Hand. Erotische Filme und Texte werden als »Pornographie« verunglimpft und sollen verboten werden. Einer Arbeitskollegin mitzuteilen, dass man auf sexueller Ebene mit ihr zusammenkommen möchte, wird als »Belästigung« bezeichnet, als ob Sexualität heute noch etwas Schmutziges und Unzumutbares sei. (Kein

Mensch käme auf die Idee, das Angebot einer platonischen Freundschaft als »Belästigung« aufzufassen.) Hier verwendet der Philosophieprofessor F. M. Christensen einen interessanten Vergleich:»Angenommen, den jungen Frauen würde in unserer Gesellschaft beigebracht, dass ihre romantischen Gefühle und Phantasien hässlich und böse seien und alle entwürdigten, auf die sie gerichtet seien. Angenommen, man würde zum Beispiel sagen, dass die Idole von Teenagerinnen ›ausgebeutet‹ werden, indem man sie auf der Bühne herumführt, um Emotionen zu erregen und zu befriedigen, und dass Bilder und Filme von ihnen als unmoralisch oder gar illegal abgekanzelt würden. Angenommen, ein Mädchen würde unaufhörlich ermahnt, ihre romantischen Gefühle zu unterdrücken, selbst gegenüber dem Jungen nebenan, da sie ihn sonst zu einem ›Liebesobjekt‹ reduziere. Möchte irgendjemand behaupten, dass dies bei jungen Frauen nicht zu psychologischen Schädigungen führen würde?« Christensen belegt in seiner Abhandlung unter anderem durch den Vergleich mit anderen Kulturen mehrfach, dass es nicht eine zu große sexuelle Freizügigkeit, sondern zu starke sexuelle Restriktionen sind, die für viele Fehlentwicklungen verantwortlich sind: von Störungen der sexuellen Genussfähigkeit über abweichendes Sexualverhalten bis zu Nervosität, Zwanghaftigkeit und Aggressionen (64, 23, 107–108, 150).

In diesem Zusammenhang ist es höchst bedenklich, dass sich unsere Gesellschaft auf eine weitreichende Zerstörung der Sexualität zubewegt. Während in den Medien das Allerintimste preisgegeben und auf Techno-Umzügen wie der Love Parade nach dem Einwurf einiger Ecstasy-Pillen der eigene nackte Körper aufreizend und lasziv zur Schau gestellt, aber gleichzeitig körperlicher Kontakt vermieden wird (441, 354), findet die sexuelle Zweisamkeit de facto immer weniger statt. Eine Studie zeigte, dass nicht nur die Hälfte aller Befragten in Europa und den USA weniger als einmal in der Woche Geschlechtsverkehr haben, es hatten auch vier Fünftel im Jahr vor der Befragung keinen oder nur einen Sexualpartner (410, 2). Vor allem junge Männer flüchten zunehmend in autoerotische Kommunikation, wie der Münchner Psychologe Walter Kiefl in seinem Aufsatz »Männer als Opfer taktischer Arroganz bei der Begegnung mit Frauen« vermerkte (423, 133). Damit nicht genug: Eine repräsentative Umfrage des Instituts für rationale Psychologie, München, ergab, dass 90 Prozent der deutschen Paare im Bett unzufrieden sind und mehr als ein Drittel der Deutschen zwischen 17 und 35 sogar glaubt, problemlos ganz auf Sex verzichten zu können (91). Kein Wunder: Die Hirnstromerregung bei Orgasmen erzeugte noch 1978 bei Männern wie Frauen einen Skalenwert von 190. Dieser Wert ist inzwischen auf 170 abgesackt. Bei 150 soll angeblich Schluss sein (223, 154).

Größer als allgemein angenommen ist vermutlich auch die Zahl der jungen Männer, die auch im dritten oder vierten Lebensjahrzehnt noch überhaupt keinen erotischen Kontakt zu einer Frau haben. Statistisch führen sie zwar weitgehend noch ein Schattendasein, da sie bei Umfragen schwer zu erfassen sind. Sexualforscher geben dies umstandslos zu. So beruhen typische Erfassungen über das Sexualleben etwa von Studenten auf Fragebögen, die von den Wissenschaftlern verteilt und von den Befragten ausgefüllt und zurückgeschickt werden. Die Rücksendequote kann aber gut und gerne gerade mal 40 Prozent betragen. Logischerweise sind es vor allem die Studenten mit sehr wenig oder gar keiner sexuellen Erfahrung, die den Bogen einbehalten – einfach weil sie nicht wissen, was sie auf Fragen wie »Wie oft?« und »Wann?« antworten sollen (415, 120). Immerhin ergab eine Studie des Leipziger Sexualforschers Kurt Starke, dass rund zehn Prozent aller männlichen Hochschulabsolventen aus dem Westen bis zu ihrem 29. Lebensjahr noch keinen Geschlechtsverkehr hatten – auch hier könnte eine nicht unbeträchtliche Dunkelziffer die Zahl eher noch nach unten verfälscht haben (468). Eva Margolies spricht von fast zwei Millionen männlicher Jungfrauen in den USA und hält diesen Anteil für mit anderen westlichen Ländern vergleichbar (292, 108). Johannes Nohn, psychologischer Berater der Internet-Seite *www.liebeliebeliebe.de,* vermeldet, dass 70 Prozent der Personen, die sich wegen dieses Problems an ihn wenden, Männer sind.

Wie bei der Männerbewegung und den Vaterrechtlern und anderen von der Medienöffentlichkeit ignorierten Gruppen ist es das Internet, das auch den männlichen Jungfrauen seit kurzem eine Plattform bietet, auf der sie sich zusammenfinden und miteinander austauschen können. Seit 1999 existiert im Netz das Forum »Absolute Beginners« (*www.f3.parsimony.net/forum3/08/*), wo sich beide Geschlechter treffen können (sich aber zu neunzig Prozent Männer finden), die auch im fortgeschrittenen Erwachsenenalter noch keine Erfahrung mit Sexualität und Partnerschaft machen durften. Was all diese Männer verbindet, ist zum einen ein Minderwertigkeitsgefühl, weil sie die kulturelle Vorgabe der Erfahrenheit nicht erfüllen können, und zum anderen extreme Schwierigkeiten, doch noch sexuelle Kontakte zu knüpfen. Dadurch, dass sie mit ihren praktischen Kenntnissen so weit zurückliegen, wirken sie erstens unsicher und dadurch nicht besonders anziehend auf Frauen, zweitens müssen sie damit rechnen, von Frauen zurückgewiesen zu werden, sobald sie sich ihnen »offenbaren« (552, 360). Schließlich wird heutzutage der selbstbewusste und erfahrene Verführer erwartet und nicht ein Amateur, dem frau »erst noch alles beibringen muss«. Auf den Netseiten der »Absolute Beginners« wird dieser Teufelskreis wieder und wieder durchdiskutiert: Keine Erfahrung führt zu mangelnder erotischer Ausstrahlung führt zu Ablehnung führt zu keiner Erfahrung. Viele Männer berichten von demütigenden Reaktionen von Frauen, denen gegenüber sie sich als unberührt geoutet hatten.

Dabei gehören männliche Spätentwickler zu genau dem Typ Mann, den die Frauenbewegung lange Zeit gefordert hat. »Das Problem mit mir ist, wenn Mädchen sagen, ich soll aufhören, höre ich auf«, erklärt Holden Caulfield, die männliche Jungfrau in Salingers »Fänger im Roggen«, mit der sich eine ganze Generation identifizieren konnte. Weil sie sexuell nicht so fordernd sind, geraten sie in ihren Beziehungen oft in die Rolle eines brüderlichen Kameraden, bei dem sich die Frauen, die sie mögen, darüber ausweinen können, wie schlecht sie von ihren weniger netten, aber dafür um so erotischeren Sexpartnern behandelt werden. Frauen reduzieren solche Männer also auf »Freundschaftsobjekte«, auf ihre Funktion als Kumpel, ohne sie in ihrer ganzen Persönlichkeit einschließlich ihrer Sexualität und ihrem Begehren anzunehmen. Eine Karikatur im US-Magazin »New Yorker« illustriert sehr deutlich die Schizophrenie, die dieser weiblichen Haltung zugrunde liegt. Dort verabschiedet sich eine Frau von einem jungen Mann, mit dem sie ein Rendezvous hatte: »Danke für den wundervollen Abend, Fred. Du warst der einfühlsamste, rücksichtsvollste, offenste, sensibelste, besorgteste und verletzlichste Mann, dem ich je begegnet bin. Zu schade, dass du so ein Waschlappen bist.« (23, 271)

Für die Autorin Luise Mandau ist die Krise in deutschen Betten keine Überraschung: Auch die sexuell erfahrenen Männer, vor allem aber die jüngeren, litten inzwischen unter einer »psychogenen Impotenz: Aus Angst, sexuell zu versagen, die Frau nicht wirklich befriedigen zu können, versagen sie dann tatsächlich. Ohne den doppelt eingesprungenen Rittberger zu beherrschen, brauchen sich Männer den Frauen von heute gar nicht erst zu nähern. Frauen erwarten im Bett die absolute Befriedigung. Ein sexueller Akt ohne mindestens einen Orgasmus ist inzwischen anscheinend unvorstellbar geworden. Dass die Frau durchaus auch mit beitragen kann, dass aus dem sexuellen Akt ein befriedigender wird, ist in der Zwischenzeit in Vergessenheit geraten.« Das Ergebnis: Die Männer beginnen, sich mit Medikamenten wie Viagra zu behelfen, um ihrer Partnerin höchste Befriedigung zu bereiten. Dafür dürfen sie sich dann von Feministinnen wie Alice Schwarzer als dumpfe Rammler verhöhnen lassen: »Jedes Würstchen ein Tarzan!« Was Luise Mandau einige Fragen aufdrängt: »Macht Frau ›Hanswurst‹-Mann mit Absicht impotent, damit sie ihre Ruhe hat? Plant sie gar böswilligerweise die Impotenz des Ehemannes, damit er sich noch schuldiger fühlt? Will sie gar keinen potenten Mann, weil sie sich bei einem impotenten Mann stärker und als Siegerin fühlt?« (288, 65) Inzwischen leidet unter Männern ab 40 jeder zweite an einer Beeinträchtigung seiner Potenz (308, 116).

Dass der Niedergang der sexuellen Lust sich auf internationaler Ebene erstreckt, zeigt sich darin, dass Denis Cherry, der Leiter des australischen »Human Sexualcity Center«, mittlerweile von der TINS-Generation spricht: Two Incomes, No Sex – Doppelverdiener ohne Sex (147, 6). »Wenn Frauen dabei nicht unterworfen werden, dann ist es kein Sex.« Sieht so aus, als wäre wenigstens in dieser Hinsicht die Befreiung der Frau von ihrer jahrtausendealten Unterdrückung endlich greifbar nahe gekommen. Man fühlt sich an ein Bonmot Camille Paglias erinnert: »Die Sexualität den Feministinnen zu überlassen ist wie seinen Hund, wenn man in Urlaub fährt, dem Tierpräparator anzuvertrauen.«

»Die Kerle denken doch immer nur an das eine!«

THESE: MÄNNER HABEN EINEN STÄRKEREN SEXUALTRIEB ALS FRAUEN

Die Vorstellung vom nahezu animalisch triebhaften Mann und der keuschen Frau, deren Sexualität von fast spiritueller Reinheit und nur überzuckert mit sehr viel Liebe denkbar ist, geht zurück bis in vergangene Jahrhunderte. Bis heute gibt es für Ausdrücke wie »schwanzgesteuert« kein entsprechendes Gegenstück für Frauen. In einem populären Sachbuch heißt es unter der Kapitelüberschrift »Männer wollen in der Partnerschaft mehr Sex, Frauen mehr Liebe«: »Der Wunsch nach mehr Sex ist ein vorrangig männliches Problem.« Zitiert wird dort etwa ein Verleger namens Harry Stein: »Der Unterschied zwischen dem männlichen und dem weiblichen Sexualtrieb entspricht oft ungefähr dem, ob ich eine Pistolenkugel abschieße oder mit der Hand werfe.« Verantwortlich ist dafür der Autorin zufolge natürlich – Testosteron (125, 104–105). Soweit die sich hartnäckig haltenden Klischeevorstellungen. Merkwürdigerweise machen viele Paare in der Realität ganz andere Erfahrungen. So findet sich zum Beispiel folgender Ratschlag in einem modernen Sexualratgeber: »Als Daumenregel kann man sagen, dass Frauen gerne soviel Zeit dem Vorspiel und dem Akt selbst widmen möchten wie Männer dem Vorspiel, dem Akt und dem Bau einer Garage. Dies führt zu einer gewissen Unzufriedenheit der Frau, die gerade anfängt, sich sinnlich zu fühlen, wenn der Mann schon längst zum Kühlschrank joggt, um zu schauen, ob noch Joghurt übrig ist.« (470, 122) Was sagen uns denn die tatsächlichen Untersuchungsergebnisse über das unterschiedliche Verlangen der Geschlechter?

- Einer Studie des Hamburger GEWIS-Institutes zufolge möchten sechs von zehn Frauen mindestens zweimal, jede sechste sogar mindestens dreimal Liebe hintereinander. Den meisten Männern hingegen, nämlich 66 Prozent, reicht einmal völlig. Nur etwa jeder vierte bringt es überhaupt zweimal hintereinander, einer von zwölf dreimal, dann ist aber wirklich Schluss. Auch was die Häufigkeit der sexuellen Zusammenkunft angeht, kommen die Männer allmählich nicht mehr mit. Jede zweite Frau möchte täglich engen Körperkontakt aufnehmen, jede siebte fünf- bis sechsmal wöchentlich, jede dritte mindestens drei- bis viermal pro Woche. Mit zweimal pro Woche lässt sich nur noch eine von drei Frauen abfertigen. Durchschnittlich fordern Frauen dreimal pro Woche Sex, während Männer im Schnitt zweimal eigentlich auch schon okay finden. Professor Werner Habermahl, Leiter von GEWIS, kommt zu dem Schluss, dass Frauen deutlich ›schärfer‹ als Männer seien (473, 90-91).

- Zu einem ähnlichen Ergebnis führt eine unter der Leitung des prominenten Sexualwissenschaftlers Gunter Schmidt durchgeführte Erhebung über das Sexualverhalten von Studierenden. Demnach sind Studentinnen der neunziger Jahre, was ihre »Koitusfrequenzen« und ihre »Partnermobilität« (sic!) angeht, heterosexuell aktiver als ihre männlichen Kommilitonen. (Faszinierend, welche Euphemismen man dafür findet, wenn Frauen eben jenes Verhalten ausüben, aufgrund dessen Männer zu »Schweinen« gestempelt werden.) Auf einer Graphik der Studierenden mit bislang mehr als fünf Koituspartnern liegt die Kurve der Frauen erkennbar über der der Männer (415, 122, 130).

- Männern hingegen geht mehr und mehr die Puste aus. So berichtet der Hirn- und Sexualforscher Professor Leon Kaplan, dass 75 Prozent von ihnen einen vorzeitigen und für die Partnerin unbefriedigenden Samenerguss erlebten, 55 Prozent generell über ihr Sexualleben unglücklich seien, 40 Prozent an einem Mangel an sexueller Lust litten, 15 Prozent Erektionsschwierigkeiten hätten und 20 Prozent aller jüngeren Männer durch Versagensängste blockiert seien (473, 91). Insofern verwundert es kaum, wenn sich immer mehr Frauen beklagen, dass ihre Partner mit ihrem Verlangen nicht länger mithalten könnten. Statt dessen, so vermeldet die klinische Psychologin und Sextherapeutin Janet Wolfe, bemächtigen sich offenbar mehr und mehr Männer der ursprünglich femininen Taktik, sexuelle Gunstbezeugungen zurückzuhalten, um innerhalb einer Beziehung an Macht zu gewinnen. Während Sex für Frauen Stress reduziere, weil er als Zeichen der partnerschaftlichen Verbindung und Quelle des Vergnügens gesehen werde, stelle er für Männer nur noch einen *zusätzlichen* Stressfaktor dar, ein weiteres Gebiet, auf dem sie Leistung bringen müssen (135, 313).

- Entgegen allen Schauermärchen besitzen die meisten Männer ohnehin nicht die Neigung, mit jeder x-beliebigen Person in die Kissen zu springen. In einer Studie riefen junge Hilfswissenschaftler ihre befreundeten Kommilitonen (ausschließlich Singles) an und fragten sie, ob sie Interesse an einem amourösen Abenteuer mit einer Bekannten hätten. Diese wurde als warmherzig, aufrichtig, attraktiv und klasse im Bett beschrieben; sie sei in der Stadt, um ein paar tolle Tage zu verbringen. Die Hälfte lehnte dankend ab, hauptsächlich weil sie die Bekannte ihrer Freunde nicht gut genug kannten (547, 31).
Werfen wir einen Blick auf die möglichen Gründe, warum eine Abqualifikation des Mannes als schwanzgesteuertes Wesen sich in den Köpfen so hartnäckig hält:

- Eine kürzlich von einem britischen Sex-Experten angefertigte Studie führte zu dem Ergebnis, dass Frauen dazu neigen, sich nur dann an vergangenen Sex zu erinnern, wenn er innerhalb einer festen Beziehung stattfand und all die kleinen Abenteuer zwischendurch zu »vergessen«. Insofern sei die tatsächliche Zahl der Partner dreimal höher als die, die sie in Umfragen normalerweise angeben (70, 439).

- Wegen des schon an anderer Stelle erwähnten »Halo-Effektes« (man findet heraus, was man herausfinden möchte) werden die gesammelten Fakten an die Klischeebilder im eigenen Kopf angepasst. So betont der Professor David Buss, dass bei Frischvermählten die Unzufriedenheit der Frau hauptsächlich durch die sexuelle Aggressivität des Mannes hervorgerufen wird und umgekehrt die Unzufriedenheit des Mannes dadurch, dass sich ihm seine Partnerin zu oft entzieht – wobei Buss einräumt, dass diese Probleme weniger häufig auftauchten, als er erwartet hatte. Ein weiteres Ergebnis seiner Untersuchungen erwähnt er aber erst gar nicht: dass nämlich auch die Unzufriedenheit von Ehefrauen damit zusammenhängt, dass sich ihnen ihre Partner zu oft entziehen. Für jede Frau, die sich über die sexuellen Forderungen ihres Mannes beklagt, beklagen sich zwei über seine unzureichende Leidenschaft (547, 32).

- Weil nicht nur die sexuelle Initiative vielfach noch immer dem Mann zugeschoben wird und er es zugleich ist, dessen Versagen z. B. durch Erektionsprobleme so offensichtlich ist, steht er unter einer besonderen Anspannung. Daher möchte er zumindest bei einer neuen Bekanntschaft die erste Verführung und den darauf folgenden Akt möglichst schnell hinter sich bringen. Während die Frau es sich leisten kann abzuwarten, will er die Dauer seiner nervösen Anspannung eher verkürzen und geht besonders stürmisch vor. Das erweckt natürlich den Eindruck besonderer Triebhaftigkeit (62, 156–158).

Der schwierige Weg zum Gipfel

THESE: FRAUEN HABEN HÄUFIGER ORGASMUSPROBLEME ALS MÄNNER

Wenn man der gängigen Darstellung in Frauenliteratur, Frauenmagazinen und den ohnehin dadurch geprägten Massenmedien glauben darf, sind Orgasmusprobleme vorrangig ein weibliches Problem. Während *sie* kunstvoll befriedigt werden muss, um höchste Ekstase genießen zu können, scheint bei *ihm* zur Not auch ein einfaches »Abmelken« zu genügen. Dies stellt auch Sabine zur Nieden in ihrer Dissertation fest: »Über Erlebnis- und Orgasmusstörungen bei Männern existiert vergleichsweise wenig Literatur, schaut man sich die unüberschaubare Menge an Literatur über Orgasmusstörungen bei Frauen an. Die männliche Ejakulation wird als unhinterfragte Tatsache mit dem männlichen Orgasmus gleichgesetzt. Nach der Erlebnisqualität wird bei Männern zu wenig gefragt.« Orgasmus und Ejakulation ist aber nicht dasselbe, auch wenn diese Begriffe selbst in der Fachliteratur mittlerweile oft synonym benutzt werden. Wilhelm Reich war noch ebenso wie Kinsey darauf bedacht, beide Erscheinungen streng voneinander zu unterscheiden. Aber spätestens mit Masters und Johnson ging diese Trennung verloren, wie sich an Kapitelüberschriften wie »Der Orgasmus des Mannes (Ejakulation)« leicht ablesen lässt (555, 58).

Tatsächlich handelt es sich um zwei getrennte neurophysiologische Vorgänge, die zwar im Idealfall als Einheit erlebt werden, aber auch unabhängig voneinander auftreten können. Querschnittsgelähmte Männer können in ihren Träumen oder Phantasien Phantomorgasmen erleben, um die sich ihre Sexualorgane einen Teufel scheren (ein sogenannter »dry-run«). Sie können aber auch »abspritzen«, ohne dabei einen Orgasmus zu erfahren. Beides kommt jedoch sehr wohl auch bei gesunden Männern vor, der »dry-run« hauptsächlich im Kindesalter: Befragungen von Schülern in Belgien ergaben, dass viele Jungen vor Einsetzen ihrer Pubertät sexuelle Höhepunkte ohne Samenerguss erlebt hatten (555, 58–60).

Sobald die unsinnige Gleichsetzung von Orgasmus und Samenabgang einmal aufgehoben wird, so konstatiert Tor Norretranders in seinem Buch über den Orgasmus des Mannes, kommen vermutlich mehr Männer als Frauen selten oder gar nicht in den Genuss dieses Erlebnisses (328, 7). Auch er beklagt den Umstand, dass die öffentliche Diskussion so einseitig auf das sexuelle Erleben der Frau ausgerichtet ist: »Anscheinend erleben viele Männer ihren sexuellen Höhepunkt oft nicht als befriedigend, selbst wenn sie zum Samenerguss kommen. ... Darüber redet man nicht und betreibt auch keine Forschung. Man kann feststellen, dass das, was an Wissen über männliches Orgasmuserleben zugänglich ist, keineswegs ausreicht. ... Die Orgasmen der Frau dagegen sind ausführlich erforscht und diskutiert, sowohl in der Frauenbewegung wie in der Tageszeitung ...

Der Hite-Report, die Emanzipationsbewegung und die Sexologen haben ihr Augenmerk auf Form und Qualität des weiblichen Orgasmus gerichtet. Was die männlichen Orgasmen angeht, herrscht Schweigen« (328, 13)

Unter der Überschrift »Frauen sollen fühlen, Männer funktionieren« schreibt Sabine zur Nieden: »Das kulturelle Interesse, die damit verbundenen Ängste der Patientinnen und Patienten richten sich bei Frauen hauptsächlich auf das Erreichen des Orgasmus, bei Männern auf das Erreichen und Erhalten der Erektion« (555, 62). Dies belegt auch das Protokoll eines zehnstündigen Gesprächsmarathons, den die Sexualtherapeutin Stephani Cook mit Frauen zwischen fünfundzwanzig und dreiunddreißig Jahren veranstaltete. Auf die Frage nach ihrer Reaktion, wenn ein Partner alles Wünschenswerte aufzuweisen hätte, aber im entscheidenden Moment erektil versage, fielen Antworten wie:

• »Ich hätte das Gefühl, dass er mich nicht wirklich mag, und mit meinem Interesse wäre es vorbei.«

- »Alles Gute und auf Widersehen. Dann hat er eben seinen Job versaut.«
- »Erektiles Versagen würde ich auf alle Fälle als entscheidende Beeinträchtigung empfinden. Ich müsste darauf bestehen, dass etwas dagegen unternommen wird.«
- »Wenn ein Mann Potenzschwierigkeiten hat, käme ich mir gefoppt und unfair behandelt vor.« (497, 82–83)

Hier kommen wir bereits den Gründen auf die Spur, warum männliche Orgasmusstörungen so häufig sind. Zunächst einmal sieht sich der Mann generell in der Situation, sich sein Recht auf Geschlechtsverkehr erst durch Leistung »verdienen« zu müssen: Erotisch ansprechend wirken lediglich erfolgreiche Männer. Sie müssen das Geld verdienen, um eine Frau erst umwerben und später ernähren zu können. Auch die sexuelle Initiative wird heute noch vom Mann erwartet. Es überrascht nicht, dass die Männer der höchsten Einkommensgruppen im Vergleich zu den Beziehern geringer Einkommen die größtmögliche »Erfolgsquote« vermelden können, wenn es darum geht, ihren Frauen Orgasmuserlebnisse zu verschaffen. Dieser permanente Leistungsdruck lässt auch im Bett nicht nach: »Die Erwartung, dass die Leute nach einem anstrengenden und harten Arbeitstag nach Hause kommen, sich aller Spannungen entledigen und Transzendenz erleben, ist lächerlich« (328, 16) – zumal, wie wir an den obigen Zitaten von Frauen gesehen haben, auch dort noch Leistung erwartet wird.

So machen viele Männer die Erfahrung, dass sie »zu Zuschauern ihrer eigenen Sexualität wurden, weil sie sich auf die Reaktionen der Frauen konzentrierten«, auch als Folge der Diskussion über den weiblichen Höhepunkt: »Man ist kein Mann, wenn man der Frau keinen ordentlichen Orgasmus verschafft. Leicht und nonchalant übergeht man seinen eigenen Orgasmus.« (328, 16–18). Sexualmediziner beschreiben die psychobiologischen Vorgänge in dieser Situation folgendermaßen: »Der Mann spannt die Muskeln der Oberschenkel und des Bauchs an in dem Bemühen, während des Beischlafs die Klitoris zu stimulieren. ... Diese Anstrengung führt leicht zu einem oberflächlichen Orgasmus, weil er in den angespannten Muskeln eingesperrt wird und sich nicht in den übrigen Körper ausbreiten kann. Aber die Spannungen kommen nicht nur daher, dass die Männer sich anstrengen, um dem Partner Befriedigung zu verschaffen. Dahinter stecken in vielleicht noch höherem Maße unbewusste Faktoren. Die Männer haben von Kindesbeinen an gelernt, sich zu bremsen, sich zurückzuhalten und den Unterleib anzuspannen. Man hat gelernt, die Lust niederzuhalten, das Lusterlebnis zu bremsen.« So erfahren Männer in der Regel nicht das durchflutende und mystische Ganzheitserlebnis, über das Frauen berichten (328, 14–15). Beeinträchtigt werden letztlich Orgasmus *und* Samenerguss: In Italien, Heimat des sagenumwobenen Latin Lovers, berichten mittlerweile 44 Prozent der Männer zwischen 18 und 25 über verzögerte, »schwierige« Ejakulationen (555, 59–60).

Am besten fasst dieses Dilemma vielleicht eine Witzzeichnung in einer dänischen Tageszeitung zusammen, in der ein Mann seine Prioritäten beim Geschlechtsverkehr wiedergibt: »Ich verschaffe ihr natürlich jedes Mal einen Orgasmus. Zuerst ein Vorspiel zum Anheizen. Und wenn sie so richtig geil ist, schlecke ich sie zum Orgasmus, dass sie ganz wild wird und mir die Nägel in den Rücken bohrt. Mein Orgasmus? Ja, davon liefere ich jedes Mal ein Löffelchen voll ab!« (328, 22)

Das Harry-und-Sally-Syndrom

THESE: NUR FRAUEN TÄUSCHEN EINEN ORGASMUS VOR

»Wie täuscht ein Mann einen Orgasmus vor?«, lautet eine Scherzfrage zu diesem Thema. »Er nimmt sie von hinten und spuckt ihr auf den Rücken.« Aber so umständlich muss es natürlich nicht sein. Zum einen haben wir gesehen, dass Höhepunkt und Samenerguss nicht notwendigerweise dasselbe sind, also kann auch *er* eine kleine Show abziehen. Zum anderen muss selbst das Ausbleiben einer Ejakulation nicht grundsätzlich von einer Frau bemerkt werden, etwa wenn ihr Partner ein Kondom benutzt und es dunkel ist – was bei sexueller Betätigung ja beides vorkommen soll. Überraschend ist insofern noch nicht einmal die Möglichkeit, sondern vor allem das Ausmaß des männlichen Stöhn-Theaters. Hier gibt uns ebenfalls eine neuere Doktorarbeit (»Vorgetäuschte Orgasmen von Männern«) weitgehenderen Aufschluss. Deren Autorin, Andrea Borgaes, nahm dazu eine repräsentative Umfrage unter Männern vor, bei der sich herausstellte, dass jeder zweite schon einmal simuliert habe. Der Routinierteste gab zu Protokoll: »Ich mache das seit zwanzig Jahren.« (322, 98)

Die Gründe dafür sind nach dem im letzten Abschnitt Gesagten naheliegend: Wenn ein Mann müde, beruflich angespannt oder aus anderen Gründen lustlos ist, wird er möglicherweise einen Orgasmus vortäuschen, um zu rechtfertigen, dass er keine Erektion mehr hat. »Wenn du spürst, dass er schlaff wird, dann machst du schnell ein paar Ächz- und Stöhnlaute, stößt ein bisschen fester und ziehst ihn dann raus«, war eine typische Erklärung. Wenn die Frau selbst feucht genug sei, falle ihr das fehlende Sperma gar nicht auf (70, 164). Männer möchten einerseits Frauen nicht verletzen und wollen vermeiden, dass sie sich nicht genügend begehrt fühlen (70, 165), andererseits aber natürlich auch vermeiden, selbst verletzt zu werden. So berichtet ein 35jähriger Masseur, wie ihn seine Partnerin kleingemacht habe, nachdem er es nicht geschafft hatte, seine Liebesleistung zu erfüllen: »Ach nee, erst große Klappe, und dann nichts dahinter!« Andrea Borgaes kommt zu dem Schluss, dass Frauen fälschlicherweise davon ausgingen, »ein Mann kann, will und kommt immer« (322, 98). Und wenn ihr Partner dieses Klischeebild nicht erfüllt, können sie ganz schön mürrisch werden ...

DILDO IM POSTFACH – SEXUELLE BELÄSTIGUNG, WOHIN MAN BLICKT?

»Früher waren die Ängste der Frauen auf dunkle, einsame Gassen beschränkt. Heute haben Frauen in belebten Büros, Restaurants in der Nachbarschaft und ihrem gemütlichen Heim ebenfalls allen Anlass zur Sorge. Für Frauen gibt es keinen Ort mehr, den sie ›sicher‹ nennen können.«

Aus einem Report des US-Senats 1993

»Gewalt kennzeichnet die Realität von Frauen und Mädchen«, ist auch in einem deutschen Ratgeber zur Selbstverteidigung zu lesen. »Millionen Frauen werden in ihren eigenen Wohnungen vergewaltigt, misshandelt und geschlagen.« Nun gut, das ist eine etwas einseitige Darstellung, aber lesen wir erst mal weiter. »Schätzungen zufolge wird jedes dritte Mädchen sexuell missbraucht und jede vierte Frau einmal in ihrem Leben vergewaltigt. Zwei Drittel aller berufstätigen Frauen werden an ihrem Arbeitsplatz sexuell belästigt.« (177, 14) Selten hat man in der feministischen Literatur Tick, Trick und Track der Debatte über sexuelle Gewalt so übersichtlich beieinander. Über 30 Prozent Missbrauch, 25 Prozent Vergewaltigung und knapp siebzig Prozent Belästigung – selbst wenn man davon ausgeht, dass sich beträchtliche Schnittmengen bilden, zeichnen diese Zahlen ein klares Bild von der Frau als Opfer und dem Mann als Täter. Bei solchen Daten kann man wohl kaum noch von einzelnen Verbrechen reden – dahinter muss System stecken. Auf den Punkt bringt dies wieder einmal Alice Schwarzer: »Es ist schon erschreckend«, bekundet sie in der NDR-Talk-Show vom 15.12.2000 zu Übergriffen sexueller Gewalt, »wenn man sich die Untersuchungen, Statistiken ansieht, wenn man dann begreift: Es ist in der Tat jede zweite Frau selbst davon betroffen. Das sind epidemische Ausmaße!« In dieselbe Kerbe schlägt ein (männlicher!) Autor, dem zufolge »eben diese Handlungen zum Normalinventar männlichen Verhaltens gehören und zumeist ungebrochen in dieser Weise gelebt werden« (168, 41). Nun, dieser Herr mag für sich selbst sprechen. Wir wollen uns lieber daranmachen, diese Horrorzahlen eine nach der anderen aufzudröseln. Beginnen wir mit dem Thema »sexuelle Belästigung«.

Smack my bitch up

**THESE: DIE ZAHL DER SEXUELLEN BELÄSTIGUNGEN
HAT BEÄNGSTIGENDE AUSMAßE ERREICHT**

»1993 war in der Freien Universität Berlin ein lilafarbener Aushang der Frauenbeauftragten zu sehen«, berichtet Katharina Rutschky. Der Text lautete: »Für eine Studie suchen wir dringend Studentinnen, die von Dozenten sexuell belästigt werden.« Wie Katharina Rutschky bemerkt, stolpert man in der Tat ein wenig über das Wort »dringend«. Wenn sexuelle Belästigung eine so weit verbreitete Erscheinung ist, wie die obigen Zahlen zu belegen scheinen, warum wird dann die Frauenbeauftragte nicht mit Bitten um Hilfe überrannt, statt dass sie um jeden einzelnen Fall geradezu betteln muss? Dies ist um so augenfälliger, da ihre Definition von »sexueller Belästigung« recht breit angelegt zu sein scheint. Unter anderem gehören dazu so bedrohliche und verstörende Handlungen wie kumpelhaftes Verhalten, als anzüglich verstandene Bemerkungen über die äußere Erscheinung, »Versuche zu flirten, wenn bei Wortbeiträgen Sachlichkeit angesagt wäre« und die »Benutzung von Lehrmaterialien oder Fallbeispielen, die sexuelle Andeutungen enthalten«. Die enormen Freiräume, die diese und andere Definitionen jeder Beschwerde ermöglichten, resultierten in sage und schreibe neun Fällen. Dies tat allerdings der Theorie der feministischen Forscherinnen von der Allgegenwart sexueller Belästigung keinen Abbruch: Man habe es mit einem starken Tabu zu tun, aufgrund dessen alle betroffenen Studentinnen der Universität so eingeschüchtert vor der Rache der Täter seien, dass sie sich nicht einmal an die Frauenbeauftragte zu wenden wagten. »Gerade das, was angeblich nicht existiert, ist das Hauptproblem.« (399, 118–120)

Ähnliche Phantomjagden finden in sämtlichen anderen Materialien über Belästigung am Arbeitsplatz statt. »Es gab nicht nur keine persönlichen Beschwerden Betroffener, sondern es wurde überhaupt kein Fall von sexueller Belästigung behandelt«, heißt es in einem Beispiel. Eine erfreuliche Nachricht? Ganz im Gegenteil: »Der Mangel an Beschwerden erschien als ein Alarmzeichen, denn allen war bewusst, dass sexuelle Belästigung vorkam.« (401, 9) Ausführlicher erklärt: »Keine Betriebsleitung sollte frohlocken, wenn ihr keine Beschwerden über sexuelle Belästigung bekannt sind. Im Gegenteil, es ist ein Zeichen für fehlendes Vertrauen der Belästigten darauf, dass Abhilfe geschaffen wird und ihnen keine Nachteile entstehen.« (401, 128) Auch die Folgen der Belästigung sind der Autorin zufolge deshalb so gefährlich, weil kein Mensch weiß, ob es überhaupt welche gibt. »Besonders was psychosomatische Beschwerden angeht, ist der Einfluss von sexueller Belästigung noch nicht ausreichend erforscht. Gerade weil viele Belästigte versuchen, die kränkenden Erlebnisse zu leugnen oder zu bagatellisieren, ist ihnen der Zusammenhang mit anderen Beeinträchtigungen ihres Wohlbefindens häufig nicht bewusst.« (401,

43). Es gibt keine Opfer, es sind keine Folgen bekannt, aber beides steht gerade deshalb in einem brisanten Zusammenhang miteinander – völlig klar. Man fühlt sich unheilvoll an die USA in der Zeit nach dem Zweiten Weltkrieg erinnert. Damals waren hochrangige US-amerikanische Militärs der Ansicht, man solle alle japanischstämmigen US-Bürger internieren, um Terroranschläge im eigenen Land durch Sympathisanten eines Kriegsgegners zu verhindern. Auf den Einwand, dass es noch nie auch nur die kleinsten Probleme mit einem dieser Bürger gegeben habe, erwiderten sie, dass gerade diese Tatsache besonders besorgniserregend sei ...

Die Frage, die sich bei der Sexuelle-Belästigungs-Propaganda aufdrängt, ist, wie man zu Horrorzahlen wie siebzig (401, 34) bzw. gar dreiundneunzig Prozent (374, 15) kommen kann, wenn sich diese Erscheinung angeblich jeder Untersuchung entzieht, weil niemand darüber berichtet. Könnte man nicht mit derselben Logik behaupten, junge Frauen erhielten nächtliche Besuche vom Teufel abgestattet, was aber niemand nachweisen könne, weil der Teufel so geschickt und die Frauen so verängstigt seien? Tatsächlich sind diese Zahlen das Ergebnis frauenwissenschaftlicher Umfragen. Einer dieser Befragungen zufolge schnellte in Deutschland die Zahl der Frauen, die sich schon einmal am Arbeitsplatz belästigt fühlten, von 1984 auf 1991 von 30 auf 72 Prozent hoch. Gerade diese von der SPD in ihren Broschüren übernommenen Zahlen stellten sich indessen als schlichtweg falsch heraus: Sie beruhten nämlich keineswegs auf einer repräsentativen Erhebung, sondern auf den Antworten auf Fragebögen, die offenbar gezielt von den feministischen Forscherinnen an Beschäftigte verschickt wurden, von denen man sich die gewünschten Auskünfte erwartete. Trotz dieser etwas anrüchigen Vorgehensweise wurden nur 20 Prozent der Fragebögen ausgefüllt zurückgesandt – und lediglich aus diesen Antworten wurden die 72 Prozent errechnet (474, 140).

Wie die kritische US-Feministin Christina Hoff Sommers berichtet, ist dieser kleine Trick auch in der amerikanischen Belästigungspropaganda sehr beliebt. Der Fachausdruck hierfür ist *self-selecting poll* – eine Umfrage, die ihre Ergebnisse selbst auswählt und diese dadurch wissenschaftlich völlig unbrauchbar macht. Sommers illustriert dieses Manöver an einem anschaulichen Beispiel: Nehmen wir an, Sie lesen einen Artikel über unerträgliches Benehmen von Nachbarn. Dieser ist sehr poppig aufgemacht: Passagen wie »Das ist Ihnen vermutlich auch schon passiert« sind zum Beispiel farbig hervorgehoben. Daran angeschlossen ist ein Fragebogen, in dem Sie ankreuzen können, welche Form nachbarschaftlichen Terrors Sie erleiden mussten, angefangen von »haben die Kinder angeschrieen« bis zu »drehen die Musik immer zu laut«. Es ist sehr wahrscheinlich, dass die meisten Leser diesen Unsinn zwar überspringen würden, aber dass die weit überwiegende Mehrheit derjenigen, die sich überhaupt die Mühe macht zu antworten, wirklich ein Opfer ihrer Nachbarn geworden ist. Daraus kann der »Forscher« jetzt wunderbare wissenschaftlich aussehende Broschüren mit Diagrammen, Tabellen und Prozentangaben zaubern, wie viele »Mitglieder der Bevölkerung« hochgerechnet von solchen Missetaten betroffen sind – selbstverständlich durchsetzt von herzerweichenden Auszügen aus Briefen leidender Zeitgenossen. Eben dies geschieht im Fall der Belästigungs-Hysterie: entweder wenn deutsche Ideologinnen eine solche Umfrage selbst in Auftrag geben, oder wenn völlig unkritisch amerikanische »Erkenntnisse« übernommen werden, die z. B. darauf beruhen, dass bei einer Umfrage 0,2 Prozent aller angesprochenen Leser antworteten, von denen sich dann 89 Prozent durch Gesten, Blicke, Kommentare oder Witze als belästigt zeigten (452, 182–184). In einer anderen Umfrage dieser Art wurden von 8000 Fragebögen nur 259 zurückgeschickt (304, 56).

Repräsentative Umfragen kommen zu gänzlich anderen Ergebnissen: So ermittelte das Dortmunder Forsa-Institut ganze sechs Prozent von Frauen, die sich irgendwann in ihrem Leben einmal sexuell belästigt gefühlt hatten, am häufigsten durch anzügliche Bemerkungen (77 Prozent). Von diesen sechs Prozent berichtete nicht einmal jede zehnte, eindeutig zum Geschlechtsverkehr aufgefordert worden zu sein. Nur jede zweite der befragten Frauen *bestritt*, dass Männer durch Kleidung wie z. B. knappe Minis zu ihrem Verhalten provoziert wurden (170, 95). Das Institut für rationelle Psychologie fand gar heraus, dass über zwei Drittel der weiblichen Berufstätigen *gegen* ein Belästigungsgesetz sind (eine Quote, die bei den angeblichen »typischen Opfergruppen« junger Frauen mit niedrigem beruflichen Status sogar noch etwas höher lag). Und einer Umfrage der Zeitschrift »Brigitte« zufolge fanden von 1600 befragten Frauen 62 Prozent, Flirts würden Schwung in den Job bringen (474, 141).

Genauso wie mit dem Zahlenmaterial gemogelt werden kann, so auch mit den Äußerungsformen des Problems. Bei einer Umfrage der US-Regierung wurde »sexuelle Belästigung« beispielsweise extrem breit als jede Form unerwünschter sexueller Aufmerksamkeit definiert. Es verwundert nicht, wenn hier hohe Zahlen wie 42 Prozent (304, 56) bzw. eine so vage Spanne wie »zwischen 30 und 90 Prozent« (362, 40) erzeugt werden. Dies wird in der Literatur typischerweise mit besonders schweren Fällen verbunden, etwa nach diesem Muster: »Nahezu jede zweite Frau hat unter sexueller Belästigung am Arbeitsplatz zu leiden. Dazu gehören Fälle wie diese: eine Sekretärin an der Toilette angekettet und ihr Kopf unter Wasser getaucht, eine Angestellte von ihrem Vorgesetzten vergewaltigt, ein anderer Mann masturbierte offen vor seiner Kollegin.« (547, 169) Das Bizarre und Außergewöhnliche wird so unverfroren als das Übliche präsentiert, als ob unser Arbeitsalltag durchgehend von sexuellen Psychopathen bevölkert wäre und man bei jedem Gang zum Kopierer mit den abenteuerlichsten Vorkommnissen rechnen müsste.

Die deutsche Literatur zu diesem Thema, ob vom DGB oder von »Frauenoffensiven«, krankt an eben diesem Dilemma. 1998 hieß es zum Beispiel, dass sich 25 Prozent aller Polizistinnen sexuell belästigt fühlten (489, 5). 1992 waren es laut DGB noch 99 Prozent (374, 16). Das ist natürlich ein Fehlschluss.

Angaben, die an DDR-Wahlergebnisse erinnern, sagen mehr über die Qualität der Umfrage als über die untersuchte Wirklichkeit aus. Es werden vermutlich allein deshalb keine vollen hundert Prozent erreicht, weil manche Frauen die falsche Umfragetechnik durchschauen und bewusst bockige Antworten geben. In einer Dortmunder Studie gaben zum Beispiel 84 Prozent der Frauen an, angestarrt oder mit taxierenden Blicken bedacht worden zu sein (374, 28). Das *kann* man als Forscherin »sexuelle Belästigung« nennen. Wenn man dann allerdings ein paar Seiten später als psychosomatische Folgen einer Belästigung »Depressionen, Übelkeit, panikartige Angst, Zittern, Schweißausbrüche, Selbstmordphantasien, Nervosität, Ekzeme, Allergien, Gewichtsverlust bis hin zu Magersucht, Kopfschmerzen, Magenschmerzen, Ablehnen des eigenen Körpers, Ekel vor Sexualität« und Platzangst nennt (374, 37), dann schlägt der gewünschte Effekt der Dramatisierung in sein Gegenteil um. Mancher wird sich nämlich fragen, ob Frauen, die durch bloßes Anstarren zu Selbstmordphantasien getrieben werden, in der harten Geschäftswelt nicht doch fehl am Platze sind. Man kann auch eine Befragung darüber veranstalten, wie viele Angestellte irgendwann Konflikte am Arbeitsplatz erlebt haben (vermutlich auch weit über neunzig Prozent) und diese Zahlen dann mit in den Selbstmord getriebenen Mobbing-Opfern zusammenwerfen. Natürlich gibt es Frauen, die die aufgeführten Leiden durchmachen, aber deren Zahl bewegt sich im unteren einstelligen Prozentbereich. Warum aber kümmern sich die Feministinnen und der DGB nicht um diese echten Opfer, statt marktschreierische Kampagnen gegen Anstarren, schmutzige Witze oder anzügliche Bemerkungen zu starten?

Der Soziologe Joel Best hat ein analytisches Modell herausgearbeitet, mit welchen Methoden eine politische Gruppierung ihre Ziele durchsetzen kann, indem sie ein soziales Problem erschafft und gleichzeitig die Herrschaft gewinnt, wie darüber gesprochen wird. Wichtige Aspekte dabei sind die folgenden:

Die Allgemeinheit muss das Problem für weitverbreitet halten. Am besten spricht man von einem Problem mit »epidemischen Ausmaßen«. Es muss eine Kategorie von Opfern oder vermeintlichen Opfern bestehen (in der typischen Schilderung von Fällen angeblicher sexueller Belästigung wird sehr schnell vom »angeblichen Opfer« zum »Opfer« übergegangen), die eine bestimmte Eigenschaft teilen, z. B. weiblich sind.

Der Tätergruppe muss eine andere Eigenschaft zugeteilt werden, z. B. männlich zu sein (warum männliche Opfer sexueller Belästigung in der feministischen Ideologie besser nicht vorkommen sollten, werden wir etwas später besprechen).

»Täter« haben grundsätzlich die Macht, »Opfer« sind schwach und unschuldig und schon deshalb gut – was sie z. B. dem Vorwurf entzieht, sie würden lügen oder sie hätten die Tat provoziert. (»Nichts, was eine Frau tut, weder die Art, wie sie sich kleidet, noch wie sie sich benimmt, noch was sie sagt, hat irgendetwas mit der ›Belästigung‹ zu tun, die sie erfährt. Die Botschaft ist klar:

Frauen haben niemals Schuld. Sie müssen ihr Verhalten nie überprüfen. Sie müssen nur lernen, wann und wie sie Beschwerden auszufüllen haben, was allerdings nie als Machtmittel wahrgenommen wird. Nur Männer haben die Macht, und es sind Männer, nicht Frauen, die sich zu ändern haben.«)

»Billige Ausreden« der »Täter« wie, das sei alles nur ein Missverständnis, werden nicht zugelassen. Im Falle der sexuellen Belästigung handelt es sich ganz offensichtlich um ein Terrorinstrument des »Patriarchats«.

Die »Opfer« können nur durch die politische Gruppierung erlöst werden, die diese Thesen aufstellt.

Die Frage, wie verbreitet das geschilderte Problem tatsächlich ist, wird durch »typische Beispiele«, üblicherweise Horrorstorys, unterdrückt, so dass ein sachliches und distanziertes Herangehen unmöglich ist. »Abweichende Meinungen werden als kalt und gefühllos, ein weiteres Zeichen des *Backlash*, stigmatisiert.« Schon der Versuch darzulegen, dass die wahre Häufigkeit solcher Vorkommnisse wesentlich geringer als behauptet ist, wird durch entrüstete Gegenfragen wie »Soll das heißen, eine geringere Zahl von Fällen ist für Sie im Rahmen des Erlaubten?« unterwandert. Dadurch werden Kritiker der Belästigungshysterie dazu gebracht, als allererstes zu betonen, wie schrecklich sie selbstverständlich jeden einzelnen Vorfall fänden. »Wenn Menschen sich kaum trauen, eine Ansicht zu kritisieren, ohne sich dafür mehrfach entschuldigen zu müssen, dann ist es offensichtlich, dass wir uns in der Gewalt eines mächtigen Fundamentalismus befinden.« (362, 36–62)

Das Ziel einer solchen Vorgehensweise ist nicht schwer zu erraten, wenn man bedenkt, dass inzwischen jedes der 500 größten US-Unternehmen 6,7 Millionen Dollar im Jahr für die Folgen vermeintlicher sexueller Belästigung ausgibt. Diese Summen gehen nicht nur an die Frauen, die sich als Opfer bezeichnen, sondern auch an von Feministinnen geleitete Seminare, an Beraterinnen und Trainingsprogramme (304, 57). Wenn man sämtliche Bücher, Broschüren et cetera dazurechnet, dann ist es nicht übertrieben, mit Daphne Patai von einer »Belästigungsindustrie« zu sprechen. Zumindest was die vorgeblichen Opfer angeht, fordern aber auch deutsche Sozialdemokratinnen unverblümt Strafen bis zu 100.000 DM (474, 140).

Eine weitere Strategie, die Opferzahlen in die Höhe zu treiben, ist, den Frauen klarzumachen, auf was sie alles empfindlich zu reagieren haben. Das wird in entsprechenden Ratgebern als Bewusstmachen der persönlichen Grenzen verkauft. So enthielt ein Aushang an einer amerikanischen Universitätsbücherei folgenden Text: »Warnung! Kürzlich haben mehrere Frauen berichtet, dass sie bei ihren Studien hier in der Bibliothek von Männern angestarrt wurden. Wegen der unterschiedlichen Beschreibungen, die sie uns gegeben haben, wissen wir, dass es sich um mehr als einen Mann handelt, der so etwas tut. Bitte lassen Sie sich nicht zum Opfer machen. Wenn Sie merken, dass Sie jemand anstarrt, *tolerieren Sie dieses Verhalten nicht.* Kommen Sie an unser Hauptpult, und berichten Sie das Problem. Oder benutzen Sie das rote Telefon neben dem

Aufzug. Bleiben Sie bitte in jedem Fall hier, um mit der Polizei darüber zu sprechen.« (470, 153)

Diese Einstellung gibt es auch hierzulande. Ein Buch aus einem Berliner Frauenverlag führt unter anderem folgende Beispiele als körperliche oder psychische Grenzüberschreitungen auf:

Der Chef eines Unternehmens sagt seinen Mitarbeiterinnen, dass alle zur Weihnachtsfeier gerne ihre Ehemänner oder Freunde mitbringen dürfen.

Eine Frau sitzt im leeren Wartezimmer einer Arztpraxis. Ein Mann kommt herein und setzt sich neben sie.

Während der Zahnarzt seiner Patientin erklärt, wie er ihr den Zahn ziehen will, legt er seine Hand auf ihren Arm.

In der U-Bahn sitzt ein Mann einer Frau gegenüber. Er fragt sie, was sie da lese, und fängt an, über seine Lieblingsbücher zu erzählen (177, 70–71).

Nun kann es Frauen wie Männern auf die Nerven gehen, wenn wildfremde Leute urplötzlich auf sie einreden. Jede Form von Kontakt kann vom einen als angenehm, vom anderen als unangenehm empfunden werden. Solche Kontaktversuche aber grundsätzlich ins Zwielicht zu rücken, trägt nicht gerade zu einer wärmeren und offeneren Gesellschaft bei. Statt dessen wird hier versucht, eine Generation von Frauen heranzuzüchten, die auch auf die kleinste echte oder eingebildete Annäherung überempfindlich reagiert. Aus starken und selbstbewussten Frauen sollen Mimosen gemacht werden. Wie erfolgreich ein solches Vorgehen sein kann, zeigen uns etliche Beispiele aus den Universitäten der USA:

An einer amerikanischen Hochschule fühlte sich eine Studentin belästigt, weil ihr Professor ein Foto seiner Frau im Badeanzug auf dem Schreibtisch stehen hatte.

An einer anderen wurde ein Literaturprofessor, der den Prozess des Schreibens mit den Worten »Du und der Gegenstand werden eins« erklärt hatte, entlassen sowie zu einer Geldbuße und einer Sexualtherapie verurteilt (28, 65).

Der Professor Eddie Vega veranstaltete eine Kreativitätsübung, bei der die Studenten ihm zu einem Thema spontan Worte zurufen sollten, die er dann an die Tafel schrieb. Als Thema wurde aus dem Seminar »Sex« vorgeschlagen, was Vega in »Sex/Beziehungen« abwandelte. Einige Wochen später wurde er in das Büro des Universitätsdirektors gerufen, der ihm das Notizbuch eines Studenten mit den mitgeschriebenen Wörtern zeigte. Vega gab zu, diese Wortliste im Seminar erstellt zu haben. Er wurde daraufhin der sexuellen Belästigung beschuldigt und auf der Stelle entlassen (362, 87–88).

Der Theologieprofessor Graydon Snyder zitierte in einem seiner Kurse über die Bedeutung von Schuld ein jahrtausendealtes Beispiel aus dem jüdischen Talmud, in dem ein Dachdecker vom Dach stürzt und auf eine sich nackt sonnende Frau fällt. Dem Talmud zufolge, so Snyder, sei die Schuld dieses Mannes begrenzt, da seine Tat nicht absichtlich geschah. Eine Studentin beschwerte sich, Snyder verharmlose sexuelle Übergriffe. Obwohl Snyder sich schriftlich bei dieser Studentin entschuldigte, wurde er dazu verurteilt, eine Psychotherapie aufzunehmen. Ihm wurde angeraten, mit Studentinnen oder Kolleginnen nicht alleine zu sein. Ihm wurde das Abhalten von Bibelkursen für Anfänger untersagt, und es wurde an sämtliche Angestellten und Mitglieder der Universität ein Brief des Inhalts verschickt, dass Snyder wegen sexueller Belästigung verurteilt worden sei (258, 124–125).

Der Graphikdozent Leroy Young wurde von einer Studentin der sexuellen Belästigung beschuldigt, weil er ihr zu ihrem neuen Blazer Komplimente gemacht hatte, sie »gegen ihren Willen« zum Essen ausführte, auf einer Party sexuelle Andeutungen machte, sie um einen Kuss bat und sie umarmte und ihr auf ihren Wunsch hin eine Besprechung zu Madonnas Buch »Sex« besorgte. »Wir werden dich umerziehen, Junge«, teilte ihm Youngs Vorgesetzter mit und beurlaubte ihn mit sofortiger Wirkung (362, 92–93). Ein anderer Dozent wurde von vier Studentinnen der Belästigung bezichtigt, weil er das Buch eines skandinavischen Autors »auf patriarchale Weise« interpretiert habe, einen Roman nicht gelesen hatte, den eine Studentin für wichtig hielt, und eine weitere Studentin unfreundlich gegrüßt hatte (452, 114). Ein dritter Professor wurde wegen seines Blinzelns, das auf einem nervösen Muskelzucken beruhte, zu einem »Sensibilitätstraining für Belästiger« geschickt (443, 252).

Da all die feministischen Theorien und Veranstaltungen sich vor allem im universitären Bereich häufen, ist dort auch der Verfolgungswahn am größten. Die von manchen Feministinnen erhobene These, Sexualität und Erotik am Arbeitsplatz bedeute automatisch eine »feindselige Arbeitsatmosphäre«, wird dabei nicht als Zeichen einer emotionalen Störung erkannt, sondern unhinterfragt zum Gesetz erhoben.

Als »sexuelle Belästigung« zählen mittlerweile »unangemessenes Lachen« (470, 151), »Lecken der Lippen«, »provokatives Essen«, »zu langer Augenkontakt«, »zu kurzer Augenkontakt«, »zu nahe an einer Person stehen«, »Initiative ergreifen oder erwidern« (!) sowie »den Namen einer Frau vergessen« (329, 9). Ein spezieller Begriff, der ebenfalls in diesem Zusammenhang geprägt wurde, ist *grooming*, was bedeutet, dass ein Professor zu seinen Studentinnen zu *nett* ist. Das ist gefährlich, weil er sich dadurch psychologischen Zugang zu ihnen verschafft und ihnen zu nahe kommt. Also beschlossen Professoren in Zukunft weniger freundlich zu sein und wurden *deswegen* beschuldigt, Frauen zu diskriminieren. Mittlerweile weiß kein Dozent an den Universitäten der USA mehr, wie er sich gegenüber seinen Studentinnen verhalten soll. Stellenweise soll es trotzdem noch zum Unterricht kommen (362, 226).

Aber auch die privaten Kontakte der Studenten untereinander müssen offenbar streng geregelt werden. Berühmt geworden ist dafür das Antioch-College in Ohio. Dort darf kein Student seiner Kommilitonin ohne ausdrückliche Anfrage und Erlaubnis den Arm um die Schulter legen. Es gibt dort ein sorgfältig festgehaltenes Schritt-für-Schritt-Procedere mit Formulierungen wie »Darf ich mit meiner Hand deinen Oberarm berühren?« Dabei gelten Fragen, die unter Alkoholeinfluss gestellt werden, als nicht gefragt. »Nicht fragen gilt als versuchte Vergewaltigung. Erst nach einer Antwort, gleichfalls verbal, laut und deutlich und erst nach der dann erfolgten gemeinsamen Feststellung eines Konsenses darf berührt werden.« (28, 65–66) In einem preisgekrönten Essay forderte kürzlich eine feministische Autorin, dass diese Regeln generell auf Gesetzesebene erhoben werden sollten (362, 176).

In der Tat schien Antioch nur die Generalprobe für viel weitergehende Maßnahmen gewesen zu sein. Paul Craig Robert berichtet in einem Artikel der »New York Post« vom 7.9.2000 über die Zustände an der New Yorker Columbia-Universität: »Anstelle des von der amerikanischen Verfassung vorgesehenen Systems erweckte die Universität das alte ›Komitee‹ zu neuem Leben, in welchem über den Angeklagten in seiner Abwesenheit verhandelt wird und wo er bei belastenden Zeugenaussagen keine Gegenüberstellung verlangen kann. Es kann dort auch nicht durch einen Verteidiger vertreten werden. Aber das ist nur der Anfang. Wenn der angeklagte Student den Fall in die eigenen Hände nimmt, Nachforschungen anstellt, Zeugen zu seinen Gunsten mobilisiert oder seinen Eltern oder einem Anwalt die Identität der Klägerin preisgibt, drohen ihm zusätzliche Strafen wegen der Verletzung der ›Geheimhaltungspflicht‹. Diese Regelungen zielen darauf, eine Verteidigung zu verhindern und eine Verurteilung zu garantieren, sobald eine Beschuldigung vorliegt.« Bekannt wurde der Fall, bei dem einige elf- bis zwölfjährige Mädchen ihren Sportlehrer aus Wut über Disziplinierungsmaßnahmen bezichtigten, sie in ihrem Umkleideraum befummelt zu haben. Es war purer Zufall, dass die Polizei diese Geschichte genauer unter die Lupe nahm und die Mädchen ihre Geschichte daraufhin platzen ließen. »In 50 Prozent aller Fälle werden nämlich Anschuldigungen als Beweise gehandelt« – wie es von der Belästigungs-Industrie ja auch gefordert wird (392a).

Es dauerte nicht lange, bis sich die Flut ausufernder Empfindlichkeiten auch jenseits des akademischen Sektors ausbreitete: Ein Manager umarmte eine Sekretärin, um sie zu trösten, nachdem sie vom Tod ihrer Mutter erfahren hatte. Der Beschwerdeführer war nicht die Trauernde, sondern eine dritte Person, die dies mitangesehen hatte. Der Manager wurde der »sexuellen Berührung« für schuldig befunden, was mit einem Jahr Bewährungszeit geahndet wurde (547, 181). Ein Feuerwehrmann aus Los Angeles las außerhalb seiner Dienstzeit in seiner eigenen Wohnung den »Playboy«, was zu einer von den größten amerikanischen Frauenbewegung NOW unterstützten Klage aufgrund sexueller Belästigung führte. Im Rahmen einer Diskussionsveranstaltung führten mehrere Frauen aus, wie verängstigt und entwürdigt sie sich durch dieses Lesevergnügen fühlten: »Ich werde damit einfach nicht fertig.« (305, 154, 187)

Bauarbeiter in Minneapolis wurden der »visuellen Belästigung« von vorübergehenden Frauen beschuldigt (362, 194). Das Handbuch der Firma Honeywell führt konsequenterweise schon »Anstarren« als Vergehen auf, Boeing verbietet Blondinenwitze (547, 178).

Damit aber noch lange nicht genug. Die Hysterie griff auf Kinder und Jugendliche über. In einer landesweiten Erhebung unter Schülern der achten bis elften Klasse gaben etwa 85 Prozent der Mädchen und 76 Prozent der Jungen an, sexuell belästigt worden zu sein (28, 66; 452, 184). Man braucht nicht viel Phantasie, um sich die Fragen vorzustellen, die dieses Ergebnis hervorgebracht haben. Dennoch war allen, die sich gegen sexuelle Belästigung engagierten, klar, dass hier so früh und so hart wie möglich durchgegriffen werden musste. Im Herbst 1996 wurde ein sechsjähriges Mädchen in Nord-Carolina von einem Klassenkameraden geküsst. Die aufsichtsführende Lehrerin reagierte sofort: Vorsichtigerweise konfrontierte sie den Angreifer nicht selbst mit seiner Tat, sondern verständigte augenblicklich die Direktorin der Schule. Diese entschied, dass der Junge bestraft werden musste. Er wurde wegen sexueller Belästigung von der Schule verwiesen. Die feministische Organisation NOW begrüßte dieses schnelle Eingreifen ausdrücklich: »Eine ungewollte Berührung ist eine ungewollte Berührung«, verkündete ihre Präsidentin Patricia Ireland. »In *jedem* Alter!« Nun gab es keinerlei Hinweis darauf, dass dieser Kuss »ungewollt« war (der Junge gab an, das Mädchen wollte geküsst werden, und außer der Lehrerin hatte niemand Anstoß daran genommen), aber selbstverständlich kann man Verbrecher nicht wegen solcher Schlupflöcher im patriarchalen Justizsystem entkommen lassen. Offensichtlich war dieses Vorkommnis ohnehin nur die Spitze eines Eisbergs eskalierender Sexualverbrechen. In New York zog ein Siebenjähriger an einem Knopf, der am Rock einer Klassenkameradin befestigt war. Der Junge gab als Alibi an, er sei zu seiner Tat durch sein Lieblingsbuch verleitet worden: Es handelte von einem Teddybär, dem ein Knopf fehlte. (»Sehen Sie!«, würde Alice Schwarzer jetzt sagen. »Solche Texte erzeugen *doch* sexuelle Gewalt!«) Der Bursche wurde für fünf Tage von der Schule verwiesen, aber schon nach der Hälfte der Zeit begnadigt. Kein Wunder, dass die Kette dieser Taten nicht abriss: In Dallas wurde eine Schülerin als »fette Kuh« bezeichnet. Diesmal zogen die Schulbehörden die Samthandschuhe aus und verständigten die Polizei. In Virginia wurde ein Neunjähriger beschuldigt, seinen Schoß an ein Mädchen gedrückt zu haben, das in der Essensschlange vor ihm stand. Sein Anwalt (ja, der Neunjährige brauchte einen Anwalt) behauptete, der Junge habe lediglich nach einem Apfel geangelt und sei dabei versehentlich mit dem Mädchen in Berührung geraten. Auch in diesem Fall wurde die Polizei verständigt. Das Jugendgericht entschied, dass dieser Fall nicht außergerichtlich gehandhabt werden konnte, und der Junge erwartete einen Prozess wegen »schwerer sexueller Gewalt«. (Im Ergebnis hätte er in ein Jugendheim verbracht werden können, bis er 21 war.) Etwas später rang sich die Staatsanwaltschaft dann aber doch dazu durch, den Fall einzustellen. Der Junge war wegen all dieses Wirbels allerdings gezwungen, die Schule zu wechseln (365).

Auf die Frage, warum ihr Staat Kinder im Alter ab fünf Jahren wegen sexueller Belästigung verfolgte, erklärte Sue Sattel, die »Gleichstellungsspezialistin«

der Erziehungsbehörde Minnesotas: »Serienkiller berichten in Interviews, sie haben im Alter von zehn Jahren mit sexueller Belästigung begonnen und immer weitergemacht, weil sie damit durchkamen.« (452, 46) Aber was, wenn so ein Junge eigentlich gar kein Serienkiller werden, sondern nur einen Apfel haben wollte? Vermutlich zeigt dieser Einwand eine typische Strategie des Verharmlosens und Leugnens von Männergewalt, eine »kognitive Restrukturierungstechnik«, wie es in der deutschen Literatur zu diesem Thema heißt (168, 40). In einem Fall war ein kleines Mädchen von ihrem Klassenkameraden auf den Boden geworfen und gekitzelt worden. Bernice Sandler, vom Washingtoner Center für Studien der Frauenpolitik versteht da keinen Spaß mehr: »Sie müssen sich doch fragen, was macht dieser Junge da, wenn er Mädchen zu Boden wirft? So was ist in New York und den meisten Staaten der USA ein Sexualverbrechen.« (452, 46)

Die Reaktion der offiziellen Stellen auf solche Auswüchse ist zwiegespalten. Einerseits gibt es inzwischen eine offizielle Stellungnahme des US-Erziehungsministeriums, derzufolge ein Kuss unter Grundschülern keinen Akt der sexuellen Belästigung darstellt (362, 45). Andererseits gehen einige feministisch sensibilisierte Schulen lieber auf Nummer Sicher und drohen drakonische Strafen für Vergehen wie Händchenhalten, das Weitergeben von Liebesbriefen oder das Herumjagen von Angehörigen des anderen Geschlechts an. Eine Broschüre für Lehrer erläutert, dass auch die Bemerkung »du siehst nett aus« je nach Tonfall und Gesichtsausdruck des Sprechers den Tatbestand der sexuellen Belästigung erfüllen kann (521).

Da feministische Bücher und Theorien aus den USA problemlos ihren Weg auch nach Deutschland finden, scheint es nur eine Frage der Zeit, wann solches Denken auch bei uns einzieht. 1996 bereits waren auf einer Tagung in Schleswig-Holstein Pädagogen aus 15 europäischen Ländern überein gekommen, dass auch plumpes Anmachen von Mädchen durch Jungen zur sexuell motivierten Gewalt gehöre, und forderten ein europäisches Netzwerk gegen derartige Vorkommnisse (210, 10–11). Wahrscheinlicher aber ist, dass die Paranoia auch bei uns ihren Anfang zunächst in den Universitäten nehmen wird. Die Frauenbeauftragte der Uni Augsburg etwa rechnet taxierende Blicke, Bemerkungen über das Aussehen oder Fragen nach dem Privatleben ebenfalls bereits zur sexuellen Gewalt (414, 10).

Bei so ausfernden Definitionen von Sexualgewalt ist es nur eine Frage der Zeit, bis auch völlig unbescholtene Männer unversehens zu Tätern erklärt werden. Am besten in der Presse dokumentiert ist ein Vorkommnis an der Universität Bremen. Dort wurde der Spanischprofessor Kornberger zu seinem Fachbereichssprecher gebeten und mit zwei Damen der »Arbeitsstelle gegen sexuelle Diskriminierung und Gewalt am Ausbildungs- und Erwerbsarbeitsplatz (ADE)« konfrontiert, die ihm vorwarfen, dass sich zwei Studentinnen über ihn beschwert hätten. Was er dazu zu sagen habe. Kornberger fiel aus allen Wolken und bat die beiden Damen, deutlicher zu werden. »Das müssen wir nicht«, erhielt er zur Antwort. »Das ist ein Beschwerdegespräch und kein Disziplinarverfahren.« Offenbar fanden sie es völlig selbstverständlich, jemanden zu beschuldigen, ohne ihm zu sagen, was er getan haben sollte. Etwas später musste sich Kornberger bei seiner Personaldezernentin melden. Die legte ihm eine dicke Mappe mit Material vor, das die beiden ADE-Damen gegen ihn gesammelt hatten: Er hatte das Wort *ligar* (spanisch für: »flirten«) an die Tafel geschrieben und dadurch »gezielt das Vokabular der Anmache« vermittelt. Er hatte einen langen Übungstext zur Verbaldeklination vorgelegt, in dem sich der Satz befunden hatte: »Lisardos Hand befand sich unter Vanesas Minirock und streichelte ihren Hintern.« Er hatte eine freie Verfilmung der Kleist-Novelle »Die Verlobung von Santo Domingo« gezeigt, in der es zu einer angedeuteten Vergewaltigung kam. Eine einzelne Studentin hatte gerufen: »So was will ich hier nicht sehen!« und den Raum nach einer kurzen Diskussion verlassen. Die anderen wollten weitergucken. Und er hatte einen Film der spanischen Feministin Pilar Miró gezeigt, in dem eine gynäkologische Untersuchung vorkam. Die Patientin lag dabei unter grünem Operationstuch, und das einzige, was man von ihrem Körper sehen konnte, war ein bis zum Oberschenkel entblößtes Bein.

Das Vorgehen der Universität gegen ihren Professor löste eine spontane Solidarisierungswelle unter den Studenten aus. Etliche von ihnen bezeugten, nichts von einem Sexismus ihres Dozenten bemerkt zu haben. Innerhalb von zwei Tagen waren achtzig Unterschriften gesammelt. In einer Sitzung des Fachbereichsrats musste eine der Moralhüterinnen zugeben, die Behauptungen der Studentinnen nie überprüft zu haben: »Wir sind die Beschwerdestelle. Da kommt das Gefühl rein.« Den Vorwurf des totalitären Vorgehens wies sie allerdings scharf zurück. »Ich habe die Gesetze nicht gemacht. Wir haben auch noch Gesetze aus dem Dritten Reich, die heute noch gelten.« Inzwischen hatten sich Kornbergers Kollegen entschlossen hinter ihn gestellt. Das nutzte ihm allerdings nichts. Der Rektor der Universität hatte seinen Vertrag nicht mehr verlängert: »Ein Lehrer«, so hatte er dem Beschuldigten geschrieben, »müsse seine Materialien eben so auswählen, dass es keinen Anlass zu Beschwerden« gebe (416, 116; 488, 21).

Dass solche und andere grotesken Beschuldigungen wegen Belästigung oft erfolgreich vorgetragen werden können, hat dieselbe Ursache wie die vermeintlich hohen, aber extrem ungenauen Zahlenangaben über die Häufigkeit derartiger Vorkommnisse: Wann ein Verhalten sexuelle Belästigung darstellt, ist einzig und allein von der Auffassung der betroffenen Frau abhängig. Dies gilt nicht nur in den USA, sondern auch in vielen Betriebs- und Dienstvereinbarungen deutscher Firmen wie etwa der Volkswagen AG, die sämtlich auf dem Beschäftigtenschutzgesetz von 1994 basieren: »Was als sexuelle Belästigung empfunden wird, ist durch das *subjektive* Empfinden der Betroffenen bestimmt.« (63, 36) Damit stellen sich Regelungen gegen sexuelle Belästigung unbekümmert gegen den Grundgedanken des deutschen Strafgesetzbuchs, das kein Tat-, sondern ein Schuldstrafrecht darstellt. Sehr deutlich heißt es dazu:

»Die Schuld des Täters ist Grundlage für die Zumessung der Strafe ...« (260, 23). Wenn der Täter nicht in der Lage war, seine Schuld zu erkennen, etwa weil er noch sehr jung oder geistig behindert ist oder ihm ein Verbot nicht bekannt sein konnte, kann er nicht bestraft werden. Dieses Prinzip wird völlig über Bord geworfen, wenn man Schuld und Strafe von der persönlichen Ansicht des »Opfers« abhängig macht.

»Wenn ich ein Stopschild überfahre, habe ich das Gesetz gebrochen, auch wenn ich das nicht beabsichtigt habe« – mit solchen Parolen versuchen Feministinnen, ihre Rechtsauffassung zu rechtfertigen. Der offensichtliche Unterschied ist, dass ein Stopschild für jeden nachprüfbar vorhanden ist und von keinerlei »subjektivem Empfinden« abhängt. Wenn das Stopschild für mich nicht sichtbar ist, etwa weil es versehentlich abmontiert wurde, begehe ich keinen strafwürdigen Verstoß. Ebenso erhält kein Verkehrsteilnehmer einen Strafzettel, wenn er nicht anhält, nur weil es ein anderer Fahrer von ihm erwartet oder wenn er mit einer Geschwindigkeit fährt, bei der sich jemand anderes unbehaglich fühlt (547, 173). Tatsächlich wird durch die Ausrichtung nach dem »subjektiven Empfinden« der Willkür Tür und Tor geöffnet – was eine Frau ärgert, kann die andere amüsant oder gar ansprechend finden. »Sexuelle Belästigung kann so subtil sein wie ein Blick oder so offensichtlich wie eine Vergewaltigung«, verkündet eine typische Broschüre, und selbst Anwälte benennen »das Gefühl im Bauch« als bestes Barometer dafür, ob Belästigung vorliegt oder nicht (362, 29–30). Über Gefühle lässt sich schließlich nicht streiten, was auch in diversen Broschüren zum Thema hervorgehoben wird. (»Es ist nicht notwendig zu diskutieren, wenn Sie es nicht wollen. Betonen Sie immer wieder, dass sich das Verhalten des Gegenübers zu ändern hätte und dass es nicht notwendig sei, darüber zu diskutieren.«; 63, 37) Ob das Verhalten eines bestimmten Mannes legitim ist oder nicht, entscheidet jede Frau für sich alleine. Daphne Patai weist in ihrer Auseinandersetzung mit der von ihr so genannten Belästigungsindustrie darauf hin, dass entgegen der These, Frauen hätten in unserer Gesellschaft keine Stimme, das gesamte Thema von den Anklägerinnen bestimmt werde und nicht von den Angeklagten. Insbesondere habe sie in all der Literatur zu diesem Vergehen keinen einzigen Satz über falsche Beschuldigungen gefunden. Dies sei um so bedenklicher, da der dadurch entstandene Schaden für den Betroffenen in der Regel weit größer sei als der, den die Mehrheit der weiblichen »Opfer« erleidet (362, 14). Meine Sichtung von deutschen Büchern, die sich mit diesem Thema beschäftigen (alle in der Literaturliste aufgeführten), kommt zu demselben Ergebnis. Dabei ist der Anreiz, durch solche Unterstellungen ohne jede Arbeit sein Einkommen aufzubessern, sehr hoch. So zahlte Mitsubishi kürzlich 61 Millionen DM an insgesamt 300 Mitarbeiterinnen, die sich von ihren Kollegen sexuell belästigt fühlten. »In einem weiteren Fall erging ein Urteil des Obersten Gerichtshofs der USA, dass solche Zahlungen zu den Betriebskosten zu rechnen seien, da ein derartiges Verhalten in jedem Unternehmen vorkomme. Die Unternehmen bewegen sich durch die Einrichtung von Verhaltensregeln jedoch in einem Teufelskreis, denn mit jedem zusätzlichen formell geächteten Verhalten wird auch die Anspruchsgrundlage der potentiellen ›Opfer‹ erweitert.« (126, 25). Elf Frauen, die an einem Miss-Black-America-Umzug teilgenommen hatten, behaupteten, der Boxer Mike Tyson habe ihnen dabei an den Po gefasst. Ihre Forderung: 607 Millionen Schmerzensgeld. Schließlich gaben mehrere Klägerinnen zu, gelogen zu haben, weil sie etwas von dem Geld abstauben wollten (130, 391). Dass Frauen falsche Angaben machen könnten, wenn es um sexuelle Übergriffe geht, scheint unvorstellbar. »Wenn eine Frau sagt, sie wurde sexuell belästigt, dann stimmt das auch«, erklärt das »New-York-Magazine«. Wozu also noch Gerichtsverfahren? »Frauen sollten unabhängig von Beweisen unterstützt werden«, fordert Anita Hill, und Roseanne Arnold erklärt: »Ein Opfer kritisch zu befragen ist grauenvoll unmoralisch.« (470, 193) Auch die deutsche Belästigungsindustrie versucht, die Unschuldsvermutung zugunsten des Angeklagten, die in jedem anderen rechtsstaatlichen Verfahren gilt, hinterrücks auszuhebeln. »Frauen können vor Nachteilen durch sexuelle Belästigung nur dann geschützt werden, wenn ihre Glaubwürdigkeit generell unterstellt und nicht in jedem Einzelfall immer wieder in Frage gestellt wird« (401, 112), heißt es in einem Text und in einem anderen: »Allerdings halten wir ein entsprechendes Gesetz nur dann für sinnvoll, wenn die Beweislast umgekehrt wird, also der Beschuldigte beweisen muss, dass er nicht belästigt hat.« (168, 11) Wie das funktionieren soll, wenn sich zum Beispiel ein Mann allein mit einer Frau in einem Raum befand, wird nicht erklärt. Die bloße Behauptung der Frau soll so zu einschneidenden Strafen führen dürfen: »Abmahnung und nach dem zweiten Mal ggf. Kündigung, außer in ganz schweren Fällen, die sofortige Kündigung rechtfertigen.« Einen Zacken weiter wird die Geschlechterjustiz mit der Forderung nach einem »Schmerzensgeldfonds, in den alle Männer aus dem Betrieb monatlich Pflichtbeiträge zahlen müssen«, gedreht (401, 124). Ob diese Männer sich je etwas haben zuschulden kommen lassen, ist offenbar unerheblich. Bei vermeintlichen Quoten von 93 Prozent sexueller Belästigung am Arbeitsplatz werden wohl nur sehr wenige Unschuldige erwischt – falls ein Mann überhaupt in irgendeiner Hinsicht »unschuldig« sein kann ...

Das gesamte männliche Geschlecht befindet sich wieder einmal im Kreuzfeuer: Einerseits werden seine Mitglieder pauschal zu Übeltätern erklärt, andererseits wird von ihnen auch heute noch die erotische Offensive erwartet – vom ersten Kuss über die Frage nach einem Treffen bis zu sexuellen Angeboten. Resignierte Schlussfolgerung vieler Männer: »Wenn du nicht aggressiv genug bist, schläfst du alleine. Bist du zu aggressiv, bist du in ernsthaften Schwierigkeiten. Du kannst deinen Job verlieren.« (68, 39) Ein Mann kann aber sehr oft nicht vorhersagen, wie ein bestimmtes Verhalten bei einer bestimmten Frau ankommen wird. *Jede* sexuelle Kontaktaufnahme kann als Belästigung ausgelegt werden. Er befindet sich nur dann im halbwegs sicheren Bereich, wenn er abwartet, bis die Frau die Initiative ergreift – aber selbst *dann* hat sie natürlich das Recht, ihre Meinung zu ändern und sich durch eine seiner Bemerkungen belästigt zu fühlen.

Ob eine Frau die Avancen ihres Kollegen als Belästigung oder als Flirten wahrnimmt, hängt sehr stark davon ab, wie attraktiv sie ihn findet: »Wenn du den Kerl magst und denkst, der ist süß, dann flirtet er ... Wenn du ihn nicht magst, belästigt er dich.« Diese These ist inzwischen durch ein Experiment bestätigt worden: »Collegestudentinnen lasen ein Szenario, in dem eine Frau von einem männlichen Kollegen auf einen Drink eingeladen wird, zu dem sie vorher schon nein gesagt hatte. In verschiedenen Versionen war der Mann entweder verheiratet oder Single und ein beigefügtes Foto zeigte ihn mal als gutaussehend, mal als unscheinbar. Zwei Prozent der Frauen, die das Skript mit dem hübschen Junggesellen bekamen, sagten, sie würden sich an der Stelle seiner Kollegin extrem belästigt fühlen. Elf Prozent waren es, wenn der Mann attraktiv, aber verheiratet war, 14 Prozent, wenn er Single, aber reizlos war und 24 Prozent, wenn er das Pech hatte, weder Single noch sexy zu sein.« (547, 174) Diese Nachteile hätten ihn im wahren Leben die Karriere oder gar den Job kosten können.

»Der Frau zeigen, wo ihr Platz ist«

THESE: BEI SEXUELLER BELÄSTIGUNG GEHT ES NICHT UM SEX, SONDERN UM MACHT

In feministischen Stellungnahmen zum Thema »sexuelle Belästigung« wird immer wieder betont, dass es sich hierbei keineswegs um vielleicht etwas ungeschickte Kontaktversuche von Männern handelt, sondern um gezielte Schikane gegenüber untergebenen Frauen, um ihnen klarzumachen, dass sie im Berufsleben oder zumindest in bestimmten Berufen nichts verloren hätten. »Am meisten belästigt werden übrigens Frauen zwischen 20 und 30, 35, ungebunden und unverheiratet. Bierernst erläutern uns das die Forscherinnen mit der Machtlosigkeit der Berufsanfängerin und dem minderen Status der nicht verehelichten Frau.« (400, 29) Der Gedanke, dass junge Frauen oft attraktiver als ältere sind und sich ein Mann bei einem Single größere Erfolgschancen ausrechnet als bei einer verheirateten Frau, ist offenbar zu naheliegend, um feministischen Forscherinnen überhaupt in den Sinn zu kommen. Dadurch, dass Männer im Berufsleben oft in einer höheren Position als Frauen sind und Frauen, die besonders begehrenswert erscheinen, oft jünger und deshalb in einer beruflich untergeordneten Stellung, ließe sich statistisch natürlich als ein häufiges »Machtgefälle« aufweisen. Nur dass die Statistik da trotzdem nicht ganz mitspielt: In einer umfassenden US-Studie von 1994 zeigte sich, dass nur jeder Vierte der »Täter« eine höhere Position innehatte. Auch kommt es immer häufiger zu Belästigungsvorwürfen zwischen Studenten, wo es keine Machtunter-

schiede gibt. Insofern ist neuerdings von *contrapower harrassment*, von Belästigung entgegen dem Machtgefälle, die Rede (362, xiv; 547, 183).

Was die Theorie einer gezielten Schikane im Gegensatz zu einem simplen
Missverständnis weiterhin widerlegt, ist das Ergebnis einer Befragung, die zwei
feministische Autorinnen unter einhundert Frauen durchführten, die angaben,
sexuell belästigt worden zu sein.

Dabei kam zutage, dass »die Männer ihr Verhalten sofort änderten und kor-
rigierten, wenn die Frauen unmittelbar darauf hinwiesen, dass sie sich durch
bestimmte Verhaltensweisen sexuell belästigt fühlten. Sie entschuldigten sich,
und manche schickten der Frau Blumen.« (130, 366) Es ist eben oft sehr schwer
einzuschätzen, ob die Person, auf die man ein Auge geworfen hat, sich durch
offensichtliches Interesse, Komplimente und sexuelle Anspielungen geschmei-
chelt, amüsiert oder genervt zeigt – und zwar für *beide* Geschlechter, nur dass
die Initiative eher vom Mann erwartet wird. Das Problem der feministischen
Theorie ist allerdings, dass sie Sexualität an sich als soziales Konstrukt auffasst,
»das von Männern definiert und Frauen aufgezwungen wird« (547, 183). Wenn
in dieser Ideologie Sexualität grundsätzlich nur als Macht und Gewalt verstanden wird, dann erscheint auch jeder Versuch einer erotischen Kontaktaufnahme als Schikane.

Enthüllungen

THESE: MÄNNER SIND SO GUT WIE NIE OPFER SEXUELLER BELÄSTIGUNG

Da nach der oben zitierten These Sexualität etwas ist, was von Männern verübt und Frauen angetan wird, hat die sexuelle Belästigung von männlichen Kollegen selbstverständlich keinen Platz in der feministischen Ideologie. Umfrageergebnisse deuten jedoch darauf hin, dass dieses Phänomen sehr wohl existiert, auch wenn hier die Zahlenangaben ebenso extrem variieren wie bei weiblichen »Opfern«. Während die Zahl der Männer, die tatsächlich wegen Belästigung *Beschwerde* einlegen, bei zehn bis 14 Prozent liegt (270; 497, 238; 547,
190), ergeben Umfragen durchaus höhere Zahlen. Diese rangieren zwischen
20 Prozent (401, 36), etwas über 30 Prozent (547, 190), 50 Prozent (170, 94;
287, 166) und 76 Prozent (270; 299, 213). Wenn eine besonders hohe Zahl
von Belästigten genannt wird, dann ist das sowohl bei Männern wie bei Frau-
en der Fall, was darauf schließen lässt, dass der Begriff »sexuelle Belästigung«
in solchen Untersuchungen extrem großzügig ausgelegt wurde. Eindeutige Ergebnisse sind bei Männern naturgemäß so schwierig zu erhalten wie bei Frau-
en, was damit zusammenhängt, dass »Belästigung« durch die subjektive Wahrnehmungsweise definiert wird. Bei Männern ist der Fall indes aus verschiedenen Gründen noch einmal komplizierter:

• Gibt es einen Tatbestand der »passiven Belästigung«? Außerhalb von feministischen Kreisen ist es kein Geheimnis, dass sich viele Frauen auch im Berufsleben gerne besonders erotisch kleiden und verhalten, um dies als Machtmittel einzusetzen. In einer landesweiten Umfrage in den USA wurden Frauen befragt, ob ihrer Meinung nach eine ihrer Kolleginnen schon einmal ihre Weiblichkeit eingesetzt hätte, um daraus geschäftliche Vorteile herauszuschlagen. Fast 96 Prozent antworteten mit »ja« (287, 167). »Du kannst einen 26jährigen Naseweis dazu kriegen, bei Fuß zu kommen und genau das zu tun, was du von ihm verlangst, und das ist noch nicht einmal besonders schwer«, erklärt die Vizepräsidentin einer Werbeagentur, die kein Geheimnis daraus macht, auch mit Hilfe ihres Sex-Appeals voranzukommen (135, 126–127). Eine andere Frau prahlte in einer Befragung zu diesem Thema: »In meinem Büro habe ich die Hälfte der Kerle mit einem Harten herumlaufen wegen meiner langen Beine, kurzen Röcke und meinem wiegenden Gang.« (547, 191) Und die Psychotherapeutin Laurie Ingraham berichtet, dass in ihren Gruppensitzungen Frauen unumwunden zugeben, dass es für sie einem kleinen Orgasmus nahe kommt, wenn sie sich heiß zurechtstylen. In einem Fall berichtete eine junge Frau: »Es ist ein gutes Gefühl, dass sie mir hinterherhecheln und ich nur mit dem Finger zu schnippen brauche. Das befriedigt mich ungeheuer.« Einer der Männer in dieser Gruppe sprang auf und schrie sie an: »Du gottverdammtes Biest! Ich bin von Frauen wie dir schon unzählige Male verletzt worden.« Laurie Ingraham sieht darin ein typisches Beispiel, wie Frauen Männern sexuelle Gewalt antun (234). Bezeichnenderweise nimmt sich aber der Paragraph 183 (Exhibitionismus) nur Männer zur Zielscheibe. Für ein und dasselbe Delikt bleiben Frauen straffrei.

Es ist erstaunlich, dass der öffentlichen Diskussion zufolge schon ein zu forscher Blick den Tatbestand der Belästigung erfüllen kann, aber jede Erwähnung der sexuellen Macht von Frauen ein Tabu ist. Der Maskulist Roy Schenk weist darauf hin, dass in unserer Gesellschaft Frauen Männer oft mit ihrer Sexualität provozieren und »anmachen«, sie ihnen dann aber vorenthalten. Er führt als umgekehrte Analogie das Beispiel einer verdurstenden Frau in der Wüste an: »Man würde erwarten, dass sie sehr wütend wird, wenn ihr ein Mann ein Glas Wasser anbietet, um ihren Durst zu stillen, und dann das Wasser in den Sand schüttet, während er sie verächtlich dafür niedermacht, dass sie so gierig nach etwas so Wertlosem wie Wasser ist. Sie könnte sehr gut früher oder später gewalttätig werden, wenn Männer das öfter mit ihr machen. Tatsächlich könnte sie Wutgefühle gegenüber allen Männern entwickeln.« (405, 73–77). Nancy Friday teilt diese Sichtweise: »Wie kann ein Mann keinen Zorn gegenüber Mitgliedern des Geschlechtes empfinden, die ihn dazu bringen, sich schmutzig und schuldig wegen ebenjenes Begehrens zu fühlen, das sie mit solchem Aufwand bei ihm provoziert haben?« (144, 20) In dieser Sichtweise wäre sexuelle Belästigung kein Zeichen männlicher Macht, sondern eines von männlicher Machtlosigkeit.

- Da nur Männer die Täterrolle im Abo haben, ist es, wenn zwei das Gleiche tun, scheinbar noch lange nicht dasselbe: Berichtet Hugh Grant etwa darüber, dass ihm Julia Roberts bei Dreharbeiten öfter unters Hemd gegangen sei und seine Brustwarzen gezwirbelt oder ständig obszöne Dinge in sein Drehbuch gezeichnet habe, so dass er es nirgendwo mehr habe herumliegen lassen können (um nur einige der von ihm geschilderten Vorfälle zu benennen), landet das in einer Klatschspalte der »Cinema«. Julia Roberts wirkt draufgängerisch und keck – unbeschadet der Tatsache, dass auch sie ihre Macht als Superstar ausnutzt, da sie selbst durch etliche Anwälte und Bodyguards vor jeder vergleichbaren Attacke geschützt ist (340, 86). Ein männlicher Star, der einer weiblichen Schauspielerin gelegentlich an die Brüste greift oder immer wieder obszöne Dinge in ihr Drehbuch malt, würde ... sagen wir, nicht ganz so »draufgängerisch und keck« wirken. Natürlich dient das Beispiel Julia Roberts nur stellvertretend für ähnlich gelagerte Fälle im Berufsleben.

Da viele Männer mit ihrem sexuellen Begehren ins Leere laufen, erwartet man von ihnen offenbar, dass sie auch sehr dreiste sexuelle Avancen eher als etwas Positives wahrnehmen. Was dabei übersehen wird, ist, ob *dieser* spezielle Mann sich erotische Übergriffe am Arbeitsplatz wünscht, wenn ja von *dieser* speziellen Frau und auf *diese* Art und Weise. Männer können als Folge sexueller Belästigung dieselben Symptome wie Frauen aufweisen, etwa »Verlegenheit, Anspannung, Frustration, Nervosität und generell emotionales Unwohlsein« (302, 18).

In Firmen, in denen deutlich mehr Männer als Frauen arbeiten, kann es statistisch zu höchst unausgewogenen Verhältnissen zwischen den Geschlechtern kommen, selbst wenn *beide in gleichem Maße* Belästigungen verüben. Was Feministinnen als einen Versuch wahrnehmen, Frauen auszugrenzen, ist in Wahrheit ein statistisches Artefakt! Nehmen wir an, ein Unternehmen beschäftigt 800 Männer und 200 Frauen. Nehmen wir weiter an, *zehn Prozent jedes der beiden Geschlechter* belästigt gerne einen Kollegen bzw. eine Kollegin. Wir hätten also 80 männliche und 20 weibliche Belästiger, von denen jeder einen Übergriff auf einen Angehörigen des anderen Geschlechtes startet. Also werden 80 Frauen (von 200) und 20 Männer (von 800) belästigt. In den Statistiken wird erscheinen, dass 40 Prozent der Frauen und 2,5 Prozent der Männer sexuell belästigt werden (270, 2). *Dieselbe Quote* von Belästigern bei beiden Geschlechtern erweckt so den Eindruck, dass Frauen massiv angegangen würden und Männer kaum! Vermutlich wird die Schere in der Realität sogar noch weiter auseinander klaffen, da Männer sich weitaus seltener beschweren, als sie laut Umfragen Grund hätten, während Frauen durch sehr weitgefasste Definitionen von Belästigung und enorme »Entschädigungsgelder« zu Beschwerden ermutigt werden. Bei Licht besehen sagen uns also Zeitungsmeldungen, denen zufolge in Nordrhein-Westfalen jede vierte Polizistin, aber nur fünf Prozent der männlichen Ordnungshüter belästigt wurden

(489), das Gegenteil von dem, was sie auf den ersten Blick zu sagen scheinen: Vermutlich neigen hier die Frauen eher zu Übergriffen als die Männer!

Männer als Belästiger, Frauen als Opfer – dieses Trugbild wird durch die sehr einseitig ausgerichtete Literatur zu diesem Gebiet aufrechterhalten. Eine vergleichende Studie über Forschungen zum Thema Belästigung ergab, dass diese Untersuchungen in aller Regel von Frauen durchgeführt werden und dass das Geschlecht des Leiters der Untersuchung in engem Zusammenhang mit ihren Ergebnissen stand. Insgesamt konnte eine sehr starke Parteilichkeit nachgewiesen werden, die sich letztlich von feministischen Slogans wie »Alle Männer sind potentielle Vergewaltiger« ableiten ließ. Nichtsdestotrotz zeigte sich auch, dass in demselben Ausmaß, in dem mehr Frauen bestimmte berufliche Laufbahnen einschlugen, die Zahl der von Männern erhobenen Beschwerden über sexuelle Belästigung am Arbeitsplatz anstieg: von 7,5 Prozent im Jahr 1991 auf 11,6 Prozent im Jahr 1997 (362, 61). Feministinnen sind aber nicht gewillt, ihren alleinigen Anspruch auf die Opferrolle so mir nichts, dir nichts aufzugeben. »Sexuelle Belästigung ist eine Form von Gewalt gegen Frauen und wird eingesetzt, um ihnen zu zeigen, ›wo ihr Platz ist‹«, formuliert die US-Frauenbewegung NOW dogmatisch auf ihrer Website (362, 112). Auch die Autorin Jane Gallop betont in ihrem Buch zu diesem Thema, dass selbstverständlich nur männliche Übergriffe als Belästigung zählen: »Eine Belästiger*in* wäre ein Widerspruch in sich«, erklärt sie, schließlich habe der Feminismus das Konzept der sexuellen Belästigung »erfunden« (362, 106–108). Wird da Markenschutz angemeldet, oder werden ideologische Hoheitsansprüche erhoben? Konsequenterweise, so Jane Gallop, sollten Richtlinien und Gesetze gegen Belästigungen das Verhalten von Frauen freigestellt sein lassen, jedoch das von Männern Beschränkungen unterwerfen. »Und sie präsentiert all dies in aller Ernsthaftigkeit als eine gerechtfertigte Forderung.« (362, 114)

Das gesellschaftliche Klima in den USA begünstigt es, dass diese sexistische Ideologie immer mehr in den Gerichtssälen Einzug nimmt. »Ich bin weiblich und deshalb Mitglied einer geschützten Klasse«, war der Eröffnungssatz einer Aussage, mit der sich eine der Belästigung beschuldigte Dozentin zur Wehr setzte (362, 97). In diesem Weltbild kann jede von Männern vorgebrachte Beschwerde wegen Belästigung nur als Missbrauch des Systems verstanden werden, als Gegenangriff gegen Frauen, die sich nichts mehr gefallen lassen, oder als Versuch, das schnelle Geld zu machen. Männliche Opfer dürfen einfach nicht existieren.

Dass Frauen das Recht haben, wie eine Lady behandelt zu werden (so sie es denn wollen), auch wenn sie sich nicht wie eine Lady benehmen, ist inzwischen auch gerichtlich gestützt. 1987 entschied ein Berufungsgericht der USA, dass von einer Frau verwendete »obszöne Ausdrucksweise mit einem sexuellen Unterton« sie nicht daran hindere, gegen dasselbe Verhalten von Männern Beschwerde einzulegen. Die Klägerin war eine Flugbegleiterin, die ebenso für ihre »offene Ausdrucksweise« wie für ihre kleinen Scherze bekannt war, etwa einen Dildo in den Briefkasten ihres Vorgesetzten zu legen, einem Kollegen eine Tasse Urin als Drink zu servieren oder mit einer eindeutigen sexuellen Einladung in den Schoß eines Piloten zu greifen. Sie legte Beschwerde wegen sexueller Belästigung ein, nachdem ein Pilot, mit dem sie zu tun hatte, schmutzige Limericks vortrug und vor ihr auf die Knie ging, während er so tat, als würde er an ihrem Schoß schnuppern. Die juristische Botschaft solcher und ähnlicher Entscheidungen ist klar: Da nur das jeweilige »Opfer«, also in der Regel die Frau, das Recht hat zu entscheiden, ab wann eine Grenze überschritten ist und wann noch nicht, kann sie jederzeit beschließen, dass *ihr* Kommentar noch innerhalb dieser Grenzen lag, aber *seiner* nicht mehr. Den meisten Frauen ist diese Doppelmoral selbst klar, und einige benutzen sie, um ihre männlichen Kollegen damit aufzuziehen: »Ich kann Dinge sagen, die du nicht sagen kannst, nicht wahr?« Weniger lustig ist es, wenn gegen Männer Ermittlungen eingeleitet werden, weil sie schmutzige Witze erzählten, die man Frauen ohne weiteres durchgehen lassen würde – wie im Fall eines Kapitäns der US-Küstenwache, der aufgrund kriminalpolizeilicher Ermittlungen wegen von ihm erzählter Witze Selbstmord beging (547, 188–189).

Vor dem Hintergrund der zahlreichen Statistiken, die auf eine annähernd gleiche Zahl von männlichen wie weiblichen Belästigungsopfern unter Schülern und Studenten hinwiesen, erstellten Forscher des »American Education Research Journal« im Sommer 1996 eine neue Untersuchung. Deren Ergebnis: Die knappe Mehrheit, nämlich 53 Prozent beider Geschlechter, stellte sich sowohl als Opfer wie auch als Täter bei sexuellen Belästigungen heraus. Sie kamen zu dem Schluss, dass das althergebrachte sexistische Täter-Opfer-Modell inzwischen endgültig in den Papierkorb gehöre. In die öffentliche Diskussion gelangen solche Forschungsergebnisse allerdings bis heute nicht.

Big Sister is Watching You

THESE: DER KAMPF GEGEN SEXUELLE BELÄSTIGUNG GILT EINER FRIEDLICHEN UND GLEICHBERECHTIGTEN ARBEITSWELT

Dass der Kreuzzug gegen sexuelle Belästigung, so wie er momentan geführt wird, *Männern* gegenüber unfair ist, sollte aus dem bisher Gesagten klargeworden sein. Warum aber sind zwei Drittel aller *weiblichen* Berufstätigen gegen entsprechende Gesetze, insbesondere die jungen Frauen am unteren Ende der Karriereleiter, zu deren Beschützerinnen sich viele Feministinnen ungefragt erklärt haben? Warum gibt es auch unter den Feministinnen selbst sehr kritische Stimmen in dieser Hinsicht? Es ist natürlich denkbar, dass es auch vielen Frauen nicht egal ist, wenn Männer wegen letztlich harmloser Frotzeleien in den Selbstmord getrieben werden oder ihren Arbeitsplatz verlieren. Aber dieses Mitgefühl ist wohl kaum der einzige Grund. Tatsächlich hat die Belästigungshysterie für *beide* Geschlechter höchst nachteilige Auswirkungen, was das Berufsleben angeht.

Es kommt zu einer Enterotisierung der Arbeitswelt

Sexualberater beklagen seit einigen Jahren, dass in unserer Gesellschaft die Lust auf Sex zunehmend verloren geht. Dies hat zum einen mit einer Reizüberflutung durch die Medien zu tun, zum anderen aber auch mit einer wachsenden emotionalen Distanzierung im Alltag. »Bei der Arbeit, im Dienst, in der gesellschaftlichen Sphäre würden die Kontakte untereinander korrekt, jedoch oberflächlich, unverbindlich, nett, leidenschaftslos, unerotisch, aseptisch und frei von Verantwortung füreinander verlaufen. Gefühle zu haben gelte als unpraktisch und riskant. Coolsein sei besser.« (9, 330) Genau diese Entleerung des Berufslebens von sämtlichen erotischen Äußerungsformen wollen Vertreter der Anti-Belästigungs-Bewegung aber gerade erreichen (68, 151; 362, 119).

Anfang 1998 wurden auf einer kalifornischen High School alle offenen Zeichen der Zuneigung verboten – einschließlich Umarmungen, Küssen und Schulterklopfen (362, xviii). *Jegliche* sexuelle Beziehung zwischen Auszubildenden und Arbeitskollegen, so argumentieren feministische Juristinnen, könne dazu beitragen, ein Umfeld zu schaffen, in dem zur Belästigung ermutigt wird. Außerdem: Weshalb solle man Angestellte zu Herumalberei ermutigen, wenn sie dafür bezahlt werden, ihre Arbeit zu erledigen? Dass z. B. der Austausch sexueller Witze und Anspielungen Studien zufolge psychologischen Nutzen für die Mitarbeiter bringt, wird dabei ebenso ignoriert, wie dass der Austausch entsprechender Bemerkungen eine gemeinschaftsstiftende Funktion besitzt – mit ihnen also gesagt wird: Du bist eine von uns. »Frauen, die in traditionell männlichen Sparten erfolgreich waren, sagen, der größte Fehler, den Frauen machen können, ist, solche Neckereien als sexistische Feindseligkeit zu interpretieren.« Von Feministinnen werden solche Einstellungen natürlich als Resultat patriarchaler Gehirnwäsche abgebügelt (547, 184–185, 192).

Zeitschriften wie »Cosmopolitan« bringen es hingegen fertig, in der einen Ausgabe zu warnen: »Sexuelle Frotzeleien sind eine Weise zu sagen: Du bist eine Frau. Du gehörst nicht hierher« (547, 185) und in der anderen Ratschläge zu geben, wie Männer am Arbeitsplatz erotisch angegangen werden können (»Wenn Sie an seinem Schreibtisch vorbeigehen, lassen Sie einen Stapel Akten fallen, dann bücken Sie sich danach. Er wird ihnen helfen. Lehnen Sie sich an ihn, legen Sie ihm die Hand auf die Schulter, um nicht das Gleichgewicht zu verlieren ... Tragen Sie einen sehr kurzen engen Rock und hohe Absätze. Strecken sie sich, mit dem Rücken zu einem Mann, nach einem Aktenordner

...«; 130, 346). Das Problem ist nur, dass Männer mittlerweile wissen, dass sie mit ihrem Job spielen, wenn sie auf solche Anmachversuche nicht so reagieren, wie es die entsprechende Frau gerne hätte und statt erregt nur noch genervt sind. Inzwischen ist das feministische Lager in den USA so weit, dass nicht nur *unwillkommene* Anmachversuche bei der Arbeit verboten werden sollen, sondern sogar *willkommene*. Der Grundgedanke dabei ist folgender: Männer und Frauen seien in unserer Gesellschaft noch lange nicht gleichberechtigt. Solange aber auf dem Arbeitsplatz ein Machtgefälle bestehe, könne keine sexuelle Beziehung von einer Frau je freiwillig aufgenommen werden. Frauen müssten vor ihren eigenen Entscheidungen geschützt werden. Auf einer im Frühjahr 1998 zu Ehren von Catharine MacKinnon veranstalteten Konferenz (MacKinnon hatte die meisten Anti-Belästigungsgesetze in den USA durchgedrückt) wurde die Schlacht zu einem neuen Extrem ausgeweitet. Unter anderem schlug die Juraprofessorin Jane Larson vor, dass Firmen selbst dann haftbar gemacht werden sollten, wenn Frauen sexuelle Avancen ausdrücklich willkommen hießen. Dadurch könnte einer erotischen Aufladung des Arbeitsplatzes durch Frauen entgegengewirkt werden, die Büroflirts tolerierten oder sogar genossen, oder, wie Larson es ausdrückte: »die Frauen mit dem geringsten Widerstand«. Es ist im Augenblick unmöglich abzusehen, wo der Kreuzzug einiger weniger radikaler Feministinnen gegen Männer und deren sexuelles Begehren enden wird (41). Im Jahre 2000 legte die bekannte US-amerikanische Sexualforscherin Shere Hite eine neue Studie »Sex and Business« vor. Deren Ergebnis: Erotik am Arbeitsplatz steigere die Geschäftsbilanz, weil die Mitarbeiter so mit mehr Freude bei der Sache seien und sich insgesamt wohler fühlten. Den Arbeitsplatz als Tabuzone für Flirts und intime Beziehungen zu gestalten, behindere hingegen die persönliche Kreativität. Insbesondere sei nicht davon auszugehen, dass Menschen ihre persönliche Sexualität am Firmeneingang abgäben. Genau auf eine solche normierte und seelenlose Welt arbeiten die erwähnten feministischen Reglementierungen allerdings hin.

Berufsanfängerinnen und Studentinnen verlieren ihre männlichen Mentoren

Gerade Lehrer, die am ehesten bereit sind, die Wälle zwischen Studenten und Dozenten niederzureißen und mit ihnen zu plaudern (wie es übrigens die feministische Pädagogik empfiehlt), finden sich auch am ehesten in einem Netz von Anschuldigungen wieder. Ein Beispiel ist der Fall von Michael Bullock, den eine Studentin mit seiner Korpulenz aufzog, ihm vor der Klasse den Finger in den Bauch stach und bemerkte, seine Brust sei groß. Bullock erwiderte, ihre sei klein. Ihm wurde daraufhin die Lehrerlaubnis entzogen – etwas später nahm er sich das Leben (362, xiii). Zu den »Warnsignalen« bei sexueller Belästigung wird mittlerweile besonderes Lob gegenüber den Studentinnen gezählt. (»Indem er die Studentin davon überzeugt, dass sie intellektuell ... außergewöhnlich ist, gewinnt der lüsterne Professor psychologischen Zugang zu ihr.«; 362, 76) Wie schon berichtet, kann Professoren ebenso vorgeworfen werden, Studentinnen zu intensiv angestarrt zu haben, wie ein »frostiges Klima« erzeugt zu haben, indem sie zu wenig Augenkontakt mit ihnen aufgenommen hätten. Unweigerlich entsteht so eine Situation, in der Lehrkräfte nahezu paranoid auf alle ihre Worte und Taten achten müssen, sich nicht mehr normal gegenüber ihren Studenten verhalten können und keine spontane Bemerkung mehr fallen lassen dürfen – schon gar keine, mit der eine Frau gelobt oder kritisiert wird. Sie ziehen sich am besten ganz auf ihre berufliche Rolle und ihre Fachautorität zurück. (362, 20, 77)

Insbesondere Professoren, die fälschlich der Belästigung beschuldigt wurden, scheuen, wie jedes gebrannte Kind, das Feuer. Einer von ihnen berichtet: »Ich vermeide es immer noch, mit Frauen zu tun zu haben, die ich nicht kenne und denen ich nicht vertraue. Ich fühle mich selten gut, wenn ich zur Schule gehe. Ich umgehe es immer noch, Studentinnen in meinem Büro zu treffen, wenn nicht jemand anderes dabei ist. Ich behandele meine weiblichen Studenten jetzt mit Sicherheit anders als die männlichen. Mein Fall hatte auch sonst eindeutige Auswirkungen in der Universität. Viele Professoren sind sehr vorsichtig bei allem, was sie sagen. Einige haben mir erzählt, dass sie es jetzt vermeiden, Berater für weibliche Studenten zu werden.« (362, 86)

Was im universitären Sektor am krassesten ist, weil dort die meisten feministischen Ideologinnen herumstreifen, greift immer mehr auf andere Berufe über: »Pfarrer und Geistliche werden vor zu starker innerer Beteiligung, Körperkontakt und sichtbaren Zeichen der Zuneigung gewarnt. ... Manche Universitätsprofessoren und Ärzte lassen heutzutage immer die Tür offen, wenn sie mit einem Studenten oder Patienten alleine sind. Andere führen schriftlich über solche Begegnungen Protokoll, um sich vor zukünftigen Beschwerden zu schützen.« (157, 13–14)

In England weigern sich inzwischen Lehrer, auch auf erklärten Wunsch der Eltern hin, ihre Schüler mit Sonnencreme einzureiben. Patricia Tehaney aus Kalifornien wurde von einer Firma nicht eingestellt, weil sie vor zwanzig Jahren nackt für den »Playboy« posierte und das Unternehmen befürchtet, vor diesem Hintergrund sei das Risiko sexueller Anspielungen besonders groß. Das Verhalten von Tehaneys Beinahe-Arbeitgeber erscheint nachvollziehbar: Wer holt sich schon wissentlich eine potenzielle Millionenklage ins Haus? Ebenso wird es sich ein erfahrener Mitarbeiter zweimal überlegen, ob er seine Karriere riskieren soll, indem er ausgerechnet eine junge Frau als »Schützling« annehmen soll. Solche ältere Mentoren, die Neulingen wertvolles Insiderwissen und Firmenkontakte verschaffen, sind allerdings für das berufliche Vorankommen oft unverzichtbar (304, 59).

Frauen werden wieder auf den Status des Opfers zurückgestuft, das beschützt werden muss

In einer Geschichte von Sir Arthur Conan Doyle gibt der Arbeitgeber einer jungen, wegen Mordes angeklagten Haushälterin zu, dass er versucht hatte, sie zu verführen. Sherlock Holmes weist ihn scharf zurecht: »Ich weiß nicht, ob irgendetwas, dessen sie beschuldigt wird, wirklich schlimmer sein kann als das, was Sie gerade eingestanden haben.« Das war das viktorianische England, als Sexualität in der Tat noch etwas war, was Frauen »angetan« wurde und Belästigung diesem Auszug nach moralisch verwerflicher als Mord (547, 166). Etwas befremdlich wirkt es hingegen, wenn Frauen einerseits selbstbewusst auftreten, Respekt einfordern und genauso wie ihre männlichen Kollegen behandelt werden wollen, aber andererseits besondere Schutzvorkehrungen als »potentielle Opfer« verlangen (304, 59). Auch in anderer Hinsicht werden sie von Feministinnen als minderwertig wahrgenommen. So vertreten zwei DGB-»Expertinnen« die Ansicht, dass »die Art und Weise der rechtlichen Regelungen, der Umgang mit Gesetzen und Paragraphen, die juristische Sprache und die Formalien vor den Gerichten ... Frauen häufig fremd und ungewohnt« seien (374, 45). Wohingegen Männer bekanntlich als Anwälte auf die Welt gekommen sind. Eine groteske Schieflage entsteht: Heutzutage werden Frauen Polizistinnen und ziehen als Soldatinnen in den Krieg, nehmen dabei in Kauf, töten zu müssen oder getötet zu werden. Gleichzeitig behaupten sie, dass sie der Staat vor schmutzigen Witzen oder ungeschickten Flirtversuchen schützen müsse. Dieses Missverhältnis trägt nicht dazu bei, dass man sie als gleichberechtigte Partner im Berufsleben ernst nimmt.

Regelungen, die sexuelle Äusserungen einschränken oder verbieten, ziehen Verbote anderer Äusserungen nach sich

In einem Forum anlässlich des Jahrestreffens der Modern Language Association (MLA) 1991 über den Status der Frau wurde der Begriff der »antifeministischen intellektuellen Belästigung« eingeführt. Diese kann z. B. darin bestehen, dass irgendeine Äußerung oder Aktion ein Umfeld schafft, in dem die angemessene Anwendung feministischer Theorien entwertet oder entmutigt werde. Offenkundig kann der Sinn, ein solches »Vergehen« zu konstruieren, nur darin bestehen, jegliche ernsthafte Kritik gegenüber Frauen oder dem Feminismus zu verhindern. Heute schon kann jede sexuelle Anspielung als Belästigung verstanden und bestraft werden. Würden es die Frauenrechtlerinnen tatsächlich schaffen, das Konzept der »antifeministischen Belästigung« zu etablieren, würde sich jeder ernsthafte Widerspruch zur feministischen Ideologie am Rande des Illegalen bewegen (362, 188–190). Entsprechende Versuche werden bereits heute mit dem Vorwurf der »sexuellen Belästigung« unternommen. Den bekam z. B. der prominente US-Rechtsprofessor Alan Dershowitz von einer Gruppe Feministinnen zu hören, als er in seinem Jura-Seminar in Harvard das Thema falscher Anschuldigungen bei Vergewaltigungen diskutieren wollte. Dershowitz zu dem Versuch, das Gesetz gegen Belästigung als Werkzeug für Zensur zu benutzen: »Die Tatsache, dass es in einer großen Universität überhaupt vorstellbar ist, kontroverse Lehrmethoden als sexuelle Belästigung auszulegen, zeigt die Gefahren dieses dehnbaren Begriffes.« (362, 82–83) Der Soziologieprofessor David Ayers schrieb für eine christliche Zeitschrift einen Artikel, in dem er argumentierte, sämtlichen bekannten Hinweisen zufolge sei das »Patriarchat« nicht kulturell, sondern biologisch verursacht und daher letztlich auch nicht veränderbar. Feministinnen protestierten empört, und es dauerte keine sechs Wochen, bis Ayers deshalb gefeuert wurde – sein vorgesetzter Dekan, der Ayers' Recht auf Meinungsfreiheit schützen wollte, flog mit ihm von der Universität (258, 122–124). In einem anderen Fall erhielt der Englischprofessor Eugene Narrett berufliche Schwierigkeiten, weil er in seinen Beiträgen für die »New York Times« oder das »Wall Street Journal« den Feminismus kritisierte. Seine Artikel seien »feindselig und nicht positiv gegenüber Frauen«, befand eine Kollegin, die dem staatlichen Ausschuss der Lehrerunion angehörte. Zuerst befahl sie ihm, mit dem Verfassen feminismuskritischer Artikel aufzuhören; als er sich nicht daran hielt, stimmte sie gegen die Verlängerung von Narretts Lehrvertrag (365). Sobald sich in *einer* Hinsicht eingebürgert hat, dass das Wort einer Frau dem Gesetz gleichzustellen ist – und genau *das* war das Ziel der feministischen Aktivistinnen (362, 165) –, ist es offensichtlich nicht länger undenkbar, dies auch auf andere Gebiete auszuweiten.

Das Ergebnis wäre eine gesetzliche Verankerung der feministischen Diktatur, die bislang nur die öffentliche Meinung beherrschte. Die Reglementierung von Äußerungen ist nur ein Umstand, der eher an einen totalitären Staat als an eine freie Demokratie erinnert. Auch vielen Umerziehungsmaßnahmen der »Belästigungsindustrie« mutet der spröde Charme des Stalinismus an. Ein Archäologieprofessor, der Studentinnen als »Mädchen« bezeichnet und behauptet hatte, archäologische Feldarbeit könne für Frauen sehr hart sein, die Beziehungen und Kinder haben wollten, und der bei der Entdeckung wichtiger Fundstücke seine Studenten umarmte, wurde zu solch einer Umerziehung verpflichtet. Er musste sich schriftlich bei seinen Studenten entschuldigen, in diesem Brief seiner Hochschätzung für ihre Fähigkeiten Ausdruck verleihen und diesen Brief zunächst seinem Trainer, dem Leiter seines Dekanats und der Gleichstellungskommission der Universität vorlegen. »Ich bezweifle, dass ich die einzige Person bin«, schreibt dazu Daphne Patai, »die durch dieses Schauspiel einer offenen Kündigungsdrohung, gefolgt von einem Umerziehungsprozess und einem gemeinen Akt öffentlicher Demütigung, angeekelt ist.« (362, 166).

Dabei ist dieser Fall noch eine Bagatelle gegen das »bewusstseinsbildende Seminar«, dem sich Douglas Hartmann, ein Beamter der US-Luftverkehrsüberwachung, unterziehen musste. Im Laufe dieser Veranstaltung bildeten Frauen ein Spalier, das die Männer einer nach dem anderen durchschreiten mussten, wobei sie von allen Seiten umzingelt, am ganzen Körper, einschließlich des Hinterns und zwischen den Beinen, betatscht wurden und erniedrigenden Bemerkungen ausgesetzt waren. Daraufhin betraten alle miteinander einen anderen Raum, in dem männliche Geschlechtsorgane in verschiedenen Größen und Zuständen der Erregung ausgestellt und die anwesenden Männer auf einer Skala von eins bis zehn eingestuft wurden. Als Hartmann gegen diese Behandlung protestierte, wurde er als ein »wehleidiger Schlappschwanz« bezeichnet. Nachdem er eine Beschwerde einlegte, wurde er verstärkter Belästigung ausgesetzt, zudem wurden ihm Beförderungen verweigert. Als Folge dieser Erlebnisse stellten sich bei ihm Magenprobleme, Schlaflosigkeit, Kopfschmerzen und andere Stresssymptome ein (68, 153–154). »Wann werden Männer endlich auch als Mitmenschen betrachtet werden, mit ihren eigenen Leben, Gefühlen und Ängsten, die eine Rolle spielen?«, fragt Daphne Patai. »Verbessern wir wirklich die Sachlage, indem wir Männern mit einem Verlust ihrer Stelle und ihres Rufes als Bestrafung für einen erotischen Kontaktversuch oder eine sexuelle Bemerkung drohen?« (362, 44)

Fachleute gehen inzwischen davon aus, dass etwa 200.000 US-Amerikaner wegen dem Vorwurf der sexuellen Belästigung unschuldig im Gefängnis sitzen (392a). Das Problem gravierender Vor- und Fehlurteile ist hier allerdings international. Die Australierin Helen Garner, selbst eine Feministin in vorgerücktem Alter, berichtet in ihrem Buch »The First Stone« über den Fall eines Rektors an der Universität Melbourne, dessen Karriere dadurch zerstört wurde, dass man ihm vorwarf, eine Studentin während eines Tanzes nach einer Feier der Uni an der Brust berührt zu haben. Der Fall erhielt gewaltige Aufmerksamkeit in Zeitungen, Radio und Fernsehen. Name und Foto des Beschuldigten wurden überall veröffentlicht. Obwohl sich schließlich die Unschuld des Rektors herausstellte, verlor er seine Stelle, und es war ihm danach unmöglich, eine gleichwertige akademische Anstellung zu finden. Er arbeitet nun auf einem völlig anderen Gebiet in einem Teilzeitjob. Helen Garner zitiert in ihrem Buch eine andere Feministin, die ihr in Bezug auf diesen Fall erklärte: »Ich glaube nicht, dass er verdient, was ihm passierte. Er mag unschuldig sein – aber er bezahlt für viele, viele andere Männer, die nicht erwischt worden sind. Es ist die Ironie der Geschichte, dass manchmal der Unschuldige oder beinahe Unschuldige dafür bezahlt, was Schuldige gemacht haben.« Das ist das feministische Konzept von Gerechtigkeit (548).

Es verwundert nicht, dass die »Sexuelle-Belästigungs-Ideologie« gerade in Universitäten so gut gedieh. In ihrem Weltbild ist kein Platz für die Unwägbarkeiten des Erwachsenseins, für die Verantwortung, die auch Frauen für ihr Verhalten zugesprochen werden kann, für die Unvorhersagbarkeiten komplexen menschlichen Miteinanders. Stattdessen zeichnet sie eine verführerisch simple Karikatur der Wirklichkeit, eine Karikatur, in der Männer immer Täter auf Beutezug sind, Frauen immer ehrliche und gutgewillte Opfer, die zum Schweigen verdammt sind, und in der falsche oder überspannte Anschuldigungen nicht vorkommen (362, 59). Unter dem Blickwinkel dieser sexistischen Theorie werden dann »Erfahrungen« gemacht, die diese Theorie wieder zu bestätigen scheinen: Wenn man gelernt hat, dass schmutzige Witze Feindseligkeit ausdrücken und Hinterherpfeifen kein Kompliment, sondern Belästigung darstellt, dann wird man auch überall männliche Übergriffe wahrnehmen glauben. Man merkt selbst nicht mehr, dass es oft nicht *Handlungen* sind, die Aggressionen ausdrücken, sondern die eigene *Interpretation* dieser Handlungen. Wie viele der in den Medien verbreiteten Fälle von sexueller Belästigung sich bei näherer Überprüfung als unbegründet herausstellten, wird man ebenfalls nicht erfahren. Warum sollte man sich auch selbst hinterfragen, wenn die eigene Interpretation zum Gesetz erhoben wird und schon in die Erziehung kleiner Kinder einmündet, so dass dieses ursprünglich radikalfeministische Weltbild immer mehr mit der allgemein akzeptierten »Wirklichkeit« deckungsgleich wird? In den USA bringt man schon Siebenjährigen bei, wie sie zu reagieren haben, wenn ein Spielkamerad unanständige Bezeichnungen für ihren Penis, ihre Vulva, ihre Brüste oder ihren Hintern benutzt. Die angemessene Antwort sei, so sagt man ihnen: »Lass das! Das ist sexuelle Belästigung, und sexuelle Belästigung ist gegen das Gesetz.« (547, 182)

Eine typisch amerikanische Hysterie? Nein. Auch in Deutschland weiten sich die immer neuen Schutzterritorien für das weibliche Geschlecht – vom Frauenhotel bis zur Frauenbibliothek – inzwischen bis ins Leben der Allerkleinsten aus. In Ludwigsburg wurde kürzlich für 400.000 DM ein eingezäunter Spielplatz errichtet, der alleine den Mädchen zur Verfügung steht. Auf seinen rund 5000 Quadratmetern umfasst er unter anderem ein Volleyballfeld, einen Grillplatz und ein Feuchtbiotop. Sein Name: Girlassic Park (454).

HEXENVERFOLGUNG ZUR JAHRTAUSENDWENDE – DIE WAHREN TABUS BEIM SEXUELLEN MISSBRAUCH

»Du musst verstehen: Aus eins mach zehn, und zwei
lass gehen, und drei mach gleich, so bist du reich, ver-
lier die vier, aus fünf und sechs, so sagt die Hex, mach
sieben und acht, so ist's vollbracht, und neun ist eins
und zehn ist keins ... Das ist das Hexeneinmaleins. –
Immer noch werden Hexen verbrannt auf den Schei-
ten der Ideologie. Irgendwer ist immer der Böse im
Land, und dann kann man als das Gute und die Augen voll Sand in die Heiligen Kriege ziehn!«

Konstantin Wecker: »Das Hexeneinmaleins«

Kaum ein anderes Thema ist zugleich mit einem solchen Wust an Fehlinformationen, politisch korrekten Schweigetabus und einer feministischen Täter-
Opfer-Hysterie von unfassbaren Ausmaßen verbunden wie das Thema sexueller Missbrauch. Auf den folgenden Seiten wollen wir dieses Knäuel entwirren.

Jedes dritte Mädchen

THESE: SEXUELLER MISSBRAUCH IST IN UNSERER GESELLSCHAFT AN DER TAGESORDNUNG

»Wen ich auch frage, egal ob Insassen eines Altenheimes oder Jurastudenten,
alle sagen, es hat zugenommen«, berichtet Christian Pfeiffer, der Leiter des Kriminologischen Forschungsinstituts Niedersachsen fassungslos (465). Faktisch
sind die Vorkommnisse sexuellen Missbrauchs in den letzten Jahrzehnten stark
zurückgegangen: von 31,9 Fällen auf 100.000 Einwohner im Jahre 1955 auf
19,6 Fälle im Jahre 1995 (260, 17). Und doch ist die Panik in unserer Gesellschaft in umgekehrtem Maße gestiegen. Die meisten Menschen sind heute überzeugt davon, dass der sexuelle Missbrauch von Kindern keineswegs selten ist:
66 Prozent der Männer und 72 Prozent der Frauen glauben einer Allensbach-

Umfrage zufolge, dass dieses Verbrechen rings um sie herum häufig vorkommt. Werden sie allerdings gefragt, ob ihnen persönlich ein solcher Fall bekannt sei, antworten 83 Prozent aller Befragten mit »nein«. Daraus darf man jedoch nicht im Umkehrschluss 17 Prozent Missbrauchsfälle ableiten, denn im allgemeinen reicht schon das bloße Gerücht über einen einzigen Fall aus, um Hunderte von Menschen darüber zum Reden zu bringen. Aber selbst gerüchteweise oder in der weiteren Umgebung wissen die allermeisten nichts über derartige Vorkommnisse zu sagen (299, 196; 216).

Der Kriminologe Pfeiffer empfindet die weitverbreitete Angst vor sexuellem Missbrauch als »absurd, denn sie steht in keinem Verhältnis zur realen Gefahr«. Untersuchungen aus den USA belegen, dass Personen, die viel fernsehen, die Häufigkeit vieler Delikte und die damit verbundene Bedrohung überschätzen (465). Demzufolge scheint manche Feministin den Hauptteil ihres Tages vor dem Bildschirm zu verbringen: Die Gießener Frauenbeauftragte Ursula Passarge etwa spricht von fünf Millionen missbrauchten Kindern und weist jede Kritik an diesen absurd hohen Zahlen zurück, indem sie den Kritikern vorwirft, »Missbraucher schützen zu wollen« beziehungsweise »sexuelle Gewalt zu bagatellisieren oder zu leugnen« (375, 21). Das Buch »Trotz allem«, ein Klassiker der Missbrauchsbewegung, zitiert Statistiken, denen zufolge jedes dritte Mädchen Opfer sexueller Gewalt wurde (279, 239). Die Amerikanerin Sue Blume stuft die Hälfte aller Frauen als Überlebende eines sexuellen Traumas ein (385, 142), Diana Russell spricht gar von 54 Prozent aller Mädchen, die dem Missbrauch ausgesetzt seien. Da viele Frauen auch als Erwachsene sexuelle Übergriffe erleiden müssten, entgingen Russell zufolge insgesamt nur acht Prozent des weiblichen Geschlechts Erlebnissen im Zusammenhang mit sexueller Gewalt. Obwohl Russells Untersuchung sich als so unwissenschaftlich herausstellte, dass sie von keiner anderen Forscherin wiederholt werden konnte (81, 95), werden ihre Wahnphantasien von autonomen Frauen beispielsweise im Internet begeistert übernommen: »Jede zweite Frau wurde als Kind von Männern sexuell bedroht, belästigt, missbraucht oder sonstwie terrorisiert«, heißt es dort. »Da kommt eine riesige Menge von Tätern zusammen. Welchem Mann kann frau denn überhaupt noch vertrauen?« (517). Auch Alice Schwarzer spielt mal wieder den Erich von Däniken der Geschlechterdebatte: Ihrem neusten Buch »Der große Unterschied« zufolge sei es »nicht länger zu leugnen, dass Kindesmissbrauch nicht die Ausnahme, sondern die Regel ist«.

Das wirkliche Leben unterfüttert solche Paranoia allerdings nicht: Im Jahr 1995 etwa kam es in 2009 Missbrauchsfällen zu einer Verurteilung (299, 196). Die Bundesregierung setzt den prozentualen Anteil missbrauchter Mädchen bei zwei Prozent an, der Deutsche Kinderschutzbund gar nur bei 1,1 Prozent (104, 256). Auch Theresa Reed, Leiterin der amerikanischen Gesellschaft gegen den Kindesmissbrauch, gibt an, dass man realistischerweise höchstens von 1,3 Prozent aller US-amerikanischen Frauen als Inzestopfer sprechen könne (435a, 203). Fünf Millionen Opfer werden behauptet, zweitausend Taten sind faktisch erwiesen. Von über 50 Prozent sprechen die extremsten Hysteriker, von etwas über einem Prozent ernstzunehmende Fachleute. Das Missverhältnis könnte kaum größer sein und scheint sich nur schwer aufzulösen. Die einzig denkbare Erklärungsmöglichkeit scheint zu sein, dass hier ein ganz famoser Zahlenzauber abgezogen wird.«

Je nach Standpunkt werden willkürlich immer wieder andere Zahlen genannt«, berichten etwa Dirk Bange von der Hamburger Behörde für Schule, Jugend und Berufsbildung und Günther Deegener, Professor an der Universitätsnervenklinik in Homburg (465). Auch in Deutschland schwanken die Schätzungen über die Rate der Missbrauchsopfer zwischen 8 und 62 Prozent (210, 9). Diese Beliebigkeit wird dadurch erleichtert, dass in der deutschen wie in der US-amerikanischen Missbrauchsbewegung nicht derjenige ernst genommen und veröffentlicht wird, der die sorgfältigsten Nachforschungen anstellt, sondern wer die extremsten Schauermeldungen berichten kann. Dazu ist es dann oft nötig, den Begriff sexueller Gewalt gegen Kinder immer weiter aufzulösen. Diana Russell und ihre Mitstreiterinnen zählten dazu

• das Berühren der Brüste oder des Pos in bekleidetem Zustand,

• das Tätscheln eines Beins (279, 70),

• gegenseitige Sexspiele unter Geschwistern (81, 101),

• der unwillkommene Kuss der Oma oder die Umarmung von der Tante (210, 11),

• das Schütteln eines Kinderzehs zum morgendlichen Aufwecken (486, 200).

• Es wurde auch gefordert, die Opfer von Schulhofkämpfen mit denen sexuellen Missbrauchs statistisch zusammenzufassen (210, 11).

Auf diese Weise entstand ein Klima, in dem prinzipiell jede Form von auch nur irgendwie unangenehm erlebtem Kontakt in dieselbe Schublade gesteckt wurde. »Sexueller Missbrauch von Minderjährigen« umfasste die gesamte Bandbreite von dem zweijährigen Mädchen, das von seinem Vater anal vergewaltigt wird, bis zur Siebzehnjährigen, der ein Klassenkamerad hinterherpfeift (323, 43). Schlimmste Vergehen erscheinen in solchen Statistiken als fast alltäglich, gleichzeitig wurden die harmlosesten Vorkommnisse zu gewalttätigen Misshandlungen aufgeblasen. Aber es unterbleibt nicht nur jede differenzierte Betrachtung von gewaltsamen und gewaltfernen Taten, auch angezeigte und verurteilte Täter werden in der Missbrauchsliteratur munter durcheinandergeworfen. Noch einmal zusätzlich aufgemotzt werden die Zahlen durch die berühmt-berüchtigte *Dunkelziffer*, die, gerade weil sie so dunkel ist, der individuellen Kreativität und dem individuellen Verfolgungswahn breiten Spielraum gewährt.

Katharina Rutschky enthüllt die Zahlenakrobatik mit der Dunkelziffer als magisches Denken. Während die nachprüfbaren Fälle missbrauchter Kinder in den Polizeistatistiken ständig weniger werden (bis zu fünftausend Fälle in einem Zeitraum von zehn Jahren) und auch die Zahl der Verurteilungen stetig sinkt, explodieren die Dunkelziffern in den Hochrechnungen frauenpolitischer Stellen. Gefährlich ist gerade das, was nicht nachprüfbar ist. Während das Bundeskriminalamt noch 1983 von einer sechs- bis achtfachen Dunkelziffer ausging, so wurde diese relativ zügig auf den Faktor zwanzig hinaufgedrückt. Im Jahre 1988 waren insgesamt 13.000 Fälle von sexuellem Missbrauch polizeilich registriert, aber die Zahl, die in aller Munde war, war eine ganz andere: 300.000. Und eine noch greifbarere Parole wurde gefunden: Ein Kind alle drei Minuten.

Der Vorteil an diesen Zahlen war, dass man sie sich wegen der magischen Drei leicht merken und deshalb jederzeit herunterbeten konnte. 300.000 Fälle, jedes dritte Mädchen, etwa alle drei Minuten. Der Nachteil war, dass diese Zahlen mit der Realität wenig zu tun hatten. Von 300.000 Fällen war zunächst in Kavemanns und Lohstöters »Väter als Täter« die Rede gewesen. Diese beiden Autorinnen beriefen sich wiederum auf Ergebnisse von Michael Baurmann. Baurmann protestierte mehrfach und versuchte, darauf aufmerksam zu machen, dass er falsch zitiert worden sei: Seinen Untersuchungen nach lag die Dunkelziffer bei eins zu fünf. Er blieb ungehört. Statt dessen wurden die Zahlen sogar noch weiter aufgebauscht. Zahlen, die groben Schätzungen und wilden Spekulationen entstammten, wurden für belegte Fälle gehalten und gaben Raum für noch abenteuerlichere Spekulationen. Aus 300.000 Fällen im Dunkelfeld wurden unversehens 300.000 jährlich registrierte Fälle, so dass die »Bild«-Zeitung eine Schätzung von »realen« 1,2 Millionen Fällen verbreitete: »Würden sie alle durch Ihre Alpträume laufen – es blickte sie alle dreißig Sekunden eins der geschändeten kleinen Mädchen an.« Die Magische Drei war schon wieder da. Das »Hamburger Abendblatt« tischte seinen Lesern dieselben Schauergeschichten auf. Kein Wunder, dass die Deutschen sich von missbrauchten Mädchen umzingelt fühlten.

Die einmal begonnene Kettenreaktion setzte sich unaufhaltsam fort. So errechnete die unsägliche Constanze Elsner in ihrem Buch »Lasst euch nicht benutzen!« aus einer von ihr als seriös angepriesenen Studie enorm hohe Missbrauchszahlen, zerlegte dieselbe Studie *wenige Seiten später* als komplett unglaubwürdig und gelangte so zu 1,6 Millionen Missbrauchsopfern. Wenige *Absätze* später kam sie zu dem Schluss, dass eigentlich überhaupt keine verwertbaren Zahlen vorlagen (trotzdem spricht das Backcover ihres Buches von »einer halben Million« missbrauchter Kinder) und es ja eigentlich auch keine Rolle spiele, ob es 2 missbrauchte Kinder gebe oder 2 Millionen. (Das alles und einiges mehr, zu dem ich später komme, ging beim Fischer-Verlag offenbar ungehindert durchs Lektorat.«) Aber selbst damit waren die Grenzen nicht ausgereizt: Eine »Psychologie-heute«-Redakteurin verstieg sich ausgehend von den angeblich aktenkundigen Zahlen zu einer Dunkelfeldschätzung von 4,5 bis 6 Millionen Kinder, die »jedes Jahr« Vergewaltigungen oder andere sexuelle Handlungen ertragen mussten. Nur gibt es in Deutschland insgesamt gerade etwas über 4 Millionen Mädchen. »Spätestens hier«, so urteilen deshalb auf dieses Thema spezialisierte Gerichtspsychologen, »sind die Grenzen des in der BRD demographisch Möglichen überschritten; die beabsichtigte Skandalisierung wird nicht nur unglaubwürdig, sondern lächerlich.«

Inzwischen sehen auch Organisationen wie »Wildwasser« ein, dass sie solche Phantasiezahlen nicht länger aufrechterhalten können und rudern notgedrungen zurück – nicht ohne jedoch ihrer Wut über diesen »Backlash« Luft zu machen. »Jedes vierte Mädchen vom Vater missbraucht! Das haben wir damals als politische Zahl benutzt«, äußerte sich empört die »Wildwasser«-Mitarbeiterin Larondelle in der »Zeit« 15/1995, als ob es eine Zumutung sei, dem Rad der feministischen Hysterie die nüchterne Wirklichkeit in die Speichen zu stecken. Katharina Rutschky sieht das Ziel dieser Ideologie darin, in der Gesellschaft ein ganz und gar phantastisches Weltbild durchzusetzen, in dem Sexualität die Bedrohung Nummer eins im Leben der Mädchen bzw. Frauen ist (37, 131; 104, 256–268; 291, 182–183; 398, 32–40; 474, 212–213).

Das muss zwangsläufig zu einer Ideologie der leichtfertigen Vorverurteilung führen: »Der Vergleich der Kriminalstatistik und der Verurteiltenziffer macht deutlich, dass nur jeder fünfte angezeigte sexuelle Missbrauch vor einem Strafgericht verhandelt wird, obwohl von drei Tätern zwei ermittelt werden«, heißt es reichlich konfus bei Kavemann und Lohstöter. Aus eins mach zehn und zwei lass gehen. Ebenso dreist wie stillschweigend setzen die Autorinnen hier voraus, dass jede Anzeige selbstverständlich den Tatsachen entspricht und die männerbündlerischen Gerichte eigentlich nur noch dazu da sind zu entscheiden, wer von den Missbrauchstätern ungestraft davonkommen darf (398, 72–73). Die wahren Verhältnisse liegen exakt spiegelverkehrt: Während inzwischen in 40 Prozent aller Sorgerechtsstreitigkeiten dem Partner – das heißt in der Regel: dem Mann – sexueller Missbrauch vorgeworfen wird, erweist sich dieser Vorwurf in 90 bis 95 Prozent aller Fälle als vollkommen haltlos (291, 84; 219, 42). Dass daran die verstärkte Hysterie ein gerüttelt Maß Mitschuld hat, wird deutlich, wenn man die Zahlen mit Daten des US-amerikanischen Nationalen Zentrums für Kindesmissbrauch aus dem Jahre 1985 vergleicht: Damals wurde »nur« in etwa zwei Dritteln aller Fälle wegen angeblichen Missbrauchs die Untersuchung schließlich niedergeschlagen (546, 223). Dr. Ralph Underwager vom Institut für psychologische Therapien in Minnesota untersuchte das psychologische Profil der Anschuldigenden und stellte dabei fest, dass 75 Prozent von ihnen unter schweren Persönlichkeitsstörungen litten (428, 223). Das Ausleben dieser Störungen wurde so lange vom allgemeinen Meinungsklima begünstigt, bis sich daraus eine Massenpsychose entwickelte.

Welche massiven Folgen solche Unterstellungen für das Leben eines Beschuldigten haben können, zeigt der Fall des Realschullehrers Bernd Herbort, dem von seiner Ex-Frau aus heiterem Himmel der Missbrauch seiner Tochter Anna vorgeworfen wurde. Da Herbort ein reines Gewissen hat, hält er dies zunächst für einen schlechten Scherz und glaubt, dass sich das alles in kürzester Zeit aufklären wird. Doch die vierjährige Anna bestätigt die Missbrauchsvorwürfe. Über ihre Bemerkung, sie habe ihre Aussage mit der Mutter »immer geübt«, wird ebenso hinweggesehen wie über ihre Beschreibung des väterlichen Spermas als gelb und mit Körnchen durchsetzt. Was für seine Frau eine Sache von Stunden war, ruiniert Herborts gesamtes weiteres Leben: Er verliert seine Stelle; es ist ihm aufgrund seiner »Vorgeschichte« auch unmöglich, eine neue Beschäftigung zu finden. Fast alle seine Freundschaften und Beziehungen gehen in die Brüche, die Prozesskosten und die Unterhaltszahlungen an seine Frau treiben ihn an den sozialen Abgrund. Auch seelisch wird er mehr und mehr zu einem Wrack. Acht Jahre und dreizehn Gerichtsprozesse später, nach der Hinzuziehung von zwanzig Richtern, zehn Anwälten, etlichen Staatsanwälten und sechs Gutachtern, ist es nur außerordentlichem Glück zu verdanken, dass Herborts Unschuld überhaupt bewiesen werden kann. Kommentar seiner Ex-Frau im letzten Prozess: »Ich hab mir gedacht, ich zeig den mal an.« Es war reiner Zufall, dass Herbort nicht als ein weiterer männlicher Sexualverbrecher in die Statistik einging. Doch trotz seines letztlichen Siegs hat er das für ihn Wichtigste verloren: seine Tochter, die in all den Jahren ungehinderter Indoktrination durch ihre Mutter gelernt hatte, den Vater zu hassen. Nicht ein einziges Mitglied der überengagierten Frauengruppen, die Herborts Ex-Frau bei ihren absurden Anschuldigungen unterstützt hatten, war bereit, sich dafür bei dem zu Unrecht Verfolgten zu entschuldigen. Statt dessen, so wird auch nach dem Prozess noch gemunkelt, müsse Herbort doch irgendetwas getan haben. Sonst »könne eine Frau so etwas doch nicht fertig bringen« (195).

Ein anderer solcher Fall endete noch tragischer, nämlich mit dem Selbstmord des zu Unrecht Beschuldigten. Nachzulesen ist die Geschichte von André Schaller im Internet unter *www.andre-schaller.de.*

»In jeder dritten Akte, die ein Gutachter heute zu Gesicht bekommt, spielt der Vorwurf des sexuellen Missbrauchs eine Rolle«, berichtete ein Karlsruher Gerichtsgutachter und Psychologe 1996 der Zeitschrift »Eltern«. »Harmlose Dinge wie wunde Stellen durch Kratzen an der Scheide oder durch Madenwürmer werden gar nicht mehr anders erklärt.« (288, 120) Diese Hysterie greift vor allem bei Familien um sich, die sich infolge nahender Scheidung ohnehin schon im Stadium der Zerrüttung befinden. Erst allmählich aber werden ausufernde Missbrauchsbeschuldigungen bei Paaren im Trennungsprozess als gesellschaftliches Problem wahrgenommen. Manche Wissenschaftler halten solche Falschbezichtigungen für eine fast unausbleibliche Konsequenz in einer Konfliktsituation, in der ein Partner dem anderen nur das Schlechteste zutraut und die Medien sich vor Schauermeldungen überschlagen. Jede Verhaltensstörung des Kindes wird dann nicht auf die Belastung durch die Trennung der Eltern, sondern auf sexuelle Gewalt zurückgeführt (291, 126–127). Anders sieht das Arthur Krajc vom Bürgerbund faire Scheidung und dem Arbeitskreis Elterliche Sorge und Kindeswohl Hannover: »In streitigen Scheidungsverfahren ... wird das Vorbringen des Verdachts sexuellen Missbrauchs inzwischen als heißer Tipp gehandelt, wenn man Männern das Recht des Umgangs mit den leiblichen Kindern verwehren oder die Zuweisung der elterlichen Wohnung erreichen will. Die von manchen Wissenschaftlern vertretene These, dass Frauen dies in der Regel nur aus echter Besorgnis und unter Einfluss der allmählich groteske Formen annehmenden Missbrauchsdiskussion in den Medien tun, ist unzutreffend. Vielfach wird der Missbrauchsverdacht in Scheidungsverfahren ganz bewusst einzig und allein zu dem Zweck vorgebracht, um damit das erwünschte Ziel (z. B. Ausschluss des Umgangsrechts, Wohnungszuweisung usw.) zu erreichen. Dieses Ziel wird mit dem Vorbringen eines solchen Verdachts in der Regel auch fast immer erreicht, ohne dass überhaupt irgendwelche Untersuchungen durchgeführt werden. Zumindest wird damit erreicht, dass Besuche des Kindes beim verdächtigen Elternteil nur unter Aufsicht Dritter stattfinden dürfen.« (219, 212)

Aber egal ob Böswilligkeit oder Fahrlässigkeit der Grund für solche falschen Beschuldigungen sind, die Folgen für den Angegriffenen sind gleichermaßen katastrophal. Selbst die absurdesten Vorwürfe erledigen sich keineswegs von selbst, sondern haben oft lange Verfahren zur Folge, nach denen das den Kindern eingetrichterte Negativbild des Vaters nur schwer wieder korrigiert werden kann. »Jeder Freispruch bleibt schal: Kinder werden in solchen Verfahren psychisch schwer beschädigt, Väter sozial erledigt.« (299, 40) Oft bleiben die Kinder aus ebendiesem Grund auch nach einem Freispruch für den Vater bei der Mutter: Sie haben sich dort an das Umfeld gewöhnt und gelten als dem Vater entfremdet. Dadurch bleiben Mütter auch mit offensichtlichen Verleumdungen letztlich immer Sieger. Gleichzeitig zählen Selbstmorde bei Scheidungsvätern zu den häufigsten Todesarten (219, 42).

Es gibt noch einen Aspekt, der in den Statistiken untergeht: Wenn für Väter in Scheidungsverfahren das Risiko schon fast eins zu eins ist, sich einen Missbrauchsvorwurf einzufangen, der ihr Leben grundlegend zerstören kann, sind sie dadurch natürlich einer ständigen Bedrohung durch ihre Partnerin ausgesetzt. Ein solcher Vorwurf muss gar nicht erst erhoben werden – schon die bloße *Möglichkeit* reicht aus, um den Mann erpressbar und gefügig zu machen. Dass Gerichte diesem Vorgehen einen Riegel vorschieben, kommt bislang nur in Einzelfällen vor: So verurteilte ein Münchener Amtsrichter einen Mann, der diesen Vorwurf seiner Frau gegenüber erhob, zu 10.000 DM Geldstrafe. Eine solche falsche Verdächtigung sei eine der schwersten Beschuldigungen, die man gegenüber einer Mutter erheben könne. Die Väterschutzbewegung würde sich wünschen, dass dieses Beispiel Schule macht – dann aber natürlich als *geschlechtsneutrale* Maßnahme (352, 11).

Ein mindestens ebenso gravierendes Problem in Sachen vollkommen überzogener Missbrauchsvorwürfe stellen im Augenblick die Jugendämter dar. Deren Mitarbeiter nehmen jährlich 140.000 Eltern ihre Kinder weg. Und das nur allzu oft ohne guten Grund: »Die Hälfte aller Kinderwegnahmen sind schon auf den ersten Blick unberechtigt«, erklärt Peter Stosshoff, der Vorsitzende der »Sozialhelferstation Menschen in Not« (SEM e. V.). Diese Organisation überprüfte zusammen mit Ärzten und Psychologen etliche Vorkommnisse dieser Art und stellte dabei fest, dass sich von 726 Fällen, in denen einem Vater sexueller Missbrauch vorgeworfen wurde, nur ein einziger bestätigte. Jetzt hat sie Strafanzeige gegen die Branche und ihre Unterstützerinnen gestellt. Die zentralen Vorwürfe: Vortäuschung von Straftaten, üble Nachrede, Verleumdung, Nötigung, seelischer und körperlicher Missbrauch von Kindern. Ebenfalls von dieser Anzeige betroffen ist etwa die Gleichstellungsbeauftragte Ilse Ridder-Melchers aus Nordrhein-Westfalen und feministisch beherrschte Beratungsstellen wie »Wildwasser« und »Zartbitter«, deren staatliche Förderung von dem Vermelden immer neuer Horrorzahlen abhängt (299, 194).

Auch Gisela Jordan von der Kinderkommission des Deutschen Bundestags spricht von Hunderten von fragwürdigen Fällen, bei denen Mitarbeiter von Jugendämtern auf diese Weise tätig wurden. Oft würden mit Absicht selbsternannte »Aufdecker« als Gutachter herangezogen. Nach Informationen der Väterschutzgruppe paPPa.com wurde Frau Jordan inzwischen versetzt, Anfragen an die Kinderkommission blieben unbeantwortet.

In Anbetracht der Tatsache, dass die Jugendämter keinerlei staatlicher Kontrollinstanz unterworfen sind, ist es kein Wunder, dass Initiativgruppen jugendamtsgeschädigter Eltern wie Pilze aus dem Boden schießen und es auch schon mehrere Dutzend Selbsthilfegruppen »Schuldig auf Verdacht« gibt. Ulrich Egle, Leitender Oberarzt der Psychosomatischen Universitätsklinik Mainz, sieht als Ursache für die enorme Zahl der Falschbeschuldigungen den missionarischen Eifer von »Leuten, die gerade mal ein Wochenendseminar gemacht haben« (167). Hier wirken die Mechanismen der feministischen Bewegung auf gravierendste Weise zusammen: Ideologie statt Faktenwissen, Täter-Opfer-Schablonen und eine absolute Unangreifbarkeit der eigenen Position, weil jede Kritik als Verharmlosung sexueller Gewalt abgebügelt werden kann. Das Ergebnis ist ein fast schon als totalitär zu bezeichnendes System, das Eltern das Menschenrecht auf den Kontakt mit ihren Kindern aufgrund hysterischer Sexualängste und Feindbildphantasien verweigert.

Vor diesem Hintergrund wird deutlich, wie abenteuerlich die immer noch verbreitete Zahl von »jährlich« 300.000 Missbrauchsfällen ist. Die Diplompädagogin Rosemarie Steinhage etwa, Mitglied bei »Wildwasser« Wiesbaden, geht von 10.000 *angezeigten* (nicht etwa *bestätigten*) Fällen aus und multipliziert diese fröhlich mit 30 (eine *geschätzte*, in diesem Fall völlig aus der Luft gegriffene Dunkelziffer). Man kann sich des Eindrucks nicht erwehren, dass sich nicht das Ergebnis nach der Datenlage richtet, sondern die Zahlen nach dem zu erreichenden Ergebnis zusammengeschustert werden (352, 8). Zirkellogik für Anfänger: Man nimmt eine hohe Dunkelziffer, um zu einer abstrus hohen Zahl von Missbrauchsfällen zu kommen, und diese hohe Zahl von Missbrauchsfällen belegt, dass »die Dunkelziffer bekanntlich extrem hoch ist«. Dadurch können sich dann auch feministisch orientierte Vereine wie »Wildwasser« und »Zartbitter« ihre Existenz und ihre staatliche Förderung sichern, auch wenn der Massenansturm der Hilfesuchenden ausbleibt (37, 132). Die Leidtragenden bei dieser Agitation sind indes nicht nur die fälschlich zu Triebtätern gestempelten Männer, sondern auch und besonders die Kinder: Ein derart inflationärer Anstieg der Verdächtigungen führt nämlich zwangsläufig zu mehr Oberflächlichkeit in den Untersuchungen und damit dazu, dass tatsächlich stattgefundener Missbrauch gerade *nicht* aufgedeckt wird (291, 115).

»Niemand weiß«, bekundet auch Dr. Harald Mathé vom Berufsverband Österreichischer Psychologen (BÖP), »wie hoch die Zahl sexuell mißbrauchter Kinder wirklich ist.« Die derzeit in der Öffentlichkeit kursierenden Zahlen seien indes nicht allein falsch, sondern auch gefährlich. »Da wurden wahrscheinlich Teile aus US-Studien übernommen und mit unrealistischen Schätzungen vermischt, die aus dem Therapie- und Behandlungsbereich stammen, aber genau aus diesem Grund nicht auf die Gesamtbevölkerung umgelegt werden dürfen.« Ein derartig leichtfertiger Umgang mit irreführenden Statistiken komme, so warnt Dr. Mathé, einer »modernen Hexenjagd« gleich. Den Opfern sowie dem Kampf gegen sexuellen Missbrauch wird dadurch nur geschadet. »Was passiert, ist, dass sich die wirklichen Täter hinter solchen angeblichen Zahlen verstecken können.« Wären Fälle von Missbrauch wirklich derart weit verbreitet, wie es manche Gruppierung glauben machen will, dann würde das Unrechtsbewußtsein schlagartig sinken. »Jeder Täter könnte seine eigenen Handlungen daran messen und letztlich bagatellisieren. Damit kann ein Teufelskreis ausgelöst werden.«

Zu all dem kommt, dass das Thema »Missbrauch« in Schlagzeilen und Fernsehfilmen zur Sensationsnummer und zur Befriedigung voyeuristischer Bedürfnisse degeneriert. Ernst genommen wird es immer weniger. In Michael Ringels Liste der »21 besten Verschwörungstheorien« steht »Jedes dritte Mädchen wird sexuell missbraucht – nach Angaben von »Wildwasser«, »Zartbitter« oder ähnlichen ›professionellen‹ Organisationen« immerhin auf Platz sieben. Auf Platz drei von Ringels Liste steht die Existenz einer jüdischen Weltverschwörung und auf Platz eins, dass die NASA die Mondlandung nur vorgetäuscht hatte (391, 56). Der ursprünglich ehrenwerte und notwendige Kampf gegen sexuellen Missbrauch gerät so als Folge von Falschbeschuldigungen und abstrusen Zahlenspielen immer mehr in den Ruch einer Beschäftigung von radikalen Spinnern.

Narren und kleine Kinder
sagen immer die Wahrheit

THESE: KINDER LÜGEN NIEMALS BEI MISSBRAUCHSBEZICHTIGUNGEN

»Erzählen Mädchen von den sexuellen Übergriffen, die sie ertragen mussten, ist es ganz wichtig, ihnen zu glauben und ihre Erlebnisse auf gar keinen Fall in Frage zu stellen«, erklärt Rosemarie Steinhage von »Wildwasser« Wiesbaden. »Auch für sehr kleine Mädchen gilt: Sie lügen niemals, wenn sie über sexuellen Missbrauch berichten.« Und: »Nach meiner Erfahrung im Umgang mit sexuellem Missbrauch hat sich jeder Verdacht auf sexuellen Missbrauch später bestätigt.« Wozu eigentlich noch Gerichtsverfahren? Auch Glaubwürdigkeitsgutachten werden nach dieser Logik von Frau Steinhage eindeutig abgelehnt (352, 3). Und damit diese Schuldig-bei-Anklage-Ideologie sich in den Köpfen der Bevölkerung auch durchsetzt, werden z. B. auch in Wiesbadener Bussen entsprechende Werbeplakate von »Wildwasser« ausgehängt: »Jedes Mädchen hat ein Recht, dass man ihm glaubt.«

Das Perfide an solchen Parolen ist, dass mit dem Köder der Kinder-, pardon: *Mädchen*freundlichkeit der Haken der Vorverurteilung gleich mitgeschluckt wird. Die Unschuldsvermutung in unserem Rechtsstaat wird außer Kraft gesetzt: Wer auch nur daran *zweifelt*, dass eine entsprechende Beschuldigung falsch sein könnte, muss sich vorwerfen lassen, den kleinen Mädchen zusätzlich zu dem von ihnen (angeblich) erlittenen Missbrauch auch noch die eigene Skepsis zuzumuten. Zweifel ist unmoralisch – auch hier liegt eine brisante Nähe zu totalitärem Gedankengut vor.

»Wenn Kinder über sexuelle Missbrauchshandlungen sprechen, lügen sie nicht, auch wenn ihre Berichte noch so unglaublich klingen. ... Wenn Ihnen ein Kind von sexuellen Übergriffen berichtet, können Sie sicher sein, dass es dies auch erlebt hat« – derartig apodiktische Behauptungen finden sich in der Literatur der Missbrauchsbewegung fast durchgehend. Nach Johann Endres und Berndt Scholz, Experten für Aussagepsychologie insbesondere von Kindern, gehen sie an »der Realität des Ermittlungs- und Gerichtsalltags« vollkommen vorbei (291, 223). Zwar ist die Rate der bewussten Falschbeschuldigungen von Kindern bei Missbrauch mit fünf bis acht Prozent sehr gering, aber deswegen keineswegs völlig auszuschließen. Wenn also das Erstellen von Sachverständigengutachten in der Bewegung als »äußerst fragwürdig« bewertet wird und man behauptet, dass dies »den jahrhundertealten Mangel an Wertschätzung von Frauen und Kindern und das daraus resultierende Misstrauen gegenüber ihren Aussagen« darstelle, dann kann man das nur als abwegig bezeichnen (291, 227). Hier wird mit derselben Frauen-sind-Opfer-Rhetorik, die auch sonst große Erfolge aufweisen kann, wenn es um das Erhalten staatlicher Unterstützung und Bevorzugung geht, direkt ins Rechtswesen eingegriffen: Das bloße Wort eines Kindes oder einer Frau hat gefälligst zu genügen, damit ein Mann hinter Gitter kommt. Dass dabei eine große Zahl von Unschuldigen mitbetroffen wäre, interessiert im Zuge der Frauenbefreiung nicht. Hans Sebald vergleicht in seinem Buch »Hexenkinder. Das Märchen von der kindlichen Aufrichtigkeit« die Rolle der Kinder in der heutigen Missbrauchsbewegung mit der Rolle, die Kinder vor Jahrhunderten in Hexenprozessen gespielt hatten. Er spricht von einer kindlichen »Mythomanie« und stellt fest, dass Kinder, die diesen Charakterzug unerkannt in sich tragen, damals wie heute in der Lage waren, das Leben unschuldiger Personen zu ruinieren: »Im Szenario der Verfolgung sind Kinder häufiger Täter als Opfer«. Mythomanie beschreibt Sebald als das zwanghafte Erzählen phantastischer Geschichten, insbesondere wenn die Zuhörerschaft genau diese Geschichten erwartet. Kinder spüren sehr genau, was Erwachsene gerne hören möchten – für Rosemarie Steinhage hat sich ja interessanterweise *jeder* Verdacht später erhärtet –, und was ihnen infolgedessen am ehesten Billigung oder Lob einbringen kann. »Während der Zeit der Hexenjagd hielten sie an ihren erfundenen Geschichten auch dann noch fest, wenn sie wussten, dass ihre Geschichten völlig unschuldige Personen in Gefahr und möglicherweise auf den Scheiterhaufen brachten.« Sebald sieht in der gegenwärtigen Epidemie solcher lebenszerstörenden Falschbeschuldigungen ein Phänomen, das momentan die gesamte westliche Zivilisation heimsucht (428, 10–13).

Die Analyse von Gerichtsprotokollen zeigt, dass ältere Kinder eher zum Lügen neigen als jüngere. Insbesondere Mädchen im Teenageralter richten ihre falschen Beschuldigungen gegen Erwachsene, zu denen sie eine belastete Beziehung hatten, etwa Lehrer, Stiefväter oder den Freund der Mutter (428, 14). Emile Dupré, ein Pariser Arzt Anfang des 20. Jahrhunderts, entdeckte, dass Mythomanen oft zu Beginn bewusst und absichtlich lügen, dann aber nach und nach an das glauben, was sie gesagt haben. Er erkannte auch, dass Kinder in der Regel durch Bosheit, durch das Bedürfnis nach Aufmerksamkeit oder durch frühreifes sexuelles Begehren zum Erzählen solcher Geschichten getrieben werden und dann ein besonderes Talent dafür entwickeln, das herauszuspüren, was man von ihnen erwartet. Die Inhalte für ihre Erzählungen entnehmen sie oft den Gesprächen Erwachsener. Oft sind sie dabei nicht passiv, sondern sehr aktiv auf der Suche nach Hinweisen, welche Berichte sie zu ihrem Vorteil nützen können. »Mittels Erfindung und strategischem Klatsch können sie den Vorurteilen und Erwartungen anderer Leute so wirksam entgegenkommen, dass ihre Äußerungen als wirkliche Offenbarungen hingenommen werden.« Ein dankbares Publikum verstärkt diese Neigung – manchmal so weit, dass Kinder ihre Geschichten nicht nur erzählen, sondern sogar *ausagieren*: Im Zeitalter der Hexenverfolgung traten sie dann auf, als hätte ein böser Dämon von ihnen Besitz ergriffen (428, 203–206).

»Man hat noch weitere Studien durchgeführt, die sich auf den Wahrheitswert kindlicher Verbalisierungen konzentrierten. Forscher des »Institute for the Study of Child Development an der University of Medicine of New Jersey« haben festgestellt, dass bereits im Alter von drei Jahren die meisten Kinder in gewissen Situationen lügen. Auf die Lügen angesprochen, gaben nur 38 Prozent von ihnen zu, gelogen zu haben; und es war interessant, dass Gesichtsausdruck und allgemeine Körpersprache der Lügner und der Ehrlichen sich *nicht* unterschieden. Die Studie ergab auch, dass Jungen ihre Unehrlichkeit mit größerer Wahrscheinlichkeit eingestehen als Mädchen.« (428, 220–221). Ältere Kinder entwickelten eher eine situationsgebundene Ethik, bei der sie Lügen vertretbar fanden, wenn sie zur Bestrafung einer »bösen Person« führten. Man kann sich vorstellen, welchen Einfluss in Scheidung lebende Mütter auf die kindliche Wahrnehmung des Vaters nehmen können (428, 232).

Welche Gefahren aus den bewusst oder unbewusst falschen Berichten von Kindern entstehen können, zeigte eine Untersuchung der Psychologinnen Karen Saywitz und Gail Goodman, bei der 72 Mädchen im Alter zwischen fünf und sieben Jahren nach medizinischen Routineuntersuchungen befragt wurden, die man an ihnen vorgenommen hatte. Die Hälfte war komplett untersucht worden, einschließlich Anal- und Vaginalbereich, die andere Hälfte nur allgemein-ärztlich. Auf allgemeine und unspezifische Fragen der Forscherinnen hin behaupteten jedoch auch die Mädchen der zweiten Gruppe, dass sie anal oder vaginal untersucht worden seien. Ein Kind behauptete sogar, der Arzt habe »es mit einem Stock gemacht« (428, 221).

»Die vereinfachte Alternative ›entweder die Mädchen lügen oder die Anschuldigung ist richtig‹ baut eine moralische Barriere vor jede differenzierte Betrachtung des Zustandekommens unzutreffender Beschuldigungen«, erläutern auch die Gerichtspsychologen Heinz und Susanne Offe und Peter Wetzels. »Die Annahme, es müsse eine bewusste Täuschungsabsicht vorliegen, wenn der Vorwurf des sexuellen Missbrauchs fälschlich erhoben wird, lässt alle sozialwissenschaftlichen Erkenntnisse über Kommunikationsprozesse unberücksichtigt. Das Verstehen verbaler Äußerungen ist ebenso wie das Verstehen von Handlungen auf Interpretationen des Verstehenden angewiesen. Sprachliche Äußerungen lassen solchen Interpretationen unterschiedlichen Spielraum.« (291, 197)

Das Hauptproblem in diesem Bereich liegt also, soviel dürfte inzwischen klar geworden sein, weniger in einem kindlichen Drang, von sich aus Lügen zu erzählen, als in den suggestiven Befragungen vieler »Aufdeckerinnen«. Hier können verschiedene Mechanismen eine »Wahrheit« zutage fördern, die eher von den Erwartungen der Fragenden als den tatsächlichen Vorfällen bestimmt wird:

• geschlossene Fragen, die als Antwort lediglich »ja« oder »nein« zulassen,

• das Unterschieben insgeheimer Schuldzuweisungen: »Du hast doch genug Vertrauen zu mir, um mir zu erzählen, was wirklich passiert ist, oder?« beziehungsweise »Wenn du es uns nicht sagst, wird er möglicherweise noch jemandem wehtun!« oder »Deine Eltern sind in Schwierigkeiten, aber sie werden Hilfe erhalten, wenn du uns alles erzählst« (323, 143; 546, 232),

- Förderung entsprechender Antworten, indem sie durch Mimik, Gestik oder entsprechende Bemerkungen bestätigt oder belohnt werden: »Du bist ein wirklich guter Junge, fast schon ein Mann« (291, 123; 323, 143),

- interpretierende Fragen wie »Auf welche Weise hat er dich angegriffen?«, in denen das Kind also schon als Opfer definiert wird, ohne dass es das Geschehen unbeeinflusst beschreiben kann (428, 231),

- ein Lernprozess (die Befragungen ziehen sich oft über Wochen hin), bei dem das Kind nach und nach erkennt, welche Antworten es geben muss, um die unangenehme Fragerei endlich zu beenden (291, 101),

- die Tendenz, nicht mehr nach Ereignissen zu fragen, sondern das vermeintlich ermittelte Geschehen dem Kind als eigenes Erlebnis zu unterbreiten (291, 124).

Die amerikanischen Autoren Wakefield und Underwager analysierten 109 solcher auf Tonband und Video aufgezeichneten Gespräche und stellten dabei fest, dass das Verhalten der Interviewer zu zwei Dritteln darin bestand, dem Kind Informationen über die Thematik der Befragung zu vermitteln. »Dabei wurden nicht nur Ja-Nein-Fragen so formuliert, dass das Kind unschwer entnehmen konnte, was der Interviewer von ihm hören wollte, sondern es wurde teilweise auch massiv Druck ausgeübt. In Extremfällen wurden die Fragen nach mehrfachen Verneinungen des Kindes so oft wiederholt, bis das Kind sie bejahte. Vom Interviewer erwünschte Antworten wurden hingegen verbal und nonverbal belohnt. Diese Befragungen waren für die Kinder Lektionen, in denen sie nicht nur eine Opferrolle erlernten, sondern in denen auch in einigen Fällen vom Kind nicht erlebte Missbrauchsereignisse allmählich zur subjektiven Gewissheit wurden. Dementsprechend wird in manchen Anleitungen, die für Schulungen von Mitarbeitern in Jugendämtern verwendet werden, vorgeschlagen, dass das Kind auf Fragen nur nicken könne, weil es sich schäme. Ein Flussdiagramm, in dem der Ablauf der ›Interventionsstufen bei sexuellem Missbrauch‹ erläutert wird, kennt nur die Option ›Verdacht erhärtet sich‹, nicht jedoch die Prüfung und eventuelle Bestätigung alternativer Erklärungsmöglichkeiten.« (291, 246–247) Werden Gespräche über angebliche »Berichte von Kindern« aufgezeichnet, hört man beim Abspielen der Kassette fast ausschließlich die drängenden Bitten von Erwachsenen. Oft genug ist den Antworten der Kinder deutlich zu entnehmen, dass sie über sexuellen Missbrauch so berichten, wie sie ihn sich nach den Schilderungen ihrer Befrager vorstellen: wilde, zusammenhanglose Geschichten etwa von Männern, die ihnen die Kleidung mit Scheren zerschnitten und sie danach mit Toilettenpapier bewarfen oder Wachs in ihren Hintern steckten und dann davonfuhren. Zusammenfassende Polizeiprotokolle über solche Befragungen erwecken allerdings den Eindruck, die Kinder hätten von sich aus lange, schlüssige Schilderungen von Sexualverbrechen abgegeben (323, 141–143).

In der Regel ist natürlich den Befragern selbst nicht bewusst, was sie da tun. Sie gehen, wie Rosemarie Steinhage, mit der festen Einstellung an die Sache heran, dass dort, wo sie Missbrauch wittern, sich auch ein solcher verbergen muss. »Falsche« oder ausweichende Antworten des Kindes werden als Scham oder Reue interpretiert, die durch aufmunternde Worte überwunden werden müssen. Dass die Befrager mit ihren Vermutungen »recht hatten«, wird ihnen bestätigt, sobald das Kind die richtigen Antworten gibt. Jede erneute Anhörung wird für das Kind jetzt zu einer Probe, bei der es sich an die eingeprägte Version erinnern muss und als einzige Veränderung seine Erzählungen mehr und mehr ausschmücken darf (428, 215).

Auf diese Weise ist es sogar möglich, Kindern Erinnerungen einzupflanzen, die sie dann als ihre eigenen erleben. Dies konnte im Experiment mit anderen Themen bestätigt werden. »Das Kind, das bei der ersten Befragung korrekt bestreitet, mit der Hand in eine Mausefalle geraten zu sein, erinnert sich später an das Ereignis mit lebhaften, selbsterfundenen Details.« (402, 178) Andere Studien zeigen, dass zwei Drittel der Kinder von dem, was sie gesehen hatten, zu dem überwechselten, was der Befrager gesagt hatte. Die in einem Verhör gesetzte Suggestion konnte von einem Befrager auf einen zweiten übergehen, wenn dieser vom gleichen Typ war wie der erste (428, 231). Dem Kind werden aber nicht nur falsche Erinnerungen »beigebracht«, sondern es lernt auch, die negative Bewertung tatsächlicher Handlungen des Beschuldigten zu übernehmen. Dies kann dazu führen, dass es zärtliche Zuwendungen des Vaters als »Missbrauch« und »schlecht« einzuordnen lernt (291, 124).

Folgendes Zwiegespräch fand während der Ermittlungen zu angeblichen Sexritualen mit über 40 Kindern an einer amerikanischen Tagesschule statt. Die »Aufdeckungsexpertin« Susan Kelly arbeitete hier mit Hilfe der Puppen Ernie und Bert aus der »Sesamstraße«:

Kelly:	Hat dich jemand am Po berührt?
Mädchen:	Nein. Niemand hat so etwas getan.
Kelly:	Oh, glaubst du, jemand hat die anderen Kinder am Po berührt?
Mädchen:	Nein.
Kelly:	Was soll ich tun, wenn sie doch die Kinder berührt haben?
Mädchen:	(keine Antwort)
Kelly:	Was soll ich tun, wenn sie es getan haben?
Mädchen:	Niemand hat so etwas getan!
Kelly:	Willst du mir nicht helfen? Ernie wäre so glücklich, wenn du mir etwas sagen würdest. Hat irgend jemand irgendwann diesen Körperteil von dir berührt?
Mädchen:	Nein.
Kelly:	Nein? Würdest du mir es nicht sagen, wenn es so wäre?

Mädchen:	Nein, will ich nicht.
Kelly:	Du willst es mir nicht erzählen?
Mädchen:	Nein.
Kelly:	Du kannst mir helfen! Oh, komm schon, bitte sag es Ernie! Bitte sag's mir, bitte sag's mir, damit wir dir helfen können. Bitte! Deine Mami wäre so glücklich, wenn du uns helfen würdest, und Ernie auch. Bitte sag's mir. Sag es Bert! Okay, dann sag's Ernie. Du flüsterst es Ernie zu. Ich werde mein Gesicht verdecken, und du flüsterst es Ernie zu. In Ordnung? Wer hat dich da berührt?
Mädchen:	Okay.
Kelly:	Okay?
Mädchen:	Meine Lehrerin.« (166)

Ähnliche Protokolle existieren von deutschen Gruppen wie »Zartbitter« und »Wildwasser«. Sie sind hier aus Platzgründen nicht wiedergegeben, können aber auf der Website der Väterschutzbewegung paPPa.com problemlos eingesehen werden. Sollte ein Kind übrigens einen vermuteten Missbrauch auch über einen längeren Zeitraum hinweg leugnen, dann zeigt das nach der Meinung der »Aufdeckerinnen« oft nur, dass es »aus eigener Kraft den Anforderungen der Helfer, sich mit sexuellem Missbrauch immer wieder auseinander zu setzen, nicht gewachsen, damit überfordert ist« (291, 87). Das wäre Grund genug das eigene Vorgehen in Frage zu stellen und sich zu überlegen, wie sinnvoll es ist, Kinder immer wieder ins Kreuzverhör zu nehmen und ihnen Erlebnisse sexueller Gewalt zu beschreiben, um schließlich aus ihnen herauszulocken, dass ihnen genau so etwas passiert sei (323, 144). Eine solche kritische Auseinandersetzung mit dem eigenen Vorgehen findet aber offensichtlich nicht statt – im Gegenteil: Die »Aufdeckerbewegung« in den USA stellte bald fest, dass sämtliche Geschworenen die Angeklagten freisprachen, sobald sie einmal die Aufnahmen der suggestiven Befragungen gehört hatten. Daraufhin änderten sie nicht etwa ihre Methode, mit den Kindern zu sprechen, sondern sorgten dafür, dass die Mitschnitte dieser Verhöre versteckt oder zerstört wurden und lediglich die Ergebnisprotokolle dem Gericht vorgelegt wurden. Auch wenn Kinder ihre Aussagen widerriefen oder extrem unglaubwürdige Behauptungen machten, wurden solche Informationen zurückgehalten (323, 225). Schließlich musste mit allen Mitteln verhindert werden, dass ein »Missbrauchstäter« wieder auf freien Fuß kam.

Herzklopfen und ungepflegte Zähne

THESE: ES GIBT BESTIMMTE UNTRÜGLICHE SYMPTOME
UND SIGNALE FÜR SEXUELLEN MISSBRAUCH

Können Sie irgendeines oder gar mehrere der folgenden Symptome bei sich oder Ihrem Kind feststellen: Angst, im Dunkeln allein zu sein. Alpträume. Unzufriedenheit mit dem eigenen Körper. Kopfschmerzen. Arthritis. Nervosität. Angst, die Kontrolle über sich selbst zu verlieren. Schuldgefühle. Scham. Geringes Selbstwertgefühl. Sich für anders halten. Eine Phase sexueller Promiskuität (Sie sind frei zu interpretieren, was »Promiskuität« bedeutet). Mangelndes Interesse an Sex (Sie sind frei zu interpretieren, was »mangelndes Interesse« bedeutet). Schwierigkeiten einzuschlafen oder durchzuschlafen. Erschrecken auch bei geringen Anlässen. Ungepflegte Zähne. Herzklopfen. Humorlosigkeit. Ausweichen vor Spiegeln. Gelegentliches Weggetretensein. Tagträumen nachhängen. Schwierigkeiten bei zwischenmenschlichen Beziehungen. Zwang, die sexuell Aktive zu sein. Unfähigkeit, die sexuell Aktive zu sein. Wagemut. Unfähigkeit, Risiken einzugehen. Das Gefühl, dass man selbst real ist und alle anderen unwirklich sind. Das Gefühl, dass man selbst unwirklich ist und alle anderen real sind? (279, 51, 261; 339, 112, 126) Oder erregen Sie gar »verbotene« sexuelle Phantasien etwa in Verbindung mit Gewalt oder erotischen Kontakten zu Verwandten? (435a, 204) Wenn ja, dann habe ich schlechte Nachrichten:

Sie oder Ihr Kind sind sexuell missbraucht worden. Da ist die Literatur der Bewegung ganz eindeutig. Wenn Sie selbst eines dieser Symptome aufweisen, sich aber sicher sind, als Kind nicht missbraucht worden zu sein, dann »verdrängen« oder »leugnen« sie lediglich. Das macht Ihr Problem nur um so ernster, denn wie soll Ihnen dann geholfen werden? Worauf es ankommt, ist das eigene Gefühl: »Wenn du glaubst, du seiest missbraucht worden, und dein Leben zeigt entsprechende Symptome, dann stimmt es auch.« (279, 50) Denken Sie dabei unbedingt daran, dass die obige Liste keineswegs vollständig ist. »Es wäre nicht möglich, all die Dinge aufzuführen, die Sie an Kindesmissbrauch erinnern können; deshalb müssen Sie jede einzelne Reaktion, die Sie an sich beobachten, durchdenken.« Wie, Sie erinnern sich immer noch nicht? Mann, sind Sie ein harter Brocken! Wie wär's, wenn wir »es mit einer Übung versuchen. Akzeptieren Sie die Theorie, dass Sie sexuell missbraucht worden sind, leben Sie sechs Monate lang bewusst mit diesem Gedanken, und behalten Sie dabei die Merkmale, die Sie bejaht haben, im Auge, und beobachten Sie, ob irgendwelche Erinnerungen bei Ihnen hochkommen.« Wenn Ihnen schon bei der Vorstellung etwas ganz anderes hochkommt, dann lassen Sie sich davon nicht irritieren: »Es ist unwahrscheinlich, dass Sie die Ausnahme von der Regel sind, ganz gleich, was Ihre Verleugnungsmechanismen Ihnen einreden wollen.« (339, 112–113)

Nein, verehrte Leser, ich veralbere Sie nicht. Die obige Symptomliste stammt ebenso wie die angeführten Zitate aus den Klassikern der Missbrauchsliteratur. Die entsprechenden Bücher, etwa »Trotz allem«, sind mittlerweile so sehr in allen möglichen Bibliotheken verbreitet, dass Sie sich selbst relativ leicht darüber informieren können. So wird jede im Handumdrehen zur forensischen Expertin werden: Auch »Wildwasser«-Frau Steinhage hält es statt gerichtlicher Gutachten für voll ausreichend, wenn Mutter, Lehrerin oder Kindergärtnerin Änderungen im kindlichen Verhalten auffallen (352, 3). Sexueller Missbrauch ist nicht länger »das bestgehütete Geheimnis«, sondern ohne große Anstrengung für jeden offensichtlich.

»Innerhalb von zehn Minuten, schon daran, wie eine Person durch die Tür kommt, kann ich es erkennen, oft bevor sie sich selbst darüber im klaren ist«, schildert die Familienberaterin Brenda Wade ihre erstaunlichen Fähigkeiten (339, 113). Andere »Experten« geben die Diagnose »Sie sind vermutlich missbraucht worden!« per Telefon ab oder, als Kummerkasten bestimmter Zeitschriften, auf einen bloßen Brief hin, dessen Verfasserin von ihrer unerklärlichen Abneigung gegen Sex berichtet (546, 40–41). Kritiker erinnert diese Ex- und-Hopp-Analyse ebenso an die Äußerungen von betrügerischen Hellsehern wie die obige Liste der »Symptome«, die sich so anhören, als seien sie speziell auf eine Einzelperson zugeschnitten, in Wahrheit aber auf die Masse der Bevölkerung zutreffen. Wer hatte noch nie Kopfschmerzen, Alpträume oder Beziehungsprobleme? Wer hat ein absolut störungsfreies Sexualleben? Auch erotische Phantasien in Verbindung mit mindestens leichter Gewalt haben aktuellen Untersuchungen zufolge die meisten Frauen und auch etliche Männer. In der Tat wirken solche vagen Zuordnungen wie das Vorgehen einer »Tarotkartenlegerin, die nach einem intensiven Blick in ihre Karten den Klienten darüber informiert, dass er ein Leben geführt hat, in dem Ereignisse stattfanden« (339, 115).

Die äußerst unzureichende Logik, mit der solche Listen zusammengestellt werden, ist offensichtlich: Die »Aufdeckerinnen« beobachten, welche Symptome Mädchen oder Frauen zeigen, die tatsächlich missbraucht worden sind, und schließen umgekehrt vom Symptom auf den Missbrauch. Nur: Ein Hirntumor verursacht ohne Frage Kopfschmerzen, es weisen aber die allermeisten Kopfschmerzen keineswegs auf einen Hirntumor hin. Ebenso ist auffallend, dass bei einer so willkürlichen Zusammenstellung von »Symptomen« ein bestimmtes Kennzeichen ebenso auf Missbrauch hinweisen soll wie sein Gegenteil: Risikoscheu oder Wagemut, »zuviel« oder »zu wenig« Sex. Auch in anderen Punkten bleibt der geringste Anschein von Wissenschaftlichkeit aus: So weist in der Missbrauchsliteratur nichts darauf hin, dass Kontrollgruppen befragt wurden, um zu erfahren, ob dieselben Symptome nicht auch in der Allgemeinbevölkerung vorkommen. Ebenso wenig wird erklärt, warum beispielsweise ausgerechnet ungepflegte Zähne, Arthritis, Kopfschmerzen, das Ausweichen vor Spiegeln oder Humorlosigkeit auf Missbrauch hinweisen sollen. Diese mangelnde Wissenschaftlichkeit ihrer Behauptungen geben die Vertreterinnen der Missbrauchsbewegung auch in fast schon bewundernswerter Dreistigkeit zu: »Würden wir auf die Wissenschaft warten, dann könnten wir die ganze Sache vergessen.« (339, 129–130). Ernsthafte Forscher halten entsprechende Listen dann auch für Scharlatanerie. Ulrich Egle, der Leitende Oberarzt der Psychosomatischen Universitätsklinik Mainz, bestreitet ausdrücklich die Behauptung, dass sexueller Missbrauch die heimliche Ursache vieler psychischer und psychosomatischer Erkrankungen sei. Langzeitfolgen kämen nur bei schweren Fällen vor, unter den Belastungsfaktoren der Kindheit nehme Missbrauch einen der hinteren Plätze ein (166). Dass sexuellem Missbrauch seelenzerstörender ist als die Auswirkungen von Armut, der Tod eines Elternteils oder gar das Überleben des Holocaust wurde von Therapeuten von einer kulturellen Wertvorstellung fälschlich zu einer biologischen Tatsache erhoben (339, 58). Inzwischen betrachten Mediziner und Psychologen Vernachlässigung oder körperliche Misshandlung als folgenschwerer denn sexuellem Missbrauch (323, 238). Was die Kinder von Scheidungspaaren angeht, so der Dortmunder Psychologieprofessor und Gerichtsgutachter in Sachen Missbrauch Burkhard Schade, entstehen durch Erfahrungen sexueller Übergriffe keine Verhaltensauffälligkeiten, die nicht auch sonst bei Kindern auftreten, die von der Trennung ihrer Eltern betroffen sind. »Es gibt also kein spezifisches Verhaltenssyndrom für sexuell missbrauchte Kinder.« Wenn immer wieder z. B. Weglaufen von zu Hause, Nachlassen der Schulleistungen oder Ess-Störungen als entsprechende Anzeichen genannt werden, lasse das weniger Rückschlüsse auf einen Missbrauch als auf die mangelnde Professionalität der Untersuchenden zu (291, 120).

Eben diese Scharlatanerie hat aber oft verheerende Konsequenzen. Wenn Sie als Erwachsener mit bestimmten seelischen Störungen zum falschen Therapeuten kommen, haben Sie bald ein zusätzliches Problem. »Es sind nicht viele Frauen, die mit Inzest als dem vorgetragenen Problem in die Therapie kommen«, erklären Carol Posten und Karen Lison in einem psychologischen Ratgeber. »Gewöhnlich meint die Klientin, es gäbe zu viele andere dringende Fragen, mit denen sie sich zunächst beschäftigen muss.« (339, 127) Solche Flausen sollte man ihr unbedingt austreiben. »Wegen des bewussten oder unbewussten Widerstandes, offen über den Inzest zu sprechen, ist es schwierig, die Opfer auszumachen«, erklären zwei andere Autorinnen in einer sozialpsychologischen Zeitschrift. Das Problem werde möglicherweise völlig übersehen, wenn der Therapeut nicht gezielt nach den Hinweisen etwa aus der obigen Liste sucht. Danach braucht er nur noch in zwei Schritten vorzugehen: Er macht als erstes der Klientin klar, dass ihr Symptom ein zuverlässiges Anzeichen für Missbrauch ist, und verändert als zweites die Definition von »Erinnerung«: Auch wenn sich die Klientin bewusst nicht erinnere, sondern »erfolgreich verdränge«, so »erinnere« sich doch unbewusst ihr Körper. Damit dieser Prozess funktioniert, genügt ein Minimum an Vertrauen in die größere Sachkenntnis des Therapeuten. Die Folge ist auf psychologischer Ebene, dass die Klientinnen angehalten werden, sich nicht als vielschichtige Wesen zu sehen, die über einen freien Willen verfügen und ihr Leben selbst in die Hand nehmen können, sondern ausschließlich als eindimensionale Geschöpfe, deren Leben von einer einzigen Erfahrung – dem Missbrauch – bestimmt wird (339, 126–136). Auf sozialer und juristischer Ebene sind die Konsequenzen oft deutlich dramatischer.

Besonders drastisch sind sie, wenn eine solche therapeutische Kaffeesatzleserei an kleinen Kindern vorgenommen wird. Während des Höhepunkts der Missbrauchshysterie kursierte eine Liste von über sechzig »Schlüsselwörtern«, die Eltern alarmieren sollten, wenn ihre Kinder sie benutzten: In diesem Fall wurde ihnen dringend geraten, die Staatsanwaltschaft zu verständigen. Zu diesen Wörtern gehörten »nackt«, »schlagen«, »Flugzeug«, »Orange«, »Geheimnis« und »Schwarze«. Als ebenso schwerwiegend galten Alpträume, Bettnässen, Daumenlutschen und Angst vor der Dunkelheit (323, 114). Aber auch hierzulande umfassen die Symptomlisten alles Mögliche und sein Gegenteil, etwa Schule schwänzen und übertriebenen Ehrgeiz oder herausforderndes bzw. unterwürfiges Verhalten gegenüber Erwachsenen (291, 238). Folgende Anzeichen führten zur Wegnahme von Kindern aus ihren Familien, manche zu (teilweise mehrjährigen) Gerichtsverfahren gegen vermeintliche Täter:

• Ein Gutachter schloss aus den detaillierten Angaben, die ein Kind »altersatypisch« zur Atmung machen konnte, auf Orgasmuserfahrung. Später stellte sich heraus, dass das Kind aus einer sangesfreudigen Musikerfamilie stammte und bei Proben des von seiner Mutter geleiteten Kinderchores spezielle Übungen absolviert hatte (291, 85).

• Die kleine Jacqueline nuckelte während des Gesprächs mit einer Hortpsychologin ein wenig nervös an ihrer Kakaoflasche. Das wurde als typisches Zeichen gewertet, dass der Vater das Kind gezwungen hatte, ihn oral zu befriedigen. Dass diesem Vater die Kinder im Badezimmer die Haare wuschen, wurde in einem späteren Gerichtsgutachten als eine Verwischung der Generationengrenzen innerhalb der Familie bezeichnet (291, 88–89).

• Der fünfjährige, lernbehinderte Pascal berichtete im Kindergarten von einer großen Schlange. Eine Erzieherin, die gerade einen Lehrgang über Missbrauch hinter sich hatte, nahm ihn ins Verhör. Pascal: »Da ist was drauf, das kann man abschießen. Mit Schweinskram.« Ein bei der ärztlichen Beratungsstelle für Kindesmissbrauch beschäftigter Diplompädagoge erkannte sofort, dass es sich hier nur um Kindersprache für Sexualorgane handeln konnte. Tatsächlich handelte es sich bei Pascals Schlange aber um eine Schlange auf einem häuslichen Videospiel, von dem das Kind fasziniert war. Bis das allerdings herauskam, war Pascal zwei Jahre lang in einem Erziehungsheim untergebracht worden. Eine Anhörung der Eltern hatte nicht stattgefunden (291, 89–90).

• Ein achtjähriges Mädchen balancierte vorsichtig auf einem roten Gymnastikball. Diagnose: Sie »teste Vertrauen«, weil sie durch Missbrauch verstört sei.

• Ein Mädchen sollte seine Familie zeichnen. Als es Kinder und Mutter gemalt hatte, aber noch nicht den Vater, hörte es auf: »Jetzt habe ich keine Lust mehr.« Die Ermittlungen nahmen ihren Lauf.

• Einem neunjährigen Mädchen wurde von einem Betreuer ein Fall von Kindesmissbrauch geschildert. Daraufhin nimmt es »ausgeprägten Blickkontakt« mit dem Erzähler auf und zeigt »starke Konzentration«. Das war offensichtlich ein Fehler.

• Ein vierjähriges Mädchen küsste den Po eines Affen in einem Bilderbuch. Auch dies ließ bei den Erzieherinnen die Alarmsirenen schrillen.

• Ein achtjähriges Mädchen ritt auf einem Plüschtier und stöhnte dabei rhythmisch (166)
• Ein Mädchen erklärte, »der Papa hat mich da unten gepiekt«, wobei es flüchtig auf den unteren Teil des Körpers zeigte, so dass alle Stellen zwischen Knie und Bauchnabel in Frage kamen. Auch dieser Aussage wurde nachgegangen – vor Gericht natürlich (291, 197).

• Ein Mädchen berichtet seiner Erzieherin von Alpträumen, in denen Spinnen in seinem Bett krabbeln. Diese schlägt in einem »Fachbuch« nach, »dass Spinnenträume auf ein Sexualverhalten« schließen lassen. Es kommt zu wiederholten Befragungen des Mädchens, in denen der Verdacht gegen den Vater schließlich »erhärtet« wird (291, 247).

Im Fall der sechsjährigen Alexandra aus Düsseldorf kamen nach der Darstellung des Fernsehmagazins »SPIEGEL TV« verschiedene fragwürdige Vorgehensweisen zusammen. Das Mädchen war wegen Missbrauchs durch seinen Vater in die Kinderschutzambulanz eines evangelischen Trägers gekommen. Dort erstellten Therapeuten ein Gutachten, in dem auch der 62jährige Großvater des Missbrauchs an seiner Enkelin verdächtigt wurde. Daraufhin entzog das Amtsgericht Düsseldorf der Mutter die Personensorge. Die Mutter erklärte gegenüber »SPIEGEL-TV«, dass die kleine Alexandra sich ihr gegenüber folgendermaßen geäußert habe: »... und der Opa hat es nicht getan. Aber Frau Q. hat gesagt: ›Nun sag endlich, dass es dein Opa war, dann darfst du raus!‹ Und die hat so schlimme Sachen haben die mich gefragt. Und die waren so fies und gemein. Und da hab ich gesagt: ›Ja, mein Opa hat es auch getan.‹ Mama, war das schlimm?«

Die Mutter berichtete weiter, ihr sei vorgeworfen worden, das für sie und ihre Tochter von den Großeltern für Kleidung und Essen erhaltene Geld sei Schweigegeld dafür, dass sie dem Großvater das Kind zuführe.»Ihr Kind könne sie wiederbekommen, wenn sie zugäbe, dass ihr Vater ihre Tochter sexuell immer misshandele und belästige, ansonsten sähe sie es nicht mehr wieder.« Es dauerte nicht lange, bis auch Mutter und Großmutter offiziell als Mittäterinnen verdächtigt wurden. Als Stütze des Verdachts wurde dem Amtsgericht ein Schreiben der Leiterin des Kindergartens vorgelegt, den Alexandra besucht hatte:»Herr B. hat sehr viel Kleidung für A. gekauft. Diese war fast immer zu klein und zu eng. Herr B. schenkte A. viel, unter anderem auch Geld. Herr B. machte Videoaufnahmen von A. Ich sah, wie er bei einem Kindergartenfest ständig hinter A. herging und sie filmte.« (291, 90–91)

Wattwürmer und Spermaflüsse

THESE: DURCH KINDERZEICHNUNGEN UND SPIELE MIT PUPPEN KANN MAN SEXUELLEN MISSBRAUCH ERKENNEN

Dass man durch das Analysieren von Kinderzeichnungen oder von der Art, wie kleine Kinder mit Puppen spielen, Rückschlüsse auf sexuellen Missbrauch ziehen könne, gehörte lange zur Mythologie unserer Zeit und wurde ebenso unhinterfragt hingenommen, wie es heute noch mit anderen Irrtümern populärer Bewegungen geschieht. Auch Rosemarie Steinhage von »Wildwasser« empfiehlt solche Techniken, wenn »unter zeitlichem Druck der sexuelle Missbrauch erhärtet werden muss« (352, 3). Ja, sie schreibt »erhärtet werden muss« und nicht etwa, »wenn untersucht werden muss, ob Missbrauch vorliegt« oder etwas Ähnliches. Die Täterschaft – in aller Regel des Mannes – wird von Anfang an als gegeben vorausgesetzt. Damit ist die Richtung bestimmt, der sich die »Aufdecker« anschließen. Die Gerichtspsychologen und Aussagegutachter Scholz und Endres berichten:»In nicht wenigen Gerichtsakten finden sich dementsprechend zahlreiche Zeichnungen von Kindern, die von Erziehern akribisch gesammelt und in phantasievoller bis absurder Weise gedeutet wurden. Die wissenschaftliche Forschung stützt jedenfalls derartige Deutungen in keiner Weise. Liest man dann noch die ›Befragungsaufzeichnungen‹, die an Suggestivität oft ihresgleichen suchen, dann wird allenthalben deutlich, dass der erzieherische Auftrag gründlich missverstanden wurde.« (291, 241)

In der Tat waren die Deutungen oft sehr originell. So sah eine Erzieherin einen vom Kind gemalten Fluss als »Samenfluss in seinen Mund« (291, 85), und Bäume oder Telefonmasten werden als Phallussymbole interpretiert (291, 194).

Ein Nürnberger Arzt brachte einen Familienvater in Verruf, nachdem dessen Kind nach einem Nordseeurlaub Wattwürmer und einen Leuchtturm gezeichnet hatte. Es wurde auf eine Gerichtsentscheidung hin ins Heim gesteckt (482). In Westmittelfranken schaltete eine Kindergärtnerin das Jugendamt ein, weil sie die Zeichnung eines ihrer Schützlinge an einen Phallus erinnert hatte. Das Kind selbst wurde lange Zeit nicht dazu befragt. Schließlich stellte sich heraus, dass es sich bei dem »Phallus« um einen Kirchturm handelte (22).

»Derartige Deutungen sagen regelmäßig mehr über projektive Vorgänge bei den Deutenden als beim Gedeuteten aus«, erklären Scholz und Endres. (Man fühlt sich hier auch ein wenig an die feministische Kritik an der Pornographie erinnert, die in jeglicher erotischen Darstellung eine Entwürdigung der Frau zu sehen vermeint.) Die beiden Gerichtsgutachter stellen unmissverständlich klar: »Die Verwendung von Kinderzeichnungen zu psychodiagnostischen Zwecken durch Laien ist deshalb strikt abzulehnen. Sie haben keine verlässliche empirische Grundlage und sind deshalb wiederholt von Oberlandesgerichten als beweisunwürdig befunden worden.« (291, 241) Zusätzlich fällt ins Gewicht, dass viele missbrauchte Kinder diese Erfahrung in ihren Zeichnungen keineswegs erkennen lassen, während umgekehrt auch nicht missbrauchte Kinder durchaus Genitalien zeichnen (291, 193).

Dass die Deutungen von Kinderzeichnungen mehr eine esoterische Angelegenheit als tatsächliche Wissenschaft war, hätte jedem schon aus den Darstellungen Ursula Baumgardts klar werden müssen, die solche Bilder in ihrem Buch »Kinderzeichnungen – Spiegel der Seele« der Allgemeinheit als vermeintlichen Tatsachenbeweis verkaufte. Die von Baumgardt angebotenen Interpretationen entbehren jeglicher Nachvollziehbarkeit: Ein Kind malt Figuren mit einem schwarzen Stift. Deutung: »Schwarz ist keine kindertümliche Farbe; wenn sie vom Kind dennoch verwendet wird, drückt es damit seine innere Not von Angst und Traurigkeit aus.« In einer Zeichnung hat die Vaterfigur neun Haare. Deutung: Die Neun, also 3 mal 3, drückt eine dynamische Kraft aus, die hier dem Kopf als Sitz des Geistes zugeordnet wird. Aber Achtung: Der gezeichnete Vater hat keinen Bauchnabel! Deutung: Diese Zone des väterlichen Körpers wird vom Kind als gefährlich erlebt. Ein Strich zwischen den Beinen wird eindeutig als Penis identifiziert, zumal er »bis zum Wandregal« verlängert ist. Ob Frau Baumgardt sich da nicht gewissen Illusionen hingibt? Wie »kindertümlich« kann man eigentlich sein? Diplompsychologe Hartmut Böhm: »Die besondere Problematik dieser Falldarstellung liegt darin, dass die absurde und durchgängig unbegründete Konstrukthaftigkeit der Interpretationen Baumgardts der jüngeren Literatur über sexuellen Missbrauch vielfach als Vorbild gedient hat und dort kritiklos übernommen wurde.« (42, 220–221) Auch das ist in der feministischen Ideologie ja nicht ganz unüblich: Eine stellt haltlose Behauptungen auf, Dutzende andere schreiben ab, und Hunderttausende von Leserinnen kaufen begeistert. Kritisiert werden darf nicht, das wäre ja eine Verhöhnung von Frauen und anderen »Opfern«. So setzt sich der Unsinn ungehindert fort.

Ähnlich unwissenschaftlich ist es, das Spiel mit Puppen frei zu interpretieren: Fast alle Verhaltensweisen, die in der »Aufdecker«-Literatur als Hinweise auf Missbrauch genannt werden, kommen auch bei nicht missbrauchten Kindern vor: Sie stecken ihre Finger in Vagina oder After der Puppe oder legen die beiden Puppen aufeinander, was von der Bewegung üblicherweise als »geschlechtsverkehrsähnliche Position« beschrieben wird (291, 195). Auch hier hat man es eher mit den vagabundierenden Phantasien der Erwachsenen als mit geheimen Botschaften von Kindern zu tun. »Besonders zu beachten ist, dass kleine Kinder oft nicht hinreichend auseinander halten können, was ihnen selbst passiert ist, was ihnen erzählt wurde und was sie bei anderen beobachtet haben. Insofern kann das Nachspielen von Geschlechtsverkehr keinen Hinweis auf sexuellen Missbrauch liefern, wenn der Vorgang zuvor in der Sexualkunde demonstriert worden ist. Im übrigen ist in einer Zeit, in der schon viele der Jüngsten stundenlang vor dem Fernseher sitzen, auch manches elektronisch vermittelt, was selbst erlebt scheint.« (291, 102) In einer Untersuchung zeigte man einem Gremium von Experten Videoaufzeichnungen von Kindern, die mit Puppen spielten. Danach wurden die Fachleute befragt, welche von diesen Kindern vermutlich missbraucht worden waren. Nur einer von über einem Dutzend konnte überwiegend richtige Antworten geben (323, 213).

Während schon 1987 beispielsweise das oberste kalifornische Berufungsgericht entschied, dass das Spielen mit Puppen als Beweismittel für Missbrauch in Prozessen auszuschließen sei (291, 196), konnte in Deutschland noch zwölf Jahre länger munter drauflosgedeutet werden. Erst im Juli 1999 zog der Bundesgerichtshof unter diese zweifelhafte Praxis einen Schlussstrich. In der vorhergehenden Verhandlung war die Praxis von Vereinen wie »Wildwasser« und »Zartbitter« scharf kritisiert worden, etwa von dem bekannten Gerichtspsychologen Steller: »Zur Überraschung der meisten Zuhörer erklärte er in Karlsruhe beiläufig auch den ›Einsatz von grotesken Puppen‹ als weder nötig noch hilfreich. Und zur Verblüffung des Auditoriums gab er den Beweiswert kindlicher Zeichnungen bei Sexualvorwürfen mit ›Null‹ an. Steller begründete dies mit einer soeben in seinem Berliner Institut abgeschlossenen Doktorarbeit. Nach deren Ergebnissen habe die Auswertung der Zeichnungen von drei Kontrollgruppen – mutmaßlich missbrauchte Kinder, mutmaßlich ungefährdete Kinder, emotional problematische Kinder – keinerlei Erkenntnisgewinn gebracht. Allenfalls habe sich gezeigt, dass die Deutung einer Zeichnung stark von der Person des interpretierenden Erwachsenen abhängig sei. Auf den Hinweis des BGH-Richters Axel Boeticher, dass solche Tests in familienrechtlichen Prozessen um die elterliche Sorge gang und gäbe seien, zuckte er mit den Schultern.« (247)

Man muss sich wirklich klar machen, was das bedeutet: Über Jahre hinweg wurden Familien auseinander gerissen, Väter verurteilt und ins gesellschaftliche Abseits oder den Selbstmord getrieben, weil hier von höchst zweifelhaften Vereinen nichts anderes als Kaffeesatzleserei betrieben worden war. Ein im

Raum München für einen evangelischen Beratungsdienst tätiger »Missbrauchs-experte« ging so weit, Missbrauch anhand von Zeichnungen per Ferndiagnose festzustellen. Nachdem Familien gegen diesen Mann Strafanzeige erstattet hatten, setzte er sich nach England ab (482).

Und selbst das ist nur ein Bruchteil der gesellschaftlichen Katastrophe. Der eigentliche Skandal liegt darin, dass das Bundesfamilienministerium, statt in seinen Aufklärungsbroschüren die fachlichen Beiträge hochrangiger Experten zu veröffentlichen (von Gerichtsgutachtern und Aussagepsychologen wie etwa den Professoren Schade, Undeutsch, Fiedler oder Jopt), der Zeitströmung nachgab und sich bei den ebenso hysterischen wie wissenschaftlich dürftigen Materialien von »Zartbitter« und »Wildwasser« bediente. Selbst die Anlaufstellen der Kriminalpolizei wie auch deren Internet-Seiten weisen auf diese Vereine hin (482). Dass die stark feministisch beeinflusste Frauen-als-Opfer-Bewegung sich als im »patriarchalen Staat« ausgegrenzt und zum Schweigen gebracht bezeichnet, ist unter diesen Umständen ein schlechter Witz. Das Gegenteil ist, beispielsweise auch im Bereich Pornographie oder häuslicher Gewalt, heute noch festzustellen: Wissenschaftliche Informationen werden ignoriert, ideologisch-sexistische Behauptungen aber als Gesetzesgrundlage verwendet. Opfer ist die gesamte Gesellschaft, die Frauen eingeschlossen.

Der Bundesgerichtshof legte in seinem Urteil ebenfalls endlich klare Kriterien für das Erstellen von psychologischen Gutachten fest. Dazu gehörte auch, dass die Gutachter zuallererst von der *Unwahrheit* der Anschuldigungen auszugehen haben (247). Vereine wie »Zartbitter« und »Wildwasser« werden ihr Herangehen an einen Fall jetzt um 180 Grad drehen müssen.

Der Vorstand der Kinderschutz-Zentren in Deutschland begrüßte das Urteil des Bundesgerichtshofs mit Nachdruck: »Aus Sicht der Kinderschutz-Zentren wäre vielen Kindern Leid erspart worden, wenn diese Klarstellung früher erfolgt wäre.« (338).

»O mein Gott ... jetzt ... erinnere ich mich!«

**THESE: ERINNERUNGEN AN SEXUELLEN MISSBRAUCH KÖNNEN VERDRÄNGT,
DANN ABER DURCH THERAPEUTISCHE TECHNIKEN WIEDER
HERVORGERUFEN WERDEN**

»Die Psyche besitzt ungeheure Verdrängungskraft. Viele Kinder können den Missbrauch vergessen, sogar während er geschieht.« (352, 4) Das behaupten die Autorinnen Bass und Davis in ihrem Buch »Trotz allem. Wege zur Selbst-heilung für sexuell missbrauchte Frauen«. Mit über 750.000 verkauften Exemplaren wird es als Bibel der Missbrauchsbewegung betrachtet (339, 53). B. Kavemann, eine der Autorinnen des Buches »Väter als Täter« und Mitglied von

»Wildwasser Berlin«, bezeichnet »Trotz allem« als unentbehrliches Handbuch in der Beratungs- und Selbsthilfearbeit. »Wenn Sie sich an Ihren Missbrauch nicht erinnern, sind Sie nicht allein«, teilt es seinen Leserinnen mit. »Viele Frauen haben keine Erinnerungen, und manche werden sich nie erinnern. Das heißt nicht, dass sie nicht missbraucht worden sind.« (279, 16) Allein das unbestimmte Gefühl von solchen Geschehnissen sei nahezu ein Beweis dafür, dass sie tatsächlich stattgefunden haben.

Das Bundesministerium für Jugend, Familie, Frauen und Gesundheit sorgte für eine weite Verbreitung solcher Erkenntnisse durch Förderung der Übersetzung auch in Deutschland (352, 4). Auch in diesem Fall schien es auf die fachliche Kompetenz der Autoren nicht sonderlich anzukommen. Die Autorin Ellen Bass macht unumwunden klar, dass sie niemals Psychologie studiert hatte und nichts, was in diesem Buch steht, auf psychologischen Theorien basiere. Nichtsdestotrotz hielt sie wegen der Berühmtheit ihres Buches Seminare vor Tausenden von Psychotherapeuten und anderen Personen aus dem psychosozialen Bereich ab (339, 53).

Man kann nur darüber spekulieren, zu welchen vermutlich sehr unterschiedlichen Urteilen über Ellen Bass diese Therapeuten dabei gekommen waren. Weitgehend einig sind sich die renommiertesten Psychologen und Gedächtnisforscher allerdings darin, dass Ellen Bass da etwas gründlich missverstanden hat: Ein Verdrängen von Erinnerungen, wie sie es versteht, gibt es nicht.

»Verdrängen«, wie es von der Missbrauchsbewegung verstanden wird, bedeutet das unbewusste Vergessen von Ereignissen, die dem betreffenden Menschen Schmerzen bereiten. Diese Erinnerungen seien aber nicht ein für allemal verloren, sondern würden im Unterbewusstsein gespeichert und könnten wieder hervorgeholt werden, wenn die Angst, die mit der Erinnerung verbunden war, wegfällt (339, 60). Erinnerungen wären demnach etwas wie eine verlegte Computerdiskette oder ein Aktenhefter, der unter Stapeln von Papier verloren gegangen ist, aber wieder ausgegraben werden kann (279, 19). Diesem Weltbild zufolge »kann ein scheinbar liebevoller und fürsorglicher Vater seine Tochter vergewaltigen und in den Augen seiner Tochter aufgrund von Verdrängung weiterhin ein liebevoller und fürsorglicher Vater sein« (339, 63). Auch in dem scheinbar nettesten und sympathischsten Mann verbirgt sich demnach möglicherweise ein Monster. (Man erkennt hier bereits den deutlichen Einfluss der feministischen Ideologie.) Dieser nach außen liebenswerte, aber in Wahrheit durch und durch verdorbene Vater sei die Ursache für sämtliche Probleme, die eine Frau in ihrem Leben hatte und wegen derer sie schließlich die Therapie aufsuchte. Wie schon ausgeführt, werden solche Urteile im Einzelfall oft recht schnell gefällt: »Sie klingen wie ein Mensch, der sexuell missbraucht wurde. Erzählen Sie mir, was der Schuft mit Ihnen gemacht hat«, ist eine belegte Äußerung eines Therapeuten (385, 139). Wenn die Patientin abstritt oder bezweifelte, jemals missbraucht worden zu sein, dann machte der Therapeut ihr in etlichen Fällen klar, dass das völlig unbedeutend war: Sie »dissoziiere« oder

»leugne« nämlich – ein Trick ihres Verstandes, um sie vor sich selbst zu schützen (279, 49). »Leugnen« sei ein weiterer Beleg dafür, dass sie tatsächlich missbraucht worden war (279, 40).

Schon in diesen wenigen Sätzen sollte eigentlich jedem Leser klar geworden sein, dass hier eine in sich geschlossene Pseudologik konstruiert worden war, mit deren Hilfe jeder, aber auch jeder Patient als Opfer von sexueller Gewalt diagnostiziert werden konnte. Die Mitglieder der Missbrauchsbewegung erkannten diese Offensichtlichkeit nicht.

Der Begriff »Verdrängen« wurde vielleicht deshalb so schnell akzeptiert, weil er ursprünglich von Sigmund Freud, dem Stammvater der Psychoanalyse, eingeführt worden war. Allerdings bildete sich Freud nie ein, dass ganze Ereignisse komplett aus dem Gedächtnis getilgt werden konnten. Bei ihm bedeutete »Verdrängen« ein bewusstes Wegdrücken oder Abwehren als unangenehm empfundener sexueller oder aggressiver Wünsche, Gefühle oder Phantasien (339, 61; 279, 100). Dass es ein Verdrängen von *Erinnerungen* gibt, wird von keinem einzigen Laborbefund gestützt (339, 64).

Im Gegenteil: Zunächst einmal widerspricht das Bild vom Gedächtnis als unaufgeräumtem Schreibtisch, in dem sich die verlegten Aktenordner aber nach einigem Suchen finden lassen, vollkommen sämtlichen Erkenntnissen der Gedächtnisforschung. Elisabeth Loftus beschreibt den Stoff, aus dem die Erinnerung ist, als eine unbeständige Mischung »aus Blut, Chemikalien und Elektrizität«, die ständig neu zusammengebraut werde, ein »Netzwerk zahlreicher unterschiedlicher Aktivitäten« (279, 137–138). Der Glauben, dass unsere Erinnerungen irgendwo fest abgespeichert sind, ist zwar tröstlich, aber er trügt: »Die Erinnerung nimmt anscheinend nicht nur ab und verschwindet häufig vollständig, sondern sie weist auch eine Tendenz auf, sich – selbst ohne äußere Einflüsse – zu verändern und treiben zu lassen, eine Mischung aus phantasierten und wirklichen Elementen zu bilden.« (339, 69) Wenn Sie sich daran erinnern, was Sie zu einem bestimmten Zeitpunkt getan haben, füllen Sie zahlreiche Leerstellen mit zusammengereimten Dingen aus und erschaffen Wirklichkeit für sich persönlich neu. *Vollständig* vergessen werden aber nur die unbedeutenden Details, etwa welche Menschen Sie vor einem Monat bei der Heimfahrt von der Arbeit an Ihrem Auto haben vorüberziehen sehen. Gerade die traumatischen Geschehnisse prägen sich aber auf grausame Weise ein: »Untersuchungen haben beispielsweise gezeigt, dass kein einziges der Kinder, die miterleben mussten, wie ein Elternteil ermordet wurde, die schreckliche Erinnerung verdrängt. Nicht nur verdrängen Opfer von Kindesmisshandlungen ihre schmerzlichen Erinnerungen nicht ... vielmehr bemühen sie sich erfolglos, sie aus dem Gedächtnis zu löschen.« (385, 135) Die Kinder, die den Mord an einem Elternteil mitangesehen hatten, waren nicht nur unfähig zu vergessen, sie wurden auch dadurch gequält, dass Rückerinnerungen an die Geschehnisse immer wieder in oft unerwünschten und unerwarteten Augenblicken hochkamen (339, 74). Auch die ehemaligen Häftlinge in den Konzentrationslagern des Dritten

Reiches wären glücklich, wenn es eine Möglichkeit für sie geben würde, all das erlittene Leid aus ihrem Gedächtnis zu tilgen. Aber das ist nicht möglich:»Traumen werden nicht vergessen, sie werden bewusst gespeichert.« (428, 234)

Gleichzeitig ist es aber aufgrund der kreativen Fähigkeiten unseres Gedächtnisses sehr wohl möglich, dass wir uns an Dinge »erinnern«, die nie stattgefunden haben. Schon weiter oben wurde das Beispiel angeführt, in dem einem Kind aus experimentellen Zwecken weisgemacht wurde, es sei mit dem Finger in eine Mausefalle geraten, bis es dies für tatsächlich erlebt hielt. Natürlich kann man aus ethischen Gründen denselben Versuch nicht mit einem nie stattgefundenen Missbrauch durchführen. Gedächtnisforscher haben sich nach langen Überlegungen dazu durchgerungen, welche erfundenen Vorfälle für solche Experimente verwendbar sind und welche nicht. Elisabeth Loftus, die der Theorie »eingepflanzter« Erinnerungen zunächst sehr skeptisch gegenüberstand, rang sich schließlich dazu durch, der achtjährigen Jenny nahezulegen, sie sei mit fünf in einem Einkaufszentrum verloren gegangen und hätte fürchterliche Angst gehabt. Das Experiment glückte noch besser und schneller als erwartet:»Ich konnte nicht glauben, was ich da gerade erlebt hatte«, berichtet Elisabeth Loftus.»Innerhalb von fünf Minuten hatte Jenny durch ein paar Bemerkungen und durch leichtes Nachhelfen ihres Vaters eine falsche Erinnerung akzeptiert und sie noch mit eigenen Einzelheiten ausgeschmückt. Sie erinnerte sich daran, dass sie verlorengegangen war, sie erinnerte sich, dass sie überall nach ihrem Vater gesucht hatte, und sie erinnerte sich, Angst gehabt zu haben. In weniger Zeit, als man braucht, ein Ei zu kochen, hatten wir eine falsche Erinnerung erzeugt.« (279, 169) Hunderte anderer Experimente mit insgesamt mehreren zehntausend Teilnehmern bestätigten, dass diese Methode grundsätzlich funktionierte, auch bei Erwachsenen: Es war nicht nur möglich, den Versuchspersonen problemlos erfundene Ereignisse aus ihrem Leben unterzuschieben, so dass die später Befragten sich tatsächlich daran zu erinnern glaubten und sie mit weiteren Details abgerundet hatten. Verblüffenderweise waren bei manchen Probanden die erzeugten Erinnerungen noch nicht einmal zu erschüttern, als das Experiment beendet wurde und die Forscher ihre Vorgehensweise erklärt hatten (279, 140–142; 157; 280, 62–64; 339, 69–71).

Auf dieselbe Weise, so wurde es von den Kritikern der Missbrauchsbewegung anfangs behauptet und später in unzähligen Fällen nachgewiesen, pflanzten die therapeutischen »Aufdecker« ihren Patienten künstliche Erinnerungen ein. Es waren nicht »verdrängte« Gedächtnisfetzen, die langsam wieder an die Oberfläche stießen, sondern Dinge, die ihnen mit allen möglichen manipulativen Techniken einsuggeriert worden waren.

Wie lief eine solche Therapie ab? Einiges dazu haben Sie bereits gelesen. Zunächst einmal wird Missbrauch von bestimmten Therapeuten mit einer Schnelligkeit diagnostiziert, die jedem klinischen Verfahren Hohn spricht. So betrat eine mit einer versteckten Videokamera ausgerüstete CNN-Reporterin die Praxis eines Therapeuten in Ohio und beschrieb, dass sie seit etwa acht Monaten an Depressionen litt und ihre Antriebslosigkeit allmählich Probleme in ihrer Ehe und ihrem Sexualleben verursachte. Am Ende dieser ersten Sitzung war sie als Inzestüberlebende diagnostiziert (279, 328). Von dieser Diagnose muss die Patientin im nächsten Schritt überzeugt werden. Ihr wird verdeutlicht, dass fehlende Erinnerungen kein Hindernis, sondern die Symptome die eigentlichen Erinnerungen darstellen. Das wird dadurch erleichtert, dass die Patientin den Therapeuten als einen emotional gesunden und fachlich kompetenten Experten einschätzt. Zusätzlich empfehlen Veröffentlichungen der Aufdeckungsbewegung, dass Patient und Therapeut eine möglichst enge emotionale Bindung miteinander eingehen sollen – auch das erleichtert Vertrauen und erschwert eine gesunde Skepsis (339, 179). Die Patientin versucht demgemäß oft, sich der Erwartungshaltung des Therapeuten anzupassen. Trotzdem braucht es oft eine gewisse Hartnäckigkeit des Therapeuten: »Sie müssen daran glauben, dass Ihre Klientin missbraucht wurde, auch wenn sie selbst es manchmal bezweifelt.« (339, 174) Dieser »Wettstreit« kann sich unter Umständen ein wenig hinziehen. »In allen Veröffentlichungen über die Therapie zur Aufdeckung von Erinnerungen gibt es Geschichten von Therapeuten, die über Jahre hinweg bei ihren Missbrauchsdeutungen bleiben, bis sich ihre Klientinnen schließlich dazu durchringen, die Deutungen als zutreffend zu akzeptieren.« Stolz beschreiben sie, »wie sie voller Scharfsinn eine Geschichte sexuellen Missbrauchs entdeckten ... und dann standhaft über Verleugnung und Unglauben siegten.« (339, 164)

Zweifel sind für die Autorinnen entsprechender Fachbücher im Grunde nicht rational. »Das Phänomen, dass eine Patientin sich nicht erinnern kann ... ist vielmehr selbst ein *Symptom*, das auf eine schwere traumatische Erfahrung hinweist.« (Hervorhebung im Original der »Aufdecker«-Literatur) Erinnert sich der Patient, ist er natürlich missbraucht worden, erinnert er sich nicht, dann erst recht (339, 156). »Viele meiner Klientinnen, die Inzestüberlebende sind, wissen nicht, was mit ihnen passiert ist«, erklärt eine Therapeutin. »Die meisten von ihnen leugnen.« (279, 55) In den Büchern der Aufdeckerbewegung wird dieses anfängliche »Leugnen« allerdings *immer* überwunden, und die Patientinnen akzeptieren schließlich, dass der Missbrauch real war. Dass sich ein Therapeut mit seiner aus der Luft gegriffenen These irrt, kommt in der Literatur nicht vor (339, 173). Zur Not muss eben jahrelang nach entsprechenden Hinweisen gesucht werden. Folgende Techniken können den Prozess der »Bewusstwerdung« stützen:

• Patientinnen sollten sich ständig mit Informationen über Inzest beschäftigen, Kontakt zu »anderen Opfern« von Missbrauch suchen oder Filme sehen, in denen Inzest eine Rolle spielt (339, 149).

• Es werden Übungen empfohlen wie eine gewisse Zeit damit zu »verbringen, sich vorzustellen, Sie würden sexuell missbraucht, ohne dass Sie sich um die

Genauigkeiten der Fakten kümmern, irgend etwas beweisen oder ihre Einfälle auf Logik überprüfen müssen.« (339, 149–150) Das Buch »Trotz allem« führt als Beispiel eine Patientin an, die sich mit einer Art Missbrauchs-Mantra selbst zu überzeugen suchte: »Ich ging im Zimmer umher und sagte: Meine Familie hat mich missbraucht. Ich musste es ganz oft wiederholen, um wirklich daran zu glauben. Ich brauchte meine ersten anderthalb Jahre dazu, die Tatsache zu akzeptieren, dass ich missbraucht worden war.« (339, 175)

• Der Therapeut seinerseits wird dazu ermuntert, *sämtliches* Material, das ihm die Patientin liefert, in Richtung Missbrauch auszudeuten und in keine andere: ihre künstlerische Arbeit, ihr Phantasieleben, ihre emotionalen Reaktionen, ihre Träume, ihre körperlichen Symptome. Die vermeintlichen Experten erklären: »Man mag diesen Ansatz als eine Art ›Zeugenbeeinflussung‹ kritisieren, aber wir sind hier nicht im Gerichtssaal.« (339, 151–156)

• Falls das alles nichts hilft, hat »Trotz allem« noch weitere kreative Vorschläge zu bieten: So soll die Patientin alle ihre Verbindungen zu ihrer »Ursprungsfamilie« abbrechen. Das gilt auch für Familienmitglieder, die am behaupteten Missbrauch nicht beteiligt sein sollen – es sei denn diese seien selbst in der Therapie oder anderweitig dabei, »etwas aufzudecken«. Ein in einem anderen Buch der Bewegung dargestellter Familienstammbaum zeigt 41 Mitglieder, die sich sämtlich in die Kategorien »Täter«, »Opfer« und »Leugner« aufteilen. Statt der »Ursprungsfamilie« bietet der Therapeut eine neue Familie aus den anderen bei ihm befindlichen Opfern und ihm selbst als fürsorglichen Elternteil an. Mit anderen Worten: Die Patientin wird in ein soziales System verfrachtet, in dem die zentrale Wertvorstellung der Glaube an den Missbrauch ist. »In diese Gruppen integrierte Patientinnen lernen schnell, dass ihr soziales Überleben und die Anerkennung ihrer neu gewonnen Identität davon abhängt, Zweifel zu unterdrücken und Glauben an Missbrauch zum Ausdruck zu bringen.« (339, 184–187)

• Eine weitere Technik kann der Einsatz von »hypnotischen Rückführungen« sein. Die »Aufdecker« gehen davon aus, dass Erinnerungen unter Hypnose immer wahr sind. Leider ist das falsch. Der Grund, warum Hypnose zum Beispiel bei polizeilichen oder gerichtlichen Zeugenvernehmungen gerade *nicht* eingesetzt wird, ist, dass Hypnose die Ungenauigkeit der Erinnerungen verstärken kann. Hypnose ist kein Wahrheitsserum, erklärt der Hypnotherapeut Michael Yapko, der in der Hochphase der Missbrauchshysterie fast täglich entsprechende Anfragen erhielt (546, 17). Sie wird hingegen erfolgreich eingesetzt, um Patienten zu einer Verhaltens- oder Wahrnehmungsänderung zu bewegen, etwa mit dem Rauchen aufzuhören oder Depressionen zu überwinden. Der Grund: Menschen sind im Trancezustand besonders empfindlich für Einflüsterungen des Hypnotiseurs. Sie legen ihr kritisches Urteilsvermögen ab und geben sich unbefangen Phantasiegebilden und Rollenspielen hin. Oft nehmen sie auch einsuggerierte unrichtige Einzelheiten in ihre eigenen Erinnerungen auf. Wenn man dann noch bedenkt, dass Patienten von »Aufdeckern« durchaus über einen Zeitraum von Monaten oder gar Jahren einmal pro Woche hypnotisiert werden, wundert man sich schließlich nicht mehr, wenn sich früher oder später der erwünschte »Erfolg« einstellt und die Aufdeckerbewegung wieder einen Beleg dafür hat, dass ihre Vorgehensweise sinnvoll und richtig ist (339, 225–237).

Die Konsequenzen einer solchermaßen »erfolgreich« verlaufenen Therapie können recht einschneidend sein, wie die folgenden beiden Beispiele belegen.

Die Akte Jane

Jane war im Laufe ihrer Missbrauchstherapie zu der festen Sicherheit gelangt, dass sie von ihren Eltern, insbesondere ihrem Vater, als Kleinkind missbraucht worden sei. Die Eltern wurden in die Therapiestunde gebeten, wo Jane ihnen eine dreiseitige Erklärung vorlas, in denen sie ihre »Erinnerungen« eindringlich schilderte. Den Eltern wurde vom Therapeuten nicht gestattet, etwas zu erwidern oder überhaupt mit ihrer Tochter zu sprechen. Nachdem Jane ihre Erklärung vorgelesen hatte, erklärte er das Treffen für beendet. Wenig später wurden die »Erinnerungen« in Janes Vorstellungswelt immer schlimmer und plastischer. Bald hatte sie »auch im wachen Zustand Halluzinationen, und sie hatte oft Schwierigkeiten, zwischen der Realität und dem zu unterscheiden, was sie sich in ihrem Kopf ausmalte. Als sie zu ihrem Arbeitskollegen im Büro kurz herüberblickte, hatte sie den Eindruck, sein Penis hinge aus der Hose. Bei einem zweiten Blick sah sie, dass der Reißverschluss geschlossen war.« Wenig später »sah sie sich selbst im Alter von einem Jahr, wie sie gezwungen wurde mit anzusehen, wie ihr Vater eine Hündin vergewaltigte. ... Sie rekonstruierte auch jenen Tag, an dem ihr Vater sie dazu brachte, einen Teller mit ihrem eigenen Kot zu essen, und sie zwang, jeden Bissen zwanzigmal zu kauen.« Schließlich brachte sie ihren Vater vor Gericht. »TOCHTER BESCHULDIGT VATER, DER ARZT IST« lauteten die Schlagzeilen ihres Heimatortes. In dem beigefügten Artikel erklärte Jane, die Anklage sei Teil ihres Heilungsprozesses. Sie würde sie auch stellvertretend für all die anderen Opfer führen, denen das Geld für einen entsprechenden Prozess fehle.

Kurz vor Prozessbeginn umfasste Janes Liste neunzig verschiedene Erinnerungen, die jedes Familienmitglied, einen Kollegen ihres Vaters und ihren Zahnarzt über den gesamten Verlauf ihrer Kindheit einbezogen. Ihr Vater war diesen Darstellungen zufolge »ein Sadomasochist, der seine Opfer fesselte, mit Hilfe chirurgischer Instrumente folterte sowie alle Arten oralen, vaginalen und analen Verkehrs praktizierte. Indem sie zuschaute oder direkt beteiligt war, so glaubte Jane, sei sie Zeugin geworden, wie ihr Vater sexuelle Handlungen an Säuglingen, Mädchen und Jungen jeden Alters, Frauen, Strichjungen und mehreren Tierarten ausgeführt hatte. ... Vor Gericht beantragte sie 650.000 Dollar als Schmerzensgeld für das, was sie erlitten hatte, und als Schadensersatz, damit sie ihre bisherige und künftige Therapie finanzieren könne.« Es kam zu einer dreiwöchigen Zeugenvernehmung, zu der die unterschiedlichsten Experten auch zu Gedächtnis- und Beeinflussungsvorgängen geladen wurden. »Der Verteidiger der Eltern zitierte sogar einen Tiermediziner herbei, um dem Gericht zu erklären, wie ein Pferd reagieren würde, wenn jemand direkt hinter dem Tier stünde und seinen Arm mit Gewalt in seinen Dickdarm drückte.« Von Janes fünf Geschwistern konnten sich drei an keinen Missbrauch erinnern, zwei versicherten, auch sie hätten kürzlich erkannt, dass ihr Vater sich an ihnen vergangen habe. Der Gerichtssaal war jeden Tag mit Inzestopfern der örtlichen Therapiegruppen gefüllt, die zu Janes Unterstützung erschienen waren. Schließlich sprach der Richter Jane eine Summe von 150.000 Dollar zu – was diese jedoch eher als Niederlage empfand, da sie damit kaum ihre Therapiekosten und das Honorar ihrer Rechtsanwältin begleichen konnte.

»Bei ihren neusten bildlichen Vorstellungen bemerkte Jane einen verwirrenden Symbolismus, der darauf hindeutete, dass sie wohl bald die nächste Stufe auf der Opferleiter erklimmen würde. In einer Szene beobachtete sie ihren Vater, wie er sie in einen Sarg legte und den Deckel schloss. In einer anderen brachte er sie dazu, mit dem toten Körper eines jungen Mädchens etwas zu machen – sie versucht sich immer noch vorzustellen, was dieses Etwas ist.« (339, 206–218).

Die Akte Paul

Paul Ingram besuchte 1988 mit seiner damals 21jährigen Tochter Ericka eine Bibelfreizeit. Dort stießen die beiden auf die charismatische Rednerin Karla Franko, die glaubte, über spirituelle Heilkräfte und ein übersinnliches Wahrnehmungsvermögen zu verfügen. Tief ins Gebet versunken teilte sie Ericka mit, dass ihr Vater sie über Jahre hinweg missbraucht habe. Ericka erzählte dies einige Zeit in ihrem Umkreis weiter. Als auch ihre Schwester Julie ähnliche Dinge erzählte, wurde Paul Ingram von der Polizei verhaftet. »Als Paul abstritt, irgend etwas von den ihm zur Last gelegten Straftaten zu wissen, sagten ihm die Beamten, es sei ein verbreitetes Phänomen, dass Menschen die Erinnerung an derartige Verbrechen verdrängten, und er müsse zunächst einmal zugeben, dass die Beschuldigungen stimmten, damit die Erinnerungen vollständig in sein Bewusstsein gelangen könnten.« Nachdem man ihn zu dem Eingeständnis getrieben hatte, dass seine Töchter bei so schwerwiegenden Dingen nicht lügen würden, begann er, an seinen eigenen Erinnerungen zu zweifeln. Seine Aussage wechselte von »Ich habe es nicht getan« zu »Ich erinnere mich nicht daran, es getan zu haben«. Am ersten Tag der fünf Monate andauernden Vernehmungen räumte er ein, die Anschuldigungen müssten wohl stimmen – auch wenn er selbst keine Erinnerung an solche Verbrechen besäße. Die weithin akzeptierte Theorie des »Verdrängens« machte es unmöglich, darauf zu beharren, dass irgendein Vorfall mit Sicherheit nicht stattgefunden habe.

Im Lauf der nächsten Monate trat ein »Erinnerungstherapeut« auf den Plan, der Paul Ingram unterstützt von dem Druck der Ermittlungsbeamten dazu brachte, »verborgene Erinnerungen« freizulegen. Mit der Hilfe einer Technik, die der religiöse Paul als »Überbeten« bezeichnete, entstand ein schauerliches Bild nach dem anderen vor seinem geistigen Auge: »Mann, das ist ja fast so, als ob ich mir das Ganze ausdenken würde«, erklärte Ingram, »aber das tue ich nicht.« Ein Pastor kam ihm zu Hilfe und erklärte, wenn Paul beten würde, bevor er sich die Szenen vorzustellen versuche, »dann schicke ihm Gott wahrheitsgetreue Bilder, und der Teufel sei nicht in der Lage, ihn mit falschen Geschichten zu täuschen«. Endlich entwickelte Paul Bilder von seiner Beteiligung an einem Satanskult. Der Pastor veranstaltete eine Zeremonie, um die Dämonen aus Pauls Körper auszutreiben. Die Polizei war bald überzeugt davon, einer Sekte auf der Spur zu sein, die Kindesmissbrauch im großen Stil betrieb. Unter dem Druck der Ermittler begannen auch andere Mitglieder von Pauls Familie, sich zu »erinnern«. Seine Töchter behaupteten mittlerweile, als Folge der satanischen Folterungen seien ihre Körper über und über mit Narben bedeckt. Gerichtlich angeordnete Untersuchungen brachten keine Narben zum Vorschein. Ericka, die zuerst als Opfer erkannte Tochter, verkündete auch danach noch in der Öffentlichkeit, dass sie solche Narben habe. Etwas später richtete sie ihre Beschuldigungen gegen die Polizeibeamten, die ihr zunächst Glauben schenkten. »Diese hätten sich geweigert, die dreißig Ärzte, Rechtsanwälte und Richter zu verhaften, die sie als Sektenmitglieder identifiziert habe und die angeblich weiterhin wie gewohnt dem Teufel Säuglinge opferten.«

Zu diesem Zeitpunkt trat der Gedächtnisforscher Richard Ofshe auf den Plan. Er entwickelte anhand seiner Kenntnisse recht schnell den Verdacht, dass Paul sich seine Erinnerungen selbst einredete. Um dies zu überprüfen, erzählte er Paul Ingram eine frei erfundene Geschichte, der zufolge eine seiner Töchter und einer seiner Söhne ihn beschuldigt habe, sie zum Geschlechtsverkehr miteinander gezwungen zu haben. Am nächsten Morgen »wusste« Paul, um welche Tochter und welchen Sohn es sich handelte und hatte die Geschichte beträchtlich ausgeschmückt, einschließlich seiner Gedanken und den Reaktionen seiner Kinder. »Als er Richard Ofshe sein schriftliches Geständnis vorlegte, schien er auf seine Erinnerungsarbeit beinahe stolz zu sein.« Auch durch starken Druck ließ er sich von seiner neu gewonnenen Überzeugung nicht abbringen. Auch die Aufdeckung dieses Experimentes hatte zunächst keinen Einfluss auf Ingrams Glauben an seine eigenen Erinnerungen. Erst als er weitere

Unschuldige, darunter die besten Freunde, in seine Vorstellungen mit einbezogen und dadurch deren Leben zerstört hatte, lernte er den Unterschied zwischen echten und in Trance erzeugten Erinnerungen erkennen. »Nahezu zwei Jahre lang kursierten in der Stadt Gerüchte über organisierten Kindesmissbrauch und Satanskulte. Die Erkenntnis, dass er falsche Geständnisse abgelegt hatte, kam Paul erst, nachdem er sich vor Gericht schuldig bekannt hatte, seine Töchter vergewaltigt zu haben. Derzeit sitzt er eine zwanzigjährige Haftstrafe ab.« (339, 260–273; 402, 202–205)

Diese beiden Geschehnisse sind keine Einzelfälle, sondern Teil einer Massenpsychose, die ebenso groteske wie beängstigende Ausmaße annahm. Die Psychotherapie war zum Trittbrett eines Wahns geworden, der ebenso von religiösen wie von politischen Ideologen vereinnahmt worden war. Sehr oft waren wissenschaftliche Arbeiten von den Vorannahmen und Neigungen der jeweiligen Forscher bestimmt. »Sogar die Experten der Therapiebewegung zur Aufdeckung von Erinnerungen gestehen ein, dass politische und gesellschaftliche Kräfte in diesem Bereich Einfluss nahmen« – darunter befand sich vor allem die Frauenbewegung.

»In dem Maße, wie das akute Problem Kindesmissbrauch zum Thema politischer Versammlungen avancierte, wurde auf eine leidenschaftslose Analyse und Debatte verzichtet; man erhielt Applaus, wenn man rückhaltlos für die Kinder und Erwachsenen eintrat, die Opfer geworden waren.« Es dauerte nicht lange, und Andrea Dworkin behauptete, dass Väter ihre Töchter vergewaltigen würden, um sie auf diese Weise auf ihre gesellschaftliche Rolle als Frau vorzubereiten. Zwei andere feministische Autorinnen bezeichneten in einem Artikel über feministische Therapie Inzest als extremen Ausdruck einer patriarchalischen Gesellschaft (339, 24–27). »Männer verharmlosen Sex mit Kindern im allgemeinen. Sie betrachten dies augenzwinkernd, amüsiert, und sie haben einen Sittenkodex, der die männliche Aggression verherrlicht und damit Sex zwischen Kindern und Erwachsenen weiterhin zulässt«, schrieb Florence Rush in ihrem Inzest-Handbuch »Das bestgehütete Geheimnis«. Es ging längst nicht mehr gegen verbrecherische Einzeltäter, sondern gegen »den Mann« an sich als Quelle allen Übels. Ja, es hingen schon zu diesem Zeitpunkt die Zeichen für eine neue Hexenjagd in der Luft.

Manche stellten sogar die These auf, »der Aufstieg der Frauenbewegung hinge unmittelbar mit der Fähigkeit der Frauen zusammen, ihre verborgenen Erinnerungen zum Vorschein zu bringen. Einige Therapeuten folgerten, dass die Frauenbewegung tatsächlich die Psyche der Frauen verändert habe, indem sie es ihnen erlaubte, ihre Missbrauchsgeschichte nicht nur zu berichten, sondern sich auch an sie zu erinnern.« Hätten diese Therapeuten damals schon gewusst, dass es sich bei den fraglichen »Erinnerungen« um künstlich fabrizierte handelte, hätten sie diesen Vergleich vermutlich nicht gewählt – obwohl er gerade dann der Wahrheit wesentlich näher gekommen wäre. Wieder einmal tritt Ideologie an die Stelle von Faktenwissen. »Die Schlussfolgerungen, die eine derartige Wissenschaft anbietet, werden oft nicht wegen ihres wissenschaftlichen Wertes erbittert verteidigt, sondern weil sie die Sache, um die es geht, fördern.« (339, 28–29)

Der vorherrschende Charakterzug, den die Missbrauchsbewegung vom Feminismus übernahm, war indes der sich über jeglichen Zweifel hinwegsetzende Dogmatismus. Extremes Freund-Feind-Denken ersetzte jede sachliche Auseinandersetzung. Es wurden »Ewige Wahrheiten« postuliert, die man zu glauben hatte, wenn man nicht als »Täter«, »Frauenfeind« oder einfach »böse« gelten wollte.

Dieser Dogmatismus begann zunächst in der Therapie selbst. Die klassischen Bücher der Missbrauchsbewegung machten den Therapeuten unmissverständlich klar, dass es nicht ihre Aufgabe war, nach Nachweisen und Bestätigungen für die »zurückgeholten« Erinnerungen zu suchen. Statt dessen sollte in Form eines »Glaubenssprungs« die Richtigkeit einer solchen Einschätzung einfach vorausgesetzt werden, um das überaus wichtige therapeutische Vertrauensverhältnis aufzubauen: »Die Therapeutin muss bedenken, dass es nicht ihre Aufgabe ist, Fakten zu finden, und dass es sich bei der Rekonstruktion der traumatischen Geschichte nicht um eine strafrechtliche Untersuchung handelt. Ihre Rolle ist die einer offenen, mitfühlenden Zeugin und nicht die einer Kriminalbeamtin.« Jeder Zweifel, jede Forderung nach Beweisen, so hieß es, würde die Patienten nur erneut zum Opfer machen (279, 105–106; 339, 103, 302; in der Diskussion um Vergewaltigungen haben wir diese Einstellung heute noch). Ohne den geringsten Beleg für die Wissenschaftlichkeit der angewandten Methode wurden die mit ihr erzeugten Erinnerungen als unantastbar bezeichnet (339, 138–139).

Die nächste Gruppe, der klargemacht wurde, wie wichtig es sei, einfach zu glauben, waren die Patientinnen. »Fragen nach Beweisen sind Unsinn«, verdeutlicht »Trotz allem« seinen Leserinnen. »Es ist nicht deine Aufgabe zu beweisen, dass du missbraucht worden bist.« (279, 341) Andere Bücher und Broschüren empfehlen, zur Not lieber den Therapeuten zu wechseln. »Wenn Sie von Ihrem Therapeuten hören: ›Was geschah wirklich? Sind Sie sicher?‹ ... oder wenn Sie das Gefühl haben, Inzestthemen würden in irgendeiner Weise abgetan, dann sollte ein rotes Lämpchen aufleuchten, das Ihnen rät zu gehen.« (339, 181). An anderer Stelle heißt es: »Suchen Sie sich einen Therapeuten, der Ihnen Glauben schenkt. Ein Therapeut, der andeutet, Sie erfänden da Phantasiegeschichten, ist kein guter Therapeut. Verlassen Sie sofort seine Praxis.« (339, 300) Die Opferrolle muss mit Zähnen und Klauen verteidigt werden.

Verteidigt werden musste sie zunächst einmal gegenüber den vermeintlichen Tätern, denen man auf keinen Fall eine eigene Position zugestehen sollte: »Lassen Sie nicht zu, dass die Situation sich in ein Hin und Her von Argumenten oder ein Streitgespräch verwandelt. Gestatten Sie es einem Täter nicht, Ihnen Ihre Erinnerungen auszureden. Erinnern Sie sich daran, dass der Täter ... Sie schon öfter belogen hat. Behalten Sie die Geschütze, die Sie innerlich aufgefahren haben, fest in Ihrer Hand und machen Sie aus der Situation keine Übung in Frustration.« Auch sollte man keineswegs zögerlich über die verdrängten Erinnerungen sprechen, sondern sie als unverrückbare Wahrheit verkünden. »Wenn Sie Monate oder Jahre später feststellen, dass Sie sich in einigen Punkten geirrt haben, können Sie sich immer noch entschuldigen und den Hergang berichtigen.« (279, 288–289) Allein dem Missbrauchsopfer sollte die Entscheidung überlassen bleiben, »ob, wann und wie oft es in eine Interaktion treten will«. Auf keinen Fall war den Tätern gestattet, die Wut des überlebenden Opfers herunterzuspielen oder gar zu kritisieren. (Auch dieses Vorgehen war in anderen Bereichen der Frauenbewegung erfolgreich gewesen.) Überhaupt bewies jegliche Reaktion der bezichtigten Personen ihre Schuld: Wenn sie schwiegen, galt das als Eingeständnis, wenn sie die Vorwürfe abstritten, leugneten sie, wenn sie gerichtlich gegen die Unterstellungen vorgingen, machten sie sich besonders verdächtig. Das gehöre nämlich zur »Einschüchterungsstrategie des Täters« (279, 55; 37, 148).

»Was als ein moralisches Gefecht mit eindeutigen Positionen zwischen fortschrittlichen Kinderschützern und unverbesserlichen patriarchalen Kräften begonnen hatte, wurde nun zu einer unüberschaubaren Schlacht mit ständig wechselnden Grenzverläufen zwischen Gut und Böse« (279, 329). Vor allem die skeptischen Wissenschaftler wurden mit Anfeindungen übersäht. Therapeuten bezeichneten sie als Verräter von Frauen und Kindern, als rechte Reaktionäre, als Agenten des »Backlash« (279, 330–334). Ganz sicher sei hier eine finanzstarke Verschwörung der Kräfte zugange, die sich gegen Frauen und andere Opfer zusammengeschlossen hatten (339, 309). Wenn man an die Mär von »jedem dritten Kind« glaubt, kann man auch daran glauben. Ursula Enders von »Zartbitter« spricht von einer Verschwörung der angeblich bestens vernetzten Pädophilen (37, 137). Gutachter, die Täter entlasteten, wurden auch in der deutschen Presse angefeindet, so etwa in der »Wochenpost«: »Der Psychologe Hartmut Böhm strengte eigenmächtig Recherchen an, als habe er den angeklagten Lehrer zu verteidigen.« (37, 149) Einen Angeklagten verteidigen und dann auch noch eigenmächtig – das ging nun wirklich zu weit.

Ähnlich scharf angegangen wurde auch die kritische Feministin Carol Tavris, als sie in einem Artikel in der »New York Times Book Review« viele Bücher der Aufdeckerbewegung hinterfragte. Die Zeitung wurde mit empörten Leserbriefen bombardiert und druckte volle drei Seiten ab. Carol Tavris wurde klargemacht, dass sie mit ihren Worten alle sexuellen Belästiger, Vergewaltiger, Pädophilen und andere Frauenfeinde unterstützt habe und sie sich dafür gefälligst entschuldigen solle (279, 362; 339, 308–309). Ebenso bekam die feministische Kulturkritikerin Elaine Showalter die Feindseligkeit und geballte Wut der Bewegung zu spüren, sobald sie sich öffentlich der Missbrauchshysterie verweigerte: »... ich hätte der Sache der Frauen geschadet, insbesondere jenen, die über irgendeine Form des Missbrauchs klagten. Konnte ich mir selbst noch in die Augen sehen, und wie konnte ich es wagen, die Autorität von Therapeutinnen und Psychologinnen anzuzweifeln etc. Ich wurde aufgefordert, das entsprechende Kapitel aus meinem Buch zu entfernen. Man war sprachlos, als ich sagte, dass ich es im Gegenteil noch erweitern wolle.« (435a, 213) Katharina Rutschky berichtet, dass über ihre Motive, den allgegenwärtigen Missbrauch zu bestreiten, die seltsamsten Spekulationen blühen:»Bin ich eine linke Renegatin? Oder bin ich als Kind selbst missbraucht worden, schütze persönlich einen Missbraucher oder – missbrauche ich selbst?« (37, 136). Es ist dasselbe Schema wie in der Diskussion über häusliche Gewalt: Wer Informationen und Ansichten liefert, die von der Bewegung nicht erwünscht sind, wird als Helfershelfer abgestempelt.

Besonders schwer wurden in den USA Psychologen und Ärzte unter Beschuss genommen, die sich der Missbrauchspanik auf der Grundlage ihrer Kenntnisse entgegenstemmen wollten. Um ihren Auftritt vor Gericht zu verhindern oder sie als Experten ins Zwielicht zu rücken, wurden für die Staatsanwaltschaft Dossiers über sie erstellt, die mit Verleumdungen und persönlichen Angriffen gespickt waren.»Kinderschützer« versuchten, diese kritischen Fachleute auf schwarze Listen setzen zu lassen, ihre Forschungsgelder zum Versiegen zu bringen und ihre Seminare aufzulösen. Es wurden Beschwerden gegen sie erstattet, einige wurden mit körperlicher Gewalt bedroht (323, 235). Wenn die Argumente in der Sache nicht mehr ausreichten, musste eben die Person des»Gegners« mit allen Mitteln angegangen werden – ein Motto, das in Deutschland die Zeitschrift»Emma« offensichtlich für ihren Umgang mit unliebsamen Gerichtsgutachtern übernommen hat.

»In der Bewegung zur Aufdeckung von Erinnerungen mitzumachen ist vergleichbar mit dem Aufenthalt in einem schalldichten Raum, in den nur Informationen dringen, die den Realitätsgehalt verdrängter Erinnerungen und die Wirksamkeit der Therapie bestätigen.« (339, 309) Auch das Erzeugen solcher schalldichter Räume soll für den Feminismus generell nicht ganz untypisch sein. Ein ganzes Jahrzehnt lang wurde jeder als»Verleugner« und»Frauenfeind« tituliert, der es wagte, laut die Frage zu stellen, ob tatsächlich 50 Prozent aller Frauen – was ja als Zahl genannt wurde – sexuellen Missbrauch erleben mussten. Wer für die Rechte des Angeklagten eintrat, wurde beschuldigt,»den Täter zu beschützen«. Und wer in einem Einzelfall das Vorliegen eines Verbrechens vorsichtig in Zweifel zog, sah sich mit der Anklage konfrontiert, die jahrhundertelange Tradition des Kindesmissbrauchs in unserer Gesellschaft überhaupt zu leugnen (339, 29–30, 177). Der Gedächtnisforscherin Elizabeth Loftus warf man vor, ihre Arbeit stände auf demselben Niveau wie die Arbeit von Leuten, die die Vernichtungslager des Holocausts leugneten. Sie erhielt Anrufe wie »Ist dort die Gedächtnisforscherin, die Kinder hasst?« (279, 73). Auch sie erlebte sich in eine Schlacht hineingeworfen, »in der es um männlich gegen weiblich und Patriarchat gegen Matriarchat ging« (279, 335).»Alle Erfolge, die die Frauenbewegung in den letzten zwanzig Jahren erzielt hat«, verdeutlichte man ihr, »werden zunichte gemacht, wenn Sie und andere diese Erinnerungen wieder in Frage stellen.« (279, 68) Es ist schon erstaunlich, als wie wenig stabil die Frauenbewegung das Fundament ihrer eigenen Erfolge betrachtet. Eine Anruferin bei einem Radiosender beschuldigte Loftus, in Verbindung mit christlichen Gruppen zu stehen, »die die Sache des Patriarchats vorantreiben wollen« (279, 73). Die Autorin eines Leserbriefes an eine Zeitung beschimpfte sie, »hartherzig, bösartig und selbstsüchtig zu sein« und ihre weibliche, intuitive Seite vor sich selbst verschlossen zu haben. Ihre Arbeit hätte gefährliche Auswirkungen auf das Rechtssystem, da Klientinnen abgeschreckt werden könnten, vor Gericht zu gehen, während Anwälte sich anmaßen würden zu definieren, was als »therapeutisch« zu verstehen sei. »Hören wir lieber den Frauen, Therapeutinnen und mit ihrer weiblichen Seite vertrauten Männern zu, die sich diesem patriarchalen Wahnsinn entgegenstellen!« (279, 364)

Hexenjagden – Welche Folgen hatten und haben diese Irrtümer?

Tatsächlich entwickelte sich ein Wahnsinn ganz eigener Sorte. Es war kaum zu glauben, aber es geschah: Zum Ende des Jahrtausends traten unangreifbare Dogmen, die von überspannten Feministinnen ex cathedra verkündet wurden, an die Stelle jeglicher sachlicher Auseinandersetzung. Wissenschaft wurde als »patriarchal« abgelehnt, jeder Aufdecker und jede Aufdeckerin konnten ihre persönlichen fixen Ideen verfolgen und gewann mehr und mehr Anhänger. Die Kritiker dieser Bewegung zogen wenig schmeichelhafte historische Vergleiche – so etwa Sigrid Rösner und Burkhard Schade in der »Zeitschrift für das gesamte Familienrecht« 10/1993: »Manche Aktivitäten dieser Beratungseinrichtungen muten an wie die Hexenverfolgung im Mittelalter. So wie damals Frauen nach dem Ausschreien (öffentliches Verleumden einer Frau als Hexe) nur noch minimale Chancen hatten, sich gegen den Vorwurf, eine Hexe zu sein, erfolgreich wehren zu können, so ähnlich erleben sich bisweilen beschuldigte Mütter oder Väter, wenn ihnen gegenüber der Verdacht geäußert wird, ihr Kind sexuell missbraucht zu haben.« (219, 213)

Der Kinderschänder ist vielleicht einer der letzten Täter, die auch heute noch die volle Verachtung unserer Gesellschaft treffen. Mehr noch als Gewalttäter gegen Frauen wie prügelnde Männer oder Vergewaltiger unterliegt er einem unangreifbaren Bann. Auch nur der Versuch, sein Verhalten psychologisch zu erklären, wird als Entschuldigung, wenn nicht gar Unterstützung der Taten diffamiert. Vor allem aber sind es viele der vermeintlichen Opfer, die im Laufe ihrer Therapien den Teufel als wahren Schuldigen für ihre Leiden auszumachen glauben. »Nach vorsichtigen Schätzungen werden sich ungefähr 15 Prozent der Klientinnen, die Erinnerungen an Missbrauch aufdecken, am Ende daran erinnern, während der Kindheit von einer satanischen Sekte gefoltert worden zu sein.« (339, 275) Während der Therapie brechen die groteskesten Höllenvisionen an satanischem Missbrauch hervor, so etwa bei einer in Hypnose »zurückgeführten« Patientin namens Barbara: »In den Szenen geht es beispielsweise darum, dass sie unter eine Leiche eingeklemmt wird, die aus einem Schrank herausfällt; gezwungen wird, in einem Sessel zu sitzen und ›tagelang‹ Hexensuppe zu riechen ... Später wird sie Szenen aufdecken, in denen sie einen Augapfel essen musste; von ihrer Mutter als Prostituierte verkauft wurde; ein Baby töten und sein Herz herausschneiden musste.« (339, 248–249).

Es gibt etliche vergleichbare Fälle dieser Art:

• Im Juni 1992 wurden im kanadischen Martensville neun Mitarbeiter eines Babysittingservices des rituellen Missbrauchs von dreißig kleinen Kindern angeklagt, nachdem eine fundamentalistische Mutter bei ihrem zweijährigen Sohn eine Windeldermatitis entdeckt hatte. Die Kinder stritten erst ab, dass irgendetwas Ungehöriges vorgefallen sei, förderten aber nach lang anhaltendem Druck die gewünschten »Erinnerungen« zutage. Sie berichteten, dazu gezwungen worden zu sein, Blut und Urin zu trinken und Kot zu essen. Zwei Jungen behaupteten, ihnen sei eine Axt in den Hintern und ein Vibrator in den Penis geschoben worden. Medizinische Hinweise für solche Vorgänge ließen sich nicht finden. Sieben der neun Angeklagten wurden schließlich freigesprochen – ein Hinweis auf eine patriarchale Verschwörung? (385, 149)

• Einmal in Lauf gebracht konnte die Satanismushysterie auch Frauen treffen: Ein Berufungsgericht in New Jersey widerrief 1993 das auf 49 Jahre Gefängnis lautende Urteil gegen die Vorschullehrerin Margaret Kelly Michaels. Ihr war der Missbrauch von 19 Kindern zur Last gelegt worden; die Staatsanwaltschaft gab für diesen Prozess fast drei Millionen Dollar an Steuergeldern aus. »Die Kinder bezeugten, Frau Michaels könne Autos in Bäume werfen und habe ihren nackten Körper gern mit Erdnußbutter bestrichen, welche sie dann ablecken mussten. Sie behaupteten außerdem, sie seien, wie es oft in Büchern über Satanskulte berichtet wird, gezwungen worden, Kot und Urin zu verzehren, und Michaels habe ihnen Legosteine in Vagina und After geschoben. Michaels verbrachte fünf Jahre im Gefängnis, bevor sie freigesprochen wurde. Unglaublicherweise legte der Staat Berufung ein.« (385, 154)

• Aufgrund ähnlich absurder Behauptungen sitzt Robert Kelly, der Betreiber einer Vorschule, wegen 99 Fällen sexuellen Missbrauchs eine Strafe von zwölfmal lebenslänglich ab. Nach langer Therapie und Hunderten von suggestiven Fragen erklärte zum Beispiel ein Junge, der Angeklagte habe eine Gruppe von Kindern auf einem Schiff mitgenommen, das von Haien umgeben war. Ein Mädchen habe er zu den Haien ins Wasser geworfen, sei dann aber ins Wasser gesprungen und habe sie gerettet. Robert Kelly habe Babys mit einer Pistole getötet, Fotos seiner Angestellten beim Geschlechtsverkehr gemacht und routinemäßig Kinder auf Raketen in den Weltraum geschossen. Die Kinder, heute junge Erwachsene, sind immer noch von der Echtheit ihrer Erinnerungen überzeugt. »Wir wissen es, wir waren dort«, erklärten sie in zahlreichen Talkshows. Robert Kelly hingegen sitzt noch heute. Er kann allerdings in 240 Jahren um eine Begnadigung nachsuchen (385, 155–156). »Gott sei dank bin ich kein Beamter der Strafverfolgungsbehörden!« äußerte sich Dan Sexton, der Direktor der landesweiten telefonischen Nothilfe bei Kindesmissbrauch in den USA. »Ich bin Psychologe, also brauche ich keine Beweise; ich habe eine andere Position, deshalb muss ich keine Beweise sehen, um es zu glauben ...« (339, 301) Noch deutlicher wird eine kalifornische Therapeutin, die von der »Washington Post« zitiert wurde: »Es ist mir gleich, ob es wahr ist. Was tatsächlich geschehen ist, ist für mich irrelevant ... Unser aller Leben ist doch ein Wahn.« (339, 198)

Nun würde diese Einstellung durchaus Sinn machen, wenn sie auf die Therapie beschränkt bliebe. Wenn ein Patient dadurch Linderung oder Heilung erfährt, dass seine persönliche Sichtweise geglaubt und angenommen wird, dann ist das eine positive Entwicklung und erfordert in der Tat keine Indiziensammlung. Die Probleme in Verbindung mit »Aufdeckungstherapien« sind folgende:

• Es wird keineswegs die Geschichte des Patienten angenommen, sondern ihm werden Erinnerungen aufgezwungen, die oft in krassem Gegensatz zu seinen eigentlichen Kindheitserinnerungen stehen (339, 63).

• Die therapeutische und die historische Wahrheit werden von den »Aufdeckern« fast grundsätzlich durcheinander gebracht, woraufhin die Patienten in einer imaginären Horrorwelt landen (339, 88). Die Erwartung, dass die Patientin ihre Pseudo-Erinnerungen mit allen dazugehörenden Gefühlen, aller Angst und allem Schmerz durchleidet, die bei einem tatsächlichen Missbrauch angemessen wären, bedeutet in der Tat »die unnötige Folterung verletzlicher Menschen« (339, 76–77).

• Diese imaginäre Horrorwelt wird zu einer realen, indem die Patienten dazu ermutigt werden, gegen ihre Eltern gerichtlich vorzugehen und extrem hohe Summen als Schadensersatz und Schmerzensgeld zu verlangen. »Trotz allem« empfiehlt Summen zwischen 20.000 und 100.000 Dollar. Tatsächlich gehen die Klagen oft in die Millionenhöhe (279, 291; 428, 236).

• »Ein Therapeut, der unentwegt Hinweisen auf sexuellen Missbrauch nachjagt, übersieht oder missdeutet möglicherweise Anzeichen für augenfälligere Störungen, die eine Behandlung erfordern würden.« (546, 20)

- Den Patientinnen werden völlig unsinnige Heilsversprechen gemacht: Dass sie eine neue Tiefe und Reichhaltigkeit in ihrem Leben finden werden, verspricht »Trotz allem« ebenso wie dass viele Opfer aus ihrer Sensibilität übersinnliche Fähigkeiten entwickelt hätten. In Zukunft werden sie, so heißt es, intuitiv wissen, wie sie mit Situationen umgehen müssen, die sie bisher verwirrt hatten (339, 182–183).

- Patienten lernen, sich ausschließlich als Opfer zu betrachten, und geraten nicht selten, da sie sich ihrer Familie und ihren Bekannten entfremdet haben, in eine Abhängigkeit von ihrem Therapeuten (455, 35). Er ist auch der einzige, der von dieser Misere profitiert: Während in den USA der Staat für die Behandlung eines Vergewaltigungsopfers weniger als 2000 Dollar zahlt, zahlt er über 9000 Dollar für die Aufdeckung verborgener Erinnerungen. Davon kann eine ganze Industrie leben: Die Gesamtbehandlung einer einzelnen stationären Patientin durch verschiedene Psychiater, Psychologen, Sozialbetreuer und Kliniken summiert sich in solchen Fällen durchaus auf über eine Million Dollar. Es ist sogar eine Gesamtrechnung von über 2,75 Millionen Dollar nachgewiesen (339, 456–457).

Auch eine kritische Untersuchung der Praktiken der deutschen, feministisch inspirierten Gruppe »Wildwasser« macht deutlich, dass es dort an einem verantwortungsvollen wissenschaftlichen Vorgehen mangelt: »So etwas ist nicht Beratung, sondern Zauberei«, charakterisiert Karin Walser deren Vorgehensweise, »oder, unfreundlicher ausgedrückt: nicht weit entfernt von Gehirnwäsche, die so weit geht, dass Mädchen und Frauen nicht nur das in den Mund gelegt wird, was die Beraterin hören will, dass ihre Rückschlüsse den Mädchen aufgedrängt werden, nein, es geht sogar so weit, dass die ›Erinnerungen‹ der Mädchen ›korrigiert‹ werden. ... So entpuppt sich das ganze Beratungsverfahren als wahre Perfidie: Zuerst drängen die Beraterinnen den Mädchen ihre Perspektive auf, entfremden sie von ihren eigenen Erinnerungen und gießen Öl ins Feuer, um dann, mit gespielter Unschuld, sich als Befreierinnen anbieten zu können. ... Die Beraterinnen verhalten sich in der Interaktion mit den Mädchen exakt nach dem Muster missbrauchender Erwachsener, die vorgeben zu wissen, was den Mädchen guttut, und ihnen einreden, sie würden es schon merken, wenn sie sich darauf einließen.« Vielleicht ist die Projektion der eigenen Missbrauchstriebe und -phantasien auf unbekannte Männer auch ein Grund für die hysterische Irrationalität, mit der solche »Aufdeckungen« praktiziert werden. Frauen, denen ein solcher »künstlicher« Missbrauch von selbsternannten Aufdeckerinnen angetan wird, sind dann auch in der Regel verzweifelt und wie gelähmt.

Hier herrscht nicht mehr die nüchterne Vernunft, hier wütet ein gefährlicher halbreligiöser Wahn: »Es ist ein vormodernes Weltbild, in dem die Menschen nur auf Erlösung hoffen können, auf Befreiung durch eine Macht, die von außerhalb kommt, und als solche bietet sich »Wildwasser« an. In den Kreis aufgenommen werden diejenigen, die in der Beratung ›Zeugnis‹ abgelegt haben. Die zum Teil recht militanten Gruppen bilden sich folglich nach Regeln von Sekten.« Und der Antichrist in dieser Vorstellung ist der Mann an sich, dessen bevorzugte Sexualpraktiken laut »Wildwasser« Vergewaltigung und orale Penetration darstellen (522, 264–269).

Wenn man sich so weit in Bedrohungsphantasien hineinsteigert, dann glaubt man offenbar auch an ein Netzwerk satanischer Kulte, das seit Generationen besteht und zahllose Verbrechen beging, ohne gefasst worden zu sein. Dieser Glaube verbreitete sich mehr und mehr. So zeigte in den USA das Titelbild der feministischen Zeitschrift »Ms.« eine Schlange, die sich um ein Baby windet; die dazugehörige Schlagzeile lautete: »ES GIBT RITUELLEN MISSBRAUCH: GLAUBEN SIE ES.« Trotz des beschwörenden Tonfalls war dem Artikel kein Hinweis zu entnehmen, dass die »Ms.«-Redaktion die ihnen unterbreiteten Geschichten einer Überprüfung unterzogen hatte. Ähnlich fundiert war die Berichterstattung in Deutschland. Das vom Bastei-Lübbe-Verlag herausgebrachte Taschenbuch »Sexopfer Kind« des Journalisten Peter Jamin – über dessen Hintergrund und fachliche Kompetenz das Buch bezeichnenderweise keinerlei Angaben macht – enthält auch ein Kapitel über den Missbrauch in Satanskulten. »Perfekt gegen das Eindringen von Fremden abgeschottet und geheimbündlerisch organisiert, treiben diese Vereinigungen ihr Unwesen nahezu ohne Kontrolle durch Staat und Polizei.« Eben wegen dieser perfekten Abschottung gibt es auch keinerlei greifbare Hinweise! So ist denn auch Jamins Quellenarbeit phänomenal: »immer wieder wird vermutet« heißt es, um Opferzahlen zu belegen, die in die Hunderttausende gehen. »Unbewiesenen Behauptungen zufolge« seien 400.000 Menschen, meist entführte Kinder, rituell geopfert worden. »Nach Schätzungen« sind es mehrere ermordete Kinder pro Jahr. Wie eine solche Opferung abläuft, wird aber sehr eindringlich beschrieben: »Der Priester schlitzte das schreiende Baby auf, riss ihm mit der Hand das Herz aus dem Leib, packte den Kadaver des Kindes und schleuderte ihn ins Feuer, als wäre es ein lästiges Stück Dreck.« (222, 127–134) Mit der Hand das Herz herausreißen – üben Sie das bitte nicht zu Hause.

Wenn es solche Riten gäbe, müssten überall in den USA Zehntausende Leichen verstümmelter Säuglinge begraben liegen. Man konnte jedoch noch keine einzige finden – und das obwohl die Polizei solchen Geschichten mit extremer Gründlichkeit nachging, Tausende von Menschen befragte, nach Knochen grub und etliche angebliche Kultorte absuchte. Der FBI-Beamte Ken Lanning untersuchte über dreihundert solcher Fälle und fand nicht den geringsten Beweis. Eine Sondereinheit der Polizei von Utah setzte 250.000 Dollar für verwertbare Hinweise aus: Niemand meldete sich. Das erschütterte die Fundamentalisten nicht im Geringsten. Sie erklärten, Satan sei so mächtig, dass er jede Hinweisspur beseitige (339, 279; 385, 148–149). Wie bei der Diskussion um die sexuelle Belästigung wird gerade, dass es keine Indizien gibt, als das schwerwiegendste Problem verkauft. »Menschen, die meinen, es gäbe in Wirklichkeit gar keinen rituellen Missbrauch, sind entweder naiv – wie die Leute, die nicht an den Holocaust glauben – oder niederträchtig«, erklärte der Satanistenjäger Cory Hammond auf einer Weiterbildungsveranstaltung der American Medical Association. Frenetischer Applaus der Zuhörer. Hammond zufolge leiten die CIA, die NASA, die Mafia und eine Gruppe Geschäftsleute ein Netzwerk satanischer Kulte, das von Naziwissenschaftlern begründet wurde, die nach dem Zweiten Weltkrieg in die Vereinigten Staaten geschmuggelt wurden. Das Ziel dieses satanischen Netzwerks sei natürlich die Weltherrschaft. Zu diesem Zweck sei es damit beschäftigt, »Zehntausende von geistigen Robotern« hervorzubringen, die (natürlich) zu »Pornographie, Prostitution, Drogenschmuggel und internationalem Waffenhandel bereit sind«. Durch die Produktion von Horrorfilmen sendeten die Satanisten in Hollywood Botschaften an ihre Mitglieder und bereiteten gleichzeitig den Rest der Gesellschaft so vor, dass alle, »wenn der internationale satanische Orden die Macht übernimmt, diesen Dingen gegenüber abgestumpft sein werden.« (236, 193; 339, 298, 291)

Pornographie? Prostitution? Internationale Verschwörungen so wie das Patriarchat? Es war nicht allzu verwunderlich, dass auch hier die Feministinnen sehr schnell auf den Plan traten – und zwar keineswegs die zweite Garnitur, sondern gleich die allererste Reihe. Es waren Gloria Steinem, die Kultfigur der internationalen Frauenbewegung, und Catharine MacKinnon, vorderste Kämpferin gegen Pornographie und sexuelle Belästigung, die sich massiv in die Ermittlungen wegen satanischen Missbrauchs in der kalifornischen Vorschule McMartin einschalteten. Auch hier gab es keinerlei greifbare Hinweise, aber das konnte Gloria Steinem und die von ihr unterstützten Satansjäger keinesfalls abschrecken: Die Kinder, so wurde von ihnen behauptet, hatte man einer Gehirnwäsche unterzogen, so dass sie sich nicht daran erinnerten, auf unterirdischen Altären missbraucht oder von Pornoringen außer Landes geschafft worden zu sein, woraufhin sie gerade rechtzeitig zurückgebracht wurden, damit ihre Eltern sie wieder abholen konnten. Von 1985 an wurde jahrelang rings um das Schulgelände nach »Missbrauchstunneln« gegraben. Das einzige, was gefunden wurde, waren Hinweise darauf, dass einige Eltern gefälschte Indizien verstreuten. Geleitet wurden die Ausgrabungen von einem Teufelsjäger namens Ted Gunderson, der allerdings ein wenig in Verruf gekommen war, nachdem er in der Fernsehtalkshow »Geraldo« unbegründete Behauptungen über massenhafte Ritualmorde verbreitet hatte. Eine Mutter erhob bizarre Anschuldigungen gegen einen Lehrer, er habe »ihren Sohn sodomisiert, während er den Kopf des Jungen in eine Toilette steckte, ihn nackt auf einem Pferd reiten lassen und mit diversen Geräten gefoltert«. Später stellte sich heraus, dass sie an paranoider Schizophrenie litt, sie starb an einem alkoholbedingten Leberleiden. Inzwischen erklärten 369 der 400 interviewten Kinder, sie seien missbraucht worden. Kinder, die keine Anschuldigungen lieferten, wurden von einer »Therapeutin« beschimpft: »Wozu taugst du schon? Du musst dumm sein.«

Es entstanden Gerüchte, die Frau des Bürgermeisters würde Leichen durch die Stadt transportieren. Ein Vater verständigte mitten in der Nacht erregt die Staatsanwaltschaft, jemand von »der Verschwörung« habe einen Pflock in seinen Rasen gerammt. Dieser »Pflock« stellte sich am nächsten Morgen als erblühte Gladiole heraus. Andere »Aufdecker« waren voller Panik, weil sie glaubten, dass ihre Telefone abgehört würden und Auftragskiller hinter ihnen her seien. Zur Sammlung der Geschichten, die eine »Expertin« den Behörden als »glaubwürdig« präsentierte, gehörte: »dass Kinder in Friedhöfen Leichen ausgruben; zu Flügen in Flugzeugen mitgenommen wurden; mit Knüppeln Tiere töteten (darunter ein Pferd); Teufelsverehrungen beobachteten; lebendig begraben wurden; nackte Priester in einem geheimen Keller unter der Schule herumtoben sahen; einen Lehrer fliegen sahen; rote oder rosa Flüssigkeiten erhielten, um sie schläfrig zu machen« und mit Schokoladensoße überzogene Föten aßen. Gloria Steinem unterstützte die Herstellung solcher Berichte durch Geldspenden. Diese Berichte wurden später ein großer Erfolg in Gruppen, die sich auf Verschwörungstheorien im Zusammenhang mit Ufos, der Ermordung Kennedys oder Gehirnwäsche durch die CIA spezialisiert hatten. Der Führer einer von Steinem finanziell und politisch unterstützten Organisation verkündete gar, es sei die US-Regierung und nicht Rechtsradikale gewesen, die 1995 das Amtsgebäude in Oklahoma in die Luft gejagt hatte. Andere Gruppen verbreiteten wirre Thesen über einen landesweiten Kinderhandel des FBI und einen jüdischen Arzt namens Greenbaum, der Delphine für Vergewaltigungen dressierte. Nun werden Steinem und MacKinnon wohl am besten wissen, in welcher Gesellschaft sie angemessen aufgehoben sind.

Debbie Nathan und Michael Snedeker, die in ihrem Buch »Satan's Silence« (Das Schweigen Satans) diese Auswüchse der Missbrauchshysterie analysiert haben, warnen allerdings zu Recht davor, Feministinnen und politische Wirrköpfe allzu unbekümmert in einen Topf zu werfen: »Diese Strömungen finden sich am stärksten unter Antipornographie- und Frauen-als-Opfer-Feministinnen. Inzwischen ist es allerdings vielen klar geworden, dass die Vertreterinnen dieser Ideen sich weniger für eine politische Bewegung engagieren als für einen moralischen Kreuzzug, der einen gefährlichen Flirt eingeht mit Abtreibungsgegnern, Schwulenhassern, Rassisten und Vertretern des Grundsatzes, dass der Platz der Frau das Zuhause ist. Es ist ebenso offensichtlich, dass die Pornogegnerinnen und Opferfeministinnen die Hauptvertreterinnen der Frauenbewegung bei der Panik um rituellen Missbrauch sind. Catharine MacKinnon zum Beispiel hat ihren Glauben an die Existenz von weitverbreitetem kultischen Missbrauch öffentlich verkündet. Dasselbe gilt für Gloria Steinem und zahllose Psychotherapeutinnen, Sozialarbeiterinnen, Doktorinnen, Rechtsanwältinnen und Autorinnen, die sich als Feministinnen bezeichnen.« Bezeichnenderweise sind es gerade die lautstärksten und bekanntesten Feministinnen, die sich in einen Verfolgungswahn nach dem anderen hineinsteigern. Auch in Deutschland ist es Alice Schwarzer, die sich von allen Seiten durch Porno, Inzest und tausend andere Dinge bedroht fühlt, während nüchternere, sachlichere Feministinnen wie Katharina Rutschky bei weitem nicht diesen Bekanntheitsgrad genießen.

Dabei bleibt eine solche durch die Medien verstärkte Hysterie selten ohne Opfer: Der Prozess um die McMartin-Schule erwies sich als der längste Kriminalprozess, den es je in den Vereinigten Staaten gegeben hatte. Die im Laufe der fragwürdigen »Ermittlungen« entstandenen Denunziationen zerstörten die Persönlichkeit mehrerer Lehrer und brachten die Managerin der Schule für mehrere Jahre ins Gefängnis, noch bevor der Prozess überhaupt abgeschlossen war. Schließlich wurde sie aus Mangel an Beweisen entlassen (318, 4–5; 323, 89–91, 223, 243, 247; 428, 20, 226). Gloria Steinem und Catharine MacKinnon haben in der Frauenbewegung weder an ihrem Ruf noch hinsichtlich ihres politischen Einflusses irgendeinen größeren Schaden genommen.

Therapeuten, die satanischen Missbrauch bezweifeln, werden in der »Aufdeckerbewegung« hingegen alles andere als gerne gesehen: »Wenn Sie nicht glauben, dass das geschehen kann, dann sollten sie nicht auf diesem Gebiet arbeiten. Wir wollen Ihre Beteiligung nicht, denn Sie tragen bloß dazu bei, dass das Thema noch verwirrender und schwieriger wird.« (339, 302) So ist es nicht verwunderlich, dass es zu einer Unzahl immer bizarrerer Fällen kommt, von denen hier einige wenige beispielhaft geschildert werden:

• Der körperlich und geistig behinderte Sonntagsschullehrer Dale Akiki aus San Diego wurde von zehn Kindern beschuldigt, sie bei Satansriten missbraucht zu haben. Im Einzelnen wurde ihm vorgeworfen, er habe die Kinder kopfüber an einen Deckenleuchter gehängt, sie in Toiletten getaucht, ein Baby und mehrere Kaninchen geopfert sowie einen Elefanten und eine Giraffe in die Sonntagsschule mitgebracht, um sie zu schlachten. Akiki kam schließlich frei – nach zweieinhalb Jahren hinter Gittern (428, 224; 385, 152).

• Laura Pasley war als begabte Juristin in einem texanischen Gefängnis beschäftigt, wo sie von den Festnahmeprotokollen bis zu sämtlichen Computersystemen ihre Aufgaben vollständig beherrschte. Wegen emotionaler Störungen beschloss sie, an einer Gruppentherapie teilzunehmen. In deren Verlauf stellte sich mehr und mehr heraus, dass sämtliche Patienten »Opfer« waren: zunächst von Ess-Störungen, dann von sexuellem Missbrauch, von Inzest, von satanischen Ritualen bis hin zur Entwicklung einer »multiplen Persönlichkeit«. Pasley schildert dies im Nachhinein als »die reinste Krankheit-des-Monats-Liste«. Sie erlebte eigene Rückblenden, die immer bizarrer wurden: »Da gab es Gruppensex-Missbrauch, ein toter Mann hing an einem Seil, getötet von meinem Großvater, ich wurde von Tieren sexuell missbraucht und vieles mehr.« Ihr Verstand war angefüllt mit den abscheulichsten Vorstellungen. Sobald sie Zweifel zeigte, setzten die Gruppe und ihr Leiter verstärkten Druck ein: »du leugnest« oder »du willst für deine Familie krank bleiben«. Gruppenmitglieder wurden angewiesen, ihren Eltern Briefe mit wüsten Anschuldigungen zu schicken. Eine Frau, die zu ihren Eltern fahren und mit ihnen über ihre Erinnerungen sprechen wollte, wurde angeschrieen, dass ihr Leben in Gefahr sei: »Was ist mit dem Hexenzirkel?« Sie sprach dennoch mit ihren Eltern, kurz danach starb ihre Mutter an einem Herzanfall. Der Tochter wurde allmählich die Unsinnigkeit ihrer Behauptungen klar, seitdem lebt sie mit starken Schuldgefühlen. Laura Pasley selbst betrachtete ihre eigene Familie und jeden, der ihre Therapie anzweifelte, mit immer größerem Argwohn und glaubte schließlich, ihre Eltern versuchten, sie zu töten. Sie lebte die Therapie, so berichtet sie, sieben Tage die Woche, 24 Stunden am Tag. »Trotz allem« und ähnliche Bücher gehörten zu ihrer Pflichtlektüre. Da man ihr sagte »erst muss es dir schlechter gehen, ehe es dir besser geht«, glaubte sie, große Fortschritte zu machen. Endlich erkannte sie den Wahnwitz dieser Bewegung, löste sich von ihr und begann, sich um die Mitglieder der zerstörten Familien zu kümmern. Gegen ihre Aufklärungsarbeit finden Demonstrationen statt, deren Teilnehmer Schilder schwenken mit der Aufschrift: »Wir glauben den Kindern.« (435, 157–165)

• Im Laufe einer Hypnosetherapie »erinnerte« sich die Schwesternhelferin Nadean Cool, als Mitglied eines satanischen Kultes Säuglinge verspeist und den Mord an ihrer achtjährigen Freundin mitangesehen zu haben. Schließlich glaubte sie, mehr als 120 Persönlichkeiten in sich zu haben – von Kindern, Erwachsenen, Kannibalen, Engeln und sogar einer »dämonischen Ente«. Ihr Therapeut versuchte sich unter anderem als Exorzist. Während einer fünfstündigen Teufelsaustreibung besprengte er Nadean mit Weihwasser und schrie sie an, Satan solle ihren Körper verlassen. Als Nadean begriff, dass ihr falsche Erinnerungen eingepflanzt worden waren, verklagte sie den Arzt wegen Kurpfuscherei und erstritt 2,4 Millionen Dollar Schadensersatz (280, 62; 540, 266).

• Steven Cook »erinnerte« sich im Laufe einer Hypnose an sexuelle Übergriffe des angesehenen Kardinals Joseph Bernardin. Es stellt sich heraus, dass seine Therapeutin ihr Psychologiestudium bei einem Guru absolviert hatte, der behauptete, »die Verkörperung eines göttlichen Geistes« zu sein. Cook forderte von dem Kardinal anfangs zehn Millionen Dollar Schadensersatz, zog seine Anklage aber zurück, nachdem ihn ein klinischer Psychologe davon überzeugt hatte, dass seine »Erinnerungen« erfunden waren (385, 148).

• Im County Kern kam es zu Ermittlungen gegen satanischen Missbrauch, die um so intensiver durchgeführt wurden, je weniger Spuren man dafür fand, dass überhaupt etwas geschehen war. Ohne jedes Ergebnis wurden Häuser durchsucht, Hinterhöfe umgegraben, der Boden zweier Seen durchpflügt. Drei Menschen, die von Kindern als Opfer satanischer Morde benannt wurden, tauchten quicklebendig auf, ein viertes »Opfer« war Jahre zuvor eines natürlichen Todes gestorben. Als der Staatsanwalt die Ermittlungen abbrechen wollte, bezeichnete der Sheriff der Stadt ihn als einen »hodenlosen Hurensohn« und schlug nach ihm. Eine Briefkampagne drängte ihn dazu, seine Untersuchungen fortzusetzen. Schließlich beschuldigten die Kinder eine Mitarbeiterin der Staatsanwaltschaft und einen Hilfssheriff. Die eigentlichen Angeklagten wurden zuletzt zu Haftstrafen zwischen 273 und 405 Jahren verurteilt. Als ein Zeitungsreporter den Richter fragte, warum er dermaßen streng geurteilt habe, erklärte dieser, er habe Fotos betrachten müssen, auf denen die Angeklagten die scheußlichsten überhaupt vorstellbaren Perversionen begangen hätten. Tatsächlich wurden dem Gericht keinerlei derartige Fotos präsentiert, und es fanden sich nach zahllosen Durchsuchungen auch keine im Büro des Sheriffs (323, 98).

• Ein Mädchen namens Nicole Althaus bezichtigte, ermuntert von Lehrern und Sozialarbeitern, ihren Vater des sexuellen Missbrauchs. Er wurde verhaftet. »Nicole berichtete außerdem, sie habe drei Kinder geboren, die ihre Verwandten umgebracht hätten, sie sei in einem vollbesetzten Restaurant vergewaltigt worden und ihre Großmutter sei auf einem Besen herumgeflogen.« Nach einem Jahr widerrief Nicole ihre Anschuldigungen und verklagte ihre Therapeuten. Die Geschworenen sprachen ihr eine Entschädigung über eine Viertelmillion Dollar zu (402, 208–209).

• Der »American Scholar« berichtet von einer Frau, die während ihrer Therapie zu der festen Überzeugung gelangte, von ihrem Onkel sexuell belästigt worden zu sein. Sie erinnerte sich sogar an das genaue Datum. Ihre Mutter fand heraus, dass ihr Bruder in der fraglichen Zeit als Soldat in Korea gewesen war. »Ja, Mutter, wenn ich das bedenke und deine Daten stimmen«, erwiderte die Tochter unbeeindruckt, »dann muss es Papa gewesen sein.« (385, 141).

• »Anne Stone« (geänderter Name) galt viele Jahre als wichtigste Patientin von Dr. Bennett Braun, dem bekanntesten amerikanischen Experten auf dem Gebiet der Aufdeckung verschütteter Erinnerungen. Im Laufe ihrer Therapie erfuhr Anne, dass ihre Familie seit Generationen – seit 1604 – einer satanischen Sekte angehörte. Sie erinnerte sich auch daran, dass sie vergewaltigt und gezwungen worden war, ihre eigenen, rituell abgetriebenen Föten zu essen. Schließlich wurde aufgedeckt, dass Anne in ihrer Sektenlaufbahn bis in den Rang einer Hohepriesterin aufgestiegen war und so die Verantwortung für neun Bundesstaaten trug. »Sie beschrieb brennende Fackeln als Sexualinstrumente, Beerdigungen, die Tage dauerten, und dass sie im Jahr Fleisch von 2000 Menschen essen musste.« Noch vor ihrer ersten Menstruation war sie mehrmals schwanger gewesen. Dr. Braun berichtete ihr, andere Patientinnen hätten ihm Fotos gezeigt, die Anne bei Satansritualen zeigten. Als sie ihn darum bat, diese Fotos sehen zu dürfen, erklärte er ihr, sie sei noch nicht so weit. Dafür zeigte er ihr häufig Postkarten mit Genesungswünschen, die andere Patientinnen bekommen hatten, und bat sie, die in den Bildern und Texten verborgenen satanischen Botschaften zu deuten. Anne analysierte auch Telefonnummern, Termine und Blumensträuße. Dr. Braun nahm sie immer häufiger auf Fachkonferenzen mit, um sie und ihren Fall vorzustellen. Das Lokalfernsehen strahlte einen Mehrteiler über sie aus. Bald umfasste die von Anne und Dr. Braun erkannte Sektenverschwörung Firmen und Organisationen wie AT&T, Hallmark-Grußkarten, die CIA, den Blumenversand FTD, die Fernseh-Wohltätigkeitsgala von Jerry Lewis und schließlich auch das FBI, nachdem es dessen Mitgliedern nicht gelang, irgendwelche Anzeichen für eine entsprechende Verschwörung zu finden. Dr. Braun berichtete Anne später, dass er einem Mordanschlag des FBI nur knapp entkommen sei. Erst als Anne Stone in eine andere psychiatrische Klinik überwiesen wurde, wo man auf ihre Stellung als Hohepriesterin keine Rücksicht nahm, bewältigte sie den Weg zur seelischen Gesundung (339, 347–385)

• Was sich hier wie eine Sammlung schlechter Witze anhört, nahm in den USA immer mehr den Charakter einer Massenbewegung an. Mehr als 100 Gemeinden wurden von der Missbrauchshysterie ergriffen. Frauen berichteten, sie seien mit Stöcken fürs Vieh gefoltert, mit Brandeisen gezeichnet, mit Tierkadavern vergewaltigt und mit toten Menschen lebendig begraben worden (435a, S. 233). Was als die Wahnvorstellungen von Frauen begonnen hatte, die sich als im klinischen Sinne geistesgestört erwiesen, wurde von Vertretern des Gesetzes für bare Münze genommen. In Sacramento wurden (ohne Ergebnis) Berichte über »Orgien mit den Lebenden und den Toten« überprüft. In Cincinnati wurden Erzieher der Vergewaltigung und Herstellung von Kinderpornographie beschuldigt, nachdem ein Kind beim Abendessen »Penis« gesagt hatte. In Nevada sah ein Fünfjähriger im Fernsehen Bilder von Models im Badeanzug und fragte seine Mutter, ob es anständig sei, solche Bilder aufzunehmen – der Fall endete damit, dass seine Babysitter beschuldigt wurden, rituelle Opfer vollzogen und Kindern Blut und Urin von Tieren zum Trinken gegeben zu haben (323, 109–110). Bald fühlten sich diejenigen Studentinnen isoliert, die keine »Überlebenden« waren und auf Partys nicht über ihren erlittenen Missbrauch plaudern konnten (414, 105). »Ich wurde durch die geheime Anziehungskraft missbraucht, die mein Vater auf mich ausübte«, erklärte eine dieser Frauen. »Ich wusste, dass er daran dachte, Geschlechtsverkehr mit mir zu haben, und diese Form der sexuellen Ausbeutung ist fast genauso schlimm wie ein tatsächlicher Missbrauch.« Sie hatte keine Probleme, in eine Therapiegruppe aufgenommen zu werden (546, 48). Es hatte sich inzwischen sogar eine kleine Kulturindustrie des Missbrauchs entwickelt, die außer den Ratgebern zum Beispiel auch Gedichtbände und Bilder von und für »Überlebende« anbot. Das Thema Missbrauch mit all seinen Mythen wie »Verdrängung« und »Multiple Persönlichkeiten« floss in Romane, Comics, Fernsehfilme, Soap Operas und Talk Shows ein (455, 35).

Bei der Unzahl von tatsächlichen Opfern, die diese Missbrauchspanik in den gesamten Vereinigten Staaten erst hervorrief, blieb es nicht aus, dass sich Gegenbewegungen bildeten. Anfang 1992 wurde die False-Memory-Syndrome-Foundation ins Leben gerufen, die sich zum Ziel machte, Erklärungen für diese Epidemie falscher Erinnerungen zu finden, neuen Fällen vorzubeugen und den Opfern zu helfen. Nur zehn Monate später war diese Stiftung bereits von zweitausend besorgten Eltern um Rat gebeten worden, wie diese mit den schrecklichen Anschuldigungen zorniger Töchter umgehen sollten (385, 141). Vor Gericht wurden die ersten Schadensersatzforderungen gegen die Scharlatane der »Aufdeckerbewegung« erwirkt. In einem Fall war ein Pastor beschuldigt worden, seine Tochter geschwängert und dann selbst eine Abtreibung vorgenommen zu haben. Es stellte sich heraus, dass er sterilisiert und die Tochter Jungfrau war. Eine außergerichtliche Einigung erbrachte eine Million Schadensersatz. Die Therapeutin ist sich immer noch keiner Schuld bewusst (352). Eine Frau, der eingeredet worden war, sie hätte als Hohepriesterin eines Satanskultes an Ritualmorden und kannibalischen Akten teilgenommen, konnte vor Gericht 10,6 Millionen Dollar Entschädigung erstreiten (446, 74). Auch Personen, die selbst festgestellt hatten, was für einen Unfug man ihnen eingeredet hatte, schlossen sich zusammen und geben mittlerweile ein Informationsblatt mit dem Titel »The Retractor« (»Der Widerrufer«) heraus (546, 223).

Nach und nach ebbte die Satanismus-Hysterie in den USA wieder ab, und viele »Teufelsjägerinnen« kamen um die Erkenntnis nicht länger herum, dass sie jeden Bezug zur Wirklichkeit verloren hatten. Doch ihre Einsichten bleiben nicht mehr als Lippenbekenntnisse: Die öffentliche Besorgnis über falsche Anschuldigungen wird als »Backlash« gegen den Feminismus abgewehrt; die Opfer der neuen Hexenverfolgung bleiben mit theoretisch jahrhundertelangen Haftstrafen hinter Gittern (323, 230, 244).

Während in den USA allmählich wieder Vernunft einzog, schwappte die Missbrauchspanik erst nach Kanada, dann nach England und schließlich ins restliche Europa über. Bei Manchester wurden zwanzig Kinder ihren Eltern weggenommen, nachdem ein sechsjähriger Junge von ermordeten Babys, in Käfigen gehaltenen Kindern und ausgehobenen Gräbern gefaselt hatte. All das erwies sich als haltlos. Auf den Orkney-Inseln berichteten Kinder, sie hätten an Teufelsanbetungen teilgenommen, bei denen die Leute als »Ninja Turtles« verkleidet gewesen seien. Sechs Millionen Pfund später wurden die Anklagepunkte fallen gelassen und die Sozialarbeiter für ihre suggestiven Fragen getadelt (435a, 234). In Holland entstanden Gerüchte von 1.600 ermordeten Babys, die sich nicht bestätigen ließen; in Norwegen kam es zu ähnlich fragwürdigen Anschuldigungen wie in den USA. In Spanien engagiert sich inzwischen der bekannte Schriftsteller Javier Marias (»Mein Herz so weiß«) gegen Verurteilungen, die wegen der besonderen Abscheulichkeit des behaupteten Verbrechens allein auf den Aussagen der Kläger beruhen. Marias fühlt sich an die Willkür-Justiz der Franco-Diktatur erinnert (215, 49).

Auch Deutschland wurde keineswegs verschont. Nichts machte das deutlicher als die Ereignisse im Münsterland, die sich um den Montessori-Lehrer Rainer Möllers drehten.

Rainer Möllers war vorgeworfen worden, über 50 seiner Schützlinge sexuell missbraucht zu haben. Die Anklage stützte sich lediglich auf die Aussagen der Kinder. Andere Beweise oder Indizien gab es nicht. Die Aussagen selbst waren aber nicht nur deshalb – gelinde gesagt – unglaubwürdig, weil Möllers ihnen zufolge über acht Jahre hinweg in einem für jedermann jederzeit zugänglichen Kindergarten unbemerkt Vorschulkinder vergewaltigt und gequält haben soll, ohne Spuren zu hinterlassen. In ihnen waren auch ähnliche Elemente wie in den amerikanischen Beschuldigungen zu erkennen: Leichenhallen, Särge, geheime Falltüren, unterirdische Räume, sadomasochistische Rituale, satanische Orgien, Kinderpornographienetzwerke und geschlachtete Frauen, die angeblich in der Turnhalle eines Kindergartens verscharrt worden waren. Der Turnhallenboden wurde aufgerissen, auch um nach den unterirdischen Gängen zu suchen. Selbstverständlich ohne Ergebnis. Ein Kind berichtete von einem Penis bis nach Afrika, auf dem Autos fahren können, ein anderes von erzwungener Geheimhaltung durch Drohungen wie: »Kohl zaubert eure Eltern tot und wirft euch aus dem 20. Stock, seine Soldaten schlagen euch den Kopf ab.« Obwohl die Kinder von permanenten analen und vaginalen Vergewaltigungen unter anderem mit Spielzeugautos, Stöcken und Zahnbürsten berichtet hatten, obwohl ihnen angeblich Bleistifte in die Vagina und Nadeln in den Penis gestochen worden waren, wurde niemals eine körperliche Untersuchung vorgenommen. Dafür wurden nach und nach auch andere Erzieher beschuldigt, Zivildienstleistende, Reinigungskräfte und sogar die Taxifahrer, die die Kleinen zum Kindergarten gebracht hatten. »Ich frage mich nur heute, welchem Zeitgeist ich aufgesessen war, dass ich mich so unreflektiert mit dem Thema beschäftigt hatte«, schreibt die »SPIEGEL«-Redakteurin Tamara Duve nach dem Ende des Prozesses. Selbstkritisch bemerkt sie, dass auch sie ohne jegliche Recherche die von Kavemann und Lohstöter veröffentlichten abenteuerlichen Zahlen – »300.000 missbrauchte Kinder im Jahr«, »jede dritte Minute eines« – übernommen hatte. Sie war nicht die einzige, die sich einer Hexenjagd angeschlossen hatte, wie ihre Archivstudie im Fall Rainer Möllers ergab: Für fast sämtliche Journalisten schien Möllers Schuld von Anfang an festzustehen. »Die Vorverurteilung war flächendeckend und perfekt.«

Die Grundprinzipien des deutschen Pressekodex – Ziffer 8: keine Nennung von Namen oder Drucken von Abbildungen von Opfer und Tätern, Ziffer 13: Berichterstattung über schwebende Verfahren frei von Vorurteilen – hatte man vollständig über Bord geworfen.

Besonders verwundert zeigte sich Duve jedoch »über die Verleumdungskampagne der »Emma«. Nicht etwa, weil sie Möllers für den Täter hielt. Damit hatte ich gerechnet, weil es in der feministischen Natur der Sache liegt.« Verblüffend sei gewesen, dass sich die »Emma«-Hexenjägerinnen weniger auf Möllers als auf die Gerichtsreporterin Gisela Friedrichsen gestürzt hatten. Friedrichsen hatte den einzigen Artikel verfasst, in dem der Erzieher nicht vorverurteilt worden war. Deshalb wurde sie als »Mittäterin« angegriffen, die sich »alle Mühe zur Verharmlosung der Sexualgewalt« gebe. Was an dieser totalitären Einstellung wiederum so verblüffend sein soll, wird aus Duves Schilderung nicht klar. Jeder, der hin und wieder einen Blick in Schwarzers Blatt wirft, lernt schnell, dass es für seine Redakteurinnen kein größeres Sakrileg, keine atemberaubendere Zumutung geben kann als die Vorstellung, dass ein Mann in irgendeiner Hinsicht unschuldig ist.

Die Vorgänge im Münsterland standen auch in anderer Hinsicht denen in Amerika in nichts nach. Die Obrigkeiten schickten Fragebögen an die Eltern, mit denen die Hysterie erst so richtig angeheizt wurde. Der Kinder- und Jugendpsychiater Fürniss von der Uniklinik Münster empfahl den Eltern, ihre Sprösslinge in der Möglichkeitsform zu befragen: »Was könnte der Rainer getan haben?« Er setzte eine selbst entwickelte Methode ein, die darin bestand, »die Fakten der sexuellen Misshandlung zu verbalisieren und damit die sexuelle Misshandlung als Fakt zu etablieren und zu konstruieren«. Die Atmosphäre in den Gerichtsverhandlungen machte deutlich, dass hier der Grundsatz »Im Zweifel für den Angeklagten« nicht länger galt. Tamara Duve: »Auf der Anklagebank saß einer, der seine Unschuld beweisen musste.«

Eine besondere Rolle spielte bei dieser Verfolgung die Organisation »Zartbitter«. Alles hatte damit angefangen, dass eine regionale Vorstandsvorsitzende dieser Gruppe die Bemerkung eines Jungen aufgeschnappt hatte, ihm täte der Po weh. Ihre Befragung des Kindes ergab, dass Möllers ihm beim Fiebermessen »den Finger in den Po gesteckt« habe. Mit diesem Stein kam die Lawine ins Rollen. »Entweder glaubst du dem Jungen, oder du glaubst ihm nicht«, machte die »Fachfrau« der Mutter klar. »Dazwischen gibt es nichts.« Die Mutter glaubte. Anstatt aber den Jungen vor dem vermeintlichen Schänder zu schützen, schickte sie ihn weiter in den Kindergarten, um mit den »Zartbitter«-Frauen eine »Strategie« gegen Möllers auszuhecken. Das war notwendig, denn, so »Zartbitter«: »Wenn ein Kind betroffen ist, müssen es mehrere sein.« Es kam zu einer Vielzahl von Gesprächen »unter dem Siegel der Verschwiegenheit«, zuletzt auch mit der Leiterin des Kindergartens selbst. Von da an wurde Möllers von Vorgesetzten und Kollegen kritisch bei jeder Handlung beobachtet. Er selbst erfuhr von den Vorwürfen erst zehn Tage später – als er fristlos entlassen wurde.

Endlich wurde er zu einem Treffen geladen, das man bei »Zartbitter« das »Konfrontations-Gespräch« nannte. »Möllers wurde nicht wie ein Verdächtiger behandelt, sondern wie ein Täter. Er wurde nicht gefragt, ob er dem Jungen den Finger in den Po gesteckt hatte, sondern man wollte von ihm wissen, was er dabei empfunden hatte. Rainer Möllers versuchte zu erklären, dass er überhaupt nicht wisse, wovon die Rede sei, und fing an zu weinen. Die »Zartbitter«-Mitarbeiterin, die den Verdacht ausgelöst hatte, sagte später: »Es war wirklich so ein Gefühlsbad, das er da selbst inszeniert hat.« Aufgrund ihrer »Professionalität« erkannte die »Zartbitter«-Frau sofort, dass hier nur ein weiterer Verdachtsmoment vorlag.

Die Möglichkeit einer falschen Beschuldigung ließ diese »Professionalität« nicht zu. Fünf Tage später veranstalteten die »Zartbitter«-Frauen eine Versammlung, auf der den Eltern mitgeteilt wurde, dass Möllers wegen sexuellen Missbrauchs entlassen worden war. Angeleitet von den »Professionellen«, machten sich die Eltern zu Hilfspolizisten, nahmen Gespräche mit ihren Kindern auf Tonband auf, interpretierten Zeichnungen. Die Vorwürfe breiteten sich aus wie ein Flächenbrand, die Missbrauchspanik griff auf die Medien über, »Bild« nannte Möllers lange vor Prozessbeginn einen »Kinderschänder« und behauptete, er sei »Deutschlands schlimmster Fall«. Dann entflammte die Justiz: Das Urteil der ersten Instanz war noch nicht gefällt, da redete die zweite schon von »erwiesenen Straftaten«. Der Scheiterhaufen brannte lichterloh.

In all dem Krachen der Flammen und Holzscheite ging völlig unter, dass der Junge, in dessen Hintern der Angeklagte beim Fiebermessen vorgeblich seinen Finger gesteckt hatte, dies vor Gericht richtig stellte: »Der ist nicht in die Hose rein, das war von außen.« Der prozessführende Richter fragte die Vorstandsvorsitzende von »Zartbitter«, ob ihr die Aussage des Jungen nicht gelegen kam, da ja 1990 die öffentlichen Mittel für ihre Organisation eingestellt worden waren: »Ist das alles wahr, oder ist das initiiert worden, um die Existenzberechtigung von »Zartbitter« zu gewährleisten?« Die Antwort der Zeugin: »Nein, das ist absurd.« Dann brach sie in Tränen aus.

Am 16. Mai 1995 wurde Rainer Möllers freigesprochen. Die Anklage gegen ihn hatte sich als unhaltbar herausgestellt – nachdem er mehrere Jahre unter einem falschen Verdacht gelebt hatte, davon über zwei Jahre in Untersuchungshaft. Das, was früher einmal sein Leben gewesen war, hatte man unwiederherstellbar zerstört.

In den Medien war daraufhin von einem »Schlag in das Gesicht der Eltern« und einem »Aufschrei der Bevölkerung« die Rede.

Keiner der Beschuldiger war hingegen bereit, nach dem Freispruch ein Interview vor der Kamera zu geben. Diejenigen, die Monate lang einen anderen Menschen ohne den geringsten Beweis beschuldigt und vorgeführt hatten, zogen sich hinter eine Mauer des Schweigens zurück. Stark waren sie nur in der Meute gewesen. Eine Mutter verlangte von der »SPIEGEL«-Reporterin Duve, sie müsse »daran glauben, dass der Missbrauch stattgefunden habe«, sonst werde sie gar nichts sagen. Die Vorstandsvorsitzende von »Zartbitter« Coesfeld lehnte ein Interview ebenso ab wie Professor Fürniss. Dieser war nicht einmal bereit, Auskunft darüber zu geben, wo er die wissenschaftliche Qualifikation für seine obskure Befragungsmethode erworben habe. Auch die Pressestelle seiner Hochschule verweigerte jede Auskunft über die wissenschaftliche Laufbahn ihres Mitarbeiters.

Der Preis für Missbrauchsprozesse sei inzwischen zu hoch, behauptet aufgrund solcher Entwicklungen Duves Kollege Gerhard Mauz in einem Kommentar zu diesem Fall, »weil Katastrophen wie der Montessori-Prozess nicht erkannt und anerkannt, sondern nur für die Behauptung genutzt werden, es sei nur deshalb nicht zu einer Verurteilung gekommen, weil noch immer nicht genügend Geld, Planstellen und Gesetzesänderungen zur Verfügung stünden, die der Kampf gegen den sexuellen Missbrauch fordere.« (95, 233–254; 148; 149; 260, 49; 301, 55; 414, 102; 428, 228–229)

Der Montessori-Fall blieb nicht das einzige Vorkommnis in Mitteleuropa, wo irrationale Beschuldigungen fröhliche Urstände feierten. Im holländischen Oude Pekela etwa, einem Ort in der Nähe von Groningen, sagten 100 Kinder aus, sie seien von deutschen Pornographen, die als Clowns verkleidet waren, entführt, misshandelt und in satanischen Riten gequält worden (266, 52). Womöglich ist dieser Fall längst als weiterer Beleg für die Gefährlichkeit von Pornos in »Emmas« Kampagne eingegangen. Zu einer regelrechten Pogromstimmung gegen vermeintliche Kinderschänder kam es in der niedersächsischen Stadt Nordhorn. Auch dort entstand ausgehend von einer Situation, die sich im Nachhinein als lächerlich herausstellte, ein gesellschaftliches Klima, das an die Zeit der Hexenverfolgung erinnerte: Schweigemärsche und Mahnwachen wurden veranstaltet. Das Haus des beschuldigten Lehrerehepaares (das angeblich 187 Kinder missbraucht hatte) wurde mit dem Wort »MÖRDER!« besprüht. Jemand baute einen Galgen auf. Auch auf die Häuser und Grundstücke weiterer Tatverdächtiger wurden Anschläge verübt. Unbescholtene Bürger wurden willkürlich beschuldigt. Unter den Familien herrschte Angst, Eltern begleiteten ihre Kinder zur Schule, Spielplätze wurden gemieden. Kinderlose Ehepaare hatten Bedenken, alleine spazieren zu gehen, weil sie nicht in Verdacht geraten wollten. Die Kriminalpolizei musste massive Angriffe erdulden, die bis zum Vorwurf der Strafvereitelung im Amt gingen. Andere Gruppen konnten die Stimmung nutzen, um ihre Ziele durchzusetzen – so etwa die Einrichtung einer »Beratungsstelle«, womit die Zuweisung nicht unerheblicher Mittel aus dem Landkreis verbunden war.

Schließlich sprach das Landgericht Osnabrück den angeklagten Lehrer wegen erwiesener Unschuld frei. Auch der Staatsanwalt hatte in der Hauptverhandlung Freispruch beantragt (263).

Solange es gegen vermeintliche Missbrauchstäter geht, ersparen sich selbst staatliche Stellen die Mühe, den Hexenjagden einen Riegel vorzuschieben. Auch heute noch steht unter der URL *www.heimes.com* eine Website im Netz, die schon in ihrer Überschrift mit »Tötet alle Kinderschänder!« ganz offen zur Lynchjustiz aufruft. Sparen Sie sich die Mühe, die zuständige Staatsanwaltschaft Köln auf diesen Mordaufruf aufmerksam zu machen. Die zuständigen Herren haben längst desinteressiert abgewunken. (Näheres zu diesem Fall berichtet *www.arcados.ch*.)

Auch im Jahr 2000 trieb die Missbrauchshysterie beängstigende Blüten. So musste sich ein 37jähriger vor dem Landgericht Ingolstadt wegen sexuellen Missbrauchs in Tateinheit mit Körperverletzung und Beleidigung verantworten, weil er einem Vierjährigen ein »Busserl« auf den Mund gedrückt hatte. Nachdem er fünf Monate lang wegen vermeintlicher Geistesgestörtheit zu Unrecht im Bezirkskrankenhaus Haar festgehalten worden war, forderte schließlich sogar die Staatsanwältin seinen Freispruch (188). Und weil einem Kurden in Fulda fälschlich Misshandlung seiner Tochter unterstellt worden war, kam er nicht nur in Untersuchungshaft, vor allem wurde seine Tochter zwei Jahre lang von ihren Eltern getrennt und ihre Glasknochenkrankheit nicht angemessen behandelt (158).

Man muss es noch einmal betonen: Wir wissen nur von den Menschen, deren Unschuld sich unzweifelbar herausstellte. Wir wissen nicht, wie viele Menschen wegen eines solchermaßen aufgeheizten Klimas unschuldig ins Gefängnis gekommen sind. Und ein Freispruch, der nur »aus Mangel an Beweisen« erfolgt, kommt einem sozialen Schuldspruch gleich.

Mit einem eindeutigen Urteil endete hingegen der sogenannte »Wormser Kinderschänderprozess«, der in Mainz verhandelt wurde. »Den Wormser Massenmissbrauch hat es nie gegeben«, erklärte der Vorsitzende Richter Lorenz gleich zu Beginn seiner Urteilsverkündung. Drei voneinander unabhängige Strafkammern waren nach 327 Prozesstagen in mehr als zweieinhalbtausend Seiten Begründung unabhängig voneinander zu diesem Urteil gekommen. Die Angeklagten seien »wegen erwiesener Unschuld« freizusprechen, eigentlich hätte dieser Prozess niemals stattfinden dürfen. Auf der Anklagebank saßen plötzlich die selbsternannten Ermittler, Kinderschützer, Mitarbeiter von Jugendämtern, aber auch die Staatsanwälte und Medienvertreter. »So kann man sich in einem Rechtsstaat nicht verhalten«, warf Lorenz der Staatsanwältin vor, und erklärte ihr wie in einem Examen, was sie alles »vergessen hatte«. Sie hatte in ihrem Plädoyer, in dem sie 15 Jahre Freiheitsstrafe gefordert hatte, 26 Gutachter übergangen, die in keinem der 89 Fälle einen Missbrauchsvorwurf erkannt hatten. Dafür hatte sie die dubiosesten Stellungnahmen zugelassen: Ein Arzt hatte bei einem Jungen Missbrauch attestiert, den er gar nicht untersucht hatte. Er vermeinte auch, frische Missbrauchsspuren bei der Tochter des Hauptangeklagten entdeckt zu haben, obwohl diese zu diesem Zeitpunkt längst bei den Pflegeeltern lebte. Ähnliche Spuren entdeckte er bei einem Kind, dessen Eltern schon in Haft waren. In einem Fall hätte ein Kind schon vor seiner Geburt vergewaltigt worden sein müssen.

Insbesondere der »Fachfrau« Ute Plass von »Wildwasser« wurde vorgeworfen, eine verheerende Rolle gespielt zu haben. Sie hätte nach der Devise »Im Zweifel für den Missbrauch« gehandelt. In ihren Befragungen hätten die Kinder sagen können, was sie wollten, alles hätte zur Festigung des Verdachts beigetragen. Ihr war es ebenso gelungen, einen Arzt aufzutreiben, der die erwähnten falschen Gesundheitszeugnisse ausstellte, wie zwei junge Staatsanwältinnen vom Sonderdezernat »Gewalt gegen Frauen« auf ihre Seite zu ziehen. Ihre Ermittlungen hätten Richter Lorenz zufolge manche Familien »ganz schön aufgemischt« und viele Wormser Familien ahnten gar nicht, dass auch sie in den Akten auftauchten. Ein vermeintlich missbrauchtes Kind war siebenmal gefragt worden, ob ein bestimmtes Lokal der Tatort gewesen sei. Siebenmal verneinte das Kind, beim achten Mal sagte es endlich ja. Einige Kinder waren so verwirrt, dass sie unter anderem die »Expertin« von »Wildwasser« und die leitende Staatsanwältin selbst des Missbrauchs bezichtigten. Ein Junge sagte aus, er sei bei einem Bankraub dabeigewesen. Richter Lorenz sprach in diesem Zusammenhang von der »organisierten Vernichtung kindlicher Existenzen«. Auch hier spielten Mitarbeiter des Jugendamtes eine unrühmliche Rolle. Sie ließen Eltern, denen das Kind weggenommen und zu einer Pflegefamilie gebracht worden war, Jahre später nicht einmal ein Foto von ihm sehen – mit der aberwitzigen Begründung, dass solche Bilder »einen hohen Marktwert« hätten und sie mit allen Mitteln eine Vermarktung der Opfer verhindern wollten. Auf die Idee, dass Eltern einfach wissen wollten, wie ihr Kind nach all dieser Zeit aussah und sich nach seinem Anblick sehnten, kamen die heldenhaften Gutmenschen des Jugendamtes nicht. Richter Lorenz konnte nur noch bitter konstatieren: Die Kinder, die seit Beginn der Ermittlungen dreieinhalb Jahre zuvor ihren Eltern entfremdet wurden und in Heimen oder bei Pflegeeltern ein neues Zuhause gefunden hatten, seien ohne Zweifel Opfer geworden – aber keineswegs Opfer des Missbrauchs. Manche seien vielleicht für ihr Leben geschädigt. Familien waren zerstört, berufliche Bahnen beendet worden.

Dies war in der Tat der Fall. Für viele zu Unrecht beschuldigte Eltern und Angehörige stellte auch der zuletzt erfolgte Freispruch nur zum Teil eine Erlösung dar. Außer mit der Zerstörung ihrer Familien hatten sie mit dem Trauma einer Monate, manchmal Jahre andauernden Untersuchungshaft zu kämpfen, ebenso mit einer jahrelangen gesellschaftlichen Ächtung, die vielfach noch über den Freispruch hinaus anhielt. Einer der Freigesprochenen erhielt eine Stelle nicht, weil eine zukünftige Kollegin sich weigerte, mit »so einem« zusammenzuarbeiten. Ein siebenjähriges Opfer, das gar keines war, wurde im Sportverein nicht aufgenommen, weil die Eltern der anderen Kinder mit Austritt drohten. Und ein 74jähriger Freigesprochener wurde bei der Einladung zu einer diamantenen Konfirmation übergangen. Ein anderer zu Unrecht Angeklagter sprach der Zeitschrift »Stern« gegenüber von einem Alptraum, der nicht enden wollte, schilderte seine Gefühle, wenn die »Wildwasser«-Angehörige Ute Plass, die ihn und seine ganze Familie unschuldig ins Gefängnis gebracht hat, an der Straße an ihm vorbeischlenderte, ohne ihn auch nur eines Blickes zu würdigen.

Ideologische oder feministische Voreingenommenheit lasse befürchten, dass es noch ähnliche Verfahren geben werde, sagte Richter Lorenz. Die Risiken dafür liegen vor allem in der Unbelehrbarkeit derjenigen, die die Fackeln für die Scheiterhaufen gereicht hatten. »Wildwasser« etwa stellte nach dem Freispruch seine Ohren auf Durchzug: »Der Vorstand hat beschlossen, keine Äußerungen abzugeben. Wir haben sehr unter der Berichterstattung gelitten. Alles wurde verzerrt.« Irgendwie musste die Opferrolle doch wohl wiederherzustellen sein! In anderen Fällen dieser Art wurde praktischerweise dem »Patriarchat« die Schuld gegeben: Es wäre naiv, schrieben etwa die feministischen Autorinnen Barbara Kavemann und Marion Mebes, »von einer Institution dieser Gesellschaft zu erwarten, dass sie Frauen recht gibt«.

Der Haken bei der Sache ist, dass trotz des erwiesenen Schindluders der »Aufdeckerinnen« deren Treiben im »Patriarchat« gerade nicht verhindert, sondern unbekümmert ermuntert wird. So will das zuständige Familienministerium in Mainz aus der »organisierten Vernichtung kindlicher Existenzen« keinerlei Konsequenzen ziehen: Der von ihm geförderte Verein habe in der Vergangenheit gute Arbeit geleistet und werde dies sicher auch in Zukunft tun. Das Bonner Frauenministerium ging noch weiter: Keine sechs Wochen nach dem Mainzer Urteil wird dort ein Aktionsprogramm gegen Kindesmissbrauch vorgestellt – die einzigen namentlich genannten Stellen sind »Zartbitter« und eine von Professor Tilman Fürniss angeführte Dokumentationsstelle: ebenjene Parteien also, die beispielsweise den Fall »Montessori« überhaupt erst ermöglicht hatten. Für sie wurde einiges an staatlicher Unterstützung versprochen. Das von »Wildwasser« empfohlene und von der Regierung geförderte Buch »Trotz allem«, das auch bei der Satanismushysterie in den USA die ausschlaggebende Rolle gespielt hatte, findet sich immer noch auf den Literaturlisten der »Aufdeckerbewegung«. Und die Schriften und Thesen der »Zartbitter«-Mitbegründerin Ursula Enders – die unter anderem behauptete, 40 Opfer im Leben eines Täters seien wohl eher niedrig gegriffen, stattdessen müsse man von »bis zu tausend« ausgehen – sind mittlerweile in den Broschüren der Kriminalpolizei gelandet: Die Hirngespinste der Hexenjäger werden zur offiziellen Version (352; 95, 241; 166; 358; 288, 120–125; 359; 385, 137; 392).

Auf den vorhergehenden Seiten wurden viele Ähnlichkeiten zwischen den Hexenverfolgungen vergangener Jahrhunderte und der Missbrauchspanik unserer Tage aufgezeigt. Es gibt aber auch Unterschiede. Trotz all ihrer religiösen Intoleranz bereuten zum Beispiel die Puritaner Neu-Englands ihr Verhalten, sobald die Hysterie vorüber war. »Wir wandelten im Nebel und konnten unseren Weg nicht sehen«, gestand einer der Inquisitoren, und die Hinterbliebenen der Opfer erhielten von der Stadt Salem Gelder als symbolische Wiedergutmachung (323, 253). So weit sind die feministischen »Aufdeckerinnen« dreihundert Jahre später nicht. Die Berliner Jugendamtsmitarbeiterin Ursula Glatz etwa wies die an der »Verdachtsaufklärung« geübte Kritik empört zurück, weil diese Vorwürfe angeblich eine »pauschalisierte Diffamierung eines gesamten Berufsbereichs« darstellten (392). Was diesen »Berufsbereich« angeht, mag man am ehesten dem Psychologen und Missbrauchs-Experten Michael Yapko beipflichten: »Menschen zu der Überzeugung zu bringen, sie seien missbraucht worden, wenn ihnen das nicht wirklich widerfahren ist, ist nicht mutig oder nobel. Es ist schlichtweg Kurpfuscherei.« (546, 322)

Auch ansonsten ist von Lernfähigkeit wenig zu spüren. 1999 veröffentlichte der Frankfurter Fischer-Verlag ein Buch Constanze Elsners, in dem die Autorin den »Missbrauch mit dem Missbrauch« als die größte und dickste Medienente seit den angeblichen Hitler-Tagebüchern bezeichnet (104, 247). Dabei glänzt Elsner weniger durch Argumente als durch erschreckenden Dogmatismus und reinste Polemik: Die kritische Katharina Rutschky ist laut Elsner eine »Täterschützerin« (104, 186), der verstorbene Sexualforscher Bornemann heißt bei ihr »Pornomann« (104, 248). »Frau Rutschky und Konsorten« seien gefährlich (104, 252), versichert Elsner den missbrauchten Kindern, an die ihr Buch gerichtet ist, denn: »Sie wollen Euch verunsichern. Sie möchten Euch ins Stottern bringen, damit sich Eure Glaubwürdigkeit besser anzweifeln lässt. Ihr sollt einen Rückzieher machen, damit die ganze Angelegenheit mehr oder minder unter den Tisch gekehrt werden kann. Ihr sollt nicht sprechen.« (104, 255) Damit nicht genug: Auch der »Spiegel« stehe »eindeutig auf seiten der Täter« (104, 258), ebenso wie fast der gesamte Rest der Medienwelt. Falschbeschuldigte haben laut Constance Elsner in einer Fernsehsendung über sexuellen Missbrauch »gar nichts zu suchen« (104, 294). Da der Deutsche Kinderschutzbund in manchem nicht Frau Elsners Meinung ist, rät sie denjenigen ihrer Leser, die dort Mitglied sind, schleunigst aus diesem Verein auszutreten (104, 179). Dafür empfiehlt sie die Anschaffung anatomischer Puppen sowie des Skandalbuchs »Trotz allem« (104, 321–329). Das alles herausgebracht im Jahre 1999, als jedem längst hätte klar geworden sein müssen, was eine solchermaßen geschürte Hysterie angerichtet hatte.

Mit dieser ungebrochenen Ideologie im Rücken verwundert es kaum, dass jene Kurpfuscherei, die in großer Zahl Familien zerstört und Kinderseelen beschädigt hat, hierzulande immer noch von Steuergeldern finanziert wird. Dies alles lässt sich längst nicht mehr als Skandal bezeichnen. »Skandal« ist ein viel zu schwaches Wort.

Das letzte Tabu

THESE: EINES STEHT FEST – SEXUELLER MISSBRAUCH WIRD FAST AUSSCHLIESSLICH VON MÄNNERN BEGANGEN

Die so oft und extrem verunglimpfte Katharina Rutschky sieht die hysterische Diskussion um sexuellen Missbrauch vor allem auch als strategisches Manöver: »Missbrauch ist modern geworden, weil die ganze Gewaltdiskussion mit Frauen nicht funktioniert hat. Die Frauenbewegung wäre längst weg vom Fenster, wenn sie nicht in den siebziger Jahren die Vergewaltigung entdeckt hätte. Aber die gesamte Gesellschaft ist nur durch Kindesmissbrauch zu motivieren.« (210, 17) Und an anderer Stelle wird sie noch deutlicher: »Mütter, Kindergärtnerinnen, Lehrerinnen und Beraterinnen führen einen heiligen Krieg gegen das böseste Böse, das es je gab: den ganz normalen Mann. Denn so sieht der Missbrauchstäter aus, wie den unzähligen Missbrauchsschriften zu entnehmen ist. Ganz normal, und das ist das Perfideste an seiner Strategie.« (36, 149)

Die Nummer mit den »verdrängten Erinnerungen« wäre niemals so massengängig geworden, wenn in unserer Gesellschaft der Glaube nicht so weit verbreitet wäre, dass sich der männliche Durchschnittsjekyll jederzeit in den monströsen Mr. Hyde verwandeln kann. Ursula Enders und Andrea Dworkin hätten für ihre Wahnvorstellungen von Inzest als alltäglicher Erscheinung nie solch ein begeistertes Publikum gefunden, wenn speziell in der Frauenbewegung nicht ein so festverwurzelter Männerhass vorhanden wäre. Wie sagte doch gleich die ebenfalls von Contanze Elsner empfohlene Florence Rush? Männer betrachten Sex mit Kindern im Allgemeinen ... augenzwinkernd und amüsiert? »Tut mir leid, dass ich zu spät bin, Jungs, musste eben noch schnell meine Tochter vögeln, das kleine Luder« – so ungefähr scheinen sich die herausragenden Damen der Bewegung Männergespräche vorzustellen. »Gewalt gegen Frauen und Kinder ist ein Privileg, das Männer nicht gerne aufgeben«, schrieb Judith Herman, Psychiaterin an der Eliteuniversität Harvard in den USA (547, 164). Feministinnen im Internet hingegen empören sich darüber, dass überhaupt von sexuellem Missbrauch von Kindern die Rede ist, es ginge doch um »Sexualterror des männlichen Geschlechts gegen das weibliche« (518). Man kann verstehen, dass sie diesen Eindruck bekommen in einer Welt, in der U-Bahn-Plakate lauten: »Schluss mit der Gewalt von Männern gegen Mädchen!« (423, 71)

Heißt das im Umkehrschluss, dass sexuelle Gewalt von Frauen gegenüber Jungen erlaubt ist?

Die Frage ist kein rhetorischer Schlenker, sondern sehr ernst gemeint. Überraschend ist es schon, dass auch heute noch, wo entsprechende Studien über männliche Opfer und weibliche Täter längst auf dem Tisch liegen, die »Aufdecker«-Bewegung immer noch ausschließlich gegen Männer Front bezieht. Für Alice Schwarzer etwa ist gut und böse fein nach Geschlechtern getrennt: 98,5 Prozent aller Missbrauchstäter seien männlich, die verbleibenden 1,5 Prozent höchstens Mittäterinnen, behauptet sie allen Ernstes in »Der große Unterschied«. Aber auch Menschen außerhalb dieser Bewegung glauben, hier das Böse ausschließlich im Mann lokalisieren zu können. So sinniert die TV-Ulknudel Hella von Sinnen: »Für mich ist das ein ganz großes Problem mit dem Missbrauch von Kindern und wie man mit diesen Straftätern, die ja nun doch zu 99,8 Prozent Männer sind, umgeht. Ich habe neulich im Suff schon wieder von Todesstrafe gelallt ... Das Minimalste, was ich mir vorstellen kann, ist Penisamputation und Kastration, aber so weit würde ich dann doch nicht gehen wollen.« (519, 41) Je radikaler die Phantasien sind, desto geringer ist oft die Sachkenntnis. Immerhin gibt es auch Feministinnen, die dieses Problem sachlich und differenziert angehen. Michelle Elliott etwa führt in ihrem Buch »Frauen als Täterinnen« die größten Mythen zu diesem Thema auf, darunter: Frauen begehen keinen sexuellen Missbrauch, oder nur, wenn sie von Männern dazu gezwungen werden, oder nur sanft und liebevoll oder nur aus einer Art fehlgeleiteter Mutterliebe (101, 99). Tatsächlich, so belegen mehr und mehr Untersuchungen und Statistiken, ist der von Frauen begangene Missbrauch beträchtlich. Und es gibt durchaus Hinweise darauf, dass er dem von Männern begangenen Missbrauch in nichts nachsteht. Hier besteht allerdings ein großes Problem, verwertbare Zahlen zu erhalten. Wir haben weiter oben schon gesehen, dass die Opferzahlen bei Missbrauch, je nach Studie, wild hin und her schwingen. Vor allem die Dunkelziffer verkommt hier zum ideologischen Spielzeug. Während sie bei weiblichen Opfern ins Absurde hochgesteigert wird, könnte sie bei Jungen dramatisch unterschätzt werden. Wobei sich das Dunkel hier langsam lichtet: 1992 veröffentlichten Informationen der »Pressestelle der deutschen Ärzteschaft« zufolge »belegen die neueren Untersuchungen ..., dass der Anteil an Jungen mit ca. 40 Prozent größer ist, als dies früher vermutet wurde.« (104, 16)

Nun bedeuten männliche Opfer natürlich noch lange nicht automatisch weibliche Täter. Von Frauen begangener Missbrauch ist alles andere als leicht einzuordnen; zu den Gründen werde ich weiter unten noch kommen. Aber schauen wir uns erst einmal die Fakten an, die wir in Form von Studien überhaupt vorliegen haben. Es handelt sich notwendigerweise um sehr unterschiedliche Quellen und Angaben. Zu behaupten, dass wir bei einem dermaßen tabubeladenen Thema mit statistisch fest definierten Werten arbeiten könnten, hieße, sich selbst in die Tasche zu lügen. Nichtsdestoweniger sollte ein Muster deutlich werden.

• Die Polizeiliche Kriminalstatistik von 1990 spricht von gerade einmal 1,7 Prozent Tatverdächtigen weiblichen Geschlechts. Aber ähnlich lächerliche Angaben macht die Kripo auch, wenn es um die Rate der Falschbeschuldigungen bei Vergewaltigungen geht. Um mit Claudia Heyne zu sprechen: »Diese Zahlen scheinen von der Realität weit entfernt zu sein.« (198, 270)

• Laut einer Studie des Bremer Sexualwissenschaftlers Professor Dr. Gerhard Amendt gab von rund tausend befragten Müttern jede dritte sexuelle Stimulierung an ihren Söhnen zu (198, 270; 288, 236).

• Eine Studie von Fritz, Stoll und Wagner, bei der mehrere hundert College-Studenten befragt wurden, kam bei den männlichen Missbrauchsopfern unter ihnen auf 60 Prozent weibliche Täter (151, 54–58; 198, 272).

• Eine Studie von Risen und Kross kam bei knapp dreitausend befragten männlichen Studenten auf 47,1 Prozent weibliche Täter (198, 272).

- Johnson und Shrier befragten 1987 1000 adoleszente männliche Patienten in einer medizinischen Klinik. Von diesen hatten 25 sexuellen Missbrauch erlitten, 44 Prozent durch eine Frau und 65 durch einen Mann (natürlich waren Mehrfachnennungen möglich; 510, 36).

- Eine Studie unter Jugendlichen in Untersuchungshaft ergab, dass 70 Prozent von ihnen vor ihrer Inhaftierung sexueller Gewalt ausgesetzt waren. Dafür waren zu 58 Prozent weibliche Jugendliche verantwortlich. J. Brannon, der Leiter der Studie nimmt an, dass es einen Typus von weiblichen Jugendlichen gibt (z. B. Freundinnen älterer Geschwister und Babysitter), deren Opfer Jungen vor der Pubertät sind (282, 434).

- Eine Studie über Missbrauchstäter, die in ihrer Kindheit selbst missbraucht worden waren, ergab, dass dies bei 45 Prozent der Fälle durch Frauen und bei 55 Prozent durch Männer geschah (198, 272).

- Eine Befragung von 83 erwachsenen Vergewaltigern kam zu dem Resultat, dass 59 Prozent von ihnen vor ihrem sechzehnten Lebensjahr Opfer sexuellen Missbrauchs durch eine Frau gewesen waren (510, 36).

- Der Deutsche Kinderschutzbund berichtete dem Gynäkologen und Gerichtsgutachter Reiner Gödtel zufolge, dass 1990 in Frankfurt/M. 25 Prozent der Inzest-Delikte von Müttern verübt wurden, während es zwei Jahre zuvor nur 6,5 Prozent gewesen waren. Gödtel: »Wohl auch aus ideologischen Gründen wurden die sexuellen Übergriffe von Frauen jahrelang ignoriert. Erkenntnisse, die der Frauenbewegung nicht ins Konzept passten, wurden unterdrückt.« (175, 247) Man kann nur spekulieren, wie hoch die Zahl der gemeldeten Fälle wäre, wenn sowohl das soziale Tabu als auch der politische Druck der Frauenbewegung vollständig wegfielen.

- Die amerikanische NHSLS, die nationale Gesundheits- und Soziallebensstudie, ergab, dass 17 Prozent der Frauen und 12 Prozent der Männer vor ihrer Pubertät von älteren bzw. erwachsenen Personen sexuell berührt worden waren – die Mädchen vorwiegend von Männern, die Jungen vorwiegend (zu zwei Dritteln) von Frauen. Fazit der NHSLS: Sexueller Missbrauch ist kein Verbrechen von Männern gegen Mädchen, sondern von Teenagern und Erwachsenen gegen Kinder. Das Ergebnis dieser Studie wurde von Feministinnen wie Dworkin offensichtlich ignoriert, weil es nicht in ihre Propaganda vom »Geschlechterkrieg« hineinpasste (68, 244–245; 135, 298–299).

- Dem Magazin »Panorama« der britischen BBC zufolge geht man in England davon aus, dass 25 Prozent allen Missbrauchs an Kindern von Frauen begangen wird – was im Vereinigten Königreich zu 250.000 Opfern von weiblichen Tätern führen würde. Es handelte sich bei den Täterinnen um Frauen jeder Altersklasse von Teenagerinnen bis zu Großmüttern, aus jeder sozialen Schicht und mit dem unterschiedlichsten Bildungshintergrund (349).

• Wenn man die Zahlen speziell auf das Gebiet der Familie begrenzt, scheint die Schere sogar in die andere Richtung aufzugehen. Einer Befragung der »Children's Right Coalition« bei staatlichen Kinderschutzorganisationen zufolge missbrauchen Mütter ihre Kinder zweimal so häufig wie Väter (299, 186, 190). Andere britische Experten bestätigen zumindest, dass die Hälfte ihrer sich wegen Missbrauchs in Therapie befindenden Patienten diesen Missbrauch von ihrer Mutter erlebten (251, 291).

• Drei verschiedene US-amerikanische Studien ermittelten in den achtziger Jahren einen Frauenanteil bei Missbrauchstätern, der zwischen 72 und 82 Prozent lag (153, 241–253; 154, 533–542; 429). Auch eine Studie aus dem Jahr 1990 weist auf mehr weibliche als männliche Täter beim sexuellen Missbrauch hin (384).

Solche Verhältnisse könnten auch für Deutschland zutreffen. »Ich weiß, dass ich jetzt ... an mächtige Tabus rühre«, entschuldigt sich der Sozialpädagoge Professor Dr. Helmut Kentler fast für seine Erkenntnisse. »Aber wenn es um sexuellen Missbrauch von Jungen geht, dann rekrutieren sich die Täter vorwiegend aus der Gruppe der Mütter.« Kentler hat als Beleg weder Untersuchungen, noch Statistiken, sondern seine langjährige Erfahrung auf diesem Gebiet, etwa in der Arbeit mit jugendlichen Gewalttätern in der Berliner Jugendstrafanstalt Plötzensee. Kentlers Erfahrungen nach kommt es hingegen »extrem selten vor, dass Männer ihre Söhne sexuell missbrauchen, und zwar unabhängig davon, in welchem Alter sich die Jungen befinden« (246, 151–152)

Die Diplompsychologen Julius und Boehme stellten verschiedene Studien über den Missbrauch von Jungen einander vergleichend gegenüber. Dabei wurde deutlich, dass der Frauenanteil im niedrigsten Fall sieben Prozent betrug, in manchen Untersuchungen aber hinaufging auf 56,7 Prozent, 60 Prozent, ja gar 78 Prozent. Julius und Boehme führen diese enorme Streubreite auf zwei Hauptursachen zurück: Zum einen zeigte sich, dass der Frauenanteil in früheren Untersuchungen geringer war als der der Männer. Die stärkere Enttabuisierung dieses Themas in den letzten Jahren führte offenbar dazu, dass mehr männliche Opfer bereit waren, über ihre Erlebnisse zu sprechen. Zum anderen hing das Ergebnis der Untersuchungen von der Fragestellung ab. Jungen schienen gleichgeschlechtlichen Missbrauch negativer zu bewerten und ihn daher eher zu berichten. Wenn eine Frau die Täterin war, wollten sie bestimmte Handlungen offenbar nicht als »Missbrauch« bezeichnen. Schließlich wurde und wird auch in den Medien Missbrauch fast ausschließlich als Handlung von Männern präsentiert. Wenn man in die Fragestellung eine subjektive Bewertung einfließen ließ – »Bist du je missbraucht worden?« –, ergab sich ein geringerer Frauenanteil. Blieb man hingegen rein beschreibend – »Hat jemand mit dir eine der folgenden Handlungen durchgeführt, als du noch ein Kind warst ...« –, dann stieg der Frauenanteil rapide an (228, 74–76). So diffus die Zahlen beim Geschlecht der Missbrauchstäter noch sind – die Annahme, dass 99,8 Prozent männlich sind, ist schon seit Jahren eine reine Illusion.

»Niemand kennt das wahre Ausmaß sexuellen Missbrauchs, der von Frauen begangen wird, insbesondere von Müttern«, erklärt die US-amerikanische Psychotherapeutin Kathy Evert, nachdem sie mit 93 Frauen und neun Männern, die alle von ihren Müttern missbraucht worden waren, ein 450 Fragen umfassendes Interview geführt hatte. »Mehr als 80 Prozent der Frauen und Männer berichteten mir, dass der Missbrauch durch ihre Mutter der verborgenste Teil in ihrem ganzen Leben war.« (251, 291) Der klinische Psychiater Ronald Krug führt verschiedene Gründe dafür auf, dass über dieses Thema in der Öffentlichkeit so wenig bekannt ist: Männer werden nicht schwanger, und es gibt oft keine eindeutigen Indizien für einen körperlichen Missbrauch; es besteht eine doppelte Moral, der zufolge Väter eher mit dem Bösen und Mütter mit reiner Güte in Verbindung gebracht werden; erwachsene Männer schämen sich zu sehr, um von ihren Erfahrungen zu berichten; man glaubt, dass männlichen Kindern durch so etwas kein bleibender Schaden zugefügt wird, und Berichte von Söhnen werden ignoriert (135, 237).

Was von der Arbeit mit Täterinnen bekannt wurde, ist, dass es keinen Grund gibt, sexuellen Missbrauch durch Frauen als »ungefährlich« oder »fehlgeleitete Mutterliebe« zu verharmlosen. Karin Jäckel: »Der Gipfel aller Entschuldigungsversuche aber scheint mir die immer wieder geäußerte Vorstellung, dass ein sexueller Missbrauch ohne Penis ja wohl kaum Schaden anrichten ... könne.« (218, 56) Hier spielt offenbar die von Andrea Dworkin und anderen führenden Feministinnen vertretene These vom Penis als dem »eigentlichen Instrument des Terrors« eine Rolle, diesem Kernstück der feministischen Lehre, das Gewalt für immer und unwiederbringlich an das männliche Geschlecht bindet und das weibliche für immer und unwiederbringlich in reinster Unschuld erstrahlen lässt. Die Literatur zum Thema »Missbrauch durch Frauen« macht hingegen sehr eindeutig klar, dass die Wirklichkeit ganz anders aussieht. Sich durch die entsprechenden Fallschilderungen zu kämpfen war eine der anstrengendsten und belastendsten Aufgaben für die Arbeit an diesem Buch. Hier möchte ich nur einige Beispiele aufführen:

• Eine Frau drückte auf dem Hodensack ihres dreijährigen Sohnes Zigaretten aus.

• Eine andere zwang mit ihrem Partner unter massiver Gewaltanwendung Mädchen und Jungen zu sadomasochistischen Szenen für einen Kinderporno (17, 107).

- Ein Mädchen wurde vor seinem dreizehnten Geburtstag etliche Male von ihrer Mutter und deren Freundinnen vergewaltigt. Bei diesen Gruppenvergewaltigungen kam es zu schlimmen Erniedrigungen und Demütigungen unter Verwendung von Gegenständen wie Flaschen und Kerzen (101, 104).

- Karin Jäckel berichtet: »Ich weiß von Täterinnen, die den Oralsex mit ihren Söhnen erzwungen haben, bis sich der Penis des Jungen so schwerwiegend entzündete, dass nur eine Operation helfen konnte und die Vorhaut entfernt werden musste. Ich weiß von Täterinnen, die ihre Töchter mit Küchengeräten penetrierten und die Gegenwehr ihrer Kinder zum Beispiel mit dem heißen Bügeleisen im Keim erstickten oder auch nicht vor kochendem Wasser als Strafmaßnahme zurückschreckten.« (218, 66–67)

- Die erwähnte »Panorama«-Sendung der britischen BBC berichtet unter anderem von der Vergewaltigung und der versuchten Ermordung eines zwölf Jahre alten Jungen durch eine Neunzehnjährige, von dem sich über Jahre hinziehenden Missbrauch eines anderen Zwölfjährigen durch eine vierfache Mutter und von Kindern, die von Nonnen missbraucht wurden. Die Opfer berichteten oft von einer extremen Gewaltanwendung, die zum Teil die von Männern sogar überschritt (349). Dies deckt sich mit den Angaben einer Mitarbeiterin eines telefonischen Beratungsdienstes für Missbrauchsopfer: Dort beschrieb wenigstens die Hälfte der Anrufer von Frauen erlebte sexuelle Gewalt als gewalttätiger und demütigender (251, 297).

- Eine Frau hatte Verkehr mit dem Freund ihrer Tochter, die sich im Teenageralter befand. Danach zwang sie ihre Tochter zu sexuellen Aktionen mit ihrem Freund, während sie selbst dabei zusah (302, 20).

- Ein achtjähriges Mädchen erhielt immer wieder nächtliche Besuche einer weiblichen Verwandten, die Gegenstände in ihren Hintern und ihre Vagina einführte und drohte, ihr die Zunge herauszuschneiden, wenn sie jemals irgendjemandem davon erzählen würde.

- Eine Mutter hängte Krokodilzwingen an die Brustwarzen ihrer Tochter, weil sie neidisch auf die Form ihrer Brüste war (251, 298).

Die aufgeführten Fälle mögen sich wie eine Parade der außergewöhnlichsten Grausamkeiten anhören, es handelt sich aber der neueren Literatur zufolge um typische Beispiele.

Auch Frauen führen immer wieder anale und vaginale Penetrationen mit Gegenständen herbei, die Risse und Narben hinterlassen: Flaschen, Rosenstiele, Stöcke. Die Penisse von Jungen werden grob und brutal manipuliert, wenn die Täterin sie zu einer Erektion zu bringen versucht. Kinder von sieben oder acht

Jahren werden dazu gebracht, die Brüste ihrer Mutter zu saugen oder mit ihr sexuellen Verkehr auszuüben (101, 104; 251, 282). »Wir müssen damit beginnen, all unsere Vorannahmen über Täter und Opfer bei der Misshandlung von Kindern in Frage zu stellen«, folgert eine Studie, die hierzu von der kanadischen Regierung in Auftrag gegeben wurde (295).

Eine weitere ebenso dumme wie verbreitete Legende bei diesem Thema besteht darin, dass man Jungen doch schon deshalb nicht sexuell missbrauchen könne, weil sich ihre Erektion nicht erzwingen ließe. (Dasselbe »Argument« wird bei Vergewaltigungen mit weiblichen Tätern vorgebracht, wie wir im nächsten Kapitel sehen werden.)

Dies ist schlicht und ergreifend Unsinn. Erstens gibt es extrem viele Möglichkeiten, sexuelle Gewalt auszuüben, ohne dass das männliche Opfer dabei eine Erektion haben muss. Es mag manche feministische »Expertin« überraschen, aber für die meisten Missbrauchstäter und -täterinnen ist es, sagen wir, nicht von wesentlicher Bedeutung, ob das Opfer beim Missbrauch auch selbst erregt wird. Bei Frauen sehen die entsprechenden Praktiken oft so aus, dass sie sich vom Kind mit der Hand oder dem Mund stimulieren lassen oder es berühren, während sie sich selbst befriedigen, zur Not mit einem Massagestab, wenn denn wirklich etwas Phallisches gebraucht wird. Darüber hinaus lassen zahlreiche Forschungsarbeiten z. B. über die Opfer homosexueller Vergewaltigungen keinen Zweifel daran, dass sich eine Erektion als automatische Körperreaktion auf stimulierende Handlungen sehr wohl erzwingen lässt (218, 56). Mehr dazu findet sich ebenfalls im Kapitel über Vergewaltigungen. Welche anderen Informationen über sexuellen Missbrauch durch Frauen gibt es mittlerweile?

• Täterinnen, die über ihre Gefühle beim Missbrauch berichteten, gaben an, dass gerade ihr Gefühl der Macht über das Kind zu ihrer sexuellen Erregung beitrug und diese Erregung durch die Furcht des Kindes noch gesteigert wurde (82, 59). In einer Studie berichtete die Hälfte aller verurteilten Missbrauchstäterinnen, dass sie ein sadistisches Vergnügen dabei empfanden, ihren Opfern Schmerzen zuzufügen (349).

• Die Sexualwissenschaftlerin Linda Haliday-Sumner gibt an, dass die von ihr befragten weiblichen Sexualtäterinnen die sexuellen Elemente ihres Akts oft leugnen und versuchen, ihn als reine Bestrafungsaktion darzustellen. Haliday-Sumner stellte des Weiteren fest, dass Frauen es nicht beim sexuellen Missbrauch als solchem bewenden lassen, sondern dass psychologische Demütigungen, Beschimpfungen und andere Misshandlungen dazutreten. Beispielsweise urinieren sie auf das Kind, schlagen es, während sie sich selbst befriedigen, oder zwingen es, sein eigenes Erbrochenes zu essen. Haliday-Sumner schätzt, dass etwa ein Drittel aller Sexualstraftaten von Frauen begangen wird (186a).

- Das Vorurteil, im Grunde »gute« Frauen würden dazu lediglich durch »böse« Männer verführt oder gar gezwungen, stimmt definitiv nicht. Eine Analyse der Daten von 44 Beratungsstellen ergab, dass überhaupt nur in 13,5 Prozent aller Fälle eine zweite Person beteiligt war (198, 278). Das bedeutet natürlich nicht, dass in diesen Fällen die Frau als »verführt« betrachtet werden muss. Der zitierten »Panorama«-Sendung zufolge waren Frauen, die bei ihren Taten einen Partner hatten, eher in der führenden Rolle (349). Erstaunlicherweise wird in der Frauenbewegung oft stillschweigend die These zugrunde gelegt, dass eine Frau, die es beruflich zu etwas bringt, dies aus eigenem Antrieb geschafft hat, während ihr eben dieser Antrieb bei Gewalttaten abgesprochen wird. Das ist aber keine Logik, sondern Ideologie.

- Genauso wenig lässt sich das Problem dadurch herunterspielen, dass man die Missbraucherinnen als »gestört« oder »verrückt« betrachtet. Die meisten amerikanischen und britischen Studien zeigen, dass die allerwenigsten Täterinnen in irgendeiner Weise geisteskrank sind. Eine Studie geht von zehn Prozent aus (251, 292).

- Gerade dass wir Frauen in unserer Gesellschaft nicht zutrauen, dass sie zu solchen Dingen in der Lage sind, trägt zu einer hohen Zahl dieser Taten bei: Missbrauchstäterinnen können sich leichter in eine Vertrauensposition bringen, und sie können den Missbrauch länger fortsetzen, weil sie zu Recht davon ausgehen dürfen, dass den Opfern ohnehin niemand glaubt (349). Dazu trägt natürlich auch eine männerfeindliche Rechtsprechung bei, die bei der Scheidung das alleinige Sorgerecht überwiegend der Frau zuspricht. Zu der damit entstandenen Gelegenheit für ungestörten Missbrauch kommt die Botschaft, dass das Kind quasi der Mutter »gehört« und sie frei über es verfügen kann: »Ich hatte das Gefühl, dieses Kind ist mein Besitz« – dieses Statement findet sich in den Vernehmungsprotokollen etlicher Missbrauchstäterinnen. Amerikanische Statistiken belegen, dass Kinder alleinerziehender Mütter 33-mal mehr gefährdet sind als Kinder, die mit beiden biologischen Eltern zusammenleben (299, 187–190). Der von Zeitschriften wie »Cosmopolitan« ausgerufene Trend zum Kind ohne Mann macht die Situation nicht besser.

- Eine Statistik, die »Kidscape« anhand von 127 erwachsenen Opfern von Missbrauch durch eine Frau erstellte, sah so aus: Drei Viertel der Opfer waren Frauen, ein Viertel Männer. Die Hälfte der Frauen und drei Viertel der Männer hatten den Missbrauch durch ihre Mutter erlitten. Der Rest verteilte sich auf Großmütter, Tanten, Stiefmütter, Babysitterinnen und Kindermädchen. Der Missbrauch durch eine Frau begann in einem sehr frühen Lebensalter, gewöhnlich zwischen vier und fünf, und setzte sich, insbesondere bei Jungen, oft bis ins Erwachsenenalter hinein fort (251, 282).

- Wenn Frauen mit ihren Taten konfrontiert werden, reagieren sie genauso wie Männer: Sie bestreiten, dass sie irgendetwas Falsches getan haben, sie spielen die Folgen für die Opfer herunter oder geben ihnen die Schuld, da sie so »sexy« oder »verführerisch« gewesen seien (135, 237). Missbrauchende Mütter geben »gute Gründe« für ihre Taten an: etwa, dass sie aus ihrem Sohn einen zärtlichen Liebhaber machen wollten oder dass sie ihm beibringen wollten, seine Triebe besser zu kontrollieren, um später nicht zu einem Vergewaltiger zu werden (288, 251).

- In den letzten Jahren traten immer mehr weibliche Pädophile an die Öffentlichkeit, die sich als fortschrittlichen Teil der Frauen- und Lesbenbewegung verstehen und im Sinne der Frauenbefreiung das Recht auf Sexualität mit Mädchen fordern. (Sagte nicht schon Andrea Dworkin, dass die Inzestschranken in der Familie endlich fallen sollten?) So schreibt die US-amerikanische Autorin Pat Califia in ihrem Buch »Sapphistrie«: »Als Lesben haben wir eine einzigartige Gelegenheit, traditionelle Ansichten über Sexualität in Frage zu stellen. ... Manchmal können sich sexuelle Handlungen zwischen Kindern und Erwachsenen ergeben. ... Manche Lesben sind der Ansicht, jede Art von Sexualität zwischen einem Kind und einem erwachsenen Menschen habe Zwangscharakter. ... Andere Lesben halten es nicht für abwegig, dass eine liebevolle Beziehung zwischen einer/m Erwachsenen und einem Kind auch eine erotische Komponente enthalten kann. Sie glauben, dass es ohne weiteres möglich ist, diese Erotik auf eine für das Kind angenehme und lustvolle Weise zum Ausdruck zu bringen. Sie sind auch der Meinung, dass Kinder in der Lage sind, sexuelle Beziehungen einzuleiten, da sexuelles Verlangen sowohl bei Kindern als auch bei Erwachsenen bestehen kann.« (288, 245–246) Diese Einstellung wird in Deutschland etwa von einer Gruppe mit dem Namen »Kanalratten« vertreten. In einem »Autonomen Frauenkalender« findet sich ein Beitrag, der unter der Überschrift »Zwischen Angst und Lust« die sexuelle Beziehung einer Mutter zu ihrer vierjährigen Tochter beschreibt: »Ich schmelze dahin ... Ach leckt mich doch alle am Arsch! Meine Tochter und ich, wir machen, was wir schön finden!« (198, 265–267) Warum auch nicht? In einer Gesellschaft, in der in Büchern und Filmen Gewalt von Frauen gegen Männer als Befreiung glorifiziert wird, ist sexueller Missbrauch von Kindern als Akt weiblicher Selbstverwirklichung vielleicht nur der nächste logische Schritt. Muss man sich darüber noch eigens empören? Vermutlich wäre jede Kritik ohnehin nur frauenfeindlicher »Backlash«.

Sie glauben, ich bin sarkastisch und übertreibe? Kurz vor der Drucklegung dieses Buches wurde ich auf einen neuen Skandal in den USA aufmerksam. Ausgangspunkt war ein radikalfeministisches Theaterstück Eve Enslers mit dem Titel »The Vagina Monologues«. Die Frauenbewegung hat große Anstrengungen unternommen, damit dieses Stück auf möglichst jedem Campus aufgeführt wird. Allerdings kommt darin eine 24-jährige Frau vor, die einem 13-jährigen Mädchen Alkohol einflößt und es dann zu sexuellen Handlungen verführt. Der feministischen Definition nach wäre diese Tat eine Vergewaltigung. Das Mädchen selbst aber verkündet von der Bühne herab: »Jetzt sagen die Leute, das war eine Art Vergewaltigung. ... Tja, ich sage, wenn es eine Vergewaltigung war, dann war es eine gute Vergewaltigung.«

Zu diesem Stück schrieb der Quotenkonservative einer Studentenzeitschrift an der Universität Georgetown, Robert Swope, einen kritischen Artikel, in dem er fragte, ob es so etwas wie eine »gute Vergewaltigung« geben kann und warum eine Vergewaltigung nur falsch sein soll, wenn der Täter männlich ist. Swopes Artikel wurde vor dem Erscheinen von der Redaktion gestrichen. Als Swope sich darüber beschwerte, wurde er gefeuert, weil er einen »Mangel an Respekt« gezeigt und »die Frauenstudien lächerlich gemacht« habe. Eine Professorin tat ihre Ansicht kund, dass Swopes Meinung kein legitimer Beitrag zur Debatte sei. Eine andere Frau nannte Swope »hysterisch« und »bösartig« (305a).

Sexualwissenschaftler glauben nicht, dass Übergriffe, wenn sie von weiblichen Tätern erfolgen, plötzlich positiv sind. »Die Folgen eines sexuellen Missbrauchs an Söhnen durch Mütter sind genauso verheerend wie die des Vater-Tochter-Inzests«, erklärt Reiner Gödtel (175, 247). Dass die Gesellschaft den sexuellen Missbrauch, wenn er durch eine Frau erfolgt, oft verharmlost, ja dass den Opfern ihre schreckliche Erfahrung in manchen Darstellungen als eine Art romantische Einführung in die Sexualität durch eine erfahrene Frau verkauft wird, macht es ihnen oft nur noch schwerer, damit zurechtzukommen (302, 49). Dass die Gewalttätigkeit dieser Form von Missbrauch geleugnet wird, führt dazu, dass sich die männlichen Opfer stigmatisierter fühlen, betrogener, machtloser, isolierter (349). Dazu kommt, dass das auch bei weiblichen Vergewaltigungsopfern verbreitete Phänomen, sich selbst die Schuld an diesem Ereignis zuzuschreiben, noch einmal durch die Ideologie von grundsätzlich männlichen Tätern und grundsätzlich weiblichen Opfern verschärft wird: »Ein Teenager, der sich schuldig fühlt, seine Mutter verführt zu haben, muss daran erinnert werden, dass, wenn er sie nicht vergewaltigt hat, eine Verführung ohne das Einverständnis der Mutter nicht möglich ist« (282, 303). Auch Peter Banning, selbst Opfer weiblichen Missbrauchs, betont: »Die Einstellung, dass Männer Täter und Frauen Opfer sind, ist einer der Gründe dafür, dass der Kreislauf der Gewalt nicht durchbrochen wird. Missbrauchte Jungen neigen dazu, die Verantwortung für das Geschehene ebenso zu übernehmen wie später die Last der Schande. Sexueller Kindesmissbrauch kann nicht gestoppt werden, wenn die Taten eines der beiden Geschlechter erlaubt, ignoriert oder ermuntert werden.« (18)

96 Prozent der Opfer von Missbrauch erklären, dass dieser ihr Leben zum schlechteren verändert hatte. Zu den Spätfolgen zählen bei Männern Alkohol- oder Drogenabhängigkeit, Selbstmordversuche, Verwirrung und Zweifel über die eigene Geschlechtsidentität, das Unvermögen, Vertrauen zu spenden oder

Beziehungen aufrechtzuerhalten, Depressionen, Gefühle von Scham und Zorn, sexuelle Funktionsstörungen, sozialschädliches Verhalten und natürlich, wenn auch nicht zwangsläufig, die Fortführung des Missbrauchs mit den eigenen Nachkommen. Viele männliche Missbrauchstäter sind selbst zuvor missbraucht worden, durch Männer ebenso wie durch Frauen (302, 45–47).

Diese Folgen können auch dann eintreten, wenn der Missbrauch gewaltlos vonstatten geht. Karin Jäckel: »Für einen Menschen, an dem sich jemand vergangen hat, ... ist vornehmlich die Erfahrung kaum zu verwinden, dass ein anderer Mensch in Körper und Seele eingedrungen ist und diesen benutzt und zu Reaktionen gebracht hat, als wäre es sein eigener. Die daraus erfahrene Nichtswürdigkeit der eigenen Person ist es, die jedes Opfer sexuellen Missbrauchs ins Erwachsenenleben mitnimmt.« (218, 67) Besonders schrecklich ist, wenn dieser Missbrauch von einer Frau ausgeübt wurde, zu der ein sehr starkes Vertrauens- und auch Abhängigkeitsverhältnis bestand. Die Verwirrung von Kindern in der psychotherapeutischen Praxis spricht Bände: »Mami sieht dann gar nicht mehr aus wie meine Mami!«, erklärt ein Siebenjähriger, »sie schnauft manchmal so komisch und klemmt mein Knie ein« ein Sechsjähriger. »Mutti bekommt ihr Gummigesicht«, nennt es ein sechsjähriges Mädchen (69).

Elizabeth McMahon, eine Ärztin, die sich im australischen Melbourne um Missbrauchsopfer kümmert, fasst in ihrer Schilderung vieles des bislang Gesagten zusammen: »In Fällen, wo der sexuelle Missbrauch von Frauen ausgeht, lebt das männliche Opfer meist schon über Jahre in sexueller Abhängigkeit, bevor irgend jemand etwas davon erfährt. Die Mutter ist in solchen Fällen allemal eine rücksichtslose und dominante Frau. Weibliche Opfer werden meist von ihrem Zorn dazu getrieben, ihre männlichen Peiniger anzuprangern. Männliche Opfer von sexuellem Missbrauch durch Frauen sind dagegen oft bis in die Tiefen ihrer Persönlichkeit geschädigt und vom Gefühl der Schande und ihres Unwerts völlig überschwemmt. Die Öffentlichkeit will nichts von ihren Problemen wissen, man redet einfach nicht darüber, und so haben die Betroffenen, wenn sie die Sache zur Anzeige bringen wollen, eine doppelte Hürde zu überwinden. Sie rechnen meist gar nicht damit, dass ihnen jemand glauben könnte. ... Die Prognose für Kinder und junge Männer, die von ihren Müttern oder einer anderen Frau sexuell missbraucht wurden, muss aus drei Gründen ungünstig ausfallen: Erstens gibt es keine Kliniken, die qualifiziert wären, sich mit diesem Problem zu befassen. Zweitens hat sich der Missbrauch oft schon über lange Zeit hingezogen. Und drittens bietet die Therapie nur dann gute Erfolgsaussichten, wenn den Opfern eine stabile und kooperationsbereite Mutter zur Seite steht.« (497, 214–215)

Sage und schreibe 86 Prozent der Missbrauchsopfer wird nicht geglaubt, wenn sie angeben, dass der Täter eine Frau war (349). Ein Patient erinnert sich: »Als ich zum ersten Mal erzählt habe, dass mich meine Tante jahrelang missbraucht hat, flog meine Familie auseinander. Sie beschuldigten mich unter anderem, das erfunden zu haben, böse zu sein, geistesgestört, nur Aufmerksamkeit erregen zu wollen. Was mich am meisten verletzt hat, war, dass die weiblichen Mitglieder meiner Familie am giftigsten und rachsüchtigsten waren.« (251, 283) Auch andere Opfer nennen Ungläubigkeit bis hin zu Abstreiten als die typischsten Reaktionen:»Bist du sicher, dass es nicht dein Vater war?«, werden sie gefragt oder gar angeblafft:»Das ist lächerlich! Wie sollen sie das denn machen?« (101, 102)

René Denfeld berichtet von einem Mädchen, das mit seiner Schwester über Jahre hinweg von einer geistesgestörten Mutter auf sadistische Weise gequält wurde. Die Töchter erstatteten Anzeige bei der Polizei, man glaubte ihnen nicht. Die Folterungen gingen weiter. Das Mädchen wurde zu einer jungen Frau, verließ das Zuhause, gründete eine Familie. Aber sie war seelisch schwer geschädigt und gab den erlittenen Missbrauch an ihre Kinder weiter. Als ihr klar wurde, was sie da tat, ging sie noch einmal zur Polizei, erklärte die Sachlage und bat darum, verhaftet zu werden.

Als der Beamte sich von seinem Lachanfall erholt hatte und feststellte, dass die Schilderung todernst gemeint war, bat er seinen Vorgesetzten herbei. Der kaute an seinem Bleistift herum, erklärte verwirrt, so etwas noch nie gehört zu haben und schickte die junge Frau wieder heim:»Reden Sie mit Ihrem Hausarzt darüber.« Keiner der Beamten befragte die Kinder oder kümmerte sich in irgendeiner anderen Weise um die Angelegenheit. Erst als die Frau die Sache von sich aus mit Nachdruck vorantrieb, kümmerten sich die Behörden darum, dass sie therapeutische Behandlung erhielt und ihre Söhne in ein Heim gebracht wurden (82, 57–58).

Erin Pizzey, Mitbegründerin der internationalen Frauenschutzbewegung, ist sich mittlerweile sicher, dass genauso viele Frauen Pädophile sind wie Männer. Nur:»Frauen bleiben dabei normalerweise unentdeckt.« Sie berichtet:»Ich rettete ein kleines englisches Mädchen vor einer weiblichen Pädophilen in England, während ich in New Mexico war. Es erforderte drei Jahre Kampf gegen die englischen Gerichte, sie zu retten und sie ihren Eltern zurückzubringen. Als der Staatsanwalt mich schließlich anrief und mir sagte, dass ich in allem Recht hätte und das Kind missbraucht worden sei, fragte ich ihn, ob er die Frau anzeigen wolle. ›Nein‹, sagte er. ›Bisher ist noch jede Frau davongekommen und es wird bei Kindesmissbrauch auch weiterhin so sein.‹« (371a)

Sowenig wie weibliche Täterinnen Strafe fürchten müssen, sowenig dürfen männliche Opfer Unterstützung erwarten – auch nicht von angeblich»professionellen« Organisationen. Drei Viertel der Männer, die mit der britischen Hilfsorganisation»Kidscape« in Kontakt traten, fanden niemanden, der ihnen helfen oder ihren Berichten glauben wollte. Ein Mann, der Hilfe für seine neunjährige Tochter suchte, die von ihrer Mutter missbraucht wurde, wurde von drei verschiedenen Organisationen zurückgewiesen, weil sie »sich damit nicht beschäftigten«. Eine vierte war sich unsicher, wie sie reagieren sollte, und deutete an, dass in Wahrheit er der Täter sei. Einem anderen Vater wurde klargemacht, dass er seine Tochter nicht zu therapeutischen Sitzungen bringen dürfe, weil Männern der Zugang zu diesem Zentrum nicht gestattet war (251, 282).

Sie glauben, in Deutschland wäre so etwas undenkbar? Von wegen: Gerade in unserem Land gibt es eine institutionalisierte Männerfeindlichkeit. Gruppen wie »Wildwasser« lehnen es kategorisch ab, mit sexuell missbrauchten Jungen zu arbeiten, verweigern Männern ihre Hilfsangebote und schließen männliche Mitarbeiter aus. Selbst zu öffentlichen Vorträgen wird Männern kein Zutritt gewährt, und mancherorts fungieren Mitglieder bestimmter Frauengruppen als Rausschmeißer, wenn sich widerrechtlich eine komplette Familie im rein weiblichen Publikum eingefunden hat (218, 51). Wie reagieren die staatlichen Stellen darauf? Wie man es im »Patriarchat« erwarten dürfte: Sie unterstützen diesen Sexismus, und zwar finanziell. Sogenannte »Mädchen- und Frauenprojekte« werden in Bundesländern wie Nordrhein-Westfalen nämlich unter anderem über die Gleichstellungsstelle gefördert. Das führt dazu, dass Gruppen wie »Wildwasser« staatliche Gelder erhalten, Gruppen wie »Zartbitter« in Köln hingegen nicht, weil sie auch Jungen beraten (353). Ja, Sie haben das richtig verstanden: Wenn eine Organisation wie »Wildwasser« männlichen Missbrauchsopfern die Hilfe verweigert, wird sie dafür mit unseren Steuergeldern belohnt.

Thomas Schlingmann vom Berliner Verein »Tauwetter«, einer Anlaufstelle für Männer, die als Jungen sexuell missbraucht wurden, beklagt ebenfalls, dass diese Problematik in der öffentlichen Diskussion vernachlässigt werde. »In den ungefähr 350 Gesprächen, die wir seit unserem Bestehen geführt haben, berichtete rund ein Viertel der Männer von sexuellem Missbrauch durch Frauen.« Diese Opfer seien eher noch mehr traumatisiert als diejenigen, die von Männern missbraucht worden waren. Dennoch gebe es in ganz Berlin keine einzige Anlaufstelle, die sich gezielt an missbrauchte Jungen wendet. Die zuständige Senatsverwaltung sehe den Bedarf nicht, weil über einen großen Teil männlicher Opfer keinerlei Informationen vorlägen (86).

Bei Psychotherapeuten stoßen Opfer weiblicher Täter oft auf dasselbe Problem: In der internationalen Literatur werden immer wieder Fälle erwähnt, bei denen die Erlebnisse von männlichen Missbrauchsopfern bezweifelt werden. »Ich habe versucht, es meiner Therapeutin zu erzählen, als ich 35 war«, berichtet einer dieser Männer. »Sie sagte mir, ich hätte Phantasien über meine Mutter und bräuchte mehr Therapie, um die zu verarbeiten.« Solche Deutungen in Richtungen ödipaler Phantasien kommen häufiger vor. In einem anderen Fall erzählte ein Mädchen, dass es von beiden Eltern missbraucht worden war. In Bezug auf die Mutter war für das Therapeutinnenteam der Fall klar: Projektion und Phantasie. Der Missbrauch durch den Vater wurde nie bezweifelt (101, 46–47; 251, 282).

Manche Patienten, die unter den Folgen von Missbrauch leiden, sahen sich dazu gezwungen zu erzählen, sie seien von einem Mann missbraucht worden, um wenigstens irgendeine Hilfe zu erhalten. Auch dadurch werden die Missbrauchsstatistiken verfälscht, aber das kann nicht den Opfern angelastet werden, die oft in der Therapie noch eine zusätzliche Schädigung erfahren, wie eine Patientin berichtet:»Auf meinen ersten Versuch, die Sache zu enthüllen, reagierte man mit Schock und Ungläubigkeit. In Verbindung mit dem Versuch meines Therapeuten, mich davon zu überzeugen, dass es ein Mann und keine Frau gewesen sein musste, der mich missbraucht hatte, führte das dazu, dass ich mich angeschlagen fühlte, verletzt, und mich fragte, ob ich verrückt war.« (251, 283; 299, 189)

Die generelle Problematik, über von Frauen begangenen Missbrauch wichtige Aufschlüsse zu gewinnen, wird von der US-amerikanischen »Nationalen Organisation für männliche Sexualopfer« auf den Punkt gebracht:»In einer Kultur, in der Unverwundbarkeit und das Leugnen von Schmerz als wesentliche Qualitäten der Männlichkeit gewürdigt werden, ist es Männern einfach nicht erlaubt zuzugeben, dass sie sexuell ausgebeutet und missbraucht wurden.« (324) Jungen haben den Eindruck, dass es ihre Geschlechterrolle in Frage stellt, das Opfer einer Frau geworden zu sein. Sie können ihr Erlebnis nicht einordnen und sprechen nicht darüber. Außerdem werden Mütter als asexuelle, gewaltfreie Wesen betrachtet, die sich ihren Kindern selbstlos zuwenden. Im Rahmen ihrer pflegerischen Aufgaben – Baden, Wickeln, Stillen, Anziehen, Zu-Bett-Bringen – können sie Missbrauch auch eher kaschieren als Männer. Man akzeptiert bei ihnen eine körperliche Nähe, die man bei Vätern für suspekt halten würde (17, 77; 46, 282; 135, 234; 198, 274–276; 345, 308; 349). Das dadurch entstandene Dunkelfeld wird von Therapie und Forschung nicht gerade erhellt. So ist es möglich, dass wissenschaftliche Beiträge in Fachbüchern zu diesem Thema eingeleitet werden mit Sätzen wie »Die speziell mit dem Missbrauch von Knaben befasste Literatur weist eindeutig auf vorwiegend männliche Täterschaft hin« – um ein paar Zeilen weiter ungerührt eine Statistik vorzulegen, in der eine Aufteilung des Missbrauchs in drei Schweregrade zwar 60,9 Prozent männliche Täter bei sexuellen Berührungen feststellt, aber 49,3 Prozent bei Exhibitionismus und 46,8 Prozent bei Penetration. Mit anderen Worten: Die knappe Mehrheit der Täter ist insbesondere bei schwereren Fällen weiblich, eine »eindeutige« männliche Täterschaft gibt es nicht. (497, 211–212). Wenn sie ihre Klischees im Kopf haben, versäumen offenbar selbst Forscher, ihr eigenes Material zu überprüfen.

Die entsprechenden Daten müssen aber erst einmal gesammelt werden, und schon da entsteht das erste Hindernis. Ob Jungen von Frauen missbraucht werden, so der Sozialpädagoge Helmut Kentler aus Hannover, sei bislang so gut wie überhaupt nicht untersucht worden (246, 143). Die amerikanische NHS-LS-Studie etwa, bei der sich herausstellte, dass bei zwei Dritteln der missbrauchten Jungen eine Frau die Täterin war, kam nur aus reinem Zufall zu diesem Ergebnis. In dem ursprünglich ausgeteilten Fragebogen wurden Männer nämlich gar nicht gefragt, ob sie je zu Sex gezwungen worden waren, sondern ausschließlich die Mädchen. Immerhin war man in den neunziger Jahren so weit, beide Geschlechter zu fragen, ob sie von einem Erwachsenen sexuell berührt worden waren. Für die, die »ja« sagten, hieß es dann ankreuzen: »Vater«, »Onkel«, »Freund der Mutter«, »älterer Bruder«, »Stiefvater«. Weibliche Personen wurden gar nicht erst aufgeführt.

Nachdem die störrischen Männer allerdings auf weiblichen Tätern bestanden hatten, nahmen die Autoren der Studie in ihrer Analyse eine neue Trennung vor: Die Mädchen mit solchen Erfahrungen wurden »Opfer« genannt, die Jungen »sexuell frühreif«. 31 Prozent dieser frühreifen Bürschchen waren zum Zeitpunkt des Zwischenfalls sechs oder jünger, 26 Prozent zwischen sieben und zehn. Zum direkten Verkehr kam es übrigens bei 42 Prozent der Jungen, aber »nur« bei 14 Prozent der Mädchen – was ebenfalls übergangen wurde (135, 298–299). Studien aus anderen Ländern sind ähnlich »gründlich«: Als sich bei einer telefonischen Befragung in Australien herausstellte, dass mehr als ein Drittel der Anrufer von weiblichen Tätern berichtete, beschlossen die weiblichen Veranstalter der Umfrage, dies als einen »Scherz« männlicher Pädophiler zu interpretieren, die Frauen belasten wollten (81, 58–59).

Die Justiz und die Medien tun ihr Übriges, diese Tatsache zu verschleiern. Motto: »Verführt eine 30jährige Frau einen 14jährigen Jungen, so ist das kein sexueller Missbrauch. Verführt jedoch ein dreißigjähriger Mann ein 14jähriges Mädchen, so ist das auf jeden Fall Missbrauch.« (101, 100) Amerikanische Maskulisten weisen immer wieder auf die unterschiedliche Rechtsprechung in solchen Fällen hin: Zwei Fälle dieser Art ereigneten sich mit einigem Abstand in Seattle. Mary LeTourneau, eine Lehrerin von 35 Jahren, hatte eine Affäre mit einem 13-jährigen Jungen; Mark Billie, ein Lehrer von 42 Jahren, mit einem 15-jährigen Mädchen. Die Medien beschrieben LeTourneau als »blond und attraktiv«, Billie hingegen lediglich als »früheren Lehrer«. Im Fall von Mark Billie interviewte die »Seattle Times« einen Experten, der erklärte, dass eine Beziehung zwischen Erwachsenen und Teenagern immer schädlich ist. Es gab kein solches Interview im Fall von LeTourneau. Entsprechend fiel auch das Urteil aus: LeTourneau kam für achtzig Tage hinter Gitter. Billie für vier Jahre (205). Ein anderer Fall: Eine Schwimmlehrerin aus Washington D.C. nahm eine sexuelle Beziehung mit einem elfjährigen Schützling auf und führte diese über Jahre hinweg fort. Sie wurde zu dreißig Tagen Gefängnis verurteilt – was sie durch gute Führung halbieren konnte (68, 149). Kevin Gillson, ein 18-jähriger aus Wisconsin, der seine 15-jährige Freundin schwängerte und daraufhin heiraten wollte, wurde vor Gericht gestellt, weil sein Verkehr mit einer Person unter 16 als Vergewaltigung ohne Gewaltanwendung betrachtet wurde. Die Anklage forderte 40 Jahre Gefängnis (365). In einem besonders absurden Fall urteilte das Oberste Gericht des US-Bundesstaates Kansas, dass ein Zwölfjähriger, der von seiner Babysitterin missbraucht worden war und die junge Frau dabei geschwängert hatte, für das Kind Unterhalt zu zahlen hat. (Unter www.vix.com/pub/men/rawdeal/court.html findet man das Gerichtsprotokoll.) Die Diskrepanzen sind unübersehbar. Tatsächlich wurden in den USA einer Studie über weibliche Missbrauchstäter zufolge 44 Prozent von ihnen überhaupt nicht strafrechtlich verfolgt (296, 69). Wenn man die Frauenbewegung auf solche Dinge anspricht, stellt sie beide Ohren auf Durchzug. Michelle Elliot musste feststellen, dass offenbar schon das Gespräch über das Thema als Verrat an der feministischen Sache gebrandmarkt wird, wenn nicht gar als Versuch, männliche Täter freizusprechen: »Die Statistiken zeigen, dass so etwas selten vorkommt; niemand zeigt es an, also kann es nicht stimmen.« Dem Kampf gegen Männergewalt scheint ansonsten die Grundlage entzogen. Als typische Reaktionen nennt Elliott Befürchtungen wie »Frauenprojekte werden fragwürdig« oder »frauenspezifische Ansätze wird es dann nicht mehr geben« (101, 12, 24). Als im Frühling 1992 die weltweit erste Konferenz über Missbrauchstäterinnen in London stattfand, wurde diese Veranstaltung von einer feministischen Redakteurin des »Guardian« sofort als »frauenfeindlich« und natürlich »Backlash« durch den Schmutz gezogen. Als Folge der daraus entstandenen Kampagne zog Cianne Longden, eine der zentralen Sprecherinnen der Konferenz, selbst Missbrauchsopfer und mittlerweile Therapeutin, ihre Rede zurück: Sie sei nicht darauf vorbereitet, dieser Feindseligkeit und weiteren Beschimpfungen entgegenzutreten und wie ein Lamm zur Schlachtbank geführt zu werden (251, 280–281). Es verwundert nicht, dass sich mit von Frauen begangenem Missbrauch kein Psychologenkongress beschäftigt, keine Lehrerkonferenz und kein Konzilium von Kinderärzten. Als hier in Deutschland der »SPIEGEL«-Journalist Matthias Matussek auf den hohen Anteil weiblicher Täter aufmerksam machte, hagelte es augenblicklich eine Strafanzeige wegen »Beleidigung, Verleumdung, übler Nachrede sowie aus allen rechtlich in Betracht kommenden Gesichtspunkten« vom Verband alleinerziehender Mütter. Die »Emma« klatschte schadenfroh Beifall (114, 11). Pech für die Redaktion: Die Anzeige wurde von der Staatsanwaltschaft zurückgewiesen.

Nichtsdestotrotz diktiert das feministische Vorurteil vom fast ausschließlich männlichen Täter noch immer unhinterfragt die öffentliche Meinung. In C. M. Allens Studie »Frauen als Täter bei sexuellem Kindesmissbrauch – Erkenntnisbarrieren« wird die alles bestimmende These der Frauenbewegung vom Missbrauch als Folgeerscheinung von männlicher Herrschaft und der Ausbeutung der Frau als einer der Hauptgründe dafür in Erwägung gezogen, dass männlichen Opfern grundsätzlich nicht geglaubt wird (6). Und der feministischen Professorin Carol Smart zufolge führt die Tatsache, dass »schlechte« Sexualität allein Männern zugeordnet wird, dazu, dass Frauen ihre Verantwortung für schädliches Verhalten von sich weisen können. Die von Frauen ausgehende sexuelle Gewalt könne sehr wohl das »bestgehütete Geheimnis« des Feminismus sein (138).

»Die doppelte Moral, die auf dem Gebiet des Kindesmissbrauchs vorherrscht, hat eine höchst unglückliche Situation für Jungen und junge Männer geschaffen«, urteilt die oben erwähnte kanadische Studie. »Weibliche Täter müssen etwas viel Schlimmeres und Offensichtlicheres tun, bevor man sie zur Verantwortung zieht. Männer müssen auf viel schlimmere und offensichtlichere Weise missbraucht werden, bevor man sie als Opfer ernst nimmt.« (295) Da verwundert es nicht, dass die meisten dieser Jungen und Männer erst 15 bis 20 Jahre vergehen lassen, bevor sie von ihren Erfahrungen berichten – wenn überhaupt. Den »Tauwetter«-Mitarbeitern Schlingmann und Reinke bereitet dieser Umstand besondere Sorge: Zum einen sei die Traumatisierung der Opfer durch die lange Zeit der Verdrängung nur um so größer, zum anderen steige die Gefahr, dass sie erneut sexuelle Gewalt erleben müssen. »Kinder, die eine solche Erfahrung gemacht haben, haben nie gelernt, Grenzen zu ziehen. Potenzielle Täterinnen merken das sehr schnell und wählen ihre Opfer gezielt aus.« (86)

Welches Fazit bleibt nach diesem Kapitel? Auf der einen Seite findet mit den abenteuerlichsten Beschuldigungen eine Hetzjagd gegen Männer statt. Wie viele Unschuldige aufgrund dieser Hysterie hinter Gittern landeten, wie viele sich das Leben nahmen, wie viele unschuldige Väter von aufgehetzten »anständigen Bürgern« in die Mangel genommen worden waren – wir wissen es nicht. Auf der anderen Seite ist unsere Gesellschaft blind für das Leiden männlicher Opfer von weiblichen Missbrauchstätern. In beiden Fällen spielt die Frauenbewegung eine nicht unerhebliche Rolle und wird nur allzu gerne gehört. Man möchte von einem Skandal sprechen, besser von mehreren, aber das Wort ist seltsam unangemessen, ausgeleiert, verbraucht. Es ist kein Skandal, es ist Alltag. Alltag für Männer im »Patriarchat«.

Noch 1997 verbreitete die »Emma« die alten falschen Zahlen in der alten Beliebigkeit: In einer Ausgabe sind es bis zu einer Million missbrauchte Kinder pro Jahr (106), »jedes dritte Kind« also, in einer der nächsten sind es 16.000, was man aber dank Dunkelziffer auf 160.000 hochrechnen kann (109). Mehr als 90 Prozent davon seien Mädchen (106, 119). Die Täter seien zu 97 Prozent Männer, genannt werden Bruder, Onkel, Vater und Großvater (109). Organisiert sind diese Onkel und Väter übrigens in »mittelalterlichen Geheimzünften« (107, 27).

Und so stellt »Emma« noch Jahre nach dem Urteil den Montessori-Prozess dar: »In Münster beschuldigen 62 Kinder 1992 einen Erzieher des Montessori-Kindergartens, sich an ihnen vergangen zu haben. Der Angeklagte wird überraschend freigesprochen. Die Aussage der Kinder sei widersprüchlich gewesen und ihre Beeinflussung nicht auszuschließen. Diese Argumente erschüttern immer häufiger die Glaubwürdigkeit der Opfer.« (106, 135) So kann man die Dinge natürlich auch schildern. Keine Anschuldigung wird offen ausgesprochen und doch der Scheiterhaufen auf kleiner Flamme gehalten. Was die Wormser Prozesse angeht, verfährt »Emma« ähnlich. Aber was kann das Magazin den Dutzenden von Gutachtern antworten, die Punkt für Punkt erklärt hatten, wo sich die »Aufdeckerinnen« überall irrten? Gar nichts, darum geht es auf deren Darlegungen schlichtweg nicht ein, gibt sie nicht einmal wieder. Wenn es um die Sache geht, müssen zur Not eben die eigenen Leserinnen dumm gehalten werden. Stattdessen wird vor einer »antifeministischen Backlash-Bewegung« gewarnt, die in den USA »schon viel früher als in Deutschland tobte und frauenbewusste Therapeutinnen und JuristInnen mit einer wahren Prozesslawine« überzog (107, 30). Von einem Autor heißt es unter der Überschrift »Pädofreunde in der Defensive«, er sei »von Hobby unschuldig verfolgter Vater« (112, 11). Verfolgt werden als »Hobby«, soviel Zynismus bringen wenige auf in der deutschen Presselandschaft.

Hinsichtlich der »selbsternannten Experten«, sprich: der professoralen Gerichtsgutachter, erzeugt »Emma« das Bild von küngelnden »Richtern in Weiß«, die unsere Justiz korrumpieren, spricht gar, hart an der Grenze zum Rufmord, von »Sympathisanten skandalöser Machenschaften« (110, 30–38). Wie Verbrecher werden die Gerichtsgutachter dann auch fotografiert: so Professor Wolff schwarzweiß, aus extremer Froschperspektive, das Gesicht vollständig im Schatten (107, 26). Schließlich muss er sich gegen den Rufmord gerichtlich zur Wehr setzen. Zwar verbietet bald ein Urteil, ihm zu unterstellen, dass er sexuellen Missbrauch propagiere und unterstütze, aber die Saat geht dennoch auf: Aufgrund dieser Form von Berichterstattung werden Forschungsgelder und Honorare gestrichen, in manchen Jugendämtern und Ministerien hat sich das Bild von »Täterfreunden« festgefressen, sogar eine angekündigte Preisverleihung findet aufgrund der neuerlichen Hetzjagd, jetzt gegen die Gutachter, nicht statt. »Emma« vermeldet diese Entwicklung nicht ohne Häme (107, 30; 110, 37). Eine sachliche, wissenschaftliche Auseinandersetzung mit Kindesmissbrauch ist in dieser Pogromstimmung offenbar unmöglich geworden. Vielleicht werden also bald auch die Feministinnen hierzulande, wie ihre amerikanischen »Schwestern«, lieber nach Satan suchen, als die Forschung nach Ursachen und möglichen Hilfsmaßnahmen zu betreiben. Den kindlichen Opfern, als deren Beschützerin sich »Emma« aufspielt, hilft dieser neue Irrationalismus am allerwenigsten.

Die zitierten Artikel zogen sich quer durch das Jahr 1997 und noch darüber hinaus. 1997 war das Jahr, in dem Alice Schwarzer für solchen Gossenjournalismus zur »Frau des Jahres« gewählt worden war, ein Jahr nachdem sie vom »patriarchalen Staat« das Bundesverdienstkreuz verliehen bekam. Das alles ist kein Skandal. Sondern Alltag.

»JEDE FRAU IST EINE POTENTIELLE VERGEWALTIGERIN« – WARUM SIMPLE SLOGANS KEINE HILFE SIND

»Vergleichen Sie Aussagen von Vergewaltigungsopfern mit Aussagen von Frauen über Sex. Sie sind sich sehr ähnlich.«

Catharine MacKinnon

Während man sich bei den Themen »sexuelle Belästigung« und »sexueller Missbrauch« Frauen als Täterinnen noch vorstellen kann, liegt der Sachverhalt bei Vergewaltigungen ganz anders. Vergewaltigung ist immer noch *das* Verbrechen, das nicht nur ausschließlich von Männern verübt werden kann, es ist auch das patriarchale Terrorinstrument an sich, das Frauen in einem Zustand permanenter Angst hält, wann immer sie alleine unterwegs sind. Wenn es ein Gewaltdelikt gibt, bei dem sich die Täter-Opfer-Grenze zwischen Männern und Frauen klar ziehen lässt, dann ist es dieses. Auch über die beängstigenden Ausmaße lässt sich augenscheinlich nicht streiten: »Jede vierte junge Frau Opfer sexueller Gewalt« lautet eine Schlagzeile der »Frankfurter Rundschau« vom 4. November 1997. In dem dazugehörigen Artikel heißt es: »Jeder vierte weibliche Teenager ist nach einer Studie der Universität Potsdam bereits mindestens einmal Opfer sexueller Gewalt geworden. Wie die Universität am Montag in Potsdam mitteilte, gaben jeweils gut sechs Prozent der befragten jungen Frauen an, vergewaltigt worden oder das Opfer einer versuchten Vergewaltigung geworden zu sein. Zwölf Prozent erklärten, sexuell genötigt worden zu sein. Weitere 23 Prozent gaben an, sich unter psychischem Druck auf sexuelle Handlungen eingelassen zu haben. Das Institut für Psychologie hatte seit 1985 304 junge Frauen und 256 junge Männer zwischen 17 und 20 Jahren in Berlin und Brandenburg befragt. Fast jeder dritte männliche Befragte räumte ein, gezielt Drogen, Alkohol oder psychischen Druck eingesetzt zu haben, um sexuelle Interessen durchzusetzen. 3,2 Prozent wollen mindestens einmal sexuelle Gewalt ausgeübt oder angedroht haben.« (423, 69) Wo die »Rundschau« noch in jeder vierten Frau ein Opfer sexueller Gewalt sieht, sprechen Feministinnen gar von noch höheren Zahlen. So behauptet die US-amerikanische Frauenorganisation NOW, dass eine von drei Frauen schon einmal vergewaltigt worden sei. Dieselbe Angabe findet sich schon im Titel eines der populärsten Bücher zu diesem Thema: »Jede dritte Frau«. Catharine MacKinnon behauptet, dass »konservativen Definitionen zufolge fast die Hälfte aller Frauen wenigstens einmal in ihrem Leben vergewaltigt werden« (452, 210). Patricia Aburdene hält fest, dass »nach den neuesten Zahlen in den Vereinigten Staaten jede Minute mindestens eine Frau vergewaltigt« werde (1, 206). Insofern erscheint der Streit darüber, ob es jetzt jede zweite oder »nur« jede dritte Frau ist, als Beckmesserei. »Eines steht ... fest: Vergewaltigungen und die Gewalt in der Familie sind ein unmittelbarer Ausdruck männlicher Aggression.« (1, 406) Direkte sexuelle Gewalt stellt NOW zufolge »in unserer Gesellschaft die kulturelle Norm« dar. Es sei »eine unleugbare Tatsache, dass ein Mann, der Sex nicht gewaltlos bekommt, wann und wo er will, Gewalt anwenden wird.« (81, 111)

Die Verbindung der sexuellen Gewalttat mit der staatlichen Männergewalt gegenüber Frauen besteht darin, dass Vergewaltigungsopfern, die dieses Verbrechen zur Anzeige bringen, von Polizei und Justiz oft nicht geglaubt wird, so als ob Frauen sich aus Jux Vergewaltigungen ausdenken und die oft demütigenden intimen Befragungen vor Gericht über sich ergehen lassen würden. »Die Zahl der verurteilten Vergewaltiger ist schockierend niedrig: sie liegt bei *einem* Prozent. Frauen müssen also ihre politische Macht einsetzen, um Gesetze zu verändern, die Vergewaltiger ungestraft davonkommen lassen.« (1, 407–408) Dies könnte allerdings bei einem Verbrechen, das so offensichtlich von den patriarchalischen Herrschaftsstrukturen unserer Gesellschaft geschützt und gestützt wird, ein langer und schwieriger Kampf werden. So schreibt Dana Scully, Autorin des Buches »Understanding Sexual Violence« (Sexuelle Gewalt verstehen): »Ausgehend von der Häufigkeit von Vergewaltigungen und der soziokulturellen Unterstützung sexueller Gewalt gegen Frauen in dieser Gesellschaft sollten wir Männer, die nicht vergewaltigen, vielleicht fragen, warum nicht! Mit anderen Worten, wir sollten fragen, welche Faktoren Männer vom Missbrauch in Gesellschaften abhalten, die Vergewaltigung befürworten.« (452, 44)

Das ungefähr sind die Grundzüge der männerfeindlichen Propaganda, die weit über feministische Kreise hinaus Anerkennung gefunden hat und in der veröffentlichten Meinung für bare Münze genommen wurde. Das Dickicht all dieser sich gegenseitig stützenden Behauptungen ist hier schwerer zu durchdringen als in jedem anderen Kapitel dieses Buches. Eine besondere Schwierigkeit, die Fakten offen darzulegen, stellt hier ein klassisches feministisches Manöver dar: Einerseits wird die Hälfte der Menschheit durch Slogans wie »Alle Männer sind potentielle Vergewaltiger« (die man inzwischen auch von SPD-Bundestagsabgeordneten zu hören bekommt; 16a, 15) mit einer Generalanklage überzogen. Andererseits wird den solchermaßen Beschuldigten aber gleichzeitig die Berechtigung auf Gegenrede verweigert: Da Männer ganz offensichtlich nicht vergewaltigt werden könnten und daher nicht einmal in der Lage seien, sich in die Rolle von Opfern hineinzuversetzen, wäre es eine Anmaßung von ihnen, bei diesem Thema mitdiskutieren zu wollen. Diese Argumentation enthält jedoch eine ganze Anzahl falscher Grundvoraussetzungen und logischer Brüche, die wir hier nach und nach aufdröseln werden.

Jede dritte Frau

THESE: VERGEWALTIGUNG IST EIN VERBRECHEN MIT EPIDEMISCHEN AUSMAßEN

In ihrem Kapitel »Die neue Mythologie der Vergewaltigung« (304, 21ff.) spricht die kritische Feministin Wendy McElroy davon, dass die alte Mythologie zu diesem Verbrechen zwar von der Frauenbewegung zerstört worden, aber nicht durch nüchternes Faktenwissen, sondern durch eine neue ideologisch geprägte Weltsicht ersetzt worden sei. Zu der »alten Mythologie« gehörten Behauptungen wie dass eine Frau überhaupt nicht gegen ihren Willen vergewaltigt werden könne, dass Frauen sich heimlich wünschten, vergewaltigt zu werden, und selbst daran Schuld seien, wenn ihnen so etwas widerfuhr. Schuld hatte immer die Frau. Die neue Mythologie nimmt schlichtweg die radikale Gegenposition ein und vermischt die Grenzen zwischen Vergewaltigung und einvernehmlichen Sex bis zur Unkenntlichkeit. Um den Hintergrund der feministischen Vergewaltigungsforschung zu verstehen, muss man die Grundeinstellung der prominentesten US-amerikanischen Feministinnen zu dieser Frage kennen. Diese äußert sich unter anderem in folgenden Zitaten und Parolen:

- Catharine MacKinnon: »Politisch nenne ich es Vergewaltigung, wenn immer eine Frau Sex hatte und sich vergewaltigt *fühlt*.« (304, 22)

- Robin Morgan: »Ich bestehe darauf, dass es sich um eine Vergewaltigung handelt, wenn die Initiative zum Geschlechtsverkehr nicht von der Frau ausgeht, aus echter Zuneigung und aufgrund von echtem Begehren.« (81, 117)

- Hodee Edwards: »Sex ist das Kreuz, auf dem Frauen gekreuzigt werden. Sex kann angemessen allein als universelle Vergewaltigung beschrieben werden.«

- Coletta Reid: »Wenn die Ehe legalisierte Prostitution ist, dann ist Heterosexualität gesellschaftlich befürwortete Vergewaltigung.« (470, 130)

- Andrea Dworkin: »Physisch ist die Frau beim Geschlechtsverkehr besetztes Gebiet, im wahrsten Sinne des Wortes ein Territorium, das im wahrsten Sinne des Wortes eingenommen wird: eingenommen auch dann, wenn es keinen Widerstand gegeben hat, keine Gewalt; ja sogar wenn die eingenommene Frau sagte ja bitte, ja schnell, ja mehr.«

- Susan Griffin:»Die Grundelemente von Vergewaltigung sind in allen heterosexuellen Beziehungen zu finden.« (333, 61–62)

- Ti-Grace Atkinson:»Die häufigste weibliche Form von Flucht ist der psychopathologische Zustand der Liebe. Es ist ein euphorisches Phantasma, bei dem das Opfer seinen Unterdrücker in seinen Erlöser umwandelt. ›Liebe‹ ist die natürliche Reaktion des Opfers auf seinen Vergewaltiger.« (470, 135)

- Alison Jaggar:»Von einer radikalfeministischen Perspektive aus betrachtet lassen sich die meisten heterosexuellen Beziehungen nicht von Vergewaltigungen unterscheiden. Das Faktum der Nötigung wird aber, oft sogar von den Beteiligten selbst, aufgrund der patriarchalen Mystifikation der romantischen Liebe verschleiert.« (Alison Jaggar ist eine Professorin in den USA, die in ihrem Buch behauptet, dass eine von *drei* Frauen Opfer sexueller Gewalt wird – ohne Belege für diese Behauptung zu bringen; 81, 113.)

- Susan Brownmiller:»Jeder Mann ist ein potentieller Vergewaltiger.« Sowie Vergewaltigung »ist nicht mehr und nicht weniger als ein bewusster Einschüchterungsvorgang, durch den *alle* Männer alle Frauen in einem Zustand der Angst halten.« (305b)

- Marilyn French:»Alle Männer sind Vergewaltiger und sonst gar nichts.« (130, 369)

Wir haben es hier mit einem Zirkelschluss feinster Sorte zu tun: Da wir angeblich in einer Gesellschaft leben, in der die Frauen der Gewalt der Männer ausgeliefert sind, *kann* eine Frau gar nicht »freiwillig« und »von sich aus« sexuelle Kontakte eingehen oder ihnen zustimmen. Jede Entscheidung, die sie in diesem Sinne trifft, ist verunreinigt durch ihre »empfundene oder tatsächliche Abhängigkeit von der Zuneigung ihres Partners oder seinem ökonomischen Status.« (362, 172) Für Catharine MacKinnon sind Ehe, Vergewaltigung und Prostitution voneinander ununterscheidbar (304, 5). Andrea Dworkin definiert Romantik als »Vergewaltigung verschönert mit bedeutsamen Blicken« (362, 117). *Dass* wir wiederum in einer Gesellschaft leben, in der Männer gewaltsam über Frauen herrschen, wird ja nicht zuletzt durch die besonders hohen Zahlen von Vergewaltigungen »belegt«, die auf dem Wege von Übersetzungen und Zitaten ihren Weg auch in deutsche Broschüren, Bücher und Webpages nehmen. Das ist eine in sich geschlossene ideologische Argumentation, wie sie auch in anderen fundamentalistischen und in rassistischen Gedankengebäuden vorkommt.

Wo kommen aber diese verrückten Zahlenangaben her, die radikale Feministinnen aus dem Hut zaubern und die so begeistert von den Medien veröffentlicht werden? Die Antwort gibt die Feminismuskritikerin Réne Denfeld:

»Es sind keine offiziellen Zahlen und keine vertrauenswürdigen Studien, und sie basieren auch nicht auf den gesetzlichen Definitionen ... Sie sind das Ergebnis von nur zwei Umfragen, die unabhängig voneinander von den feministischen Forscherinnen Diana E. H. Russell und Mary P. Koss durchgeführt wurden. Ihre Umfragen sind ... wissenschaftlich fragwürdig. Russell und Koss haben in ihre Zahlen zu Vergewaltigung und sexuellem Missbrauch alles miteinbezogen, vom Sex mit gegenseitiger Einwilligung bis hin zu obszönen Telefonanrufen.« (81, 87) Einer der entscheidenden Punkte bei diesen Studien war, dass die feministischen *Forscherinnen* entschieden, was als Vergewaltigung zu gelten hatte, und nicht etwa die betroffenen Frauen selbst. Diana Russell gab ihren Interviewerinnen die strikte Anweisung, das Wort »Vergewaltigung« bei ihren Befragungen nicht zu benutzen. Sie hatte andererseits keine Probleme damit, in ihrer Studie Frauen als Vergewaltigungsopfer zu definieren, die bei der Befragung bestritten, ihr Partner würde sich den Sex gewaltsam erzwingen: »Nein, wenn er merkt, dass ich nicht will, lässt er's bleiben. Ich hab's schon mal gemacht, um ihm einen Gefallen zu tun, aber er würde mich nie zwingen.« Von solchen Frauen heißt es in Russells Büchern, sie seien in der »Verleugnungsphase« (81, 98–100)

Nicht wesentlich anders machte es Mary Koss, deren Ergebnisse gierig von der Presse verschlungen wurden: Demnach kommt auf zwölf Collegestudenten ein tatsächlicher oder potentieller Vergewaltiger (wen kümmert der Unterschied?), einer von vieren verhält sich sexuell aggressiv, über die Hälfte aller Frauen wird nach ihrem vierzehnten Lebensjahr Opfer von sexuellem Missbrauch, eine von vieren gar einer versuchten oder vollendeten Vergewaltigung (81, 103). »Eine von vier« war von da ab die Zahl, die in den Abteilungen für Frauenstudien zitiert wurde, in Frauenzentren, auf Buttons und Plakaten. Das »Time«-Magazin stellte sie ebenso als pure Tatsache hin wie der »Cosmopolitan« (»Aktuellen Daten zufolge wird eine von vier Frauen in ihrem Leben sexuell missbraucht«), feministische Zeitschriften sowieso. Susan Faludi berichtete darüber in »Newsweek«, und Naomi Wolf stellte fest, dass Vergewaltigung häufiger vorkomme als Linkshändigkeit, Alkoholismus und Herzanfälle (81, 92; 452, 212). Was nirgendwo erwähnt wurde, war, dass die genannten Zahlen so gut wie nichts mit sämtlicher bisher veröffentlichten Forschung über Vergewaltigung zu tun hatten (452, 212).

Was genau unterschied Koss' Vorgehensweise von der aller anderen Umfragen? Ein Aspekt war die extrem vage Formulierung bestimmter Fragen: »Haben Sie bei Sexspielen mitgemacht (Streicheln, Küssen oder Petting, aber kein Geschlechtsverkehr), ohne es zu wollen, weil Sie durch hartnäckiges Argumentieren oder durch den Druck eines Mannes überrumpelt wurden?« (81, 105) Hier wird der Begriff »Vergewaltigung« auf verbalen und emotionalen Druck ausgedehnt – was man durchaus tun kann, wenn man unbedingt möchte. Nur stellt sich der unbefangene Zeitungsleser, wenn er erfährt, eine von vier Frauen sei vergewaltigt worden, kaum vor, dass alle Fälle mitgezählt werden, wo sich eine Frau zum Sex überreden ließ. Eine andere von Koss' Fragen lautete »Hattest du jemals sexuellen Verkehr, wenn du nicht wolltest, weil dir ein Mann Alkohol oder Drogen eingeflößt hat?« Das ist eine wundervolle Formulierung. Angenommen der Mann, mit dem sich eine Frau verabredet hatte, mixt ihr eine Piña Colada, und sie gibt sich ihm leicht angeheitert hin – ist das eine Vergewaltigung? Koss verteidigt sich damit, dass in Staaten wie Ohio sexueller Kontakt, der nach der Verabreichung von Drogen oder Alkohol stattfindet, ein Verbrechen darstellt. Mittlerweile haben Journalisten belegt, dass Koss ihr Zitat der Verfassung Ohios an strategischer Stelle abgebrochen hatte, denn dort wird das Ausgeben eines Drinks in der Hoffnung, dass dadurch bestimmte Hemmungen fallen, ausdrücklich von der Strafverfolgung ausgeschlossen. Wenn man andererseits allein diese eine Frage aus Koss' Studie weggelassen hätte, wäre aus ihrer Eine-von-vier-Statistik »eine von neun« geworden (135, 193; 452, 212–213).

Tatsache ist, dass die überwältigende Mehrheit der Studentinnen, die von Koss zu Vergewaltigungsopfern erklärt wurden, damit nicht einverstanden waren. Sie hielten ihren Geschlechtsverkehr eher für die Folge einer schiefgelaufene Kommunikation. Fast die Hälfte von ihnen hatte später noch einmal Sex mit dem angeblichen Täter. Koss erklärt dies damit, dass die jungen Frauen »nicht damit vertraut waren, wie Geschlechtsverkehr in gegenseitigem Einverständnis beschaffen sein sollte«. (81, 107; 135, 193) Es ist reichlich widersprüchlich, dass Feministinnen beim Vergehen der sexuellen Belästigung allein die Wahrnehmung des »Opfers« zählen lassen wollen, bei Vergewaltigung aber sagen, die individuelle Wahrnehmung spiele überhaupt keine Rolle. Manche Feministinnen versuchen, Koss' Ergebnisse damit zu verteidigen, dass Opfer anderer Vergehen wie Betrug, fahrlässiger ärztlicher Kunstfehler oder verdeckter Diskriminierung oft ja ebenfalls nicht wüssten, dass sie auf ungesetzliche Weise benachteiligt wurden. Vergewaltigung sei mit einem solchen Schweigetabu belegt, dass vielen Frauen nicht einmal klar wäre, dass sie Opfer seien (466, 11). Menschen, die betrogen oder anderweitig ohne ihr Wissen benachteiligt wurden, erkennen allerdings sofort, dass sie einem Verbrechen zum Opfer gefallen sind, sobald man es ihnen erklärt – die von Koss befragten Studentinnen bestreiten das aber mit Nachdruck (452, 214). Rechnet man allerdings aus Koss' Statistik sowohl alle Studentinnen heraus, die mit einem Mann schliefen, weil sie angetrunken oder high waren, als auch alle die, die ihre eigene Erfahrung keineswegs als Vergewaltigung beschrieben, fällt die Zahl der Opfer von tatsächlichen oder versuchten Vergewaltigungen auf bis zu einer von dreiunddreißig (135, 194). Und selbst das liegt noch weit über den Zahlen, die seriösere Untersuchungen ergeben.

Offenbar hat Koss mit ihrer Untersuchungsmethode jedoch ganz neue Maßstäbe gesetzt, denn eine Studie mit dem Namen »Sex in Amerika« bewegt sich ganz in ihrem Fahrwasser und spricht davon, dass 22 Prozent aller Frauen »von einem Mann dazu gezwungen wurden, sexuell etwas zu tun, was sie nicht wollten«. In dieser Studie wurde nicht festgelegt, was »gezwungen« bedeuten sollte (körperlich gezwungen? bedroht? überredet?). Es wurden zwar verschiedene Kriterien für »sexuell etwas zu tun« festgelegt, aber keineswegs die jeweilige Häufigkeit der Verstöße aufgelistet. Es ist offensichtlich etwas anderes, ob eine Frau zu einem Kuss gezwungen wird oder zu Analverkehr oder ob sie von ihrem Partner dazu überredet wird, sich oral verwöhnen zu lassen, obwohl sie das eigentlich furchtbar langweilig findet – nur damit er endlich Ruhe gibt. In manchen Fragebögen war das Wort »sexuell« fälschlich getilgt worden, so dass die Frage lautete: »Sind Sie je von einem Mann gezwungen worden, etwas zu tun, was Sie nicht wollten?« Das erlaubte von »Ja, mein Vater hat mich immer schon um sieben zu Bett gehen lassen« bis zu »Mein Mann lässt mich immer den Abwasch machen« die verschiedensten Antworten. Zuletzt wurden offenbar unterschiedliche Ergebnisse so zusammengefasst, dass man sich für die höhere der beiden Zahlen entschied. Andere Studien dieser Art fahren die Zahl von Frauen, die Opfer »sexueller Übergriffe« geworden sind, auf bis zu 96 Prozent hinauf (135, 194–197). Die Feministin Naomi Wolf bezeichnete inzwischen »eine Situation unserer Jugend, in der Jungen vergewaltigen und Mädchen vergewaltigt werden, als den üblichen Lauf der Dinge« (466, 151).

Es ist bedrückend, dass eine Hand voll amerikanischer Fanatikerinnen auch die deutsche Diskussion zu diesem Thema stark beeinflusst und ihre Position zum Teil bis in Fachbücher der Verhaltensforschung hineingetragen wird. So schreibt etwa der Wiener Anthropologe Karl Grammer: »Nach Masters und Johnson kennen sich in 80 Prozent aller Fälle Täter und Opfer nicht. Diese Feststellung gilt heute als falsch ...« Tatsächlich komme »sexuelle Gewalt« nämlich sehr oft bei Menschen vor, die eine Beziehung miteinander führten. »Die Art der Gewaltanwendung erstreckt sich allerdings auf Argumentation, Überredungsversuche oder verbale Aggression; körperliche Gewalt tritt äußerst selten auf.« (178, 414) Was sich geändert hat, ist nicht, dass eine bisher verschwiegene hohe Zahl von Vergewaltigungen endlich ans Tageslicht kam, sondern dass man ein Verhalten, das man früher als »Verführung« bezeichnete, heute »Vergewaltigung« nennt.

Ganz offensichtlich hat solche ideologisch bestimmte Forschung nichts mehr mit seriösen Untersuchungen über die Häufigkeit entsprechender Vorkommnisse zu tun. Die umfassendste Verbrechensstudie der USA, der »National Crime Survey«, bei dem fast hunderttausend Personen befragt werden und sich jedes Opfer von Vergewaltigung selbst definiert, ohne dass dadurch irgendwelche Folgen entstehen, ergab 1991, dass auf tausend Frauen annähernd eine tatsächliche oder versuchte Vergewaltigung kommt (81, 109). 1999 ergab eine Zählung des FBI 64 Vergewaltigungen pro 100.000 Frauen (94a). Die Vereinten Nationen berichten den Feministinnen Ramsey und McCorduck zufolge, dass einer von zweitausend Frauen dieses Schicksal widerfährt (303, 239). In Deutschland liegt die Zahl der zur Anzeige gebrachten Fälle sogar noch etwas niedriger (471, 9). Dazu kommt zwar noch eine gewisse Dunkelziffer, aber diese liegt wohl kaum bei sechzigtausend Prozent. 1993 wurden in einer Telefonumfrage in den USA 2500 zufällig ausgewählte Frauen befragt, ob sie in den letzten fünf Jahren Opfer einer Vergewaltigung oder eines anderen sexuellen Übergriffes wurden. Zwei Prozent antworteten mit ja, 98 Prozent mit nein. Eine andere Frage in dieser Telefonaktion lautete: »Hat im vergangenen Jahr Ihr Partner jemals versucht, sexuellen Verkehr mit Ihnen zu erzwingen, indem er körperlichen Druck eingesetzt hat, wie Sie festzuhalten, zu schlagen oder damit zu drohen, Sie zu schlagen?« Keine einzige Frau antwortete hierauf mit ja (452, 209). Natürlich kann daraus nicht geschlossen werden, dass Vergewaltigung in der Ehe überhaupt nicht vorkommt. Sie ist aber offensichtlich so selten, dass sich unter 2500 zufällig ausgewählten Frauen keine fand, die von einem solchen Fall berichtete. Wir haben in einem früheren Kapitel bereits gesehen, dass überwiegend Männer von Gewaltverbrechen betroffen sind, auch wenn einem die Medien den völlig entgegengesetzten Eindruck vermitteln. Frauen leiden lauter. US-Kriminologen gehen davon aus, dass gerade einmal 0,4 Prozent aller Gewaltverbrechen gegen Personen versuchte und 0,3 Prozent vollendete Vergewaltigung darstellen (347, 146). Bei der Gesamtzahl aller 1997 in Deutschland bekannt gewordenen Straftaten beträgt der Anteil der Sexualdelikte 0,81 Prozent, der Anteil von Vergewaltigungen gar nur 0,1 Prozent. Auf 100.000 Einwohner kommen hierzulande jährlich acht Vergewaltigungen. Dass 0,1 Prozent eine verschwindend geringe Rate ist, dürfen deutsche Politiker allerdings nicht klarstellen, ohne von der Presse mit Jauche begossen zu werden. Als etwa der Bremer Innensenator Borttscheller die Zahl der Vergewaltigungen im Vergleich mit der Gesamtzahl der Straftaten als ›Peanuts‹ bezeichnet hatte, gingen nicht nur empörte Anrufe beim Sender ein. Vor allem entrüstete sich die Bremer Ausgabe der »tageszeitung« mit der Schlagzeile: »Vergewaltigungen ›Peanuts‹ für Innensenator. Ralf Borttscheller (CDU) wurde bei Radio Bremen-Interview öffentlich ausfällig.« Der darunter stehende Artikel stellte das Interview grob verfälschend dar und behauptete, dass der Innensenator hier »Rechtsempfinden und Anstand« verloren habe (492). Der Pressesprecher des Innensenators erklärte der »taz« daraufhin unumwunden, dass ihre Berichterstattung an versuchten Rufmord grenze (493).

Es sagt einiges über das ideologisch aufgeheizte Klima in Deutschland aus, wenn ein Politiker nicht einmal Zahlenverhältnisse darlegen kann, ohne in entstellender Weise angepöbelt zu werden. »Vergewaltigung« wird offenbar bewusst in einer Sphäre des Mythisch-Monströsen gehalten, über das auf keinen Fall sachlich gesprochen werden darf. Gleichzeitig macht dieser Meinungsdruck aber deutlich, warum einem verhältnismäßig selten vorkommenden Verbrechen mit unangemessen extremen Aktionen von Staat und Politik begegnet wird – etwa einer ebenso flächendeckenden wie absurden Plakataktion der Stadt Köln gegen Vergewaltigungen (118, 10). Zu dieser Kampagne aber später mehr.

Studien, die eine niedrige Rate für die Häufigkeit von Vergewaltigungen belegen, werden von der Presse weitgehend ignoriert. »Das mag weniger an der

Sensationsgier der Medien liegen«, spekuliert Rene Denfeld, »als an reiner Faulheit. Denn während diese Forscherinnen und Forscher ihre Ergebnisse eher bescheiden in akademischen Fachzeitschriften veröffentlichen, überschwemmen die parteiischen die Presse mit leicht verständlichen Mitteilungen« (81, 110). Andererseits sollte man Sensationsgier als Motiv nicht völlig von der Hand weisen. Empirischen Befunden nach treffen die Medien bei ihrer Berichterstattung über Gewaltkriminalität eine ganz bestimmte Auswahl: So berichten örtliche Tageszeitungen über jeden zwanzigsten schweren Diebstahl, aber über so gut wie jede angezeigte Vergewaltigung (312, 321). Hin und wieder finden sich mittlerweile sogar bis zu sechs Meldungen im Zusammenhang mit Sexualverbrechen auf einer einzigen Zeitungsseite, so etwa in der »Westdeutschen Allgemeinen Zeitung« vom 24. Januar 1998 (260, 13). Am einfachsten lässt sich das erreichen, indem man einen einzigen Fall vom ersten Anzeichen einer möglichen Straftat bis weit über das Gerichtsurteil hinaus ausschlachtet und keine Einzelheit in der politischen Diskussion auslässt.

Bezeichnend sind auch die Erfahrungen des Sexualforschers Dean Kilpatrick: Solange er seine Gesprächspartner befragte, ob sie je vergewaltigt worden waren, kamen verhältnismäßig niedrige Zahlen von fünf Prozent heraus, die kaum publiziert wurden. Er änderte seine Vorgehensweise hin zu der von Mary Koss benutzten Methode, so dass er jetzt selbst entschied, wann eine Vergewaltigung vorlag. Als er daraufhin zu deutlich höheren Zahlen gelangte (»eine von acht«), wurde er in großen Zeitungen des ganzen Landes zitiert, und das »Time«-Magazin bildete seine Graphiken ab unter der Überschrift »Erschütternde Studie über Vergewaltigungsepidemie«. Auch die Professorin Margaret Gordon von der Universität Washington, die in ihrer Studie eine von fünfzig Frauen als Vergewaltigungsopfer ausmachte, erlebte eine entsprechende Voreingenommenheit: »Es gab einigen Druck – zumindest habe ich es als Druck empfunden – Vergewaltigung als so häufig wie nur möglich darzustellen. ... Ich bin eine ziemlich überzeugte Feministin, aber eines der Dinge, die ich bekämpfte, war, dass die wirklich radikalen Feministinnen mich dazu bringen wollten, Dinge als schlimmer darzustellen, als sie in Wirklichkeit waren.« (452, 217–218)

Im Zusammenhang mit dieser neuen »Bewusstseinsbildung« entstand auch ein neuer Begriff: das sogenannte *date rape*. Gemeint war damit zunächst die Vergewaltigung durch den Mann, mit dem sich eine Frau verabredet hatte oder der ihr fester Partner war. Selbstverständlich ist mit dem gemeinsamen Ausgehen noch lange nicht das Einverständnis auf weitergehenden erotischen Kontakt verbunden. Ebenso ist es nachvollziehbar, dass eine Frau zum Petting bereit ist, vor dem eigentlichen Geschlechtsverkehr aber die Grenze zieht. Eine Frau dürfe auf jedem Schritt des Weges »Stop!« sagen, betonen nicht nur Feministinnen, und der Mann hat kein Recht, sich darüber hinwegzusetzen. Das klingt in der Theorie ethisch sehr sinnvoll, aber wie ist es im täglichen Leben, in der konkreten Situation? Auch Männer haben sexuelle Gefühle, die man nicht beliebig an- und ausknipsen kann. Angenommen, ein Paar ist bereits sehr intensiv dabei, intime Zärtlichkeiten auszutauschen, sie bekommt plötzlich Skrupel und möchte aufhören, er ist aber so erhitzt, dass er einfach weitermacht – natürlich ist das für die betreffende Frau kein idealer Sex, aber ist das Handeln des Mannes ein Schwerverbrechen? Was ist mit der Verantwortung seiner Partnerin dafür, dass sie diese Situation hat entstehen lassen?

»Frauen sollen sich ... ungeachtet aller Konsequenzen sexuell ungehemmt ausleben dürfen«, stellt die kanadische Kolumnistin Barbara Amiel fest. »Männer werden unter diesem Blickwinkel zu besseren Massagestäben, die frau sich zum Herumspielen anschafft, und wenn der Ausschalter nicht funktioniert, dann wird eben der Hersteller auf Schadensersatz verklagt.« (497, 275)

Es gibt ganz offensichtlich eine Grauzone, wo ein und dasselbe Erlebnis für die eine Frau eine unangenehme Nacht bedeutet und für die andere eine Vergewaltigung. In einem Fall wurde ein Siebzehnjähriger angeklagt, der von einem Mädchen in dessen Bett eingeladen wurde, wo sie einander küssten und »herumfummelten«. Sie wurde jedoch sehr aufgebracht, als er »ihn hineinsteckte«. Nachdem sie ihm eine Ohrfeige gegeben und mit Worten zurückgewiesen hatte, hörte er auch augenblicklich auf und verließ das Zimmer. Dennoch wurde er vor Gericht verurteilt, weil das Mädchen lediglich »heftigem Petting« zugestimmt habe, aber nicht Sex. Was ist mit der Verantwortung der Frau, was ihren eigenen Genuss von Alkohol angeht? 1996 hatte eine Studentin mit einer Vergewaltigungsklage Erfolg, derzufolge sie in der betreffenden Nacht so viel getrunken hatte, dass sie sich an nichts mehr erinnerte und offenbar nicht voll bei Bewusstsein war. Dass Zeugen aussagten, sie hätten das Zimmer betreten, in dem sie mit dem »Täter« zugange war, dass sie bei völlig klarem Verstand war, nie um Hilfe bat – wenn man von ihrer Aufforderung absah, doch bitte das Licht auszuschalten – tat bei dem Urteil offenbar nichts zur Sache (547, 147–149).

Der britische Bestsellerautor Martin Amis stellte in einer Rede an der Universität Princeton fest, dass eine Frau seiner Meinung nach das Recht habe, es sich vor dem Sex anders zu überlegen, zur Not auch währenddessen, aber nicht danach. Das sei aber genau das, was geschehe, wenn man durch »verbalen Druck« oder »Manipulation« erzwungenen Verkehr als Vergewaltigung auslege und sich das Recht einräume, diese »Manipulation« auch Wochen später noch zu »erkennen« (466, 159).

Männer wie Frauen haben die Neigung, der Stimmung eines Augenblicks, einer plötzlichen Leidenschaft, Verführungskünsten des Partners oder der Schönheit der Nacht nachzugeben und sich auf Dinge einzulassen, die sie bei Tageslicht und bei ungetrübtem Verstand nicht getan hätten. Normalerweise muss man mit seinen Entscheidungen leben, auch wenn man sie aus einer Laune heraus gefällt hat und später bereut. Die Date-rape-Masche erlaubt es dem weiblichen Geschlecht (und nur diesem), für die eigenen Entschlüsse dem Partner nicht nur die Schuld zu geben, sondern ihn auch zur Verantwortung zu ziehen. Oft weiß man erst hinterher besser, ob eine Entscheidung richtig oder falsch war. »Ich behaupte nicht, dass es Vergewaltigung ist, wenn sie keinen Orgasmus hatte«, fabuliert die feministische Redakteurin Ellen Goodman, »obwohl ich bezweifle, dass eine Frau, die Samstagnacht einen Orgasmus hatte, am Sonntagmorgen von Vergewaltigung sprechen würde.« (470, 147)

Dass Gewalt und Verführung auch in unserem Land zunehmend in einen Topf geworfen werden, macht der zu Beginn dieses Kapitels angeführte Artikel aus der »Frankfurter Rundschau« deutlich: Obwohl nur sechs Prozent der befragten Frauen von einer erfolgten oder versuchten Vergewaltigung berichteten, wurde dies für eine zugkräftige Schlagzeile flugs zu »jede vierte Frau« hochgerechnet. Man zählte einfach die 23 Prozent dazu, die sich unter »psychischem Druck« auf sexuelle Aktivitäten eingelassen hatten. Noch verfälschender stellt die Zeitschrift »Psychologie heute« vom Oktober 1999 das Ergebnis dieser Studie dar, indem sie die Schere zwischen Text, Überschrift und begleitendem Foto weit auseinander klaffen lässt: Im Text wird berichtet, dass fast ein Viertel der Frauen angab, »schon einmal durch verbalen Druck gegen ihren Willen zum Petting gedrängt worden zu sein«, kaum mehr als sechs Prozent hatten es mit Drohungen oder direkter Gewalt zu tun gehabt. Die Überschrift zu diesem Artikel lautet: »Und bist du nicht willig ... Jede vierte Frau berichtet von unfreiwilligen sexuellen Kontakten«. Das Foto schließlich, zwei Drittel so groß wie der gesamte Text, zeigt eine Frau, an der sich ein Mann gewaltsam vergeht. Passend zu »jede vierte Frau« wäre es gewesen, ein Paar zu zeigen, das sich gegenübersitzt, während der Mann redet. Das hätte allerdings gegen das Feindbild Mann verstoßen (509, 10–11).

Kann man Frauen inzwischen nicht mehr zumuten, die Verantwortung dafür zu übernehmen, wenn sie dem sexuellen Drängen ihrer Partner nachgeben? Tatsächlich werden Teenagerinnen (laut »Spiegel« Nr. 50/1998) immer selbstbewusster, was ihre eigenen Interessen und Bedürfnisse angeht: »Ende der sechziger Jahre willigten bei ihrem ersten Geschlechtsverkehr noch fast 90 Prozent der Mädchen ›dem Jungen zuliebe‹ ein; heute sind es sechs Prozent.« Hätten wir damals dieselbe Diskussion wie heute gehabt, wären neun von zehn Mädchen zu Vergewaltigungsopfern erklärt worden.

»Die üblichste Form nicht-krimineller Vergewaltigung ist Vergewaltigung durch Betrug«, schrieb die bedeutende Feministin Germaine Greer. »Betrug durch falsche Zärtlichkeit oder das falsche Versprechen einer dauerhaften Beziehung zum Beispiel.« (285, 147) In einer Befragung von Mitarbeiterinnen bei Vergewaltigungs-Krisenzentren erklärten zwei Drittel von ihnen, auch emotionaler Druck stelle eine Vergewaltigung dar: »Ja, wenn er zum Beispiel droht, sie zu verlassen.« Auch wenn die betreffende Frau niemals »nein« sagte, weil sie seine Gefühle nicht verletzen wollte, wird sie in diesen Zentren als Opfer aufgenommen. »Stellen Sie sich vor, was passieren würde, wenn wir diese Prinzipien auf andere Bereiche des Lebens ausweiten würden«, argumentiert Cathy Young. »Wenn ein Freund so lange herumnervt, bis er Ihr Auto bekommt, dann wäre das Diebstahl. Wenn jemand Sie zu einem Spaziergang überredet, indem er bei Ihnen Schuldgefühle erzeugt, wenn Sie ablehnen, dann wäre das eine Entführung. Wenn ein Verwandter von außerhalb sich bei Ihnen einquartiert, weil er ihre Einwände geflissentlich überhört, dann wäre das nicht anders, als wenn sich Gangster mit Waffengewalt Zutritt verschaffen würden.« (547, 141–142) Diese Form der Logik sieht eine Frau grundsätzlich als willenloses und jederzeit manipulierbares Opfer des Mannes.

Auf diese Weise entsteht eine sich in immer groteskere Ängste hineinsteigernde Hysterie, bei der alles Mögliche als Vergewaltigung definiert werden kann. In einem Leitartikel der »Newsweek« beklagte sich eine Kellnerin, wenn eine Gruppe von Männern spät ins Lokal komme und nach Geschäftsschluss noch ein Dessert bestelle, sei das eine »emotionale Vergewaltigung«. Eine Studentin berichtete in einer Studierendenzeitung, sie habe mitbekommen, wie Männer per Computer obszöne Bemerkungen über sie ausgetauscht hätten. So müsse man sich fühlen, wenn man vergewaltigt wird, meinte sie (545, 252). Senta Trömel-Plötz theoretisiert von der »Vergewaltigung der Frau in Gesprächen«, Alice Schwarzer bringt die erotischen Fotografien Helmut Newtons natürlich sofort mit den Massenvergewaltigungen in Bosnien in Verbindung (430, 103). Selbst der Auftakt zu Beethovens Neunter Symphonie ist für Feministinnen »der mörderische Zorn eines Vergewaltigers, der es nicht schafft, Erleichterung zu erfahren« (452, 28). Andrea Medea und Kathleen Thompson nennen in ihrem Buch »Gegen Vergewaltigung« als Beispiele für dieses Verbrechen »Pfiffe und Bemerkungen« von Männern auf der Straße sowie »den widerlichen Besoffenen am Nebentisch« (81, 89).

Wenn immer Frauen einen richtig großen Hau haben, finden sich erstaunlicherweise regelmäßig Männer, die ein Stück davon abhaben möchten. Dem feministischen Autor Timothy Beneke zufolge missbraucht ein Mann eine Frau, wenn er sie direkt ansieht und dabei sexuelle Hintergedanken hat (81, 112). Sabine, ich muss mich entschuldigen. Bruce Kokopeli und George Lakey entlarven in einem Essay von 1983 Vergewaltigung als »das logische Endziel männlicher Sexualität« (81, 53). Ein US-Kongressmitglied namens Ramstad gab in einem Zeitungsinterview dem statistischen Mumpitz noch einmal einen ganz besonderen Schlenker: »Studien zeigen, dass eine von vier Frauen während ihrer Zeit auf dem College Opfer einer Vergewaltigung oder einer versuchten Vergewaltigung wird. Und das ist vermutlich nur die Spitze des Eisbergs, denn von 90 Prozent aller Vergewaltigungen wird nicht berichtet.« (452, 298). Mal nachrechnen: 25 Prozent aller Frauen geben also an, Opfer zu sein, in Wahrheit ist diese Zahl Ramstad zufolge aber zehnmal so hoch, demnach wären 250 Prozent aller Frauen Opfer ... wenn man dann noch die Dunkelziffer dazurechnet ...

In diesem Zusammenhang sei noch einmal an die Regeln des Antioch College erinnert, denen zufolge jegliche sexuelle Berührung, die nicht zuvor angekündigt und bewilligt wurde, einer Vergewaltigung gleichkommt. Wohlgemerkt: Zu fragen »Magst du mit mir schlafen?« reicht nicht aus. Die Einwilligung muss speziell für jede sexuelle Handlung eingeholt werden (470, 146). Was machte ein so rigoroses Gesetz notwendig? »Die Universität spricht von 20 Vergewaltigungen im Jahr 1993. Keine wurde bei der Polizei aktenkundig. Als Dossier existiert in den Räumen des Verwaltungsbüros der Hochschule nur ein Fall. Samstag abends hatte ein Student mit einer Studentin – nach unterschiedlichen Zeugenaussagen – ›zu eng getanzt‹ oder sie geküsst. Der Täter, Randy, bereute öffentlich in der Unizeitung.« Nur knapp entging er der Verweisung von der Hochschule. Randys Professor fühlte sich durch die öffentliche »Selbstentleibung« seines Schülers an »Moskauer Schauprozesse« erinnert (28, 66).

Solche absurden Fälle gibt es nicht nur in Amerika, wie die linksautonome Szene in Deutschland beweist: »Irgendwann im Sommer 1997 wurde der Klassenfeind möglicherweise entscheidend geschlagen«, berichtet ironisch Jürgen Elsässer. »Die Gefechte, die sich wochenlang quer durch autonome Wohngemeinschaften und Kampfkollektive zogen, hatten sich an einem ›unschönen und wohl auch sexistisch zu nennenden Übergriff‹ entzündet – oder was der durchschnittliche Autonome dafür hält. In diesem Fall hatte die Gewalttat darin bestanden, dass ein Genosse seine Morgenerektion versuchsweise am Schenkel seiner Lebensabschnittsgefährtin gerieben und alsdann bei dieser höflich (›Jetzt wird nicht mehr geschlafen!‹) um Fortsetzung der Aktivität nachgesucht hatte. Er erhielt abschlägigen Bescheid und rollte sich dann füglich wieder auf die Seite. Das nützte ihm aber nichts: Die Anklageschrift, veröffentlicht im Berliner Szene-Blatt »Interim«, sprach dennoch wechselweise von ›sexueller Attacke auf eine Schlafende‹ bzw. von ›Vergewaltigung‹. Die Verurteilung durch das autonome Kiezgericht war dann nur noch Formsache.« (102, 43)

Eine kleine Recherche im Internet ergab Näheres darüber, wie genau diese »Formsache« ausgestaltet war: Zunächst einmal verteilte die an diesem Ereignis beteiligte Frau in Berlin Flugblätter, in denen sie ihren ehemaligen Freund unter Nennung des vollen Namens, des Alters und der Adresse bis hin zum Stockwerk als Vergewaltiger beschimpfte. Daraufhin wurden rund um seine Wohnung Parolen an die Wände gesprüht; man versuchte, bei ihm einzubrechen und ihn vor seiner Arbeitsstelle abzufangen. Eine Vollversammlung der Berliner Antifa führte zum nächsten Eklat, gerade *weil* dort beide Seiten gehört werden sollten: »Das Verfahren der AAB gilt in der autonomen Szene als Verrat, weil damit das Definitionsrecht der Frau angetastet wird. Während es in der Szene ausreicht, wenn eine Betroffene die Tat als Vergewaltigung bezeichnet, stellt die AAB durch eine objektive Erörterung des Falls, bei der auch der Angeklagte gehört wird, die Schilderung der Frau in Frage. Dies wollten einige Szene-Frauen nicht hinnehmen und stürmten mit Knüppeln bewaffnet« die Vollversammlung (45a).

Aber es wird noch grotesker: Der als Vergewaltiger beschimpfte 20jährige musste irgendwann die Hoffnung gehegt haben, dass die Menschenjagd auf ihn jetzt vorüber und Gras über die Sache gewachsen sei und ließ sich wieder auf ein Bier oder zwei in seiner Stammkneipe blicken. Damit provozierte er den Unmut der »Schlagt-die-Sexisten-wo-Ihr-sie-trefft-GmbH«. Dieses revolutionäre »FrauenLesbenMädchen-Bündnis« reagierte darauf mit einem abendlichen Angriff auf die Kneipe, wobei sie einen Stapel Flugblätter in die Schankstube warfen sowie mehrere Schüsse mit CS- und Pfeffergas abgaben – und dabei wohlweislich auch in Kauf nahmen, dass davon Kneipenbesucher erwischt wurden, die mit der ganzen Angelegenheit nichts zu tun hatten.

Auf den Flugblättern war zu lesen: »Unter Eurer Kundschaft befindet sich mindestens ein Vergewaltiger. (Namensnennung) ist nicht nur wieder in Berlin, sondern auch in eurer Kneipe gewesen. Dass er nicht rausfliegt, sondern sich in eurer Mitte platziert, zeigt, dass ihr Täterschützerinnen seid. Wenn ihr das nicht ändert, kommen wir öfter vorbei. Täterschützer und Vergewaltiger, wir kriegen Euch! Wir kastrieren auch ohne Chipkarte.«

Noch einmal zur Verdeutlichung: Wir sprechen hier von einem Teil der *Antifa*, *nicht* der Gegenseite. In einer von der GmbH wenig später herausgegebenen Verlautbarung hieß es weiter: »Wir finden es gerechtfertigt, Gas nicht nur gegen Faschokneipen, sondern auch gegen Vergewaltigerkneipen einzusetzen. Von den an dem Abend anwesenden GästInnen kann keineR behaupten, ungerechterweise Gas abbekommen zu haben. Denn andere Frauen Lesben hatten in der vorigen Nacht ... direkt vor den Eingang gesprüht: Achtung: Vergewaltiger und Täterschützer trinken hier! Sie hatten auch den Hausflur ... plakatiert und mit folgenden Sprüchen besprüht: Vergewaltiger, wir kriegen Euch!, (Namensnennung) ist und bleibt ein Vergewaltiger!, Sexisten aufs Maul!, Hier patrouilliert die FrauenLesben-Miliz!« (484a)

Bezeichnend ist weiterhin der Fall einer selbst anonym bleibenden Hamburgerin, die ihrem ehemaligen Freund öffentlich vorwirft, es seien »mehrmals Sachen passiert, die ich als Vergewaltigung bezeichne. Nach unserer Trennung hat es dann nochmal etwa ein Jahr gedauert, bis ich ihm diesen Vorwurf gemacht habe, weil es erstmal ziemlich lange gedauert hat, bis mir überhaupt selber klar wurde, was da los war.« Sie wohnt immer noch in Hamburg, er mittlerweile in Hessen – dennoch aktiviert sie Bekannte aus der Szene, um ihn mal zur Brust zu nehmen. Dasselbe geschieht offenbar, als der junge Mann von Hessen nach Berlin umzieht. Die Anklägerin vermag es nicht, diese Auseinandersetzung selbst zu leisten und will sich dafür gefälligst auch nicht rechtfertigen müssen. Widersprüche ihres Ex-Freundes zu dem Vergewaltigungs-Vorwurf lässt sie nicht gelten, da er dadurch ihr »Definitionsrecht negiere«: »Dass eine Person, die mir mal sehr nahe stand, mich so grundsätzlich in Frage stellt und delegitimiert, war schon scheiße.« Einem Ex-Freund einem Jahr nach Beziehungsende urplötzlich Vergewaltigungen vorzuwerfen schien hingegen vollkommen in Ordnung zu sein. Jedenfalls gelingt es dieser Dame, andere Szene-Mitglieder gegen ihren Ex zu mobilisieren. Die wiederum knöpfen sich ihn vor und kommen dabei zu dem Schluss, dass der Beschuldigte mit seinem sturen Leugnen des Sachverhalts jegliche Grundlage für eine sinnvolle Auseinandersetzung kaputtmache. Fazit: Da es offenbar nicht ausreicht den Betreffenden immer wieder aufs Neue vor seinem gesamten Szene-Umfeld zu denunzieren, wird er zuletzt unter Nennung seines vollen Namens und Wohnorts im Internet und per Wurfsache angeprangert. Dort wird der gesamte Vorfall in einer pseudo-revolutionären Selbstgerechtigkeit ausgebreitet, dass einem das Grausen kommt. Nebenbei erfährt man, dass sich der beschuldigte Mann bereits in psychotherapeutischer Behandlung befindet. Man ist nicht verwundert.

Dabei hält sich in Deutschland die Vergewaltigungsparanoia derzeit insgesamt noch in Grenzen. Aktionen wie an der Universität Bremen, wo der Personalrat eine Begehung sämtlicher dunkler Ecken veranstaltete, in denen »potentielle Vergewaltiger« vermutet wurden, lassen aber doch eine gewisse Aufnahmebereitschaft befürchten (386, 39).

Dasselbe gilt für den Plan zweier Berlinerinnen, gegen sexuelle Gewalt vorzugehen, indem sie auf Bäckerei-Tüten Sätze drucken lassen möchten wie »Eine von fünf Frauen ist ein Vergewaltigungsopfer« oder »Die Kundin vor Ihnen wird regelmäßig von einem nahen Verwandten vergewaltigt«. Der Web-Zeitschrift *www.winmagazine.org* Ausgabe 45 zufolge wurde dieser Vorschlag von einem mehrere tausend Dollar hohen Preisgeld gekrönt und soll bald mit der Unterstützung von Pro Familia in die Tat umgesetzt werden.

An den meisten Universitäten der USA halten Vergewaltigungsgruppen mittlerweile Treffen, Märsche und Versammlungen ab. Opfer sind »Überlebende«, ihre Freunde »Co-Überlebende«, die ebenfalls leiden und der Beratung bedürfen. Frauen, die noch nicht vergewaltigt worden sind, zählen als »potentielle Überlebende«, ihre männlichen Klassenkameraden als »potentielle Vergewaltiger«. Ein Reporter des »New York-Magazine«, alarmiert von den Berichten über die Vergewaltigungsepidemie an den Universitäten, beschloss, eine Story darüber zu bringen, und war sehr überrascht, als er bei seinen Ermittlungen nur auf zwei Fälle stieß. In beiden wurden die Ermittlungen aus Mangel an konkreten Hinweisen eingestellt. Im gesamten Land, so fand er heraus, kam es zu umgerechnet einer halben bis einer Vergewaltigung pro Universität. Dies hielt die akademischen Feministinnen nicht davon ab, ein teures Krisenzentrum samt Hotline zu fordern und natürlich zu erhalten. Der »New York«-Reporter beschreibt eine typische Nacht im Februar 1992: »Eine Schicht von drei Beraterinnen saß im Vergewaltigungs-Krisen-Center – eine als Backup für die beiden anderen ... Niemand rief an, niemand kam. Wie in einer Feuerwache saßen die Frauen angespannt da und warteten darauf, dass das Unheil zuschlug. Man konnte sehr leicht dabei vergessen, dass dies die letzten Stunden vor dem Valentinstag waren.« (452, 218–219).

»Frauenforscherinnen«, die einsehen, dass sie ihre manipulierten Statistiken nicht länger aufrechterhalten können, gehen auch gerne zum Gegenangriff über: Es sei doch typisch für gefühlskalte Männer, sich mit Unstimmigkeiten im Zahlenmaterial auseinander zu setzen, statt mit dem Leiden der Opfer! Sind all die vielen Frauen, denen sexuelle Gewalt angetan wurde, etwa nicht genug?

Wie viele emotional vorgebrachte Argumente scheint auch dieses anfangs einen wunden Punkt zu treffen, ist bei genauerer Betrachtung aber unsinnig. Wenn Frauen sich in wahnhafte Verfolgungsideen hineinsteigern, schaden sie dadurch nicht allein den Männern, die sie unisono als »Tätergeschlecht« diffamieren. Sie schaden in fünffacher Hinsicht vor allem ihrem eigenen Geschlecht.

Es kommt zu einer unangemessenen Verteilung der Hilfsmassnahmen

In ärmeren Gegenden sind Frauen bis zu dreißigmal gefährdeter, einer Vergewaltigung zum Opfer zu fallen, als in reichen. Diese Frauen müssen zum Teil Monate auf eine Beratung warten. Es fehlten ganz einfach das notwendige Geld und die öffentliche Aufmerksamkeit, weil beides von feministischen Ober- und Mittelschichtlerinnen zu Orten mit extrem geringem Risiko gezogen wird. »Diese jungen Frauen sind daran gewöhnt, alles zu haben, und wenn sie herausfinden, dass die Welt gefährlich und unvorhersagbar sein kann, sind sie außer sich vor Wut.« Zudem ist es zugegebenermaßen angenehmer, sich in einem Büro in Princeton mit dem Thema Vergewaltigung auseinander zu setzen als in den Ghettos (452, 219).

Frauen werden unaufhörlich in Angst und Schrecken gehalten

Dies geschieht inzwischen weniger durch die tatsächlich vorhandene Männergewalt als durch die unangemessene Angst, die von bestimmten Feministinnen verbreitet wird: 70 Prozent der Frauen würden sexuell belästigt, jede dritte missbraucht, jede zweite vergewaltigt – dafür könne nicht nur ein kleiner Prozentsatz an Männern verantwortlich sein. Statt dessen müsse sicherheitshalber jeder Mann, dem man begegne, als möglicher Triebtäter ins Auge gefasst werden (443, 107). Es verwundert nicht, dass die Hälfte der in einer Untersuchung befragten Frauen es vermieden, nachts allein unterwegs zu sein – aber nur zehn Prozent der Männer, die die weitaus gefährdetere Risikogruppe darstellten (82, 103).

In dem Ratgeber »Vergewaltigungen auf dem Campus und außerhalb vermeiden« werden Frauen gewarnt, dass ein Mann, der bei einer Verabredung »deine Privatsphäre verletzt, indem er zu nah an dich heranrückt oder eine Hand auf deinen Oberschenkel legt« oder gar »persönliche Fragen stellt«, sich so verhalte, wie es häufig Vergewaltiger täten. Andere Signale von Männern, die einen sofort misstrauisch machen sollten, sind zum Beispiel »gelangweilt tun« oder »der Frau, mit der sie verabredet sind, nicht zuhören« (81, 120–121). Ähnlich paranoid argumentiert ein im Orlanda Frauenverlag herausgegebener Ratgeber Sunny Graffs. Ihren Darstellungen zufolge stellen Vergewaltiger oft zunächst harmlos klingende Fragen, um ihre Opfer in Sicherheit zu wiegen, etwa: »Weißt du, wie spät es ist?« oder »Können Sie mir sagen, wo die Hauptstraße ist?« Graff macht ihren Leserinnen eindringlich klar, dass »unsere Unversehrtheit, ja sogar unser Leben« davon abhänge, auf solche Fragen klar und deutlich »Hau ab. Lass mich in Ruhe« zu erwidern. Diese Antwort solle frau ständig wiederholen, »damit der Belästiger keine Chance hat, die Kontrolle zu übernehmen«. Besonders heimtückische Tricks, um das Vertrauen von Frauen zu gewinnen oder in ihre Nähe zu gelangen, seien das Vortäuschen eines Herzanfalls, eines Unfalls oder Überfalls. Graff schärft Frauen auch ein, die Straße als ständiges Kriegsgebiet zu betrachten: »Du solltest z. B. keinen Walkman tragen, da das deine Aufmerksamkeit stark einschränkt. Schaue dir die Menschen in deiner näheren Umgebung an, und überlege, wer eine Bedrohung darstellen könnte und wen du im Falle eines Angriffs um Hilfe bitten könntest. Achte auf Gebäude, Geschäfte und Häuser, die dir Schutz bieten könnten.« »Du solltest dir für den Fall, dass du wegrennen oder fliehen musst, einen sicheren Fluchtweg überlegen. Suche nach Gegenständen, die du als Waffe oder Schild benutzen könntest: eine Flasche, eine Autoantenne, Steine, Sperrmüll, Mülleimer ... Gehe bei Spaziergängen oder anderen Gängen nicht immer dieselben Wege. ... Gehe nachts am äußeren Rand des Fußgängerweges ... Wenn du dich auf Nebenstraßen oder Straßen mit geringem Verkehr befindest, laufe mitten auf der Fahrbahn. Wenn du wartest, z.B. auf FreundInnen, den Bus oder ein Taxi, verliere dich nicht in Gedanken.« Bei der Fahrt mit Bus und Bahn gilt: »Setze dich in den Wagen direkt hinter der/dem FahrerIn. Halte beim Einsteigen deine Tasche fest, setze dich auf einen Gangplatz, nicht zu nahe an der Tür, und merke dir, wo sich die Notbremse befindet. Wenn du an einer Haltestelle aussteigst, schaue dich um. Wenn du dich unsicher fühlst oder dir jemand verdächtig erscheint, gehe zurück und fahre eine Station weiter. Dasselbe gilt für Fälle, in denen jemand, der dir verdächtig erscheint, mit dir aussteigt. Informiere sofort die/den FahrerIn darüber, dass du verfolgt wirst.« Angenommen, frau glaubt sich verfolgt, und es ist kein Busfahrer in der Nähe? »Wenn du dich außerordentlich bedroht fühlst, kannst du schreiend in das nächste Gebäude oder Geschäft rennen. ... Renne auf die Straße, und halte ein vorbeifahrendes Auto an. Bitte andere laut darum, die Polizei zu rufen.« Und wenn der Typ nur zum selben Zigarettenautomaten unterwegs war? Dann ist er selbst daran schuld: »Ein Mann, der Frauen respektiert, wird es vermeiden, hinter einer Frau herzugehen, weil ihm bewusst ist, dass er die Frau damit bedrohen kann. Wenn er dir wirklich versehentlich hinterherläuft, wird er sich für sein Verhalten entschuldigen, wenn du ihn konfrontierst. ... Da unsere Sicherheit und unser Leben tatsächlich ständig von Männern bedroht ist, können wir gar nicht überreagieren.« (177, 118–121, 222–227).

In einem entsprechend aufgepeitschten Meinungs-
klima kann eine sachliche Auseinandersetzung
offensichtlich nicht mehr stattfinden

Die Feminismuskritikerin Katie Rophie bekundete, dass ihrer Meinung nach das Wort »Vergewaltigung« bald jegliche sexuelle Erfahrung umfasste, die Frauen als negativ erlebten. Das Bestürzende seien nicht die hohen Zahlen, sondern dass Studentinnen tatsächlich glaubten, dass 50 Prozent aller Frauen vergewaltigt werden würden. Prompt wurde sie von einer Frauenstudien-Professorin als Verräterin gebrandmarkt, die zum »weißen männlichen Patriarchat« übergelaufen sei. Catharine MacKinnon reagierte in einer Talk-Show auf die Aussage eines Gesprächspartners, er glaube nicht an die Eine-von-vier-Statistik, mit »Das heißt, Sie glauben Frauen nicht!« Neil Gilbert, der eine kritische Analyse von Koss' fragwürdiger Statistik veröffentlicht hatte, wurde auf Universitäten mit lautstarken Demonstrationen und »Tötet-Neil-Gilbert«-Transparenten begrüßt.

Sheila Kuehl, die Direktorin des kalifornischen Frauenrechtszentrums, äußerte sich in der Presse folgendermaßen: »Ich wünschte, dass Gilbert selbst vergewaltigt werden würde und ... dass man ihm dann ins Gesicht sagte, das sei nie passiert.« (452, 222–223) Als die Kriminologin Susan Sarnoff in einer Arbeit herausstellte, dass Vergewaltigungsopfer 76 Prozent der staatlichen Gelder erhielten, die für alle Gewaltopfer gedacht waren, wurde sie aus der Diskussion ausgegrenzt (362, 225). Wenn Wissenschaftler und Politiker sich aber nicht mehr sachlich mit bestimmten Studien auseinander setzen können, dann können sie auch nicht herausfinden, wie Vergewaltigung entsteht und wie sie verhindert werden kann.

Wenn alle Männer schuldig sind,
ist es zum Schluss keiner mehr

Oder anders: Wenn Vergewaltigung als kaum unterscheidbar von normalem Sex beschrieben und der Alltag einer Frau mit dem Holocaust verglichen wird, dann mögen manche vor dem Hintergrund ihrer eigenen Erfahrungen eher zu der Schlussfolgerung kommen, dass sowohl eine Vergewaltigung als auch der Holocaust vergleichsweise unbedeutend sein müssen.

Ein Verbrecher wie Dutroux hebt sich durch seine Untaten nicht mehr sonderlich ab von einer Gesellschaft, in der angeblich ohnehin jeder Mann ein Vergewaltiger ist. So führt die permanente Hysterisierung paradoxerweise zu einer Verharmlosung, weil sämtliche Maßstäbe und Differenzierungen aufgegeben wurden.

Opfer werden nicht gestärkt, sondern entmündigt

Dies zeigt der Fall der 24jährigen Biologiestudentin Elisabeth: »Mit 16 Jahren wurde Elisabeth von einer Männergruppe brutal vergewaltigt. Sie verlor ihre Jungfräulichkeit, wurde zu Oral- und Anal-Sex gezwungen, grün und blau geschlagen und geschwängert. ... Folgt man der Literatur zum Thema, hätte dieses Erlebnis Elisabeths Leben zerstören müssen. ... Statt unter einem lebenslangen Trauma zu leiden, ist Elisabeth einfach wütend. Am meisten ärgert sie die Art und Weise, wie vergewaltigte Frauen von denen behandelt werden, die ihnen helfen sollen: Psychologen und Ärzte und generell die »Vergewaltigungsindustrie ... Zum Beispiel »Cosmopolitan«: Solche Blätter lassen nicht zu, dass du drüber hinwegkommst.« Eine Familienberaterin drängte sie zu psychologischer Beratung. »Als ich sagte, nein danke, das sei sechs Jahre her, fragte sie, ob ich nicht vielleicht etwas verdränge.« Elisabeth ist verwirrt: »Ist es nicht in Ordnung, wenn es mir gut geht? Bin ich ein Verräter am weiblichen Geschlecht, weil ich keine psychologische Betreuung will? Ich würde mich dabei nur schrecklich fühlen! Die Frau beschimpfte mich, ich sei völlig kaputt, und ich erwiderte, dass Leute wie sie schlimmer seien als die, die mir das vor sechs Jahren angetan haben.« Später wurden Elisabeth versehentlich Notizen ausgehändigt, denen zufolge sie ein Verdrängungsproblem habe, Beratung verweigere und dringend professionelle Hilfe benötige. Sie sah ein, dass sie in dieser Situation nicht gewinnen konnte, was immer sie auch sagte. »Ehrlich gesagt ist es so, als hätte mich ein Auto überfahren. Zwei Monate danach war ich es los, abgesehen von der Schwangerschaft.« Sex mit ihrem langjährigen Freund sei kein Problem. »Es kann auch zur Ausrede werden. Es liegt nämlich an dir, ob du dein Leben von so etwas zerstören lässt. Du kannst dein Leben so leben, wie du es gern möchtest.« Sie würde sich nur wünschen, dass das Thema anders diskutiert würde: »Das ist immer hysterisch. Nie wird sensibel, logisch oder rational mit dem Thema umgegangen. Es sind einfach zu viele Emotionen im Spiel.« (201, 23–25)

Einen Höhepunkt erreicht diese Entmündigung von Frauen, wenn es um das neu ins Strafgesetzbuch aufgenommene Delikt der Vergewaltigung in der Ehe geht. Insbesondere, dass eine »Versöhnungsklausel« ausgeschlossen wurde und so der Staat auch gegen den erklärten Willen einer Frau ihren Mann wegen Vergewaltigung verfolgen kann, wird von kritischen Feministinnen wie Eva Balzer beklagt: »Frau Däubler-Gmelin ging sogar so weit zu fordern, man solle Frauen gar nicht erst fragen, was sie möchten, weil man ihre Urteile ohnehin nicht als eigene Meinung ansehen könne. Was gesagt wird, ist, dass der Wille der Frau keine Berücksichtigung mehr finden soll. ... Frauen erhalten den Status eines misshandelten Kindes, für das Dritte Partei ergreifen müssen.« Sie fasst zusammen: »Die meisten verheirateten Frauen werden nicht zum Geschlechtsverkehr gezwungen, sondern finden Gefallen am Sex mit ihrem Partner. Der neue Gesetzentwurf wird aber letztlich allen Frauen und auch ihren männlichen Partnern schaden, weil staatliche Institutionen mehr Rechte und die moralische Legitimation erhalten, sich in unsere Privatangelegenheiten einzumischen. Kann es im Interesse von Frauen sein, wenn Staatsanwälte unsere Entscheidungsgewalt übernehmen?«(16a, 15)

Auf der einen Seite steht das tatsächliche Vergewaltigungsopfer Elisabeth, auf der anderen schlagen sich feministische»Krisenberaterinnen«die Nächte um die Ohren, um sinnlos auf das Schrillen des Telefons zu warten. Camille Paglia kommt zu dem Schluss:»Der Punkt ist, dass diese weißen Ober-Mittelklasse-Feministinnen glauben, dass eine schmerzfreie Welt erreichbar ist. Ich behaupte, eine schmerzfreie Welt gibt es nur im Totalitarismus.«Nun ist es von totalitären Methoden nicht weit entfernt, wenn man Kritiker feministischer Statistiken durch Morddrohungen von öffentlichen Äußerungen abbringen will. Wendy McElroy glaubt, dass sich solche Feministinnen selbst ins Knie schießen:»Radikale Feministinnen zeichnen ein schizophrenes Frauenbild. Demnach sind Frauen freie und vollständige sexuelle Wesen, die im ständigen Belagerungszustand leben. Sie sind machtvolle Personen, die Angst haben, nachts die Tür zu öffnen. Ihr Männerbild ist nicht weniger verwirrend: Selbst der liebevollste und sanfteste Ehemann, Vater und Sohn ist ein Nutznießer der Vergewaltigung der Frau, die er liebt. Keine Ideologie, die solch bösartige Anschuldigungen gegen Männer insgesamt erhebt, kann irgendwelche Wunden heilen. Sie kann nur Feindseligkeit als Gegenreaktion provozieren.« Und zu der Behauptung, das Opfer einer Vergewaltigung könne sich von diesem Erlebnis niemals erholen, fügt sie hinzu:»Als eine Frau, die vergewaltigt wurde, werde ich das dadurch entstandene Trauma niemals herunterspielen. Aber vergewaltigt zu werden ist nicht das Schlimmste, was mir je passiert ist, und ich habe mich davon erholt. Feministinnen, die etwas anderes behaupten, erweisen mir gegenüber keinen Respekt.« (304, 33–34)

Der Feind in meinem Bett

THESE: FAST AUSSCHLIEßLICH FRAUEN SIND OPFER SEXUELLER NÖTIGUNGEN

Die Hälfte der in Koss' Studie als Vergewaltigungsopfer klassifizierten Studentinnen führten ihr Erlebnis eher auf fehlerhafte Kommunikation mit ihrem Partner zurück. Was man sich darunter vorstellen kann, berichtet zum Beispiel die Schriftstellerin Mary Gaitskill, die in den USA zur literarischen Avantgarde zählt: Sie hatte sich als Sechzehnjährige mit einem etwas älteren, ihr unbekannten Schwarzen im Appartement ihrer Freundin getroffen und gemeinsam mit ihm»Acid eingeworfen«. Bald stellte sie fest, dass sie als weißes, unerfahrenes Vorstadtmädchen ihn und sein Verhalten nicht mehr richtig einschätzen konnte, schon gar nicht so high, wie sie war. Sie hatte Schwierigkeiten, logische Sätze zu bilden, geschweige denn sinnvoll zu antworten. Irgendwann legte er seine Hand auf ihr Bein. »Ich konnte der Vorstellung nicht ins Auge sehen, dass die Sache hässlich werden könnte, wenn ich ›nein‹ sagte. Ich glaube nicht, dass er eine Ahnung davon hatte, wie wenig bereit ich war ... Die schlechte Zeit, die ich hatte, wurde noch verschlimmert durch seine extreme Zärtlichkeit; offensichtlich gab er sich sehr große Mühe, mir zu gefallen, was mir, aus Gründen, die ich nicht verstand, das Herz brach. Selbst so unerfahren, wie ich war, spürte ich, dass er auf seine Weise eine romantische Begegnung beabsichtigte.« (466, 259–260).

Das Erstaunliche ist, dass solche Fehleinschätzungen sogar in Partnerschaften von Menschen vorkommen, die sich deutlich besser kennen. Das behaupten zumindest die Autoren des Buches »Sexwende«. Ihren Befragungen zufolge fühlten sich 22 Prozent aller Frauen in ihrem Leben schon einmal sexuell genötigt, aber nur drei Prozent der Männer berichteten, dass sie eine Frau zu sexuellen Handlungen gezwungen hätten. Die naheliegende Erklärung dafür wäre natürlich, dass Männer auch in Interviews nicht frei von der Leber erzählen, ihre Partnerin schon einmal vergewaltigt zu haben. Diese Interpretation der Zahlen bestreiten die Autoren allerdings mit Nachdruck: »Allen Anzeichen nach haben die Befragten auch die heikelsten Fragen ehrlich beantwortet, und jede Probe, die wir machten, hat uns bestätigt, dass die Abweichung, wenn überhaupt, nur sehr gering sein kann. Darüber hinaus hat die überwältigende Mehrheit der Männer angegeben, dass die Vorstellung von erzwungenem Sexualverkehr für sie nicht sehr reizvoll sei.« Die Zahl der Männer, die dies durchaus »reizvoll« oder »sehr reizvoll« fanden, ergab eben die drei Prozent der zumindest einmaligen Gewalttäter. Auch die Erklärung, jeder dieser Männer sei dann eben über etwa sieben Frauen hergefallen, so dass drei Prozent Täter zu 22 Prozent Opfern führten, wurde zunächst als möglich betrachtet. »Dieser Auslegung widersprechen jedoch die Angaben der Frauen, dass die Männer, die sie zu etwas zwangen, keine schnellen sexuellen Affären waren, sondern geliebte Partner und Ehemänner.« Nach gründlicher Prüfung ihres Materials blieb den Forschern der einzige Schluss, »die meisten Männer, die eine Frau sexuell nötigten, seien sich nicht bewusst gewesen, dass sie ihr Verhalten als Zwang erlebte« (313, 289–295).

Eine solche Interpretation zieht natürlich unweigerlich den Protest radikaler Feministinnen auf sich, dass hier Vergewaltigung verharmlost werde. Wie ich oben schon erwähnt habe, ist es meiner Ansicht nach durchaus legitim, wenn man für sich persönlich die Entscheidung trifft, auch durch »emotionalen Druck« oder »verbalen Zwang« zustande gekommenen Verkehr als »Vergewaltigung« zu klassifizieren. Die Konsequenz ist nur, dass dieser Definition nach beide Geschlechter gleichermaßen zu Tätern werden. Sexualforscher, die mutig genug waren, Männer und Frauen nach ihren dementsprechenden Erfahrungen zu befragen, mussten feststellen, dass 94 Prozent der Männer (und 98 Prozent der Frauen) sagten, sie hätten in ihrer Collegezeit unerwünschte sexuelle Aktivitäten erlebt. Die Überraschung war noch größer, als man feststellte, dass 63 Prozent der Männer und 46 Prozent der Frauen angaben, unerwünschten Geschlechtsverkehr gehabt zu haben (65a; 130, 378; 135, 201; 404a, 312; 479, 93ff.)

Folgestudien kamen zu nicht ganz denselben Zahlen (das hängt stark von der jeweiligen Untersuchungsgruppe ab), aber durchaus vergleichbaren Größenordnungen (zum Beispiel 49 Prozent der Männer und 40 Prozent der Frauen).

Struckman und Johnson berichten, dass 52 Prozent derjenigen Männer, die unerwünschte sexuelle Aktivitäten eingegangen waren, dies aufgrund psychologischen Druckes getan hatten, 28 Prozent aufgrund einer Mischung aus körperlichem und seelischem Zwang und zehn Prozent aufgrund körperlichen Zwangs allein. (Mit diesen männlichen Opfern von Taten, die man traditionell als »Vergewaltigung« bezeichnet, werden wir uns etwas später beschäftigen.)

Danach befragt, auf welche Weise Frauen bereits mit ihnen sexuellen Kontakt aufnahmen, antworteten in einer weiteren Studie

• 44,9 Prozent der Männer, schon einmal betrunken oder high gemacht worden zu sein;

• 20,3 Prozent, ihre Partnerin habe gedroht, sich selbst etwas anzutun;

• 29,9 Prozent, sie habe sie mit Argumenten bestürmt;

• 18,0 Prozent, die Frau habe ihre Macht oder Autorität eingesetzt;

• 26,6 Prozent, sie habe die Sexualität ihres männlichen Partners in Frage gestellt;

• 19,5 Prozent, sie habe Vorteil aus einer kompromittierenden Situation gezogen;

• 15,6 Prozent, sie habe mit körperlicher Gewalt gedroht;

• 15,6 Prozent, sie habe körperliche Gewalt eingesetzt;

• 18,0 Prozent, sie habe gedroht, die Beziehung zu beenden;

• 83,2 Prozent, sie sei zu erregt gewesen, sich zu bremsen;

• 17,3 Prozent, sie habe sich dadurch an ihrem Partner für etwas rächen wollen und:

• 4,7 Prozent, sie habe mit einer Waffe gedroht (8, 339).

Selbst wenn wir den Einsatz oder die Androhung von körperlicher Gewalt im Moment noch außen vor lassen, haben wir es hier in bemerkenswerter Häufigkeit mit Methoden zu tun, die von Feministinnen als »Vergewaltigung« klassifiziert würden. Es gibt allerdings auch einige wesentliche Unterschiede:

• Weibliche Täter glauben noch weniger als männliche, dass sie von ihrem Partner Sex »erzwingen« oder ihn dazu »manipulieren«. Wie jeder zu wissen glaubt, wollen Männer sowieso ständig Sex, und Frauen geben ihnen nur, was sie gerne möchten (8, 341).

• Männern wird beigebracht, mehr auf die Wünsche ihrer Partnerin einzugehen. Frauen wird gesagt, sobald sie sich von ihrem Partner zu etwas drängen lassen, was sie nicht von sich heraus wollen, handele es sich um eine Form von Vergewaltigung (362, 172).

• Befragungen wie die obige verbergen sich in akademischen Zeitschriften wie dem »Archive of Sexual Behavior« oder dem »Journal of Sex Research«. Feministinnen gehen auch mit den durchsichtigsten Zahlenmanipulationen unverfroren an die Öffentlichkeit. Es muss etwas damit zu tun haben, dass die Frau in unserer patriarchalen Gesellschaft keine Stimme hat.

Dabei unterscheiden sich allerdings ideologisch festgelegte von wissenschaftlich ausgerichteten Feministinnen eklatant. Mary Koss etwa weist schon die Vorstellung, dass eine Frau überhaupt einen Mann vergewaltigen könnte, zurück, weil dabei »keine Penetration des Opfers durch den Täter stattfinden würde. Solch eine Handlung wäre eine Penetration des Täters durch das Opfer!« Der Täter ist bei einer solchen Sichtweise immer der, der »penetriert«, und kann daher nur männlich sein. »Penetration« und »Gewalt« sind hier so eng miteinander verkettet wie bei Andrea Dworkin oder Sabine Leutheusser-Schnarrenberger. Auf der anderen Seite werden Zahlen, denen zufolge 63 Prozent der Männer gegenüber 46 Prozent der Frauen gegen ihren Willen Sexualverkehr erlebten, von Dr. Charlene Muehelenhard, einer der einflussreichsten und respektiertesten Sexualforscherinnen Nordamerikas, bestätigt. Muehlenhards feministische Referenzen sind unangreifbar; sie hat große Mengen von Material über soziale Umstände (traditionelle Geschlechterrollen, ökonomische und soziale Ungleichheit) veröffentlicht, die ihrer Meinung nach Frauen zu unerwünschtem Sex zwingen. In einer Folgestudie von 1988 sagten 84 Prozent der Frauen und 74 Prozent der Männer aus, sie hätten Druck erfahren, sexuelle Aktivitäten einzugehen, obwohl sie nicht wollten. Frauen schafften es indes eher, sich dagegen durchzusetzen: 39 Prozent von ihnen gaben an, tatsächlich unerwünschten Verkehr gehabt zu haben, aber 49 Prozent der Männer. Der Hauptgrund dafür, dass der Sex als unerwünscht empfunden wurde, war, dass er gegen das moralische Empfinden der betroffenen Männer und Frauen ging. Die meisten hätten gegen Sex generell nichts einzuwenden gehabt, nur nicht mit dieser speziellen Person, für die sie nicht genug empfanden. 71 Prozent der Männer gaben dies als Grund an, 45 Prozent waren der Ansicht, es sei dafür noch zu früh in der Beziehung, 40 Prozent waren in einer Beziehung mit einer anderen Frau. Die These, dass alle Männer hoffnungslos »schwanzgesteuert« seien, stellte sich damit endgültig als Ammenmärchen heraus. Aber selbst in festen Beziehungen kam es sehr oft vor, dass nicht beide Partner gleichzeitig Lust aufeinander hatten. Während von Männern, ihrer Rolle entsprechend, die Mehrzahl der sexuellen Kontaktaufnahmen ausging, waren Männer wie Frauen gleichermaßen daran beteiligt, »Tut mir leid, Schatz, jetzt nicht« zu sagen (135, 201–203).

Eine Befragung der Forschungsgruppe BKG Youth von tausend Amerikanerinnen zwischen 18 und 25 Jahren ergab, dass 29,3 Prozent ihren eigenen Angaben zufolge schon einmal einen Mann zum Sex gedrängt bzw. genötigt hatten. In einer Umfrage des Magazins »Details« stimmten 56 Prozent der Frauen der Behauptung »Es ist akzeptabel, jemanden mit allen möglichen Mitteln zum Sex zu bringen« zu. 18 Prozent erklärten, das selbst schon getan zu haben. Wissenschaftliche Forscher kamen zu denselben Ergebnissen. Ihnen zufolge sind Frauen, die dazu tendieren, Sex auch mit äußerstem Nachdruck einzufordern, weniger traditionell in ihren Ansichten über Geschlechterrollen und geben an, durch das Gefühl von Macht und Kontrolle in sexuellen Beziehungen erregt zu werden. Wenn man Nancy Friday glauben darf, sind die sexuellen Phantasien junger Frauen heutzutage so verschieden von denen ihrer Mütter, dass sie förmlich »eine neue Rasse« darstellen. In Fridays 1991 herausgegebener Sammlung über weibliche Sexträume, *Women on Top*, schildern etliche Frauen zwischen 20 und 30 Jahren ihre Phantasien, sich Männer einfach zu nehmen, sie zu kontrollieren, zu fesseln, zu vergewaltigen und zu quälen. Einige von ihnen agieren ihre aggressiven Impulse aus, wie Dr. Struckmann-Johnson darlegt: »Mittlerweile existiert eine bestimmte Sorte Frauen mit Persönlichkeitsmerkmalen und Einstellungen, die sie dazu geneigt machen, sexuell extrem fordernd zu sein: Sie haben ein hohes Bedürfnis nach sexuellem Kontakt, genießen das Gefühl von Macht und Kontrolle, nehmen Männer als sexuelle Gegner wahr oder glauben, dass Männer jederzeit bereit und ihrerseits an Sex interessiert sind.« Hier kommt es zu denselben Fehlkommunikationen wie von Männern, wenn es darum geht, die wahre Bereitschaft des Gegenübers einzuschätzen. Andere Wissenschaftler gelangten zu einer ähnlichen Schlussfolgerung: »Genau wie Männer müssen auch Frauen hinsichtlich der Auswirkung ihres Verhaltens auf ihre Partner sensibilisiert werden.«

Die Taktiken der Frauen unterscheiden sich ebenfalls nicht allzusehr von denen der Männer: Sie täuschen intensive Gefühle vor, die sie nicht empfinden, hören nicht auf zu argumentieren, um den Partner mürbe zu machen, stellen seine Sexualität in Frage und drohen damit, die Beziehung zu beenden, wenn er nicht auf der Stelle mit ihnen ins Bett geht. Sie berühren, schmeicheln und schmollen, versuchen mit Fragen wie »Findest du mich denn gar nicht attraktiv?« Schuldgefühle zu wecken oder legen einfach ihre Kleidung ab, um ihre Bereitschaft und ihre Erwartungen zu signalisieren. Etwa ein Viertel von ihnen versucht, einen unwilligen Mann umzustimmen, indem sie ihm vorschwärmten, wie schön der Sex sein würde, oder behauptete, sie wären schlicht zu geil, um innezuhalten. Als Grund für ihr Verhalten gab die Mehrheit sexuelle Erregung an.

Wenn Männer zur Sache kommen wollen, machen sie es nicht anders. Das in Serien wie »Beverly Hills 90210« breitgetretene Klischee vom netten jungen Mann, der sich urplötzlich in ein sexhungriges Monster verwandelt, um eine Frau mit seiner Kraft und seinem Körpergewicht niederzuzwingen, hat in den allermeisten Fällen mit der Wirklichkeit nichts zu tun. In fast allen Studien berichten Frauen von höchstens sehr schwachen Drohungen und überhaupt keiner körperlichen Gewalt. Die Zahl der Vergewaltigungen im Wortsinne schwankt zwar von Studie zu Studie, liegt aber immer im unteren einstelligen Prozentbereich. Und wie setzen Männer ihren Wunsch nach Sex dann durch? Die häufigste Taktik: Sie tun es einfach. »Die nichtgewalttätige Natur dieser versuchten sexuellen Übergriffe«, schließen Wissenschaftler, »legt nahe, dass Frauen in der Lage sein könnten, sie zu vermeiden.« Die Chance dazu sinkt allerdings, wenn die betreffende Frau Alkohol zu sich genommen hat, weil sie dann oft nicht mehr in der Lage ist, ihre mangelnde Einwilligung klar zum Ausdruck zu bringen. Wie auch im obigen Artikel der »Frankfurter Rundschau« machen Männer keinen Hehl daraus, dass sie versuchen, Widerstand zu überwinden – indem sie reden, berühren, argumentieren, wie die Frauen es tun. Wenn sie damit durchkommen, betrachten sie sich nicht als »Täter«, und auch den Frauen selbst ist, wie der Protest der von Koss als Vergewaltigungsopfer eingestuften Studentinnen gezeigt hat, der wahre Sachverhalt durchaus klar. Auch bei den von Dr. Muehlenhard befragten Frauen sagten 39 Prozent, sie hätten unerwünschten Sex gehabt, aber nur drei Prozent bezeichneten ihn als unvermeidbar. Diese drei Prozent wurden vergewaltigt.

»Wir nennen es nicht Vergewaltigung, wenn eine Frau verbalen Druck und psychologische Manipulation einsetzt oder damit weitermacht, einen zurückhaltenden Partner zu befummeln, der nicht schreiend in die andere Richtung rennt«, fasst Kate Fillion zusammen. »Das sollten wir auch nicht. Das Problem ist nicht, dass auch eine große Zahl von Männern bei Verabredungen vergewaltigt wird, sondern dass die Definition von *date rape* so elastisch geworden ist, dass sie nichts mehr mit Aggression, Gewalt oder sogar nur mangelnder Einwilligung zu tun hat.« Nur in sieben Prozent aller Fälle wollte der Mann bei einer Verabredung überhaupt weitergehen als die Frau, und dies ließ sich entweder durch ein verbales »Nein« oder deutliche Körpersprache problemlos abblocken, etwa indem sie seine Hand beiseite schob oder ein Stück von ihm abrückte. Sobald sie ihre mangelnde Bereitschaft zum Ausdruck gebracht hatte, hörten die allermeisten Männer mit ihren Versuchen, zärtlich zu werden, augenblicklich auf, viele entschuldigten sich. Eine Minderheit versuchte zu argumentieren oder emotionalen Druck anzuwenden, eine noch kleinere Minderheit setzte die Zudringlichkeiten fort und musste schärfer zurechtgewiesen werden. Auch feste Partner teilen selten exakt denselben Appetit auf Sex. Manchmal liegt es an der Stimmung, am Timing, oder es ist gerade kein Verhütungsmittel greifbar. Solche Vorkommnisse waren es, die in den Studien als Fälle von unerwünschtem Sex auftauchten. Die meisten Umfragen arbeiten mit einfachen Fragen, bei denen man »ja« oder »nein« ankreuzen kann und geben keinen Raum für weitschweifige Erklärungen. Ein Artikel der Zeitschrift »Glamour« im März 1995 behandelte »Sieben Gründe heute nacht Liebe zu machen – auch wenn Sie sich nicht sexy fühlen«. Darin beschrieben Frauen, wie sie Sex mit ihrem Mann hatten, weil er nervös war und nicht einschlafen konnte, weil es ein besonderer Anlass war oder weil sie wussten, dass er sich später dafür revanchieren würde. »Eine Beziehung ist ein ständiger Wechsel von Geben und Nehmen«, erklärte eine Frau. »Ich weiß, dass er einen größeren Sexualtrieb hat als ich, also ist es keine furchtbare Sache, mit ihm zu schlafen, wenn er Lust darauf hat.« Hätte dieser Artikel nur aus »Ja«- oder »Nein«-Antworten bestanden, wären wieder schockierend hohe Zahlen von uneinvernehmlichem Sex in die Schlagzeilen geraten. Tatsächlich gehen Männer wie Frauen oft nur deshalb mit ihrem Partner ins Bett, um ihm einen Gefallen zu tun, und zwei Drittel von ihnen sind davon überzeugt, dass ihr Partner bei zahllosen Gelegenheiten dasselbe getan habe. In der Regel war dies eine positive Erfahrung und verstärkte sogar die romantische Bindung zwischen den beiden Partnern (135, 210–221; 342, 234–243).

»Jeder Mann ist ein potentieller Vergewaltiger!«

THESE: IM PATRIARCHAT STECKT AUCH IM ANSCHEINEND NETTEN MANN VON NEBENAN EIN GEHEIMER TRIEBTÄTER

Dass Vergewaltigung eine Art Freizeitbeschäftigung für den weit überwiegenden Teil der männlichen Bevölkerung ist, glauben nach endlos andauernder Gräuelpropaganda längst nicht nur Frauen, sondern auch immer mehr Männer. Dabei überlagert das feministisch geprägte Feindbild sogar die eigenen Einstellungen und Gefühle: »Ich habe nie eine Frau vergewaltigt oder auch nur beabsichtigt das zu tun«, erklärt ein von Shere Hite befragter Mann. »Ich glaube, in dieser Hinsicht bin ich irgendwie merkwürdig.« Ein anderer versuchte, sich mit Gewalt in die Rolle eines Vergewaltigers zu versetzen und stellte fest, dass er es nicht konnte: »Ich würde vermutlich in Tränen des Mitleids ausbrechen und zusammen mit meinem Opfer weinen, anders als der traditionelle Mann.« Die amerikanische Radikalfeministin Diana Russell zitiert diese beiden Männer in einem ihrer Bücher – allerdings nicht als Beleg für jahrzehntelange feministische Gehirnwäsche, nach der Männer selbst an die Gewaltbereitschaft ihres Geschlechts zu glauben beginnen, sondern (natürlich) als weiteren Beweis dafür, dass wir in einer Vergewaltigungskultur leben (397, 123).

Andere Autorinnen stoßen noch kräftiger ins selbe Horn. »Vergewaltigung ist nicht mehr und nicht weniger als ein bewusster Prozess der Einschüchterung, durch den alle Männer alle Frauen in einem Zustand der Angst halten«, behauptet die feministische Professorin Alison Jaggar in ihrem Buch »Feminist Politics and Human Nature« (Feministische Politik und menschliche Natur), einem Standardtext der Frauenstudien an amerikanischen Universitäten (285, 149). Noch mehr von Feministinnen bejubelt wurde Susan Brownmillers »Against Our Will« (Gegen unseren Willen), das einen ähnlich sexistischen Rundumschlag liefert: »Vergewaltigende Männer sind nicht Außenseiter der Gesellschaft, sondern männliche Stoßtrupps terroristischer Guerillas im längsten Krieg, den die Welt jemals gesehen hat.« (316, 65) Was keine einzige Anhängerin dieser männerfeindlichen Attacke zu stören scheint, ist, dass Brownmillers Darlegungen das Gegenteil von dem beweisen, was sie behauptet. Sie berichtet nämlich gerade nicht von den Zuständen in der »patriarchalen Gesellschaft«, sondern Kapitel für Kapitel von Phasen ihres Zusammenbruchs: Kriege, Unruhen, Pogrome und Revolutionen. Ausgehend vom Extremen urteilt Brownmiller über das Normale – ohne sich auch nur im Geringsten darum zu kümmern, dass sich Männer gerade in vermeintlich patriarchalen Gesellschaften gegenseitig umgebracht haben, wenn auch nur die Ehre einer Frau als verletzt galt, und dass verurteilte Vergewaltiger in Gefängnissen von anderen Häftlingen besonders schlecht behandelt werden (171, 95). Dass Vergewaltiger für andere Männer sogar »Helden« darstellen, illustriert sie ausgerechnet am Beispiel von Dschingis Khan, den wir ja alle wegen seines unermüdlichen Einsatzes für Zivilisation und Menschenrechte verehren. Natürlich wird im Krieg z.B. auch getötet, aber kann ich meinen Nachbarn deshalb als »potentiellen Mörder« bezeichnen? Dass Brownmillers Werk durchgehend aus irrationalen Hasstiraden dieser Art besteht, verhinderte nicht, sondern machte es gerade erst möglich, dass es zum Kultbuch der Frauenbewegung wurde. Würde man das, was Brownmiller und ihre Gesinnungsfreundinnen von sich geben, über Türken, Juden oder jede andere gesellschaftliche Gruppe außer Männern behaupten, wäre ein gesamtgesellschaftlicher Aufschrei der Entrüstung die Folge.

Tatsächlich kommt Vergewaltigung gerade in klassisch patriarchalen Staaten wie Portugal und Griechenland seltener vor als an anderen Orten auf unserem Globus (452, 223). »Bis in die siebziger Jahre hat es in Griechenland kaum Vergewaltigungen gegeben«, argumentiert auch Signe Zerrahn. »Erst dadurch, dass die nordeuropäischen Frauen permanent ihre Paarungsbereitschaft signalisierten, wurden junge Griechinnen einem neuen Druck ausgesetzt. Man mag darüber streiten, ob die konservative, männergeprägte Gesellschaft das Paradies ist. Tatsache war, dass eine Frau in Südeuropa darauf zählen konnte, geachtet zu werden. Wenn ein Mann sich an einer Frau verging, musste er bis dato mit strenger Bestrafung rechnen.« (550, 42) Selbst Alice Schwarzer kann sich dieser Erkenntnis nicht entziehen, wie sie in einem ihrer neueren Bücher berichtet: »Die Militärsoziologin Ruth Seifert analysierte in »Emma«, dass in Gesellschaften mit stabilen Geschlechterverhältnissen am wenigsten und in unstabilen am meisten vergewaltigt wird.« (425, 15) Was aber natürlich noch lange nicht bedeutet, dass Alice Schwarzer deshalb für die Wiedereinführung des »Patriarchats« plädiert.

Seiferts Analyse ist insofern auch etwas zu kurz gegriffen, da sie nur das Geschlechterverhältnis ins Auge fasst. Wie wir uns aus dem Kapitel über Pornographie erinnern, ist die Zahl der Vergewaltigungen z. B. im Iran höher als in den sexuell freizügigeren USA – trotz seines doch sehr »stabil« anmutenden Verhältnisses zwischen Mann und Frau. Wie ist dieser Widerspruch zu erklären? Der Wiener Geschlechterforscher Grammer weiß die Antwort: »Gewalt gegen Frauen und männliche Aggression hat nichts mit Pornographiekonsum zu tun, sondern ist ein Anzeichen für den Verlust der sozialen Kontrolle in unserer Gesellschaft. Also genau das Gegenteil von dem, was feministische Theorien behaupten.« (178, 273) In einer Gesellschaft, die sich im Umbruch oder im Zwiespalt befindet (so wie der Iran zwischen weltlicher Ausrichtung und Gottesstaat), werden Gewalt und damit auch Vergewaltigungen zunehmen. Inwiefern eine solche Gesellschaft ein »Patriarchat« ist, ist dabei nur einer von vielen Faktoren.

Die Emanzipation der Frau und die sexuelle Befreiung führten nicht zu einem Ansteigen sexueller Aggression an sich, sondern zu einer größeren Häufigkeit sexuell unklarer Situationen, wie dies aus der oben ausführlich dargelegten Befragung von Collegestudenten ja auch deutlich hervorgeht. Hier ist es wiederum interessant, dass Männer, die eher bereit sind, Frauen sexuell unter Druck zu setzen, entgegen feministischen Erwartungen durch die Beherrschung und Demütigung von Frauen keineswegs sonderlich erregt werden. Bei keinem der dahingehend in einer Studie von 1989 untersuchten Männer konnte dies festgestellt werden. Ebenso wenig war die Annahme zu belegen, dass sich Männer und Frauen grundsätzlich feindselig gegenüberstünden. Statt dessen gaben die fraglichen Männer an, sie seien verbal zudringlich geworden, weil sie »geil« gewesen seien. Der Leiter der Studie kam zu der grundlegenden Schlussfolgerung, dass sexueller Druck und Vergewaltigung unterschiedliche Erscheinungen sind und aufdringliche Männer etwas völlig anderes als kriminelle Vergewaltiger (135, 216–217).

Für eine andere Untersuchung, die zwei Jahre später durchgeführt wurde, befragte man Studenten nach ihrer Meinung über Themen im Zusammenhang mit Sexualität und Gewalt. Dabei zeigten sich so gut wie keine Unterschiede zwischen den Meinungen von Männern und Frauen. Beide Geschlechter vertraten dieselben moralischen Ansichten. Interessant war allein, dass die Frauen bei den Männern eine fragwürdigere Einstellung vermuteten. Sie dachten etwa, dass Männer eher an die althergebrachten Sexrollen glaubten, Gewalt in Beziehungen eher akzeptierten oder noch von solchen Dingen überzeugt waren, wie dass man eine Frau gar nicht gegen ihren Willen vergewaltigen könne. Dies alles war aber keineswegs der Fall. Auch hier stellten sich die weiblichen Vorurteile gegenüber Männern als unbegründet heraus (178, 416).

Dass ein Vergewaltiger alles andere als der typische junge Mann von nebenan ist, wusste die psychoanalytische Forschung schon seit Jahren, bevor sie von der feministischen Propaganda überrollt wurde. All diese Gewalttäter weisen »eine emotionale und sexuelle Entwicklungsstagnation« auf, die schon in der Kindheit entstanden ist – oft durch eine dominierende Mutter – und von ähnlich strukturierten Partnerinnen reaktiviert wird. Wie in den Kapiteln zur Pornographie und zur häuslichen Gewalt schon ausgeführt wurde, ist die Einstellung zur Sexualität wie die Neigung zur Gewalt bei Männern wie Frauen eng an die jeweiligen selbst erlebten und erlittenen Erfahrungen gekoppelt (209, 228–229). Männer, die sexuelle Gewalttaten begehen, stammen in aller Regel aus zerstörten Familien, weisen zahlreiche andere Symptome psychischer Instabilität auf, sind schlecht in die Gemeinschaft integriert und zeigen generell asoziale Tendenzen. Viele haben eine sehr schlechte Ausbildung, sind arbeitslos oder wechseln von Job zu Job. Sie gehören in der Regel den unteren Gesellschaftsschichten an. Einer Studie zufolge beträgt hingegen in sehr reichen Gegenden das Risiko vergewaltigt zu werden, nur eins zu zehntausend. Triebtäter rekrutieren sich vorwiegend aus den Verlierern im Kampf um sozialen Status oder um die Zuneigung einer Frau. Beziehungen enden bei ihnen regelmäßig katastrophal. Wenn es zu Ehen kommt, scheitern sie früher oder später unweigerlich. Frauen werden als Verursacher von Frustration und Schuldgefühlen wahrgenommen. Wie bereits erwähnt kennen vier Fünftel der »echten« Vergewaltiger ihre Opfer nicht, sondern greifen fremde Frauen unter solchen Umständen an, bei denen ein Minimum an denkbarer erotischer Erfüllung und ein Maximum an Risiko zusammenkommen – der typische Angriff auf offener Straße. In buchstäblich jedem Fall geht dem Übergriff ein längerer Zeitraum psychischer Anspannung voraus, der sich zu höchster Verzweiflung emporsteigert (20, 138; 178, 421; 529, xiii–xiv). All diese schwerwiegenden Persönlichkeitsstörungen sind schon in der Kindheit angelegt: Teenager, die mit alleinerziehenden Müttern aufwachsen, haben ein 14-faches Risiko, sich zum Vergewaltiger zu entwickeln (299, 23). Drei völlig unabhängig voneinander durchgeführte Studien über Vergewaltiger aus den Jahren 1979, 1984 und 1993 weisen sämtlich auf eine alarmierend hohe Rate von vorangegangenem sexuellen Missbrauch dieser Männer durch Frauen hin: einmal zu 59 Prozent (367, 810), ein anderes Mal zu 66 Prozent (181, 10–16), die neuste Studie spricht sogar von 80 Prozent (47). Die in früheren Kapiteln erwähnte kanadische Untersuchung über missbrauchte Männer kommt zu dem Schluss:»Männliche heranwachsende Sexualtäter, die von Frauen missbraucht worden waren, suchen sich fast ausschließlich Frauen als Opfer aus.«(295) Vermutlich ist es einfacher, Pornographie oder das»Patriarchat«als Sündenböcke zu wählen, als der hässlichen Wahrheit ins Gesicht zu sehen.

»Es ist nicht so, dass schlechte Männer die Schuld von bösen Frauen sind«, erklärt die Aggressionsforscherin Patricia Pearson,»aber ein Geschlecht vom anderen als tugendhaft oder tadelnswert abzugrenzen heißt einer falschen Spur zu folgen, wenn es darum geht, die Gründe für Gewalt zu verstehen. Wenn ein Mann körperliche oder sexuelle Gewalt von seiner Mutter lernte, was nützt es uns, wenn wir die Schuld auf seine Männlichkeit schieben, ihn dazu erziehen, nicht sexistisch zu sein, oder ›Gewalt gegen Frauen‹ beklagen, so als ob Frauen nicht zu dieser Gewaltspirale beitragen würden?«(363, 112–113)

Die offizielle Politik folgt indessen nicht den wissenschaftlichen Erkenntnissen, sondern der feministischen Ideologie – und versucht, diese auch in die Köpfe der Allgemeinheit zu hämmern. So veranstaltete die Stadt Köln im August 1999 eine Plakataktion in großem Maßstab. Unter der reißerischen Überschrift»Dies sind die Namen aller Vergewaltiger dieser Stadt«wurde benannt, wer angeblich zu diesen Tätern zählte: der eigene Vater, Freund, Bruder, Onkel, Kollege – kurz, der Mann an sich. Politisch korrekt, die»Emma«zumindest war begeistert (118, 10).

Die Mitverantwortung von Frauen beim Entstehen sexueller Gewalt zu hinterfragen ist heutzutage unmöglich geworden, ohne dass ein Klagen erhoben wird, man würde dadurch dem Opfer die Schuld zuschieben. Auch hier dürfen bestimmte Sachverhalte längst nicht mehr in der öffentlichen Diskussion benannt werden, sondern nur noch in akademischen Materialien wie dem Buch»Understanding Sexual Attacks« (Sexuelle Angriffe verstehen):»Frauen sollten genauso frei wie Männer sein, sich zu kleiden, wie sie wollen und spät in der Nacht nach Hause zu gehen, ohne Angst vor Belästigung haben zu müssen. Andererseits sind manche Mädchen, wie ein Mann, der seinen Zündschlüssel im Auto stecken lässt, unverantwortlich bis hin zur Mitschuld.«Darf man das heute noch ungestraft behaupten?»Ein Mann, der all sein Geld für ein Mädchen ausgibt, weil er ihm Grund dafür gegeben hat, eine sexuelle Gegenleistung zu erwarten, mag eine Zurückweisung am Ende des Tages einfach nicht akzeptieren.«Auch dass Frauen in Beziehungen sexuelle Gewalt herausfordern, indem sie sich zum Beispiel passiv-aggressiv verhalten, nach außen hin unterwürfig und einladend auftreten, dann aber kühl und ablehnend reagieren, wenn es ernst wird, darf mittlerweile nicht mehr thematisiert werden (529, 126–128).

»An der Entstehung von Situationen, in denen es zu Vergewaltigung kommen kann, sind oft beide Geschlechter beteiligt«, behauptet der Verhaltensforscher Grammer.»Die asymmetrische Verteilung des Partnermarktwertes, die von Männern Vorleistungsverhalten erzwingt, tut ihr übriges.«(178, 424) Männer vergewaltigen nicht, weil sie Frauen für minderwertig halten, sondern weil sie gegen ihre eigenen Gefühle von Minderwertigkeit aufbegehren, »die Frau von ihrem Sockel holen wollen«, wie es viele von ihnen ausdrücken. Bezeichnenderweise vergewaltigen in den USA Schwarze fünfmal so häufig wie Weiße, und homosexuelle Vergewaltigungen, bei den Gefängnisinsassen verschiedener Rassen beteiligt sind, sind fast zu 100 Prozent Fälle, bei denen Schwarze Weiße angreifen. Nun haben Schwarze ganz gewiss nicht gelernt, dass Weiße minderwertig sind und deshalb missbraucht werden dürfen, ganz im Gegenteil. Vergewaltigung ist oft auch ein Akt der Rache gegen Umstände, die der Täter als »Unrecht« wahrnimmt (64, 123–124). An solchen Punkten könnte man ansetzen, wenn man Vergewaltigungen verhindern oder zumindest einschränken wollte. Es scheint vielen aber wichtiger, den Mann weiterhin als Sündenbock zu halten, statt eine Beziehung als ein komplexes, wechselseitiges System wahrzunehmen und sich ernsthaft damit zu beschäftigen, welche Rolle das Verhalten der Frau in solchen Konflikten spielt und wie sie mit einem veränderten Verhalten die Situation in den Griff bekommen könnte. Sie kann die Situation nach der feministischen Ideologie aber nie in den Griff bekommen, weil ihr Verhalten angeblich mit dem Konflikt gar nichts zu tun hat. Das einzige, was ihr geraten wird, ist eine ständige Paranoia: zum Beispiel keinen Walkman zu tragen und die Straße als ständiges Kriegsgebiet zu betrachten.

Die kritische Feministin Wendy McElroy hört inzwischen die »Totenglocke für Vergewaltigungsforschung« läuten: »Es ist nicht länger sexuell korrekt, Studien über die Ursachen von Vergewaltigungen durchzuführen, weil – wie jede richtig denkende Person weiß – es nur eine Ursache gibt: das Patriarchat.« Susan Brownmiller etwa legt auf ihre eigene Neigung zur Unwissenschaftlichkeit großen Wert: »Braucht jemand wissenschaftliche Methoden, um festzustellen, dass die frauenfeindliche Propaganda, die die Kultur unserer Nation durchdringt, ein Klima befördert, in dem Akte sexueller Feindseligkeit gegen Frauen nicht nur toleriert, sondern sogar ideologisch ermutigt werden?« (304, 27–28). Wozu soll man sich sachlich und differenziert mit einem Problem auseinandersetzen, wenn man sich ebenso gut in Polemik hineinsteigern kann? »Den Sexualstraftäter gibt es nicht«, erklärt hingegen die Neurologin und Psychiaterin Dr. Vera Schumann, frühere ärztliche Leiterin des Maßregelvollzugs Lippstadt-Eickelborn. »Wenn wir eine solche Gruppe definieren und geballte Wut, Hass und Rache auf ihr abladen, so ist dies eine weitere Form von Gewalt, über die ebenfalls zu reflektieren ist.« (260, 8)

Wenn sich bei einer Untersuchung von 75 Sexualstraftätern herausstellt, dass 27 Prozent von ihnen als Kinder körperlich misshandelt wurden und 48 Prozent ganz sicher sexuelle Missbrauchserfahrungen hatten (260, 64), werden solche Hintergründe von der Öffentlichkeit in der Regel nicht zur Kenntnis genommen. »Ich will nichts wissen über die Verfassung eines Vergewaltigers – ich will ihn umbringen!« erklärt die feministische Avantgardekünstlerin Diamada Galás und spricht damit vermutlich vielen Gesinnungsgenossinnen voll aus der Seele. »Es ist mir egal, ob er schwarz oder weiß ist, ob er aus der Mittelklasse kommt oder arm ist, ob seine Mutter ihn an den Eiern an der Wäscheleine aufgehängt hat: Ich möchte ihn einfach nur umbringen!« (230, 14) Eine solche Einstellung liegt dank Autoren wie Andrew Vachss momentan voll im Trend. Jede Auseinandersetzung mit den psychischen Störungen von Tätern wird als Entschuldigung ihrer Taten gesehen und ruft unwillkürlich die Phrase »Und was ist mit dem Opfer?!« hervor. Dabei wäre es gerade für die Vertreter der Opfer wichtig, sich mit den Triebstörungen der Täter auseinanderzusetzen – vor allem dadurch können nämlich neue Sexualverbrechen verhindert werden.

Ein weiteres populäres Vorurteil in der Bevölkerung ist: »Wer einmal eine Frau vergewaltigt hat, wird es wieder tun. Wer sich einmal an einem Kind vergangen hat, ist eine lebende Zeitbombe.« Doch eine Analyse von 61 Studien entlarvt die öffentliche Meinung als Vorurteil. Von 23.393 untersuchten Sexualverbrechern begingen nur 13,4 Prozent vier oder fünf Jahre nach ihrer Entlassung eine weitere sexuelle Straftat. Schlimm genug? Um diesen Prozentsatz noch weiter zu senken, sollte man sich zunächst einmal anschauen, welche Merkmale diejenigen gemeinsam hatten, die rückfällig wurden: Sie alle zeigten sexuell abweichendes Verhalten, sie führten einen kriminellen Lebensstil und sie brachen therapeutische Programme vorzeitig ab. Vor allem die Therapie ist ein Punkt, bei dem Opferschützer einhaken könnten: Der Leiter des Essener Forensischen Instituts, Professor Norbert Leygraf, geht davon aus, dass eine therapeutische Behandlung die Rückfallquote durchschnittlich um fünfzig Prozent senkt (260, 84–87). Statt aber therapiert zu werden, werden 97 Prozent aller Sexualstraftäter im Gefängnis einfach weggeschlossen. Das erhöht die Gefahr eines Rückfalls, weil die Haft die Persönlichkeitsstörungen des Täters verschlimmert: Da er im Gefängnis in einer rein gleichgeschlechtlichen Gesellschaft untergebracht ist, befindet er sich im ständigen »sexuellen Notstand« und entwickelt in einem verqueren Lernprozess erst recht abweichende Sexualpraktiken – je länger er hinter Gittern sitzt, desto gründlicher. Vor allem Kinderschänder werden sozial isoliert, sind vielfachen Demütigungen durch Mithäftlinge und Gefängnispersonal ausgesetzt und besonders gefährdet, Opfer homosexueller Vergewaltigungen zu werden. Sobald er wieder in Freiheit kommt, ist der Triebtäter erst recht eine ungesicherte Pistole. Das Ziel der Bestrafung wird in sein Gegenteil verkehrt (260, 72–73).

Man könnte diese Entwicklung vermeiden, wenn man parallel zur Haft eine Therapie anbieten würde. Dafür allerdings wären Schätzungen der Deutschen Gesellschaft für Sexualforschung zufolge zwei- bis dreitausend zusätzliche Betreuungsplätze notwendig (260, 88). Gegen die Schaffung von notwendigen Therapieeinrichtungen in der jeweiligen Region engagieren sich aber immer wieder Bürgerinitiativen »durch mehr oder weniger sachliche, aber zahlreiche und öffentlich transportierte Proteste« (260, 21). Feministisch-reaktionäre Zeitschriften wie »Emma« gießen durch hetzerische Überschriften und Artikel wie »Psycho statt Recht« noch zusätzlich Öl ins Feuer. Der »frauenfreundliche« Gesetzgeber reagiert, indem er sich nicht auf die notwendige, aber bei Wählern unbeliebte Förderung von Therapieplätzen konzentriert, sondern gegen besonders empörende Sexualstraftaten schärfere Gesetze erlässt. So wurde im November 1997 die Höchststrafe bei besonders schweren Fällen des Kindesmissbrauchs von zehn auf fünfzehn Jahre hinaufgesetzt. Bei den Bürgern entsteht so der Eindruck, dass »endlich etwas getan wird« und ihre Kinder jetzt sicherer sind. In Wahrheit werden Verheißungen geweckt, die nicht erfüllt werden können. Der Münchner Rechtspsychologe Georg Wagner: »Wenn ein Täter den Antrieb spürt, etwas zu tun, dann führt er sich nicht vor Augen, ob er nun zehn oder 15 Jahre oder gar lebenslänglich sitzen wird.« (260, 52) Stattdessen wird, wie wir gesehen haben, durch die längere Haftzeit seine Persönlichkeitsstörung nur noch verschlimmert. Wie beim Kampf gegen Pornographie trägt ausgerechnet der triviale »Emma«-Feminismus mit seinen Forderungen dazu bei, dass die sexuelle Gewalt gegen Frauen und Kinder nicht sinkt, sondern steigt. Feige und uninformierte Politiker und Politikerinnen, die der frauenbewegten Lobby windelweich nach dem Mund reden, tun ihr Übriges, um diese Entwicklung zu beschleunigen.

»Nein heißt nein!«

**THESE: DASS EINE FRAU »NEIN« SAGT UND »JA« MEINT,
KOMMT SO GUT WIE NIE VOR**

Eine neunzehnjährige Studentin in Pennsylvania, die einen festen Partner hatte, traf sich mit einem etwas älteren Kommilitonen, Robert Berkowitz, in dessen Zimmer. Sie saßen auf dem Fußboden und tauschten sexuelle Anspielungen aus. Schließlich beugte er sich vor, begann sie zu küssen und ihre Brüste zu berühren, obwohl sie sagte, dass sie einen festen Freund habe. Ihrer eigenen Aussage nach sagte sie in einem tadelnden Ton »nein«, versuchte aber nie, ihren Kommilitonen wegzustoßen oder einfach aufzustehen und zu gehen. Sie sagte auch aus, dass er sie keineswegs festhielt. Berkowitz gab zu, ihre Proteste gehört zu haben, sagte aber auch aus, dass sie seine Küsse erwidert und dabei lustvoll gestöhnt habe. Später gab das Mädchen einer Regionalzeitung ein Interview: »Ich habe das getan, was sie uns im College beigebracht haben. Wenn du vergewaltigt wirst, sag ›nein‹, aber wehre dich nicht, weil du sonst umgebracht werden könntest.« (Tatsächlich zeigen Studien, dass Widerstand die Chancen einer Frau erhöht, einer Vergewaltigung zu entgehen, ohne dass dabei ihre Gefahr steigt, verletzt zu werden.) Berkowitz wurde zunächst für schuldig befunden – als ein Berufungsgericht das Urteil 1994 kassierte, waren Frauengruppen aufs Höchste empört. Auf feministischen Druck hin erließ die Regierung Pennsylvanias schließlich ein Gesetz, demzufolge eine sexuelle Attacke schon dann vorlag, wenn die Frau einfach nur »nein« sagte. Als Strafe drohen jetzt zehn Jahre Gefängnis (547, 146–147). Sagen Frauen, deren Partner zärtlich zu werden beginnen, manchmal »nein«, obwohl sie in Wahrheit »ja« meinen? Feministinnen zufolge ist diese Vorstellung eine infame und gefährliche patriarchale Lüge, die von Männern dazu benutzt wird, um Vergewaltigungen zu entschuldigen oder zu verharmlosen. »Nein heißt nein!«, proklamieren sie mit großem Nachdruck. Man solle doch wohl selbst von Männern erwarten können, dass sie, wenn schon keinen vollständigen Satz, dann wenigstens dieses eine Wörtchen verstehen können.

Allerdings ändert noch so vehemente feministische Agitation nichts an der weit weniger eindeutigen Wirklichkeit. Die »Psychologie-heute«-Redakteurin Ursula Nuber und der Maskulist Warren Farrell berichten beide von einer Studie der Universität Texas, bei der immerhin 39,9 Prozent der befragten Frauen zugaben, schon einmal »nein« gesagt und »ja« gemeint zu haben. »Von diesen fast 40 Prozent wendeten 32 Prozent den Trick nur einmal an«, schreibt Ursula Nuber, »45 Prozent berichteten von mehreren Malen, und für den Rest scheint das Vorspielen von Ablehnung zum Repertoire zu gehören.« (130, 375; 330, 131–132) Diese Zahlen wurden inzwischen durch andere Studien und Befragungen bestätigt (135, 256), wenn auch mit gewissen Schwankungen. Die oben bereits erwähnte feministische Forscherin Charlene Muehlenhard ermittelte bei einer Umfrage unter sexuell aktiven Studentinnen sogar, dass 60 Prozent gelegentlich »nein« sagten, wenn sie durchaus beabsichtigten, Sex zu haben. Nahezu alle sagten »nein«, wenn sie sich nicht sicher waren (547, 143–144).

Es ist nahe liegend, dass Maskulisten und Feministinnen auf der Grundlage dieser Zahlen andere Schwerpunkte setzen: Für Maskulisten scheint die Hauptsorge zu sein, dass Männer, die ein solches »Nein« falsch einschätzen, unvermittelt mit einer Vergewaltigungsklage konfrontiert werden können: »Das Problem ist, dass man oft nicht einschätzen kann, ob es sich um ein Ich-brauche-ein-bißchen-mehr-Verführung-Nein oder ein Ich-hätte-gern-dass-du-sämtliche-Verantwortung-übernimmst-damit-ich-mein-moralisch-überlegenes-Selbstbild-nicht-zerstöre-Nein handelt.« (405, 173) Ein Mann, dem einmal oder mehrfach vorgetäuschter Widerstand begegnet ist, wird echten Widerstand nicht so leicht als solchen erkennen. Feministisch orientierte Autorinnen wie Ursula Nuber sehen vergewaltigte Frauen als Hauptleidtragende des Verhaltens ihrer Geschlechtsgenossinnen (330, 132). Charlene Muehlenhard und andere Feministinnen bestehen darauf, dass auch wenn die Mehrzahl aller Frauen »nein« sagt, ohne es zu meinen, Männer bestraft werden sollten, die ein Nein übergehen. »Dieses Argument«, wendet Cathy Young sarkastisch ein, »spricht Bände über ihren Glauben, dass nur Männer für sexuelle Fehlkommunikation verantwortlich gemacht werden sollten.« (547, 143–144)

Tatsächlich sind wenigstens die feministischen Befürchtungen unbegründet. Zwar stellte sich in anderen Umfragen heraus, dass 60 Prozent aller jungen Männer in der Hitze der Leidenschaft nicht sofort mit ihrem Drängen nachlassen würden, nur weil sie ein »Nein« hörten. Offenbar haben sie ihre Erfahrungen gesammelt. Doch die überwältigende Mehrheit bekundete, sie würden aufhören, wenn die Frau mehr als einmal »nein« sagte (ob diese Neins in Wahrheit Jas waren oder nicht), und praktisch der gesamte Rest würde sich durch körperlichen Widerstand von ihrem Tun abbringen lassen (547, 144). Kate Fillion betont, wie wichtig es für Frauen ist, eindeutig klar zu machen, was sie eigentlich wollen. Da unerwünschtem Sex in aller Regel eine Phase einvernehmlichen Austauschs von Zärtlichkeiten vorausgeht und oft auch Alkohol dabei eine Rolle spielt, mangelt es oft an dieser Eindeutigkeit. Fillion gibt unter Bezugnahme auf verschiedene Untersuchungen den folgenden Rat: »Die beste Methode, einen Mann dazu zu bringen aufzuhören, noch bevor er überhaupt angefangen hat, ist, von Anfang an sehr direkt zu sein: Ich werde heute nacht mit dir keinen Sex haben. Und die erfolgreichste Reaktion, wenn er dann doch versucht, die von dir gezogenen Grenzen ein wenig zu erweitern, solange er nicht gewalttätig wird, ist, jegliche sexuelle Aktivität abzubrechen und klar und unmissverständlich dein mangelndes Einverständnis zu erklären. Wenn er hartnäckig bleibt, ist das Vernünftigste, so weit weg von ihm zu kommen, wie es nur geht, während du laut und deutlich ›nein‹ sagst und um Hilfe rufst, falls er unbeeindruckt erscheint. Wenn er ›nein‹ als Antwort nicht akzeptiert und zu körperlicher Gewalt und Einschüchterung greift, gibt es keinen Grund, sich etwas vorzumachen: Er ist ein Vergewaltiger.« (135, 222) Es gibt verschiedene Gründe, aus denen Frauen »nein« sagten, obwohl sie »ja« meinten:

- Sie waren sich nicht ganz sicher, zum Beispiel weil die Art der Beziehung zu dem Mann noch nicht geklärt war, sie sich über seine Gefühle im Unklaren waren oder die Umgebung dem Anlass nicht angemessen empfanden (330, 132).

- Sie wollten nicht als promiskuitiv eingeschätzt werden und glaubten, wenn sie sich ohne jeden Widerstand hingaben, würden sie nicht wie eine Dame wirken. Diese Einstellung war auch bei sexuell »befreiten«, weniger traditionellen Frauen anzutreffen, die nämlich glaubten, ihre Partner würden auf die Doppelmoral hereinfallen, derzufolge sexuell aktive Männer Hengste und sexuell aktive Frauen Schlampen sind. Tatsächlich gibt es diese doppelte Moral heutzutage genauso wenig bei den Männern wie bei den Frauen, und Sex mit einem flüchtigen Partner wird bei beiden Geschlechtern voll akzeptiert (135, 256; 330, 132; 497, 275).

- Sie hatten religiöse oder moralische Bedenken, Ängste oder Hemmungen vor dem Geschlechtsverkehr oder waren sich unsicher über die Attraktivität ihres eigenen Körpers (330, 132).

- Sie wollten das Begehren des Mannes ein bisschen anstacheln, indem sie die Trauben etwas höher hängten, ihn aggressiver machen, damit er sie entweder so überwältigte wie Rhett Butler Scarlett O'Hara oder besonders verführerisch auftrat. Schon Nancy Friday wies darauf hin, »dass dieses Überwältigtwerden die Standardentschuldigung für das ›brave Mädchen‹ ist, das für ihre sexuellen Eskapaden nicht die Verantwortung übernehmen will«. Ein spielerisches »Nein« bedeutete im Klartext oft »Wollen doch mal sehen, ob du mich herumkriegen kannst!« (20, 331; 330, 132; 497, 281–282).

• Sie wollten sichergehen, die Situation unter Kontrolle zu haben, und den Mann vielleicht auch etwas nach Zuneigung betteln lassen (330, 132; 497, 274).

• Sie waren in irgendeiner Weise über ihren Partner verärgert und wollten sich offenbar ein wenig rächen (330, 132).

Der Biologe Robin Baker geht so weit, nicht im vorgetäuschten, sondern im ernsthaften Nein einen unbewussten Ausleseprozess bei der Partnerwahl zu vermuten: »In einer 1982 erschienenen Untersuchung über amerikanische Studenten wurde festgestellt, dass Mädchen, bei denen ein *date rape* versucht worden war, dreimal häufiger die Beziehung zu dem betreffenden Mann wiederaufnahmen, wenn sein Versuch gelungen war, als im Fall seines Scheiterns. Da all diese Frauen behauptet hatten, der Mann habe sie zu vergewaltigen versucht, meinten sie wahrscheinlich, als sie nein sagten, auch nein. Wenn es dem Mann jedoch gelang, den Verkehr zu erzwingen, nahm fast die Hälfte (40 Prozent) anschließend wieder die Beziehung zu ihm auf ... Wenn es ihm nicht gelang, wollten fast neun von zehn Frauen (87 Prozent) hinterher nichts mehr von ihm wissen.« (15, 332)

Es gibt übrigens auch sehr viele Männer, die »nein« sagen, obwohl sie in Wahrheit durchaus erregt sind – etwa um nicht so zu erscheinen, als ob sie nur an Sex interessiert seien, weil sie aus Sorge um die Beziehung das Tempo ein wenig drosseln möchten oder um etwas Würze und Herausforderung in die Partnerschaft zu bringen. Drei Viertel der Männer und Frauen empfinden solche Taktiken durchaus als vergnüglich (547, 144).

Problematisch wird dieses Unternehmen erst durch das apodiktische »Nein heißt nein«, das keinerlei Unterschiede hinsichtlich des Tonfalls zulässt und demzufolge ein halbherziges »wir sollten besser nicht« dasselbe bedeutet wie Tränen und Schreie. Wie sagte Catharine MacKinnon doch so schön: »Sex ist etwas, das Männer Frauen antun.« Dass im zwischenmenschlichen Bereich sehr vieles auf körpersprachlicher Ebene abläuft, dass sexuelle Situationen höchst zweideutig sind und oft unklar ist, was jeder der beiden Beteiligten wirklich möchte, dass Männer auch Gefühle haben wie z. B. die Angst, abgewiesen zu werden, und deshalb keinen formellen Antrag auf Zärtlichkeit einreichen, dass Frauen für ihr eigenes Verhalten die Verantwortung übernehmen sollten – all das kommt in diesem Täter-Opfer-Schema nicht vor. Die Frau wird von feministischer Seite komplett entmündigt und der Mann von vorneherein zum Trieb-täter erklärt. Es sind nicht die Männer, die nicht einmal ein einfaches Nein ka-pieren, sondern so manche Feministin, die nicht mehr von Sex versteht – nicht mehr verstehen will – als dieses eine Wort.

Wie in vielen anderen Fällen greift eine Denkweise, die noch vor Jahren als radikalfeministisch galt, mehr und mehr auf die breite Bevölkerung über. 1990 brachte eine Frau aus Wisconsin mit »multiplen Persönlichkeiten« einen Mann vor Gericht, weil er eines ihrer Alter Egos verführt und die leitende Persön-lichkeit dem nicht zugestimmt habe (547, 157). Und 1994 wurde einem Stu-denten des Pomona College in Kalifornien beinahe verweigert, seinen Abschluss zu machen, weil eine Kommilitonin ihn mit zweijähriger Verzögerung der Ver-gewaltigung bezichtigte. Sie gab zu, dass sie nach einer Party bereitwillig mit in sein Zimmer gekommen sei, sich von ihm entkleiden ließ und niemals »nein« gesagt hatte – aber sie bestand darauf, dass sie auch nie ihre Einwilligung ge-geben habe, die von der Schule als »klares, explizites Einverständnis« definiert worden war (547, 143). Die Argumentation dieser jungen Frau liegt im vollen Einvernehmen mit den Regelungen vieler amerikanischer Hochschulen: »Das Fehlen eines Neins heißt nicht ja«, argumentiert die Rutgers-Universität, »Schweigen während einer gesamten körperlichen Begegnung ist keine expli-zite Zustimmung« die Universität Columbia. »Sexueller Verkehr ohne die aus-drückliche Zustimmung der betreffenden Person wird in universitären Straf-verfahren als Vergewaltigung definiert«, erklärt Harvard. Selbst ein »Ja« ist heutzutage kein eindeutiges Signal mehr. »Solange Frauen im Vergleich mit Männern machtlos sind, ginge man fehl, würde man ein Ja als Zeichen des Ein-verständnisses bewerten«, erklärt Susan Estrich. »Viele Frauen, die ja sagen, würden das nicht tun, wenn sie könnten. Das Schweigen der Frauen ist oft nicht das Produkt von Leidenschaft und Verlangen, sondern von Angst und Druck.« (470, 145–146) Ähnlich sieht es Catharine MacKinnon: »Wir leben unter männ-licher Vorherrschaft, und da ist Sexualität etwas, was Männer Frauen antun. Das Ja einer Frau als Zeichen des Einverständnisses zu betrachten, ist unter den gegebenen Umständen falsch.« (130, 377) Insofern würde die herrschende Ideo-logie der betreffenden Studentin bedenkenlos Recht geben: »Nein heißt nein. Du hast nein gesagt, oder zumindest hast du nicht direkt ja gesagt. Und wenn du ja gesagt hättest, dann nur, weil du ein Opfer unserer Gesellschaft bist. In jedem Fall wurdest du vergewaltigt.«

Auch hier muss davor gewarnt werden, diese abenteuerlichen Argumenta-tionen als typisch allein für die USA abzutun. In Großbritannien etwa scheint es nur noch eine Frage der Zeit zu sein, bis der Innenminister auf Druck von Radikalfeministinnen eine Abschaffung des sogenannten »Morgan-Prinzips« vorschlagen wird. Bislang schützt dieses Prinzip Männer vor einer Verurteilung wegen Vergewaltigung, wenn sie glaubhaft machen können, fälschlich von ei-ner Einwilligung der Frau zum Sex ausgegangen zu sein. Dies ist nach Ansicht der Feministin Sue Lees ein unhaltbarer Zustand, weil dadurch der »Zwangscharakter männlichen Sexualverhaltens« geleugnet werde. Lees hält eine juristische Trennung zwischen Vergewaltigung und Sexualverkehr deswegen für problematisch, weil »er andeutet, es sei möglich, eine klare Unterscheidung zwischen ›gewalttätig‹ und ›nicht-gewalttätig‹, mithin zwischen gewalttätigen und ›normalen‹ Männern, zu treffen«. Eine solche Trennung gebe es in unserer Vergewaltigungs-Gesellschaft aber nicht. Vernünftiger sei es Lees zufolge, wenn ein neues Gesetz »kommunikativen Sex« bevorzuge und entsprechend »nicht-kommunikativen Sex« verfolge. Wenn eine Frau keinen sexuellen Kontakt eingehen möchte, wäre es nicht mehr ihre Aufgabe, das entsprechend deutlich zu machen. Verantwortlich ist allein der Mann, der ihre Signale korrekt interpretieren muss, wenn er nicht im Knast landen will. Dieses Argument, dem zufolge Sex und Vergewaltigung kaum voneinander zu unterscheiden sind, ist bei britischen Feministinnen immer populärer geworden und findet auch in offiziellen politischen und juristischen Kreisen mehr und mehr Anklang.

Eine der wenigen entschiedenen Gegnerinnen dieser Gesetzesänderung ist Sarah Hinchliffe, Vorsitzende der britischen Organisation »Feminists for Justice«. Sie erklärt, warum die Abschaffung des »Morgan-Prinzips« mit rechtsstaatlichen Prinzipien nichts mehr zu tun hätte: »Das Gesetz besagt, dass die Schande und die Konsequenzen nur tragen muss, wer auch moralisch für die Tat verantwortlich zeichnet. Moralische Verantwortung trägt jeder, der versteht, dass sich die gesellschaftlichen Normen auch auf ihn beziehen, und der die Verantwortung für sein Vergehen folglich nachvollziehen kann. Das Konzept politischer Freiheit geht davon aus, dass kein Mensch bestraft werden darf, es sei denn, er beschließt, das Gesetz zu brechen. Schuld und damit auch Verantwortung basieren auf der Annahme, dass rationale Subjekte bewusst entscheiden, ein Verbrechen zu begehen. Eine Bestrafung ist bedeutungslos, wenn der Angeklagte seine Tat nicht beabsichtigt hatte. Abschreckung macht keinen Sinn, wenn der Beschuldigte die Konsequenzen seiner Tat nicht absehen konnte.« Auch für Frauen sei die Abschaffung des »Morgan-Prinzips« eine Ohrfeige, weil dies bedeute, dass Frauen damit abgesprochen würde, die Verantwortung für ihre sexuellen Handlungen selbst zu tragen und mündig genug zu sein, um klar zu stellen, was sie wollen und was nicht (201a, 78).

In Deutschland bleibt die Justiz bislang von solchen radikalfeministischen Anschauungen unbeeinträchtigt. Anders sieht es mit der veröffentlichten Meinung aus. So titelte am 9. Februar 2001 die »Bild«-Zeitung in einer Riesen-Schlagzeile: »Vergewaltigungs-Prozess. Freispruch schockt Frauen. Richter: Sie hat sich nicht ausreichend gewehrt. Die große Diskussion, was Juristen sagen – Seite 10«. Was war geschehen? Mit einiger Mühe lassen sich die dürren Fakten aus dem »Bild«-Artikel sowie einer sachlicheren Darstellung des Falles im »Berliner Kurier« herausschälen: Eine 33-jährige Berlinerin war über acht Jahre hinweg mehrfach mit dem Vater ihres Freundes sexuell in Kontakt gewesen und bezichtigte diesen nun der Vergewaltigung sowie der sexuellen Nötigung. Ihrer Aussage vor Gericht zufolge hatte sie sich jedoch niemals körperlich gewehrt oder mit Worten zum Ausdruck gebracht, dass sie diese sexuelle Beziehung nicht wünschte. Sie habe sich lediglich »innerlich gesträubt«. Folgerichtig argumentierte der Richter in seinem Urteil, es sei für den Angeklagten nicht erkennbar gewesen, dass er die sexuellen Handlungen gegen den Willen der Zeugin vollzog. Vergewaltigung setze voraus, dass zumindest Widerstand erkennbar sei. Die 33-Jährige habe sich jedoch mehrfach ohne jede Sicherheitsvorkehrung in die angebliche Gefahrenzone begeben. Das einzig denkbare Urteil war ein Freispruch.

Klare Sache? Und doch kann man sie journalistisch zum Skandal aufbereiten. »Es ist ein Urteil, das Deutschland empört«, gibt »Bild« schon im ersten Satz auf der Titelseite die Marschrichtung vor und wiederholt denselben Satz auf Seite 10. »Wie hätte ich mich denn wehren sollen?« lautet dort die Schlagzeile – eine rhetorische Frage, die unbeantwortet bleibt, als ob es keine Antwort darauf gäbe. Es wird von einem Schlag ins Gesicht von Millionen geschockter Frauen gesprochen. Die Berlinerin wird als »die missbrauchte Frau« und »das Opfer« vorgestellt, »eine zierliche dunkelhaarige Frau mit großen blauen Augen«. Den Freigesprochenen bezeichnen die »Bild«-Redakteurinnen unter seinem Foto, das ihn von vorne unten darstellt, als »ihr Peiniger«. Allein die Klägerin darf in fast dem gesamten Artikel ihre Position darlegen, dramatisch unterbrochen von abgebrochenen Sätzen, Stocken und Weinen. Ihr freigesprochener Schwiegervater darf seine Seite mit keiner einzigen Zeile vertreten. »Auch Juristen sind schockiert« lautet im Beitrag daneben die Überschrift – eine geschickte Formulierung, die erlaubt, so zu tun, als stünden wenige Einzelpersonen für die Gesamtheit der Rechtswissenschaftler. In der dazugehörigen »Diskussion« kritisiert indes nur eine einzige Person explizit das Urteil: eine Vertreterin der feministischen Rechtszeitschrift »Streit«. Sie behauptet, seit 1997 läge in Deutschland Vergewaltigung auch dann vor, wenn sich eine Frau nicht wehre. (»Bild« verzichtet auf den Hinweis, dass »Streit« feministisch orientiert und selbst höchst umstritten ist; vgl. das Kapitel zum Thema »Scheidung«). Die anderen Rechtsexperten bekunden lediglich allgemeine Weisheiten über Vergewaltigungen und die Problematik bei damit zusammenhängenden Gerichtsverfahren. Diese Äußerungen werden jedoch von »Bild« so zusammengeschnitten, als seien sie Teil einer allgemeinen Kritik an speziell diesem Urteil. Zuletzt beklagt eine »Bild«-Leserin, dass für ein Gericht nur die »kalten Fakten« zählten. Ja, was bitte sonst?

Ist die Wahrheit bei solchen Angelegenheiten immer auf Seiten der Frau? Diese Frage führt uns zum nächsten populären Irrtum.

»Warum sollte eine Frau
bei so einer Sache lügen?«

THESE: FALSCHBEZICHTIGUNGEN WEGEN
VERGEWALTIGUNG KOMMEN SO GUT WIE NIE VOR

Einen der faszinierendsten Absätze bei meiner Recherche für dieses Buchprojekt fand ich in Andrea Ernsts und Vera Herbsts »Kursbuch Frauen«, erschienen im Kölner Verlag Kiepenheuer und Witsch. Er lautet folgendermaßen: »Dass Männer das Recht von Frauen auf sexuelle Integrität und Selbstbestimmung gewaltsam brechen, ist grausamer Alltag. 1995 wurden in Deutschland 6.175 Vergewaltigungen angezeigt, doch Schätzungen zufolge sind das nur zehn bis zwanzig Prozent der wirklich begangenen Taten. Etwa 70 Prozent davon werden aufgeklärt; davon wieder kommen knapp 40 Prozent vor Gericht; ein Drittel der Verfahren endet mit Freispruch oder Bewährungsstrafen. Das heißt konkret: Von 1.000 Vergewaltigern landen achtzehn im Gefängnis.« (123, 451)

Die beiden Autorinnen sprechen von 6.175 Vergewaltigungen pro Jahr. Völlig aus dem Nichts springt uns im nächsten Satz eine Dunkelziffer von sage und schreibe 80 bis 90 Prozent an. Die dafür angebotenen Belege sind »Schätzungen«. Jegliche Quellenangabe fehlt. Sind diese »Schätzungen« der Versuch, die 6.175 Anzeigen auf den Slogan »jede zweite/dritte/vierte Frau« hochzurechnen? Im weiteren Verlauf des Absatzes erfahren wir, dass in nur etwa 30 Prozent all dieser Anzeigen die Faktenlage stabil genug war, um überhaupt eine Anklage zu ermöglichen. In nur zehn Prozent aller angezeigten Fälle kommt es zu einer Haftstrafe. Man könnte ja nun wenigstens die Möglichkeit einräumen, dass die Mehrzahl der Vergewaltigungsanzeigen bei genauerer Betrachtung weder Hand noch Fuß hatten. Das würde allerdings dem feministischen Weltbild widersprechen, dem zufolge Frauen bei solchen Dingen erstens nie lügen und in unserem Staat zweitens ein patriarchalisches Justizsystem herrscht, in dem Gewalt an Frauen nicht ernst genommen wird – was die Autorinnen sich in ihrem astreinen Zirkelschluss ja auch selbst beweisen. Fazit: »Von 1000 Vergewaltigern landen achtzehn im Gefängnis.« Es sei noch einmal betont: Keine linksautonome Presse, sondern Kiepenheuer und Witsch!

Eine der zentralen Fragen, die solche Argumentationsmuster aufwerfen, ist: Gibt es eine bedeutsame Quote von Falschbeschuldigungen bei Vergewaltigungen, oder gibt es sie nicht? Den Broschüren unserer angeblich so erschreckend patriarchalen Kriminalpolizei zufolge gibt es sie nicht. In einem Leitfaden für Polizisten müssen sich die Beamten nach einer Schätzfrage für den tatsächlichen Anteil von Falschbezichtigungen zwischen »unter 10 Prozent«, »mindestens 20 Prozent« und »mehr als 50 Prozent« entscheiden, bevor ihnen die vermeintlich richtige Antwort mitgeteilt wird: »Alle Untersuchungen, die sich mit der tatsächlichen Häufigkeit von Falschbezichtigungen befasst haben, kommen zu dem Ergebnis, dass Falschbezichtigungen bei sexuellen

Gewalttaten Anteile von zwei Prozent bis maximal zehn Prozent an allen Anzeigen haben.« (471, 11) Andere Bücher über Vergewaltigungen sprechen gar nur von zwei bis fünf Prozent. Es verwundert nicht, dass hier in der Regel jegliche Quellenangabe fehlt, denn an diesen Behauptungen ist *nichts* richtig. Sie kommen nicht einmal in die *Nähe* der tatsächlichen Zahlen, die in mehreren voneinander unabhängigen Untersuchungen zutage getreten sind. Es stellt sich übrigens auch schon rein logisch die Frage, auf welcher Grundlage die Kripo diese niedrigen Zahlen in Anbetracht des Umstandes belegen will, dass, wie wir eben hörten, nur zehn Prozent aller Angeklagten tatsächlich zu einer Haftstrafe verurteilt wurden. Hält sie ihr eigenes System für durch und durch korrupt? Aber vielleicht beschäftigen wir uns besser mit den Ergebnissen verschiedener Untersuchungen, die sich durch konkrete Quellenangaben lückenlos zurückverfolgen lassen:

• »Als die amerikanische Luftwaffe 556 Fälle von angeblicher Vergewaltigung untersuchte, gaben 27 Prozent der Frauen zu, gelogen zu haben (entweder kurz vor dem Test mit dem Lügendetektor oder nachdem sie ihn nicht bestanden hatten). Es gab aber auch Fälle, die unklar waren und von drei unabhängigen Personen genauer erforscht wurden. Die Gutachter richteten sich nach den 25 typischen Kriterien bei falscher Beschuldigung. Wenn alle drei zu dem Schluss kamen, dass keine Vergewaltigung vorlag, wurde der Fall entsprechend unter falscher Beschuldigung eingeordnet. (Es ging bei dieser Untersuchung nicht um Bestrafung, sondern um Forschung.) Das Resultat war, dass sich 60 Prozent der Vergewaltigungsanzeigen als haltlos erwiesen. Dr. McDowell, der Sonderbeauftragte der Luftwaffe, hatte ... Bedenken, seine Ergebnisse zu veröffentlichen, weil er dachte, sie träfen vielleicht nur auf das Militär zu und könnten nicht verallgemeinert werden. Daraufhin studierte er in zwei größeren Städten die Unterlagen der Polizei. Auch hier bestätigte sich, dass 60 Prozent der Anzeigen ungerechtfertigt waren, doch die Städte baten um Anonymität, weil sie politische Folgen fürchteten.« (130, 385)

• Ein Drittel der DNS-Proben, die bei Vergewaltigungsanzeigen routinemäßig erhoben werden, stimmen dem Magazin »Newsweek« vom 11. Januar 1993 (Seite 64) zufolge nicht mit der DNS des Beschuldigten überein (325, 1).

• Eine Untersuchung der »Washington Post« in verschiedenen Bezirken der USA kam zu dem Ergebnis, dass jede vierte erhobene Vergewaltigungsanzeige sich als falsch bzw. »unbegründet« herausstellte. In manchen Bezirken lag die Quote deutlich höher. Als sie von der Zeitung kontaktiert wurden, gaben viele »Opfer« zu, dass sie gelogen hatten (130, 386; 547, 150).

• Der Soziologe Eugene Kanin, der die Polizeiprotokolle einer Stadt in Indiana über einen Zeitraum von zehn Jahren hinweg überprüfte, fand dabei heraus, dass 41 Prozent aller behaupteten Vergewaltigungen dem Zugeständnis der Frauen selbst zufolge nie stattgefunden hatten. Es ist unklar, wie hoch der Anteil der Falschbeschuldigungen tatsächlich war. Diese 41 Prozent stellen einen Durchschnittswert dar – tatsächlich schwankten die Zahlen von Jahr zu Jahr zwischen 27 und 70 Prozent. Als Kanins Team etwas später die Polizeiakten zweier größerer Universitäten untersuchte, stellten sich exakt 50 Prozent aller Anschuldigungen nach eigener Aussage der Studentinnen als falsch heraus. Um nach ihrer Glaubwürdigkeit zu unterscheiden, hätte man genauso gut eine Münze werfen können. Alle Studentinnen wurden von einer Polizistin befragt. Ihre Berichtigungen stimmten mit den Darstellungen der vermeintlichen Täter überein. Andere Studien bestätigten dieses Ergebnis. Kanin kann auch nicht bequemerweise als Agent des »Backlash« abgetan werden: Seine grundlegenden Studien über »sexuelle Aggressionen im männlichen Werbeverhalten« begannen schon in den Fünfzigern und werden heute noch in der feministischen Literatur zitiert (235, 81ff., 547, 150–151).

Diese Untersuchungen verdeutlichen verschiedene Dinge. Zunächst einmal ist klar, dass trotz der Schwankungsbreite zwischen den Zahlen die tatsächliche Zahl der Falschbeschuldigungen sehr hoch sein muss. Der Kriminologin Susan Sarnoff zufolge sprechen nur die extremsten Fanatiker von einer Rate unterhalb von acht Prozent (362, 225). Des weiteren ist augenfällig, dass sie sämtlich aus dem amerikanischen Raum stammen; in Deutschland wird eine entsprechende Recherche noch nicht einmal geführt. Lediglich in einer Schweizer Zeitung, dem »St. Galler Tageblatt« vom 6.7.1995, lässt sich eine verwertbare Aussage hierzu finden. »Schätzungsweise zwei Drittel der von uns untersuchten Fälle sind Fehlanzeigen«, wird dort Dr. Sigrist vom Institut für Gerichtsmedizin in St. Gallen zitiert. »Aufgrund der außerordentlichen Situation der Frauen wird meist darauf verzichtet, ein Verfahren wegen Irreführung der Rechtspflege einzuleiten.«
Aber auch in den USA beschäftigen sich die Studien nur mit relativ kleinen Untersuchungsgruppen. Wie hoch genau die Zahl der Falschbeschuldigungen bei Vergewaltigungen ist, weiß kein Mensch, da eine solche Untersuchung im Zeitalter des radikalen Feminismus offenbar politisch ein viel zu heißes Eisen ist. Es sei nur beiläufig an die Mord- und Bombendrohungen an Forscher erinnert, die Zahlen über häusliche Gewalt von Frauen veröffentlichten. Wesentlich schwerer wiegt hier aber wohl das Bedürfnis, sich bei den Wählern oder in der Forschungsgemeinschaft nicht unbeliebt machen zu wollen. Kanin etwa wurde von einer Kollegin offen mitgeteilt, dass er sein Projekt besser aufgeben solle, weil »es als unangemessen betrachtet werde«. Seine Studien erschienen im Gegensatz zu den feministischen Horrormeldungen auch nie in der Presse, sondern verschwanden in akademischen Magazinen. Ebenso wie die meisten Medien heute noch treu und brav behaupten, dass 95 Prozent der Gewalt in der Partnerschaft von Männern verübt werde, halten sie an einer Ra-

te von Falschbeschuldigungen bei Vergewaltigungen im einstelligen Prozentbereich fest (547, 150–152).

Der politische Sprengstoff, den diese Ergebnisse in sich bergen, ist in der Tat offensichtlich. Wieder und wieder haben Feministinnen wie Susan Brownmiller argumentiert, einer Frau, die eine Vergewaltigung anzeigt, sei doch unmöglich eine peinliche und demütigende Befragung von der Polizei und dann noch einmal vor Gericht zuzumuten.

Wie im Fall des sexuellen Missbrauchs wurde es fast als moralische Pflicht verkauft, jedem Opfer, also jeder Frau, die sich als ein solches bezeichnete, einfach zu glauben. Alles andere sei selbst schon eine sexistische Diskriminierung (235, 83). »Feminismus«, verkündet Catharine MacKinnon, »beruht auf dem Glauben an die Zeugnisse von Frauen über sexuellen Ge- und Missbrauch durch Männer.« (547, 150) Warum sollten sie bei einer so ernsten Angelegenheit lügen? Die von der »Washington Post« befragten Frauen gaben eine ganze Reihe von Antworten:

• Zwanzig Prozent logen, weil sie auf einen Ex-Freund wütend waren und sich an ihm rächen wollten (130, 387–388). Kanin gibt als weiteres Motiv Rache für eine erlittene Abfuhr an (235, 86).

• Weitere zwanzig Prozent wollten damit eigene Schuld- und Schamgefühle kompensieren oder im Bekanntenkreis nicht als leicht zu haben gelten. »Wenn früher eine Frau sich aus ›Leichtsinn‹ auf etwas einließ, musste sie das mit sich selbst und der Welt abmachen. Heute steht ihr der Ausweg offen, jemanden zu beschuldigen, sie vergewaltigt zu haben. Die Schuld und die Schande, die sie auf sich lasten fühlt, kann sie damit auf das Konto des Mannes umbuchen.« (130, 388–389) Dieses Verhaltensmuster beschrieb der Transaktionspsychologe Eric Berne bereits 1967 in seinem Buch »Spiele der Erwachsenen« als »ein heimtückisches Spiel, das häufig mit Mord oder Selbstmord endet oder aber im Gerichtssaal. Hier verführt Frau Weiß Schwarz zu einem kompromittierenden Kontakt und behauptet nachher, er habe sie in verbrecherischer Weise attackiert oder ihr einen nicht wiedergutzumachenden Schaden zugefügt. In der zynischsten Variante dieses Spiels kann Frau Weiß dem Mann sogar gestatten, einen kompletten Koitus mit ihr zu vollziehen; auf diese Weise genießt sie zunächst einmal das sexuelle Vergnügen, um ihn« danach mit den übelsten Vorhaltungen zu konfrontieren. ... Will sie die ganze Angelegenheit als strafrechtlich verfolgbare Attacke hochspielen, dann ist es für sie meist relativ leicht, selbstsüchtige oder geradezu pathologisch an dem Fall interessierte Verbündete zu finden, wie z. B. die Presse, die Polizei, Anwälte und Verwandte.« (31, 171–172) Mit dem gleichzeitigen Erstarken des Feminismus und einer immer skandalsüchtigeren Medienwelt hat eine solche Pathologie dreißig Jahre später von unserer gesamten Gesellschaft Besitz ergriffen.

- Dreizehn Prozent befürchteten, schwanger zu sein oder waren es tatsächlich und mussten eine Abtreibung rechtfertigen. (130, 388) Im Abtreibungsratgeber »A Woman's Book of Choices« von Rebecca Chalker und Carol Downer, zwei führenden Mitgliedern der Frauengesundheitsbewegung, finden wir dazu Folgendes: »Heutzutage sind die Beratungsgespräche über Vergewaltigungstraumata und sexuellen Missbrauch ziemlich gründlich und standardisiert, eine derartige Situation vorzutäuschen ist also nicht ganz so einfach wie früher. Es bedarf vielleicht einiger Recherche, Planung und der Hilfe von verständnisvollen Beratern.« Daraufhin erörtert das Buch die »Vorschläge« eines ehemaligen Vergewaltigungstherapeuten, Frauen könnten ihre Anzeige überzeugender verkaufen, wenn sie zerrissene Kleidung trügen und sich von einem Freund oder Liebhaber Sperma geben ließen, das sie über ihren Körper und ihre Kleidung verteilten (478, 248–249). Es ist wohl nur noch als zynisch zu bezeichnen, wenn dieselbe Bewegung, derzufolge jede Behauptung, Frauen würden Vergewaltigungen erfinden, ein Sakrileg ist, an anderer Stelle unbekümmert Tipps gibt, wie genau frau das am besten anstellt.

- Schon Kinsey wird der Kommentar zugeschrieben, der Unterschied zwischen einer Vergewaltigung und einer tollen Nacht beruhe oft stark auf dem Umstand, ob die Eltern des Mädchens noch wach waren, als sie nach Hause kam. Obwohl man sich heute kaum noch trauen darf, dermaßen flapsig zu formulieren, weisen verschiedene Untersuchungen doch darauf hin, dass Kinsey hier nicht so ganz falsch lag. Die Töchter von konservativen Eltern oder verheiratete Frauen, die einen Seitensprung begangen hatten, sahen in bestimmten Situationen wohl tatsächlich keine andere Möglichkeit, als eine Vergewaltigung vorzutäuschen – etwa wenn sie beim Heimkommen ertappt wurden, befürchten mussten, sich eine Geschlechtskrankheit eingefangen zu haben, oder Spermaflecke auf ihrer Kleidung hatten (130, 387; 529, 136).

- Zumindest nicht völlig aus den Augen verloren werden darf der finanzielle Aspekt, wie der Fall der Studentin Michelle Gretzinger belegt, die ihren Dozenten Ramdas Lamb der mehrfachen Vergewaltigung beschuldigte. Dreizehn Monate lang wurde von der Universität gegen Lamb ermittelt. Er durfte seinen Beruf nur noch beschränkt ausüben, auf dem Campus fanden gewalttätige Demonstrationen gegen ihn statt. Endlich legte der Vizepräsident der Uni die Ermittlungen gegen Lamb nieder, weil die Beweislage extrem dürftig war. Gretzinger verklagte sowohl Lamb als auch die Uni vor Gericht. Während sie sich mit der Uni bald außergerichtlich einig wurde, konnte sie im Prozess gegen Lamb einem Kreuzverhör nicht entgehen. Dabei stellten sich etliche Unstimmigkeiten in ihren Aussagen heraus. Unter anderem musste sie zugeben, dass sie ihn in jeder einzelnen Nacht, in der er sie angeblich vergewaltigt hatte, durch einen Sicherheitseingang in ihr Appartementgebäude hineingelassen hatte, der nur von innen zu öffnen war. Auch berichtete sie von mehr »Vergewaltigungen nach Seminaren« als überhaupt Seminare stattgefunden hatten. Eine Jury aus vier Männern und vier Frauen sprach Lamb innerhalb von fünfzehn Minuten frei. Bei ihrer außergerichtlichen Einigung mit der Universität waren Michelle Gretzinger längst 175.000 Dollar »Schmerzensgeld« zugestanden worden (258, 301-302).

• Ein weiterer Grund, der in der Literatur genannt wird, ist der Wunsch nach allgemeiner Aufmerksamkeit oder Mitleid, nicht unähnlich dem schon andernorts aufgeführten Münchhausen-Syndrom (235, 87). Und in früheren Jahrzehnten beschuldigten Rassistinnen in den Südstaaten der USA Schwarze fälschlich der Vergewaltigung. Sie stachelten Lynchmobs an, besorgten das Benzin für die Scheiterhaufen und jubelten bei der Hinrichtung. Man geht von etwa vier- bis fünftausend Opfern aus. Frauen, die Schwarze solcher Taten beschuldigt hatten, wurde die Ehre zuteil, die Leiche als erste mit Kugeln durchsieben zu dürfen (81, 107).

Das Lynchen mag aus der Mode gekommen sein, aber ein einmal der Vergewaltigung bezichtigter Mann ist auch heute in keiner beneidenswerten Situation. Schon eine für ein bis zwei Tage aufrechterhaltene Verdächtigung dieser Art führt nicht selten zu einem psychologischen und sozialen Trauma (235, 88). Während jede Ehefrau, die ihren Mann abgeknallt oder verstümmelt hat, von Feministinnen in den USA wie hierzulande lautstarke Unterstützung erhält, gibt es keinerlei Hilfsgruppen für Männer, die sich gegen eine falsche Anschuldigung wegen eines sexuellen Angriffs verteidigen müssen. Wenn ein solcher Mann das vermeintliche Opfer wegen Verleumdung anklagt, kann dieses nicht mehr zugeben, gelogen zu haben. Unterlässt er die Verleumdungsklage, bleibt ihm gar keine Möglichkeit zur Gegenwehr mehr (130, 393). Feministische Forderungen, eine Frau, die behauptet hat, vergewaltigt worden zu sein, weniger gründlich zu verhören, setzen da noch eins drauf und stellen das Prinzip der Wahrheitsfindung vor Gericht grundsätzlich in Frage. Dass wiederholte Vernehmungen beim Opfer immer wieder Wunden aufreißen und Zeuginnen in Vergewaltigungsprozessen vor der unangenehmen Erfahrung geschützt werden müssen, ihre Leiden noch einmal vor Gericht zu durchleben, ist eine Argumentation, die unter anderem von unserer Justizministerin Herta Däubler-Gmelin in ihrem 1997 veröffentlichten Buch zu diesem Thema vertreten wird. Man fragt sich bei solchen Ausführungen ein wenig, ob unser Rechtsstaat wirklich noch in guten Händen ist. In Anbetracht nicht nur der vermutlich hohen Zahl von Falschbezichtigungen, sondern auch der hohen Haftstrafe, die Vergewaltigern droht, erscheint es reichlich grotesk, ausgerechnet bei diesem Delikt von der Unschuldsannahme zugunsten des Angeklagten abzusehen. In den meisten Vergewaltigungsprozessen dreht es sich um die Frage, ob die Klägerin dem sexuellen Verkehr mit dem Angeklagten zugestimmt hat. Da dies in der Regel eine sehr intime Situation ist, steht hierbei sein Wort gegen ihres. Unter diesen Umständen das Verhör zu überspringen oder es bei einigen höflichen Fragen bewenden zu lassen und gleich zur Verkündung des Strafmaßes überzugehen erscheint bei Licht besehen nicht sehr glücklich.

Genauso absurd ist die Behauptung, die sexuelle Vergangenheit bzw. der sexuelle Hintergrund der angeblich Vergewaltigten tue nichts zur Sache und setze die Frau auf die Anklagebank. Erstens droht nicht ihr, sondern dem Beschuldigten die Gefängnisstrafe. Zweitens sind entsprechende Informationen für die Wahrheitsfindung nicht unerheblich: Zeigte der Körper der Frau nach dem Verkehr z. B. Spuren von Gewaltanwendung, scheint einvernehmlicher Verkehr zunächst höchst unwahrscheinlich. Dies ändert sich, wenn dem Gericht bekannt wird, dass die betreffende Frau als Sadomasochistin aktiv war und ist. (In den USA wurden E-Mails, in denen sich eine solche Frau als SM-Anhängerin und *pushy bottom* bezeichnete, also als aufsässige Masochistin, die erotische Misshandlungen durch ihren Partner bewusst provoziert, aufgrund des New Yorker »Rape Shield Laws« vom Richter nicht für den Prozess zugelassen. Der vermeintliche »Täter«, ein 31jähriger Mikrobiologe, wurde zu 15 Jahren bis lebenslänglich verurteilt. Erst drei Jahre später, im Dezember 1999, hat seine Berufung Erfolg: In einer neuen Verhandlung werden die zurückgehaltenen Fakten in die Beurteilung des Falles einfließen müssen.) Eine Frau, die behauptet, von einem wildfremden Taxifahrer angegangen worden zu sein, erscheint zunächst höchst glaubwürdig. Dies ändert sich, wenn sich herausstellt, dass sie schon öfter mit ihr unbekannten Taxifahrern intime Kontakte aufgenommen hat. Es lassen sich etliche ähnlich gelagerte Beispiele denken (388, 22). Das Beängstigende an solchen ideologisch geprägten Vorschlägen wie dem Däubler-Gmelins ist, dass die entsprechenden Politikerinnen nichts, aber auch gar nichts aus der Situation in den USA zu lernen scheinen, wo solche Wege schon beschritten wurden. Mittlerweile sind in den Vereinigten Staaten selbst Journalisten und Staatsanwälte, die bislang einer sehr entschiedenen Verfolgung von Sexualdelikten das Wort geredet hatten, besorgt, dass »die begründeten Rechte von Angeklagten auf dem Altar der Frauenbefreiung geopfert« werden. Niemand weiß, wie viele Männer aufgrund falscher Beschuldigungen ins Gefängnis geschickt wurden. Oft erfährt man nur von den Fällen, bei denen sich im Nachhinein ihre Unschuld herausstellte:

• Mark Bravo, ein ehemaliger Pfleger in Los Angeles, wurde auf das bloße Wort einer geistig zurückgebliebenen Patientin, ein »Tony Bravo« habe sie vergewaltigt, verurteilt. Ein Alibi, das ihm mehrere Kollegen gaben, nutzte ihm nichts. Später nannte die Frau jemanden anderen als Täter, und ein neu eingeführter DNS-Test erwies Mark Bravos Unschuld. Er kam nach drei Jahren aus dem Gefängnis frei.

• 1996 wurde der Deputy Harris Mintz beschuldigt, eine Frau auf seiner Streife vergewaltigt zu haben. Kurz darauf behauptete seine Ehefrau, er habe sie mehrfach sexuell angegriffen. Ein paar Monate später zog sie die Anschuldigungen zurück und erklärte, sie habe ihren Mann nur dafür bestrafen wollen, in Schwierigkeiten geraten zu sein. Die Staatsanwaltschaft hielt indes weiter die erste Klägerin (die indessen 100.000 Dollar Kompensation vom Landkreis erhalten hatte) für sehr glaubhaft – bis sich herausstellte, dass sie schon zwei Jahre zuvor einen Mann fälschlich beschuldigt hatte und ihrer Zimmergenossin erzählt hatte, sie habe mit Mintz dieselbe Sache durchgezogen. Mintz kam nach fünf Jahren aus dem Gefängnis frei.

• Die zweiundzwanzigjährige Jessica behauptete, dass der achtzehnjährige Charles sie vergewaltigt habe. Obwohl ihre Geschichte in mehrfacher Hinsicht nicht mit den nachweisbaren Fakten übereinstimmte, wurde Charles von den Geschworenen verurteilt. Was diese nie zu sehen bekamen, war Jessicas Vorgeschichte, etwa dass sie mit einer Klage wegen Sex mit Minderjährigen zu rechnen hatte und zu diesen Minderjährigen auch Charles gehört hatte. Diese Hintergründe bezogen sich auf Jessicas sexuelle Vergangenheit und waren vor Gericht nicht zugelassen. Charles wurde zu acht Jahren Gefängnis verurteilt – knapp unter der Höchststrafe, weil man seine »Aussichten auf Rehabilitation« angesichts seiner hartnäckigen »Weigerung, seine Schuld einzugestehen« für sehr gering einschätzte.

• Mit einem blauen Auge davon kam dagegen der Gefängniswärter Robert O'Malley, dem vorgeworfen wurde, eine Strafgefangene sexuell angegriffen zu haben. Der Dienstplan belegte, dass er sich am angegebenen Tag gar nicht im Gefängnis aufgehalten hatte, es lag ein ärztliches Attest vor, dass O'Malley aufgrund seines Gesundheitszustandes die beschriebenen Akte nicht hätte vollziehen können (er war zum Beispiel unfähig, eine Erektion zu bekommen), und die kriminelle Vorgeschichte der inhaftierten Frau gekoppelt mit ihrer Forderung nach einer Million Dollar Entschädigung machte ihre Motive etwas zweifelhaft. Die Geschworenen brauchten keine zwei Stunden, um O'Malley freizusprechen – nachdem dieser eine zweijährige schwere Prüfung durchleiden musste, die ihn 70.000 Dollar an entgangenem Lohn und Anwaltsgebühren gekostet hatte (547, 138–165).

• US-Präsident George W. Bush erließ noch in seiner Zeit als texanischer Gouverneur 1997 eine Begnadigung für Kevin Byrd, einen Mann, der zwölf Jahre hinter Gittern gesessen hatte. Moderne DNS-Tests hatten seine Unschuld erwiesen. Die Frau, die ihn vor Gericht gebracht hatte, hatte ursprünglich behauptet, von einem weißen Mann vergewaltigt worden zu sein. Vier Monate danach sah sie Byrd zufällig in einem Gemüseladen, holte die Polizei und erklärte den Beamten, dass Byrd der Täter gewesen sei. Aber Byrd war schwarz. Der Unterschied in der Hautfarbe bei den Angaben des »Opfers« schien das Gericht nicht wesentlich gestört zu haben (365).

So schrecklich es ist, über Jahre hinweg unschuldig im Gefängnis zu verbringen, ist man nach einer Klärung des Sachverhalts wenigstens ein freier Mann. Nicht jeder hat dieses Glück. Während Wayne Dumond aus Arkansas auf seine Gerichtsverhandlung wartete, brachen maskierte Männer in seine Wohnung ein und kastrierten ihn. Etwas später bewies eine DNS-Probe seine Unschuld. In Kalifornien ist mittlerweile ein Gesetz in Kraft getreten, das die chemische Sterilisierung von Pädophilen erlaubt. Diese Regelung war auf politischen Druck von Feministinnen hin entstanden, die sie ursprünglich auch auf Vergewaltiger angewendet wissen wollten (365).

Cathy Young nennt in ihrem Buch »Ceasefire!« etliche weitere Fälle dieser Art (547, 138–165). Sie ändern alle nichts an der Einstellung der Feministinnen. Wie im oben angeführten »Kursbuch Frauen« führt die Menge der eingestellten Vergewaltigungsverfahren zu statistischen Kurzschlüssen wie: »88 Prozent aller Frauen werden ihre Angreifer niemals hinter Gitter sehen.« (547, 159) Als einem vorgeblichen Vergewaltigungsopfer vor Gericht ihre emotionale Instabilität vorgeworfen wurde, ihr Hang, auf Abweisung mit Gewaltausbrüchen zu reagieren, und ihre Vorgeschichte, gegenüber Psychiatern und Polizisten mehrfach abstruse Vergewaltigungen erfunden zu haben, folgte der unvermeidliche Leserbrief: Selbst wenn diese Frau nicht vergewaltigt worden sei, sei sie doch Opfer brutalsten Missbrauchs im Gerichtssaal geworden (547, 153). Als 1991 eine Kalifornierin zugab, die Geschichte einer Massenvergewaltigung erfunden zu haben, die ihre ganze Stadt in Aufruhr versetzt hatte, fragten andere Leserbriefe, was der ganze Aufruhr um eine einzige Falschbeschuldigung solle, wenn man doch genau wisse, dass in 99 Prozent aller Fälle die Opfer die Wahrheit sagten. Von besonders brisanter Bedeutung ist die hohe Zahl der Falschbezichtigungen – und vor allem der Umstand, dass sie nicht zur Kenntnis genommen wird – wegen des 1997 in Deutschland eingeführten Straftatbestandes der Vergewaltigung in der Ehe. Aus Justizkreisen verlautet, dass eine solche Anschuldigung bei Sorgerechtsprozessen inzwischen ebenso zum Repertoire gehört wie schon seit längerem die Unterstellung des Kindesmissbrauchs. Da hier Zeugenaussagen von Dritten schwer möglich sind und die Richter fälschlich von einer extrem niedrigen Rate an falschen Beschuldigungen ausgehen, scheint hier schon die bloße Anschuldigung als Beweis zu gelten. Die Väterrechtsbewegung paPPa.com hat im Internet einige Zeitungsberichte über Fälle zusammengestellt, bei denen der Angeklagte allein auf das Wort seiner Frau hin verurteilt wurde. Die Unschuldsvermutung scheint bei ideologisch besetzten Delikten nicht mehr zu gelten – möglicherweise will sich die Justiz alle Mühe geben, nicht »patriarchal« zu erscheinen. Eine Mandantin, die ihrem türkischen Mann mit ihrer Verleumdung Gefängnis und Ausweisung beschert hatte, gestand später, nur Rache nehmen zu wollen, weil sie ihn der Untreue verdächtigt hatte (299, 41; 360).

Wieder und wieder kommt zum Vorschein, dass in unserer angeblich so durch und durch männerbeherrschten Gesellschaft bestimmte Dinge nicht einmal mehr diskutiert werden dürfen. In einem der vorhergehenden Kapitel wurde bereits das Beispiel des US-Rechtsprofessors Dershowitz angeführt, der mit einer Klage wegen sexueller Belästigung bedroht wurde, weil er es wagte, in seinem Seminar Falschbezichtigungen bei Vergewaltigungen zum Thema zu machen (362, 82–83). Nun ist Dershowitz ein Vollprofi auf dem juristischen Gebiet und weiß sich zu wehren. Das geht nicht jedem so. Als 1988 ein Student an der Universität Michigan eine Nachricht zu diesem Thema an ein E-Mail-Forum sandte, erhielt er einen Brief von der Schulverwaltung: Seine Kommentare zeugten von »einer wenig einfühlsamen und gefährlichen Einstellung« und könnten zu einer Klage wegen »diskriminierender Belästigung« führen (547, 150). Oft muss man nicht erst lange nach Erklärungen suchen, warum sich manche Irrtümer so hartnäckig halten.

Das unvorstellbare Verbrechen?

THESE: MEHR FRAUEN ALS MÄNNER SIND DAS OPFER VON VERGEWALTIGUNGEN

Die meisten Vertreter der Frauer-sind-Opfer-Bewegung, so die US-amerikanische Feministin Nadine Strossen, übersehen »die Tatsache, dass die meisten Vergewaltigungsopfer Männer sind – und die Tatsache, dass eine beträchtliche Anzahl dieser männlichen Opfer dazu prädestiniert ist, wiederum Gewalttaten gegenüber Frauen zu begehen. Laut vorsichtigen Schätzungen sind mehr als 290.000 Männer pro Jahr in Gefängnissen und Strafanstalten sexuellen Übergriffen ausgesetzt, während das Statistische Bundesamt des Justizministeriums die Zahl der jährlich vergewaltigten Frauen mit 135.000 angibt.« Da viele Männer mehrfach und durch Gruppen vergewaltigt werden, rechnen Fachleute mit bis zu 45.000 Vergewaltigungen pro Tag. Es werden mehr als doppelt so viele Männer vergewaltigt wie Frauen, aber dieses Thema wird öffentlich nicht diskutiert. Dabei sind sich Psychologen und Vergewaltigungsexperten einig, dass der Kampf gegen sexuelle Gewalt in unserer Gesellschaft zum Scheitern verurteilt ist, »solange er das Netzwerk der Exerzierplätze für Vergewaltiger ignoriert: unsere Gefängnisse, Strafanstalten und Umerziehungsanstalten«. Die brutalen, fast täglichen Attacken, die viele der Insassen dort erleben, führen zu einem aufgestauten Hass und dem verzweifelten Versuch, mit derselben Brutalität die verloren geglaubte Männlichkeit zurückzuerobern (452, 225; 478, 328–329). 59 Prozent der Vergewaltiger waren selbst Opfer sexueller Gewalt (427, 22). Der typische Vergewaltiger ist eben nicht der Durchschnittsmann von nebenan. Solange Feministinnen auf ihrer männerfeindlichen Ideologie vom »Patriarchat« statt auf den nachweisbaren Fakten beharren, tragen sie mit ihrer eigenen Propaganda dazu bei, dass das Risiko, vergewaltigt zu werden, nicht weiter sinkt.

Nun beziehen sich die angeführten Zahlen auf die USA. Inwieweit sie auf deutsche Verhältnisse übertragbar sind, lässt sich auch Experten zufolge nicht mit Sicherheit nachprüfen (197, 28). Generell scheint jedoch die Situation auch hierzulande nicht nennenswert anders zu sein: »Gelegenheiten zum sexuellen Kontakt gibt es in den Gemeinschaftszellen, beim Umschluss (gegenseitiger Besuch, meist für einige Stunden) und in den Wohngruppen, wo die Zellen tagsüber offen stehen. Sexualobjekte sind meist jüngere, ›unverbrauchte‹ Gefangene, die durch ihr Äußeres und ihr Auftreten vielleicht etwas feminin wirken. Um sich die jungen Männer gefügig zu machen, wird nicht selten Druck bis hin zur Gewalt ... eingesetzt.« (93, 63) Die »jockers« (Jockeys) und »wolves« (Wölfe) herrschen über die »fags« (Schüler) und »punks« (Anfänger), die sich wiederum aus Angst und Schwäche den Älteren unterwerfen und »Dienste« an ihnen verrichten müssen (197, 28; 4, 152). In der Hamburger JVA Fuhlsbüttel, wo kürzlich ein 30jähriger Dieb von acht Mithäftlingen vergewaltigt wurde, werden einer Zeugenaussage zufolge schwächere Häftlinge von stärkeren misshandelt, beraubt und zur Prostitution gezwungen: »Wer auspackt, verlässt das Gefängnis nicht lebendig.« (464, 74) Fachleute gehen davon aus, dass von 2000 Vergewaltigten lediglich 96 die Tat anzeigten und von diesen Anzeigen lediglich 26 von der Gefängnisleitung an die Polizei weitergeleitet werden (46, 284). Hier spielt außer Angst offensichtlich auch die Scham der Opfer eine große Rolle.

Nicht nur in der öffentlichen Diskussion, auch im Strafrecht wurden männliche Vergewaltigungsopfer lange übergangen. »Wer eine Frau mit Gewalt oder durch Drohung ...«, begann bis zum Jahre 1997 der entsprechende Paragraph 177 im Strafgesetzbuch. Vorher spielten Erfahrungen aus den USA offenbar keine Rolle, wo immerhin 25 Prozent derjenigen, die das örtliche Beratungszentrum für die Opfer sexueller Übergriffe aufsuchen, Männer sind (281a). Während aber über Vergewaltigungen von Männern durch Männer einfach nicht diskutiert wird, erscheint eine Vergewaltigung, bei der ein Mann das Opfer und eine Frau die Täterin ist, vielen Menschen gar unvorstellbar – ebenso unvorstellbar wie ihnen die inzwischen etliche Male nachgewiesene Tatsache erscheint, dass häusliche Gewalt überwiegend von Frauen ausgeht oder dass in sehr großer Zahl männliche Kinder von Frauen« sexuell missbraucht werden. Sobald beim Thema Sexualität und Gewalt die Rollen von Täter und Opfer nicht streng nach Geschlechtern getrennt sind, scheint dies die Auffassungsgabe vor allem vieler Feministinnen zu übersteigen. Jenseits des Klischees ist kein Denken mehr möglich.

Das Klischee wird auch hier durch eine mangelnde Bereitschaft männlicher Vergewaltigungsopfer verstärkt, zur Polizei zu gehen oder überhaupt über dieses Erlebnis zu sprechen. Eine britische Studie über ein Londoner Beratungszentrum für vergewaltigte Männer kam zu dem Ergebnis, dass nur 15 Prozent der Opfer die Tat zur Anzeige brachten und 79 Prozent überhaupt keine Hilfe von außen suchten. Bei dreizehn Prozent aller Fälle wurden Frauen als Täter benannt. Die Forscher räumen jedoch ein, dass die wahre Zahl der Täterinnen durchaus höher liegen könnte, da Männer eher dazu geneigt sein könnten, mit einem solchen Erlebnis selbst fertig zu werden, statt sich an Dritte zu wenden. Hier liegt nicht nur die Schamgrenze deutlich höher als bei häuslicher Gewalt im allgemeinen. Für viele Männer könnte schon die Einordnung ihres Erlebnisses als Vergewaltigung durch eine Frau ihr Selbst- und Weltbild sprengen. Zu sehr sind sie von einer Kultur geprägt, in der Männer um jeden Preis Sex wollen und überhaupt froh sein können, wenn sie dieses Ziel erreicht haben. Infolge dessen reden sie sich selbst oft eine Freiwilligkeit ein, die in Wahrheit gar nicht vorhanden war (65a; 249, 579–588; 404a). Dazu kommt, dass männlichen Opfern von weiblichen Tätern am wenigsten geglaubt wird, ihre Verletzungen werden am ehesten verharmlost, und es wird besonders oft dem männlichen Opfer die Schuld zugewiesen (447, 101–112).

Wie aber schon Nancy Friday feststellte, sind wir von einem starken kulturellen Wandel geprägt. Sie berichtet von Frauen, die in ihrer Vorstellungswelt Männer fesseln, verhungern lassen, sie in Gruppen missbrauchen und als Sexobjekte behandeln. Friday: »Die Vorstellung von der Frau als Vergewaltigerin ist in diesen Tagen zum ersten Mal in meinen Forschungen aufgetaucht.« (145, 145). Die Autoren des Buches »Sexwende« stellen fest, dass für Frauen und Männer zwischen 18 und 44 Jahren die Vorstellung, jemanden zu einer sexuellen Handlung zu zwingen, gleichermaßen (nämlich zu zwei Prozent) als »einigermaßen reizvoll« eingestuft wird (313, 188–191). Bei den Männern deckt sich diese Zahl in etwa mit der von denjenigen Angehörigen ihres Geschlechtes, die tatsächlich zu Tätern werden. Wie ist es bei Frauen?

Ganz ohne jeden Zweifel besteht hier noch eine enorme Forschungslücke, die in anderen Bereichen von weiblicher Gewalt gegen Männer in den letzten Jahrzehnten immerhin halbwegs geschlossen werden konnte. Vielen Wissenschaftlern scheint nicht einmal in den Sinn zu kommen, überhaupt entsprechende Fragen zu stellen. Wenn man sich selbst durch die entsprechenden Artikel akademischer Journale kämpft – was ohne die Möglichkeiten der modernen Datenverarbeitung zumal von Deutschland aus überhaupt nicht möglich wäre –, stößt man auf mehr Klagen über die unbefriedigende Datenlage als auf verwertbare Auskünfte. Zu den Puzzleteilen, die bislang noch kein vollständiges Bild ergeben, gehören die folgenden:

- Der Wiener Verhaltensforscher Grammer berichtet in Bezug auf eine Studie Charlene Muehlenhardts, dass die Anwendung sexueller Gewalt von beiden Geschlechtern gleichermaßen zu etwa sechs Prozent ausgehe. In der Regel geschehe dies durch den Einsatz von Waffen oder die Androhung von Verletzungen (178, 415).

- Ein im Datenmaterial beinahe verschwindendes Nebenergebnis einer Untersuchung des Instituts für rationale Psychologie in München ergab, dass vier

Prozent der befragten Männer schon einmal durch den Einsatz körperlicher Gewalt zu einem sexuellen Kontakt gezwungen worden waren. Frauen gaben hier zu acht Prozent an, dieselbe Erfahrung gemacht zu haben (124, 390).

- Eine Befragung von Studenten in den USA ergab, dass 34 Prozent zum Sex genötigt worden waren: 24 Prozent von Frauen, vier Prozent von Männern und sechs Prozent von beiden Geschlechtern. In zwölf Prozent aller Fälle wurde der sexuelle Kontakt durch Festhalten oder Fesseln, körperliche Einschüchterung und das Androhen oder tatsächliche Zufügen von Verletzungen erreicht. Die Autoren der Studie erwähnen, dass in Vergewaltigungs-Krisenzentren zehn bis zwanzig Prozent der Opfer männlich sind, halten es aber für gut möglich, dass die wahre Zahl männlicher Opfer höher ist: Acht von zehn vergewaltigten Männern berichteten jahrelang niemandem oder nur den engsten Freunden von diesem Vorfall (479, 93–111). In einer Folgestudie berichteten drei Jahre später über vier Prozent von männlichen Collegestudenten von einer Frau durch körperliche Gewalt (!) zum Sex gezwungen worden zu sein (480, 320). Wenn man diese Studien verallgemeinern könnte, ergäbe das selbst beim Verbrechen Vergewaltigung eine ziemlich ausgewogene Täter-Opfer-Verteilung zwischen den Geschlechtern.

- Eine Studie unter homosexuellen Paaren ergab, dass zwölf Prozent der schwulen Männer und 31 Prozent der lesbischen Frauen berichteten, von ihren momentanen oder früheren Partnern zum Sex gezwungen worden zu sein. Eine zweieinhalbmal so hohe Vergewaltigungsrate zwischen Frauen ist ein weiterer Beleg dafür, dass Vergewaltigungen wenig mit einem »Patriarchat« oder männlicher Biologie zu tun haben (67, 31). Auch werden lesbische Frauen nur geringfügig seltener von ihrer Partnerin vergewaltigt als heterosexuelle Frauen von ihrem Partner: sieben gegenüber neun Prozent (131, 146–147).

- Eine Untersuchung aus dem Jahre 1994 kam zu dem Ergebnis, dass bei 98 Prozent aller an Frauen begangenen Vergewaltigungen der Täter männlich war. Bei 66 Prozent aller an Männern verübten Vergewaltigungen war er weiblich (434).

Auf seiner auch ansonsten sehr lesenswerten Website über den Feminismus als *hate-movement* (der Fachausdruck für eine Bewegung, die sich aus dem Hass gegenüber bestimmten Gruppen der Bevölkerung konstituiert) analysiert der US-Amerikaner David Byron verschiedene kriminalistische Studien und kommt zu einem verblüffenden Ergebnis: Vergewaltigungen von Männern durch Frauen rutschen schon deshalb durch etliche Statistiken, weil eine Vergewaltigung immer wieder als »gewaltsame Penetration« definiert wird. Wenn eine Frau also einen Mann gewaltsam zum Sex zwingt, wird dies nur dann als Vergewaltigung kenntlich gemacht, wenn sie dabei mit einem Gegenstand in seinen Hintern eindringt. Akademische Geschlechterforscher beklagen derweil, dass in Befragungen zum Thema Vergewaltigung Frauen lediglich zu ihren Erfahrungen als Opfer und Männer lediglich zu ihren Erfahrungen als Täter interviewt werden (404a). All dies lasse ein mehr als schiefes Bild entstehen.

Manche können sich schon deswegen nicht vorstellen, dass eine Frau einen Mann vergewaltigen kann, weil sie glauben, dass ohne die sexuelle Bereitschaft und damit das Einverständnis des Mannes keine Erektion auftreten kann – geschweige denn ein Samenerguss. Dabei fand Kinsey schon 1948 bei seinen Forschungen über sexuell missbrauchte Jungen heraus, dass beides weder der Willenskraft unterliegt, noch ausschließlich durch Erregung verursacht wird. Erektionen treten oft spontan infolge äußerer Reize auf, zum Beispiel bei absolut unerotischen medizinischen Untersuchungen im Analbereich. 18 Prozent der männlichen Vergewaltigungsopfer ejakulieren, und das hat nichts damit zu tun, dass sie in irgendeiner Weise Vergnügen empfunden haben. Ebenso kommt es vor, dass vergewaltigte Frauen dabei feucht werden oder sogar einen Orgasmus haben. Vergewaltigungsopfer beiderlei Geschlechts werden oft dadurch zusätzlich verstört, dass sie sich von ihrem eigenen Körper in einer solchen Notsituation betrogen fühlen oder selbst glauben, insgeheim Genuss empfunden zu haben. Dazu kommt, dass Männern, die vor Gericht behaupten, vergewaltigt worden zu sein, obwohl sie darauf mit einer Erektion und einer Ejakulation reagierten, oft nicht geglaubt wird. Richter sind genauso dem Klischeedenken und der einseitigen Information in unserer Gesellschaft ausgesetzt wie jeder andere Mensch (249, 584–587; 427, 21–22)

In Internet-Diskussionen zu diesem Thema zeigte sich, dass es hingegen durchaus Frauen gibt, die wissen, wie man eine unfreiwillige Erektion bei Männern erzeugen kann. So »empfiehlt« z. B. Carole Ashmore: »in steigender Folge von sowohl wahrscheinlichem Erfolg als auch wahrscheinlichen Schädigungen der männlichen Anatomie« die folgenden Techniken: »1. Schiebe etwas mit einem ordentlichen Durchmesser in seinen Hintern – Medizinern zufolge erzeugt dies ›emotional unangemessene‹ Erektionen bei 70 Prozent der Versuchsgruppe. 2. Binde den Schaft des Penis ab, indem du ihn mehrfach mit Gummibändern umwickelst und dadurch das Hinein-, aber nicht das Hinausfließen von Blut gestattest. 3. Kombiniere Möglichkeit zwei mit Druck auf die Hoden. Versucht Nummer zwei und drei nicht zu Hause, meine Damen, andererseits ist Nummer eins eine beliebte Technik, wenn er glaubt, alles gegeben zu haben.« Allerdings kann auch die zweite Möglichkeit innere Blutungen zur Folge haben und damit Blutpfropfen erzeugen, die sich dann lösen und auf gefährliche Weise durch den Kreislauf wandern können. Andere kreative Vorschläge, die von Frauen gegeben wurden, sollten hier besser nicht ausgebreitet werden.

Tatsächliche Fallbeschreibungen sind in der Literatur schwer zu finden. Eine Studie zum Thema »Frauen, die vergewaltigen« – die die Landesbibliothek Saarbrücken über Fernleihe übrigens mit dem Stempel »Nur zum persönlichen

Gebrauch des Bestsellers« verschickt – verweist darauf, dass unter den bekanntesten Untersuchungen zum Thema Vergewaltigung überhaupt nur eine einzige auf weibliche Täter eingeht. Dies trägt nach Ansicht der Autoren dazu bei, dass der Mythos vom ausschließlich männlichen Täter aufrechterhalten bleibt (66, 1).

Zu den wenigen berichteten Fällen gehören die folgenden:

• Zunächst einmal nehmen Frauen meist die Rolle von Mittäterinnen und Komplizinnen ein. So sind mehrere Fälle im Zusammenhang mit kriminellen Jugendgangs bekannt, bei denen ein Mitglied ihre Bekannte oder Freundin in ihr Appartement lockte, wo die Gangmitglieder warteten und das Mädchen nacheinander vergewaltigten (181, 187; 442, 102). Im Folgenden soll es aber nur um weibliche Täter und männliche Opfer gehen.

• In Dallas kidnappten zwei Frauen einen 37-Jährigen mit vorgehaltener Waffe und zwangen ihn, mit beiden auf dem Beton des Parkplatzes Sex zu haben (181, 187).

• In Los Angeles traf ein Mann eine Frau in einer Singles-Bar und begleitete sie zu dem Appartement zweier Freundinnen. Dort ließ er sich auf eine Partie Strip-Poker ein, während der er durch einen Trick dazu gebracht wurde, sich Handschellen anlegen zu lassen. Er wurde sexuell missbraucht, angepinkelt und verwundet (180, 187).

• Zwei Frauen griffen des Öfteren männliche Anhalter ab, raubten sie aus und zwangen sie mit Waffengewalt, sie oral zu befriedigen. Als sie deswegen vor Gericht gestellt wurden, lautete die Anklage lediglich auf bewaffneten Raub. Die Sexualstraftaten wurden unter den Tisch fallen gelassen. Offenbar spielte auch hier die Vorstellung eine Rolle, dass Männer jederzeit bereit und in keiner Weise wählerisch sind, was ihre Sexpartner angeht, so dass sie sich über ein solches Erlebnis nicht beschweren durften (180, 188).

• Patricia Pearson beschreibt den Fall der Texanerin Karla Faye Tucker, die nachts in die Wohnung und das Schlafzimmer von Jerry Dean eindrang, eines jungen Mannes, mit dem sie seit Jahren im Streit lag: »Er lag auf dem Rücken, auf einem Futon. Sie schwang sich rittlings auf seine Brust wie eine Rodeokönigin. Seine Angst machte sie an. Sie langte über den Fußboden und ergriff eine Spitzhacke, die sie ihm an die Kehle hielt. Er begann zu zappeln, sie begann zuzuschlagen. Aufbäumen und Sporengeben auf ihrem Bronco, elf Stichwunden in Brust und Hals, ein Orgasmus. ›Mir ist dabei einer abgegangen‹, prahlte sie später gegenüber ihrer Schwester.« Die Menschen, die von dem Sexualmord erfuhren, waren nicht in der Lage, ihn einzuordnen. Tucker war keineswegs eine bullige Amazone, sondern wird als »von einer rehartigen Schönheit« beschrieben. Sie hatte lediglich ein paar einfache Kampftechniken von einem Kriegsveteranen gelernt. Es existierte auch keine Schublade, in die man eine Frau stecken konnte, die ohne jedes Motiv tötete und dabei sexuelle Lust empfand (363, 182). Die einzige Schublade, die es hierfür gab, war für Männer reserviert.

• Die amerikanische Schönheitskönigin Joy McKinney verfolgte einen Mormonenprediger von Utah bis nach England, wo sie ihn mit vorgehaltener Pistole entführte, ihn vier Tage lang an ein Bett gefesselt gefangen hielt und mehrfach Sex mit ihm hatte – gegen seinen Willen und gegen seine Religion. McKinney wurde in England zu einer Art Volksheldin und konnte das Land problemlos verlassen, bevor sie vor Gericht gestellt worden wäre. Sie wurde für ihre Verbrechen nie belangt. Zu Hause in den USA wanderte sie von Talkshow zu Talkshow und stellte dem Prediger noch einige Jahre lang nach (135, 331).

• Ein 27-jähriger Lastwagenfahrer lernte eine Frau in einer Bar kennen und begleitete sie zu einem Motel, wo er prompt das Bewusstsein verlor. Als er erwachte, waren ihm die Augen verbunden worden, er war geknebelt und kreuzförmig auf das Bett gefesselt. Zu diesem Zeitpunkt befanden sich vier Frauen in dem Raum und befahlen ihm, mit ihnen allen Sex zu haben. Als er nach zwei Schnellschüssen keine Erektion mehr zustande bringen konnte, wurde ihm ein Messer an den Unterleib gehalten und mit Kastration gedroht. Die nächsten 24 Stunden wechselten die Frauen einander ab, ihn zu stimulieren und zu besteigen und ihn wegen seiner mangelnden Leistungsfähigkeit zu beschimpfen. Dann nahmen sie ihn mit zu einer abgelegenen Stelle, wo sie ihn, immer noch gefesselt und mit verbundenen Augen, aus dem Auto stießen. Nachdem er sich befreit hatte, berichtete er weder der Polizei noch irgendjemand anderem über die Gruppenvergewaltigung, weil er befürchtete, nicht mehr als »ganzer Mann« wahrgenommen zu werden. Er war von da an sexuell impotent, ohne dass er der Frau, die er liebte und später heiratete, sagen konnte, woran das lag. Erst im Laufe einer Therapie wurde diese Störung als Traumasyndrom nach einer Vergewaltigung diagnostiziert (135, 239).

• Im Juni 1993 wurde die 25-jährige Lana Hyman in London zu drei Jahren Gefängnis verurteilt, weil sie dem Restaurantleiter Ahmed El Shafie zusammen mit zwei Komplizen gedroht hatte, ihn zu vergewaltigen, wenn er nicht eine bestimmte Schutzgeldzahlung leisten würde (251, 143–144).

• 1998 wurde ein 25-jähriger Geschäftsmann in einer Londoner Disco von zwei Blondinen angesprochen und schließlich in ein Hotel abgeschleppt. Auf dem Zimmer fielen sie über ihn her und zwangen ihn, mehrere Pillen Viagra zusammen mit Wodka zu schlucken. Kaum wirkte das Mittel, vergewaltigten sie den Mann mehrfach. Erst am nächsten Morgen wurde er von Hotelangestellten befreit. An seiner Zimmertür hing das Schild: »Die Viagra-Vergewaltigungsgang hat wieder zugeschlagen.« Eine solche Ironisierung ihrer Tat gibt es von männlichen Tätern bezeichnenderweise nicht. Ebenso bezeichnend ist, dass die verständigten Polizisten die Angelegenheit als erledigt betrachteten, weil keine Anzeige erstattet wurde (481, 10).

Aus der Schilderung verschiedener dieser Fälle wird eines deutlich, das über die bloße Existenz von Vergewaltigerinnen hinausgeht: Ihre Taten werden oft entweder gar nicht erst bekannt, wenn doch, können sie nicht eingeordnet werden, werden verharmlost und nicht ernst genommen. Wie Sie sich aus dem Kapitel über häusliche Gewalt erinnern, schildert Patricia Overberg als erste Reaktion auf das Thema »vergewaltigte Männer« Gelächter. Männer selbst neigen dazu, von Frauen ausgehende sexuelle Gewalt zu erotisieren. So bezeichneten mehr Männer als Frauen es als »einigermaßen reizvoll« zu einer sexuellen Handlung gezwungen zu werden (313, 188–191). In einer Studie aus dem Jahre 1988 wurden Studenten mehrere hypothetische Darstellungen einer höchst gewalttätigen und mit Waffen erzwungenen Gruppenvergewaltigung vorgelegt. Die Fälle waren identisch, nur das Geschlecht des Opfers und der Täter wechselte. Wenn das Opfer männlich war, wurde ihm weitaus eher unterstellt, den Vorfall mit herbeigeführt oder genossen zu haben – insbesondere von männlichen Studenten. Einer von ihnen fasste ihre Einstellung zusammen, indem er auf seinen Fragebogen »Manche Kerle haben das Glück gepachtet!« schrieb (135, 239).

Auch als am 11. Juni 2001 das Internet-Nachrichtenforum ShortNews die Meldung postete, dass ein 15-jähriger Taubstummer von vier Schülerinnen vergewaltigt wurde, kam es dort unweigerlich zu belustigten Reaktionen, wie sie bei weiblichen Vergewaltigungsopfern inzwischen zu Recht verfemt sind: Sie reichten von der Unterstellung, so etwas sei doch gar nicht möglich, bis zu der Annahme, dies müsse einem solchen Opfer doch mit Sicherheit Spaß gemacht haben. Generell werden Frauen sexuelle Übergriffe eher zugestanden als Männern. Danach befragte Studenten antworteten zum Beispiel, dass es nicht zu akzeptieren sei, wenn ein Mann eine Frau ohne ihre Einwilligung küsse. Der umgekehrte Fall wurde als vertretbar und sogar als Kompliment bezeichnet (135, 331). Tatsächlich scheint sogar etwa ein Viertel aller männlichen Opfer sexueller Nötigung ihr Erlebnis als positiv zu bewerten. Offenbar, so spekulierte das Forscherpaar Struckmann-Johnson, bewerten es Männer generell als angenehme Erfahrung, mit einer Frau überhaupt engen Körperkontakt einzugehen, ohne zuvor Hunderte von Mark auslegen und monatelang betteln zu müssen. Verschiedene Faktoren, die zumindest den Selbsteinschätzungen der Studenten zufolge die Wahrnehmung eines solchen Erlebnisses als angenehm oder unangenehm beeinflussten, waren:

- der Grad der von der Frau ausgeübten Gewalt,

- der Grad, in dem die Frau dem Opfer als sexuell begehrenswert erschien,

- ob die Täterin die Partnerin der männlichen Opfer war (wenn ja wurde ein aggressiveres Vorgehen ihrerseits als positiv bewertet),

- die eigenen sexuellen Moralvorstellungen des Opfers.

Das Gesamtergebnis dieser Studie war, dass das Klischee vom sexuell allzeit bereiten Mann, der willenlos auf jedes sexuelle Angebot eingeht, nicht haltbar war. Viele Männer würden sich gegen einen entsprechenden Übergriff zur Wehr setzen, weil sie Sexualität nur in festen Beziehungen erleben wollten (480, 319–332).

Bei dieser Betrachtungsweise werden die Grenzen zwischen sexueller Aggressivität, sexueller Nötigung und Vergewaltigung allerdings zunehmend verwischt. Männer, die de facto vergewaltigt wurden, sind durch diese Erfahrung in ähnlicher Weise aufgewühlt wie weibliche Opfer dieses Verbrechens und erleben dieselben spontanen und späteren Nachwirkungen und traumatischen Reaktionen. Dazu gehören die Einstellung sozialer Kontakte, sexuelle Funktionsstörungen wie Impotenz, Depressionen, Nervosität, Selbstmordneigung, Dissoziationen, ein geringes Selbstwertgefühl, Zweifel und Unsicherheit bezüglich der eigenen Sexualität, Abneigung gegen unerwartete Berührungen, Abneigung gegen Sexualität bis hin zu Übelkeit und Erbrechen sowie die Furcht, anderen davon zu erzählen (65a; 66, 2; 145, 150–151; 302, 45–46; 479, 93).

Männer haben allerdings zusätzlich damit zu kämpfen, dass die Gesellschaft wenig gewillt ist, sie als Opfer zu akzeptieren, schon gar nicht als Opfer einer Vergewaltigung durch eine Frau. Manchmal dauert es bis zu zehn Jahre, bis sie überhaupt anderen von ihrem Erlebnis berichten. In der Zwischenzeit schwindet ihre emotionale Stabilität, und sie sind weniger in der Lage, feste Beziehungen zu knüpfen. Viele Vergewaltigungszentren kümmern sich ähnlich wie die Zentren gegen häusliche Gewalt nur um weibliche Opfer. Nachdem eines von ihnen sich auch Männern öffnete, schnellte die Zahl der Männer, die dort um Hilfe suchten, binnen drei Jahren von anfangs null auf zehn Prozent. »Die Gesellschaft erkennt sexuelle Gewalt gegen Männer nicht an, weil es keine Institutionen gibt, die sich damit beschäftigen. Es gibt keine Zahlen, keine Daten, also existiert sie nicht.« (427, 20–22). Es ist höchste Zeit, stellen Sexualforscher fest, dass von Frauen ausgehende sexuelle Gewalt von medizinischen, psychosozialen und juristischen Autoritäten erkannt und das dadurch entstandene Leiden der männlichen Opfer so besser verstanden und gelindert werden kann (8, 336). Auch die Schaffung eines öffentlichen Bewusstseins à la »Männer gegen Frauengewalt« könnte hilfreich sein. Einer von der Zeitschrift »Focus« in Auftrag gegebenen Befragung zufolge, liegt hierzulande bei Vergewaltigungen die Zahl der weiblichen Opfer nur wenige Prozent über der Zahl männlicher Opfer. Besonders eng schließt sich die Schere in den neuen Bundesländern: Dort sind 1,3 Prozent der Männer und 2,6 Prozent der Frauen vergewaltigt worden; 1, 3 Prozent der Männer und 1,5 Prozent der Frauen haben sexuelle Nötigung erfahren (288, 14). Wenn man hier mit einrechnet, dass Männer sich generell weniger stark als Opfer sexueller Gewalt wahrnehmen oder über solche Erlebnisse auch nur irgendwelche Aussagen machen, könnte sich die Schere zumindest in Ostdeutschland fast vollständig schließen. Ganz gewiss haben diese Angaben aber nichts mehr mit Schreckensmeldungen zu tun, denen zufolge jede vierte, dritte, zweite Frau vergewaltigt wird und Männer die Rolle des Triebtäters gepachtet haben.

Dass eine Frau generell Mittäterin bei einer Vergewaltigung sein kann, erkannte im August 1999 immerhin das oberste Schweizer Gericht in Lausanne. Allerdings war im strittigen Fall das Opfer weiblich. Die Angeklagte hatte versucht, an den Sexismus der Richter zu appellieren und behauptet, sie als Frau könne sich dieses Verbrechens doch gar nicht schuldig gemacht haben. Zudem habe sie den stundenlangen Demütigungen des Opfers nur nackt und Zigaretten rauchend beigewohnt und lediglich ab und zu einen ihrer Komplizen stimuliert. Die Richter sahen den Fall anders und verurteilten die Angeklagte zu fünf Jahren Zuchthaus (494). Wenige Tage später wurde eine Frau vor einem Tribunal der UNO der Vergewaltigung (und des Völkermords) angeklagt: Es handelte sich dabei um die ehemalige ruandische Frauenministerin Pauline Nyiramasuhuko. Die leitende Staatsanwältin Jane Adong hielt es für gut möglich, dass dies die weltweit erste Anklage dieser Art gegen eine Frau sei (162).

Von ihrem Hintergrund her ähneln männliche und weibliche Vergewaltiger einander sehr. So haben auch vergewaltigende Frauen oft eine Vorgeschichte selbst erlittener sexueller Gewalt oder kommen aus gleichermaßen zerrütteten Familienverhältnissen (302, 53–58) und sind durchaus in der Lage, diese Negativerfahrungen mit derselben Brutalität an Dritte weiterzugeben wie Männer (66, 2). Sie zeigten auch dieselben Fehlbildungen ihrer Persönlichkeit auf wie männliche Vergewaltiger, etwa eine geringe Toleranzschwelle gegenüber Frustrationen, die Neigung, andere Menschen zu Objekten zu reduzieren und zu manipulieren, oder das Fehlen von Schuldgefühlen und Reue (302, 59). Nur zwei von 16 in einer Untersuchung befragten Vergewaltigerinnen wurden durch ihre Tat sexuell erregt, aber sieben nannten als Motive für ihre Angriffe »Wutgefühle, Rache, Macht, Eifersucht und zuvor erlittene Abweisung« (363, 191). Im Gegensatz dazu versuchten die in einer anderen Untersuchung befragten Täterinnen zu drei Vierteln, ihre Opfer zur Ejakulation zu bringen (302, 48). Eine Studie von Donald Cochran und Marjorie Brown über Vergewaltigerinnen kam zu dem Ergebnis, dass die Mehrheit der von ihnen untersuchten Frauen

• zwischen 17 und 24 Jahre (55 Prozent) bzw. 25 und 32 Jahre (25 Prozent) alt waren,

- außerdem Single (64,7 Prozent),

- sie benutzten gelegentlich eine Waffe (27,3 Prozent),

- ihre Opfer waren in der Regel Bekannte (46,2 Prozent),

- sowie weiblich (76,5 Prozent),

- und noch minderjährig – bis hinunter zu drei Jahren (57,1 Prozent).

Verurteilt wurden die weiblichen Vergewaltiger dieser Studie mit nur einer etwas geringeren Rate als männliche Täter. Wenn man dieses Ergebnis verallgemeinern könnte, ließe sich also zumindest hier nicht von einer Ungleichbehandlung der Geschlechter sprechen. Andererseits muss man im Auge behalten, dass die Untersuchungsgruppe ausschließlich aus Frauen bestand, gegen die überhaupt erst Anklage erhoben wurde. Ob vorher Opfer, Polizisten oder Staatsanwälte Vergewaltigungsvorwürfe gegen Frauen stärker herausfilterten als gegen Männer, lässt sich demnach nicht sagen (66, 2–8). Eine andere Studie über Sexualstraftäterinnen im Teenageralter ergab, dass ihre Taten überhaupt keine gesetzlichen Konsequenzen nach sich zogen (302, 59).

Nach allem in diesem Kapitel über Vergewaltigung Gesagten, scheint es allerhöchste Zeit, dieses Verbrechen aus dem Raum der Hysterie herauszuholen und sich sachlich damit zu beschäftigen. Sexistische Slogans wie »Alle Männer sind potentielle Vergewaltiger!« als Totschlagargumente im Geschlechterkampf zu benutzen hilft keinem einzigen Opfer, sondern trägt nur zum Weiterbestehen sexueller Gewalt bei. Allerdings wird auch außerhalb der feministischen Liga Vergewaltigung politisch instrumentalisiert. So erkannte die »taz«-Redakteurin Ulrike Winkelmann, dass die Nachricht der angeblichen »Massenvergewaltigungen« in Jugoslawien »als rhetorisches Instrument zur Rechtfertigung der Nato-Einsätze verwendet« wurde (541, 6). Ein Verbrechen, das dank feministischer Rhetorik in den Bereich des Mythischen und Seelenzerstörerischen überhöht wurde, ein Verbrechen, das als schlimmer galt als alles, was man einem Mann je antun konnte, wurde als Argument für das wochenlange Flächenbombardement einer dichtbesiedelten Region verwendet.

Männer müssen töten und sterben, um Vergewaltigungen von Frauen zu rächen – die im behaupteten Ausmaß möglicherweise nie stattgefunden haben. Eine Journalistin, die von entsprechenden Meldungen alarmiert wurde und sich selbst auf den Weg ins Krisengebiet machte, um sie zu überprüfen, fand keine brauchbaren Hinweise auf die behaupteten Massenvergewaltigungen. Selbst die Frauenbeauftragte der Menschenrechtsorganisation *Helsinki Watch* in New York, die Berichte über Vergewaltigungen auf allen Seiten gesammelt hatte, hält sexuelle Übergriffe als von höchster Stelle angeordnetes Mittel zur Vertreibung für nicht zu beweisen (35, 143). Auch der »Mona-Lisa«-Redakteurin Maria von

Welser, die für ihre Berichterstattung über vermeintliche Gräueltaten zur »Frau des Jahres« gewählt wurde, wird mittlerweile vorgeworfen, dass sie es offenbar nicht für nötig befand, die in Zagreber Flüchtlingslagern erhaltenen Aussagen an Ort und Stelle im serbischen Teil Bosniens nachzuprüfen. Vom ZDF-Magazin »Mona Lisa« bis zur »Süddeutschen Zeitung« berichteten die verschiedensten Medien über die Leiden einer Frau, die angeblich in Manjaca in einem Stadion vor 1.500 Leuten vergewaltigt worden sei. Es gibt in Manjaca kein Stadion. Nach dem Ausbleiben sämtlicher Beweise für »die systematische Vergewaltigung von 50.000 Frauen in Konzentrationslagern« werfen Kritiker den Medien vor, kriegstypische Gräuelpropaganda voneinander abgeschrieben und verbreitet zu haben: »unseriöser Journalismus ... schlampige Recherche, Informationen vom Hörensagen, aus dritter Hand, kühne Hochrechnungen, psychologische Spekulationen«, so lauten die Vorwürfe. Einige Redakteure wussten es offenbar besser. »Aber keiner traute sich damals, gegen den Wind der öffentlichen Meinung zu blasen. Wer die Vergewaltigungslager anzweifelte, lief Gefahr, als Vergewaltigungsverharmloser und Serbenfreund verschrien zu werden. Eine Medienkarriere ist schnell beendet ...« (35, 48–49)

Im Juni 1999 berichtet der Chirurg Richard Munz, der in einem mazedonischen Lager Flüchtlinge aus dem Kosovo behandelte, der *Welt*: »Es gab die fast konstante Frage, was wir mit den vergewaltigten Frauen machen, ob wir Abtreibungen vornehmen oder ähnliches. Unsere Antwort war einfach: Wir hatten in der ganzen Zeit, die wir hier sind, keinen solchen Fall einer vergewaltigten Frau. Und wir sind insgesamt für 60.000 Flüchtlinge zuständig ...« (257, 16). Zwei Monate zuvor hatte schon die deutsche Gynäkologin Monika Hauser nach einer Albanienreise abgelehnt, von systematischen oder von Massenvergewaltigungen zu sprechen. Dazu lägen keine Zahlen vor (531, 7).

Das Thema »Vergewaltigung« weiter im Bereich der Schauerpropaganda zu belassen, trägt nur zu Angst, Hass und immer neuen Feindbildern bei. Erst eine Versachlichung der Diskussion würde für die wahren Opfer eine echte Hilfe bedeuten.

EINE FRAU ARBEITET
SOVIEL WIE ZWEI MÄNNER? –
DIE DISKRIMINIERUNGS-LÜGE

»Frauen sind in neunzig Prozent aller Fälle schöner
als die Männer, die ihnen gegenübersitzen. ... Und für
die Ehre, mit diesem Wesen kostbare Minuten teilen
zu dürfen, muss der Mann eben zahlen.«

Petra Reski in »Eine Prinzessin zahlt nie selbst«

Dass die Frauenbewegung längst noch nicht überflüssig geworden und die Gleichberechtigung zwischen den Geschlechtern noch lange nicht erreicht ist, sieht man nirgendwo besser als im beruflichen Bereich. Man muss sie sich nur einmal anschauen, die Management-Zirkel, die Vorstandsetagen großer Banken und Konzerne, überhaupt alle Entscheidungsträger der internationalen Wirtschaft und Politik. Außer der einen oder anderen Alibifrau, die doppelt so gut wie jeder männliche Kollege sein musste, um diesen Posten zu erlangen, tauchen dort fast ausschließlich Männer auf: Der Frauenanteil im Management der ersten Ebene, also bei den Vorständen und in der Geschäftsführung, beträgt magere 2,7 Prozent, in der zweiten Ebene (z. B. Hauptabteilungsleitung) 3,3 Prozent, in der dritten Ebene (Abteilungsleitung) 6,9 Prozent (261, 16). Man glaubt, es förmlich mit einer geschlossenen Veranstaltung zu tun zu haben – amerikanische Feministinnen sprechen hier von einer »gläsernen Decke«: Frauen können mit ansehen, was in den Etagen über ihnen getrieben wird, sie können aber nicht mitmischen. Die Erkenntnis jedes Personalberaters, dass Frauen aufgrund ihrer sozialen Kompetenz und der Fähigkeit zum vernetzten Denken in der Regel sogar die *besseren* Führungskräfte darstellen, ist dort offenbar entweder noch nicht bekannt geworden oder wird bewusst ignoriert, um die eigene Position nicht zu gefährden. Dieses Problem männlicher Seilschaften, die Frauen ausgrenzen, erstreckt sich aber nicht nur auf die Geschäftswelt, sondern ebenso z.B. auf die Universitäten, die von alten Männern beherrscht werden, und auf die Politik: Wenn nicht ab und zu Madeleine Albright durch das Bild gehuscht wäre, hätte man beim Betrachten der »Tagesschau« oft den Eindruck, es gäbe *überhaupt keine* Frauen in hohen Ämtern – von einer paritätischen 50-zu-50-Verteilung ganz zu schweigen. Aber man muss sich nicht auf die vermeintlichen Spitzen der Gesellschaft konzentrieren, um den in ihr vorherrschenden Sexismus zu erkennen: Frauen bekommen noch heute für exakt die gleiche Arbeitsleistung weniger in die Lohntüte als Männer. Im Schnitt werden ihnen auf keiner anderen Grundlage als ihrem Geschlecht volle 27 Prozent (261, 14) bzw. – derselben Autorin zufolge – 23,2 Prozent (262, 39) bzw. ein- bis zweitausend Mark im Monat (193, 221) vorenthalten. Zudem werden sie in Dienstleistungsberufe wie Sekretärin oder Putzfrau gedrängt, scheinen für nichts anderes gut zu sein, als den Herren in den feinen Anzügen den Kaffee zu kochen. Auch müssen sie sich mit unterbezahlten Teilzeitberufen zufrieden geben und schaffen es damit oft nicht, sich und ihre Kinder über die Runden zu bringen. Die Endstation ist dann immer wieder das Sozialamt. »Armut ist weiblich« lautet ein anderer feministischer Slogan, der dieses Problem auf den Punkt bringt.

Dass die Sachverhalte nun einmal so traurig liegen, ist mittlerweile wenigstens auch außerhalb feministischer Zirkel als Grundproblem anerkannt. Selbst in populäre Wörterbücher wie Knaurs »Lexikon der Erotik« haben solche Erkenntnisse mittlerweile Einzug gefunden: »Allein aufgrund der Tatsache, dass sie dem anderen Geschlecht angehören«, heißt es da, »bleiben Frauen diskriminiert. Sie werden als erste arbeitslos, erhalten als letzte Kredite für Unternehmen, werden von Männern aus führenden Positionen verdrängt oder gelangen erst gar nicht so weit.« (9, 493). Strittig ist in den Diskussionen, die in den Medien geführt werden, nur noch, wie diese Benachteiligung am sinnvollsten zu überwinden ist. Auf eine Bewusstseinsänderung der Männer *ohne* ausreichenden Druck von Frauenseite sollte man aber besser nicht zu lange warten: Der Einzug von weiblichen Führungskräften ins Management geht mit einer solchen Langsamkeit vor sich, dass wir bei diesem Tempo eine auch nur annähernde Gleichberechtigung erst im Jahre 2490 haben werden (261, 14). Die vermeintlichen »Herren der Schöpfung« haben das Paradies für sich gepachtet und sind freiwillig nicht bereit, auch nur einen Fußbreit davon an Frauen abzugeben.

»Koch uns erst mal einen Kaffee, Schätzchen!«

THESE: MÄNNER HABEN SICH DIE BESTEN PLÄTZE IM BERUFSLEBEN GESICHERT

Die Ungleichbehandlung von Frauen und Männern am Arbeitsplatz ist in der Tat nur noch als erschreckend zu bezeichnen – in zweierlei Hinsicht. Erstens ist es erschreckend, dass der haarsträubende Unfug von der Unterdrückung der Frau im Beruf mittlerweile sogar in Schulbücher Einzug gefunden hat (312, 273), von denen man eigentlich eine neutrale Gewichtung der Sachverhalte und nicht pure Ideologie erwarten sollte. Zweitens ist es erschreckend, dass im

Zeitalter der vermeintlichen Gleichberechtigung immer noch der Mann die Rolle des verzichtbaren und ausgebeuteten Geschlechtes spielt, ohne dass er über irgendeine Lobby verfügt, die ihm Hoffnung auf Änderung verspricht. Die Frage lautet: Welches der beiden Geschlechter verfügt grosso modo über die besseren Berufe, diejenigen mit den günstigeren Arbeitsbedingungen? Es sollte eigentlich jedem Grundschüler offenkundig sein, dass sich die Sicht verzerrt, wenn man für eine Antwort den Blick einzig und allein auf die Topetagen der Wirtschaft richtet. Wie viele Prozent der männlichen Bevölkerung schaffen es denn überhaupt dorthin – selbst wenn man sämtliche Spitzenpositionen in unserem Land zusammenzählt? Sind diese wenigen Menschen in irgendeiner Weise stellvertretend für den Arbeitsalltag des Durchschnittsmannes? Oder sind nicht vielmehr »unsere Straßen bevölkert ... von unterprivilegierten, ausgebrannten Männern, die beinahe jede Arbeit annehmen, um Frau und Kinder zu ernähren«? (423, 78) Diese für jeden offensichtliche Mehrheit der männlichen Bevölkerung scheinen die Lobbyistinnen für immer neue Frauenförderungsprogramme überhaupt nicht wahrzunehmen.

Es ist schon im Kapitel über die männliche Lebenserwartung angesprochen worden, dass die typischen »Todesberufe« – die Jobs mit den schlechtesten Arbeitsbedingungen, was z. B. Stress, Bezahlung, Arbeitsumfeld, Aufstiegschancen, Gefahren am Arbeitsplatz und körperliche Beanspruchung angeht – fast ausschließlich von Männern ausgeübt werden. Lastwagenfahrer, Metallarbeiter, Dachdecker, Kesselschmiede, Bauarbeiter und Schweißer: Alles, was mit Schinderei zu tun hat, ist männlich besetzt, darf einer Frau nicht zugemutet werden (130, 129). Dies wird oft damit begründet, dass Frauen für solche Tätigkeiten ganz einfach nicht die nötige Konstitution besäßen. Erstens widerlegt dieses Argument die Erkenntnis, dass die übelsten Arbeiten von Männern ausgeführt werden, keineswegs. Zweitens ist es wieder einmal verblüffend, wie sehr gesellschaftliche Traditionen mit biologischen Gesetzmäßigkeiten verwechselt werden: Vor der industriellen Revolution und in anderen Kulturkreisen, z.B. in Russland, verrichteten viele Frauen dieselben Arbeiten wie Männer. Aber schauen wir uns einmal die Unterschiede im Körperbau der beiden Geschlechter etwas genauer an.

Generell sind Frauen nur etwa zwei Drittel so stark wie Männer. Das hängt zum Teil damit zusammen, dass Männer größer sind und deshalb auch über mehr Muskelmasse verfügen. Wenn Männer und Frauen mit derselben Größe und demselben Gewicht verglichen werden, gehen die Unterschiede zurück. Viele andere Unterschiede in der Körperkraft hängen aber mit verschiedenen Aktivitäten zusammen: Sind Männer stärker als Frauen, dann gilt das insbesondere für ihren Oberkörper. Das liegt daran, dass beide Geschlechter ihre Beinmuskeln beim täglichen Gehen und sportlichen Übungen wie Joggen trainieren, aber fast ausschließlich Männer dasselbe Training ihren Arm- und Schultermuskeln angedeihen lassen – sei es durch Gewichtheben, sei es durch Arbeiten, die mit Schaufeln, Tragen oder Heben zu tun haben. Im Januar 1996 fand das Militär der USA heraus, dass Frauen mit dem nötigen Training dieselben Aufgaben bewältigen können wie Männer – einschließlich mit einem 75 Pfund schweren Rucksack zwei Meilen quer durch den Wald zu hecheln. Die Frauen, die sich für diese Studie der Armee zur Verfügung gestellt hatten, waren keine Gewichtheberinnen oder Amazonen, sondern hauptsächlich Studentinnen, von denen viele sich nie zuvor einem sportlichen Training unterzogen hatten. Manche von ihnen waren Mütter, die nicht lange zuvor ein Kind zur Welt gebracht hatten (82, 28). Die Schlussfolgerung ist eindeutig: Auch Frauen können körperlich arbeiten, so wie viele Männer das tun. Sie müssten es nur wollen.

Auch so manche Feministin weist ausdrücklich darauf hin, dass in vielen sogenannten typischen Frauenberufen, wie etwa dem der Krankenschwester, die physische Belastung außerordentlich hoch ist und Frauen daher der Einsatz beispielsweise in der Metallindustrie keinesfalls verbaut werden sollte (261, 43). Man hat bei solchen Formulierungen allerdings den Eindruck, das weibliche Geschlecht würde massenweise hin zu Berufen strömen, die ganz klar als gesundheitsgefährdend ausgewiesen sind: Männer werden, wie wir gesehen haben, nicht nur Opfer von berufsbedingten Krankheiten, sondern erleiden US-Statistiken zufolge insgesamt 95 Prozent aller Berufsunfälle (z. B. bei der Feuerwehr, im Baugewerbe, Kohlebergbau oder bei der Durchführung von Schwertransporten; 130, 130). Jetzt, wo den Frauen die Berufswahl offen steht, sucht sich immer noch die Mehrzahl von ihnen ein sicheres, angenehmes und wenig belastetes Umfeld aus (z.B. als Bürofachkraft, im Bereich der Datenverarbeitung oder im Bank- und Versicherungswesen) – und zwar stärker denn je zuvor (377, 13). Wenn es um den Einsatz von weiblichen Kanalarbeitern geht, ist von der Forderung »Fünfzig-fünfzig« plötzlich wenig zu hören. Knochenjobs sind Männersache. Wenn Kerle ihren Körper verkaufen – wen interessiert das schon?

Am deutlichsten wird diese fragwürdige Haltung, wenn man sich mit Gesellschaften beschäftigt, in denen Frauen tatsächlich »Männerarbeit« leisten mussten. In der Sowjetunion stellten vor einigen Jahrzehnten die Frauen ein Drittel aller Beschäftigten in der Metall-, der Öl- und in der chemischen Industrie sowie ein Viertel der Arbeiter in der Eisen- und der Stahlindustrie und im Kohlebergbau. Sie waren im Straßenbau, bei der Müllabfuhr und bei Erdarbeiten beschäftigt. Unvermeidlicherweise wurde als sexistische Berufshierarchie beklagt, »dass gerade diejenigen Berufe, die in Russland heute überwiegend von Frauen ausgeübt werden, als am wenigsten attraktiv gelten« (132, 135). Sexistisch ist es also nicht, wenn ein Geschlecht auf eine bestimmte Weise benachteiligt wird, sondern nur, wenn das benachteiligte Geschlecht weiblich ist. Ist es männlich, bezeichnen wir das, was wir andernfalls als »sexistisch« anprangern, als »normal«. Als in England zwischen 1860 und 1930 die Quote der berufstätigen Frauen von 75 auf zehn Prozent sank, feierten das alle einschließlich der betroffenen Frauen selbst als gigantischen Fortschritt: »Befreit von der Fronarbeit in Zechen und Fabrikhallen, schufen sie sich zu Hause ihr neues Reich« – aus eigener Entscheidung und mit großer Zufriedenheit (497, 141). Die Männer wurden weiter in der »Fronarbeit« gehalten und lieferten ihr Geld zu Hause ab, was Esther Vilar nicht von ungefähr als weibliche Zuhälterei von männlichen Prostituierten bezeichnet (512, 219). Heutzutage ist gar eine zusätzliche Entlohnung der verheirateten Frau für ihre Tätigkeiten im Haushalt und als Mutter in der Diskussion. Das Geld, das der Mann verdient, gleich auf das Konto seiner »besseren Hälfte« zu überweisen, würde da vieles vereinfachen.

Auch sonst kann man mit dem männlichen Körper so einiges anstellen, was man mit dem weiblichen nicht kann: Wo Frauen vor schwerer, gesundheits- oder lebensbedrohender Arbeit, vor allem im Schichtsystem, geschützt werden, sind Männer es nicht (316, 131). Insbesondere trifft das auf ihre Zeugungsfähigkeit zu. Auch wenn wie in den USA Fertilitätsprobleme der Männer unter den zehn wichtigsten Berufskrankheiten rangieren, gibt es dort dafür so gut wie keine Vorsorge (208, 183). Der Raubbau fordert seinen Tribut – bei einer vor Jahren vorgenommenen Prüfung der Pensionsrückstellung für Metallarbeiter zeigte sich, dass die wenigsten ein Alter von über 70 oder auch nur 65 Jahren erreichten. Gleichzeitig ist es einfacher, ein Gesetz durchzubringen, das Frauen vor sexuellen Berührungen am Arbeitsplatz bewahrt, als eines, das Männer vor ernstzunehmenden gesundheitlichen Gefährdungen schützt. Sie sind das »starke Geschlecht«, das ohne Furcht und Mühe Schmerzen und Gefahren zu ertragen hat. Eine solche ideologische Unterfütterung von Ausbeutung ist nicht einmalig in der Menschheitsgeschichte: Als der englische General Baden-Powell der afrikanischen Bevölkerung Schmerzmittel verweigerte, begründete er das damit, dass sie eine geringere Empfindlichkeit als Europäer besäßen. Auf ähnliche Weise versuchte sich das viktorianische England der Mittelschicht über die unzumutbaren Lebens- und Arbeitsbedingungen der unteren Klassen hinwegzutäuschen (389, 35). Was vor über hundert Jahren die weißen Kolonialherren oder das englische Bürgertum waren, sind im Geschlechtergefälle die Frauen. Statt einer »gläsernen Decke« existiert hier ein, wie Warren Farrell es nennt, »gläserner Keller«. Natürlich bieten sich in diesem Stadium der Argumentation noch eine ganze Reihe naheliegender Einwände. Einer davon ist zweifelsohne, dass zur Jahrtausendwende, da sich die industrielle und produzierende Arbeitswelt immer mehr zur Dienstleistungs- und Informationsgesellschaft entwickelt, bei weitem nicht alle Männer dieses Landes im Bergwerk schuften. Wenden wir uns also der breiten Mittelschicht zu. Welches Geschlecht hat hier die besseren Karten gezogen?

Als erstes fällt auf, dass junge Männer ihren beruflichen Aufstieg wegen Kriegs- oder Zivildienst unterbrechen müssen und gegenüber gleichaltrigen Frauen unvermeidlich ins Hintertreffen geraten. Eine Frau, die heute 30 ist, ist allein aufgrund ihres Geschlechts einem Mann im selben Alter zwei Jahre voraus – ein Zeitraum, in dem sie mit dem nötigen Ehrgeiz entweder ihren Doktortitel gemacht oder wichtige Berufserfahrung gesammelt haben und ihre Karriere so entscheidend vorangebracht haben kann. Diese gewonnenen zwei Jahre lassen sie für den Rest ihres Lebens in Gehalts- und Pensionsstufe gegenüber ihren männlichen Altersgenossen im Vorteil sein (316, 134). Des weiteren kann sie, ohne soziale Sanktionen befürchten zu müssen, in Mutterschaft oder Familie ausweichen. Sie hat letztlich die Wahl zwischen Vollzeittätigkeit, Teilzeitarbeit in verschiedenen Konstellationen oder einer reinen Hausfrauenrolle. Ein Mann, auch wenn mehrere Jahrzehnte Acht-Stunden-Tag wie die reine Hölle erscheinen, hat in aller Regel die Wahl zwischen Vollzeitarbeit, Vollzeitarbeit und Vollzeitarbeit. Während sich seine Frau neben der beruflichen etwa auch auf die private, die soziale oder die kulturelle Schiene konzentrieren kann, bleiben dem Familienernährer überspitzt gesagt nur die klassischen drei K: Konkurrenz, Karriere und Kollaps. Sobald *sie* sich für den »Job« der Ehefrau entscheidet, verfügt sie über eine finanzielle Sicherheit, von der jeder Mann nur träumen kann: *Seine* Einkommensquelle (der Arbeitgeber) kann ihn entlassen. *Ihre* Einkommensquelle (der Ehemann) kann dies nur tun, indem sie ihr die Hälfte des sogenannten »gemeinsamen Besitzes« überschreibt.

Es gibt international die verschiedensten Studien und Umfragen zum Konflikt zwischen Karriere und Familie. Aber alle lassen mittlerweile dieselbe Tendenz erkennen: »Auf die Frage nach dem wichtigsten Lebensinhalt setzen Frauen wie Männer die Familie an die erste Stelle.« (380, 18) Beide Geschlechter »werden sich bewusst, dass sie mehr Zeit, nicht mehr Geld wollen«. 55 Prozent der deutschen Arbeitnehmer wünschen sich kürzere und flexiblere Arbeitszeiten, auch wenn sie dadurch weniger verdienen würden, 22 Prozent gar einen Vier-bis-Sechs-Stunden-Tag (wobei hier der Anteil der Frauen deutlich überwiegt). Bei einer Umfrage der Hertie-Stiftung zu den Lebenszielen der Deutschen rangierte eine funktionierende Beziehung mit dem Partner und »Kinder haben« mit 70 Prozent deutlich vor »Erfolg im Beruf« mit 42 Prozent (38, 144). Umfragen aus den USA sind ebenso deutlich: 78 Prozent der Erwachsenen würden um der Familie willen auch dann flexiblere Arbeitszeiten vorziehen, wenn ihr beruflicher Aufstieg darunter leiden würde. 50 Prozent aller Berufstätigen würden wöchentlich gerne einen unbezahlten Urlaubstag nehmen, wenn es nur ginge. 74 Prozent der Männer würden eine Stellung, die ihnen genügend Zeit für das Familienleben lässt, einer schnellen Karriere vorziehen. Fast die Hälfte würde eine Beförderung aufschieben und dafür der Familie mehr Zeit widmen. 57 Prozent fühlen sich schuldig, weil sie nicht in der Lage sind, ihren Kindern mehr Zeit zu widmen. 39 Prozent wären am liebsten den ganzen Tag zu Hause. 23 Prozent der Frauen und 11 Prozent der Männer auf dem Höhepunkt ihres Berufslebens haben sogar vor, ihren Job in den nächsten fünf Jahren ganz aufzugeben. Die Zahl der Frauen, die das tun möchten, hat sich zwischen 1981 und 1990 gar verdoppelt (1, 325–327; 68, 120; 547, 53).

Gleichzeitig steht aber fest, dass es auch nur Frauen sind, denen solche Ausbruchsversuche überhaupt gelingen können, weil Männer in ihrer Rolle als

Ernährer gezwungen sind, das Geld für ihre Familie zusammenzubekommen. Einer »Brigitte«-Untersuchung zufolge gingen noch vor wenigen Jahren 80 Prozent der Paare bei der Heirat oder dem Zusammenziehen davon aus, dass der Mann den Unterhalt herbeischafft (316, 306). Auf das Familienleben, »Vera am Mittag« oder einen generell flexiblen Tagesablauf müssen Männer leider verzichten. Dafür dürfen sie sich allerdings als Ausbeuter diffamieren lassen, die Frauen in Teilzeitbeschäftigungen oder gänzlich aus dem Arbeitsleben »drängen«, als ob diese unfähig seien, eigene rationale Entscheidungen zu treffen. Männer wären froh, wenn sie mit dieser patriarchalischen Brutalität in ein erfüllenderes Leben »gedrängt« werden würden. Die Ausrede, eine Frau sei durch ihre Kinder genötigt, ihre Arbeit aufzugeben, zieht jedenfalls nicht: Inzwischen gilt es als erwiesen, dass Kinder berufstätiger Mütter seltener verhaltensgestört sind – und im übrigen auch weniger »geschlechtsspezifische Stereotypen verinnerlicht« haben (1, 326).

Umgekehrt haben Männer, insbesondere Väter, durchaus nicht die Möglichkeit, ihre beruflichen Umstände nach Gusto zu verändern. In aller Regel beschränken Arbeitgeber eine familienfreundliche Firmenpolitik mindestens informell auf das weibliche Personal. Generell gilt, dass lange Arbeitsstunden für den beruflichen Erfolg unverzichtbar und Kinderpausen schlecht fürs Image sind: »Bei Frauen akzeptieren Arbeitgeber das Engagement für die Familie, bei Männern nicht« (38, 146). Oft zähneknirschend lassen sich die Väter auf das alte Rollenmodell ein, schaffen es, anders als die Frauen, noch nicht einmal, über ihre Doppelbelastung zu reden: »Zu stark die Bedenken, im Schubladendenken von Chef und Staff als nicht voll einsatzfähig zu enden. Auch das Selbstbild der Männer spielt mit hinein: Väter ... wollen immer verlässliche Ernährer sein. Was sie aber auch wollen: eine intensive Beziehung zu ihren Kindern. Und genau da stoßen die meisten an ihre Grenzen.« Infolgedessen »melden sich manche Väter krank, wenn sie ihren fiebernden Sprössling pflegen wollen. Oder arbeiten wochenlang vor, um dann offiziell Überstunden abzubummeln – statt einfach zu sagen, dass sie beim Kindergeburtstag nicht fehlen wollen.« (38, 140) Von körperlichen Strapazen bleiben die männlichen Angestellten also zwar verschont. Es bleibt ihnen aber die seelische Belastung, ein Leben zu führen, das sie eigentlich nicht führen möchten und das sie von ihren engsten Angehörigen entfremdet.

Kommen wir schließlich zu jenen wenigen Prozent der männlichen Berufstätigen, die für Feministinnen die Einwohner des Gelobten Landes darzustellen scheinen. Zwei Sachen liegen hier schon auf der Hand, ohne dass sie noch einmal lange erörtert werden müssen. Erstens: Diese Gruppe hat erst recht keine Zeit für Arbeit und Familie. Zweitens: In dieser Einkommensklasse und Gesellschaftsschicht haben es die Ehefrauen dieser Männer erst recht nicht mehr nötig zu arbeiten. Das alte Spiel setzt sich fort: Wenn man die Situation der Geschlechter Schicht für Schicht vergleicht, statt sie willkürlich durcheinander zu würfeln, sind die Frauen grundsätzlich besser dran. Zumal der Managerposten nicht einfach durch Heirat zu erreichen ist, sondern erst nach einem harten und zermürbenden Ausleseprozess – bei dem übrigens kleine und schwächere Männer genauso benachteiligt sind wie im Ausleseprozess auf dem Partnermarkt: Auch Führungspositionen werden bevorzugt an physisch große und starke Männer vergeben (208, 139).

Schließlich ist eine gute Konstitution auch dringend notwendig. Untersuchungen unter Tausenden von Vorstandsvorsitzenden und Geschäftsführern großer Firmen und Konzerne sowie freiberuflich Tätigen (Rechtsanwälte, Wirtschaftsprüfer, Ärzte) und Angestellten des mittleren Managements brachten folgende Erkenntnisse über das Lebensgefühl oberhalb der »gläsernen Decke« hervor: Fast die Hälfte beklagt, dass sie ihre Arbeit so in Anspruch nimmt, dass für ein Privatleben kaum Zeit bleibt. Jeder Fünfte ist generell unzufrieden mit dem Malocherzwang. Was nicht verwundert: In den obersten Etagen wird heute 13 Stunden pro Tag gerackert, das Wochenende eingerechnet. Bei jedem vierten Schwerverdiener nimmt der Beruf mehr als vier Fünftel des gesamten Tages in Anspruch – eine Sklaverei, die sich mit manchem Geplacke in den untersten Schichten vergleichen lässt. 84 Prozent der Manager wissen, dass ihr Tagesrhythmus sich mit einer unbelasteten Ehe nicht vereinbaren lässt (dafür machen ihre Frauen bei der Scheidung reiche Beute), Freunde haben sie aus Zeitmangel auch so gut wie keine mehr, und selbst in der Rolle des autoritären »Chefs« fühlen sich viele unbehaglich. 53 Prozent fällt es schwer, Anweisungen zu geben. Viele Bosse bezweifeln, dass man sie ohne Titel und Status überhaupt respektieren würde. Oft genug war es für sie nur nach (selbst-)zerstörerischen Schlammschlachten möglich, an die Spitze zu kommen. 58 Prozent der im mittleren Management Tätigen sowie der erfolgreichen Selbständigen glauben, wegen der Karriere gedankenlos Jahre verschwendet zu haben und nun trotz allen äußerlichen Erfolges ein sinnentleertes Leben zu führen: »Ich bin wütend, weil ich in meiner Eile, gleich nach der Schule eine Karriere aufzubauen, so dass ich ein gutes Auskommen erzielen konnte, so dass ich heiraten konnte, so dass ich meinen Eltern, Verwandten und dem Rest der Welt zeigen konnte, dass ich ein ›reifer und verantwortungsbewusster Mann‹ war, einige Träume aufgegeben habe, was mir heute sehr leid tut.« Zu dem zwanghaften Drang, schwierige und umfangreiche Aufgaben zu übernehmen, um endlich die für das Selbstwertgefühl so dringend notwendige und bislang vermisste Anerkennung zu erhalten, kommt die wachsende Unfähigkeit, eigene Bedürfnisse und Wünsche von Fremdbestimmung zu unterscheiden (23, 285; 187, 10-25; 316, 171–172; 474, 177).

Bereits Ende der achtziger Jahre, fand der Geschlechterforscher Hollstein heraus, wollten siebzig Prozent der Männer lieber einen anderen als den eigenen Beruf ausüben. Nur selten aber teilten sie ihren Partnerinnen ihre Unzufriedenheit mit: »Unter der Arbeit zu leiden gilt als unmännlich.« (254, 75) Firmenanwälte bekunden, dass sie sich wie Prostituierte fühlen, da sie Aufträge durchzuführen haben, die sie mit ihrem eigenen Moralempfinden nicht in Übereinstimmung bringen können. Die wöchentliche Arbeitszeit eines Rechtsanwalts, der überdurchschnittlich viel verdienen möchte, liegt oft bei fünfundsiebzig bis neunzig Stunden (130, 240–242). Ein Arzt im Praktikum bekommt hierzulande zusätzlich zu seinem normalen Dienst pro Monat acht bis zehn Nachtschichten à 29 Stunden aufgebürdet, bei einem Chirurgen dauert eine solche Schicht 36 Stunden. Eine Arbeitszeit von über 110 Stunden in der Woche ist damit nicht ungewöhnlich. Man muss schon wirklich schwere Wahrnehmungsstörungen besitzen, wenn man solche Selbstausbeutung von Männern nur als Ausbeutung der Frau betrachten kann.

Es sollte allmählich offensichtlich sein, dass von einem Genießen der schwer erarbeiteten Finanzen in nur sehr eng umgrenztem Ausmaß die Rede sein kann. Vielen Anwälten bringt ihr Streben nach Einkommen und Anerkennung statt dessen schon im Alter zwischen dreißig und vierzig Jahren Herzschmerzen, Bluthochdruck, Arthritis und Schlaflosigkeit ein (130, 241). Managern geht es nicht anders. Zur Palette ihrer Beschwerden zählen Herz-Kreislauf-Probleme, Magenschleimhautentzündungen und -geschwüre, vegetative Störungen, Herzinfarkte, Nervenzusammenbrüche sowie diverse Ängste, Depressionen und Suchtkrankheiten. Der Missbrauch und die Abhängigkeit von Alkohol und Tabletten ist bei Führungskräften deutlich höher als im Durchschnitt der Bevölkerung (46, 55). Auch die typische »Herzinfarktpersönlichkeit« stimmt ziemlich exakt mit dem Ideal des energiegeladenen, ehrgeizigen, aggressiven und durchsetzungsstarken Machers in der Leistungsgesellschaft überein (316, 51). Der seelische und körperliche Zusammenbruch als Folge des jahrelangen gesundheitlichen Raubbaus ist regelmäßig nur eine Frage der Zeit – wobei sein medizinischer Fachausdruck »Burnout-Syndrom« auf das Symptom des Leergebranntseins deutlich hinweist (474, 176). So fallen etliche Topmanager tot um, bevor sie auch nur einen Teil der Früchte ihrer Anstrengungen verzehren können – ein Genuss, der dann tatsächlich allein Scheidungsgewinnlerinnen und Witwen übrigbleibt.

Das also ist das Gelobte Land, das dem weiblichen Geschlecht bislang bösartig vorenthalten wurde. Vielen Frauen, die sich auf den Weg »nach oben« gemacht haben, geht es natürlich nicht anders als den Männern. Der Psychoanalytiker Horst Eberhard Richter erzählt von den Schattenseiten der weiblichen Emanzipation: »Da kommen welche mit Krankheiten zu uns, die bisher eindeutig männliches Privileg waren. Viele rauchen, trinken und hetzen zuviel, passen sich übereifrig den technokratischen Strukturen an. Sie richten sich psychosomatisch zugrunde! Die Entwicklung ist teilweise dramatisch.« (316, 304) In der Tat hatten vor dreißig Jahren zwanzigmal so viele Männer Magengeschwüre wie Frauen, heute sind es »nur noch« doppelt so viele. Auch was die Selbstmordraten angeht, tun die Frauen alles, um den männlichen Vorsprung einzuholen. Psychologinnen und Ärztinnen bringen sich dreimal so häufig ums Leben wie traditionell lebende Frauen, da sie mit denselben inneren Konflikten wie viele Männer leben müssen: Isolation, Einsamkeit, Unterdrücken von

Gefühlen, ein ständiges Hin-und-Hergerissen-Sein zwischen beruflichem Ehrgeiz und persönlichen Bedürfnissen (171, 143). Auch Arbeitsmediziner bestätigen, dass sich bei Frauen in Führungspositionen die Fälle von Alkoholabhängigkeit häufen (316, 141). Die Betroffenen lernen auf die harte Tour, dass Arbeit keineswegs immer nur Spaß, Lustgewinn und Erfolg bedeutet, wie es ihnen zuvor ideologisch vermittelt worden war. Man hätte statt auf das Bild von der »gläsernen Decke« auch auf eines zurückgreifen können, das bereits vorhanden war: »Das Gras ist immer grüner auf der anderen Seite des Zaunes.« Aber natürlich werden auch aus diesen Erfahrungen wieder Bücher gepresst, die Frauen zum Opfer stempeln: »Um heute etwas darzustellen, sollen wir nicht nur Unternehmergeist und eine positive Einstellung mitbringen, wir sollen auch kreativ, leistungsstark und ehrgeizig sein. Die Wurst ist so hoch gehängt worden, dass wir eigentlich schon mit zwanzig unseren eigenen Laden haben sollen, um nicht als Versagerin zu gelten ...« (137, 226)

Und so weiter, und so fort. Was Michelle Fitoussi da in ihrem Buch »Zum Teufel mit den Superfrauen« bejammert, Annette Hillebrand in »Macht Arbeit Frauen wirklich glücklich?« und Claudia Schreiner in »Wenn Frauen zuviel arbeiten«, ist genau das vermeintlich goldene Männerleben, das Frauen immer vorenthalten worden war.

Traditionell sind die Arbeitswelten immer noch streng nach Geschlechtern getrennt. Klassenübergreifend kann man sagen:

- Männlich ist der anstrengendere Beruf (schwere Fabrikarbeit, Tätigkeit an Hochöfen, in Gießereien, auf Baustellen, in der Landwirtschaft, beim Transport von Gütern, bei Müllabfuhr und Straßenreinigung).

- Männlich ist der gefährlichere Beruf (Polizisten, Bergarbeiter, Mitglieder von Rettungsmannschaften, Feuerwehrleute, Taxifahrer, Risikospekulant).

- Männlich ist der unsympathischere Beruf (Schlächter, Jäger, Bestattungsunternehmer, Staatsanwälte und Gerichtsvollzieher).

- Männlich ist der abstoßendere Beruf (Gerichtsmediziner, Müllverwerter, Kloakenreiniger).

- Männlich ist der weniger heimatnahe Beruf (Handelsvertreter, Fernfahrer, Schiffs- und Bahnpersonal).

- Männlich ist der zeitraubendere Beruf (Ärzte, Juristen, Politiker).

- Männlich ist der einsamere Beruf (sämtliche naturwissenschaftliche Forschung).

Diese Liste ließe sich noch einige Zeit lang fortführen (vgl. die folgenden Literaturangaben). Beispielsweise wählen auch Medizinerinnen eher einen Bereich wie die Kinder- oder Erwachsenenpsychiatrie als die Chirurgie, weil sie dort weder mit dem Tod noch mit der 100-Stunden-Woche in Berührung kommen. Generell bieten typische Frauenberufe wie etwa im Bereich Büro, Verkauf, Erziehung oder Dienstleistung unbestreitbar bessere Arbeitsbedingungen als von Männern ausgeübte Tätigkeiten. Natürlich wird feministischerseits gerne auf »die typischen undankbaren Frauenberufe Putzfrau und Krankenschwester« verwiesen (so als ob die Mehrzahl der Frauen Putzfrauen und Krankenschwestern wären), aber auch diese Jobs sind mit den Belastungen, die etwa Kanalarbeitern oder Ärzten aufgebürdet werden, nicht zu vergleichen (130, 144, 243; 512, 327–331).

Natürlich haben sich auch die Männer ihre Berufe selbst ausgesucht – oft auf der simplen Grundlage, dass sie besser bezahlt werden und es auch heute noch vom Mann und nicht der Frau erwartet wird, die Familie zu ernähren. Wodurch sich das nächste Kapitel ankündigt ...

Männerseilschaften und Vetternwirtschaft

THESE: FRAUEN WERDEN BERUFLICH DISKRIMINIERT

Die heutzutage überall vorherrschende Ideologie besteht nicht nur aus dem Versatzstück, dass Männer sich die besten Plätze im Berufsleben gesichert hätten. Vielmehr wird ihnen vorgeworfen, dass sie erstens bewusst die Frauen in die zweite Reihe verbannen und sie zudem für vergleichbare Aufgaben deutlich schlechter bezahlen. Obwohl die Vorwürfe zum Teil ineinander übergehen (oft z.B. einfach als »bekannte Fakten« vorausgesetzt werden oder unausgesprochen mitschwingen), wollen wir hier wie immer versuchen, sie voneinander zu trennen, und uns eine Beschuldigung nach der anderen vornehmen.

Tatsache ist, dass Frauen bislang in den obersten Firmenriegen nicht sehr oft anzutreffen sind. Von dieser Beobachtung ausgehend, die wegen ihrer trivialen Offensichtlichkeit jeder sofort einleuchtet, wird augenblicklich eine Schlussfolgerung aus dem Hut gezaubert, für die ich in sämtlicher zu diesem Thema gewälzten Literatur keinen Beleg finden konnte: die Unterstellung, dass Frauen bewusst von einem *old boys network*, einer Seilschaft mächtiger Männer, am Aufstieg gehindert werden würden. Im Gegenteil: Eine Frau wie Annette Winkler, die mit gerade einmal 32 Jahren zur deutschen Unternehmerin 1991 erklärt wurde, nachdem sie im Baugewerbe (!) mit zwei Firmen zugleich erfolgreich war, erklärt unumwunden: »Ich hatte als Frau immer Vorteile, keine Nachteile.« (182, 37) Möglicherweise machen es sich die weniger erfolgreichen Frauen allzu einfach, wenn sie die Schuld an ihrem Versagen auf ihre Geschlechtszugehörigkeit und die Männer schieben, statt sie bei sich selbst zu suchen. Dieser Mechanismus könnte einen wichtigen psychischen Selbstschutz darstellen. Darauf weist unter anderem eine Studie hin, bei der Frauen getürkte Rückmeldungen erhielten, sie hätten bei einem Leistungstest schlecht abgeschnitten. Sobald unter ihnen das Gerücht gestreut wurde, der Versuchsleiter trage chauvinistische Züge, kehrte bei den Probandinnen ihr angeschlagenes Selbstbewusstsein flugs zurück (74, 224).

Der Trick bei der feministischen Argumentation besteht allein darin, offensichtliche Tatsache und unbegründete Annahme möglichst eng miteinander zu verbinden: »Natürlich gibt es sexistische Diskriminierung gegen Frauen! Schau dir doch bloß mal an, wie wenig weibliche Spitzenmanager es gibt!« Der logische Kurzschluss wird erst klar, wenn man ihn auf den Kopf stellt: »Natürlich gibt es sexistische Diskriminierung gegen Männer! Schau dir doch bloß mal an, wie wenig männliche Topmodels und High-Class-Callgirls es gibt!« Etwas komplexer ist die Wirklichkeit schon.

Tatsächlich wird die unterschiedliche Rollenverteilung der Geschlechter, bei der Führungspositionen männlich besetzt sind, von Frauen wesentlich stärker unterstützt als von Männern. Als etwa die Sozialwissenschaftler Höyng und Puchert Tiefeninterviews mit 50 männlichen Mitarbeitern der Berliner Senatsverwaltungen für Arbeit und Frauen sowie für Stadtentwicklung und Umweltschutz führten, kamen sie zu dem Ergebnis, dass alle Befragten Gleichstellung durchgängig positiv beurteilten und sich kein einziger Gegner der Frauenförderung fand (399, 72). Ähnlich lautete das Resultat einer Gallup-Umfrage im Jahre 1993: 99 Prozent der Männer befürworteten, dass Frauen für die gleiche Arbeit denselben Lohn erhielten, und 88 Prozent fanden es besser, wenn Frauen berufstätig waren, selbst wenn ihre Männer in der Lage waren, sie finanziell zu unterstützen (68, 71). Gallup fand auch heraus, wie es um die Einstellung der Frauen zu diesem Thema stand: 45 Prozent fanden es besser, wenn der Mann das Geld nach Hause brachte, 47 Prozent meinten, die Frauen sollten zu Hause bleiben, 49 Prozent fanden gar, die Frauenbewegung habe ihr Leben erschwert (513, 105).

Andere Untersuchungen bestätigen diese Zahlen: Während sich in einer Studie der Baylor-Universität nur fünf Prozent der Männer gegen weibliche Führungskräfte aussprachen, zogen Frauen in ihrer überwältigenden Mehrheit Männer in höheren Positionen vor (287, 177). Das Argument, diese Einstellung sei die Folge einer Art »Gehirnwäsche« durch das Patriarchat, zeugt erstens von der für viele Feministinnen typischen Einstellung, Frauen mit anderer Meinung nicht zu akzeptieren, und erklärt zweitens nicht, warum Männer so sehr *für* mehr Frauen in Führungspositionen sind. Etwas logischer klingt da schon die These, die Tara Roth Madden in ihrem Buch »Women vs. Women« (»Frauen gegen Frauen«) vertritt. Ihr zufolge wären Frauen in einer verantwortungsvollen Position gezwungen, pragmatische Entscheidungen zu treffen, die ihren zuvor lauthals verkündeten moralischen Überzeugungen nicht gerecht werden könnten – also etwa Massenentlassungen um den Fortbestand des Betriebes zu sichern. Nach dieser Theorie würden Frauen einfach davor zurückschrecken, die Verantwortung für missliebige, aber notwendige Entscheidungen zu übernehmen, ähnlich wie wir es unter der Rubrik »Delegation von Gewalt« bereits angesprochen hatten. Vermutlich sind die wahren Gründe aber viel einfacher.

Aus psychologischen Untersuchungen geht hervor, dass schon während der Pubertät die Tagträume von Jungen den späteren Beruf zum Inhalt haben, während Mädchen signifikant häufig von einem Prinzessinnenstatus, von Angestellten, Schönheit und Luxus phantasieren: »Und das im letzten Jahrzehnt unseres Jahrhunderts«. (136, 19) Eine Analyse von Frauenzeitschriften, die sich als emanzipatorisch verkaufen, bestätigt diese verborgene Einstellung: Die Werbung im Heft verstärkt das Bild des Mannes als Versorger und als desjenigen, der die Gunst seiner Angebeteten durch teure Geschenke erkauft: Während »Anzeigen für Männer darauf abzielen, wie ein Mann erfolgreich wird, um alles kaufen zu können, was eine Frau haben will«, geht es in Anzeigen für Frauen darum, »wie eine Frau schön genug wird, um sich sowohl die Geschenke als auch den Mann aussuchen zu können, der ihr diese Geschenke kauft« (386, 43). Der redaktionelle Teil dieser Magazine liefert gerade zu zehn Prozent Informationen für die Weiterbildung von Frauen oder andere Hinweise, wie sie ihren Männern einen Teil der finanziellen Verantwortung abnehmen können. Der Rest handelt von Möglichkeiten, wie Frauen sich attraktiver präsentieren können – durch Mode, Kosmetik, sexuelle Fertigkeiten. Je größer die Orientierung der Magazine auf Unabhängigkeit und Gleichheit war, desto geringer war auch ihre Auflage (386, 52).

Nachdem die Vorstellungen von der schönen Prinzessin und dem kämpfenden, werbenden Ritter dermaßen bestätigt werden, verwundert es nicht, dass Frauen, wie es etliche empirische Untersuchungen belegen, erstens weniger Karriereehrgeiz zeigen und zweitens den Respekt vor Männern verlieren, die feministischen Forderungen auf den Leim gehen und sich teilzeitig oder ganz als Hausmänner engagieren (125, 47; 208, 188; 376, 51). Nicht ganz zu Unrecht bezeichnete der britische »Guardian« das Hausmännertum unlängst als »eine Art legalisierte und politisch korrekte Form der Kastration« (213, 90). Eine Untersuchung des Marburger Psychologen Georg Siebers zum (ausbleibenden) Wandel des weiblichen Männerbildes untermauert diese Umfrageergebnisse: Demnach verlangten 63 Prozent der befragten 18- bis 30jährigen Frauen vom männlichen Partner »Stärke« (1980 waren es nur 42 Prozent), zu 72 Prozent »Erfolg« (damals: 44 Prozent) und zu 61 Prozent »Macht« (gegenüber 37 Prozent). Sieber: »In dem Maße, wie die Furcht der Männer vor den Frauen wächst, werden starke Kerle immer begehrter.« (523, 96–97) Man kann es auch anders sehen: Während Männern immer klarer wird, dass sie einerseits als »Erfolgsobjekt« missbraucht werden und erotische Zuneigung nur erhalten, wenn sie sich auf dem Weg zur Spitze kaputtschuften und ihre Gesundheit ruinieren, müssen sie sich andererseits Vorwürfe anhören, das »schwache Geschlecht« beruflich zu verdrängen und zu diskriminieren. Vielen ist oder war lange Zeit diese doppelte Botschaft nicht klar genug, um sie so formulieren zu können, zudem sie mit Diffamierungen wie »reaktionär« oder »chauvinistisch« rechnen mussten, wenn sie ihre Wahrnehmung laut äußerten, dass viele Frauen nur versorgt werden wollten. Das politisch korrekte Weltbild überlagerte die tatsächlichen Verhältnisse komplett.

Nur lässt sich die Realität immer weniger leugnen. Es sind ja nicht nur Wunschträume, Frauenmagazine und Anforderungen an die Männer, aus denen die Einstellung der weiblichen Mehrheit zum Thema Beruf und Karriere klar hervorgeht. Es sind auch die mehrheitlich belegten Studienfächer und angestrebten Berufe. »Eine Anfang 1989 im Auftrag der IBM-Deutschland durchgeführten Umfrage des Instituts für empirische Psychologie an neunhundert Jugendlichen im Alter von sechzehn bis vierundzwanzig Jahren über Traumberufe bestätigt, dass Frauen entgegen der feministischen Propaganda nicht von technischen und naturwissenschaftlichen Berufen ausgeschlossen werden, sondern einfach andere Lebensentwürfe haben: Ganz vorn rangiert mit elf Prozent bei Mädchen und jungen Frauen der Wunsch, Künstlerin zu werden, weitere Traumberufe: Schauspielerin und Innenarchitektin (neun Prozent). Bei Jungen stehen auf dem Berufswunschzettel oben an: Ingenieur (vierzehn Prozent), Schriftsteller (acht Prozent), Manager (sechs Prozent). Es fällt weiterhin auf, dass der Drang, Verantwortung zu übernehmen oder im zukunftsträchtigen Technikbereich Fuß zu fassen, bei Mädchen längst nicht so ausgeprägt ist, wie die Frauenpropaganda uns weismachen möchte. Der Wunsch, Künstlerin zu werden, steht an der Spitze. Jedes Mädchen, das heute Ingenieurin, Technikerin oder Handwerkerin werden wollte, fände mit Kusshand später eine Stelle. Wie frauenfeindlich ist also die Berufswelt? Würden Industrie und Handwerk, Verbände und Ministerien mit großangelegten, teuren Aktionen wie etwa *Minirock und Mikrochip* oder *Typisch – Die neuen Mädchen in Wirtschaft, Wissenschaft und Technik* (Bundesbildungsministerium 89–90 bzw. 89–92) für mehr Mädchen und Frauen in sogenannte Männerberufe (Technikbereich) werben, wenn sie das weibliche Geschlecht ausschließen wollten? Die derzeitige Berufswelt ist eher mädchenfreundlich, manchmal beinahe zu freundlich, wie genervte Teenies berichten, wenn sie den Erwartungen, etwa einen Computerberuf zu ergreifen, nicht entsprechen. In dem Fall empfinden sie den Erwartungsdruck der Lehrer, des Arbeitsamtes, der Öffentlichkeit, Verbandspropaganda und oft auch der Eltern eher als Mädchenmanipulation zum Männerberuf als Hilfe über die Hürden der Frauenbenachteiligung.« (294, 103)

Ende der neunziger Jahre haben sich die Zahlenverhältnisse nicht geändert: Nur ein Drittel der weiblichen Studienberechtigten steuert eine leitende Stellung an, aber fast die Hälfte ihrer männlichen Kommilitonen. Wichtig ist den Studentinnen an einem Beruf »Selbstverwirklichung, Spaß und Soziales« – Kriterien, die zu nennen Frauen sich leisten können: Ein besonders hoher Verdienst muss nicht dazu gehören, weil auch heute noch in den allerseltensten Fällen eine Frau ihr ganzes Berufsleben hindurch einen gesunden Partner und den Nachwuchs finanziell versorgen muss. Während die Mehrzahl der Männer aus eben diesem Grund um die weniger »spaßigen« und »erfüllenden«, aber dafür um so karriereträchtigeren Fächer wie Elektrotechnik, Maschinenbau und Informatik nicht herumkommt, können es sich Frauen zu mehr als 70 Prozent leisten, Fächer wie Germanistik, Anglistik, Romanistik, Pädagogik und Psychologie zu studieren – um dann zwischen den Vorlesungen in Frauengruppen beieinander zu sitzen und darüber zu lamentieren, dass die Chefsessel von Siemens sexistischerweise nur von Männern besetzt seien (460, 84).

Die Professorin an der Hamburger Hochschule für Wirtschaft und Politik Sonja Bischoff schickte je tausend Männern und Frauen einen Fragebogen zu, um deren Qualifikation herauszufinden. Gleichzeitig befragte sie 53 Großunternehmen danach, welche Qualifikationen dringend erwünscht waren. Das Ergebnis: Frauen waren keineswegs wegen ihres Geschlechts benachteiligt, was Führungspositionen anging. Das Problem lag schlichtweg darin, dass sie die dafür benötigten Anforderungen nicht mitbrachten. Gesucht werden zum Beispiel Mitarbeiter, die auf dem Gebiet der Informatik zu Hause sind. Heute noch sind aber die allermeisten Computerkids Jungen (254, 66–67).

»Wenn Feministinnen fordern, dass Männer und Frauen in gleicher Anzahl wichtige Positionen besetzen sollten, weil sie davon ausgehen, dass beide Geschlechter gleichermaßen dazu befähigt sind, es sich aber herausstellt, dass dies nicht der Fall ist, dann muss diese Forderung fallengelassen werden«, deklariert die feministische Philosophin Janet Radcliffe Richards. Ebenso müsse der Vorwurf der Unfairness fallengelassen werden, wenn sich herausstellt, dass nach rein objektiven Kriterien mehr Männer als Frauen für bestimmte Aufgaben eingestellt werden. Welches Kriterium könnte für die Besetzung einer Stelle objektiver sein als die dafür notwendige Ausbildung, die erforderlichen Grundkenntnisse? Statt dessen versuchen die prominenten Figuren der Frauenbewegung selbst für diese Entscheidungen der Studentinnen »das Patriarchat« haftbar zu machen: Als Folge der jahrtausendelangen Ausgrenzung besäßen junge Frauen einfach zu wenig weibliche Identifikationsfiguren in den höheren Rängen der Wirtschaft. »Kann man nicht auch einmal fragen«, formuliert hingegen vorsichtig die kritische Feministin Katharina Rutschky, »ob nicht viele Frauen andere Prioritäten setzen, als die Teilung der Familienarbeit und die Verfolgung einer stromlinienförmigen Berufslaufbahn? Vielleicht sollte man die Gesamtheit der Frauen nicht blindlings für die Interessen einer Minderheit vereinnahmen, die auf mehr weibliche Führungskräfte, Chefdirigentinnen und eine Bundespräsidentin Anspruch zu haben glaubt ...« (399, 65)

An solchen Erkenntnissen kommt man auch kaum noch vorbei. Zum Beispiel liegt die weibliche Erwerbsneigung generell nur bei 58 Prozent. Davon wiederum möchte nur ein Drittel den ganzen Tag arbeiten. Frauen stellen mehr als 90 Prozent der Teilzeitbeschäftigten. Von einem »Verdrängen« der Frauen auf Teilzeitarbeitsplätze kann allerdings dem Mikrozensus des Statistischen Bundesamtes zufolge keine Rede sein: Lediglich 4,8 Prozent der berufstätigen Frauen gaben an, mit einem solchen Job vorlieb nehmen zu müssen, weil sie keine Vollzeitbeschäftigung fanden. Rund drei Viertel hatten überhaupt kein Interesse daran, von morgens um acht bis abends um fünf eine Stelle auszufüllen. Sogar in Toppositionen des Managements finden sich mit 36 zu 11 Prozent mehr als dreimal so viele Frauen wie Männer, die vorhatten, zu einem bestimmten Zeitpunkt in ihrem Berufsleben nur noch Teilzeit zu arbeiten. Noch drastischer sieht das Missverhältnis am untersten Ende der Karriereleiter aus: »Selbst von den arbeitslos gemeldeten Frauen wünschen 22 Prozent eine Teilzeittätigkeit, gegenüber 0,5 Prozent bei Männern. Die meisten geben ihren Halbtagswunsch nicht an, um beim Arbeitsamt nicht Leistungsnachteile in Kauf nehmen zu müssen. Andere erwerben Anspruch auf Arbeitslosengeld, selbst wenn sie gar nicht mehr arbeiten wollen, und lassen sich, solange es geht, als ›Arbeitslose‹ führen.« (115, 67; 254, 59; 294, 110; 371, 61; 474, 150; 500, 121, 136) Eine Studie des Frauenministeriums über »Geringfügig beschäftigte Frauen in Rheinland-Pfalz« kam zu demselben Ergebnis, was die damaligen 580-Mark-Jobs anging: Auch hier sagten 90 Prozent der befragten Frauen, dass sie gar nichts anderes als einen Nebenjob haben wollten (474, 152). Das geht Millionen deutscher Männer nicht anders, die ebenfalls Interesse an einer Teilzeitarbeit hätten, um sich mehr der Familie widmen zu können. Da Teilzeitstellen aber schlechter bezahlt sind, geringere Aufstiegschancen haben und den beruflichen Wiedereinstieg erschweren, können Männer, denen wie automatisch die Ernährerrolle zufällt, sich diesen Traum im Gegensatz zu Frauen nicht erfüllen (316, 303).

Frauen haben es wesentlich einfacher als Männer, die zweite Hälfte des Tages in Familie und Selbstverwirklichung zu investieren, ohne gesellschaftlich in Ungnade zu fallen. Andererseits kann es sich kein Unternehmen leisten, Teilzeitarbeiter (ob männlich oder weiblich) in Führungspositionen zu hieven. Wichtige Aufgaben werden mit Leuten besetzt, die rund um die Uhr zur Verfügung stehen und sich auch einmal in ein größeres Projekt einarbeiten können. Umgekehrt werden in Krisenzeiten als erstes Teilzeit- und Saisonkräfte entlassen, weil diese am verzichtbarsten und am leichtesten wieder aufzustocken sind – auch das ist ein Risiko, das Frauen eher eingehen können als Männer. »Nur weil ... Frauen niemals Haupternährer sein müssen, lassen sich hier Folgen der freien Marktwirtschaft als Diskriminierung eines Geschlechts auslegen« (512, 248).

Auch in einer neueren US-Umfrage geben 82 Prozent der Frauen an, dass sie eine Laufbahn mit flexibler Vollzeitarbeit und mehr Zeit für die Familie, dafür aber langsamerem Aufstieg einer Blitzkarriere mit unflexiblen Arbeitszeiten vorziehen würden (1, 155). Dabei wird Flexibilität jedoch oft nicht allein für den Ablauf eines Tages beansprucht, sondern für die berufliche Karriere an sich: Frauen halten sich zu drei Vierteln die Möglichkeit offen, mitten in ihrer Laufbahn auszusteigen (gegenüber weniger als einem Drittel bei den Männern). Nur 14 Prozent haben tatsächlich vor, in eine leitende Position vorzurücken (gegenüber 46 Prozent; 68, 123–124). Es gibt sehr viele »Frauen, die in der Berufstätigkeit nur ein Übel sehen, das es so bald wie möglich zu beenden gilt«, weiß die Münchner Finanzberaterin Helma Sick. »Offenbar existiert in den Köpfen die alte Rollenverteilung: Mann sorgt vor, Frau wird versorgt – immer noch.« (436, 105) Fast 80 Prozent der Frauen, so das Ergebnis einer österreichischen Studie, gehen allein deshalb arbeiten, weil sonst das Familienbudget knapp werden würde (176, 49). Befragungen der London School of Economics kamen zu einem vergleichbaren Resultat: Die Mehrzahl der berufstätigen Frauen betrachtete ihren Job als zweitrangig zu ihren häuslichen Rollen und betrachtete ihr Gehalt als Ergänzung zum Haushaltseinkommen (299, 102). Das bedeutet im Umkehrschluss, dass die meisten von ihnen ihren Job sausen lassen, sobald ihr Mann in eine so hohe Position aufgerückt ist, dass er die Familie allein ernähren kann. Eine Studie über die beruflichen Zukunftspläne von Ärzten und Ärztinnen ergab, dass Männer bei einem Karriereangebot sofort zugriffen, während Frauen häufig zögerten und ablehnten, um sich die Möglichkeit, eine Familie zu gründen, nicht zu verbauen. Allerdings ergab die Studie auch, dass »Rollenpioniere«, Frauen *und* Männer, die berufliche und familiäre Pflichten miteinander zu vereinbaren suchten, zwar von einem Aufstieg auf der Karriereleiter ausgeschlossen, aber mit ihrer gesamten Lebenssituation glücklicher waren als Ärzte, die ihren Beruf an die erste Stelle setzten (526, 32). Was hier so schön als »Rollenpionier« bezeichnet und als Quelle für große Zufriedenheit erkannt wird, ist genau jene Aufteilung des Alltags, die den »diskriminierten« Teilzeitarbeiterinnen gestattet, Männern aber immer noch durch sozialen Druck verweigert wird. Trotz des Umstandes, dass Frauen größere Entscheidungsfreiheit in Hinsicht auf ihr Lebensglück hatten, konnte die betreffende Studie nur unter der Rubrik »Frauendiskriminierung« in einem populärwissenschaftlichen Magazin veröffentlicht werden und trug die Überschrift »Ärztinnen haben schlechte Karten«.

Es ist wirklich auffallend, wie sehr die Medien die verfügbaren Informationen in fest vorgegebene Raster pressen. So widmete die Zeitung »Die Woche« die erste Ausgabe des neuen Jahrtausends einer Reihe von (fast ausnahmslos von Redakteur*innen* geschriebenen) Artikeln, in denen das Bild von der dem Manne weit überlegenen Frau gezeichnet wurde, die nur von finsteren Männerbünden aus den Top-Etagen der Wirtschaft ferngehalten wird. Lediglich in einem Nebensatz auf Seite 32 erfuhr der Leser, dass laut einer neuen Allensbach-Studie überhaupt nur 16 Prozent der jungen Frauen eine volle Berufstätigkeit anstrebten. Dies wurde allerdings keineswegs als mögliche Erklärung für den Frauenmangel in Führungspositionen in Erwägung gezogen. Stattdessen wurde wieder das alte Klischee vom weiblichen Geschlecht als den besseren Menschen bedient: »Junge Frauen sagen damit etwas über ihre Werte aus: dass ihnen Menschen wichtiger sind als materielle Güter« (477, 32). So feiert sich die

Frau von heute selbst – während die verachtenswerten Männer das nötige Kleingeld hereinarbeiten dürfen, mit denen diese jungen Frauen ihre edlen Seelen finanzieren. Die obskure Schere zwischen dem Inhalt eines Artikels und der Art seiner Präsentation, wenn es um das Thema »Chancengleichheit« geht, fällt dabei zunehmend auch weiblichen Autoren auf. Cathy Young etwa führt amerikanische Berichte an, in denen z. B. die geringere Rate von Anwältinnen, die sich als Partner in Kanzleien einkaufen, als greifbarer Hinweis für Diskriminierung behandelt wird. In demselben Bericht wird erwähnt, dass Frauen sich bewusst gegen eine solche Partnerschaft entscheiden, weil ihnen das Familienleben wichtiger als ständige Überstunden sei. Nichtsdestotrotz muss eine solche Analyse in das vorgefertigte Diskriminierungsschema gepresst werden. Als weiteres Beispiel nennt Young einen bei einem Symposium zur Quotenregelung zitierten Bericht des »Fortune«-Magazins, demzufolge die sexistischen Barrieren im Geschäftsleben Frauen so massiv am Aufstieg hinderten, dass viele von ihnen ihrem Beruf ganz den Rücken kehrten. Cathy Young beschloss, diesen Artikel lieber selbst zu lesen, und stellte dabei fest, dass er gänzlich anderen Inhalts war: Viele erfolgreiche Geschäftsfrauen ordneten ihre Prioritäten in der Lebensmitte neu und verließen ihre Firmen, um eigene Geschäfte zu gründen, ehrenamtliche Tätigkeiten oder neue Karrieren als Künstlerinnen oder Psychologinnen aufzunehmen. Viele Männer wurden hingegen von der Midlife-Crisis wesentlich stärker gebeutelt, weil sie sich zu solchen Umbrüchen nicht frei genug fühlten. Einige sagten, ihre Frauen würden ihnen so etwas nicht erlauben. »Fortune« betonte, dass hier eine »gläserne Decke« keine Rolle spielte, sondern im Gegenteil viele Frauen das Angebot zu einer weitgehenden Beförderung ausgeschlagen hätten (547, 70–71).

Im Sommer 1999 befragten Emnid und das Trendbüro Hamburg im Auftrag der Zeitschrift »Freundin« 1700 Angehörige des weiblichen Geschlechts und kamen dabei zu dem Ergebnis, dass 60 Prozent von ihnen statt mit dem Chefsessel mit dem Ceranherd liebäugelten – freiwillig (438, 84). Von einer »Verdrängung der Frau aus den Führungsetagen« oder »Wer sich nicht wehrt, landet am Herd« kann keine Rede sein. Diese Meldung führte zu »wahren Hassorgien aus der feministischen Fraktion«, berichten die an dieser Untersuchung beteiligten Trendforscher (213, 80). Die Mehrzahl der Frauen findet in den Augen vieler Feministinnen keine Gnade. Deren typische Klage lautet etwa, »dass Frauen, die jahrelang ihre Ehemänner und Kinder versorgen« – was im Klartext bedeutet: Frauen, die *von* ihren Ehemännern finanziell versorgt *werden* –, »eine wesentliche Stütze dieses frauenfeindlichen Arbeitsmarktes sind« (184, 12). Man muss wohl schon einige Jahre Ideologisierung hinter sich haben, um in einem einfachen Nebensatz nicht nur sinnverkehrend Aktiv und Passiv zu vertauschen, sondern ein logisches Paradoxon aufzustellen und dabei so zu tun, als hätte alles seine Richtigkeit. Inwiefern ist ein Arbeitsmarkt frauenfeindlich, der Frauen, nicht Männern, erlaubt, ihre eigenen Bedürfnisse und Lebensentwürfe durchzusetzen? Eine solche Aussage kann doch nur in einem Kontext getroffen werden, in dem es nicht ausschlaggebend ist, was eine Frau selbst will, sondern allein das, was sie laut der feministischen Doktrin wollen *darf*. Wenn die Schwestern freiwillig an Heim und Herd zurückkehren, und das auch noch massenweise, grenzt das für Alice Schwarzer & Co. eigentlich schon an Hochverrat. Insofern ist es kein Wunder, dass diese radikale Variante des Feminismus unter den Männern, die endlich von ihrer Verpflichtung als Alleinernährer weg wollen, mehr Fans hat als unter den Frauen.

Inzwischen ist es offenkundig, dass man die Mehrheit der Frauen geradezu zur Karriere prügeln müsste. In den Talentpools zur Förderung von Führungseliten, etwa in Unternehmen wie Volkswagen, BMW, Bosch, Veba oder Procter & Gamble, finden sich so gut wie keine Frauen. Regelmäßig sind meist nur junge Männer bereit, ihrer Karriere zuliebe persönliche Opfer auf sich zu nehmen und Zwölf- bis Sechzehn-Stunden-Tage wegzustecken (473, 169). Im unteren Verantwortungsbereich sieht es nicht anders aus: So war die frühere hessische Frauenministerin Heide Pfarr einigermaßen verblüfft, dass »keine einzige der 265 Arbeiterinnen, die das Philips-Unternehmen Car Stereo Wetzlar bei Umstrukturierungsmaßnahmen entlassen hatte«, bereit war, »sich auf Kosten von Arbeitsamt und Firma umschulen zu lassen.« Die dazugehörige Zeitungsmeldung stand unter der Überschrift: »Da staunte die Ministerin« (474, 154). Vielleicht hätte sie sich für einen etwas längeren Aufenthalt im wahren Leben statt im ideologischen Elfenbeinturm entscheiden sollen.

Die Ökonomin Renate Schubert fasst die unterschiedlichen Arbeits- und Karriereprioritäten von Frauen und Männern zusammen: Frauen können es sich eher leisten, einen *inhaltlich* befriedigenden Beruf zu wählen und ihre Erwerbstätigkeit öfter zu unterbrechen. Sie wollen sich auf Konkurrenzkämpfe, die für den beruflichen Aufstieg unumgänglich sind, nicht einlassen und sehen »die Übernahme von Verantwortung, von Anordnungsbefugnissen oder von Autonomie eher als Bedrohung denn als Chance an«. Zudem beinhaltet in ihren Augen Leistung die Gefahr von Versagen oder Misserfolg und wird deswegen bewusst oder unbewusst gemieden (421, 95–99). Vor allem der letzte Punkt ist für das unterschiedliche berufliche Engagement von Männern und Frauen bedeutsam: Frauen wechseln ihre Arbeitsplätze nicht nur häufiger als Männer oder geben ihre Berufstätigkeit ganz zugunsten von Heim und Familie auf, sie haben auch deutlich größere Fehlzeiten als ihre männlichen Kollegen. Demgegenüber klagt jeder zweite männliche Deutsche über 16 Jahre über chronische Arbeitsüberlastung und Versagensängste – nicht eingerechnet sind all die Männer, die aufgrund ihres Rollenbildes nie über Stress klagen würden oder sich als Workaholics in ihn hineinsteigern (98, 97; 421, 99). US-Statistiken zeigen gar, dass Männer durchschnittlich sechs bis acht Stunden länger pro Woche bei ihrer Arbeit verbringen und auch längere Wege zum Arbeitsplatz zurücklegen (68, 122; 142). Und während in Baden-Württemberg die Quote der erwerbstätigen Frauen rapide anstieg, bleib das von ihnen erbrachte Arbeitsvolumen gleich (399, 65).

Solche politisch nicht korrekten Tatsachen landen allerdings entweder gar nicht in den Medien oder nur in Form ideologisch zurechtmanipulierter Statistiken. Ein schönes Beispiel dafür liefern Beck-Bornholdt und Dubben in ihrem ansonsten weitgehend unpolitischen Buch »Der Hund, der Eier legt. Erkennen von Fehlinformationen durch Querdenken«. Im konkreten Fall ging es um einen Artikel des »New England Journal of Medicine« über die Besetzung von Spitzenpositionen in Kinderkliniken der USA. »Anlass der Studie war die Beobachtung, dass diese Posten meist von Männern bekleidet wurden, obwohl der Frauenanteil in der Kinderheilkunde besonders groß ist. Um die Ursache ausfindig zu machen, wurde die Verteilung der Arbeitszeit auf die drei Bereiche Krankenversorgung, Lehre und Forschung untersucht. Dabei zeigte sich, dass Frauen einen größeren Anteil ihrer Arbeitszeit auf Krankenversorgung (46 Prozent) und Lehre (31 Prozent) verwenden als Männer (44 beziehungsweise 30 Prozent), aber einen kleineren (23 gegenüber 26 Prozent) mit Forschung zubringen. Dieser Unterschied war statistisch signifikant. Da wissenschaftliche Produktivität für eine akademische Karriere unerlässlich ist, schließt die Studie mit der Feststellung, dass Frauen in ihrem beruflichen Fortkommen benachteiligt sind, weil sie mehr Zeit in die Krankenversorgung und Lehre investieren als Männer.« Ein Ergebnis wie aus dem feministischen Bilderbuch: Die Frauen opfern sich in sozialen Tätigkeiten auf, während die Männer nur an ihr Renommee in der Fachwelt denken und sie dadurch kaltlächelnd überholen. »Diese Schlussfolgerung ist jedoch falsch. In der Untersuchung wird beiläufig erwähnt, dass die Frauen im Durchschnitt 60,5, die Männer im Mittel 64,4 Stunden wöchentlich arbeiten. Aus diesen Angaben kann man die tatsächlich geleisteten absoluten Arbeitsstunden berechnen und stellt fest, dass die Männer nicht nur mehr Zeit für Forschung, sondern auch für Lehre und Krankenversorgung aufwenden ... Die geringeren Aufstiegschancen der Kinderärztinnen in den USA sind daher nicht auf ihre stärkere Belastung mit Routineaufgaben zurückzuführen, sondern darauf, dass die männlichen Kollegen im Beruf signifikant mehr arbeiten. ... Unseren Leserbrief, in dem wir auf diesen Trugschluss hinwiesen, hat die Zeitschrift nicht abgedruckt.« (27, 173–175)

Zweitausend Mark weniger im Monat

THESE: FRAUEN VERDIENEN AUFGRUND IHRES GESCHLECHTES WENIGER ALS MÄNNER

Vieles, was man zu dieser Behauptung sagen könnte, ergibt sich schon aus dem bereits Dargelegten. Sie ist allerdings in unserer Gesellschaft so weit vertreten und wird so bereitwillig geglaubt und ohne Nachfragen hingenommen, dass hier wenigstens ein einziges Mal eine ausführliche Widerlegung geboten werden soll. In den USA machte die Präsidentin der größten Frauenorganisation NOW, Patricia Ireland, noch 1998 im Fernsehen Stimmung mit Parolen wie: »Für jeden Dollar, den ein Mann verdient, verdient eine Frau nur sechsundsiebzig Cents. Irgendjemand steckt 24 Cents ein. Irgendjemand profitiert von der billigen weiblichen Arbeitskraft.« Welche unbekannten Mächte mögen das nur sein? Welche Verschwörung ist da im Gange? Entsprechende Verwirrung findet sich allerdings auch in Deutschland. So behauptet Constanze Elsner, deren sehr ... »kreativen« Umgang mit Statistiken wir aus dem Kapitel über häusliche Gewalt schon kennen, dass Frauen für dieselbe Arbeitsleistung allmonatlich ein- bis zweitausend Mark weniger Lohn ausgezahlt bekommen als ihre männlichen Kollegen. Elsner führt als Quelle treuherzig den vom Statistischen Bundesamt ermittelten Bruttoverdienst bei regelmäßiger Vollzeitarbeit an. Getrennt wird hier nach »Arbeitern« und nach »Angestellten«, und tatsächlich verdienen in beiden Gruppen die Männer deutlich mehr. Um es ganz klar zu sagen: Als Beleg für die Formulierung *bei gleicher Arbeit* dient einzig und allein die Grobeinteilung »Arbeiter« und »Angestellte«, völlig unabhängig von Berufsfeld, Arbeitseinsatz, Schichten, Überstunden, Position, Verantwortungsbereich und tausend anderen Faktoren.

Natürlich verdienen die Leser *dieses* Buches eine deutlich gründlichere Aufschlüsselung darüber, *warum* Frauen weniger als Männer verdienen. Eine solche Aufschlüsselung hatte Christina Hoff Sommers, eine leidenschaftliche Zerlegerin feministisch getürkter Statistiken, für die USA übrigens schon Mitte der neunziger Jahre geleistet, was aber, wie obiges NOW-Statement belegt, geflissentlich ignoriert wurde. Dieselben Gründe, die für die Staaten gelten, arbeitete Renate Schubert in ihrem Buch über die vermeintliche ökonomische Diskriminierung von Frauen auch für Deutschland heraus. Aber bevor wir diese im Einzelnen darstellen, sei bemerkt, dass sich Ökonominnen, die zu diesem Thema veröffentlicht haben, über eines einig sind: Es ist für jeden auch noch so patriarchalisch denkenden und vorurteilsbeladenen Arbeitgeber de facto unmöglich, Frauen aus sexistischen Motiven heraus mittel- und langfristig schlechter zu bezahlen als Männer – zumindest nicht, solange es auch nur einen einzigen anderen Arbeitgeber gibt, der diese sexistische Einstellung nicht teilt.

Der Markt funktioniert nämlich immer noch nach dem Prinzip von Angebot und Nachfrage und nicht so, wie erschreckend viele Feministinnen noch zu denken scheinen, dass nämlich »oben« eine Horde mächtiger Männer sitzt, die hinsichtlich der Bezahlung ihrer Angestellten entscheiden können, wie sie gerade lustig sind.

Stellen wir uns einen Unternehmer vor, der weibliche Arbeitskräfte tatsächlich für minderwertig hält und deshalb seine männlichen Angestellten deutlich besser entlohnt. Die Folge davon wäre, dass Frauen, die sich darauf nicht einlassen möchten, zu einem weniger sexistischen Konkurrenten wechseln. Dieser bräuchte ihnen jetzt nur noch einen Lohn zu gewähren, der höher ist, als ihn sein Mitbewerber Frauen zu zahlen bereit ist, aber immer noch ein klein wenig niedriger, als dieser seinen männlichen Angestellten zahlt. Der Effekt: Er kann billiger produzieren, seine Ware somit billiger verkaufen, folglich mehr Abnehmer finden und seinen sexistischen Konkurrenten im Extremfall sogar ganz aus dem Geschäft drängen. Man sieht: Eine Diskriminierung von Angestellten allein aufgrund ihres Geschlechtes ist aus marktwirtschaftlichen Gesichtspunkten ein Ding der Unmöglichkeit (304, 75; 421, 76–78; 553, 49).

Wenn Frauen wirklich aufgrund ihres Geschlechtes weniger als Männer verdienen würden, könnte sich jeder Betrieb eine goldene Nase verdienen, indem er einfach nur Frauen einstellt, dadurch billiger produzieren und verkaufen kann und sich einen größeren Kundenkreis erschließt. Warum sollte überhaupt noch ein Unternehmer teure Männer einstellen, wenn Frauen dieselbe Arbeit viel billiger machen?

Aus eben diesem Grund verfängt auch Esther Vilars kühne These nicht, Arbeitgeber würden sozusagen aus einem sozialen Bewusstsein, aus Menschlichkeit heraus, Männern mehr als Frauen zahlen: weil Ehemänner oft eine ganze Familie statt nur sich selbst zu versorgen hätten, während die Frau, die ein ganzes Leben lang einen gesunden Mann und dessen Kinder ernährt, im Erwerbsleben praktisch nicht vorkommt (512, 119). Hinter dieser Vorstellung steht ebenso wie hinter der feministischen Ideologie das Bild des Unternehmers, der wie ein strenger oder gütiger Vater seine Gunst verteilen kann, wie er es für richtig hält. In Wahrheit ist aber der Unternehmer, wenn er Unternehmer bleiben will, vom Markt abhängig – also davon, dass Kunden seine Produkte kaufen. Um das zu erreichen, muss er versuchen, von seinen Angestellten für möglichst wenig Lohn möglichst viel Leistung herauszuschlagen. Er kann es sich gar nicht leisten, auf das Geschlecht seiner Mitarbeiter zu schauen, sondern muss sich auf eine reine Kosten-Nutzen-Analyse konzentrieren: Bringt mir als Firmenchef der entsprechende Arbeitnehmer für das Geld, das ich in ihn investiere, den angemessenen Gewinn, oder gibt es jemand anderen, von dem ich zum selben Preis mehr profitiere? Was ich einem Angestellten zahle, richtet sich also nach seinem Wert, dem faktischen, nicht dem ideologischen. Und hier hat Esther Vilar dann wieder recht: Aus Gründen der Rentabilität macht es deutlich mehr Sinn, in Männer zu investieren (512, 246). »Immer dann, wenn männliche Arbeitnehmer besser als weibliche mit Humankapital ausgestattet und folglich auch produktiver im Beruf sind, erscheint es, jedenfalls aus betriebswirtschaftlicher Perspektive, angemessen, dass sie mehr verdienen.« (421, 31)

Es gibt verschiedene Gründe, Frauen schlechter zu entlohnen als Männer, die sämtlich »durchaus rational und auch mit dem Ziel der Profitmaximierung vereinbar« sind (553, 51): Viele der schlechtbezahlten Jobs werden deswegen schlechter bezahlt, weil sie günstigere Arbeitsbedingungen bieten, z.B. eine größere Sicherheit, ein angenehmeres Arbeitsumfeld und andere Vorzüge, und deshalb begehrter sind. Männer müssen ja gerade deswegen in Knochenjobs ausweichen, weil sie die bessere Bezahlung zum Ernähren ihrer Familie benötigen (130, 143; 304, 91). Männer sind, wie wir gesehen haben, aus demselben Grund leistungsbereiter, machen mehr Überstunden und rücken in höhere Positionen vor, was teilzeitarbeitende oder generell weniger engagierte Frauen entweder nicht schaffen oder aufgrund ihrer eigenen Lebensplanung ablehnen. Wenn Männer Teilzeitarbeitsplätze ausfüllen, bricht auch ihr Verdienst ein. Aber auch Vollzeitarbeit von Männern dauert durchschnittlich sechs bis acht Stunden länger als Vollzeitarbeit von Frauen. Männer sind überdies eher bereit, an wenig beliebte Orte zu ziehen, zu ungünstigen Zeiten zu arbeiten etc. (130, 73; 304, 91).

• »Das Berufsspektrum, in dem die Mädchen suchen, ist stark eingeschränkt«, erklärte 1999 ein Berufsberater der Zeitschrift »Emma«. »Bei uns bewerben sich zwei Drittel der Mädchen in nur zehn Berufen.« Unverrückbar auf Platz eins der Hitliste stehen Jobs wie Friseurin und Arzthelferin – alles Tätigkeiten, bei denen man wenig verdient und sich noch weniger Aufstiegschancen bieten (118, 54–55).

• Frauen nehmen statt Geld eher bestimmte nicht finanzielle Nebenleistungen eines Arbeitsverhältnisses in Anspruch, etwa flexible Arbeitszeit- und Urlaubsregelungen oder Betriebskindergärten (421, 38).

• »Ein weiterer Aspekt könnte darin gesehen werden, dass sich Frauen«, beispielsweise weil sie vorhaben, während ihrer Laufbahn eine längere Babypause einzulegen, »auf Berufe konzentrieren, in denen wenig spezifisches Know-how verlangt wird und infolgedessen auch nur ein geringer unterbrechungsbedingter Verlust an Know-how eintreten wird. Solche Berufe sind aber typischerweise relativ schlecht entlohnt, wie z. B. die Berufe im sozialen oder pflegerischen Bereich.« (421, 38) Entsprechende Abwägungen im Sinne von flexibler Lebensplanung im Tausch gegen eine steile Karriere werden von Frauen in der Regel schon zu Beginn ihrer Laufbahn vorgenommen. »Sie wissen: Man kann nicht beides haben, die hochbezahlte Stress-Karriere und den Vorteil freier Zeit für die Kindererziehung. Wir wären schön blöde, sagen diese Frauen, das Glück mit den Kindern für einen 12-Stunden-Büroalltag aufzugeben, es einzutauschen gegen die restriktive und entmenschlichte Arbeitswelt, in der sich Männer zu behaupten haben.« (68, 117; 299, 102–103) Dazu kommt, dass sich in einem von Lücken durchsetzten Berufsleben weniger Wissen und Arbeitserfahrung, also weniger Humankapital ansammeln lässt, was sich ebenfalls im »Marktwert« der Betroffenen niederschlägt (304, 91). Bei Frauen besteht ein 43-mal höheres Risiko, dass sie den Arbeitsplatz für sechs Monate oder länger verlassen, um sich ihrer Familie zu widmen. Männer verbringen im Schnitt 1,6 Prozent ihrer Zeit im erwerbsfähigen Alter außerhalb der Arbeitswelt, Frauen 14,7 Prozent – fast das Zehnfache. Eine Frau, die in die Vierziger kommt, hat statistisch zehn

Jahre weniger Berufserfahrung als ein Mann in diesem Alter (84, 142). Bezeichnenderweise ist durch solche Karrierelücken der Marktwert von Männern offenbar *mehr* gefährdet als der von Frauen: Männer mussten deshalb einer Studie von 1990 zufolge 25 Prozent an Gehaltseinbußen hinnehmen, Frauen nur 15 Prozent. Männer erleben nach einer solchen Unterbrechung auch häufiger Karriereeinbrüche als Männer, die durchgearbeitet haben – ein solcher Unterschied zeigt sich bei Frauen nicht (68, 116–117). Im Vergleich zu Männern, die ebenso viele Jahre in ihrem Beruf gearbeitet hatten, hielten Frauen 1998 dreimal so viele Posten im Spitzenmanagement (84).

»Wenn Frauen dieselben Entscheidungen treffen wie Männer und vor allem zu denselben Opfern bereit sind, dann verdienen sie auch genauso viel«, erklärt die Wirtschaftswissenschaftlerin June O'Neill (365). Wenn man die Unterschiede in der Produktivität und vom Markt bestimmte Faktoren herausrechnet, zeigt sich so gut wie kein Unterschied zwischen den Geschlechtern. Single-Frauen verdienen statistisch zwischen 93 und 106 Prozent von dem, was männliche Singles verdienen (142; 188a). Frauen in einer kinderlosen Doppelverdiener-Ehe hinken ihren Männern nur minimal hinterher, was ihre Entlohnung anbetrifft. Auch Frauen unter 25 Jahren verdienen fast ebensoviel wie ihre gleichaltrigen Freunde (547, 70). Die geringen tatsächlich noch bestehenden Gehaltsunterschiede beruhen allein darauf, dass gleichermaßen produktive Frauen Opfer der Mehrzahl ihrer Geschlechtsgenossinnen werden, weil Frauenberufe wegen der typischerweise damit verbundenen Annehmlichkeiten ein wenig schlechter bezahlt sind als Männerjobs. Ebenso werden Männer aber in ihrer Gesamtheit dadurch diskriminiert, dass ihnen die Möglichkeit fehlt, sich weniger im Beruf und dafür stärker in der Familie zu engagieren (421, 103).

»Die Gehaltsunterschiede bestehen, weil Frauen vergleichsweise weniger gut ausgebildet sind als Männer, weniger Fähigkeiten besitzen und für Arbeitgeber ein größeres Risiko darstellen«, erläutert die Ökonomin Deborah Walker. »Viele Frauen meinen, Unternehmer sollten gezwungen werden, die Fähigkeiten und Erfahrungen zu verlangen, die sie bereits besitzen. Das wäre dasselbe wie Kunden zu zwingen, Produkte zu kaufen, die sie nicht wollen, nur weil diese Produkte auf dem Markt sind.« (520)

Die Wirtschaftsjournalistinnen Diana Furchtgott-Roth und Christine Stolba halten die Behauptung, Frauen ließen sich in bestimmte Berufe drängen und die Regierung müsse dies korrigieren, für nicht sehr glücklich: »Das würde die feministische Behauptung, Frauen seien zu denselben Leistungen in der Lage wie Männer, über den Haufen werfen.« (159) Dazu kommt, dass die Verbreitung des Irrtums von der unfairen Bezahlung reaktionäres Klischeeverhalten gerade noch verstärkt: Im Zweifel bleibt nämlich die Frau zu Hause und lässt ihren Mann arbeiten, weil beide Partner denken: Männer verdienen sowieso mehr.

Mittlerweile hat nicht nur die Europäische Union ihren früheren Vorwurf zurückgezogen, in Deutschland gebe es ein frauenfeindliches Lohngefälle. »In der Tat war ermittelt worden, dass Frauen trotz der dargelegten eingeschränkten Belastbarkeit und Einsatzbereitschaft im Vergleich zu Männern in fast jedem Beruf, den sie gemeinsam mit männlichen Kollegen ausüben, identisch bezahlt werden« (220, 90). Selbst das Frauenministerium beginnt zu erkennen, dass von einer Lohndiskriminierung nicht länger die Rede sein kann. »Technische Angestellte werden in der Regel besser bezahlt als kaufmännische, auch wenn sie der gleichen Leistungsgruppe angehören; der größte Teil der weiblichen Angestellten übt aber kaufmännische Tätigkeiten aus. Jeder fünfte männliche Angestellte hat eine (Fach-)Hochschulausbildung, aber nur knapp jede zwanzigste Frau. ... Weibliche Angestellte sind im Durchschnitt jünger (36 Jahre, Männer 42) und haben damit ein geringeres Dienstalter (9 bzw. 13 Jahre). Das Ministerium nennt weitere Gründe: Frauen machen weniger Überstunden und weniger Tätigkeiten, für die es Schmutz-, Lärm- oder Gefahrenzulagen gibt. Sie leisten selten Schichtarbeit.« (254, 72–73)

Am 18. Januar 2001 schließlich meldete die Deutsche Presseagentur (dpa), dass man auch einer Studie des Instituts der deutschen Wirtschaft (IW) in Köln zufolge von ungleichem Lohn für gleiche Arbeit nicht länger sprechen könne. Zwar erhielten Frauen in unbefristeter Vollzeitbeschäftigung immer noch nur 84 Prozent der monatlichen Durchschnittslöhne von Männern. »Berücksichtigt man aber Unterschiede bei Alter, Qualifikation, beruflicher Stellung oder Dauer der Betriebszugehörigkeit, werden Frauen in puncto Entlohnung nicht diskriminiert. ... *Mit Ausnahme der Handelsberufe erzielten Frauen mit gleicher Qualifikation auf gleichen Arbeitsplätzen in allen Berufsgruppen sogar etwas höhere Brutto-Stundenlöhne.*« (Hervorhebung von mir, A.H.) Man darf allerdings getrost davon ausgehen, dass trotz solcher Meldungen die Behauptung, Frauen erhielten für dieselbe Arbeit weniger Lohn, nicht so bald aus der feministischen Liturgie verschwinden wird. Wenn man bisherige Falschmeldungen bestimmter Organe zum Maßstab nimmt, steht auch hier zu befürchten, dass die Frauenbewegung die »84 Prozent« aus dieser Studie isoliert herausgreift und so lange zum Thema macht, bis die offenbar jetzt schon im Ansatz bestehende faktische Lohnbenachteiligung von Männern noch deutlich größer geworden ist. Bezeichnenderweise war auch ein Zeitungs-Artikel des »Wiesbadener Tagblatts«, der sich auf diese dpa-Meldung bezog, mit »Frauenlöhne holen auf« überschrieben. »Aufholen« ist aber natürlich, wenn Frauen faktisch bereits einen Lohnvorsprung haben, definitiv das falsche Wort. Hier wie in zahlreichen anderen Fällen wird die journalistische Darstellung weniger von dem tatsächlichen Ergebnis einer Studie beherrscht als von den scheinbar unzerstörbaren Mythen weiblicher Benachteiligung, die durch solche Studien in Frage gestellt werden.

Das Schlusswort zu diesem Teil der Debatte gebührt jedoch keiner anderen als Esther Vilar, die all diese selbst heute noch nicht jeder offensichtlichen Dinge schon vor dreißig Jahren sah und in ihren Büchern darlegte. Vilar zufolge weiß der Mann, der selbst an die Diskriminierung von Frauen zu glauben beginnt, »zwar, dass Löhne von Gewerkschaften ausgehandelt werden, doch dass die Frauen sich auch hier wieder nur bedienen lassen – dass in westlichen Industrieländern berufstätige Frauen viermal seltener Gewerkschaften beitreten als ihre männlichen Kollegen und dass sie sich dort rund vierzigmal seltener engagieren –, das steht natürlich nicht in seiner Zeitung. Dafür sagt man ihm aber auch wirklich alles über die schlechten weiblichen Aufstiegschancen. Er kann das nur bestätigen: Sind nicht in seiner Firma alle Stenotypistinnen Frauen und alle Abteilungsleiter Männer? Dass es für die Wirtschaft rationeller ist, wenn Männer befördert werden, weil ein großer Teil der berufstätigen Frauen nur stundenweise arbeitet und nur wenige länger als zehn Jahre hintereinander, das hat man ihm natürlich auch verschwiegen. ... Er kann sich daher des Verdachts nicht erwehren, dass man die armen Frauen wegen ihres Busens oder ihrer langen Haare langsamer befördert und bedauert sie grenzenlos.« (512, 233) Vermutlich bedauert er sie noch heute.

Trotzdem: Zweitausend Mark weniger im Monat

THESE: DAS WEIBLICHE GESCHLECHT WIRD FINANZIELL BENACHTEILIGT

Nun könnte man auf den vorhergehenden Abschnitt einwenden, dass es Gründe für den geringeren Verdienst von Frauen geben mag, er damit aber noch lange nicht aus der Welt zu diskutieren sei. Frauen, so lautet immer noch die wohlbekannte Botschaft, sind das unterprivilegierte Geschlecht, das finanziell und ökonomisch eindeutig zu kurz gehalten wird. Oder, um es auf den Punkt zu bringen: »Was schon Karl Marx vor mehr als hundert Jahren an die Arbeiter schrieb, dass sie nämlich nicht mehr zu verlieren hatten als ihre Ketten, gilt erst recht für uns Frauen. Doch die Ketten, die uns an die schlechten Verhältnisse fesseln, sind keine aus Stahl und Eisen, sondern oft genug solche aus Silber, Platin und Gold. Das macht aber die Situation nicht erträglicher, sondern nur um so komplizierter.« (231, 8)

Wie sieht es denn nun wirklich mit dem finanziellen Gefälle zwischen den Geschlechtern aus? Verfolgen wir einmal die Stadien einer Beziehung zwischen dem ausbeuterischen Mann und der armen, ausgebeuteten Frau.

Angenommen, beide sind noch Single, wollen einander kennen lernen und gehen zusammen aus. Beide haben ihren Spaß, aber natürlich ist es *seine* Aufgabe, die Finanzierung des Abends zu gestalten – je teurer das Restaurant, desto häufiger zahlt der Mann (130, 45). Man nennt das »romantisch« oder »Kavaliersverhalten«. »Würde ein Mann bei unserer ersten Verabredung von mir erwarten, dass wir die Rechnung teilen, würde ich kein zweites Mal mit ihm ausgehen«, ist ein oft gehörtes Statement, wie die Paarpsychologin Susan Jeffers bestätigt (225, 93). Für einen gemeinsamen Kinobesuch mit Benzinkosten (klar, dass *er sie* abholt), Abendessen und ein paar Drinks können dann locker 150,- DM zusammenkommen. Mit anderen Worten: Der Mann darf, je nach Einkommenshöhe, schon einmal ein Viertel seines Wocheneinkommens dafür aufwenden, dass *sie* sich überhaupt mit ihm abgibt. Wenn eine Frau sich atemberaubend fortschrittlich dünkt, dann ist sie schon einmal bereit, die Hälfte zu übernehmen – *ihre* Hälfte. Mehr nicht. Zusätzlich zu der finanziellen Belastung kommt hier auf den Mann das Problem zu, dass er nicht immer weiß, wie er sich verhalten soll: Ist sie beleidigt, wenn er für beide bezahlt, oder ist sie beleidigt, wenn er es nicht tut? Viele Clubs, Partylines, Kontaktbörsen etc. nehmen ihm dieses Problem ab, indem sie die Ausbeutung institutionalisieren und das weibliche Geschlecht grundsätzlich gratis teilnehmen lassen. Dieser uralte Sexismus ist selbst in hochmodernen Medien wie dem Internet immer noch topaktuell, so etwa in Flirtdiensten wie www.datingcafe.de, www.kontaktanzeigen.net oder www.hotflirt.de. Die entstehenden Kosten werden dort überwiegend oder allein auf die Männer umgeschlagen. Wir leben ja schließlich im Patriarchat ...

»Herren, die Damen suchen, zahlen 290 Mark für einen dreimonatigen Service oder 360 Mark für sechs Monate«, erklärt Christa Appelt, die Leiterin einer Berliner Partnervermittlungs-Agentur. »Damen zahlen gar nichts.« *Dafür* dürfen die Damen aber auch bessere Dienstleistungen genießen: Die Männer müssen persönlich bei der Agentur vorbeikommen und werden genau unter die Lupe genommen. Bei Frauen genügt eine telefonische Anmeldung. Und: Frauen bekommen pro »Bestellung« eine ganze Liste von Telefonnummern zum Abtelefonieren, Männer nur eine einzige (51, 117–118). Dass sich Männer immer noch auf eine so unverhüllte Benachteiligung einlassen, zeigt überdeutlich, dass sie so etwas von der Gesamtgesellschaft bestens gewohnt sind. Diese Zuweisung der Kosten auf den Mann hat übrigens nicht das Geringste mit seinem höheren Einkommen zu tun. Wenn zwei Frauen sich miteinander zum Essen treffen, begleicht schließlich auch nicht diejenige die Rechnung, die mehr verdient. Stattdessen handelt es sich um eine parasitäre Einstellung, die alle Schichten durchzieht: Selbst finanziell höchst erfolgreiche Frauen mit einem sechsstelligen Einkommen erwarten, dass bei einer Verabredung der Mann zahlt – und sie erwarten, sich mit einer solchen Beziehung finanziell zu verbessern. »Je höher ihr Status wird, um so höher muss der des zukünftigen männlichen Partners sein«, erklärt der Geschlechterforscher Karl Grammer. »Dies gilt nicht für Männer; der Status ihrer Wunschfrau variiert nicht mit ihrem Einkommen.« (178, 148) Der amerikanische Journalist Ellis Cose zitiert eine Graduierte der Ivy-League-Universität, die einen ausgezeichneten Job mit einem exzellenten Gehalt zugesagt bekommen hatte und sich daraufhin überlegte, sich von ihrem mit schlechteren Berufsaussichten gesegneten Freund zu trennen. »Ich bin nicht so sicher, ob ich das alles teilen soll«, sagt sie ohne jede Spur von Ironie. Umgekehrt wäre dies eine Selbstverständlichkeit gewesen. Als Steffi Graf 1996 in Wimbledon von der Fantribüne aus zugerufen wurde: »Steffi, heiratest du mich?«, rief sie spontan zurück: »Wie viel Geld hast du?« Das Vermögen von Steffi Graf selbst wird auf 25 Millionen Mark geschätzt. Auch Berichte von Männern, bei denen sich mit ihrem finanziellen Erfolg völlig überraschend auch ein Ansturm von interessierten Frauen einstellt, gibt es in der maskulistischen Literatur zuhauf (68, 33, 136–137; 473, 72; 500, 120).

Traditionell ist es auch *sein* Job, seine Angebetete mit Blumen, Pralinen oder Schmuck zu verwöhnen. Ein italienisches Grundsatzurteil entschied, dass eine 25-jährige Studentin die Geschenke, die ihr ein 65-jähriger Galan aus Hörigkeit gemacht hatte, zurückgeben musste. Streitwert: Umgerechnet 500.000 Mark (537). Der Anthropologe Lionel Tiger berichtet, dass ein diamantgeschmückter Verlobungsring für keinen Mann unter dem Verdienst zweier Arbeitsmonate zu erhalten ist. Sollte die Frau ihn nach der Hochzeit verkaufen wollen, würde sie dafür keine zwei Wochenlöhne ihres Angetrauten mehr erhalten. Tiger: »*Alles* ist möglich, um Männer zu disziplinieren, selbst wenn man sie dazu überreden muss, ihr Geld vollständig zu verschwenden.« (500, 122, 284) Ein Punkt, der in Diskussionen über das Geschlechtergefälle kaum diskutiert wird: Ist es nicht verblüffend, wie viele Frauen man mit Diamanten oder anderem Schmuck sieht und wie wenige in Diamantminen? Dass hingegen eine noch so reiche Braut einem finanziell schlechter gestellten Verlobten den Ehering kauft, kommt auch heute nicht vor. Zwischen Mann und Frau fließt das Geld ausschließlich in *eine* Richtung.

Fatalerweise wird dieser Sexismus auch heute selbst von sich progressiv gebenden männlichen Autoren nicht hinterfragt. Beispielhaft ist dafür ein Kommentar des Russen Jerofejew, der im Jahr 2000 mit seiner Essaysammlung »Männer. Ein Nachruf« für kurzzeitiges Aufsehen sorgte. Jerofejew fordert, dass Männer mehr auf Frauenwünsche eingehen sollten: »Wenn sie Rosen liebt, sollte er ihr Rosen schenken. Will sie einen schnellen Wagen, muss er eben einen solchen besorgen.« (514, 84) Der Mann soll nichts weiter als ein Wunschautomat sein, Bedürfnisse befriedigen, die nicht die eigenen sind – und dann wundert man sich darüber, dass er sieben Jahre früher zusammenbricht.

»Frauen können kostenlosen Sex an jeder Ecke haben«, stellt im Februar 2000 die Psychologin Claudia Leudesdorff in der »Cosmopolitan« fest. »Deshalb sollten sie sich Zeit für eine Kosten-Nutzen-Rechnung nehmen.« (276, 34) Normalerweise berät Frau Dr. Leudesdorff Führungskräfte in Strategiefragen – bezeichnenderweise wird sie von »Cosmopolitan« als Expertin in Fragen zu Sexualität und Partnerschaft herangezogen. Das angeblich so romantische Geschlecht scheint sich für den Marktwert von Zärtlichkeiten durchaus zu interessieren. Natürlich bleibt das nicht unbemerkt. So stellte die amerikanische Sexualforscherin Shere Hite für eine ihrer Studien Männern die folgende Frage: »Hatten Sie je Geschlechtsverkehr mit einer Prostituierten? Was empfanden Sie dabei, für Sex zu bezahlen?« Die Antworten brachten eine, wie Hite es nennt, »überraschende Meinung zutage, was die Beziehung zwischen Mann und Frau anbetrifft: Die häufigste Reaktion war: ›Man zahlt doch sowieso immer.‹« (202, 257) In der Tat, höchst verblüffend. Für die meisten Männer scheint sich das Verhalten bürgerlicher Frauen von dem von Prostituierten nur graduell zu unterscheiden. Woran *das* nur liegen könnte? Nachdem Shere Hite einige Seiten lang diese Frage mit sich durchdiskutiert, kommt sie immerhin zu dem Schluss, dass Männer allen Grund hätten, den Motiven der Frauen zu misstrauen, weil sie niemals sicher sein können, ob sie für ihre Persönlichkeit geliebt werden oder für den Inhalt ihres Portemonnaies (202, 260).

Ein Zusatznutzen der Zwei-verabreden-sich-er-zahlt-Regel ist, dass sie der Frau erlaubt, den Mann auf seine Fähigkeiten als Versorger abzuchecken. »Noch immer sind drei Viertel der Frauen finanziell abhängig« titelte die »Frankfurter Allgemeine Zeitung« etwa Mitte 1997 (423, 76). Vom Feministischen ins Deutsche übersetzt, bedeutet das, dass diese drei Viertel sich über das Einkommen ihres Mannes statt durch eigene Arbeit versorgen. Dieselben Frauen, die gleiche Bezahlung für gleiche Arbeit verlangen, weigern sich, die finanzielle Verantwortung für die Ernährung einer Familie zu übernehmen. Cris Evatt, Klischee-Expertin Nummer eins, sieht darin die angeblich typisch männliche Bindungsangst begründet: »Männer sehen die Ehe als große finanzielle Verpflichtung.« (125, 90)

»Bei der Suche nach einem Dauerpartner geben Frauen, wie Untersuchungen in vielen Kulturen der ganzen Welt durchgängig zeigen, solchen Männern den Vorzug, die Reichtum, Status, Stabilität und Beständigkeit besitzen oder noch erlangen können«, erklärt der Biologe Robin Baker (15, 190). Die Loser werden aussortiert, sie bleiben in der Regel unverheiratet und kinderlos. Vom weiblichen Geschlecht selbst wird dieses Verhalten in der Regel geleugnet oder romantisiert – was in Buchtiteln wie »Reiche Männer küssen besser« deutlich zur Geltung kommt. Es ist kein Zufall, dass verheiratete Männer fünfzig Prozent mehr auf dem Gehaltsstreifen vorzuweisen haben als unverheiratete (20, 73–75). Auch dass Frauen sich mit Vorliebe etwas ältere Männer auswählen, führen Forscher darauf zurück, dass diese über ein höheres Einkommen verfügen (20, 91). Natürlich gibt es immer noch Frauen, für die in erster Linie der Charakter und die inneren Werte zählen. »Ich möchte einen Mann, der nett und verständnisvoll ist«, erklärte zum Beispiel Zsa Zsa Gabor. »Ist das zuviel verlangt von einem Millionär?« (470, 36)

Der deutsche Forscher Claus Wedekind fand 1995 sogar heraus, dass Frauen Geld förmlich *riechen*: Er ließ Frauen an den Kleidungsstücken ihnen unbekannter Männer schnüffeln und bat sie, sich anhand dieses Sinneseindrucks für einen denkbaren Partner zu entscheiden. Bemerkenswerterweise stellten sich die Wunschpartner allesamt als Männer in höherer sozialer Stellung heraus (500, 42). Die Psychologin Susan Essock-Vitale und der Biologe Michael McGuire kamen bei ihren Studien über dreihundert Mittelschichtfrauen sogar explizit zu dem Schluss, dass in Paarbeziehungen »Arbeit gegen Sex getauscht wird« (20, 74). Das Verrückte an diesem Geschäft ist, dass die Frauen dabei *beides* bekommen: Den Lohn der Arbeit *und* den Sex. Aber hat sich das denn im Zuge der Gleichberechtigung nicht längst geändert? Von wegen, sagen die Forscher, ganz im Gegenteil. »Es ist tatsächlich so, dass Frauen den finanziellen und beruflichen Status ihres Mannes um so höher schätzen, je mehr Geld sie selbst verdienen. Je größer die Macht und das Ansehen der Frauen, desto wählerischer werden sie in bezug auf ihre Sexualpartner. Diese Behauptungen stützen sich auf die Auswertung von Befragungen, die mit Medizinstudentinnen und Frauenrechtlerinnen durchgeführt wurden. Bei der Frage nach den Eigenschaften, die sie bei einem Mann bevorzugten, nannten die Frauenrechtlerinnen wiederholt Begriffe, die für Männer aus der Oberschicht charakteristisch sind: ›sehr reich‹ ›brillant‹ oder ›genial‹. Die Anthropologin Heather Fowler, die diese Befragungen durchführte, berichtet, dass die Frauen viel von üppigen Menüs, hohen Trinkgeldern, atemberaubenden Anzügen und flotten Jaguars sprachen. Offensichtlich suchten diese Karrierefrauen herausragende Supermänner.« (20, 93)

Der Maskulist Felix Stern erkennt einen klaren Unterschied in der finanziellen Ausrichtung beider Geschlechter: »*Männer kämpfen stets frauenorientiert; Frauen aber niemals männerorientiert, sondern ebenfalls frauenorientiert.*« (Kursivdruck im Original) Frauen begründen ihre Karriere so gut wie nie mit der Versorgung eines Mannes. Männer hingegen kaufen, selbst wenn sie keine Familie finanzieren, Prestigeobjekte, die ihren Marktwert bei Frauen steigern sollen (473, 170–171). Auch bei einer Umfrage des »Time«-Magazins antworteten 67 Prozent, ein guter Ernährer zu sein, das sei es, was einen »echten Mann« ausmache (68, 111). Maskulisten wie Warren Farrel vermuten daher, dass so verschiedene Gruppen wie Schwule und Obdachlose deshalb mit gesellschaftlicher Verachtung gestraft würden, weil sie Frauen diese Versorgung nicht bieten können (130, 248). In Deutschland wird das Familieneinkommen jedenfalls zu 80 Prozent überwiegend und zu 40 Prozent völlig allein von Männern aufgebracht (473, 160). Hier ruht übrigens oft genug nicht nur das finanzielle Wohl der Partnerin, sondern auch der Unterhalt beispielsweise von erwachsenen Kindern oder Eltern allein auf männlichen Schultern. Viele bewältigen all diese Verpflichtungen nur durch die Aufnahme von Krediten (473, 166–167). Manchmal treibt die Verzweiflung über diesen Druck äußerst groteske Blüten: Ein Ehemann, der eine Aufstellung darüber gemacht hatte, was ihn umgerechnet jeder einzelne Geschlechtsverkehr mit seiner Frau gekostet hatte, kam auf die zwanzigfache Summe, die er für eine Prostituierte hätte ausgeben müssen (328, 28). An Gehaltsstatistiken ablesen zu wollen, dass Männer über mehr Geld verfügen als Frauen, ist deshalb unsinnig. Männer *verdienen* mehr. Das zweifelhafte Vergnügen, selbst an kalten Wintertagen aus dem warmen Bett zu steigen und sich durch den Schnee zu quälen, liegt tatsächlich auf ihrer Seite. Über das Einkommen zu *verfügen*, auch da decken sich länderübergreifend die

Statistiken von Deutschland, Großbritannien und den USA, dieses Vergnügen liegt auf Seiten der Frauen (130, 44; 473, 232; 497, 129–131).

Den »Konsum haben die Frauen fest im Griff, denn sie kontrollieren siebzig Prozent des Budgets privater Haushalte in Deutschland« (527, 147). Was 1999 auch Feministinnen zugaben, wissen Maskulisten schon seit Jahren. So schreibt David Thomas über die Situation in England: »Über 77 Prozent der Anschaffungen für den Haushalt bestimmen Frauen allein; davon treffen wiederum 70 Prozent auch die Entscheidung über die Höhe der Aufwendungen. Bei Geschenken und Kinderkleidungen liegen die Zahlen ähnlich. Aber nur 35 Prozent der Männer entscheiden, welches Auto gekauft wird ... Das bedeutet, dass sie in ihrem angestammten Bereich noch nicht einmal halb so viel Entscheidungsbefugnis besitzen wie Frauen in ihren Domänen.« Insbesondere bleibt festzuhalten, »dass bei zwei Dritteln der befragten Haushalte beide Partner ein Scheckheft hatten. Wenn jedoch nur ein einziges Scheckheft existierte, war es dreimal öfter im Besitz der Frau (24 Prozent) als im Besitz des Mannes (acht Prozent).« (497, 130)

Frauen bestimmen zu 63 Prozent, welches Auto gekauft, und zu 65 Prozent, welcher Ferienort gebucht wird (170, 17). Ansonsten dominieren in Deutschland weibliche Kaufentscheidungen die Bereiche Gesundheitswesen, Finanzdienstleistungen, Wohnungen und Inneneinrichtung, Sport, Freizeit und Dienstleistungen (213, 72). Ein Ehemann hat laut einem Urteil aus Karlsruhe für die Rechnungen seiner Angetrauten aufzukommen, auch wenn sie die Einkäufe ohne sein Wissen oder gar gegen seinen Willen getätigt hat – womit die Funktion des Mannes als zweibeinige Geldbörse höchstrichterlich bestätigt wurde (316, 306).

Vielleicht achten Sie bei Ihrem nächsten Bummel durch Kaufhäuser und Einkaufspassagen einmal darauf, wie viel Verkaufsfläche ausschließlich männlichen und wie viel ausschließlich weiblichen Bedürfnissen zugestanden wird, von der Parfüm- über die Mode- bis zur Buchabteilung. Amerikanische Schätzungen belaufen sich auf etwa sechs bis sieben zu eins (68, 30; 130, 44). In Köln eröffnete kürzlich mit dem »Emotions« das erste Kaufhaus *allein* für Frauen – vermutlich nicht das letzte seiner Art. Es überrascht nicht, dass 72 Prozent der Frauen, aber nur 44 Prozent der Männer Einkaufen als angenehm empfinden – anderer Leute Geld auszugeben macht *immer* mehr Spaß (125, 145). Es überrascht ebenso wenig, dass die meisten Kaufsüchtigen weiblich sind und die meisten Workaholics männlich. Um mit Lana Turner zu sprechen: »Ein erfolgreicher Mann ist einer, der mehr Geld verdient, als seine Frau ausgeben kann. Eine erfolgreiche Frau ist eine, die einen solchen Mann findet.« (470, 73)

Für den Maskulisten David Thomas sind die dieser Haltung zugrunde liegenden Strukturen unübersehbar: »Wenn eine Klasse von Personen die ganze Arbeit macht, während eine andere Klasse von Personen das verdiente Geld wieder ausgibt, dann braucht man nicht Karl Marx zu sein, um daraus zu schließen, dass die zweite Personengruppe die privilegierte ist.« (497, 129) Ein delikater Nebeneffekt dieser Einrichtung ist, dass Männer zwar mehr auf dem Gehaltsstreifen haben als Frauen, Frauen aber 59 Prozent des gesamten Vermögens in Deutschland besitzen (unter anderem vermutlich durch reiche Beute als Geschiedene oder Witwe) und als Haushaltsvorstände einer US-Statistik zufolge »ein Nettoeinkommen haben, das 141 Prozent über dem von männlichen Haushaltsvorständen liegt«. Grund: Die Wahrscheinlichkeit, dass Männer eine Ehefrau oder eine Exfrau unterhalten müssen, ist viel größer, als dass sie von einer Frau unterhalten werden (130, 43).

Sollte ein Mann von seiner ehelichen Verpflichtung als Goldesel die Nase voll haben, hilft es ihm natürlich wenig, die Scheidung einzureichen. Er ist nämlich verpflichtet, seiner Ex auch nach der Trennung den Lebensstandard zu sichern, den sie von ihm gewohnt ist. Eine Schuhverkäuferin, die einen Bankdirektor heiratet und ihn nach einiger Zeit wieder verlässt, hat ein Anrecht nicht auf Unterhaltszahlungen in Höhe *ihres* Schuhverkäuferinnen-Einkommens, sondern *seines* Verdienstes als Bankdirektor (473, 201). Es ist *seine* Arbeitskraft, die als Maßstab genommen wird, nicht ihre. Wenn *er* sich kaputt schuftet, kann *sie* profitieren. Und tatsächlich stellt der Verdienst, der mit einer simplen Aufkündigung des Ehevertrages verbunden ist, jede ehrliche Arbeit in den Schatten – wie man bei vielen Spitzenverdienern sieht: Frau Maffay erhielt für acht Ehejahre drei Millionen Mark, Björn Borgs Ex für vier Jahre 20 Millionen, Brigitte Nielsen von Sylvester Stallone für 20 Monate zwölf Millionen. Andrew Lloyd Webber muss seiner Ehemaligen 22.000 Mark pro Ehetag bezahlen. Solche absurden Summen erhalten nicht einmal die bestbezahlten deutschen Spitzenmanager (473, 195–196). In weiter unten angesiedelten Einkommensklassen sind zwar die Profite der Scheidungsgewinnlerinnen nicht so hoch, dafür aber der finanzielle Ruin ihrer Opfer um so sicherer: Felix Stern berichtet über Fälle, bei denen etwa ein Marburger Ordinarius einen Kredit in Höhe von 250.000 Mark aufnehmen musste oder ein Saarländer Schreinermeister nach acht Jahren Ehe seinen in dritter Generation geführten Betrieb verlor (473, 200). Insgesamt machen Frauen in 97 Prozent aller Scheidungsfälle einen satten Gewinn (473, 160).

Wie sehr der Mann zum Unterhaltssklaven seiner Ex gemacht werden kann, belegt ein Urteil des Bundesgerichtshofes. Dieses entschied nämlich, dass ein unterhaltspflichtiger Ex-Ehemann in seiner neuen Partnerschaft keineswegs selbst bestimmen darf, welches Leben er führen möchte. In diesem Fall wollte der Betreffende politisch korrekt die Rolle des Hausmanns und Vaters übernehmen, während seine neue Partnerin das Geld verdiente. Pustekuchen, sagten die Richter. Du hattest einmal eine Partnerschaft mit einer anderen Frau, dafür hast du dieser immer noch Unterhalt zu zahlen. Und um diesen heranzuschaffen, musst du gefälligst Geld verdienen. Deine Funktion als lebender Geldbeutel ist wichtiger als dein Recht auf ein eigenes Leben (346a).

Angenommen, unser als Beispiel herangezogener Mann hat nach all seinen Erfahrungen beim besten Willen keine Lust mehr, mit all seinen Altlasten das

Partnerspiel von neuem zu beginnen und die nächste Frau mit immer neuen »kleinen Aufmerksamkeiten« zu umwerben. Statt dessen entsagt er der Frauenwelt vollkommen und verbringt den Rest des Lebens als Single. »Endlich«, denkt er sich, »endlich bin ich keine wandelnde Geldbörse für irgendwelche Tussis mehr.« Natürlich macht er sich etwas vor. Das Einzige, was sich geändert hat, ist, dass er jetzt nur noch die wandelnde Geldtasche für *wildfremde* »Tussis« ist. Zum einen zahlt er nämlich trotz seines früheren Todes länger und mehr in die Renten- und Sozialkassen ein, aus denen sich, nicht nur ihrer höheren Lebenserwartung wegen, überproportional die Frauen bedienen. Sie erhalten bei gleicher Rentenbeteiligung im Schnitt zwölf Jahre länger Rente ausgezahlt als Männer. Wenn sie Witwen werden, wird ihre Rente oft noch erhöht. Auch die Seniorenvorteile im Sinne vieler Preisermäßigungen können Frauen fünf Jahre früher als Männer nutzen und, da Männer früher sterben, auch deutlich länger (316, 136). Diese Ungerechtigkeit bildet sich nicht erst im vorgerückten Alter heraus: Obwohl Männer zum Beispiel insgesamt mit schwereren Gesundheitsproblemen zu kämpfen haben, machen Frauen doppelt so häufig krank und fallen entsprechend oft im Beruf aus. Die Lohnfortzahlung ist davon in keiner Weise betroffen. Die Krankheitskosten, die Frauen verursachen, sind etwa doppelt so hoch wie die der Männer, ohne dass von ihnen dafür höhere Kassenbeiträge erwartet werden. Auch hier zahlen die Männer mit (316, 135). Männer erbringen 75 Prozent der Sozialleistungen, erhalten aber nur 25 Prozent ausgezahlt (170, 20). Zum anderen dürfen sie mit ihren Steuern die absurdesten staatlich-feministischen Frauenhilfs- und -förderprogramme und sonstigen Projekte unterstützen, während es kein einziges Hilfsprogramm gibt, das Geld allein für Männer vorsieht (423, 110).

In einer im November 1997 von dem Magazin »Focus« zitierten Untersuchung wurden Frauen gefragt, was ihnen lieber sei, wenn sie zwischen mehr Möglichkeit zur Teilzeitarbeit und mehr Geld vom Staat wählen könnten. »Nur sechs Prozent hatten Interesse an der Arbeit. Aber insgesamt 60 Prozent wollten mehr Staatsknete.« (299, 121) Diese Einstellung illustriert nichts schöner als ein Wortwechsel aus der Talk-Show »Jörg Pilawa«, der deshalb noch einmal in der »Zeit« vom 18. Juni 1998 abgedruckt wurde:

Jörg:	»Judith, du bist alleinerziehend. Gehst du arbeiten?«
Judith:	»Nein, bei aller Liebe nicht, ich würde nie wieder arbeiten gehen.«
Jörg:	»Du kommst auch so gut klar?«
Judith:	»Ich bekomme Unterhalt, Erziehungsgeld, Wohnungsgeld, Sozialhilfe und Zuschuss wegen Alleinerziehung, Geld für Möbel, Renovierung und alles, was sonst so anfällt, tja.«
Jörg:	»Was hast du denn so im Monat?«
Judith:	»Knapp dreitausend.«
Jörg:	»Fährst du denn in Urlaub?«
Judith:	»Nächsten Monat – zwei Wochen Malediven.«

Jörg:	»Aber Judith, hast du denn kein schlechtes Gewissen?«
Judith:	»Überhaupt nicht. Der ist schön blöd, der heute noch arbeiten geht.«
Zuschauer:	»Ich find das 'ne große Sauerei. Wenn jeder so denken würde wie du, wo würde er dann abbleiben, unser Staat?«
Judith:	»Das ist lächerlich. Wenn man zu euch hingeht und ihr würdet fürs Nichtstun drei Mille kriegen und für die Arbeit 1,6, dann geht von euch auch keiner arbeiten!«
Stefan:	»Mich nervt das mit der Knete manchmal auch, aber Judith ist meine Freundin. Ist doch gut, wenn sie nicht los muss und buckeln, so wie ich.«
Jörg:	»Naja, wenn Judith nicht deine Freundin wäre?«
Stefan:	»Würde ich echt Scheiße finden. Solche Leute sind für mich sonst asoziales Pack.«
Judith:	»Haha, na, da kann ich mit leben. Für drei Mille netto schäme ich mich gerne!«

Inzwischen weist eine große Zahl von Studien nach, dass hohe Transfer-Zahlungen an Single-Mütter die Zahl der Alleinerziehenden sofort massiv in die Höhe schrauben. Ganz offenkundig verlagern Frauen in unsicheren Situationen ihre soziale Existenz auf das »Kinderbein«, solange sich das für sie nur halbwegs rechnet (213, 279). Insofern kann man Judith und Stefan keine besonderen Vorwürfe machen. Sie sind beide Kinder einer Gesellschaft, in der die Frau als »Opfer« finanziell versorgt wird und sich Zahlvater Staat das dafür notwendige Geld von der Arbeitsleistung hauptsächlich der Männer wieder hereinholt.

Noch 475 Jahre bis zur Gleichberechtigung

THESE: DIE REZESSION GING VOR ALLEM ZU LASTEN DER FRAUEN

Mitte 1997 behauptete die Kölner Sozialwissenschaftlerin Carola Möller »klare Belege für die anhaltende geschlechtsspezifische Benachteiligung« ihres Geschlechtes »auf allen Ebenen« zu besitzen. Unter anderem bezifferte sie den Anteil der Frauen, die ihre Existenz durch ein eigenes Einkommen sichern konnten, auf gerade einmal 27 Prozent. Daraus wird aber auch andersherum ein Schuh: etwa insofern, dass drei Viertel aller Frauen auf Kosten ihres Ehemannes oder des Staates leben. *Warum* und *inwiefern* sich nämlich die Rezession der letzten Jahre gerade auf die Arbeitslage von Frauen und nicht von Männern ausgewirkt haben soll, konnte Carola Möller gerade *nicht* darlegen (423, 75–76). Dazu hätte sie die tatsächlichen Verhältnisse auch ziemlich auf den

Kopf stellen müssen. Von den fünf Millionen Arbeitsplätzen, die zwischen 1970 und 1990 in Westdeutschland geschaffen worden waren, kamen 3,5 Millionen den Frauen und 1,5 Millionen den Männern zugute. Ohne jede Quotenregelung lag also die Einstellungsrate des weiblichen Geschlechts um 230 Prozent höher als die des männlichen. Zwischen 1983 und 1985 gingen sogar 81 Prozent der neugeschaffenen Arbeitsplätze an die Frauen. Dr. Wolfgang Klauderer von der Bundesanstalt für Arbeit stellt unumwunden fest, dass »entgegen manchen anderslautenden Thesen in der Öffentlichkeit Frauen ... schon seit den siebziger Jahren der Anzahl nach die absoluten Beschäftigungsgewinner« sind. Auch in der wirtschaftlichen Krise der neunziger Jahre war es nicht anders. Zwischen 1992 und 1995 etwa verloren die Frauen zwar 200.000 Arbeitsplätze, die Männer mit 800.000 Stellen aber die vierfache Menge. Der Effekt blieb nicht aus: Im Juni 1995 verkündete das Presse- und Informationsamt der Bundesregierung, dass die Quote der Frauenarbeitslosigkeit mit 9,3 Prozent unter der Arbeitslosigkeit der Männer mit 10,1 Prozent lag – ganz im Gegensatz zu der oft fälschlich behaupteten »überproportional hohen Arbeitslosigkeit von Frauen«. Würde man die Hausfrauentätigkeit als Beruf mit in die Rechnung einbeziehen, wäre das Gefälle noch deutlich größer. Und auch in Zukunft werden zwei von drei neuen Arbeitsplätzen von Frauen eingenommen werden (220, 91; 294, 108–109; 474, 154–156).

Der Erziehungswissenschaftler Peter Struck sieht die Gründe für diese Entwicklung nicht allein in einer politischen Steuerung, sondern vor allem in einem gesellschaftlichen Umbruch: »All die neuen Berufe, die in den letzten 25 Jahren entstanden sind, wie Entwicklungsingenieur oder Kreativitätsmanager, werden überwiegend von Frauen besetzt. Klassische Männerberufe wie Fabrik- oder Hafenarbeiter dagegen sterben langsam aus. Für den Wandel von der Industrie- zur Dienstleistungsgesellschaft müssen Männer einen hohen Preis zahlen.« (128) Während in den Führungspositionen aufgrund ihrer höheren Qualifikation also im Augenblick noch mehr Männer sitzen, sieht es auf dem Gesamtarbeitsmarkt exakt umgekehrt aus.

Aus demselben Grund ist auch die in Frauenmagazinen gerne gemeldete Botschaft, es werde noch 475 Jahre dauern, bis die Frauen den Männern im höheren Management anteilsmäßig gleichgestellt seien, eine Milchmädchenrechnung. Diese Zahl ergibt sich nämlich nur, wenn man so tut, als verliefe die Entwicklung in gleichbleibendem Tempo. Doch daran glaubt heute kein Sozialwissenschaftler mehr. Stattdessen entstehen Veränderungen schubweise, sobald einmal eine kritische Masse erreicht ist. Heute schon besteht in etlichen Großunternehmen die zweite Führungsriege zu 50 Prozent aus Frauen. Diese Riege wird das Ruder übernehmen, sobald die obersten Topmanager in den Ruhestand getreten sind. Schon 1995 wurde jedes sechste der rund 3,2 Millionen Unternehmen in Deutschland von Frauen geführt. Etwa 110.000 Unternehmerinnen hatten einen Umsatz jenseits der Millionengrenze (1, 101–103). In der Gründungswelle, die derzeit in Europa ausbricht, liegen Frauen gegenüber Männern sogar mit zwei Dritteln in Führung – insbesondere bei den Ein-Person-Betrieben. Auch in den USA stieg die Zahl der Unternehmenseignerinnen rapide an: 1973 waren es noch 400.000, 1998 bereits acht Millionen (213, 72). Ähnlich stieg auf dem Finanzmarkt zwischen 1983 und 1995 die Zahl der Fondmanagerinnen um 7000 Prozent (1, 115). Währenddessen kletterten auch die Löhne und Gehälter der Frauen in die Höhe, während die der Männer stagnierten (362, 234).

Warum hält sich also das Gerücht vom Zu-Kurz-Kommen des weiblichen Geschlechts auch hier so hartnäckig? Nun, die Frauen werden gemerkt haben, dass sie auch in diesem Fall von ihrem Opferstatus profitieren. In Nordrhein-Westfalen etwa gibt es seit 1994 außer dem Arbeitsamt und sonstigen Beratungsangeboten allein 30 staatlich finanzierte Regionalstellen »Frau und Beruf«. Dieses Aktionsprogramm zahlt nur dann einen Zuschuss zur Schaffung eines Arbeitsplatzes, wenn die neue Stelle von einer Frau besetzt wird. Im »Technologieprogramm Wirtschaft« sind die Fördermittel für Unternehmen bei der Einstellung einer Frau um 20 Prozent höher. Aufträge der öffentlichen Hand, die allein im Jahr 1999 ein Volumen von 208 Milliarden Mark umfassten, gehen zuvörderst an Firmen, die sich die Frauenförderung auf die Fahnen geschrieben haben. Vertreter der deutschen Wirtschaft, etwa Timm Meyer vom Bundesverband der deutschen Industrie oder der Präsident des Arbeitgeberverbandes Dieter Hundt, warnen eindringlich vor der »Verschwendung von Steuergeldern« bzw. einem »Keim von Korruption«, wenn die Erteilung öffentlicher Aufträge nicht mehr von Qualität, Leistung und Preis, sondern von der Zahl der Mitarbeiterinnen in einer Firma abhängt. Sie werden ignoriert. Und nicht zuletzt kommen zu den fest etablierten mehreren tausend Berufs-Beratungsstellen und -Seminarangeboten ausschließlich für Frauen in Deutschland rund 1300 kommunale Frauengleichstellungsstellen sowie etliche Frauenbeauftragte in Behörden und Ämtern (220, 103–104; 473, 158–160). Selbst die Europäische Kommission führt ein internationales Modellprojekt »Preparing Women to Lead« durch, das den weiblichen Führungsnachwuchs durch Hospitanzen bei erfahrenen Mentorinnen im In- und Ausland fördern möchte (381, 25). Und der Nachrichtensender NTV berichtete am 11.11.1997, dass auch bei der Geschäftsgründung mittlerweile der Frauenbonus gilt, während Männer leer ausgehen. »Wären Sie eine Frau, könnte man da schon etwas machen«, bekommen sie zu hören. »Aber so ...« (136, 37).

Armut ist weiblich!

THESE: DIE BÜRGER, DENEN ES FINANZIELL
AM SCHLECHTESTEN GEHT, SIND FRAUEN

»Seit geraumer Zeit ist in der feministischen Armutsdiskussion unumstritten, dass der größte Teil der Armen aus Frauen besteht«, berichtet Ruth Köppen in ihrem Buch »Armut und Sexismus« (255, 9). Diese Behauptung wird von feministischen Gruppierungen wie »Die Frauen« gern zu dem Slogan »Armut ist weiblich« verkürzt: »Deshalb wollen wir ein Wirtschaftssystem, das nicht mehr auf Kosten von Frauen ... geht«, heißt es in deren Parteiprogramm, und natürlich darf auch der beliebte Totschlag-Slogan nicht fehlen, demzufolge Frauen weltweit zwei Drittel der Arbeit leisten, aber nur über zehn Prozent des Einkommens verfügen (141). Aus sachlich durchaus richtigen Formulierungen entwickelt sich in Windeseile nicht etwa eine differenzierte Betrachtung, sondern die altvertraute Opferideologie. Dass Frauen international am meisten Arbeit verrichten, aber am wenigsten entlohnt werden, ist korrekt. Interessanterweise bricht die feministische Analyse schon nach diesem einen Satz ab, statt zu erklären, woran das liegt: »Nach einem Bericht des Population Fund der Vereinten Nationen geht aus einer Untersuchung von 74 Entwicklungsländern hervor, dass 22 Prozent der Haushalte in Afrika, 20 Prozent in der Karibik, 18 Prozent in Asien, 16 Prozent im Nahen Osten und 15 Prozent in Lateinamerika allein von Frauen geführt werden.« Die Männer wandern auf der Suche nach Arbeit in Nachbarländer ab. »Zwei Drittel dieser Männer kehren niemals zurück. Ähnliches ist in fast allen Ländern der Dritten Welt zu beobachten. In Lesotho wurden im Jahr 1980 45,2 Prozent der ländlichen Haushalte von Frauen geführt, und nur weniger als die Hälfte erhielt finanzielle Unterstützung von den abwesenden Männern. In Indien beträgt die Zahl der von Frauen geführten Haushalte 35 Prozent innerhalb der ländlichen Bevölkerung ohne Landbesitz.« (20, 197) In den meisten Staaten der Erde ist die Situation also eine ganz andere als bei uns im reichen Norden. Hierzulande werden die allerwenigsten Familien überwiegend von einer Frau ernährt, hier ist es genau umgekehrt. Die Strategie der Feministinnen besteht einfach darin, dass sie die notleidenden Frauen in der Dritten Welt als Alibi heranziehen, um daraus eine Notsituation der Frau an sich zu konstruieren und für sich selbst eine *noch* bessere Versorgung zu fordern. Dieses Manöver ist allerdings ebenso geschmacklos wie durchsichtig. Helmut-Maria Glogger brachte es schon 1992 auf den Punkt: »Der Trick, klappt es mit einer Statistik nicht bei uns, nimmt man eine von der Elfenbeinküste, zieht nicht mehr.« (170, 179)

Anders als die satten und verwöhnten Frauenrechtlerinnen im Norden bestehen die Frauen in den Entwicklungsländern darauf, dass ihr Kampf gegen die Armut an der Seite ihrer Männer stattfindet. So kam auch die Kölner Heinrich-Böll-Stiftung folgerichtig zu dem Schluss: »Weiße Feministinnen wie Alice

Schwarzer müssten endlich einsehen, dass sie Nutznießerinnen der Ausbeutung der Dritten Welt seien ... Männer seien dagegen genauso wie Frauen Leidtragende dieses weißen Rassismus.« (196, 7) Sich als Mittäterin statt als ewiges Opfer zu fühlen, widerspricht allerdings den Grundprinzipien des feministischen Glaubens.

Kommen wir zu unserem eigenen Land: Auch hier ist zunächst einmal richtig, dass »der größte Teil der Armen aus Frauen besteht«. Allerdings ist der Abstand zu den Männern zu minimal, als dass man ernsthaft von einem »frauenfeindlichen Wirtschaftssystem« sprechen könnte: Von 1984 bis 1992 etwa waren rund elf Prozent der Frauen und neun Prozent der Männer einmal oder längere Zeit von Armut betroffen. Das ist kein Unterschied, der auf zum Himmel schreienden Sexismus hinweist. Die Statistiker weisen demnach auch ausdrücklich darauf hin, dass Erwerbsstatus, Bildung, Alter und Nationalität Armut beeinflussen können, dass aber »geschlechtsspezifische Unterschiede nicht zu beobachten sind« (474, 17).

Vor allem aber wenn man den Blick auf die Ärmsten der Armen unter uns wirft, die schätzungsweise 250.000 bis 350.000 Obdachlosen, dann halten *Männer* mit einem Anteil von um die 90 Prozent einen traurigen Rekord (423, 105; 474, 17). Dies räumt auch Ruth Köppen ein: »Männer sind also nicht a priori Täter und Frauen Opfer. ... Dies wird am Beispiel der nichtsesshaften Männer mit enormen Unterhaltsschulden« deutlich (255, 9). Tatsächlich ist es die Mehrheit der Wohnungslosen, die ihr Schicksal einer Scheidung und bewusster Ausgrenzung aus der Familie durch die Ehefrau zu verdanken haben (219, 80). Diese Gruppe hat allerdings keine politische Lobby hinter sich stehen: »Obwohl 90 Prozent aller Nichtsesshaften Männer waren und die Geschlechtsbedingtheit dieser Problematik direkt ins Auge sprang, wurde von Sozialwissenschaftlern keine männerspezifische Ursachenforschung betrieben.« (255, 273).

Dazu kommt, dass obdachlosen Männern nicht nur das Dach über dem Kopf fehlt, sondern auch Liebe und Zuneigung. Von den alleinstehenden Obdachlosen sind nach einer US-Statistik fast viermal so viele männlich wie weiblich (130, 250). Während es für eine Frau etwas ganz Normales ist, von einem Mann finanziell unterstützt zu werden, wird der umgekehrte Fall sozial nicht akzeptiert (225, 95). Ein Mann ist nur dann liebens- und begehrenswert, wenn er Erfolg hat. Schon arbeitslose Männer finden nur sehr schwer oder überhaupt nicht eine Lebensgefährtin (9, 38). Derselbe Sexismus, der ihnen gesellschaftliche Hilfe entzieht, lässt sie auch im privaten Sektor allein zurück.

Im Jahre 1998 ist allerdings Bewegung in die geschlechtsspezifische Obdachlosenunterstützung gekommen. In diesem Jahr forderte die Bielefelder Bundesarbeitsgemeinschaft für Wohnungslosenhilfe (BAG) nämlich einen »Dringlichkeitskatalog«. Wer jedoch erwartet, dass darin zum Beispiel die Frage enthalten sein soll, warum neun von zehn Nichtsesshaften männlich sind und welche männerspezifischen Probleme dafür verantwortlich sein könnten, der hat die bundesdeutsche Wirklichkeit immer noch nicht ganz begriffen. Statt dessen sollen »weibliche Notlagen« notiert werden, die zu einer Bevorzugung bei der sozialen Wohnungsvergabe führen sollen, außerdem natürlich ein flächendeckendes Netz von Frauenberatungsstellen mit weiblichem Fachpersonal und eigenen Notunterkünften (111, 15). Warum es inzwischen für zehn Prozent der Notleidenden ein Sozialprogramm gibt, nur weil diese zehn Prozent weiblich sind, und die weit überwiegende Mehrheit der männlichen Obdachlosen weiter im Stich gelassen wird (220, 80), das ist aus den Ausführungen der BAG nicht ersichtlich.

»Fünfzig-fünfzig – nur das ist fair!«

THESE: DIE QUOTENREGELUNG BÜRGT FÜR GERECHTIGKEIT

Normalerweise sehen Diskussionen über die Frage, ob es sinnvoll ist, Posten streng paritätisch nach Geschlechtern zu besetzen, folgendermaßen aus: Partei A gibt zu bedenken, dass Quotenfrauen, die nur aufgrund einer gleichmacherischen Firmenpolitik und nicht aufgrund eigener Leistung in eine Position gerückt seien, von ihren Mitarbeitern nicht für voll genommen und mit Respekt behandelt würden. Daraufhin wendet Partei B ein, dass sich dafür aber die Wahrnehmung der Allgemeinheit auf lange Sicht verändere: Wenn Männer sich daran gewöhnen, Frauen in Führungspositionen zu sehen, reagierten sie weniger sexistisch. Frauen auf der anderen Seite besäßen Identifikationsfiguren auf höherer Ebene, erkennen, dass bestimmte Ziele auch für sie erreichbar sind und werden dadurch angespornt. (Vieles von dem, was Partei B sagt, setzt Annahmen voraus, die wir soeben widerlegt haben, aber das sei einmal dahingestellt.) Im allgemeinen endet ein solcher Austausch von Argumenten mit einem Patt, und es wird *pro* Quote entschieden.

Nur hat die Quote aus Gründen, die nach den bisherigen Ausführungen offensichtlich sein sollten, nicht das *Geringste* mit Fairness zu tun:

• Aufgrund ihrer persönlichen Prioritätenliste haben deutlich weniger Frauen als Männer vor, in eine leitende Position vorzurücken (laut einer der obigen Statistiken 14 Prozent Frauen gegenüber 46 Prozent Männer). Nehmen wir einmal an, um zwei freie Posten in der Chefetage einer Firma bewerben sich zwei Frauen und sechs Männer. Die Posten sollen aber paritätisch besetzt werden. Folglich hat eine weibliche Bewerberin eine Chance von eins zu eins für den Aufstieg, ein männlicher Bewerber aber nur eins zu fünf.

• Die Quotenregelung ruiniert das System des freien Marktes als Garant für die Chancengleichheit. Zuvor wurde der besser qualifizierte, am meisten mit

»Humankapital« ausgestattete Bewerber vorgezogen. Erst durch die Quote wird überhaupt das für die Besetzung von Positionen völlig irrelevante Kriterium der Geschlechtszugehörigkeit ins Spiel gebracht. Mittlerweile wird von Politikerinnen sogar gefordert, Quoten für den Aufstieg in bestimmte Hierarchiegruppen vorzuschreiben (115, 99). Frauen hätten dann keinerlei Anreiz mehr, ihre Leistung zu verbessern und Fähigkeiten zu entwickeln, die auf dem Markt stärker nachgefragt werden. Statt dessen erhalten sie eine eindeutige Botschaft:»Bleibt bei dem, was ihr schon könnt. Ohne massive Hilfe der Regierung ist sowieso keine Frau in der Lage, es je zu irgendwas zu bringen.« (520)

- Nachträglich die vermeintlichen Fehler der Vergangenheit durch bevorzugte Behandlung von Frauen korrigieren zu wollen, hat mit Gerechtigkeit nichts zu tun, wie die Feministin Wendy McElroy ausführt:»Die Frauen, die von der bevorrechtigten Einstellung profitieren, sind nicht dieselben Frauen, die Jahrhunderte der Ungerechtigkeit ertragen mussten. Das garantiert die simple Tatsache der menschlichen Sterblichkeit. Es ist unmöglich, die Geschichte der Menschheit neu zu schreiben. ... Selbst eine so umfassende Wiedergutmachung wie sie den Opfern einer so unermesslichen Tragödie wie dem Holocaust gewährt wird, erstreckt sich nicht auf zukünftige Generationen.« Dazu komme, dass Männer, die wegen der bevorzugten Behandlung von Frauen zurückgestellt werden, für etwas»bestraft« werden, das sie nicht zu verantworten haben (304, 71).

- Quotenregelungen werden interessanterweise nur verlangt, wenn es darum geht, den Rahm einer Gesellschaft für Frauen sicherzustellen. Die saure Milch kann ruhig den Männern alleine überlassen werden. Es gibt keine Quotenregelung für Kanalarbeit oder ähnlich unangenehme und schmutzige Jobs, die gerecht auf die Schultern beider Geschlechter verlagert werden sollten. Man könnte ja mal das Experiment machen und Scharping so lange nur noch Frauen in die Bundeswehr einziehen und in den Krieg schicken lassen, bis die Geschlechtergleichheit dort erreicht ist. Klingt makaber?
Wenn Männer die Opfer dieser Politik sind, klingt es»normal«. Ein amerikanischer Maskulist hat eine andere ironische These anzubieten:»Solange die Quotenregelung nicht auch sexuelle Freiheit für Männer garantiert, indem sie etwa von Frauen verlangt, sich mit Volldeppen, Spinnern, Freaks und anderen Opfern der Diskriminierung in der Single-Szene zu treffen sowie 50 Prozent des Fragens und des Einladens zu übernehmen, befürwortet die Regierung sexuelle Diskriminierung.« (307) Der Vorschlag klingt natürlich grotesk, passt aber zu dem feministischen Credo, dass auch das Private und Persönliche politisch sei.

- Im Fall der Quotenregelung macht Esther Vilars oben zitierter Einwand Sinn, dass es unsozial ist, männliche Familienernährer und weibliche Selbstversorger gleichermaßen zu entlohnen.

Alles in allem ist unschwer einzusehen, dass eine Quotenregelung nicht der Beförderung von Gerechtigkeit hilft, sondern ihrer rückhaltlosen Zerstörung. Sie ist ein Orwellsches Monstrum, das einige Menschen »gleicher« macht als andere und ohne den Druck einer im Kern totalitären Ideologie (wie im zweiten Teil des Buches zu zeigen sein wird) niemals gedeihen könnte. Andere offensichtliche Nachteile der Quote sind, dass sie eine Wir-gegen-die-Mentalität erzeugt und Frauen entmündigt: »Es gab beispielsweise in Hessen und Niedersachsen massive Widerstände gegen die Bevormundung von Amts wegen. Frauen wehrten sich vehement dagegen, als Wesen dargestellt zu werden, die nicht in der Lage sind, ihre Interessen selber zu vertreten.« (550, 50–51) Leider ist die Einstellung »Frauen, wir wissen am besten, was gut für euch ist!« ein grundlegendes Kennzeichen des Feminismus.

Tatsächlich aber ist auch die Quotenregelung mit all ihren Ungerechtigkeiten nichts, was nicht noch von einer männerfeindlichen Regierungspolitik überboten werden könnte. Am 13. Dezember 2000 nämlich stellte Frauenministerin Bergmann ein Gesetz für den öffentlichen Dienst vor, dem zufolge Frauen in Bereichen, in denen sie unterrepräsentiert sind, sogar *bevorzugt* eingestellt und befördert werden müssen. Bewerben sich also ein Mann und eine Frau um eine Stelle in einem Bereich, an dem Frauen normalerweise wenig Interesse haben, erhält bei gleicher Befähigung automatisch der Mann eine Absage. Ist seiner Mitbewerberin ihre Familie so wichtig, dass sie ihr einen Teil der Zeit widmen möchte, die normalerweise von ihrem Beruf beansprucht werden würde, dann muss diese Stelle eben in einen Teilzeitarbeitsplatz umgewandelt werden – selbst wenn es sich um einen Führungsposten handelt. Eine ähnliche Regelung sollte der Wirtschaft schon im Jahr 2001 drohen, konnte jedoch zunächst abgewendet werden. (24; 337)

Umgekehrt wird übrigens noch lange kein Schuh daraus: Als ein Verwaltungsjurist vor dem Arbeitsgericht Bonn klagte, nachdem ihn ein »frauenorientierter Betrieb« der Finanzdienstleistungs-Branche wegen seiner Zugehörigkeit zum männlichen Geschlecht nicht einstellen wollte (was umgekehrt als ein eindeutiger Fall sexistischer Diskriminierung behandelt worden wäre), unterlag er, weil »die Eigenschaft, eine Frau zu sein, in dem Betrieb nun mal eine unverzichtbare Voraussetzung sei, um die Tätigkeit glaubwürdig und kompetent auszufüllen«. Mit anderen Worten: Die Richtlinien der Europäischen Union, nach denen Stellenangebote geschlechtsneutral ausgeschrieben werden müssen und das Geschlecht der Bewerber bei gleicher Qualifikation keine Rolle spielen darf, wurden ignoriert, da es sich bei der benachteiligten Person um einen *Mann* gehandelt hatte (246a).

Mutter der Kompanie

THESE: FRAUEN SIND BESSERE FÜHRUNGSKRÄFTE

»Wenn ich lese: ›Frauen führen anders‹, ›Frauen sind die besseren Chefs‹, dann regt mich das richtig auf«, wird eine Dezernatsleiterin namens Marianne Dierks in Annette Hillebrands »Macht Arbeit Frauen wirklich glücklich?« zitiert: »Ich kann doch nicht alles anders, viel besser und viel menschenfreundlicher machen, nur weil ich eine Frau bin!« (199, 19)

Genau das verlangt die Frauen-sind-besser-Bewegung allerdings von ihr. Typisch hierfür ist der im September 1998 von der Zeitschrift »Cosmopolitan« veröffentlichte »Karriere-Guide für das neue Jahrtausend«, dem zufolge Frauen die besseren Manager seien, weil sie über eine ganzheitliche Denkweise, mehr Kreativität, Lebensnähe, Gefühle und die so lange vernachlässigte weibliche Intuition verfügten (211, 8). Entsprechende Klischees ziehen sich mittlerweile durch unzählige Darstellungen von Personalberatern. Wir haben uns mit dieser sexistisch-biologistischen Denkweise schon in einem früheren Kapitel beschäftigt, so dass wir darauf nicht noch einmal detailliert einzugehen brauchen. Tatsächlich zeigen zahllose Studien, dass Frauen, die in Experimenten die Rolle des Chefs oder Leiters zugewiesen bekommen, sich genauso verhalten, wie es dem Klischee nach nur Männer tun, z.B. eine größere Aggressivität und weniger Zurückhaltung an den Tag legen. Selbst ihre Körpersprache und die Form ihrer Äußerungen verändern sich: hin zu häufigerem direkten Blickkontakt, mehr autoritären Anweisungen, weniger Fragen und weniger unterstützenden und bestätigenden Kommentaren (135, 73–74). Männer wie Frauen agieren aus, was ihre Rolle von ihnen verlangt.

Eine gründliche deutsche Studie zu diesem Thema wurde Mitte 1999 von Sonja Bischoff, Hamburger Professorin für Wirtschaft und Politik, vorgelegt. Sie ist unter dem Titel »Frauen und Männer in Führungspositionen« im Bachem-Verlag erschienen. Bischoff befragte für ihre Untersuchung 350 Männer und Frauen aus dem mittleren Management, die Erfahrungen mit weiblichen und mit männlichen Vorgesetzten gemacht hatten. Das Ergebnis fiel für weibliche Führungskräfte wenig schmeichelhaft aus: Nur 15 Prozent der befragten Frauen (!) äußerten sich lobend über ihre Chefinnen, ein Viertel von ihnen fand die Zusammenarbeit mit einem männlichen Boss angenehmer. Als Macken der weiblichen Vorgesetzten werden vor allem Rivalitätsdenken und »Stutenbissigkeit« beklagt – Letzteres bezeichnet im psychologischen Jargon das Konkurrenzverhalten von Frauen untereinander. Auch im Spinnen hinterhältiger Intrigen seien Frauen »phantasievoller«. Insgesamt kommt Bischoff zu dem Schluss, dass männliche und weibliche Chefs gleichermaßen anstrengend sein können (39, 34–35). Die Ergebnisse dieser Studie wurden Anfang 2000 von einer irischen Untersuchung bestätigt: Auch dort betonten die befragten Frauen, dass ihre weiblichen Chefs in Sachen Mobbing jeden Mann weit hinter sich ließen – und zwar insbesondere in vermeintlich typischen Frauenberufen wie Pflege und Erziehung. Die weiblichen Angestellten dieser Frauen fühlten sich häufig »emotional misshandelt« – in Extremfällen bis an die Grenze zum Selbstmord (179).

Böse Mädchen kommen immer

THESE: NUR MIT ANTISOZIALEM VERHALTEN KÖNNEN FRAUEN SICH ERFOLGREICH DURCHSETZEN

Keine dieser mobbenden weiblichen Vorgesetzten und auch keine mobbende Angestellte fand je eine bessere Rechtfertigung für ihr Tun als Ute Ehrhardts Megaseller »Gute Mädchen kommen in den Himmel, böse kommen überall hin«. Dass dieses Buch ein derartiger Kassenerfolg wurde, ist keine Überraschung. Das Patentrezept war mit »Warum Bravsein uns nicht weiterbringt« eine extrem simple Botschaft, die es schaffte, den Leserinnen selbst ihr zickigstes, rücksichtslosestes und egoistischstes Verhalten noch als Tugend zu verkaufen. Dabei konnten einem die Frauen, die auf diese Masche der Autorin hineinfielen, nur leid tun: Erfolg hat lediglich die Autorin, die Leserinnen werden verladen. Inwiefern erklärt der »Psychologie heute«-Autor Rainer Kakuska im folgenden Absatz. Alles kursiv Gedruckte sind Originalzitate aus Ehrhardts Buch: »Die vorbildlich böse Frau pflegt ihre Wut, denn sie weiß, dass *Wut eine Energiequelle ist.* Vor einem Streit beschließt sie *unumkehrbar,* wie das Ergebnis auszusehen hat; sollte ihr Partner das nicht einsehen, schickt sie ihn eben zum Teufel. Sie geht mit einer Freundin in die Kneipe *und betrachtet die Männer abschätzend von unten nach oben. Sie übernimmt die Führung, wo immer sie dazu Gelegenheit hat.* Sie *akzeptiert die Blessuren* der Leute, die sie verletzt, und zwar ohne Skrupel. *Böse sein will gelernt sein.* Frauen sollen zum Beispiel üben, *unter der Gürtellinie zu argumentieren,* in Diskussionen *heucheln* sie *Wissbegier,* um den Gegner aus dem Konzept zu bringen. *Sie machen ihn mit scheinbarer Zustimmung mundtot* oder entnerven ihn mit komplizierten Formulierungen. *Lange Sätze mit verschlungenen Argumentationsketten sind ein spannendes Mittel, die Konzentration des Gegners zu testen und auszuheben.* Böse Frauen freuen sich, wenn sie entdecken, dass sie gut lügen können. *Lügen ist eine Eigenschaft, aus der man selbst deutlich Nutzen ziehen kann, und es ist sicher gerechtfertigt, stolz auf diese Eigenschaft zu sein und sich deshalb zu schätzen.* Böse Frauen begeistern sich an Sätzen wie *Ich kann mit Blicken töten* oder *Ich kann andere so stark beeinflussen, dass sie nachher kaum glauben, wozu sie ›ja‹ gesagt haben.* Sie sagen: *Ich gehe nicht über Leichen, aber durchaus über Leichtverletzte.* Ihre Devise ist: *fordern, fordern, fordern.* Gleichzeitig weisen sie die Erwartungen ihrer Umwelt mit einem klaren Nein zurück.

Logo.« In Ehrhardts Folgeband »Und jeden Tag ein bisschen böser« schlägt die Autorin in dieselbe Kerbe: »Verzichten Sie auf Gefälligkeiten« (100, 159) heißt es dort etwa. Eine Frau, die sich daran beteiligt, einen Vorgesetzten zu mobben, den sie nicht leiden kann, zeige »Kämpfermentalität« und »erfolgversprechenden Ehrgeiz« (100, 180). Erhardt rühmt eine Dame namens »Paula«, weil diese sich »einen Toyboy, einen Mann zum Spielen« hält, den sie sogar dazu brachte, sein Auto zu verkaufen, um sie zu einem Urlaub einzuladen (100, 35). Entlarvend ist es da, wenn die Autorin Selbstverständlichkeiten eigens betonen muss: »Grobe Täuschungen oder Gewaltandrohungen sind verwerflich. ... Kriminelles Verhalten ist tabu.« (100, 105)

Wie schon gesagt, ein Megaseller, der sich selbst am Leben erhält: Denn je mehr Frauen diese Ratschläge verfolgen, desto mehr werden sie in beruflichen und privaten Beziehungen scheitern, daran den Männern die Schuld geben und zu neuen Böse-Mädchen-Büchern greifen. Für Autorin und Verlag genial, verheerend für die Gesellschaft. Während einerseits immer klarer erkannt wird, dass z. B. Mobbing am Arbeitsplatz die Berufswelt vergiftet und den Betrieben irrsinnige Kosten verursacht, scheint eben dieses asoziale Verhalten eine klasse Sache zu sein, wenn es von Frauen ausgeht. Und Sie wundern sich, dass Sie in letzter Zeit immer öfter Egomaninnen begegnen und immer mehr Partnerschaften in die Brüche gehen? Dabei beruht das Böse-Mädchen-Prinzip mit all seinen Nachfolgern (»Machiavelli für Frauen«, »Hexen kennen keinen Karriereknick« etc.) auf zwei einfachen Grundideen.

• Die erste wurde schon immer angewandt, wenn eine gesellschaftliche Gruppe einer anderen in die Knie schießen wollte: Man unterstellt dem Opfer, das betreffende bösartige Verhalten werde von ihm selbst verübt, so dass man sich nur revanchieren wolle. Klassische Feindpropaganda: »Ab 5:45 Uhr wird zurückgeschossen.« Im vorliegenden Fall wird dies durch die Behauptung unterstützt, dass unsere Gesellschaft zweierlei Maßstäbe anlege und bei Männern toleriere, was sie Frauen niemals durchgehen lasse: »Wenn eine Frau Thatcher auf den Falkland-Inseln einmarschiert, ist das böse; tut ein Herr Saddam das gleiche in Kuwait, ist die Öffentlichkeit begeistert«, ziehen Martina Kahl und Petra Schneider diesen Unfug in ihrer genialen Satire »Böse Mädchen kommen überall« durch den Kakao (231, 23).

• Die zweite Rechtfertigung für asoziales Verhalten ist schon wesentlich einfallsreicher in ihrer Dreistigkeit. Sie benutzt ein paar einfache Kernthesen des Feminismus: Die Welt, in der wir leben, ist komplett von Männern geformt. Alles, was von Männern geformt ist, ist schlecht und muss von Frauen umgewandelt werden. Also müssen auch die moralischen Grundsätze unserer Welt von Frauen auf den Kopf gestellt werden. Diese Idee ist keine Satire, sondern wird von einer Autorin wie Ruth Rothmann in ihrem Buch »Sei ein Biest!« ernsthaft vertreten.

• Der Grund, warum das Böse-Mädchen-Spiel in diese Sammlung populärer Irrtümer aufgenommen wurde, ist, *dass es schlichtweg nicht funktioniert.* Das liegt eigentlich auch auf der Hand: Kein Mensch möchte mit einer erwiesen unberechenbaren und rücksichtslosen Frau Geschäfte machen oder sich mit ihr auf eine Partnerschaft einlassen. Psychologen sind sich darin völlig einig, dass jemand, der ein solches Verhalten anwendet, sich damit lediglich selbst ein Bein stellt: Er gewinnt jeden Streit und wundert sich dann darüber, dass ihm alle möglichen Leute Steine in den Weg legen (233, 68).

Man hat fast den Eindruck, dass die Böse-Mädchen-Welle die neuste Masche sein könnte, Frauen von ihrem Weg in die Chefetagen abzuhalten. Es spult die weibliche Variante von Ratschlägen der achtziger Jahre ab (zu Karriere und Geschäftserfolg braucht man nicht mehr als Ellbogen), die sich längst als falsch herausgestellt haben. Den Managern werden nämlich von Fachleuten inzwischen viel vernünftigere Erfolgsstrategien empfohlen, die auf gemeinsamen Problemlösungsstrategien statt auf sogenannten Nullsummenspielen fußen. Nullsummenspiele – also Auseinandersetzungen, bei denen sich die Kontrahenten so lange bekämpfen, bis es einen Gewinner und einen Verlierer gibt – haben allzu oft dazu geführt, dass *beide* Gegner zu Verlierern werden. So haben ruinöse Preiskämpfe ganze Branchen zerstört. Konsequenterweise werden neue Winner/Winner-Strategien erdacht, etwa das 90-Prozent-Prinzip: Grundsätzlich kooperiert man mit allen anderen, um unnötige Konflikte zu vermeiden; wird man hingegen selbst angegriffen, schlägt man zwar zurück, aber nur mit 90 Prozent der Angriffsstärke, um die Auseinandersetzung nicht eskalieren zu lassen, sondern einzudämmen. Solche Bewältigungsmuster erweisen sich in der Praxis als sehr erfolgreich (155, 29–48). Es scheint wirklich höchste Zeit zu sein, dass mehr Frauen in die Chefetagen einziehen. Und sei es auch nur, um zu lernen, dass man Konflikte auch auf erwachsene Weise handhaben kann.

Bezeichnend ist allerdings die Unzahl der Leserinnen, die solche Böse-Mädchen-Ratgeber kaufen. Vielleicht liegt einer der Gründe, dass wir nicht längst viel mehr weibliche Führungskräfte haben, darin, dass etliche Frauen zu glauben scheinen, zu einer erfolgreichen Karriere gehöre nicht mehr als das Erlernen von ein paar billigen, fiesen Tricks. Ab und an könnte es nichts schaden, es statt dessen einmal mit Leistung zu versuchen ... So ganz scheint Ute Ehrhardt die Verantwortung für ihre eigenen Ratschläge übrigens nicht übernehmen zu wollen. »Mancher Rat von mir«, warnt sie im Vorwort ihres zweiten Bandes, »kann im Einzelfall für eine bestimmte Frau in einer bestimmten Situation falsch sein.« (100, 8) Mit anderen Worten: Wenn Sie, liebe Leserin, durch Mobben Ihren Job und durch Lügen Ihren Partner verlieren – geben Sie bloß nicht Ute Ehrhardt und ihren Büchern die Schuld daran! Sie kann nichts dafür. Ihre Hände sind sauber.

Männer drücken sich vor der Hausarbeit

**THESE: DIE DOPPELBEANSPRUCHUNG HAUSHALT
UND BERUF GEHT ZU LASTEN DER FRAU**

Dass Männer in gleichem Umfang Familien- und Hausarbeit wie Frauen leisten sollen, wird schon seit einiger Zeit von Feministinnen gefordert – etwa von der Soziologin Elisabeth Beck-Gernsheim oder SPD-Politikerinnen wie der baden-württembergischen Familienministerin Brigitte Unger-Sokya (SPD), der Gleichstellungsbeauftragten Ursula Schmidt oder Monika Griefahn (219, 155). Männer, die ihre Hälfte des Haushalts nicht übernehmen, sollte man gefälligst gerichtlich dazu verpflichten, befand 1999 die Grünen-Abgeordnete Irmingard Schewe-Gerigk und erntete damit sogar Titelschlagzeilen in der »Bild«-Zeitung (117, 20).

»Männer, das faule Geschlecht« überschrieb die Zeitschrift »Psychologie heute« 1998, einem Buchtitel der »Emma«-Redakteurin Claudia Pinl folgend, eine Statistik über den angeblich mangelnden Einsatz von Männern bei Haushalt und Kindererziehung. Und im begleitenden Artikel findet es die Redakteurin Ursula Nuber »nicht weiter verwunderlich, dass 90 Prozent der befragten Frauen zuwenig Zeit für sich selbst und ihre eigenen Interessen finden« (332, 44). Man möchte direkt mitweinen, wenn auch weniger aus Zustimmung zu diesem Selbstmitleid, denn aus Verzweiflung darüber, was heutzutage so alles als Argument serviert wird. Glaubt Frau Nuber ernsthaft, wenn man Männern diese Frage stellen würde, würde die Antwort anders lauten? Astrid von Friesen, Redakteurin der Süddeutschen Zeitung, analysiert die Egozentrik mancher »moderner« Frauen in ihrem Artikel »Eine Generation im Dauerflunsch« sehr treffend: »Männliche Erwerbsarbeit zählt bei Frauen immer weniger, als sei jeder Job ein Jux oder die pure zehnstündige Selbstverwirklichung im Liegen. Nur die eigene Arbeit zu Hause hat Gewicht. ... Warum schaffen es junge Frauen nicht, innerhalb von zehn Stunden einen kleinen, volltechnisierten Haushalt und die Betreuung von zwei Kindern zu erledigen?« (515) Vermutlich weil man ihnen mit allerlei Rhetorik, Propaganda und Zahlenakrobatik lange genug erklärt hat, dass jeder Tastendruck auf die Spülmaschine von Sklavenhaltung praktisch ununterscheidbar ist.

»Wer die hierzulande üblichen Milchmädchenrechnungen hinsichtlich der weiblichen Hausarbeit und Erziehungsleistung als Ökonom, Soziologe oder Kulturwissenschaftler überprüft«, erklärt Katharina Rutschky, »wird solche Hochrechnungen mit Skepsis aufnehmen – der Leser und vor allem die Leserin sind beeindruckt von den sogenannten Fakten« (399, 9–10). Zwei einfache Beispiele für statistischen Hokuspokus mögen genügen:

• In dem oben erwähnten »Psychologie heute«-Artikel wird sich über die mangelnde Abwaschmoral des deutschen Mannes ausführlich entrüstet: »Auch wenn beide Partner berufstätig sind, ist es nach wie vor die Frau, die sich nach Feierabend an den Herd begibt und sich um die Kinder kümmert. Auf diese Weise kommen erwerbstätige Frauen auf vier Stunden Hausarbeit täglich, Männer dagegen nur auf 1½ Stunden.« Na wenn das kein Skandal ist! Oder haben Sie den Denkfehler in den letzten beiden Sätzen etwa schon gefunden? Natürlich besteht der Trick in dem Wort »berufstätig«. In einer bestehenden Ehe arbeiten heute nur 20 Prozent der Frauen Vollzeit, 43 Prdozent arbeiten überhaupt nicht, sondern lassen arbeiten (317). Unter diesen Umständen *Männer* »das faule Geschlecht« zu nennen, ist in etwa so, wie wenn Boris Jelzin den Dalai Lama als einen verdammten Alkoholiker beschimpfen würde. So erwähnt dankenswerterweise *derselbe* »Psychologie heute«-Artikel, dass bei einer Vollzeit-Berufstätigkeit der Frau ihr männlicher Partner 44 Prozent der Hausarbeit und 52 Prozent der Kinderbetreuung übernimmt. Lediglich bei einer Teilzeitbeschäftigung der Angetrauten fällt die Rate auf 25 bzw. 38 Prozent (332, 46).

• Sehr schön ist auch das Ergebnis einer »Brigitte«-Umfrage zu diesem Thema. Die Frauenforscherinnen kommen zu dem Schluss: »Väter ... beteiligen sich so gut wie gar nicht an der Hausarbeit«. Grundlage dafür ist, dass nur zwischen null und fünf Prozent der befragten Männer angaben, der Haushalt sei *überwiegend* ihre Sache (309, 21). Daraus zu schließen, dass sich ebenso wenige Männer überhaupt an diesen Tätigkeiten *beteiligten*, kann nur in einer extrem ideologisch ausgerichteten »Forschung« entstehen, in der man versucht, die gesammelten Fakten in die Schablone des gewünschten Ergebnisses hineinzuhämmern – zur Not mit aller Gewalt.

»Die Differenz zwischen der täglichen häuslichen Anwesenheitsdauer aller berufstätigen Männer mit berufstätiger Partnerin und der der Frau beträgt ... durchschnittlich 2,2 Stunden«, behauptet »Brigitte« weiter (309, 56). Die Zeit, die für einen mit Geschirrspülmaschine und Wäschetrockner ausgerüsteten Vier-Personen-Haushalt pro Tag aufgewendet werden muss, beträgt bei »einigermaßen routinierten Hausfrauen, die in bezug auf Reinlichkeit hohe Ansprüche stellen«, allerdings auch nur zwei Stunden und 24 Minuten. Das wurde schon vor Jahrzehnten von Esther Vilar in einer ausführlichen Aufschlüsselung der einzelnen notwendigen Tätigkeiten dargelegt und von etlichen ungläubigen Zeitungsredaktionen überprüft (512, 347). Dieser Zeitraum ist nicht wesentlich größer als der, den ein Mann morgens und abends damit verbringt, seinen Wagen überhaupt nur durch den Berufsverkehr zu steuern. Natürlich kann er durch Telefonate, Mittagsschlaf, »Jürgen Fliege« und so weiter deutlich gestreckt werden. Diesen Luxus haben voll berufstätige Männer allerdings nicht.

Diese gehen beispielsweise um sieben Uhr morgens aus dem Haus, kommen nach einer Stunde Fahrt um acht an ihrer Arbeitsstelle an (Männer haben weitaus öfter einen deutlich längeren Arbeitsweg als Frauen, weil sie ihn als Ernährer für einen höheren Verdienst eher in Kauf nehmen), haben um fünf Feierabend und sind – wenn sie keine Überstunden machen und unterwegs keine Einkäufe oder Behördengänge erledigen, was in der Regel der Fall ist – um sechs zu Hause. Oft arbeiten sie in Schichten, stehen auch mal zwei Stunden auf der Autobahn oder sind auf Montage im In- oder Ausland unterwegs. Dies alles sind Notwendigkeiten, von denen die durchschnittliche Frauenpolitikerin keinen Begriff zu haben scheint. Aber selbst im »Idealfall« sind Männer elf Stunden (oder länger) unterwegs und haben abends kaum noch die Nerven für eine angemessene Beteiligung an Kindererziehung oder Haushaltsführung. (Nichtsdestotrotz bekommen selbst voll im Beruf stehende Männer laut Angaben des Statistischen Bundesamtes noch zwei Stunden pro Tag für Hausarbeit und Kinderbetreuung auf die Reihe; 254, 44). Kann man diesen Männern Faulheit vorwerfen, wenn sie zum Ende des Tages endgültig ausgelaugt und erschöpft sind? Nein, denn ganztags berufstätigen Mitgliedern des weiblichen Geschlechts geht es nicht anders. »Abends muss ich meine Ruhe haben«, lautet ein typischer Satz von Karrierefrauen. »Verwundern kann er kaum. Alle Frauen berichten davon, wie anstrengend ihre Arbeit ist, wie sehr sie die Kräfte des Körpers, ihrer Seele und ihres Kopfes beansprucht. Abends ›reicht es einfach‹, ›dann ist Schluss‹« (199, 20). Dies berichtet Regine Hillebrand in ihrem Buch »Macht Arbeit Frauen wirklich glücklich?«. Bezeichnend ist, dass Männer mit dieser Einstellung als Paschas beschimpft werden. Frauen werden bedauert, weil sie ihre Berufstätigkeit dermaßen auslaugt. Infolgedessen flüchtet die Mehrheit von ihnen wieder zurück an den heimischen Herd (438, 84) – wo sie sich prompt wieder als Opfer der patriarchalen Ausbeutung fühlen darf.

Im Weltbild von Feministinnen wie Alice Schwarzer ist auch die teilzeittätige Ehefrau von 5.45 Uhr bis abends um 21.30 Uhr auf den Beinen, und selbst dann liest sie selbstverständlich noch Kochbücher. Ihr voll berufstätiger Mann scheint indessen nach Feierabend um 15.45 Uhr in eine Art Totenstarre zu verfallen und höchstens einmal Kontoauszüge zu überprüfen oder Fotos einzukleben (117, 6). Man meint, es mit einer Satire auf feministische Vorstellungen vom Familienleben zu tun zu haben, aber das alles hält Frau Schwarzer wahrhaftig für typisch. Tatsächlich ist die Liste der männlichen Tätigkeiten für Haushalt und Familie so lang, dass sie etwa im neusten Buch des amerikanischen Maskulisten Warren Farrell volle sieben Seiten umfasst. Die breite Palette reicht von Reparaturen am und im Haus, Schneeschaufeln, Anstreichen, Möbel transportieren und umstellen, Betten, Kinderspielzeug und Zelte zusammenstecken, alles im Zusammenhang mit Grillen vom Einkaufen bis zum Reinigen, Chauffeurdienste, alles im Zusammenhang mit Fahrzeugen vom Kauf über die Wartung und Reinigung bis zu leichten Reparaturen des Wagens, Erledigen von Besorgungen, Briefwechsel mit Behörden, Rechnungen und Steuererklärungen, alles im Zusammenhang mit dem Garten vom Anpflanzen über das Rasenmähen bis zum Errichten von Zäunen und buchstäblich Hunderte Dinge mehr (131, 100–106). Zusätzlich erbringen viele Männer Schwarzarbeit, um ein Zubrot für die Familie zu erwerben. Sie bauen stundenlang am eigenen Haus oder nach dem Motto »Eine Hand wäscht die andere« an dem von Freunden und Bekannten, weil ohne gegenseitige Unterstützung ein Zuhause für die Familie nicht zu finanzieren wäre. »Kaum ein Mann und Vater stellt sich diesen Anforderungen nur, weil er begeistert arbeitet«, erklärt Karin Jäckel. »Er tut es auch als Liebesbeweis, um seiner Familie etwas bieten zu können.« Abends ist er müde, daher reizbar und reif für den Fernsehschlaf. »Und schon knallen bei Frau und Kindern die Sicherungen raus, denn ihre Erwartungshaltung an den Mann und Vater endet nicht bei der Ablieferung des Geldes.« (219, 152) Wie reagiert unsere Gesellschaft auf diesen ständigen Leistungsdruck für Männer? Sie bedauert die Frauen.

»Der Status Ehefrau hat seinen Preis«, verkündet Ute Ehrhardt in ihrem Machwerk, das die Böse-Mädchen-Welle begründete. »Er liegt ... darin, eine Bereitschaft zu entwickeln, zu dienen und sich zu unterwerfen. Bereit zu sein, für andere die Drecksarbeit zu erledigen und es als Lebensglück zu betrachten, sich unterzuordnen und immer die zweite Geige zu spielen.« Belohnt wurde Frau Ehrhardt dafür, dass sie jede verheiratete Frau als geknechtete Märtyrerin anpries, indem diese Frauen das Buch aus den Regalen rissen und die Kasse der Autorin klingeln ließen. So macht man heutzutage Bestseller: Man dient sich einer möglichst großen Gruppe potentieller Leser an und schürt Aggressionen gegen eine andere. Alles, was dazu nötig ist, ist extreme Schwarz-Weiß-Malerei. Mit keiner Silbe erwähnt Ute Ehrhardt die »Drecksarbeit«, die Männer auf Baustellen, in der Kanalisation oder in der Ellbogengesellschaft der Unternehmen auf sich nehmen, um ihre Familie überhaupt zu ernähren. Auch die unendliche Vielfalt an Tätigkeiten, die der Ehemann nach Feierabend am und im Haus erledigt, ist Frau Ehrhardt keinen Atemzug wert. Warum auch? Je dümmer und einseitiger eine Autorin sich einer männerfeindlichen Stimmung anschließt, um so höher springen die Auflagen.

Aus der obigen Liste von Tätigkeiten wird auch sehr schnell deutlich, warum so leicht der Eindruck entstehen kann, dass Männer sich an der Hausarbeit kaum beteiligen. Zum einen liegt es am Begriff »Hausarbeit«, bei dem man automatisch nur an Tätigkeiten wie Waschen, Spülen und Putzen denkt. Wenn ein Mann für feministische Studien befragt wird, welchen Teil der »Hausarbeit« er übernimmt, kommt er gar nicht auf den Gedanken, Behördenkorrespondenz oder das Herumkutschieren der Kinder anzuführen. Das sind aber ebenfalls notwendige Dinge, die ebenfalls Zeit und Mühe kosten. Zum anderen ist die männliche Arbeit für Haus und Familie im Gegensatz zur weiblichen sehr stark auf Jahreszeiten oder bestimmte Projekte bezogen. Muss ein Mann im August angeben, welche Tätigkeiten er normalerweise nach Feierabend übernimmt, fällt ihm überhaupt nicht ein zu erwidern: »Ich schaufele Schnee, ich stelle den Weihnachtsbaum auf und schmücke ihn, ich erledige die Steuererklärung.« Fehlerquelle drei ist, dass Frauen ihre eigene Arbeitsleistung leicht überschätzen. Vergleiche zwischen den Schätzungen von Frauen und von ihnen angelegten Tagebuchaufzeichnungen haben ergeben, dass sie zum Beispiel die dreifache Zeit für Kindererziehung angeben, die sie tatsächlich aufwenden, Männer hingegen nur die Hälfte der Zeit veranschlagen, die sie für Reparaturen und ähnliche Aufgaben tatsächlich tätig sind. (Was die Arbeit im Berufsleben angeht, verhält es sich übrigens ähnlich; 131, 112–115). Unter dem Strich können die feministischen »Forscherinnen« mit ihren einseitigen Befragungen zufrieden das gewünschte Ergebnis verzeichnen: Die Frau rackert sich ab, der Mann ist ein faules Stück und lässt sich bedienen. Feministinnen Studien über die Arbeitsverteilung der Geschlechter erstellen zu lassen ist ungefähr so, als beauftrage man die SPD damit herauszufinden, welche Partei am meisten für Deutschland getan habe.

Besonders irritierend ist es, wenn solche manipulierten Statistiken die Ebene der Vereinten Nationen erreichen. 1995, im Jahr des Weltfrauentages in Peking, veröffentlichte die UNO eine Studie, der zufolge die Mitglieder des weiblichen Geschlechts mehr bezahlte und unbezahlte Arbeitsstunden leisteten als Männer. Verbunden mit einer beeindruckenden Graphik ging eine Zusammenfassung dieser Studie als Pressemitteilung an die Medien, die daraus natürlich sofort die entsprechenden Schlagzeilen zimmerten. Der US-amerikanische Maskulist Warren Farrell wurde zuerst misstrauisch, als ihm auffiel, dass die UNO-Pressemitteilung sämtliche Länder ausließ, in denen Männer *mehr* als die Frauen arbeiteten – und zwar der eigenen Studie der Vereinten Nationen zufolge. Dann stellte er fest, dass mehrere von der UNO angeführte Daten nicht mit den Daten übereinstimmten, die ihm bekannt waren. Er fragte bei den Vereinten Nationen nach. Die antworteten ihm relativ unumwunden, dass sie das vorliegende Zahlenmaterial absichtlich ... nun, man sagte nicht »manipuliert«, aber eben »neu gewichtet« hatten. Zum Beispiel wurden auf die vorhandenen Studien über die Arbeitszeit von Frauen noch einmal Schätzungen über freiwillige Tätigkeiten wie Häkeln und Nähen aufgeschlagen. Eine solche »Ergänzung« erfolgte für von Männern verrichtete Tätigkeiten natürlich nicht. Die UNO rechtfertigte sich damit, sie wolle mit diesen Praktiken dem Glauben entgegenwirken, dass Männer mehr als Frauen arbeiten würden. Wie schon gesagt: Das war 1995, eine Zeit, als weit und breit schon längst von der geknechteten und doppelbelasteten Frau und dem männlichen Pascha die Rede war. Es waren vermutlich diese Zahlen der UNO, die die Grundlage für die oben erwähnte »Psychologie heute«-Statistik mit dem Titel »Überall auf der Welt: Männer, das faule Geschlecht« bildeten. Warren Farrell musste erkennen, dass der Feminismus deshalb weltweit die dominante Ideologie ist, weil er in jenen Ländern die Weltsicht bestimmt, die in den Vereinten Nationen das Sagen haben (131, 88–90). Was ergibt sich nun *wirklich* unter dem Strich, wenn sämtliche Tätigkeiten jedes der beiden Geschlechter zusammengezählt werden?

Die Universität von Michigan hat das für das »Journal of Economic Literature« getan. Und siehe da: Der Mann arbeitet im Schnitt einundsechzig Stunden die Woche, die Frau sechsundfünfzig. Und das ist keine neuere Entwicklung. 1975 stellte die größte landesweite Untersuchung von Haushalten in den USA fest, dass alles zusammengenommen – Kinderbetreuung, Hausarbeit, Arbeiten außer Haus, Wegzeiten und Gartenarbeit – Ehemänner 53 Prozent der gesamten Arbeit verrichteten, Ehefrauen jedoch nur 47 Prozent (130, 49) Verschiedene aktuelle Vergleiche kommen zu leicht unterschiedlichen Zahlen (mal arbeiten die Männer drei Stunden mehr als die Frauen, mal 3,4 Stunden), aber die Gesamttendenz ist sehr eindeutig. Bei all dem sollte zudem nicht vergessen werden, dass acht Stunden auf einem Baugerüst, auch in der Mittagshitze, etwas anderes bedeuten als acht Stunden in einem vollklimatisierten Büro (400a).

Ermittlungen des Statistischen Bundesamtes zufolge haben von allen befragten Personengruppen nicht erwerbstätige Mütter mit Kindern über sechs Jahren die meiste tägliche Freizeit überhaupt (254, 44). Die ständigen Berichte über die angebliche Doppelbelastung der armen, überforderten Frau stellen sich als ein weiteres Ammenmärchen heraus. Dementsprechend ruft die in Österreich durchgesetzte und in Deutschland geplante 50-50-Regelung bei US-amerikanischen Maskulisten auch eher Amüsement hervor: »Das bedeutet ja wohl, dass diese Frauen die Hälfte des Schneeschaufelns übernehmen werden und die Hälfte der Arbeit in Hof und Garten, dass sie die Hälfte aller platten Reifen wechseln, die Hälfte aller verstopften Toiletten reparieren, die Hälfte aller Rechnungen bezahlen – und Männern in der Hälfte aller Fälle das Sorgerecht zugesprochen wird.« (365) Ein schwerer Irrtum natürlich. Korrekt ausformuliert lautet die feministische Forderung schließlich: An den Mann gehen 50 Prozent aller Nachteile, aber 100 Prozent aller Privilegien bleiben der Frau.

Wobei man auch da die Masse der Frauen nicht mit einer Hand voll Dogmatikerinnen in einen Topf werfen darf. Zwei Drittel der in den USA befragten Frauen gaben zu, dass im Haushalt das weibliche Geschlecht immer noch die Hoheitsmacht ausüben will. Drei Viertel von ihnen würden sich zwar freuen, wenn der Ehemann etwas mehr bei der Hausarbeit anpacken würde, aber ja nicht zuviel, und nur eine von vier Frauen war für eine gleichberechtigte Elternschaft und Kindererziehung. Zwei von drei Frauen fühlten sich durch diese Vorstellung gar in ihrem »Revier« bedroht (547, 56). Ein typisch amerikanisches Problem? Mitnichten, wie eine Umfrage des Münchener Instituts für rationelle Psychologie unter 2671 Frauen ergab. Deren Ansicht nach hatten Männer im Haushalt nur wenig zu suchen: Nur zwei Prozent würden dem Herrn Gemahl die Erziehung der Kinder oder das Bügeln überlassen und nur vier Prozent das Wäschewaschen (517). Diese Zahlen wurden in ihrer Tendenz von einer Studie des Frauenministeriums aus dem Jahre 1998 bestätigt: »Nur fünf Prozent der weiblichen Befragten im Osten und sieben Prozent im Westen sind der Ansicht, dass der Mann sich häuslich mehr engagieren sollte.« (527, 146). Vielleicht weil die verheiratete Frau ziemlich gut mitbekommt, was ihr

Angetrauter alles leistet? In den feministischen Elfenbeinturm dringt soviel Wirklichkeit allerdings nicht vor.

»Die außerberufliche Arbeit der Frauen wird weder angemessen gewürdigt noch bezahlt«, lautet das altbekannte Klischee. Diese Behauptung trifft allerdings weit eher auf die Tätigkeiten der Männer zu, wie wir gesehen haben. Wenn man bedenkt, dass in der Regel der Mann den Großteil des Familieneinkommens heranschafft, ist das Gerücht von der »unbezahlten Hausarbeit« ohnehin ein schlechter Scherz. Die hohe Zahl der Scheidungen, sobald der klassische Ernährer arbeitslos wird, zeigt mehr als deutlich, wie wenig Frauen bereit sind, einem Mann für lau den Fußboden zu wienern. Umgekehrt übernehmen Männer bereitwillig den größeren Teil der Hausarbeit, wenn es die Frau ist, die über das höhere Einkommen verfügt (131, 93, 116).

Nichtsdestotrotz treiben abstruse Forderungen nach einem »Hausfrauengehalt« immer mal wieder bunte Blüten. *Eigentlich,* so rechnen dessen Befürworterinnen, stünde Frauen wegen jährlich fast vierundfünfzig Milliarden Arbeitsstunden eine Entlohnung von 1,08 Billionen Mark zu. Es wird allerdings noch darüber diskutiert, »wer diese ... Riesensummen eigentlich bezahlen sollte. Der Ehegatte? Der Staat?« In letzterem Fall würden berufstätige Frauen und Männer mit ihren Steuern die Hausfrauen finanzieren. Und wie soll man unterscheiden, zum Beispiel »zwischen Alleinerziehenden und Ehefrauen? Wie zwischen Haushalten mit Kindern und kinderlosen Paaren? Und was wäre mit Singles, die schließlich auch die Wohnung in Ordnung zu halten haben?« (527, 143–144). Man kann solchen Vorstellungen eigentlich nur noch mit Ironie begegnen. So wie Esther Vilar es tut:

»Es gibt Frauen, die sogar das Spielen mit ihrem Baby als Arbeitszeit ansehen, obwohl sie es doch, wenn die Zeugung nicht versehentlich geschah, eigens zu diesem Zweck haben wollten. ... Die Zeit ist wohl nicht fern, in der uns die Frauen und ihre Hofsoziologen auch den Tratsch mit der Nachbarin als honorarpflichtige Public-Relations-Aktivität präsentieren und die Massenmedien für den Beischlaf mit dem Ehemann Sondervergütungen fordern werden. Denn schließlich gibt es Frauen, die auch dafür bezahlt werden – weshalb also sollte ausgerechnet die Hausfrau hier wieder einmal Gratisarbeit leisten?« (512, 343–344)

Eine Partnerschaft funktioniert eben überhaupt nur, wenn beide Teile von sich aus das jeweils Notwendige tun – und entgegen aller Propaganda übernehmen Männer in aller Regel mehr als einen fairen Teil. Frauen hingegen, die beruflich schuften wie Männer, sind nach Feierabend genauso erledigt. Deshalb heuern 85 Prozent von ihnen auch eine Haushaltshilfe an (131, 92). Wobei sich die Frage stellt: Wie hält es eigentlich Frau Irmingard Schewe-Gerigk selbst, von der die 50:50-Forderung stammt, mit der Arbeitsverteilung in ihrer Beziehung? Als frauenpolitische Sprecherin einer Partei wird sie doch bestimmt auch beruflich stark in Anspruch genommen, oder? Nun, bei dieser Dame übernimmt ihr Mann (er ist Lehrer) keine fünfzig, sondern *achtzig* Prozent des Haushalts. »Das bringen Karrieren so mit sich, dass die eine Hälfte mehr investieren muss«, heißt es dazu kurz und trocken in der »Emma« (117, 20). Dem ist ausnahmsweise nichts hinzuzufügen.

Männer an der Macht

THESE: FRAUEN WERDEN IN DER POLITIK DISKRIMINIERT

Wenn vermeldet wird, wie »erschreckend« wenig Frauen in den höheren Rängen der Politik zu finden sind, wird dies durchgehend mit einem Vorwurf an die Männerwelt verbunden. *Warum* Männer für die Entscheidungen von Frauen verantwortlich sein sollten, wird erst gar nicht gefragt.

Streng genommen sind Frauen im Bundestag nicht unter-, sondern überrepräsentiert. Bei der SPD sind nur 28,5 Prozent der Mitglieder weiblich, aber mehr als ein Drittel der Abgeordneten und 47 Prozent des Parteivorstandes. Die CDU verfügt über nur 17 Prozent weibliche Mitglieder, aber über 24,9 Prozent weibliche Abgeordnete, und im Vorstand sind bereits 26,66 Prozent Frauen. Noch extremer sieht es bei Bündnis 90/ Die Grünen aus: Weiblich sind nur 37,4 Prozent der Mitglieder, jedoch mehr als die Hälfte der Abgeordneten und 55 Prozent des Parteivorstandes (254, 77–79). Während der weibliche Mitgliederanteil in den Parteien insgesamt bei nur rund einem Viertel liegt, stellen Frauen in den Regierungsparteien »mittlerweile über die Hälfte aller Bundestagsmandate, mit sicheren Listenplätzen, die über Quote belegt wurden – wenn das nicht fette Ausbeute im Namen des Geschlechterkampfes ist!« (300, 337)

Das politische Desinteresse bei der weiblichen Bevölkerung ist desaströs. Der »Woche« vom 21.8.1998 zufolge war mit 22 Prozent die Beteiligung bei der letzten Bundestagswahl bei den jungen Wählerinnen am niedrigsten. Auch der Mangel an weiblichem Parteinachwuchs hat laut einer repräsentativen Studie der Berliner Forschungsgruppe Frauen in der Politik (FIP) »alarmierende Ausmaße erreicht« (457, 116). Eine 1994 unter den Jungsozialisten durchgeführte Studie belegt, dass selbst die Frauen, die sich anfangs noch voller Schwung in die Politik stürzen wollen, bald abspringen, wenn sie feststellen, dass statt fröhlichem Drauflosregieren erst einmal lange Durststrecken harter Arbeit angesagt sind. Männer sind eher bereit, sich durch endlose Diskussionen über Geschäftsordnungen und andere Formalien hindurchzubeißen. Insider vermuten, das liege auch hier daran, dass Frauen sich von solchen Frustrationen eher auf den familiären Bereich zurückziehen können (483). Schließlich charakterisiert die Juso-Vorsitzende Andrea-Nahles ja auch ihre eigene Arbeit als »Leiden, Opfer, Ehrenamt« (457, 117), womit die hedonistische Frauengeneration von heute nun wirklich nicht anzuwerben ist. Frauen, die den Durchmarsch schon geschafft haben, reagieren ähnlich lustlos, wenn es darum geht, nach der »Macht«

zu greifen. Dies musste auch dem Letzten klar geworden sein, als nach der Bundestagswahl 1998 der Posten des SPD-Franktionsvorsitzes einer Frau nach der anderen angeboten wurde – und von Anke Fuchs über Herta Däubler-Gmelin bis zu Ingrid Matthäus-Meier eine nach der anderen dankend abwinkte (424, 12). Schließlich sei »der Fraktionsvorsitz ... ein Alptraum, der bringt achtzehn Stunden Arbeit am Tag«. Antje Vollmer nennt ihn gar unmenschlich »mit diesen dauernden Anfeindungen, mit ständiger Medienpräsenz, und immer muss man druckreif reden«. (54, 3) Eigentlich, so meint man diesen Reden entnehmen zu können, ist es ja schon ein Zeichen der eklatanten Frauenfeindlichkeit in unserer Gesellschaft, dass eine solche Marter Frauen überhaupt angeboten wird.

Vielleicht, dass mit der Forderung nach politischer Gleichberechtigung von Mann und Frau generell »eine Erwartungshaltung an den Staat verbunden« ist »und nicht das eigene Engagement, die Gleichstellung der Geschlechter selbst zu fördern«. Jeder Frau, die mehr Frauen in der Politik sehen möchte, kann man nichts anderes antworten als: Dann geh doch rein! Aber: Nahezu zwei Drittel der Bevölkerung wünschen sich »mehr Frauen in politischen Führungspositionen, setzen sich aber weder in Parteien noch bei Wahlen dafür ein, diese Forderung auch zu realisieren.« (209, 139) Es ist wohl eine Frage nicht nur mangelnden Engagements, sondern schlichtweg mangelnden Interesses: Die auflagenstärksten Frauenzeitschriften sind »FRAU im Spiegel«, »das neue«, »tina«, »bella«, »frau aktuell«, »ECHO der Frau«, »Frau mit Herz« und »Neue Post«. Sie werden wöchentlich von 6,5 Millionen Frauen gekauft und sind im Gegensatz zu Magazinen wie dem »SPIEGEL«, die vorwiegend von Männern gelesen werden, eine fast durchgehend politikfreie Zone. Schon die »Brigitte«, so lästert ein Spötter, »rangiert mit 942.000 verkauften Exemplaren alle vierzehn Tage offensichtlich am oberen Ende eines Frauen zumutbaren Niveaus.« (232, 169) Themen, mit denen man das weibliche Geschlecht gewinnt, sind immer noch hauptsächlich »Gesellschaftsklatsch, Verbrechen, Mode, Horoskope, Kochrezepte ... Kosmetik, Wohnkultur ... Liebesaffären« (512, 94). Auch der Frauensender TM 3 musste zu der Überraschung seiner Macherinnen sein Programm von gesellschaftskritischen Analysen und Magazinen umstellen auf »Hopp oder Top«, »Reich & schön«, »Die Vorher-Nachher-Show« und Filme wie »Emmanuelle – Die Schule der Lust«. Natürlich muss selbst dieses Desinteresse im Zuge der Frauen-sind-besser-Bewegung umgedeutet werden: Frauen hätten sich »von einem traditionellen engen Politikbegriff« gelöst, heißt es zum Beispiel von Wahlforscherinnen. »Dass junge Frauen den Wahllokalen fernblieben, beweise daher nicht etwa ihre politische Apathie, sondern sei ein Signal der Verweigerung« (460, 83). Ja, so wird es wohl sein.

Besonders raffiniert ist diese »Verweigerung«, wenn Frauen, die noch zur Urne schreiten, in ihrem konkreten Wahlverhalten männliche Politiker vorziehen (209, 139): Im Jahr 1990 etwa »wählten 37,8 Prozent aller Frauen die CDU (die Männer zu 35,3 Prozent), aber nur 33,6 Prozent der Frauen die SPD. Dieses Wahlergebnis kam zustande, obwohl nur ein knappes Viertel (23,6 Prozent) der CDU-Wahlkandidaten Frauen waren, aber bei der SPD ein reichliches Drittel« (1, 54). Vermutlich ist es den Wählerinnen einfach egal, ob sich Männer oder Frauen mit den zitierten 18-Stunden-Tagen herumquälen, da in einer Demokratie die Macht nicht von einer Herrscherclique, sondern vom Volke ausgeht. Die Mehrheit ist in Deutschland nun einmal wegen der größeren Lebenserwartung von Frauen weiblich: 54 zu 46 Prozent (170, 18). Auch männliche Politiker müssen sich insofern zuallererst Mühe geben, es mit der weiblichen Bevölkerung nicht zu verscherzen – und deren Mehrheit fließt ja nicht nur in Wahlentscheidungen mit ein, sondern z. B. auch in Umfrageergebnisse oder Konsumverhalten (also etwa die Bevorzugung frauenfreundlicher Medienerzeugnisse). Frauen *lassen* regieren: Sie pochen zwar auf eine besondere Berücksichtigung als »Minderheit«, sind dabei aber die einzige gesellschaftliche »Minderheit«, die in Wahrheit eine Mehrheit ist und jederzeit »darüber bestimmen kann, wer in ein Amt gewählt wird, und zwar in buchstäblich jeder einzelnen Gemeinde des Landes« (130, 52). Entsprechend sieht dann auch eine Gesetzgebung aus, die Männer und nicht Frauen in den Krieg schickt, Männer und nicht Frauen bei Verweigerung der Dienstpflicht mit Gefängnis bestraft, Männer um Jahre später pensionieren lässt als Frauen und bei den Scheidungsgesetzen Männer und nicht Frauen benachteiligt (512, 228).

Wie dem auch sei, die feministische Ideologie fordert mehr Frauen in der hohen Politik, weil alles andere sexistisch sei. Wenn die Frauen von selbst keine Lust dazu haben, ist es kurioserweise Aufgabe »des Patriarchats«, sie irgendwie dazu zu bewegen. Wie im Falle der Pornographiedebatte wird von den Feministinnen ein Eingreifen der »Männerherrschaft« plötzlich sehr erwünscht: »Parteiverdrossenheit und die überall schwindende Bereitschaft, in Parteien oder Verbänden Verantwortung zu übernehmen, wird schlichtweg als Frauenunterdrückung definiert und soll durch eine Quasigarantie, Parteikarriere zu machen, gestoppt und ausgeglichen werden.« (294, 85)

Mittlerweile wendet sich mit Lothar Reinhard sogar ein Gründungsmitglied der Grünen gegen die in seinen Augen grundgesetzwidrige und demokratiezerstörende »offene Männerdiskriminierung« in seiner Partei. Zu seinen Kritikpunkten gehören die folgenden:

- »Die Quote bei Listenplätzen ist nicht pari-pari, sondern an Platz 1 muss immer eine Frau stehen. ... Unter anderem kann es so zwei Vorstandssprecherinnen geben (siehe Bonn), aber nie zwei Männer als Vorstandssprecher.« Dem setzen Regelungen wie diejenige der Bezirksverordnetenversammlung in Berlin-Wilmersdorf 1999 noch eins drauf: »Auf den ungeraden Plätzen«, heißt es dort, »sind nur Kandidaturen von Frauen möglich. Auf den Plätzen mit geraden Ziffern können Frauen und Männer kandidieren.« Das Ergebnis: Während jede Kandidatin nahezu 100 Prozent der Stimmen auf sich vereinigen konnte, hatten bis zu sechs Männer gegeneinander um einen Listenplatz zu kämpfen. »Gefühle aus den Zeiten des Realsozialismus kommen auf«, schreibt ein Beobachter. Aber selbst das ist noch ausbaufähig, wie Forderungen der feministischen Partei »Die Frauen« belegen: »Deswegen muss der Anteil der Frauen auf den Landeslisten aller Parteien mindestens 80 Prozent betragen. Höchstens jeder fünfte Platz darf von einem Mann belegt werden« (141, 3). Wäre es nicht übersichtlicher, gleich eine Diktatur einzurichten?

• Obwohl es in den meisten Kreisverbänden und Arbeitskreisen bedeutend mehr Männer als Frauen gibt, müssen beide Geschlechter abwechselnd reden. »Mitunter dürfen auch nur so viele Männer reden, wie Frauen geredet haben, die restlichen haben dann Pech gehabt. Für Frauen gilt auch das nicht.«

• Es gibt ein sogenanntes Frauenvetorecht: »Beantragt eine Frau ein Frauenvotum zu egal welchem Thema, muss die Versammlung unterbrochen werden, die Männer müssen raus und die Frauen entscheiden, ob das Thema weiter behandelt werden darf oder nicht.« Auf diese Weise konnten z. B. 17 Frauen im Kreis Mülheim 63 Männer bei der Diskussion, ob ein Bündnis mit der CDU eingegangen werden sollte, blockieren.

• Bei jedem Posten, auf den die Grünen Zugriff haben, ist eine Frau immer einem Mann vorzuziehen, soweit sie überhaupt geeignet ist.

Lothar Reinhardt stellt zudem fest, dass zwanzig Jahre Quote bei Ämtern und Mandaten den Frauenanteil der grünen Mitgliedschaft nicht deutlich erhöht haben. Es wurden also keineswegs wie erwartet mehr Frauen angezogen. Die aktiven Politikerinnen erhielten lediglich allein aufgrund ihres Geschlechtes mehr Macht. »Innerparteiliche Kritik an einzelnen Amts- oder Würdenträgerinnen, selbst wenn sie die dicksten, noch so parteischädigenden Böcke geschossen haben, ist bei den Grünen nicht möglich, im Gegenteil, der/die Kritisierende wird von der einsetzenden Frauensolidarität aufs persönlichste niedergemacht ... Männer, auch Würdenträger, zu kritisieren, auch unsachlich und diffamierend, ist hingegen bei den Grünen üblich und nicht selten.« Es ist eine Ironie dieses Sektors der deutschen Politikgeschichte, dass ein grünes Gründungsmitglied seine Partei, jetzt da sie an der Regierung ist, als »ein undemokratisches, fast schon sektenmäßiges Gebilde« bezeichnet (356; 357).

Vorlaute Jungs bestimmen den Unterricht

THESE: KOEDUKATION BENACHTEILIGT IN ERSTER LINIE MÄDCHEN

Manchmal ist die Geschlechterdebatte gar zu drollig: Als die männlichen Schüler noch besser in den für wichtig gehaltenen Fächern waren als die weiblichen, entstand eine große Diskussion, ob die Koedukation – das gemeinsame Unterrichten von Mädchen und Jungen – die Frauen nicht benachteiligte. Ganz selbstverständlich verlangte frau nach speziellen Fördermaßnahmen, die ihre vermeintliche Benachteiligung ausgleichen sollten. Jetzt, da die Mädchen und jungen Frauen die besseren Abschlüsse machten und im Bildungssystem weiter als ihre männlichen Mitschüler kamen, machte sich kein Mensch Gedanken, ob Koedukation, so wie sie heute praktiziert wird, nicht vielleicht die Männer benachteiligen könnte. Statt dessen wird im Zuge der Frauen-sind-besser-Bewegung plumpem Sexismus der Mund geredet: »Sind Frauen klüger?«, fragt etwa der »SPIEGEL«, und Frauenministerin Bergmann schwadroniert davon, dass Mädchen einfach fleißiger seien (Warum? Werden sie mehr motiviert?) und ihr Gehirn dem der Jungen von Natur aus überlegen wäre (320).

Aber beginnen wir am Anfang: Dass Koedukation den besonderen Bedürfnissen von Mädchen nicht gerecht werde, behaupten Feministinnen seit Mitte der achtziger Jahre und halten erstaunlicherweise trotz des besseren schulischen Erfolgs von Mädchen auch heute noch daran fest. So spricht unter anderem auch Gabriele Behler, Ministerin für Schule und Weiterbildung in Nordrhein-Westfalen, von einem »heimlichen Lehrplan«, dem zufolge Lehrkräfte trotz aller Mühe, beide Geschlechter gleich zu behandeln, Jungen unbewusst förderten (16, 43). Die bayrischen Grünen vertreten diese These heute noch auf ihrer Website. Cheryl Benard und Edit Schlaffer käuen sie in ihrem Buch »Let's kill Barbie« wieder. Auch die feministische Partei »Die Frauen« spricht noch in ihrem Programm zur Bundestagswahl 1998 von einer »strukturellen Benachteiligung von Mädchen in der Schule« und fordert eine feministische Bildung (141).

Inzwischen ist unübersehbar geworden, dass Koedukation, wie sie bei uns durchgeführt wird, Mädchen nicht benachteiligt – im Gegenteil: Auf 124 Schülerinnen mit Abitur kommen europaweit nur 100 Schüler, die die Hochschulreife erlangen. Generell gilt: Je höher der Schultyp, desto höher der Frauenanteil. Mädchen sind an Gymnasien in der Mehrheit, Jungen an Hauptschulen. Sogar 64 Prozent aller Sonderschüler sind männlich. Jungen erreichen im Durchschnitt auch schlechtere Schulabschlüsse, bleiben doppelt so häufig wie Mädchen sitzen, werden öfter von der Schule geworfen, sind öfter wegen Hyperaktivität oder Lernschwierigkeiten in Behandlung, müssen öfter Nachhilfe in Anspruch nehmen und bleiben gar zu 50 Prozent häufiger als Mädchen ganz ohne jeden Schulabschluss (128; 294, 83; 460, 77; 474, 222; 535). Hier allerdings fragt kaum jemand nach gesellschaftlichen Strukturen, durch die das männliche Geschlecht benachteiligt sein könnte. Im »Patriarchat«? Unvorstellbar! Es lag vermutlich an der natürlichen Minderwertigkeit des Mannes: »Irgend etwas muss schon an den Genen anders sein«, zitiert der »SPIEGEL« eine Pädagogin, deren Sexismus in dem der Gesamtgesellschaft allerdings unbemerkt untergeht (460, 77). Statt einer Mädchen- wäre längst eine Jungenförderung angebracht. Aber welche Belege gibt es, dass das männliche Geschlecht im Schulunterricht tatsächlich benachteiligt wird?

• Es ist kein Zufall, dass 80 Prozent aller Legastheniker Jungen sind. Beobachtungen von Vierjährigen ergaben, dass, wenn man sie sich selbst überlässt, sich die beiden Geschlechter sehr unterschiedlich beschäftigen. Jungen entwickeln zuerst grobmotorische Körperkraft, turnen also wild herum und gehen recht ruppig miteinander um, während Mädchen eher feinmotorische Geschicklichkeit entwickeln. Sie können länger an einer Sache wie Malen, Schreiben oder Handarbeiten dranbleiben, während Jungen besser darin sind, dreidimensionale Objekte zu konstruieren, etwa Bauwerke aus Legosteinen. Beide Geschlechter können zwar bestimmte Fähigkeiten entwickeln, aber jedes zu einem eigenen Zeitpunkt in seiner Entwicklung. Nun werden aber beide Geschlechter zum selben Lebensjahr in Schulklassen gesteckt, deren Anforderungen darauf ausgerichtet sind, was vorwiegend Mädchen in diesem Lebensalter beherrschen: still und brav dasitzen und zum Beispiel Lesen und Schreiben lernen. Wenn ein Lehrer ruft: »Geh, jetzt setz dich endlich!« oder »Hör auf rumzuzappeln!«, ist in der Regel ein Junge gemeint. Nur in der Pause oder in der Sportstunde kann er sich austoben und seine Fähigkeiten zeigen. Die restliche Zeit über wird er in einer völlig unpassenden Atmosphäre dazu gebracht, Dinge zu lernen, zu denen er einfach noch nicht in der Lage ist. Wenn die ersten Schuljahre auf *seine* Stärken ausgerichtet wären und er alles andere erst später lernen würde, hätte er keine Probleme. Statt dessen wird er als Legastheniker eingestuft, kommt in spezielle Nachhilfskurse, wo sich dieses Bild verfestigt, und seine weitere Schullaufbahn ist zu einem großen Teil vorgeprägt (132, 92; 542, 51).

• Es ist vermutlich richtig, dass Jungen von Lehrern mehr an Aufmerksamkeit erhalten als Mädchen – dies allerdings hauptsächlich in Form von Tadel. Etwa 90 Prozent der Strafen gehen an Jungen. Selbst dann, wenn sich Jungen und Mädchen in *derselben* Weise ungezogen benehmen, knöpfen sich die Lehrer dreimal so häufig die Jungen vor. Jungen werden auch eher scharf in aller Öffentlichkeit zurechtgewiesen und erhalten schwerere Strafen als Mädchen, die oft damit davonkommen, beiseite genommen und sanft ermahnt zu werden (405, 141; 452, 165–166; 547, 72).

• Eine 1995 an der Universität Köln erstellte Studie kommt zu dem Schluss, dass sich schon Mütter gegenüber Töchtern »emotional zugewandter« verhalten, »einfühlsamer, geistig anregender und weniger kriminalisierend/entmutigend als gegenüber Söhnen«. In ihrem Verhalten gegenüber dem männlichen Nachwuchs zeigten sich »mehr negativer Affektaustausch, mehr Spannungen, mehr distanziertes Verhalten sowie weniger Zuhören und wechselseitiges Verständnis.« (Kein Wunder, dass Männer glauben, Frauen erst durch besondere Leistungen für sich gewinnen zu können!) Im Dezember 1999 legten die Tübinger Pädagogen Winter und Neubauer eine Untersuchung vor, die diese Problematik vertieft: Ihr zufolge werden Jungen *generell* grundsätzlich negativ von Erwachsenen wahrgenommen: als »Machos« oder »Gockel«, als sozial und emotional inkompetent, kommunikationsunfähig und bewältigungsschwach. In den Jungen selbst wurde das Bedürfnis erzeugt, nicht aus dem Rahmen zu fallen oder sich von der Gruppe abzugrenzen (220, 49).

• Bekanntlich sind schon in Kindergärten und Grundschulen die meisten Mitglieder des Personals Frauen. Diese Erzieherinnen können sich natürlich eher mit den Mädchen identifizieren, weil sie deren Entwicklungsprozess selbst einmal durchmachen mussten, während ihnen die Jungen zu laut, zu aggressiv, zu ungestüm sind. Bewusst oder unbewusst werden auch dadurch »feminine« Eigenschaften belohnt und gefördert. In einem Experiment an der Universität von Los Angeles wurde 72 Jungen und 60 Mädchen mit einer Lernmaschine Lesen und Schreiben beigebracht. Das Gerät wurde von beiden Geschlechtern gleich gut angenommen. Als man den Lernfortschritt ermittelte, schnitten die Mädchen insgesamt jedoch schlechter ab als die Jungen. Daraufhin erhielten die Kinder normalen Leseunterricht im Klassenzimmer – von Lehrerinnen. Wieder wurde die Zahl der gelernten Worte in einem Test ermittelt. Jetzt schnitten die Jungen schlechter ab. Es ist vermutlich kein Zufall, dass die Prüfungsergebnisse von Jungen an höheren Schulen im selben Maße schlechter werden, wie die Zahl der Lehrerinnen zunimmt (497, 54–55).

Auf all diese Probleme weist die Männerbewegung seit mehreren Jahren hin. Erst jetzt aber beginnt die Öffentlichkeit allmählich, sich damit ansatzweise zu beschäftigen. Zum Teil lag es an der Serie der von Jungen begangenen Bluttaten an US-Schulen, die die Experten endlich wachrüttelte. »Wir haben es mit einer großen nationalen Krise des Knabenalters zu tun«, vermeldet etwa der Psychiater William Pollock von der Harvard-Universität, der seinen Einsatz für Jungen sicherheitshalber als »pro-feministisch« bezeichnet: »Ich glaube nicht, dass es irgend jemandem nutzt, wenn die Frauen zwar an die Macht kommen, andererseits aber die Männer und damit 50 Prozent der Bevölkerung ungebildet und bewaffnet in der Gegend herumirren.« (94) Auch in Deutschland erwachen die Medien nach und nach aus ihrem feministischen Schlummer. »Elternhaus und Schule müssen in der Erziehung schnellstens umdenken«, verkündet die Zeitschrift »Familie & Co.« (128). 22 Jahre nachdem Julius Fast erklärte, warum die Art, wie in der Schule gelernt wird, Jungen benachteiligt, verkündet dies auch die »Frankfurter Rundschau«, als sei es eine sensationelle Entdeckung. Dass Mädchen an den Schulen zu kurz kämen, so der Berliner Erziehungswissenschaftler Ulf Preuss-Lausitz, habe heute fast nur noch historische Bedeutung (503). Die britische Entwicklungspsychologin Penelope Leach stimmt dem ausdrücklich zu: »Früher waren die Mädchen in fast allen Bereichen die Benachteiligten. Die Situation hat sich inzwischen umgekehrt.« (48) Mittlerweile fordern Pädagogen wie Peter Struck eine Quotenregelung für Kindergärten und Schulen: mehr männliche Erzieher und Lehrer. »Sind die Frauen auch noch so gut – für die Suche nach der männlichen Identität sind sie ungeeignet.« (128) An vielen Schulen kommt auf über ein Dutzend Lehrerinnen nur ein einziger Mann (503). Da inzwischen immer mehr Jungen bei alleinerziehenden Müttern aufwachsen, fehlt ihnen schon zu Hause eine männliche Bezugsperson, und sie müssen sich ihre Rollenvorbilder suchen, wo sie sie kriegen können – und wenn es Machotypen aus Video und Fernsehen sind. Leider sind Forderungen nach einer männerfreundlichen Quotenregelung im Erziehungsbereich genauso sinnlos wie nach einer frauenfreundlichen Quotenregelung im Management: Das Problem ist weniger der gute Wille der Arbeitgeber als der Mangel an Bewerbern des gewünschten Geschlechts. Wenn sich eine Schule schon mal dazu entscheidet, bewusst nur einen Mann einzustellen und dann sogar die Gleichstellungsbeauftragte der Stadt beide Augen zudrückt, muss sie feststellen, dass weit und breit kein geeigneter Lehrer in Sicht ist (495).

Für Karin Jäckel wäre es schon eine Hilfe, wenn die Erzieherinnen nicht länger versuchen würden, den Jungen jeden natürlichen Bewegungs- und Durchsetzungsdrang abzuerziehen. Nach dem Motto: »Starke Mädchen unbedingt, starke Jungs bitte nicht« werde zum Beispiel der Besuch von Selbstverteidigungskursen bei Mädchen als etwas Positives gelobt, bei Jungen als Beweis für Aggressionslust abgewertet. Ebenso werde Wildheit bei Mädchen als Temperament bewundert, bei Jungen hingegen als Verhaltensstörung kritisiert. »Klar ist, dass Jungen nicht mehr raufen und toben dürfen, insbesondere löst schon das ›Abknallen mit gestrecktem Zeigefinger‹ wahre Wutanfälle der Pädagoginnen und schamhaftes Beiseiteblicken der wenigen Kollegen aus. Mädchen hingegen werden dazu ermutigt, ›power‹ zu zeigen; insbesondere dann, wenn es gegen Jungen geht. Wie ein Mädchen Jungen richtig zwischen die Beine tritt, wird den Mädchen im Sportunterricht vermittelt. Nein, ein USA-Problem ist dies alles nicht. Es ist ein feministisches, ein Emanzipationsfolgenproblem. Es will nur niemand sehen. Die Männer, die heute als Söhne der 68er Generation an die Macht streben, haben das Emanzipationsdenken so verinnerlicht, dass sie zwischen berechtigtem und unberechtigtem Anspruch kaum unterscheiden können. Und die junge Generation, welche die Auswirkungen einer fehlgesteuerten Emanzipation an der eigenen Haut spürt, schreit in Aggressionsagonie auf und wird von der Macht-Generation nicht verstanden.« (94) In den USA ist man inzwischen so weit, Jungen mit starkem Bewegungsdrang durch Drogen wie Ritalin ruhig zu stellen (127, 6; 500, 79). Und die Harvard-Psychologin Carol Gilligan fasst die aktuelle Situation in einem Satz treffend zusammen: »Es ist heute fast politisch unkorrekt, ein Junge zu sein.« (48)

Akademischer Männerclub?

THESE: AUCH AN UNSEREN UNIVERSITÄTEN WERDEN FRAUEN DISKRIMINIERT

Nicht nur in der Politik, auch an deutschen Universitäten gibt es feministische Einrichtungen, die zwar vom Universitätspräsidenten und dem Kultusministerium gedeckt werden, deren Übereinstimmung mit dem Gleichheitsgebot des Grundgesetzes aber höchst zweifelhaft ist: Die Rede ist von sogenannten Frauenbibliotheken, deren Bestand sich zwar aus den Gebühren männlicher wie weiblicher Studenten finanziert, die aber nichtsdestoweniger nur von Frauen betreten werden dürfen. Es sagt über das angebliche »Patriarchat« einiges aus, dass in unserer Gesellschaft allein Männer derart offen und mit staatlicher Rückendeckung diskriminiert werden dürfen, während umgekehrt eine Bibliothek, die Frauen, Türken oder Juden den Zutritt versagt, nicht lange gefördert werden würde. (Und über Männer sagt es einiges aus, dass sie sich das bieten lassen.) Das Argument der Betreiberinnen: »Wir beantworten nur Diskriminierung mit Diskriminierung. Solange an unseren Unis die Chance größer ist, von einem Meteor getroffen zu werden, als einer Professorin zu begegnen, wird es auch Frauenbibliotheken geben.«

Was ist von diesem Gegenvorwurf zu halten? Tatsächlich gilt für Universitäten exakt dasselbe, was bislang zum Frauenanteil in den Führungsriegen von Wirtschaft und Politik gesagt wurde. Dies belegt exemplarisch eine Befragung, die unter Bielefelder Psychologiestudenten durchgeführt wurde. Anlass dafür war, dass zwei Drittel der Studentenschaft weiblich, aber nur 14,5 Prozent der Lehrstellen von Frauen besetzt waren. Ein klarer Fall von Diskriminierung? Nein, denn es stellte sich heraus, dass von allen befragten Frauen keine drei Prozent Forschung als Arbeitsgebiet überhaupt attraktiv fanden und magere 20 Prozent es sich überhaupt »vorstellen konnten« (!), nach ihrem Diplom an der Universität zu bleiben. Wenn man sich dann noch vor Augen führt, dass sich auch von diesen 20 Prozent wegen Berufsangeboten oder anderen Entwicklungen ein guter Teil anderweitig orientiert, kann man den Schluss nicht vermeiden, dass sehr viele dieser Studentinnen, die an der Uni unterkommen möchten, es auch schaffen. Als Hinderungsgrund für eine wissenschaftliche Laufbahn wurde übrigens die Furcht vor »abstrakten Themen« angegeben, denen 54 Prozent der befragten Frauen wenig abgewinnen konnten (331, 37).

Nun sind die Bielefelder Studentinnen kein Ausnahmephänomen, sondern die Regel: »Frauen stellen 55 Prozent der Gymnasiasten, 52 Prozent der Einsteiger an den Hochschulen, aber nur 37 Prozent derer, die das Studium mit bestandenem Diplom oder entsprechender Abschlussprüfung beenden. Frauen brechen ihr Studium öfter ab als Männer.« Das gilt für sämtliche Fachbereiche, aber am drastischsten für die Rechtswissenschaft. »41 Prozent der angehenden Juristen sind Frauen, aber 60 Prozent der Abbrecherinnen. Die Hälfte aller Abbrüche verbuchen die sprach-, kultur- und sportwissenschaftlichen Fächer, an denen 62 Prozent der Studierenden Frauen sind, aber 70 Prozent derer, die ohne Abschluss aussteigen. Ein Viertel der Abbrecherinnen nennt familiäre Gründe.« (254, 81)

Dass Professoren ähnlich wie Führungskräfte in der freien Wirtschaft nicht selten auf an die siebzig Wochenstunden kommen, könnte ein Entscheidungskriterium für einen solchen Abbruch der akademischen Karriere sein. Das Problem verschärft sich noch dadurch, dass neue Professoren gehalten sind, in den ersten Jahren ihrer Laufbahn bedeutende Publikationen zu veröffentlichen, wenn sie den Rest ihrer Karriere nicht in den Wind schießen wollen. Dieser Countdown tickt exakt in demselben Zeitraum wie die »biologische Uhr« der Frauen. Nachwuchs und Professorenstelle sind für eine Frau schwer unter einen Hut zu bringen – zumal Universitäten öffentliche Einrichtungen und daher im Gegensatz zu privaten Arbeitgebern zu starr sind, um speziell auf Mütter zugeschnittene Unterstützungsmaßnahmen anzubieten (452, 242). Letztlich bleibt es die Entscheidung einer jeden Frau selbst, ob sie sich siebzig Stunden die Woche mit abstrakten Themen auseinandersetzen möchte oder lieber ein Leben wählt, das ihr auch noch Raum für eine Familie lässt. Mit Geld nach den Problemen zu werfen – Bildungsministerin Edelgard Bulmahn setzte Anfang 1999 ein 7,5-Millionen-Mark-Programm zur Förderung der Frauen an den Hochschulen durch (115, 67) – ist hier nichts anderes als das Verschleudern von Steuern.

Wenn der Frauenanteil in einer bestimmten Berufssparte nicht dem Anteil der Frauen in der Bevölkerung entspricht, fällt bestimmten Ideologinnen gar kein anderes Erklärungsmodell als Diskriminierung mehr ein. Und wenn die Wirklichkeit diesem Modell eklatant widerspricht, dann wird eben zu besonders grotesken Maßnahmen gegriffen. Bestes Beispiel dafür dürfte die Universität Konstanz sein, an der trotz zehnjähriger Frauenförderung (!) der Frauenanteil unter den Professoren immer noch nur zehn Prozent beträgt. Anlass genug, die Theorie von patriarchalen Seilschaften auf den Prüfstand zu stellen? Mitnichten. Stattdessen, so berichten die *Stuttgarter Nachrichten* vom 6. Juli 2001, versuchen die beiden Frauenbeauftragten der Universität, das vermeintliche Problem mit einem Austausch der Anrede zu lösen: Aus »meine Damen und Herren« soll in Zukunft »meine Herren und Damen« werden ...

Ein typisches Beispiel, wie der Hase an unseren Hochschulen inzwischen läuft, ist die Universität Essen. Dass man dort von einer Benachteiligung des weiblichen Geschlechts beim besten Willen nicht reden kann, erkennt man durch nichts besser als dadurch, dass sie von einer Frau regiert wird: der Rektorin Professor Ursula Boos-Nünning. Nichtsdestoweniger gibt es an dieser Hochschule ein Probestudium ausschließlich für Studentinnen. Zwar war kurzzeitig versucht worden, ein solches Probestudium auch für Männer durchzusetzen, aber nach dem Protest diverser Frauengruppen wurde das schleunigst beendet (326). Stehen diese Zustände nun für Gleichberechtigung oder gar für das »Patriarchat«? Wohl eher für keines von beidem.

Andernorts dreht sich das Quotenkarussell bis zur Überhitzung: »An der Freien Universität Berlin erhalten heute bei Neuberufungen zu einem Drittel die Frauen den Zuschlag, obwohl nur 14 Prozent der Habilitationen von Frauen abgeschlossen werden. Auf die Promotionsstellen werden 47 Prozent Frauen gesetzt. Dafür wurden zahlreiche Sonderprogramme eingerichtet, etwa 2,6 Millionen Mark aus dem Uni-Haushalt für Nachwuchswissenschaftlerinnen.« (254, 82)

Besonders bedenklich stimmt im Zusammenhang mit Frauen im akademischen Bereich, dass diese Studentinnen sich auf Frauenthemen konzentrieren – und wenig anderes. Eine Zusammenstellung der renommierten Harvard-Universität in den USA ergab, dass sich beispielsweise von 185 durch Frauen eingereichten Doktorarbeiten im Fach Literaturwissenschaft sage und schreibe 160 mit einer ideologisch ausgerichteten Themenstellung beschäftigten. Diese Einseitigkeit wird erfreulicherweise nicht von reaktionären Männern beklagt, sondern von kritischen Feministinnen, die eine radikalfeministische Herangehensweise an Kunst und Geschichte in diesem Ausmaß für sehr bedenklich halten. Sie stellten auch fest, dass von den 160 männlichen Harvard-Studenten, die im Untersuchungszeitraum (1987 bis 1997) Doktorarbeiten verfassten, nicht eine einzige die Geschlechterdebatte ins Visier nahm. Marilyn Bennett McLatchey vom »Women's Freedom Network« ist besorgt um eine immer ideologischere Forschung und Ausbildung junger Frauen: Die selben Akademikerinnen nämlich, die diese radikalfeministischen Arbeiten verfasst haben, »unterrichten mittlerweile in Klassenzimmern überall auf der Welt junge Leute darin, wie sie Geschichte und Literatur zu verstehen haben.« (306)

Eine von Elaine Showalter angeführte Untersuchung aus dem Jahr 1995 schließlich bringt die feministischen Studien mit der Hysterie um sexuellen Missbrauch und vermeintlich wiedergewonnene Erinnerungen zusammen: »Tatsächlich gibt es viele Parallelen zwischen der Wiedergewonnenen Erinnerung und dem Feminismus, wie er heute an den Universitäten praktiziert wird. Wie feministische Seminare die Teilnehmerinnen ermutigen – um nicht zu sagen nötigen –, persönliche Glaubensbekenntnisse abzulegen und ihre Traumata zu beichten, das schafft ein Klima, wie es ähnlich auch in Opfer-Selbsthilfegruppen anzutreffen ist.« (435a, 21) Auch dies mag stark zur Verfestigung feministischer Irrtümer beitragen – vor allem, wenn das Ungleichgewicht so groß ist wie hierzulande: In Deutschland gibt es 89 Professuren für Frauenforschung.

Keine einzige Professur erforscht Männer. Man kommt insgesamt um den Eindruck nicht umhin, dass bei der gesamten beruflich-politischen Diskriminierungsdiskussion ein dreifacher Sexismus vorherrscht. Aus dem Sexismus erster Art, dass Frauen freier über ihr Berufsleben entscheiden können als Männer und deshalb seltener in den belastenden höheren Positionen anzutreffen sind, wird ein Sexismus zweiter Art, indem Männern unmoralisches diskriminierendes Verhalten vorgeworfen wird, woraus sich ein Sexismus dritter Art entwickelt, wenn Frauen »als Gegenwehr« tatsächlich sexistische Regelungen durchsetzen. Wenn selbst an einer pädagogischen Hochschule mit 80 Prozent Frauenbeschäftigung eine Stelle mit dem Zusatz ausgeschrieben wird »bei gleicher Qualifikation erhalten weibliche Bewerber den Zuschlag« (28, 68) oder wenn an Bremer Universitäten sogar weniger qualifizierte Bewerberinnen gegenüber den Männern zu bevorzugen sind (316, 143), dann werden heutzutage ganz offensichtlich nicht die Frauen beruflich diskriminiert. Nur werden die vor den Zudringlichkeiten solcher Fakten fest verriegelten Frauenbibliotheken an unseren Unis hübsch darauf achten, dass ihre ideologischen Gesprächskreise durch so etwas auf keinen Fall gestört werden. Und ihre Mitarbeiterinnen und Besucherinnen werden eine einseitige Studie nach der anderen produzieren, in der die Unterdrückung der Frau in unserer Gesellschaft »bewiesen« wird.

2. TEIL

WAS IST DA EIGENTLICH SCHIEF GELAUFEN?

»Es verblüfft mich ungeheuer, dass die Männer nicht
nach Fairness verlangt haben. Ich denke, das zeigt, dass
Männer mehr Respekt gegenüber Frauen empfinden als
manchmal Frauen gegenüber Männern. Und ich denke,
das ist eine wirklich traurige Bemerkung. Es ist mir peinlich für mein Geschlecht, offen gesagt.«

Jane Chastain, erste Sportreporterin der USA

Bascha Mika erzählt in ihrer sehr lesenswerten Alice-Schwarzer-Biographie,
wie diese zum Feminismus gekommen sei. Schwarzers Schlüsselerlebnis war eine Situation in der Tanzschule, in der sie Angst hatte, von Männern nicht aufgefordert und dadurch gedemütigt zu werden: »Dieses Gefühl wird sie nie vergessen. Diese Erniedrigung wird sie allen heimzahlen.« (315, 56–57) Dass die
junge Alice vom ersten bis zum letzten Moment vom bestaussehenden Jungen
aufgefordert wurde, tut da wenig zur Sache. Wäre sie ein Mann gewesen, hätte sie in einer anderen Situation womöglich Angst gehabt, von einer Frau abgewiesen und dadurch gedemütigt zu werden und hätte sich zur Maskulistin
entwickelt. Das Werben war zu Schwarzers Zeiten und ist auch heute noch weit
überwiegend Sache der Männer. Durchschnittlich wird ein Mann von sieben
Frauen, die er nett und attraktiv findet, abgewiesen, bis er eine Chance erhält.
»Stellen Sie sich einmal diesen Schmerz vor!«, fordert die Beziehungstherapeutin Susan Jeffers ihre Leserinnen auf. »Eine meiner Kursteilnehmerinnen
sagte, sie habe einmal einen Annäherungsversuch bei einem Mann unternommen und sei gescheitert. Also versuchte sie es nicht mehr. Können Sie sich vorstellen, was geschähe, wenn die Männer in der gleichen Weise reagierten? Wir
kämen niemals zusammen!« (225, 103)

Ich weiß nicht, ob ein Albert Schwarzer Maskulist geworden wäre. Die Frage, ob sich durch historische Zufälle in den Siebzigern statt der Frauen- eine
Männerbewegung hätte bilden können, halte ich eher für Romanautoren als
für Wissenschaftler interessant. Gründe genug hätte es gegeben, wie wir im Verlauf des bisherigen Buches gesehen haben: Schule, Militär, Justiz, Gesetzgebung, Gesundheitssystem, Sozialwesen, Arbeitsmarkt, Medien und öffentliche
Meinung – alles ist hauptsächlich zum Vorteil von Frauen ausgerichtet. Eine
maskulistische Utopie, in der ausschließlich junge Frauen an die Front geschickt
werden und diese Frauen später bei der Müllabfuhr oder als Bauarbeiter tätig
sein müssen, um die begehrten Männer erst mit teuren Geschenken zu um-

werben und dann jahrzehntelang zu ernähren, wäre ein durchaus reizvolles Romanprojekt. Tatsächlich gab es Proteste gegen Gesetze, durch die Männer diskriminiert wurden, schon in den frühen siebziger Jahren. Erfolg hatten mit ihren Forderungen jedoch allein die Frauen (73, 297). Dass unser sogenanntes »Patriarchat« nur an der Oberfläche existiert und alle wahren Vorteile auf Seiten der Frauen liegen, durfte oder konnte nie laut geäußert werden. Schon vor mehreren Jahrzehnten stellte Esther Vilar fest: »Die langlebigere, entweder gar nicht oder nur zeitweise erwerbstätige und insgesamt trotzdem vermögendere Mehrheit wird einem als Opfer der kurzlebigeren, immer erwerbstätigen und insgesamt trotzdem ärmeren Minderheit präsentiert. Es gibt jedoch wenig Frauen, die über diese Auslegung laut lachen. Die meisten lächeln aus naheliegenden Gründen still in sich hinein.« (512, 376)

Dass Probleme von Frauen überbewertet, aber zugleich massive Benachteiligungen von Männern ignoriert werden, hat viel mit der Idealisierung der Frau im archetypischen Denken der Menschheit zu tun. »Die Frau ist das Leben, und der Mann ist der Diener des Lebens« – mit diesen Worten erklärte der Völkerkundler Joseph Campbell, warum Frauen in primitiven Kulturen in der Mitte eines Stammestanzes stehen und warum sie den Tanz kontrollieren (470, 186). Frauenverehrung erwächst in den allermeisten Gesellschaften zweifellos vor allem aus der persönlichen Lebenserfahrung jedes einzelnen Mannes, dessen allererste Bezugsperson auf dieser Erde eine Frau war – seine Mutter. Diese Frau bildet heraus, wie er sich verhält, wie er die Welt im Allgemeinen und Frauen im Besonderen wahrnimmt. Ihre Urteilssprüche prägen sein Selbstbild und Selbstwertgefühl. Sie kocht ihm das Essen, pflegt ihn bei Krankheiten, widmet sich ihm mit ihrem ganzen Wesen. Der Vater, der diese häusliche Idylle überhaupt erst durch seine Arbeit ermöglicht, ist deshalb zwangsläufig abwesend und wird nur als fehlend wahrgenommen. Es ist kein Wunder, dass um den Muttertag grenzenloser Wirbel gemacht und der Vatertag ein wenig benutzter Zweitname für »Christi Himmelfahrt« ist (208, 112; 239, 44; 512, 82). Diese erste Sozialisation, die das kleine Kind von seiner Mutter erfahren hat, wird in der Schule hauptsächlich durch andere Frauen fortgesetzt. Jeder Junge lernt als erstes, dass Frauen die Macht und die Wahrheit gepachtet haben, und da sich dieses Prinzip auf sexuell-emotionaler Ebene regelmäßig wiederholt, gehört diese unbewusste Wahrnehmungsweise ohne jeden Zweifel zum innersten Kern seines Wesens. All diese bei Männern kulturell antrainierten Minderwertigkeitsgefühle gegenüber Frauen waren indes, wie der Maskulist Roy Schenk zu Recht bemängelt, niemals Gegenstand irgendwelcher tiefergehenden Forschungen (405, 39, 124).

Aber diese Denkweise kann doch nur ein Teil des Problems sein. Was trug noch zu dieser schiefen Wahrnehmung der Geschlechter bei? Und was waren die Konsequenzen dieses Wahrnehmungsfehlers? Anders gefragt: Wie konnten die im ersten Teil des Buches vorgestellten Irrtümer entstehen, und zu welchen Folgen haben sie mittlerweile geführt?

WIE ENTSTEHEN SOLCHE IRRTÜMER?

Ein gescheiter Mann hat Millionen geschworener
Feinde – alle halbgebildeten Emanzen.

Joan Bitterman

Zum Teil hat man ja schon ein wenig das Gefühl, der Wahnsinn hätte Einzug
gehalten: Amerikanische Politiker rechnen den Anteil vergewaltigter Frauen
auf 250 Prozent hoch, »Psychologie heute« die Zahl der in Deutschland missbrauchten Mädchen auf sechs Millionen. Um dem feministischen Newspeak
gerecht zu werden, regiert inzwischen in deutschen Städten wie Buchholz,
Eutin, Hasloh oder Rostock ein »Herr Bürgermeisterin«. Gloria Steinem bud-
delt nach dem Satan. Politikerinnen aus allen Fraktionen unterstützen eine totalitäre Forderung nach Erotikzensur, die die Zahl sexueller Gewalttaten eher
ansteigen als sinken lassen würde. Zu den bemerkenswerten Erfolgen solcher
Zensuraktionen gehört, dass »Schneewittchen und die sieben Zwerge« als
obszöne Literatur verboten wird. Und zum Ende des Jahres 2000 erklärt die
feministische Geschichtswissenschaftlerin Tricia Cusack Schneemänner als sexistisch.

Mehr und mehr Feministinnen scheinen ebenso hart in der Sache wie weich
im Keks zu sein. Was einst als Emanzipationsbewegung begonnen hatte, entwickelt sich mehr und mehr zu einer grotesken Mischung aus Tragödie und
Farce. Vielleicht, so überlegt man sich, wäre es wirklich am besten, sich unauffällig in den Zug der Närrinnen und Narrhallesen einzureihen und frohge-
mut die Bimmelkappe zu schwenken: hufftata, hufftataaa ... Soll man sich wirklich als einer von Wenigen dem weit überwiegenden Teil der Verlags- und Medienwelt in den Weg stellen und höflich darauf aufmerksam machen, dass der
feministische Kaiser längst schon keine Kleider mehr trägt? Die meisten Autoren und Wissenschaftler, die das versucht haben, sind nicht gerade mit offenen
Armen empfangen worden: Esther Vilar wurde so oft tätlich angegriffen, dass
sie die Bundesrepublik verlassen und nach England ziehen musste. Susanne
Steinmetz wurde damit gedroht, ihre Kinder umzubringen. Die Gedächtnisforscherin Elizabeth Loftus erhält beleidigende Anrufe wie »Ihre Arbeit steht
auf demselben Niveau wie die Leute, die die Existenz der Vernichtungslager im
Zweiten Weltkrieg leugnen.« (279, 73) Katharina Rutschky wird für ihre Dar-

legungen von autonomen Frauengruppen bedroht, angegriffen und gewürgt; diese machen es ihr auch unmöglich, auf öffentlichen Veranstaltungen zu sprechen. Karin Jäckel erhält von Frauen Morddrohungen, weil sie es in ihren Büchern wagt, ausnahmsweise auch einmal auf die Probleme von Männern hinzuweisen (515). Matthias Matussek bekommt eine Strafanzeige wegen Beleidigung angehängt, weil er in einem Fall »abused« versehentlich mit »missbraucht« statt »misshandelt« übersetzte, und auf Lesungen überreicht man ihm T-Shirts mit dem Aufdruck »Alles Schlampen außer Mutti«. So sehen nach drei Jahrzehnten Frauenbewegung Argumente aus. Andere Autoren haben einfach nur Schwierigkeiten, ihre »unangemessenen« Werke überhaupt veröffentlichen zu lassen. Die Wahrscheinlichkeit, dass ausgerechnet mein Buch eine sachliche Diskussion anstößt, geht gegen null. Andererseits ist das doch gerade das Interessante: Wie konnte überhaupt ein kollektives Wahngebilde entstehen, in dem keinerlei differenzierte Auseinandersetzung jenseits des Freund-Feind-Lagerdenkens mehr möglich ist?

Die erste und wichtigste Voraussetzung, der Grundstein, ohne den das gesamte Gebäude zusammenbricht, ist die Annahme, dass Frauen Opfer sind und Männer Täter. »Jeder weiß es«, so die Hamburger Therapeutin Sigrid Steinbrecher, »mit Frauen ist es nur gut, wenn man sich auf diese weibliche Wahrheit, belegt von unzähligen Frauenschicksalen, bezieht, sie als Grundlage zwischenmenschlicher Beziehungen akzeptiert. Laute Buhrufe erschallen, wenn man es wagt, diese Grundthese in Frage zu stellen. Automatisch lenken Frauen den Blick in die Ferne, hören nicht zu, wollen nichts sehen, geschweige denn hören, wenn dieses vertraute Terrain verlassen wird. Frauen verstummen auf der Stelle, wenn die Konstruktion ›gefühlloser Mann‹ außer Reichweite gerät. Sie verstehen diesen Satz als Kriegserklärung gegen ihre Emanzipation, versammeln sich eifrig im eisernen weiblichen Widerstand. Die Stärke des schwachen Geschlechts zeigt sich unverhüllt: eisige Ablehnung, rigides Schweigen, nichtssagende weibliche Höflichkeiten, die in Männern ein Heer von Schuldgefühlen hervorrufen: ›Was haben wir den Frauen nur getan?‹ Frauen als Opfer, Männer als Täter – eine wohlvertraute Sphäre, die jedoch, je länger, je mehr, nagenden Zweifel hinterlässt. Die geschlechtsspezifische Täterschaft, die die Frauen von eigener Verantwortung befreit, ist zwar Kennzeichen bisheriger Emanzipation, jedoch ist es unwahrscheinlich, dass sich das Gute und das Böse an diese Verteilung halten sollte.« (472, 115)

Eben dies glauben Feministinnen aber sehr wohl. Mit Zähnen und Klauen wird die Opferideologie von ihnen verteidigt. Kein Vergleich ist hier zu hoch gegriffen, keine Analogie geschmacklos genug. Wenn Mädchen, die, so heißt es, »Künstlerinnen, Wissenschaftlerinnen, Komponistinnen, Nobelpreisträgerinnen« werden könnten, angeblich vom »Patriarchat« in intellektuell geringwertige Berufe getrieben werden, dann wird von da aus ohne jede Scham eine »Parallele zur Judenverfolgung« gezogen, »die in Ausrottung endete: das Töten von Entwicklungsfähigem, das Abtöten von Kreativem, das Vernichten von

Geistigem«. Und weiter: »So wie im Dritten Reich der physischen Vernichtung von Millionen Juden eine Propaganda vorausging, die jüdische ›Untermenschen‹ zeigte, so geht der Ausbeutung und Schändung von Frauen in einer patriarchalischen Gesellschaft ihre Darstellung als Objekt voraus.« (399, 24) Andere Feministinnen geben Herrenmagazinen wie dem »Hustler« die Schuld an einem »unglaublichen Holocaust, der heutzutage gegen Frauen stattfindet« (305, 183). Auch Alice Schwarzer macht es auf keinen Fall eine Nummer kleiner: Sie verglich die jüdische Aktfotografin Bettina Rheims mit einer KZ-Aufseherin, der »blutigen Brigyda«, – Rheims erstattete Strafanzeige – und behauptete von dem Erotikfotografen Helmut Newton, dass er, ebenfalls Jude, seine »Ideologie vom Herrenmenschentum« auf seiner Flucht vor den Nazis 1935 aus Berlin mitgenommen habe (430, 102). Ja, das ist dieselbe Alice Schwarzer, die sich kürzlich die Rehabilitierung Leni Riefenstahls zur Aufgabe gemacht hat. Sich selbst phantasiert Medienliebling und Bundesverdienstkreuzträgerin Alice Schwarzer schon bei der kleinsten Kritik an ihren Äußerungen wahlweise auf den Scheiterhaufen oder als ermordet durch »Lächerlichkeit«, »Diffamierung« und »Rufmord«. Als Höhepunkt der Geschmacklosigkeit stellt sie sich gar in eine Reihe mit den Opfern des Holocaust: »Ich bin Feministin, das heißt, ich gehöre zu der Sorte Menschen, deren mutigste Vertreterinnen bei den Nazis ganz oben auf der Liste gestanden haben.« (449, 39–40) Von aller Welt umschmeichelt zu werden und sich trotzdem halb ins KZ zu imaginieren – dazu gehört wirklich einiges an Realitätsverlust. Dagegen ist das kanadische Komitee gegen Gewalt an Frauen richtiggehend zivil, wenn es als Ergebnis einer Zehn-Millionen-Dollar-Studie behauptet, ausgerechnet kanadische Frauen wären zu einem Leben gezwungen, das wenige auf der Welt freiwillig führen würden. (Die kritische kanadische Feministin Donna Laframboise nennt diesen Bericht eine nationale Peinlichkeit und den Beweis dafür, dass ein extremistisches Weltbild längst nicht mehr auf radikale feministische Randgruppen beschränkt ist; 362, 223.)

Momentan gibt es allerdings Tendenzen, dass das Wort »Opfer« Feministinnen eher noch zu schwach für die Rolle der Frau zu sein scheint. Statt dessen spricht man von »Überlebenden«. Eine solche »Überlebende« muss übrigens in keiner Weise reales Leid erfahren haben, sie kann durchaus auch auf der Täterseite gestanden haben: »Eine Frau mag sich wohl dazu entscheiden, KZ-Wächterin zu werden, um im Nationalsozialismus zu ›überleben‹. Das ist metaphorisch ausgedrückt und weniger eine Frage von Leben und Tod als von Lebensqualität. Die Frau verspricht sich eine bessere Lebensqualität als KZ-Wächterin.« Klar. Wenn der eigentliche Holocaust an den Frauen ausgeübt wird, dann bedient frau eben die Gaskammern, damit ihr Lebensgenuss steigt. Dieses unglaubliche Gefasel findet sich in dem Band »Mittäterschaft und Entdeckungslust«, herausgegeben von keiner linken Splittergruppe, sondern vom Studienschwerpunkt »Frauenforschung« an der Technischen Universität Berlin (522, 261). Was früher einmal eine extremistische Position war, ist heute zum

Mainstream geworden. Wir haben im ersten Teil des Buches gesehen, dass auch Männer in verschiedenster Weise von der Rollenaufteilung in unserer Gesellschaft benachteiligt wurden und werden. Wenn sie als erstes auf den Gedanken gekommen wären, sich als Opfer (des Matriarchats) aufzuführen, hätte das denn funktioniert? Mit großer Wahrscheinlichkeit nicht, denn den Freiraum zu klagen, räumt unsere Gesellschaft nur den Frauen ein. Schon in der archetypischen Vorstellung ist die Frau die Jungfrau in Not und der Mann der Held, der keinen Schmerz kennen darf – oder der Schurke, von dem die Bedrohung ausgeht. Letzteres führt der Mythenforscher Joseph Campbell übrigens auf die kindliche Urerfahrung zurück: Das Paradies ist bei der Mutter/Frau; der Vater/Mann ist der Störenfried, der aus dem Weg geräumt werden muss (58, 151). Nachdem das Konzept vom männlichen Helden als »Macho« oder »chauvinistisch« diskreditiert wurde, blieb nur noch die Schurkenrolle übrig. Die weit überwiegende Zahl aller Kino- und Fernsehfilme zeigt heute noch Frauen vorwiegend als Opfer. Wenn Männer auf ihr eigenes Leiden hinweisen wollen, werden sie als »so was von unerotisch« oder als »Jammerfritzen« angegriffen. Noch deutlicher wird die Avantgarde-Künstlerin Diamanda Galás auf die Frage einer feministischen Journalistin, wie sie denn die »Feigheit, Impotenz und Weinerlichkeit« der heutigen Männer bewerte. Galás: »Mir tun schwache Männer leid: Man sollte sie auf die Straße hinauszerren, wo sie nur zum Spaß von mir und meinen Freunden geschlagen, erniedrigt und hinten rein gefickt werden würden. Ich liebe es, schwache Männer heulen zu sehen – das bringt mein Herz zum Rasen.« (230, 24) Bemerkenswert offen, aber das zugrundeliegende Geschlechterbild, dem zufolge Männer gefälligst stark zu sein haben, ist nicht Avantgarde, sondern reaktionär.

»Wir geben männlichen Opfern jeden Tag ihres Lebens die Botschaft, dass sie viel riskieren, wenn sie sich beklagen«, befand die bereits zitierte kanadische Studie über sexuell missbrauchte Jungen und Männer. »Kurz gesagt: Wenn ein Mann zum Opfer wird, dann verdient er es, hat es provoziert oder lügt. Wenn er verletzt wird, ist es seine eigene Schuld. Wenn er weint oder sich beklagt, nehmen wir ihn nicht ernst oder verdammen sein ›Gejammer‹, weil er die Dinge gefälligst ›wie ein Mann‹ ertragen soll. Wir lachen über ihn. Wir unterstützen ihn dabei, seine Belastung herunterzuspielen. Wir ermuntern ihn dazu, Verantwortung dafür zu übernehmen, dass er zum Opfer wurde und bringen ihm bei, jegliche Gefühle im Zusammenhang mit seinem Missbrauch zu ignorieren. Indem wir ihm Schuld und Scham aufladen, bringen wir ihn dazu, die Zähne zusammenzubeißen, um weiterzumachen. Wenn wir Jungen und jungen Männern in irgendeiner Weise die Botschaft vermitteln, dass ihre Erfahrungen von Gewalt und Drangsalierung weniger bedeutend als die von Mädchen und jungen Frauen sind, erteilen wir ihnen eine Lektion über ihren Wert als Menschen. Wir bringen ihnen auch bei, dass der Einsatz von Gewalt gegen Männer gerechtfertigt ist.« (295) Der Männerforscher Hans-Joachim Lenz fasst zusammen: »Ein langer Weg liegt vor uns, bis Mädchen und Jungen, Frauen und Männern, die gleiche Würde und Unverletzlichkeit ihrer Person zugestanden werden.« (274)

Es gibt allerdings strategisch und psychologisch gute Gründe, warum viele Feministinnen auf ihren Opferstatus ungern verzichten wollen:

• Wenn Täter böse sind, bedeutet das im Umkehrschluss, dass Opfer automatisch gut sind. Die Frauenbewegung beansprucht damit die Seite der »Moral« für sich, glaubt, vom ethisch höherwertigen Standpunkt aus argumentieren zu können. Oder um mit dem Schriftsteller Hans-Magnus Enzensberger zu sprechen: »Für den Einzelnen ist jede Verurteilung eines anderen ... ein Freispruch.« (260, 45) Der »Täter« bekommt als Sündenbock stellvertretend die Schuld der Gesamtgesellschaft aufgeladen.

• Als »Opfer« ist man für den katastrophalen Zustand unserer Gesellschaft nicht verantwortlich zu machen.

• Opfer haben das Recht, höchste »Entschädigungen« einzufordern. Die groteske Opferepidemie in den USA, weit über den Feminismus hinaus, ist das beste Beispiel dafür: Ein Mann verklagte McDonald's, weil er beim Fahren seinen Milchshake verschüttet hatte und dadurch in einen Unfall verwickelt worden war. Die Eltern eines Kindes verklagten einen Süßigkeitenhersteller, weil ihr Sprössling in einer der Packungen keine Spielzeugüberraschung gefunden hatte und dadurch schwer traumatisiert worden sei. Die Gerichte spielen zum Teil mit: Eine Verkäuferin, die sich beim Öffnen eines Gurkenglases eine Rückenverletzung zugezogen und ihr seelisches Gleichgewicht verloren hatte, konnte 2,52 Millionen Dollar Schadensersatz erstreiten. Nachdem ein Autofahrer betrunken Schlangenlinien fuhr, wurde sein Barkeeper bestraft, weil der ihm zuviel Alkohol eingeschenkt habe und ihn dann wegfahren ließ. Ein anderer Autofahrer, der betrunken zu schnell gefahren und einen Unfall verursacht hatte, verklagte das Ingenieurbüro, das die Straße geplant hatte, den Bauunternehmer, vier Subunternehmer und das Verkehrsministerium des betreffenden Bundesfaates. Ihm wurden in einem außergerichtlichen Vergleich 35.000 US-Dollar zugesprochen. Und ein Bankräuber erhielt zwei Millionen Dollar Wiedergutmachung, nachdem die präparierten Scheine, die er gestohlen hatte, in seiner Tasche explodierten und Tränengas sowie Farbstoff freisetzten (433, 389; 546, 198–199). Die Analogien zu der Idee, Pornographen für Vergewaltigungen haftbar zu machen, oder zu den absurden Geldforderungen bei angeblichen Opfern sexueller Belästigung sind offensichtlich.

• Opfern (also z. B. Frauen und Lesben, aber auch angeblich missbrauchten Kindern) wird in der feministischen Ideologie eine authentischere Form der Erfahrung zugestanden. »Ihre Erklärung ... muss die richtige sein, denn dadurch, dass sie unterdrückt wird, besitzt sie einen vollständigeren Blick auf die Realität als ihre Unterdrücker, also Männer.« (363, 55; 452, 74)

- Der Transaktionspsychologe Eric Berne stellt in seinem Buch »Spiele der Erwachsenen« ein Verhaltensmuster dar, das er »Jetzt hab ich dich endlich, du Schweinehund« nennt. Dabei nimmt die betreffende Person einen auch noch so geringfügigen Fehler ihres Gegenübers als willkommenen und gerechtfertigten Anlass, ihren grenzenlosen, über Jahre hinweg aufgestauten Wutgefühlen freien Lauf zu lassen (31, 110). Insofern ist die Opferrolle ein scheinbar rechtmäßiges Ventil, all seinen Aggressionen freien Lauf zu lassen. (Berne präsentiert in seinem lesenswerten Buch übrigens auch andere aufschlussreiche manipulative Manöver, die gerne vom weiblichen Geschlecht angewandt werden, von »Frigide Frau« bis zu »Macht den Sieger unter euch aus.«)

- Jeglicher terroristische oder anderweitig unmoralische Akt kann vor diesem Hintergrund auch als »legitimierte Gegenwehr« gerechtfertigt werden. Elizabeth Wurtzel fasst in ihrem 1998 erschienenen Wälzer »Bitch – Ein Loblied auf gefährliche Frauen« ihre Philosophie folgendermaßen zusammen: »Ich habe vor, das zu tun, was ich will und diejenige zu sein, die ich sein will, und werde das nur vor mir selbst verantworten«, wobei sie sich einbildet, dass »diese Einstellung für Männer eine zweite Natur« sei (547, 8). »Wenn per Moraldekret verordnet wird, dass Männer grundsätzlich Frauen unterdrücken«, warnt hingegen Warren Farrell, »dann ist im Windschatten dieses Opferdaseins alles möglich. Im äußersten sogar brutale Gewalt.« (169, 118) Die Männer sollten sich mal nicht so anstellen, heißt es dann nach dem Motto: »Dir kann doch diese kleine Stichwunde nicht weh tun, schließlich bin *ich* angeschossen worden.« (68, 14)

Der Beziehungstherapeut Dmitri Bilgere spricht in diesem Zusammenhang von »narzisstischen Opfern«: Personen, die jede Situation, die ihnen widerfährt, zu einem Erlebnis ausdeuten, bei dem sie zum Opfer werden. Statt offene Auseinandersetzungen auf sich zu nehmen, manipulieren sie aus dem Hintergrund, indem sie mit Scham, Schuldgefühlen und falschem Pathos operieren (33, 72). Katharina Rutschky weist darauf hin, dass einer Ideologie, in der sich Frauen als »Neger« der Weltgeschichte (»*woman is the nigger of the world*«) oder als Juden in einem Holocaust bezeichnen, in einem sachlichen Gespräch nichts mehr entgegenzuhalten ist: »Dass Weltanschauungen dieser Sorte argumentativ überhaupt nicht zu widerlegen sind und die Vernunft sich praktisch auf sie einzustellen hat, weiß man ja spätestens seit der historischen Erfahrung, aus der hier verwirrenderweise die Evidenz bezogen werden soll.« (399, 24) Oder um mit Warren Farrell zu sprechen: »Waren die Nazis nicht der Ansicht, dass die Juden das Geld und die Macht hatten und dass so viele Probleme der Gesellschaft von den Juden verursacht wurden?« (131, 187) Das erste, was die

Nationalsozialisten taten, war, sich als vermeintliche Opfer kenntlich zu machen – als Opfer der Volksgruppe, die sie dann in die Gaskammern schickten. Frauen *sind* also nicht Opfer einer sexistischen Gesellschaft, wie man es heutzutage selbst in verschiedenen Lexika nachlesen kann. Sie haben lediglich ihre *Interpretation* der Verhältnisse in Politik, Medien und Rechtsprechung durchgesetzt. Schon Paul Watzlawick stellte fest, »dass das wacklige Gerüst unserer Alltagsauffassungen der Wirklichkeit im eigentlichen Sinne wahnhaft ist und dass wir fortwährend mit einem Flicken und Abstützen beschäftigt sind – selbst auf die erhebliche Gefahr hin, Tatsachen verdrehen zu müssen, damit sie unserer Wirklichkeitsauffassung nicht widersprechen, statt umgekehrt unsere Weltschau den unleugbaren Gegebenheiten anzupassen« (27, 191). Anders formuliert es Denise Winn, die Autorin von »The Manipulated Mind« (Der manipulierte Verstand): »Wenn es der Fall ist, dass eine ganze Gruppe von Menschen ... auf der Grundlage bestimmter Annahmen handelt, dann werden diese Annahmen vermutlich den Status von Fakten gewinnen. Da jeder daran glaubt und danach handelt, ist es selten, dass sie überhaupt in Frage gestellt werden.« (542, 45) Schön, aber was machte gerade den Feminismus als Weltbild so attraktiv, dass er so bereitwillig angenommen wurde? Ist es ausschließlich der Reiz, dass Frauen als »Opfern« keine Verantwortung zugemutet und gleichzeitig an die männliche Beschützerrolle appelliert wurde? Es gibt ein paar andere grundlegende Mechanismen von Ideologien, die zum Marktwert dieser Bewegung ebenfalls entscheidend beigetragen haben:

- **Nichtfalsifizierbarkeiten.** »Dass Sie nicht in der Lage sind, meine Hypothese zu entkräften«, schreibt Carl Sagan in Rückgriff auf den Wissenschaftsphilosophen Karl Popper, »heißt überhaupt nicht, dass sie damit als wahr bewiesen wäre. Behauptungen, die nicht überprüft werden können, die immun sind gegen eine Widerlegung, sind in Wahrheit wertlos« (402, 213). In der anerkannten Wissenschaft müssen Vorannahmen überprüft und ständig von neuem auf die Probe gestellt und modifiziert werden. Welterklärungen, die dies verweigern, »sind also pseudo-wissenschaftlich, abergläubisch und letzten Endes psychotisch. Ein Blick auf die Weltgeschichte zeigt, dass ähnlich ›unwiderlegbare‹, monströse Welterklärungen für die schlimmsten Gräuel (wie etwa die Inquisition, Rassenideologien, totalitäre Ideologien) verantwortlich waren und sind.« (525, 63) Statt überprüfbarer Thesen werden »Wahrheiten« verkündet. Um genau solch ein geschlossenes System, erläutert Christina Hoff Sommers, handelt es sich beim klassischen Feminismus, der seine Hypothesen etwa von Frauenunterdrückung und Männerherrschaft eben *nicht* einer ständigen Überprüfung unterzieht. Die These vom alles durchdringenden Patriarchat stützt sich selbst: Gerade wenn Frauen protestieren, sie fühlten sich ganz und gar nicht unterdrückt, wird ihnen vorgehalten, eben das beweise ja, wie sehr das Patriarchat ihr Denken schon durchdringe (452, 96). Die niedrige Zahl der Männer, die für ihnen vorgeworfene Vergewaltigungen verurteilt werden, zeige ja gerade die Bösartigkeit des männlichen Geschlechtes, das »diese Triebtäter« einfach wieder laufen lässt. Es gibt keine Beschwerden wegen sexueller Belästigung? Das genau sei das Problem. Sie erinnern sich nicht, als Kind missbraucht worden zu sein? Um Gottes Willen, Sie sind tief in der Verleugnungsphase gefangen. Es gibt keinen Hinweis darauf, dass Pornographie irgendeinen Schaden anrichtet? Genau diese Unsichtbarkeit der Schädigungen sei ja das Schlimme, verkündet Catharine MacKinnon (236, 216). Und Alice Schwarzer, darauf angesprochen, dass Berufsanfängerinnen sich heute längst nicht mehr diskriminiert fühlen, erwidert unbeeindruckt:»Ich verstehe das sehr gut. Diskriminierung ist demütigend. Also ziehen manche Frauen es vor, sie nicht wahrzunehmen.« (528, 108) Männliche Kritik an den Thesen der Frauenbewegung wird nicht als für die Wahrheitsfindung hilfreich betrachtet, sondern als »reaktionär« und »chauvinistisch« zurückgewiesen. Das Infragestellen einer Rhetorik, die jegliche Kritik mit dem Schlagwort »Backlash« abqualifiziert, gilt der feministischen Fraktion selbst als »Backlash«. Man kommt in dieses Denken nicht hinein und nicht hinaus. Es hat schon seinen Grund, dass Frauenbibliotheken von männlichen Besuchern freigehalten werden sollen: Das in sich geschlossene Wahnsystem muss auch in seiner Verbreitung und Umsetzung vor äußeren Einflüssen geschützt werden.

• **Reduktive Hypothesenbildung.** Der menschliche Geist hat es gerne bequem und möchte allzu komplizierte Betrachtungen lieber vermeiden. Für sämtliche Probleme der Welt soll möglichst eine einzige Ursache gefunden werden – entweder abstrakt (die angeborene Bösartigkeit, der Egoismus, die Machtgier) oder als personifizierter Sündenbock: Da waren dann ebenso die Juden, Jesuiten und Freimaurer für Deutschlands Niederlage im Ersten Weltkrieg verantwortlich wie die CIA, der Kommunismus oder der Kapitalismus für die Ausbeutung der Dritten Welt. »Jeder absonderliche Hagelschlag im Sommer wurde in den fünfziger Jahren auf die Atombombenversuche zurückgeführt, die damals noch häufiger waren als heute. Wenn die Seehunde in der Nordsee sterben, so kann nur der ökologische Zustand der Nordsee schuld sein. (Die Tatsache, dass ausgerechnet diejenigen Seehunde zuerst starben, die in weniger belasteten Gebieten leben, hat auf die öffentliche Hypothesenbildung wenig Einfluss.) ... Die Tatsache, dass solche reduktiven Hypothesen Welterklärungen aus einem Guss bieten, erklärt vielleicht nicht nur ihre Beliebtheit, sondern auch ihre Stabilität. Wenn man einmal weiß, was die Welt im Innersten zusammenhält, so gibt man ein solches Wissen ungern auf, um wieder in die unübersichtlichen Gefilde eines nichthierarchisch gegliederten Netzes wechselweiser Abhängigkeiten zu geraten.« (89, 133–134, 275). Heutzutage wird, wie die kritische Feministin Wendy McElroy anmerkt, dem »Patriarchat« an allem die Schuld gegeben – »von sexueller Belästigung bis zu Schwangerschaftsstreifen ... Es gibt da eine Redensart: Wenn du nichts weiter als einen Hammer besitzt, dann erscheint dir alles andere wie ein Nagel. Wenn deine Ideologie nur aus einem einzigen Ton besteht, dann sind all deine Lieder in derselben Melodie geschrieben.« (305, 122) Wenn eine Frau heutzutage im Regen nass wird, liegt das nur daran, dass kein Mann sie daran erinnert hat, einen Schirm mitzunehmen.

- **Feste Wahrnehmungsraster.** Wenn Welterklärungen erst einmal einfach und scheinbar unangreifbar sind, werden sämtliche Fakten, auf die man stößt, so eingeordnet, dass sie diese Thesen stützen. »Die aufmerksame Feministin«, erklärt Denise Winn, »ist vermutlich eher darauf ausgerichtet, Beispiele für männliche Unterdrückung wahrzunehmen als Beispiele von Fairness zwischen den Geschlechtern oder gar männliche Unterordnung.« (542, 43) »Informationen, die nicht der jeweiligen Hypothese entsprechen, werden einfach nicht zur Kenntnis genommen.« (89, 135) Bestes Beispiel dafür ist Alice Schwarzers Buch »Der kleine Unterschied«, in dem Gespräche mit Frauen festgehalten sind. Bestimmte Passagen sind durch kursive Schrift hervorgehoben worden, weil sie, Schwarzer zufolge, besonders »wahr« oder »typisch« seien. Stellen, an denen Frauen über positive Erfahrungen mit Männern berichten, wurden generell nicht kursiv gesetzt (527, 258). Treten bei der praktischen Umsetzung der eigenen Hypothesen Misserfolge auf, macht man nicht sich selbst, sondern den Gegner dafür verantwortlich: Als sich immer mehr junge Frauen von der lustfeindlichen und fundamentalistischen Frauenbewegung abwandten, wurde nicht untersucht, ob deren Prinzipien nicht vielleicht überholungsbedürftig waren, sondern die Theorie von einer patriarchalen Gegenbewegung in die Welt gesetzt, die Frauen den Feminismus propagandistisch vermieste. Auch Wissenschaftler sind nicht frei davon, sich von solchen Vorurteilen und bewussten oder unbewussten Parteilichkeiten leiten zu lassen. Eine Affenforscherin erklärte zum Beispiel, dass sie sich manchmal mehr mit weiblichen Pavianen identifizieren könne, als mit den Männchen ihrer eigenen Rasse (486, 220). Im Bereich des Rollenverhaltens zwischen Mann und Frau kann es zudem zu sich selbst erfüllenden Prophezeiungen kommen: Ein bestimmtes Verhalten wird von einem bestimmten Geschlecht erwartet, und seine Mitglieder richten sich danach (135, 87).

- **Denken in bipolaren Konstellationen.** Eltern mit drei oder mehr Kindern, stellte Carol Tavris in ihrem Buch über Geschlechterklischees fest, sprechen über jedes Kind in individuellen Begriffen. Jane ist intellektuell, könnten sie sagen, Sam ist sozial und Pam sportlich. Eltern mit zwei Kindern beschreiben sie jedoch in Gegensätzen: Pam ist ein Führer, Sam ist ein Gefolgsmann; Sam ist der soziale Sohn, Pam ist die unsoziale Tochter (486, 90). Dieselbe Logik herrscht in der Geschlechterdebatte: Männer sind vom Mars, Frauen von der Venus. Frauen sind friedfertig und keusch, Männer sind aggressiv und ständig geil. Durchmischungen und Mittelwerte gibt es nicht.

• **Eingängigkeit.** »Wir halten ein Ereignis (oder eine Situation) für häufiger, wenn wir es uns leicht vorstellen können und wenn es in irgendeiner Weise emotional aufgeladen ist«, nennt Piatelli-Palmarini eine mögliche Erklärung für kollektive Irrtümer (370, 115). Wir können es uns viel leichter vorstellen, dass ein Mann eine Frau zusammenschlägt, als dass es andersherum verläuft, und darum glauben wir sofort an die Überzahl männlicher Täter. Ebenso rühren die Gräuelberichte über das massenhafte Vorkommen von Vergewaltigungen oder über den netten Jungen von nebenan, der urplötzlich zum Triebtäter mutiert, die innersten Ängste vieler Frauen an und werden so unhinterfragt übernommen.

• **Die Magie der großen Zahl.** »Zu Recht wird von sozialen Akteuren angenommen, dass im Zeitalter der Massenkommunikation – in dem viele soziale, politische, ökologische usw. Probleme weltweit um Aufmerksamkeit konkurrieren – die Menschen nur ein Thema beeindrucken kann, bei dem sich zahlreiche (oder noch besser: zahllose) Betroffene finden. Es gibt verschiedene Methoden, um deren Zahl in die Höhe zu treiben: die ausufernde Definition von Betroffenheit, eine Manipulation statistischer Daten oder die Bezugnahme auf willkürlich ausgewählte Expertenschätzungen.« (407, 60) Das war in einem Artikel der Zeitschrift »Skeptiker« zu lesen – nicht über Vergewaltigungen oder sexuelle Belästigung, sondern über vermeintliche Entführungen durch Außerirdische. Die Autoren weisen darauf hin, dass Argumente wie:»Bei manchen Menschen kann die Erinnerung an einen solchen Vorfall sogar gänzlich aus dem Bewusstsein schwinden!« beliebige Betroffenheitszahlen ermöglichen. Exakt dasselbe Phänomen liegt in der Debatte über sexuelle Gewalt vor, und zwar durchgehend: Jedes dritte Kind wurde angeblich missbraucht, ins Spiel kommen dabei eine enorme Dunkelziffer und die Behauptung, dass entsprechende Erinnerungen »verdrängt« sein könnten. Jede zweite Frau wird angeblich vergewaltigt, auch wenn die meisten »Opfer« das nicht so sehen. Etliche Männer sind angeblich »Belästiger«, auch wenn sie eigentlich nur ein wenig anbändeln wollten. »Der beliebteste rhetorische Kunstgriff zur Erzeugung moralischer Evidenzen«, so Katharina Rutschky, »ist der Einsatz von scheinbar objektiven Zahlen und Statistiken, die auf dem Untergrund wohlfahrtsstaatlich interpretierter individueller Menschenrechte für jede Frau und jedes Kind auch den Dümmsten überzeugen.« (399, 9) »Jede dritte Frau« kann man sich auch leicht merken. Das Auseinanderklabüsern solcher Zahlenmanipulationen ist schon deutlich schwieriger. Susan Faludis ideologisch korrektes Datenwirrwarr wurde augenblicklich ins Deutsche übersetzt, Christina Hoff Sommers gründliche Widerlegung desselben bis heute nicht.

• **Hypothesenbildung durch Generalisierung lokaler Erfahrungen.** Jemand, der einmal oder mehrere Male negative Erfahrungen beispielsweise mit Ausländern gemacht hat, wird diese Erlebnisse unter bestimmten Umständen zu einer generell ausländerfeindlichen Einstellung verallgemeinern, ohne dass dies wirklich logisch begründbar wäre. In ähnlicher Weise verallgemeinern auch viele Feministinnen ihre individuellen Erlebnisse. Besonders deutlich tritt das z. B. bei Constanze Elsner zutage, die eine Beziehung mit einem gewalttätigen Mann einging und daraufhin entgegen jeder Faktenbasis in ihrem Buch die These vertritt, dass in Fällen häuslicher Gewalt der Mann *immer* Täter und *niemals* Opfer sei.

- **Ausschließen der Mitte.** Ein logischer Fehler, der überraschend häufig begangen wird, ist folgender: Wenn Behauptung A nicht richtig ist, dann muss das Gegenteil von Behauptung A richtig sein. Wenn also der Satz »Boris Becker ist wunderschön« nachweislich nicht stimmt, dann müsste demnach sein Gegenteil stimmen: »Boris Becker ist potthässlich«. Nun ist Becker weder ein Model noch ein Unhold, sondern sieht aus, wie man halt so aussieht, wenn man Tennis spielt. Das längst überalterte Klischeebild »Frauen sind Masochistinnen« tüten »Emma«-Redakteurinnen um in »Keine Frau ist eine Masochistin« – und wehe, wenn doch! Aus der hanebüchenen Vorstellung »Man kann keine Frau gegen ihren Willen vergewaltigen – eine Frau, die behauptet, das sei ihr passiert, lügt« wird prompt »Wer behauptet, vergewaltigt worden zu sein, darf auf keinen Fall angezweifelt werden.«
Schön. Wir wissen jetzt also, welche Bausteine eine Wahnvorstellung in der Theorie besonders liebenswert machen. Aber wie funktioniert dieser Mechanismus in der Praxis? Es gibt dafür vier bekannte Versuche. Der erste wurde vom ADAC vorgenommen, die anderen drei von Paul Watzlawick.

- Der Fahrer eines Autos tritt voll auf die Bremse, der hinter ihm muss noch stärker in die Eisen gehen und bringt seinen Wagen nur knapp hinter der Stoßstange des Vordermanns zum Stehen. Es passiert also nichts. Durch die Frage, ob »der Schaden« an dem vorderen Auto groß, mittel oder klein gewesen sei, lassen sich 71 Prozent der Versuchsteilnehmer aufs Glatteis locken und schätzen einen Schaden ein, den sie nicht gesehen haben konnten (418, 25). Mit derselben Technik kann man Menschen auch dazu bringen, sexuelle Übergriffe zu »bemerken«, wo es keine gibt.

- In einem anderen Experiment mussten Gruppen von sieben bis neun Studenten die unterschiedliche Länge dreier Linien richtig einschätzen. Sinn dieses Versuches war, dass die richtige Antwort extrem einfach und offensichtlich war, so dass die Möglichkeit danebenzuliegen bei Menschen ohne Augenfehler null betrug. Insgeheim aber wurde sämtlichen Studenten außer der eigentlichen Versuchsperson eingebläut, von einem bestimmten Moment an einstimmig die falsche Antwort zu geben. 36,8 Prozent der Versuchspersonen unterwarfen sich lieber dem so offensichtlich falschen Urteil der Gruppe, als an ihre eigene Wahrnehmung zu glauben und nannten ebenfalls einen der beiden eindeutig längeren Striche als den kürzesten. Wenn über ein Drittel der untersuchten Menschen schon bei *offensichtlich* falschen Aussagen lieber mit als gegen den Strom schwamm, kann man sich vorstellen, wie viele es sind, wenn die Dinge nicht ganz so klar liegen, Behauptungen durch scheinbar überzeugende Statistiken »untermauert« sind und abweichende Meinungen scharf angegriffen werden. Watzlawick weist darauf hin, dass bei vielen gestörten Familien das sensibelste und klarsehendste Mitglied als »Störfall« in Erscheinung tritt, weil es in einer Welt lebt, in der Verschrobenheit als normal hingestellt wird (525, 93–96).

• Ende der fünfziger Jahre entsandte US-Präsident Eisenhower eine Gruppe von Sachverständigen nach Seattle, weil sich dort die Meldungen über Windschutzscheiben häuften, die von kleinen kraterähnlichen Kratzern übersät waren. Bis hin zur Theorie radioaktiven Fallouts aufgrund der Atomtests wurden die unterschiedlichsten Theorien vorgeschlagen. Bald stellte sich aber eine gänzlich unerwartete Lösung heraus: »Als sich die Berichte über pockennarbige Windschutzscheiben häuften, untersuchten immer mehr Autofahrer ihre Wagen. Die meisten taten dies, indem sie sich von außen über die Scheiben beugten und sie auf kürzeste Entfernung prüften, statt wie bisher und unter dem normalen Winkel durch die Scheiben *durch*zusehen.« Es handelte sich mithin um »keine Epidemie beschädigter, sondern *angestarrter* Windschutzscheiben.« Wenn offenbar ein Thema affektgeladen genug ist und erst einmal einen gewissen Schwellenwert überschritten hat, nimmt eine Entwicklung ihren Lauf, »die keiner weiteren Beweise bedarf, sondern rein aus sich heraus, selbstbestätigend und selbstverstärkend, immer weitere Personenkreise in ihren Bann zieht.« (525, 84–85). Die Parallelen zu bestimmten Hysterien wegen vermeintlicher sexueller Gewalt sind nahe liegend.

• Im Mai 1969 war das französische Orleans wie viele Städte Frankreichs mit einer angespannten politischen Atmosphäre erfüllt. Das steigerte sich noch, als ein neues Gerücht die Runde machte: »Damenmodengeschäfte und Boutiquen in dieser modernen, wenn auch provinziellen Stadt von 100.000 Einwohnern waren in Mädchenhandel verwickelt. Kundinnen dieser Geschäfte wurden in den Ankleideräumen überwältigt und betäubt, in Kellern bis zum Einbruch der Nacht gefangengehalten, dann durch unterirdische Gänge ans Ufer der Loire gebracht und von dort auf einem Unterseeboot nach Übersee entführt und einem Schicksal ›schlimmer als der Tod‹ überantwortet. Bereits am 20. Mai kursierten zusätzliche, detaillierte Informationen. Demnach vermisste man bereits 28 junge Frauen; ein Schuhgeschäft verwendete zur Betäubung der Opfer in Schuhen versteckte Injektionsvorrichtungen, da die in den Modeboutiquen verwendeten Injektionsspritzen in einem Schuhladen begreiflicherweise nicht angewandt werden konnten, und so manches mehr.«

Die Händler selbst wussten von nichts, erhielten aber merkwürdige Anrufe, bei denen zum Beispiel Unbekannte »frisches Fleisch« bestellten. Nachdem sich die ersten »feindseligen Menschengruppen in den Geschäftsstraßen zusammenzurotten begannen ...«, kamen zwei bemerkenswerte Einzelheiten ans Licht: Erstens verkauften die betreffenden Modeläden die neuen Miniröcke und standen damit für die provinzielle Mentalität im Zwielicht einer besonderen Erotik; zweitens nahm das Gerücht einen ausgesprochen antisemitischen Charakter an.« Außerdem war inzwischen von Ritualmorden die Rede. Die Polizei hatte »sich bis zu diesem Zeitpunkt mit der Sachlage nur von einem rein faktischen, sicherheitspolizeilichen Standpunkt befasst und keinerlei konkrete Anhaltspunkte gefunden. So stand zum Beispiel fest, dass nicht eine einzige Frau, geschweige denn 28 in Orleans vermisst wurden.« Das interessierte jedoch keinen Menschen, sondern wurde nur als Beleg dafür gewertet, dass die Polizei selbst in die Sache verwickelt war. Offenbar wussten die Menschen damals schon, dass Vergewaltiger vom »Patriarchat« geschützt und gefördert wurden. Erst als der Ausgang einer Wahl zu innenpolitischer Entspannung führte, gewann allmählich die Vernunft die Oberhand. Man ging den Gerüchten nach, fand sie unbegründet und verurteilte den plötzlichen Ausbruch von Antisemitismus aufs schärfste (525, 85–87).

Bleiben wir einen Augenblick bei diesem letzten Fall stehen. Er hat etwas ganz besonders Beispielhaftes. In Zeiten gesellschaftlichen, politischen oder wirtschaftlichen Umbruchs kommt es nämlich regelmäßig zu sogenannten »Unterwanderungsmythen«. Dabei handelt es sich um Erzählungen, bei denen die Angst und Ungewissheit der Massen auf praktische Sündenböcke geleitet wird. Diesen Sündenböcken wurde das übelste nur irgendwie denkbare Verhalten unterstellt, in der Regel grausame Verbrechen gegenüber Kindern. Solche Unterwanderungsmythen gab es immer wieder in der Menschheitsgeschichte. In der Antike erzählten sie sich die Griechen über die Juden, die Römer wiederum berichteten von den Christen, dass sie rituell Kinder opferten und in inzestuösen Orgien schwelgten. Als das Ansehen des Christentums stieg, beschuldigten sich seine frühen Gruppierungen gegenseitig, Menschen zu essen und Kinder zu schlachten. Im Mittelalter fanden quer durch Europa neue Judenverfolgungen und Hexenverbrennungen statt. Zwischen 1830 und 1840 kam es in den USA zu einer Hysterie gegen die papistische Konfession, und Bücher wurden von Frauen geschrieben, die behaupteten, ehemalige Nonnen zu sein und Klöstern entkommen zu sein, in denen sie Orgien, Folter, Hexerei und Kindermord beobachtet hatten (323, 32).

Die feministische Kulturwissenschaftlerin Elaine Showalter bezeichnet solche massenhaft geglaubten absurden Erzählungen als »Hystorien«, und sie weist darauf hin, dass von dieser Erscheinung hauptsächlich Frauen befallen sind. Ob es sich um das Herausbilden multipler Persönlichkeiten handelt, um Erinnerungen an satanistischen Ritualmissbrauch oder an Entführungen von Außerirdischen – jedes Mal künden davon drei- bis neunmal soviele Frauen wie Männer (435a, 20). Regelmäßig geht es bei solchen Hystorien auch um Formen verbotener Sexualität. Zur vorletzten Jahrhundertwende wetterten bestimmte Politiker über die um sich greifende »Unzucht«, geradezu explosionsartig war überall von einer angeblichen Springflut von Sexualverbrechen zu hören. Sexualforscher sehen in einer solchen Panik vor allem eine Angstwelle: Angst etwa vor dem Verlust der eigenen Persönlichkeit, vor der Auflösung des Staates oder davor, dass »die Körper den andrängenden Reizen der modernen großstädtischen Kultur nicht mehr standzuhalten vermögen«. Die Menschen erschraken vor dem Wandel der gesellschaftlichen Verhältnisse im Zeitalter der industriellen Revolution, vor der Auflösung gewohnter gesellschaftlicher Strukturen und der völlig ungewohnten Mobilität der Körper (260, 96). Einen ähnlich radikalen Wandel im Verhältnis zwischen Männern und Frauen lösten die sexuelle Revolution und die Emanzipationsbewegung aus, wobei der neue Orientierungsverlust momentan durch übergreifende Ängste wie Globalisierungskrise, steigende Arbeitslosigkeit und einen Übergang der Produktions- und Dienstleistungs- in die Informationsgesellschaft verstärkt wird. So kommen im Staatsfeminismus der neunziger Jahre bekannte Dinge zusammen: zum Beispiel eine Sexualfeindlichkeit, die in Angstvorstellungen über das massenhafte Vorkommen von Gewaltverbrechen umschlägt, und eine starke Abneigung gegenüber bestimmten Menschengruppen, die als Sündenböcke benutzt werden. Bei Gloria Steinem sind diese Sündenböcke schlicht alle Männer, aber die von ihr gesponserten Studien über angeblichen satanischen Missbrauch wurden besonders begeistert von Gruppen mit einer antisemitischen Einstellung aufgenommen (323, 243). Wissenschaftler wie Benjamin Beit-Hallami von der Universität Haifa finden es unbegreiflich, wie man die offenkundigen Überschneidungen zwischen satanistischen Erzählmustern und judenfeindlichen Vorstellungen von Ritualmorden an Christenkindern übersehen konnte (435a, 237). Ein gemeinsamer Nenner ist jedenfalls ein deftiger Schuss Paranoia.

Schleichert nennt als Kennzeichen der paranoiden Weltdeutung die »Einordnung des Einzelfalls in einen allgemeineren Kontext«, oft mit der Wendung »derlei ist nur die Spitze des Eisberges« (409, 35). Genau das ist allzu oft die feministische Argumentation: Wenn eine Frau vergewaltigt wird, ist das nicht die Tat eines einzelnen Verbrechers, sondern steht stellvertretend für eine Kultur, in der alle Männer alle Frauen in Angst und Schrecken halten. Versuchen Sie mal, gegen diese Hypothese einen Gegenbeweis zu führen. Natürlich, so die Feministinnen weiter, sollte man auf keinen Fall die enorme Dunkelziffer vergessen, die gemeldeten Fälle seien ja schließlich nur ... eben. »In einem Kontext von Desinformation nimmt die primäre Prämisse, diese ein für allemal gefasste (und oft zufällig zustande gekommene) Meinung, eine zwingende und zentrale Bedeutung an, und, gleichgültig, wie absurd sie ist, folgen alle weiteren Schlussfolgerungen oft mit streng logischer Konsequenz.« (525, 90) Wenn Frauen massenweise vergewaltigt werden, aber nur wenige Anzeigen erstattet werden, dann *muss* es doch eine hohe Dunkelziffer geben, und wenn die Gerichte so wenige Männer verurteilen, dann *muss* das »Patriarchat« dieses Verbrechen doch decken, und wenn dann noch neunmalkluge Bücher erklären wollen, dass die Statistiken der Frauenbewegung hier falsch sind, dann *kann* der Grund dafür doch nur Frauenfeindlichkeit sein – oder?

SCHADET LOGIK DER FRAUENBEFREIUNG?

*Mitleid, Zorn und Heldentum erfüllte sie, aber ihre
Fähigkeit, zwei und zwei zusammenzuzählen, war
außer Kraft gesetzt.*

E. M. Foster, Auf der Suche nach Indien

Eine feministische Redakteurin aus Hamburg, mit der ich einige Zeit in Briefkontakt stand, schrieb mir einmal, dass die Unterdrückung der Frau in verschiedener Hinsicht eine unbestreitbare Tatsache sei und heutzutage darüber glücklicherweise nicht mehr diskutiert werden müsse. Ich antwortete darauf, dass allerdings über diese Frage öffentlich nicht mehr diskutiert werde, dass aber etliche Statistiken, Untersuchungen und Umfrageergebnisse eine gänzlich andere Wirklichkeit belegten. Meine Briefpartnerin schrieb mir sinngemäß zurück, dass man heutzutage doch längst darüber hinaus sei, an irgendetwas wie »konkrete Fakten« zu glauben und dass Wirklichkeit immer etwas Konstruiertes sei.

Die Frage, die sich aus diesem Briefwechsel heraus ergab, war, wie eine Feministin einerseits von angeblichen »Fakten« wie der Unterdrückung der Frau sprechen konnte, sobald diese Aussage aber wissenschaftlich ins Kreuzfeuer genommen wurde, bestritt, dass es so etwas wie »Fakten« überhaupt geben könne. Die Antwort auf dieses scheinbare Paradox besteht darin, dass es in der feministischen Lehre zwei verschiedene Sorten »Fakten« gibt, von denen die einen akzeptiert und die anderen zurückgewiesen werden. Akzeptiert werden »subjektive Fakten«, die sich aus der höheren Erkenntnisfähigkeit der Frau als Opfer herleiten. Dass die Frau ein Opfer ist, wird wiederum aus diesen »subjektiven Fakten« abgeleitet. Zurückgewiesen werden »objektive Fakten«, denn diese entstammen dem männlichen Herrschaftsgefüge.

Den ideologischen Hintergrund dieser Denkweise erklärt Felix Stern: »Anders als in der etablierten Wissenschaft, die der Objektivität verpflichtet ist, sollen in der feministischen Frauenforschung soziale Frauenwelten intersubjektiver Bedeutungen, innerer Erlebnisse und persönlicher Erfahrungen erforscht werden. Da in der Frauenforschung nur der ›weibliche Blickwinkel‹ zugelassen ist, konnten zum Beispiel die Debatten um ›sexuelle Belästigung‹ mit folgenschwerer einseitiger Gesetzgebung, die den Frauen einseitige Definitionsgewalt einräumt, entstehen. ... Schon 1978 hatte Maria Mies das alternative Wissen-

schaftsparadigma der noch nicht institutionalisierten Frauenforschungsbewe-
gung mit ihren ›methodischen Postulaten zur Frauenforschung‹ formuliert. Danach sollte die Frauenforschung ein Teil emanzipatorischer Praxis sein, wobei
die Paradigmen nicht Objektivität, sondern ›Betroffenheit‹, ›Parteilichkeit‹ und
›Einbeziehung der Beforschten als Subjekte in den Forschungsprozess‹ hießen.
Subjektive Gefühle und Wahrnehmungen sollten in die Erhebung einfließen.«
(474, 234–235) Neutralität wird also ausdrücklich abgelehnt. Es geht nicht
mehr darum, was objektiv messbar und nachprüfbar ist. Vielmehr erhält alles,
was Feministinnen als »wahr« *empfinden*, den Status der Realität. Auf dieser
Basis kann man Religionen gründen, aber keine Wissenschaft. Es überrascht
nicht, dass sich Organisationen wie die »Skeptiker«, die sich normalerweise mit
Dingen wie Geistererscheinungen, UFO-Entführungen, New Age und Pseudo-
wissenschaften auseinandersetzen, auch der feministischen Forschung extrem
kritisch gegenüberstehen: »Schließlich zeugt auch die zunehmende ... feministische Kritik an wissenschaftlicher Erziehung, besonders an den Universitäten
und Gymnasien, von Wissenschaftsfeindlichkeit. ... Der Vorwurf des radikalen
Feminismus, dass Wissenschaft einseitig männlich ausgerichtet sei, zielt darauf,
dass Wissenschaft der Ausdruck von ›toten, weißen, angelsächsischen Männern‹
gewesen sei – von Newton bis Faraday, von Laplace bis Heisenberg. Die extremen Vertreter dieser Bewegungen raten nun, die Menschheit von den kulturellen, rassistischen und sexistischen Ausdrucksformen von Wissen zu befreien – und das bedeutet auch von wissenschaftlicher Objektivität.« (435, 303)
Die philosophischen Grundlagen, auf die sich die feministische Weltsicht unausgesprochen bezieht, sind natürlich die Postmoderne und der Radikale Kon-
struktivismus. »Wirklichkeit« hänge demnach immer von der Perspektive des –
bzw. in diesem Fall: der – Einzelnen ab. Jeder nimmt die Welt aus seiner Sicht
wahr, und da es keinen objektiven, allwissenden Beobachter gibt, kann es auch
keine letztlich gültige Sicht der Wirklichkeit geben, sondern nur das, worauf
sich die Masse gerade als gültig geeinigt hat. Dabei vermischen die feministischen Wissenschaftlerinnen allerdings theoretische Philosophie und praktisches
Leben. Das ist z. B. im Kapitel über den sexuellen Missbrauch deutlich geworden: Während es dem Patienten möglicherweise in bestimmten Fällen helfen kann, in der Psychotherapie einfach eine bestimmte Theorie zu akzeptieren und darauf den Heilungsprozess aufzubauen, ist es etwas ganz anderes,
wenn diese Beliebigkeit plötzlich in die juristische Ebene übernommen wird
und ein von Patient oder Therapeut ausgemachter »Täter« für etwas belangt
wird, was er nie begangen hat. Aus dem Statement »Aus meiner Perspektive bist
du aber schuldig!« eine Verurteilung zu erreichen, legt den Rechtsstaat in Trümmer. (Möglicherweise macht das manchen Feministinnen nichts aus, da auch
der Rechtsstaat nur ein Produkt der »patriarchalen Gesellschaft« ist. Autorinnen wie Ruth Rothmann lehnen ethische Prinzipien als »Männermoral« auch
ausdrücklich ab.) Wenn Missbrauchsfanatikerinnen mit Plakaten wie »Wir glauben den Kindern!« vor den Gerichten Protestveranstaltungen abhalten oder

»Wildwasser« in Stadtbussen Parolen aushängt wie »Jedes Mädchen hat ein Recht, dass man ihm glaubt«, dann wird darin das Prinzip dieser Bewegung sehr deutlich: »Opfern«, also Menschen, die sich als solche bezeichnen oder so bezeichnet werden, muss bedingungslos geglaubt werden – und damit dieser Glaube von anderen übernommen wird, bedarf es nur des nötigen politischen Drucks. Dasselbe, was einem Familienvater passiert, der sich keiner Schuld bewusst ist und trotzdem verurteilt wird, passiert allen Männern in der gesamten Gesellschaft, wenn »der Mann« grosso modo als Frauenunterdrücker in einem Atemzug angeklagt und gerichtet wird.

Zu behaupten, es gebe keine Fakten, alles hänge nur von der Perspektive ab, ist letzten Endes unsinnig. Soll man ernsthaft noch darüber diskutieren, ob die Erde eine Kugel oder eine Scheibe ist oder über wie viele Halswirbel der menschliche Körper verfügt? Kann man darauf ernsthaft antworten: »Also für mich hat der Mensch hundertsiebzig Halswirbel«? Auch Watzlawick behauptet in den zitierten Beispielen aus seinem Buch »Wie wirklich ist die Wirklichkeit?« keineswegs, dass es keine Wirklichkeit gibt. Ganz im Gegenteil: In allen oben genannten Beispielen war eine grundlegende Wirklichkeit nachweisbar, auch wenn sie von der allgemein öffentlich gemachten abwich: Beim ADAC-Experiment gab es keinen Autoschaden, eine der drei Linien war nachweisbar länger als die anderen, es lag keine tatsächliche Zunahme beschädigter Windschutzscheiben vor, Gerüchte über auch nur eine einzige, geschweige denn 28 verschwundene Frauen stellten sich nachweislich als falsch heraus. Mit ihrer subjektiven Beliebigkeit kann Frauenforschung jedoch alles »belegen« und nötigenfalls von allem das Gegenteil. Wenn Frauen Haushalt und Mutterschaft als Lebensmitte wählen, werden sie vom Patriarchat an den Herd gedrängt und leiden am »Cinderella-Komplex«. Berufstätige Frauen leiden hingegen am Superfrauensyndrom und lassen sich durch die männliche Leistungsgesellschaft fertig machen (474, 235). Ausgehend von der These, dass Frauen Opfer sind, beweist man, dass Frauen Opfer sind.

Diese Herangehensweise an die Wissenschaft treibt zumindest in den USA immer seltsamere Blüten. So halten die meisten Lehrerinnen im Fach »Frauenstudien« Wissen an sich für eine »patriarchale Konstruktion« (452, 50). Die Grenzen zwischen einem akademischen Fach und einer politischen Bewegung verschwimmen. Auch Logik, Intelligenz und Verstand werden als »phallozentrisch« abgewertet (452, 65), Wissenschaft als bourgeois und imperialistisch (452, 83). Konsequent verkündet die feministische Theoretikerin Elizabeth Fee: »Wissen wurde als ein aggressiver Akt geschaffen – eine passive Natur musste vom Mann verhört werden, entkleidet, penetriert und gezwungen, ihre Geheimnisse zu enthüllen.« Mary Ellmann und Catharine MacKinnon behaupten, dass Männer sich der Natur nähern wie Vergewaltiger einer Frau und Vergnügen daran haben, ihr Gewalt anzutun. Feministinnen haben MacKinnon zufolge erkannt, dass für Männer »wissen soviel wie ficken bedeutet«. Es verwundert nicht, dass MacKinnon sämtliche Studien, die die Unschädlichkeit oder gar Nützlichkeit von Pornographie beweisen, unter diesem Blickwinkel nicht anerkennen kann – eben weil sie wissenschaftlich sind. In einer ähnlichen Weise behauptet die Feministin Sandra Harding, Newtons Gesetze der Mechanik hätte man ebenso gut »Newtons Vergewaltigungshandbuch« nennen können (452, 66).

Margita Levin nennt weitere Beispiele für diese feministische Wissenschaftsfeindlichkeit in einem Artikel im »American Scholar«: Wenn etwa die Rede davon ist, dass bestimmte physikalische Objekte eine »Kraft ausüben«, die Evolution als ein »Kampf« um die Erhaltung der Art geschildert wird oder erklärt wird, dass Tiere in Gegenden mit ungenügenden Lebensgrundlagen in »Wettbewerb« miteinander treten, wird das als Beleg für die Herrschaft der männlich-aggressiven Denkweise gewertet. Das Gesetz von der Trägheit der Masse fuße Feministinnen zufolge auf dem Bedürfnis des Kapitalismus, das Geld im Umlauf zu halten, und das Ersetzen des ptolemäischen Weltbildes (die Sonne dreht sich um die Erde) durch das kopernikanische (die Erde dreht sich um die Sonne) wird als Bezwingung des femininen durch das maskuline Denken kritisiert. Margita Levins Reaktion auf die Vertreterinnen solcher Thesen lässt sich in einem Satz auf den Punkt bringen: »Denken Sie, wir hätten eine Wahl ..?« (172, 170)

Vielleicht ist es vor diesem Hintergrund des Anti-Rationalismus zu erklären, dass das »Ms.-Magazin«, die amerikanische »Emma«, 1995 einen enthusiastischen Artikel über die selbsternannte Hexe Zsuszanna Budapest brachte, deren Bücher Zaubersprüche und magische Symbole als Mittel empfehlen, um mit einem störrischen Computer klarzukommen, eine Gehaltserhöhung zu erhalten oder Belästiger zu bestrafen (547b).

Der aggressiven, misstrauischen Männerwissenschaft setzen die Autorinnen von »Women's Ways of Knowing« (»Weibliche Wege des Wissens«) das höhere Stadium des »vernetzten Wissens« entgegen. Statt das Untersuchungsmaterial zu zergliedern, zu analysieren und anzuzweifeln, sollte besser einfach geglaubt werden. Das sei besonders Frauen zu empfehlen, denn »viele Frauen finden es einfacher zu glauben, als zu zweifeln«. Das männliche, vertikale Denken sei dadurch geprägt, die »Herrschaft« über den Gegenstand der Untersuchung zu gewinnen oder ein Argument zu vertreten und es »mit allen Gegnern aufzunehmen«. Im lateralen, weiblichen Denken sei »das Ziel nicht, zu gewinnen, sondern sich in einer anständigen Beziehung mit allen Elementen des Universums zu befinden« (452, 67). Ausgerechnet der Feminismus führt hier wieder die Vorstellung der Frau vom vernunftsfremden Wesen ein – und macht dafür auch noch ordentlich Reklame.

»Es ist sehr schwierig, Studentinnen, die in der feministischen Perspektive trainiert sind, zu unterrichten«, erklärt ein Professor in den USA. »Sie misstrauen allem, was Sie sagen. Für sie ist Vernunft an sich patriarchal, linear und unterdrückerisch. Sie können nicht mit ihnen argumentieren.« (452, 107) Die feministische Soziologin Lois Hoeffler, deren Untersuchungen zufolge Frauen öfter und schwerer depressiv als Männer seien, reagierte auf den Vorwurf, ihre Untersuchung sei unwissenschaftlich durchgeführt worden, mit dem Statement, sie sei an »phallozentrischer Theorie« nicht interessiert. »So vieles der Psychologie beruht darauf, dass Männer Frauen unterdrücken. Ich kann damit nicht umgehen.« Sie erwarte mit einer steigenden Zahl feministischer Forscherinnen, dass immer mehr Studien und Umfragen dieses neue Bewusstsein widerspiegeln würden (452, 252–253).

Erin Pizzey, selbst engagierte Frauenschützerin, bereitet Männerhass als Studienziel indes eher Sorge: »Ich fand Schulen voll mit Lehrerinnen, die nicht Lehrer, sondern politische Aktivistinnen waren.« Pizzey bezeichnet es ganz offen als »Gehirnwäsche«, was hier an Generationen junger Frauen vorgenommen wird (371a).

In der klassischen Wissenschaft spielt Moral keine Rolle. Ob Albert Einstein oder Adolf Hitler die Relativitätstheorie aufstellte, ist vollkommen unerheblich, um zu bewerten, ob sie wahr ist. In der Frauenbewegung wird an die Stelle des Wissens aber die »Moral« gesetzt – oder besser gesagt das Weltbild, das Feministinnen aus ihrer Sicht für moralisch halten. Auf diese Weise führt die Bewegung, in der die Frau die Rolle des erleuchteten Opfers sowie der ethisch überlegenen Kraft einnimmt, zwangsläufig zu immer neuen »Erkenntnissen«, die mit Fakten im traditionellen Sinne nichts mehr zu tun haben. Im Umkehrschluss bedeutet dieses Weltbild aber auch, dass Wissenschaftler und Autoren, deren Studien zu unerwünschten Ergebnissen führen, von minderwertiger Moral sein müssen und frau sie deshalb bekämpfen muss. Daraus erklären sich z. B. die Morddrohungen gegen Forscherinnen wie Susanne Steinmetz, die nichts anderes taten, als die Resultate ihrer Untersuchungen zu veröffentlichen. Daraus erklärt sich aber auch, warum Feministinnen Autoren, deren Untersuchungsergebnisse und Argumente ihnen nicht gefallen, zunehmend auf der Personen- statt auf der Sachebene angreifen.

EINE DISKUSSION FINDET NICHT STATT

»Schon mal versucht, mit einem Orgasmus zu diskutieren?«

Catharine MacKinnon

Die Fernsehsendung »Talk vor Mitternacht« des Norddeutschen Fernsehens hatte am 5. Juli 1999 das Thema »Sind Frauen klüger?«. Dem Maskulisten Matthias Matussek saßen in der Diskussionsrunde vier Frauen gegenüber, die jede auf ihre Art damit umging, dass hier ein Mann um fairere Gesetze für sich und seine Geschlechtsgenossen kämpfte. Die Bischöfin Margot Käßmann, die vermutlich zu Recht erkannte, dass sie der Sender nur eingeladen hatte, weil sie ein für Frauen ungewöhnliches Amt innehatte, hielt sich eher zurück; möglicherweise hatte sie den Eindruck, dass ihr bei verschiedenen Punkten das nötige Sachwissen fehlte. Das fehlte der Frauenministerin Bergmann als weiterer Anwesenden zwar auch, was sie aber nicht davon abhielt, in für eine Person in ihrer Funktion beängstigenden Naivität Vorurteile und Fehlinformationen zu verbreiten. Auf die Erklärung, dass auch Männer Opfer von ehelichen Auseinandersetzungen werden, reagierte sie mit »Komisch, mich schreiben immer nur Frauen an« – was einiges darüber aussagt, auf welcher Informationsgrundlage sie ihre Entscheidungen fällt. Matussek versuchte zu schildern, dass manche Männer, die nach einer Scheidung Partnerin, Kinder und einen Großteil ihres Gehaltes verlieren, zum Selbstmord neigen. Lautstarker Protest von allen Beteiligten übertönte ihn. Die grüne Hamburger Wissenschaftssenatorin Krista Sager, Nummer vier in der Runde: »Und damit verdienen Sie auch noch Geld!« Die fünfte an diesem Streit beteiligte Person war die Kabarettistin Lisa Pollit. Ihre Diskussionsbeiträge waren an Matussek gerichtete Einwürfe wie »Sind Sie verheiratet? Glücklich? Das glauben *Sie*!« oder »Sie machen gute Witze, aber Sie erzählen sie schlecht. Jemand könnte meinen, Sie meinen das ernst, und dann schauen Sie ganz dumm aus der Wäsche.« In derselben Sendung feierten die vier anwesenden Frauen sich und ihre Geschlechtsgenossinnen als »das soziale Geschlecht«, ohne einen Widerspruch zwischen penetrantem Eigenlob und tatsächlichem Verhalten auch nur ansatzweise wahrzunehmen (320).

Die hier vertretene weibliche Herrschaftsarroganz, die glaubt, sich auf keinerlei Debatte einlassen zu müssen, ist kein Einzelfall in der Mediengeschichte, sondern tritt fast durchgehend in Erscheinung. Im September 1999 wählte die

455

Zeitschrift »Emma« die kritische Feministin Katharina Rutschky zur »Pascha des Monats«. (Hätte es nicht wenigstens »Paschain« heißen müssen?) Der beigefügte Artikel hielt sich genauso wenig wie bei Matussek damit auf, auch nur einen einzigen Punkt der unerwünschten Thesen zu widerlegen. Warum sollte frau sich mit Sachlichkeit intellektuell überfordern, wenn sie auch persönlich werden kann: »Rutschky ist seit über zehn Jahren eine der Handvoll Frauen fürs Grobe in den deutschen Männermedien, von »FAZ« bis »taz«. Die Freiheit der Pornographie, der ›Missbrauch des Missbrauchs‹, die wunderbare Welt der Hausfrauen – Rutschky ist sich für nichts zu schade. Gäbe es die Feministinnen nicht, wäre die Frau arbeitslos. So ist es auch keineswegs ein Zufall, dass ihr letztes Buch den Titel ›Emma und ihre Schwestern‹ trägt. Für Katharina und ihre Brüder interessiert sich in der Tat kaum eine. Jüngst bekam sie für ihr Pamphlet, das von keiner Sachkenntnis getrübt ist, auch noch den ›Heinrich-Mann-Preis für Essays‹ (in den Jahren davor bekam den u. a. Herr Rutschky. Bleibt eben alles in der Familie in den Kreisen.) Dumm nur, dass die Autorin über 160 Seiten vergaß zu erwähnen, dass sie selbst keineswegs neutral ist, sondern seit Jahren die berüchtigte Wiederauflage einer Esther Vilar (nur ohne Auflage). Und: Wie wär's denn mal mit Profilieren aus eigenem Fundus, und nicht auf dem Rücken anderer, Frau Rutschky?« (118, 10) Der letzte Satz ist der vielsagendste. Wer würde einer Autorin, die etwa den Stalinismus, Scientology oder meinetwegen die FDP kritisiert, ernsthaft ein »Profilieren auf dem Rücken anderer« vorwerfen? Hier verrät sich eine extreme Dünnhäutigkeit von Frauen, die *jegliche* Form von Kritik nicht mehr gewohnt sind und daher auch nicht bereit sind, sie hinzunehmen. Ansonsten wird in dem gesamten Artikel nur eine einzige neue Information weitergegeben: Die Verfasserin mag Katharina Rutschky nicht. Zu einer Auseinandersetzung mit ihren Ansichten ist sie gleichwohl nicht in der Lage und glaubt auch nicht, es nötig zu haben: Rutschkys Auflage sei ja ohnehin nur gering – was allen Ernstes als Argument ins Feld geführt wird. Andere Feministinnen, die gegen ihre Parteilinie verstoßen, werden ähnlich behandelt. »Radikale Feministinnen werden mich als Ketzerin betrachten«, schreibt Wendy McElroy zu Beginn eines ihrer Bücher, »nur zum Verbrennen geeignet. Oder, um es in politisch korrektere Ausdrücke zu kleiden, ich bin eine Frau, die vom Patriarchat so geschädigt ist, dass ich mich in meine eigene Unterdrückung verliebt habe. Meine Argumente werden beiseitegewischt werden.« (305, vii)

McElroy kommt zu dieser Einschätzung nicht von ungefähr, sondern führt mehrere Beispiele an, bei denen die Diskussion auf eben diese Weise verlief. Während die Pornoschauspielerin Marilyn Chambers für die Verteidigung ihres Genres noch als Opfer einer patriarchalen Gehirnwäsche dargestellt wird, geht es bei feministischen Zensurgegnerinnen gleich viel schärfer zur Sache: Diese identifizierten sich angeblich mit ihren Unterdrückern »wie Häftlinge in Konzentrationslagern mit ihren Wärtern« (305, 95). Frauen mit anderer Meinung sind manipuliert oder Verräterinnen, die dem Feind in die Hände spielen. Männer, die den Feminismus kritisieren, sind »sexistisch«, »chauvinistisch«, »reaktionär«, »frauen-« oder im Extremfall gar »lesbenverachtend« (36, 56); sie führen einen Krieg gegen das gesamte weibliche Geschlecht und möchten seine Mitglieder am liebsten wieder am heimischen Herd sehen. Ein männlicher Autor, für den die Thesen der Frauenbewegung allerdings unanfechtbare Weisheiten zu sein scheinen, bezeichnet sämtliche Kritik an dieser Ideologie gar als »kognitive Restrukturierungstechniken« (168, 40). Zu deutsch: Was wahr ist, bestimmt der Feminismus, gegenläufige Ansichten sind böswillige Entstellungen durch uneinsichtige Männer. Ganz ohne jeden Auftrag maßen sich feministische Autorinnen und Journalistinnen an, mit ihrer Meinung für alle Frauen dieser Erde zu sprechen. Wer Widerworte leistet, ist demnach schlimmstenfalls ein Frauenfeind, günstigstenfalls uninformiert, vielleicht stimmt etwas nicht mit ihm, oder er versucht mit provokanten Thesen das schnelle Geld zu machen (285, 10–111; 452, 18). »Wir sehen keinen Grund, dein frauenfeindliches Gefasel und deine mangelnde Stubenreinheit unseren Leserinnen zuzumuten«, antwortete eine feministische Zeitschrift auf einen von dem Maskulisten Roy Schenk eingesandten Artikel. »Und wenn dir das nicht gefällt, dann kannst du meine Stiefel lecken, Scheißkopf.« (405, 13) Catharine MacKinnon ist nicht weniger poetisch, wenn sie ihre Einschätzung der männlichen Urteilsfähigkeit zum Besten gibt: »Ein steifer Penis macht das Hirn zu Pappe.« (189, 25). Sie muss es ja wissen.

Anfang 2001 erprobten immer mehr Maskulisten die Taktik, an Diskussionen in Internet-Foren von Frauenorganisationen teilzunehmen, insbesondere dem der international prägenden US-amerikanischen Frauenorganisation NOW (unter *http://63.111.42.146/NOW_Village/default.asp*). Ihre Versuche, Informationen zu verbreiten, die im Widerspruch zur herrschenden feministischen Lehre standen, stießen jedoch überwiegend auf Antworten wie die folgenden: »Mysogynist should be castrated, then maybe they will shut the fuck up«; »I hope your fathers would die of prostrate cancer«; »You're demons«; »All men are rapists – end of story«. Ich selbst postete dort Verweise auf die über 100 Studien, denen zufolge hauptsächlich Männer die Opfer von häuslicher Gewalt sind, und fragte nach, ob die NOW-Mitglieder diese Studien kennen und ob sie sie widerlegen könnten. Vielleicht hätte ich mich nicht als Deutscher vorstellen sollen, um mein etwas holpriges Englisch zu erklären, denn ich erhielt die folgenden Antworten: »comische ne?«; »Ich Ben Ien jelly donut«; »Trolls are everywhere and Germany is a good example in patriarchal history«; »ich binn einen arsch«; »BEWEG DEINE HINTER UND TANZ DER FEMINISMUS«. Die einzige Person, die mir nicht in sinnentleertem Kauderwelsch antwortete, war ein anderer Maskulist. Offenbar liegen Männerhass und Fremdenfeindlichkeit nahe beieinander.

Die feminismuskritischen Einwände aus dem eigenen Land wurden in den NOW-Foren ebenfalls nicht auf der argumentativen Ebene beantwortet. Sehr beliebt waren stattdessen folgende Taktiken: Als Entgegnung auf neue Informationen, Argumente oder auch nur Fragen wurden von den Feministinnen völlig unsinnige Texte gepostet, so etwa Monty-Python-Sketche, um durch dieses *Spamming* die unwillkommenen »Störenfriede« zu vertreiben. Andere Radikalfeministinnen loggten sich unter einem Nick ein, der dem ihrer Kontrahenten sehr ähnlich sah (aus einer Null wurde ein O, aus einem l eine 1) und verbreiteten so haarsträubende Behauptungen, welche die Feminismuskritiker nie getätigt hätten. Des weiteren wurden die Kritiker unisono und ohne Grundlage mit führenden Nationalsozialisten des Dritten Reichs verglichen. Und als letzten Schritt in dieser Auseinandersetzung gingen die Radikalfeministinnen dazu über, den vollen Namen und die Adresse von den Frauen und Männern zu posten, durch die sie sich allzu vehement kritisiert fühlten, um auf diese Weise zu Racheakten jenseits des Internet-Forums einzuladen. Das war der Stand der Diskussionsweise bis zum Juni 2001. Man darf gespannt sein, wie sie sich weiter entwickelt.

Auch im deutschen Teil des Internets geschieht die Auseinandersetzung mit unliebigen Positionen kaum auf der Ebene der fairen Argumentation. Stattdessen werden Websites, die sich für Männerrechte einsetzen, durch Hacker schon mal kinderpornographische Dateien untergeschoben. (Die daraufhin getätigte Anzeige an die Staatsanwaltschaft ist nachzulesen unter *www.pappa.com /pc/denunzia.htm*). Mitglieder der Väterbewegung werden mit diesen und anderen Methoden als Pädophile verleumdet – eine Vorgabe, die auch die Zeitschrift *Emma*, aber ebenso die *Augsburger Allgemeine* gerne aufgreifen. An anderen Stellen ist von der »Vätermafia« die Rede oder von »ganz widerlichen Kerlen, die versuchen, Frauen Angst zu machen«. Die Stoßrichtung ist eindeutig: Da den Radikalfeministinnen die notwendigen Argumente für eine sachliche Auseinandersetzung zu fehlen scheinen, müssen sie die Kritiker eben mit allen Mitteln diskreditieren und als das Böse an sich zeichnen – in der Hoffnung, dass ihnen dann einfach keine der »Schwestern« mehr zuhört. Von SPIEGEL-Journalisten über Gerichtsgutachter bis zu Menschenrechtlern (so kann man unter *www.pappa.com/emma/index.htm* nachlesen) soll offenbar jeder, der bestimmten Positionen zu widersprechen wagt, mit extremen Unterstellungen zum Schweigen gebracht werden.

Der »Mangel an Streitkultur« sei ein »Grundproblem der Frauenbewegung«, konstatiert »Emma«-Preisträgerin Bascha Mika: »Sie hat sich mit Kritik schon immer schwergetan.« Über gegensätzliche Einschätzungen werde nicht wirklich diskutiert: »Die Bewegung gebar ihre eigenen Tabus und Denkverbote. Aus mancher Ecke wehte ein eiskalt dogmatischer Wind.« (315, 17)

Unter der Überschrift »Typische Eigenschaften und Wesenszüge fanatischer Persönlichkeiten« schreibt Günter Hole: »Der Fanatiker kennt nur die Möglichkeit schroffer Abgrenzung und der Entweder-Oder-Einstellung, weswegen die Welt auch klar nach einem Freund-Feind-Schema in ›gut‹ und ›böse‹ eingeteilt wird. ... Der klassische Fanatiker hält sich, einfach ausgedrückt, für ›rein‹ und ›gut‹, weil das ›Unreine‹ und das ›Böse‹ projektiv an die Gegenseite delegiert ist und dort bekämpft wird – im Sinn der bekannten Funktion des Sündenbocks. ... Und von dem mit ›gutem Gewissen‹ ... vollzogenen linientreuen Akt bis zum Abgleiten des Einzelnen in die triebhaft-sadistische Enthemmung hinein ist es in einem solchem Fall meist nur ein kurzer Schritt.« Weitere typische Merkmale des Fanatismus sind die Vereinfachung von Zusammenhängen und eine Weltsicht, in der sich der Fanatiker von Feinden umgeben glaubt und jeden Widerstand als gegen seine Person gerichtet ansieht (207, 91, 99). »Das sagt er nur, weil ich eine Frau bin!«, mag darauf die eine oder andere Feministin passenderweise antworten. »Niemals schildert der Fanatiker seine Gegner als nachdenkliche, die Wahrheit suchende Menschen, immer sind es Verbrecher, Monster, Wahnsinnige.« (409, 75) Oder zumindest, wie im Fall Katharina Rutschky, bösartige »Antifeministinnen« und »Neuausgaben von Esther Vilar«: Letzteres ist vermutlich nicht als Kompliment gemeint. Auch Krista Sager fragt Matthias Matussek nicht etwa, wie er sich eine für beide Geschlechter annehmbare Lösung des Unterhaltsproblemes vorstellt, sondern wirft ihm vor, auf unehrenhafte Weise sein Geld zu verdienen. Eine New Yorker Frauengruppe bringt diese Denkweise auf den Punkt: »Wir nehmen bei allem die Seite der Frau ein. Wir fragen nicht, ob etwas ›reformerisch‹, ›radikal‹, ›revolutionär‹ oder ›moralisch‹ ist. Wir fragen: Ist es gut für Frauen oder schlecht für Frauen?« (389, 7) Nichts anderes zählt.

Vor die Möglichkeit gestellt, ihre Sichtweisen zu ändern oder zu beweisen, dass genau das nicht notwendig sei, verwenden nicht alle, aber sehr viele Feministinnen ihre ganze Energie auf Letzteres. Dies entbehrt einerseits nicht einer gewissen Ironie, denn die Frauenbewegung war ja gerade nur möglich, weil angeblich »offensichtliche« Meinungen über die Natur der Frau hinterfragt wurden, statt dass man sich von Vorurteilen blenden ließ und einfach nur glaubte, was man glauben wollte. Jetzt, da dies einmal gelungen war, werden sämtliche *neuen* Argumente und Belege, die eine weitere Veränderung des Weltbilds nötig machen würden, streng zurückgewiesen. Bis zu einem gewissen Grad kann man das auch verstehen. Würde Alice Schwarzer etwa auf ihrem Gabentisch ein Buch mit feministischen Irrtümern wiederfinden, wie sollte sie darauf wohl reagieren? »Hey, guck mal, das habe ich ja alles gar nicht berücksichtigt. Eigentlich war der Kampf, den ich die letzten dreißig Jahre geführt habe, in vielen Punkten völlig idiotisch. Muss sofort eine Redaktionskonferenz einberufen.« Überzeugte Anhänger einer politischen Bewegung beziehen aus ihr einen großen Teil ihres Lebenssinns. Insbesondere ichschwache, autoritäre Persönlichkeiten reagieren auf gegenläufige Informationen vor allem mit Abschottung: »Da die Vorurteile *stabilisierende Funktion für das schwache Ich* haben, bedeutet, sie aufzugeben, eine tiefe narzisstische Kränkung. Die gesamte bisherige Lebensgeschichte eines Menschen wäre davon betroffen. Er müsste ja die Glaubenssätze aufgeben, die sein bisheriges Leben, sein Selbstwertgefühl und seine Identität trugen. Auf ein solches Ansinnen kann der Mensch nur mit Angst und Schrecken reagieren.« (341, 23, 52; Hervorhebung im Original)

Wir haben es hier mit einem Phänomen zu tun, dem von dem Psychologen Leon Festiger der Name »kognitive Dissonanz« gegeben wurde. Die Idee, die dahintersteht, ist folgende: Der Mensch neigt dazu, Widersprüche zwischen neuen Informationen und seinem festgefügten Weltbild zu vermeiden. Diese Tendenz ist um so größer, je höher die Selbsteinschätzung der betreffenden Person ist. Von diesem Weltbild abweichende Informationen werden wie Strafen empfunden. Sie verursachen die unterschiedlichsten Abwehrreaktionen: die Informationen gar nicht wahrnehmen oder höchstens in verzerrter, dafür leichter zu verarbeitender Form; der Versuch, diese neuen Erkenntnisse zu widerlegen; Verärgerung; Flucht aus der Situation. Vor allem wenn man sich auf der Grundlage seines ursprünglichen Weltbilds öffentlich verpflichtet hat, steigern sich solche Reaktionen zu Hass oder offener Feindseligkeit. Paradoxerweise *verstärken* die gegenläufigen Informationen jetzt nur noch den ursprünglichen Glauben und den Drang, die Fakten wegzudiskutieren. Gegen die »Ketzer und Abtrünnigen« muss sozialer Druck aufgewendet, sie müssen auf der Personenebene angegriffen werden.

Auch hier ist wieder die Zeitschrift »Emma« und ihr Umgang mit Kritikern wie Matthias Matussek ein ideales Beispiel. »Matussek angezeigt!«, verkündete ein triumphierender Artikel. Schon diese Anzeige war eine völlig unangemessene Reaktion auf Matusseks neues Datenmaterial über von Frauen begangene Misshandlungen. Noch ausfälliger wird aber die *Emma*-Redaktion, die dem Autor einen »ans Pathologische grenzenden Hass auf alleinstehende Frauen und Feministinnen« unterstellt. Der Journalist nehme sich nicht nur die Freiheit der Meinung, sondern gar des Umgangs mit Fakten, wenn er allen Ernstes behaupte, dass eheliche Gewalt durch Frauen genauso häufig sei wie durch Männer oder dass Mütter ihre Kinder sexuell missbrauchten (114, 11). Hier haben wir ein Paradebeispiel für kognitive Dissonanz, wie man es sich nicht schöner hätte wünschen können. Die »Emma«-Redakteurin, die diesen Artikel verfasst hatte, hätte ja auch ganz anders reagieren können: »Was! Häusliche Gewalt soll genauso oft von Frauen verübt werden? Das kann ich nicht glauben! Mal nachrecherchieren. Was sind die Quellen, wo gibt es was darüber im Internet, wie kann ich diesen Matussek erreichen?« So etwas bezeichnet man normalerweise als Journalismus – im Gegensatz zur Propaganda. Die »Emma« hätte auch Katharina Rutschky oder Matthias Matussek in ihre Redaktion einladen und sie kritisch interviewen oder mit ihnen diskutieren können. Das würde aber eine Auseinandersetzung mit anderen Meinungen als der eigenen erfordern.

Es gibt vor allem einen verräterischen Halbsatz in dem Artikel, in dem über Matussek hergezogen wird: »und SPIEGEL und Rowohlt drucken so was«. Hier treten der eigentliche Frust, die eigentliche Wut zutage. Jahrzehntelang hatte frau in dieser Republik durchsetzen können, was gefälligst als Wahrheit zu gelten hatte. Kaum ein Mensch hatte es gewagt, auf prügelnde Frauen oder missbrauchende Mütter aufmerksam zu machen. Und jetzt das! Ein Damm war gebrochen. Als nächstes würde vielleicht noch jemand behaupten, dass auch Frauen in nicht unerheblichem Maße Vergewaltigungen und sexuellen Missbrauch begingen. Erwartete die »Emma« eigentlich, dass Wissenschaftler aus aller Herren Länder bei ihr erst nachfragten, was als »Fakten« genehmigt war? Eine besonders skurrile Note liegt darin, dass eine Bewegung, die mit Zähnen und Klauen die ältesten Vorurteile und den Kenntnisstand von vorgestern verteidigt, es immer noch schafft, sich als politisch links und fortschrittlich zu verkaufen.

DIE FRAUENBEWEGUNG: REAKTIONÄR?

»Ich finde, Männerhass ist eine ehrenwerte und mögliche politische Handlung.«

Robin Morgan

Grob gesprochen zerfällt die Frauenbewegung in zwei Lager: ein linksliberales und ein rechtsautoritäres. Dabei schafft es das rechtsautoritäre Lager allerdings weitaus eher, sich in der Öffentlichkeit Gehör zu verschaffen und seine Vorstellungen in Gesetze umzuwandeln. Hier wird zwar einerseits das »Patriarchat« verbal für alle Übel dieser Welt verantwortlich gemacht und die Autonomie der Frau gefordert, andererseits der Staat als Ersatzvater aber geradezu herbeigefleht. Diesem Frauenbild nach sind Frauen weder in der Lage, sich ohne staatliche Hilfe mit ihrem Partner über die Verteilung der Hausarbeit zu einigen, noch sich bei sexuellen Avancen im Betrieb angemessen zu verhalten. Auch sonst ist das Frauenbild dieses Feminismus vom letzten Jahrhundert, weshalb Rene Denfeld ihre Kritik an der Bewegung ja auch »The New Victorians« (»Die neuen Viktorianer«) betitelte. Frauen, die in der Sexindustrie arbeiten, wird unterstellt, dass sie unfähig waren, diese Entscheidung bewusst und rational zu fällen. Pornographie ist etwas, vor dem Frauen durch – natürlich – staatliche Zensur geschützt werden müssen. »Penetration« ist ebenso abzulehnen wie jede Form von Gewalt, selbst in Phantasien und freiwilligen Inszenierungen: Schließlich ist weibliche Sexualität nicht körperlich, sondern geistig und spirituell. Ganz wie das verhasste Patriarchat glauben Feministinnen, für andere Frauen mitentscheiden zu können. Es überrascht nicht, dass die Anti-Pornobewegung gerade mit den Ultrakonservativen Hand in Hand geht. Parallelen gibt es auch, wenn nach vermeintlich einfachen und sehr radikalen Lösungen gerufen wird, um mit den »Tätern« in unserer Gesellschaft umzugehen – dem Trend der Zeit folgend fordert die NPD mittlerweile »Todesstrafe für Kinderschänder«. Selbst die alten Biologismen, denen zufolge Männer und Frauen »von Natur aus« verschieden sind, wurden in den achtziger Jahren wieder ausgepackt. »Chauvinismus« ist im eigentlichen Sinne die Einstellung, dass eine Gruppe von Menschen einer anderen überlegen ist. Heutzutage gibt es nichts so offen Chauvinistisches wie die Frauen-sind-besser-Bewegung – was die frühe Feministin Betty Friedan auch freimütig zugab (405, 34). Die Frauenbewegung mag durchaus auch linksliberale Vertreterinnen wie Katharina Rutschky und Nadine Strossen haben, diese werden aber in schöner Regelmäßigkeit von der feministischen Mehrheit abgebügelt und niedergemacht. Andere Kritiker aus dem liberalen Spektrum werfen der Frauenbewegung deshalb vor, den Rechten auch dadurch in die Hände zu spielen, dass ins Hysterische hochgeputschte Diskussionen über Pornographie, sexuelle Belästigung etc. von den wahren Problemen unserer Gesellschaft ablenken (75, 14–15). Themen wie Arbeitslosigkeit und Sozialabbau, imperialistische Kriegsvorbereitung und die anhaltende Zertrümmerung des Menschenrechts auf Asyl werden in den Medien von jedem Kinderschänderprozess in den Hintergrund gedrängt. Die einzige politische Konsequenz, die sich in erhitzten Debatten über sexuelle Gewalt ergibt, sind Phantomkämpfe gegen das »Patriarchat«. Soziale Verwahrlosung wird aber als eine der Ursachen gerade *nicht* erkannt. Schließlich »kommen solche Dinge ja in allen Schichten vor« – nur eben nicht gleich häufig. Es ist kein Zufall, dass sich die wirklichkeitsfremde Behauptung, sexuelle Gewalttaten seien unabhängig von bestimmten Schichten zu sehen, in der Öffentlichkeit durchgesetzt hat. Eben diese These wurde nämlich schon in den sechziger Jahren von konservativen Politikern (wie Richard Nixon in den USA) unterstützt. So konnten sie sich nämlich einerseits über Verbrechen und Unzucht öffentlichkeitswirksam empören, mussten aber andererseits keine schwierigen gesellschaftlichen Probleme wie Armut, Arbeitslosigkeit und eine ungleiche Verteilung des wirtschaftlichen Reichtums in Angriff nehmen. Dass sexuelle Gewalt und Armut eng miteinander verknüpft sind, wurde fein unter dem Teppich gehalten (323, 14–17). Es hat also schon seinen guten Grund, wenn gerade der rechte Flügel der Frauenbewegung seine obskuren Ansichten so ungehindert verbreiten kann. Zyniker könnten vermuten, dass Alice Schwarzer gerade deshalb das Bundesverdienstkreuz verliehen bekam, weil ihr alberner Anti-Porno-Wirbel weite Teile der Bevölkerung von ernsthaften gesellschaftlichen Problemen ablenkte.

Mit Slogans wie »*Jeder* Mann ist ein potentieller Vergewaltiger« bleibt auch jegliche Kritik am kapitalistischen System aus. Wenn der Hauptfeind einer jeden Frau der Mann ist, mit dem sie das Bett und den Rest der Wohnung teilt, ihr Sohn, ihr Bruder, ihr Vater – was nützt dann jede Veränderung der politischen Strukturen (285, 234)? Überhaupt ist ja jegliche Form der »Auseinandersetzung« männlich besetzt, Frauen denken ja lateral und vernetzt und können schon von daher gar nicht auf die Idee einer Revolte kommen. Auch die feministischen Forderungen, erotische Beziehungen hätten im Berufsleben nichts zu suchen, schließlich sei man am Arbeitsplatz, um zu arbeiten, werden den Unternehmer eher freuen als den Betriebsrat. Hingegen propagiert die Männerbewegung ebenso wie Esther Vilar, dass das private Glück vor dem geschäftlichen zu stehen habe, und fordert, mit der Arbeitsteilung zwischen Frau und Mann endlich Ernst zu machen, statt dass der eine sich zu Tode schuftet und die andere von Langeweile, Überdruss und Sinnkrise geplagt wird: Beide Partner sollten sich die Möglichkeit erkämpfen, die eine Hälfte ihres Tages arbeiten und die andere ihrem Privatleben widmen zu dürfen. Esther Vilar sieht hierin »endlich eine ... wirtschaftlich vertretbare Spielart des Sozialismus. ... Sie wäre der Grundstein für eine Welt, in der alle Menschen so gleich wie nur irgend möglich wären und dennoch so verschieden wie nie zuvor.« (513, 121–122)

»Die neue Rechte« betitelt derweil die Zeitschrift »konkret« passenderweise einen Artikel über Alice Schwarzer, nachdem diese ausgerechnet die Nazifilmerin Riefenstahl in einer »Emma«-Titelgeschichte gewürdigt hatte (448, 12). Die demonstrative Verschwesterung der deutschen Vorzeige-Feministin mit Hitlers Regisseurin ließ endlich auch jene Mitglieder der deutschen Linken nicht mehr kalt, die bisher allzu oft zu Schwarzers Kapriolen geschwiegen hatten. »Selbst Rechte halten sich mehr zurück: In den konservativen Zeitungen, ja, selbst in der Jungen Freiheit, findet sich nichts zur Riefenstahl-Ausstellung, was so inhuman, antiaufklärerisch und auch noch sexistisch wäre wie der Dreck aus der Emma«, hieß es etwa in der Jungle World vom 10.2.1999. Dieser Aktion Alice Schwarzers gingen jedoch andere, ähnlich irritierende voraus: ein einfühlsames Porträt ausgerechnet über die Skinhead-Band »Böhse Onkelz«, Parteinahme für den australischen Euthanasie-Befürworter Peter Singer und ständige Relativierungen des Holocaust, sei es, dass er mit Tierversuchen, sei es, dass er mit Pornographie verglichen wurde (264, 20–21).

Für die stärksten Reaktionen sorgte aber im Sommer 1993 ein unverhohlen ausländerfeindliches Dossier über den Islam, der als »die orientalische Variante des Faschismus« beschimpft wurde. Die deutsche Frau war demnach einer ständigen Bedrohung durch den muslimischen Mann ausgesetzt – zum Beispiel, weil er sie als Arzt nicht angemessen untersuchen möchte: »Eine Frau ruft einen Notarzt. Der ist Moslem. Ihr fast tödliches Pech.« (264, 20) Eine Dokumentation der Heinrich-Böll-Stiftung mit dem Titel »Sexismus und Rassismus in der *Emma*?« hält die Reaktionen darauf fest: Endlich war auch bei etlichen feministischen Organisationen das Fass übergelaufen, und sie sahen keine andere Möglichkeit mehr, als sich von der »Emma« öffentlich zu distanzieren. »Wir halten diese Aussagen für offen rassistisch«, schrieben zehn Zeitschriften und Gruppen in einem offenen Brief. Die Frauenzeitung München sprach von »Nazipropaganda«, die Weibsbilder aus Köln erkannten »rassistische Hetze«. Mehrere Frauengruppen riefen gar zum Boykott der Zeitschrift auf. Leider waren die »Emma«-Redakteurinnen längst nicht mehr gewohnt, mit Menschen anderer Ansicht zu diskutieren: Die Kritik sei absurd, »Emmas« Kritikerinnen hätten den Feminismus schlichtweg nicht kapiert. Die vom Dritte-Welt-Journalistennnetz und der Heinrich-Böll-Stiftung getragene Initiative Mediawatch lud die »Emma«-Redaktion zu einem offenen Dialog ein. Ein Termin musste wegen von Alice Schwarzer behaupteter zeitlicher Schwierigkeiten mehrfach verschoben werden, endlich sagte »Emma« ihre Beteiligung ab: »Heute müssen wir vor dem Hintergrund der Publikationsflut gerade auch in Ihrem politischen Spektrum davon ausgehen, dass an einer kritisch-solidarischen Auseinandersetzung kein Interesse besteht.« Wie hätte es auch anders sein sollen?

DIE FRAUENBEWEGUNG: FASCHISTOID?

»Meine Gefühle gegenüber Männern sind das Ergebnis meiner Erfahrungen. Ich habe wenig Sympathie für sie. Wie ein Jude, der gerade aus Dachau freigekommen ist, sehe ich den hübschen jungen Nazi-Soldaten mit einer Kugel im Bauch, sich vor Schmerzen krümmend, niedersinken, und ich schaue nur kurz und gehe weiter. Ich muss nicht mal mit der Achsel zucken. Es geht mich einfach nichts an. Männer sind Nazis durch und durch; ihr Tod ist also historisch gerechtfertigt.«

Marilyn French

»Heute ist es technisch möglich, sich ohne die Hilfe der Männer ... zu reproduzieren und ausschließlich Frauen zu produzieren. Wir müssen sofort damit beginnen. Der Mann ist eine biologische Katastrophe: das (männliche) y-Gen ist ein unvollständiges (weibliches) x-Gen, d. h. es hat eine unvollständige Chromosomstruktur. Mit anderen Worten, der Mann ist eine unvollständige Frau, eine wandelnde Fehlgeburt, die schon im Genstadium verkümmert ist. Mann sein heißt, kaputt sein; Männlichkeit ist eine Mangelkrankheit, und Männer sind seelische Krüppel.« (450, 25) So beginnt Valerie Solanas' berühmtes »Manifest der Gesellschaft zur Vernichtung der Männer«, das auf die Frauenbewegung der siebziger Jahre durchaus einigen Einfluss hatte (286, 228). Solanas beließ es auch keineswegs beim bloßen Theoretisieren, sondern setzte ihre Aggressionen in die Tat um und streckte mit mehreren Schüssen den Pop-Art-Künstler Andy Warhol nieder. Danach jagte sie seinem Angestellten Mario Amaya eine Kugel in die Hüfte (450, 94).

Thesen, die vor zwei Jahrzehnten noch wie der Ausdruck einer Geisteskrankheit wirkten, werden inzwischen von immer mehr Frauen als Ausdruck von Normalität betrachtet. Als im September 1989 eine junge Mutter zu einem Lesben-Festival der US-amerikanischen Ostküste ihren 16 Monate alten Sohn mitbrachte, dauerte es nicht lange, bis ihre Unterkunft dort mit Parolen beschmiert war wie »Babyschwanz go home!« oder »Füttert keine Männer, brütet keine Männer!« Eine Organisatorin des Festivals ging mit der Ansicht an die Öffentlichkeit, schwangere Lesben sollten eine Abtreibung vornehmen lassen, wenn sich in einem Test der Fötus als männlich herausstellte (361, 99).

Es kommt nicht von ungefähr, dass Solanas Manifest in den neunziger Jahren auch in Deutschland erneut veröffentlicht wurde. Bereits im ersten Teil dieses Buches habe ich auf die gefährliche Nähe verschiedener Aspekte der Frauenbewegung zum Faschismus hingewiesen. Was diverse Frauenkrimis angeht, fiel auch weiblichen Lesern auf, dass diese sich in ihrer Darstellungsweise kaum mehr vom »Stürmer« unterscheiden. Der Mann wird charakterisiert als unwertes Leben, dessen Vernichtung einen Akt der Befreiung darstellt. Motto: »Nur ein toter Mann ist ein guter Mann« (Gaby Hauptmann). Grundlage dafür ist seine schon genetisch festgelegte Minderwertigkeit. »Man kann sich Männlichkeit als eine Art Geburtsfehler vorstellen«, schreiben feministische »Wissenschaftlerinnen« und nennen, ähnlich wie Solanas, das »unzulängliche« y-Chromosom »klein und verdreht ... einen genetischen Irrtum«. Möglicherweise sei die »Männergewalt gegen Frauen« eine Art Rache des minderwertigen Geschlechtes gegen das höherstehende. Das von Frauenbuchläden vertriebene Werk »The Natural Superiority of Women« (»Die natürliche Überlegenheit der Frauen«) bezeichnet diese angebliche Überlegenheit als »biologische Tatsache«. Vertrieben werden solche Bücher im Zeichen der Emanzipation in den neunziger Jahren, fünf Jahrzehnte nach Auschwitz, fünf Jahrzehnte nach Mengele (285, 180–182).

Wenn es darum geht, mittels der Chromosomen-Theorie den Mann zum Tier zu entmenschlichen, nimmt die »Emma« eine Spitzenrolle ein. In einem Beitrag zeigt sie die Fotos verschiedener Chromosomenträger: Die Reihe beginnt mit XXX, einer Art Superweibchen. Darauf folgt XX, die normale Frau und »Emma«-Leserin, die, welch Wunder, als »fürsorglich« und »nicht aggressiv« beschrieben wird. Der XY-Typ, also der typische Mann, hingegen sei »oft egozentrisch« und »reagiert auf Provokationen mit physischer Gewalt«. Bis hierhin ist der Beitrag nur dumpfer Biologismus, als Wissenschaft verkaufte Geschlechterpropaganda, so wie es früher die Rassenpropaganda der Nazis gab. Der Artikel hört da aber nicht auf, sondern nimmt regelrechte »Stürmer«-Qualitäten an: Auf das Foto des »typischen Mannes« mit seinem XY-Chromosomensatz folgen noch drei weitere. Mit jedem zusätzlichen Y-Chromosom erscheint der Mann aggressiver, sein Gesicht verzerrt sich, es wachsen ihm Reißzähne, bis schließlich statt eines Mannes ein Kampfhund abgebildet ist (113, 56–59). Wir wollen nicht vergessen, dass Alice Schwarzer für solche Art der journalistischen Arbeit das Bundesverdienstkreuz erhielt. Oder dass sie einer ihrer Mitarbeiterinnen kündigte, weil diese, in Schwarzers Worten, »die Geliebte eines militanten Juden« sei – gemeint war der kritische Journalist Henryk M. Broder, der »Emma« massiven Antisemitismus vorgeworfen hatte (315, 245). Oder dass Alice Schwarzer dem jüdischen Emigranten Helmut Newton »faschistoide Propaganda« für Fotos vorwarf, die ironischerweise meistens nackte, blonde Germaninnen in heldenhaften Posen zeigten (28, 70). Nein, diese Frau politisch zu ehren steht in Deutschland durchaus in einer historischen Tradition. Als weiblicher Jörg Haider der Frauenbewegung wird sie trotz ihrer

Mixtur aus Aggression und Populismus bislang nur von wenigen wahrgenommen.

»Was ist ein Mann in Salzsäure?«, fragt die Zeitschrift »Emma« an anderer Stelle ihre Leserinnen. Antwort: »Ein gelöstes Problem.« Auch dieser Witz kommt nicht von ungefähr. Vor einigen Jahrzehnten machte man ihn mit Juden (299, 105). Feministische Psychologinnen verkünden unverdrossen, weiblicher Humor sei positiv und sorge dafür, dass sich jeder gut fühle, während männlicher Humor negativ sei und auf Kosten anderer gehe (547, 226). Was bei dieser Selbstbeweihräucherung übersehen wird, ist die Unzahl von Frauenwitzen, die ihren »Humor« gerade aus dem Sterben von Männern beziehen:

• »Die Idealmaße eines Mannes? 30-80-40: 30 Millionen, 80 Jahre und 40 Grad Fieber.«

• »Wie verhinderst du, dass ein Mann ertrinkt? Nimm den Fuß wieder von seinem Kopf.«

• »Was macht eine Frau, wenn ein Mann zickzack durch ihren Garten läuft? Weiterschießen.«

• »Mammi, Mammi, Papa steht wieder auf.« – »Maul halten und nachladen!«

• »Mammi, Mammi, warum ist Papa so bleich?« – »Halt die Klappe und grab weiter.«

• »Kennst du diese außergewöhnlichen Fallschirme für Männer?« – »Ja! Die sich erst beim Aufprall öffnen?«

Und so weiter. Es gibt wenige Witze dieser Art über Frauen. Für so manche feministische Theoretikerin ist das Ausrotten des minderwertigen Männergeschlechtes allerdings eine todernste Angelegenheit. So für Professorin Gearhart, der zufolge »der Anteil der Männer ... auf ungefähr zehn Prozent der menschlichen Rasse reduziert und festgeschrieben werden« müsse (239, 349). Dankenswerterweise beruhigt sie uns, dass Massenmorde aktuell nicht geplant seien, sondern durch die neuen Fortpflanzungstechnologien das Männergeschlecht so lange aussterben sollte, bis die zur weiteren Fortpflanzung leider unumgänglichen zehn Prozent erreicht seien. Sie forderte Männer auf, dieses hehre Ziel zu unterstützen, und konnte dabei durchaus Erfolgserlebnisse verzeichnen. »Es gibt in der Tat entgegenkommende Männer, die diese Politik gerne annehmen würden, um dafür ihren geschätzten, aber nie ganz gesicherten Status als ›Feministen‹ aufrechtzuerhalten«, stellt Daphne Patai nach der Sichtung verschiedener Publikationen und E-Mails fest (362, 140–141). Einige davon tummeln sich zum Beispiel sehr fleißig in den oben erwähnten Webforen der NOW und sie halten tatsächlich die Abschaffung des Männergeschlechtes durch welche biologischen Maßnahmen auch immer für den Königsweg zur Lösung aller Probleme. Typisch hierfür etwa ist das Posting eines gewissen »Mikie« von April 2001: »I think eliminating men from the world, far from insane, would end so much violence, pain, hurt and heartache that opposing it is too unethical a position to contemplate.« (»Ich finde, Männer aus der Welt zu tilgen, wäre alles andere als verrückt, sondern würde derart viel Gewalt, Leid, Verletzungen und Herzschmerz beenden, dass jeder Widerstand zu unmoralisch wäre, um darüber nachzudenken.«)

An Ideen zur Endlösung der Männerfrage mangelt es nicht. Während die einen phantasieren, die Geschlechtsidentität des Fötus zu dem Zeitpunkt quasi einzufrieren, solange er noch weiblich ist, also keine männlichen Geschlechtsorgane besitzt, hält die Autorin Shulamith Firestone (*The Dialectic of Sex: The Case for Feminist Revolution*) ihre Vision einer gänzlich männerfreien Zukunft dadurch für umsetzbar, dass die Wissenschaft bald in der Lage sein werde, Eier statt durch Spermien durch elektrische Ladungen zu befruchten und dabei auch gleich das Geschlecht des Kindes festzulegen (285, 185). »Die wenigen überlebenden Männer«, so Valerie Solanas, »mögen ihre kümmerlichen Tage mit ›Dropout‹ und Drogen weiterfristen, als Transvestiten in Frauenkleidern herumstolzieren ... oder sie können gleich um die Ecke zum nächsten Selbstmord-Center gehen, wo sie unauffällig, schnell und schmerzlos vergast werden.« (450, 77)

Wie in vielen anderen Fällen der feministischen Bewegung können Forderungen, die zunächst nur von radikalen Minderheiten aufgestellt wurden, sehr bald als legitime Beiträge in die Gesamtdebatte einfließen. Zum Teil ist das ja auch schon geschehen. Ähnlich wie im Faschismus die Frau zur Gebärmaschine reduziert wurde, stellt für »Cosmopolitan« der Mann offenbar nicht mehr als einen Samenspender für die Nachkommen dar. Auch die männliche Sexualität wird als etwas dargestellt, auf das frau genauso gut verzichten könne, da es sich dabei nur um ein besseres Schädlingsbekämpfungsmittel gegen Viren, Pilze und Parasiten handele. Klonen sei die bessere Alternative. Diese These durfte die Bielefelder Psychologieprofessorin Christine Schmerl in ihrem Vortrag anlässlich des Kongresses der Deutschen Gesellschaft für Verhaltensforschung verkünden (220, 146–47). Ein gleichberechtigter Partner scheint jungen Frauen heutzutage erst recht nicht mehr zumutbar. Thesen vom Mann als biologische Mangelware wegen Testosterons oder fehlender Gehirnvernetzung werden auch von unserer Frauenministerin verkündet. Der britische Soziologe Frank Füredi fühlt sich durch die Diskussion über »natürliche« Männlichkeit und Weiblichkeit stark an den Biologismus erinnert, der im 19. Jahrhundert für den rassistischen Diskurs verantwortlich war, und bemerkt besorgt, dass viele Menschen, die den Rassismus vehement ablehnen, dieser neuen Form von Sexismus auf den Leim gehen (211, 8). Für Susan Brownmiller etwa ist der Mann allein aufgrund seines Körperbaus ein Vergewaltiger: Allein die unabänderliche Konstruktion ihrer Sexualorgane machten das menschliche Männchen zum Raubtier und das menschliche Weibchen zur Beute (323, 41). Ein anderes Paradebeispiel ist auch hier Andrea Dworkin, für die Sex und Mord so sehr im männlichen Bewusstsein verknüpft sind, dass das eine ohne das andere undenkbar sei – woher auch immer sie das wissen will (131, 276). Dworkin weiter: »Männer sind von ihrer Biologie her aggressiv, von Natur aus kämpferisch, immer und ewig antagonistisch, genetisch grausam, hormonell konfliktfreudig, unverrückbar feindselig und kriegerisch« – Untermenschen eben (386, 142). Da sind Volkshochschulkurse mit Themenstellungen wie »Die Entwicklung des Mannes zum Menschen hat begonnen!« nur eine logische Folge (474, 48).

Aus der Aggressionsforschung ist seit langem bekannt, dass Gewalt gegen andere stark gefördert werden kann, indem man sie rhetorisch von der menschlichen Stufe auf die eines Tieres herabwürdigt. Das Reichspresseamt der Nationalsozialisten befahl den deutschen Zeitungsredakteuren und Journalisten, statt von »sowjetischen Soldaten« von »Bestien« oder »Tieren« zu sprechen (476, 49–50). Eine ähnliche Herabsetzung war in linksextremistischen Kreisen gang und gäbe. »Wir sagen natürlich, die Bullen sind Schweine«, erklärte 1969 etwa die spätere RAF-Terroristin Ulrike Meinhof. »Wir sagen, der Typ in der Uniform ist ein Schwein, das ist kein Mensch, und so haben wir uns mit ihm auseinanderzusetzen. Das heißt, wir haben nicht mit ihm zu reden, und es ist falsch, überhaupt mit diesen Leuten zu reden, und natürlich kann geschossen werden.« (288, 178) Das Absprechen der Menschenwürde durch entsprechende Beschimpfungen über längere Zeit hinweg führt in der Tat unvermeidlich dazu, dass Aggressionshemmungen abgebaut werden (248, 51). Insofern stimmt es bedenklich, wie schnell der ursprünglich ironisch gemeinte »Ärzte«-Hit »Männer sind Schweine« zum geflügelten Wort wurde, das schon vierzehnjährige Mädchen wie selbstverständlich untereinander austauschten. Aber diese Propaganda erreicht auch noch Jüngere. So berichtet die durchaus feministisch orientierte Journalistin Ursula Ott, dass ihr dreijähriger Sohn Leo die häusliche Eingangstür in zwei Gänge unterteilt habe: Rechts dürften Männer rein und links Menschen. Und auf Nachfrage bestätige er ernsthaft: »Nur Frauen sind Menschen.« (344, 33)

Eine Anzeige für ein Schlankheitsmittel wirbt mit dem Slogan: »Während man sich nicht unbedingt für Männer schick macht, schadet es auch nicht, sie wie die mitleiderregenden Hunde sabbern zu sehen, die sie eigentlich sind.« (33, 88) Cheryl Benard und Edit Schlaffer empfehlen den »kühl sezierenden Blick auf den Mann, als ob ein Entomologe eine Fruchtfliege vor sich unter dem Mikroskop hätte« (294, 35). Von der »Fruchtfliege« bis zum »Schädling« ist es nicht mehr weit, zumal dann nicht, wenn »den Männern« ganz allgemein ohnehin volksschädigendes Verhalten vorgeworfen wird: »Der Mann ist von Natur aus ein Blutsauger, ein emotionaler Parasit und daher ohne moralische Lebensberechtigung; denn niemand hat das Recht auf die Kosten eines anderen zu leben. Wie die Menschen durch ihre höhere Entwicklung und ihr höheres Bewusstsein ein vorrangiges Lebensrecht gegenüber den Hunden haben, so haben die Frauen ein größeres Lebensrecht als die Männer. Die Vernichtung sämtlicher Männer ist daher eine gute und rechtliche Tat; eine Tat, die sich zum Wohl der Frauen wie zum Segen aller auswirken würde.« (450, 62–63) Valerie Solanas ist mit solchen Phantasien kein Einzelfall. »Wir werden euch Männer tragen wie Alligator-Handtaschen«, verkündete die britische Journalistin Jane McLoughlin 1991 in einer Sendung der BBC (470, 235). Und auch Andrea Dworkins Wunschträume gehen in eine ähnliche Richtung: »Ich möchte einen Mann zu einer blutigen Masse geprügelt sehen, mit einem hochhackigen Schuh in seinen Mund gerammt wie ein Apfel in dem Maul eines Schweins.« (131, 179) Ja, das ist dieselbe Dworkin, für die erotische Fotos und Texte Frauenhass verkörpern. »Was uns am heftigsten empört, ist in uns«, schrieb einmal Georges Bataille.

»Ms. Dworkin plädiert für nichts anderes als dafür, Männer zu töten«, fasst ein amerikanischer Buchkritiker ihre Ergüsse zusammen (131, 276). Solche Vernichtungswünsche sind der Psychologin June Stephenson in ihrem Buch »Men Are Not Cost-effective« (»Männer sind nicht kosteneffektiv«) fremd. Aber immerhin geht sie soweit, Männer zum »kriminellen Geschlecht« zu erklären und zu fordern, dass für Männlichkeit Steuern erhoben werden sollten (68, 249). Die Kolumnistin Lisa Nee griff diese Ansicht auf und vertrat sie in einem Artikel in der »New York Times« (470, 229). Währenddessen wirbt »The Body Shop«, ein internationaler Kosmetikvertrieb, mit dem Foto einer Frau, die ein kleines Tier in der Hand hält und die Frage stellt: »Warum sollte man mit armen, kleinen, wehrlosen Tieren Experimente machen, wenn man dazu meinen Ehemann nehmen könnte?« (500, 1) Witzig gemeint, ohne Frage. Ersetzen Sie doch mal spaßeshalber »meinen Ehemann« durch »Frauen« oder »Türken«, und überprüfen Sie so, wie komisch dieser Spruch wirklich ist.

Männer nicht mehr als gleichberechtigte Partner wahrzunehmen und ihnen die menschliche Würde abzusprechen scheint sich immer mehr zum neuen Chic für die trendbewusste Frau zu entwickeln. Ein weiterer Beleg dafür ist ein Artikel aus der sonst durchaus lesenswerten Frauenzeitschrift »Amica«, der unter dem Titel »Mach Männchen!« der Leserschaft empfiehlt: »Was bloß tun, wenn der Liebste nicht spurt? Behandeln Sie ihn wie einen Hund.« In vier klaren Schritten (»Keine Angst vor Disziplin«, »Klare Rollenverteilung«, »Widerstand brechen« und »Den eigenen Vorteil beachten«) wird verdeutlicht, wie nach Sicht der Redakteurin eine ideale Partnerschaft zwischen Mann und Frau auszusehen hat. »Erstens: Verweigern Sie sich. Wegen seines starken Geschlechtstriebs lässt sich ein Mann von einer Frau, die es versteht, ihn über längere Zeit hinzuhalten und zu quälen, leicht kontrollieren. Je grausamer Sie dabei vorgehen, desto gehorsamer wird er. Verwenden Sie in seiner Gegenwart aufreizende Parfüms (Männer schnüffeln gerne ...), tragen Sie Lederkorsetts und bis über die Knie reichende Stiefel oder einen Bikini und hochhackige Riemchenschuhe.

Führen Sie laszive Gespräche mit ihm und streicheln Sie ihn an den Geschlechtsteilen – und erinnern Sie ihn dabei immer daran, dass er erst dann in den Genuss sexueller Belohnungen gelangt, wenn er sich Ihrer würdig erwiesen hat. Auf gar keinen Fall sollten Sie ihm gestatten zu ejakulieren.« (364, 81–82)

Wenn diese Form der Menschenverachtung von Männern gegenüber Frauen praktiziert würde, dann wäre vermutlich nicht nur von einem gestörten Verhältnis zur Sexualität und zu partnerschaftlichen Beziehungen die Rede. Wäre ein solcher Artikel mit vertauschten Rollen statt in der »Amica« in »Coupé« erschienen, hätte sich Alice Schwarzer vermutlich längst mit einem Megaphon an dessen Verlagsgebäude gekettet. Der Protest bleibt aus, wenn solche Einstellungen von Frauen ausgehen, denn dann sind sie ja begründet: »Der Mann ist völlig egozentrisch, in sich selbst eingekerkert und unfähig, sich in andere hineinzuversetzen oder sich mit ihnen zu identifizieren, unfähig zu Liebe, Freundschaft, Zuneigung oder Zärtlichkeit. Er ist ein vollkommen isoliertes Einzelwesen, unfähig zu irgendwelchen Beziehungen mit anderen. Seine Reaktionen kommen aus den Eingeweiden, nicht aus dem Gehirn; seine Intelligenz ist lediglich Werkzeug seiner Triebe und Bedürfnisse; er ist unfähig zu geistiger Leidenschaft, geistigem Kontakt. Für ihn gibt es nichts außer seinen eigenen, physischen Sensationen. Er ist ein halbtoter, reaktionsloser Klotz, unfähig, Freude und Glück zu geben oder zu empfangen; so ist er bestenfalls ein altes Ekel, ein harmloser Tropf; denn Charme hat nur, wer auf andere einzugehen vermag. Der Mann ist irgendwo im Niemandsland zwischen Mensch und Affe stehen geblieben, wobei er schlechter dran ist als die Affen ... Obwohl er ausschließlich physisch existiert, ist der Mann nicht einmal als Zuchtbulle geeignet.« (450, 26) Was den letzten Punkt angeht, würde »Cosmopolitan« allerdings widersprechen. Der Mann erscheint in dieser Ideologie als minderwertiges Geschöpf und soll, wenn schon nicht die Frage seiner allmählichen Ausrottung diskutiert wird, wenigstens die Frau als Gebieterin akzeptieren: »Vor der Einrichtung der Automation, vor der Ersetzung der Männer durch Maschinen, sollen die Männer den Frauen zu freier Verfügung stehen, ihnen dienen, alle ihre Launen fördern, allen ihren Befehlen gehorchen, sich ihnen total unterwerfen, perfekten Gehorsam gegenüber der Frau als ihren einzigen Lebenszweck akzeptieren ... Rational denkende Männer wollen zusammengeschlagen, mit Füßen getreten, am Boden gehalten, niedergedrückt und wie Hunde behandelt werden; dreckig, wie sie sind, wollen sie ihre Widerwärtigkeit bestätigt wissen.« (450, 78–79) Die Vergasungs- und Vernichtungsphantasien von Valerie Solanas sind dabei weit mehr als die Ausbrüche einer geistig verwirrten Frau. Ihr »Manifest zur Vernichtung der Männer« findet sich nicht nur als Pflichtlektüre zahlloser universitärer Frauenstudiengänge, sondern auch auf etlichen feministischen Seiten im Internet. Selbst die Frauen der SPD Duisburg präsentierten Solanas' Werk noch Mitte 2001 als Buchtipp auf ihrer Website (zogen diese Empfehlung aber immerhin zurück, sobald ich in einer Mail

Kritik äußerte). Andere Websites, auf denen Solanas gehuldigt wird, verkünden inzwischen öffentlich, dass sie Mitglieder für entsprechende Gesellschaften suchen und aufnehmen (76). Zentrale Persönlichkeiten der feministischen Bewegung wie Florynce Kennedy und Ti-Grace Atkinson priesen Solanas als eine wichtige Kämpferin für Frauenrechte. Und die Männer selber? Die blieben still. Man stelle sich vor, O. J. Simpson beispielsweise hätte ein »Manifest« geschrieben, dem zufolge Frauen Tiere seien, die man nur zum Sex gebrauchen könne und die verprügelt und ermordet werden sollten, sobald sie aufmüpfig würden – hätte das unsere Gesellschaft ebenso unbeeindruckt hingenommen?

Auch in der »Emma« wird Solanas Männerbild anerkennend gewürdigt: »in knapper Form, gut verständlich formuliert, die beste, schärfste und zutreffendste Diagnose unserer von Männern beherrschten Gesellschaft. Erschreckend ist allerdings die Tatsache, dass der Solanas-Text 1997, also 20 Jahre später, nichts an Brisanz und Aktualität verloren hat« (107, 112). Alice Schwarzer selbst nennt das Manifest »geistreich« und »provokant«. Faschismus als zeitkritische Analyse – auch darauf können nur Feministinnen kommen.

Richtig ausgetobt wird sich aber in der Tat im Internet. Da wird von den »Warrior Women of the Web« verkündet, dass Gewalt durchaus eine denkbare Maßnahme für Feministinnen wäre, denn wenn die Gewinnerinnen die Verlierer »auslöschten«, könnten Konflikte für immer beseitigt werden. Dem folgend werden ebenso Gedichte über das Ermorden von Männern veröffentlicht wie Bilder, auf denen Männer mit einer Zielscheibe auf dem Rücken und Frauen mit einem Gewehr abgebildet sind. Andere Bilder zeigen Frauen, die Männern mit einem Vorschlaghammer den Schädel einschlagen oder einen zappelnden Frosch-Mann lachend an einem langgestreckten Auge in die Höhe halten und mit der anderen Hand an seinem Penis zerren. Und eine »antimaskuline Revolution« verkündet dem männlichen Leser: »Aber im Grunde haben wir nur ein Ziel: dich zu vernichten! Dich und deine ganze minderwertige Spezies! Wir werden euch alles wegnehmen! Euren Stolz, eure Macht, euer Geld ... einfach alles!« (77) Würde derselbe Hass beispielsweise über Ausländer ausgeschüttet, wäre das in Sendungen wie »Panorama« oder »Monitor« längst zum Thema geworden – zu Recht. Zu Unrecht aber muss man sich mit diesem gegen Männer gerichteten Hass in einer Welt abfinden, in der Gewalttäterinnen mit männlichen Opfern unverhältnismäßig lasch bestraft werden und in den Zeitungsberichten nur auf den Witzseiten vorkommen. Man kann Esther Vilar inzwischen nicht mehr widersprechen, wenn sie sich durch die feministische Propaganda an die im Dritten Reich erfolgreich angewandte Technik erinnert fühlt, Ressentiments gegen bestimmte Bevölkerungsgruppen durch eine Manipulation der Gefühlswelt zu erzeugen (512, 387).

Eine Taktik, die nicht ohne Wirkung bleibt: Dies musste Dan Kiley, Autor des männerkritischen Beziehungsratgebers »Das Peter-Pan-Syndrom«, erfahren. Als er vor einem reinen Frauenpublikum erklärte, dass neueren Forschungsergebnissen zufolge Männer, die stark mit sich selbst beschäftigt sind, sechsmal häufiger an Herzkrankheiten sterben, brachen zu seinem Entsetzen die vierhundert versammelten Frauen in spontanen Beifall und Hochrufe aus. Auch in seiner privaten Praxis wird Kiley immer häufiger mit Frauen konfrontiert, die ihren Männern den Tod wünschen – etwa in der Form eines Flugzeugabsturzes bei einer Geschäftsreise. »Als ich einer anderen Frau gegenüber bemerkte, dass ihr arbeitssüchtiger Ehemann sich geradewegs auf einen Herzanfall zubewegte, lächelte sie nur.« (131, 183)

Der *Emma*-Slogan »Männer sind kein Schicksal ... Immer mehr Frauen und Frauen benutzen sie nicht« gibt dem Männerforscher Walter Hollstein auf ähnliche Weise zu denken: »Was benutzt wird, ist ein Gebrauchsgegenstand. Dermaßen entfremdet und entmenschlicht erscheint denn auch nur konsequent das männliche Wesen in den Spalten von »Emma«. »Emma« Mann ist ohne Gesicht, ohne Bedürfnisse, ohne Individualität. Er ist dargestellt als Zerrbild, als Karikatur. Mehr noch: Seine Abschaffung wird gefordert.« Als Beleg führt Hollstein eine weitere »Emma«-Parole an: »Frauen, geht nur zu Ärztinnen, wo immer möglich! Wählt die Ärztin, die Psychotherapeutin, die Masseurin. Bringt euer Geld nur noch Frauen, ob ihr ein Buch kauft oder einen Flug, eine Frisur oder ein Auto.« (208, 39)

»Deutsche, kauft nicht bei Juden!«, ist das erste, was ein Mensch mit nur einem Hauch von Geschichtsbewusstsein mit solchen Wendungen als erstes assoziiert. Auch vielen Frauen wird es bei solchen Forderungen immer unheimlicher. Als zum Beispiel in den achtziger Jahren ein Bündnis von mehr als tausend Frauen im Rahmen der Hamburger Frauenwoche unter anderem die Hälfte der öffentlichen Verkehrsmittel nur für Frauen und ein Ausgangsverbot für Männer ab 20 Uhr forderte, gab es auch weiblichen Protest (und kurioserweise männliche Zustimmung). »Wie kann man eine derartige Forderung nur aussprechen, ohne an Vorschriften wie ›Für Juden keinen Zutritt‹ oder ›for whites only‹ erinnert zu werden?« fragt etwa »Christiane« in einem Leserbrief an die Berliner »tageszeitung«. Andere wiesen darauf hin, dass hier die Kriminalisierung eines ganzen Geschlechtes stattfand und dass zwischen 1938 und 1945 auch die Juden nur bestimmte Straßenbahnen benutzen durften (185, 113–114).

Nicht nur in amerikanischen Universitäten empfinden feministische Studentinnen die Atmosphäre durch die Anwesenheit von Männern als »vergiftet« (452, 36), wie man am Beispiel der »männerfreien« Frauenbibliotheken hierzulande sieht. Würden sich Universitätsleitungen und Kultusministerien auch hinter Bibliotheken stellen, die »Für Ausländer keinen Zutritt« gewähren würden, falls in Deutschland nicht der Feminismus, sondern der Nationalismus herrschende Kraft wäre? Man muss es fast annehmen.

In den USA ist es der Frauenbewegung bereits gelungen, das Konzept des *visual harassment* durchzusetzen, der sexuellen Belästigung durch Anstarren. Die Rechtsanwältin und Autorin Wendy Kaminer fühlt sich hierdurch an die Rechtsprechung der Nationalsozialisten erinnert. 1939 wurde ein Jude zu einer Haftstrafe verurteilt, weil er ein arisches Mädchen ansah und sein Blick angeblich einen Angriff darstellte. Er hatte dem Gericht zufolge »eindeutig eine erotische Grundlage und konnte nur den Zweck gehabt haben, das Mädchen, an dem der Angeklagte interessiert war, zu einer Annäherung zu verleiten«. In einem anderen Fall kam ein Jude zwei Jahre ins Gefängnis, weil er von einer Massage erregt worden sei – trotz des Beharrens der Masseuse, sie habe von einer Erregung nichts bemerkt. Das Gericht entschied, dass der Angeklagte sich zu »lasziven Zwecken« habe massieren lassen und um »Frauen als Objekte seiner sexuellen Lust zu missbrauchen, unabhängig davon, ob sie dessen gewahr wurden oder nicht«. Wendy Kaminer führt aus, dass die Nazis ganz offenkundig die jüdische Sexualität in einer ähnlichen Weise betrachteten wie andere weiße Rassisten die Sexualität von Schwarzen und viele Feministinnen, insbesondere die Bewegungen gegen Pornographie und gegen sexuelle Belästigung, die Sexualität von Männern (466, 138–139). Bestimmte Grundeinstellungen von höher- und minderwertigen Geschöpfen scheinen in der Geschichte immer wiederzukehren – es wechseln nur die Ideologien, mit denen sie beworben werden.

DIE FRAUENBEWEGUNG: TERRORISTISCH?

>**»Männer sind unsere Feinde.«**
>
>*Louise Chernin, Mitpräsidentin*
>*der US-Frauenbewegung NOW, 1993*

Dem ersten Anschein nach ist es verblüffend, wie wenig die ungebrochene Feindseligkeit und Verachtung, mit der von feministischer Seite Männern begegnet wird, von den angeblich doch so friedfertigen Frauen hinterfragt wird. Letztlich erklärt sich das aber recht schnell durch die Opferideologie des Feminismus, in dem jede Schmähung und jeder Angriff nur einen Akt der Gegenwehr in einem phantasierten »Holocaust« darstellt. »Frauen als potentiellen Juden der Menschheitsgeschichte ist wohl alles erlaubt«, stellt Katharina Rutschky fest (399, 28). Der wahre Terrorismus, so lehrt unter anderem Andrea Dworkin, gehe vom Mann aus, und zwar von *jedem* Mann: »Die Symbole des Terrors sind alltäglich und uns absolut vertraut: die Faust, die Pistole, das Messer, die Bombe und so weiter. Von noch größerer Bedeutung ist das versteckte Symbol des Terrors: der Penis.« (97, 24) Auch ein Mann, der in seinem Leben einer Frau noch nichts zuleide getan hat, ist demnach ein Terrorist, einfach weil er ein »Schwanzträger« ist. Gegen diesen biologisch festgelegten, unsichtbaren Terror »wehrt« sich nun ganz handfester Terror von Frauen.

Als typisches Beispiel dieser Art beschreibt Marion Rave Vorfälle auf einer Bremer Frauenwoche, die unter dem Motto »Gegen Rassismus und Sexismus« stand: »Von vielen Beteiligten wurde Rassismus und Sexismus gegenüber männlichen Studenten und Bediensteten der Universität in vielfacher Weise vorgeführt. Männer wurden körperlich und verbal angegriffen; ihnen wurde der Zugang zum geisteswissenschaftlichen Gebäude verwehrt; einige Männer wurden ohne Beweise auf Wandzeitungen der Vergewaltigung und des Diebstahls beschuldigt.« (386, 207) Letzteres ist ein weiteres Beispiel dafür, wie schnell der Funke solch fragwürdiger Aktionen von den USA nach Deutschland überspringen kann, denn auch in den Vereinigten Staaten hatte es ähnliche Fälle bereits gegeben. An verschiedenen Hochschulen waren dort die Namen von Männern, die der Vergewaltigung bezichtigt wurden, an Toilettenwänden aufgetaucht – eine Mischung aus Lynchjustiz und Rufmord (68, 129–130). Einen Schritt weiter gingen Studentinnen von der Universität Maryland. Sie verteilten auf dem gesamten Campus Flugblätter und Poster, auf denen unter der Überschrift: »Achtung: Diese Männer sind potentielle Vergewaltiger« die Namen Dutzender ihrer Kommilitonen standen. Die Studentinnen kannten die beschuldigten Männer allerdings nicht, sie hatten ihre Namen per Zufall aus verschiedenen Verzeichnissen ermittelt. Hatte man ihnen schließlich nicht beigebracht, dass *alle* Männer potentielle Vergewaltiger waren? Eine der Frauen, die diese Poster verteilten, wurde darauf angesprochen, dass die unschuldig in Verruf gekommenen Männer über diese Aktion empört waren. Ihre Reaktion: »Ich denke, wenn sich ein Mann sicher ist, dass er kein Vergewaltiger ist, dann würde er sich durch diese Liste nicht bedroht fühlen.« Keine dieser Studentinnen wurde in irgendeiner Weise bestraft – was in einer Gesellschaft, in der Männer für unzüchtige Witze oder zu enges Tanzen bestraft werden, einiges über das Geschlechtergefälle aussagt (68, 129; 365; 452, 44).

Ähnlich dreist lautete die Argumentation einer Studentenvertreterin, nachdem sich an der Universität Vassar die Unschuld mehrerer fälschlich der Vergewaltigung bezichtigter Studenten herausgestellt hatte: »Sie haben einigen Schmerz erfahren, aber das war kein Schmerz, den ich ihnen unbedingt erspart hätte. Ich denke, idealerweise leitet dies einen Prozess der Selbsterkundung ein. ›Wie sehe ich Frauen?‹, ›Wenn ich sie nicht vergewaltigt habe – hätte ich es tun können?‹, ›Habe ich das Potential, das zu tun, was ich getan haben soll?‹ Das sind gute Fragen.« (452, 44) Dies erscheint einleuchtend. Genauso einleuchtend wie: »Sicher, es war blöd, dass wir den Neger für etwas zusammengeschlagen haben, was er nicht getan hat. Aber er sollte sich mal fragen: Hätte ich es nicht tun können?« Eine Frage, die in diesem Zusammenhang sinnvoller wäre, ist, ob der prägende Charakterzug der heutigen Frauenbewegung nicht schlichtweg eine bodenlose Selbstgerechtigkeit ist.

Eine andere Praktik dieser Art ist das sogenannte *defense guarding*, ebenfalls eine spezielle Form der Lynchjustiz. Sie besteht darin, dass Studentinnen einen ausgewählten Professor an einem abgelegenen Ort umzingeln, ihm sexuelle Belästigung vorwerfen und wieder und wieder einstimmig krakeelen: »Dies wird nicht länger toleriert. Das hört gefälligst auf!« Oft finden solche Aktionen nur auf der Basis von Gerüchten statt. Auf die Frage, ob diese Praktik daher nicht eine unfaire Einschüchterung sei, erklärte eine der Studentinnen: »Wieso sollte jemand eingeschüchtert sein, wenn er nicht schuldig ist? Wenn sie nichts getan haben, wären sie auch nicht eingeschüchtert.« Der Direktor einer Schule, an der dieses Schauspiel stattfand, erklärte dazu: »Die beste Einstellung, die man dazu haben kann, ist, dass diese Kinder einfach nicht ein ausreichendes Geschichtsbewusstsein besitzen, um zu verstehen, dass ein solches Verhalten sehr stark an den Faschismus erinnert, an Braunhemden; es ist eine klassische Gruppeneinschüchterung und öffentliche Demütigung, die wir aus den dreißiger Jahren kennen.« (452, 110) »Fanatismus ist Inhumanität im Namen großer Ideale – und deshalb mit bestem Gewissen«, schreibt Hubert Schleichert (409, 66). Auch Günter Hole sieht als entscheidendes Merkmal dieser Denkweise »die rigorose Durchsetzung einer großen Idee mit Gewalt« (207, 98). »Groß« ist solch eine Idee oft allein in den Augen des Fanatikers. So empfiehlt die Feministin Diana Russell in ihrem Buch »Making Violence Sexy« (»Wie man Gewalt sexy macht«) Taktiken des »zivilen Ungehorsams« gegen Pornographie, die von manchen Frauengruppen tatsächlich verübt werden: Zu diesen Taktiken gehört das Zerreißen von Männermagazinen im Laden, das Beschmieren von Türklinken oder Büchern wie »American Psycho« mit Blut oder Brandanschläge auf Videoläden (397, 217, 222, 251). Auch in Großbritannien bildete sich eine Gruppe von Radikalfeministinnen, die sich »Wütende Frauen« nannten, um in Manchester, Keighley und Leeds Brandbomben in Erotikläden zu werfen und »die Männer so zu verletzen, wie es Gesetze und Verbote nicht schaffen.« (498, 80) Naja, bevor der »sexuelle Gegenüber« zur Penetration »verleitet« wird, um mit Sabine Leutheusser-Schnarrenberger zu sprechen, muss eben knallhart eingegriffen werden. Zum Teil entsteht in Russells Schilderungen von Aktionen radikaler Frauengruppen eine unfreiwillige Ironie. Eine harmlosere Aktion bestand etwa darin, dass Kunden von Pornoläden bei deren Betreten fotografiert wurden – die entstandenen Bilder sollten dann auf Flugblättern in der ganzen Stadt verteilt werden. Die Fotografinnen selbst trugen dabei Skimasken und waren aufs höchste empört, als sie bei einer anderen Gelegenheit gefilmt wurden, als sie ohne diese Masken einen Laden stürmten: Dadurch könnten sie zu Opfern von Belästigungen werden, außerdem sei diese Handlung bösartig und voyeuristisch (397, 222–223, 234).

Russells Buch hat die angeblich verrohende Wirkung von Pornographie zum Thema, sagt aber wesentlich mehr aus über die verrohende Wirkung von Feminismus. So findet sich folgender Vorschlag, wie mit dem amerikanischen Literaten Bret Easton Ellis umgegangen werden sollte (dessen »American Psycho« übrigens die »Zeit« nicht zu Unrecht als das vielleicht bedeutendste Werk der vorigen Jahrhunderthälfte bezeichnete): »Es gibt bessere Wege, mit Bret Easton Ellis fertigzuwerden, als ihn nur zu zensieren. Ich würde es überaus lieber haben, ihn gehäutet zu sehen, eine Ratte in seinen Hintern eingeführt, seine Genitalien abgeschnitten und in einer Pfanne gebraten, das alles nicht nur vor Publikum, sondern auch vor einer Videokamera. Diese Videos können als ›Kunst‹ und ›Meinungsfreiheit‹ verkauft werden ... Wir können einen Gewinn aus Ellis Entsetzen und Schmerz ziehen, so wie er und die Buchläden einen Profit aus der Vergewaltigung, Folter und Verstümmelung von Frauen ziehen.« (397, 249–250) Im Vergleich zu solchen Forderungen kommt einem der Ayatollah Khomeini, der mit Salman Rushdie einen anderen großen Autor für vogelfrei erklärte, geradezu zivil vor.

Die Gewaltaufrufe und -phantasien der Radikalfeministinnen bleiben nicht auf Schriftsteller wie Ellis oder Pornographieproduzenten beschränkt, sondern erstrecken sich auch auf die Konsumenten von Pornographie. Tara Baxter, eine der feministischen Terroristinnen, malt sich in Russells Buch aus, wie sie und ihre Komplizinnen bei einem ihrer Anschläge auf einen Videoladen einen seiner Kunden in die Mangel nehmen: »Meine Freundinnen ergriffen ihn schnell, rissen ihn an Armen und Beinen und warfen ihn zu Boden. Als ich hörte, wie schwer sein Kopf gegen die Wand krachte, wusste ich, dass dies wirklich heftig werden würde. ... Hilflos und verzweifelt trat er nach uns, aber mit Leichtigkeit öffnete meine Freundin seine Hose. Ich sah zwei Hände nach seinem Schwanz langen, die Spitze hart gegen die Ziegel pressen. Ich säbelte es dann einfach ab. Es war viel einfacher, als ich gedacht hatte. Seine Augen weiteten sich; er gurgelte, als Blut von dort hervorschoss, wo sein Penis gewesen war.« (397, 251–252) Konsequenterweise verteilen die Radikalfeministinnen Buttons mit Aufschriften wie »So viele Männer, so wenig Munition«, »Wenn es kein Recht mehr gibt, gibt es immer noch Gewalt«, »Wenn ich mit Mord davonkommen würde, würde ich mir ein Gewehr schnappen und ihn begehen« sowie »Tote Männer lesen keine Pornos.« Andrea Dworkin, die ideologische Führerin dieser Bewegung, erklärt als politisches Prinzip: »Es ist sehr wichtig für Frauen, Männer zu töten.« (397, 267) Und Diana Russell selbst, die Autorin des Buches, in dem sich diese Propaganda findet, fordert, dass Frauen, die ihre »prügelnden Männer« umbringen, in Zukunft nicht nur von den Gerichten freigesprochen, sondern von der Frauenbewegung gefeiert werden sollten, weil sie die Menschheit von diesem Unrat befreit und andere Frauen und Mädchen davor gerettet haben (397, 269).

Wenn es gegen Erotika geht, schenken sich Feministinnen auch gegenseitig nichts. 1982 fand eine feministische Konferenz zum Thema Pornographie und Sexualpolitik am New Yorker Barnard College statt. Mitglieder der Anti-Pornographie-Bewegung versuchten zunächst, die Konferenz mit telefonischen Protesten bei der Collegeverwaltung zum Platzen zu bringen. Als dies scheiterte, verteilten sie unter den Teilnehmern an der Konferenz Flugblätter, in denen nicht nur die Veranstaltung durch falsche Darstellungen in Verruf gebracht wurde, sondern vor allem Behauptungen über die Sexualpraktiken einiger namentlich genannter Sprecher verbreitet wurden. Diese Aktion soll der Konferenzleiterin Carole Vance zufolge bei den diffamierten Personen zu bleibenden Schäden geführt, Karrieren zerstört und generell großes Leid verursacht haben: »Das waren Taktiken wie aus der Ära McCarthys, sie waren feige und hinterhältig und bezogen ihre Macht aus Verleumdungen und sexueller Panikmache.« (466, xxvii)

Dass sich Frauenrechtlerinnen im Kampf um »die gute Sache« auch schon mal gegenseitig zerlegen, kommt auch in unserem Lande vor. Am meisten Aufmerksamkeit in den Medien erhielt die Stürmung der Redaktionsräume der »Emma« durch autonome Feministinnen. Diese leerten blaue Müllsäcke mit

Mist auf sämtlichen Schreibtischen aus, schnitten das Telefonkabel durch, leimten das Türschloss mit Sofortkleber zu und sprühten alle Computertastaturen, Bildschirme, Drucker und Kopierer kaputt. An die Wände malten sie mit roter und schwarzer Farbe Parolen wie »Emma, es reicht!«, »Schluss mit dem Rassismus« und »Euthanasie ist Gewalt.« In einem zurückgelassenen Flugblatt wurde »Emma« vorgeworfen, vor offen menschenverachtenden Positionen nicht mehr Halt zu machen. Eine Redakteurin, die die äußere Erscheinung der Täterinnen beschreiben sollte, stammelte immer wieder denselben Satz: »Die sahen aus wie wir …« (105, 52–54)

Wenn blanker Hass an die Stelle von Argumenten tritt, dann werden Feministinnen Angriffsziele von Mitgliedern ihrer eigenen Bewegung. Noch schlimmer als Susan Steinmetz, die mitsamt ihrer Familie wegen ihren Veröffentlichungen zur Frauengewalt mit dem Tode bedroht wurde, ging es Erin Pizzey. Pizzey war, wie Sie sich aus dem Kapitel über häusliche Gewalt erinnern, die erste Frau, die Gewalt in der Partnerschaft als ernst zu nehmendes soziales Problem erkannte, das erste Buch darüber schrieb und in London das weltweit erste Frauenhaus etablierte. Sobald Pizzey herausfand, dass Männer mindestens so häufig wie Frauen Opfer solcher Gewalttaten wurden, wurde sie aus den feministischen Reihen ausgeschlossen. Ihr Verlag erhielt Drohungen, dass seine Fenster eingeschlagen werden würden. Pizzeys Hotel wurde von 300 schreienden, Spruchbänder schwingenden Protestlerinnen belagert. Sie fragte einen der Polizisten, die Wache standen: »Warum bringen Sie die nicht einfach zum Verschwinden?« Er antwortete: »Weil wir Angst vor ihnen haben.« Als Pizzey ihre Lesereise durch England antrat, bestand die Londoner Polizei darauf, ihr Begleitschutz mitzugeben. Jemand schoss auf ihr Haus in den Vereinigten Staaten (67, 121; 372).

Auch Katharina Rutschky sollte mit allen Mitteln davon abgehalten werden, Informationen zu verbreiten, die manche Feministinnen nicht hören wollten. Seit sie die Hysterie um den sexuellen Missbrauch kritisch beleuchtete, erhielt sie bitterböse Briefe bis hin zu Morddrohungen. Als sie in Berlin einen Vortrag zu diesem Thema halten wollte, wurde das Gebäude von Hunderten von Frauen und Männern mit Trillerpfeifen, Hupen und Buttersäure blockiert. Rutschky wurde auch körperlich bedroht: »Für das, was du sagst, gehört dir die Fresse poliert« hieß es, und »Deine Thesen sind Täterthesen.« Rutschky bekam Todesangst und begann, um Hilfe zu schreien (474, 36).

1997 geschah auf einer anderen Veranstaltung ähnliches. Die »Ladies in Culture«, eine Frauengruppe des Marburger Kulturladens, hatten Katharina Rutschky nach der Lektüre eines Artikels zum Thema »Fundamentalismus in der Frauenbewegung« zu einer Diskussion eingeladen. Männern war der Zutritt ausdrücklich nicht gestattet, vorgeblich wegen der großen Sprengkraft der Veranstaltung. Wie blauäugig kann man sein? Auch ohne jede männliche Beteiligung kam es in der Frauenszene von Marburg und Gießen, sobald die Einladung Katharina Rutschkys bekannt geworden war, zu einem über fünf Monate andauernden Aufruhr. Veranstaltungen wurden abgesagt, Termine der »Ladies in Culture« nicht mehr in feministischen Zeitschriften veröffentlicht, es hagelte Flugblätter und Briefe. Alle mit derselben Forderung: Rutschky darf nicht sprechen. »Sie hat sich selbst durch ihre Veröffentlichungen und Aussagen disqualifiziert, an einem linken und feministischen Diskurs teilzunehmen«, hieß es. »Egal zu welchem Thema sie bei einer Veranstaltung spricht. Wir fordern euch auf, sie auszuladen.« Und wenn nicht? »Andernfalls werden wir genötigt sein, uns vor Ort entsprechend störerisch zu verhalten.« Anonym ging direkt an Katharina Rutschky folgende Botschaft: »Liebe Kati, seit wir von Deinem bevorstehenden Besuch gehört haben, sind wir Feuer und Flamme! Wir bereiten einen gebührenden Empfang bereits vor. Die anderen sind auch schon ganz aufgeregt. Nach der Veranstaltung würden wir uns gerne zwanglos und phantasievoll mit Dir auseinandersetzen.« Die Andeutungen waren unmissverständlich – »Feuer und Flamme für diesen Staat« ist eine feste Wendung aus der Terrorismusszene. Hier wurde der Terror als Machtmittel eingesetzt, die politische Widersacherin zum Schweigen zu bringen. Und es funktionierte: Kurz vor der Veranstaltung besetzten etwa 50 Mitglieder autonomer Frauengruppen die Bühne, schraubten die Mikrofone ab und versteckten sie. Nach etwa zehn Minuten begann das Publikum vorsichtig zu protestieren: »Wir haben euch gehört, jetzt wollen wir Katharina Rutschky hören.« Aber das Publikum hatte kein Megaphon und wurde mit Trillerpfeifen übertönt (21; 217, 135–137).

Welche Informationen können Feministinnen nur solche Angst machen, dass sie mit allen erdenklichen Druckmitteln deren Verbreitung verhindern wollen?

Auch hier muss noch einmal ausdrücklich darauf hingewiesen werden, dass man nicht sämtliche Feministinnen für das Verhalten ihrer lautstärksten »Kampfgenossinnen« in Sippenhaft nehmen kann. So äußert sich z. B. Juliane Jacobi in der Zeitschrift »Feministische Studien« unter der Überschrift »Feministischer Terror« vor allem zu den Hetz- und Drohbriefen gegen Rutschky so klar, dass ich die zentralen Stellen mit Fettdruck hervorheben möchte: »Einige besonders aufschlussreiche Äußerungen aus den Briefen verdeutlichen unmissverständlich, dass es sich bei diesem Protest um eine Form feministischer Erleuchtung handelt. Vom wissenschaftlichen Feminismus sind sie bisher eigentlich nicht für kommentierungswert gehalten worden. ... **Wir haben es hier mit einer auch aus anderen politischen Bewegungen bekannten Mischung zu tun, die sich zusammensetzt aus Erleuchtung über den richtigen Weg, Betroffenheit und der tiefen Überzeugung, auf der richtigen Seite zu stehen und deshalb legitimerweise über das zu entscheiden, was überhaupt öffentlich gesagt werden darf.** ... Bemerkenswert ist der in dieser Auffassung zutage tretende Gesinnungsterror von Vertreterinnen der verfassten Studentenschaft, für die Denk- und Redeverbote offenbar das geeignete Mittel zur Durchsetzung politischer Überzeugungen sind. Weder hat sich bis zu diesen Repräsentantinnen der Studierenden herumgesprochen, **dass der Feminismus durch keine reine Lehre und auch nicht durch alleinseligmachende Glaubenssätze verbürgt ist**, noch scheinen die jungen Frauen ihren Kommilitoninnen zuzutrauen, sich individuell in Diskussionen eine eigene Meinung bilden zu können. Ich frage mich natürlich auch: Wie begegnet der akademische Feminismus den Vorstellungen solcher ›Schwestern‹? Dass der Satz ›Pornographie ist die Theorie, Vergewaltigung ist die Praxis‹ kompletter Unsinn ist, muss erklärt werden. Junge Menschen studieren, um dies erklärt zu bekommen, und feministische Wissenschaftlerinnen lehren, um dies zu erklären. Ein entscheidendes Mittel zu verstehen, welcher Unsinn sich hinter Parolen verbergen kann, sind kontroverse Diskussionen.« (217, 135–137).

Genau das ist aber der Punkt: Indem die Diskussion und die Verbreitung von Informationen verhindert wird, ist gerade im Falle von Pornographie der größte Unfug auf dem besten Weg, Gesetz zu werden. Auf identische Weise sorgten die Morddrohungen gegen Susanne Steinmetz und ihre Familie dafür, dass häusliche Gewalt vonseiten der Frau nicht diskutiert werden konnte und jetzt, wie von den Ministerinnen Bergmann und Däubler-Gmelin forciert, Gesetze allein zu Lasten des Mannes geschaffen werden. Das Konzept des feministischen Terrors geht voll auf. Dass sexuelle Gewalt dadurch nicht zurückgedrängt, sondern eher noch gefördert werden kann, nimmt frau im Lärm der Trillerpfeifen gar nicht mehr wahr.

Juliane Jacobi ist vor allem darin voll zuzustimmen, dass sie mit großem Nachdruck endlich eine Stellungnahme des akademischen Feminismus einfordert, der sich nicht länger so verhalten dürfe, als ob ihn solche »Entgleisungen« nichts angingen. Fälle wie der Brandanschlag auf die Druckerei einer rechtskonservativen Wochenzeitung, zu dem sich »Revolutionäre Lesbengruppen« bekannten (474, 36), müssen endlich zur Kenntnis genommen und diskutiert werden. Stattdessen wurde dies ebenso stillschweigend übergangen wie etwa die Morddrohungen, die der Ethnologe Hans Peter Duerr von einem »Lesbenrat« erhielt, nachdem er ein Seminar über die Kulturgeschichte der sexuellen Gewalt abgehalten hatte (327, 189). Hubert Schleichert führt in seiner generellen Abhandlung über den Fundamentalismus das sogenannte »Distanzierungsargument« an: »Werden die Klagen über den Terror zu laut, dann distanziert sich die Ideologie von den ›Exzessen‹ und ›missbilligt‹ sie. Es geschieht aber nichts, um diese ›Exzesse‹ zu verhindern.« (409, 78) Alice Schwarzer ruft in der »Emma« ja gerade *nicht* zu einer differenzierten Auseinandersetzung mit Katharina Rutschky auf, sondern verhöhnt sie in Karikaturen und Artikeln, die an Unsachlichkeit nicht mehr zu überbieten sind. Matthias Matussek und anderen Kritikern geht es nicht besser.

Christina Hoff Sommers zufolge stellt die momentan vorherrschende Propaganda der Frauenbewegung die Situation im Geschlechterkonflikt auf den Kopf:»Die Neuen Feministinnen sind eine starke Quelle des Unheils, weil ihre Führerinnen nicht besonders gut darin sind, die Dinge so zu sehen, wie sie liegen. Empfindliche Feministinnen wie Faludi, French, Heilbrun und MacKinnon sprechen von Backlash, Belagerung und einem unerklärten Krieg gegen

Frauen. Aber die Zustände, die sie beschreiben, sind mythischer Natur – ohne jede Grundlage in den Fakten des heutigen Lebens. Die Männer des wahren Lebens haben keine Kriegsbüros, keine Strategiezentren, keine Schlachtpläne gegen Frauen. Es gibt keinen radikalen militanten Flügel der maskulistischen Bewegung. Soweit man überhaupt von einem Krieg zwischen den Geschlechtern sprechen kann, sind es die Neuen Feministinnen selbst, die ihn führen.« (452, 45)

DIE FRAUENBEWEGUNG: TOTALITÄR?

»Wenn du einen Menschen politisch nicht unglücklich
sein lassen willst, gib ihm keine zwei Seiten bei einer
Frage, über die er sich den Kopf zerbrechen kann. Gib
ihm eine. Noch besser, gib ihm keine ...«

Ray Bradbury

Katharina Rutschky selbst äußerte sich in einem Interview mit dem Marburger
Express folgendermaßen zu ihrer Kritik an der Frauenbewegung und den darauf folgenden heftigen Reaktionen: »Ich glaube, die Frauenbewegung als solches existiert überhaupt nicht. Es gibt nur den Staatsfeminismus auf der einen
Seite, also Gleichstellungsbeauftragte, Frauenministerien und Frauenquoten,
nach dem Motto ›Papa Staat kümmert sich um die Frauen‹. Und auf der anderen Seite gibt es die autonome Frauenszene, die hier mit Drohungen gegen mich
in Erscheinung getreten ist.« (21) Hier greift Rutschkys Analyse zu kurz und
zeichnet trotz ihrer Kritik ein beschönigendes Bild der Lage. Die autonome
Frauenszene und der Staatsfeminismus sind nämlich keineswegs unabhängig
voneinander zu sehen. Inzwischen »haben sich die Grenzen zwischen autonomer Frauenideologie und dem bürgerlichen Frauengleichstellungslager zunehmend verwischt und finden immer mehr radikalfeministische Thesen Eingang
in Parteien, Wirtschaft, Rechtsprechung, Verwaltung, Behörden, Schulen, Universitäten, Sozial- und Kulturwesen, von wo aus sie die Männer ausgrenzen
und einen unheilvollen feministischen Apparat aufblähen. Zudem leben mittlerweile viel zuviel allzu profitabel von der geschürten Gegensätzlichkeit der
Geschlechter.« (294, 9)

Beispiele gibt es zuhauf: Radikale Pornogegnerinnen beeinflussen mit ihren
Forderungen nach Zensur die Gesetzgebung. Die Morddrohungen und tätlichen Angriffe, die Forscher zum Thema Gewalt in der Partnerschaft als Ziel
hatten, sorgten dafür, dass deren Erkenntnisse der breiten Öffentlichkeit nicht
zugänglich gemacht werden konnten. Infolge dessen konzentrieren sich staatliche Hilfsmaßnahmen auf Frauen als Opfer, und staatliche Strafen konzentrierten sich auf Männer als Täter. Im Bereich des sexuellen Missbrauchs führten die Attacken auf Katharina Rutschky und andere Kritiker der Bewegung
dazu, dass dieses Thema bis heute nicht sachlich diskutiert werden kann.

Einen Brückenkopf zwischen radikaler, autonomer Szene und der etablierten Politik bildet immer wieder die Zeitschrift »Emma«, die fundamentalistische Positionen übernimmt, Gegenmeinungen diffamiert und in Frauenmagazinen wie »Mona Lisa« oder bei den regierenden Politikerinnen unseres Staates regelmäßig Gehör findet. Die Anmaßung der »Emma«-Redakteurinnen, ausgerechnet mit ihren Täter-Opfer-Klischees für sämtliche Frauen zu sprechen, wird oft nur allzu naiv geglaubt. Aus diesem Grund ist auch mit Nachdruck davor zu warnen, dieses Blatt zu verharmlosen oder ins Lächerliche zu ziehen.

Mittlerweile ist der Frauenbewegung von verschiedener Seite der Vorwurf gemacht worden, totalitäre Methoden zu verwenden und ebensolche Ziele zu verfolgen. Der Psychologieprofessor John Furedy prägte den Begriff eines »samtenen Totalitarismus«, eine Form der totalitären Herrschaft, die weder auf körperlicher Folter begründet ist, noch auf der Angst des einzelnen, sein Leben zu verlieren (höchstens seinen Lebensunterhalt). Furedy nennt fünf zentrale Merkmale dieser Ideologie (362, 197). Alle lassen sich auf den momentanen Zustand der Frauenbewegung anwenden:

- **unklare Gesetze.** Das ist zum Beispiel der Fall, wenn nicht zu erkennen ist, welches Verhalten z. B. sexuelle Belästigung darstellt und welches nicht. Dadurch dass eine erotisierte Handlung von einer der bei einer Begegnung anwesenden Personen fast willkürlich als Gesetzesverstoß definiert werden kann, solange diese Person weiblich ist, werden alle Männer in einem permanenten Stadium der Unsicherheit und der Furcht gehalten. Ähnlich sieht es bei der Gesetzgebung zur Pornographie aus: Was konkret ist eine »entwürdigende Darstellung« und was nicht? Ab wann ist ein Werk »künstlerisch« oder »ästhetisch« anspruchsvoll genug, damit sein Schöpfer vom Zugriff des Staatsanwalts verschont bleibt? Unklare Gesetze sorgen hier für eine vorweggenommene Zensur. Des weiteren, so vermeldet Erin Pizzey, werden vom institutionalisierten Feminismus »Grundkonzepte des westlichen Rechtswesens wie Gerichtsneutralität und Persönlichkeitsrecht als Konstruktionen des Patriarchats deklariert, die nur dazu da seien, um die Privilegien von Männern zu schützen.« (371a) Prozesse gegen Männer, die der Vergewaltigung oder des Missbrauchs angeklagt werden, sind das beste Beispiel.

- **die Anwesenheit und die Macht unqualifizierter Pseudoexperten.** Hier ist vor allem an die Missbrauchsbewegung zu denken, bei der Gutachterinnen ohne jegliche psychologische Vorbildung Urteile fällen, die ein Leben oder gar das einer ganzen Familie zerstören können – Urteile, die oft auf Hokuspokus wie der Interpretation von Kinderzeichnungen oder Spielen mit Puppen beruhen. Mitarbeiterinnen des Jugendamtes sind, wie unter anderem Jäckel und Matussek mehrfach belegen, oft extrem männerfeindlich eingestellt. Werden diese Personen aufgrund solcher Urteile tätig, gibt es für eine betroffene Familie keinerlei Möglichkeit, sich zur Wehr zu setzen: »Die in Wahrnehmung der sozialpädagogischen Fachkompetenz getroffene Entscheidung ist als solche keiner rechtsaufsichtlichen Überprüfung zugänglich.« (300, 208) Keine Zweckmäßigkeitskontrolle, keine Fachaufsicht, stattdessen reine, totalitäre Willkür.

- **ein Klima beklemmender Angst, weil die Teilnahme an kontroversen Diskussionen gefährlich wird.** Dazu hätten mit Gewalt bedrohte Kritiker und Kritikerinnen feministischer Ansichten einiges zu sagen.

- **statusdefinierte Ethik, bei der die Bewertung einer Handlung nach »richtig« oder »falsch« sich danach ausrichtet, wer sie gegen wen verübt, und nicht durch die Handlung selbst.** Hier gibt es, wie wir im ersten Teil dieses Buches gesehen haben, eine generelle Doppelmoral in allen Formen der häuslichen und sexuellen Gewalt. Dies schlägt sich auch in den Gesetzen nieder: Ein Mann, dem vorgeworfen wird, seine Frau zu schlagen, kann seine eigene Wohnung verlieren. Bei einer Mutter, die ihren Sohn misshandelt, wird auf »Hilfe statt Strafe« gesetzt. In weniger brisanter Hinsicht ist aber auch auffällig, dass schon weibliche Kritik an Männern als »Selbstbehauptung« definiert wird, männliche Kritik an Frauen aber als »Sexismus«.

- **die Dämonisierung von Abtrünnigen oder Dissidenten.** Hierfür ist der Umgang mit Frauen wie Katharina Rutschky, Carol Tavris oder Elaine Showalter das beste Beispiel. Aber auch sonst gilt: Der feministischen Lehre zufolge dürfen Frauen keine Individuen sein. Frauen, die als Pornomodell arbeiten, wird vorgeworfen, sie sorgten dafür, dass alle Frauen entwürdigt würden; Frauen, die ihre Tätigkeit als Hausfrau verteidigen, seien angeblich dafür verantwortlich, wenn Frauen an den Herd zurückgetrieben würden. Auch Masochistinnen, die sich zu ihrer Neigung bekennen, erleiden Anfeindungen und sogar gewalttätige Übergriffe von ihren feministischen »Schwestern« (206a, 356).

Die feministische Ideologie, mit all ihren Irrtümern und Halbwahrheiten, beherrscht sämtliche Bereiche des öffentlichen Lebens. Sie durchwuchert Romane und Ratgeber, Fernsehen, Filme und Zeitschriften bis hin zur Werbung, Schulen und Universitäten in Forschung und Lehre (es gibt weder Männerstudien noch Männerbibliotheken noch Männerveranstaltungen noch Männervorlesungsverzeichnisse), hält Sozialarbeiter in ihrem Griff, Therapeuten und Jugendämter, Politik und Regierung bis hinauf zu den Vereinten Nationen. »Leute unter Vierzig kennen doch gar nichts anderes als den Feminismus«, schreibt der Maskulist David Thomas.

»Es ist in etwa so, als wäre man in der Tschechoslowakei aufgewachsen oder sonst irgendwo, wo die Menschen nie etwas anderes als den Kommunismus kennengelernt haben.« (497, 388)

Damit die feministischen »Wahrheiten« auch weiterhin unhinterfragt im Bewusstsein der Bevölkerung verankert bleiben, wird so großer Druck ausgeübt wie nur möglich: Wissenschaftler mit unerwünschten Forschungsergebnissen werden in breitflächig organisierten Telefon- und Briefaktionen als sexistisch beschimpft und erleben Einbrüche in ihrer Karriere (67, 112–115). Forschungsgelder stehen für feministische Projekte zur Verfügung, nicht so für Untersuchungen, die feministische Erkenntnisse hinterfragen (452, 8). Frauenbuchläden boykottieren Bücher, die die Betreiberinnen nicht einmal gelesen haben – allein aufgrund der Tatsache, dass darin Männer zu Wort kommen (311, 247). An amerikanischen Universitäten werden Tausende von Zeitschriften mit unerwünschten Artikeln von Feministinnen zerstört und öffentlich verbrannt (452, 111). Gleichzeitig versuchen dort feministische Professorinnen ein feminismuskritisches Buch wie Camille Paglias »Die Masken der Sexualität« von den Leselisten zu verbannen, indem sie völlig absurde Vergleiche zu faschistischer Literatur und gar Hitlers »Mein Kampf« heranziehen (452, 133). Auf dem Gelände britischer Universitäten wurde der Verkauf der größten englischen Boulevardzeitung »Sun« verboten, weil darin attraktive und leicht bekleidete Mädchen zu sehen waren (192, 14). In Deutschland traut sich eine Autorin ihre kritische Auseinandersetzung mit dem Feminismus nur unter einem Pseudonym herauszubringen: »Die wiederholte tendenziöse Behauptung der ubiquitären (allgegenwärtigen – d. Verf.) Männerverantwortung und Männerschuld zu entkräften ist eine Verletzung der Frauenehre. Dies zu tun, bedeutet den Bruch eines Tabus unter Frauen.« (136, 17) Auch dass männliche Autoren Bücher zur Geschlechterdebatte nur unter einem weiblichen »Künstlernamen« veröffentlichen, kommt vor: So sahen sich Peter Schneider und Martin Kahl offenbar genötigt, für ihr Buch »Böse Mädchen kommen immer« ihre Vornamen in »Petra« und »Martina« umzuwandeln. Es scheint fast so, als sei das Rederecht bei diesem Thema nur auf das weibliche Geschlecht beschränkt.

Aber eine solche subtile Zensur trifft beileibe nicht nur Männer, sondern auch Frauen, die gegen die feministische Parteilinie verstoßen. Davon kann beispielsweise Erin Pizzey ein langes Lied singen: »Im Jahr 1977 luden mich die Kongressabgeordnete Lindy Boggs und der Kongressabgeordnete Newton-Steer zu einem Festessen auf dem Capitol Hill ein. Ich merkte dabei, dass ich mich mit meinen Meinungsäußerungen unpopulär machte. Nach dem Ende meiner Rede mied mich jeder am Tisch. Auch beim Presseclub in Washington ging es mir nicht anders. Der Ausdruck auf den Gesichtern der verbissenen Journalistinnen amüsierte mich sehr. Ein großer Teil meiner Reden wurden abgesagt, besonders in New York und Boston. ... Die Erfahrungen bei meinem Aufenthalt in Deutschland auf Einladung des Ministers für Soziales, Gesundheit und Sport waren nicht grundsätzlich anders. Ich hinterließ einige sehr grimmig dreinschauende deutsche Sozialarbeiter am Tisch, weil ich nicht länger ertragen konnte, was aus den Frauenhäusern werden sollte. Ich sah, wie die Frauenbewegung dort Bastionen des Männerhasses aufbaute. Es sind Festungen, in denen Frauen unterrichtet werden, dass Männer ›Vergewaltiger und Bastarde‹ seien, und wo Kindern großer Schaden zugefügt wird, indem ihnen beigebracht wird, dass man Männern nicht trauen kann.«

Als eines von vielen Beispielen für das Zensieren von Informationen führt Pizzey ihre Rede vor einer texanischen Sonderkommission gegen häusliche Gewalt an: »Ich berichtete ... über meine Erfahrungen zu den Unterschieden zwischen Frauen, die wirklich geschlagen wurden und solchen, die selbst gewalttätig sind und Behandlung benötigen. Das Komitee dankte mir, und ich erhielt stehenden Beifall vom Publikum. Als ich zu Hause in Santa-Fe den Bericht zu der Veranstaltung erhielt, war darin nur ein bedeutungsloser Satz über mich enthalten, und ich wurde als ›Autor: Erin Shapiro‹ zitiert, obwohl mein Vortrag schriftlich und unter meinem Namen Erin Pizzey übermittelt worden war und obwohl mein Ruf als Mitbegründerin der Frauenschutzbewegung jedem dort bekannt war.« (371a)

Auch in Deutschland reagiert man auf Einwände gegen die feministische Bewegung und ihre Ikonen nicht gerade mit Offenheit. So sollte das Erscheinen von Bascha Mikas kritischer Biographie über Alice Schwarzer auf Biegen und Brechen verhindert werden (und das, obwohl die Autorin »Emma«-Preisträgerin ist): »Seit Monaten bin ich damit beschäftigt, Interventionen abzuwehren«, erklärte der das Buch betreuende Rowohlt-Verlagsleiter Nikolaus Hansen. »Sie können sich nicht vorstellen, wen diese Frau mobilisiert, wer alles bei mir angerufen hat.« Unter anderem gehörten dazu der Kiepenheuer & Witsch-Verleger Reinhold Neven DuMont sowie Marion Gräfin Dönhoff. »Die ersten Anrufe kamen schon, bevor es von dem Buch auch nur eine Zeile gab.«

Tatsächlich wirft dieses Buch gerade unter dem Totalitarismus-Aspekt ein sehr erhellendes Licht auf die »Emma«-Herausgeberin. Einige der Personen, die Schwarzer kennengelernt haben, »sind auch nach Jahren noch so traumatisiert, dass sie nichts sagen wollen«, andere möchten nur anonym Auskunft geben. Eine Mitarbeiterin der ersten Stunde erinnert sich, von Schwarzer sei »so viel geballte Aggression« ausgegangen, »dass alle um sie herum völlig still waren, aus Angst, uns könne es auch treffen, wenn wir nur den Mund aufmachten«. Manche Frauen waren gerade von dieser »Stärke« und »Durchsetzungskraft« Alice Schwarzers so fasziniert, dass sie lustvolle Unterwerfung einem höheren Ziel zuliebe übten. Diejenigen, die es wagten, von Bord zu gehen, wurden als Verräterinnen gebrandmarkt (50, 48-62). Redakteurinnen der »Emma« berichteten, dass Schwarzer ihre Artikel so sehr umgeformt und bis in die Zitate hinein verfälscht hatte, dass sie mit den eigentlichen Recherchen nichts mehr zu tun hatten. Derartiges sei ihnen in den »Männermedien« noch nie passiert (315, 213). Als drei Redakteurinnen gegen solche unhaltbaren Zustände protestieren wollen, macht ihnen Alice Schwarzer klar, dass sie auch gut auf sie verzichten konnte: »Die drei sind kaltgestellt. Es gibt kein Redaktionsstatut, das ihre Rechte regelt, noch nicht einmal Arbeitsverträge.« (315, 216) In ähnlicher Manier setzt sich Alice Schwarzer ein ums andere Mal durch und publiziert dabei entstellte, propagandistische »Wahrheiten« über Männer und Frauen, mit denen sie ihre eigenen Leserinnen hinters Licht führt. Es hat schon seinen Grund, dass in Deutschland viele Dinge nicht bekannt sind, über die in den USA längst offen diskutiert wird. Und dieser Grund hat einen Namen. Henryk M. Broder kommt in einer Rezension des Buches zu folgendem Schluss: »Bascha Mika beschreibt nicht nur den Prototyp eines autoritären Charakters wie aus einem Schnittmuster von Adorno/Horkheimer, sie stellt auch eine totalitäre Disposition dar. Schwarzer könne ›nur schwer zwischen souveräner Ich-Stärke und autoritärem Dominanzverhalten unterscheiden‹, sie teile die Welt in Freunde und Feinde ein – wer nicht für sie ist, ist gegen sie –, sie verstehe sich als die Verkörperung der Frauenbewegung, und wer sie kritisiert, der vergreift sich automatisch an der ganzen Bewegung. ›Ich glaube, dass sie ein Stück paranoid ist‹, sagt eine Kölner Ex-»Emma«-Autorin, ›wenn man ihr widerspricht, sieht sie das gleich als Teil einer großen Verschwörung gegen sie und den Feminismus.‹ (50, 48–62)

Die kühne Behauptung, für sämtliche Frauen zu sprechen, wird natürlich auch von Führerinnen der US-amerikanischen Bewegung wie Catharine MacKinnon vorgebracht. Frauen, die sich diesem Herrschaftsanspruch entziehen wollen, werden entweder diffamiert (kritische Feministinnen) oder als unmündige Opfer patriarchaler Manipulation bezeichnet (Prostituierte, Pornodarstellerinnen, Masochistinnen, Hausfrauen). MacKinnon *selbst* betrachtet sich offensichtlich als gegenüber dem patriarchalen Einfluss immun. Diese Einstellung »Wer-nicht-meiner-Meinung-ist-der-ist-dumm-oder-böse« und die daraus resultierende Neigung, die eigene Meinung den Abweichlerinnen aufzuzwingen, kritisiert Daphne Patai zu recht als Standardtaktik autoritärer Führer (362, 146). Auch Simone de Beauvoir war der Ansicht, dass der Feminismus die Entscheidungsfreiheit von Frauen beschneiden sollte: »Keine Frau sollte das Recht haben, zu Hause zu bleiben und die Kinder großzuziehen. Die Gesellschaft sollte völlig anders sein. Frauen sollten diese Wahl nicht haben, und zwar genau deshalb, weil, wenn es eine solche Möglichkeit gibt, zu viele Frauen sich dafür entscheiden würden.« Offensichtlich war für de Beauvoir die ideale Gesellschaft ein Staat der Großen Schwester, in dem die feministisch erleuchteten Frauen der breiten Masse erklären, welches Leben sie zu führen haben. Auch die feministische Philosophin Marilyn Friedman ist der Ansicht, dass für Feministinnen »die politische Demokratie an sich ungenügend« sei (452, 256–258). Wie die Alternative aussehen soll, verdeutlicht die marxistische Feministin Paula Rothenberg: »Der Schutz von Eigentumsrechten und patriarchalen Privilegien wird nicht kampflos aufgegeben werden. Es wird die Aufgabe eines sozialistischen Staates sein, dafür zu sorgen, dass diese Interessen unterdrückt und eliminiert werden, selbst wenn das gegen den ausdrücklichen Willen der Bevölkerung geschehen muss.« (470, 199)

Die Britin Erin Pizzey, die die Frauenschutzbewegung überhaupt erst begründete und häusliche Gewalt gegen Frauen zum ersten Mal öffentlich zum

Thema machte, ist vom Feminismus mittlerweile völlig desillusioniert: »Ich sah, dass Gruppen links-orientierter weißer Mittelschichtsfrauen sich zusammentaten, um Männer zu hassen. Ich sah, dass die lautstärksten und aggressivsten Frauen sich auf ihre eigenen Verletzungen konzentrierten und ihren Zorn gegen ihre Väter und gegen die Männer insgesamt richteten. Viele dieser Frauen waren ›Töchter aus gutem Hause‹, sie lebten vom Geld ihrer wohlhabenden Väter. Ich meldete mich in vielen der aggressiven und provozierenden Gruppen zu Wort, um den Anführerinnen zu erklären, dass ich nicht Teil einer Bewegung sein wolle, die die Männer schlechthin hasst. Ich erklärte ihnen, dass ich mein Leben für angenehm hielt. Ich hatte einen Ehemann, der arbeiten ging um die Kredite zu bezahlen, so dass ich meine beiden Kinder zu Hause betreuen konnte. Ich erinnerte sie daran, dass die meisten Menschen Abhängige waren. Ich erinnerte sie an die mörderischen Regime von Mao und von Stalin – viele jener Frauen waren aber Anhänger gerade dieser beiden. Ihre Haltung war, dass, wenn dreißig Millionen für die Revolution starben, dies dann eben so sei. Ich wurde leidenschaftlich gehasst und schließlich – ironischerweise – aus der Frauenbefreiungsbewegung ausgeschlossen.«

Pizzey, die ihre Kindheit in Rotchina verbracht hatte, kann Ähnlichkeiten zwischen dem dortigen Regime und dem Feminismus nicht ignorieren: »Ich sah, wie unsere Regierung einer Kampagne im schottischen Fernsehen zustimmte, bei der Kindern geraten wurde, ihre Väter telefonisch anzuzeigen, wenn diese ihre Mütter anschreien. ... Ich habe sehr frühe Erinnerungen an ein kleines Mädchen aus meiner Generation, das in China während der Zeit der kommunistischen Übernahme ihren Vater denunzierte, und daran, wie dieser dann von der Familie getrennt und sieben Jahre lang gequält wurde. Ich beobachte ›Bewusstseinsbildungsgruppen‹, die mich ebenfalls an die Verbreitung von Maos Lehren erinnerten, und die sich wie ein Hautausschlag über die westliche Welt verbreiteten, um Frauen glauben zu machen, dass ihre Ehemänner ihre Feinde seien und aus der Familie entfernt werden müssen.« (371a)

Wenn man sich nicht an der Definition von Totalitarismus orientiert, die der Soziologe Furedy aufstellte, sondern zu der des Brockhaus greift, ergibt sich eine noch zielsicherere Einschätzung der feministischen Ideologie. Der Brockhaus nennt als Kennzeichen der totalitären Herrschaft unter anderem die Ausdehnung ihres Verfügungsanspruchs über die öffentliche Sphäre hinaus auf den Bereich des Persönlichen und Privaten, sie erkenne einen staatsfreien Raum des Einzelnen nicht an und nehme stattdessen alle gesellschaftlichen und persönlichen Lebensbereiche als potentiell staatlich für sich in Anspruch. Ihr Ziel sei dabei, ein umfassendes neues Wertesystem durchzusetzen, was zu geistiger Manipulation der Bevölkerung und ideologisch begründeten Geboten zwingenden Charakters führe. »Träger des totalitären Verfügungsanspruchs ist nicht der Staat, sondern die herrschende Weltanschauungspartei, ... die ihren Willen als den der Gesellschaft ausgibt.« Tatsächlich schließe jeder Versuch, mit politischen Mitteln einen grundlegenden Bewusstseinswandel der Bevölkerung herbeizuführen, einen Machtanspruch ein, »der mit politischer Freiheit nicht zu vereinbaren ist« (206, 36–37).

Dies hört sich nach einer durchaus treffenden Beschreibung der feministischen Bewegung an, vor allem, was das Eindringen in die Privatsphäre angeht. »Häusliche Gewalt«, so heißt es etwa in einem Aktionsplan der Bundesregierung, sei keine innerfamiliäre Angelegenheit, sondern Sache des Staates. Auch gegen den ausdrücklichen Wunsch *beider* Partner soll die Polizei das Recht erhalten, Anzeige zu erstatten und bis in die Intimsphäre hinein zu ermitteln. Gleichzeitig führt eine ausufernde Definition des Begriffes »häusliche Gewalt« bis hin auf Worte und Blicke zu der von keiner Statistik gestützten These, dass jede dritte Partnerschaft davon betroffen sei. Daher sehen Kritiker wie Sabine Beppler in diesem Zusammenhang eine »Ausweitung polizeilicher Befugnisse im großen Stil« heranrollen. Gegen das wichtige rechtsstaatliche Grundprinzip, dass der Bürger Recht auf Schutz vor staatlicher Willkür hat, werde unter dem Vorwand des Frauenschutzes verstoßen (30, 22). Auch sonst soll bis hin zum Besitz persönlicher Pornographie alles staatlich festgelegt sein. Schon bloße Gewalt*phantasien* werden angeprangert, erst recht soll der Prozess der sexuellen Annäherung festgelegten Regeln unterworfen sein. Die amerikanische Rechtsanwältin und Autorin Wendy Kaminer warnt ausdrücklich davor, diesen Weg zu beschreiten: »Das Privatleben ist eines der ersten Opfer totalitärer Staaten, die versuchen, das Denken und das sexuelle Verhalten zu kontrollieren ... Stellen Sie sich eine Welt ohne Privatsphäre vor, und Sie denken an eine Welt ohne Zuflucht.« (466, 142–143)

Das Eindringen der feministischen Ideologie in den privaten Bereich erfolgt mal durch offiziell verankerte Richtlinien, mal durch Indoktrination und geistige Beeinflussung. Christina Hoff Sommers berichtet von einer Harvardstudentin, die im Fach Frauenstudien unterrichtet wurde und beinahe einen Nervenzusammenbruch erlitt, weil sie dachte, ihr langjähriger Freund würde sie jedes Mal vergewaltigen, wenn er in sie eindrang. Erst nachdem sie begann, sich mit einer Technik der sprachlichen Umkehr zu »deprogrammieren« und zum Beispiel Frauen als »Mädchen« »Küken« und »Babys« zu bezeichnen, fühlte sie sich frei genug, ihr sexuell inkorrektes Leben zu genießen (452, 112).

Die feministische Manipulation der Sprache, die bestimmte Wörter und Formulierungen schlichtweg für tabu erklärte und sich damit über die Entscheidungsfreiheit des Einzelnen hinwegsetzte, ist sicher eine der grundlegenden Techniken, ihre Weltanschauung im Bewusstsein der Mehrheit durchzusetzen. Professoren in den USA haben mittlerweile gelernt, sich nur noch in Codes auszudrücken, um zwar erkennen zu geben, dass sie mit den feministischen Ansichten nicht übereinstimmen, aber den Vorwurf des Sexismus zu vermeiden. Dieser würde nämlich unweigerlich Auswirkungen auf ihre Karriere haben, da viele höhere Positionen im akademischen Bereich nur von Dozenten besetzt werden können, die eine belegbare Sympathie mit der radikalfeministischen Doktrin vorweisen können. Kandidaten mit dem »falschen Bewusstsein« werden sorgfältig aussortiert. Da an vielen Colleges und Universitäten Professoren anhand ihrer »frauenfreundlichen Einstellung« von der Studentenschaft bewertet werden, ist auch ihr Gehalt an entsprechendes Wohlverhalten gebunden. Ein Professor der Politikwissenschaften, der versehentlich »congressmen« statt »congresspersons« sagte, wurde augenblicklich unter Beschuss genommen.

Die meisten Akademiker zeigten sich völlig überrumpelt davon, dass eine politische Bewegung das unausgesprochene Selbstverständnis, dass im Unterricht neutrale Forschung und keine politische Lehre betrieben werden sollte, einfach ignorierte. Bevor sie bemerkten, dass jede Kritik an der Bewegung *automatisch* als sexistisch und reaktionär eingestuft wurde und sie dafür mit beruflichen Nachteilen bezahlen mussten, war es zu spät. An die Stelle von freier Forschung und Lehre waren Hexenjagden gegen Abweichler getreten. Ein Komitee der »Modern Language Association (MLA)« hatte den Begriff der »antifeministischen Belästigung« geprägt. Dieser Tatbestand umfasste unter anderem

- das leichtfertige Abfertigen von feministischen Autoren, Journalen und Presseerzeugnissen,

- die Missbilligung feministischer Schriften als »engstirnig«, »parteigängerisch« und »von mangelnder Exaktheit«,

- bösartigen Humor gegenüber Feministinnen (452, 113–135).

Aber nicht nur Professoren müssen ihre Arbeit nach den speziellen Wünschen der radikalen Frauenbewegung ausrichten. Dasselbe gilt zum Beispiel auch für Romanautoren, insbesondere wenn es um Liebesromane geht. Sommers zufolge gibt es in den USA einen starken Druck vonseiten der »politisch bewussten Verleger« auf die Schriftsteller, sich den feministischen Phantasien anzupassen. Die Autorin Pam Houston erhielt für ihre von der Kritik gewürdigte Kurzgeschichtensammlung »Cowboys Are My Weakness« (»Cowboys sind meine Schwäche«) hasserfüllte Briefe und wurde am Telefon belästigt und bedroht. Ihrer Darstellung nach ist sie nicht die einzige Person ihrer Branche, die »sich für ihre weiblichen Charaktere zu entschuldigen hat, wenn sie in irgendeiner Hinsicht keine Amazonen waren ... sorry, wenn sie ›nur eine Kellnerin‹ war, sorry, wenn sie zu Hause blieb und sich um die Kinder kümmerte ... sorry, wenn sie an der Bar nicht zurecht kam oder ihre Schlüssel verlor oder sich in einen Mann verliebte.« Die Frauen-sind-besser-Bewegung versuchte offenbar auf diese Weise, ihre Herrschaft über das Bewusstsein der breiten Masse auszudehnen bzw. zu erhalten. Ähnlich ging es dem israelischen Dichter Gershom Gorenberg, dem die Herausgeberin einer Literaturzeitschrift andeutete, dass seine Art, über Frauen zu schreiben, nicht angemessen sei. Gorenbergs erster Impuls war, seine Gedichte noch einmal gründlich unter die Lupe zu nehmen, obwohl er nichts Sexistisches daran entdecken konnte. »Und dann wurde mir klar, dass der Inquisitor geradezu bewundernswert erfolgreich war: Gerade die Vagheit der Anklage brachte mich dazu, nach meinen Sünden zu suchen, mich selbst zu beschuldigen, zu gestehen.« Jeder Akt von Zensur geht über den konkreten Einzelfall weit hinaus: Er erzeugt auch eine Schere im Kopf, eine innere Zensur, so dass viele Werke aus Rücksicht auf die Empfindlichkeiten bestimmter Personenkreise gar nicht erst entstehen können (452, 267–273).

Besonders schwer haben es unter dieser geistigen Diktatur natürlich die Menschen, die dem Feminismus am kritischsten gegenüberstehen – die Vertreter der Männerrechte. So berichtet Warren Farrell über seine Erfahrungen, als er vom Vorstand der feministischen Organisation NOW zu einer Haltung wechselte, die auch die Sichtweisen und Probleme des männlichen Geschlechts mit einbezog: »Solange ich aus einer feministischen Perspektive schrieb, veröffentlichte die New York Times *alles*, was ich schrieb. Sobald ich diese Perspektive in Frage stellte, veröffentlichte die New York Times *nichts*, was ich schrieb – nicht einen einzigen der mehr als zwanzig Artikel, die ich in den folgenden zwei Jahrzehnten dorthin gesandt hatte. ... Während der Jahre, in denen ich aus der feministischen Perspektive sprach, war ich dreimal Gast in der Today Show. Sobald ich die Sichtweise der Männer erwähnte, wurde ich nie wieder eingeladen. Ich begann, ein Muster zu erkennen.« Endlich erfuhr er von einem Talkshow-Redakteur, wo das Problem lag: »Wir möchten eine ausgewogene Sendung haben«, bekundete dieser. »Also haben wir einige Feministinnen angerufen – große Namen, mit Ihnen aufzutreten. Statt abzulehnen sagten sie sinngemäß: ›Wenn ihr diesen Kerl auftreten lasst, erwartet nicht von uns, dass wir unser nächstes Buch bei euch vorstellen oder euch mit wirklichkeitsgetreuen Beispielen versorgen, die ihr benutzen könnt – wir werden das nur für Oprah tun.‹ Eine andere richtete sich an unser Moralempfinden, so in der Art: ›Der Feminismus richtet sich gegen das Vergewaltigen und Zusammenschlagen von Frauen; also wenn ihr den Kerl bringt, dann übernehmt ihr besser die Verantwortung dafür, dass Frauen leichter verletzt werden können.‹«

Warum entziehen sich die führenden Vertreterinnen der Frauenbewegung – Gloria Steinem, Susan Faludi und Catharine MacKinnon in den USA, Alice Schwarzer in Deutschland – jeder Debatte? »Aus demselben Grund, aus dem ein Ein-Parteien-System kein Interesse an einer Debatte hat. Wenn man an der Macht ist, hat man durch Debatten viel zu verlieren und nichts zu gewinnen. Wenn wir davon sprechen, dass Macht korrumpiert und absolute Macht absolut korrumpiert, dann ist die mangelnde Bereitschaft zu Gesprächen ein Beispiel. Deshalb schlägt kein Diktator eine Demokratie vor.« Die ersten Erfahrungen dieser Art machte Warren Farrell 1986, als es ihm noch möglich war, gemeinsam mit Gloria Steinem in einer Talk-Show aufzutreten. Damals sah sie in ihm noch einen hundertprozentigen Verbündeten. Farrell begann einen Satz mit »Nie verheiratete Frauen verdienen oft mehr als nie verheiratete Männer, weil ...« Steinem warf dem Moderator einen Blick zu, als ob sie »Schnitt!« signalisieren wollte. Dieser teilte Farrell mit, er müsse wohl die Geschlechter durcheinander gebracht haben und unterbrach die Aufzeichnung. Farrell erklärte, was er gemeint hatte. Seine Stellungnahme, warum die wahren Verdienstverhältnisse anders lagen, als die feministische Meinungsdiktatur verkündete, wurde nie ausgestrahlt. Farrell wurde auch nie wieder eingeladen. Und Gloria Steinem antwortete auch nie wieder auf seine Anrufe. Farrells Angebote, auf universitären Veranstaltungen eine Rede zu halten, sanken auf fünf Prozent ihrer vorherigen Zahl. Dass er überhaupt noch das Risiko eingehen kann, feminismuskritische Artikel und Bücher zu schreiben, ist allein seinen Ersparnissen aus der Zeit zu verdanken, als er noch zur Frauenbewegung gehörte.

Dass man mit Männerhass fett und glücklich werden kann, während Fürsprecher des zum Abschuss freigegebenen Geschlechts keinen Fuß mehr auf den Boden bekommen, ist eine Erfahrung, die nicht nur Warren Farrell machen musste. Männerfreundliche Autoren wie Neil Lyndon, David Thomas, Jack Kammer und Asa Baber schafften es jeweils nur ein einziges Buch zu diesem Thema zu veröffentlichen. Sie wurden von Buchrezensenten der großen Zeitschriften in den USA einfach nicht besprochen – Jack Kammers Buch »Good Will Toward Men« (Gutwilligkeit gegenüber Männern) von *keiner einzigen*. Vermutlich kein Wunder bei *dem* Titel. Nur der »San Francisco Chronicle« war nahe dran – bis dem Rezensenten, der das Buch mochte, von seiner Chefredakteurin der Auftrag entzogen wurde. Sie habe das Buch nicht gelesen, wisse aber genug darüber, um es nicht zu mögen. Es ist, als ob ein umfassender Schweigebann über der Perspektive der Männer liegt, und über diese Perspektive zu schreiben ist normalerweise der schnellste Weg zum Ruin. Ein Autor schaffte es erst, in einer Zeitschrift Beiträge unterzubringen, nachdem er nicht mehr mit »Steve«, sondern mit »Stephanie« unterzeichnet hatte. (Mit diesem Buch hier ging es mir übrigens nicht anders: Namhafte Verlage, die meine eigene briefliche Anfrage mit einem Formschreiben rundheraus ablehnten, ließen sich immerhin das Manuskript schicken, als ich es ihnen unter dem Namen einer weiblichen Bekannten anbot. An der letztendlichen Ablehnung änderte dies leider nichts.)

Allerdings geht es Frauen, die es wagen, den Feminismus zu kritisieren, nicht *so* viel anders als Männern. Als Christina Hoff Sommers ihr Buch über feministische Lügen und Irrtümer herausbrachte, produzierte CBS eine Sendung dazu. Kurz vor der Ausstrahlung wurde der Sender mit Anrufen von Feministinnen – darunter Gloria Steinem höchstpersönlich! – bestürmt. Möglichst großer Druck sollte die Ausstrahlung verhindern. (CBS blieb standhaft.) Camille Paglia, eine andere feminismuskritische Autorin, musste erfahren, dass ihre Verleger von Frauenrechtlerinnen gedrängt wurden, sie als Autorin fallen zu lassen. Sie erhielt so viele Morddrohungen, dass ihr Anrufbeantworter inzwischen mitteilt, sie werde keine Päckchen mehr persönlich öffnen, die man ihr schickt (131, 226–229, 250, 266).

Auch Erin Pizzey wird heute fast von den gesammelten Medien gemieden. Ihr erstes Buch »Schrei leise, oder die Nachbarn hören es«, das erstmals häusliche Gewalt gegen Frauen an die Öffentlichkeit brachte, ist ein vielzitierter Klassiker und zog einen Dokumentarfilm mit demselben Titel nach sich. Pizzeys neuere Erkenntnisse werden samt und sonders boykottiert: »Seit häusliche Gewalt als ein Problem von Frauen betrachtet wurde, wird das Thema von Journalistinnen behandelt. Wenn ich versuchte, Zeitungen für meine Sichtweise zu interessieren, traf ich auf genau dieses Problem. Ich traf auf Redakteurinnen, die ablehnten, meine Ansichten zu veröffentlichen. Bei den Buchverlagen war es nicht anders: Redakteurinnen, speziell radikale Lesben, zensierten routinemäßig Bücher. Es gab und gibt immer noch eine strenge Zensur gegen jeden, der versucht, das Schweigegebot zu brechen. Niemand will den Umfang des Schadens zugeben, den die feministische Bewegung der Familie und den Männer in den letzten dreißig Jahren zugefügt hat.« (371a)

Dass die Situation in Deutschland nicht viel anders ist, haben wir schon mehrfach gesehen. Während Schlaffer und Benard jedes Jahr mit einem neuen Buch nachtreten dürfen, müssen sich Autoren und Autorinnen wie Matussek, Rutschky und Jäckel mit Drohungen, Übergriffen, Polemik und feigen Verlegern so lange herumschlagen, bis ihre Argumente an den Rand der öffentlichen Wahrnehmung gedrängt sind. So berichtet etwa Dr. Karin Jäckel: »Drohungen, Erpressungsversuche und Vorschriften dieser Art sind keine freie Erfindung. Sie gelten meiner Person unmittelbar und beziehen gelegentlich sogar meine Kinder mit ein. Da meine Anschrift vergleichsweise leicht zu erforschen ist, erreichen mich immer wieder einmal anonyme Briefe mit dem Zeichen für Frau als Unterschrift, manchmal mit einer Morddrohung versehen oder der Beigabe einer Voodoo-Puppe, mit Sicherheitsnadeln an sinnfälligen Körperstellen durchbohrt. Im Schutz der Unsichtbarkeit hinter dem Telefon sind miese Attacken besonders beliebt. ... So wurde mir, um nur einige der Liebenswürdigkeiten zu nennen, angekündigt, mein Auto in Brand zu stecken, mich anzufixen, mich platt zu machen und mir mit Zigaretten Lochmuster zu brennen, sollte ich je nach Berlin fahren. In Frankfurt und Würzburg sollte ich besser nicht allein durch eine bestimmte Straße gehen. In Cannstatt erwarte mich schon ein Rollkommando, käme ich jemals wieder auf die Idee, in einem bestimmten Frauenzentrum aus meinen Büchern vorzulesen. ... Von irgendwo drohte frau mir an, ›nette Plakate‹ an mein Haus zu hängen und meine Kinder entführen zu lassen, damit ich mal wisse, wie es ›Frauen wirklich geht‹. Und dann gab es da noch die lieben ›Schwestern‹, die meine Telefonnummer querbeet Deutschland in Telefonzellen schrieben und mit der Anmerkung versahen, dass ich es jedem billiger mache, der mich vor sechs Uhr morgens anriefe. ... Damit nicht genug, erhalte ich aus allen deutschen Ländern Nachricht über gewisse Buchhändlerinnen, die meine (Werke) boykottieren und auf Nachfrage fälschlich erklären, sie seien vergriffen oder nie veröffentlicht worden oder hätten wochenlange Lieferzeiten. Ich höre sogar Bemerkungen über meine angebliche Frauenfeindlichkeit von einigen meiner Lektorinnen sowie deren Bekannten aus unterschiedlichen Verlagen. Anhand von Schriftstücken nachweisliche Aversio-

nen gegen meine Buchprojekte und meine darin geäußerte Kritik an erzfemi-
nistischen Einseitigkeiten gingen teils so weit, dass meine Skripte trotz ver-
bindlicher Vereinbarungen über einen fixen Erscheinungstermin entweder jahrelang aufs Eis gelegt oder die Bücher mit falschem Titel in die Buchhandels-
verzeichnisse eingestellt wurden. ... Nach ›Der gebrauchte Mann‹ ... gelang es
mir lange nicht, auch nur einen einzigen neuen Buchvertrag abzuschließen.«
(220, 127–29) Zensur hat in Deutschland noch immer viele Gesichter.

Auch eine Biographie, die es wagt, das totalitäre Gebaren Alice Schwarzers
zu hinterfragen, kann nur entgegen den extremen Druck der bundesdeutschen
Prominenz veröffentlicht werden. Georg Friedenbergers juristische Auseinandersetzung mit der sexistischen Gesetzgebung in Deutschland konnte nur im
Selbstverlag und damit fast unter Ausschluss der Öffentlichkeit erscheinen.
Auch *dieses* Buch hier passte etlichen Dutzend Verlagen dieses Landes nicht
»ins Programm«. Natürlich nicht.

Nachdem die öffentliche Meinung eingenommen ist, kann jetzt die Justiz als
Druckmittel benutzt werden, mit dem Frauen ihren Kopf durchsetzen können.
Das gilt ganz offensichtlich für den Bereich der sexuellen Belästigung, ist aber
auch der Fall, wenn in 40 Prozent aller Sorgerechtsstreitigkeiten die Partnerin
sexuellen Missbrauch behauptet, was sich dann in 90 Prozent aller Fälle als unbegründet herausstellt. Matthias Matussek zufolge ist für manche Frauen der
neuste Kniff, Wohlverhalten ihres männlichen Partners zu erzielen, die Drohung, ihm eine »Vergewaltigung in der Ehe« zu unterstellen (299, 183). Die
Einteilung der Geschlechter in weibliche Opfer und männliche Täter verbunden mit der Fehlannahme, Frauen würden bei solchen Beschuldigungen niemals lügen, vereinfacht derartige Erpressungen sehr. Auch auf diese Weise können sich Frauen einer ernsthaften Auseinandersetzung entziehen und stattdessen einfach ihre Macht ausspielen. Der Mann, der nicht als Belästiger, Kinderschänder oder Vergewaltiger gebrandmarkt werden will, hat sich zu fügen.

Donna Laframboise, eine kritische Feministin aus Kanada, vergleicht in ihrem
Buch »The Princess at the Window« (Die Prinzessin am Fenster) den momentanen Zustand der Frauenbewegung mit der historischen Phase, als die Ideen
des Marxismus und des Kommunismus die sowjetische Revolution ins Leben
riefen. Damals wie heute glaubten Theoretiker(innen) ein Paradies auf Erden
schaffen zu können. Sie glaubten, die einzigen zu sein, die den Weg dazu kannten. Sie hielten ihr Ziel für so großartig, dass jeglicher Schaden, den sie auf dem
Weg dorthin anrichteten, unwichtig und vernachlässigenswert war. Damals wie
heute wurden »Abtrünnige« und Kritiker der Bewegung als reaktionäre Feinde des Fortschritts beschimpft. Eine abweichende Meinung war nicht gestattet. Die sowjetische Revolution endete mit Millionen verhungernder Bauern
und Arbeitslagern für den Widerstand. Wohin sich die feministische Bewegung
entwickelt, dürfte aus diesem Buch zumindest in Ansätzen klar geworden sein.

Es wird keinen überraschen, dass Donna Laframboise wegen ihres Buchs von
anderen Feministinnen als reaktionäre Betreiberin des »Backlash« und Diene-

rin des »Patriarchats« beschimpft wurde. Auf den Einwand »Was in der Vergangenheit die Frauen erleiden mussten, müssen jetzt eben die Männer ertragen« kommentierte der »Welt«-Chefredakteur Löffelholz, Unrecht und Benachteiligung würden nicht zu Recht und Gleichheit, wenn man unfaire Regeln einfach auf den Kopf stelle. Menschenrechte seien kein Fall für ausgleichende Gerechtigkeit über die Jahrhunderte hinweg (474, 21). Signe Zerrahn bringt diese Erkenntnis in ihrer Auseinandersetzung mit dem »Trivialfeminismus« auf den Punkt: »Auch ein Terror-Regime, mit dem sich die Unterdrückten von gestern an den Unterdrückern rächen, bleibt ein Terror-Regime.« (550, 91)

MEDIENMACHT FRAU

Im Anfang war die Presse, und dann erschien die
Welt.

Karl Kraus

Das sicherste Kriterium, um zu beurteilen, wer in einer Gesellschaft über die
Macht verfügt, ist zu fragen, wer in dieser Gesellschaft die Diskurse bestimmt.
Ein »Diskurs« ist die Art und Weise, in der über die Dinge gesprochen werden
darf, kann und real gesprochen wird. Wenn in einer Gesellschaft etwa über
Schwarze nur negativ berichtet wird, dann ist es naheliegend, dass dort die
Weißen das Sagen haben, und es ist höchstwahrscheinlich, dass Schwarze auch
auf anderen Ebenen als der sprachlichen benachteiligt werden. Insofern pro-
duzieren Diskurse Macht (sie untermauern z. B. den Anschein, die Vormacht-
stellung der Weißen sei berechtigt), sie verstärken Macht und sie zeigen Macht.
Es kann also wohl kaum ein Zufall sein, wenn die momentanen gesellschaftlichen Diskurse von den Feministinnen geprägt sind. Die Weise, wie z. B. über
»Vergewaltigung« oder »sexuellen Missbrauch« gesprochen werden darf, ist von
der Frauenbewegung so gut wie festgelegt. Schon die Thematisierung von
Falschbeschuldigungen oder weiblicher Täterschaft unterliegt einem gesellschaftlichen Tabu. Manche, so etwa die Autorin Beate Kricheldorf, haben längst
den Eindruck gewonnen, »dass eine Hand voll Radikalfeministinnen das Heer
der Journalisten fest im Griff« hat (220, 140).

Feministische Diskurse hätten sich niemals so weit durchsetzen lassen, dass
es sogar zu Sprachregelungen kam und Kritiker Angst um ihre berufliche Laufbahn haben müssen, wenn die Frauenbewegung nicht von Anfang an eine starke Unterstützung durch die Presse gehabt hätte. Bezeichnenderweise gibt es
den im letzten Kapitel skizzierten Meinungsdruck nur von der Frauenbewegung und eben *nicht* etwa von Anarchisten, Satanskulten, Ponygirls oder Pro
Asyl. Schon gar nicht von Maskulisten! Esther Vilar erkannte die entsprechenden Zusammenhänge sehr früh und fasst sie noch einmal in ihrem Buch
»Denkverbote« zusammen. »Männer können in der Öffentlichkeit nur Meinungen vertreten, die Frauen entweder angenehm oder gleichgültig sind: Da
wir Frauen in neun von zehn Fällen das Familieneinkommen verwalten und
achtzig Prozent der Kaufentscheide treffen, wendet sich auch die Werbung vor-
züglich an uns. Deshalb sind wir von den Medien kaum kritisierbar: Wenn Frau-

en zum Beispiel eine Zeitschrift nicht mehr kaufen, weil ihnen missfällt, wie dort über sie geschrieben wird, verliert diese ihre Anzeigenkunden und damit ihre wirtschaftliche Basis. Wenn Frauen eine Fernsehserie nicht mehr einschalten, weil man sie dort unvorteilhaft präsentiert, ziehen sich auch die Sponsoren der Serie zurück.« Deshalb, so Vilar, »dürfen natürlich auch die Medien nicht sagen, dass zwischen den Geschlechtern zwar längst Gleichberechtigung, aber noch lange nicht Gleichverpflichtung waltet. ... Und auch bei einer Scheidung wird es nach wie vor heißen, der Herr Soundso habe Frau und Kind sitzen lassen. Dass er aus seiner eigenen Wohnung verjagt wurde und dieser Frau auch noch sein Kind überlassen musste, würden Journalisten nicht schreiben.« (513, 103–104)

Das Irritierende an dieser Schilderung ist, warum Vilar den Umweg über die Anzeigenkunden nimmt. 74,5 Prozent der Buchkäufer sind weiblich, 68,2 Prozent der Kinobesucher, und auch 68,5 Prozent aller Zeitungen und Zeitschriften werden von Frauen gekauft (170, 17). Wenn das weibliche Geschlecht in diesen Medien allzu kritisch dargestellt wird, bleibt die Mehrzahl der Leserinnen und Zuschauerinnen weg, und das Projekt geht baden. Die Tatsache, dass es keine Männerhäuser gibt (obwohl die meisten Opfer häuslicher Gewalt männlich sind) und keine Männersozialprogramme (obwohl die weit überwiegende Zahl der Obdachlosen Männer sind), hängt *direkt* damit zusammen, dass es einen Frauen-, aber keinen Männersender gibt, nur einige wenige Männerzeitschriften (»GQ«, »FHM« und »men's health« sind die einzigen bekannteren), aber eine Fülle von Frauenmagazinen. Eine amerikanische Studie aus den späten achtziger Jahren fand heraus, dass bei geschlechtsspezifischen Fragen die feministische Seite in 70 Prozent aller Sendungen klar bevorzugt wurde (547, 66). In Deutschland dürfte das Gefälle ähnlich hoch sein, denn auch hierzulande sehen Journalisten nicht die sachliche Information, sondern das vermeintliche Aufdecken von Missständen im Vordergrund. In einer Umfrage aus den späten siebziger Jahren, als die Frauenbewegung gerade in Schwung gekommen war und ihre Anliegen in den Köpfen der Bevölkerung verankerte, gehen folgende Zahlen hervor: 98 Prozent der Journalisten bezeichneten sich als »Kritiker von Missständen«, 79 Prozent als »Vermittler neuer Ideen«, 72 Prozent hatten die »Vertretung unterprivilegierter Bevölkerungsteile« auf ihre Fahnen geschrieben (418, 44). Es gab und gibt vermutlich noch heute in der Medienwelt eine stattliche Anzahl selbsternannter Robin Hoods, die sich zur Rettung der armen Lady Merriam aufschwingen wollen, während die schon längst das Gold des Sheriffs von Nottingham zählt. Zwischendurch ruft sie eben ein paar Mal um Hilfe.

Selbst das hartnäckige Vorurteil von der frauenfeindlichen »Bild«-Zeitung wurde schon 1978 in einer Dissertation widerlegt. »Bild« verwendete liebevollere Ausdrücke und Bezeichnungen für die Frau als für den Mann. Letzterer taucht in der Boulevardpresse ohnehin nur in den unterschiedlichsten Klischees auf, wie Helmut-Maria Glogger in einer Mediensichtung feststellte: Der

Mann erschien als »Betatscher«, »Grapscher«, »Latzhosen-Softie«, »Macho«, »Kriegsverbrecher«, »Kriegshetzer«, »Kriegsgewinnler«, »Pornograph«, »Ausbeuter«, »Gefühlskrüppel«, »Pascha«, »Chauvi«, »Narziss«, »Peter Pan«, »Ödipussi«, »Macker«, »Patriarch«, »Phallokrat« und mit tausenderlei ähnlich abwertenden Etikettierungen versehen (170, 14, 101). Derlei herabsetzende Bezeichnungen finden sich nicht, wenn über Frauen berichtet wird. Auf dem Büchermarkt sieht es nicht anders aus.

Dort biegen sich die Regale unter Frauenbüchern, die in zum Teil erschreckender Dreistigkeit voneinander abgeschrieben oder von ihren Autorinnen und Autoren mit demselben Inhalt in etlichen Varianten herausgebracht worden sind. Wo stehen in Buchhandlungen die Männerbücher? »Bei den Frauen.« Die Internet-Buchservice Amazon bietet mehr als fünfmal so viele Bände über Frauen wie über Männer an. Lassen wir unseren Blick einmal über die typischen Buchtitel zu beiden Geschlechtern schweifen, und schauen wir, ob uns etwas auffällt:

- Herb Goldberg: Der blockierte Mann
- Wilfried Wieck: Männer lassen lieben
- Wilfried Wieck: Wenn Männer lieben lernen
- Steven Carter und Julia Sokel: Warum der Mann nicht lieben kann
- Petra Lisker: Auch Männer können lieben
- Robin Norwood: Wenn Frauen zu sehr lieben
- Yvonne Kroonenberg: Sie liebt ihn, er sich auch
- Susan Forward: Liebe als Leid. Warum Männer ihre Frauen hassen und Frauen gerade diese Männer lieben
- Dan Kiley: Wenn Männer sich nicht ändern wollen
- Christiane Tramitz: Irren ist männlich
- Ina Paul: Lieber einen Mann als gar kein Unglück
- Dan Kiley: Das Peter-Pan-Syndrom. Männer, die nie erwachsen werden
- Peter Lauster: Die sieben Irrtümer der Männer. Der Mann muss zur Besinnung kommen (Es gibt natürlich kein Gegenstück über die Irrtümer der Frauen; Lauster will Bücher verkaufen)
- Claudia Pinl: Das faule Geschlecht. Wie Männer es schaffen, Frauen für sich arbeiten zu lassen
- Yvonne Kroonenberg: Man gewöhnt sich an alles, nur nicht an einen Mann
- Saskia Schlesinger: Blöde Männer
- Dieter Otten: Männer versagen
- Nancy Gray: Männer sind doof
- Willy Breinholst: Männer taugen zu nichts
- Helene von Druskowitz: Der Mann als logische und sittliche Unmöglichkeit und als Fluch der Welt
- Jenneke A. Oosterhoff: Die Männer sind infam, solange sie Männer sind
- Dory Hollander: Die Lügen der Männer
- Alex Shearer: Wenn Männer zu oft lügen

- Jane Heller: Trau niemals einem Mann
- Konrad Sprai: Liebe, Lust, Frust.
  Über die Unfähigkeit der Männer, Frauen glücklich zu machen
- Dietmar Friedmann: Wie ändere ich meinen Mann?
- Nancy Winters: Wie erziehe ich meinen Mann? Vom Streuner zum treuen Begleiter
- Michele Weiner-Davis: Jetzt ändere ich meinen Mann. Wie sie ihn einfach umkrempeln, ohne dass er es merkt (Das Werbelogo auf dem Cover zeigt einen Hund und trägt die Unterzeile »Dog-Training«)
- Ruth Rothmann: Sei ein Biest (Raten Sie, an welches Geschlecht sich diese Aufforderung richtet!)
- Wolfhart Berg: Hexen kennen keinen Karriereknick. Tips und Tricks für den Erfolg auf die fiese Art
- Harriet Rubin: Machiavelli für Frauen
- Gaia de Beaumont: Von der Kunst, ein echtes Miststück zu sein. Wie frau sich fürs nächste Jahrtausend wappnet
- Elizabeth Wurtzel: Bitch. Ein Loblied auf gefährliche Frauen
- Cornelia Dittmar: Ich bin ein Miststück
- Ursula Richter: Die Rache der Frauen
- Christine Eifler: Ein bisschen Männerhass steht jeder Frau
- und vom amerikanischen Markt, aber voll im Trend und deshalb vermutlich bald übersetzt: Jennifer Berman: »Warum Hunde besser als Männer sind«.

Und so weiter, und so weiter, und so weiter. Die Grundbotschaft ist eindeutig: Männer sind wegen ihrer Liebesunfähigkeit und ihres asozialen Verhaltens minderwertig, Hunden ähnlicher als Menschen. Und wie Hunde müssen sie von Frauen erst erzogen werden, damit sie deren Wünsche und Bedürfnisse erfüllen. (Man stelle sich vor, wie Alice Schwarzer und Christine Bergmann die Hände ringen würden, wenn Autoren und Verleger diese Botschaft über das weibliche Geschlecht verbreiten würden.) Gleichzeitig ist es für Frauen wichtig, sich genau dieses Verhalten anzueignen, das sie bei Männern zu finden meinen und dort scheinbar so verachten.

Noch nicht einmal erwähnt wurden in dieser Liste die Bücher der Wiener »Soziologinnen« Schlaffer und Benard, die mit einer satten Ladung neurotischen Männerhasses in jedem neuen Buch offenbar etliche Leserinnen ansprechen und immer wieder die Kasse klingeln lassen: »Was die beiden Autorinnen in ihren Büchern an Männern vorführen, ist ein Gruselkabinett von Despoten, Exhibitionisten, Mördern und Arbeitswütigen, die im Schatten der Nacht zu den Huren eilen. ... Es geht um die Reduktion eines ganzen Geschlechts auf abartige Spießgesellen, die ›immer gleiche Witze‹ erzählen, ›ständig beleidigt, gekränkt oder zornig‹ und ›unter sich hilflos‹ sind, ›in hysterische Zustände‹ verfallen, ›glotzäugig und heiser Kellnerinnen nachstarren‹, ›ständig über Busen und Beine‹ reden und, weil sie offenbar darüber noch nicht genug reden konnten, sich auch noch Bücher mit nackten Frauen kaufen.«(208, 179) Oder noch krasser: »Männer sind vergleichbar mit iranischen Studenten, die an westlichen Universitäten eine ausgezeichnete Ausbildung in technischen oder medizinischen Wissenschaften abgeschlossen haben und dann heimfahren zu Khomeini, um ihre Intelligenz und ihr Wissen in den Dienst des Terrors zu stellen.« (170, 15)

Nur in der Frauen-sind-besser-Bewegung kann eine polemische Abrechnung mit dem Ex-Partner zum Kultbuch avancieren – wie Svende Merians »Tod des Märchenprinzen«. Ein Buch, in dem ein Mann sich öffentlich an seiner ehemaligen Freundin abreagiert, würde nicht einmal gedruckt werden. Auch der penetrant männerverachtende Unterton von Autorinnen wie Hera Lind und Gaby Hauptmann wäre im umgekehrten Falle Grund für höchste Entrüstung.

Generell sind es im belletristischen Bereich mittlerweile fast ausschließlich Frauen, die als »literarische Neuentdeckungen« hochgejubelt werden. Ein männlicher Nachwuchsschriftsteller muss inzwischen erkennen, mit dem falschen Geschlecht auf die Welt gekommen zu sein. Selbst die »Emma« kann sich diesem Phänomen nicht verschließen und stellt die Frage, ob »unsere jungen Schriftsteller bereits die Einführung der Quote brauchen und den Schutz ihrer Kolleginnen?« Was der »Emma« auch auffällt, ist, dass die jungen Autorinnen weniger mit dem Inhalt ihrer Werke als mit ihrem Aussehen Punkte machen und dass gerade die intellektuelle Dürftigkeit ihrer Bücher in den Kritiken eifrig beklatscht wird: Da wird »Naivität« und »Unbedarftheit« nicht etwa kritisiert, sondern gelobt. Vokabeln wie »unverbildet« und »ohne intellektuellen Ballast« werden verwendet, die Frauen empfänden »reine Freude am Erzählen« und »keine Angst vor großen Gefühlen und Klischees« (116, 104–109). Wenn es von Frauen kommt, ist es eben genial, auch wenn es trivial ist.

Dass die Regale in unseren Buchhandlungen dermaßen einseitig bestückt sind, ist kein Zufall. Bestseller werden letzten Endes ebenso von einigen wenigen Medien »gemacht« wie Flops. Die Pressesektion etwa, nach der sich in den USA alles richtet, ist die Buchkritik der »New York Times«. Der Herausgeber dieser Zeitung macht aus seiner ideologischen Ausrichtung keinen Hehl: Männerhasserinnen wie Marylin French und Andrea Dworkin können dort für jedes Buch, das sie herausbringen, mit mindestens einer (oft zwei) Kritiken von einer Rezensentin rechnen, die ihrer Gesinnung nahe steht. In solchen Buchbesprechungen werden Hasstiraden wie Marylin Frenchs »Alle Männer sind Vergewaltiger, und das ist alles, was sie sind« den Lesern so vermittelt, als handele es sich um gedankenschwere philosophische Einsichten. Die Bücher werden gekauft. Auf diese Weise *berichtet* die »New York Times« nicht mehr über Entwicklungen auf dem Buchmarkt, sie *macht* welche. Gleichzeitig wird dafür Sorge getragen, dass zum Beispiel über Philip Cooks »Abused Men« (»Missbrauchte Männer«), das die *wahren* Statistiken über Gewalt in der Ehe offen legt, erst gar nicht berichtet wird. Autoren wie Herb Goldberg und Warren Farrell mussten erfahren, dass ihre feminismusfreundlichen Bücher an prominenter

Stelle ein- oder gar zweimal besprochen wurden, die Redaktion ihre männerfreundlichen Bücher hingegen ignorierte. Wenn Frauen wie Christina Hoff Sommers feminismuskritische Bücher herausbringen, dann *werden* diese besprochen – von Feministinnen, die ihren Inhalt zerfetzen (131, 272–274). Sobald Bücher von Stars der Frauenbewegung wie Susan Faludi oder Toni Morrison auf diese Weise zu Bestsellern gemacht worden sind, werden den Autorinnen die üblichen Preise verliehen: vom Pulitzer bis zum National Book Award – weil sie sich als »Minderheit« so mutig durchgesetzt hätten (131, 231). Kein Vertreter der Männerbewegung hat je einen solchen Preis bekommen. Als »mutige Außenseiter« werden in unserer Gesellschaft immer nur diejenigen bewundert, mit denen die Entscheidungsträger übereinstimmen. Sind Susan Faludi und ihre Schwestern auf diese Weise zu neuen Kultfiguren ernannt worden, werden sie übersetzt, ins Ausland exportiert und die Leitung zum Beispiel deutscher Verlage hat den Eindruck, dass dort ein Markt vorhanden ist und verlangt nach viel, viel mehr Büchern dieser Art.

Ähnlich einseitig sieht es im Fernsehen aus, das auch mehr und mehr auf die Bedürfnisse weiblicher Zuschauer zugeschnitten wird – so sehr, dass aus eben diesem Grund der Erfinder von »Praxis Bülowbogen« seinem Sender die Brocken vor die Füße warf. »Die ARD wollte, dass ich die Folgen speziell für Frauen zwischen 14 und 29 Jahren schreibe«, berichtet er in der »Bild am Sonntag« vom 1.11.1998. »Mit diesem Publikum soll die Serie wohl besser bei den Werbekunden ankommen.« Etliche andere Serien sind von Anfang an auf junge Frauen ausgerichtet, von »Verbotene Liebe« bis zu »Gute Zeiten, schlechte Zeiten«. Dramatik geht dort vor Wirklichkeitsnähe – im »Marienhof« musste sich nach Andrea Süskind auch ihr Lover Westermeier mit seinen »verdrängten Erinnerungen« herumschlagen. Die älteren Zuschauerinnen können sich jeden Tag von 10:00 bis 17:00 Uhr ohne Unterbrechung durch mehr als ein Dutzend Talkshows zappen. Man fragt sich, warum dieses Genre so erfolgreich ist, wo die armen Hausfrauen doch angeblich ständig so gehetzt und überlastet sind? Es kann auch mit den unterschwellig dort vertretenen Botschaften zu tun haben. So hat der Talkshowexperte Martin Henkel in seiner Analyse dieses Sendeformates unter anderem festgestellt, dass »in allen Shows die Rolle des Bösewichts oder des dummen Augusts immer männlich besetzt« ist (194, 223).

Die kaum verhohlene Männerfeindlichkeit in Fernsehfilmen und Serien für die vermeintlich moderne Frau arbeitete Sybille Simon-Zülch für »Die Woche« vom 23. März 2001 heraus. Die Verwicklungen beginnen fast grundsätzlich damit, dass es der Mann ist, der ein außereheliches Verhältnis beginnt. Unrealistisch genug, aber wir entfernen uns noch weiter vom wahren Leben und nähern uns dafür offenbar immer mehr dem Denken und Träumen der angepeilten Zielgruppe: »Es bleiben der tollen Frau zwei Möglichkeiten: Der Ehemann kehrt reumütig zurück und wird mit seinem Konto (!) in Gnaden von der zwischenzeitlich sexuell emanzipierten Gattin wieder aufgenommen. Oder sie verlässt ihrerseits den reumütig zurückgekehrten Gatten, räumt in heiterer Rachsucht seine Schwarzgeldkonten ab – und macht eine Mode-Boutique auf, eröffnet eine Galerie oder steigt in den ›Flieger‹, um für eine Lifestyle-Reportage in Paris zu recherchieren.« Wie im Böse-Mädchen-Kult wird den weiblichen Aggressionswünschen ebenso erzählerischer Raum geboten (sie »revanchiert« sich schließlich nur) wie ihren Größenwahn-Phantasien. »Im Übrigen werden die schmutzigen Aspekte der Berufswelt den Männern überlassen: den arroganten Bankern, die einer schönen Frau kein Darlehen gewähren; den kleinkarierten Buchhaltern, die einer schönen Frau vorrechnen, dass die geplante Existenzgründung so etwas Abstruses wie Kapital erfordert; den Ehemännern, die mit dubiosen Unternehmen das jahrzehntelange Drohnendasein der Gattin finanzierten und jetzt daran schuld sind, dass sie sich nicht emanzipieren konnte; den jungen Schnöseln, den ›Kerls fürs Bett‹, die sich als karriereversessene Süßholzraspler entpuppen.«

Ein ähnlicher Sexismus zeigt sich auf der Leinwand. Während das Kino der USA vor allem jugendliche Männer noch als lächerliche, vorwiegend von ihrer Geilheit getriebene Volltrottel präsentiert (von »Porkys« in den Siebzigern bis zu »Heißer Apfelkuchen« im Jahre 1999), stellen sie die neuen deutschen »Komödien« fast ausschließlich als »verklemmte, oft weinerliche, im Grunde nicht ganz zurechnungsfähige Wesen« aus (213, 74). Im Thriller ist es inzwischen Trend, Männer entweder als ein Ausbund von Debilität zu zeigen, die von übermenschlicher Frauenintelligenz bezwungen wird (»Body Heat«, »Last Seduction«) oder als die Verkörperung des Bösen, die für Frauen nur Leid bedeutet (»Extremities«, »Der Feind in meinem Bett«). Es gibt einen einzigen Film über männliche Opfer häuslicher Gewalt, Harry Winers »Men Don't Tell« aus dem Jahre 1993 (Titel der deutschen Fassung: »Der geschlagene Mann«). In Deutschland ging er auf dem Sender Kabel 1 ziemlich unter – zum »TV-Movie der Woche« oder »SuperFilmFilm« auf RTL oder Sat 1 fehlt ihm einfach die Frau-als-Opfer-Qualität. Wenn der karrieregeile und gefühlskalte Macho-Mann à la Hollywood Glück hat, dann wird er sozialisiert, indem er weibliche Tugenden übernimmt (»In Sachen Henry«). Sollten hingegen Frauen gewalttätig und mordend durch die Gegend ziehen, dann geschieht das fast ausschließlich auf eine lustige oder dieses Verhalten anderweitig positiv darstellende Weise (»Thelma und Louise«). In den letzten Jahren gab es eine wahre Flut ähnlicher Filme, in denen Frauengewalt als ideologisch gerechtfertigte Rache und Befreiung aus den unmenschlichen Zwängen des Patriarchats präsentiert wurde (etwa in »Girls Town«, »Freeway« oder »Foxfire, Girls ohne Gnade«). Im Jahr 2000 stellte mit »Baise-moi« der erste französische Film zwei Frauen dar, die mordend durch die Gegend zogen – natürlich mit dem »guten Grund«, dass sie zuvor von Männern übel gedemütigt worden waren.

Jeder fähige Filmwissenschaftler könnte über dieses Thema mittlerweile ein ganzes Buch schreiben. Aber auch ein Laie kann das Grundprinzip der Geschlechterrollen im Film der Neunziger problemlos durchexerzieren. Nehmen sie »Lola rennt«, und Sie haben den hoffnungslos überforderten Manni, der in eine Situation stolpert, in der er von seiner cleveren Freundin gerettet werden muss. Nehmen Sie »Das fünfte Element«, und Sie haben ein übermenschliches Frauenwesen, das eine bis auf Bruce Willis vollkommen verblödete Männerwelt vor dem Untergang bewahren muss. (Auch in »Drei Engel für Charlie« etwa haben wir das Prinzip von Superfrauen im Kontrast zu samt und sonders vertrottelten Männern.) Nehmen Sie den »Club der Teufelinnen«, und Sie haben das Geschlechterverhältnis als Kampf edler Frauen gegen männliche Bösartigkeit, in der selbst skrupelloses Verhalten, wenn es von der weiblichen Fraktion ausgeht, höchste Ehren erlangt. »Ihr wollt Daddy drankriegen und die zwei anderen auch?«, fragt in einer Szene die lesbische Tochter. »Ihr wollt sie zermalmen? Ja! Ja! Ja! Guuut!« So schien die prototypische Frau der Neunziger ihren Orgasmus zu bekommen.

Schon Bücher, die auf eine Verfilmung hin konzipiert werden, können heutzutage ohne einen männerfeindlichen Unterton kaum auskommen. Bereits auf den ersten Seiten von John Grishams »Firma« wird die fragliche Anwaltskanzlei der Mafia schon dadurch als Hort des Bösen ausgewiesen, dass sie keine Frauen in ihren Reihen aufnimmt. Es habe nur eine einzige Ausnahme mit einer Top-Harvard-Studentin gegeben, von der es dann lakonisch heißt: »Sie überdauerte vier turbulente Jahre und kam bei einem Verkehrsunfall ums Leben.« Der Subtext ist klar: Frauen sind, anders als Männer, von Natur aus so gut, dass sie vom Verbrechen nicht korrumpiert werden können und von den Bösen schließlich beiseite geräumt werden müssen. Stephen King, ein anderer Bestsellerautor, weiß die innersten Einstellungen seiner Leserschaft ebenso gut und ebenso unterschwellig zu bedienen. Erinnert sei hier etwa an »Shining«, wo der amoklaufende Vater eine tödliche Bedrohung für seine Familie wird. Erinnert sei aber auch an »Dolores Clairborne«, wo sich aus dem ursprünglich mutigen Thema – Frauengewalt gegen Alte und Pflegebedürftige – die reinste Klischeeparade entwickelt: vom gewalttätigen Mann, gegen den sich die geprügelte Frau durch seine Ermordung nur zur Wehr setzte, bis hin zur »verdrängten Erinnerung«.

Genau *das* ist der Kreislauf der Diskurse. Einmal entstanden, werden sie von den Medien aufgegriffen, durch plastische Bilder verstärkt und auf die Gesellschaft zurückgeworfen. Wie sollen die Filmproduzenten auch fieses oder unfähiges Weibsvolk darstellen können, wenn sie deshalb sofort als frauenfeindlich angegriffen werden würden? Als David E. Kelley in seiner Fernsehserie »Ally McBeal« eine sympathische, aber immer etwas orientierungslos wirkende Anwältin zur Hauptfigur machte, kam der feministische Protest umgehend – und das, obwohl die Männer in dieser Serie kein bisschen weniger »daneben« waren (547, 80). Selbst in der Reklame besteht dieses Phänomen mittlerweile, wie der »Amica«-Redakteurin Meike Winnemuth aufgefallen ist: »Da stolpern Volltrottel durch Werbespots, die nicht mal tanken können ... zu blöd zum Abspülen sind oder einfach gleich weggeputzt werden wie etwas Ekliges, das umgekippt und ausgelaufen ist.« (544, 83) Auch hier herrscht die übliche doppelte Moral. »Wir decken fast alles!« lautete eine Anzeige einer deutschen Dachdeckerfirma. Der unter diesem Slogan abgebildete Handwerker hatte eine spärlich bekleidete Dame im Arm. Prompt kam die Rüge vom deutschen Werberat. Ein anderes Bild zeigte einen Herrn, darunter war der Spruch zu lesen: »Sich mit den Königinnen zu paaren, ist die einzige nützliche Tätigkeit der Drohnen.« Der Werberat nahm Abstand von einer Rüge (113, 15). Auch das ist ein Erfolg der Frauenbewegung: Sexuelle Anspielungen im Zusammenhang mit Frauen sind tabu, offene Abwertung von Männern ist erlaubt. Eine Analyse von mehreren tausend Werbespots kam zu dem Ergebnis, dass wenn beide Geschlechter darin vorkamen und eines von ihnen als Volldepp präsentiert wurde, es zu *einhundert Prozent* das männliche war (131, 168).

Der unterschwellige Sexismus in Talk-Shows, Daily Soaps und anderen Sendeformaten, die Frauen als Zielgruppe haben, ist leicht nachvollziehbar. Wie aber sickert die feministische Weltsicht in die doch wesentlich neutraleren Nachrichten in Presse und Fernsehen ein? Hier geht es doch um die reine Weitergabe von Fakten – welche Mechanismen können dort vorliegen, um eine einseitige Wahrnehmung zu befördern? Im Wesentlichen sind es die folgenden:

• **Agenda Setting.** »Die Meinung ist frei, doch worüber die Bürger überhaupt Meinungen haben können, das haben zuvor zu einem erheblichen Teil die Journalisten per *agenda-setting* entschieden«, erklärt Wolf Schneider in »Unsere tägliche Desinformation« (418, 16). Im Klartext bedeutet das, dass einige wenige Journalisten, nämlich die Mitarbeiter der Nachrichtenagenturen, ihre Scheinwerfer auf diejenigen Themen richten, die sie für behandelnswert betrachten. »Warum kräht kein Hahn danach, wenn Männer sich umbringen?«, fragt David Thomas, und: »Wenn es sich bei vier Fünftel aller Selbstmordopfer um Frauen handelte, wäre das nicht längst ein vieldiskutiertes Thema in der Öffentlichkeit?« Seine Zählung des gesamten Jahresindexes der »New York Times« ergab 104 Artikel über Männer, 679 Artikel über Frauen. Während die Frauen nicht nur häufiger vorkamen, sondern auch öfter Gegenstand besonders ausführlicher Beiträge waren, fanden sich die Männer als »böse Buben«, als Gewalttäter und Unterdrücker, wieder (497, 8). Pro Jahr werden zwischen 600 bis 1000 Kinder getötet; die größte Tätergruppe sind ihre eigenen Mütter. Doch Pressemeldungen darüber werden vernachlässigt zugunsten hysterischer Endlosartikel über die jährlich sechs bis acht (!) Mädchen, die einem Sexualmord zum Opfer fallen. Das erste Delikt kommt hundertmal so oft vor wie das zweite, aber da es beim zweiten einen ausschließlich männlichen Täter gibt, beherrscht dieses überall die Schlagzeilen (288, 210–212). Ironischerweise wurde die erste, bahnbrechende Studie über den hohen Frauenanteil an häuslicher Gewalt von der Presse solange ignoriert, bis die ersten feministischen Gruppen Front gegen diese Untersuchung machten (67, 110). In den deutschen Medien ist häusliche Gewalt durch weibliche Täter heute noch genauso wenig Thema wie die Frage, mit welcher Berechtigung das Frauenministerium durch keinerlei Statistik gestützte Behauptungen zu diesem Bereich in die Welt stellt und die deutsche Bevölkerung an der Nase herumführt. Innerhalb von Fernsehsendungen kann schließlich die Etablierung bestimmter Themen durch Ironisieren und Auflaufen-Lassen unterbunden werden. Als etwa am 17.1.2001 der Männerrechtler »Bertram« zu Gast in der Talk-Show »Hans Meiser« war, musste er sich gleich als Erstes die Frage stellen lassen, ob es seinen politischen Ansichten zu verdanken sei, dass er noch ledig war. Das Publikum gröhlte. Vor dreißig Jahren konnte man einer Frau, die sich für die Frauenrechte einsetzte, entgegenhalten, sie »habe nur noch keinen abgekriegt« und durfte mit derselben Reaktion rechnen. Heute haben wir das gleiche Niveau wie damals – wenn es um Männer geht. Eine von Hans Meisers nächsten Fragen war (ohne jeden erkennbaren Zusammenhang), ob Bertram gerne in Thailand Urlaub mache und was er dort so treibe ...

- **Nachrichtenkarussell und Schweigespirale.** Einmal etablierte »wichtige Themen« und die Art, wie in den Medien über sie gesprochen wird, werden immer wieder aufgegriffen und weiterdiskutiert. Für Journalisten wie andere Personen des öffentlichen Lebens ist es einfacher, sich zu Themen zu äußern, die bereits in der Diskussion sind, statt neue Fragestellungen aufzuwerfen. Es entsteht ein Konformitätsdruck, der Menschen mit einer nicht in der Berichterstattung vertretenen Meinung den Eindruck gibt, einer Minderheit anzugehören, und sie zum Verstummen bringt. Männer haben es nicht gelernt, auf die Unterstellung, Frauen seien beruflich benachteiligt, damit zu kontern, dass diesen Frauen das Verschontwerden von Kriegs- oder Zivildienst vielmehr entscheidende Karrierevorteile bringt. Der Schutz der Frau vor Anmache am Arbeitsplatz wird weit intensiver diskutiert als der Schutz des Mannes vor gesundheitlichen Schädigungen. Ein Thema wie »Sexuelle Belästigung« wird zum Selbstläufer; Belanglosigkeiten werden aufgebauscht. Aufgrund dieser Berichterstattung bilden sich die ersten »Betroffeneninitiativen«, die daraufhin wieder befragt werden können und genau das wiedergeben, was sie zuvor in der Presse gelesen haben. »95 Prozent der häuslichen Gewalt geht von Männern aus«, zitiert Constanze Elsner eine Einblendung in »SPIEGEL-TV«, und das »SPIEGEL special« zitiert wiederum Constanze Elsner: ein Kreislauf der Fehlinformation.

- **Sensationalismus.** Flugzeuge kommen in den Nachrichten fast ausschließlich im Zusammenhang mit Abstürzen und Entführungen vor. Wer sich an den Medien orientieren würde, hätte eine völlig absurde Vorstellung von der tatsächlichen Gefahrenlage im internationalen Luftverkehr. Dasselbe Missverhältnis besteht etwa beim Thema »sexuelle Gewalt«. So hat schwerer Diebstahl einen Deliktsanteil von immerhin 29,5 Prozent, Vergewaltigung jedoch nur einen Anteil von 0,1 Prozent an der Gesamtkriminalität. Dennoch, so ergab eine Zeitungsauswertung durch die Polizeiführungsakademie, wurde kaum mehr als jeder zwanzigste Fall schweren Diebstahls, aber *alle* Fälle der Vergewaltigung an die Presse weitergegeben. (426, 259). Wenn man zusätzlich bedenkt, dass Zeitungen von sich aus noch einmal ausführlicher und reißerischer über Vergewaltigungen als über andere Delikte berichten, dann verwundert es kaum, wenn das Bild vom Mann als triebgestörtes Wesen entsteht. Oft wirklich tragische Einzelschicksale von Frauen werden ohne weitere Erklärung als »exemplarisch« bezeichnet.

• **Sich selbst erfüllende Prophezeiungen.** Max Frisch beschrieb in »Andorra«, wie der Junge Andri als Jude abgestempelt wird und daraufhin die ihm unterstellten jüdischen Eigenschaften tatsächlich herausbildet. Allein die bloße Zeitungsmeldung über eine bevorstehende Grippewelle lässt den Krankenstand um 12 bis 14 Prozent anschnellen, selbst wenn die Grippe noch lange nicht ausgebrochen ist (418, 209). Und als Alfred Kinsey 1948 publizierte, wie weit verbreitet der Ehebruch angeblich sei, beschlossen etliche Eheleute dem Seitensprung nicht länger auszuweichen: »Ein Jahr nach Veröffentlichung der Statistik über eine sexuelle Realität hatte sich die Realität durch die Lektüre ihrer statistischen Erfassung geändert« (418, 28). Glücklicherweise kann die Zahl der Vergewaltigungen kaum aufgrund von Statistiken und Parolen, die dieses Verbrechen als »typisches Männerverhalten« darstellen, in die Höhe schnellen, weil Vergewaltigung eben nicht durch gesellschaftliche Toleranz, sondern durch psychische Störungen bedingt ist. Wohl aber kann die Zahl der sexuellen Belästigungen ansteigen, weil sich immer mehr Frauen als »Opfer« einschätzen. Andererseits können Männer mit der Zeit tatsächlich einen Bindungsunwillen entwickeln, nachdem ihnen dieser über Jahrzehnte hinweg unterstellt wurde.

• **Klientelnachrichten.** Dass es für die Krankenkassen nützlich ist, »Übergewicht« als sehr breit zu definieren, weil sie von jedem Übergewichtigen einen Zuschlag kassieren (418, 138), ist den Medien ebenso bekannt wie, dass Parteien und Organisationen des Umweltschutzes am Schüren einer gewissen Katastrophenstimmung durchaus Interesse haben, weil dadurch ihre Anhängerschaft vermehrt wird (418, 221). Auch wenn die Zigarettenindustrie bestimmte »Erkenntnisse« über die geringen Nebenwirkungen von Nikotin verbreiten würde, wüssten Reporter, dass solche Behauptungen zunächst einmal mit Vorsicht zu betrachten sind. Dieselbe Vorsicht fehlt oft, wenn es um »Meldungen« von Organisationen wie »Zartbitter« oder »Wildwasser« geht, die sich ebenfalls aus öffentlichen Geldern finanzieren und daher ihre Existenzberechtigung durch ständig neue Horrorzahlen immer wieder belegen müssen. Jede Meldung, die in irgendeinem Sinne von der Frauenbewegung und ihren Mitstreitern geäußert wird, gilt augenscheinlich als dermaßen unantastbar, dass sie ohne nähere Überprüfung gedruckt und verbreitet wird.

»Wir nehmen bei bloßem Augenschein hin, was immer Frauengruppen sagen«, erklärt der CBS-Nachrichtenkorrespondent Bernard Goldberg. »Warum? Weil sich Frauen uns gegenüber als unterdrückte Gruppe verkauft haben und unterdrückte Gruppen in der Presse einen Freifahrtschein erhalten. ... Ich gebe Feministinnen nicht die Schuld dafür, wenn sie uns Halbwahrheiten und manchmal sogar komplett Ausgedachtes erzählen. Ich gebe meinen Kollegen die Schuld, weil sie ihre skeptische Einstellung vergessen.« (131, 256) In Deutschland wird dies besonders erkennbar, wenn man näher betrachtet, wie Journalisten beispielsweise Frauenministerin Bergmann interviewen. Während sich andere Minister, etwa Scharping oder Trittin, kritische Fragen gefallen lassen müssen, bekommt Frau Bergmann lediglich ein Mikrofon hingehalten und stößt in kaum einem Fall auf Einwände oder kontroverses Nachhaken.

• **Irreführende Statistiken.** Auf diese Technik hat wiederholt Esther Vilar aufmerksam gemacht: Redakteure beklagen den geringen Prozentsatz weiblicher Politikerinnen, übergehen jedoch, dass Frauen mit ihrer Stimmenmehrheit in der Bevölkerung jede Politikerin nominieren und wählen können, bei der sie das tun möchten. Sie schreiben lange Artikel über die Doppelbelastung der berufstätigen Hausfrau, »vergessen« jedoch, dass auch der Mann außerhalb seiner Arbeitszeit etliches für Haus und Familie tut. Sie lamentieren darüber, dass Frauen in Leichtlohngruppen abgedrängt würden, unterschlagen aber, dass diese Frauen sich nur deshalb einen wenig profitablen, aber angenehmen Arbeitsplatz leisten können, weil ihr Mann seine Gesundheit ruiniert, um die Familie zu ernähren (512, 209).
Ein weiterer beliebter Trick, Schindluder mit Statistiken zu treiben, ist das Vortäuschen hoher Opferraten durch das Zusammenballen der unterschiedlichsten Bereiche. Wenn sie zum Beispiel einen TV-Beitrag über die ausufernde Gewalt gegen Frauen erstellen wollen, empfiehlt sich ein einfacher Trick. Beginnen Sie mit einer Statistik wie dieser: »Bevor es das Alter von elf Jahren erreicht hat, wird eines von drei Mädchen sexuell missbraucht, vergewaltigt, halb tot geschlagen oder übel beschimpft worden sein.« Sagen Sie »oder übel beschimpft« ganz schnell und schneiden Sie sofort um zu entsetzlichen Bildern, die in rascher Abfolge die grausamsten Taten zeigen und dabei von grauenvollen Dissonanzen unterlegt sind.

• **Schlampige Recherche.** »Ein abgrundtiefes Misstrauen also müsste die Grundhaltung des Journalisten sein; Gutgläubigkeit ist eine journalistische Todsünde.« (418, 116) Christina Hoff Sommers, die es sich zur Aufgabe gemacht hat, feministische Statistiken gegenzuchecken, entdeckte dabei, dass Meldungen, die das Muster vom unterdrückenden Mann und der geschundenen Frau erfüllten, ohne jegliche Überprüfung ihres Wahrheitsgehaltes von den Zeitungen und Nachrichtenmagazinen gedruckt wurden: 150.000 Mädchen starben angeblich pro Jahr an Magersucht; die Zahl der geprügelten Frauen nahm am Tag des Endspiels der US-Fußballmeisterschaft angeblich um 40 Prozent zu; für jeden Dollar, den ein Mann verdiente, verdiente eine Frau nur 59 Cent – in all diesen und etlichen anderen Fällen kostete es Sommers nur einige Telefonanrufe, solche Meldungen bis an ihre Quelle zurückzuverfolgen. Das Ergebnis: Missverständnisse, ominöse Studien, die ihre angeblichen Verfasser nicht wiedererkannten, getürkte Statistiken (451, 30–33; 452). Eine Studie, die – wie sich später herausstellte: fälschlicherweise – häusliche Gewalt als häufigsten Verletzungsgrund von Frauen zwischen 15 und 44 nannte, wurde von den renommiertesten Medienanstalten veröffentlicht, darunter die Fernsehsender CNN und ABC, die Magazine »Time« und »Newsweek« sowie die ehrwürdige »Washington Post« (67, 125).

• **Dominoeffekte durch tendenziöses Quellenstudium.** Bleiben wir einen Moment bei den angeblich 150.000 Amerikanerinnen, die pro Jahr an Magersucht gestorben sein sollen. Wie nicht anders zu erwarten, stürzten sich Feministinnen in den USA auf diese Zahl: Gloria Steinem berichtete darüber, Naomi Wolf verglich sie mit dem Holocaust. Die Schuld an dieser Entwicklung wurde Männern mit ihrem Wunsch nach schlanken Frauen gegeben. Nun hatte Christina Hoff Sommers diese Horrorzahlen 1994 widerlegt: Die jährlichen Todesfälle wegen Magersucht lagen in Wahrheit noch unter hundert (452, 11–12). Sommers setzte sich zum Beispiel mit Naomi Wolf in Verbindung, die versprach, diese Zahlen in der nächsten Auflage ihres Buches zu korrigieren. Mittlerweile hatten es diese durch schlampige Recherche zustande gekommenen Zahlen aber längst in »Fachbücher« geschafft, die im College-Unterricht verwendet wurden.
Und sie kamen nach Deutschland. Noch 1997 tobte Luise F. Pusch in der »Emma«: »Nach Angaben der American Anorexia and Bulimia Association sterben jährlich 150.000 US-Amerikanerinnen an Magersucht. Das sind mehr Todesopfer in jedem Jahr allein in den USA als während des zehnjährigen Bürgerkrieges in Beirut, mehr Todesopfer als die Seuche AIDS von ihrem Beginn bis Ende 1988 in 177 Ländern gefordert hat. Das weibliche Massensterben wurde und wird im Gegensatz zur AIDS-Epidemie und den Kriegsgräueln von den Medien allerdings kaum zur Kenntnis genommen.« (107, 90) Die Unstimmigkeit der behaupteten Verhältnisse wird hier nicht zum Anlass genommen, die ermittelten Zahlen zu hinterfragen. Statt dessen steigert frau sich erst recht noch in eine Verschwörungs- und Unterdrückungsphantasie hinein. Es kommt nicht von ungefähr, dass viele Frauen mittlerweile einen Hass auf Männer entwickelt haben, nachdem sie immer wieder einer solchen Gräuelpropaganda ausgesetzt waren.

• **Bewusste Falschmeldungen.** Matthias Matussek berichtet über einen Chefkorrespondenten der »Augsburger Allgemeinen«, Detlef Drewes, der in seiner Berichterstattung über einen vermeintlichen Missbrauchstäter auf reißerische Weise eine frei erfundene Gerichtsszene geschildert habe. Drewes wurde für seine Stimmungsmache von der »Emma« gefeiert, ein von ihm herausgegebenes Buch durch einen Brief von Irene Epple-Waigel gewürdigt (300, 248–250). Es gibt momentan ganz offensichtlich keinen einfacheren Weg, Darling der Öffentlichkeit zu werden, als die Diffamierung von Männern.

• **Stilistische Ausrichtung von Artikeln.** Wenn ein Mann Opfer von häuslicher Gewalt ist, kann das offenbar nur humorvoll geschildert werden. Unter der Überschrift:»Ehemann überlebt die Stoßschwellen einer neuen Ehe« heißt es etwa:»Die Verantwortlichen sagen nicht viel, aber eines ist klar: Die kürzliche Heirat eines Paares aus South Carolina, das seine Flitterwochen an der Küste Oregons verbrachte, verlief holprig. Die meisten Stoßschwellen fanden sich auf dem Kopf des Mannes.« (67, 127) Wenn in diesem Tonfall über eine misshandelte Frau geschrieben worden wäre, wäre die Öffentlichkeit empört gewesen. Die Frau, über die so heiter berichtet worden war, wurde später übrigens wegen versuchten Mordes zu mehreren Jahren Gefängnis verurteilt. Ihr wurde vorgeworfen, die Tat begangen zu haben, um an das Geld ihres Mannes zu kommen (81, 71).

Man könnte hier noch zahlreiche vergleichbare Techniken anführen: das Darstellen von Einzelfällen als »typische Erscheinung«; klischeeartige Beschreibungen von zu Übeltätern gestempelten Männern; das Berichten über bloße Meinungen (»Frauen werden im Berufsleben benachteiligt«), als ob es längst erwiesene Fakten seien; eine Beschreibung des Geschlechterverhältnisses als Desaster, wobei einzig die feministische Ideologie als Weg zur Rettung aus der angeblichen Katastrophe angeführt wird (499, 265). Zu diesen internen Problemen journalistischer Arbeit kommt oft noch die unwillige Reaktion der Öffentlichkeit. Vielen männlichen Reportern, die über Gewalt in der Partnerschaft berichten, wird vorgeworfen, auf sexistische Weise Partei zu ergreifen. Aber auch weibliche Journalisten sind bei diesem Thema dem Druck feministischer Gruppierungen ausgesetzt (67, 128). Das ist ein internationales Problem. Die australische Zeitung »Sun-Herald« berichtete etwa über die »Sydney City Mission«, in der Männer um Hilfe nachsuchten, die »oft geradezu verzweifelt nach Zuwendung lechzten. Viele davon waren verwitwet oder geschieden und von ihrer Umgebung derart abgeschnitten, dass sie an einer medizinisch beschreibbaren Störung litten, einem Isolationssyndrom, das als Mangel von körperlichen und seelischen Berührungsreizen nicht weniger bedrohliche Folgen zeitigen kann als der Mangel von Wasser und Nahrung.« Eine öffentliche Diskussion über Männerprobleme ließ sich aber nicht führen. So stellte Graeme MacLennan, Mitglied der australischen Demokraten, der dem Frauenprogramm seiner Partei eines für Männer an die Seite stellen wollte, resigniert fest: »Ich konnte das Thema nicht weiterverfolgen. Es brachte uns nur schlechte Reklame und wurde langsam zu politischem Sprengstoff. Es war das beste, es fallenzulassen.« (497, 396–398)

Wir werden immer mehr zu einer Gesellschaft, in der »Wahrheit« das ist, was sich am besten verkauft. Das erstreckt sich bis in den wissenschaftlichen und den Lehrbereich hinein. Bestes Beispiel ist die US-amerikanische Sprachkritikerin Deborah Tannen. Sie vertrat die These, dass Männer und Frauen eine jeweils ganz eigene Art haben, sprachlich miteinander umzugehen. Da sie schon als Kinder entweder in Jungen- oder in Mädchengruppen aufgewachsen seien, hätten sich beim erwachsenen Mann und der erwachsenen Frau im Laufe der Zeit ganz unterschiedliche Sprachstile entwickelt. Es ist sogar von verschiedenen »Sprachkulturen«, von Männerland und Frauenland, die Rede. Diese verschiedenen »Kulturen« würden dazu führen, dass Partner einander oft missverstehen und aneinander vorbeireden, behauptet Deborah Tannen. Bücher mit dieser Botschaft wurden von den Leserinnen förmlich aus den Regalen gerissen – endlich hatte frau eine einfache Allzweckerklärung für komplizierte Probleme in der Beziehung. Vermutlich hat es auch nicht geschadet, dass selbst in dieser Theorie die Frau eher als Opfer und der Mann als Täter vorkam: Frauen sprachen angeblich höflicher und zurückhaltender und wollten das Gespräch eher aufrechterhalten, hieß es, wohingegen Männer bestimmender und aggressiver waren, vorangegangene Beiträge ignorierten und zu brutalen Unterbrechungen neigten. Feministinnen wie Senta Trömel-Plötz setzen da noch eins drauf, indem sie das männliche Sprechen als »Vergewaltigung von Frauen« bezeichneten. Tatsache ist aber, dass die Sprachwissenschaft die Theorien, an denen sich die beiden Damen orientiert haben, inzwischen näher untersucht und für »aufgrund mehrerer Faktoren nicht haltbar« erklärt hat. Um nur die wichtigsten zu nennen: Kinder wachsen nicht durchgehend in getrenntgeschlechtlichen Gruppen auf, der »Welt der Mädchen« und der »Welt der Jungen«, wie es uns Deborah Tannen weismachen will.

Erstens kommen die Gruppen oft zusammen und durchmischen sich. Zweitens haben unterschiedliche Jungen, man sollte es nicht glauben, unterschiedliche Charaktereigenschaften: Die einen treten wirklich etwas bestimmter auf, die anderen sprechen eher vorsichtig. Drittens findet die wichtigste Phase des Spracherwerbs zu einer sehr frühen Zeit statt, in der die Kinder sich noch überhaupt nicht in Gruppen zusammenfinden. Viertens gibt es eine übergreifende sprachliche Umgebung – von der Familie über die Schule bis zum Fernsehen. Ein durchgehend dominanteres und unhöflicheres Sprechverhalten von Männern ließ sich bei gründlicheren Untersuchungen nicht nachweisen (183, 236–254). Nur: *Davon*, von der Widerlegung der Täter-Opfer-These nämlich, weiß außerhalb der Sprachwissenschaft kaum jemand. Vom Flirtkurs in der Volkshochschule bis zum Seminar für Manager grassiert die These von Deborah Tannen – einfach weil sie marktgängiger und klischeefreundlicher ist. Auf diesem Wege gerät wissenschaftlicher Mumpitz zur vermeintlichen Binsenweisheit.

FEINDBILD MANN

>»Massenbewegungen können ohne den Glauben an
>Gott entstehen und sich ausbreiten, aber niemals oh-
>ne den Glauben an einen Teufel.«
>
>*Eric Hoffer*

Das eigene gerüttelt Maß an Sexismus werde von den Angehörigen der Frauenbewegung nicht bemerkt, behauptet die Feminismuskritikerin Marion Rave.
»Unter dem Mythos der weiblichen Friedfertigkeit sind Hass, Neid und Feind-
lichkeit gegen den Mann tabuisiert, obwohl der Feminismus beides in seinen
Theorien und Texten reichlich dokumentiert.« (386, 229) Typisches Beispiel
hierfür mag das »Ms.«-Magazin, die amerikanische »Emma«, sein. Deren Chefredakteurin Marcia Ann Gillespie erinnert Frauen daran, dass »Ihr Ehemann,
Ihr Liebhaber, Ihr Sohn oder Ihr Bruder ein Terrorist in Lauerstellung sein
könnte«. In einem anderen Artikel heißt es, dass »Interaktion mit Männern gefährlich für Frauen« ist, weil *alle* Männer zu einem bestimmten Grad unter-
drückerische und frauenfeindliche Ansichten verinnerlicht haben. Die netten
Männer, informiert uns die Journalistin Kay Leigh Hagan, sind bei weitem die
gefährlichsten, denn »sie erlauben uns, dass wir uns dem Leugnen anheim geben.« Dieses »Leugnen« werde von jeder Frau ausgeübt, die behauptet, dass
»mein Vater/Ehemann/Zahnarzt nicht so ist«. Artikel über Väter gibt es in der
»Ms.« grundsätzlich nur, wenn es um misshandelnde oder sexuell missbrauchende Väter geht (547a). Die Parallelen zur deutschen »Emma« sind jedem ersichtlich, der dieses Magazin hin und wieder gelesen hat.

Wenn Männerhass gar nicht mehr geleugnet werden kann, dann wird er im
Gegensatz zu dem verabscheuungswürdigen Frauenhass als politische Waffe begriffen, so z. B. in den Schriften Christina Thürmer-Rohrs oder in dem oben
angeführten Buchtitel, dem zufolge ein bisschen »Männerhass« jeder Frau gut
zu Gesicht stehe. Daphne Patai fand bei ihren Befragungen von feministischen
Studentinnen heraus, dass diese in zwei gleich große Lager gespalten waren:
Die einen bestritten, dass es irgendetwas wie Männerhass in ihrer Bewegung
gäbe, die anderen behaupteten, dass Männer ihn verdient hätten (362, 159).
Dabei ist eine Feindseligkeit gegen Männer heutzutage längst nicht mehr auf
Feministinnen beschränkt. Die Beziehungstherapeutin Susan Jeffers berichtet
von einer Kursteilnehmerin, die meinte, der einzige Weg, mit dem sie sich da-

von abhalten könne, sich über Männer zu beschweren, sei, sich den Mund zuzukleben: »Diese Übung führte ihnen vor Augen, wie sehr sie es sich angewöhnt hatten, auf die Männer einzuprügeln. So sagte eine Frau, wenn sie und ihre Freundinnen nicht über die Männer klagen könnten, bliebe ihnen kaum noch ein Gesprächsstoff. Schweigsame Mittagspausen.« (225, 116)

»Der Mann, das männliche Geschlecht wurde und wird geradezu auf die Anklagebank des Gerichtes gesetzt«, beschreibt Marion Rave die Lage. »Richter, Staatsanwalt und Zeugen sind ausnahmslos Frauen, und vielfach ist das Urteil, aufgrund von Indizien und nicht aufgrund von Beweisen, von vorneherein bereits gefällt. ... Dort, wo das Urteil noch nicht gesprochen ist, wird noch über die Höhe der Strafe verhandelt. Welche mag für den Mann angemessener sein, die der Ausstoßung aus der Gemeinschaft, der Verachtung, der Entwertung oder gar der Kastration?« (386, 12)

Ich denke, dass im Verlaufe dieses Buches ein interessantes Phänomen der feministischen Bewegung auffällig geworden ist. Wieder und wieder kritisieren Frauen bei Männern ein Verhalten, das sie selbst ausüben. Männerfeindinnen kritisieren Sexismus. Frauen, die Männer in faschistoider Weise dem unwerten Leben zurechnen, bezeichnen sämtliche Männer als »Nazis«. Frauen, die Männer als Gewalttäter abstempeln, zeigen selbst eine bemerkenswerte Nähe zur Gewalt – ob sie entsprechende Phantasien in Romanen verarbeiten oder, wie Alice Schwarzer, Lorena Bobbitt zujubeln. Die entschiedene Pornogegnerin Andrea Dworkin zitiert in ihrem Buch über Seiten und Seiten hinweg bis ins letzte Detail pornographische Filme und Romane. Vergleichbare Fälle dürften jedem Leser in diesem Buch mehrfach aufgefallen sein. Man fühlt sich ein wenig an Montesquieus »Persische Briefe« erinnert, in denen sich der Reisende Uzbek über jegliche Ungerechtigkeit ereifert, die ihm auf der Welt begegnet, aber für den skrupellosen Despotismus in seinem eigenen Harem völlig blind ist.

Dieses zunächst alogisch erscheinende Verhalten ist kein Zufall. Wir haben es bei der feministischen Doppelmoral mit einem aus anderen Fällen wohlbekannten psychologischen Mechanismus zu tun, bei dem eine Person oder Gruppe »Rechtschaffenheit und Reinheit für sich beansprucht und die Feindseligkeit und das Böse dem Feind zuschreibt. Dieser Prozess beginnt mit der Spaltung des ›guten‹ Selbst vom ›schlechten‹ Selbst: Mit ersterem identifizieren wir uns bewusst, und es wird auch in Mythen und Medien hoch gepriesen; das ›schlechte‹ Selbst bleibt uns so lange unbewusst, wie es auf einen Feind projiziert werden kann. Durch diesen Kunstgriff werden die inakzeptablen Teile des Selbst – seine Habgier, seine Grausamkeit, sein Sadismus und seine Feindseligkeit, was C.G. Jung den ›Schatten‹ nannte – zum Verschwinden gebracht und nur als Merkmale des Feindes anerkannt.« Aufrechterhalten wird dieser Prozess durch selektives Wahrnehmen und Erinnern. »Wir sehen und nehmen nur jene negativen Aspekte des Feindes zur Kenntnis, die das Vorurteil stützen, das wir bereits gebildet haben.« Daher brachte das amerikanische Fernsehen im

Kalten Krieg nur schlechte Nachrichten über die Russen und umgekehrt. »Wir erinnern uns nur an die ›Beweise‹, die das Vorurteil bestätigen.« (240, 15) Mit anderen Worten: Wenn immer wir mit dem Finger auf einen anderen Menschen weisen, weisen drei Finger auf uns zurück. Susan Jeffers: »Bezichtigen wir zum Beispiel Männer, raff- und habgierig wie sie sind, uns die Alimente vorzuenthalten, leugnen wir jenen Teil in uns, der ebenfalls raff- und habgierig ist; beschuldigen wir Männer einer mangelnden Intimität, leugnen wir jenen Teil in uns, der ebenso bestrebt ist, Intimität zu vermeiden; greifen wir Männer an, Frauen nur als Objekte zu sehen, leugnen wir jenen Teil in uns, der Männer ebenfalls als Objekte sieht.« (225, 155) Jeffers zufolge führt die Einstellung »Männer sind an allem schuld, was mit Frauen nicht in Ordnung ist« auf Dauer nicht weiter. Sie führe nur zu einem selbstzerstörerischen Teufelskreis, aus dem nur schwer wieder auszubrechen ist. Da es eine enorme Stärke erfordere zuzugeben, dass frau sich geirrt habe, werde weiter zwanghaft nach Bestätigungen für die Verkommenheit des Feindbilds Mann gesucht (225, 121).

Sehr oft ist es für jeden Außenstehenden offensichtlich, wie sehr andere Menschen Neigungen, die sie bei sich selbst nicht akzeptieren können, auf andere abschieben oder – so lautet der Fachausdruck – projizieren. Das ist zum einen ganz eindeutig bei Pornographie der Fall, die von vielen Frauen strikt abgelehnt wird, nicht *obwohl*, sondern *weil* sie dabei scharf werden. »Die eigene, als irritierend und störend wahrgenommene Lust, die im Gegensatz zum moralischen Gebot des feministischen Bewusstseins steht, wird auf den Mann verschoben und dort bekämpft.« (386, 20) Ähnlich ist es bei Aggressionen. So bezeichnet die Mitarbeiterin eines Hamburger Notruftelefons kollektiven Männerhass als natürliche Reaktion: »Wir werden gehasst, warum sollen wir nicht zurückhassen? ... Und wenn ich dann sehe, wie selten uns Frauen vor Gericht Genugtuung widerfährt ... dann muss meine Wut irgendwohin gelenkt werden. Meine Wut steigert sich noch, wenn ich an die hohe Dunkelziffer bei Vergewaltigungen denke ... Wie gut kann ich Frauen verstehen, die Selbstjustiz üben. ... Mein extrem starkes Abneigungsgefühl dem Mann gegenüber ist oft genug mit einem Vernichtungsbedürfnis verbunden.« (294, 18) Ein drittes Beispiel in ähnlicher Eindeutigkeit bietet die Krimiautorin Tony Fennelly in einem Interview mit der Zeitschrift »Amica« (Nr. 5/97): Fennelly zufolge sollten alle Frauen von ihren Männern teure Geschenke verlangen, bevor sie mit ihnen ins Bett gehen! Das begründet sie damit, dass die Vagina der Frau leider mit ihrem Herzen verbunden sei, während der Penis draußen nur sinnlos herumbaumele. Ganz offensichtlich ist *Fennellys* Vagina mit einer Registrierkasse verbunden – ein Charakterzug, der ebenfalls auf den Mann verschoben wird, damit sich die Sprecherin selbst erhöhen kann.

Hier bietet es sich an, noch einmal an den Überfall zu erinnern, den eine Gruppe von autonomen Feministinnen auf die Redaktionsräume der »Emma« verübte. Die fassungslose Reaktion einer Mitarbeiterin soll nach Darstellung der »Emma« aus einem einzigen, ständig wiederholten Satz bestanden haben:

»Die sahen aus wie wir ...« Das war vermutlich die erhellendste Äußerung, die jemals von der »Emma« veröffentlicht wurde. Diesen Satz auf jedem Cover der Zeitschrift zu wiederholen wäre die herausragendste journalistische Glanzleistung, die der Frauenbewegung je gelungen wäre. Kein Roman hätte ein besseres Erkenntnismoment konstruieren können! Die Fassungslosigkeit der Redakteurin war ja nicht die Folge eines simplen »Hey, guck mal, die tragen ja auch Latzhosen.« Was sie so nachhaltig erschütterte, konnte doch nur der Schock gewesen sein, in einen Spiegel gesehen und die eigene Fratze erkannt zu haben. »Wir haben dem Feind ins Auge gesehen, und es waren wir.« Lacan in Lila. Für einen winzigen, grauenvoll furchteinflößenden Augenblick war das gesamte Selbstverständnis der »Emma« in Frage gestellt.

In letzter Sekunde galoppierte in dieser kritischen Situation die Kavallerie herbei – in Form von Alice Schwarzer. Ich wüsste allzu gerne, was in diesem Moment in ihr vorgegangen ist. Entweder sie fasste *bewusst* die taktisch geniale Entscheidung, dass jetzt nur noch Alogik helfen konnte, oder sie hatte ihre unterbewussten Mechanismen auf Autopilot laufen und tat instinktiv das, was in ähnlichen Fällen bislang immer geholfen hatte, das feministische Feindbild zu erhalten: Sie erklärte die radikalfeministischen Attentäterinnen einfach zu Männern! Taktisch, also kurzfristig, war das ein höchst bewundernswerter Zug. So etwas musste einer erst mal einfallen. Es handelte sich um eine Variante des alten feministischen Schleudersitzes (auf den z. B. Constanze Elsner zurückgriff, als sie erklären musste, warum »Männergewalt« auch unter sich prügelnden Lesben vorkam), demzufolge die reinen Frauen im bösartigen »Patriarchat« aufgewachsen und deshalb männliche Untugenden übernommen hatten. Nur wurde Schwarzer konkreter und bastelte eine Art Verschwörungstheorie, derzufolge die Attentäterinnen von männlichen Mitgliedern der Grünen und der Organisation Media Watch quasi aufgehetzt worden waren (105, 58). Da stimmte das alte Feindbild und die »Wir-gegen-die«-Haltung wieder. Strategisch, also langfristig, war dieser Zug allerdings himmelschreiender Schwachsinn. Die einmalige Gelegenheit für die deutsche Frauenbewegung, sich mit ihren Schattenseiten auseinander zu setzen, wurde verschenkt, und Schwarzer machte sich in den Augen vieler Beobachter endgültig zur Deppin. Wiglaf Droste kommentierte Schwarzers »Für uns sind Täterinnen auch Täter« so: »Ein schöner Satz; kraftvoll tritt die inhaltliche Idiotie zu Tage: Frauen, die Dinge tun, die Frau Schwarzer nicht passen, sind in Wahrheit eben einfach Männer.« (35, 202)

Sobald die Wirklichkeit der »Emma« ideologisch nicht in den Kram passt, wird sie eben umtituliert: Da erscheinen Feministinnen wie Rutschky als »Antifeministinnen«, und Frauen sind männlich. Diese Vorgehensweise erinnert von der Rhetorik fatal an »Wer ein Jude ist, bestimmen wir.«

Dass die eigenen Schattenseiten auf den Gegner übertragen werden, beweist auch eine Aktion von Andrea Dworkin, die sie in ihrem Buch »Pornographie« schildert. Um zu beweisen, wie primitiv und gewalttätig Männer seien, gibt sie deren Reaktionen auf das »Stürmen eines Pornoshops« durch Feministinnen wieder. In der Tat fallen da von »Schlampe« bis »dreckige Hure« einige Kraftausdrücke (386, 58). Dennoch ist es natürlich grotesk, verbale Beschimpfungen als Beleg für die gewalttätige Reaktion von Männern auf das friedliche Stürmen eines Geschäftes zu werten. Dworkin scheint diese Absurdität völlig zu entgehen. Andere Feministinnen bezeichnen das Zerreißen von Magazinen in Läden als eigene Form der Meinungsfreiheit, wohingegen sie es als Zensur betrachten, wenn die örtliche Zeitung nicht mehr als zwölf Zeilen aufwendet, um über ihre Anschläge zu berichten (397, 238). Richterliche Verurteilungen ihrer Aktionen gelten nur als weiterer Beleg für patriarchalen Terror: »Die Reaktion von Richter Ross erinnerte mich an den Zorn, den viele Männer zeigen, wenn die Frauen in ihrem Leben sich weigern, ihren Befehlen zu gehorchen.« (397, 231) Ab einem gewissen Grad der Überzeugung scheinen Mitglieder einer politischen oder sozialen Bewegung nicht mehr in der Lage zu sein, ihr eigenes Verhalten von außen zu beobachten.

Ähnlich schizophren ist ein weiterer Vorfall, den Marion Rave schildert: »Während der ›Bremer Frauenwoche‹, die 1990 in einem Hauptgebäude der Bremer Universität stattfand, untersagten Feministinnen Männern den Zutritt durch Hinweisschilder an den Haupteingangstüren des Gebäudekomplexes Geisteswissenschaften mit der Aufschrift ›Für Kastration wird nicht gehaftet‹. Bemerkenswert ist, dass nicht der Zutritt zu Veranstaltungsräumen verboten war, in denen die Frauen unter sich über Themen wie ›Rassismus und Sexismus‹ sprechen konnten, sondern der Weg, der ins Hauptgebäude führte; Zugänge, die benutzt werden müssen, um Veranstaltungsräume für Studentinnen und Studenten sowie Verwaltungsbüros aufsuchen zu können. Ein Student, der es wagte, durch einen dieser Haupteingänge zu gehen, wurde, weil er nicht zügig ging, von mehreren Frauen gepackt und herausgeschmissen. Draußen, im Innenhof des Gebäudes, wurde er getreten. Die Gegenwehr des Studenten, die darin bestand, Frauen mit seinen Händen durch eine Abwehrhaltung daran zu hindern zuzuschlagen, wurde als ›brutale Männergewalt‹ klassifiziert und auf einer Wandzeitung öffentlich angeprangert.« (386, 58–59)

Wenn der erste Schritt beim Erstellen eines Feindbildes die Projektion eigener Wünsche, Triebe und innerer Konflikte auf andere Personen ist, dann ist der zweite die Übertragung vereinzelter negativer Erlebnisse auf Dritte und schließlich auf die Allgemeinheit (207, 90). Auch hier scheint die innere Logik der Psyche so stark zu sein, dass jede Sachlogik gesprengt wird. Die These, dass einige wenige Vergewaltiger stellvertretend für eine ganze »Vergewaltigungskultur« des Mannes stehen, ist ungefähr so geistreich wie die Behauptung, ein vereinzelter libanesischer Messerstecher zeige, dass Deutschland vom Terror der Ausländer beherrscht werde. Viele von uns haben erkannt, dass das Wort »Ausländerkriminalität« einen rassistischen Unterton hat. Die meisten Ausländer sind gesetzestreu, und es gibt keinen Zusammenhang zwischen Nichtdeutsch-Sein und einer erhöhten Neigung zur Kriminalität. Was noch nicht so sehr erkannt wurde, ist, dass aus analogen Gründen ein Wort wie »Männerge-walt« *sexistisch* ist. Die allermeisten Männer sind friedliebend und verab-scheuen Gewalttätigkeiten. Nichtsdestotrotz wird der feministische Sexismus in zahlreichen Büchern als sozialpsychologische Erkenntnis ausgeführt.

Ein anderes Beispiel für eine falsche Verallgemeinerung bei Männern liefert die Psychologin Judith Sherven: »Es besteht immer noch eine Mythologie un-ter den Frauen, dass Männer die Macht haben, und wenn *du* männlich bist, dann musst *du* die ganze Macht besitzen. Da gibt es Schwierigkeiten, Männer als Einzelwesen zu sehen, die individuelle Leben getrennt von der Gesamtheit *Mann* führen.« (68, 13) Noch grotesker tritt dieser Glauben in Erscheinung, wenn eine Art Gesamtheit »Mann« über die Jahrhunderte und alle historischen und sozialen Umbrüche hinweg konstruiert wird. Man trifft in der Diskussion tatsächlich noch auf Positionen wie: »Erst haben die Kerle im Mittelalter die Mägde vergewaltigt, und jetzt wollen sie ein Umgangsrecht mit ihren Kindern einklagen!« Und die Schriftstellerin Erna Chamberlain behauptet: »Heute kön-nen einem die Männer beinahe leid tun. Aber vergessen wir nicht – sie haben es einige tausend Jahre sehr schön gehabt.«

»Der Mann soll büßen für alle seine männlichen Vorfahren, für all die männ-lichen Bestien, die die Frau nur als Anhängsel, Dienstmagd, Sexobjekt, Gebär-maschine etc. benutzt haben sollen.« (136, 17) Männerhass und »ausgleichen-de« Ungerechtigkeiten zugunsten von Frauen werden allen Ernstes bis zurück zur Hexenverfolgung gerechtfertigt. Da die wenigsten Menschen wirklich Ge-schichtskenntnisse besitzen, kann man da auch leicht ein wenig verzerren und dramatisieren. So ist z. B. kaum bekannt, dass ein Viertel der wegen Hexerei verfolgten Personen Männer waren und dass die genauesten Kalkulationen der Historiker von zwischen vierzig- und fünfzigtausend Opfern ausgehen. Femi-nistinnen wie Dee Graham, die da von »neun Millionen« sprechen, überschät-zen diese Zahl um gerade einmal knappe achtzehntausend Prozent (547, 175).

Diese Rhetorik passt allerdings in ein Gesamtbild, in dem das Männerge-schlecht an sich für alle Übel dieser Erde verantwortlich gemacht wird. Penis und Gewalt werden gleichgesetzt: »Da Frauen keinen Penis haben, können sie auch keine sexuelle Gewalt ausüben.« (386, 18) Sexueller Missbrauch ist nach dieser Logik eine von der gesamten Männerwelt gestützte Einrichtung, mit der junge Mädchen auf ihre zukünftige untergeordnete Rolle in der Gesellschaft vorbereitet werden sollen. Die triebhaften und zerstörerischen Männer sind ebenso biologisch determiniert wie die sanftmütigen Frauen, individuelle Un-terschiede gibt es nicht. Krieg wird als »männliche Massenejakulation« be-zeichnet. (362, 136-137). Die Umweltzerstörung gilt als »gigantische Verge-waltigung des Weiblichen« (386, 13). Es sei ja schließlich »*Mutter* Erde«! Dass Frauen konsumfreudiger als Männer sind und daher auch die größeren Müll-berge verursachen, lassen wir mal lieber schnell unter den Tisch fallen. Män-ner sind der Sündenbock der Menschheitsgeschichte, sie werden als geborene Schwerverbrecher einerseits entwertet und wegen ihrer angeblichen Teilhabe an der Macht gleichzeitig erhöht (386, 173). Sam Keen stellt in seinem Buch über die Entstehung von Feindbildern fest, dass auch bei den unterschiedlichsten Feinden – vom Ausländer zum Kriegsgegner oder Bewohner eines feindlichen Landes – immer dieselben Grundmuster wiederkehren. Der Feind wird imaginiert als Angreifer, als Barbar, als Verbrecher, als Folterer, als Vergewaltiger. All dies wird auch dem Mann als Charaktereigenschaften unterstellt. »Der Feind als Insekt« erinnert an Schlaffer und Benard, »der Feind als Tod« an Andrea Dworkin (240, 5). Auch die Annahme, bestimmte Gruppen in einer Gesellschaft müssten in einem geringeren Maße Triebunterdrückung leisten als andere, löst nachweisbar Hass, Neid und Feindseligkeit aus (386, 27). Da entstehen dann Klischeebilder vom »triebhaften Neger«, vom »promisken Schwulen« – oder eben vom »schwanzgesteuerten Mann«. Oft wird der Feind entgegen jeglicher Lebensrealität als wirtschaftlich bevorteilt gezeichnet, vom »reichen Juden« bis zum »betrügerischen Asylanten«. Dieselben Neidgefühle werden gegen Männer mobilisiert. Und wenn man dann noch dem Mann ein tiefergehendes Gefühlsleben abspricht, dann erfüllt das eine doppelte Funktion: Erstens erscheint er dadurch gegenüber der stärker empfindenden Frau minderwertig, zweitens emotional unverwundbar – was dazu führt, dass frau glaubt, sich auf dieser Ebene alle möglichen Attacken ohne Gewissensbisse leisten zu können.

Die Konstruktion von Feindbildern wären kein so beliebtes Mittel vieler politischer Gruppen und Bewegungen, wenn sie nicht eine Anzahl erkennbarer Vorteile mit sich bringen würden:

• die Abwehr von Unsicherheiten und Ängsten, indem für immer schwerer zu durchschauende Zusammenhänge ein Schuldiger gefunden wird, der nur noch »besiegt« werden muss,

• »die Möglichkeit der gesellschaftlich gebilligten Aggressionsabfuhr« (341, 21),

• die Möglichkeit, selbst moralisch und seelisch »sauber« zu bleiben und sich selbst zu überhöhen, indem alle negativen Gefühle auf den Feind projiziert werden,

• die Stärkung von Gemeinschaftsgefühl und Gruppenzugehörigkeit durch die Abgrenzung von einer äußeren Bedrohung.

Vor allem der letzte Punkt ist in der feministischen Bewegung nicht zu unterschätzen. Ein Mann, der einer Frau etwas antut, steht stellvertretend für alle Männer, die allen Frauen Gewalt zufügen. Das illustrieren am besten folgende Worte von Marilyn French: »Solange einige Männer körperliche Kraft anwenden, um Frauen zu unterwerfen, brauchen *alle* Männer das nicht zu tun. Das

Wissen, dass einige Männer das tun, genügt, um alle Frauen zu bedrohen. Abgesehen davon ist es nicht notwendig, eine Frau zusammenzuschlagen, um sie am Boden zu halten. Ein Mann kann einfach ablehnen, Frauen in gutbezahlten Jobs einzustellen, soviel oder mehr Arbeit von Frauen wie von Männern herauspressen, ihnen aber weniger bezahlen, oder Frauen respektlos am Arbeitsplatz oder zu Hause behandeln. Er kann sich weigern, ein von ihm gezeugtes Kind zu unterstützen oder verlangen, dass die Frau, mit der er lebt, ihn bedient wie eine Sklavin. Er kann die Frau schlagen oder töten, die er zu lieben behauptet; er kann Frauen vergewaltigen, ob Partner, Bekannte oder Fremde, er kann seine Töchter, Nichten, Stiefkinder oder die Kinder der Frau, die er zu lieben behauptet, vergewaltigen oder sexuell missbrauchen. *Die weit überwiegende Mehrheit aller Männer auf der Welt tut eines oder mehrere dieser Dinge.*« Die Hervorhebung im letzten Satz stammt von Marilyn French selbst. Eine Ikone der Frauenbewegung, wahrhaftig.

In seinem Lexikon über Verschwörungstheorien bezeichnet Robert Anton Wilson die hier verwendete Technik als sprachliche Hypnose: »Weil wir ›die Juden‹ oder ›die neue Weltordnung‹ oder ›das Patriarchat‹ sagen können, können wir auch glauben oder beinahe glauben, dass diese grammatikalischen Abstraktionen zur gleichen Art Realität gehören wie Basketbälle, bellende Hunde oder gebackene Bohnen.« Als Heilungsversuch gegen diese Form der Gehirnwäsche schlägt er die allgemeine Semantik Baron Alfred Korzybskis vor. Bei dieser Semantik wird nicht »das Blatt«, »der Jude« oder »der Mann« gesagt, sondern »Blatt$_1$«, »Blatt$_2$« und so weiter bzw. »Jude$_1$«, »Jude$_2$« et cetera. Ein feministisches Magazin wie die »Emma«, in dem nicht mehr von »dem Mann«, sondern von »Mann$_1$«, »Mann$_2$« und so weiter die Rede wäre, könnte seine eigene Verschwörungshysterie vom allgegenwärtigen, unterdrückerischen Patriarchat nicht lange aufrechterhalten (540, 13, 22).

Das Wissenschaftsmagazin »Geo« berichtete im Jahr 2000 von einer aktuellen repräsentativen Umfrage des Instituts für Demoskopie Allensbach, in der es unter anderem darum ging, das bei Deutschlands Frauen vorherrschende Männerbild zu ermitteln. Das Ergebnis war höchst aufschlussreich. Zwar konnte man über die Eigenschaften, die Frauen bei Männern generell wahrnahmen, zusammenfassen: »Fast alle herausragenden Konturen sind negativ.« Männern wurde von weiblicher Seite vorgeworfen, wehleidig zu sein, stur, egoistisch, großspurig, nörgelnd und untreu. Dieses Bild entpuppte sich aber sofort als völlig übersteigerte Karikatur, sobald diese Frauen nach konkreten Männern aus ihrem Bekanntenkreis gefragt wurden. Die durch Medien und politische Gruppen erzeugten Klischeebilder ließen sich nicht mehr aufrechterhalten. »Wehleidigkeit« beispielsweise wurde jetzt statt von 63 Prozent nur noch von 29 Prozent der Befragten als typisch männlich benannt, »Sturheit« schwand von 61 auf 36 Prozent, »Untreue« von 41 auf 14 Prozent. Fazit: »Frauen erleben Männer konkret als offenbar weniger untreu, sehr viel einfühlsamer und sehr viel zuverlässiger, als sie generell unterstellen.« Bedenklich ist, dass diese eigenen, persönlichen Erfahrungen an den sexistischen Vorurteilen der Frauen bislang nichts zu ändern scheinen (371, 56–57).

Marion Rave analysiert die politische Funktion des Feindbildes Mann folgendermaßen: »Radikale Frauengruppen, aber auch gemäßigte feministische Gruppen gewinnen in dem Maße an innerem Zusammenhalt, wie Männer übereinstimmend als Gewalttäter, Vergewaltiger, Naturzerstörer, auf jeden Fall minderwertiger als Frauen definiert und erlebt werden. Darin liegt auch eine historische Bedeutung des Feindbildes ›Mann‹, dass nämlich in der Mitte der 70er Jahre verschiedene, miteinander konkurrierende oder sich sogar bekämpfende Richtungen und Gruppierungen des Feminismus in diesem Feindbild wieder eine stabilisierende, einende und kämpferische Gemeinsamkeit fanden. ... Erst die drohende Auflösung der Frauenbewegung ... sorgte für ein erneutes Aufflammen des zuvor als reaktionär bezeichneten und abgelehnten biologischen Determinismus, der jetzt argumentativ von Frauen eingesetzt wurde.« (386, 32–34) Wenn Frauenministerin Bergmann also von der Unterlegenheit des Mannes aufgrund seiner Gehirnstruktur juchzt, dann ist dieses Argument nicht medizinischen Erkenntnissen, sondern politischen Erwägungen zu verdanken. Feminismuskritikerinnen stehen indes auch dem Feindbild Mann ablehnend gegenüber. Die Gründe dafür sind natürlich zunächst moralischer Natur. »Hass gegenüber einer anderen Menschengruppe zu kultivieren sollte ... bei Feministinnen genausowenig toleriert werden wie beim Ku Klux Klan.« (362, 158) Aber die Emanzipationsbewegung stolpert mit ihrer Propaganda auch über die eigenen Füße: »Emanzipation bedeutet Befreiung vom Feindbild, denn das Feindbild verhindert, einen Teil der eigenen Persönlichkeit als ›eigen‹ zu erkennen, zu akzeptieren und mit ihm umzugehen.« (386, 22) Konkret heißt das z. B., dass die Frau in ihrer selbstkonstruierten Opferrolle gefangen bleibt, dass sie aus Angst, sich ebenfalls »schuldig« zu machen, keine gesellschaftliche Verantwortung übernimmt, dass sie ihre eigenen Wünsche sowohl nach Passivität und Abhängigkeit, aber auch nach Aggressivität, Macht und lustvoller Sexualität nicht erkennt und dass sie generell ihre Energien bremst, um ihren »Schatten« nicht wieder in sich aufnehmen zu müssen (386, 20).

WARUM SIND DIE FRAUEN SO VERKORKST?

»Das macht mir überhaupt nichts aus, weil ich ja sowieso gewinn, weil ich ein Mädchen bin, weil ich ein Mädchen bin.«

Lucy van Org

Auf den letzten Seiten habe ich erklärt, nach welchen Gesetzmäßigkeiten das Feindbild Mann funktioniert und welche Vorteile es für manche Frauen hat. Unklar ist immer noch, woher es ursprünglich kommt. Welche psychologischen Wurzeln hat diese Weltanschauung, wonach Frauen Männer für sämtliches Unheil auf dieser Erde verantwortlich machen dürfen, aber jede männliche Kritik an Frauen als sexistisch ausgelegt wird?

»Eins rein, zwei zurück« – das ist das Lebensmotto, das Alice Schwarzer in einem FAZ-Fragebogen als das ihre angab. Bascha Mika versuchte in ihrer kritischen Schwarzer-Biographie, diese Einstellung des Austeilen-aber-nicht-einstecken-Könnens, das sie als typisch für die Frauenbewegung betrachtet, zu psychoanalysieren. Dabei griff sie auf Karen Horneys Klassiker »Der neurotische Mensch in unserer Zeit« zurück. Horney zufolge neigten vor allem Menschen, die »demütigende Kindheitserfahrungen« machen mussten, dazu, später andere herabzuwürdigen, reagierten aber besonders empfindlich, wenn sie selbst angerempelt würden (50, 48–62). Auch Alfred Adler bestätigte, dass vor allem Menschen, die sich im tiefsten Inneren als minderwertig empfinden, das starke Bedürfnis entwickeln, dieses Gefühl zu kompensieren, indem sie sich auf der Oberfläche als »überlegen« wahrnehmen und darstellen (405, 26). Noch einmal verstärkt wird dieser Mechanismus durch die Geborgenheit in einer Gemeinschaft: So kann »gerade das armseligste Mitglied einer Gruppe durch dieses Gefühl entschädigt werden, ›ein Teil der wundervollsten Gruppe der Welt‹ zu sein.« (207, 57) Hier könnte sich eine Antwort auf die Frage andeuten, warum so viele Frauen »vor dem Märchen-Spiegel an der Wand« stehen, »um sich zu versichern, dass sie die Schönsten, Schlauesten, Tapfersten seien« – und auch warum Abertausende von Büchern und Artikeln, die wieder und wieder diese eine Botschaft verkünden, immer noch nicht genug sind.

Kognitive Psychologen sind zu dem Schluss gelangt, dass eine vereinfachte Aufspaltung der Welt – z. B. in Opfer und Täter – ein Kennzeichen für einen noch nicht abgeschlossenen Reifeprozess ist. Wer solche Denkmuster vertritt, befindet sich auf einer Stufe zwischen den sehr einfachen Gedankenmustern der Kindheit und der komplexen und vielschichtigen Welt der Erwachsenen. Mit Klischees wie »Alle Männer sind Schweine« oder »Alle Mädchen sind Gänse« versuchen die Betreffenden außerdem, ihre eigene starke Abhängigkeit von Bewertungen des anderen Geschlechts zu kompensieren: »Ach, was wissen die schon! Die sind ja sowieso alle doof!« (412, 138) Es überrascht insofern nicht, dass zum Beispiel gerade die »Emma« nach eigenen Angaben von sehr jungen Frauen (ab Mitte zwanzig) gemacht wird und dass auch ihre Leserinnen »viel, viel jünger als der Bevölkerungsdurchschnitt« seien. Eine dieser jungen Leserinnen erklärt ihre Begeisterung für dieses Magazin folgendermaßen: »Nur ›Emma‹ gibt mir immer so recht. Das ist so ganz meins.« (106, 44–46) Hierin liegt vermutlich das Erfolgsgeheimnis der Frauenbewegung: In ihrer Geschlechtsidentität unsicheren jungen Frauen wird mitgeteilt, dass sie die Größten sind: »Sie sind schlauer ... aber bescheidener«, beschreibt »Emma« junge Frauen im Vergleich zu jungen Männern (118, 54–55). Vor Bewertungen des männlichen Gegenübers brauchen sie keine Angst zu haben, weil Männer ohnehin minderwertig und nicht urteilsfähig seien: »Die glotzen einem ja doch nur auf die Titten!« Die Angst vor der erwachenden Sexualität wird gleichzeitig umgeleitet in Kampagnen gegen Pornographie, Vergewaltigung oder Belästigung, die vollkommen irreale Horrorgemälde präsentieren.

Die mangelnde Nachweisbarkeit der vermeintlich allgegenwärtigen Sexualgewalt ist kein Hindernis für das Entstehen solcher Angstphantasien. In den USA wird mittlerweile von zahllosen Fällen berichtet, bei denen Frauen mit dem Sperma von Außerirdischen geschwängert worden seien; danach hätten diese Wesen die Föten herausgenommen (402, 231). Das Grundmuster ist hier dasselbe wie bei den Themen sexuelle Belästigung oder Kindesmissbrauch: Dass es keine Spuren gibt, ist egal, denn der »Feind« – Satan, Außerirdische, Männer – ist so übermächtig, dass er alle Spuren verwischen kann. Unterbewusst setzen solche Frauen Sexualität mit Aggression gleich, diese wiederum wird auf den Mann projiziert. In den USA bekämpft frau den Satan, in Deutschland Helmut Newton.

Auch Eva-Julia Fischkurt erkennt im Trivialfeminismus »eine Regression in eine infantil-egozentrische Haltung« (136, 53). Der Wunsch nach einem besonders frauenfreundlichen Staat oder einem Arbeitgeber, der Frauen bevorzugt behandeln solle, zeigt, dass viele Frauen dem Alter immer noch nicht entwachsen sind, in dem ihnen der Prinz versprochen wurde, der alle ihre Lebensprobleme löst. Dieser Prinz ist meistens allerdings der Ehemann als Versorger, von dem man sich, wenn man sich nicht angemessen befriedigt fühlt, aber auch wieder trennen und dabei Kasse machen kann. Gerade die Girlie-Generation der sogenannten »Bösen Mädchen« zeigt ein immer egoistischeres und verwöhnteres Rollenmuster. Auch dies wird durch »Loblieder auf schwierige Frauen« in Buchform verstärkt. Konfliktfähigkeit, Kompromissbereitschaft, Loyalität und andere Charakterzüge, die zum Aufrechterhalten einer erwachsenen Partnerschaft nötig sind, werden nicht mehr entwickelt. Drei Viertel aller Scheidungen werden inzwischen nach relativ kurzer Ehedauer von Frauen eingereicht – »was ihnen relativ leicht fällt, denn die Zeche bezahlt der Mann« (298, 26). Oder frau schafft sich statt eines Partners gleich nur ein Kind an, mit dem sie sich nicht gleichberechtigt auseinander setzen muss, sondern das sie beliebig formen kann.

Der Rückzug von der komplizierten und verantwortungsvollen Welt des Erwachsenenlebens wird Frauen als angenehm geschildert und nahegelegt. »Zahlen soll er, bis er wimmert«, empfiehlt »Cosmopolitan« geschiedenen Frauen. »Die Daumenschraube lässt sich lustvoll anziehen, immer gnadenloser.« Raffgier und Launenhaftigkeit werden auf diese Weise von den »Bösen Mädchen« zum Befreiungsprogramm erhoben. »Wie nur jedes verzogene Kind treten sie auf Schwache ein und sinken vor sich selbst bewundernd in die Knie.« (298, 27) Sie bearbeiten ihre inneren Konflikte nicht, sondern lenken sie nach außen. Auch das ist vielfach schon in der Erziehung angelegt: Jungen werden für belastbar gehalten, Mädchen müssen vor allem geschont werden. »Frauen ... haben es zu leicht. Das ist ihr Problem – und nicht etwa das Gegenteil, wie sie behaupten. ... Das Ergebnis sind jene jungen Frauen, die von jedem Mann erwarten, dass er die Drehtür für sie bewegt. Gleichzeitig wollen sie den Ton angeben.« (422, 21)

Der Familien- und Partnertherapeut Robin Skynner hält den Archetyp der militanten Feministin gar für einen emotionalen Pflegefall. Er begründet das damit, dass sie oft sehr unreife psychologische Mechanismen bemühe: »Du bist schuld«, »Papa ist schuld«, »Ich kann doch nichts dafür« ... (497, 386) An der Opferrolle wird verbissen festgehalten, weil die Frau mit ihr Zuwendung einfordern und Verantwortung für das eigene Tun ablehnen kann. Sie ist *keine* »böse Frau«, sie ist ein »*böses Mädchen*«! Was immer sie tut, muss mit Nachsicht behandelt werden: Schließlich handelt es sich bei ihr doch nur um ein verspieltes kleines Kind, ein Girlie ... Interessanterweise beschreiben auch die männlichen Opfer häuslicher Gewalt ihre Partnerinnen wie verwöhnte Kinder, die sich Tobsuchtsanfällen hingeben, wenn ihre Wünsche nicht augenblicklich erfüllt werden (251, 231).

»Dass Frauen vielfach ... grausamer als Männer sein können, ist bekannt«, behauptet die Autorin Joan Bitterman. Sie stellte im Laufe einer Untersuchung fest, »dass diese so selbstbewussten, ihren Egoismus auslebenden Frauen offenbar ständig Grenzen suchen und damit einem sehr infantilen Trieb nachgeben. Es geht ihnen darum, herauszufinden, wie weit sie beim Mann gehen können, ohne sich der Folgen bewusst zu sein.« (34, 159) Joan Bitterman verschickte hauptsächlich an die Teilnehmerinnen von Frauengruppen über 2000 Fragebögen, aus denen 968 Interviews entstanden. Interessanterweise bildete sich auch bei den vorgeblich aufgeklärten und emanzipierten Frauen heraus, dass 99,2 Prozent von ihnen zu ihren Partnern aufschauen wollten. »Sie erwarten nichts sehnlicher als den erfolgreichen Mann an ihrer Seite. Und sie tun alles, um dieses Wunschbild zu realisieren.« (34, 100)

Gesucht wird ein Mann, zu dem frau aufschauen kann und der ihr Grenzen setzt, mit anderen Worten: ein Vaterersatz. Auch deshalb ist es ein Fehler, sich von der feministischen Rhetorik vom Kampf gegen das »Patriarchat« täuschen zu lassen. Es ist nicht die *Übermacht* des Vaters, die den tatsächlichen Störfall darstellt, es ist seine *Abwesenheit*. Nur elf Prozent der Frauen beziehen ihre Männer aktiv in die Erziehung mit ein, alle anderen suchen Ratschläge lieber außerhalb der eigenen vier Wände, etwa bei guten Freundinnen (219, 191). Diese tiefe Ironie tritt vor allem bei den Leitfiguren der Frauenbewegung zutage: »Die beiden Hohepriesterinnen des Feminismus, Gloria Steinem und Germaine Greer, haben in ihrer Kindheit Beeinträchtigungen hinnehmen müssen, aber nicht etwa durch die Unterdrückung des Vaters, sondern durch seine Abwesenheit. Germaine Greer unternahm in ihrem Buch ›Vater, wir haben dich kaum gekannt‹ den Versuch, die Wahrheit über ihren Vater herauszufinden. Als Gloria Steinem zehn Jahre alt war, verließ der Vater die Familie, und die Tochter fand sich allein gelassen mit einer kranken und psychisch labilen Mutter, um die sie sich kümmern musste.« (497, 353–354) Es ist wirklich verblüffend, wie auffallend der Zusammenhang zwischen einem männerfeindlichen Feminismus und der eigenen Vaterlosigkeit oder zumindest eines gestörten Verhältnisses zum eigenen Vater ist: Constanze Elsner berichtet von sich, dass sie das versehentlich zustande gekommene Kind eines Mannes sei, den ihre Mutter verachtete (104, 133). Alice Schwarzer ist nach dem Krieg ganz ohne Vater aufgewachsen. Selbst die beiden in diesem Buch bereits zu oft zitierten Wiener Soziologinnen Schlaffer und Benard fordern im Titel eines ihrer Bücher: »Sag mir, wo die Väter sind«. Ebenso bemerkenswert ist, dass das Fehlen des Vaters die Entwicklung gerade der berüchtigtsten Despoten der Geschichte ungünstig beeinflusst zu haben scheint: »Napoleon war fünfzehn, als sein Vater starb. Hitler vierzehn, Stalin zehn. Die Väter von Napoleon und Hitler waren manchmal ganze Jahre abwesend. Der Vater Stalins verließ die Lebensgemeinschaft mit der Mutter, als der Sohn fünf war. Napoleon wurde mit neun Jahren von seinem Vater getrennt.« (473, 56)

Nun wird selbstverständlich nicht jeder, der ohne Vater aufwächst, zum zweiten Hitler – dann hätten wir doch sehr viele von dieser Sorte hier herumlaufen. *Dass* ein solcher Mangel sich oft negativ niederschlägt, wurde aber schon im Kapitel über die Familie ausführlich erörtert. Was hier von Interesse ist, ist die Auswirkung dieses Mangels auf das Verhalten von Frauen in ihren Beziehungen zu Männern. Sehr oft kommt es zu folgendem Problem: Frauen (wie natürlich auch Männer) haben das unbewusste Bedürfnis, ein Rollenverhalten, das sie schon aus ihrer Kindheit kennen und das ihnen daher vertraut ist, in die erwachsene Beziehung mit hinüberzunehmen. So kann es also durchaus geschehen, dass die betreffende Frau ausgerechnet die Männer zurückweist, mit denen sie eine reife Partnerschaft führen könnte, sich für die falschen entscheidet und ausgehend von ihren persönlichen Erfahrungen das verallgemeinerte Modell vom unterdrückenden Mann entwirft. Die feministische Leitfigur Gloria Steinem war noch mit Anfang 50 mit einem Mann zusammen, von dem sie misshandelt wurde (103, 61). Es war ihr offenbar nicht möglich, den gesellschaftlichen Kampf, den sie ausgetragen hatte, in ihrer eigenen Psyche und ihrer eigenen Beziehung zu gewinnen (bzw. die Beziehung abzubrechen, was vermutlich das Vernünftigste gewesen wäre).

Umgekehrt kam die Hamburger Psychotherapeutin Sigrid Steinbrecher in ihren Büchern »Die Vaterfalle« und »Die Sexfalle« zu dem Schluss, dass viele Frauen an ihren Männern in Wahrheit nur die Wutgefühle ausagierten, die sie für ihren Vater empfanden. Diese sei eine der Varianten, »die die weibliche Emanzipation den Frauen beschert hat: Sich einfach immer im Recht zu fühlen, zurecht gekränkt, zurecht beleidigt ... ja, wieso eigentlich? Zurecht den Mann vereinnahmt zu haben und nicht mehr die eigene Geschichte, die Vater-Falle, zu reflektieren? ... Es gibt immer mehr Stimmen, die behaupten, dass die neue Emanzipation der Frau einem Ego-Trip gleicht und ihre Selbstverwirklichung mehr mit Egoismus zu tun hat als mit Zärtlichkeit, Wärme und Menschlichkeit. Das neue Selbstbewusstsein der modernen Frau sei Rücksichtslosigkeit. So ganz abwegig scheinen diese Deutungen nicht ... Während sich Männer meist noch verhandlungsbereit zeigen, scheuen Frauen (wenn sie denn eine Position erreicht haben) oft vor gar nichts zurück. ... Ja, es gibt sie, diese Frauen, die die Emanzipation im Sinne eines Machtwandels genutzt haben. ... Es ist eine unangenehme Perspektive, sich vorzustellen, dass diese Frauen einmal die Welt beherrschen. Oder tun sie es bereits: Warten sie heute nur, hinter ihren Männern verborgen, auf den rechten Zeitpunkt sich zu zeigen?« (472, 72–73)

Auch Joan Bitterman kam bei ihrer Untersuchung zu dem Schluss, dass die neue Frau statt Partnern eigentlich Leibeigene suche. Sie bezeichnet das als »Kaputtmacher-Syndrom«: Beeinflusst von der ständigen trivialfeministischen Agitation nimmt sich die Frau alle Rechte, die ihr ihrer Meinung nach zustehen, und übersieht dabei sowohl ihre Pflichten als auch die Rechte des Mannes. Und Bitterman hat ziemlich genau analysiert, wie sich diese Einstellung herausbildet.

Am Anfang steht die Ausgangssituation, die ich bereits skizziert habe: Die von Bitterman befragten Frauen fühlten sich minderwertig, waren unzufrieden mit sich selbst und der Beziehung. Bei der Innenschau stießen sie auf erhebliche Defizite bei sich selbst. Diese Erkenntnis führte bei einigen beinahe in die Verzweiflung. »Vor allem dann, wenn die Frauen feststellten, nur schwer etwas daran ändern zu können. Weil sie sich der damit verbundenen Arbeit nicht gewachsen fühlten.« (34, 129). Sie schauten auf zu ihrem Partner, dem Vaterersatz. Ihm war daran gelegen, dass seine Partnerin mit sich ins Reine kam und ihre Selbstständigkeit fand. 98,8 Prozent der von Bitterman befragten Frauen betonten eindeutig, dass es ihre Partner waren, die sie darin bestärkten, sich zu emanzipieren (34, 80). Da die betreffenden Frauen es aber allein nicht zu schaffen glaubten, ihre Probleme zu bewältigen, suchten sie Selbsthilfe- und Selbsterfahrungsgruppen auf. Von dort, so Bitterman, »erwarteten sie sich Hilfe. Statt dessen wurden sie indoktriniert.« (34, 170)

Die Frauen machten sich gegenseitig klar, dass sie für ihre Probleme und ihr Verhalten überhaupt nichts konnten. Die wahren Ursachen waren ihr Umfeld, ihre Kindheit, ihre Erziehung. Dem war ja auch weitgehend zuzustimmen. Nur wurde der Entschluss, sich davon frei zu machen und an sich zu arbeiten, gerade *nicht* gefasst. »Am Partner muss gearbeitet werden. Ihn gilt es zu verändern. Ihn so anzupassen, dass er die Unzulänglichkeiten der Frau erträgt und möglichst sogar gut findet. Wird dieses Ziel erreicht, ist der Gipfel der Befreiung erklommen. Dann wurde auch gesellschaftlich etwas verändert.« (34, 129) An die Stelle der Erkenntnis der eigenen Unzulänglichkeiten wurde die Schuldzuweisung an den Mann gesetzt – die klassische Feindbild-Schiene. Dem Mann muss klargemacht werden, dass er »unsere Welt, unsere Beziehung und unsere Sprache verschmutzt. Dass deshalb böse und minderwertig ist, was von ihm kommt.« (34, 69) Es hat schon seinen Sinn, dass Frauengruppen, -gesprächskreise, -bibliotheken und ähnliche Einrichtungen fast ausschließlich als geschlossene Systeme arbeiten und Männern den Zutritt verweigern. Wenn der Kreis der Teilnehmer nicht auf Gleichgesinnte beschränkt ist, sind die Schwierigkeiten bei der gegenseitigen Selbstbestätigung zu groß. Bitterman: »Das erinnert an elitäre Debattierclubs, in welchen sich die Mitglieder permanent bescheinigen, wie gut sie doch sind, was aber von der breiten Masse nicht verstanden wird.« Inzwischen ist die ganze Gesellschaft ein solcher Debattierclub, und die verständnislose Masse wurde erfolgreich vereinnahmt.

»Natürlich haben sie es zugelassen, die Indoktrination oft begeistert aufgenommen«, schreibt Joan Bitterman über die Frauen, denen beigebracht wurde, die Schuld statt bei sich bei ihrem Partner zu suchen. »Sie konnten jetzt in eine neue, starke Rolle schlüpfen, und diese leben sie jetzt. Sie gibt ihnen etwas: Sie gestattet ihnen, das Aufarbeiten anderer, dem Ehemann/Partner zu überlassen, es von diesem zu fordern. Ausschließlich von ihm. Die Frauen haben in diesen Gruppen nicht diskutieren gelernt, sondern zu streiten und zu siegen.« (Bezeichnenderweise erschien im Jahr 2000 eine auffällige Zahl von Büchern mit – oft unfairen – rhetorischen Tricks und Finessen, die speziell Frauen dabei helfen sollten, in jeder Debatte speziell gegen Männer ihren Kopf durchzusetzen.) »Ihnen wurde kein Partnerschafts-, sondern ein Feindbild vermittelt. Auf Annäherungsversuche der Männer reagieren sie eher harsch, ihre Gesprächs- und Kompromissbereitschaft wurde eingeengt.« Mit der Einstellung »Wir können über alles reden, aber das wird an meiner Meinung nichts ändern« sei jeder sachlichen Auseinandersetzung die Basis entzogen (34, 169-170).

An die Stelle der Beseitigung von Ungleichheit durch politische, wirtschaftliche oder soziale Aktivitäten war die Veränderung des Mannes getreten. »Wobei ein erschreckend großer Prozentsatz darunter weniger eine Veränderung, sondern vielmehr eine Bestrafung des Mannes versteht.« Oder um mit »Cosmopolitan« zu sprechen: die Daumenschrauben lustvoll zudrehen. »Für diese

Bestrafung sind die Frauen bereit, zum Teil ganz erhebliche persönliche Einschränkungen und Belastungen hinzunehmen. Dieser durchaus selbstzerstörerische, masochistische Zug steigert sich proportional zur Emotionalität der Frau.« (34, 80). Es geht längst nicht mehr um Gleichberechtigung, sondern um Kontrolle. Was ja auch nur logisch ist: »Wer überzeugt davon ist, der bessere Mensch zu sein, will nicht mehr nur die Teilhaberschaft an der Macht, er will sie ganz. Mit dem einleuchtenden Argument, eine bessere Welt zu schaffen, Probleme besser zu lösen, Altlasten besser beseitigen zu können.« (34, 104)

Joan Bitterman zieht das Fazit, dass ihre Untersuchung im Ergebnis mit anderen Studien übereinstimmt: In Wahrheit seien in erster Linie die Frauen unfähig zur Aufrechterhaltung einer Partnerbeziehung. »Als Ursache hierfür sehen Forscher in aller Welt die steigende Tendenz zur Eigenliebe.« (34, 216) Früher wurden die von Bitterman beschriebenen »Kaputtmacher«-Frauen als Neurotikerinnen erkannt, heute erreichen sie dank Büchern wie Elizabeth Wurtzels »Bitch – Ein Loblied auf gefährliche Frauen« geradezu Kultstatus. Die trendbewusste Frau, die etwas auf sich hält, dreht sich allein um sich selbst und akzeptiert einen Partner höchstens als Erweiterung ihres Egos – wenn überhaupt. Auch das zeigte sich im Laufe der von Bitterman durchgeführten Interviews: »Gefragt nach dem Stellenwert des Partners/Ehemannes in einer intakten Verbindung/Ehe, wurde er von allen Interviewten ganz oben auf die Wertigkeitsliste angesiedelt. Und dann kamen die Einschränkungen. Die Wünsche nach Unabhängigkeit, der Möglichkeit zur freien Entfaltung, der Verwirklichung gesellschaftspolitischer Ziele, nach ›Frauenarbeit‹, ›Gruppenarbeit‹ etc. Um sämtliche Einschränkungen reduziert, rangierte der Partner/Ehemann nunmehr im unteren Drittel der Skala. Was alle Befragten sehr überraschte. Viele quittierten dieses Ergebnis mit unsicherem Gelächter, mit Verlegenheit.« Jedoch: »Der niedrige Stellenwert wurde akzeptiert, als folgerichtig hingenommen.« (34, 144–145)

Genau diese von Joan Bitterman skizzierte Entwicklung hat inzwischen von einzelnen Frauengruppen auf die Gesamtgesellschaft übergegriffen. Nirgendwo lässt sich das besser ablesen als bei den Neuerscheinungen auf dem deutschen Buchmarkt. In »Ich bin ein Miststück« schreibt Cornelia Dittmar unter der Überschrift »IHN erziehen«: »Haben Sie keine Angst, ihn zu disziplinieren und zu manipulieren.« (87, 209) Und im Kapitel »Männer zum Aussortieren« lernen wir, welche Partner für solche Frauen auf keinen Fall in Frage kommen – nämlich solche, die beim Ausgehen die Rechnung mit ihnen teilen wollen (»das ist zuviel Gleichberechtigung!«) oder die die Partnerin erziehen möchten (87, 179). Klare Botschaft des Buches: Für die moderne Frau ist Respekt vor dem Partner unnötig; Gleichberechtigung nur, solange frau dabei absahnen kann; was eine Frau sich herausnehmen darf, darf ein Mann noch lange nicht. Der Partner wird nur noch als Bedürfnis-Befriedigungsmaschine gesehen. Eine identische Aussage findet man in etlichen anderen Titeln auf der oben zusammengestellten Buchliste. Später kann man dann tiefgründig darüber diskutieren, warum so viele Ehen in die Brüche gehen und wie lange es wohl noch dauert, bis die Männer endlich lernfähig geworden sind. Dass Frauen an sich selbst arbeiten, statt ihren Partner nach ihren Wünschen umzubasteln, scheint kaum denkbar.

»Was heißt eigentlich Emanzipation?«, fragt Astrid von Friesen in der »Süddeutschen Zeitung« und zitiert als Antwort den Duden: »Befreiung aus einem Zustand der Abhängigkeit, Verselbständigung, rechtliche und gesellschaftliche Gleichstellung. ... Nirgends steht, dass die Opferhaltung dazugehört, dieses quengelige, nörgelige Kleinmädchengehabe mit Dauerflunsch wie bei Schwerpubertären.« Die heutige Frauengeneration sei die privilegierteste der Weltgeschichte. Von allen Seiten könnten junge Frauen hören, wie großartig sie doch seien. Überall böten sich Unterstützungen und Förderungen, die speziell auf sie zugeschnitten sind. »Warum also entsteht keine neue Frauenpower? Nur dieses Zierpuppengehabe, diese Menschenverachtung in Richtung Männer?« Ein besonders wunder Punkt ist das Thema Partnerschaft. »Das Sample-Institut hat herausgefunden: Rund 90 Prozent der Frauen haben ein geringes oder gar kein Interesse an den Vaterqualitäten eines Mannes. Wichtiger ist es 39 Prozent, dass Männer gut aussehen, und 12 Prozent, dass sie reich sind.« (515) Die Mehrheit bevorzugt also die Oberfläche – was unweigerlich dazu führen wird, dass immer mehr Beziehungen kaputtgehen, immer mehr Frauen sich wie selbstverständlich als Opfer fühlen und Ministerin Bergmann immer größere Summen in ihre Richtung pumpen wird.

Der Geschlechterkonflikt sei unausweichlich, stellt Joan Bitterman fest. Einerseits wollen die »starken Frauen von heute« einen Mann zum Verändern, einen, an dem sie herumbasteln können: »eine Art Barbie-Puppe von Mann.« Andererseits sehnen sie sich nach dem Partner, zu dem sie aufschauen können. Der aber lässt sich nicht manipulieren, ein Bedürfnis schließt die Erfüllung des anderen aus. Dieser Konflikt überträgt sich auf die Kinder: »Über 39 Prozent der Frauen beklagen, dass ihre Kinder Bettnässer sind, Sprachstörungen haben oder andere Defekte, die ganz eindeutig auf schwerste psychische Belastungen deuten.« Das ursprüngliche Problem der Frauen wird nicht bearbeitet und gelöst, sondern an die nächste Generation weitergegeben. Bitterman sieht die Kinder dem gleichen Wechselbad der Gefühle von ihren Müttern ausgesetzt, die diese gegenüber ihren Partnern zwecks Umerziehung anwenden: »Psycho-Zuckerbrot und Psycho-Peitsche«, wie sie es nennt (34, 131). Zum Schluss sind sie alle unglücklich: Die Kinder, die Männer und nicht zuletzt die Frauen selbst.

WARUM SIND DIE MÄNNER SO VERKORKST?

»Tief in seinem Innern weiß jeder Mann, dass er ein
wertloser Misthaufen ist.«

Valerie Solanas

»Die Frauen haben die Basis für das gemeinsame Altwerden zerstört«, behauptet
Joan Bitterman, »und die Männer ließen es zu. In der irrigen Annahme, pro-
gressiv, aufgeschlossen, einfühlsam, entgegenkommend, nachsichtig gewesen
zu sein.« (34, 206) Den Männern sei nicht einmal klar, wie überlegt manche
Frauen bei ihren Winkelzügen vorgingen: »Sie planen den Streit, üben ihn in
Rollenspielen in ihren Gruppen, lernen alles über ihren Gegner/Partner/Mann.
Es ist verwunderlich, dass sie dieses Wissen nicht sinnvoller einsetzen. Für eine glückliche Ehe/Partnerschaft zum Beispiel. Für eine Harmonisierung ihres
Verhältnisses zum Mann. Für eine Vertiefung der Beziehung. Dabei geben sie
vor, genau das zu wollen. Sie tun aber das Gegenteil. Und keiner der Männer
ahnt, dass alles, was er sagt oder tut, gegen ihn verwendet wird. Die befragten
Männer glauben nicht einmal, dass dem so ist. Sie vertrauen vielmehr darauf,
dass es sich oftmals einfach nur um Missverständnisse handelt, sie weigern sich
schlicht an eine nie ausgesprochene Kriegserklärung zu glauben, können sich
nicht vorstellen, bekämpft zu werden. So haben Kaputtmacher-Frauen ein leichtes Spiel.« (34, 181)

»Männer wollen geliebt werden«, konstatiert Luise Mandau. »Werden sie jedoch von ihrer Frau nicht geliebt, nehmen sie das nicht zur Kenntnis. Sie biegen sich ihre eigene Wahrheit zurecht, bis sie glauben können, dass sie geliebt
werden. Wie sonst sollten sie damit umgehen, ein Leben lang zu arbeiten, das
Geld nach Hause zu tragen, damit Frau und Familie ein sorgenfreies Leben
führen können?« (288, 50) Vor allem verbiegen sich Männer auch allzu bereitwillig selbst, um diese Zuneigung doch noch zu gewinnen. Dass Frauen
schon auf nonverbaler Ebene eine ganze Reihe von Mitteln zur Verfügung steht,
unerwünschtes Verhalten von Männern zu sanktionieren, stellt auch die Paar-
therapeutin Sigrid Steinbrecher fest. Sie zählt dazu:

- desinteressiertes Zuhören,

- gelangweiltes Übergehen,

- Stirnrunzeln,

- Kopfschütteln (auch im Blickkontakt mit anderen Frauen),

- Ausdruck des Nichtverstehens (gespielt oder echt; 472, 182).

All dies sind natürliche Petitessen – wenn sie auch im umgekehrten Falle feministische Sprachwissenschaftlerinnen wie Trömel-Plötz als »Ausdrucksformen nonverbaler Gewalt gegen Frauen« einstufen würden. Aber Steinbrecher greift hier etwas heraus, was in der Geschlechterdebatte bislang kaum thematisiert wurde, nämlich dass Frauen Meisterinnen der passiven Aggression sind. Und sie haben damit Erfolg – behauptet zumindest der Maskulist und Beziehungstherapeut Warren Farrell: »Die meisten Männer ... haben Angst, sich mit Frauen auseinanderzusetzen, weil sie sich panisch davor fürchten, die Frau könnte sich zurückziehen – weil Frauen ihrerseits es gelernt haben, den Mann mit Liebesentzug zu bestrafen. ... Männer werden eine neue, innere Stärke entwickeln müssen und den Mut, den Verlust von Liebe zu riskieren. Vorher ist wirklich tiefe Liebe sowieso nicht möglich. Und sie müssen außerdem lernen, um Hilfe zu bitten. Für Männer ist das ein evolutionärer Schritt.« (169, 127)

Statt dessen kommen Männer unter dem ständigen Trommelfeuer von Frauen, Medien und Therapeuten zu dem Eindruck, dass allein *sie* es sind, die sich verändern müssen. Aber: »Was sie auch tun und wie sie auch sind, irgendwie ist es immer falsch, schlecht oder ungenügend.« (552, 12) Das ist kein Wunder, denn der heutige Mann sieht sich einer ständig wachsenden Zahl von *double binds* ausgesetzt. Zu deutsch: Er steckt vielfach in der Zwickmühle. Es werden zwei entgegengesetzte Handlungen von ihm erwartet, und *beide* erweisen sich daraufhin für ihn als falsch:

- Der Mann hat die Frau über staatliche Leistungen bei ihrem Vorankommen zu unterstützen. Sobald der Geldstrom weniger wird, ist die feministische Klage groß. *Andererseits* »bewiesen« feministische Professorinnen wie Ute Gerhard, dass Sozialleistungen für Frauen in Wirklichkeit männliche Instrumente weiblicher Domestizierung darstellen (474, 235).

- Wenn Familienväter sich zu stark dem Beruf widmen, werden sie als Workaholics und Rabenväter diffamiert, die nie Zeit für Kinder und Partnerin haben. *Andererseits* wird von ihnen verlangt, die Karriere am Laufen zu halten. 80 Prozent der Ehefrauen reagieren auf einen Knick in der beruflichen Laufbahn mit massiven Vorwürfen (473, 183). Und einer Umfrage des Gewis-Instituts zufolge gaben 41 Prozent der Frauen ihren Partnern sogar den Laufpass, wenn sie erfolglos waren (87, 224).

• Einerseits – wie gerade gesehen – lernen Männer, dass sie nur erotisch anziehend und als Ernährer der Familie tragbar sind, wenn sie sich nach oben boxen und viel Geld verdienen. *Andererseits* sollen sie auf den obersten Sprossen der Karriereleiter natürlich Platz für Frauen machen. Alles andere wäre ja auch sexistisch.

• Die Beschützer- und Ernährerrolle für Frauen zu übernehmen ist sexistisch, weil dies Frauen im Stadium der Abhängigkeit belässt. *Andererseits* ist es frauenfeindlich, diese Aufgabe zu verweigern. Diese Doppelbotschaft wird mittlerweile immerhin vom weiblichen Geschlecht erkannt: »Das ist eine typische Frauenreaktion. Wenn ich ein Kind bekäme und ein, zwei Jahre zu Hause bliebe, würde ich unerträglich werden. Ich würde denken: Du Schwein, du arbeitest, du hast Spaß, und ich muss mich um dein Kind kümmern. Ich glaube aber, dass es genauso schwierig für mich wäre, wenn der Mann zu Hause bliebe. Dann würde ich denken: Der hat es gut, und ich schleppe das Geld an. Es ist ein Frauen-Privileg, sich immer in der Opferrolle zu fühlen.« (527, 205)

• Dieses Muster beginnt bereits bei den ersten Verabredungen, wie Cathy Young feststellte: Wenn er nur seine Hälfte der Rechnung zahlt, ist er geizig, zahlt er beide, ist er ein Chauvinist (547, 230).

• Wenn ein Mann einer von ihm geschwängerten Frau zu einer Abtreibung rät, ist das natürlich rücksichtslos gegenüber der Frau. Ihr das Gegenteil zu raten, ist sexistisch, weil es die Frau in die traditionell-reaktionäre Mutterrolle drängt. Sich herauszuhalten hieße, seiner Verantwortung nicht gerecht zu werden und die Frau mit dieser schwierigen Entscheidung alleine zu lassen. Letztlich steht es ihr frei, mit dem Nachkommen des Mannes zu machen, was sie möchte – aber *er* wird den Unterhalt zahlen müssen.

• Was soll ein Mann auf die Frage antworten, ob Kinder zu ihrer Mutter gehören? Ja? Also wirklich – die Frau auf die Mutterrolle festlegen, typisch! Nein? Dann hören Sie sich mal an, welche Argumente Frauen bei Scheidungsverfahren so vorbringen.

• Einerseits merken Männer, dass sie vor allem dann sexuell attraktiv wirken, wenn sie aggressiv, durchsetzungsstark, verwegen und generell dominant auftreten. Dass sich Frauen weltweit immer noch nach solchen Eigenschaften die Finger lecken lassen und die »Weicheier« und »Softis« links liegen lassen, wurde ebenfalls von Verhaltensforschern erwiesen (20, 74). Andererseits wachsen Männer in einem Umfeld auf, das ihnen immer wieder eintrichtert, wie anrüchig und »macho« solche Eigenschaften seien, so dass sie sie nicht auf angemessene Weise entwickeln können. Männer erfahren, dass Frauen von ihnen verlangen, sich zu öffnen, sich aber von Männern abwenden, die das tun, weil diese plötzlich »keine Herausforderung« mehr darstellen.

• Dieses Dilemma verschärft sich noch einmal im Bett: Aggressiver, fordernder Sex von Männern wird von feministischer Seite als »zwanghaftes Koitieren« diffamiert, das »wenig mit Lust und viel mit Macht zu tun habe« (so Alice Schwarzer und etliche Anhängerinnen). *Andererseits* wird Männern gesagt, dass einfühlsame Zärtlichkeit »keine Frau mehr zum Erröten bringt«. Sexistisch ist dies sowieso, denn solchen Männern falle nichts anderes ein, »als bei den Frauen alles abzugucken. Und das hat zur Folge, dass sie den Frauen nun alles wegnehmen.« (294, 21) Es ist wirklich nur noch als pervers zu bezeichnen, wenn in unserer Gesellschaft von Frauenseite mit demselben Nachdruck einerseits jegliche sexuelle Aggression verteufelt und kriminalisiert und andererseits geklagt wird, es gebe keine richtigen Männer mehr.

• Gewalt gegen Frauen ist natürlich sexistisch. *Keine* Gewalt gegen Frauen überraschenderweise auch, denn diese Haltung könnte unterstellen, dass Frauen als Menschen zweiter Güte nicht satisfaktionsfähig seien (399, 100).

So kommt es, dass immer mehr Männer mit Frauen fertig werden müssen, die die verschiedensten Rollen, etwa »Opferlamm«, »böses Mädchen« und »Prinzessin«, wie selbstverständlich miteinander vereinen. Motto: »Da ich als Frau im Mittelalter millionenfach verbrannt worden bin, habe ich jetzt geradezu die Pflicht, mich asozial aufzuführen. Übernimm du doch bitte so lange die Rechnung – wir wollen es mit der Gleichberechtigung mal nicht übertreiben, hihi.«
Susan Jeffers schildert die Situation eines mit ihr befreundeten Ehepaares: »Sie findet es wichtig, zu Hause bei den Kindern zu sein, statt Geld zu verdienen und damit zum Haushaltsunterhalt beizutragen. Deshalb steht er unter einem großen finanziellen Leistungsdruck. Nichtsdestoweniger beschwert sie sich über die vielen Stunden, die er zu arbeiten hat und lässt ihn (und ansonsten jedermann) wissen, dass sie sich über seine häufige Abwesenheit ärgert. Er bemüht sich verzweifelt, es ihr recht zu machen und lässt nichts unversucht. Er hat noch nicht erkannt, dass er es ihr in Wahrheit nicht recht machen kann, aber eines Tages wird sich diese Erkenntnis bei ihm durchsetzen, und er wird sie verlassen. Und ihre Freundinnen werden fortan immerzu die Geschichte hören, wie ›böse‹ ihr dieser Mann doch mitgespielt hat, für den sie doch so vieles in ihrem Leben aufgegeben hatte.« (225, 107) Und während der Mann das Geld verdiente, wird Jeffers Freundin bereits ihren ganzen Familien- und Bekanntenkreis auf ihre Seite gebracht haben. Es ist kein Wunder, dass Männer verstört sind. Die allermeisten von ihnen könnten sehr wohl in einer Welt funktionie-

ren, in der sie die traditionelle Beschützerrolle innehätten, und sie könnten ebenso gut in einer Welt funktionieren, wo sie mit Frauen auf einer Stufe stünden – was Rechte *und* Verpflichtungen angeht. Was sie krank macht, ist, dass Frauen es mit der Emanzipation offenbar nicht ernst meinen und sich aus beiden Welten das Beste herauspicken, um für Männer das Schlechteste übrig zu lassen. Sie kommen auch nicht damit zurecht, »dass Frauen behaupten, sie wollten die eine Sache, aber mit der anderen ins Bett gehen« (68, 94). Wenn sie sich öffnen, Schwäche, Gefühle, Tränen zeigen, sich »aus überholten Verhaltensmustern lösen«, dann müssen sie feststellen, dass sie abgelehnt oder ins Lächerliche gezogen werden oder dass Frauen anfangen, Spielchen mit ihnen zu treiben. »Ihr Spielzeug lassen sich diese Frauen nur ganz selten wieder wegnehmen.« (34, 186) Oft, vor allem, wenn sie Frauen kritisieren, müssen sie feststellen, dass nicht ihre *Gefühle* gefragt waren, sondern ihre *Zustimmung* (130, 30). Also beginnen sie wieder zu mauern, ihre eigenen Probleme als »lächerlich« abzutun, sich souverän zu geben. Sie überspielen, lassen sich nichts anmerken, ziehen sich zurück – und werden damit genau zu jenem misstrauischen, ichbezogenen, beziehungsscheuen Charakter, den der Feminismus immer kritisiert hat (34, 177). *Oder* sie werden durch die pauschalierten Vorwürfe so lange gereizt, bis sie sich tatsächlich in Aggression flüchten und damit »beweisen«, dass diese Vorwürfe zutreffen: »ICH SCHREIE NICHT!!« (34, 115). *Oder* sie versuchen ihre männliche Seite, ihre vermeintlich schlechten Eigenschaften, ganz zu verdrängen – und wo solche Schatten landen, wissen wir ja aus dem Kapitel über Feindbilder (294, 50).

Prinzipiell versucht der Mann zur Jahrtausendwende nichts anderes, als jedem Rollenbild hinterherzuhechten, das ihm die Frauen gerade vorgeben. Sie klagen, er sei im typischen Klischeedenken befangen und unterdrücke sie, indem er ihnen die Hausarbeit aufzwänge. Kaum wird er zum Hausmann, muss er feststellen, dass seiner Liebsten ein Mann, der kocht, putzt und wäscht grauenvoll unerotisch vorkommt – solche Frauen sind nämlich die eifrigsten Beschwerdeführerinnen bei Eheberatern (497, 153). Er ist für die Gleichberechtigung, da werden die Zeiten plötzlich härter, und prompt suchen 74 Prozent der Frauen wieder den »männlichen Beschützer« und 63 Prozent den »pflichtbewussten Ernährer« (139, 177). Er lässt sich davon überzeugen, nicht länger so triebhaft, grob und schwanzgesteuert zu sein, da fordern sie alle den Macho. Eva Strasser: »Die Frauen von heute wollen keine Softies, Schlaffis und andere Zombies mehr: Sie fordern wieder Männer, die sie aufs Kreuz legen.« Die Frauenzeitschrift »Petra« sekundiert: »Sie packen zu. Sie sind rau. Sie sind aggressiv und pfeifen auf freundliche Umgangsformen. Rücksichtsvoll sollen andere sein. Auch beim Sex sind sie alles andere als zimperlich. Sie können sogar demütigend gemein sein.« Der Sex mit ihnen mache mehr Spaß, lässt das Magazin eine 27-jährige Jurastudentin ausführen: »Ich bin zwar der Ansicht, dass die Gleichberechtigung erst noch durchgesetzt werden muss. Aber nicht im Bett. Im Bett will ich beherrscht werden.« (209, 278)

Was natürlich Nonsens ist: Wer vorgibt, wie sich der andere zu verhalten hat, wird nicht »beherrscht«. Statt dessen ist es der Mann, dessen eigene Bedürfnisse hier zu kurz kommen. Statt dessen hechelt er von Schablone zu Schablone. Er hat attraktiv und charmant zu sein, ein ebenso zärtlicher wie dominanter Liebhaber, gleichzeitig emanzipierter Hausmann und erfolgreich in der Karriere, ein guter Vater und perfekter Handwerker und und und ... (212, 227). Wenn Männer die Rolle der eierlegenden Wollmilchsau nicht erfüllen, wirft frau ihnen vor, von der Emanzipation offenbar überfordert zu sein.

Das ist zwar praktisch, weil es in gewohnter Weise dem Mann die Schuld zuschiebt, aber es verschärft die Krise nur. Inzwischen stellen Mediziner bei Männern immer mehr sexuelle Störungen fest, von seelisch bedingter Impotenz und vergleichbaren Erektionsschwierigkeiten über vorzeitige Ejakulation bis zu einer allgemeinen Lustlosigkeit (209, 258). Na gut, dann sind wir eben alle unzufrieden, aber wenigstens auf emanzipierte Art und Weise.

Die Feministin Alison Jaggar, Präsidentin eines US-amerikanischen Komitees zum Status der Frau, verkündete in ihrem Essay »Sexuelle Unterschiede aus theoretischer Sicht«, dass Feministinnen darauf bestehen sollten, »beide Wege zu nutzen«. Manchmal sei es vorteilhafter, das Ziel zu erreichen, indem man das Geschlecht außen vor lasse, ein andermal durch das Gegenteil. Es lasse sich gut damit leben, mit Widersprüchen zu liebäugeln (548, 1). Die männliche Irritation über dieses verquere Denken ist dabei durchaus beabsichtigt, auch wenn nicht jede Feministin sich so offen dazu äußert wie in einem Artikel Jessica Morgan. Sie bezeichnet diese Taktik als »kreativen Feminismus«. Morgan empfiehlt ihren Leserinnen »eine Kombination aus feministischen Idealen und den Vorteilen, die sie als Frauen haben«, um ihre Ziele durchzusetzen: Sie sollten auf den Feminismus zurückgreifen, wenn sie sich sexuell belästigt fühlen, aber auf ihre Weiblichkeit, wenn sie durch Sex-Appeal vorankommen können. Sie sollten sich Männern nicht fügen, sich aber auf sie verlassen, wenn sie Hilfe brauchen. »Also sind die Männer verwirrt, und ich sage: gut! Je verwirrter sie sind, desto einfacher sind sie zu manipulieren ... Je einfacher sie zu manipulieren sind, um so wahrscheinlicher ist es, dass wir bekommen, was wir wollen – was immer das ist.« (547, 7)

Der einfachste und vielversprechendste Weg, Männer zu manipulieren, dürfte immer noch im Erzeugen von Schuldgefühlen bestehen. Erstens sind Männer von ihrer Mutter her gewohnt, dass eine Frau beurteilt, ob ihr Verhalten »gut« oder »schlecht« ist. Zweitens sind Männer traditionell in der Position, in der ihnen die gesellschaftliche Verantwortung zugeschoben wird. Mit den größeren Anforderungen steigt natürlich auch die Gefahr, diese Erwartungen nicht zu erfüllen und zu versagen (405, 54). Der Männerforscher Herb Goldberg spricht hier von einem »eingebauten Schuldkomplex«: Da der Mann glaubt, »dass er immer dominant sein und die Dinge fest im Griff haben muss und dass er beim Sex immer der Initiator sein muss, fühlt er sich meistens auch dafür verantwortlich, wenn es Schwierigkeiten gibt. Ihr dagegen ist Unrecht getan worden, und doch ist sie geduldig, verständnisvoll und verzeihend. Dieser eingebaute Schuldkomplex ist dafür verantwortlich, dass es ein nie versiegendes Potential für Selbsthass und negative Gefühle im Mann gibt, und militante Feministinnen haben das immer wieder geschickt ausgenutzt, wenn sie den Mann als sexuellen Ausbeuter und Chauvinistenschwein dargestellt haben. ... Männer sind vielleicht die letzte Gruppe in unserer Gesellschaft, die man ganz offen und ohne auf viel Widerspruch zu stoßen mit negativen und verletzenden Klischees belegen kann.« (171, 93)

Denise Winn beschreibt in ihrem Buch über Manipulationstechniken von totalitären Organisationen das Erzeugen von Schuldgefühlen beim politischen Gegner. Vage, ungreifbare Schuldgefühle sind bei jedem von uns unter der Oberfläche unseres Bewusstseins vorhanden und können nur allzu leicht aktiviert werden. Wenn ein Gast sich unhöflich benimmt, suchen viele Gastgeber die Schuld bei sich selbst. Wenn jemand auf einen Brief keine Antwort bekommt, glaubt mancher Verfasser weniger, dass der Empfänger schreibfaul oder nachlässig ist, sondern dass sein Brief in irgendeiner Weise verletzend gewesen sein muss. Der geschickte Manipulator braucht solchen unklaren Schuldgefühlen nur noch Form zu geben. Winn: »Der Mann weiß, dass er sich *irgend etwas* schuldig gemacht hat. Er ist schuldig, sexuelle Wünsche zu haben, die mit den Erfordernissen des Lebens in einer zivilisierten Gesellschaft oder mit den moralischen Werten, die man ihm beigebracht hat, in Konflikt stehen. Der Gedanke oder die Handlung kann verstandesgemäß angegangen werden, aber nicht die Schuld, die weiter unter der Oberfläche nagt. Weil er sich nicht länger an den Grund seiner Schuldgefühle erinnert, nimmt er an, weil er Schuld empfindet, sei er dessen schuldig, für das er angeklagt wird.« (542, 89–90) Ein Mann, der Erektionsstörungen hat, kann sich also zum Beispiel fragen, ob dies ein Symptom für seine latente Feindseligkeit gegenüber Frauen im Allgemeinen ist, ob ihn die Emanzipation überfordert, ob er seine Frau bestrafen möchte oder ob er ein verkappter Homosexueller ist (171, 96–97). Mit der Masche, Schuldgefühle einseitig bei Männern hervorzurufen, verdienen viele Firmen inzwischen ihr Geld. »Du hattest unrecht. Ruf sie an«, wirbt beispielsweise eine Telefongesellschaft. (500, 1; *Einmal* möchte man einen Slogan lesen wie »Du hattest unrecht. Ruf *ihn* an.« Undenkbar!) Die Taktik insbesondere von totalitären Systemen ist nun, der angeklagten Person klar zu machen, deren Schuldgefühle seien durch ihre falsche Ideologie verursacht: »Bekenne dich zu unserer neuen Ideologie, und du bist von all deinen Schuldgefühlen befreit!« (542, 91)

Auf diese Weise lässt sich die extreme Überidentifikation erklären, die manche Männer mit der feministischen Propaganda eingehen. »Viele Männer, die in den sechziger und siebziger Jahren mitten in der Hochphase der Frauenbewegung großgeworden sind, können mit Frauen nur in Verbindung treten, indem sie ausschließlich deren Seite sehen«, erklärt die Psychotherapeutin Laurie Ingraham. Sie vergessen dabei völlig, dass sie auch ihre eigene Position haben (275, 24). Erin Pizzey stimmt zu: »Ich weiß, dass es große Probleme mit unseren jungen Männern gibt. Seit den letzten 30 Jahren wird in den Medien und in den Schulen gegen sie gearbeitet. Diese jungen Männer sind von oberflächlicher feministischer Rhetorik geprägt worden, die ihnen einredet, sie seien Vergewaltiger und Schläger.« (371a) In einem gigantischen Umschlageffekt geriet alles, was zuvor positiv an Männern bewertet wurde, plötzlich zum Negativen: Kampfgeist wurde zu zerstörerischer Aggression, Ehrgeiz zu Karriereversessenheit, Autonomie zu Beziehungsflucht, Heterosexualität wurde als »Unterdrückung durch Penetration« diffamiert. »Therapeutische Erfahrungen insbesondere mit von der Frauenbewegung beeinflussten Mittelschichtmännern zeigen, dass diese vielfach unbewusst männliche Sexualität mit Gewalt und Zerstörung identifizieren und deshalb nur noch schwer ein positives Verhältnis zu ihren männlichen Potenzen (sexuellen wie sozialen) entwickeln können.« (46, 13)

Inzwischen ist in allen Schichten außer der untersten statt der lange verschrienen männlichen Doppelmoral, sich Freiheiten zu nehmen, die man der Frau nicht zugesteht, eine entgegengesetzte Tendenz zu beobachten: Die Männer gestehen ihren Partnerinnen mehr Freiheiten zu, als sie sich selbst gestatten (209, 90). Laurie Ingraham beschreibt eine Konferenz von Therapeuten, an der sie teilgenommen hatte: Die Männer saßen stumm da, während die Frauen, die die Veranstaltung leiteten, herabwürdigende Kommentare über das vermeintlich stärkere Geschlecht machten, die vom Gelächter des vorwiegend weiblichen Publikums begrüßt wurden. Ingraham: »Es ist einfach *in*, Frauen bei allem zu unterstützen, egal, was es ist.« (362, 150) Herb Goldberg berichtet von einer Filmvorführung, in der sämtliche Männer als furzende, rülpsende und laut grunzende Penisse dargestellt wurden. Die Zuschauer, außer Frauen auch viele »liberale« und »aufgeklärte« Männer, brüllten vor Vergnügen. Goldberg: »Wenn man irgendeine andere Gruppe auf eine solch negative und feindselige Weise dargestellt hätte, dann hätte man voller Empörung den Film unterbrochen.« (171, 96) Etliche männliche Autoren von Winfried Wieck bis Volker Elis Pilgrim lassen in ihren Bänden kein gutes Haar an ihren Geschlechtsgenossen und versuchen nachzuweisen, dass die Hälfte der Erdbevölkerung im Grunde eine gigantische Fehlbesetzung ist (316, 45).

Daphne Patai bezeichnet diesen neuen Typus, der sein mangelndes Selbstwertgefühl gerne auf sein ganzes Geschlecht ausbreiten möchte, treffend als »kriecherische Männer«. Ein weiteres Beispiel dafür ist der amerikanische Autor John Stoltenberg mit Büchern wie »Refusing to Be a Man« (»Mannsein verweigern«) und »The End of Manhood« (»Das Ende der Männlichkeit«). Eine seiner Erkenntnisse lautet etwa: »Nichts ist weniger ein Instrument der Ekstase und mehr ein Instrument der Unterdrückung als der Penis.« Ebenso bezeichnend ist seine bunte Liste »Zehn Wege, deine ins Wanken geratene Männlichkeit vorzutäuschen«: »Glaube an einen Macho-Gott. Beginne einen Krieg. Vergewaltige jemanden. Lynche oder vergase jemanden. Zwinge jemanden, einen Kind auszutragen. Wichs zu einem Bild, auf dem jemand verletzt wird. Wichs in jemanden, den du verletzt. Schlage oder missbrauche ein Kind. Hinterlasse Unordnung. Lache über den Witz eines Kerls.« Ja, so sind wir Männer. Lachen über Witze und vergasen Leute. Ebenso bedingungslos der feministischen Ideologie angeschlossen hat sich der Journalismusprofessor Robert Jensen. Nach der »Erkenntnis«, dass Sexualität immer patriarchal und frauenunterdrückend ist, beschloss er, diese Beschäftigung gänzlich aufzugeben. Selbst eine versuchte Konvertierung zur Homosexualität konnte ihn nicht retten, weil er auch sie »von patriarchalen Werten verschmutzt« befand. Dasselbe galt, so stellte er fest, für Selbstbefriedigung, die ebenfalls nur von patriarchalen Phantasien angetrieben wurde. Im Augenblick hat er sich Impotenz als Ziel gesetzt, denn wenn Erektion verhindert werde, »wird etwas Neues ermöglicht.« (362, 150-156).

Alles in allem stellt sich der übliche Mechanismus ein: Indem Männer entweder beziehungsflüchtig werden, von einer Rollenvorgabe zur anderen hechten, ohne ihre eigene Identität zu finden, oder selbst Psychopathien fraglos übernehmen, antworten sie mit einem gestörten Verhalten auf eine gestörte Ideologie. Diese wird durch immer neue Bücher über die großartigen, aber unterdrückten Frauen und die minderwertigen, ausbeutenden Männer am Laufen gehalten. »Es ist nicht schwer, jemandem, der schon abgesockelt ist, noch ein paar Tritte zusätzlich zu verpassen«, kommentiert der Männerforscher Mischke zu den Büchern von Schlaffer und Benard. »Weiblicher Chauvinismus vermag schließlich auch eine Marktlücke zu füllen. Und für hastig zusammengeschusterte Kampfschriften, die Männer grundsätzlich als angebliche Mieslinge dekuvrieren, ganz gleich, wie sie sich verhalten und was sie äußern, Honorar satt abzukassieren, und gleichzeitig noch Öl ins wütende männerfeindliche Feuer des Feminismus zu gießen ist zweifellos etwas, was reizvoll sein kann, auch wenn der Reiz makaber ist.« (316, 43–44) So wie vor hundert Jahren Ergebnisse rassistischer »Forschung« Eingang auch in die Lexika fanden, so finden heute die Ergebnisse sexistischer »Forschung« Eingang in sogenannte Frauenlexika und werden als Fakten verkauft.

Inzwischen haben es auch Männer, die mental bislang vom Feminismus unbeeinflusst geblieben sind, extrem schwer, von dieser Situation nicht überrollt zu werden. Zum einen sind, wie dieses Buch zeigt, viele Mythen der Frauenbewegung geradezu in den Stand des vermeintlichen »Allgemeinwissens« erhoben worden. Zum anderen wird, wie schon geschildert, die rechtliche Macht der Frau gegenüber einem Mann immer größer. Wenn er sich mit ihr allein in einem Raum befindet, hat sie mittlerweile die Macht, seine Karriere zu zerstören. Der uneheliche Vater ist juristisch ein Herr Niemand. Und ein verheirateter Mann, der seine Viererrolle als Vater, Verdiener, Hausmann und Geliebter nicht länger erfüllen kann oder möchte, muss feststellen, dass mit dem Zerbrechen der Beziehung seine Existenz auf dem Spiel steht. Martin Massow hat die Äußerungen zweier betroffener Personen einander gegenübergestellt.

Zunächst die Darstellung eines sichtlich erbitterten Mannes: »Als ich die missverstandene Ausbeutungsemanzipation nicht mehr finanzieren und auch kulturell nicht so mitziehen konnte, weil ich abends und am Wochenende von meiner anstrengenden Arbeit als Abteilungsleiter einfach zu fertig war, reichte Anita die Scheidung ein. Für sie hatte das wohl den Vorteil, ihr süßes neues Frauenleben ohne Trübung durch meine Abgeschlafftheit und Stressbelastung genießen zu können. Versorgt ist sie ja, auch ohne mich sehen zu müssen.« Die Frau dagegen äußert sich erkennbar triumphierend. »Als Scheidungsbeute habe ich die Eigentumswohnung erhalten«, prahlt sie und fügt unter Bezugnahme auf die entsetzliche Frauenunterdrückung in Indien, China und anderen Ländern der Dritten Welt hinzu: »Es ist die gerechte Strafe für jahrtausendelange Unterdrückung und Frauenausbeutung, wenn sie nun bezahlen müssen. Bluten sollen sie ...« (294, 28–29)

AUFTRITT MÄNNERBEWEGUNG

»Das ist die Frage des Jahrzehnts: Wo bleibt die
Befreiung des Mannes? Sie ist ausgeblieben, wie ich
meine.«

Petra Kelly

Männer sind zur Jahrtausendwende in eine bedrückende Situation geraten.
Selbst die Möglichkeiten der Selbsthilfe in ähnlich vernetzten Organisationen,
wie dies die Frauenbewegung vormachte, sind aus verschiedenen Gründen nicht
sehr groß:

• Männer sind, anders als Frauen, von ihrer Erziehung her eher auf Konkurrenz denn auf Zusammenarbeit in Netzwerken trainiert.

• Männer werden als »Täter« und »Machthaber« wahrgenommen, die alles
Mögliche brauchen, nur keine Hilfe – und schon gar keine staatliche Unterstützung, wie sie Frauenprojekten zukommt. Männer, die zum Beispiel in einem Hungerstreik darauf aufmerksam machen, dass sie auf bestimmte Weise
Opfer geworden sind, werden, wie schon geschildert, als »frustrierte,
struppige und greinende Gestalten« verhöhnt (300, 191).

• Daraus resultiert, dass Männer für ihre Anliegen in der Regel keine öffentliche Plattform finden. Autoren, die zur Männerbewegung zählen, berichten,
dass sie ihre eingesandten Manuskripte oder Disketten nur zerrissen oder gewaltsam beschädigt zurückerhielten. »Unsere Lektorin ist Feministin«, bekommen sie zu hören oder: »Sie müssen verstehen, 85 Prozent der Sorti-
menter sind Frauen.« (78). Ähnlich erging es dem vorliegenden Buch.
Es scheint sich in unserem Land tatsächlich eine totalitäre Kultur gebildet zu
haben.

• Männer definieren sich immer noch größtenteils über Frauen. So sind die
wenigen Bücher über Männer in den Regalen voller Frauenliteratur versteckt,
und das Nürnberger Programm für Männer wird seit Jahren nur als Teil des
Frauenprogramms toleriert (209, 216).

• Die bisher existierenden Formen der »Männerbewegung« haben alles in ihrer Macht Stehende getan, um diese Idee für lange Zeit zu diskreditieren: In der einen Ecke des Raumes befinden sich reaktionäre Männerbündnisse, die Frauen »an ihren Platz« zurückzwingen wollen, in der anderen »wilde Männer«, die nackt im Wald herumspringen und Bäume vergewaltigen, in der dritten die Marxisten und in der vierten die masochistischen Selbstbezichtiger, die die feministische Definition von Männlichkeit übernommen haben, peinliche Organisationen wie »Männer gegen Männergewalt« gründen und sich gegenseitig Winfried Wieck vorlesen (sachlicher und ausführlicher als von mir werden die verschiedenen Formen der Männerbewegung von Cheryl Rickabaugh aufgegliedert; 390, 459–463).

Der Zeitzeuge Günter Franzen schildert seine Erfahrungen mit 30 Jahren deutscher Männerbewegung so: »Die selbstauferlegte Umerziehung in meiner Männergruppe gliederte sich in einen praktischen und einen theoretischen Teil. Wir erlernten das Veratmen von Presswehen, das Sortieren von Fein- und Kochwäsche bei der Beschickung von Waschmaschinen, das geduldige Anlegen von Pampers auch bei hypermotorischen Kindern sowie die schonende Zubereitung natriumarmer und rückstandskontrollierter Babynahrung. In unserem Lektürezirkel studierten wir Werke von Klaus Theweleit (»Männerphantasien«), Verena Stefan (»Häutungen«), Margarete Mitscherlich (»Die friedfertige Frau«), plapperten alles nach und machten uns so mit den biologisch invarianten (unveränderlichen, A.H.) Defiziten unseres Geschlechts vertraut. Die Frau als solche, hieß es dort, verfüge in der Regel über eine höhere, gleichmäßiger geformte Stirn, ihre Aggressionsneigung sei unausgeprägter, die Wirbel im Hautleistensystem der Fingerkuppen wiesen schönere Bogenmuster auf, sie verfüge neben einem reicher sortierten Gefühlsleben über eine komplexere innere Genialität, sie telefoniere länger und empfinde tiefer, absichtslose Zärtlichkeiten und endlose Beziehungsdiskussionen lägen ihr naturgemäß näher als der nackte Vollzug des von animalischen Abfuhrbestrebungen diktierten Akts, und während der schnell erkaltete Mann die Atemluft bereits mit Zigarettenrauch verpeste, warte die berührungshungrige Frau vergebens auf die Befriedigung ihrer ständig vernachlässigten Bedürfnisse.« (300, 189–190) Was nicht gelernt wurde, war die Selbstachtung und Wertschätzung der eigenen Person, des eigenen Geschlechts.

Tatsächlich sah es noch Anfang der neunziger Jahre mit der internationalen Männerbewegung mehr als düster aus. Auf jedem Kontinent hockte eine Handvoll Leute, die die öffentliche Diskussion als ebenso einseitig empfanden wie ihre Situation als Männer in vielem benachteiligt. Einer von ihnen schaffte es dann auch immer wieder mal ein Buch zu veröffentlichen, Warren Farrell in den USA, David Thomas in England. Solche Bücher verschwanden fast schneller von der Marktfläche, als sie gedruckt wurden und sind heutzutage fast nur noch an Universitäts- oder Landesbibliotheken über Fernleihe zu beziehen – was allerdings schon deshalb nicht geschieht, weil der Durchschnittsmann von der Existenz dieser Bücher nichts weiß. Dazu kommt für viele die Sprachbarriere. Feminismuskritischen Büchern, die von Frauen geschrieben wurden, geht es übrigens nicht anders: Ein Titel, der 1990 veröffentlicht wurde, entlockt Buchhändlern heute nur ein hilfloses Schulterzucken. Etliche der im Literaturverzeichnis zu diesem Band genannten Werke finden Sie nicht mehr im Verzeichnis lieferbarer Bücher. Manche von ihnen sind keine drei Jahre alt. Alice Schwarzers »Der kleine Unterschied und die Folgen« aus den frühen Siebzigern bekommen Sie ohne Probleme – abgesehen davon, dass er in jeder Stadtbibliothek steht.

Es gab in den letzten Jahren im Großen und Ganzen nur zwei Entwicklungen, die recht plötzlich für einen starken Auftrieb für die neue Männerbewegung sorgten:

• **Der Leidensdruck der Männer war irgendwann zu groß.** Je »erfolgreicher« der Feminismus wurde, je mehr Männern fälschlich sexueller Missbrauch unterstellt wurde, je mehr Vätern ihre Kinder entrissen wurden, je mehr Begriffe wie »sexuelle Belästigung« ins Absurde ausuferten, desto mehr männliche Opfer entstanden. Irgendwann war eine kritische Masse erreicht. Immer weniger Männer, die um ihre Rechte kämpften, fürchteten, als frauenfeindlich abgestempelt zu werden, und – immer weniger Frauen konnten ihre Augen vor dem Offensichtlichen verschließen. Dass feministische Organisationen wie NOW sich weigerten, für eine Demokratisierung des Sorgerechts oder eine Abschaffung der Wehrpflicht einzutreten, machte es immer unglaubwürdiger, dass es ihnen wirklich um Gleichberechtigung ging (208, 184). 1992 stimmte die Hälfte der Amerikaner der These zu, dass die Zeit für eine Männerbewegung gekommen sei. Es dauerte noch etwas, bis sich die ersten Gruppen wie die *National Coalition of Free Men* oder der *National Congress for Men and Children* aus diesem unbestimmten Bedürfnis bildeten, aber jetzt sind sie aktiv, verschaffen sich zumindest in den USA politisch Gehör und können kaum mehr ignoriert werden. In Deutschland fristen in Eigendruck hergestellte Zeitschriften der Männerbewegung wie »Switchboard«, »moritz« (inzwischen eingestellt) und der »Männerrundbrief für Gleichberechtigung und Menschlichkeit« noch ein Schattendasein und sind der breiten Öffentlichkeit fast gänzlich unbekannt. Aber das wird sich ändern. Vermutlich werden es Publikationen wie die »Emma« schon in wenigen Jahren nötig haben, die beteiligten Männer als »sexistische, uninformierte Machos« und »Paschas des Monats« in Verruf zu bringen.

• **Das Internet setzt sich als Medium durch.** Die Verlage veröffentlichen nur die Position der Frauen? Die deutschen Männer haben keine Kontakte zur amerikanischen Bewegung und können Sprachbarrieren nicht so leicht überwinden? Was macht das schon? Sie stellen ihre Seiten einfach ins Netz und gewähren jedem freien Zugriff auf die nötigen Informationen. Kein einziges Buch über v6n ihren Partnerinnen geprügelte Männer im deutschen Handel und auch die Zeitungen schlagen Ihnen nur die 95-Prozent-Statistiken um die Ohren, weil die sich ausschließlich aus Propagandamaterialien bedienen können? Gehen Sie ins Netz, geben Sie die richtigen Suchbegriffe ein, stöbern Sie ein bisschen, und Sie können mehr erfahren, als Ihnen lieb ist. Früher konnte man sich über die Existenz, geschweige denn den Inhalt amerikanischer Bücher zu solchen Themen nicht informieren. Auch die Preise waren unerschwinglich. Heute schaut man bei Amazon vorbei, klickt ein bisschen herum und findet schon in der Inhaltsangabe Fakten, die einem wie fremde Welten vorkommen. Gut, mag man einwenden, viele Männer kommen gar nicht erst auf den *Gedanken*, dass die Zahl prügelnder Frauen so hoch sein könnte, auch besitzt längst nicht jeder einen Netzzugang. Zugegeben, das ist ein großes Hindernis und hält den Prozess der Informationsverbreitung auf, aber er kann ihn nicht stoppen: Autoren wie Matthias Matussek oder ich selbst übernehmen diese Aufgabe gerne stellvertretend. Wir sind voll verlinkt, immer auf dem laufenden, was die neusten Studien, Fakten, Ereignisse und Untersuchungen angeht, und wir packen sie in unsere Bücher und teilen sie Ihnen mit. Früher oder später wird der dümmste Lektor erkennen, dass er die ganze Zeit einen riesigen Trend verschlafen hat, ein enormes öffentliches Interesse und Unmengen von bislang unveröffentlichtem Material, das es nur noch auszuwerten gilt. Allein die Website der deutschen Väterschutzbewegung paPPa.com hat 100.000 Seitenabrufe pro Monat und bietet Unmengen von Datenmaterial, das in der feministischen Öffentlichkeit ansonsten fein unter den Teppich gekehrt wird. Auch für dieses Buch war die Unterstützung von paPPa.com unbezahlbar. Andere maskulistische Seiten, die sich in der deutschen Sektion des Internets gebildet haben, sind der »Männerwecker«, die Anonyme Selbsthilfegruppe frauen- und beziehungsgeschädigter Männer (ASFRAG), oder die Mailingliste *stop_feminazis@on-luebeck.de*, die sich vor allem mit den faschistoiden Auswüchsen des Feminismus auseinander setzt. Gegen die sexistische Gesetzgebung der Bundesfrauenministerin in Sachen häuslicher Gewalt hat sich unter *http://www.bifir.de/start.htm* eine virtuelle »Bürgerinitiative Familienpolitik im Rechtsstaat (BIFIR)« gebildet, zu deren Grundsätzen die Gleichbehandlung von Mann und Frau sowie die Wahrung der Menschenrechte beider Geschlechter gehören. Die Anregung zur Gründung dieser Initiative stammte übrigens von einer Frau.

Ungefähr seit 2001 wird das Internet von Maskulisten immer weniger ausschließlich zur Recherche genutzt, was ja immer den Nachteil hatte, dass nur solche Personen an elementare Informationen kommen, die sich dafür aktiv interessierten. Stattdessen arbeiten Feminismuskritiker zunehmend häufig mit »Informationsbomben«: Sie nehmen an feministischen Foren im Web teil und platzieren dort Datenmaterial, das geeignet ist, das feministische Gedankengebäude nachhaltig zu erschüttern. Die Versuche der Feministinnen, sich dagegen zu wehren, laufen zwangsläufig ins Leere: Verweigern sie jede sachliche Diskussion, offenbaren sie sich als dogmatische Fanatikerinnen. Besuchen sie maskulistische Foren, um dort einen Gegenschlag zu starten, werden sie erst recht mit gegenläufigen Informationen konfrontiert. Wo kein Verlagslektor und kein Journalist mehr die Dämme aufrechterhalten kann, die für eine einseitige Veröffentlichung von Meinungen sorgen, ist es mit der Zensur schnell vorbei. Die ersten Erfolge der maskulistischen Bewegung blieben international nicht lange aus. Im August 1997 ernannte US-Präsident Bill Clinton einen Sonderbeauftragten für Männerinitiativen, der ihm direkt unterstellt war (299, 116). Mitte 1998 kündigte die norwegische Regierung nach jahrzehntelangen Programmen zur Stärkung der Frauenrechte neue Gesetze an, nach denen auch Männer nicht länger diskriminiert werden dürfen (534, 13). Im Jahre 2000 erkannten endlich auch die Vereinten Nationen die Benachteiligung des Mannes und ernannten auf eine Initiative der Gorbatschow Foundation hin den dritten November zum »Tag des Mannes«. Was die Frauen seit einhundert Jahren am 8. März tun, soll jetzt am 3.11. für das männliche Geschlecht zur Regel werden: vor allem Forderungen stellen, beispielsweise, so die »Ärzte-Zeitung«, nach einem Männerarzt oder einem Ende mit der Vernachlässigung der Männer in der Forschung. Die wichtigste Forderung sei aber, dass Frauen endlich genauso zuhören lernten, wenn es um Männerprobleme geht, wie Männer das seit Jahrzehnten bei Frauenproblemen gelernt haben (2).

Vor diesen internationalen Strömungen des *Winds of Change* scheint Deutschland noch wie unter einer Käseglocke geschützt. Vor allem mit Zuhören ist da nicht viel. Als sich der Vertreter einer Selbsthilfegruppe bei der Stadt Schade um eine Stelle als Männerbeauftragter bewarb, waren CDU und SPD voll auf einer Linie: »Das ist doch eine Lachnummer.« Die Frauenbeauftragte der Stadt beantwortete dieses Ansinnen gar mit dem Kommentar: »Wenn die Männer so weit sind, dass sie Defizite bei sich feststellen ...« Im Umkehrschluss würde das bedeuten, Frauenbeauftragte seien eingerichtet worden, weil die Frauen Defizite bei sich festgestellt hätten. Eine andere feministische Befürchtung ging dahin, ein Männerbeauftragter sei gefährlich, weil er suggeriere, die Männer wollten »zurückschlagen« (289). Deutlicher kann man die Verlogenheit und das Lagerdenken, das diese Republik beherrscht, nicht darstellen: Männer haben keinerlei berechtigte Interessen; sie sind fehlerhafte und bedrohliche Wesen. Das Einzige, was man ihnen zugestehen darf, ist eine feministische Umerziehung.

Diese totalitäre Einstellung ist auch bekannteren Politikerinnen nicht fremd. Das wurde deutlich, als sich auch in der Hansestadt Hamburg ein Mann als ehrenamtlicher Männerbeauftragter bewarb. Er richtete diese Bewerbung an den regierenden Bürgermeister Ortwin Runde (SPD). Offenbar muss aber im »Patriarchat«, wenn ein Mann einen anderen Mann in Männerangelegenheiten um etwas bittet, eine Frau entscheiden: Runde leitete das Schreiben an Krista Sager (Grüne) weiter. Die antwortete mit der Arroganz der Macht: Vor allem Frauen seien von der Armut betroffen, während 90 Prozent aller Führungspositionen von Männern eingenommen würden, also brauche die Stadt keinen Männerbeauftragten (290). Frau Sager hat von der feministischen Bewegung vortrefflich gelernt: Man picke die Zahlen und Statistiken heraus, die einem in den Kram passen, und ignoriere alle anderen. Genauso willkürlich hätte man natürlich aus der Statistik herausgreifen können, dass hauptsächlich Frauen das Abitur oder gar einen universitären Abschluss besitzen, während 90 Prozent aller Obdachlosen männlich sind. Dieser Logik folgend braucht man auch keine Frauenbeauftragten. Auch der Gedanke, dass Männer- und Frauenprobleme einander bedingen können, scheint Krista Sager gar nicht erst zu kommen: Was sagten Psychologen noch über ein Schwarz-Weiß-Denken, das einem geringeren Grad an Reife und geistiger Entwicklung zuzurechnen ist?

Einer der Witze, die sich Maskulisten gerne erzählen, wenn sie vom Bohren solcher dicken Bretter müde sind, geht folgendermaßen: Ein Mann ist am Ertrinken und brüllt um Hilfe. Am Strand sitzen zwei feministische Rettungsschwimmerinnen und hören seine Schreie. »Weißt du«, sagt die eine zur anderen, »in unserer Gesellschaft sind Frauen ja grundsätzlich gegenüber Männern benachteiligt. Wenn ein Mann ertrinkt und dasselbe einer Frau passiert, dann ist eindeutig sie es, die den kürzeren gezogen hat.« Der Mann schnappt verzweifelt nach Luft und ruft noch einmal: »Ich ertrinke!« – »Sterben muss jeder mal«, erklärt jetzt die andere feministische Rettungsschwimmerin ihrer Kollegin, »aber wir sind uns doch wohl einig, dass das *eigentliche* Problem in unserer Gesellschaft die mangelnde gesundheitliche Versorgung der Frau ist, oder?« Mit letzter Kraft schafft es der Mann, sich noch ein paar Sekunden über Wasser zu halten und brüllt: »Ihr verblödeten Tussis, jetzt holt mich endlich raus!«

Daraufhin stürzen die beiden ins Wasser, schnappen sich den Kerl, zerren ihn ans Ufer und verklagen ihn wegen Belästigung am Arbeitsplatz.

Manchmal gibt es Situationen, in denen man einfach nicht gewinnen kann.

Was genau sind eigentlich die Forderungen der Männerbewegung? Dass eine bestimmte Situation als unbefriedigend empfunden wird, heißt ja noch lange nicht, dass man auch Vorschläge zu machen hat, wie es besser funktionieren könnte. Gegen Vergewaltigung, sexuelle Belästigung und den Missbrauch von Kindern muss offensichtlich weiter vorgegangen werden, und die Einsicht allein, dass man Hysterie und Schwarz-Weiß-Denken vermeiden sollte, ist noch kein politisches Konzept. Im wesentlichen gibt es drei Autoren, die so etwas wie einen »Forderungskatalog« vorgelegt haben.

Warren Farrell, Beziehungstherapeut und einige Jahre einziger Mann im Präsidium der führenden US-Frauenorganisation NOW, jetzt der Vorreiter des Maskulismus, 1994:

Selbstmord. Aufgrund der erschreckend hohen Selbstmordraten bei Männern müssen spezielle Beratungs- und Hilfsangebote entwickelt werden. Am sinnvollsten wäre es, schon in der Vorpubertät einzusetzen, da wenig später das Missverhältnis zwischen Jungen und Mädchen drastisch in Erscheinung tritt. Der Druck der männlichen Geschlechterrolle muss abgebaut werden.

Gefängnisse. Wenn Vergewaltigungen von Männern innerhalb der Gefängnisse verhindert würden, würde das auch die Zahl der Vergewaltigungen von Frauen und Männern außerhalb der Gefängnisse senken. (Man könnte dies dadurch erweitern, dass Männerrechtler eigentlich auch erforschen sollten, warum überhaupt weit überwiegend Männer in Gefängnissen landen.)

Obdachlosigkeit. Die Gründe für die hohe Anzahl an männlichen Obdachlosen müssen ermittelt werden, damit entsprechende Kriseninterventionen greifen können.

Todesberufe. »Jungen sollen lernen, dass sie nicht verpflichtet sind, Mädchen freizuhalten. Dieser Zahlzwang nämlich zwingt sie später in gefährlichere, aber besser bezahlte Berufe.« Jeder Mann hat ein Recht, seinen Körper, seine Gesundheit, seine Freiheit und sein Leben nicht für Unterhaltszahlungen an eine Frau opfern zu müssen.

Krankheiten. Die Gründe für die höhere Lebenserwartung von Frauen müssen genauer erforscht werden. Männer brauchen eine bessere medizinische Versorgung. Auch nicht krankheitsbedingte Faktoren müssen beleuchtet werden. Der Schutz des Mannes vor Gesundheitsschädigungen am Arbeitsplatz muss mindestens so hoch eingestuft werden wie der Schutz der Frau vor sexuellen Offerten.

Justiz. Es darf kein gerichtliches Strafmaß geben, welches das männliche Geschlecht gegenüber dem weiblichen benachteiligt. Auch dass bestimmte sexuelle Handlungen nur dann strafbar sind, wenn sie von *Männern* begangen werden (etwa Exhibitionismus), gehört in dieses Feld.

Wehrpflicht. »Ausschließlich Männer zur Armee zu verpflichten entspricht dem Sklaventum. Eine ›Kommission für gleiches Lebensrecht für Männer‹ könnte einen Musterprozess anstrengen und die Rechte der einberufenen Männer vertreten«. Dies gilt speziell für den Kampfeinsatz im Krieg.

Verankerung in der Verfassung. Aus dem Gleichberechtigungs- muss ein Gleichberechtigungs- und -verpflichtungsgebot werden.

Bewusstseinsförderung. Frauen muss verdeutlicht werden, dass gleiche Rechte auch gleiche Pflichten bedeuten, dass Gütergemeinschaft auch Verantwortungsgemeinschaft heißt und dass es nicht hauptsächlich Sache der Männer sein kann, auf sexuellem Gebiet Zurückweisung zu riskieren (130, 434–437).

Matthias Matussek, prominenter deutscher Vaterrechtler, 1998:

Umgangsboykott. Dies ist eine Form der Gewalt gegen Kinder. Ein Elternteil, das dem anderen widerrechtlich den Kontakt zu seinen Nachkommen verweigert, sollte – wie in Frankreich – in Extremfällen mit Gefängnis bestraft werden können. Selbstverständlich verliert der Elternteil, der boykottiert, sein Sorgerecht.

Verlassen des gemeinsamen Haushalts. Wer den gemeinsamen Haushalt verlässt, sollte wie bei der Auflösung einer Partnerschaft im Wirtschaftsleben die Konsequenzen selbst tragen und keine Ansprüche an den Partner stellen dürfen. Wer den Haushalt mit Kindern ohne Kenntnis und Zustimmung des anderen verlässt, sollte wegen Kindesentführung belangt werden. Kinder sind *nicht* das Eigentum eines der beiden Elternteile.

Falschbezichtigungen. »Anschuldigungen des sexuellen Missbrauchs werden zeitgleich mit Anzeigen der Verleumdung strafrechtlich untersucht und verfolgt. Jedem Verdacht einer falschen Anschuldigung wird mit gleicher Intensität nachgegangen wie der Anschuldigung selbst.« Es ist nicht länger hinnehmbar, dass durch willkürliche Bezichtigungen Leben zerstört und Familien auseinandergerissen werden.

Gemeinsames Sorgerecht. Grundsätzlich liegt das Sorgerecht bei beiden Eltern, gleichgültig ob verheiratet, geschieden oder getrennt. Die gemeinsame Verantwortungsgemeinschaft für das gezeugte Leben kann nicht einseitig zerstört werden.

Unterhaltsgerechtigkeit. Wer seine Kinder nicht sehen darf, ist auch nicht zu Unterhaltszahlungen verpflichtet. Unterhaltszahlungen werden nach Aufwand angemessen gegeneinander verrechnet.

Loyalitätspflicht. Jeder Elternteil ist gegenüber den Kindern zu gegenseitiger Loyalität verpflichtet. Wer den Partner vor den Kindern herabwürdigt, stürzt Kinder in einen Loyalitätskonflikt und übt Gewalt aus.

Wohnortwechsel. »Der Elternteil, bei dem das Kind seinen Lebensmittelpunkt hat, kann den Wohnort nur nach Übereinstimmung mit dem anderen Elternteil und dem Kind wechseln.«

Steuergerechtigkeit. Vor der Steuer sind Vater und Mutter gleich.

Gleichstellungsbeauftragte. »Frauenbeauftragte werden abgeschafft. Statt dessen werden Gleichstellungsbüros eingerichtet, die paritätisch mit einem Mann und einer Frau besetzt sein müssen.« Schwerpunkt ist hier die Gleichstellung von Mann und Frau (299, 254–258).

Verhinderung von »umgekehrtem Sexismus«. Die Herabwürdigung von Männern muss sozial ebenso geächtet werden wie die von Frauen. Beiden Geschlechtern kann gleichermaßen abverlangt werden, für ihren Lebensunterhalt zu arbeiten und ihre Familie zu ernähren. Beide Geschlechter müssen in Notsituationen dieselbe Unterstützung erhalten können (298, 29).

Matussek führt noch einige andere Punkte auf, aber da sein Werk als Taschenbuch problemlos im Handel zu erstehen ist, kann man sich dort jederzeit näher informieren.

Cathy Young, renommierte US-amerikanische Journalistin
(u. a. »Washington Post«) und Medienkritikerin,
Vizepräsidentin des Women's Freedom Network, 1999:

Wenn Sie Urteile fällen, die ein Geschlecht betreffen, stellen Sie sich vor, wie Sie den umgekehrten Fall einschätzen würden. Hätte ein Buch mit dem Titel »Nur eine tote Frau ist eine gute Frau« auf dem deutschen Markt eine Chance, oder würde sein Verfasser juristisch belangt werden? Würden wir bei einem Film applaudieren, in dem sich Männer an ihren Ex-Frauen rächen? Was wäre von öffentlichen Bibliotheken zu halten, die nur Männern den Zutritt gewähren würden?

Zeigen Sie Frauen, die sich schlecht benehmen, ebenso ihre Grenzen wie Männern. Es gibt keinen Grund, das Fehlverhalten von Frauen als einen »Akt politischer Befreiung« zu entschuldigen.

Hören Sie auf, jeden Konflikt, an dem eine Frau beteiligt ist, in die Rubrik »Sexismus« einzustufen.

Kümmern Sie sich darum, die richtigen Fakten zu bekommen. Die Medien sollten nicht länger das Sprachrohr bestimmter politischer Fraktionen werden, auch wenn diese behaupten, für eine gute Sache zu kämpfen. Dies gilt insbesondere für fragwürdige Statistiken zu Themen wie »häusliche Gewalt«.

Überwinden Sie endlich Ihre Besessenheit von Geschlechterunterschieden, und erkennen Sie, dass Mann und Frau weder identisch, noch grundverschieden sind. Wen kümmert es, wenn zwei Drittel der weiblichen Unternehmer, aber »nur« 56 Prozent der männlichen ihre Entscheidungen zuvor sorgfältig abwägen – zumal solche Zahlen von Untersuchung zu Untersuchung schwanken? Mars und Venus sind unbewohnt. Abgegriffene Klischees über Männer und Frauen sollten endlich der Vergangenheit angehören.

Hören Sie auf, Frauenpolitik mit der Debatte über häusliche Gewalt zu vermischen. Die Medien müssen sich endlich mit häuslicher Gewalt beschäftigen, die von Frauen begangen wird, und aufhören, sich über männliche Opfer lustig zu machen. Vor der Polizei und dem Richter sollten beide Geschlechter gleich behandelt werden. Frauen müssen in Programmen psychologischer Beratung lernen, Verantwortung für ihr Handeln zu übernehmen, statt, Constanze Elsner und anderen Autorinnen folgend, von »psychologischer Provokation« zu sprechen. Das Geld der Steuerzahler sollte nicht länger vorwiegend oder ausschließlich für Organisationen ausgegeben werden, die die Propaganda verbreiten, häusliche Gewalt sei ein Zeichen patriarchaler Unterdrückung – und so in Wirklichkeit nichts für die Lösung dieses Problems tun.

Nehmen Sie eine weniger umfassende Definition von »Vergewaltigung« vor. Es sollte klargestellt werden, dass Zwang zu einer sexuellen Handlung nur vorliegt, wenn diese vom Opfer nicht gefahrlos verweigert werden kann. Überreden und Verführen ist keine Vergewaltigung. Das Verhalten des Opfers muss ebenso in Betracht gezogen werden wie bei allen anderen Verbrechen, einschließlich Mord. Die Möglichkeit, dass eine Falschbezichtigung vorliegt, muss ernsthaft erwogen werden. Begriffe wie *date rape* haben in einer rationalen Debatte nichts zu suchen.

Engen Sie auch die Definition von »sexuelle Belästigung« ein. Natürlich müssen Erpressung und Nötigung in diesem Zusammenhang weiter belangt werden. Es sollte jedoch allein ein *objektiv* und nicht rein subjektiv festgestellter Tatbestand als strafwürdig gelten. Firmen sollten nicht jede Form von Erotik faktisch aus dem Berufsleben verbannen müssen, nur um vor Millionenklagen sicher zu sein.

Gehen Sie davon aus, dass Väter und Mütter als Eltern gleichermaßen geeignet sind. Kein Elternteil hat das Recht, das andere aus dem Leben der Kinder auszuschließen. Dies gilt auch für uneheliche Kinder – schließlich können deren Väter ja auch zu Unterhaltszahlungen herangezogen werden.

Ermutigen Sie Frauen, ihre sexistischen Einstellungen gegenüber Männern zu ändern, wie wir das umgekehrt von Männern erwarten. Das Bild vom Mann als Geldverdiener für die Familie ist überholt.

Hören Sie im politischen Bereich auf, so zu tun, als ob die Forderungen von Frauen berechtigter seien als die von Männern. Warum gibt es in Deutschland eine Frauenministerin, aber keinen Männerminister? Warum kann sich ein Politiker damit brüsten, was er alles für Frauen getan hat, aber nicht, was er für Männer erreichte?»Das wäre nur verständlich, wenn Frauen als Gruppe schlechter dran wären als Männer. Aber das ist nicht der Fall.« (547, 266–270)

Soweit die Forderungskataloge dieser drei Vorreiter für die *wahre* Gleichberechtigung. Sie decken in der Tat die überwiegende Bandbreite aller wunden Punkte ab. Es gibt nur noch wenige Aspekte denkbarer Verbesserungen, die von anderen Autoren aufgegriffen wurden. Prinzipiell handelt es sich um die drei folgenden Punkte: Der britische Maskulist David Thomas macht darauf aufmerksam, dass endlich öffentliches Interesse für die männlichen Opfer sexueller Gewalt geweckt werden muss (497, 226). Das ist nur zu unterstreichen. Männliche Opfer von Vergewaltigung oder sexuellem Missbrauch müssen endlich ernst genommen, und es muss auch hier öffentliches Bewusstsein geweckt werden. Das heißt andererseits natürlich nicht, dass eine zweite Opferkultur, jetzt eben von Männerseite, errichtet werden sollte!

Neil Lyndon, ebenfalls Brite, plädiert dafür, bei der Entscheidung über eine Abtreibung den Vater wenigstens nicht *völlig* auszuschließen. Nun ist die Situation vertrackt genug, wie sie ist, und einer von beiden wird entscheiden *müssen*. Dann sollte der Vater aber wenigstens das Recht haben, seinen Einspruch protokollieren zu lassen, um sich nötigenfalls von einem Akt zu distanzieren, den er unter Umständen als Tötung seines Kindes wahrnimmt (285, 247).

Der amerikanische Männerrechtler der allerersten Stunde Roy Schenk (der schon vor Jahrzehnten Thesen vertrat, die damals obszön wirkten und jetzt breit diskutiert werden) schlägt einen »Verabredungsvertrag« vor. Dieser enthält Klauseln wie die folgenden: »Jede Partei bezahlt für sich selbst. Falls der Mann die Rechnung übernimmt, hat er das Recht zu entscheiden, ob es vor oder während der Verabredung zu sexuellen Geschehnissen kommt. Hiermit erkennt die Frau diese Verpflichtung an. Falls die Frau die Rechnung übernimmt, hat sie das Recht, über weitere sexuelle Geschehnisse zu entscheiden. Sobald allerdings entsprechende Handlungen aufgenommen wurden, hat sie nicht das Recht, einseitig deren Beendigung zu erklären. Sollte der Fall eintreten, dass eine Verabredung unbefriedigend verläuft, können sich die beiden Parteien in gegenseitigem Einvernehmen gegen die Aufnahme sexueller Aktivitäten entscheiden. Unter diesen Umständen kann jede einzelne oder beide Parteien stattdessen auf manuelle Stimulationen als Ersatz ausweichen.« (406, 58)

Man kann wohl mit Fug und Recht davon ausgehen, dass dieses Konzept, wäre es ernst gemeint, sich deutlich jenseits der Südkurve bewegen würde. Natürlich wäre dieser Vertrag erstens sittenwidrig und hätte zweitens keinerlei Chancen, gesellschaftliche Akzeptanz zu finden – zu sehr enthüllt er das klassische Rollenverhalten der Geschlechter als romantisierte Prostitution. Offensichtlich lässt es sich lediglich als Satire auf den Feminismus lesen – immerhin wurde dieser Vertrag entworfen, Jahre bevor US-Colleges wie Antioch für jeden einzelnen Schritt der sexuellen Annäherung eine ausdrückliche Vereinbarung zwischen den Beteiligten verlangten. Andererseits entwarf die amerikanische Männerbewegung tatsächlich einen ernstgemeinten »Sexvertrag auf Gegenseitigkeit«, den beide Partner nach ihren Vorstellungen ausfüllen dürfen. So kann sich zum Beispiel die Frau verpflichten, ihrem Liebhaber keine Vaterschaft aufzunötigen – ein Vorgang, den Esther Vilar zu Recht als »passive Vergewaltigung« benennt (513, 166). Ebenso können die Unterzeichner eidesstattlich versichern, dass die erwartete sexuelle Erfahrung im gegenseitigen Einvernehmen stattfinden wird und keine Partei der anderen Belästigung oder gar Vergewaltigung unterstellen wird (68, 134–135). Ob es wirklich sinnvoll ist, in dieser Hinsicht in die feministische Spur zu treten und noch das Intimste juristisch auszuhandeln, darf bezweifelt werden. Bemerkenswert ist aber immerhin, dass sich Männer offenbar in größerer Zahl in eine Situation gedrängt sehen, in der sie sich durch solche Maßnahmen schützen müssen.

Ein anderes vielbeachtetes Vertragskonzept legte die amerikanische Zeitschrift »Couple« vor, ein Magazin für verheiratete und unverheiratete Paare. In diesem »Quickie-Kontrakt« versprechen sich die Partner gegenseitig bei Bedarf eine schnelle Nummer, wenn es sein muss auch im Taxi oder auf der Straße oder wenn einer der Partner gerade keine Lust hat. Alle Paare, die sich darauf einließen, berichteten über eine gewaltige Verbesserung ihrer erotischen Lebensqualität (213, 122). Seinem Partner zuliebe die eigene Unlust zu überwinden ist natürlich genau das, was viele Feministinnen als »Vergewaltigung« bezeichnen.

Ebenfalls erfreulich wäre es, wenn es eine weitere Zeitschrift wie die »Emma« gäbe, nur seriös statt boulevard: mit differenzierten Gender-Debatten, die Männern *und* Frauen gerecht werden, statt polemisch das eine edle Geschlecht als das ewige Opfer des bösartigen anderen zu zeichnen sowie jede Debatte so zu verkürzen und zu entstellen, dass es dabei nur noch darum geht, vor den LeserInnen möglichst viele rhetorische Punkte gegen das andere Geschlecht zu erzielen.

Werden die Probleme der Männer erst einmal angegangen, können dadurch auch die Probleme vieler Frauen gelöst werden. Im Kapitel über Gewalt habe ich ausführlich dargelegt, dass beide Geschlechter gleichermaßen den Hang zu Aggression, Kriminalität und äußerster Skrupellosigkeit besitzen. Dass Gewaltkriminalität immer noch ein hauptsächlich männliches Phänomen ist (wenn auch mit fortschreitender Emanzipation immer weniger), lässt sich indes nicht wegdiskutieren. Aber auch dies hat seine Gründe, wie die kanadische Studie über missbrauchte und misshandelte Männer verdeutlicht:»Wir müssen erkennen, dass, wenn viele Formen offener Gewaltanwendung mit dem männlichen Geschlecht zu tun haben, deren Ursachen mit der alltäglichen Gewalt gegen Männer in unserer Gesellschaft verknüpft werden müssen: Gewalt in der Form von Kindesmisshandlung und -vernachlässigung, psychologischer Drangsalierung, körperlicher Züchtigung und Sozialisierung hin zur männlichen Geschlechterrolle. Wir würden endlich erkennen, dass sämtliche Formen von Gewalt gegen Jungen und junge Männer, die in diesem Dokument diskutiert werden, eher die übliche Alltagserfahrung der meisten Männer sind als die Ausnahme. Wir würden humorvolle oder unterhaltende Medienbilder von Männern ... als Opfer von Gewalt nicht länger tolerieren, und genausowenig einseitigen Journalismus, dem es nicht gelingt, das Gesamtbild von Themen wie Kindesmisshandlung oder Gewalt in Beziehungen, in der Familie oder in der Gesamtgesellschaft zu zeichnen.« (295)

Der zentrale Punkt der Männerbewegung ist, die nachweisbaren Fakten zu erkennen, statt sich kopfüber in abstruse Ideologien hineinzustürzen. Anstatt solchen Unfug wie eine»Gewaltsteuer für Männer« zu fordern und aufgrund höchst fragwürdiger Statistiken bei Sexualverbrechen Männer unisono zu Tätern und Frauen zu Opfern zu erklären, müssen dringend die *wahren* Probleme angegangen werden. *Beide* Geschlechter sind Opfer wie Täter, wenn es um Gewalt geht, und die Ursache liegt nicht in irgendeinem ominösen»Patriarchat«, sondern in den Familienstrukturen und Kindheitserfahrungen, die diese Männer und Frauen erlebten. Es ist gerade die Männerfeindlichkeit in unserer Gesellschaft, die die Gewaltspirale aufrechterhält: Männer werden als Opfer nicht ernstgenommen, in der Erziehung unterdrückt, vom Gesetzgeber deutlich härter angepackt, ihre Sexualität wird verteufelt, ihre Zärtlichkeit als »Belästigung« oder »Missbrauch« verdächtigt. Die Hauptströmung der Frauenbewegung ist reaktionärer als noch der schlechteste John-Wayne-Film. Es ist allerhöchste Zeit, aus diesen verhängnisvollen Mustern auszubrechen.

Eine Strategie dazu benutzt die kanadische Feministin Donna Laframboise auf ihrer oben zitierten Website: Um das Klischee vom Opfer Frau und Täter Mann zu unterwandern, sammelt sie dort ausschließlich Presseberichte von Vorfällen, bei denen sich die Frau erfolgreich zur Wehr setzte oder ein Mann ihr heldenhaft zur Hilfe kam. Womit sie sich entschieden gegen den Trend unserer Tage stellt.

Die Kernthese des Maskulismus war schon 1981 die Parole der ersten»Nationalversammlung für Männer« in den USA:»Wir sind nicht hier, um den Geschlechterkampf zu *gewinnen*, wir sind hier, um ihn zu *beenden*.« (23, 305)

DIE ZEICHEN STEHEN AUF UMBRUCH

»Open your eyes, time to wake up, enough is enough
is enough is enough.«

Chumbawamba

Von der Heidelberger Oberbürgermeisterin Beate Weber stammt ein Zitat, von
dem scheinbar die Pinwand kaum einer Frau, die sich für emanzipiert hält, verschont bleibt. Es lautet: »Wir haben die Gleichberechtigung erst erreicht, wenn
eine total unfähige Frau in eine verantwortungsvolle Position hinaufrückt.«

Im Augenblick haben wir in Deutschland mit Ministerin Christine Bergmann
eine Politikerin in der Regierung, deren Äußerungen und deren Handeln mit
einer Mischung aus völlig einseitiger Klientelpolitik und erschreckender Un-
wissenheit *in ihrem eigenen Ressort* gekennzeichnet ist. Frauen sollen ihrer Meinung nach nicht wie Männer zum Kriegsdienst *verpflichtet* werden, »weil es so
in der Verfassung steht«. Der bloße Besitz von Pornographie soll verboten werden, um Frauen vor Verbrechen zu schützen, obwohl diese Forderung sämtlichen wissenschaftlichen Erkenntnissen zuwiderläuft. Und zum Thema Gewalt
in der Partnerschaft fallen Ministerin Bergmann nur Sanktionen gegen den
Mann, das häufigste Opfer solcher Gewalttaten, ein. Man muss wirklich den
Eindruck haben, dass sie auch hier die seit Jahren nachlesbaren Forschungsergebnisse einfach nicht *kennt*. Das ist nicht ihre Schuld, wie sollte sie so etwas
wissen – verprügelte Männer schreiben ihr schließlich keine Briefe.

Es wäre sarkastisch, von Christine Bergmanns fachlicher Kompetenz Rückschlüsse auf den Stand der Gleichberechtigung zuzulassen.

Dazu sollte man besser auf ein Zitat Katharina Rutschkys zurückgreifen: »Ich
möchte einmal die Frauen betrachten, wie sie, nachdem sie sich nun von 5000
Jahren Patriarchat befreit haben, auf der Weltbühne stehen. Ratlos. Vielleicht
auch unglücklich ... Ich möchte die Frage stellen, die heute keiner mehr stellen darf: Ob wir nach allem, was wir gewonnen haben, nicht vielleicht auch etwas verloren haben. Ich möchte den Erfolg der Frauenbewegung bezweifeln.
Sie hat im großen und ganzen nichts gebracht.« (21).

Kein Wunder, dass diese Frau bedroht und tätlich angegriffen wird wie vor
ihr nur Esther Vilar.

Zitieren wir statt dessen also Cathy Young: »Der Feminismus, wie wir ihn
kennen, ist bankrott. In einigen Gebieten hat er das Dogma der Fünfzig-fünf-
zig-Quotierung beworben und dabei ignoriert, dass Männer und Frauen in vie-

lerlei Hinsicht unterschiedliche Interessen und Vorlieben haben. ... Bei anderen Themen hat er seine eigenen Prinzipien der Geschlechterneutralität im Namen des Frauenschutzes ins Lächerliche gezogen. Er hat nicht nur vernachlässigt, Sexismus gegen Männer und Feindseligkeit zwischen den Geschlechtern zu verurteilen, sondern dies in vielen Fällen ermutigt. Er hat versucht, den Frauen die Verantwortung für ihr Handeln abzusprechen. Er hat ein massives Eindringen des Staates und seiner Bürokratie in das Privatleben von Männern und Frauen gutgeheißen.« (547, 264)

Kein Wunder auch, dass die Reaktionen auf Youngs Werk extrem gespalten sind. Die Internet-Buchhandlung amazon.com lässt Leser jedes der dort angebotenen Bücher bewerten. Im Falle von Youngs »Ceasefire!« bilden sich sehr exakt zwei Lager: Das eine bricht in seitenlange Begeisterungsstürme aus, das andere äußert kritische Ablehnung, die aber über zwei Zeilen nicht herauskommt: Cathy Young wird entweder als »ein verkleideter Kerl« bezeichnet, oder es wird ihr vorgeworfen, sich für das schnelle Geld an das »Patriarchat« verkauft zu haben. Wie im Fall Katharina Rutschkys verbleibt die Argumentation der traditionellen Feministinnen auf der Ebene persönlicher Anfeindungen. Sachliche Einwände – Fehlanzeige.

Es ist schon ärgerlich, dass viele dieser Feministinnen es nie wirklich gelernt haben – und es nie nötig hatten –, sich mit einer anderen Meinung als der ihren wirklich auseinander zu setzen. »Die Männer waren sehr erfolgreich in ihrem Bemühen, das Wort ›Feministin‹ in etwas Hässliches zu verwandeln«, zitiert die »Emma« in großen Lettern Isabel Allende (118, 10). Nicht einmal für ihr Scheitern will die Frauenbewegung die Verantwortung übernehmen. Immerhin scheint es ihr aber immer schwerer zu fallen, die Tatsache dieses Scheiterns zu ignorieren. Dabei hätte sie die grundlegenden Fehler vermeiden können, wenn sie nur auf die Worte ihrer eigenen Vordenkerinnen gehört hätte. Germaine Greer wies darauf hin, dass ein Podest ebenso ein Gefängnis für eine Frau ist wie jeder andere eng umgrenzte Raum (103, 46). »Der Mann ist nicht der Feind, er ist das andere Opfer« – das wusste schon Betty Friedan, eine der Mütter der Frauenbewegung (405, 48). 1982 schrieb sie in ihrem Werk *Der zweite Schritt* über die nächste Phase der Emanzipation: »Der zweite Schritt könnte noch nicht einmal die Frauenbewegung sein. Männer könnten die Speerspitze des zweiten Schrittes sein.« Die meisten Feministinnen nahmen dieses Buch nicht gerade wohlwollend auf. Das war für Friedan keine neue Erfahrung. Schon 1970 sang sie zur Feier des fünfzigsten Jahrestages des Frauenwahlrechts auf einer New Yorker Veranstaltung das Lied »Liberation Now«. Dabei wurde die Verbindung vom Mikrofon zur Verstärkeranlage gekappt, man nimmt an von radikalen Feministinnen. Das Lied enthielt eine für anstößig empfundene Zeile: »Es ist Zeit für Männer und Frauen Hand in Hand zu gehen.« (487, 86–87) Auch Germaine Greer sah in Männern »nicht so sehr Feinde als vielmehr eine andere Art von Sklaven in den Ketten unsinniger gesellschaftlicher Forderungen« (132, 74).

Diese Einsichten werden momentan wieder ausgegraben, als ob es sich um völlig neue Erkenntnisse handelt. Sehr viele kritische Feministinnen sind damit in den letzten Jahren in Erscheinung getreten. Bislang konnten sie noch als »Antifeministinnen« diffamiert werden. Aber der Bewegung selbst wird immer klarer, wie ausgebrannt sie ist. Das beste Beispiel dafür ist das neuste Buch Susan Faludis, »Stiffed« (dt.: »Männer – das betrogene Geschlecht«), mit dem sie im Oktober 1999 auf den amerikanischen Markt trat. Faludi kommt in diesem Werk offenbar nicht mehr herum, auch Männer als Opfer wahrzunehmen, aber sie schafft das nur, indem sie die Frauen fast vollkommen ausklammert. Weder werden tiefere Zusammenhänge klar, noch übernimmt Faludi in irgendeiner Weise die Verantwortung für die Irrfahrten des Feminismus, zu dessen prominentesten Vertreterinnen sie gehört. Faludi sieht Männer statt dessen als Opfer einer Konsumkultur, in der sie nach Einkommen und Aussehen beurteilt werden. Aber selbst dieses lauwarme Zugeständnis, dass auch Männer Opfer sein können, wurde von Leserinnen nicht goutiert, und so wurde der *neue* Faludi kein Bestseller. Die Autorin: »Viele Frauen sind unversöhnlicher als ich dachte. Sie wollen den Mann als Allzweckfeind behalten, dem sie die Faust ins Gesicht schütteln können.« (544, 85) Die vom Feminismus gerufenen Geister scheinen nur schwer wieder zu bändigen. Dabei gibt es in den USA trotz aller Auswüchse der Political Correctness doch wenigstens etwas wie eine offene Diskussion über die Fehler und Eigentore der Frauenbewegung. In Großbritannien ist man sogar soweit, dass die BBC zur besten Sendezeit Dokumentationen über geprügelte Männer bringt und in den Nachrichten auf gesuchte Sexualtäter demonstrativ mit »he or she« hingewiesen wird. All dies wäre in Deutschland undenkbar. Hier regieren noch die Betonköpfinnen unter Alice Schwarzer, und deren extrem einseitige Ideologie wird mittlerweile gar in Lexika und Wörterbüchern zur offiziellen Wirklichkeit verklärt.

Noch schafft frau es daher vielfach, sich über die wahre Lage hinwegzutäuschen. Für die Bücher feministischer Extremistinnen und pathologischer Männerhasserinnen ist ein großer und scheinbar nicht zu sättigender Markt vorhanden. Den vielgeschmähten männlichen Sexismus in weiblichen Sexismus zu verwandeln wird allen Ernstes als »Wissenschaft« und »Befreiung« verkauft. Aber auch die gigantischen Fehlschläge werden immer unübersehbarer: die Hysterie wegen sexueller Belästigungen bis hinunter zum Kindergartenalter, die Vorverurteilungen und Hexenjagden im Fall sexueller Missbrauch, die vielfältigen Anschläge auf die Vaterrechte und etliche Dinge mehr. Je länger die feministischen Wortführerinnen versuchen, einfach die Augen vor diesen Dingen zu verschließen, desto gründlicher sorgen sie dafür, dass ihre Bewegung in den Köpfen der Allgemeinheit nicht mehr mit Gerechtigkeit und Gleichheit, sondern mit Hass und Rache assoziiert wird. Selbst Isabel Allende und ihre Claqueurinnen werden einsehen müssen, dass eine politische Bewegung einfach nicht erfolgreich sein *kann*, die die Hälfte der Menschheit verächtlich macht, jegliche Kritik als drohende Rückkehr des Mittelalters von sich weist und zur

Aufrechterhaltung ihrer Ideologie mittlerweile auf demokratiefeindliche Mittel angewiesen ist. Sollte sich dann auch noch herausstellen, dass der Großteil der feministischen Weltsicht auf höchst fragwürdigen Analysen und Statistiken beruht, wäre der Ruf der Frauenbewegung ein für allemal ruiniert.

Dass dem so ist, wird inzwischen zunehmend auch in Frauenzeitschriften thematisiert, so etwa von der »Amica«-Redakteurin Meike Winnemuth. Ihrer Einschätzung nach hat die gesellschaftliche Schieflage »viel damit zu tun, dass nach weiblichem Verständnis Emanzipation immer mit mehr Rechten, nie mit mehr Pflichten zu tun hat – wir wollen mehr dürfen, aber keinesfalls mehr müssen. Solange Frauen immer noch gemütlich auf den ersten Schritt warten, solange sie gelungene Annäherungsversuche ›Beziehung‹ nennen dürfen und misslungene ›sexuelle Belästigung‹, solange gibt es keine Gleichberechtigung. Solange 51 Prozent der Frauen es laut Allensbach-Umfrage die attraktivste Lebensform finden, Mutter zu sein und einen Teilzeitjob für Taschengeld und Selbstverwirklichung zu haben (mit anderen Worten: sich von einem Mann ernähren lassen, der umgekehrt nicht so einfach unter diversen Lebensalternativen wählen darf), solange gibt es nicht die lautstark geforderten Frauen in Führungspositionen. Simpel. Brutal. Aber leider wahr.« (544, 86)

Um den Ruf ihrer Bewegung überhaupt noch zu retten, sollten die Feministinnen, die die öffentliche Wahrnehmung noch bestimmen, »Abweichlerinnen« wie Katharina Rutschky besser vor Dankbarkeit die Füße küssen, statt Scheiterhaufen für sie zu errichten. Der Prozess des Umdenkens lässt sich ohnehin nicht ewig aufhalten. Kat Sunlove, eines der frühesten Mitglieder der Frauenorganisation NOW und ihr nahestehender Gruppen, erklärt inzwischen, dass sie große Schwierigkeiten habe, den Begriff »Feministin« überhaupt noch zu verwenden. »Ich ziehe den Begriff Humanistin eindeutig vor. ... Ich glaube wirklich, dass Männer – auf ganz unterschiedliche Weise – in unserer Gesellschaft unterdrückt worden sind. Sie brauchen genauso viel Hilfe wie wir, Gleichheit zu erreichen.« (305, 186). Kurzzeitig gab es erste Anzeichen, dass sich aus der amerikanischen Frauenbewegung NOW (National Organization for Women) eine neue, männerfreundliche Gruppe absplittete: NEW, das *Network for Empowering Women* (Netzwerk zur Ertüchtigung der Frauen), das sich als »Gegenmittel zu dem Gift des Radikalfeminismus« betrachtet (68, 241). Von dieser Splittergruppe war indes schon wenig später nichts mehr zu hören.

Dafür entstanden in den USA der neunziger Jahre andere Frauengruppen, die statt auf radikale, totalitäre Ideologien und Feind-Freund-Denken auf liberale Werte setzen. Im Internet zu finden sind unter anderem das 1992 gegründete *Independent Women's Forum* (*www.iwf.org*) und das *Women's Freedom Network* (*www.womensfreedom.org*). Letzteres hielt seine Gründungskonferenz im Herbst 1993 in Washington, D.C. Seine Begründerinnen setzen sich ihrer Eigendarstellung zufolge dadurch vom klassischen Feminismus ab, dass sie keine Statistiken frisieren, weder Frauen als Opfer, noch Männer als Feinde sehen und keine speziellen Privilegien für das weibliche Geschlecht einfordern. »Als eine weibliche Geschäftsbesitzerin« schreibt eine Teilnehmerin an diesem Netzwerk, »muss ich zugeben, in Versuchung geraten zu sein, einige dieser Frauenförderungsmittel der Regierung anzunehmen. Ich bete, dass sie zurückgezogen werden, bevor ich sündig werde.« Nach Ansicht des *Women's Freedom Network* hat die autoritäre Saat der Frauenbewegung inzwischen eine kritische Masse erreicht und wird unter ihrem eigenen Gewicht zusammenbrechen (443, 252). Anstelle auf Meinungsterror setzen die liberalen Feministinnen mit Nachdruck auf die freie Diskussion: Ihre Homepage bietet Links zu den Seiten sowohl der »klassischen« Frauenbewegung als auch zu den Maskulisten und den konservativen Frauengruppen, für die noch Kinder, Küche und Kirche am wichtigsten zu sein scheinen. Die Mitglieder des Network ignorieren nicht, dass noch eine Menge für die Befreiung *beider* Geschlechter getan werden muss. Aber sie sehen das als gemeinsame Aufgabe an: Sie wollen die Männer weder für sich arbeiten lassen, noch durch Schuldgefühle instrumentalisieren. Sie lassen sich von keinem Ersatzvater ernähren (ob Ehemann oder Staat) und sprühen auch nicht an jede Wand »Jungs sind doof!« Statt dessen wollen sie wahrhaft erwachsen und verantwortungsbewusst den Männern auf gleicher Stufe gegenüberstehen. Und damit sind sie genau der Typ Frau, den die weit überwiegende Mehrzahl der Männer von heute an ihrer Seite haben möchte.

Wie schon gesagt: Solche Gruppen gibt es in den USA und anderen Ländern. Sie haben dort zahlreiche Bücher und Artikel verfasst und sind auf andere Weise öffentlich in Erscheinung getreten. In den bundesdeutschen Schwarzer-Staat ist bislang kaum etwas davon durchgesickert. Aber das wird nur eine Frage der Zeit sein. Genau wie all die negativen Entwicklungen, die ich in diesem Buch dargestellt habe, ihren Weg in unser Land gefunden haben, so wird es auch mit den positiven sein. Früher oder später wird die Öffentlichkeit nicht mehr ignorieren können, dass Großmutters Frauenbewegung schon vor einiger Zeit gestorben ist. Man wird sie begraben müssen, bevor der Verwesungsgestank unerträglich wird. Und dann werden die freien, unabhängigen Feministinnen auf die Bühne treten, und sie werden den Maskulisten die Hände reichen.

Diese Vereinigung der Kräfte brächte beileibe nicht »nur« den Männern Vorteile, sondern würde auch den berechtigten Anliegen der Frauenbewegung neuen Auftrieb geben, etwa dem Kampf gegen sexuelle oder häusliche Gewalt. Es könnten viel mehr Männer für diesen Kampf erreicht werden, wenn sie nicht mehr alle miteinander zum »Tätergeschlecht« abgestempelt werden, sondern ihnen klargemacht wird, dass Gewalt gegen Frauen und Gewalt gegen Männer miteinander verkettet sind. Gleichzeitig könnten die Frauen für den Feminismus zurückgewonnen werden, die sich in Scharen von ihm abgewandt haben, weil sie seine Verbohrtheiten einfach nicht mehr ertragen haben. Ebenso könnte man endlich damit aufhören, unnötige Energie in Phantomjagden gegen nicht existente Horden von sexuellen Belästigern oder ein angebliches Netz von Satanskulten zu verlieren oder immense Summen bei Aktionen gegen häusliche

Gewalt am völlig falschen Ende herauszuhauen. Die einzige Gruppe, die durch diese Erneuerung der Frauenbewegung Schaden nehmen könnte, wäre die alte feministische Garde, die es sich gerade so gemütlich eingerichtet hat. Sie würde in der Tat ihre Pfründe verlieren und müsste in etlichen Punkten zugeben, sich massiv geirrt zu haben. Deshalb wird sie vermutlich auch alles daran setzen, eine solche Zusammenführung von Männer- und Frauenbewegung zu verhindern. Aber das brauchen wir nicht durchgehen zu lassen.

Dass Blätter wie die »Emma« sich anmaßen, für alle Frauen zu sprechen, dass sie »ewige Wahrheiten« verkünden, die längst widerlegt sind, und das als »die Linie halten« betrachten, dass sie Kritiker und Kritikerinnen herabwürdigen, verleumden und persönlich diffamieren, hilft weder Männern noch Frauen. Dass von Rita Süßmuth bis zu Sabine Leutheusser-Schnarrenberger die bedeutendsten Politikerinnen dieser Republik Alice Schwarzers Geschwafel aufnehmen, als seien es die Heiligen Worte, ebenso wenig. Gerade was die Damen Bergmann und Däubler-Gmelin momentan betreiben, ist Populismus reinsten Wassers: Zu Themen wie Pornographie oder häusliche Gewalt wird keinerlei Aufklärung über die tatsächliche Faktenlage betrieben, sondern es werden blindwütig Gesetze angekündigt, die den Eindruck erwecken sollen, es würde damit entschieden gegen sexuelle Gewalt vorgegangen. Damit werden gleichzeitig die Wähler für dumm verkauft und ihre Stimmen gewonnen. Die gesellschaftliche Situation aber wird nicht verbessert, sondern verschlimmert. Dies wiederum wird den Ministerinnen auch in Zukunft noch Gelegenheit geben, sich als Vorkämpferinnen gegen »Frauenhass« zu profilieren – und aufs Neue Wählerstimmen mit ideologietrunkenen Maßnahmen zu erschwindeln.

In den letzten Jahren sind Positionen, die einmal zum radikalfeministischen Rand gehörten, ins Zentrum unserer Gesellschaft gerückt. Wie kurz der Weg zwischen pubertärem Sexismus und politischen Gedankengebäuden ist, zeigt auch eine Veranstaltung der Rosa-Luxemburg-Initiative in Bremen, die den bezeichnenden Titel »Männer sind Schweine – Globalisierung und neue Weltmännlichkeiten« trägt. Ein Konzeptpapier erläutert, worum es geht: »Den Tendenzen zur Rebarbarisierung und offenem Rollback auf der einen Seite steht ein aufgeklärtes, zivilgesellschaftliches Spätpatriarchat auf der anderen Seite gegenüber. Männlichkeits-Fundamentalismus und integratives Patriarchat bekämpfen einander scheinbar, in Wahrheit brauchen sie sich jedoch gegenseitig und spielen einander die Bälle zu.« (394) Es ist schon erstaunlich, in welche Verstiegenheiten gängige Verfolgungsphantasien so hineinwuchern können. Wohin die voranschreitende Institutionalisierung der Männerfeindlichkeit eines Tages führen wird, lässt sich heute kaum ahnen. Vielleicht haben wir in ein paar Jahren eine Gewaltsteuer für Männer und Pornographieverbote für alle. Bislang war der unbegründete Vorwurf des sexuellen Missbrauchs eine nützliche Waffe im Scheidungskrieg. Der neuste Trend scheint dahin zu gehen, eine unterstellte Vergewaltigung in der Ehe als Druckmittel zu nutzen. Vielleicht können sich Frauen in ein paar Monaten mit der bloßen Behauptung drohender häuslicher Gewalt gar die Wohnung des Partners unter den Nagel reißen. Womöglich haben die einschlägigen Ministerinnen auch noch ein paar Gesetzesvorschläge auf der Pfanne, die sie uns noch gar nicht mitgeteilt haben. Denkbar ist das alles in einem Klima, in dem die juristische Benachteiligung des Mannes für seine bloße Geschlechtszugehörigkeit als fortschrittliches Bewusstsein verkauft wird. Der neue Staatsfeminismus macht eine Gegenströmung wichtiger denn je.

Etwas, was die alte Garde der Frauenbewegung besitzt und was der Männerbewegung komplett fehlt, ist eine politische Unterstützung in den Parteien. Die Grünen und die SPD versuchen gerade, in der Regierung umzusetzen, was dem Kenntnisstand der frühen achtziger Jahre entspricht. Die CDU vertritt ein noch konservativeres Geschlechter- und Familienbild und hat sich in dieser Debatte bislang weder durch neue Einsichten oder Entwürfe, noch durch mutigen Widerstand hervorgetan. Denkbar wäre, dass die FDP hier in die Bresche springt. Eigentlich sollte das Vorgehen gegen totalitäre Positionen für eine liberale Partei in ihrem ureigensten Interesse liegen. Und immerhin lehnt die frauenpolitische Sprecherin dieser Partei, Ina Lenke, so absurde Vorhaben ab wie die Vergabe staatlicher Mittel an Unternehmen an deren Frauenquote zu koppeln, womit sie ausweist, dass sie noch bei klarem Verstand ist. Letzeres trifft aus anderen Gründen allerdings auch auf Christina Schenk zu, die frauenpolitische Sprecherin der PDS. Da es den demokratischen Sozialisten um Gleichheit und um Einsatz insbesondere für sozial Benachteiligte geht, böte auch sie sich als parlamentarischer Anwalt entrechteter Männer an. Nicht zuletzt war die PDS die einzige Bundestagspartei, die sich im Jahr 1999 einem Krieg, der größten Männervernichtungsaktion überhaupt, entschieden widersetzte. Und Familienpolitikerinnen dieser Partei fordern von Ex-Ehefrauen eine eigenständige Existenzsicherung, statt sich ewig über den Unterhalt ihres ehemaligen Mannes zu finanzieren. Wenn man bedenkt, welch immenses Wählerpotential die Männer- und Väterbewegung jetzt schon bietet, dann ist es nur eine Frage der Zeit, bis sie von einer der kleineren Parteien erschlossen wird.

Es gibt auch ansonsten Anlässe zu vorsichtigem Optimismus: Die feministisch geschürte Satanismushysterie etwa, die noch vor einem Jahrzehnt eines der größten Länder der Erde – die USA – umfangen hielt, wirkt heute nur noch grotesk. Debbie Nathan und Michael Snedeker, die Autoren von »Satan's Silence«, berichten, dass noch Ende der achtziger Jahre wegen einer verleumderischen Beschuldigung des Kindesmissbrauchs plötzlich die Polizei vor ihrer Tür stand, nachdem sie in einem Artikel die Unschuld eines vermeintlichen Satanisten angenommen hatten (323, ix). Rückblickend schüttelt die Mehrzahl der Amerikaner heute den Kopf über die Panikwelle, die sie damals überflutet hatte. Vielleicht wird schon die nächste Generation den Kopf über all die Absurditäten schütteln, die heute von allzu vielen fraglos hingenommen werden: Der Mann als »geborener Vergewaltiger«, als fast alleiniger Prügler in der Ehe und Missbraucher seiner Kinder. Die Vorstellung, dass Bilder von Menschen, die miteinander Sex haben, Gewalt auslösen. Die Idee von Unternehmensverbänden, deren erstes Ziel nicht wirtschaftlicher Gewinn ist, sondern Frauen von den Chefetagen fernzuhalten. Das Konzept von der Frau als einem Wesen, das wegen eines dickeren Gehirnbalkens dem Mann emotional und moralisch überlegen ist. Auf all das und viel mehr wird man ebenso verständnislos zurückblicken wie wir heute auf Zeiten zurücksehen, in denen Schwarze und Juden mit den absonderlichsten Argumentationen zu minderwertigen Menschen erklärt wurden. Gut möglich, dass man vor lauter Kopfschütteln nicht erkennt, dass man inzwischen eine andere Menschengruppe zum neuen Feindbild erklärt hat – vielleicht die Jugendlichen in einer völlig überalterten Gesellschaft, vielleicht nach einem *echten* Backlash doch wieder die an der Emanzipation gescheiterten Frauen, vielleicht die letzten Verteidiger des Sozialstaats, vielleicht die Eskimos. Ein Wechsel in der sexistischen Stimmung von heute liegt jetzt schon in der Luft, wenn auch nur ganz leicht, kaum spürbar. Dass beispielsweise der Europäische Gerichtshof die Bundesregierung zu Schadenersatzzahlungen verurteilt, weil die männerfeindliche deutsche Justiz einem Vater sowohl das Recht auf Umgang mit seinem Kind als auch einen fairen Prozess verweigert hatte, kann ein erstes Zeichen dafür sein (3). Aber auch in die eher trivialen Frauenzeitschriften sickert bereits ganz langsam und ganz allmählich die Erkenntnis ein, dass die grotesk entstellten Männerbilder der letzten Jahre eher ein schlechtes Licht auf das weibliche als auf das männliche Geschlecht werfen. Ursprünglich mag es ja eine nette Aggressionsabfuhr gewesen sein. »Nur sind wir jetzt offenbar an dem Punkt, wo sich das Gequatsche auf tragische Weise verselbständigt«, schreibt Meike Winnemuth in der »Amica«. »Keine Ahnung, wann das Gerede über Männer so aus dem Ruder gelaufen ist, so seltsam unmenschlich wurde, so ahnungslos verbissen an Feind- und Traumbild-Klischees festhaltend, die mit real existierenden Männern so wenig zu tun haben. ... Ich bitte euch, Leute. Hört euch mal selbst zu. Und dann haltet den Rand. Oder redet in Dreigottesnamen über eure Cellulite. Alles ist besser als dieser jämmerliche, menschenverachtende Mist. Am Ende lesen das die Typen und denken, alle Frauen seien so. So selbstverliebt, so beziehungsunfähig, so kindisch. Schweine eben.« (543, 100)

Soziologen, die sich mit Gruppendynamik beschäftigt haben, untersuchten dabei auch, was passiert, wenn eine Person beginnt, über eine andere, abwesende Person herzuziehen. Oft geschieht es, dass das Geläster und die Hetze sich immer weiter hochsteigern, wenn sich niemand findet, der sich dem in den Weg stellt. Aber wenn auch nur eine einzige Person Einspruch erhebt (selbst auf sehr zaghafte oder fragende Weise), dann gerät der Prozess der Abwertung oft aus dem Gleis. Die erste abschätzige Bemerkung ist oft nur eine Art Test, um zu sehen, wie die anderen reagieren. Wenn keine der Anwesenden Einspruch einlegt, dann fühlen sich die anderen frei, mit einzusteigen. Und wenn das lange genug geschieht, dann werden die herabsetzenden Angriffe die allgemein akzeptierte Norm. Das ist der Grund, warum viele Feministinnen aus einem Umfeld kommen und sich ein Umfeld schaffen, wo solche Störmanöver so gut wie ausgeschaltet sind (365). Aber eine Frau, der Fairness gegenüber Männern wichtig ist, braucht sich von einer solchen Stimmung noch lange nicht überrollen zu lassen – was andererseits natürlich nicht heißen soll, dass auch das harmlose, scherzhafte Geläster, das sich ganz automatisch zwischen den Geschlechtern abspielt, jederzeit mit Luchsaugen überwacht werden sollte. Die meisten Frauen werden selbst ein sehr gutes Gespür dafür haben, was sich noch in den Grenzen der Fairness bewegt und was nicht.

Totalitäre Ideologien kommen in der Regel dadurch an die Macht, dass die richtigen Leute zum falschen Zeitpunkt schweigen. Das muss nicht so sein. Der Kampf gegen einen doktrinären, blindwütigen und männerfeindlichen Feminismus liegt nicht zuletzt im Interesse vieler Frauen. Es wäre mehr als wünschenswert, wenn die Männerbewegung genauso auf starke weibliche Unterstützung rechnen könnte, wie sie die Väterbewegung zum Teil bereits erfährt. Warum sollten Frauen, die wirklich stark und selbstbewusst sind, nicht ebenfalls für die wahre Gleichberechtigung kämpfen? Warum sollten sie zum Beispiel Frauenbibliotheken oder sexistische Bars und Datingservices nicht boykottieren, Buchhändler auf männerverachtende Titel in ihren Regalen ansprechen oder Krista Sager anschreiben und sie fragen, warum ihr die Probleme ihrer Männer, Brüder und Väter weniger wichtig sind als die Probleme der weiblichen Bevölkerung?

Das Leben sei durch die übersteuerte Emanzipationsbewegung keineswegs schöner geworden, befindet Meike Winnemuth: »Bis ins Private reichen die Verhärtungen der Fronten: Da werden unerfüllbare Forderungen nach dem Traumtyp aufgestellt – soft, aber kein Weichei, gutaussehend, aber kein Schönling, muskulös, aber kein Schwarzenegger, mit ordentlich Kohle, aber kein Protz – und was passiert? Die Welt ist immer noch voll unperfekter Männer und voll einsamer Frauen. ... Das Problem mit dem Geschlechterkrieg ist, dass niemand ihn gewinnen kann. Dass Frauen derzeit nach Punkten vorne liegen, bringt uns keinen Schritt weiter auf der Suche nach einem Frieden ohne Sieger. Solange Männer für uns nur Loser, Schweine, Opfer, Posterboys, Lachgummis sind, solange kann das nichts werden mit uns allen.« (544, 86)

Der US-amerikanische Biologe Lionel Tiger berichtet in seinem neusten Buch »The Decline of Males« (»Auslaufmodell Mann«) von einem Bekannten, der seine Partnerin gerne zu Veranstaltungen im Fachbereich Frauenstudien begleitet habe (500, 259). Einmal unterhielten sich die dort versammelten Studentinnen voller Wärme und Vorfreude über ihre zukünftigen Kinder. Sie sprachen von den Büchern, die sie ihren Töchtern vorlesen würden, von den Rollenvorbildern, die sie heranwachsenden Mädchen sein könnten, die antisexistische Erziehung, die sie ihren Töchtern zukommen lassen würden. Der junge Mann hörte sich das alles interessiert an, um dann aber die schwärmerische Stimmung mit einer einzigen Frage zu zerstören.

»Und was ist, wenn ihr Söhne bekommt?«

NACHWORT DES VERFASSERS

Auf meiner Odyssee hin zu einem passenden Verlag bin ich vielen Menschen begegnet, bei denen mein Manuskript schmerzhafte Erinnerungen aufgewühlt hat. Hier möchte ich stellvertretend für viele nur eine einzige E-Mail einer Bekannten aus London wiedergeben.

»Aye, ich glaube, dass WIR dieses Buch brauchen. Die Fakten zu lesen ist schockierend, verursacht eine Art von Übelkeit, die nur zwei Arten von Reaktionen offenlaesst: Verdraengung, Buch zu, weg damit ... oder eine Ehrlichkeit vor sich selbst, die sich, to say the least, aeusserst unangenehm anfühlt ...

Da kommen Geschichten hoch (zweifellos nicht nur in mir), die man vergessen wollte, weil sie so wehgetan haben – und weil es kaum jemanden gab, der sie hoeren mochte. Diese zum Beispiel: Das ist ja Jahre her... so geschehen in Berlin, 1991. Mein wundervoller, sanftmütiger, (sichtbar) jüdischer Liebhaber versuchte, unsere eigenen Genossinnen davon zu überzeugen, den Antrag auf einen Frauenubahnwagen zurückzuziehen. Der Grund war einleuchtend: Nicht nur Frauen, sondern ebenso z.B. Homosexuelle, Türken, JUDEN, etc. waren Gewaltattacken in der U-Bahn ausgesetzt. Sollten diese mit den Skinheads alleinbleiben, waehrend potentielle (weibliche) Helfer isoliert würden? Es war nicht nur so, dass dieser Mann unter unseren jahrelangen Genossen und FREUNDEN für seine Aengste (als Jude in Deutschland, Christ in heaven...) kein Gehoer fand. Es war so, dass die harmloseren Leute ihre Witzchen machten, die zynischeren ihn als frauenfeindlich in aller Oeffentlichkeit beschimpften. Wir waren beide wochenlang nicht in der Lage, an irgendetwas anderes zu denken. Wir haben beide naechtelang wachgelegen und geheult. Diese Beschimpfungen ... die schlimmste stand im Brief einer Genossin (EIN PARLAMENTSMITGLIED), die wir für vertrauenswürdig hielten, die uns kannte, seit wir Kinder waren, und die es wagte, diesem freundlichen, klugen, wundervoll zartbesaiteten Mann zu schreiben, er sei nun einmal leider ein Mann, jüdisch oder nicht, und damit ein potentieller Vergewaltiger und zu Schutz in der U-Bahn nicht berechtigt. Das ist Gewalt, oder nicht? Es brachte das Fass zum Ueberlaufen und provozierte die Antwort: Okay, dann ist jede(r) Deutsche ein potentieller Nazi. Ein weiterer Beweis für die Aggressivitaet von Maennern???? Wir haben beide die geliebte, in der dritten Generation ererbte Partei (SPD, ich mach da ja keinen Hehl draus) verlassen. Der betroffene Mann lebt heute in den USA.

Daneben hatten wir dann diesen ungarischen Freund, ein bezaubernder Mensch und genialer Restaurator, zierlich gebaut, still, zurückhaltend. An den musste ich waehrend des Lesens auch dauernd denken. Der hat uns zwei schwere alte Rahmen über Wochen bearbeitet, und erschien staendig mit zerkratztem

Gesicht. Verursacht wurde dies – wie wir viel spaeter erfuhren – von seiner sogar noch zierlicheren Frau, regelmaessig ... die lachte noch darüber und schlug ihm vor: Ruf doch die Polizei – die glauben dir eh nicht, wenn die sehen, wie klein ich bin. Bei einer anderen Gelegenheit zerschlug sie den Fernseher vor den Augen ihrer zwei kleinen Soehne. Und im Endeffekt rief dann sie immer die Polizei. Laszlo hat die in einer Nacht sogar angefleht, ihn mitzunehmen, da er Angst hatte, er koenne zurückschlagen ... Dieser Mann hat Jahre gebraucht, bis er sich endlich scheiden liess und dabei hat er alles, einschliesslich Kinder, verloren.

Andere Geschichten sind eher auf der komischen Seite: Mein Bruder flog mal – unter Beschimpfungen – aus einem Frauenbuchladen, in dem er sich ein feministisches Buch kaufen wollte. Da er so ein gutmütiger Mensch ist und das Buch trotzdem noch lesen wollte, bat er mich, es für ihn zu kaufen ... Pech war nur – ich flog auch raus, denn ich hatte einen Wagen mit zwei Jahre altem Inhalt dabei und auf Anfrage treudoof (und stolz) bestaetigt, ja das Kind sei maennlich. Tatort, Knesebeckstrasse, Berlin, Anfang der Neunziger ...

Sicher geschieht dir das überall – sobald du das Buch zeigst, wirst du mit solchen Stories überflutet. – Als Frau stellt man sich nur widerwillig der Frage: Und was hat das jetzt mit MIR zu tun ...«

Wenn ich solche Geschichten höre, weiß ich, warum ich dieses Buch geschrieben und warum ich ihm diesen Titel gegeben habe. Aber ich weiß auch, dass es immer mehr und mehr Frauen gibt, die diesen Feminismus des Hasses durchschauen.

Einer meiner männlichen Testleser schrieb mir, durch mein Buch sei ihm erst richtig klar geworden, was für ein Prachtkerl seine Frau doch sei: *»Trotz ihrer Sympathie für den Feminismus (den ich ja in einer bestimmten Form auch habe) ist sie immer ein anständiges Wesen geblieben, gibt gut acht, mir keine Schuldgefühle zu machen, kann eine andere Meinung locker neben ihrer stehen lassen und geht mit Liebe und Einfallsreichtum ins Bett.«* Gleichzeitig setzte bei ihm so etwas wie ein maskulistischer *click* ein: Er begann, männerfeindlichen Sexismus in Schlagzeilen und Artikeln auf Anhieb zu erkennen – was übrigens dazu führte, dass er seiner »tageszeitung« inzwischen das Abo kündigte ...

Wie ich in diesem Buch wieder und wieder gezeigt habe, ist es bislang ungemein schwierig, für die Anliegen von Männern öffentliche Unterstützung zu finden. Deshalb, verehrte Leser, würden wir uns über jede Form der Mithilfe freuen. Dies kann auf die unterschiedlichste Weise geschehen:

Vielleicht haben Sie ähnliche Geschichten erlebt wie meine Londoner Bekannte. Schicken Sie mir eine Mail und berichten Sie mir davon. Sollte dieses Buch hier trotz aller Widerstände seine Leser finden, könnte ich mir einen Nachfolgeband vorstellen, eventuell »Geschichten aus dem Patriarchat«. Vielleicht haben Sie auch weitere Informationen über feministische Irrtümer. Das hier vorliegende Buch ist eine Ein-Mann-Arbeit. Ich möchte nicht wissen, worauf man alles stoßen würde, wenn die Männerbewegung über ähnlich umfangreiche Texte und Archive verfügte wie die Feministinnen. Oder aber Sie haben weiterführende Gedanken, die sehr gern auch kritisch zum Inhalt dieses Buches stehen können. Auch hiermit wäre ein Nachfolgeprojekt denkbar. Ich habe nie behauptet, den Stein der Weisen gefunden zu haben, der die Geschlechterdebatte ein für allemal beendet.

Möglicherweise kommen Sie ja zu der Erkenntnis, dass die in diesem Buch enthaltenen Informationen und Analysen größeres Gehör finden sollten und Sie fragen sich, was Sie dafür tun können, damit es mehr gelesen wird. Sollte dies der Fall sein, dann gibt es einiges, was Sie tun können, um uns zu helfen:

• Machen Sie Ihre Freunde und Bekannten auf dieses Buch aufmerksam. Sprechen Sie mit Ihnen über die hier ausgebreiteten Fakten und Meinungen.

• Schreiben Sie eine Kritik für amazon.de oder andere Online-Buchhandlungen.

• Stellen Sie das Buch in Internetforen vor. Ein Forum, in dem das nicht mehr nötig ist, Sie aber dafür gerne mit mir über mein Buch diskutieren können, ist übrigens das Forum »Wieviel ›Gleichberechtigung‹ verträgt das Land« unter http://f25.parsimony.net/forum63067/

• Nennen Sie mein Buch bei Leserbriefen etc. als Quelle.

• Schlagen Sie Ihrem Buchhändler oder Ihrer Bücherei vor, es ins Programm zu nehmen.

• Schicken Sie mir eine Mail, damit wir uns über den Stand der Dinge austauschen können. Auf diesem Wege können Sie auch Pressemitteilungen bestellen und vieles mehr. Auch das E-Zine »INVISBLE MEN« ist unter Cagliostro3@hotmail.com bis Sommer 2002 für jeden kostenlos erhältlich.

Kurz gesagt: Im Augenblick brauchen wir jede Unterstützung in jeder Form, die wir nur bekommen können.

Wir danken Ihnen!

BIBLIOGRAPHIE

Gebrauchsanleitung für die Fußnoten

Um das Buch nicht mit Fußnoten zu überlasten, sondern ein flüssiges Lesen zu ermöglichen, habe ich mich für ein möglichst wenig sichtbares System entschieden. Mitten im Text finden Sie eingeklammerte Zahlen à la (9, 23). Das bedeutet, die vorangehende Information stammt von Titel Nummer 9 auf der Literaturliste, Seite 23. Wenn in einer Klammer mehrere Zahlen von einem Semikolon getrennt stehen (9, 23; 19, 99), habe ich mir erlaubt, mehrere Quellen zusammenzufassen. Mehrere Zahlen ohne Semikolon (9, 23, 85) bedeutet: ein Titel (Nummer 9 im Literaturverzeichnis) und darin zwei Seiten (23 und 85). Finden Sie in einer Klammer nur *eine* Zahl (12), dann handelt es sich in der Regel um eine Internet-Adresse oder eine Fernsehsendung. Lesen Sie im Text z. B. von einer amerikanischen Studie, finden aber keine eingeklammerten Zahlen dahinter, dann suchen Sie beim nächsten Absatz weiter oder beim übernächsten. Jede Quellenangabe bezieht sich auf die vorausgegangenen Informationen. Es gibt natürlich keine solche Fußnote, wenn die Quelle, auf die ich mich berufe, ausdrücklich im Text genannt wird oder wenn ich auf eine Studie zurückkomme, die ich schon vorher zitiert habe.

Bücher, die ich besonders empfehlenswert finde, habe ich fett markiert. Einige davon sind allerdings nur noch per Fernleihe an Universitäten zu erhalten.

1. Aburdene, Patricia: Megatrends: Frauen. Düsseldorf 1993
2. »Ärzte-Zeitung« vom 3.11.2000: Am 3. November fordern Männer: Frauen, hört zu!
3. afp-Pressemeldung vom 13.7.2000, veröffentlicht unter anderem im »Hamburger Abendblatt« vom 14.7.2000 und im »Tagesspiegel« Berlin vom 14.7.2000: Deutschland wegen Menschenrechtsverletzung vom Europäischen Gerichtshof verurteilt. Menschenrecht auf Besuch – Geschiedener Vater siegt vor EU-Gericht. Zu finden auch im Internet unter: http://www.pappa.com/recht/internat/Elsholz-EGMR-00713-1.htm#AFP00713
4. Albrecht-Désirat, Karin und Pacharzina, Klaus: Gewalt gegen Frauen; kriminalisierte Sexualität; Sexualität in totalen Institutionen. Bensheim 1979
5. alexx: Wir warten auf den Bus. September 1999, S. 48–50
6. Allen, C. M.: Women as perpetrators of child sexual abuse: recognition barriers. In: The Incest Perpetrator: A Family Member No One Wants to Tread. Hg.: A. L. Horton und andere, Newbury Park 1990
6a. Ananova: Women's violence shatters sexist image. Zu finden unter: www.ananova.com/news/story/sm_161933.html
7. andersArtig: Die PorNO-Kampagne. Stellungnahmen der Parteien und einzelner Politiker. Zu finden im Internet unter: www.andersartig.net/texte/porno/porno3.htm

8. Anderson, Peter und Aymami, Ronelle: Reports of Female Initiation of Sexual Contact: Male and Female Differences. In: Archives of Sexual Behavior, Vol. 22, No. 4, 1993

9. Aresin, Lykke und Starke, Kurt: Lexikon der Erotik. München 1996

10. Artz, Sibylle: Sex, Power and the Violent Schoolgirl. New York und London 1999

11. Assiter, Alison und Carol, Avedon: Bad Girls and Dirty Pictures. The Challenge to Reclaim Feminism. London 1993

12. Ayres, Sabra: Lawyers Report Rise in Arrest and Jailing of Girls. Zu finden im Internet unter: www.womensenews.org/article.cfm/dyn/aid/565

13. Azoulay, Isabelle: Phantastische Abgründe. Die Gewalt in der sexuellen Phantasie von Frauen. Frankfurt/Main 1996

14. Backes, Ingrid: Das Frauenreisebuch. Rowohlt 1986

15. Baker, Robin: Krieg der Spermien. Weshalb wir lieben und leiden, uns verbinden, trennen und betrügen. Bergisch Gladbach 1999
Balzer, Eva: Geschlechterkampf in der Schule? In: Novo Nr. 35, S. 43–45

16a. Balzer, Eva: Mißbrauch von Frauenrechten. Das Gesetz gegen Vergewaltigung in der Ehe führt zur Entmündigung von Frauen. In: Novo Nr. 19, S. 14–15

17. Bange, Dirk und Enders, Ursula: Auch Indianer kennen Schmerz. Sexuelle Gewalt gegen Jungen. Köln 1995

18. Banning, Peter: Female Child Molesters/Offenders. Zu finden im Internet unter: www.malesurvivor.org/articles/pban.html

19. Bastian, Till: Krankheit auf Rezept? Die populären Irrtümer der Medizin. München 1998

20. Batten, Mary: Natürlich Damenwahl. Die Paarungsstrategien in der Natur. München 1994

21. Baumann-Lerch, Eva: Fundamentalistische Exempel. In: Marburger Express 1/1997

22. Baumer, Harald: Puppen und Zeichnungen sind vor Gericht tabu. In: Nürnberger Nachrichten vom 31.7.1999. Zu finden auch im Internet unter: www.pappa.com/mmdm/BGH990/30.htm

23. Baumli, Francis: Men Freeing Men. Exploding the Myth of the Traditional Male. Jersey City 1985

24. Bauschke, Christian: Neue Chancen für die Frau. In: Die Welt – Onlineausgabe vom 14.12.2000

25. Bayrischer Rundfunk 3 (Fernsehen) vom 20.9.1999, 21:20 Uhr: Frauensache. Frauen als Opfer von Gewalt.

26. Beall, Anne und Sternberg, Robert: The Psychology of Gender. New York 1993

27. **Beck-Bornholdt, Hans-Peter und Dubben, Hans-Hermann: Der Hund, der Eier legt. Erkennen von Fehlinformationen durch Querdenken. Reinbek bei Hamburg 1998**

28. Behrens, Michael und von Rimscha, Robert: »Politische Korrektheit« in Deutschland: eine Gefahr für die Demokratie. Bonn 1995

29. Beppler, Sabine: Feministinnen gegen die Dritte Welt. In: Novo 36 (Oktober 1998), S. 17–19

30. Beppler, Sabine: Skandalöse Kampagnen gegen Männergewalt. In: Novo 45 (März 2000), S. 21–22

31. Berne, Eric: Spiele der Erwachsenen. Psychologie der menschlichen Beziehungen. Rowohlt 1967

32. Betterman, Stella: Frauen wollen nur das eine ... In: Focus Nr. 29/1999, S. 133-135

33. Bilgere, Dmitri: Beyond the Blame Game. Creating Compassion and Ending the Sex War in Your Life. Madison 1997

34. Bitterman, Joan: Rettet die Männer. Frauen machen kaputt. München 1991
35. Bittermann, Klaus (Hg.): Serbien muss sterbien. Wahrheit und Lüge im jugoslawischen Bürgerkrieg. Berlin 1994
36. Bittermann, Klaus und Henschel, Gerhard (Hg.): Das Wörterbuch der Gutmenschen. Band I. Zur Kritik der moralisch korrekten Schaumsprache. Berlin 1994
37. Bittermann, Klaus und Henschel, Gerhard (Hg.): Das Wörterbuch der Gutmenschen. Band II. Zur Kritik von Plapperjargon und Gesinnungsprache. Berlin 1994
38. Bizz 2/1999, S. 138ff.: Karrierekiller Kind?
39. Bizz 7/1999, S. 34–35: Sind Frauen die besseren Chefs?
40. Björkqvist, Kaj und Niemelä, Pirkko: Of Mice and Women: Aspects of Female Aggression. San Diego 1992
41. Blumner, Robyn: Stretching the Meaning of Sexual Harassment. In: The Women's Freedom Network Newsletter März/April 1998, Vol. 5, Nr. 2. Zu finden im Internet unter: www.womensfreedom.org/artics522.htm
42. Böhm, Hartmut: Kinderzeichnungen in der Diagnostik. In: Katharina Rutschky und Reinhart Wolff: Handbuch Sexueller Missbrauch, Hamburg 1994, S. 215-232
43. Bolz, Annette: Sex im Gehirn. Neurophysiologische Prozesse in der Sexualität. Südergellersen 1992
44. Bonder, Michael: Political Correctness: ein Gespenst geht um die Welt. Frankfurt am Main 1995
45. Bouvet, Jean-François (Hg.): Vom Eisen im Spinat und anderen populären Irrtümern. Beliebte Volksweisheiten und kuriose Denkfehler unter die Lupe genommen. München 1999
45a. Bozic, Ivo: Streit im Szene-Gericht. In: »jungle world« vom 26.4.2000
46. Brandes, Holger und Bullinger, Hermann (Hg.): Handbuch Männerarbeit. Weinheim 1996
47. Briere, J. und Smiljanich, K.: Childhood sexual abuse and subsequent sexual aggression against adult women. Paper presented at the 101st. annual convention of the American Psychological Association, Toronto, Ontario, 1990.
48. Brinck, Christine: Geliebte kleine Jungs? In: »Focus« 31/1998. Zu finden auch im Internet unter: www.gabnet.com/mw/boys1.htm
49. Brinck, Christine: Wenn Mama zur Feindin wird. In: »Die Zeit« Nr. 12/1999. Zu finden auch im Internet unter: www.gabnet.com/mw/paszeit1.htm
50. Broder, Henryk M.: Ein Macho im Rock. Buchbesprechung zu Bascha Mikas »Alice Schwarzer. Eine kritische Biographie.« Erschienen im »SPIEGEL« Nr. 12/1998, S. 48–62. Auch zu finden unter: www.pappa.com/emanzi/sp_alice.htm
51. Broder, Henryk M.: Ein Paradies für die Frauen. In: Spiegel special Nr. 1/1999: »Volk ohne Moral«, S. 116-118
52. Brownlow, Sheila u.a.: »I'll Take Gender Differences for $1000!« Domain-Specific Intellectual Success on »Jeopardy«. In: Sex Roles, Vol. 38, Nos. 3-4, 1998, S. 269ff.
53. Bruhns, Annette: Dollars für Big Bamboo. Wo Frauen Freier und Männer Huren sind. In: »SPIEGEL special« 8/1996, S. 59–62
54. Bullion, Constanze von: Stell dir vor, es gibt einen Posten und keine will ihn. In: die »tageszeitung« vom 15.10.1998, S. 3
55. Bundesministerium für Familie, Senioren, Frauen und Jugend: Schriftenreihe Band 105: »Kriminalität im Leben alter Menschen«, 1992. Auszugsweise im Internet unter: http://home.t-online.de/home/Joachim.Mueller-1/extdoc/ Jm_kfn _1.htm

56. Cameron, Deborah und Frazer, Elizabeth: Lust am Töten. Eine feministische Analyse von Sexualmorden. Orlanda Frauenverlag 1990

57. Campbell, Anne: Zornige Frauen, wütende Männer. Geschlecht und Aggression. Frankfurt am Main 1995

58. Campbell, Joseph: Der Heros in tausend Gestalten. Frankfurt am Main 1978

59. Carnes, Patrick: Wenn Sex zur Sucht wird. München 1992

60. Carol, Avedon: Nudes, Prudes and Attitudes. Pornography and Censorship. Cheltenham 1994

61. Carol, Avedon: Fake Science and Pornography. Zu finden im Internet unter: www.digiweb.com/igeldard/LA/pamphlets/fakesci.htm

62. Cassell, Carol: Swept Away. Why Women Confuse Love and Sex. New York u. a. 1989

63. Chatrath, Stefan: Heute schon gemobbt? In: »Novo« Nr. 41, S. 36ff.

64. Christensen, F. M.: Pornography. The Other Side. New York 1990

65 Cialdini, Robert: Die Psychologie des Überzeugens: ein Lehrbuch für alle, die ihren Mitmenschen und sich selbst auf die Schliche kommen wollen. Bern u. a. 1997

65a. Clements-Schreiber, Michele u.a.: Women's sexual pressure tactics and adherence to related attitudes: A step toward prediction. In: The Journal of Sex Research, Mai 1998, S. 197–205

66. Cochran, Donald und Brown, Marjorie: Women Who Rape. Boston 1984

67. Cook, Philip: Abused Men: the Hidden Side of Domestic Violence. Westport 1997

68. Cose, Ellis: A Man's World. How Real Is Male Privilege – and How High Is the Price? New York 1995

69. »Cosmopolitan« 3/1989: Wenn Frauen ihre Kinder missbrauchen.

70. Cox, Tracy: Hot Sex. Auf den Höhe-Punkt gebracht. München 1999

71. Coyle/Enright: Forgiveness Intervention with Postabortion Men. In: Journal of Consulting and Clinical Psychology, 65,(6), 1042–1046, Dezember 1997.

72. Cryan, Wolfgang und Halhuber, Max Joseph: Erotik und Sexualität im Alter. Stuttgart/Jena/New York 1992

73. David, Deborah und Brannon, Robert: The Forty-Nine Percent Majority. The Male Sex Role. New York 1976

74. Degen, Rolf: Lexikon der Psycho-Irrtümer. Frankfurt am Main 2000

75. Deichmann, Thomas: Belgischer Massenprotest mit Folgen. Von der »Volksbewegung« gegen Kindesmissbrauch in Belgien profitieren allein die belgischen Eliten. In: »Novo« Nr. 25, S. 13–15

76. Deichmohle, Jan: Feminismuskritische Seiten weltweit. Zu finden im Internet unter: www.gabnet.com/lit/demoh15.htm

77. Deichmohle, Jan: Feminist Hate Pictures. Zu finden im Internet unter: www.gabnet.com/lit/deich3e.htm

78. Deichmohle, Jan: Beweise feministischer Zensur und feministischer Manipulation. Zu finden im Internet unter: www.gabnet.com/lit/demoh4.htm

79. Deja, Christine: Frauenlust und Unterwerfung. Freiburg 1991

80. Dekkers, Midas: Geliebtes Tier. Die Geschichte einer innigen Beziehung. München 1994

81. Denfeld, Rene: Frech, emanzipiert und unwiderstehlich. Die Töchter des Feminismus. München 1996

82. Denfeld, Rene: Kill the Body, the Head Will Fall. New York 1997

83. Deschner, Karlheinz: Das Kreuz mit der Kirche. Eine Sexualgeschichte des Christentums. Erweiterte und aktualisierte Neuauflage. München 1996

84. detnews.com vom 3.4.1998: Wages and Choices. Zu finden im Internet unter:

www.detnews.com/EDITPAGE/9804/03/2edit/2edit.htm
85. diesseits, Zeitschrift für Humanismus und Aufklärung Nr. 4/98: Das Stillschweigen brechen. Interview mit Christa Müller über Genitalbeschneidung bei Frauen. Zu finden unter: www.humanismus.de/hvd/diesseits/artikel/498/genitalbeschneidung.htm
86. Dismer, Denise: Zwischen Wut und Klischee – Sexuell missbrauchte Jungen finden in Berlin keine Anlaufstelle. In: Zitty 13/2000
87. Dittmar, Cornelia: Ich bin ein Miststück. München 1999
88. Dittombée, Monika: Klugschwätzer entlarven. »Frauen können nicht Auto fahren« – und 18 weitere Binsen im Test. In: »Men's Health« 6/99, S. 88-90
89. Dörner, Dietrich: Die Logik des Misslingens. Strategisches Denken in komplexen Situationen. Reinbek bei Hamburg 1989
90. Dolde, Gabriele: Kriminelle Karrieren von Sexualstraftätern. In: Zeitschrift für Strafvollzug und Straffälligenhilfe. Dezember 1997, Heft 6, S. 323-331
90a. Domenech, Ben: The Lady Doth Protest. In: The National Review, Online-Ausgabe, 18. Mai 2001
91. dpa: 90 Prozent der Paare sind unzufrieden. Zu finden im Internet unter: http://mainz-online.de/old/96/05/11/topnews/bett.html
92. Drösser, Christoph: Stimmt's? Noch mehr moderne Legenden im Test. Reinbek bei Hamburg 2000
93. Dunde, Siegfried Rudolf: Handbuch Sexualität. Weinheim 1992
94. Dusseau, Brigitte: Jungen in USA sträflich vernachlässigt. In: World vom 1. Juni 1998. Zu finden im Internet unter: www.pappa.com/emanzi/jungeusa.htm
95. Duve, Tamara: Hexenjagd in Deutschland. Anmerkungen zum Fall »Montessori«. In: Katharina Rutschky und Reinhart Wolff: Handbuch Sexueller Missbrauch, Hamburg 1994, S. 233–245
96. Dworkin, Andrea: Woman Hating. New York 1974
97. Dworkin, Andrea: Pornographie. Männer beherrschen Frauen. Mit einem Vorwort von Alice Schwarzer. Frankfurt am Main 1990
98. Ehmann, Hermann: Männerängste. Zürich 1997
99. Ehrenreich, Barbara: Die Herzen der Männer. Auf der Suche nach einer neuen Rolle. Reinbek bei Hamburg 1984
100. Ehrhardt, Ute: Und jeden Tag ein bisschen böser. Frankfurt am Main 1996
101. **Elliott, Michelle (Hg.): Frauen als Täterinnen: sexueller Missbrauch an Mädchen und Jungen. Ruhnmark 1995**
102. Elsässer, Jürgen: Latten und Prügel. In: konkret Nr. 4/1999, S. 43
103. Elsner, Constanze u.a.: Mit mir nicht mehr! Gewalt in der Partnerschaft. Frankfurt am Main 1997
104. Elsner, Constanze: Lasst euch benutzen! Frankfurt am Main 1999
105. »Emma« Juli/August 1994
106. »Emma« Januar/Februar 1997
107. »Emma« Mai/Juni 1997
108. »Emma« Juli/August 1997
109. »Emma« September/Oktober 1997
110. »Emma« November/Dezember 1997
111. »Emma« Januar/Februar 1998
112. »Emma« Mai/Juni 1998
113. »Emma« Juli/August 1998
114. »Emma« November/Dezember 1998
115. »Emma« März/April 1999
116. »Emma« Mai/Juni 1999
117. »Emma« Juli/August 1999

118. »Emma« September/Oktober 1999
119. »Emma« Januar/Februar 2000
120. Engel, Monika und Menke, Barbara (Hg.): Weibliche Lebenswelten – gewaltlos? Analysen und Praxisbeiträge für die Mädchen- und Frauenarbeit im Bereich Rechtsextremismus, Rassismus, Gewalt. Münster 1995
121. Engelfried, Constance: Männlichkeiten. Die Öffnung des feministischen Blicks auf den Mann. Weinheim/München 1997
122. Englisch, Andreas: Seit die Patinnen regieren, ermorden die Mafia-Killer sogar Kinder. In: Berliner Morgenpost vom 27.6.1998. Zu finden auch im Internet unter: www.gabnet.com/mw/fremd/patinnen.htm
123. Ernst, Andrea und Vera Herbst: Kursbuch Frauen. Liebe, Partnerschaft und Sexualität, Ausbildung und Beruf, Politik, Alltag und Familie, Seele und Körper. Köln 1997
124. Ertel, Henner: Erotika und Pornographie: repräsentative Befragung und psychophysiologische Langzeitstudie zu Konsum und Wirkung. München 1990
125. Evatt, Cris: Männer sind vom Mars, Frauen von der Venus: tausend und ein kleiner Unterschied zwischen den Geschlechtern. Landsberg am Lech 1998
126. Ewald, Alexander: Der Teufelskreis: Wie Mobber zu Gemobbten werden. In: Novo Nr. 41, S. 22–25
127. Faludi, Susan: Stiffed. The Betrayal of the American Man. New York 1999
128. Familie&Co: Die große Krise der kleinen Jungs. Zu finden im Internet auf der Website von »Väteraufbruch für Kinder e. V.« unter www.vafk.de/munich/info21_fa.htm
129. Farin, Klaus und Seidel-Pielen, Eberhard: Skinheads. München 1993
130. Farrell, Warren: Mythos Männermacht. Frankfurt am Main 1995
131. Farrell, Warren: Women Can't Hear, What Men Don't Say. New York 1999
132. Fast, Julius: Typisch Mann! Typisch Frau! Warum Mann und Frau so verschieden sind und trotzdem harmonieren können. Reinbek bei Hamburg 1977
133. Feminism and Free Speech: Pornography. Zu finden im Internet unter: www.well.com/user/freedom/porno.html
134. Fester, Richard u. a.: Weib und Macht. Fünf Millionen Jahre Urgeschichte der Frau. Frankfurt am Main 1979
135. Fillion, Kate: Lip Service: The Truth About Women's Darker Side in Love, Sex and Friendship. New York 1996
136. Fischkurt, Eva Julia: Wenn Frauen nicht mehr lieben. Düsseldorf 1998
137. Fitoussi, Michelle: Zum Teufel mit den Superfrauen: die Sucht nach Perfektion. Zürich 1990
138. FitzRoy, Lee: Mother/Daughter Rape: A Challenge for Feminism. Zu finden im Internet unter: www.med.monash.edu.au/secasa/workers/html/mother_daughter_rape.html
139. Focus 20/1997, S. 177 ff.: »Auf der Suche nach dem starken Mann«
140. Frankfurter Allgemeine Ztg vom 8.9.1999: Psychische Störungen durch fehlende Väter. Zu finden auch im Internet unter: www.pappa.com/kinder/folgen. htm
141. DIE FRAUEN: Kurzfassung des Parteiprogramms, zu finden im Internet unter http://www.woman.de/diefrauen/programm.html, 25.9.1998
142. Frequently Asked Questions: Don't women still only earn n cents for every dollar men earn? Zu finden im Internet unter: www.wsu.edu:8080/~fwl/ altered/rights/faq.html
143. Friday, Nancy: Die sexuellen Phantasien der Frauen. Reinbek 1980
144. Friday, Nancy: Men in Love. New York 1980
145. Friday, Nancy: Women on Top: How Real Life Has Changed Women's Sexual Fantasies. New York 1991

146. Friedenberger, Georg: Die Rechte der Frauen – Narrenfreiheit für das weibliche Geschlecht? Wie Feministinnen Gesetze diktieren. Königsbrunn 1999
147. Friedenberger, Thomas: Liebe, Lust und Leidenschaft. In: Unicum 9/1999, S. 6
148. Friedrichsen, Gisela und Mauz, Gerhard: Kot mit Ketchup. In: Spiegel 39/93. Zusammengefasste Darstellung des Artikels im Internet, zu finden unter www.paPPa.com/mmdm/noltzapr.htm
149. Friedrichsen, Gisela und Mauz, Gerhard: »Jetzt ist niemand sicher«. In: Der Spiegel Nr. 25/1994, S. 94–109, zu finden auch im Internet unter: www.paPPa.com/mmdm/zartbitter_coesfeld.htm
150. Friedrichsen, Gisela: Ohne Pathos: schuldig. In: Der Spiegel Nr. 52/1999, S. 50-52
151. Fritz, G. S., Stoll, K. und Wagner N. N.: A comparison of males and females who were sexually molested as children. In: Journal of Sex and Marital Therapy Nr. 7/1981, S. 54–59
152. Fritzenkötter, Christiane: Wenn Männer an der Vaterschaft zweifeln. In: Die Welt vom 11.10.1999. Zu finden auch im Internet unter: www.welt.de/daten/1999/10/11/1011ws132837.htx
153. Fromuth, M. E. und Burkhart, B. R.: Childhood sexual victimization among college men: Definitional and methodological issues. In: Violence and Victims Nr. 2, 1987, S. 241–253
154. Fromuth, M. E. und Burkhart, B. R.: Long-term psychological correlates of childhood sexual abuse in two samples of college men. In: Child Abuse and Neglect. Nr. 13 (4) 1989, S. 533–542
155. Fuchs, Helmut: Die Kunst (k)eine perfekte Führungskraft zu sein. 60 Denkanstöße für zukunftstaugliche Manager. Wiesbaden 1998
156. Füller, Ingrid: Eine Affäre in Ehren oder Warum Frauen Verhältnisse haben. Reinbek bei Hamburg 1992
157. Füredi, Frank: Wem kann man noch vertrauen? In: Novo Nr. 34, S. 12–13
158. fulda.online.de vom 5.2.2000: Vater unter falschem Verdacht
159. Furchtgott-Roth, Diana und Stolba, Christina: Women Don't Need Equal Pay Day. In: Investor's Business Daily vom 6.4.1998. Zu finden auch auf der Internetseite des American Enterprise Institute for Public Policy Research (AEI) unter: www.aei.org/ra/radfr.htm
160. Funk Uhr vom 20.11.98, S. 10: Unterhalt: Wenn Vater nicht zahlt
161. Funk Uhr vom 6.1.01, S. 14–15: Debbie darf nicht sterben!
162. Gabnet.com: Linkliste Justiz. Zu finden im Internet unter: www.gabnet.com/aktuell.htm
163. Galahad, Sir: Mütter und Amazonen. Ein Umriss weiblicher Reiche. Berlin 1962
164. Galley, Eric: Suicide rates. www.menmedia.org vom 9.9.1998
165. Geissler, Sina-Aline: Lust an der Unterwerfung. Frauen bekennen sich zum Masochismus. München 1990
165a. Gemünden, Jürgen: Gewalt gegen Männer in heterosexuellen Intimpartnerschaften, Marburg 1996
166. Gerbert, Frank: Sexueller Missbrauch – Kinder in der Psycho-Falle. In: Focus vom 3.6.1996, Heft 23, S. 154–159, hier zitiert unter Einschluss einer Anmerkung von paPPa.com, zu finden unter: www.pappa.com/mmdm/foc_mmdm.htm
167. Gerbert, Frank: »Hohe Störungsrate«. Ohne Vater aufzuwachsen birgt Risiken. In: Focus Nr. 37/1999. Zu finden im Internet unter: www.gabnet.com/mw/boys1.htm
168. Gerhart, Ulrike und andere (Hg.): Tatort Arbeitsplatz. Sexuelle Belästigung von Frauen. München 1992
169. Getty, Gisela und Winkelmann, Julia: Future-Sex. Düsseldorf/München 1996

170. Glogger, Helmut-Maria: Der sprachlose Mann: Warum es den Männern neuerdings Liebe, Lust und Worte verschlägt. Genf, München 1992
171. Goldberg, Herb: Man(n) bleibt Mann. Möglichkeiten und Grenzen der Veränderung. Reinbek bei Hamburg 1986
172. Goldberg, Steven: When Wish Replaces Thought. Why So Much of What You Believe Is False. Buffalo 1991
173. Goldenson, Robert und Anderson, Kenneth: The Wordsworth Dictionary of Sex. Hertfordshire 1994
174. Goldschmidt, Susanne: Männer und Gesundheit. In: Brandes, Holger und Bullinger, Hermann (Hg.): Handbuch Männerarbeit. Weinheim 1996, S. 59–74
175. Gödtel, Reiner: Sexualität und Gewalt. Hamburg 1992
176. Graber, Renate und Menasse, Eva: Karriere, Kind und Koitus. In: Psychologie heute compact, Thema: Frauen, 1998, S. 48–49
177. Graff, Sunny: Mit mir nicht! Selbstbehauptung und Selbstverteidigung im Alltag. Berlin 1995
178. Grammer, Karl: Signale der Liebe. Die biologischen Gesetze der Partnerschaft. München 1995
179. Grattan, Gary: Women are the worst bullies in workplace, study shows. In: Belfast Telegraph vom 19.2.2000. Zu finden auch im Internet unter: www.belfasttelegraph.co.uk/today/feb19/News/bwomen.hcml
180. Groth, Nicholas: Men Who Rape. New York 1979
181. Groth, A. N.: Sexual trauma in the life histories of rapists and child molesters. In: Victimology: An International Journal, Nr. 4 (1), 1979, S. 10–16
182. Gruner, Paul-Hermann: Frauen und Kinder zuerst. Denkblockade Feminismus. Reinbek bei Hamburg 2000
182a. Gruner, Peter: Rechte der Frauen. Zu finden unter: www.erlanger-nachrichten.de
183. Günthner, S.: Sprache und Geschlecht: Ist Kommunikation zwischen Männern und Frauen interkulturelle Kommunikation? In: Hoffmann, Ludger (Hg.): Sprachwissenschaft: ein Reader. Berlin, New York 1996, S. 235–257
184. Gutschmidt, Gunhild: 30 Jahre neue Frauenbewegung: Was haben wir gewonnen? In: Psychologie heute compact, Thema: Frauen, 1998, S. 8–13
185. Häusler, Barbara: Macker! Schlampe! Heuchlerbande! Die Leserbriefschlachten in der taz. Reinbek bei Hamburg 1999
186 Hale, Ray u.a.: Cultural Insensitivity to Sexist Language Toward Men. In: The Journal of Social Psychology, 130 (5), S. 697-698
186a. Haliday-Sumner: Female Sex-Offenders. Zu finden im Internet unter http://www. vaonline.org/vls6.html
187. Halper, Janice: Die andere Seite des erfolgreichen Mannes. Landsberg 1992
188. Harks, Thomas: Zu Unrecht in der Psychiatrie. In: Süddeutsche Zeitung vom 8.6. 2000
188a. Hausman, Patricia: I Am Woman, Hear Me Whine. Garbage in, Gigantic Wage Gap out. Im Internet zu finden unter: http://www.nationalreview.com/comment/comment-hausmanprint040301.html
189. Heartfield, James: Wer hat Angst vor Hasstiraden? In: Novo Nr. 34, S. 24–27
190. Heiliger, Anita: Aktiv gegen Männergewalt. Kampagnen und Maßnahmen gegen Gewalt an Frauen international. München 1998
191. Heinrichs, Jürgen (Hg.): Vergewaltigung. Die Opfer und die Täter. Braunschweig 1986
192. Heitmann, Matthias: Studentische Zensur an britischen Hochschulen. In: Novo Nr. 37, S. 14
193. Heitmann, Matthias: Gefahr für das kleine Arschloch und die Bewohner Entenhausens. In: Novo Nr. 44, S. 48–49

194. Henkel, Martin: Seele auf Sendung. Berlin 1998
195. Herbort, Bernd: Bis zur letzten Instanz. Bergisch Gladbach 1996
196. Hermanns, Angelina: Weiß-feministischer Rassismus in der »Emma«? Böll-Stiftung gibt Frauenzeitschrift nach Islam-Bericht Mitschuld an Gewalt gegen Ausländer. In: Frankfurter Rundschau vom 31.1.1994, S. 7
197. Heuer, Gerhild: Problem Sexualität im Strafvollzug. Stuttgart 1978
198. Heyne, Claudia: Täterinnen: offene und versteckte Aggressionen von Frauen. Zürich 1993
199. Hillebrand, Annette: Macht Arbeit Frauen wirklich glücklich? Hamburg 1997
200. Hilsbos, Alexandra: »It's Hard to Be a Saint in the City«: The Fiction of Bret Easton Ellis. Unveröffentlichte Magisterarbeit, Mainz 1996
201. Hinchliffe, Sarah: »Ist es denn schlecht, dass es mir gut geht?« In: Novo Nr. 39, S. 23–25
201a. Hinchliffe, Sarah: Sex ist nicht gleich Vergewaltigung.In: NOVO Nr. 50, S. 78ff.
202. Hite, Shere: Hite Report II. Band 2. Die sexuellen Vorlieben und Praktiken des männlichen Geschlechts. München 1982
203. Hite, Shere: Women and Love. New York 1989
204. Hoff, Bert H.: Bobbitt: Blaming the Victim. Zu finden im Internet unter: www.vix.com/menmag/bobbitt.htm
205. Hoff, Bert H.: Reporting on Teachers Who Sexually Abuse Students. Zu finden im Internet unter: www.vix.com/menmag/mcdermot.htm
206. Hoffmann, Arne: Political Correctness – zwischen Sprachzensur und Minderheitenschutz. Marburg 1996
206a. Hoffmann, Arne: Das Lexikon des Sadomasochismus. Berlin 2001
207. Hole, Günter: Fanatismus. Der Drang zum Extrem und seine psychologischen Wurzeln. Freiburg/Basel/Wien 1995
208. Hollstein, Walter: Nicht Herrscher, aber kräftig. Hamburg 1988
209. Hollstein, Walter: Der Kampf der Geschlechter. Frauen und Männer im Streit um Liebe und Macht und wie sie sich verständigen können. München 1995
210. Horn, Christine: Kindesmissbrauch: neue Sensibilität oder Panik? Gefolgt von einem Gespräch mit Katharina Rutschky. In: Novo Nr. 25, November 1996, S. 8–12, 16–17
211. Horn, Christine: Braucht das Land neue Männer? In: Novo Nr. 36, September 1998, S. 7–9
212. Horx, Matthias: Trendbuch. Megatrends für die späten neunziger Jahre. Düsseldorf 1996
213. Horx, Matthias: Die acht Sphären der Zukunft. Ein Wegweiser in die Kultur des 21. Jahrhunderts. Wien, Hamburg 1999
214. Huber, Andreas: Aggression und Gewalt. München 1995
215. Ingendaay, Paul: Der Mann mit der Lupe. Javier Marias kommentiert einen Fall von Kindesmissbrauch. In: Frankfurter Allgemeine Zeitung vom 17.3.1999, S. 49.
216. Institut für Demoskopie Allensbach: Sexueller Missbrauch von Kindern. In: allensbacher Bericht Nr. 17/1995
217. Jacobi, Juliane: Feministischer Terror. In: Feministische Studien 5/1997, S. 135–137
218. **Jäckel, Karin: Wer sind die Täter? Die andere Seite des Kindesmissbrauchs. München 1996**
219. **Jäckel, Karin: Der gebrauchte Mann. Abgeliebt und abgezockt – Väter nach der Trennung. München 1997**
220. **Jäckel, Karin: Deutschland frisst seine Kinder. Reinbek 2000**
221. Jäger, Siegfried: Kritische Diskursanalyse. Eine Einführung. Duisburg 1993

222. Jamin, Peter: Sexopfer Kind. Die Hintergründe des Falls Dutroux und die Machenschaften der internationalen Porno-Mafia. Bergisch Gladbach 1997
223. Janke, Klaus und Niehues, Stefan: Echt abgedreht. Die Jugend der 90er Jahre. 4., aktualisierte Auflage. München 1996
224. Jansen, Paul u.a. (Hg.): Klinik der Ess-Störungen – Magersucht und Bulimie. München 1997
225. Jeffers, Susan: ... aber lieb sind sie doch. Die notwendige Demontage des Feindbilds Mann. Düsseldorf 1989
226. Jetz, Klaus: Sexismus und Rassismus in der »Emma«? Köln 1995
227. Joannides, Paul (Hg.): Wild Thing. Sex-tips for Boys and Girls. München 1998
228. Julius, Henri und Boehme, Ulfert: Sexuelle Gewalt gegen Jungen. Göttingen 1997
229. junge welt vom 19.5.1999, S. 9: Amnesty kritisiert Todesurteile in den USA
230. Juno, Andrea: Angry Women. Die weibliche Seite der Avantgarde. Andrä-Wördern 1997
231. Kahl, Martina und Petra Schneider: Böse Mädchen kommen überall. Eine schonungslose Bestandaufnahme weiblicher Verhältnisse zwischen Realität und Wirklichkeit. Berlin 1998
232. Kahl, Martin: Es braucht Spaß. »Brigitte« riecht nicht. In: Roth, Jürgen und Bittermann, Klaus (Hg.): Journalismus als Eiertanz. Zweiundfünfzig Meditationen über die Presse. Berlin 1999
233. Kakuska, Rainer: Aus dem Tagebuch eines Feministen. Das Böse-Mädchen-Komp(l)ott. In: Psychologie heute Nr. 4/1997, S. 66–69
234. Kammer, Jack: Three Quotes from Laurie Ingraham. Exzerpt aus »Good Will Towards Men«. Zu finden im Internet unter: http://users.erols.com/jkammer/ingraham3q.html
235. Kanin, Eugene: False Rape Allegations. In: Archives of Sexual Behavior, Vol. 23, No. 1, 1994, S. 81–90
236. Kaminer, Wendy: Sleeping with Extra-Terrestrials. The Rise of Irrationalism and Perils of Piety. New York 1999
237. Kaplan, Louise J.: Weibliche Perversionen. Hamburg 1991
238. Kaya, Devrim: »Meine einzige Schuld ist, als Kurdin geboren zu sein«. Eine junge Frau auf der Flucht vor türkischer Folter und deutscher Justiz. Herausgegeben von Günter Wallraff. Frankfurt am Main 1998
239. Keen, Sam: Feuer im Bauch. Bergisch Gladbach 1992
240. Keen, Sam: Gesichter des Bösen. Über die Entstehung unserer Feindbilder. München 1993
241. Keesling, Barbara: Liebe machen die ganze Nacht hindurch ... Der männliche Mehrfach-Orgasmus und andere Geheimnisse, um das Liebesspiel zu verlängern. München 1995
242. Kelleher, Michael D.: Murder Most Rare. The Female Serial Killer. Westport 1998
243. Kelsey, Morton und Barbara: Sünde, Tabu oder Geschenk? München 1994
244. Kempf, Sebastian: Die alte Prüderie der neuen Welt. In: Pro-Familia-Magazin 3/1997, S. 11–16
245. Kentler, Helmut: Sexualwesen Mensch. Texte zur Erforschung der Sexualität. Hamburg 1984
246. Kentler, Helmut: Täterinnen und Täter beim sexuellen Missbrauch von Jungen. In: Katharina Rutschky und Reinhart Wolff: Handbuch Sexueller Missbrauch, Hamburg 1994, S. 143–157
246a. Keppeler, Irmela: Mann muss draußen bleiben. Online-Ausgabe des Bonner »Express« vom 3.5.2001

247. Kerscher, Helmut: Wenn Puppen die Wahrheit sagen sollen. In: Süddeutsche Zeitung vom 31.7.1999. Zu finden auch im Internet unter www.paPPa.com/mmdm/BGH990/30.htm
248. Kiener, Franz: Das Wort als Waffe. Zur Psychologie der verbalen Aggression. Göttingen 1983
249. King, Michael u. a.: Sexually Assaulted Males: 115 Men Consulting a Counseling Service. In: Archives of Sexual Behavior, Vol. 26, No. 6, 1997
250. Kipnis, Laura: Bound and Gagged: Pornography and the Politics of Fantasy in America. New York 1996
251. Kirsta, Alix: Deadlier than the Male. Violence and Aggression in Women. London 1994
252. Kloehn, Ekkehard: Typisch weiblich? Typisch männlich? Geschlechterkrieg oder neues Verständnis von Mann und Frau? Hamburg 1979
253. Knuf, Thomas: Wissenschaftliche Fakten und Erkenntnisse über Männer als Opfer. In: moritz, Zeitschrift für Männer in Bewegung, Nr. 31 (1/97), S. 22
254. Köpf, Peter und Provelegios, Alexander: Der Winterschlaf der Männer ist vorbei. Für eine neue Allianz von Adam und Eva. Stuttgart 2000
255. Köppen, Ruth: Armut und Sexismus. Berlin 1994
256. Kohlrusch, Eva: Krieg ist nicht nur Männersache. In: Die Bunte Nr. 16/1999, S. 43–44
257. konkret Nr. 8 1999, S. 16: Die Propagandastaffel. Dokumentation eines Interviews mit dem Chirurgen Richard Munz, zuvor veröffentlicht in der »Welt« vom 18. Juni 1999
258. Kors, Alan Charles und Silverglate, Harvey: The Shadow University. The Betrayal of Liberty on America's Campuses. New York 1998
259. Krämer, Walter und Denis und Trenkler, Götz: Das neue Lexikon der populären Irrtümer. 555 weitere Vorurteile, Missverständnisse und Denkfehler von Advent bis Zyniker. Frankfurt am Main 1998
260. Krebber, Werner: Sexualstraftäter im Zerrbild der Öffentlichkeit. Hamburg 1999
261. Kreß, Brigitta: Gleichberechtigung erst im Jahr 2490? In: Psychologie heute compact, Thema: Frauen, 1998, S. 14–17
262. Kreß, Brigitta: Trainingsziel Chancengleichheit. in: Psychologie 4/1999, S. 38–43
263. Kritisches Forum für Kinder: Nordhorn – ein Missbrauchsprozess und die Lehren daraus. Zu finden im Internet unter: www.kinderprojekte.de/kffk/nordhorn.html
264. Krüger, Anja: »Bäuerinnenfängerei«. In: konkret 3/1999, S. 18–21
265. Kurtz, Howard: Abuse Reports That Smack of Unfairness. In: Washington Post online vom 5.6.2000. Zu finden im Internet unter: http://washingtonpost.com/wp-dyn/articles/A62505-2000Jun4.html
266. Kutchinsky, Berl: Missbrauchspanik. Häufigkeit und Befund sexuellen Kindesmissbrauchs. In: Katharina Rutschky und Reinhart Wolff: Handbuch Sexueller Missbrauch, Hamburg 1994, S. 49–63
267. Laan, Ellen u. a.: Women's Sexual and Emotional Responses to Male- and Female-Produced Erotica. In: Archives of Sexual Behavior, Vol. 23, Nr. 2, 1994, S. 153ff.
268. Landmann, Valentin: Das integrierte Verbrechen. Erweiterte und korrigierte Ausgabe. Frankfurt am Main/Berlin 1989
269. Larimer, Mary u.a.: Male and Female Recipients of Unwanted Sexual Contact in a College Student Sample: Prevalence Rates, Alcohol Use, and Depression Symptoms. In: Sex Roles, Vol. 40, No.3/4 1999
270. Larsen, Shawn: Sexual Harassment – frequencies by gender. Zu finden unter: www.vix.com/pub/men/harass/studies/larsen.html

271.   Latza, Berit: Sextourismus in Südostasien. Frankfurt am Main 1987
272.   Lautmann, Rüdiger: Welche Sexualmoral verschwindet und welche neue wird kommen? In: Pro-Familia-Magazin 3/1997, S. 4–6
273.   Leersch, Hans-Jürgen: Bergmann lehnt Dienstpflicht für Frauen ab. In: DIE WELT online vom 3.8.1999 (www.welt.de)
274.   Lenz, Hans Joachim Lenz: Männer als Opfer. Zu finden im Internet unter: http://www.oeko-net.de/mabuse/zeitschrift/mab125d.htm#back47
275.   Leo, John: De-escalating the gender war. In: U.S.News & World Report, 18.4.1994, S. 24
276.   Leudesdorff, Claudia: Neun Sex-Tipps für Unanständige. In: Cosmopolitan Nr. 2/2000, S. 32–37
277.   Levend, Helga: Gewalt gegen Frauen – ein Frauenproblem? In: Psychologie heute compact, Thema: Frauen, 1998
278.   Lischke, Gottfried und Tramitz, Angelika: Weltgeschichte der Erotik. Band IV. Von Marilyn bis Madonna. München 1995
279.   Loftus, Elisabeth und Ketcham, Katherine: Die therapierte Erinnerung. Über den zweifelhaften Versuch, sexuellen Missbrauch erst Jahre später nachzuweisen. Bergisch Gladbach 1994
280.   Loftus, Elizabeth: Falsche Erinnerungen. In: Spektrum der Wissenschaft 1/1998, S. 62–67
281.   Longrigg, Clare: Patinnen. Die Frauen der Mafia. München 1998
281a. Lottes, Ilsa: Women Abuse on Campus: Results from the Canadian National Survey. In: Archives of Sexual Behavior, April 2001, S. 224ff.
282.   Love, Brenda: Enzyklopädie der ungewöhnlichsten Sexualpraktiken. Band 1 und 2. Flensburg 1997
283.   Lowndes, Leil: How to Make Anyone Fall in Love With You. Chicago 1996
284.   Lumby, Catharine: Bad Girls: TV, Sex and Feminism in the '90s. St. Leonards (Australien) 1997
285.   Lyndon, Neil: No More Sex War. The Failures of Feminism. London 1992
286.   MacDonald, Ellen: »Erschießt zuerst die Frauen«. Stuttgart 1992
287.   Madden, Tara Roth: Women vs. Women. New York 1987
288.   Mandau, Luise: Die Frauenfalle. Wenn gute Mädchen böse werden: Physische, psychische und verbale Gewalt von Frauen. Bergisch-Gladbach 2000
288a. Männerberatung aktuell März 2001. Zu finden im Internet unter: www.maennerberatung.de/aktuell0103.htm
289.   Männer und Scheidung: Presseschau zur Bewerbung um das Gemeindeamt des Männerbeauftragten bei der Stadt Stade. Zu finden im Internet unter: www.gabnet.com/mw/m&s/m&s-std/stdertb.htm
290.   Männer-Wecker: Bewerbung als Männerbeauftrager bei der Freien und Hansestadt Hamburg. Dokumentation eines Briefwechsels. Zu finden im Internet unter: www.gabnet.com/mw/bewhh1.htm
291.   Marchewka, Bernd (Hg.): Weißbuch sexueller Missbrauch. Zum Umgang mit dem ungerechtfertigten Vorwurf der sexuellen Misshandlung von Kindern in familiengerichtlichen und strafgerichtlichen Verfahren. Bonn 1996
292.   Margolies, Eva: Der Mann und seine sexuellen Probleme. Ursachen, Hilfe, Überwindung. Hamburg 1996
293.   Margulis, Zachary: Canada's Thought Police. Zu finden im Internet unter: http://insight.mcmaster.ca/org/efc/pages/wired-3.03.html
293a. Maron, Thomas: Polizei soll Täter aus der eigenen Wohnung weisen. In: Frankfurter Rundschau vom 14.5. 2001
293b. The Massachusetts News: Who Says, ›Men Are More Violent?‹ Im Internet zu finden unter: www.massnews.com/0101violent.htm

294. Massow, Martin: Nach dem Feminismus: Perspektiven für eine neue Partnerschaft. Düsseldorf 1991
295. Mathews, Frederick: The Invisible Boy. Revisioning the Victimization of Male Children and Teens. Community Psychologist Central Toronto Youth Services. For: The National Clearinghouse on Family Violence Health Canada, 1996. Zu finden im Internet unter: http://www.travel-net.com/~pater/invis.htm
296. Matthews, Ruth u. a.: Female Sexual Offenders. An Exploratory Study. Orwell 1989
297. Mattheiss, Uwe: Rote Karte für Schläger. In: Die Woche vom 26. März 1999, S. 37
298. Matussek, Matthias: Die Frauen sind schuld. In: Spiegel special »Mann + Frau = Krise«, Nr. 5/1998, S. 25ff.
299. **Matussek, Matthias: Die vaterlose Gesellschaft. Überfällige Anmerkungen zum Geschlechterkampf. Reinbek bei Hamburg 1998**
300. Matussek, Matthias: Die vaterlose Gesellschaft. Briefe, Berichte, Essays. Reinbek bei Hamburg 1999
301. Mauz, Gerhard: Der Preis ist zu hoch. In: Spiegel special 8/1996, S. 55
302. Mayer, Adele: Women Sex Offenders. Holmes Beach 1992
303. McCorduck, Pamela und Ramsey, Nancy: Die Zukunft der Frauen. Szenarien für das 21. Jahrhundert. Frankfurt am Main 1998
304. **McElroy, Wendy: Sexual Correctness: the Gender-Feminist Attack on Women. Jefferson 1996**
305. McElroy, Wendy: XXX: A Woman's Right to Pornography. New York 1995
305a. McElroy, Wendy: Feminists Who Celebrate Rape. Zu finden im Internet unter www.lewrockwell.com/orig/mcelroy2.html
306. McLatchey, Marilyn Brennett: Women's Work at Harvard. In: The Women's Freedom Network Newsletter. Frühling 1997, Vol. 4, No. 2. Zu finden im Internet unter: www.womensfreedom.org/artic423.htm
307. Mechelen, Rod van: What Every Man Should Know About Feminist Issues. Affirmative Action. Zu finden im Internet unter: http://backlash.com/book.aa/html
308. Meryn, Siegfried; Metka, Markus und Kindel, Georg: Der Mann 2000. Die Hormon-Revolution. Wien 1999
309. Metz-Göckel, Sigrid: Der Mann. Weinheim, Basel 1986
310. Meulenbelt, Anja: Emanzipation und Seitensprung. Von Intimität, Untreue und Rivalität. Reinbek bei Hamburg 1993
311. Meulenbelt, Anja: Scheidelinien. Über Sexismus, Rassismus und Klassismus. Reinbek bei Hamburg 1993
312. Meyers Lexikonredaktion: Schülerduden Sexualität. Mannheim u. a. 1997
313. Michael, Robert: Sexwende. Liebe in den 90ern – Der Report. München 1994
314. Middap, Christine: Gloves off in battle of sexes. Women are becoming more violent toward their partners and have overtaken men as aggressors in relationships. Zu finden unter: www.mensrights.com.au/page13aj.htm
315. **Mika, Bascha: Alice Schwarzer. Eine kritische Biographie. Reinbek bei Hamburg 1998**
316. Mischke, Roland: Nur Mut, Männer! Zum neuen Selbstverständnis einer gefährdeten Spezies. Bergisch Gladbach 1990
317. »Mona Lisa«, Sendung vom 22.11.1998: Ohne jede Verantwortung – unterhaltsflüchtige Väter
318. Mondo Feminism: News From the Weird Side. Zu finden unter: http://shell.idt.net/~per2/mondofem.htm
319. Morin, Jack: Erotische Intelligenz. Die Erschließung der inneren Quellen sexueller Leidenschaft. München 1999

320. N 3 (Fernsehen): »Talk vor Mitternacht. Sind Frauen klüger?« Sendung vom 5.7.1999, 23:00 Uhr

321. Nagle, Jill (Hg.): Whores and Other Feminists. New York, London 1997

322. Nassirin, Kaveh: Spiel's noch einmal Sam. In: Spiegel special 7/1997

323. Nathan, Debbie und Snedeker, Michael: Satan's Silence. Ritual Abuse and the Making of a Modern American Witch Hunt. New York 1995

324. The National Organization on Male Sexual Victimization: Male Survivors. Zu finden im Internet unter: www.malesurvivor.org/main.html

325. Nations, Hugh: Some Facts about Rape and False Accusations of Rape. Zu finden unter: http://www.ncfm.org/fact1.htm

326. Neue Ruhr-Zeitung vom 29.6.2000, Ressort Kultur: »Echter Wertekonflikt« an Essens Uni

327. Nordbruch, Claus: Sind Gedanken noch frei? Zensur in Deutschland. München 1998

328. Norretranders, Tor: Hingabe. Über den Orgasmus des Mannes. Reinbek bei Hamburg 1986

329. Novo 11/12 1999, S. 9: Benimm an der Uni.

330. Nuber, Ursula: Intime Fragen. Die amerikanische Sexualforschung. In: Nuber, Ursula: Frauen und Sexualität. Weinheim/Basel 1991, S. 125–134

331. Nuber, Ursula: Furcht vor abstrakten Themen. In: Psychologie heute compact, Thema: Frauen, 1998, S. 37

332. Nuber, Ursula: Hausarbeit ist – immer noch – Frauensache. In: Psychologie heute compact, Thema: Frauen, 1998, S. 44ff.

333. Oakley, Ann und Mitchell, Juliet (Hg.): Who's Afraid of Feminism? Seeing through the Backlash. London 1997

334. Oestreich, Heide: Sex und Crime in Afrika. In: taz vom 29.6.1999, S. 7

335. Oestreich, Heide: Kein Pardon mehr für Schläger. In: die tageszeitung vom 2.12.1999, S. 6

336. Oestreich, Heide: Männer raus aus der Bundeswehr. In: die tageszeitung vom 13.1.2000, S. 4

337. Oestreich, Heide: Schläger raus, Frauen nach vorn. In: die tageszeitung vom 14.12.2000, S. 6

338. Offizielle Presseerklärung vom Vorstand der Kinderschutz-Zentren zum BGH-Urteil »Mindeststandards für Gutachten bei Kindesmissbrauch«. Zu finden im Internet unter: www.paPPa.com/mmdm/BGH990/30.htm

339. Ofshe, Richard und Watters, Ethan: Die missbrauchte Erinnerung. Von einer Therapie, die Väter zu Tätern macht. München 1996

339a. Oliver, Ed: Women As Abusive As Men, Beacon Hill Will Be Shown. In: The Massachusetts News vom 17.5.2001, zu finden auch im Internet unter www.massnews.com/5171women.htm

340. Orlin, Scott: Im Bett mit Julia Roberts. In: Cinema Nr. 7/99

341. Ostermann, Änne und Nicklas, Hans: Vorurteile und Feindbilder. München/Wien/Baltimore 1982

342. O'Sullivan, Lucia: Feigning Sexual Desire: Consenting to Unwanted Sexual Activity in Heterosexual Dating Relationships. In: The Journal of Sex Research. Volume 35, Number 3, August 1998, S. 234–243

343. The Other World Kingdom: Leben im Königreich – die andere Welt. Der wahre Staat der dominanten Frauen. Vizovice 1996

344. Ott, Ursula: Nur Frauen sind Menschen. In: Die Woche vom 23.3.2001, S. 33

345. Ottar, Buchzeitschrift über Sexualität, Zusammenleben und Gesellschaft: Lust ... träumen ... erleben ... genießen. Reinbek bei Hamburg 1998

346. Otten, Dieter: Männer versagen. Bergisch Gladbach 2000

346a. Ottow, Silvia: Warum ein geschiedener Mann sein Leben nicht einfach ändern darf. In:»Neues Deutschland« vom 26.2.2001. Zu finden im Internet unter: http://www.maennerberatung.de/aktuell0103.htm

347. Pally, Marcia: Sex & Sensibility. Reflections on Forbidden Mirrors and the Will to Censor. Hopewell 1994

348. Pam: Female-female Abuse. Zu finden im Internet unter: www.asarian.org/~pamsc/female.html

349. »Panorama« (TV-Magazin der britischen BBC) vom Montag, dem 6.10.1997 um 22:00 Uhr. Als zusammenfassende Mitschrift zu finden im Internet mit dem Titel »The Sexual Abuse by Women of Children and Teenagers« unter www.vix.com/menmag/panosumm.htm

350. paPPa.com: Das Kind gehört der Mutter. Zu finden unter: www.pappa.com/emanzi/femipart/htm

351. paPPa.com: Väterklatschen – Medienspektakel gegen Rabenväter. Zu finden unter: www.pappa.com/väter/klatsche.htm

352. paPPa.com: Parteilich-feministische Aufdeckung. Zu finden unter: www.pappa.com/mmdm/pp/aufdeck.htm

353. paPPa.com: Parteilich-feministische Aufdeckung: Es geht ums Geld! Zu finden unter: www.pappa.com/mmdm/pp/zarte.htm

354. paPPa.com: Es reicht! Anzeige gegen BMI Nolte wg. Volksverhetzung. Zu finden unter: www.pappa.com/vater/noltesta.html

355. paPPa.com: Aktuelle Reaktionen auf Noltes Väterklatschen. Zu finden unter: www.pappa.com/väter/klatschr.htm

356. paPPa.com: Auf die sicheren Plätze – fertig – los! Zu finden unter: www.pappa.com/emma/femiwahl.htm

357. paPPa.com: Zum Zustand der Partei Die Grünen: Feminat. Zu finden unter: www.pappa.com/politik/lr_gruen.htm

358. paPPa.com: Presseschau vom 3. Freispruch im großen Kinderschänderprozess . Darin Artikel aus der Frankfurter Rundschau, des Kölner Stadtanzeigers, der Süddeutschen Zeitung, der taz, der Welt, der Frankfurter Allgemeinen, des Hamburger Abendblatts, der Westdeutschen Zeitung und der Berliner Zeitung vom 18. Juni 1997. Zu finden unter: www.pappa.com/mmdm/main3pr.htm

359. paPPa.com: Frauenministerin Nolte gegen Missbrauch und für Missbrauch mit dem Missbrauch? Zu finden unter: www.pappa.com/mmdm/noltzart.htm

360. paPPa.com: Vergewaltigung in der Ehe: Unschuldsprinzip aufgehoben? Presseschau mit Artikeln aus der Braunschweiger und der Süddeutschen Zeitung. Zu finden unter: www.pappa.com/mmdm/vergewie.htm

361. Parfrey, Adam: Cut It Off! The Case for Self-Castration. In: Adam Parfrey (Hg.): Apocalypse Culture. Venice 1990

362. **Patai, Daphne: Heterophobia. Sexual Harrassment and the Future of Feminism. New York u. a, 1998**

363. **Pearson, Patricia: When She Was Bad: Violent Women and the Myth of Innocence. New York 1997**

364. Pentauk, Keri: Mach Männchen! Was bloß tun, wenn der Liebste nicht spurt? Behandeln Sie ihn wie einen Hund. In: Amica Nr. 6/98, S. 81

365. Per's MANifesto. A newsletter on man-bashing, anti-male stereotypes, and other progressive moral ideas. Zu finden im Internet unter: http://idt.net/~per2/archives.htm

366. Peterson, Karen S.: Researchers Shuffle Over Domestic Violence. In: USA Today vom 16. Juli 1999

367. Petrovich, M. und Templer, D. I.: Heterosexual molestation of children who later become rapists. In: Psychological reports, Nr. 54 (3), 1984, S. 810

368. Phillips, John: Forbidden Fictions. Pornography and Censorship in Twentieth Century French Literature. London 1999

369. Phillips, Melanie: Women are at least as violent as men, but the evidence is everywhere being dismissed or ignored. In: The Times vom 25.10.1999

370. Piatelli-Palmarini, Massimo: Die Illusion zu wissen. Was hinter unseren Irrtümern steckt. Reinbek bei Hamburg 1997

371. Piel, Edgar: Sture Böcke, eitle Zicken. In: Geo Wissen Nr. 26, »Frau und Mann, alte Mythen, neue Rollen«, S. 54–61

371a. Pizzey, Erin: »From the Personal to the Political – What is the Women's Movement for?« – »Vom Persönlichen zum Politischen – was will die Frauenbewegung?« Dezember 2000. Original und deutsche Übersetzung zu finden unter http://home.t-online.de/home/Joachim.Mueller-1/extdoc/Pizzey.htm

372. Pizzey, Erin: Working with Violent Women. Zu finden im Internet unter: www.vix.com/menmag/pizzey.htm

373. Platen, Heidi: Aktion gegen Beschneidung. In: taz vom 17.3.1999, Seite 4

374. Plogstedt, Sibylle und Barbara Degen: Nein heißt nein! DGB-Ratgeber gegen sexuelle Belästigung am Arbeitsplatz. München, Zürich 1992

375. Pressemitteilung der Selbsthilfegruppe »Schuldig auf Verdacht«: Betreibt die Frauenbeauftragte Volksverhetzung? In: Männer-Rundbrief für Gleichberechtigung und Menschlichkeit 10/1995, S. 21

376. Prokop, Ulrike: Weiblicher Lebenszusammenhang. Von der Beschränktheit der Strategien und der Unangemessenheit der Wünsche. Frankfurt am Main 1976

377. Psychologie heute 10/1996, S. 13: Wenig Wandel in der Frauenarbeit.

378. Psychologie heute 8/1998, S. 11: Kleine Biester. Die versteckten Waffen der Mädchen

379. Psychologie heute 1/2000, S. 13: Weibliche Rowdies auf dem Vormarsch

380. Psychologie heute compact, Thema: Frauen, 1998, S. 18ff.: »Frauen wissen nicht, wie viel Freude eine Führungsposition bereiten kann.« Interview mit Professorin Andrea Abele-Brehm

381. Psychologie heute compact, Thema: Frauen, 1998, S. 25: Preparing Women to Lead

382. Pusch, Luise F.: »Liebe Wählerinnen und Wähler«. Nach 25 Jahren feministischer Sprachpolitik ist das Maskulinum nicht mehr das, was es einmal war. In: Psychologie heute compact, Thema: Frauen, 1998

383. Radin, Dean: The Conscious Universe. The Scientific Truth of Psychic Phenomena. San Francisco 1997

384. Ramsay-Klawsnik, H.: Sexually abused boys: Indicators, abusers, and impact of trauma. Paper presented at Third National Conference on the Male Survivor, Tucson, Arizona.

385. Randow, Gero von (Hg.): Der Fremdling im Glas und weitere Anlässe zur Skepsis entdeckt im »Skeptical Inquirer«. Reinbek bei Hamburg 1996

386. Rave, Marion: Befreiungsstrategien. Der Mann als Feindbild in der feministischen Literatur. Bielefeld 1991

387. Real, Terence: Mir geht's doch gut. Männliche Depressionen – warum sie so oft verborgen bleiben, woran man sie erkennt und wie man sie heilen kann. München 1999

388. Reece, Helen und Sara Hinchliffe: Vergewaltigungsprozesse ohne Kreuzverhör? In: Novo Nr. 39, S. 22–24

389. Richards, Janet Radcliffe: The Sceptical Feminist. A Philosophical Enquiry. Boston u. a. 1980

390. Rickabaugh, Cheryl: Just Who Is This Guy, Anyway? Stereotypes of the Men's Movement. In: Sex Roles Vol. 30, Nov. 5/6, 1994, S. 459ff.

391. Ringel, Michael (Hg.): Das listenreiche Buch der Wahrheit. Frankfurt am Main 1998
392. Ritzel, Ulrich: Die Opfer im Streit um das Kind. In: Südwestpresse – Metzinger Uracher Volksblatt vom 1. Oktober 1996. Zu finden auch im Internet unter: www.paPPa.com/mmdm/parteilf.htm
392a. Robert, Paul Craig: Gegen sexuelle Belästigung am Studienplatz. Übersetzung eines Artikels aus der New York Post vom 7.9.2000 auf der Website www.arcados.ch.
393. Rommel, Karl Friedrich: Letzte Chance für die 19-jährige. Stuttgarter Nachrichten vom 19.12.00
394. Bundesstiftung Rosa-Luxemburg-Initiative. Bremer Forum für Bildung, Gesellschaftsanalyse und -kritik e.V.: Programm politische Bildung August-Dezember 1999 sowie begleitende Konzeptpapiere
395. Ross, Kelly: Against the Theory of »Sexist Language«. Zu finden im Internet unter: www.friesian.com/language.htm
396. Rubner, Jeanne: Ist die Kreativität männlich? Eine Abrechnung mit den Klischees populärer Theorien über rechte und linke Hirnhälften. In: Bild der Wissenschaft Special Kreativität (Juli 1998), S. 30–31
397. Russell, Diana E. H. (Hg.): Making Violence Sexy. Feminist Views on Pornography. Buckingham 1993
398. **Rutschky, Katharina: Erregte Aufklärung. Kindesmissbrauch: Fakten und Fiktionen. Hamburg 1992**
399. **Rutschky, Katharina: Emma und ihre Schwestern. Ausflüge in den real existierenden Feminismus. München/Wien 1999**
400. Rutschky, Katharina: Damen-Ohrfeige gegen Busengrapscher. In: Novo Nr. 41, S. 28–29
400a. Sacks, Glenn: Women don't do the work of the world, men do. In: Daily Bruin Online vom 4.4.2001.
400b. Sacks, Glenn: Is Pay a Function of Gender Bias? No; Men Simply Work More. In: Los Angeles Times vom 12.5.2001
401. Sadrozinski, Renate: Grenzverletzungen. Sexuelle Belästigung am Arbeitsplatz. Frankfurt am Main 1993
402. Sagan, Carl: Der Drache in meiner Garage oder die Kunst der Wissenschaft, Unsinn zu entlarven. München 1997
403. Samel, Ingrid: Einführung in die feministische Sprachwissenschaft. Berlin 1995
404 Samuel, Raphael: People's History and Socialist Theory. London 1981
404a. Saris, Renee: Studying the sexual aggression of women: Problem and promises. In: The Journal of Sex Research, August 1999, S. 312–314
405. Schenk, Roy: The Other Side of the Coin. Causes and Consequences of Men's Oppression. Madison 1982
406. Schenk, Roy: We've Been Had. Writing's on Men's Issues. Madison 1988
407. Schetsche, Michael: »I want to believe«. Zur soziologischen Erklärung abweichender Realitätswahrnehmungen. In: Skeptiker, Heft 2/1998
408. Schlagzeilen. SM aus der Szene für die Szene. Nr. 45 (1999): Schwerpunkt Zensurdebatte
409. Schleichert, Hubert: Wie man mit Fundamentalisten diskutiert, ohne den Verstand zu verlieren. Anleitung zum subversiven Denken. München 1998
410. Schleider, Tim: Alle sollen nur das Eine. In: Pro-Familia-Magazin 3/1997, S. 2–4
411. Schmerl, Christiane: Wenn Frauen zu Hyänen werden. In: Psychologie heute compact, Thema: Frauen, 1998, S. 92–97
412. Schmidbauer, Wolfgang: Der hysterische Mann. Eine *Psycho*Analyse. München 1999

413. Schmidt, Gunter: Das große Der Die Das. Über das Sexuelle. Reinbek 1988
414. Schmidt, Gunter: Das Verschwinden der Sexualmoral. Über sexuelle Verhältnisse. Hamburg 1996
415. Schmidt, Gunter und andere: Veränderungen des Sexualverhaltens von Studentinnen und Studenten 1966 – 1981 – 1996. in: Schmidt, Gunter und Strauß, Bernhard: Sexualität und Spätmoderne. Über den kulturellen Wandel der Sexualität. Stuttgart 1998
416. Schneider, Kerstin: »Der Verstand setzt aus«. In: Stern-Magazin 1/99 vom 30.12.1998, S. 116
417. Schneider, Susanne: Mann, du fehlst uns gar nicht! In: Cosmopolitan 10/1998, S. 56–68
418. **Schneider, Wolf: Unsere tägliche Desinformation. Wie die Massenmedien uns in die Irre führen. Hamburg 1992**
419. Schreck, Alexander: Mord ist mein Geschäft. In: Playboy 5/1993, S. 44–50
420. Schubert, Elke (Hg.): Wenn Frauen zu sehr schreiben ... Einige bescheidene Einwände gegen das Geschäft mit der starken Frau. Berlin 1998
421. Schubert, Renate: Ökonomische Diskriminierung von Frauen. Eine volkswirtschaftliche Verschwendung. Frankfurt am Main 1993
422. Schulz, Berndt: Diktatur der kleinen Jungs. In: Spiegel special »Der deutsche Mann« Nr. 7/1997, S. 18ff.
423. Schulz, Berndt: Wenn Männer in der Falle sitzen. Düsseldorf 1998
424. Schwarz, Patrik: Jetzt oder nie. Die SPD-Politikerinnen sind unfähig, nach der Macht zu greifen. In: die tageszeitung vom 14.10.1998, S. 12
425. Schwarzer, Alice: So sehe ich das! Über die Auswirkung von Macht und Gewalt auf Frauen und andere Menschen. Köln 1997
426. Schwind, Hans-Dieter: Kriminologie: eine praxisorientierte Einführung mit Beispielen. 9. neubearbeitete und erweiterte Auflage. (Grundlagen der Kriminalistik; Bd. 28) Heidelberg 1998
427. Seabrook, Jeremy: Power lust. Male rape is the subject of ridicule and pub jokes – because we can't cope with the idea of men as victims. In: New Statesman and Society vom 27.4.1990, S. 20–22
428. Sebald, Hans: Hexenkinder. Das Märchen von der kindlichen Aufrichtigkeit. Frankfurt am Main 1996
429. Seidner, A. L. und Calhoun, K. S.: Childhood sexual abuse: Factors related to differential adult adjustment. Paper presented at the Second National Conference For Family Violence Researchers, Durham, New Hampshire 1984
430. Seim, Roland und Spiegel, Josef (Hg.): »Ab 18« – zensiert, diskutiert, unterschlagen. Beispiele aus der Kulturgeschichte der Bundesrepublik Deutschland. 3., verbesserte und aktualisierte Auflage, Münster 1995
431. Sewell, Sam und Bunny: Family Violence. Zu finden im Internet unter: www.vix.com/menmag/batsewel.htm
432. bzw. http://www.naplesfl.net/~bestself/Family-Violence.htm
433. Shaw, Karl: Das Lexikon der Geschmacklosigkeiten. München 1998
434. Sherk, Greg: Bibliography: Men Raped or Sexually Abused by Women. Zu finden unter: www.vix.com/pub/men/rape/studies/biblio.html
435. Shermer, Michael, Maidhof-Christig, Benno und Traynor, Lee: Argumente und Kritik. Skeptisches Jahrbuch 1997. Rassismus, die Leugnung des Holocaust, AIDS ohne HIV und andere fragwürdige Behauptungen. Aschaffenburg, Berlin 1996
435a. Showalter, Elaine: Hystorien. Hysterische Epidemien im Zeitalter der Medien. Berlin 1999
436. Sick, Helma: frau & geld. Ein Finanzratgeber. München 1994

437. Siebert, Diana: Geldanlagen. Wie Sie kleine oder größere Beträge günstig und ohne Risiko anlegen. Reinbek bei Hamburg 1997

438. Siedenburg, Birte: Hausfrau schlägt Amazone. Die moderne Frau versteht sich als Managerin der Familie, ist konservativ, aber nicht sonderlich treu. In: Focus 25/1999, S. 84

439. Siemens, Jochen: Männer im Zoo, Frauen im Büro. In: Geo Wissen Nr. 26: Frau und Mann. Alte Mythen, neue Rollen, S. 62–63

440. Sieverdingbeck, Detlef: Kein Sex und auch kein Geld. In: Focus 40, 4.10.99, S. 55

441. Sigusch, Volkmar: The Neosexual Revolution. In: Archives of Sexual Behavior, Vol. 27, No. 4, 1998, S. 331ff.

442. Sikes, Gini: 8 ball chicks. A Year in the Violent World of Girl Gangs. New York 1997

443. **Simon, Rita (Hg.): Neither Victim nor Enemy. Women's Freedom's Network Looks at Gender in America. Lanham 1994**

444. Simon, Rita: Who Are the Major Targets of Violent Crime? In: The Women's Freedom Network Newsletter, Spring 1997, Vol. 4, No. 2

445. Simon, William: Postmodern Sexualities. London 1996

446. Skeptiker Heft 2/1998, S. 74: Spektakuläre Gerichtsentscheidung zum »False Memory Syndrome« in den USA

447. Smith, Ronald u. a.: Social Cognitions About Adult Male Victims of Female Sexual Assault. In: The Journal of Sex Research, Vol. 24, 1988, S. 101–112

448. Sokolowsky, Kay: Die neue Rechte. In: konkret Nr. 3/1999

449. Sokolowsky, Kay: Who the fuck is Alice? Was man wissen muss, um Alice Schwarzer vergessen zu können. Berlin 2000

450. Solanas, Valerie: Manifest der Gesellschaft zur Vernichtung der Männer. Augsburg 1996

451. Sommers, Christina Hoff: The New Mythology: Figuring Out Feminism. In: National Review vom 27.6.1994, S. 30ff.

452. **Sommers, Christina Hoff: Who Stole Feminism? How Women Have Betrayed Women. New York 1994**

453. Sommers, Christina Hoff: The War Against Boys. How Misguided Feminism Is Harming Our Young Men. New York 2000

454. Sowieso (online-Zeitung): Deutschlands erster Spielplatz – nur für Mädchen. Zu finden im Internet unter: www.sowieso.de/quer/spielplatz.html

455. Spahl, Thilo: Invasion der Opfermacher. In: Novo Nr. 41, August 1999, S. 34–35

456. Der Spiegel Nr. 11/1998: »Da bleibt keine Nase heil«. S. 74–83

457. Der Spiegel Nr. 11/1998: Ich mach' was aus dir, Kleines. S. 116 ff.

458. Der Spiegel Nr. 37/1998: Schwaches starkes Geschlecht. S. 256 ff.

459. Der Spiegel Nr. 46/1998: »Wenn man will, geht es«

460. Der Spiegel Nr. 25/1999: Die heimliche Revolution. S. 76–85

461. Der Spiegel Nr. 52/1999: So viel Sex wie nie, S. 121

462. Spiegel special 10/1997 »Liebe, Laster, Literaten«: Pelz per Post, S. 10

463. Spiegel special 1/1999 »Volk ohne Moral«: Emanzipation total, S. 81–82

464. Spiegel special 1/1999 »Volk ohne Moral«: Todesangst hinter Gittern, S. 74

465. Spörrle, Mark: Hysterie, die töten kann. Sexueller Missbrauch und Sexualmorde an Kindern nehmen nicht zu – doch Medien und Gesellschaft tun so, als ob. Das wird zur Gefahr für die Opfer. In: Die Woche vom 29.5.1998

466. Stan, Adele: Debating Sexual Correctness. Pornography, Sexual Harrassment, Date Rape and the Politics of Sexual Equality. New York 1995

467. **Stark, Jürgen: No Sex: Die neue Prüderie in Deutschland. Moralapostel und Lustfeinde auf dem Vormarsch. Reinbek bei Hamburg 1996**

468. Starke, Kurt: Studentensexualität. Unveröffentlichte Studie der Abteilung für Sexualforschung der Universität Hamburg.

469. Starr, Bernard und Weiner, Marcella: Liebe im Alter. Zärtlichkeit und Sexualität in reiferen Jahren. Vollständig bearbeitete Neuauflage. Bern/München/Wien 1996

470. Starr, Tama: Eve's Revenge. Saints, Sinners and Stand-Up Sisters on the Ultimate Extinction of Men. Orlando 1994

471. Steffen, Wiebke, Gründler, Klaus sowie die Beauftragten für Frauenfragen der bayrischen Polizeipräsidien: Vergewaltigt: zum Umgang mit Opfern sexueller Gewalttaten. Stuttgart u. a. 1990

472. **Steinbrecher, Sigrid: Die Sexfalle. Was Frauen alles wollen und Männer alles sollen. Reinbek bei Hamburg 1993**

473. Stern, Felix: Und wer befreit die Männer? Frankfurt am Main/Berlin 1991

474. Stern, Felix: Penthesileas Töchter. Was will der Feminismus? München 1996

475. Stires, Lloyd: Vergleichende Buchbesprechung zu »Making Violence Sexy« und »Pornography«. In: Archives of Sexual Behavior, Vol. 28, No. 1, 1999

476. Straßner, Erich: Ideologie – Sprache – Politik. Tübingen 1987

477. Stratenwerth, Christine: Das gestresste Geschlecht. In: Die Woche vom 7.1.2000, S. 32

478. **Strossen, Nadine: Zur Verteidigung der Pornographie. Für die Freiheit des Wortes, Sex und die Rechte der Frauen. Zürich 1997**

479. Struckmann-Johnson, Cindy und David: Men Pressured and Forced Into Sexual Experience. In: Archives of Sexual Behavior, Vol. 23, No. 1, 1994, S. 93–111

480. Struckmann-Johnson, Cindy und David: Men's Reactions to Hypothetical Forceful Sexual Advances from Women: the Role of Sexual Standards, Relationships, Availability, and the Beauty Bias. in: Sex Roles, Vol. 37, No. 5/6 1997, S. 319–333

481. Süddeutsche Zeitung vom 14.12.1998, S. 10: Zwei Frauen zwingen Mann zu Viagra und Sex

482. Süddeutsche Zeitung vom 14.8.1999: Seriöse Gutachter sind selten. Zu finden auch im Internet unter: www.paPPa.com/mmdm/BGH990/30.htm

483. SWR 1 (Radio): »Thema heute: Frauen im Bundestag«. Sendung vom 7.10.1998, 19:30 Uhr

484. Sydow, Kirsten von: Die Lust auf Liebe bei älteren Menschen. München/Basel 1994

484a. Szenedisco Textarchiv: Vergewaltiger raus aus linken Zusammenhängen, Strukturen und Räumen. Zu finden im Internet unter: www.partisan.net/archive/szenedisco/sd020.html

485. Taite, Ralph: Assaultive Girlfriends. Zu finden im Internet unter: www.vix.com/pub/men/battery/articles/girlfriend-fights.html

486. Tavris, Carol: The Mismeasure of Woman. New York u. a. 1992

487. Taylor, Joan Kennedy: Reclaiming the Mainstream. Individualist Feminism Rediscovered. Buffalo 1992

488. die tageszeitung (taz) vom 3.11.1998, S. 21: Sexisten-Hatz an der Universität?

489. die tageszeitung (taz) vom 2.12.1998, S. 5: Jede vierte NRW-Polizistin fühlt sich belästigt

490. die tageszeitung (taz) vom 29.1.1999, S. 7: Prügelnde Ehemänner in Therapie.

491. die tageszeitung (taz) vom 12.5.1999, S. 8: Schläger raus aus der Wohnung.

492. die tageszeitung (taz) vom 20.5.1999, S. 21: Vergewaltigungen »Peanuts« für den Innensenator

493. die tageszeitung (taz) vom 21.5.1999, S. 24: Berichterstattung versuchter Rufmord

494. die tageszeitung (taz) vom 31.8.1999, S. 5: Frau kann Mittäterin bei Vergewaltigung sein
495. die tageszeitung (taz) vom 4.9.1999, S. 31: Die Schulhofsattraktion
495a. Tendler, Stewart: Men suffer equally on violence in the home. The Times vom 22.1.1999, zu finden unter: http://www.mensrights.com.au/page13r.htm
496. Tewes, Dörte: Jung, weiblich, brutal. Mehr Mädchen kriminell / »Missliche Folgen der Emanzipation«. In: Recklinghäuser Zeitung vom 23.10.2000. Zu finden auch im Internet unter: www.maennerberatung.de/kriminalitaet-maedchen.htm
497. **Thomas, David: Auch Männer wollen aufrecht gehen. oder Warum es heute so schwierig ist, ein Mann zu sein. Bergisch Gladbach 1993**
498. Thompson, Bill: Soft Core. Moral Crusades against Pornography in Britain and America. New York 1994
499. Thompson, Edward : The Maleness of Violence in Dating Relationships: An Appraisal of Stereotypes. In: Sex Roles, Vol. 24, Nr. 5/6 1991, S. 261ff.
500. Tiger, Lionel: The Decline of Males. New York 1999
501. Tisdale, Sallie: Talk dirty to me. Eine intime Philosophie des Sex. München 1995
502. TM 3: »Oprah Winfrey: Battering Women«. Sendung vom 14.9.1999, 6:10 Uhr
503. Tocha, Wigbert: Von »Power Girls« und »armen Kerlen«. Benachteiligt die Schule die Jungen? In: Frankfurter Rundschau vom 22.7.1999. Zu finden auch im Internet unter: www.paPPa.com/emanzi/jungeusa.htm
504. Tolin, Lisa: The Effects of Abortion. In: Psychology Today 7/8 1997, S. 12
505. Traub, Rainer: Wenn die Fäuste sprechen. Die Gewalt gegen Frauen hat eine Kehrseite: Auch Männer werden misshandelt. In: Spiegel special 5/1998, S. 55
506. Trömel-Plötz, Senta: Frauensprache: Sprache der Veränderung. Frankfurt am Main 1982
507. Trum, Hansjörg: Vergewaltigt: zum Umgang mit Opfern sexueller Gewalttaten. Stuttgart u.a. 1990
508. Unicef-Direktorin begrüßt Einschränkung der Beschneidung von Frauen und Mädchen. Zu finden unter: www.unicef.or.at/
509. Unverzagt, Gerlinde: Und bist du nicht willig ... Jede vierte junge Frau berichtet von unfreiwilligen sexuellen Kontakten. In: Psychologie heute Nr. 11/1999, S. 10–11
510. van den Broek, Jos: Verschwiegene Not: Sexueller Missbrauch an Jungen. Zürich 1993
511. Vaterschaftsprozesse. Zu finden im Internet unter www.vaeter-online.de/news-neu.htm#vateran
512. Vilar, Esther: Der dressierte Mann. Das polygame Geschlecht. Das Ende der Dressur. München 1987
513. Vilar, Esther: Denkverbote. Tabus an der Jahrtausendwende. Bergisch Gladbach 1998
514. viv@n Nr. 48/2000, S. 84: Wir brauchen einen Vertrag zwischen den Geschlechtern. Interview mit dem russischen Schriftsteller Viktor Jerofejew
515. von Friesen, Astrid: Eine Generation im Dauerflunsch. In: Süddeutsche Zeitung Nr. 60 vom 13.3.1999, SZ am Wochenende, Seite VI. Zu finden auch im Internet unter: www.paPPa.com/emanzi/fries_sz.htm
516. Vonier, Hannelore: Das umstrittene Wörtchen »man«. In: www.geocities.com/Wellesley/4181/frauensprache/das-umstrittene.htm)
517. Vonier, Hannelore: Im Patriarchat gesammelt und aufgespießt. In: www.geocities.com/Wellesley/4181/aufgespiesst/index.htm
518. Vonier, Hannelore: Mediensprache. In: www.geocities.com/Wellesley/4181/frauensprache/mediens.htm

519. von Sinnen, Hella und Domian, Jürgen: Jenseits der Scham. Köln 1998
520. Walker, Deborah: Value and Opportunity: The Issue of Comparable Pay for Comparable Worth. In: Policy Analysis No. 38 vom 31.5.1984. Zu finden im Internet unter: www.cato.org/pubs/pas/pa038es.html
521. Wall Street Journal Interactive Edition vom 25. Mai 1999: Hand-holding in School Now Off-Limits. Zu finden im Internet auch unter: http://nwha.net/ncfm/archive/vo1n1.html
522. Walser, Karin: Sexueller Missbrauch und weibliches Bewusst-Sein. Eine Kritik am Modellprojekt »Wildwasser«. In: Katharina Rutschky und Reinhart Wolff: Handbuch Sexueller Missbrauch, Hamburg 1994, S. 259–279
523. Wandrey, Uwe: Liebesfluchten: was Frauen in den Süden zieht. Hamburg 1992
524. Wardetzki, Bärbel: »Iß doch endlich mal normal.« Hilfen für Angehörige von eßgestörten Frauen. München 1996
525. Watzlawick, Paul: Wie wirklich ist die Wirklichkeit? Wahn, Täuschung, Verstehen. München/Zürich 1994
526. Weidenbach, Julia: Ärztinnen haben schlechte Karten. In: Psychologie heute compact, Thema: Frauen, 1998, S. 32
527. Weingarten, Susanne und Wellershoff, Marianne: Die widerspenstigen Töchter. Für eine neue Frauenbewegung. Köln 1999
528. Weingarten, Susanne und Wellershoff, Marianne: »Wir brauchen Frauenbündelei«. »Emma«-Herausgeberin Alice Schwarzer über Feminismus und Karriere. In: Der Spiegel Nr. 47/1999, S. 105–109
529. West, Donald u. a.: Understanding Sexual Attacks. London 1978
530. Wetzstein, Thomas u. a.: Sadomasochismus. Szenen und Rituale. Reinbek bei Hamburg 1993
531. Wieden, Yvonne: Frauen im Krieg. In: die tageszeitung vom 24.4.1999, S. 7
532. Wieden, Yvonne: Mehr Schutz für Frauen. In: die tageszeitung vom 28.5.1999, S. 8
533. Wiesbadener Kurier vom 8.7.98: Männliche Ignoranz verkürzt das Leben
534. Wiesbadener Kurier vom 18.7.98: Gleiches Recht für Männer
535. Wiesbadener Kurier vom 29.8.98: Mädchen in Gymnasien an der Mehrheit
536. Wiesbadener Kurier vom 9.9.98: Männer stärker suizidgefährdet
537. Wiesbadener Kurier (ohne Datum): Junge Geliebte macht hörig.
538. Wiesbadener Tagblatt vom 30.11.2000: Seitensprung bei Betriebsfeiern: Frauen aktiver
539. Willenberg, Ulrich: Urteil / Zwei Jahre auf Bewährung. Mutter schlägt ihr Baby tot. Stuttgarter Nachrichten vom 26.10.2000
540. Wilson, Robert Anton: Das Lexikon der Verschwörungstheorien. Frankfurt am Main 2000
541. Winkelmann, Ulrike: Wie Vergewaltigung instrumentalisiert wird. Scharping und Fischer nutzen Gewalt gegen Frauen für ihre politischen Zwecke. In: die tageszeitung vom 17.5.1999, S. 6
542. Winn, Denise: The Manipulated Mind. Brainwashing, Conditioning and Indoctrination. London 1983
543. Winnemuth, Meike: Wenn Frauen zuviel reden ... In: Amica Nr. 6/1998, S. 100
544. Winnemuth, Meike: Wisch und weg. In: Amica Nr. 3/2000, S. 81–86
545. Wolf, Naomi: Die Stärke der Frauen. Gegen den falsch verstandenen Feminismus. München 1996
546. Yapko, Michael: Fehldiagnose: Sexueller Missbrauch. München 1996
547. **Young, Cathy: Ceasefire! Why Women and Men Must Join Forces to Achieve True Equality. New York 1999**
547a. Young, Cathy: Team players or tools of the patriarchy? Women often are supp-

lying the muscle behind the fathers'rights movement. In: Salon Magazine vom 6.7.2000, http://www.salon.com/mwt/feature/2000/07/06/crusade/index.html

547b. Young, Cathy: Wary of feminism? Ms. doesn't help. In: The Detroit News vom 7.10. 1997. Zu finden auch im Web im Archiv von www.detnews.com.

548. Zeit-Fragen Nr. 38 vom 1.6.1997, S. 1: Feministische Rechtstheorie und die Zerstörung des Rechtsstaats

549. Zeit-Fragen Nr. 31 vom 1.10.1996, S. 8: Jugendgefährdendes Bravo

550. Zerrahn, Signe: Entmannt. Wider den Trivialfeminismus. Hamburg 1995

551. Zilbergeld, Bernie: Männliche Sexualität. Was (nicht) alle schon immer über Männer wussten ... Tübingen 1983

552. Zilbergeld, Bernie: Die neue Sexualität der Männer. Was Sie schon immer über Männer, Sex und Lust wissen wollten. 2., korr. Auflage, Tübingen 1996

553. Zingg-Schrupowski, Tanja Christina: Geschlechtsspezifische Lohndifferenzen. Eine kritische Analyse der Theorie und Empirie unter besonderer Berücksichtigung der Sozialisationseffekte. Winterthur 1994

554. Zur Nieden, Sabine: Weibliche Ejakulation: Variationen zu einem uralten Streit der Geschlechter. Stuttgart 1994

Weitere interessante Internet-Adressen zum Thema:

Die Menschenrechtsorganisation Gendercide Watch berichtet unter *www.gendercide.org* ideologiefrei über internationale Vorfälle von Gendercide. Dieser Begriff bezeichnet Massentötungen, die auf das Geschlecht der Opfer ausgerichtet sind. Ursprünglich wurde der Ausdruck Gendercide typischerweise nur für die Massentötungen von Frauen verwendet, und nur solche Fälle wurden untersucht und angeprangert. Oft ist es ja sogar so, dass schon schlechte Lebensbedingungen von Frauen für größeres internationales Aufsehen sorgen als Tausende von umgebrachten Männern. Während beispielsweise feministische Ketten-E-Mails für große öffentliche Empörung über die Frauenunterdrückung in Afghanistan sorgen (und dies obwohl Männer in diesem Land sechsmal häufiger Opfer von Landminen oder Übergriffen der Taliban-Miliz werden), ignorieren die Medien beispielsweise Massenmorde an Männern im Sudan, die dazu geführt haben, dass der Frauenanteil der Bevölkerung dort mittlerweile 70 Prozent beträgt. Heute geht Gendercide Watch davon aus, dass staatlich angeordnete geschlechtsbezogene Massentötungen in der gesamten Meschheitsgeschichte wie in der Gegenwart weit überwiegend Männer zum Opfer hatten und haben. Dieser Punkt werde aber weder von der Politik noch von anderen Menschenrechtlern, noch von der wissenschaftlichen Forschung zur Kenntnis genommen. Gendercide Watch bezeichnet dies als eines der größten Tabus unseres Zeitalters.

Die Seite *www.skifas.de* liefert Informationen, Rat und Hilfestellung für alle, die fälschlich des sexuellen Missbrauchs beschuldigt werden.

Einen englischsprachigen Webring mit Internet-Seiten, die sich zur Aufgabe gemacht haben, den Feminismus zu kritisieren und feministische Irrtümer zu widerlegen, kann man unter *www.members.tripod.com/feminismontrial/* besuchen. Die in diesem Webring vertretetenen Organisationen reichen von WOMB (Women Opposed to Male Bashing) bis zu einem Sub-Webring über falsche Beschuldigungen bei Vergewaltigungen. Zu vielen anderen interessanten Websites der internationalen Männerbewegung existieren zahlreiche Links. Die vielfältigen Vorteile, mit denen eine freie Pornographie für Frauen von Nutzen ist, legt die Pro-Sex-Feministin Wendy McElroy in dem liberalen Monatsmagazin »eigentuemlich frei«, Ausgabe Mai 2001, dar. Ihr Beitrag ist online auf der Website dieses Magazins unter *www.eigentuemlichfrei.de* zu finden.

Eine ganz ausgezeichnete Website über Männer als Opfer von Frauengewalt findet man unter *www.dvmen.org*. Die Seite enthält Artikel von Autoren aus Kanada, England, Australien und den USA. In gedruckter Form würde diese Website 800 Seiten umfassen. Dabei findet man aber dank eines geschickt konstruierten Inhaltsverzeichnisses die gesuchten Informationen sehr schnell. Das elfköpfige Autorenteam besteht aus sechs Frauen (darunter Erin Pizzey und Donna Laframboise) und fünf Männern. Neben vielen anderen erhellenden Artikeln – hauptsächlich zum Thema Domestic Violence – enthält sie eine sehr interessante Analyse über den Radikalfeminismus als psychische Störung, eine Sammlung erschreckender Zitate von Feministinnen und vieles andere mehr.

Eine extensive internationale Bibliographe über Frauen, die Kinder sexuell missbrauchen, findet man im Internet unter *www.ncac-hsv.org/bib/bib17.html*.

Die Seite *www.nas.com/c4m/* widmet sich der Forderung, dass nicht nur die Mutter, sondern auch der Vater ein Entscheidungsrecht pro oder contra Abtreibung des ungeborenen Nachwuchses haben sollte.

Eine Fallsammlung zu Frauen, die vergewaltigen, gibt es unter *www.fathermag.com/ news/rape/*.

Die Seite *www.vix.com/men/articles/genderbiastest.html* erklärt mit den Mitteln feiner Satire, warum es unmöglich ist, die Unzufriedenheit von Feministinnen jemals zu beseitigen. Ein männlicher Teilnehmer am Studiengang »Frauenstudien« berichtet über seine bezeichnenden Erfahrungen in einem aktuellen Report, den Sie unter *www.iwf.org/ pubs/ twq/Spring2001c.shtml* einsehen können.

Die US-amerikanische Frauengruppe »SheThinks« hat auf ihrer Website die zehn verbreitetsten feministischen Ms.-Informationen und ihre Widerlegung durch Fakten zusammengestellt: *www.shethinks.org/SheInvestigates/a000000029.cfm*. (Auch zu finden auf der Site des Independent Women's forum unter *www.iwf.org/news/010417.shtml*).

Eine weitere empfehlenswerte feministische Seite ist Wendy McElroys *www.ifeminists. com*. Und schließlich möchte ich an das Diskussionsforum zum Thema Maskulismus/ Feminismus erinnern, in dem auch ich mich gerne herumtreibe: *www.f25.parsimony. net/forum63067/*

ANHANG 1:

TYPISCHE FEMINISTISCHE FALLSTRICKE IN DISKUSSIONEN UND WIE MAN SIE AUFLÖST

Im ersten Teil meines Buches habe ich gezeigt, wie viele felsenfest für wahr gehaltene feministische »Binsenweisheiten« in Wahrheit populäre Irrtümer sind. Viele Feministinnen argumentieren jedoch weniger mit Behauptungen, die man beweisen oder widerlegen könnte, sondern mit rhetorischen Tricks und Kniffen. Aber auch diese können leicht enttarnt und aufgelöst werden, sobald man begriffen hat, wie sie funktionieren.

Trick: Die Vorherrschaft so vieler Männer in der Politik (den Medien, der Justiz etc.) beweist doch schon, dass wir auch heute noch unter einer Männerherrschaft leben.

Auflösung: Für dieses Argument gibt es den Fachbegriff »Frontman Fallacy« – Fehlschluss aufgrund des Aushängeschildes. Der Trick liegt darin, den Blick auf das Geschlecht der betreffenden Personen zu lenken, statt darauf, was diese tatsächlich tun. Und wie ich in meinem Buch wieder und wieder gezeigt habe, sind auch männliche Politiker, Journalisten, Richter etc. in erster Linie damit beschäftigt, den Wünschen der weiblichen Mehrheit nachzukommen.

Trick: Was macht das schon, wenn XY Frauen bevorteilt? Alles andere bevorteilt Männer!

Auflösung: Dieses Argument entwertet sich selbst durch die extreme Häufigkeit, mit der es angewendet wird. Nur Männer sind zum Kriegsdienst verpflichtet? Na und, überall sonst werden sie bevorteilt. Es gibt Bibliotheken an unseren Unis, zu denen Männer keinen Zutritt haben? Na und, überall sonst werden Männer bevorteilt. Es gibt etliche Bücher, die speziell auf Frauenprobleme zugeschnitten sind, während dieselbe Literatur für Männer fehlt? Na und ... undsoweiter, ad infinitum. Eine weitere Finesse bei diesem rhetorischen Kniff liegt darin, dass allem, was geschlechtsneutral ist, automatisch unterstellt wird, allein »auf Männer ausgerichtet« zu sein. (»Wir brauchen ein Buch zu dem Thema XY, das speziell auf die Bedürfnisse von Frauen eingeht – und nicht immer nur auf die der Männer!«)

Trick: Aber schaut doch mal, wie übel im Mittelalter Frauen misshandelt wurden! Oder heute noch, im Norden der Mongolei oder in Afghanistan.

Auflösung: Erstens hilft es keiner einzigen afghanischen Frau, wenn im Ausgleich für ihr Leiden die Vorrechte von Mitteleuropäerinnen gegenüber Männern weiter ausgebaut werden. Zweitens ist es relativ durchschaubar, wenn die angebliche Benachteiligung von Frauen in so weiter geographischer oder historischer Ferne behauptet wird, dass man die Geschlechtersituation dort unmöglich gründlich analysieren und beurteilen kann. Den afghanischen

Frauen geht es unter der Herrschaft der Taliban sehr schlecht, aber geht es den Männern dort wirklich besser? Ich war einmal Mitglied eines Internet-Diskussionsforums, wo eine Teilnehmerin sich so lange darüber beklagte, dass die Frauen in Kuwait kein Wahlrecht besäßen, bis man ihr klarmachte, dass es sich bei Kuwait sowieso nicht um eine Demokratie handelte ... Selbst im Hier und Heute kommt es ja offenkundig zu Dutzenden von populären Fehlschlüssen! Drittens scheint bei diesem Argument das Element der Rache eine starke Rolle zu spielen – noch dazu der Rache nicht gegen die eigentlichen Übeltäter, sondern gegen Menschen derselben Bevölkerungsgruppe.

Trick: Feministinnen kämpfen für die Interessen aller Frauen. Wer den Feminismus bekämpft, ist also frauenfeindlich.

Auflösung: Nur weil eine Person ihre eigenen Interessen als »die Interessen der Frauen« definiert, müssen wir ihr diese Definition noch lange nicht abnehmen. Es gibt unzählige Frauen, die mit den Ansichten von Alice Schwarzer und Co. nicht das Geringste zu tun haben wollen. Andererseits gibt es auch einige Männer, die den Feminismus unterstützen. Frauen sind eine Bevölkerungsgruppe, der Feminismus ist eine politische Theorie. Wenn jemand alle Deutschen nicht leiden kann, ist das etwas anderes, als wenn er die rechtsradikale Deutsche Volksunion ablehnt.

Trick: Wenn der Feminismus sexistisch ist, dann ist es der Maskulismus doch wohl genauso!

Auflösung: Das ist völlig korrekt. Wer das Argument anführt »Feminismus steht im Bezug zu Frauen wie Rassismus zu Rasse«, muss dasselbe für den Maskulismus gelten lassen. Hätten wir also die letzten dreißig Jahre statt der feministischen eine maskulistische Bewegung gehabt, die nur das Leiden der Männer (Obdachlosigkeit, hohe Selbstmordrate, früher Tod etc.) im Auge gehabt und das der Frauen vernachlässigt hätte, dann wäre diese ebenso als sexistisch abzulehnen wie die feministische. Der Maskulismus macht nur als Widerpart zum Feminismus Sinn, weil er dem verlorenen Ganzen die andere Hälfte wiedergibt. Im Endeffekt wäre natürlich eine Gender-Politik wünschenswert, die beiden Geschlechtern gerecht wird. Dafür muss aber erst einmal verdeutlicht werden, dass auch die Männer unter massiven Nachteilen zu leiden haben.

Trick: Wer den Feminismus kritisiert, hat nur Angst vor starken Frauen.

Auflösung: Wer den Feminismus kritisiert, lehnt sehr oft die Opferhaltung von Frauen ab, die sich ständig als »schwach« präsentieren. Wirklich starke Frauen, die sich weigern, sich selbst immer nur als Opfer und Männer ständig nur als Täter zu sehen, findet man vorwiegend in Strömungen wie den »individual feminists« Wendy McElroys oder dem Independent Women's Forum (*http://www.iwf.org*). Diese gehören aber noch nicht zum feministischen Mainstream und sind in Deutschland höchstens als Einzelpersonen existent.

Trick: Warum sollte der Feminismus etwas für Männer tun? Sollen die doch ihre eigenen Interessengruppen gründen!

Auflösung:	Das ist zwar einerseits richtig und wird von Männern ja auch getan. Andererseits stützt es nicht gerade die Behauptung, dass Feministinnen an Gleichheit statt Herrschaft und an einer Versöhnung von Frauen und Männern interessiert sind.
Trick:	Du kannst Feministinnen nicht kritisieren, weil du nichts anführen kannst, was von allen Feministinnen gleichermaßen behauptet/verlangt wird.
Auflösung:	Das ist ein Scheinargument, das einfach nur die Debatte beenden soll. Es ist richtig, dass beispielsweise Alice Schwarzer oder Andrea Dworkin ganz andere Dinge behaupten und verlangen, als dies etwa Nancy Friday, Katharina Rutschky oder Susie Bright tun. Nach derselben Logik wäre es aber auch unmöglich, etwas Positives über den Feminismus zu sagen. Man kann den Kommunismus kritisieren, auch wenn er von Trotzkisten über Stalinisten bis hin zu Maoisten die unterschiedlichsten Strömungen umfasst, und man kann den Rechtsradikalismus attackieren, ohne dabei Rechtsextreme, Nationalkonservative und Faschos fein auseinanderzuhalten. Die Grundtendenz ist jeweils dieselbe, und das gilt auch für den Feminismus. Sicher, es gibt einen differenzierteren akademischen Feminismus, aber dieser hat sich nie öffentlich vom radikalen Trivialfeminismus Schwarzer'scher Prägung distanziert. Gewiss, es gibt Pro-Sex- und Anti-Zensur-Feministinnen wie Wendy McElroy, die solche Distanzierungen sehr wohl geleistet haben, aber das ist eine verschwindende Minderheit. Feministinnen können nicht einerseits mit enormer ideologischer Wucht sexistische Ziele durchsetzen und sodann auf jede Kritik damit reagieren, dass sie auf die liberalen Seitenströme ihrer Bewegung verweisen, die wirklich nur Gleichberechtigung wollen und nichts anderes. Völlig absurd wird es übrigens, wenn man diesen Kniff mit dem Trick »Wer Feministinnen kritisiert, ist frauenfeindlich« koppelt. Demnach müssten Männer völlig gegensätzlichen Positionen zustimmen, um nicht als »frauenfeindlich« zu gelten. Dass der Feminismus ein Wirrwarr der unterschiedlichsten Meinungen umfasst, einfach weil jede Frau mit der nötigen Dreistigkeit ihre Ansicht als »feministisch« ausgeben kann, darf nicht als Argument gelten, um ihn unangreifbar zu machen.
Trick:	Du bist keine Frau, also kannst du bestimmte Frauenprobleme wie Vergewaltigung oder Abtreibung gar nicht richtig erfassen.
Auflösung:	Erstens hat dieses Buch aufgezeigt, dass viele dieser vermeintlichen Frauenprobleme in Wahrheit beide Geschlechter betreffen. Zweitens nehmen sich dieselben Frauen, die so argumentieren, sehr oft die Freiheit heraus, viele Männer für deren Verhalten und deren Seelenlage zu verurteilen.
Trick:	Jede Kritik am Feminismus ist doch nur reaktionärer Backlash! Die Frau zurück an den Herd – das ist es doch, was ihr wollt!
Auflösung:	Wie dieses Buch an zahlreichen Beispielen gezeigt hat, ist es in Wahrheit der Trivialfeminismus, der rückwärtsgewandt ist, Männer immer noch als Täter und Frauen als Opfer sieht und sich den neusten Erkenntnissen nicht zu stellen wagt. Es geht nicht darum, in die »gute alte Zeit« zurückzukehren, wo der Mann das Geld zur Ernährung der Frau erarbeiten musste, sondern mutig den nächsten Schritt nach vorne zu tun.

ANHANG 2:

DAS JAHR NULL

Der Kampf um die Befreiung des Mannes hat soeben begonnen

Natürlich beginnt die Geschichte der Männerbewegung in Deutschland nicht erst im Jahr 2001. Zuvor schon gab es unter anderem die Väterrechtler, vertreten beispielsweise von paPPa.com und Matthias Matussek; manche andere deutsche Autoren wie Felix Stern (»Und wer befreit die Männer?«) rangieren gar zurück bis zum Beginn der neunziger Jahre. Aber es ist nicht zu leugnen, dass 2001 das Jahr ist, in dem die Maskulisten erstmals auch von den Medien wahrgenommen wurden. Ebenfalls zum ersten Mal wird wenigstens ansatzweise öffentlich über Männer als Opfer gesprochen. Die folgende kleine Chronik, entnommen aus meinem kostenlos für jeden erhältlichen e-zine INVISIBLE MEN, stellt die wichtigsten Medienereignisse zum Thema Männerrechte nach Abgabe meines Manuskriptes zusammen:

1. Mai 2001: Dietrich Schwanitz' Band
»Männer – Eine Spezies wird besichtigt« erscheint

Schwanitz' Band wird durch einen Vorabdruck im SPIEGEL und eine sieben Seiten lange Würdigung im FOCUS massiv beworben. Erst nach und nach erkennen Rezensenten und Leser, dass sie einem gigantischen Medien-Hype aufgesessen sind und Schwanitz' Buch Jahrzehnte alte Geschlechterklischees abspult. So urteilt etwa Gerhard Hafner im »freitag« vom 22. Juni: Schwanitz' »sarkastische Abrechnung mit der gesamten Emanzenwirtschaft wird von den Magazinen von Hamburg bis München goutiert, doch ähnelt sie eher einer höhnischen Vivisektion des Mannes. Genauer betrachtet provoziert das Elaborat nicht gestandene Feministinnen, sondern ist eine Ohrfeige für jeden aufrechten Mann.« Und auch die Berliner »tageszeitung« sieht in diesem Buch »als Standortbestimmung moderner Männlichkeit ... bestenfalls einen Witz«. Kurioserweise wird aber gerade jenes Buch von da an oft zum Anlass genommen, um über die gesellschaftliche Benachteiligung von Männern zu sprechen.

2. Juni 2001: Der »FOCUS« titelt »Böse Männer, gute Frauen?
Diskussion über ein gesellschaftliches Missverständnis«

Im Inhaltsverzeichnis trägt der Artikel Frank Gerberts, der unter anderem auf den hohen Frauenanteil bei Gewalttaten innerhalb der Familie aufmerksam macht, die Überschrift: »Sind Männer die schlechteren Menschen?«

6. bis 9. Juni 2001: »BILD«-Serie »Mann o Mann, sind wir arm dran!«

Die »BILD«-Zeitung lässt von »Men's Health«-Chefredakteur Frank Hofmann eine vierteilige Serie über die gesellschaftliche Benachteiligung von Männern verfassen. Hofmann berichtet unter anderem darüber, dass 50 mal mehr Geld in die Brustkrebs- als in die Prostatakrebs-Forschung fließt, obwohl die Frauen- und die Männerkrankheit nahezu gleich häufig und gleichermaßen tödlich sind, oder dass als Folge der alltäglichen Terminhatz Männer im Schnitt 53 Prozent weniger Sozialkontakte mit Freunden haben als Frauen.

13. Juni 2001: Pressestelle der British Airways antwortet auf Vorwurf der Männerdiskriminierung

Anfang des Jahres hatte die britische »Times« über eine neue Regelung der British Airways berichtet, der zufolge Männer nicht mehr neben allein reisenden Kindern Platz nehmen durften. Daraufhin erkundigte sich die deutsche Männerrechtsgruppe IBGM brieflich bei der Fluggesellschaft, ob dies den Tatsachen entspräche, und gab ihrem Befremden über diese Meldung Ausdruck. Am 13.6. traf von der Pressestelle Deutschland & Österreich die Antwort darauf ein, deren zentrale Sätze lauteten: »Es trifft zu, daß British Airways, wenn möglich, alleinreisenden Kindern an Bord keine Sitzplätze neben männlichen Erwachsenen zuteilt. Diese Regelung wurde auf Wunsch unserer Kunden eingeführt. Die seltenen Fälle, in denen ein männlicher Fluggast wegen eines alleinreisenden Kindes seinen Sitzplatz tauschen muß, werden von unserem Kabinenpersonal mit äußerster Diskretion behandelt. Diese Sitzplatzregelung soll keinen Angriff auf unsere Passagiere männlichen Geschlechts darstellen, sondern sowohl die Belange des alleinreisenden Kindes als auch des männlichen Passagiers berücksichtigen.« Niemand schien sich die Mühe gemacht zu haben, welchen Eindruck dieser Text erwecken würde, wenn man »männlichen Erwachsenen« bzw. »männlichen Fluggast/Passagier« beispielsweise gegen »Schwarzen« austauschen würde – oder jede andere gesellschaftliche Gruppe, für deren Diskriminierung ein größeres Bewusstsein besteht, als dies bei Männern der Fall ist.

ca. 13. Juni 2001: Pressemitteilung von Norbert Geis (CSU) zu männlichen Opfern häuslicher Gewalt

Norbert Geis, der rechtspolitische Sprecher der CDU/CSU-Bundestagsfraktion, kritisiert das von Rot-Grün angekündigte sogenannte »Gewaltschutzgesetz«. Dabei wendet er sich insbesondere gegen die federführende Justizministerin Däubler-Gmelin und kommt sehr verklausuliert auch auf das Tabuthema »männliche Opfer von häuslicher Gewalt« zu sprechen: »Die notwendige Bekämpfung häuslicher Gewalt, die Gegenstand eines Gesetzentwurfes der Koalition ist, zu dem am 20.6. eine Öffentliche Anhörung vor dem Rechtsausschuss stattfinden wird, muss ohne ideologische Scheuklappen und vor allem ohne Verwendung offensichtlich falscher Zahlen erörtert werden. ... Die häusliche Gewalt ist facettenreicher, als es die Ministerin wahrhaben will. Es gibt eine ganze Anzahl ernstzunehmender Untersuchungen, deren Ergebnisse die von der Ministerin behauptete Verteilung von Opfer- und Täterrolle nicht nur nicht widerspiegeln, sondern widerlegen, u.a. eine vor einigen Jahren vom Familienministerium veröffentlichte Studie aus Niedersachsen. Eine geschlechtsspezifische Sicht, die die häusliche Gewalt erst dann wahrnimmt, wenn sie bei den Behörden oder Gerichten aktenkundig geworden ist, vernachlässigt die Opfer, die sich nicht ›outen‹ wollen oder, z.B. Kinder, nicht ›outen‹ können. Die Anhörung am 20.6. wird den Gesetzgeber vielleicht mit den Problemen ein wenig vertrauter machen. Interessant auch, dass die Ministerin eine Studie erst zu einem Zeitpunkt in Auftrag geben will, in dem der Gesetzentwurf ihres Hauses schon zur Beratung vorliegt.« Diese Meldung wird von der Presse nicht aufgegriffen.

29. Juni: Krise von Männern Thema in Fernsehzeitschriften »Funk Uhr« und »Hörzu«

Der »Funk Uhr«-Artikel steigt ironisch ein mit: »Es ist der Sommer der ›armen Männer‹ ... In Talkshows, in Illustrierten und in Zeitungen: Überall ist der überforderte Mann DAS Thema.« Wie um die Diskriminierung von Männern in unserer Gesellschaft noch durch ein weiteres Beispiel zu belegen, betitelt die »Funk Uhr« einen Beitrag der »Mona Lisa«-Moderatorin Maria von Welser mit »Der Mann an und für sich ist ein Angeber«. (Ob die Zeitschrift auch eine Überschrift gebracht hätte wie »Die Frau an und für sich ist ein Miststück«?) Welser behauptet: »Männer leiden nicht, sonst würden sie etwas ändern. Es ist ihnen meistens egal, ob sie ihre Ehefrau oder Lebensabschnittspartnerin verstehen.« Am 4. August dementiert Maria von Welser, dass sie den »Mann an und für sich« als Angeber betrachte. Die »Funk Uhr« bezeichnet den Abdruck dieses Satzes als »technisches Versehen«.

Unter der Überschrift »Völlig von der Rolle« vertritt zeitgleich in Heft 27/2001 der »Hörzu« Uwe Rasche die These, dass der heutige Mann sich den veränderten Umständen anzupassen habe, wenn er nicht vollends zum Auslaufmodell werden wolle. Der Mann habe als Erzieher oder Beschützer ebenso ausgedient wie als Ernährer: »Bis zum Jahr 2010, so sagt das Institut für Arbeitsmarkt und Berufsforschung in Nürnberg voraus, werden viermal so viele männliche Arbeitskräfte ihren Job verlieren wie weibliche.« Dabei sei der Mann nicht in der Lage, angemessen flexibel auf diese Veränderungen zu reagieren. »Genau darin sehen Experten die Hauptursache für unsere Misere: dass wir, anders als die Frauen, so starr sind, so wenig geschmeidig. ... Andererseits kennt fast jeder von uns einen, der immer ganz besonders flexibel und geschmeidig vorgeht – und damit weder im Job noch bei den Frauen ankommt. Die Kollegen stempeln ihn als Weichei ab, die Freunde verulken ihn als notorischen Frauenversteher – und die Frauen selbst finden ihn zwar ausgesprochen nett, aber zum Verlieben dann doch ›zu lieb‹. Ein bisschen Macho soll schon sein.« In diesem Zusammenhang wird Jochen Hoffmann vom Informationszentrum für Männerfragen in Frankfurt zitiert: »Männer, die mit Erektionsstörungen zu uns kommen, sind meistens welche, die den Frauen alles recht machen wollen.« Die 1986 gegründete Beratungsstelle habe mit 2000 der verschiedensten Anfragen pro Jahr noch nie so viel Zulauf gehabt wie heute.

Juli 2001: Das Branchenmagazin »Buchmarkt« kritisiert die
extreme Einseitigkeit der Buchveröffentlichungen zur Geschlechterdebatte

Theo Hector beschreibt die aktuelle Situation folgendermaßen: »Frauenbuchhandlungen sind aus der Mode gekommen. Man kann sich fragen: Warum? Meine Vermutung ist, dass der Bedarf, den einst Frauenbuchhandlungen deckten, inzwischen von jeder x-beliebigen Buchhandlung bedient wird. ... Das ist einmal der Typ Frauen-Ratgeber, gestrickt nach dem ›Frauen-sind-einfach-besser-Muster‹, und da werden zum anderen Frauen als weltweite Opfer der Männerwelt, als Gedemütigte und Entrechtete dargestellt. Wie auch immer: Mann ist Auslaufmodell, Frau ist im Kommen, ›ihr Jahrhundert hat gerade begonnen‹, vor allem ist sie durch und durch und von allem Anfang an Gutmensch. Jedoch bereits die Titel vieler dieser Bücher lassen erkennen, dass die Güte dieser Gutmenschen begrenzt ist. ›Nur ein toter Mann ist ein guter Mann‹ ist so ein Beispiel. Der Titel hätte längst den Staatsanwalt beschäftigt, hieße er ›Nur eine tote Frau ist eine gute Frau‹. Aber auch zahlreiche andere Titel und Inhalte jenes Genres überschreiten nicht nur die Grenzen zivilisierten Miteinanders, sondern sie schüren einseitig einen Geschlechterkampf, der sich an manchen Fronten voll entfaltet, etwa in Partnerkonflikten und im Trennungs- und Scheidungsgeschehen.«

Juli 2001: Unternehmerführer wendet sich gegen Benachteiligung von Männern

Unter der Überschrift »Stoppt die Männerdiskriminierung!« wendet sich Gerd Habermann, Leiter des Unternehmerinstituts in der Arbeitsgemeinschaft der selbstständigen Unternehmer, in der Zeitschrift »eigentuemlich frei« gegen die von der Bundesregierung geplanten Maßnahmen zur »Gleichstellung der Frau« in der privaten Wirtschaft, bei denen es in Wahrheit um eine Besserstellung von Frauen gehe.

2. Juli 2001: Bill Clinton outet sich als geprügelter Ehemann

»FOCUS«-online berichtet, dass sich der ehemalige Präsident der USA in einer kommenden Biographie dezidiert über die schwere Gewalt äußern werde, die er durch seine Frau Hilary erfahren habe. Manchmal haben ihn nur seine Sicherheitsbeamten schützen können, in anderen Fällen sei selbst starkes Make-up nicht in der Lage gewesen, bei Terminen mit Gästen Clintons Verletzungen zu überdecken. In meinem e-zine »INVISIBLE MEN« veranlasst mich diese Meldung zu der Frage: »Wenn der mächtigste und medienpräsenteste Mann der Welt das Opfer von massivster Gewalt werden kann, ohne dass das jemand mitbekommt, was sagt das dann über die Lage des Durchschnittsmannes aus?«

Ab 13. Juli 2001: Starkes Echo von Medien und Politik auf internationalen Hungerstreik von Väterrechtlern gegen Sexismus und Nationalismus deutscher Ämter

Beginnend mit dem 13. Juli 2001 hungerstreiken Eltern und eine Großmutter aus verschiedenen Nationen täglich zwischen 10 Uhr und 17 Uhr auf dem Alexanderplatz unter der Weltzeituhr. Dort stehen sie ohne jede Sitzgelegenheit, ohne Tisch, ohne den geringsten Schutz gegen Wind und Wetter mit einem Foto ihrer Kinder und einem Blatt Papier in der Hand, auf dem die Anzahl ihrer Kinder und die sehr wenigen Tage des Umgangs im Vergleich zur Zeit der Trennung vermerkt sind. Meist sind es Jahre ohne den geringsten Kontakt. Der Protest dieser Eltern richtet sich gegen eine deutsche Justiz, die Elternteilen aus binationalen Ehen, die nach einer Trennung ihr Kind nach Deutschland entführen, volle rechtliche Rückendeckung gibt. Dies läuft der von Deutschland mitunterzeichneten Haager Konvention ebenso zuwider wie der UN-Menschenrechtskonvention, die einen Anspruch auf Kontakt eines Elternteils zu seinen Kindern festschreibt. Deutschland breche quasi kontinuierlich internationales Recht – eine Wahrnehmung, die nicht nur von den Hungerstreikenden selbst, sondern auch von der internationalen Presse bis hin zur Washington Post und von internationalen Politikern bis hinauf zu Bill Clinton vertreten wird. Parallel zu diesem Hungerstreik wird einer der Verantwortlichen von Unbekannten in den Computer gehackt, so dass das gesamte System neu installiert werden muss und die Daten auf der Festplatte nur mit Mühe gerettet werden können. Dieser Angriff steht offensichtlich in einer Reihe gezielter Attacken gegen diejenigen, die als aktive Helfer für die Gruppe von hungerstreikenden Eltern tätig sind. Einem weiteren Helfer wird fast zeitgleich mit dem Crash ein übles Kinderporno auf die Website gepostet. Dieses wird bei jedem Anklicken sichtbar und muss mit Hilfe der Polizei entfernt werden. Einem anderen werden derbe Obzönitäten in die Seiten gepostet, so dass der Webmaster tagelang beschäftigt ist, sie wieder zu säubern. Ein weiterer muss eine schwere Virusattacke bewältigen. Ziel dieser Aktionen ist unter anderem vermutlich, die Zusammenarbeit dieser Helfer mit den Medien sehr zu erschweren, wenn nicht unmöglich zu machen. Dieses Ziel wird allerdings nicht erreicht. So greifen die verschiedensten nationalen und internationalen Sender und Presseorgane die Informationen bereitwillig auf.

Eine umfassende und seriöse Berichterstattung findet statt von diversen nationalen und internationalen Presseagenturen über die »FAZ« und fast alle Berliner Tageszeitungen bis hin zu »Sonntag Aktuell«, dem »Spiegel«, dem TV-Sender ARTE, dem ZDF, der ARD, einigen Rundfunksendern in Berlin sowie in »Le Figaro«, »Le Monde«, der »Washington Times«, »The Guardian« und französischen wie auch englischen TV- und Rundfunksendern. Selbst im englischen Parlament wird der Hungerstreik fulminant thematisiert. Schließlich engagieren sich die französische und die südafrikanische Botschaft in Berlin für die Hungerstreikenden. Der Sprecher von Bundestagspräsident Wolfgang Thierse findet sich zu einem Gespräch unter der Weltzeituhr ein. Darin räumt er ein, dass die Klage der Hungerstreikenden berechtigt ist und es in Deutschland zu Menschenrechtsverletzungen kommt. Zuletzt findet am 2. August 2001 ein Treffen der Hungerstreikenden und der Autorin Dr.Karin Jäckel mit Mitarbeiterinnen und Mitarbeitern der Bundesjustizministerin Herta Däubler-Gmelin statt. Damit werden die Probleme ausgegrenzter Eltern und ihr verzweifelter Kampf um echte Elternschaft erstmals auf die politische Tagesordnung gesetzt. Aus diesen Gründen bezeichnet beispielsweise der Bremer Professor für Geschlechterforschung Gerhard Amendt die Berliner Aktion als »vielleicht sogar einen historischen Tag«.

12. Juli 2001: Die SWR-Sendung »Ländersache« bricht das Tabu über Männer als Opfer von häuslicher Gewalt

Inspiriert durch das Kapitel »Dass du mir ja nicht auf den Teppich blutest! – Häusliche Gewalt ist weiblich« des vorliegenden Buches beschließen die SWR-Journalisten David Biesinger und Olaf Kapp erstmals im deutschen Fernsehen über männliche Opfer von Gewalt in der Partnerschaft zu berichten. Der Beitrag eröffnet mit der Fallschilderung eines Vaters von zwei Kindern, der jahrelang Opfer von Tätlichkeiten durch seine Partnerin geworden ist (von Angriffen mit Messern oder Flaschen bis hin zu Verbrühungen), der sich jedoch mit verändertem Namen präsentiert und nur als Schatten gefilmt wird. Hilfe von staatlichen Organisationen gab es für ihn nicht; in seinem Scheidungsverfahren schenkte der Richter seinen Gewalterfahrungen keinen Glauben. Im Anschluss daran weist der Mainzer Kriminologieprofessor Bock darauf hin, dass zahlreichen internationalen Untersuchungen zufolge auch schwere physische Gewalthandlungen in der Partnerschaft von beiden Geschlechtern gleichermaßen ausgehen, worauf aber das angekündigte »Gewaltschutzgesetz« keinerlei Rücksicht nehme. Bock: »Es gibt zwei Möglichkeiten. Entweder die Bundesregierung kennt die Studien nicht, dann ist sie sträflich ignorant, oder sie macht eine bewusste Desinformation ...« In ein, zwei Sätzen erkläre ich selbst daraufhin, warum sich die Bundesregierung bei ihren Erkenntnissen über männliche Opferzahlen besser auf die wissenschaftlichen Untersuchungen sollte, statt weiter auf die Polizeistatistiken (eben weil nur ein bis zwei Prozent aller männlichen Opfer ihre Erlebnisse Dritten gegenüber schildern und die Dunkelziffer bei weiblichen Opfern wesentlich kleiner ist). Im Anschluss daran findet ein Interview mit Ministerin Bergmann zu diesem Thema statt. Auf die Frage des Moderators Knecht, warum Männer als Opfer häuslicher Gewalt so sehr ignoriert würden, berichtet sie fast übergangslos von den vielen weiblichen Opfern in deutschen Frauenhäusern, was Knecht zu der Erwiderung »Jetzt sind Sie schon wieder bei den Frauen« veranlasst. Frau Bergmann verweist darauf, dass das geplante Gesetz »sozusagen geschlechtsunabhängig« sei und dass ihren Daten zufolge, die sie aus Frauenhäusern beziehe, überwiegend Frauen die Opfer seien. In der folgenden Sequenz vertritt Bergmann faszinierenderweise gleichzeitig die Thesen, dass es noch überhaupt keine gesicherten repräsentativen Daten über Männer als Opfer gebe und dass die Opferzahl unter Männern lediglich fünf Prozent ausmache. Moderator Knecht fragt nach: »Ist dieses einseitige Stigmatisieren von Männern als Tätern, von Frauen als Opfern überhaupt noch zeitgemäß?« Bergmann erwidert »Natürlich ist es noch zeitgemäß!« Es habe lange gedauert, nämlich bis in die siebziger Jahre hinein, bis das Thema Gewalt gegen Frauen überhaupt ernstgenommen wurde und Hilfsangebote bereitgestellt worden waren. Moderator Knecht weist höflich darauf hin, dass wir inzwischen schon zwanzig Jahre weiter sind, und fragt, ob es nicht allmählich an der Zeit wäre, dieselben Hilfsangebote auch Männern zur Verfügung zu stellen. Frau Bergmann, mittlerweile zunehmend unwirsch geworden, hält dem entgegen, dass es Ehe- und Familienberatung gebe und geprügelte Männer auch zu ihrer Mutter oder Freundin umziehen könnten. »Wir sollten nicht so tun, als ob es paritätisch zwischen Geschlechtern verteilt sei. So isses nicht.«

18. Juli 2001: Geprügelte Männer erstmals im Fernsehen – bei »Stern TV« mit Günther Jauch

Diese Sendung war ein Novum in der deutschen Fernsehgeschichte: Nicht nur dass erstmals bundesweit über das Tabuthema geprügelte Männer gesprochen wurde, vor allem wurden die Folgen von weiblicher Gewalt sehr drastisch gezeigt: zunächst anhand von Gerichtsfotos, dann kamen in einem eingeschnittenen Beitrag drei Opfer selbst zu Wort, darunter der von seiner Frau blind geprügelte Wolfgang Futter, der auch selbst als Gast in der Sendung auftrat. Keine aberhundert internationalen Statistiken könnten den selben Eindruck auf den Zuschauer machen wie das Bild des durch Schläge völlig entstellten und zugeschwollenen Gesichts dieses Mannes. Wolfgang Futter berichtet: wie die ersten Schläge fielen, weil er sein Frühstück nicht aufgegessen hatte. Wie seine Frau auch nach der ersten Augenoperation zugedroschen hatte, direkt aufs frisch operierte Auge, später auf das noch gesunde. Und wie sie ihn auch nach seiner vollständigen Erblindung noch weiter prügelte. Zurückgeschlagen habe er nie, berichtet Wolfgang Futter. Schon als Kind hatte man ihm beigebracht: »Man schlägt keine Frau.« An Außenstehende wollte er sich nicht wenden, weil er seine Frau schützen wollte und sich geschämt habe. Auch andere Männer schildern ihr Schicksal. Ein geprügelter Zahnarzt berichtet, dass er die berühmte weibliche Ohrfeige, wie sie in etlichen Filmen und TV-Serien als stilistischer Effekt vorkommt, inzwischen genausowenig als Kleinigkeit betrachten könne wie bei einem Mann, der seine Partnerin auf eine dumme Bemerkung hin schlagen würde. Und ein Reisekaufmann, auch er ein Opfer häuslicher Gewalt, weist darauf hin, wie sehr Männer wie er von unserem Staat im Stich gelassen werden: »Man hat ja keine Anlaufadressen«, bei denen man Hilfe erhalten kann. Neben Wolfgang Futters Anwältin, die bestätigt, dass ihr Klient kein Einzelfall ist, brilliert auch hier wieder der Mainzer Kriminologie-Professor Bock, der unmissverständlich klarmacht, dass häusliche Gewalt bei beiden Geschlechtern gleich verteilt ist – und zwar in sämtlichen Schweregraden.

August 2001: Ende der »Frauen-seid-asozial!«-Propaganda auch hierzulande in Sicht?

Während in Deutschland die unsägliche Böse-Mädchen-Welle noch immer zu Tode geritten wird, macht auf dem US-Buchmarkt schon jetzt eine für Oktober angesetzte Neuveröffentlichung der Erfolgsautorin, Managertrainerin und Geschäftsfrau des Jahres 1986, 1996 und 1999 Jean Hollands Furore. In ihrem Titel »Same Game, Different Rules« erklärt Hollands ihren Leserinnen, wie sie beruflich vorankommen können, auch ohne die Eiskönigin zu spielen, stutenbissig zu sein oder auf andere Weise die Kollegen zu schikanieren. Hollands verweist auf die auch in dem vorliegenden Buch dargelegte Erkenntnis, dass es im Geschäftsleben langfristig gerade keinen Erfolg mit sich bringt, wenn frau zum einen arrogant oder aggressiv auftritt und zum anderen superempfindlich ist, wenn sie selber etwas einstecken muss. Begleitend zu ihrem Buch leitet Jean Hollands im Silicon Valley gruppentherapeutische Sitzungen für ebenjene Managerinnen großer Firmen wie Intel oder Cisco, die sich in dieser Hinsicht als besonders gefährdet erleben. Zufriedene Klientinnen hinterlassen ihr Lob reihenweise auf Hollanders Website »http://www.bullybroads.com«. Es steht zu hoffen, dass Hollands Buch als dringend notwendiges Gegengift zu Ute Ehrhards Philosophie der radikalen Rücksichtslosigkeit auch auf den deutschen Markt übernommen wird.

August 2001: Wissenschaftlicher Artikel kritisiert
Marginalisierung männlicher Opfer bei Berichterstattung über Kosovo

Adam Jones widmet einen wissenschaftlichen Artikel dem Gendercide (geschlechtsabhängigen Massenmord) von Männern im Kosovo, den die westliche Öffentlichkeit bisher kaum oder gar nicht zur Kenntnis nimmt. Jones untersucht anhand von Presseartikeln, mit welchen Strategien die Medien männliche Opfer an den Rand drängen und ignorieren und allein »würdigen« Opfern wie Frauen und Kindern in der Berichterstattung Raum geben. Dabei stellt er Fragen wie: Warum werden die Massenhinrichtungen ausschließlich von Männern von den westlichen Medien ignoriert? Warum wird Vergewaltigung ganz selbstverständlich als schlimmer bewertet als Folter und Mord? Und warum werden nur die vergewaltigten Frauen als Opfer beklagt, obwohl es fast mit Gewissheit weit mehr männliche Vergewaltigungsopfer gibt? Der Artikel ist im Internet einzusehen unter www.adamjones.freeservers.com/effacing.htm.

1. August 2001: Renommierte US-amerikanische Rechtszeitschrift stellt aufgrund der
Geschlechtszugehörigkeit eine größere Diskriminierung fest als aufgrund der Rasse

Das renommierte juristische Magazin »Los Angeles Daily Journal« veröffentlicht einen Artikel des Rechtsanwaltes Marc Angelucci, in dem dieser anhand verschiedener Studien zusammenstellt, welchen Einfluss die Geschlechtszugehörigkeit auf das Urteil in einem Gerichtsprozess hat. Er kommt dabei zu dem Ergebnis, dass das Geschlecht im Justizsystem eine weit diskriminierendere Rolle spielt als die Rassenzugehörigkeit: Wenn bei einem Mord der Täter männlich statt weiblich ist, steigt für ihn die Wahrscheinlichkeit der Todesstrafe um mehr als das Zwanzigfache. – Bei exakt demselben Verbrechen steigert ein männlicher Täter die Wahrscheinlichkeit auf eine Haftstrafe um 165 Prozent. Wenn ein Schwarzer der Täter ist, steigert das die Wahrscheinlichkeit einer Haftstrafe »nur« um 19 Prozent. – Ist das Mordopfer weiblich, verlängert das die Haftzeit des Täters um 40,6 Prozent. Ist das Opfer weiß statt schwarz, verlängert das die Haftzeit des Täters um »nur« 26,8 Prozent. – Die lange Zeit vertretene feministische Theorie, dass vor allem Frauen im Rechtssystem zu kurz kommen, erscheint bei näherer Überprüfung nicht nur unhaltbar, sondern nachgerade albern. Wenn für dasselbe Verbrechen Männer ins Gefängnis wandern und Frauen auf Bewährung freikommen, reagieren darauf Frauenrechtlerinnen beispielsweise mit der Klage, dass die Frauen diskriminiert würden, weil sie längere Bewährungsfristen erhielten. Dringend notwendige Task Forces oder Kommissionen, welche die juristische Benachteiligung von Männern untersuchten, gebe es bislang jedoch nicht.

3. August 2001: Gewalt gegen Männer von deutscher Presse aufgegriffen

Das »Wiesbadener Tagblatt« widmet als erste größere Zeitung männlichen Opfern von häuslicher Gewalt mit der Seite 2 einen der Bedeutung des Themas angemessenen Platz in der Berichterstattung. In dem mit »Männer outen sich selten als Opfer« überschriebenen Beitrag stellt Professor Bock noch einmal die Faktenlage dar und berichtet davon, dass er nachts inzwischen Anrufe von Männern erhalte, die ihm – oft unter Tränen – von ihren Leidenserfahrungen berichteten. »Es sind Geschichten von Männern, die von ihren Frauen gequält und misshandelt werden – und die noch nie mit jemandem darüber gesprochen haben.« Bock erwähnt auch, dass er bei der Berliner Beratung über das Gewaltschutzgesetz wegen seines Einsatzes für männliche Opfer von einer SPD-Politikerin fünf Minuten lang beschimpft worden sei.

4. August 2001: »taz« nennt Scheidungsväter einen »losen Haufen Arschlöcher«

Die Berliner »taz« überrascht mit einem seelenlosen Artikel besonderer Güte, in dem sie Helmut Höge gegen Väter aus gescheiterten Beziehungen polemisieren lässt: »Nicht brache Kindesliebe und -fürsorge lässt sie verzweifeln, sondern dass sie zahlen – und nichts dafür kriegen. Das scheint ihnen derart antikapitalistisch, eine auf den Kopf gestellte Welt zu sein, dass sie reihenweise ausrasten ... Es gibt Millionen Kinder, denen sie Unterstützung geben, mit denen sie eine vorkapitalistische Geselligkeit pflegen könnten, diese Welt interessiert sie aber nicht, sie wollen einzig das eine Kind – als einstmals gemeinsame Anschaffung – vor Gericht sich erstreiten. Es gehört ihnen! ... Und jetzt sind sie ›ein Heer von verzweifelten Vätern‹, wie Matussek meint. Bullshit! Es ist ein loser Haufen Arschlöcher!« Ob Höge auch Väter, die ihr Kind nicht durch Scheidung, sondern durch dessen Tod verloren hätten, mit »Nehmen Sie doch einfach ein neues« verhöhnt hätte?

6. August 2001: Sat-1-Gerichtsshow verdeutlicht unterschiedliche Gesetzeslage für Mann und Frau

Angeklagt war in der Sendung »Richterin Barbara Salesch« eine Frau, die es sich zur Gewohnheit gemacht hatte, nackt durch den Wald und auch über Verkehrsstraßen zu reiten. Ein Autofahrer war so verblüfft und irritiert über diesen Anblick, dass er das Steuer verriss und seinen funkelnagelneuen BMW gegen einen Baum setzte. Er selbst verlor dabei das Bewusstsein und brach sich die Nase. Zur Überraschung aller fordert sogar der Staatsanwalt Freispruch, weil Exhibitionismus bekanntlich nur bei Männern strafbar ist. Richterin Salesch kann aus dem Verhalten der Beklagten wenigstens noch eine Ordnungswidrigkeit machen, die sie mit 200,- DM Strafe beziffert. Die Beklagte bekundete, keinen Grund zu sehen, sich in Zukunft ein neues Hobby zu suchen. Bei Männern kann Exhibitionismus mit Haftstrafe bis zu einem Jahr geahndet werden. Die Sendung selbst geht auf diese juristische Ungleichbehandlung von Mann und Frau natürlich nicht weiter ein, sorgt aber mit dem Deutlichmachen dieses Sexismus für Irritation und Empörung in der deutschen Männerbewegung.

10. August 2001: Georg Friedenberger wendet sich gegen Einführung des »battered women syndrome« in die deutsche Rechtsprechung

Einer »Spiegel«-Meldung zufolge plant die Bundesregierung eine Straferleichterung bei bestimmten Fällen von Mord: »Wenn der Täter oder die Täterin zwar heimtückisch, aber aus einer ungewöhnlichen Notlage heraus handelt, soll auch eine mildere Strafe als lebenslänglich möglich sein. Dies beträfe etwa Ehefrauen, die aus Verzweiflung ihre sie terrorisierenden Männer ermorden.« Dieser Gedanke entspricht dem im vorliegenden Buch erörterten »battered woman syndrome«. Georg Friedenberger, langjähriger Mitarbeiter des Justizministeriums und Autor des Buches »Die Rechte der Frauen – Narrenfreiheit für das weibliche Geschlecht?«, warnt in einem offenen Brief vor dieser Entwicklung: »Wie soll eine ›heimtückische Tötung‹ mit einer ›außergewöhnlichen Notlage‹ kombiniert werden können? Wer sich von seinem Partner terrorisiert fühlt, kann diesen verlassen, kann Strafanzeige wegen Körperverletzung erstellen usw. – jedenfalls aber darf er ihn nicht ermorden! Es sieht ganz danach aus, als möchte die Feministen-Riege innerhalb der Regierung einen Freibrief für Frauen zur Partnertötung (nach teilweise amerikanischem Muster) einführen. ... Wenn also eine Frau ihren Partner ermordet und hinterher behauptet, von ihm ›terrorisiert‹ worden zu sein (das Mordopfer kann sich ja nicht mehr verteidigen), soll sie milde bestraft werden! Selbst wenn das Gesetz geschlechtsneutral formuliert werden sollte (es soll ja auch Frauen geben, die ihre Männer terrorisieren – vielleicht sogar häufiger als umgekehrt), würden die mildernden Gesichtspunkte wohl kaum einem Mann zugute kommen – es gibt schließlich nur ein Opfergeschlecht.«

Mitte August 2001: Endlich Wehrgerechtigkeit am Horizont?

Was die Frage nach Gleichberechtigung von Mann und Frau im Hinblick auf ein soziales Dienstjahr für beide Geschlechter angeht, schenken sich Bundesverteidigungsminister Scharping (SPD) und Hessens Ministerpräsident Roland Koch (CDU) nichts: Beide erteilen ihr eine unverblümte Absage. Dennoch kommt Mitte August unerwartet Bewegung in die Diskussion. Dies geschieht zum einen durch den niedersächsischen Innenminister Bartling, der laut »Welt« vom 13.8.2001 die These aufstellt, »dass es durchaus positiv für die Entwicklung eines jungen Menschen sein kann, wenn er einmal auch für die Gesellschaft etwas Verpflichtendes tut«, und dass dies ebenso für Frauen gelte. Auch Ludwig Georg Braun, Präsident des Deutschen Industrie- und Handelskammertages, unterstützt diese Forderung – und erntet natürlich sofort lautstarken Protest der Grünen. Eine Woche zuvor schon hatte die »Welt« über den Abiturienten und angehenden Jurastudenten Alexander Dory berichtet, der als erster gegen die Ungleichbehandlung von Männern und Frauen in dieser Angelegenheit Klage erhob. Das Stuttgarter Landgericht verwies den Fall an den Europäischen Gerichtshof in Luxemburg. Dory weist auch darauf hin, dass es wenig mit Gerechtigkeit zu tun habe, wenn Frauen von der Schulbank aus direkt in die Karriere durchstarten können, während Männer ein Jahr verlieren. Sollte Dory dieses Verfahren gewinnen, würde das ein politisches Erdbeben auslösen, prophezeit die »Welt«.

Mitte August 2001: Menschenrechtsorganisationen kritisierten UNO wegen der Diskriminierung von Männern hinsichtlich Beschneidungen

Die National Organization of Circumcision Information Resource Centers (Nationale Organisation des Datenzentrums zu Informationen über Beschneidung) sowie die Attorneys for the Rights of the Child (Anwälte der Kindesrechte) beschuldigen die Vereinten Nationen, mit zweierlei Maß zu messen: Während die UNO der Klitorisbeschneidung bei Mädchen recht aggressiv den Kampf angesagt habe, widme sie ähnlich schwerwiegenden Eingriffen bei männlichen Kindern nicht einmal ihre Aufmerksamkeit. Steven Svoboda, ein an der Elite-Universität Harvard ausgebildeter Anwalt für Menschenrechte, wies darauf hin, dass die Beschneidung von Jungen überall dort vorkomme, wo auch die Beschneidung von Mädchen stattfinde – nur sechsmal so häufig! Svoboda: »Eines Tages werden wir die fehlgeleitete Natur unserer Versuche verstehen, gewaltsame Eingriffe bei weiblichen Genitalien als kriminell zu bezeichnen, während vergleichbar ernstzunehmende, außerordentlich schmerzhafte und verstümmelnde Eingriffe bei männlichen Genitalien erlaubt sind.« Auch andere Aktivisten und Aktivistinnen, so etwa Jacqueline Smith, Professorin am niederländischen Institut für Menschenrechte, sprechen sich dafür aus, die Beschneidung bei Jungen ebenso zu bekämpfen wie bei Mädchen. Svoboda verwies auch auf einen Artikel der »New York Times« vom 1. August 2001, dem zufolge in diesem Jahr allein in Südafrika 35 Jungen an den Folgen ihrer Beschneidung zu Tode kamen. Zehn Prozent oder mehr aller Jungen überstanden diesen aus medizinischer Sicht völlig unnötigen Eingriff nur entweder ganz ohne Penis oder lediglich mit einem entstellten Stummel. Auch in Deutschland ist immer noch allein die Beschneidung von Mädchen ein Thema – dies nicht zuletzt aufgrund des anhaltenden Erfolges von Waris Diries Bestseller »Wüstenblume«. Darin vertritt die Autorin und UN-Sonderbotschafterin Thesen wie die, dass die Beschneidung längst abgeschafft wäre, wenn davon statt Frauen Männer betroffen seien, und verkündet: »Vielleicht sollten die Frauen den Männern die Eier abschneiden, damit auf der Erde wieder ein Paradies entstehen kann.«

15. August 2001: Schriftstellerin Doris Lessing fordert: »Wehrt euch, Männer!«

Nachdem sich wenige Wochen zuvor bereits die ehemalige feministische Ikone Julia Kristeva von der Frauenbewegung distanziert und sie als »undemokratisch« und »totalitär« gebrandmarkt hatte, äußert sich jetzt auch die feministische Kult-Autorin Doris Lessing (»Das goldene Notizbuch«) äußerst kritisch zum Stand der Geschlechterdebatte. Die mehrfach als Kandidatin für den Nobelpreis gehandelte Autorin beklagt die Abwertung von Männern in unserer Gesellschaft und fordert diese auf, sich gegen ihre sinnlose Erniedrigung zu wehren. Männer seien das neue stille Opfer im Krieg der Geschlechter. Lessing: »Ich bin zunehmend schockiert über die gedankenlose Abwertung von Männern, die so sehr Teil unserer Kultur geworden ist, dass sie kaum noch wahrgenommen wird.« Eine denkfaule und heimtückische Haltung, die sich der Frauenbewegung bemächtigt habe, laufe inzwischen auf nichts anderes hinaus, als auf Männer einzudreschen. Als Beispiel nennt Lessing ihr Erlebnis in einer Schulklasse, in der die Lehrerin ihren neun- bis zehnjährigen Schützlingen die Ideologie vermittelt habe, dass beispielsweise an Kriegen allein das männliche Geschlecht die Schuld trüge. »Man konnte sehen, wie die Mädchen selbstzufrieden und eingebildet bis zum Platzen waren, während die Jungen zerknirscht dakauerten, sich für ihre Existenz entschuldigten und dachten, dass nach diesem Muster ihr weiteres Leben ablaufen würde.« Lessing führt aus, dass Dinge wie diese an Schulen die Regel sind und es niemand wage, dagegen die Stimme zu erheben, um nicht als Verräter am Feminismus gebrandmarkt zu werden. »Es ist Zeit, dass wir uns fragen, wer eigentlich diese Frauen sind, die ständig die Männer abwerten. Die dümmsten, ungebildetsten und scheußlichsten Frauen können die herzlichsten, freundlichsten und intelligentesten Männer kritisieren, und niemand sagt etwas dagegen. Die Männer scheinen so eingeschüchtert zu sein, dass sie sich nicht wehren. Aber sie sollten es tun.«

NAVIGATOR

Zum leichteren Wiederfinden sind hier noch einmal die Thesen aus dem ersten Teil und ihre Widerlegung nach Kapiteln geordnet:

Kapitel 1: Steckt es schon in den Genen? – Die neue Mär von der »natürlichen Überlegenheit« der Frau
THEMA: BIOLOGIE UND GESCHLECHT

Thesen: Frauen erleben Gefühle intensiver als Männer • Frauen achten bei der Partnerwahl weniger auf Äußerlichkeiten • Testosteron ist für die männliche Aggressivität verantwortlich • Frauen leiden häufiger unter Depressionen • Frauen sind eher in der Lage, beide Gehirnhälften gleichzeitig zu benutzen • Dass Frauen sieben Jahre länger leben, hat biologische Ursachen

Kapitel 2: Ehefrau und Mutter: unangreifbare Ikone?
THEMA: EHE UND FAMILIE

Thesen: In einer Ehe geht es Männern besser als den Frauen • Männer sind häufiger untreu • Eine Scheidung geht immer zu Lasten der Frau • 800 000 deutsche Männer betrügen ihre Ex-Frauen um deren Unterhalt • Eine Abtreibung belastet die Mutter grundsätzlich mehr als den Vater • Väter sind für Kinder nicht sonderlich wichtig • Frauen haben einen natürlichen Mutterinstinkt

Kapitel 3: »Dass du mir ja nicht auf den Teppich blutest!« – Häusliche Gewalt ist weiblich
THEMA: GEWALT IN DER PARTNERSCHAFT

Thesen: Gewalt in der Partnerschaft geht in aller Regel von Männern aus • Männer werden dabei weniger schwer verletzt als Frauen • Frauen sind als Opfer wehrloser als Männer • Häusliche Gewalt ist eine Folge des Patriarchats

Kapitel 4: Nächtliches Ausgangsverbot für Männer? – Gut und Böse jenseits der Geschlechterfront
THEMA: GEWALT IM ÖFFENTLICHEN RAUM

Thesen: Männer sind von Natur aus gewaltbereit, Frauen friedliebend • Besondere Brutalität ging und geht ausschließlich auf das Konto der Männer • Das männliche Geschlecht hat eine verhängnisvolle Neigung zum Krieg • Gewaltphantasien sind typisch männlich • Gewaltkriminalität ist fast ausschließlich männlich • Da wir im Patriarchat leben, sind die meisten Opfer weiblich • Frauen und Männer sind vor dem Gesetz gleich

Kapitel 5: Sturm auf unzüchtige Schriften und Bilder – Machen Pornos Männer zu Kampfhunden?
THEMA: EROTIKA

Thesen: Pornographie ist die Theorie, Vergewaltigung ist die Praxis • Pornographie ist Anzeichen und Auslöser für Sexismus in unserer Gesellschaft

Kapitel 6: Die neosexuelle Revolution: Ausverkauf der Erotik
THEMA: SEXUALITÄT

Thesen: Männer haben einen stärkeren Sexualtrieb als Frauen • Frauen haben häufiger Orgasmusprobleme als Männer • Nur Frauen täuschen einen Orgasmus vor

---

Kapitel 7: Dildo im Postfach – Belästigung, wohin man blickt?
THEMA: SEXUELLE BELÄSTIGUNG

Thesen: Die Zahl der sexuellen Belästigungen hat beängstigende Ausmaße erreicht • Bei sexueller Belästigung geht es nicht um Sex, sondern um Macht • Männer sind so gut wie nie Opfer sexueller Belästigung • Der Kampf gegen Belästigung gilt einer gleichberechtigten Arbeitswelt

---

Kapitel 8: Hexenverfolgung zur Jahrtausendwende – Die wahren Tabus beim Sexuellen Missbrauch
THEMA: SEXUELLER MISSBRAUCH VON KINDERN

Thesen: Sexueller Missbrauch ist in unserer Gesellschaft an der Tagesordnung • Kinder lügen niemals bei Missbrauchsbezichtigungen • Es gibt bestimmte untrügliche Symptome und Signale für sexuellen Missbrauch • Durch Kinderzeichnungen und Puppen kann man sexuellen Missbrauch erkennen • Erinnerungen an sexuellen Missbrauch können verdrängt, dann aber durch therapeutische Techniken wieder hervorgerufen werden • Sexueller Missbrauch wird fast ausschließlich von Männern begangen

---

Kapitel 9: »Jede Frau ist eine potentielle Vergewaltigerin« – Warum simple Slogans keine Hilfe sind
THEMA: VERGEWALTIGUNG

Thesen: Vergewaltigung ist ein Verbrechen mit epidemischen Ausmaßen • Fast ausschließlich Frauen sind Opfer sexueller Nötigungen • Auch im anscheinend netten Mann von nebenan steckt ein geheimer Triebtäter • Daß eine Frau »nein« sagt und »ja« meint, kommt so gut wie nie vor • Falschbezichtigungen wegen Vergewaltigung kommen so gut wie nie vor • Mehr Frauen als Männer sind das Opfer von Vergewaltigungen

---

Kapitel 10: Eine Frau arbeitet soviel wie zwei Männer? Die Diskriminierungs-Lüge
THEMA: GLEICHBERECHTIGUNG DER GESCHLECHTER IN BERUF, AUSBILDUNG UND POLITIK

Thesen: Männer haben sich die besten Plätze im Berufsleben gesichert • Frauen werden beruflich diskriminiert • Frauen verdienen aufgrund ihres Geschlechtes weniger als Männer • Männer verfügen über ein höheres Einkommen • Die Rezession ging vor allem zu Lasten der Frauen • Armut ist weiblich • Die Quotenregelung bürgt für Gerechtigkeit • Frauen sind bessere Führungskräfte • Als »böse Mädchen« können Frauen sich erfolgreich durchsetzen • Die Doppelbeanspruchung in Haushalt und Beruf geht zu Lasten der Frau • Frauen werden in der Politik diskriminiert • Koedukation benachteiligt in erster Linie Mädchen • Auch an unseren Universitäten werden Frauen diskriminiert

Der Verlag im Internet.

Die Website des Verlages informiert ausführlich über das umfangreiche Sachbuch-Programm aus den Verlagen Schwarzkopf & Schwarzkopf und Lexikon Imprint zu den vielfältigsten Themen:

Lust & Liebe, Bildbände & Fotografie,
Mode & Lifestyle, Jugend & Szene,
Design & Werbung, Fantasy & Horror, Computer
& Internet, Politik & Zeitgeschehen, Musik &
Musiker, Graffiti & HipHop,
Gothic & Wave, Punk & Alternative,
Film & Fernsehen, Medien & Kultur,
Tattoo & Piercing, Kosmos & Raumfahrt,
Karl May & Karl Marx, DDR-Themen & Lexikon-
Programm und vieles andere mehr.

Besuchen Sie uns im Internet:

www.schwarzkopf-schwarzkopf.de
www.lexxxikon.de

»Die Leseprobe«

*Zweimal im Jahr informiert die umfangreiche
kostenlose vierfarbige Zeitung »Die Leseprobe«
über neue Sachbücher aus den Berliner Verlagen
Schwarzkopf & Schwarzkopf und
Lexikon Imprint zu den vielfältigsten Themen:*

*Lust & Liebe, Bildbände & Fotografie,
Mode & Lifestyle, Jugend & Szene,
Politik & Zeitgeschehen, Musik & Musiker,
Graffiti & HipHop, Gothic & Wave,
Punk & Alternative, Film & Fernsehen,
Medien & Kultur, Tattoo & Piercing,
Kosmos & Raumfahrt, Karl May, DDR-Themen
und Lexikon-Programm und vieles mehr.*

*Bestellen Sie jetzt ein Exemplar der »Leseprobe« –
kostenlos und ohne jede Verpflichtung.*

*Per Post:
Schwarzkopf & Schwarzkopf Verlag GmbH
Abt. Service
Kastanienallee 32
10435 Berlin.*

*Per Fax:
030 – 44 11 783*

*Per eMail:
info@schwarzkopf-schwarzkopf.de*

Zeitung für Leser.

Die Ärzte und Franka Potente,
die Marx Brothers und das Internet.

**Die erste Ausgabe der Leseprobe stellt das umfangreiche Programm von
Schwarzkopf & Schwarzkopf und Lexikon Imprint im Jahr 2001 vor**

Der Autor

Der Medienwissenschaftler Arne Hoffmann, geboren 1969, der sich selbst gerne als »Sex-Radikaler« und »Gender-Pirat« bezeichnet, hat es sich zur Aufgabe gemacht, Themenfelder anzugehen, die vielen anderen zu brisant sind. Dies bewies er zuletzt mit seinem ebenfalls bei Schwarzkopf & Schwarzkopf erschienenen »Lexikon des Sadomasochismus« sowie mit seinen pointierten Beiträgen für liberale Magazine wie »Novo« oder »eigentuemlich frei«. Zentrale Themen seiner Kritik sind dabei immer wieder die politische Korrektheit und andere Mechanismen der direkten und indirekten Zensur in Deutschland. Als belletristischer Autor schildert Arne Hoffmann den Geschlechterkampf unter dem Pseudonym »Cagliostro« auf dem Gebiet der Erotik und der Satire, so etwa in der Liebeskomödie »Hummeln fallen waagrecht« (Seitenblick-Verlag). Nebenher arbeitet er als freier Lektor für Verlage wie Bertelsmann, mvg und Ullstein, aber auch für Software- und Marketingfirmen, Doktoranden und junge Autoren (www.Lektoratsbuero-Hoffmann.de).

Danksagung

Für ihre Unterstützung beim Zustandekommen dieses Projekts danke ich ganz herzlich: Conny und ihrer Familie, Charlene, Rüdiger, Heike, Dieter, Oliver, Maya sowie Lisa fürs Testlesen, Korrigieren, kreativen Input und für ihren Beistand in Krisenphasen der Verlagssuche, Oliver Schwarzkopf und seiner Crew für den außergewöhnlichen Mut, dieses Buch auf den Markt zu bringen, Dr. Karin Jäckel sowie der Zeitschrift »NOVO« für Anregungen, Informationen, Beratung und publizistische Unterstützung, Claudia, Alyce und vielen anderen Mädels der Uni Mainz dafür, dass sie mir überhaupt erst die Initialzündung zu diesem Buch gegeben haben. Ein besonderer Gruß geht an die Frauenbibliothek des Philosophicums.

Impressum

Arne Hoffmann: SIND FRAUEN BESSERE MENSCHEN?
Plädoyer für einen selbstbewussten Mann
ISBN 3-89602-382-9

Katalog

Wir senden gern den kostenlosen Katalog.
Schwarzkopf & Schwarzkopf Verlag Abt. Service,
Kastanienallee 32, 10435 Berlin.
Service-Telefon: 030 – 44 33 63 043 / Service-Fax: 030 – 44 33 63 044

Internet

Ausführliche Informationen zum Verlagsprogramm finden Sie im Internet.
www.schwarzkopf-schwarzkopf.de • www.lexxxikon.de

E-Mail

info@schwarzkopf-schwarzkopf.de